DR. ~~REINHART MULLER~~
KRONENBERG 100
52074 AACHEN

D1619295

Wegner - Kleine Kynologie

Wegner
Kleine Kynologie

Mit einem Anhang:
Katzen, Zoonosen

von Dr. Wilhelm Wegner
Professor am Institut für Tierzucht
und Vererbungsforschung
der Tierärztlichen Hochschule Hannover

4., völlig neu bearbeitete, erweiterte Auflage
Terra-Verlag Konstanz

ISBN 3-920942-12-4 · Terra-Verlag · Konstanz

Dieses Werk ist urheberrechtlich geschützt. Die dadurch begründeten Rechte, insbesondere die der Übersetzung, des Nachdrucks, der Wiedergabe von Abbildungen, der Sendungen in Funk und Fernsehen, der Reproduktion auf fotomechanischem oder ähnlichem Weg und der Speicherung in EDV-Anlagen, behält sich der Verlag auch bei nur auszugsweiser Verwendung ausdrücklich vor.

© 1995 · Terra-Verlag · Konstanz
Printed in Germany

Gesamtherstellung Maus Druck & Medien GmbH
Labhardsweg 6 · 78462 Konstanz

Vorwort zur 4. Auflage

Immer mal wieder wird eine Neuauflage der K.K. fällig, was dafür spricht, daß sie sich einen speziellen, aber treuen Leserkreis erschloß – nicht nur unter Veterinärmedizinern; für diese soll sie auch weiterhin ein Nachschlagewerk bleiben, so daß weder auf ein Minimum an »Fachchinesisch« noch auf eine Ergänzung und Erweiterung des Literaturteils verzichtet werden kann, auch wenn einige – insbesondere angelsächsische Autoren – das »Mönchtum« gründlicher und vor allem fremdsprachlicher Quellenrecherchen und -Zitationen so gar nicht nachvollziehen können. Immer wieder von Studenten darauf angesprochen, habe ich mit dem von mir überarbeiteten »Stammbaum« im Buchrücken zudem eine grobe Rassenübersicht gegeben – leider einige davon immer noch mit verstümmelten Ohren und Schwänzen.

Erfreulich ist, daß inzwischen die Erkenntnisse über tierschutzrelevante Qualzuchten und entsprechende Abmahnungen, z.B. zum Merlesyndrom, zu extremer Chondrodystrophie und Brachyzephalie, Eingang fanden in namhafte Lehrbücher (Rubin, 1989), verbandsoffizielle Register (S.C.C.) und eine Broschüre des Dt. Tierschutzbundes; sie werden auch von Popularautoren fleißig kolportiert und stimulierten selbst den »Scheibenwischer« unlängst, Defektzüchtern eine tierquälerische Attitüde und den Abnehmern ihrer Zuchtprodukte eine »erbarmungslose Tierliebe« zu bescheinigen. Es braucht also 20 Jahre Kampf, bis etwas ins »Volksbewußtsein« und selbst ins verknöcherte Gewissen von Rassereinzuchtideologen dringt: So stellt die Räbersche, streckenweise von später aber begrüßenswerter Einsicht geprägte Rückschau auf ein angepaßtes Funktionärsdasein die zwar knurrende, aber fast totale Übernahme wesentlicher Kritikpunkte dar (Räber, 1992); nur die Problematik des Merlefaktors hat dieser FCI-Standardkommissionsvorsitzende a.D. immer noch nicht begriffen - und so prangen denn in seiner »Enzyklopädie« und demnächst wohl wieder auf dem Titelblatt der Schweizer »Hunde« sogenannte »Blue-merles«. Daß solche Raritäten und seltene Esel nicht aussterben, verdanken wir u.a. den Vanderlips (1984, 1991). In ihrer sauberen »Hundezucht - am Beispiel des Collie« plädiert sie gar für die Ausstellung und Zuchtverwendung homozygoter Merletiere, die fakultativ durchaus »hören und sehen können«. Nicht durch Druck des VDH(Muthsam, UR 12,1994), sondern infolge von Abmahnung durch Amtsveterinäre wurde inzwischen die Merle- x Merle-Paarung verboten.

Immerhin, selbst zur Abgabe von Lippenbekenntnissen gehört ja in diesen Kreisen postengefährdender Mut: Denn während noch der 1. VDH-»Präsident« jahrzehntealte Forderungen nach Korrektur standardbedingter Defektzuchten übernimmt und Auswüchse »anprangert« (UR 3/1993), werden auf seinen Ausstellungen genau diese Defekthunde mit höchsten Preisen dekoriert, wie die Bilder von Patricia Walz in dieser Auflage belegen. Doch die

»Produzenten von Schwergeburten«, die Bully- und »Perser«-Züchter, üben vermehrt Selbstkritik und zwischenzeitlich machten sich der Dt. Tierschutzbund, Amtsveterinäre (Goldhorn, 1991) und - man höre - selbst der VDH die Forderung nach einem Heimtierzuchtgesetz zu eigen, eine Notwendigkeit, die selbst im angelsächsischen Ausland gesehen (Arkow/Avanzino, 1991) und nunmehr auch in der Schweiz diskutiert wird (Schweiz. Tierschutz 4, 1993). Ein »Europäisches Übereinkommen zum Schutz von Heimtieren« und ein entsprechendes Bundesgesetz wurden verabschiedet, das neben den Ohren auch die Schwänze vor Verstümmelung schützen und weitere Zuchttraumen verhindern soll, doch wird es bislang genauso wenig angewandt wie der § 11b Tierschutzgesetz, der Qualzuchten eh verbietet. Auch hier plädiert Herr Dr. Räber mannhaft für ein Fortführen des Schwanzabschneidens und hofft, einen beschränkten Einfluß auf die Ausführungsbestimmungen der Europakonvention zu nehmen; möge es diesen Beschränkten-Einfluß nie geben! Hier scheint sich jetzt aber eine Wende anzubahnen: So belegte unlängst das Amtsgericht Kassel eine Züchterin mit einer Geldbuße, weil sie bei der Erzüchtung weißer Perserkatzen bewußt das Auftreten tauber oder schwerhöriger Nachkommen inkauf nahm. Das bringt heilsame Unruhe unter diese Sorte von Züchtern, wie man in »Katzen extra« 1, 1994 nachlesen kann; doch entblödet sich der Redakteur Herrscher nicht, das Titelblatt dieser Ausgabe mit einer Ansammlung bedauernswerter Nacktkatzen zu schmücken, die genauso unter § 11b Tiersch.ges. fallen.

Viel Freude und Selbstbestätigung schöpfe ich auch aus zunehmender Bösartigkeit und Aggressivität der Attacken »betroffener« Züchter und Verbandsfunktionäre: Es gibt keinen besseren Gradmesser erzielter Wirkung. Man nennt mich »infantil« (Schäferhundeleute), »profilneurotischer Veterinär« (Bassethoundler), der »zum Wolf zurückkehren möchte« (Pekinesenzüchter), einen »publicitysüchtigen Privatdozenten, sogenannten Kynologen und Wissenschaftler« (Molosser) und einen »mittelmäßigen Geist« (Bassetfans) - in der Tat, wenn man die Größe eines Menschen daran mißt, wieviele ihn klein zu machen suchen, komme ich mir langsam wie ein Riese vor; dabei war ich mit meinen 1.76 m immer ganz zufrieden.

Auch die »Kampfhunde«-Diskussion trat in eine klärende legislative Phase, wenngleich auch hier wieder der VDH ein schizoides Verhalten demonstriert: Während seit Jahren »unter dem Patronat des VDH« die Bücher »Kampfhunde I, II«, »Gladiatoren« etc. vertrieben werden, in denen diese Rassen aufgelistet sind, bestreitet der VDH-Ober-Gschaftlhuber, seines Zeichens Sharpei-Fan und Jäger, neuerdings die Existenz dieser Hunde überhaupt (Fischer, 1992) - es seien »medienwirksame Erfindungen« (Eichelberg, 1992). Nein, die Geister, die man selber rief, bekämpft man hier mit dem bewährten

»Haltet-den-Dieb«-Prinzip. Züchter, die solche Entwicklungen mitzuverantworten haben und nicht mit Tierliebe, sondern mit »Härte gegen die Kreatur« selektieren - auch hierin von Dr.h.c.Räber (1992) und dem o.a. Mitglied des »Wissenschaftlichen Beirats« bestärkt - beginnen sich mit Recht zu fragen, ob sie »Mitglieder krimineller Vereinigungen« sind (Weisse, 1991).

Wer sich mit Hunden und Katzen befaßt, bekommt es immer auch mit Menschen zu tun: Kynologie ist stets auch Soziologie; ein übergeordneter Name für dieses Buch wäre vielleicht auch »Kleine Zynologie« - der Wortstamm ist ja derselbe -, denn im Katzenkapitel sind ähnlich zynische Defektzuchten und Mißstände zu besprechen wie bei den Hunden; nur kehren Katzenzüchter diese noch intensiver unter den Teppich: Weder vom 1. Dt. Edelkatzenzuchtverband noch von der Deutschen Rassekatzen-Union waren trotz mehrfacher Anfragen Zuchtbücher, Reproduktionsdaten, geschweige denn Auskünfte über Zuchtprobleme erhältlich. Wie notwendig also auch hier ein Heimtierzuchtgesetz, gegen das sich diese Sorte von Züchtern natürlich vehement wehrt (Wagner, 1991).

Es ist vollkommen klar, daß in der Heimtierzucht ein Umdenken erst eingesetzt hat, seit diese Dinge in der Öffentlichkeit diskutiert werden, auch wenn manch journalistischer Schuß daneben ging. Als Wissenschaftler befindet man sich dabei immer auf einer Gratwanderung: hält man sich vornehm-akademisch zurück, sitzt man als »karrierebewußter Feigling im Elfenbeinturm«, haut man zu sehr auf die Pauke, wird man »publicitygeiler, populistischer Polemiker« gescholten. Allerdings mag stimmen, daß man es nicht immer leicht hat mit Leuten, die ihre Berufsbezeichnung wörtlich nehmen: Mein Job ist die »professio«, das öffentliche Bekenntnis. In der Tat, wenn der Beamtenstatus überhaupt einen Sinn hat, dann doch wohl den, daß das Gehalt weiterläuft, auch wenn man sich verhaßt macht. Zur Geschlechtsumstimmung hat dieser Dauerclinch allerdings noch nicht geführt, so daß nicht ganz nachvollziehbar ist, wieso neulich eine fernseh- und verbandsgeförderte (»Was bin ich?" - hochkarätig) kynologische Verhaltensforscherin meinte, man würde sie mit mir verwechseln. Insgesamt ist aber zu hoffen, daß sich auch an der 4. Auflage wieder die Geister scheiden werden.

Anerkennung gebührt schlußendlich meiner Frau für ihre entsagungsvolle Nachsicht mit einem Mann, der sich boshaft weigert, angepaßte »Heile-Welt-Tierbücher« mit hohen Auflagen zu schreiben, Dank auch meinem treuen »Literatur-Geist« Susanne Lindhoff, die mich zudem mit mancher Kanne Kaffee über die Runden brachte.

Hannover, im September 1995   W. Wegner

Vorwort zur 3. Auflage

Es ist schade, daß von der Fertigstellung des Manuskripts bis zur Drucklegung eines Buches soviel Zeit vergeht. So müßte denn dieses Vorwort zugleich ein Nachtrag sein, da sich zwischenzeitlich manch Neues ergab: Insbesondere durch die Neufassung des Tierschutzgesetzes von 1986 wurden nennenswerte Fortschritte im Kampf gegen Defektzuchten erzielt, denn nunmehr ist es verboten (§ 11b), «Wirbeltiere zu züchten, wenn der Züchter damit rechnen muß, daß bei der Nachzucht auf Grund vererbter Merkmale Körperteile oder Organe für den artgemäßen Gebrauch fehlen oder untauglich oder umgestaltet sind und hierdurch Schmerzen, Leiden oder Schäden auftreten». Und auch die kosmetische Ohrverstümmelung hört auf (§ 6). Jahrelanges Trommeln gegen erbitterten Widerstand - der auch vor massiven Verleumdungen nicht zurückschreckte (UR 1984, 4, 10; UR 1984, 7, 2; UR 1984, 8, 2; UR 1984, 11, 46) – hatte somit Erfolg, wenngleich abzuwarten bleibt, wo Unverbesserliche wieder Schlupflöcher finden: Hier dürfte in der Tat erst die Einbeziehung der Hunde- und Katzenzucht in ein Heimtierzuchtgesetz - wie im Epilog des Werks vorgeschlagen - endgültige Abhilfe schaffen. Damit bekäme man zugleich Mißstände in Haltung und Abrichtung besser in den Griff, die schon zur Forderung eines »Waffenscheins« für Hunde führten, sowie die Bekämpfung einer »Pet-Pollution«.

Auch jüngste Befunde zu Defektsyndromen und Rassendispositionen konnten keine Aufnahme mehr finden und ihre Wiedergabe bleibt der nächsten Auflage vorbehalten; wie so oft, wenn Erbleiden zunächst scheinbar nur eine Rasse betreffen, stellte sich z.B. bei der Kupferspeicherkrankheit in Bedlingtons heraus, daß auch andere Rassen betroffen sind. Dies gilt analog für weitere kyno- und felinologische Fakten neueren Datums; der Autor steht für diesbezügliche Auskünfte gern zur Verfügung.

Rückblickend läßt sich feststellen, daß sich seit Erscheinen der »Kynologie«-Serie (1973) und der 1. Auflage dieses Buches (1975), in denen die Gesamtproblematik erstmals aus tierärztlicher und genetischer Sicht unter Berücksichtigung tierschutzrelevanter Aspekte beleuchtet wurde, viele Verbesserungen ergaben. Zwar wurde der Verfasser gleichzeitig Zielobjekt überwiegend unqualifizierter Attacken (wer Dreck anfaßt, besudelt sich), erhielt jedoch ebenso viel ermutigenden Zuspruch. Und so soll es ja sein bei der Diskussion kontroverser Themen: Wo alle zustimmen - da muß man prüfen, wo alle ablehnen - da muß man prüfen. Für mich kann dies nur heißen: Weitermachen bis zur 4. Auflage!

Hannover, im Oktober 1986 W. Wegner

Vorwort zur 2. Auflage

Wenn nach knapp 3 Jahren die 2. Auflage der »Kleinen Kynologie« notwendig wird, so scheint dies ein Zeichen zu sein, daß nicht nur Veterinärmediziner, sondern auch Züchter und Tierhalter sie lesen. Das bestärkt mich darin, die Neuauflage auch für diese Zielgruppe noch lesbarer zu machen - wenngleich auf »Fachchinesisch« nicht ganz verzichtet werden kann. Eine Neubearbeitung wird auch deswegen erforderlich, weil die kynologische Forschung in den vergangenen Jahren nicht stillstand; neue Daten, neue Erkenntnisse müssen berücksichtigt werden. Außerdem waren zwischenzeitlich Teilerfolge bei der Abstellung gewisser Mißstände zu verzeichnen: Das »Totschlagverfahren« zur starren Begrenzung der Welpenzahl (die ominöse Zahl 6) machte in allen Vereinen einer Einstellung Platz, welche Forderungen des neuen Tierschutzgesetzes mehr entspricht.

Züchter und Halter sind »defektbewußter« geworden - so leiten die mit dem Merlefaktor züchtenden Vereine erste Maßnahmen zur Verhinderung von Erbschäden ein; ausgesprochene Defektzuchten (z.B. Nackthunde) verloren teilweise ihre züchterische Basis; Tierbesitzer fangen an, ihre Verantwortung gegenüber der Kreatur besser zu erkennen und sind umweltbewußter geworden; selbst Jäger zögern heute einmal mehr, bevor sie freilaufende Hunde und Katzen vor den Augen der konsternierten Besitzer abschießen - sie haben erkannt: » Diese Menschen lieben ihr Tier oftmals sehr« (Ignaz Graf von Westerholt).

Nun wäre es vermessen, dem »Kleinen Wegner« dieses als Verdienst anrechnen zu wollen - nur die gemeinsame Anstrengung vieler Engagierter, nicht zuletzt auch journalistische Publikumsansprachen in den Massenmedien, haben dazu geführt. Wie bei jedem Kampf, ging es auch hierbei natürlich nicht ohne eigene Verluste ab, bewirkt durch sich bis zu Verbalinjurien steigernde Züchterangriffe oder kollegiale Animositäten, die selbst in Berufungsverfahren noch wirksam werden mögen. Zu »Steinigungen« ist es allerdings noch nicht gekommen (v. Lindeiner-Wildau, 1974). Herzlich bedanken möchte ich mich jedoch bei allen, die mit konstruktiver Kritik wertvolle Beiträge lieferten. Der Kampf geht weiter, wenngleich teilweise andere Akzente zu setzen sind, die der veränderten Situation und fortgeschrittenen Diskussion Rechnung tragen.

Über diese aktuellen Aspekte hinaus soll die »Kleine Kynologie« das bleiben, als was sie konzipiert und offenbar akzeptiert wurde: Ein rasch informierendes, zum Weiterstudium anregendes Nachschlagewerk für interessierte Züchter, Tierärzte, Kynologen und Katzenfans.

Hannover, im Juni 1978   W. Wegner

Einleitung (1. Auflage, 1975)

Das vorliegende Buch ist das Produkt einer Vorlesung über Hunde- und Katzenzucht. Es betrachtet gemäß der im Titel angedeuteten Zielsetzung die anstehenden Probleme vom veterinärmedizinischen und genetischen Standpunkt, der sich, insbesondere bei einigen Liebhaberrassen, nicht immer mit dem des Züchters und Halters deckt. Gerade dieser Kreis soll daher neben der vorrangigen Information des Tierarztes über züchterische Fragen und Erkrankungsdispositionen mit angesprochen werden; für ihn wurde am Ende ein Sach- und Nachschlageregister zum besseren Verständnis von Fachausdrücken geschaffen. Dieses Buch soll somit nicht »gefallen« und nicht nur informieren, sondern die Diskussion anregen und Mißstände beseitigen helfen, es möchte ein »Elefant im Porzellanladen« züchterischer Vorurteile und Tabus sein. Offene Stellungnahmen sind daher nie als persönliche Angriffe gedacht, sondern möchten allein im Dienste derer stehen, für die diese Arbeit primär geschrieben wurde: Unsere treuen vierbeinigen Weggenossen. Wird - gemäß dem Motto »Wer den Sturm sät, wird den Wind ernten« - teilweise Geschütz groben Kalibers aufgefahren, so braucht man dennoch nicht zu erschrecken, da das obengenannte Porzellan sich bisher immer noch als äußerst dauerhafte Ware erwies.

Wo kontroverse wissenschaftliche Anschauungen bestehen, können sie nur zitiert, nicht ausdiskutiert werden. Auf ein ausführliches Literaturverzeichnis wurde daher nicht verzichtet; die alphabetisch geordneten und mit aufsteigenden Nummern versehenen Quellen sind im Text, sofern die Autoren nicht namentlich genannt, durch die entsprechenden Ziffern belegt. Spezielle Fragen der Haltung und Fütterung werden nicht besprochen, da dieser Sektor in der Vergangenheit publizistisch weit weniger unterversorgt war, doch sei in diesem Zusammenhang auf einige Veröffentlichungen hingewiesen (3702, 3898, 5848, 1890, 5847, 3906, 3899, 187, 1928).

Auch Konkurrenz zu den zahlreichen, ausgezeichneten kynologischen Bildbänden (5074, 4714 u.a.) ist nicht angestrebt und die Zahl der Abbildungen auf ein Mindestmaß beschränkt. Wird Stoff zur Kritik oder Anerkennung aus den dankenswerterweise kostenlos überlassenen Vereinszeitschriften entnommen, sollte dies nicht als Undank - oder Anbiederung - gewertet werden. Denn das schmale Gehalt eines Beamten auf Widerruf wird auch in Zukunft nicht für ihren Erwerb reichen.

Möge dieses Buch dazu beitragen, die sogar in populären Tier-Fernsehsendungen unwidersprochen verbreitete Unterstellung zu entkräften, die Tierärzte behandelten und behandelten - und der Rest wäre Schweigen. Möge es auch dem Züchter und Halter das Auge schärfen, damit er voll auskosten kann, worauf er einen Anspruch hat - die Freude am gesunden, vitalen Tier.

Inhalt

A. Zur Hundehaltung 8
B. Bau und Funktion, Typdisposition 49
C. Genetik 112
D. Rassen und spezielle Dispositionen 162
    1. Schäferhunde 185
    2. Laufhunde 221
    3. Vorsteh-, Apportier- und Stöberhunde 255
    4. Doggen und Doggenartige 271
    5. Treibhunde, Pinscher, Terrier 297
    6. Pudel und Kleinhunde 322
    7. Epilog 339
E. Anhang
    1. Katzen 353
    2. Zoonosen 401
F. Schrifttumsverzeichnis 414
G. Sach- und Nachschlagregister 510

A. Zur Hundehaltung

»It ist possible that someone not invited to a party might be in a unique position to evaluate it«. G.M. Reaven, 1986

Die meisten Abhandlungen über den Hund beginnen mit Spekulationen über seine Abstammung. Im Gegensatz dazu soll in diesem ersten Kapitel versucht werden, den Status praesens, d.h. den gegenwärtigen Stand der Hundehaltung in der Bundesrepublik an den Anfang zu stellen, soweit er sich ermitteln läßt.

Eine statistische Aussage über die in der BRD steuerlich erfaßten Hunde wurde schon 1971 gemacht (6062, 6069). Dabei kam eine Gesamtzahl von 2,08 Millionen heraus. Nach Ablauf von 5 Jahren, die starke soziale und wirtschaftliche Veränderungen brachten, erschien eine Wiederholung dieser Erhebungen interessant. Diese Resultate wurden in der 2. Auflage der »Kleinen Kynologie« niedergelegt und zeigten, daß im Zeitraum 1971 - 1976 ein Zuwachs der *versteuerten Gesamtpopulation* auf 2,4 Millionen, ein Anstieg auch in Industriestädten mit hoher Arbeitslosenrate zu verzeichnen war. Die in der 3. Auflage vorgelegte Statistik ermöglichte einen abermaligen, interessanten Vergleich.

Dabei konnten 1983 wieder die Großstädte mit 100 000 Einwohnern und mehr vollzählig erfaßt werden. Neben der absoluten Hundezahl und den Daten des statistischen Jahrbuchs (Einwohnerzahl, Einwohnerdichte) war zusätzlich der Hundesteuersatz zu ermitteln. Tendenziell bot sich nach Ablauf von 6 Jahren zwar ein vergleichbares Bild, doch wurde Berlin in dieser Zeitspanne von Kaiserslautern und Hamm hinsichtlich der Spitzenposition in der Hundedichte überrundet. Dazu mochte die Hundesteuererhöhung in Berlin beigetragen haben. Es hatte sich somit auch der Trend fortgesetzt, daß Städte mit viel Industrie und hoher Arbeitslosenquote wie etwa Gelsenkirchen, Essen, Mönchengladbach etc. zulegten, während die schwäbischen Metropolen Stuttgart und Ulm nach wie vor das Ende der Liste zierten.

Beträchtliche Zuwachsraten in der *relativen Hundedichte* verzeichneten auch die mittleren Städte, und auch hier wieder vorwiegend die industriell geprägten. Bei kleinen Städten waren dagegen etliche Rückgänge zu vermerken. Von den Landkreisen konnten nur 10 analysiert werden, da die Hundesteuer zwischenzeitlich durchgehend Sache der Gemeinden wurde, die nicht alle anschreibbar sind. Zwar waren aus fast jedem Bundesland Kreise vertreten, doch mag eine gewisse Überrepräsentanz bayerischer Kreise dem Stichprobencharakter abträglich gewesen sein. Die heutigen Landkreise sind mit denen aus 1971 meist nicht vergleichbar, da inzwischen starke Gebietszusammenlegungen erfolgten. Zuwächse lasen sich daher im Einzelfalle nicht ermitteln. Dennoch ergab sich im Durchschnitt eine Steigerung der Hundedichte. Landkreise, welche schon seinerzeit eine sehr hohe Hundedichte (Cham) bzw. eine sehr niedrige (Olpe) aufwiesen, zeigten wieder das gleiche Bild. Jedenfalls hatte sich bei der Gesamtzahl versteuerter Hunde im Zeitraum 1977 - 1984 wiederum ein Anwachsen von 2,4 Mio. auf 2,6 Mio. ergeben.

Da seit einigen Jahren auch der Deutsche Städtetag Daten zur Hundehaltung publiziert und sich weitgehende Übereinstimmungen zu den eigenen Erhebungen ergeben, wurde für die vorliegende 4. Auflage die Statistik des Städtetages aus 1987/88 ausgewertet; dies sei in Tabelle 1 niedergelegt. Hier wird die Hundedichte als Zahl der Hunde pro 1000 Einwohner definiert und gleichzeitig mit Einwohnerdichte, Arbeitslosenquote (Arbeitslose pro Einw. 1987) und Steuersatz korreliert. In den jeweiligen Gruppen sind die Städte nach Hundedichte geordnet. Die Basisstatistik des Dt. Städtetages umfaßt die Großstädte mit über hunderttausend Einw. komplett, hat in den unteren Gruppierungen aber nur Stichprobenform, die allerdings - weil breit gestreut - recht repräsentativ ist.

Gegenüber 1984 zeichnen sich nur leichte Veränderungen in absoluter Hundezahl und Hundedichte ab, so daß sich insgesamt das Bild einer *Stagnation* bzw. eines leichten Rückganges im Zeitraum 1984 - 87 ergibt. Wieder ist Berlin einsame Spitze in der Gruppe der wirklichen Großstädte (über 500.000 Einw., Tabelle 1) und wieder rangiert Stuttgart am Ende der Liste aller erfaßten Städte. Abermals in der »hundefreundlichen« Spitzengruppe liegen auch Hamm, Mönchengladbach und Ludwigshafen, weit abgeschlagen dagegen wiederum Regensburg, Heidelberg, Göttingen. Plottet man daher den Zusammenhang der Hundedichte von 1987 mit derjenigen von 1983, 1977 und 1970 über alle Städte auf, so erhält man für diese 3 Beziehungen (Korrelationen) Werte von 0,91; 0,72; 0,51 (Maximalwert 1,0 bei hundertprozentiger Wiederholbarkeit); d.h. auch nach Ablauf von 1 bzw. fast 2 Jahrzehnten (nach einer bzw. zwei »Runderneuerungen« der Hundepopulation) besteht noch eine hochgesicherte *Parallelität der Hundedichte* von heute mit jener von damals!

Aufgrund dieser im Trend gleichbleibenden Tendenz läßt sich somit über Dezennien hinweg in der Tat ein *»hundefreundliches«* oder *»hundefeindliches«* Profil für Städte ermitteln (s.a. Abb. 1 u. 2), was seine Ursache mehr in soziologischen, psychologischen und regionalen Faktoren haben muß als in der Einwohnerdichte oder Höhe der Hundesteuer allein, wenngleich dies oft Hand in Hand geht: Nicht umsonst gehört Stuttgart zu den wenigen Städten, die Zweithunde mit 360.- DM Steuern belegen. Um diese u.a. Einflüsse auf die Bereitschaft zur Hundehaltung abzuwägen, wurden sie auch rechnerisch zueinander in Beziehung gesetzt, was in Tabelle 4 niedergelegt ist. Dem sta-

Tabelle 1 Hundehaltung in Städten (Alt-BRD, 1988) (Quelle: Dt. Städtetag <u>1988</u>; Bevölkerungsdaten Gemeinden; Bundesanst. f. Arbeit)

Stadt	Einw./km^2	registr. Hunde	Hunde/ 1000 Einw.	Arbeitslos. %	Steuer 1. Hd. DM	Steuer 2. Hd. DM	st.befr.Hde %	Mehrf.hlt. %
500 000 Einwohner und mehr								
Berlin	3914	74 991	40	5,4	180	180	3,1	–
Dortmund	2028	21 862	38	6,4	144	168	0,6	3,4
Bremen	1596	17 164	33	6,3	150	150	1,9	2,5
Köln	2257	29 360	32	3,1	204	252	2,2	3,4
Essen	2926	19 317	31	5,6	156	180	5,8	3,8
Frankfurt	2383	16 840	28	4,0	120	144	12,0	3,6
Düsseldorf	2582	15 967	28	5,6	120	144	0,9	4,2
Hannover	2479	14 128	28	6,3	180	216	1,6	4,3
Hamburg	2082	41 858	27	6,3	120	120	20,8	1,7
München	4107	31 193	24	3,3	60	60	1,8	–
Duisburg	2210	17 750	24	6,2	156	180	2,4	2,4
Stuttgart	2727	11 961	21	2,4	180	360	4,0	1,9
200 000 – 500 000 Einwohner								
Mönchengladbach	1496	10 242	40	4,6	132	156	0,9	3,6
Krefeld	1575	8 438	39	5,8	144	168	1,2	2,8
Bielefeld	1163	11 035	37	4,7	96	120	0,9	3,6
Lübeck	976	7 731	37	5,7	120	140	1,9	2,1
Wiesbaden	1307	9 669	36	3,0	150	300	3,7	2,6
Bochum	2622	13 095	34	5,5	156	180	1,4	2,9
Wuppertal	2223	12 587	34	4,2	120	144	0,7	3,6
Münster	886	8 905	33	4,3	120	144	2,5	2,9
Hagen	1285	6 878	33	5,4	132	156	1,8	2,5
Gelsenkirchen	2705	8 963	32	6,1	144	168	1,0	6,2
Braunschweig	1291	7 933	32	5,1	156	204	0,5	2,0
Aachen	1488	7 715	32	4,7	120	156	1,2	2,7
Karlsruhe	1547	8 222	31	3,2	150	300	4,3	2,3
Kiel	2191	7 270	30	5,8	140	176	3,3	0,5
Mannheim	2033	8 335	28	4,1	180	360	4,2	1,9
Augsburg	1672	6 830	28	3,4	80	80	1,1	11,4
Oberhausen	2876	6 188	28	6,0	144	168	1,4	5,0
Nürnberg	2516	11 900	25	3,8	156	156	3,4	–
Bonn	2062	7 400	25	3,6	120	150	1,6	2,8
100 000 – 200 000 Einwohner								
Hamm	734	8 173	49	4,8	96	108	0,9	2,9
Ludwigshafen	1960	6 391	42	4,1	150	150	1,1	5,6
Remscheid	1622	4 831	40	3,5	120	144	0,5	3,5
Salzgitter	471	4 179	40	5,9	132	168	1,8	2,5
Oldenburg	1353	5 419	39	6,0	132	168	1,2	–
Witten	1413	3 849	38	–	156	216	1,2	2,5

Zur Hundehaltung 11

Saarbrücken	1097	6 830	37	11,2	120	240	0,9	2,7
Herne	3333	6 307	37	6,6	132	156	1,1	2,8
Solingen	1771	5 892	37	4,0	132	156	2,5	5,5
Kassel	1736	6 636	36	5,9	144	180	1,5	2,9
Neuss	1445	5 134	36	-	90	132	1,1	3,3
Darmstadt	1092	4 744	36	2,8	108	144	0,5	5,7
Bremerhaven	1706	4 818	36	6,8	150	150	0,7	2,6
Recklinghausen	1771	4 195	36	-	132	156	0,9	2,2
Mülheim/R.	1867	5 987	35	5,0	156	180	1,3	6,4
Wolfsburg	598	4 292	35	3,2	132	168	0,7	2,5
Bottrop	1116	3 759	33	5,2	132	156	1,1	6,3
Offenbach	2388	3 564	33	-	120	144	1,5	3,8
Pforzheim	1068	3 302	32	2,9	100	200	5,1	2,6
Koblenz	1050	3 445	31	4,0	120	180	2,5	2,6
Siegen	936	3 305	31	-	132	156	2,8	3,2
Osnabrück	1284	4 459	29	5,3	132	168	2,2	2,9
Heilbronn	1119	3 269	29	2,7	120	120	3,8	4,0
Leverkusen	1962	4 377	28	4,2	120	156	0,6	5,0
Würzburg	1446	3 549	28	3,2	70	70	1,2	-
Hildesheim	1081	2 740	27	-	144	180	1,7	2,9
Mainz	1934	4 855	26	3,0	180	240	0,6	2,7
Göttingen	1145	3 414	26	-	108	132	0,9	3,0
Freiburg	1216	4 440	24	4,3	180	360	7,3	2,6
Heidelberg	1252	3 296	24	3,0	180	180	4,9	3,6
Regensburg	1532	2 783	22	4,4	80	120	2,4	2,1
50 000 - 100 000 Einwohner								
Viersen	859	4 076	52	-	108	135	0,9	5,5
Castrop-Rauxel	1474	3 678	48	-	132	156	1,3	6,4
Delmenhorst	1131	3 411	48	5,7	120	144	1,1	3,0
Hameln	541	2 667	48	-	72	108	0,7	2,3
Kaiserslautern	693	4 390	45	4,3	120	180	1,5	4,6
Celle	401	3 101	44	-	84	132	4,5	-
Neumünster	1088	3 411	43	5,6	80	100	1,3	3,4
Herford	754	2 469	41	-	108	132	1,1	3,8
Cuxhaven	315	2 307	41	-	108	132	1,2	2,7
Marl	1005	3 612	41	-	132	180	1,1	3,4
Wilhelmshaven	917	4 136	40	6,1	132	168	2,0	4,1
Iserlohn	713	3 587	40	-	96	120	1,6	3,2
Düren	989	3 351	40	-	72	120	4,4	2,2
Lünen	1428	3 336	40	-	120	156	1,5	2,6
Gladbeck	2134	3 064	40	-	132	156	1,5	5,4
Offenburg	665	2 014	40	-	120	240	3,0	1,2
Lüdenscheid	847	2 819	38	-	120	144	1,3	1,9
Worms	663	3 764	38	3,9	180	300	0,2	3,2
Hanau	1114	3 115	37	-	84	108	1,2	3,5
Lüneburg	846	22 13	37	-	120	144	1,3	2,7
Bayreuth	1081	2 571	36	4,0	60	60	1,1	2,9
Flensburg	1521	2 851	33	7,2	108	138	0,7	2,2
Gießen	980	2 361	33	-	72	84	0,7	4,1

Bamberg	1272	2 331	33	3,3	70	70	0,7	3,3
Landshut	869	1 882	33	3,1	60	100	0,9	3,6
Marburg	622	2 439	32	-	120	132	4,1	4,9
Bocholt	556	2 113	32	-	114	138	2,3	2,1
Fulda	520	1 720	32	-	72	90	1,8	2,5
Hof	874	1 621	32	4,8	72	90	1,0	4,4
Fürth	1550	3 058	31	4,1	90	90	0,9	3,1
Villingen	460	2 322	30	-	120	240	4,2	2,7
Aschaffenburg	953	1 800	30	3,1	50	50	0,2	3,2
Ingolstadt	694	2 640	29	3,4	60	150	0,8	3,1
Schwäb. Gmünd	493	1 651	29	-	80	160	6,5	2,2
Reutlingen	1125	2 727	28	-	120	120	4,0	3,1
Schweinfurt	1409	1 429	28	4,5	80	80	0,6	3,1
Konstanz	1304	1 914	27	-	120	240	3,0	2,0
Kempten	900	1 504	26	3,4	70	150	0,8	4,2
Rosenheim	1433	1 400	26	3,6	80	80	0,3	1,0
Trier	794	2 361	25	5,4	150	225	0,2	1,5
Ludwigsburg	1761	1 944	25	-	140	280	4,2	1,3
Ulm	849	2 351	23	3,5	120	240	5,9	2,0
Esslingen	1871	2 000	23	-	144	288	1,5	2,5
Passau	756	1 212	23	3,8	50	50	0,9	2,2
Tübingen	704	1 672	22	-	120	240	4,5	2,9
20 000 - 50 000 Einwohner								
Pirmasens	750	2 630	57	5,8	120	120	0,3	5,4
Zweibrücken	463	1 816	56	4,6	102	153	0,9	5,6
Landau/Pf.	425	1 698	48	3,3	96	132	1,5	5,7
Speyer	1007	2 010	47	3,9	120	120	1,5	4,5
Ansbach	375	1 719	46	2,4	70	70	5,4	5,7
Neustadt/Wein.	413	2 171	45	3,0	120	180	0,6	3,7
Coburg	942	1 932	44	2,6	60	60	0,7	2,8
Frankenthal	1011	1 879	42	3,8	120	120	0,8	3,4
Kulmbach	295	1 115	41	-	50	75	0,6	3,8
Baden-Baden	351	1 958	40	2,1	144	288	5,4	2,3
Emden	441	1 947	39	6,2	120	144	1,3	0,5
Straubing	615	1 625	39	3,9	50	50	0,9	2,0
Goslar	530	1 884	38	-	108	144	5,4	3,2
Schwabach	875	1 368	38	2,6	85	85	0,4	6,7
Bad Kreuznach	861	1 463	37	-	96	144	0,6	2,6
Lindau	699	824	36	-	80	80	0,8	1,7
Memmingen	531	1 360	36	3,8	80	80	3,7	3,8
Heidenheim	445	1 590	33	-	100	200	3,3	2,2
Forchheim	720	946	33	-	80	120	0,3	2,9
Weiden/Opf.	614	1 289	31	4,4	60	60	0,8	2,4
Ravensburg	470	1 301	30	-	80	160	12,8	1,6
Amberg	866	1 200	25	4,7	60	60	0,9	4,9

tistisch Uninteressierten werden diese Korrelationskoeffizienten wenig sagen, sie bedeuten jedoch folgendes: Über alle Städte hinweg übt die *Einwohnerdichte* den stärksten negativen Effekt auf die – offenbar konkurrierende – Hundedichte aus, während die Höhe der *Versteuerung* (1. Hund) nur schwach prohibitiv wirkt; die Arbeitslosigkeit steht dagegen in keinem gesicherten Bezug zur Hundehaltung. Diesbezüglich ändert sich jedoch das Bild, betrachtet man nur die Großstädte (mit 100.000 Einw. u. mehr): Hier beträgt die Korrelation zwischen Arbeitslosenquote und Hundedichte $r = 0{,}29^+$ und ändert sich auch nicht bei Berücksichtigung der gleichzeitigen Einflüsse von Steuersatz und Einwohnerdichte (Teilkorrelation 2. Ordnung $r = 0{,}28^+$; s.a. Abb. 3 u. 4).

So bestätigt sich neuerlich das schon 1976 aufgezeigte Phänomen, daß in Großstädten mit wachsender Arbeitslosigkeit eine gewisse Zunahme der Hundedichte zu verzeichnen ist. Der wesentlich ausgeprägtere Faktor Einwohnerdichte kommt auch klar in den entsprechenden Gruppenmittelwerten aus Tabelle 2 und 3 zum Ausdruck: Anhand dieser Summen, Mittel- und Durchschnittswerte läßt sich für die BRD (alt) bei einer Bevölkerung (1987) von 61,59 Mio. Einw. eine Gesamtzahl von etwa 2,52 Mio. registrierter (!) Hunde

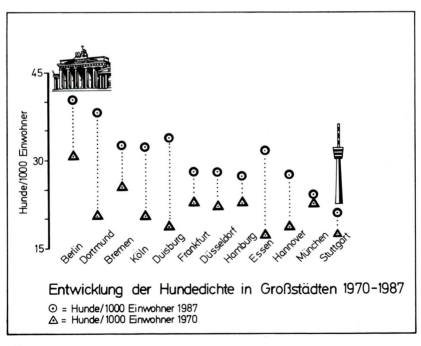

Abb. 1

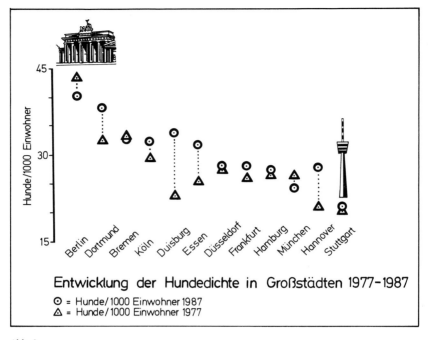

Abb. 2

errechnen, was sich nur unwesentlich von der Zahl aus 1983 unterscheidet. Infolge der teilweise beträchtlichen zwischenzeitlichen Steuererhöhungen stieg dagegen das *Gesamt-Steueraufkommen* auf fast 200 Mio. DM, wenngleich diese letzte Zahl einen beachtlichen Schätzfehler beinhalten mag. Die Größenordnung stimmt jedoch: Für 1987 gibt das BMF ein Gesamt-Aufkommen von 209 Mio. DM an. (1992: 274 Mio.).

Ob in einer Stadt oder Stadtverwaltung ein permissives oder restriktives »Hundeklima« herrscht, wird nicht nur an der Höhe der Ersthundebesteuerung ablesbar sein (hier schoß Köln 1987 den Vogel ab), sondern vor allem an der Steuer für den *Zweithund*: Mit Beträgen bei 300 DM und darüber reagieren hier neben Stuttgart besonders Mannheim, Freiburg, Worms, Wiesbaden, Karlsruhe, Esslingen und Baden-Baden allergisch auf Hundekonzentrationen; diese Einstellung läßt sich also mehr im Südwesten der BRD dingfest machen. So spielt Mehrfach-Hundehaltung mit ziemlich exakt 3,1 - 3,5% in allen Gruppen eine untergeordnete Rolle, ebenso Steuerbefreiung mit Mittelwerten zwichen 2 und 5% (Großstädte). Besonders bayerische Städte, (inzwischen auch teilweise erhöht, s. Tabelle5!) heben sich davon stark ab: Hier ist mit Sätzen

Tabelle 2 Szenario Mensch/Hund: Summen, Durchschnittswerte (Alt-BRD, 1988)

Städte	Einw./km²	Hundezahl	Hunde/1000 Einw.	Arbeitslos %	Steuer 1. Hd.	Steuer 2. Hd.	st.befr. Hd.	Mehrf.halt.
500 000 Einw. u. m.	2608 ± 74	312 391	29,5 ± 5,6	5,1 ± 1,5	147,5 ± 39	179,5 ± 74	4,8 ± 5,9	3,1 ± 0,9
200 000 - 500 000 Einw.	1785 ± 606	163 148	32,3 ± 4,3	4,7 ± 1,0	134,7 ± 23	180,3 ± 68	2,0 ± 1,2	3,4 ± 2,3
100 000 ± 200 000 Einw.	1435 ± 558	142 214	33,3 ± 6,1	4,7 ± 1,8	128,8 ± 26	169,3 ± 51	1,8 ± 1,6	3,5 ± 1,3
50 000 ± 100 000 Einw.	976 ± 405	116 395	34,7 ± 7,7	4,4 ± 1,2	101,8 ± 30	147,6 ± 64	1,9 ± 1,6	3,1 ± 1,2
20 000 - 50 000 Einw.	623 ± 225	43 147	40,1 ± 7,9	3,8 ± 1,2	80,5 ± 32	107,3 ± 57	2,2 ± 2,9	9,5 ± 1,6
Summe		777 295			Steueraufkommen 96 639 000 DM			

Tabelle 3 Anhand der Bevölkerungsstruktur und Hundedichte hochgerechnetes Gesamtbild (Alt-BRD, 1988)

Gruppe	Einwohner	Hunde	Steueraufkommen (1. Hund) DM
500 000 Einw. u. m.	10 083 920	312 391	41 456 000
200 000 - 500 000 Einw.	5 279 361	163 148	21 203 000
100 000 - 200 000 Einw.	4 363 860	142 214	18 132 000
50 000 - 100 000 Einw.	5 713 245	198 241	20 078 959
20 000 - 50 000 Einw.	10 355 750	415 185	33 076 574
< 20 000 (Kleinstädte, Landkreise)*)	25 798 664	1 289 933	64 483 751
Summe	61 592 800	2 521 112	198 430 284

*) Mittlere Hundedichte 50,0; durchschnittl. Steuersatz (1. Hd.) 50 DM

zwischen 50 und 30 (z.T. auch für den Zweithund!) der steuerliche Aderlaß der Hundehalter nur moderat, so in München, Passau, Augsburg, Würzburg, Bayreuth, Bamberg, Aschaffenburg. Nicht in allen Gemeinden erhalten Hundefreunde für ihre Zahlung einen Gegenwert: Steuermarken werden in 89% der Städte ausgegeben.

Die Gesamtzahl versteuerter Hunde deckt sich natürlich nicht mit der tatsächlich gehaltenen Anzahl bellender Vierbeiner: Erstens erheben nicht alle Kommunen Hundesteuern und entziehen sich somit der Erhebung und zweitens ist noch eine Dunkelziffer steuerpflichtiger, aber nicht angemeldeter Hunde hinzuzurechnen (Nach Auskunft von Steuerämtern etwa 10%, nach Horst Stern jeder dritte Hund), über deren Höhe sich nichts Sicheres sagen läßt. Ermittlungsverfahren, die nach Aussagen von Gross (1977) in Köln und Essen in Zusammenarbeit von Steuerbehörde und Hauseigentümern durchgeführt wurden, brachten unversteuerte Hundekontingente ans Tageslicht, die etwa zwischen diesen Extremen liegen.

Tabelle 4 Beziehung (r) der Hundedichte zu:

Einwohnerdichte	− 0,38^{+++}
Steuersatz 1. Hund	− 0,18^{+}
Arbeitslosenrate	0,11 NS

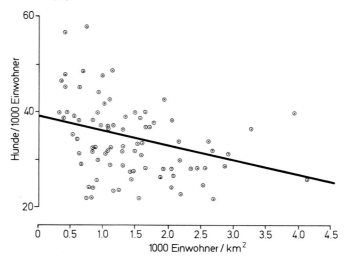

Abb. 3

Zusammenhang zwischen Arbeitslosenrate und Hundedichte

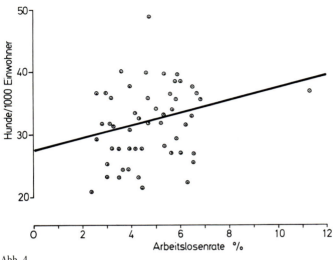

Abb. 4

Die vorgelegte Statistik macht deutlich, daß im Zeitraum 1971 – 1984 eine beträchtliche Steigerung der Hundehaltung in der BRD erfolgte, danach jedoch eine Stagnation. Wie schon 1977 ermittelt (6078) und auch jetzt wieder in Tabellen und Grafiken darstellbar, scheint sich eine Erwerbslosigkeit aber eher stimulierend auf Hundehaltung auszuwirken. Über die Gründe dafür läßt sich nur spekulieren. Dem Verfasser erscheint eine vermehrte Zuwendung zum Tier unter dem sozialen Streß der Arbeitslosigkeit am wahrscheinlichsten, fallweise wohl auch der Wunsch nach Erschließung zusätzlicher Erwerbsquellen durch Hundezucht und Hundehandel.

Aufschlußreich ist auch, daß zwischen *Hundedichte und Steuersatz* wiederum gesicherte Beziehungen bestehen, so daß nach wie vor die prohibitive Schmerzgrenze teilweise erreicht ist, jenseits derer keine Hundehaltung oder keine Anmeldung der Hunde mehr stattfindet. Plädiert man aber aus diesen Erkenntnissen heraus – auch im Sinne eines wohlverstandenen Tierschutzes zwecks Eindämmung einer Hunde- und Katzenüberproduktion – für eine moderate, straff kontrollierte und *sozial gestaffelte Versteuerung* dieser Tiere, so ziehen selbst »Tierschützer« nicht mit (434), wohl wissend, daß dies unpopuläre Forderungen sind. Eine neuerliche Statistik aus 1992 aktualisiert dieses Bild weiter, insbesondere was Gesamtdeutschland sowie divergierende Trends in der »Alt-« und »Neu-BRD« angeht. Darüber geben die Tabellen 5 bis 8 Auskunft. Daraus geht hervor, daß trotz Wiedervereinigung die absolute Zahl versteuerter Hunde nur unwesentlich (gegenüber Alt-BRD) von 2,3 auf ca. 2,6 Mio. stieg, weil ein gewisser Aufwärtstrend in den neuen Bundesländern (Nachholbedarf?) mehr als kompensiert wird durch einen deutlichen Abwärtstrend in den alten: Hier stoßen die nachgewiesenen negativen Beziehungen zwischen Einwohnerdichte und Hundedichte sowie zwischen Steuersatz und Hundedichte nunmehr offenbar an die Schmerzgrenze und zeigen die Grenzen der Entwicklung auf.

Zur Motivation der Hundehaltung können die Verhältnisse in Großstädten, aber auch in kleineren Städten und Landkreisen Hinweise geben. Generell ist ein deutlicher Trend zu abnehmender Hundedichte mit zunehmender Bevölkerungsdichte unverkennbar. Dieses kommt besonders in den hochgesichert unterschiedlichen Hundedichten in Städten und Landkreisen (Tabelle 3) zum Ausdruck. Innerhalb der Gruppen ist diese Verbindung aber nur mittelgradig (Tabelle 4). Dieses wird durch einige interessante Ausnahmen von besagtem Trend bedingt. So weist Westberlin, die Stadt mit der höchsten Einwohnerdichte, zugleich auch eine der größten Hundedichten auf, während andererseits in den Universitätsstädten Göttingen und Heidelberg, aber auch in Stuttgart, trotz relativ niedriger Einwohnerzahlen pro qkm eine sehr geringe Hundedichte zu verzeichnen ist.

Über diese Ausnahmen lassen sich nur Vermutungen anstellen (6062). Doch mag für die starke Hundehaltung in Westberlin die ehemals isolierte Lage dieser Stadt und Überalterung, Vereinsamung eines Teils seiner Einwohner ebenso eine Rolle spielen wie eine grundsätzlich aufgeschlossenere Einstellung der Berliner gegenüber Hunden. Nicht von ungefähr war also Berlin die erste Stadt, welche versuchsweise »Hundetoiletten« mit Sandkiste und »Stammbaum« einrichtete (»Umschlagplätze« für Erreger und Parasiten, was sie bei mangelnder regelmäßiger Überwachung und Säuberung sicher sein können). Wie eine andere Erhebung zeigt, haben sie sich nur sehr bedingt bewährt (5060).

In Göttingen und Heidelberg dagegen sieht es so aus, als kämen der »akademische Wasserkopf« dieser Städte und die verbreitete Zimmervermietung an Studenten als hundefeindliche Faktoren in Betracht. Auch in den USA halten nach Abklingen der Hippiewelle die meisten Studenten keine Hunde (3777). Dagegen ordnet sich die niedrige Hundezahl in Stuttgart nahtlos in das Gesamtbild Baden-Württembergs ein, das in allen Gruppierungen deutlich unter dem Bundesdurchschnitt liegt (6062), während beispielsweise in Bayern eine überdurchschnittliche Hundedichte feststellbar war. Somit scheinen für die Hundedichten neben Bevölkerungs- und Gebietsstruktur auch psychologische Faktoren eine Rolle zu spielen, wenngleich hier nicht in den Chor derer

Zur Hundehaltung

Tabelle 5 Hundehaltung in der Alt-BRD (Quelle: Dt. Städtetag 1988, 1992)

Stadt	registr. Hunde (1991)	Veränd. (%) (gegenüb. 88)	Hundedichte (Hunde/1000 Einw.)	Steuer 1. Hund (DM)	Steuer 2. Hund (DM)
500 000 Einw. und mehr					
Duisburg	18 600	+4,8	35	156	180
Dortmund	19 745	−9,7	33	156	180
Berlin	68 501	−8,7	32	180	180
Bremen	15 500	−9,7	29	150	150
Köln	27 640	−5,9	29	204	252
Essen	18 343	−5,0	29	204	252
Düsseldorf	16 892	+5,8	29	120	144
Frankfurt	17 139	+2,0	27	150	180
Hannover	13 322	−5,7	26	180	360
München	29 578	−5,2	25	150	180
Hamburg	39 680	−5,2	24	120	120
Stuttgart	11 200	−6,4	20	180	360
200 000 – 500 000 Einw.					
Mönchengladbach	9 805	−4,3	38	132	156
Krefeld	8 438	−0,4	35	144	168
Lübeck	7 393	−4,4	35	144	180
Wiesbaden	8 678	−10,3	34	150	300
Oberhausen	7 589	+22,6	34	156	180
Wuppertal	12 382	−1,6	33	156	180
Bielefeld	10 224	−7,4	32	132	156
Hagen	6 700	−2,3	32	180	204
Münster	7 739	−13,1	31	120	144
Bochum	11 774	−10,1	30	156	180
Braunschweig	7 661	−3,4	30	180	228
Gelsenkirchen	8 300	−7,4	29	144	168
Aachen	7 715	−11,3	29	120	156
Bonn	8 010	+8,2	28	120	150
Karlsruhe	7 411	−9,9	27	180	360
Kiel	6 495	−10,7	27	210	288
Mannheim	8 261	−0,9	27	180	360
Augsburg	6 512	−4,9	26	80	80
Nürnberg	10 500	−11,8	22	156	156
100 000 – 200 000 Einw.					
Hamm	7 428	−9,1	42	120	144
Ludwigshafen	6 337	−0,8	40	150	150
Remscheid	4 853	+0,5	40	132	156
Solingen	6 200	+5,2	38	132	156
Witten	3 822	−0,7	37	156	216
Salzgitter	3 994	−4,4	35	132	168
Herne	6 163	−2,3	35	180	204
Neuss	5 121	−0,3	35	132	156
Recklinghausen	4 183	−0,3	34	132	156
Kassel	6 223	−6,2	33	144	180
Oldenburg	4 494	−17,1	32	132	168
Saarbrücken	5 826	−14,7	31	120	240

Stadt	registr. Hunde (1991)	Veränd. (%) (gegenüb. 88)	Hundedichte (Hunde/1000 Einw.)	Steuer 1. Hund (DM)	Steuer 2. Hund (DM)
Darmstadt	4 270	-10,0	31	132	168
Mühlheim/R.	5 501	-8,1	31	180	204
Bottrop	3 675	-2,2	31	132	156
Wolfsburg	3 803	-11,4	30	132	168
Koblenz	3 282	-4,7	30	120	180
Leverkusen	4 740	+8,3	30	144	180
Offenbach	3 256	-8,6	29	150	180
Siegen	3 083	-6,7	29	132	156
Mainz	5 038	+3,8	29	180	240
Bremerhaven	3 562	-26,1	28	150	150
Pforzheim	2 959	-10,4	27	160	320
Heilbronn	2 998	-8,3	26	180	180
Würzburg	3 145	-11,4	25	100	100
Hildesheim	2 580	-5,8	25	144	180
Göttingen	2 952	-13,5	25	156	216
Osnabrück	3 823	-13,9	24	156	228
Regensburg	2 789	+0,2	23	80	120
Heidelberg	2 956	-10,3	22	180	180
Freiburg	3 753	-15,5	20	180	360
50 000 - 100 000 Einw.					
Viersen	4 071	-0,1	53	132	156
Castrop-Rauxel	3 678	-2,9	46	132	156
Worms	3 359	-10,8	45	180	300
Delmenhorst	3 190	-6,5	43	120	144
Gladbeck	3 364	+9,8	42	132	156
Celle	2 962	-4,5	41	84	156
Düren	3 448	+2,9	41	72	120
Hameln	2 335	-12,5	40	96	180
Kaiserslautern	3 920	-10,7	40	150	225
Wilhelmshaven	3 580	-13,4	40	132	168
Cuxhaven	2 175	-5,7	39	108	144
Lünen	3 363	+0,8	39	120	156
Berg. Gladbach	3 926	-	38	132	156
Marl	3 466	-4,0	38	132	156
Neumünster	3 000	-12,1	37	108	132
Minden	2 852	-	37	72	90
Herford	2 238	-9,4	36	120	150
Iserlohn	3 349	-6,6	35	96	120
Lüdenscheid	2 630	-6,7	34	120	144
Landshut	1 964	+4,4	34	60	100
Offenburg	1 728	-14,2	33	120	240
Hanau	2 849	-8,5	33	108	162
Lüneburg	2 213	-10,4	33	120	144
Bayreuth	2 279	-11,4	32	60	60
Aalen	2 014	-	32	130	260
Bamberg	2 135	-8,4	31	70	70
Flensburg	2 597	-8,9	30	144	240
Marburg	2 201	-9,8	30	120	132
Bocholt	2 012	-4,8	30	114	138

Zur Hundehaltung 21

Aschaffenburg	1 880	+4,4	30	50	50
Gießen	2 115	-10,4	29	72	84
Fulda	1 590	-7,6	29	72	90
Hof	1 509	-6,9	29	60	70
Schwäb. Gmünd	1 660	-0,6	28	80	160
Fürth	2 768	-9,5	27	90	90
Villingen	2 094	-9,8	27	150	300
Trier	2 572	+8,9	27	150	225
Friedrichshafen	1 364	-	26	120	240
Ingolstadt	2 480	-6,1	25	60	150
Passau	1 220	+0,7	25	50	50
Erlangen	2 386	-	24	144	216
Reutlingen	2 443	-10,4	24	120	240
Konstanz	1 763	-7,9	24	140	280
Kempten	1 404	-6,7	23	70	150
Rosenheim	1 271	-9,2	23	80	80
Ludwigsburg	1 850	-4,8	23	140	280
Schweinfurt	1 203	-15,8	22	80	80
Ulm	2 234	-5,0	21	120	240
Esslingen	1 789	-10,6	20	144	288
Tübingen	1 474	-11,8	19	180	360
Sindelfingen	1 037	-	18	110	220
20 000 - 50 000 Einw.					
Zweibrücken	1 840	+1,3	55	120	180
Pirmasens	2 512	-4,5	53	150	150
Straubing	1 821	+12,1	44	50	50
Neustadt/Wein.	2 226	+2,5	43	150	225
Speyer	1 904	-5,3	42	120	120
Landau/Pf.	1 698	-11,1	41	120	120
Ansbach	1 523	-11,4	41	70	70
Kulmbach	1 115	+0,9	41	50	75
Frankenthal	1 818	-3,3	40	120	120
Goslar	1 759	-6,6	38	108	144
Schwabach	1 285	-6,1	37	100	100
Baden-Baden	1 898	-3,1	37	180	360
Emden	1 827	-6,2	37	120	144
Coburg	1 569	-18,8	36	60	60
Landsberg/L.	741	-	36	45	60
Memmingen	1 334	-1,9	35	80	80
Kitzingen	679	-9,5	35	40	80
Bad Kreuznach	1 363	-6,8	34	108	108
Völklingen	1 445	-	33	120	180
Forchheim	921	-2,6	32	80	120
Dachau	1 119	-	32	50	50
Weiden/Opf.	1 282	-0,5	31	60	60
Bad Reichenhall	514	-5,2	31	100	150
Heidenheim	1 470	-7,6	30	100	200
Neu-Ulm	1 392	-	30	120	240
Kaufbeuren	1 191	-	30	60	60
Lörrach	1 232	-	29	120	240
Lindau	682	-17,2	28	100	100
Ravensburg	1 216	-6,5	27	80	160
Amberg	922	-23,2	22	60	60

Tabelle 6 Hundehaltung in der ehem. DDR (Quelle: Dt. Städtetag 1991, 1992)

Stadt	registr. Hunde (1991)	Veränd. (%) (gegenüb. 90)	Hundedichte (Hunde/1000 Einw.)	Steuer 1. Hund (DM)	Steuer 2. Hund (DM)
500 000 Einw. und mehr					
Berlin (Ost)	27 771	–	22	180	180
Leipzig	10 100	–15,8	19	150	300
Dresden	5 462	–	11	108	144
200 000 – 500 000 Einw.					
Magdeburg	5 705	+3,7	20	120	144
Erfurt	3 500	+6,1	16	108	144
Halle/S.	5 466	+2,7	13	120	144
Rostock	3 348	+8,5	13	72	96
Chemnitz	3 200	+6,7	11	120	144
100 000 – 200 000 Einw.					
Dessau	2 830	+5,7	28	90	90
Potsdam	2 931	+2,0	21	100	120
Gera	1 942	–10,3	15	60	84
Zwickau	1 683	+5,0	14	72	92
Jena	1 350	+12,5	13	80	120
Cottbus	1 593	+22,5	12	90	108
Schwerin	1 440	–4,0	11	60	84
50 000 – 100 000 Einw.					
Eberswalde-Finow	1 753	+10,5	32	60	72
Wittenberg	1 441	+0,6	28	60	80
Stendal	1 289	+4,9	25	60	90
Gotha	1 232	+11,5	22	60	84
Brandenburg/H.	1 661	+11,1	18	72	81
Plauen	1 260	+4,6	17	60	80
Weimar	987	–3,5	16	72	90
Wismar	843	–	15	80	120
Suhl	800	+33,0	14	60	60
Görlitz	947	+0,9	13	72	90
Greifswald	900	0,0	13	72	96
Schwedt/Oder	676	+10,6	13	70	85
Eisenhüttenstadt	701	–	13	60	72
Altenburg	650	+1,6	13	60	84
Stralsund	786	+6,7	11	72	90
Neubrandenburg	800	+14,3	9	72	90
Hoyerswerda	597	–	9	60	80
Bautzen	436	+7,9	9	60	72
20 000 – 50 000 Einw.					
Oranienburg	887	+17,3	31	84	108
Haldensleben	510	+20,0	30	48	60
Falkensee	625	+16,0	28	80	100
Quedlinburg	910	–14,3	27	52	100
Forst/Lausitz	671	–	26	60	72
Apolda	674	+2,2	25	48	60

Zur Hundehaltung

Eilenburg	533	–	25	48	60
Fürstenwalde/Spree	896	+42,7	25	96	120
Eisleben	588	+8,2	24	48	60
Prenzlau	475	+19,0	24	72	84
Mühlhausen	1 006	–	24	50	60
Neuruppin	630	-1,7	23	48	60
Bad Salzungen	505	+7,9	23	36	48
Eisenach	1 330	-19,3	23	60	100
Köthen/Anhalt	751	-7,3	21	72	96
Wittenberge	580	+6,9	21	100	120
Halberstadt	1 000	+11,1	21	84	108
Bitterfeld	390	+6,3	20	42	54
Schönebeck/Elbe	885	+18,0	20	48	60
Bernburg/Saale	837	–	20	42	96
Strausberg	549	+5,2	19	72	96
Delitzsch	504	+3,4	19	60	72
Luckenwalde	467	+4,9	19	48	60
Nordhausen	900	0	19	50	60
Aschersleben	595	-4,0	18	48	60
Wernigerode	664	-9,3	18	90	120
Saalfeld/Saale	552	+8,9	18	48	60
Lauchhammer	400	–	17	60	72
Crimmitschau	393	+10,1	17	48	60
Torgau	370	+8,8	16	72	108
Auerbach/Vogtl.	317	+8,5	16	60	70
Merseburg/Saale	692	-5,7	16	84	120
Glauchau	398	+5,3	15	72	84
Aue	367	+13,3	14	60	100
Meerane	300	+50,0	14	60	120
Wolfen	647	+0,9	14	68	120
Zeitz	586	-3,8	14	48	60
Güstrow	532	+3,6	14	100	125
Weißenfels	506	+13,5	13	60	80
Weißwasser	473	+43,3	13	52	72
Döbeln	329	–	12	72	144
Coswig	327	+18,5	12	80	80
Limbach-Oberfrohna	260	-11,9	12	52	68
Pirna	500	+4,2	12	60	72
Annaberg-Buchholz	257	+2,8	10	50	50
Zittau	372	+2,8	10	60	72
Riesa	463	+5,2	10	120	240
Freiberg	431	–	9	80	96

Tabelle 7 Szenario Mensch/Hund in der Gesamt-BRD

Gruppe	Hundedichte	Veränderung	Steuer 1. Hund	Steuer 2. Hund
Alt-BRD				
500 000 Einw. u. m.	28,2	− 4,1	162,5	211,5
200 000 − 500 000	30,5	− 4,4	149,5	199,7
100 000 − 200 000	30,5	− 6,6	143,5	185,8
50 000 − 100 000	31,9	− 6,3	109,1	160,5
20 000 − 50 000	36,0	− 5,9	94,7	118,9
−20 000	38,3	− 3,5	51,4	68,6
ehem. DDR				
500 000 Einw. u. m.	17,3	− 15,8	146,0	208,0
200 000 − 500 000	14,6	+ 5,5	108,0	134,4
100 000 − 200 000	16,3	+ 4,8	78,9	99,7
50 000 − 100 000	16,5	+ 5,1	66,0	84,9
20 000 − 50 000	18,6	+ 7,6	63,6	86,8
−20 000	22,2	+ 5,7	49,3	69,0

Tabelle 8 Anhand der Summen aus Tab. 5, 6 sowie der Mittelwerte aus Tab. 7 und der Angaben des Statistischen Jahrbuchs 1991 berechnetes Gesamtbild

Gruppe	Hundezahl	Steueraufkommen
Alt-BRD		
100 000 Einw. u. m.	606 070	86 498 000
50 000 − 100 000	175 995	19 201 143
20 000 − 50 000	381 610	36 138 509
10 000 − 20 000	344 261	17 695 039
−10 000	773 635	46 418 112
ehem. DDR		
100 000 Einw. u. m.	78 116	7 383 000
50 000 − 100 000	24 398	1 610 274
20 000 − 50 000	52 843	3 360 841
10 000 − 20 000	53 481	2 636 634
−10 000	119 656	4 786 245
Summe	2 610 065 Hunde	DM 225 727 797

Anmerkung:
Die Endsummen sind eher etwas unterschätzt, da einige wenige Städte, z.B. Frankfurt a.d. Oder, keine Meldung machten, und über die Hundedichte in ehemaligen DDR-Landkreisen nichts Genaues bekannt ist.

Zur Hundehaltung

eingestimmt werden soll, die von den sparsamen Schwaben behaupten, sie hätten ihren Hund abgeschafft und bellten jetzt selber. Aber auch die Redensart, daß eine »schlaflose Oma im Haus den Wachhund erspart«, soll ja dem Ländle entstammen. Werden allerdings von VDH-Vertretern Jubiläumsvorträge in Stuttgart gehalten, so verlegen sie die »Geburtsstätte der Kynologie« nach Württemberg (5050).

Insgesamt nimmt nicht wunder, daß auf Stichprobenerhebungen (Umfragen, Random sample tests) basierende Populationsschätzungen höher liegen als über die Steuerämter erhaltene Zahlen. Darüber, sowie über die Verteilung in Haushalten, Staffelung nach Einkommen, gibt die Tabelle 9 eine Übersicht. 1985 wurden von solchen Quellen die Gesamtzahl sowohl der Hunde wie auch der Katzen auf 3,6 Mio. geschätzt, 1988 lag der Schätzwert bei 55 Hunden/1000 Einw., d.h. bei 3,4 Mio..

Tabelle 9   Heimtierhaltung in der Bundesrepublik
Im Jahre 1980 hatte die Bundesrepublik 24 Millionen Haushalte. Insgesamt 11,7 Millionen Haushalte (= 48,7%) hatten Heimtiere. Davon entfielen auf:

Anzahl der Haushalte (in Mio.)	= Prozent der Haushalte	Anzahl der Heimtiere (in Mio.)	Heimtierart
2,9	12,1	3,3	Hunde
2,0	8,3	3,2	Katzen
4,6	19,2	7,4	Ziervögel
1,3	5,4	rund 50,0	Zierfische
0,9	3,7	2,2	Nage- und Terrarientiere
11,7	48,7	66,0	TOTAL
			(IVH)

1977 Zahl der Haushalte mit ... in Prozent

Höhe des Monatseinkommens in DM		Hunden	Katzen	Vögeln	Fischen	anderen Heimtieren	Heimtieren insges.
	bis 1000,-	11,3	10,8	15,4	2,1	5,9	36,4
1000,- bis	1500,-	13,9	11,6	16,5	4,7	9,2	41,0
1500,- bis	2000,-	15,7	9,9	19,2	6,5	10,6	45,5
2000,- bis	3000,-	18,6	10,4	17,8	6,3	10,0	45,5
über	3000,-	28,6	9,7	16,7	7,8	11,4	53,1

Und ungeachtet der vorn zitierten Zahlen sollen in der DDR ca. 800 000 Hunde und 1,5 Mio. Katzen gelebt haben, so daß sich seinerzeit für Gesamtdeutschland jeweils 4 Mio. für beide Arten ergaben. (1120, 5047).

Bei einem Blick über die Grenzen war in England im Zeitraum 1975 – 1977 eher eine Abnahme der lizenzierten Hundepopulation zu verzeichnen (von 5,8 auf 4,5 Mio.; 174, 201, 215, 256); aus Sample Tests der Industrie ergaben sich 1986 6,4 Mio. Hunde (6,2 Mio. Katzen; 1988: 6,8 bzw. 6,5 Mio.), bei denen die Namen Ben und Sam bzw. Cindy und Sally sowie die Rassen Schäferhund und Labrador oder Yorkie und Jack Russel einen Spitzenplatz einnahmen (1732); dabei war in der Hundebevölkerung durchweg für alle Altersklassen ein Überhang an männlichen, im Katzendemos ein solcher an weiblichen Tieren konstatierbar (5705). 1989 lauteten die Schätzwerte 7,3 Mio. Hunde, 6,7 Mio. Katzen – ein steter Zuwachs also (428). – In Frankreich sprach man von 8 Mio. Hunden (steuerfrei), in Italien von 4 Mio. (1191). Und in Südafrika schätzte Odendaal (1994, J.S. A. V. A.) etwa 4 Mio. Hunde und 1 Mio. Katzen.

Tabelle 10 (Nach Anon 1984) Heimtierbestand im internationalen Vergleich

Land	Erhebung	Anzahl pro 100 Einwohner	
		Hunde	Katzen
Belgien	1981	11,5	10,0
BRD	1982	5,5	5,8
Dänemark	1982	13,3	16,7
Finnland	1982	8,6	9,0
Frankreich	1981	17,0	12,6
Großbritannien	1982	10,0	9,6
Italien	1982	7,8	8,4
Niederlande	1982	8,4	10,6
Norwegen	1982	6,8	9,9
Österreich	1982	7,0	14,7
Schweden	1982	9,6	9,5
Schweiz	1982	6,2	12,5
Australien	1982	15,2	13,9
Japan	1981	3,9	2,0
Kanada	1981	13,0	14,0
USA	1982	21,6	17,4

Heimtierhaltung in der Europäischen Gemeinschaft 1980

Land	Prozent der Haushalte mit Heimtieren	davon (in Prozent)			
		Hunde	Katzen	Vögel	Zierfische
Belgien	79	28	24	23	4
Frankreich	76	32	25	14	5
Niederlande	74	20	13	21	20
Großbritannien	65	24	20	14	7
Italien	51	19	18	10	4
Bundesrepublik	49	12	8	20	5

Zur Hundehaltung 27

Abb. 5
Hundedichte im internationalen Vergleich
(Hunde /100 Einwohner)

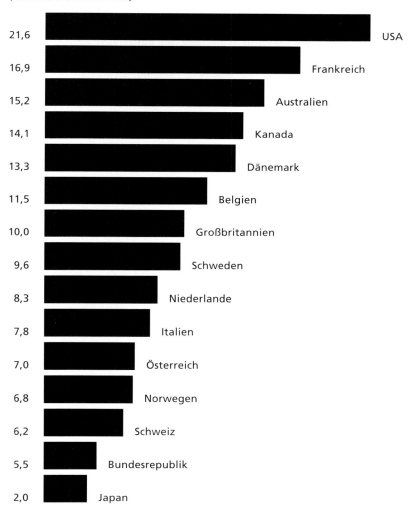

21,6	USA
16,9	Frankreich
15,2	Australien
14,1	Kanada
13,3	Dänemark
11,5	Belgien
10,0	Großbritannien
9,6	Schweden
8,3	Niederlande
7,8	Italien
7,0	Österreich
6,8	Norwegen
6,2	Schweiz
5,5	Bundesrepublik
2,0	Japan

Während in den USA zwischen 1971 und 1986 eine Stagnation bei etwa 32 Mio. Hunden (grober Schätzwert) registrierbar war, geben neuere Zahlen 48 Mio. an (1150) – jüngste Schätzungen sprechen gar von mehr als 100 Mio. Hunden und Katzen in den Staaten (4868, 4125). Aufwendungen der Hundehalter für Erwerb, Steuer, Impfung, Medikamente, Behandlung, Futter,

Zubehör etc. dürften sich in diesem Land auf ca. 3,5 Milliarden Dollar belaufen, die Kosten für die Unterhaltung von Tierheimen auf 450 Mio. (1191). Es sollen hier im Mittel 7 Einwohner auf den Hund kommen (11 auf eine Katze; 5069, 5072), eine im Vergleich zu europäischen Verhältnissen erstaunliche Hundedichte (s. a. Abb. 5). Auf 4 Versteuerte soll ein Streuner kommen (3777).

In Gesamt-Westeuropa teilen sich schätzungsweise 315 Mio. Einwohner 29 Mio. Hunde, was einer Dichte von 11 : 1 entspräche (1191). Diese Situation geht auch aus Abb. 5 und Tabelle 10 hervor.

International führen die Liste der Großstädte hinsichtlich absoluter Hundezahl Mexico City (1 Mio.), London (700 000) und Los Angeles (500 000) an; auch im Bannkreis von Buenos Aires soll das Verhältnis Hund : Mensch 1 : 6 betragen und zur Verbreitung von Tollwut beitragen (1887). Paris ordnet man gleichfalls fast 1 Mio. Hunde und genausoviele Katzen zu (5927, 325), die höchste Hunde-Zuwachsrate hatte in den achtziger Jahren in Westeuropa dagegen Holland.

Doch zurück zu deutschen Verhältnissen: Interessant ist in diesem Zusammenhang ein Vergleich mit den von Kuske 1924 und Anders 1935 in einigen der aufgeführten Großstädte erkundeten Hundedichten, wie er in Tabelle 11 vorgenommen wird. Während generell in diesem halben Jahrhundert eine Abnahme der Zahl versteuerter Hunde auf etwa die Hälfte des Standes von 1924 zu verzeichnen war – insbesondere ein scharfer Einbruch 1935 nach der Weltwirtschaftskrise, z.B. in Berlin eine Halbierung des Bestandes von 205 000 in 1925 auf 99 627 in 1936, allerdings bei gleichzeitiger Verdoppelung des Hundesteuersatzes, so stand doch auch damals schon Berlin stets an der Spitze der Statistik, und es ist erstaunlich, wie stabil über 6 Jahrzehnte hinweg die Rangordnung bleibt (nur München und Hamburg wechseln einmal die Plätze).

Tabelle 11 Vergleich der Hundedichte einiger Großstädte in Vergangenheit und Gegenwart (nach Kuske, 1924, Anders, 1937, Wegner, 1972, 1977; Städtetag 1988).

Stadt	Hundedichte (Einw. pro Hund)				
	1924	1935	1971	1976	1987
Berlin	17	38	32	23	25
Köln	19	82	48	34	31
Frankfurt	24	66	44	39	36
München	26	42	45	38	42
Hamburg	27	59	44	38	37
Stuttgart	28	57	65	51	48

Trotz der manifesten Zusammenhänge zwischen Höhe der Hundesteuer und Hundedichte wird also eine geringere Hundedichte weniger durch die höheren Steuern als durch Raumnot, Kollission mit Mietverträgen und andere, z.T. noch undefinierte soziologisch/regionale Faktoren bewirkt. Wenngleich der großstädtische Hebesatz für den 1. Hund offenbar nur einen gewissen limitierenden Effekt ausübt, gilt dies sicherlich mehr von den sehr viel höheren Steuersätzen für 2. und 3. Hunde. Wie die jüngste Erhebung zeigt und Tabellen 2, 5, 7 ausweisen, liegen diese Sätze beträchtlich über dem Grundbetrag. Kleinere Städte (oftmals Kurstädte) reagieren dabei oft allergischer auf größere Hundeansammlungen als mittlere Großstädte.

Man mag den »fiskalischen Zugriff« auf ein Lebewesen bedauern (1799), doch wurde inzwischen gerichtlich geklärt, daß diese Besteuerung nicht verfassungswidrig sei – und auch nicht ihre progressive Erhöhung für zweite Hunde, zumal ja auf Antrag Ermäßigung für Wachhunde in Einöden, Jagdgebrauchshunde, Melde-, Sanitäts-, Schutz-, Berufshunde (Artisten, Schäfer etc.) gewährt wird, sowie ein Zwingererlaß für anerkannte Zwinger; Diensthunde staatlicher Institutionen, Versuchshunde wissenschaftlicher Institute, Versehrtenführhunde und Tierheiminsassen sind ohnehin steuerfrei. Werden die Hundesteuern allgemeinen Kostenentwicklungen kontinuierlich angepaßt – und nicht rechtswidrig urplötzlich rigoros erhöht, so fehlt lauthalsen Protesten und Massendemonstrationen von Hundebesitzern die rechtliche Grundlage.

Und wie man bei einem Gesamtaufkommen von über 200 Mio. DM (1993: 264 Mio. DM) diese Steuer als »Bagatellsteuer« bezeichnen kann, ist auch nicht recht erfindlich. Der niedersächsische Innenminister gibt zu, daß die Hundesteuer »zunächst einfach zur Erzielung von Einkünften, zur Verstärkung der allgemeinen Deckungsmittel erhoben wird – ohne eine besondere Gegenleistung der Gemeinden« (3534). Hier ist allerdings Zweckgebundenheit zu postulieren! Eine mäßige, prohibitiv wirkende Steuer ist im Sinne des Tierschutzes – dies gälte auch für Katzen. Allerdings wäre eine Aufforderung zur Bespitzelung tierhaltender Nachbarn oder Mieter unerträglich (5375) – wie in Hamburg und Bad Münder versucht. Und in Sehnde bei Hannover sind die Wasseruhrableser gehalten, – sozusagen als IM der Verwaltung –, Hundesteuer-Sünder zu melden.

Jedenfalls zeugt es von verbissener Uneinsichtigkeit, wenn Hundler meinen, die Mehrheit nicht-hundehaltender Bürger hätte »das Bedürfnis nach einem vierbeinigen Hausgenossen ... bedingungslos zu akzeptieren (Althaus, 1986)« – im Gegenteil ist durch sensibles, verantwortungsbewußtes Besitzertum einer wachsenden *Hundefeindlichkeit* bei der Mehrheit zu begegnen. Auch wenn »Ein Herz für Tiere« fragt: »Wie hundefreundlich sind unsere Städte?«, so muß die Gegenfrage gestattet sein: »*Wie menschenfreundlich sind unsere Hundehalter?*« So erhöhte denn auch München inzwischen den Hebesatz auf 150 DM (463).

Im übrigen, wo Platz und Zeit vorhanden, brauchte sich ja lediglich einen jungen Wolf zu zähmen, wer keine Lust hat, Hundesteuern zu zahlen. Er benötigte dazu nur den Rat von Prof. Grzimek (1976). Allerdings könnte man sich sehr wohl soziale Staffelungen der Steuersätze vorstelle, damit nicht der einkommensschwache Rentner bei der Haltung eines »Kumpels für den Lebensabend« mit einer gleich hohen Steuer bestraft wird wie der Fabrikbesitzer (6075).

Auch in England beginnt man zu ahnen, daß die vor hundert Jahren festgesetzten Lizenzsätze (0.35 £) nicht wenig zur Überbevölkerung und Belästigung der Gesellschaft mit kurzfristig an- und abgeschafften Tieren verantwortungsloser Hundehalter beitrugen (172, 174, 175) . Wesentliche Erhöhungen wurden gefordert (215, 261, 336), mit denen u.a. Hundewächter zu besolden wären, welchen die Einziehung streunender Hunde, die Überwachung ordnungsgemäßer Versteuerung, die Ahndung öffentlicher Belästigungen durch Hunde etc. obläge (202). Bedauerlicherweise sah der Präsident der Kleintier-Veterinäre dies nicht so (1729), und eine entsprechende Gesetzesvorlage ist bis heute nicht verabschiedet. Dabei ist die Situation im Vereinigten Königreich so, daß z.B. die Stadt Cannock Chase umgerechnet 10 588 DM ausgeben mußte, um 10 400 DM an Hundesteuern einzunehmen. Dies gilt generell (217, 326), und trug zur Forderung nach völliger Abschaffung bei (368, 382, 386), die inzwischen gegen Proteste verwirklicht wurde.

Doch selbst vor der Zahlung der o. a. Ministeuersätze drückte sich eine Vielzahl hundehaltender Engländer, so daß geschätzte Hundepopulationen und ausgegebene Lizenzen »gewaltig auseinanderklafften« (174). Die Leichenberge euthanasierter, verstoßener Streuner wachsen in den Tierheimen: »When the government killed the dog licence, she left us to kill the dogs« beklagt der englische Tierschutzverein (445). Es gibt darüber ständige Kontroversen (420, 448, 458, 459, 460, 461, 2749, 5395, 1520). Jedenfalls sollen im U.K. von insgesamt 7 Mio. Hunden täglich etwa 500 000 frei streunend herumlaufen und einen beachtlichen Schaden verursachen (449). Und von 22 236 im Jahr aufgenommenen »herrenlosen« Hunden wurden im Battersea-Heim nur 13% von ihren Besitzern wieder »ausgelöst«. In der Zusammensetzung dieser Streuner herrschte die Rangfolge: Bastard, Dt. Schäferhund, Jack Russell Terrier, Dobermann, Staffordshire Terrier etc.

Auch in US-Tierheimen betrug die Relation adoptierter : euthanasierten Hunden und Katzen 1 : 4, dies bedeutet jährlich etwa 27 Mio. *Euthanasien* (4165, 455), andere Schätzwerte liegen bei 10 Mio., während die übrigen Quellen Zahlen nennen, die zwischen diesen Extremen liegen (zwischen 1/10 und

Zur Hundehaltung 31

1/4 der Gesamtpopulation; 4124, 2313, 4273, 4483). Allein im Santa Clara Valley Heim werden täglich 200 – 300 Tiere getötet. Diese Massen-Tiertragödien sind eine Kulturschande für alle betroffenen Länder (540) und stellen zudem eine starke psychische Belastung für das Tierheimpersonal dar (503).

Die demgegenüber beachtliche Höhe der Besteuerung und die hohe Bevölkerungsdichte trugen daher zweifellos dazu bei, daß die BRD eine der niedrigsten westeuropäischen Hundedichten aufweist. Verbotsklauseln in Mietverträgen wirken sich nämlich noch hundefeindlicher aus als mäßige Steuererhöhungen. Zu dieser Problematik liegen zahlreiche Vorgänge und gerichtliche Entscheidungen vor, die in ihrer Essenz kurz so zusammenfaßbar sind, daß Zuwiderhandlungen gegen diese Verbote oder die Unterlassung der Einholung einer schriftlichen Erlaubnis des Vermieters (sofern dies im Vertrag ausbedungen) zwar stets einen Vertragsbruch darstellen (1800), jedoch selbst dann noch nicht unbedingt eine Kündigung rechtfertigen (5373). Dazu bedarf es i.a. erst des Nachweises erheblicher Belästigungen des Eigentümers oder anderer Mietparteien durch den unerlaubt gehaltenen Hund.

Wie schon betont, läßt sich über die Dunkelziffer in der Hundehaltung nur spekulieren. Unversteuerte Hunde stellen zudem ein für Kleintierpraktiker und Volkswirtschaft – pekuniär – zweitrangiges Kontingent dar, sie sind die »Pariahunde« zivilisierter Länder und erscheinen seltener in tierärztlichen Praxen (123). Im übrigen sind Tiere zahlungssäumiger Halter aber heute nicht mehr ohne weiteres einzieh- oder versteigerbar, da sie mittlerweile auch juristisch keine »Sachen« mehr darstellen. Selbst die Impfrate junger Hunde sei proportional dem sozio-ökonomischen Status der Besitzer (5085); reinrassige und Liebhabertiere werden mehr geimpft als Gebrauchshunde, die sich überwiegend in den Händen einkommensschwächerer Schichten befinden (2236). Und wenn auch hierzulande die Hundehaltung mit dem Einkommen zunimmt (Tabelle 9), so ist diese Tendenz in den Ländern der 3. Welt noch deutlicher: In Nigeria ist die Relation Hunde : Ziegen : Hühner – Haltung bei der gebildeten Oberschicht 25 : 9 : 23%, bei »Halbgebildeten« 16 : 30 : 20, und bei ländlichen Analphabeten 4 : 66 : 59% (6351). Eine Umfrage in Australien ergab, daß 46% der Katzenbesitzer und 25% der Hundehalter nicht mehr als 30 Dollar für eine lebensrettende Behandlung ihres Tieres ausgeben würden, während 34% der Katzenfans und 55% der Hundebesitzer sogar 100 Dollar nicht scheuten (4718). In der Tat: Wer für die ordnungsgemäße Haltung und Versorgung seiner Tiere nicht aufkommen kann oder will, sollte sich keine anschaffen (4967).

Wie aus den vorangegangenen Ausführungen verständlich, ist das Problem herrenloser *Streuner* bei uns von geringerer Bedeutung als in Ländern ohne Hunderegistration wie England (460) oder wie beispielsweise in Japan, wo freiwillige Tötungen oder Abgabe unerwünschter Tiere weitgehend unterbleiben und diese aus »Tierliebe« ausgesetzt werden in der Hoffnung, es werde sich ihrer jemand annehmen (136). Schon 1966 wurden in Tokio jedes Jahr 40 000 Hunde eingefangen, so daß es fast schon eine technische Frage ist, sich dieser Tiere auf humane Art zu entledigen (1190, 1191), was auch andernorts zutrifft (181). In Groß-London waren es 1975 bereits 17 000 eingefangene Streuner (6402, 262), und nach Erhebungen von Beck (1973) kommt in einigen Städten Amerikas auf jeden Hund in Besitzerhand 1 Herumstreuner. Andere Statistiken kamen zu niedrigeren Zahlen (4123), jedoch belaufen sich jüngere Schätzungen z.B. auf mindestens 500 000 Tierheiminsassen jährlich im U.K. (5395); es ergehen Aufrufe, ihnen eine »Weihnachtsmahlzeit« zu spendieren (4932).

Zur Lage in den Vereinigten Staaten sei Faulkner (1975) zitiert: »In den USA werden stündlich 2000 – 3500 Hunde und Katzen geboren, aber nur 415 Menschen. Während der Sechziger Jahre wuchs die Pet-Population um mehr als 40% an, die menschliche nur um 10%. Die Gesellschaft hat die Konsequenzen einer unkontrollierten Fortpflanzung des Menschen erkannt und darauf mit Erziehungs- und Forschungsprogrammen reagiert. Die Gesellschaft fängt aber erst an zu begreifen, welche Folgen die ungehinderte Vermehrung ihrer engsten tierischen Begleiter hat, welche 20 – 30 mal so fruchtbar sind wie die »Krone der Schöpfung«. Bei der genannten Geburtenrate müßten täglich 72 000 Hunde und Katzen sterben oder getötet werden, um eine stabile, stagnierende Population zu garantieren. Tod durch Alter hat daran nur einen kleinen Anteil: Krankheit, Verkehrstod und Euthanasie fordern ihren grimmigen Tribut – dennoch hält die Mortalität mit der Geburtenrate nicht Schritt und die Population nimmt zu. Ca. 18 Mio. Hunde und Katzen werden in diesem Land alljährlich unter einem Kostenaufwand von 125 Mio. Dollar in Tierheimen untergebracht, 80 – 90% davon eingeschläfert (1209). Gefordert ist eine »Responsible Petmanship« – wie überall (267, 288). Bemerkenswert ist, daß es gerade die Bekämpfung marodierender Hunde in der Umgebung ihrer Dörfer war, bei der seinerzeit Indianer und Weiße im 17. Jahrhundert anfänglich kooperierten.

Nun nimmt langfristig die Hundezahl sicher nicht deswegen zu, weil Sterberate oder Tötungsaktionen nicht schritthalten können, sondern weil ein echter Mehrbedarf besteht – auch wenn dies nicht immer gefällt. Earl Butz, Landwirtschaftsminister der Ford-Regierung, inspirierten diese Verhältnisse zu dem Vorschlag, Hunde und Katzen überhaupt abzuschaffen – eine Einstellung, die der Verfasser selbst bei landwirschaftlich orientierten Hochschullehrer-Kollegen vorfand und welche die untergeordnete Rolle der Hunde- und Katzenforschung an Tierzuchtinstituten gleichermaßen erklären mag, wie das Phänomen, daß Staatsexamenskandidaten freudestrahlend riefen: »Das ist ein

Airedaleterrier!«, als man ihnen einen Rauhhaardackel auf den Tisch stellte. Dabei werden diese Kandidaten zunehmend in eine tierärztliche Praxis entlassen, deren Großtieranteil ab-, und deren Kleintierklientel ständig zunimmt. Der vorgenannte Minister mußte bekanntlich seinen Hut nehmen, weil er auch auf anderen Sektoren menschlichen Zusammenlebens eigene Ansichten entwickelte (»Drei Dinge braucht der schwarze Mann«). Der veränderten Situation wird aber in angelsächsischen Ländern längst Rechnung getragen – selbst in Südafrika (408, 4238).

Im Gegensatz zur BRD sind in den genannten und anderen Ländern streunende Hunde, die sich durchaus – oft auch zu zweit – in »Banden« sozialisieren (1961, 1329), ein echtes Problem in Hinblick auf die Verbreitung von Krankheiten, die Verkehrsgefährdung sowie Publikums-, Vieh- und Wildschäden; EG-weit spricht man von 2 Mio. Streunern (461). Diese Gefahren werden in den verschiedenen Ländern unterschiedlich bekämpft, durch rigorose Abschußerlaubnis in Australien und England, durch Fang- und Tötungsaktionen andernorts, z.B. in Griechenland (364, 4870), am einfachsten sicher in China, Korea und auf den Philippinen (307), wo von jeher Hundefleisch als Bereicherung des Speisezettels nicht verachtet wird (1764). Touristen berichten, sie seien tagelang durch China gereist, ohne einen einzigen Hund zu sehen. Unlängst fanden wieder große Abschlachtaktionen in Peking statt (338). Und ob es diesen Sitten und Gebräuchen Abbruch tut, wenn der Präsident des Deutschen Tierschutzbundes in einer Luftlandeaktion 8 Hunde in Manila aus Metzgerhand befreit, sei dahingestellt (4869). Verzehrverbote resultieren hier mehr aus Angst vor verbreiteten Tollwutinfektionen.

Belästigungen, Verschmutzungen und Schäden durch unbeaufsichtigte Tiere haben zweifellos in vielen Staaten dazu geführt, daß die Hundehaltung durch behördliche Eingriffe generell reduziert wurde, besonders in totalitären Gesellschaftsordnungen (132), aus denen über Zwangs-Massenexekutionen von Hunden und Katzen gegen den Willen ihrer Besitzer berichtet wurde (138). Aber auch in westlichen Demokratien sind ähnliche Tendenzen unverkennbar, zumindest in Großstädten, die sich in Pressekampagnen oder grundsätzlichen Verboten niederschlagen. So wird den Hundebesitzern New Yorks vorgerechnet, daß ihre Vierbeiner täglich 50 Tonnen Exkremente und 10 000 Liter Urin in der Stadt absetzten. In sämtlichen Großstädten sollen es 350 Tonnen Fäces und rund 36 Milliarden Liter Urin sein (20). In den Staaten hat somit die »Pet-Pollution« zweifelsohne Ausmaße angenommen, so daß ihr selbst in angesehenen wissenschaftlichen Fachblättern Leitartikel eingeräumt werden (1880), in denen unverantwortliche »Hundekonsumenten« aufgefordert werden, mehr Verantwortung, mehr Überlegung und mehr Menschlichkeit gegenüber Tieren und Mitmenschen an den Tag zu legen.

In der Bundesrepublik reichen entsprechende liebevolle Schätzungen von 2200 bis 6000 Zentnern *Hundekot* täglich (»Eine Wurst von Berlin bis Bremen«, 3041) auf öffentlichen Wegen. Wie eine Illustriertenserie demonstrierte (2135), gilt auch bei uns wohl die Aussage kaum, die Hundezucht biete keine Existenzgrundlage mit wirtschaftlichen Aspekten (5407), wenn man Welpenpreise bei Rassezüchtern und Auswüchse gewissenlosen Hundehandels betrachtet. In einem westeuropäischen Land lieferten nur 926, d.h. 8% der Züchter von Rassehunden mit 5 - 60 (!) Würfen im Jahr 38% der Hunde, was bei einer mittleren (eingetragenen) Wurfgröße von 4 und einem Stückpreis von 800.- DM bei ca. 36 000 Hunden immerhin schon ca. 27 Mio. DM einbrachte (4048).

Zweifellos kann die Verschmutzung öffentlicher Wege und Anlagen durch die Gleichgültigkeit vieler Hundehalter und Stadtverwaltungen eine die Gemüter regelmäßig erhitzende Dimension annehmen. Letzte täten gut daran, die Errichtung von unverwechselbaren, ständig zu reinigenden Hundekotplätzen bzw. umgrenzten »Stammbäumen« vorzusehen oder in die langfristige Planung einzubeziehen, ebenso wie andere die psychosozial so wichtige Heimtierhaltung fördernde Maßnahmen – anstelle von City-Sperrzonen für Hunde, wie jüngst in Pisa und Basel geschehen; erste sollten die leichte Dressierbarkeit ihres Vierbeiners auf bestimmte Kotabgabeplätze nutzen (1083) – und im Falle des Malheurs den Haufen des Anstoßes zumindest vom Trottoir befördern. Dies würde Spießrutenlaufen von Hundebesitzern mit Plastikbeuteln und Schaufel, wie sie vom VDH vertrieben werden, und »Pooper-Scooperlaws« erübrigen (352, 365), denn für Dreck im Rinnstein ist die Stadtreinigung zuständig. Neuerdings gibt es dafür auch Spezialkehrmaschinen, für deren Anschaffung man z.B. die über 15 Mio. DM Hundesteueraufkommen in Berlin u.a. nutzen sollte (5123). Doch auch die Straße sei keine »Abfallentsorgungsanlage«, meinte dazu ein Frankfurter Richter und sprach einen Bußgeldbescheid von 205.- DM aus. Und im hundehaltigen Berlin mußte wohl zunächst die Festnahme des Erpressers »Dagobert« am Ausrutscher des zupackenden Polizisten in einer solchen »Tretmine« scheitern; prompt wurde in derselben Stadt von einem Abgeordneten schon Zwangsarbeit für verursachende Hundehalter gefordert.

Proteste städtischer Arbeiter, denen beim Mähen kleiner, stark frequentierter Rasenflächen die Exkremente um die Ohren fliegen, sind sicher berechtigt; doch muß man sich fragen, ob z.B. in einem zentral gelegenen Stadtwald (Eilenriede in Hannover, von Kotphobikern als »größtes Hundeklo« der BRD apostrophiert) die Fürsorge für einige wenige – vom Publikum selten oder nie gesehene – Rehe wichtiger ist als der bei entsprechender Beaufsichtigung niemanden störende freie Auslauf von in Mietwohnungen gehaltenen Hunden.

Zur Hundehaltung 35

Denn ohne einen solchen regelmäßigen Auslauf ist die Haltung in einer 2-Zimmer-Etagenwohnung – auch wenn es nicht gleich 54 Stück sind, wie von einer Witwe aus St. Avold berichtet – in der Tat keine »artgerechte Unterbringung« (200), übrigens auch nicht für den Menschen. Viele schwarze Schafe unter Hundebesitzer/innen, die frei revierende, große, ungehorsame oder gar aggressive Hunde zu einer potentiellen oder tatsächlichen Bedrohung für Spaziergänger werden lassen (vielfache eigene Beobachtung), bringen es sicher noch zu einem generellen Leinenzwang oder gar Hundeverbot in solchen Anlagen.

Versuche, ein Fertigfutter zu entwickeln, das kaum unverdauliche Reste enthält bzw. nur solche, die bei Dunkelheit phosphoreszieren (4737, man bräuchte dann nicht mehr die Haufen mit Fähnchen zu verzieren, wie jüngst eine Anti-Hunde-Kot-Liga in Hannover praktizierte), oder die Hunde auf eine feste, trockene Konsistenz ihrer Ausscheidungen zu selektieren – wie bei Hühnern durchaus möglich (2564) – , scheinen dagegen genauso durch hundefeindlichen Sarkasmus geprägt wie der Vorschlag, ihnen einen katalytisch arbeitenden Kotverbrenner (Afterburner) in den Dickdarm zu setzen, so daß sie nur noch dezent anorganische Asche verrieseln (3002). So könnte man ja auch der menschlichen Hinterlassenschaften Herr werden, denn ihre Masse ist es doch, die – vom hämorrhoidalen Beamtenschiß bis zur schlanken Schifferscheiße – unsere Flüsse und Meere vergiftet. Übereifrige Staatsanwälte wollen demnächst die öffentlichen Hundeliegenschaften als »umweltgefährdende Abfallbeseitigung« strafrechtlich verfolgen – es sind wohl dieselben Rechtspfleger, die sich seit Jahrzehnten einen feuchten Dreck darum kehren, wenn alljährlich Tausende von »überzähligen« oder »fehlfarbenen« Welpen widerrechtlich von Züchtern getötet werden; sie sollten sich lieber für die Verabschiedung eines Heimtierzuchtgesetzes stark machen, mit dem man alle Mißstände besser in den Griff bekäme.

Dampfende Haufen markieren nur einen Eckpfeiler des Spannungsfeldes zwischen Hundeliebhabern und Hundefeinden. Ein weiterer ist die seit der – durch Angst vor Überfällen – zunehmende Haltung großer Hunde ansteigende direkte Gefährdung durch *Bisse*. Diese haben sich in den o.a. Ländern mit hoher Hundedichte fast zu einer »Epidemie« entwickelt (2491). Potentiell gefährlich können alle verhaltensdefekte, umweltgeschädigte, speziell provozierte und freilaufende Exemplare großer Rassen (und Bastarde) sein. Es ist nur selten gerechtfertigt, bestimmte Rassen besonders inkriminieren zu wollen (189, 6109). Wenn Schäferhunde in vielen Ländern die stärkste Verbreitung haben, so sagt es noch nichts aus über eine rassische Disposition zur Bissigkeit, wenn sie die Biß-Statistik anführen (4016). So rangierten Schäferhunde und ihre Bastarde in Brisbane zwar an der 2. Stelle hinter Bullterriern in einer solchen Aufstellung, entsprachen damit aber ziemlich exakt ihrer Häufigkeit in der Hundepopulation, während Bullterrier nur 3% davon ausmachten (825). Natürlich ist es reißerisch wirkungsvoll, wenn »Bild« bestimmte Rassen, z.B. den Mastino Napoletano, zu »Mörderhunden« abstempelt (522), doch trugen ja einschlägige Züchter und Halter durch Verherrlichung von »Kampfesmut« und Gigantismus nicht wenig zu einem entsprechenden Image bei.

Rüden fallen öfter auf, aber eine größere Beißwut männlicher Tiere wird so noch nicht bewiesen, denn sie werden in allen Hundepopulationen mehr gehalten als weibliche, was auch aus Praxisstatistiken hervorgeht (1580). Richtig ist allerdings, daß sich Kastration mildernd auf *Aggressivität* und Streunertum von Rüden auswirkt, nicht jedoch bei Hündinnen (5943, 2610, 4251), – ohne notwendig zur Verfettung und Wesensveränderung führen zu müssen, ja nicht einmal zu einem Wertverlust: Dies wurde einem klageführenden Hundebesitzer richterlich bescheinigt, nachdem dessen Chow-Chow-Rüde zur Haar- und Krallenpflege zu einem Tierarzt verbracht, von diesem aber kurzerhand kastriert worden war (443). Eine medikamentöse Beeinflussung von Aggressionen ist dagegen meist nur kurzfristig möglich (3744).

Gebissen werden hauptsächlich Kinder und Jugendliche, besonders weibliche und besonders aus der eigenen Familie – dabei handelt es sich dann kennzeichnenderweise oft um Verletzungen am Kopf; aber auch kleinere Hunde sind nicht selten Opfer (4360, 774, 4016, 178, 4158, 6366). Im Rudel laufende, unbeaufsichtigte Hunde haben die Tendenz, schwache und behinderte Individuen anzugreifen (179, 6105). So soll es allein 1974, neben einer großen Zahl Schwerverletzter, 6 durch Bisse verursachte Todesfälle in den Staaten gegeben haben (178), 1 Mio. Verletzungen durch Hundebisse erforderten medizinische Betreuung (5366). Im U.K. wurden analoge Beiß-Statistiken erstellt (328), die allerdings auch enthüllten, daß ein erhebliches Kontingent Gebissener seine Wunden beißwütigen Menschen verdankte. In Frankreich verursachen 9 Mio. Hunde etwa 3/4 der rund 500 000 schwerwiegenden jährlichen Bißverletzungen durch Haustiere (Rest vor allem durch Katzen) – besonders im Gesicht der Betroffenen, sodann an den Gliedmaßen (2296). Ursache sind zwar häufig freilaufende, aber nicht unbedingt herrenlose Hunde, eine Bekräftigung der Erkenntnis, daß, »wenn Hunde beißen, Menschen schuld sind« (173), besonders, wenn sie den Verkehrten beißen (3024). Und es ist logisch, daß in ums Eigenüberleben kämpfenden Ländern der Dritten Welt solche Zwischenfälle brutaler geahndet werden: Als in Tansania unlängst ein Farmer durch ein Hunderudel getötet und gefressen wurde, ergriff man 520 Hunde, warf sie in ein 15 m tiefes Loch und begrub sie lebendig (2007).

Im Vereinigten Königreich wurde mittlerweile ein »Dangerous dog act« zur Disziplinierung uneinsichtiger, rücksichtsloser Halter potentiell gefährlicher Hunde erlassen (437) – man wollte gar alle Am.Pit Bull Terrier auf einen Schlag töten (467). Aber wie will man überhaupt restriktive Maßnahmen durchsetzen in Ländern ohne Hunderegistration? Es hilft nicht, ganze »Rassen« verbieten zu wollen, weil dies Gerechte und Ungerechte trifft und Rassezüchter sich sofort hinter Fragen der Definition und Identifikation verstecken (»Was ist ein Pitbull, hat er Papiere?«, 465, 466, 469), – Abhilfe schüfe nur der gesetzliche Rahmen eines Heimtierzuchtgesetzes; dies wird hierzulande und auch im Ausland nun teilweise eingesehen (825, 2251).

In einem Jahr sollen in der BRD 2304 Briefträger gebissen worden sein, von denen 336 länger als 3 Tage krank, 5 stationär zu behandeln waren (2232). Im Wiederholungsfalle sollten sich Besitzer solcher Hunde in der Tat die Post selbst abholen müssen. In anderen Ländern ist die Situation ähnlich (4492). Die Erhebung in einer kanadischen Stadt zeigte, daß vorwiegend in Extremitäten und ins Gesicht gebissen wurde, daß 1/4 der Gebissenen die eigenen Besitzer waren bzw. Familienangehörige (insbes. Kinder), daß daneben vor allem (männl.) Zulieferer (Post etc.) attackiert wurden, so daß besonders Dominanz-, Schutz- und Revierverteidigungsverhalten der Hunde – und kaum die Rasse – verantwortlich zu machen waren – und in diesem Zusammenhang dann offenbar die mangelnde Vor- und Umsicht auf Seiten der Hundeeigner und der Gebissenen (5605, 4492). Dagegen werden Hunde von Menschen nur relativ selten gebissen (233), wie etwa in dem aus Belgien berichteten Fall, wo ein zähnefletschender Mann erst von einem Hund abließ, als ihm dessen Besitzerin mit der Handtasche über den Kopf schlug (218).

Es ist sicher die Ansicht von Fox (1975) zu unterstreichen, daß Halter angriffstrainierter Schutzhunde genauso den *Befähigungsnachweis* zur Führung dieser »Waffe« erbringen müßten wie Auto- und Jagdwaffenbesitzer. Mehr und mehr wird auch die V*erantwortung der Züchter,* die mangelnde Beachtung von Wesensmerkmalen, herausgestellt (1725, 5512, 5999, 6000, 6366). Jedenfalls ist es ein Alarmzeichen für alle Hunde- und Menschenfreunde, wenn auch hierzulande von zuständigen Organisationen mehr Schutz vor Hundeangriffen für Ältere und Kinder gefordert wird, die sich kaum noch in Grünanlagen trauten.

Auch von den rund 400 000 Schweizer Hunden haben sich offenbar nicht alle beliebt gemacht, so daß gefragt wird: Sind Wanderer Freiwild? (5038). Immer wieder geraten auch *Jogger* dem Hund zwischen die Zähne (381, 4236). Können denn ungehorsame Hunde nicht regelmäßig angeleint werden, können denn Jogger nicht rechtzeitig verharren – bevor der Verfolgungstrieb im Vierbeiner ausgelöst wird? Als sich neulich ein joggender Cellenser eines

Wadenbeißers mit Tritten erwehrte, schlug der Besitzer ihm die Faust ins Gesicht.

Die durch sich selbst überlassene Hunde möglichen Beeinträchtigungen Dritter beschrieb Hannah (1963) in einer launigen Parabel einmal so: »Der Mastiff von A machte eines Morgens einen langen Spaziergang in die Nachbarschaft. Er zertrampelte und ruinierte das Petunienbeet von B, tötete die Katze von C, knurrte die ältere Dame D an, welche vor Schreck stolperte und sich den Fuß verrenkte; er jagte die Schafe von E auf der Weide, wobei ein Lamm zu Tode getreten wurde. Als er das Besitztum von F überquerte, schoß dieser auf ihn und verletzte ihn am Bein, worauf er nach Hause humpelte. Zwei Tage nach diesem ereignisreichen Morgen sah E ihn vor dem Hause von A liegen und erschoß ihn. Eine Reihe von Prozessen mit unterschiedlichem Ausgang war die Folge.«

Dieses leitet über zu anderen, durch Hunde, oder besser: durch fahrlässige Menschen ausgelöste Schäden, insbesondere bei landwirtschaftlichen Nutztieren und *Wild:* Vorzugsweise Schafe und Rehe sind gefährdet. So wurden in den Midlands (U.K.) 1976 allein über 1000 Schafe durch marodierende Hunde gerissen. In ganz England waren es weit mehr als 6000 Schafe und 3000 Hühner (216, 4389, 2271), aber auch bei uns kommt dies öfter vor (2342), und Bißverletzungen führen häufig zu Beanstandungen des Schlachtkörpers (1649) – allerdings z.T. bedingt durch ungenügend ausgebildete oder veranlagte Hütehunde. Aus USA verlauten noch höhere Zahlen. In Australien hat die Furcht der Schafzüchter vor Überfällen der Dingos oder Dingo/Hund-Bastarde auf ihre Herden dazu geführt, daß in ländlichen Zonen dieses Kontinents der Hund unter den Oberbegriff »Ungeziefer« fällt. Eine besondere Methode, Hunde von Angriffen auf Schafe zu kurieren, dürfte nur für relativ kleine Exemplare praktikabel sein: Sie mitten in eine dichtgedrängte Schafherde werfen, aus der sie sich dann mühselig wieder herausarbeiten müssen (161). Wirksame chemische Repellentien, die nicht zugleich auch die Schafe beeinträchtigen, gibt es leider noch nicht (3458). In England scheint eine große Zahl schon in recht jungen Jahren rennuntauglich gewordener Windhunde nicht unwesentlich zur Streunerpopulation beizutragen, da man sie nur schwer als Haus-Pets an den Mann bringen kann. Einmal verwilderte Hunde sind aber nicht leicht zu resozialisieren (2316).

Vor gewohnheitsmäßig streunenden, wildernden und herrenlosen Hunden in Forst und Feldmark wird die freilebende Tierwelt rechtens durch den Abschuß dieser Tiere geschützt. In Westdeutschland sollen es jährlich ca. 16000 sein (2014), dazu eine Unzahl von Katzen, so daß »die Raubzeugbekämpfung einen breiten Rahmen der Jagdausübung einnimmt« (658). Allerdings ist der Jäger gut beraten, wenn er hier stark differenziert und im Zweifelsfalle »den Finger lieber gerade läßt«. Wer einen Hund vor den Augen seines Besitzers erschießt, nur weil er sich der momentanen Einwirkung desselben und des Gehorsams entschlug, handelt instinktlos und grausam – von krassen Fällen der Wilderei abgesehen. Denn für den konsternierten Hundebesitzer ist eine solche Maßnahme Ermordung eines »Familienmitgliedes«, für den Jäger Schutz eines (seines) Wildtieres, zu dem niemand, auch er selbst nicht, einen direkten, persönlichen Bezug hat. Hier muß man zweifellos unterschiedlich gewichten (177, 5374, 5235).

Auch die wachsende *Gefährdung des Straßenverkehrs* bei zunehmenden Hunde- und Katzen-Populationen stellt ein Problem dar. Schon 1970 sollen jährlich etwa 300 000 Tiere auf deutschen Straßen überfahren worden sein (4694). Weit über 50% aller eingelieferten Verletzungsfälle bei Hunden sind durch Kraftfahrzeuge bewirkt (3227, 4052). Allerdings sind uns auch hier die Amerikaner wieder weit voraus; so sammelte schon 1969 allein das Tierheim Baltimore 15 264 Hundeleichen von den Straßen und vergaste 6565 verletzte, aber nicht ausgelöste Hunde – wobei dies nur ein Bruchteil der tatsächlichen Zahl war. Obduktionen ergaben, daß 80% der Hunde an den direkten Folgen (vor allem Becken-, Leber-, ZNS-Verletzungen, Zwerchfellbrüche), 20% an den Sekundärfolgen starben (2903, 3228, 3333). Neben der Schädigung von in die Unfälle verwickelten Menschen (im UK dürften jährlich etwa 2000 Verkehrsteilnehmer in Unfällen getötet oder verletzt werden, die durch Hunde verursacht wurden; 4389, 263) führen diese meist zu einer erheblichen Tierquälerei: Nur selten ist gleich Hilfe zur Stelle, nicht zuletzt, weil niemand weiß, wer für die Unkosten aufkommt (6142, 2632). Es soll auch Zeitgenossen geben, die mit dem Auto regelrecht Jagd auf Tiere machen. Wie in vielen Fällen der Umweltbelastung oder -gefährdung hilft hier nur die jederzeitige Identifizierung des Tieres anhand einer Steuermarke (6075). Eine Haftpflichtversicherung könnte Bestandteil der Steuer sein. Bei Katzen in ländlichen Gegenden entfällt angeblich eine Haftung für durch sie ausgelöste Unfälle, da sie wegen ihrer Funktion als Ungeziefervertilger »nicht gut am freien Herumlaufen in der Nähe des Hauses gehindert werden können« (1653).

Schließlich ist die Belästigung durch *Gebell* ein weiterer, ernstzunehmender Reibungspunkt, denn Hunde entwickeln dabei nicht selten Lärmpegel von über 100dB (5228). Nach der neueren Umweltschutzgesetzgebung kann dies Strafen für den Halter nach sich ziehen, wenn die ständige, fahrlässige und bewußte Schädigung eines größeren Personenkreises – insbesondere nächtliche Ruhestörung – vorliegt, aber auch die permanente gesundheitliche Beeinträchtigung eines Nachbarn. Dies ist vor allem auch bei der Errichtung von Kliniken, Versuchhunde- oder Züchterzwingern zu beachten (366), z.B. war das hiesige Institut für Tierzucht gezwungen, seine kleine Teckelkolonie in einen klimatisierten Innenraum zu verlegen, da bei Außenhaltung Proteste aus der Umgebung kamen. Andere staatliche Institutionen reagieren da weit unempfindlicher: So prägt der vielfach gestörte Schlaf durch eine unvorschriftsmäßige Bundesbahn-Diensthundehaltung die Erinnerung an unsere Burgdorfer Wohnjahre am nachhaltigsten. Kompliziert wird die Situation dadurch, daß Hunde kürzere, sich öfter abwechselnde Schlaf- und Wachperioden haben als der Mensch. Brunner (1973) meint, ein probates Mittel, unentwegt bellende Hunde zum Schweigen zu bringen, sei, ihnen über die Schnauze zu beißen bzw. zu fassen. Nun leuchtet es zwar ein, daß ein Kläffer, dem man das Maul zuhält, nicht so gut bellen kann, doch wäre dies bei bellfreudigen Tieren wohl ein 24-Stunden-Job. Jedenfalls geht es in einer modernen Industriegesellschaft nicht an, daß bei sogenannten »Umweltschutzdiskussionen« von Hundeliebhabern in Verkehrung und Verkennung der Situation zuerst von den schädlichen Umwelteinflüssen gesprochen wird, vor denen unsere Hunde zu schützen seien, sondern es ist realistischer und der Hundehaltung förderlicher, wenn primär durch den Hund verursachte Belästigungen diskutiert und abgestellt werden. Durch tierpsychologisch verbrämte Interpretationen hundlicher Bellgewohnheiten wie etwa die, daß er durch sein Bellen ja nur andere zur Ruhe bringen wolle und somit ein Lärmbekämpfer sei, werden sich selbst geduldige Nachbarn eher verulkt als getröstet finden. Mit Ultraschallgeräten Kläffer zu stoppen, erscheint suspekt, zumal sich solche Apparate wohl auch bestens zum Ärgern von Nachbars Hund eignen.

Probleme kann besonders auch das sogen. "Trennungs-Heulen bzw. -Gebell" alleingelassener Hunde bereiten – und es werden verschiedene »Therapien« oder Trainingsmethoden empfohlen, die Hunde ans Alleinsein zu gewöhnen (3833) – noch besser wäre natürlich, man ließe das Problem gar nicht erst entstehen. Überblickt man das bisher Gesagte, so wird man keinen Zweifel haben, welche Eigenschaften Nicht-Hundehalter in städtischer Umgebung an Hunden am meisten schätzen würden: Sie sollten zahnlos, steril, stumm und chronisch verstopft sein (4867).

Zur individuellen *Motivierung* der Anschaffung eines Hundes ist zu sagen, daß sie i.a. einem normalen menschlichen Bedürfnis und Bedarf entspringt. Der Hund hat über seine Schutz-, Wach- und Dienstfunktion (auch in England hält man ihn immer noch für das probateste Mittel gegen Einbrecher, 746) hinaus für eine bestimmte Personengruppe, insbesondere kontaktarme oder aus anderen Gründen vereinsamte Menschen, zweifellos eine spezielle, von Psychiatern anerkannte »mentalhygienische« Bedeutung (2467, 5015, 6410) – jedenfalls ist er keineswegs nur »Zubehör« reicher Leute (385). In der Unmenschlichkeit einer urbanen Verfremdung bleibt oft das Tier als einziger psychischer Bezugspunkt (4458, 1040). Dies gilt insbesondere auch für die beiden großen, noch nicht oder nicht mehr leistungsorientierten »Randgruppen« einer Ellbogengesellschaft, nämlich Kinder und Alte, sowie für andere, ins Abseits gedrängte Gruppierungen (264, 309, 5642, 5213, 4609, 3076). In südafrikanischen Stadt-Vororten ermittelte man allerdings jungverheiratete Mütter mit Kleinhunden als »typische Klientel« (4240), was wohl nicht zu verallgemeinern ist.

»Egal, ob es nun ein Hund, eine Katze, ein zahmes Eichhörnchen oder eine Maus ist: Haustiere lassen sich weder von der Hautfarbe eines Menschen, noch von ungekämmten Haaren, abgerissener Kleidung oder einem scheußlichen Jargon beeindrucken (Levinson, 1969)« – sie akzeptieren ihn »ohne wenn und aber« (756); sie haben allerdings meist auch keine andere Wahl. Für alte, bettlägerig werdende Besitzer werden Hunde-Betreuungsdienste eingerichtet (367), und auch der Kummer über den Verlust eines Heimtieres hat durchaus klinisch-relevante Aspekte (4849). Wiederholt opferten Menschen für die Rettung ihres Hundes ihr eigenes oder das Leben anderer. Insgesamt ergeben sich aber durchweg positiv zu wertende Aspekte des »*Petischismus*« überzivilisierter Gesellschaften. An diesem Punkte zeichnet sich für Tierschutz und Psychiatrie möglicherweise eine gewisse Konfliktsituation ab: Es kann sein, daß noch zu erwähnende, mitleiderregende, in ihrer Vitalität beeinträchtigte Rassen, denen man Degenerationserscheinungen anzüchtete, als Objekte der umgehenden Fürsorge hier eine Funktion erfüllen. Doch sollten dem Tierarzt die Belange des Tieres mindestens so wichtig sein wie das Interesse des Besitzers (5305). Auch einem drohenden Herzinfarkt kann durch tägliche Hundespaziergänge sicher entgegengewirkt werden (2068, 2423). Der wohltuende Einfluß des vierbeinigen Kameraden ist aber keineswegs nur kreislaufphysiologisch, sondern vor allem psychologisch zu sehen (2101). Auch soziale Kontakte sollen mittels der Hunde leichter zustandekommen. Hier kommt es aber wohl stark auf das Wesen des Begleiters an: Unverträgliche, aggressive Tölen werden den Infarkt eher beschleunigen und zwischenmenschliche Kontaktaufnahme erschweren – wenngleich es bei Konflikten nicht immer so weit kommen muß wie aus Oer berichtet, wo ein Katzenbesitzer unlängst einen Hundehalter erschoß. Zweifellos gibt es auch jenen Typ, der das »Companion animal« als Sozialsurrogat benutzt, um sich noch mehr von Seinesgleichen abzuschotten (5297).

Insgesamt hat man insbesondere in angelsächsischen Ländern und anderenorts längst die zunehmende soziologische Bedeutung der Heimtierhaltung – und auch ihre lukrativen Aspekte für die Veterinärmedizin – erkannt, und mißt dem Kleintiersektor einen hohen Stellenwert zu (341, 384, 4048, 3960); es werden über die Medien kostenlose Entwurmungs- und Beratungstage propagiert, sowie Discount-Sterilisationen – nicht immer zur Freude der Praktiker

(2974, 4364). Man empfiehlt gar eine werbewirksame »Vermarktung« tierärztlicher Dienstleistungen (5623), denn in der Tat ist erst in zweiter Linie Kompetenz beim behandelnden Tierarzt gefragt: Primär wird der freundliche, mitfühlende Umgang mit Patienten und Besitzern honoriert (1225): Nach einer Umfrage in den USA war mit 68% eine lieblos-gleichgültige Behandlung der Hauptgrund für einen Tierarzt-Wechsel (479). Man geht sogar so weit zu sagen, die Rat und Hilfe suchenden Besitzer wären genauso behandlungsbedürftige »Patienten« wie ihre Tiere – auch und gerade sie bedürften des therapeutischen Blicks tief in die Augen und müßten auf alle Fälle das Gefühl vermittelt bekommen, daß ihr Problem ein ganz spezielles sei (auch wenn es dem Tierarzt 4 mal am Tag begegnet; 2505); und jeder Tierarzt, der seine ganze Aufmerksamkeit nur auf das Tier konzentriere und darüber den/die Klient/in vernachlässige, werde schwere Einbußen erleiden (4250, 4240) – ebenso wie der, welcher moralische Wertungen vornehme, wenn das Tier dem Eigner als emotionaler Blitzableiter diene. In der Tat, viel weiter läßt sich die geschäftstüchtige Anpassung an die Klientel nicht treiben.

Das wachsende Gewicht dieses Sektors findet auch in den gewaltigen Umsatzsteigerungen der Fertigfuttermittelindustrie seinen Niederschlag (Tab. 9; 330). Der »Pet Set« in den Staaten soll 4 x soviel für Tiernahrung ausgeben wie für Babykost aufgewendet wird (502): »Small animals bring big business (Vet.rec.126)«. Und eine »Delta-Society« pflegt und erforscht diese Mensch/Tier-Bindungen (5554). Hierzulande hat man dagegen den Eindruck, als hätte sich die Veterinärmedizin noch zu wenig aus dem Clinch der Landwirtschaft befreit, als sähe sie immer noch – in einer Art Haßliebe – ihre vornehmste Aufgabe darin, Erfüllungsgehilfe der tierischen Produktion zu sein – obwohl die tierschutzrelevanten Auswüchse dieser Produktion in der Tat nur noch als »tierisch« zu bezeichnen sind.

Eine offene kommerzielle Nutzung unseres vierbeinigen Freundes als *Fleischlieferant oder Pelztier* wird dagen in zivilisierten Ländern heute nicht mehr betrieben, wengleich es auch in Deutschland noch um die Jahrhundertwende viele sanktionierte Hundeschlachtereien, in Breslau einen Hundeschlachthof gab (5327): 1912 wurden im Reich auf diese Weise 8094 Hunde geschlachtet, 1937 immerhin noch 2872 (5063). Allein in Prudnik/Oberschlesien waren es jährlich etwa 600 – 1000 Tiere, deren Schlachtkörper nach der Inspektion den rechteckigen Stempel»Hund« erhielten. Die polnische Minderheit legt(e) aber Wert auf die Feststellung, daß es ausschließlich deutsche Kolonisten – vorwiegend wohl aus Sachsen und Bayern – gewesen seien, die sich dorten als Kynophagen betätigten. Vor hundert Jahren sollen denn in München Hundeschlachtungen so häufig gewesen sein, daß behördliche Regelungen getroffen wurden, um Hundediebstählen durch Berufsschlachter und dem Fälschen von Wurstwaren vorzubeugen, und um den tausenden in München arbeitenden Italienern den Hundefleischerwerb zu ermöglichen, für die es ein Leckerbissen war; es kam z.T. als »Beefsteak à la tatare« zum Verzehr – ein bedenklicher Umstand bei den etwa 1% Trichinose-Fällen (5327). Es sei vermerkt, daß noch bis vor 8 Jahren laut Fleischbeschaugesetz der Hund »schlachtbares Haustier« war. Die Anzeige des Singener Tierschutzvereins gegen einen seinen Dalmatinerrüden schlachtenden Zeitgenossen konnte somit nur wegen evtl. Verstöße gegen sachgemäße Tötungsverfahren und gegen o.a. Gesetz verfolgt werden (199). Diese Fleischfresserfleisch-Fresser waren offenbar in Sachsen und Süddeutschland häufiger anzutreffen als in anderen Gauen (1676) – sie mußten in der Tat bedenken, daß Hunde trichinös sein können (4216, 409, 3524).

Dennoch mutet es etwas makaber an, daß das Gutachten über den tierschutzgerechten Transport von Hunden und Katzen ausgerechnet in der Schlacht- und Viehhofzeitung veröffentlicht wurde (6079), so als ob sie vorwiegend zum Schlachthof transportiert würden. Noch 1972 wurde von einem Farmer in Südafrika berichtet, der angeblich jährlich 50 000 Hunde schlachtete und ihr Fell an belgische Fabriken zur Anfertigung eines geschmeidigen Leders für Miniröcke verkaufte. Ein weiterer Belieferer europäischer Kürschner mit dem Balg junger, geschlachteter Hunde soll Korea sein (198), ein Land übrigens, dessen höchsten Repräsentanten man bei Staatsbanketten Gerichte aus Hundefleisch zu servieren beliebt (Kim il Sung in Peking). Aber auch deutsche Entwicklungshelfer sollen ja öfter damit verwöhnt werden. Die Schlachtmethodik sei z.T. bestialisch (IFAW). Ganz in der Nähe pflegten zudem noch vor gar nicht langer Zeit Kamtschadalenweiber Welpen an die Brust zu legen, um einen fetten Leckerbissen großzuziehen und bis heute sollen chinesische Meisterköche im Dunkelstall gehaltene Hunde mit Milch und Pilzen mästen (5063). Im übrigen sei dies hier offenbar eine Form der Verwertung sonst unbrauchbarer Hunde: Als »eßbar« gelten insbesondere solche Exemplare, die dumm, aggressiv oder extrem ängstlich sind (5043). »Dogskins« (Gou-pees) aus diesen Regionen nennt man »Gae-wolf«-Pelze. Dieser Artikel sei schwierig zu manipulieren, da meist aus jedem Dorf ein Hund geliefert werde ((3312) – allein aus Nordkorea alljährlich 1 Mio. Vielleicht werden demnächst auch »Gae-Würste« importiert (340). Übrigens sollen durch Entsorgungsdienste aus tierärztlichen Praxen abgeholte Bälger euthanasierter Hunde und Katzen gleichfalls beim Pelzhandel landen (6182).

Jüngst bangten auch französische Besitzer feister Bullies um ihre Lieblinge, da Gourmands ihr zartes Fleisch als Delikatesse entdeckten (219). Eine »Dog Connection« soll hier 6000 Hunde gestohlen haben. Seit der Verzehr von Hundefett als Volksmittel gegen Tuberkulose oder seine Verwendung zur Einreibung aus der Mode kam, scheinen ähnliche Befürchtungen bei uns unbegründet. Auch in Frankreich war – zumindest in Notzeiten – Schlachtung und Genuß von Hunden sanktioniert und kommerzialisiert: Bei der Belagerung von Paris 1870 kostete 1 kg Hundefleisch 2 Fr 50 (3723). Übrigens gibt es auch Gegenbeispiele gesteigerter Wertschätzung des Hundes: Nach Darwin töteten die Patagonier in Notzeiten eher ihre alten Frauen denn die als Jagdhelfer geschätzten Hunde.

Obgleich im Rahmen der vorn geschilderten statistischen Erhebungen nur selten genaue Zahlenangaben über die Art der Hundehaltung gemacht wurden und die prozentuale Klassifizierung der Hunde oft nur die persönliche Ansicht der Steuerbeamten wiedergibt, ergeben sich eindeutige Präferenzen selbst bei Einräumung eines breiten Vertrauensintervalles. So steht in Großstädten der aus Liebhaberei gehaltene Hund an erster Stelle, und allenfalls dem Wach- und Schutzhund ist noch ein Platz einzuräumen. Dabei ist allerdings zu berücksichtigen, daß Liebhaberei und Schutzbedürfnis gleichzeitige und gleichwertige Motivationen sein können, doch wird immerhin deutlich, wie letzteres proportional mit abnehmender Einwohnerdichte zunimmt. Die Jagdhundehaltung ist dagegen bei uns zahlenmäßig von nachgeordneter Bedeutung.

Die Bundesrepublik zeigt somit noch signifikante Unterschiede zu Verhältnissen in den USA, wo infolge wachsender Gewaltkriminalität auch in den Großstädten ausgesprochene Schutzhunde wie Deutsche Schäferhunde, Dobermann und Airedale einen starken Absatz finden. So soll nach dem aufsehenerregenden Mord an Sharon Tate in Beverly Hills der Preis für einen trainierten Dobermann regional auf 2000 Dollar gestiegen sein. Im Zeitraum 1964 bis 1974 rückten die Dobermänner von Platz 22 auf Platz 6 der AKC-Registrierung (170). Sie standen nun an Platz 4, gefolgt von Dt. Schäferhunden, und neulich machte Präsident Bush ja wieder Negativ-Propaganda für sie, indem er die panamesischen Noriega-Banditen als »Dobermann-Strolche« titulierte. Er vergaß, daß in der einzigen offiziellen Weltkrieg II-Kriegshund-Gräberstätte auf Guam vorwiegend Dobermann-Pinscher liegen.

Gleichzeitig ist in diesem Lande eine Zunahme von Hundediebstählen zu verzeichnen. Nach Schätzungen der »National Catholic Society of Animal Welfare« sollen jährlich etwa 500 000 Hunde gestohlen oder unrechtmäßig erworben und als Versuchhunde weiterverkauft, zwecks Erpressung von Lösegeld oder Erlangung eines »Finderlohnes« mißbraucht werden. Dieser Erwerbszweig der Unterwelt scheint seit Hundefängers Schwejk Zeiten nicht aus der Mode gekommen zu sein, er diente sogar schon als Sujet für Romanschriftsteller (Patricia Highsmith). Es bedarf keiner Hellseherei, um auch bei uns mit zunehmendem Gewaltverbrechertum ähnliche Entwicklungen vorauszusagen. So machten in England 1971 die Klein- und Zwerghunde noch 53% der Population aus, während es 1988 die überdurchschnittlich großen Hunde waren, die den Löwenanteil stellten (5075); sie geraten sicher nicht immer in die richtigen Hände (6181) und es macht wirklich Sinn, einen Beratungsdienst (»Selectadog«, 1735, 6246; läßt Mischlinge jedoch außen vor!) für potentielle Käufer und Halter aufzuziehen, mit dem man allerdings nur gutwillige Leute erreicht. Besonders in den Außenbezirken der Großstädte werden auch bei uns vermehrt große Hunde gehalten (3927):»Ein aggressiver Wachhund kann von großem Vorteil sein in einer Gegend mit hoher Kriminalität« (Hart u. Hart, 1985) - allerdings meinte ja schon Tucholsky, pfiffige Kriminelle könnten sich leicht planmäßig solcher Hunde entledigen.

In der Tat geht ja der Grad menschlicher Verkommenheit z.T. so weit, daß selbst Behinderte überfallen werden und sie sich mit »Rollstuhl-Rottweilern« dagegen schützen. Bei einer generellen Propagierung von »Hilfshunden« für Hilfsbedürftige (3391) sollte man aber bedenken, daß für sie der Umgang mit dominanten Hundecharakteren nicht unproblematisch sein kann, sobald diese deren Handicaps erkennen und auszunutzen gelernt haben. Andererseits sind Hunde durchaus auf verschiedene Lautsignale trainierbar, wenn es um die Unterscheidung und das Apportieren unterschiedlicher Gegenstände geht (6398).

In der Gruppe der aus Liebhaberei gehaltenen Hunde, mit welcher sich der Tierarzt besonders oft konfrontiert sieht, und die nach o.a. Statistik ungefähr 44 % ausmacht, werden ihm nicht selten Tiere und Besitzer begegnen, deren Verhältnis zueinander von der Norm abweicht und deren Verhalten veterinärmedizinische und psychiatrische Kenntnisse wünschenswert erscheinen lassen, wenngleich dies die Zuständigkeit eines Kleintierpraktikers selbstverständlich überschreitet. Auf diese Kategorie weist Leigh (1966) in einem treffenden Artikel hin. Da ist in erster Linie eine vermenschlichende Einstellung des Besitzers zu seinem Tier zu nennen, die ihm durch sentimentale, wirklichkeitsfremde Fernsehdarbietungen á la »Lassie« und »Daktari« oder kitschige Jugendliteratur eingeimpft wurde, mit der Mensch und Tier gleichermaßen Unrecht getan wird (4501). Dies gipfelt dann in Hundehochzeiten mit Schleier und Sekt für die »Braut«, oder in Rinderfilet mit Artischocken oder geschnetzeltem Putenfleisch mit frischen Nudeln für die »Pets« - gefressen im Hunderestaurant mit Blick aufs Meer (Nizza). Nicht selten werden diese Petischisten irgendwann Beißopfer ihrer tyrannischen, sich zu Rudelführern aufschwingenden Hätschelwesen (4249). Zu ähnlichen Folgerungen führte die Befragung einer Klinikklientel durch Rechzygier (1982) bezüglich großstädtischer Hundehaltung - was Art der Hundehaltung, Motivation und Auswirkung auf Hund und Umgebung angeht. Es tut einer festen Bindung zwischen Herr/Frau und Hund/Hündin keinen Abbruch, wenn man ihn/sie nicht mit ins

Abb. 6

Bett nimmt oder die Kinder des Hauses belecken läßt, was schon aus hygienischen Erwägungen abzulehnen ist. Diese auch als »Zoophilie« bezeichnete, maßlose, übertriebene Tierliebe mit deutlich hysterischen Zügen führt öfter dazu, daß Kinderzimmer zu zoologischen Gärten umfunktioniert werden – mit allen den Epidemiologen und Hygieniker konsternierenden Konsequenzen (5927) – sie hat aber für den Kommerz und die Kleintierpraxis zweifellos lukrative Aspekte (3960). Auch die Haustierkundler Herre und Röhrs (1990) messen Hunden eine Funktion als »Bettwärmer« zu, was selbst Nackthundzüchtungen noch legitimiere. Amüsiert beobachtete Graham Greene in einer seiner Kurzgeschichten das ungebrochen tierische Verhalten solcher Betthupferl: Ein Pekinese, eben dem warmen Pfühl seiner Herrin entschlüpft, hatte nichts Eiligeres zu tun, als sich in verwesendem Aas städtischen Mülls zu suhlen.

Zum anderen sind wohl *sexuelle Perversionen* nicht gar so selten – wenngleich die Dunkelziffer verständlicherweise hoch ist (2287, 6121) –, da Rüden oft sexuelles Interesse an ihrer Besitzerin entwickeln, was bei Gewährenlassen über Belecken der Genitalien bis hin zur Sodomie führen kann. »Daß die menschliche Geschlechtswitterung anziehend auf den Hund wirkt, kann jeder selbst beobachten, oft genug auf der Straße« (5478). Hier soll man aber nicht verkennen, daß der Geruchs-»Check« im Anal- und Genitalbereich für Hunde primär zur Identifizierung der Person – und weniger aus »sexueller Motivation« – erfolgt, mithin bei fremden Individuen sehr viel intensiver als bei bekannten (1908) – wie peinlich wiederum beim Besuch der Erbtante. Nach Kinsey Report hatten rund 3 % der Frauen einmal geschlechtlichen Kontakt mit Hunden. Nur selten wurden wohl diese abwegigen, im Halbschatten der Verborgenheit gedeihenden Mensch-Tier-Beziehungen so künstlerisch wertvoll – und doch unmißverständlich – angedeutet wie in Fragonards »La Gimblette« (Abb. 6). Nicht selten sollen später solche Tiere aus einem Schamgefühl heraus zur Tötung überantwortet werden – oder aber ihr Ableben induziert suizidale Gemütslagen bei Hinterbliebenen.

Exhibitionistische Beziehungen bestehen, wenn Tiere, insbesondere exotische, seltene Rassen, aus Modelaunen gehalten werden, um die Aufmerksamkeit auf ihren Besitzer zu lenken. Bekannt und oft zitiert, sicher vergleichsweise harmlos, sind auch solche Hundehalter, welche bewußt oder unbewußt in der Haltung bestimmter Hunde den Ausgleich für ein Persönlichkeitsmanko suchen: Der berühmte Pantoffelheld mit der Deutschen Dogge. Es gibt aber auch Zeitgenossen mit feindseliger Einstellung zu ihren Mitmenschen, die ihre Hunde absichtlich zu kaum beherrschbaren »Verbrechern« pervertieren lassen (3024). Zweifellos können solche Tiere ihren Besitzern zu Erfolgs- und Überlegenheitsgefühlen verhelfen, die ihnen sonst für immer versagt blieben, wie man aus alltäglichen Beobachtungen und der einschlägigen Literatur leicht entnehmen kann; diese Sorte Mäuse wird es aber zweifellos noch dahin bringen, daß Zucht und Haltung großer und wehrhafter Hunde »führerscheinpflichtig«, d.h. vom Erwerb einer Lizenz abhängig gemacht wird, wie das auch in England mit Nachdruck gefordert wird (5395).

Ein weiterer, psychopathischer Typ ist der Sammler herrenloser Tiere, der in einer Art Rettungsmanie unter Vernachlässigung aller anderen Belange eine große Zahl dieser Exemplare beherbergt, um sie vor dem Hungertode zu bewahren. Hier handelt es sich allerdings oft um ältere Damen, welche Katzen, weniger Hunde, zum Gegenstand ihrer erbarmungslosen Errettungsmentalität machen.

Wie aber auch die Einstellung des Besitzers sei, das kranke Tier wird immer im Mittelpunkt der Bemühungen des Tierarztes stehen, und dem verhaltensgestörten Menschen kann er vielleicht helfen, ein natürliches Verhältnis zum Liebhabertier zu finden. Stets muß er sich aber klar sein, daß durch seine Maßnahmen das besondere Band zwischen Mensch und Tier zerrissen oder gefestigt werden kann, denn »das Band zwischen dem Menschen und seinen kleinen Haustieren ist historisch, traditionell und mit der Zeit von grundlegender Bedeutung geworden. Bei dem vielfachen Umzug moderner, beweglicher Familien ist – besonders für Kinder – das ihn begleitende Tier oft der einzige Faktor der Kontinuität in seiner Umwelt oder – für Ältere – das einzige Verbindungsglied zu vergangenen, besseren Zeiten (Singleton, 1976).« Leider ist gerade die Beweglichkeit, die Veränderung der Lebensumstände oft auch einer der Hauptgründe für das Ende der »Pets« im Heim (668).

B. Bau und Funktion, Typdispositionen

»Es wird Zeit, daß unsere Sorge um das Wohlergehen der Patienten unser Streben nach Einkommen übertrifft« – C.K. Andrews, Tierarzt; denn in der Tat: »Man-made animals have man-made diseases« (Bedford, 1986). Aber: »Wenn ich nicht meine Sorge um das Wohlergehen der Patienten mit den Wünschen der Besitzer und der Rentabilität meiner Praxis austarierte, würde ich bald auf der Straße stehen« – J. Soileau, Tierarzt.

Es kann nicht Aufgabe dieses Kapitels sein, in anatomische oder physiologische Details zu gehen oder Grundsätzlichkeiten zu erörtern. Vielmehr soll ein kurzes Resumée über die wesentlichsten Besonderheiten von Bau und Funktion des Hundekörpers informieren und gleichzeitig einige Hinweise auf Erkrankungsdispositionen geben. Dabei wurden, sofern nicht anders vermerkt, Angaben aus Werken von Seiferle (1960), Miller, Christensen, Evans (1964) und Smythe (1970) zugrundegelegt, welche für ein tiefergehendes Studium empfohlen seien. Auch auf eine ausführliche Schilderung von Krankheitsbildern muß verzichtet werden, und es sei auf die einschlägige Fachliteratur verwiesen (1267, 4175).

Anatomie und Rassestandard sind eng miteinander verwoben. Ist man mit der physiologischen Anatomie des Hundes vertraut, so kann man beurteilen, ob ein Standard ihr Rechnung trägt oder im Interesse der Gesunderhaltung der Tiere geändert werden sollte (5360). Viele Hundezüchter und Richter, welche für die Rassestandards verantwortlich sind, wissen zu wenig über die anatomisch-physiologischen und genetischen Grundlagen beim Hund (180). Die Ausarbeitung eines »Wesensstandards« scheint ihnen überflüssig. Dieses kann sich besonders dort verhängnisvoll auswirken, wo nicht mehr der Gebrauchswert einer Rasse im Vordergrund steht und regulierend wirkt, sondern lediglich das zahlreichen Modeschwankungen unterworfene, äußere Erscheinungsbild im Ring honoriert wird. Zwar ist es gutes Recht der Züchter einer vorwiegend aus Liebhaberei gehaltenen Haustierart, auf »Schönheit« zu züchten (2239). Nimmt man dafür schwere Wesensfehler in Kauf (204) oder züchtet gar bewußt mit Defektgenen, so kann dies aber vom tierärztlichen Standpunkt nicht gutgeheißen werden.

In einer enger werdenden Welt wird es aber immer wichtiger, daß ein Hund nicht nur in Format und Temperament zu seinem Besitzer paßt, sondern sich auch in seinem *Verhalten* komplikationslos in die menschliche Sozietät einfügt (2505, 6107). Der ganze Widersinn hündischer Standards spiegelt sich in der Tatsache, daß als Erbfehler in der einen Rasse gemerzt wird (Chondrodystrophie etc.), was in anderen Voraussetzung zur Ankörung ist (5407). Der Tierarzt ist berechtigt und verpflichtet, die Dinge beim Namen zu nennen; unsachliche Gegenreaktionen »betroffener« Züchter zeugen nur von falscher Einschätzung seiner Berufsethik und von mangelnder Einsicht; so sieht das auch Rollin (1994).

»Die Zuchtbestimmungen der Vereine sind sehr streng – nur bei strikter Einhaltung durch den Züchter werden Ahnentafeln ausgestellt (571)« – so begrüßenswert diese Feststellung auf den ersten Blick sein mag, klingt sie doch wie Hohn, wenn es gerade diese Bestimmungen sind, welche Defektzuchten zementieren. Auf Zusammenkünften der FCI, die Änderungen beschließen könnten, wird oft nur über Nebensächlichkeiten bramarbasiert (6301): »Die Kommissionstreffen sind sehr fruchtbringend, jedoch ist der Effekt im Ergebnis nicht greifbar (Borggräfe, 1991)«. Selbst Herr Räber, ehem. Vorsitzender der Standardkommission und Verfasser recht lesbarer Hundebücher, meinte, Änderungen wären von dort her kaum oder nur im Schneckentempo zu erwarten (268, 4610) – erst als Pensionär befleißigte er sich einer etwas deutlicheren Sprache (4614). In England, wo viele ungute Rassestandards von »Fancy«-Züchtern ausgebrütet wurden und auf der »Cruft´s« immer wieder das Extreme herausgestellt wird (5938), wurde schon gefordert, nur Tierärzte und nicht der Kennel-Club sollten über Standards entscheiden (5614), obwohl gerade auch Veterinäre hier gern mitmischen und es als hohe Auszeichnung empfinden, als Top-Richter auf Cruft´s Show zu wirken (5506). Korrekturen möchten kynologisch interessierte und diesen Dingen sehr viel lasziver gegenüberstehende Nutzviehzüchter wie Willis (1979, 1981) sich zwar selber vorbehalten, doch sehen inzwischen selbst sie die Notwendigkeit einer Umkehr (354).

Immerhin zeigte der Kennel-Club mittlerweile Wirkung und strich einige besonders krasse Auswüchse aus den Rassebeschreibungen z.B. der Bullies, Chow-Chows und Bloodhounds (5507). Leider sind dies oft nur Lippenbekenntnisse und auch Bedford (1991) beklagt, daß nichts den Fortschritt auf diesem Sektor mehr hemme, als Sturheit und Uneinsichtigkeit vieler Züchter und Zuchtorganisationen.

Das Offenlegen von Zuchtschäden hat mit Rassendiskriminierung nichts zu tun, zumal kaum eine Rasse ohne Dispositionen ist, sondern soll ja gerade dem verantwortungsbewußten Züchter Hinweise und Hilfe sein, Extreme zu vermeiden. Potential und genetische Variation ist in allen Rassen groß genug, um dieses bei gutem Willen zu erreichen. Das gilt allerdings nicht für mit Subvitalgenen operierende Defektzuchten (z.B. Nackt- und Faltenhunde etc.), die den Namen »Rasse« nicht verdienen. »Auf sie sollte man den Mut haben zu verzichten« (4214), denn hier steht eindeutig das snobistische Amusement am »Freak« dahinter (464). § 11b Tierschutzgesetz sollte Handhaben zum Eingreifen bieten.

Kein anderer Säuger weist eine vergleichbare Formenmannigfaltigkeit auf wie der Hund (4848), mit Körpergrößenvariationen von 12 - 100 cm Widerristhöhe (Chihuahua - Irischer Wolfshund) und Gewichtsschwankungen von 500 g - 141 kg (Bernhardiner) bei ausgewachsenen Tieren; dabei liegen solche Extreme sicher bereits jenseits der Norm, denn *sowohl Verzwergung als auch Gigantismus* - auf die Spitze getrieben - können Skeletterkrankungen fördern, wie noch zu schildern sein wird (6094, 1479, 3488). Doch läßt sich schon vorab sagen, daß durch derartig skrupellose Zucht auf »Exoten« oder Renommierhunde die Körperproportionen und -relationen des Hundes gänzlich verhunzt werden, was sich allometrisch nachweisen läßt (6034, 3154) und letztlich dann in tierärztlichen Klinikstatistiken niederschlägt. Fragt man Verantwortliche nach ihrer Motivation für diese »Zuchtarbeit«, sprechen sie von »Kreativität« (Weisse, 1985); dies dürfte aber treffender zu übersetzen sein mit anthropozentrischer Gestaltungssucht, eitlem Geltungsdrang (2419) - und Geschäftstüchtigkeit.

Frau Bolt (1990), Züchterin kleiner Schmetterlingshündchen, meint auch, man müsse Vorwürfe zurückweisen: Katze und Löwe unterschieden sich ja schließlich noch viel mehr in der Größe als Zwerghund und Molosser. Ohne nun einen stark hinkenden Vergleich durch einen weiteren ergänzen zu wollen (z.B. Chihuahua - Elefant), so ist hier doch zu monieren, daß man nicht gut einerseits Rassen ein und derselben Art und andererseits zwei verschiedene Arten miteinander vergleichen kann. Einen ungefähren Anhaltspunkt für einige (stark schwankende) Rassenmittelwerte im Körpergewicht kann Tab.12 geben.

Besonders der *Kopf*, für dessen makellose Form man auch beim Hund manch anderen Nachteil in Kauf nimmt, zeigt beträchtliche rassische Variationen. Während der Wolf und relativ ursprüngliche Formen wie Laufhunde und einige Schäferhunde typische Langschädler *(Dolichozephale)* sind, kam es bei den Kurzköpfen *(Brachyzephale)* wie etwa Bulldogs, Pekinesen, Mops durch Mutation und den züchterischen Einfluß des Menschen zu einer Verkürzung der Gesichtsknochen (Kiefer und Nasenbein), während Mesozephale wie Pinscher u.a. eine Mittelstellung einnehmen. So beträgt der Schädelindex, d.h. das Verhältnis Schädelbreite:Länge (x 100) bei Langschädlern 39, bei Kurzköpfen jedoch etw 81% (3937). Dies wird in Abb. 7 verdeutlicht. Bei 57 durch Lignereux u. Mitarb. (1991) diesbezüglich typisierten Rassen hatten Pekinesen und Franz. Bullies die abnormsten Werte.

Brachyzephalie findet man besonders auch bei sogen. »*chondrodystro-*

Tabelle 12 Durchschnittliches Körpergewicht ausgewachsener Rassehunde (kg) (nach Lewis in Nap u. Mitarb., 1991)

Bernhardiner	68 - 82	Airedale Terrier	21 - 23
Deutsche Dogge	52 - 66	Bulldog	18 - 23
Neufundländer	50 - 68	Keeshond	18 - 19
Irischer Wolfshund	48 - 61	Sibir. Husky	16 - 27
Rottweiler	32 - 45	Cocker Spaniel	12 - 15
Bouvier	32 - 45	Basset	11 - 25
Dobermann	32 - 37	Beagle	8 - 14
Berner Sennenhund	30 - 42	Franz. Bulldog	8 - 13
Bobtail	30 - 36	Welsh Corgi	8 - 11
Boxer	28 - 32	Dackel	8 - 9
Dt. Schäferhund	27 - 39	Zwergschnauzer	6 - 9
Golden Retriever	27 - 34	Schipperke	6 - 7
Greyhound	27 - 32	Cairn Terrier	6 - 7
Labrador Retriever	25 - 34	Whippet	5 - 12
Pointer	25 - 30	Zwergpudel	3 - 4
Chow-Chow	25 - 27	Yorkshire Terrier	2 - 3
Dalmatiner	25 - 27	Chihuahua	1 - 3

phen Rassen« (S. dort), oft im Verein mit einer Verkürzung der langen Röhrenknochen des Gliedmaßenskeletts (Mops, Franz. Bully, Pekinesen etc.), was durch vorzeitigen Schluß und Verknöcherung der Epiphysenfugen in der Wachstumsphase bedingt wird – in anderen Rassen nur als sporadisch auftretende Abnormität gesehen (5895) – und nicht selten mit einer frühen Alterung und Dystrophie knorpeliger Strukturen generell einhergeht. Was Kurzköpfe von Dolichozephalen neben der Gesichtsverkürzung besonders unterscheidet, ist die breite, runde Ausformung des Schädelskeletts, verursacht durch ausgeprägtere Jochbogen und größere Wölbung des Hirnschädels. Das führt in extremen Formen (Pekinesen) zu fast primatenähnlichem Rundkopf mit frontaler Orientierung der Augen (5197) und größerem Hirnvolumen bei diesen Rassen (5059), aber auch zu einer Häufung von Schwergeburten (140): Die Diskordanz zwischen fetalen Schädel- und mütterlichen Beckenmaßen wirkt sich fatal aus (1021). Ihr größeres relatives Hirngewicht scheint auch nicht mit einer höheren Intelligenz, sondern mit einer erhöhten Anfälligkeit zu intracraniellen Geschwülsten und zu Wasserkopf verbunden zu sein (1465, 2583, 3649, 5457, 3250, 1555, 2242, 1252). Dieses dürfte nicht zuletzt auf traumatischer Basis zustandekommen, da eine schützende Scheitelleiste, welche bei Langköpfen zwecks Muskelansatz bis zu 1 cm hoch wird, fehlt, und das stark gewölbte, dünne Schädeldach oftmals persistierende Fontanellen aufweist (»Molera«), welche zu peri- und postnatalen Verletzungen prädisponieren (»Lückenschädel«; 6389, 2100, 1479, 2419). Das Risiko »Wasserkopf« (von Pet-Züchtern als »Apfelkopf« verniedlicht), nimmt zudem mit der Verzwergung proportional zu (5210).

Bau und Funktion, Typdisposition 53

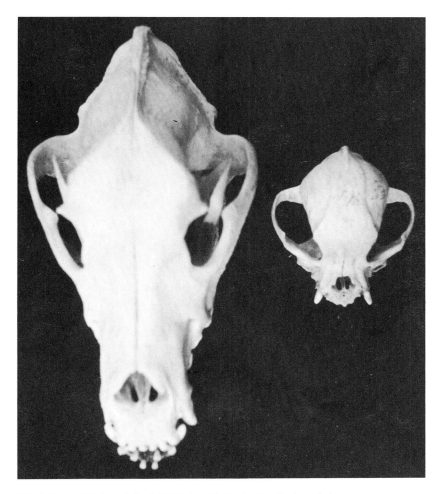

Abb. 7 Links: Dolichozephaler Schädel eines Wolfes. Rechts: Brachyzephaler Schädel vom Mops.

Allerdings nimmt auch physiologischerweise der Wassergehalt des Hirnes von 92,1% bei Neugeborenen auf 84,6% beim erwachsenen Tier ab, wobei der Abfall im Corpus callosum besonders krass ist (37). Daneben kommen angeborene Formen des Hydrozephalus vor (3376, 1199) – die im übrigen kein alleiniges Privileg der Brachyzephalen (982) sind -, ebenso abnorme fetale Kopfbreiten, besonders beim Boston-Terrier (3678), der mit einer 5,8fach überdurchschnittlichen Schwergeburtshäufigkeit einen traurigen Rekord aufstellte

(141). Doch auch bei der Französischen Bulldogge gab Prinz Ratibor, Geschäftsführender Präsident des Bully-Vereins (und Kollege) zu Protokoll, daß er bei jedem zweiten Wurf einen Kaiserschnitt machen müsse (2135). Außerdem sind die Bullies auf Schloß Unterriexingen, ungeachtet ihres »Herrenlebens«, deckunlustig.

Die Skelettschäden der nach dem Prinzip »je kleiner desto besser« gezüchteten chondrodystrophen Zwerghunde gehen oft so weit, daß ihre Schä-

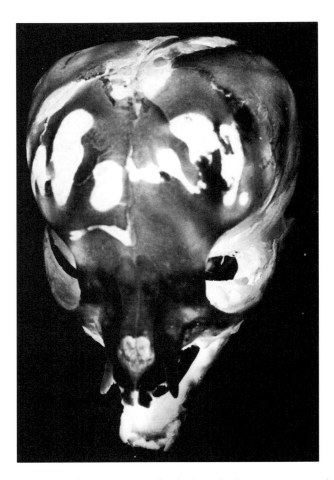

Abb. 8 Auswirkungen extremer Chondrodystrophie bei verzwergten Hunden (»Löcher im Kopf«), hier bei einem Chinese Crested Dog.

Bau und Funktion, Typdisposition

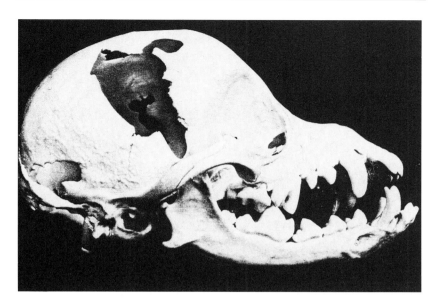

Abb. 9 Nach einem Schuhwurf zerplatzte, papierdünne Schädeldecke bei einem Yorkshire-Terrier. +) Herrn Dr. P. Meyer, Inst. f. Anatomie, sei für Präparate gedankt.

delknochen papierdünn sind und viele, sich niemals schließende »Löcher« auf weisen. Beleuchtet man solche Krüppelköpfe von innen, wie in Abb. 8 geschehen, so tut sich eine weitere Verwendungsmöglichkeit dieser »exotischen« Zuchtprodukte auf: Ihr posthumer Einsatz als Rechaud (6093). Ein »Super-Mini-Yorkie« fiel tot um, als man mit einem Schuh nach ihm warf, denn seine vielfach perforierte Schädeldecke platzte wie ein rohes Ei (Abb. 9) – normale Hunde sollten solche Aktionen wohl gerade noch abkönnen. Das soll nun kein Plädoyer für das Werfen von Gegenständen als Erziehungsmethode sein – aber ist es nicht wirklich an der Zeit, solchen Defektzüchtern das Handwerk zu legen? – denn hinzukommt – »Molera-Hunde sind Beinbruch-Hunde (Bolt, 1988)«. Insbesondere finden sich auch abnorme Erweiterungen des Foramen magnum (Austrittsstelle des verlängerten Rückenmarks) bei diesen Toy-Rassen, sowie Atlas-Subluxationen, die mit neurologischen Symptomen einhergehen können (6360, 4657, 1543). So kommt es, daß diese Yorkshireterrier derzeit zu den Rassen mit niedrigster Lebenserwartung zählen (3927), wenngleich für diesen Parameter neben rassischen auch regionale Faktoren bedeutsam sind (2566). Es deckt sich jedoch mit den rassespezifischen Erkrankungsraten aus diesen Statistiken (4894). Renners Daten (Diss. Hannover 1995) signalisieren allerdings eine durchschnittliche Lebenserwartung für Yorkies.

Abnormste Schädel werden aber von neodarwinistisch eingestellten Zoologen noch als »Wuchsformen« und »Exotypen« der normalen Variation angegliedert (2666); gleichgesinnte Tierärzte halten es auch für noch normal, wenn nur bindegewebige Häute einen Vorfall des Gehirns durch das erweitert Hinterhauptloch verhindern (6027).

Mit disproportionierter Kiefer- und Nasenbeinverkürzung geht eine Verkleinerung und Verminderung der Stirn- und Nasennebenhöhlen einher (3239). Eine selektive Kühlung des Gehirns unter einem Hitzestreß, wie sie bei Säugern durch kaltes (»ventiliertes«) venöses Blut aus dem Nasalraum bewirkt wird (2947), muß bei weitgehend nasenlosen Kretins aber ungenügend sein – wodurch sie zusätzlich hitzschlag-gefährdet sein dürften. Brachyzephalie bedingt zudem nicht selten einen mangelhaften oder ausbleibenden Zahnschluß, eine ausgeprägte *Prognathia inferior* (Vorbiß, Hechtgebiß) bei Bulldogs und Boxern (Abb. 10), eine *Brachygnathia inferior* (Unterbiß, Karpfengebiß) öfters bei Dackeln und anderen chondrodystrophischen Rassen (auch bei Cockern, 4455). Costiou bevorzugt allerdings die Bezeichnung Retrognathie (des Oberkiefers) für den Vor- und Prognathie für den Unterbiß (1240). Während erstgenannte Anomalie dem »Standard« der genannten Rassen entspricht, bedingt letzte Zuchtausschluß (3061).

So können Studien des Schädellängenwachstums an Hunden unterschiedlicher Kopfform als gutes Modell für die Diskussion ähnlicher Erscheinungen beim Menschen gelten (3853). Das unharmonische Kieferwachstum setzt allerdings erst nach einigen Wochen ein, so daß Welpen dieser Rassen im Saugen unbehindert sind. Der Vorbiß der Mutter, z.B. beim Boxer führt jedoch meist dazu, daß diese nicht mehr in der Lage sind, die Fruchthüllen der Welpen ordnungsgemäß aufzubeißen, so daß diese ohne Züchterhilfe ersticken müßten (3659). Auch Pekinesen u.a. haben erfahrungsgemäß Schwierigkeiten im Abnabeln ihrer Jungen (3206). Dies verwundert nicht, wenn man bedenkt, daß die beiden Prämolarenleisten des Unterkiefers, läßt man sie in ihrer geradlinigen Verlängerung zusammentreffen, bei diesen extrem Brachyzephalen einen Winkel von über 45 Grad (bis 53 Grad) bilden, beim Barsoi aber mit 10 Grad sehr spitz zusammenlaufen (2180). Brachiale Extraktionsversuche bei schwergebärenden Hündinnen ohne Hinzuziehung des Tierarztes können zu schweren Uterus- und Scheidenverletzungen führen (3219).

Selbst bei Füchsen soll Kurzköpfigkeit als Domestikationsmerkmal auftreten. Besonders die Doggenartigen zeigen alle Übergänge von der Dolicho- zur Brachyzephalie: Die einen typischer Vertreter der Langschädler (Dt. Dogge), die anderen ausgesprochene Kurzköpfe (Bully), dazwischen alle Intermediärformen. Nur bei Kurzköpfen vorhanden ist auch eine ausgeprägte Glabella, ein

Stirnabsatz an der Nasenwurzel über der dorsalen Naht zwischen dem Stirn- und Oberkieferbein (Sutura frontomaxillaris), der sogen. *Stop* (Abb. 10). Diese scharfe Einbuchtung begünstigt hier eine übermäßige Hautfaltenbildung (2723), welche vermehrten Anlaß zu Dermatitiden gibt (Pekinesen!); sie geht nicht selten auch einher mit Nasenknorpel- und Gaumenmißbildungen (öfter Gaumenspalten bei Shi Tzu und Bulldogs; 4398, 2534) und den daraus resultierenden Atembeschwerden oder gar Aspirationspneumonien (3478, 1345, 795). So sind *Dyspnoe* der Englischen Bulldogge (5587), Schluckbeschwerden und Atemnot des Prince Charles Spaniel (S. a. Abb. 78) geradezu Rassemerkmale und durchaus vitalitätsabträglich (86), stellt der Pekinese (Abb. 70) für manchen Tierfreund nicht nur ein ästhetisches, sondern bei operativen Eingriffen auch ein anästhetisches Problem dar, ebenso der Bully (3638, 2620). Skomerisle Aida, schwer atmungsbehinderte Weltsiegerin von 1956, tat denn auch kurz nach dem Sieg den letzten Schnaufer (5407). Diese disproportionierten Kurzköpfe sind »respiratorische Krüppel« (686, 4776) und stellen das Hauptkontingent bei Notoperationen der oberen Luftwege, insbesondere im Nasen-, Rachenraum (Stenotische Nasengänge, zu langer weicher Gaumen, bei gleichzeitig verkürztem knöchernen Gaumen; 3476, 3477, 2529, 2530, 4213). Mit diesen Problemen sahen sich unsere Kollegen schon vor über 50 Jahren in gleicher Weise konfrontiert (3152, 4719), doch ist den Vereinsfunktionären dieser Rassehundevereine bislang nichts Besseres eingefallen, als ihren Mitgliedern zu empfehlen, bei heißer Witterung nur nachts mit ihren schnaufenden Hunden spazierenzugehen. Dabei kann über die thermoregulatorische Bedeutung der hündischen Mund- und Nasenhöhle in Zusammenhang mit dem Speichelvorgang unter einem Hitze- oder Arbeitsstreß kein Zweifel bestehen (4159, 561). Kurzköpfigen bzw. -schnäuzigen Hunden fehlen auch die Stirnhöhlen ganz oder teilweise (3593), wie bereits betont. Sie stellen das Hauptkontingent der nach längeren Flügen aus Transportkisten tot geborgenen Hunde (388). Aber was soll's: als »typvolles« Pendant, zur Imagepflege fettleibiger, glatzköpfiger Fernsehstars im Brutalolook à la »Cannon« u.a. kommen offenbar nur feiste Bullies infrage. Es konnte nicht ausbleiben, daß unsere angelsächsischen Kollegen inzwischen eine einprägsame wissenschaftliche Abkürzung für diese vorprogrammierten Defekte erfanden: »*BAOS*« (= brachycephalic airway obstruction syndrome); »Der Schädel ist in der Länge verkürzt – das zugehörige Weichgewebe (Haut, Bindegewebe etc.) ist jedoch nicht proportional reduziert, so daß zuviel davon auf zu engem Raum die Luftwege verstopft (Harvey, 1989)«. Wie man solche, durch fehlgelenkte Rassezucht pervertierte – und auch röntgenologisch gut differenzierbare (4673) – Krüppelköpfe als Wuchsvarianten der Normalverteilung zuschlagen kann (2666), bleibt herausragendes Beispiel akademischen Appeasements.

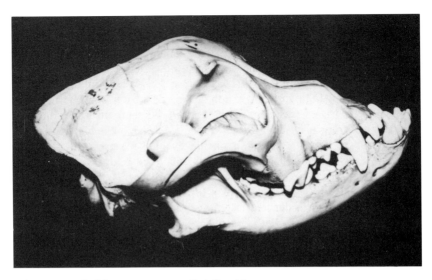

Abb. 10 Boxerschädel, mit ausgeprägtem Vorbiß und Stop.

Als Ursache von Stenosen differentialdiagnostisch in Betracht kommende Nasentumoren sollen in großen, dolichozephalen Rassen häufiger sein als in brachyzephalen (3486, 2579). Mehr und mehr werden aber atmungsbehindernde Engpässe auch im Bereich der Luftröhre bei chondrodystrophen Rassen beschrieben: Die *Trachealringe* sind als Folge der Chondrodystrophie *zu eng* angelegt oder kollabieren infolge Stabilitätsverlusts (poröse Struktur; 1471) im späteren Leben, so daß völlige Apnoe resultieren kann (3487). So müssen manche Yorkshireterrier ein Leben lang husten, bevor diese Anomalie diagnostiziert wird (4645). Insbesondere die vorgenannte Rasse, Kleinspitze und Pudel sowie Chihuahuas und Bullies sind betroffen (1469, 1470, 687, 2533). Auch eine Bronchushypoplasie wurde geschildert (88). Viele klinische Kollegen ergehen sich auch lediglich in immer neuen Therapieansätzen bei diesen »maßgeschneiderten« Defekten (5786) – und nur selten in Abmahnungen an die Züchteradresse.

Ein in Husky-Mischlingen in den Auswirkungen ähnliches »Wheezer«-Syndrom erscheint ätiologisch different (4423), und auch Pharynxverlegungen durch penetrierende Rachenverletzungen (Stock, Zweig) sind überwiegend Privileg vitaler junger Hunde größerer, oft jagdlich genutzter Rassen (6186).

Auch in den muskulären Anteilen, welche nicht zuletzt die äußere Kopfform mitbestimmen, gibt es deutliche rassische Unterschiede. So ist die Kaumuskulatur (eine fast paradoxe Bezeichnung, da der Hund kaum kaut), die

Mcc. masseteres und temporales, bei langschädeligen Rassen, besonders auch bei Terriern, welche gern kleine Beutetiere packen und zu Tode schütteln, wesentlich kräftiger ausgebildet als bei Rundschädeln, aber auch bei Spaniels. Kommt es jedoch zu unförmigen, schmerzhaften Anschwellungen in diesem Bereich, insbesondere beim Dt. Schäferhund und dessen Kreuzungen, so ist an Muskelentzündungen (Myositis eosinophilica) zu denken (4758).

Das *Gebiß* des Hundes ist ein Scherengebiß, bei dem die scharfkantigen Kronen der oberen Reihe über die (buccale) Außenkante der unteren Zähne greifen, wodurch eine vorwiegend schneidende Wirkung erzielt wird, es ist zum Beißen, Abbeißen und Reißen konstruiert, weniger zum Kauen, bestenfalls die letzten Molaren vollführen eine kauende Bewegung. Die Gebißkräfte sollen beim Wolf 15 kg/qcm betragen (3912).

Der Hund besitzt in der Regel 28 Milch- und 42 bleibende Zähne in folgender Anordnung:

Milchgebiß

$I_3^3 \ C_1^1 \ P_3^3$ (x 2 = 28)

Bleibendes Gebiß (Ersatzgebiß)

$I_3^3 \ C_1^1 \ P_4^4 \ M_3^2$ (x 2 = 42)

Über die Embryonal- und Fetalentwicklung der Zähne (incl. Mineralisierung) geben die Untersuchungen von Williams u. Evans (1978) Auskunft, über die Evolution des Canidengebisses die Studie von Hettling (1988). Nach der dreiwöchigen »zahnlosen« Zeit sind die Milchzähne im 2. Monat nach der Geburt voll entwickelt (6314). Der Zahnwechsel beginnt mit 3 Monaten und sollte im 6. und 7. Monat abgeschlossen sein. Dabei werden die Incisivi zuerst ersetzt (bis 5. Monat), während die hinteren Molaren erst mit 6 – 7 Monaten durchbrechen. Die Molaren und der erste Prämolar haben keine Milchzahnvorläufer, weshalb man den letzten auch als »persistierenden Milchzahn oder Lückenzahn« bezeichnet. Durch diese *Milchzahnpersistenz* – auch aus anderen Säugerarten bekannt (5720), – kann im Einzelfalle die Nichtanlage (*Oligodontie* = Zahnunterzahl) der normalerweise darunterliegenden Prämolarenkeime verschleiert werden, was sich nur röntgenologisch abklären läßt (880). Starke rassische, haltungs- und fütterungsbedingte Variationen in der Abnutzung der Zähne machen diese für eine Altersbestimmung der Tiere meist wenig aufschlußreich. Auch die überstandene Staupe kann einen Effekt ausü-

Abb. 11 Komplettes Gebiß eines ausgewachsenen Schäferhundes.

ben (876). Offenbar bestehen Korrelationen zwischen der mittleren Lebensdauer einer Rasse und dem Durchbruch der permanenten Zähne: Bei großen Rassen mit kurzer Lebensdauer brechen sie eher durch als bei kleinen, welche im allgemeinen ein höheres Lebensalter erreichen. Solche Zusammenhänge sind auch vom Rind bekannt: Tiere mit früherem Zahndurchbruch besitzen im Mittel ein höheres Körpergewicht (auch größere Köpfe) als solche mit spätem (1194).

Gegen Karies scheint der Hund recht resistent zu sein (3997, 3335), da das Scherengebiß ein Verhalten von Speiseresten nicht begünstigt, und der hochalkalische Speichel ein guter Neutralisator von Säuren ist (2111). Karies kann in einer Frequenz von 5,6% auftreten und soll vorwiegend bei Dolichozephalen vorkommen (875, 3110, 5058). Neuere Berichte sprechen allerdings von höheren Prozentsätzen (3909), doch oft nur mit Befall einzelner Zähne. Diese Autoren kommen jedoch gleichfalls zu der Auffassung, daß *Parodontose* das größere Problem darstelle, – übrigens auch bei Katzen (3874). Hier mag sich bald eine Wende zum Besseren einstellen, nachdem in den USA die Hunde-Zahnpasta »Doggy-Dent« erfunden wurde (2,89 $ pro Tube, mit Beefsteak-Geschmack, 171). Von erfolgreichen Überkronungen des öfters frakturierten Caninus wird berichtet (4997).

Zahnanomalien sind nicht selten beim Hund, bei einigen Rassen fast obligatorisch. So zeigt der Nackthund in ausgewachsenem Zustand oft eine abnorme Dentition, fehlende Zähne (Aplasie, *Hypodontie*, 879) und frühen Zahnausfall, verbunden mit Erkrankungen des Periodontium (6387). Bei anderen, verzwergten Rassen, z.B. Chihuahuas, wurden ähnliche Beobachtungen gemacht (6127, 1526, 270). Bei Zwergterriern wie Westies und Yorkies z.B. wird der Verlust von Prämolaren klaglos in Kauf genommen. Insgesamt sind dies Hinweise, daß erbliche Einflüsse bei fehlenden Zähnen in der Tat eine Rolle spielen können, doch überschätzt man ihre Bedeutung offenbar besonders für das in vielen Rassen – speziell auch beim Dt. Schäferhund (881) – verbreitete Fehlen der persistierenden Milchprämolaren (3226, 505, 6057, 3585). Auch familiäre Formen der Osteomyelitis können einmal zum Zahnausfall führen (788). Selbst bei prähistorischen Hunden wurde das *Fehlen von Prämolaren* konstatiert, so daß man es kaum als »neuzeitliche Degenerationserscheinung« werten kann. Doch mag zweifellos gerade bei Fleisch- und Knochenfressern bereits der Ausfall eines einzigen Zahns in der Reihe zu Zahnfleischverletzungen, Futtereinklemmungen, d.h. zu Nachteilen führen (881), die hier weder unter- noch überbewertet seien. Eine kompetente Übersicht zu dieser Problematik gab Seiferle (1978, 1980).

In der Tat hat es den Anschein, als bestünde eine seit Jahrtausenden andauernde, evolutionsbedingte Reduktionstendenz des Fleischfresser-Backenzahngebisses (bei der Katze noch weiter fortgeschritten, S. dort), gegen die züchterisch anzukämpfen vergeblich sein dürfte (6310). Sie findet sich auch bei Wölfen (2619). Ausgezeichnete Hunde nur deswegen nicht in die Ausleseklasse einzustufen, weil ihnen ein P1 fehlt, erscheint somit ungerechtfertigt (5201), wenngleich es andererseits ungut klingt, wenn ausgerechnet zahnärztlich tätige Tierärzte monieren, daß »Verzahnungsstörungen« zu Bewertungsnachteilen führen (1840). Hier muß man sich der Meinung von Zetner (1991) anschließen, der Zahnimplantate zur Maskierung genetischer Oligodontien für suspekt hält.

Die Heritabilität für die Nichtanlage einzelner Zähne dürfte – wie beim Schwein – im mittleren Bereich liegen (6104, 2783, 2785). Wahrscheinlich sind weniger, aber größere und richtig angeordnete Zähne effektvoller als mehr, aber irregulär plazierte. Ein völliges Fehlen der Prämolaren oder gar Incisivi, wie beim o.a. Nackthund und seinen Varianten (»Xoloitzcuintle«, 1919) nicht selten konstatiert, kann aber nur als das bezeichnet werden, was es ist: eine indiskutable Abnormität. Und es ist auch kein Alibi für Vollzahnigkeit, wenn eine Nackthundzüchterin belegt, daß selbst von ihren Hunden schon Leute gebissen wurden; bei einem zu brüchigen Gebiß kann dies überdies für den Gebissenen und seine Wundheilung verheerende Folgen haben: Wunden heilen schlecht, wenn Reste abgebrochener Zähne darin eitern (5057). Die Entscheidung, ob ein Hundegebiß als schwach, normal oder kräftig einzustufen sei, wird objektiv sicher nur durch die einheitliche Anwendung standardisierter Meßverfahren (5944) und die Ausrichtung nach Populationsmittelwerten möglich sein, nicht durch das subjektive, individuell und temporär unterschiedliche Augenmaß von Ringrichtern. Die gegenwärtige ungeklärte Situation bei manchen angeborenen Defekten des Hundes, auch bei Zahnfehlern, die vielen Hilfskonstruktionen und Verrenkungen, mit denen mendelnde Erbgänge »nachgewiesen« werden sollen (1133), erklären sich offenbar aus der Tatsache, daß nur wenige Züchter bereit sind, bei populationsgenetischen Erhebungen objektiv mitzuarbeiten (5325). Daher sind heftige Kontroversen in Züchterkreisen über den Wert und Unwert von Selektionsmaßnahmen nur zu verständlich. Eine polygenetische Grundlage wird diskutiert (5027).

So teilte Skrentny (1964) anläßlich einer Populationserhebung einmal die Hundebesitzer in folgende Kategorien ein:
1. Die Besitzer gestatteten diese Untersuchung nicht, weil sie wußten, daß ihre Tiere Zahnschäden hatten.
2. Einige wenige Besitzer gestatteten die Untersuchung, obwohl sie wußten, daß ihre Hunde Zahnschäden hatten.
3. Die Besitzer wußten nicht, daß ihre Hunde Schäden hatten, als sie es wußten, reute sie die Untersuchungserlaubnis.
4. Die letzte Kategorie der Hunde wurde untersucht während der Abwesenheit der Besitzer.

Zusätzliche Zähne (*Polyodontie*, Zahn-Überzahl) insbesondere Incisivi, finden sich i.a. selten (1328), öfter aber bei Kurzkopfrassen, so bei Bulldoggen (41,42), auch ist die Zahngröße bei Brachyzephalen nicht der Kieferverkleinerung proportional gefolgt (4848), doch ist eine Rotation und unregelmäßige Anordnung besonders der Prämolaren in diesen Rassen häufig. Sie begünstigt *Parodontosen* (4427).

Überzählige Prämolaren findet man auch in anderen Rassen, z.B. bei Boxern

Bau und Funktion, Typdisposition 63

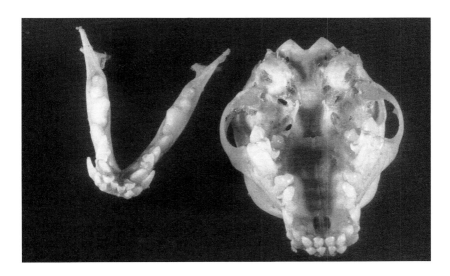

Abb. 12 Doppelte Zahnreihen durch persistierende Milchzähne bei einem achtjährigen Yorkshire-Terrier.

hin und wieder (4508), meist direkt hinter dem Caninus und meistens oben (3334). Insbesondere bei Zwerghunderassen kann es durch das Stehenbleiben von Milchzähnen zur Ausbildung doppelter Zahnreihen kommen (874) = Scheinbare Zahnüberzahl (Abb. 12). Die Ausbildung eines 3. Gebisses nach erfolgtem Ausfall der Ersatzzähne im Alter von 9 Jahren, wie sie Graves (1948) bei einem Engl. Sheepdog beschrieb, dürfte allerdings ins Reich der Kuriositäten gehören. Auch eine systemische Odontogenesis imperfecta ist sehr selten (3910).

Die *Ohren*, insbesondere die Ohrmuscheln, stellen eine weitere Varianzkomponente im äußeren Gepräge des Kopfes dar: Von den relativ kleinen und aufrechtgestellten der Wildcaniden und Schäferhunde über die enganliegenden Rosenohren einiger Windhunde reicht die Spanne bis hin zu den großen, schweren Pendelohren, den »Behängen« der Bluthunde, verbunden mit einer generell schlaffen, faltenreichen Haut, wie sie bei vielen Rassen mit Hängeohren zu beobachten ist. *Othämatome*, Blutergüsse im Ohr, sind vorwiegend in diesen Rassen zu finden (5408). Daneben gibt es an der Spitze gekippte Stehohren (Collie) sowie V-förmig nach vorn geklappte Kippohren (z.T. Terrier); bei Kreuzungen stellt sich der Erbgang polyfaktoriell (viele Mischformen) dar (2784). Herabhängende Ohren, wenig elastische Haut, Ekzembereitschaft der

Rasse (6304) sowie vermehrte Behaarung und Cerumenproduktion im äußeren Gehörgang (5610, 1888, 1889) haben offenbar eine erhöhte *Otitisfrequenz* zur Folge, wie aus zahlreichen statistischen Erhebungen hervorgeht (5247, 2345, 2383, 727, 2018, 4231, 1312), bei denen regelmäßig Spaniels und Pudel an der Spitze standen (2096), während Rassen mit Stehohren, insbesondere auch Greyhounds (2020), signifikant weniger Befall zeigten. So konstatierte Fraser (1961) hinsichtlich Häufigkeit von Ohrzwang an dem von ihm untersuchten Material die Rangfolge Pudel (24%), Spaniel (23%), Labrador Retriever (11%), Rest unter ferner liefen; an dieser Reihenfolge hat sich bis heute nicht viel geändert (4847, 545). Die Erkrankung wird am häufigsten bei jungen Hunden im Sommer gesehen (5176, 5247, 3070). Neben den o.a. prädisponierenden Faktoren – wozu möglicherweise auch bestimmte genetisch-biochemische Varianten des Cerumens zählen (4279) – mag auch die Tatsache zu der genannten Rassendisposition beitragen, daß es sich bei Pudeln, Spaniels und Retrievern um extrem wasser- und schwimmfreudige Vertreter ihrer Art handelt. Auch beim Menschen ist der Otitisprozentsatz unter Schwimmern 5 mal so hoch wie unter Nichtschwimmern (2720), haben Schwimmer etwa 2,4 mal so häufig »Ohrschmerzen«. Bei Hund und Mensch scheinen dabei die in offenen Gewässern verbreiteten Pseudomonas-Keime eine herausragende ätiologische Rolle zu spielen (2347), jedoch auch Staphylokokken (3331), Hefepilze, Mikro-Fremdkörper, Ohrmilben und allergische Reaktionen (3616, 3927, 515). Zudem sind Umgebungstemperatur und relative Luftfeuchte von Bedeutung (2581).

Wenngleich somit Schlappohren sicher nicht die alleinige Ursache für gesteigerte Otitisdisposition sind (506), so genügte offenbar der Hinweis auf diese Statistiken und auf die »prophylaktische« Bedeutung des Kupierens von Ohren (6057, 5846), um seinerzeit eine entsprechende Änderung des Tierschutz-Gesetzesentwurfes zu erreichen, so daß man um die »Existenz« von Hunderassen mit obligat beschnittenen Ohren nicht zu fürchten brauchte (5847), und Züchter frohlocken durften, daß das Kupierverbot »erfolgreich abgewehrt werden konnte« (6005). Daß durch Resektion der Ohrmuschel eine bessere Ventilation des Gehörganges zu erreichen ist, daß Hängeohren andererseits eine Besiedlung mit Ohrmilben begünstigen, zeigte Grono (1969, 1970), und auch bei Pudeln sprechen experimentelle Untersuchungen für einen vorbeugenden Effekt (5409). Ohrkupieren verhindert jedoch keineswegs das Auftreten von Otitis (1702). Jeder wahre Tierfreund wird auch der Auffassung von Goerttler (1973) beipflichten, daß Wünsche an den Phänotyp einer Rasse oder eine erhöhte Krankheits- und Verletzungsresistenz primär durch züchterische Bemühungen verwirklicht werden sollten und nicht dadurch, daß man konstant an den Tieren herumschneidet.

Das Verstümmeln der Ohren und Schwänze »kommt einer züchterischen Bankrotterklärung gleich« (2240). Es ermöglicht Leuten, die ansonsten nur kolportierend im Fahrwasser publikumswirksamer, emotional-aggressiver Auslassungen von Medienmatadoren schwimmen, zu behaupten, »die tierquälerischen Riten mancher Rassezüchter (werden) unterstützt von den Veterinärmedizinern, die davon einen guten Teil ihres Lebensunterhaltes bestreiten (655)«. Aus dem langjährigen Tätigkeitsbericht einer Kleintierklinik ging allerdings in der Tat hervor, daß Ohrkupieren einen Löwenanteil chirurgischer Eingriffe stellte (3351). Wie in England, Australien und der Schweiz seit längerer Zeit (245), so wird auch in Kanada und bei uns ein Verbot angestrebt (182), was durch die Neufassung des Tierschutzgesetzes inzwischen teilweise (Ohren) erreicht wurde. Diese Verbote – auch in einzelnen Staaten der USA – werden jedoch immer wieder umgangen (6324, 5400, 344, 389); in Europa wird ein solcher »Kupier-Tourismus« sicher nur durch EG-weite Regelungen verhindert werden können (419), die aber solange nicht greifen, wie nationale Gesetze Vorrang genießen. Fraglos ist, daß für »kosmetische Verstümmelungen« beim Hund (751) eine Fülle ausgereifter, eifrig praktizierter Methoden verfügbar ist, wie die einschlägige Literatur ausweist (3752, 3754, 4579, 1633, 3277, 4963, 2753), selbst in östlichen Ländern übernimmt man sie bereitwillig (5610). Auch wird angeführt, daß Hängeohren eine beim Wildhund nicht gesehene Domestikationserscheinung, ein »maladaptives Attribut« (S. dort) darstellen, so daß die Operation nur einen nachteiligen Effekt beseitige. Zur Vermeidung von Narbenkonstriktionen und Tumorbildungen an den freien Knorpelrändern des Ohrschnitts sollte auch die »sorgfältige« Massage der Ränder am 4., 8. und 11. Tag nicht versäumt werden (2341), da gerade sie es ist, welche dem Tier am meisten Spaß bereitet (807). »Wer diese Prozedur gesehen hat, und noch behauptet, das sei keine Tierquälerei, ist in seiner Argumentation nicht ehrlich (Krall, zit. n. Schneider, 1976).«

Das *Gehör* als Sinnesorgan nimmt beim Hund zweifellos eine hervorragende Stellung ein, es erscheint funktionstüchtiger als das des Menschen, weil auch Töne im Ultraschallbereich noch wahrgenommen werden. Ein scheinbar konträrer Befund ist allerdings, daß Beagles, welche man einer für Menschen unerträglichen und gehörschädigenden Dauer-Lärmintensität von 120 Dezibeln aussetzte, keine nennenswerten Streßreaktionen zeigten (5651). Sinnesfunktionen können heute auch bei Tieren schon durch moderne Verfahren abgeklärt werden (4097).

Im normalen Schallbereich liegt die *Hörschwelle* offenbar nicht niedriger als die des Menschen, wie audiometrische Befunde aus Verhaltens-Hörstudien und EEG-Messungen ergaben (4672) und die Audiogramme in Abb. 13 zeigen. In anderen Untersuchungen waren diese Reaktionen stark individuell geprägt

(2618). Dabei bedeuten die Kurvenpunkte jeweils das erstmalige Ansprechen von Mensch, Hund und Katze auf die in dB (Dezibel, Ordinate) angegebenen Lautstärken in den verschiedenen Frequenzbereichen (kHz, Abszisse). Wie hieraus ersichtlich, reagiert die Katze am empfindlichsten (niedrige Hörschwelle), liegen Mensch und Hund recht dicht beieinander, während ein mittelgradig schwerhöriger Hund erst bei 50 dB ansprach. Durch solche u.ä. elektrophysiologischen Reihenuntersuchungen wäre also in bestimmten Rassen verbreiteten Hörschäden auf die Spur zu kommen (5300, 5301, 3207). Aus Verhaltensstudien und Lernversuchen mit Hunden und Katzen geht hervor, daß Lautwahrnehmungen von diesen als zwingendere Signale empfunden werden als Lichteffekte; dabei kommt es aber sehr auf Frequenz und Tonhöhe an (3832). Allerdings braucht das Foramen ovale einige Tage, um sich postnatal zu schließen (4266), sind Hörmessungen erst ab 14 Tagen möglich (1979, andere Autoren geben 3 Wochen an, 3094).

Für bestimmte Formen hundlicher Schwerhörigkeit werden heute auch schon Hörhilfen angeboten (Texas Univ., 1988); insbesondere für die auch bei Hunden nachgewiesenen, durch Altersdegenerationen verursachten Schäden (4153, 3208) wäre dies vorstellbar. Hörtests sollten auch Vorschrift zumindest für solche Hunde sein, die nun schon als »Tauben-Führhunde« propagiert werden. Innenohr-Erkrankungen, z.B. eine angeborene Labyrinthitis, können liniengehäufte Ataxien bedingen (1965).

Wie sehr Hunde sich nach ihrem Gehör und wie wenig sie sich mit den Augen orientieren, erkannte Verf. selbst beim Wechsel von einer blauen »Ente« (2CV) auf eine gelbe (Ich hatte meinen Hunden nichts davon erzählt): Die Begrüßung am Tor war freudig, denn der blecherne Motorklang war der gleiche geblieben.

So ist denn das *Auge* ein ausgesprochen schwacher Sinn: Oft wird der Besitzer erst in einer Entfernung von 10 m erkannt, und auch dann erscheint die Geruchswahrnehmung dabei eine größere Rolle zu spielen. Das Hundeauge entwickelt wohl nur wenig oder keine Farbtüchtigkeit (4931, 2364, 5357; immerhin beobachtete Menzel [1960, in »Pariahunde«] Tiere, die Schärfe nur gegenüber Farbigen zeigten – nicht gegenüber Weißen, und umgekehrt), die Sehschärfe liegt weit unter der des Menschen (4146, 4241), die Retina ist unempfindlicher als die der Katze (5041) und weniger dominiert von Stäbchen (Dämmerungssehen, 3240), gehört aber wie diese zum euangiotischen Typ (4972). Gegen bestimmte Augenerkrankungen und zur Verbesserung des Sehvermögens hat man Hunden auch schon Brillen und Kontaktlinsen verpaßt (5430, 3276, 1571), neuerdings pflanzt man auch Kunstlinsen ein.

Eine anatomische Besonderheit ist das 3. Augenlid, die *Membrana nictitans* im inneren Augenwinkel, welche für den vorderen Augapfel die Funk-

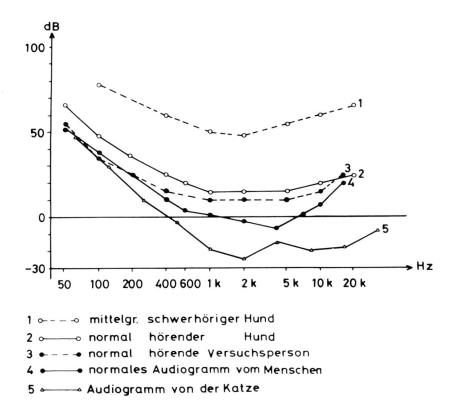

Abb. 13 Hörschwellen von Mensch, Hund und Katze (nach Reetz u. Mit., 1977)

tion eines Scheibenwischers übernimmt, aber auch Anlaß zu Erkrankungen sein kann (2257, 3592); ihre rein kosmetisch motivierte Exstirpation ist unethisch (476). Sie besitzt eine akzessorische Tränendrüse, die Nickhautdrüse, und kann bei großen Rassen (Doggen, Bernhardinern, Bluthunden, Schäferhunden, 5429, 3715, 3762, 592), besonders aber auch bei Pudeln und Spaniels, Bulldogs und Bassets sowie Lhasa Apsos vorfallen und Ursache häßlichen Tränenflusses sein (»Der weiße Pudel mit dem braunen Gesicht«, 3117, 4421, 4878). *Epiphora* ist jedoch auch durch eine angeborene oder erworbene Verlegung des Tränennasenganges, vorwiegend bei Brachyzephalen, auslösbar. Nach Barnett (1979) sollen speziell Exemplare des Golden Retrievers und Cocker Spaniels durch nicht angelegte oder verengte Öffnungen des Tränendrüsenganges auffallen, Magrane (1977), Peiffer u. Mitarb. (1987) und Rubin (1989) erwähnen zudem Kleinpudel und Bedlington Terrier. Quantitative Unterschiede in der Tränensekretion zwischen Kurz- und Langköpfen bestehen nicht (4879a), doch mögen die Tränen des Pudels alkalischer sein als die des Boxers (1630). Auch bleibt die Kopfform nicht ohne Einfluß auf Augapfel- und Orbitaabmessungen (Cornea-Kurvatur!, 2102) sowie auf den Augen-Innendruck (4828, 1385).

Bei sehr langschädeligen Hunden, z.B. Afghanen, kann es bei gleichzeitig tief versenkten Bulbi zur entzündungsbegünstigenden »Taschenbildung« im medialen Augenwinkel kommen (4878). *Trichiasis* und *Distichiasis*, d.h. eine Irritation des Bulbus durch einwärtsgerichtete oder doppelt ausgebildete Wimpernreihen (2150, 3444), chronische Konjunktivitiden durch weit überhängende Hautfalten (3493) sieht man vor allem bei kurzschädligen Kleinhunden mit vorquellenden »Knopfaugen« wie Pekinesen und Mops (2293, 678, S. Abb. 74), aber auch bei American Cocker Spaniels (4421, 6194). So soll die Häufigkeit von Keratitis und Hornhautgeschwür beim Mops ein Fünfzigfaches, beim Pekinesen ein Zwölffaches der durchschnittlichen Frequenz betragen (141). Das wird auch dadurch gefördert, daß bei diesen glotzäugigen *(exophthalmischen)* Rassen die Nickhaut meist retrahiert ist und kaum noch ihre Funktion erfüllen kann, ein Umstand, der den für Verletzungen exponierten Augapfel weiter gefährdet. So nehmen denn diese »zu Krüppeln« gezüchteten Hunde (2555) hinsichtlich der Augen-Bißverletzungen eine Spitzenstellung ein: »Alles, was dem Schutze des Auges dient, wurde beim Pekinesen dem Zuchtziel geopfert (Lettow, 1983)«. Glotzende Bostonterrier schielen zudem nicht selten (4410).

Ektropium, ein abnormes Klaffen der Lidspalte, findet man dagegen vorwiegend in den schon vorn erwähnten Rassen mit schlaffer, faltenreicher Haut: Bernhardiner, Neufundländer, Spaniels (Zucht auf gewölbten Stirnschädel und ausgeprägten Stop, wie auch beim Engl. Setter), Bluthund, Basset Hound (»Man soll das Rote des unteren Augenlides sehen können« lt. Standard) etc., während *Entropium,* d. h. eine Verengung der Lidspalte bei gleichzeitiger Einwärtsbiegung der Lidränder und Corneaschädigung besonders bei solchen vorkommt, die auf tiefliegende, mandelförmige Augen, »verfinsternde«, starke Faltenbildung (»Skowl«, Chow-Chow, 140, 3073, 4499, 3715, S.a.Abb. 71) und »festschließende« Lider selektiert wurden (Rottweiler, 4050, S.Abb. 68). Dabei wird offenbar häufig des Guten zuviel getan. Kann man sich nicht auf Klinikmaterial und Basispopulationen stützen, so ist solchen verbreiteten Rassenmängeln oft nur durch geradezu kriminalistische Recherchen auf die Spur zu kommen. So wies die offizielle Rottweiler-Statistik nur 2% wegen »echten Entropiums« von der Zucht ausgeschlossene Tiere auf (4990), während Verantwortliche dieses Vereins selbst die Unsitte anprangern,

Bau und Funktion, Typdisposition 69

Abb. 14 Zuchttrauma Sharpei-Welpe: für Hauterkrankungen geradezu vorprogrammiert (aus »Tier« 5, 1987).

behaftete Hunde früh operieren zu lasen, um sie nach unauffälliger Vernarbung den Richtern vorzuführen. Wenngleich es sich hierbei sicher nicht um einfach mendelnde Defekte handelt, so gehen doch aus den rassischen Dispositionen und ähnlichen Erscheinungen bei anderen Tierarten, insbesondere Schafen (1423), signifikante genetische Effekte hervor, welche eine Zuchtwahl gestatten. Bei den o.a. Rassen mit zu weit klaffender Lidspalte (»Caro-Auge«, 5980) kann es gar zu En- und Ektropium in angrenzenden Lidabschnitten kommen (»Pagoda-Eye«, S. Abb. 59).

Eine indiskutable Abnormität bezüglich der Neigung zu entropiumbedingtem und operationspflichtigem Lidverschluß stellen viele Exemplare des sogen. Shar-pei dar, eines Kurzhaar-Vetters des Chow-Chow (Abb. 14).Dieser als »faltiges Hundewunder« apostrophierte Defekthund (247), dessen Stirnfalten den Eindruck machen, als hätte man die Gyri und Sulci der Hirnwindungen nach außen verlegt, kann mit seiner abnorm schlaffen Haut geradezu als Modell für *Cutis laxa* gelten, jene Genodermatose des Menschen, die schon

16jährige Teenager aussehen läßt wie ihre eigenen Großmütter (»Die Hautfalten sind regelmäßig mit einem Schwamm auszuwischen; es gibt sogar Hunde, die recht normal aussehen«). In der Tat weisen etliche Vertreter dieser »Rasse« extreme *Mucinosen* auf (2952, 1583), mit leichten Formen, einem exzessiven Krallenwachstum und Disposition zu Dermatitiden *(Intertrigo)* scheinen alle behaftet (4852, 5624, 3779). Inwieweit Nieren-Amyloidosen, in einigen Linien von Züchtern als »Sharpei-fever« beschrieben, damit zusammenhängen, ist nicht bekannt (1568). Man beobachtete zudem entzündungsfördernde Immundefizite (1171).

Es werden exotische Preise für diesen »exotischen« Hund verlangt. Um Tiere nicht zu bizarren Schauobjekten verkommen zu lassen (268), müssen sicher viele Standards geändert werden, wie dies immer wieder gefordert wurde (6083, 6084, 6088, 6090, 6093, 6101). Hier wird aber selbst von vereinsintegrierten Kollegen gebremst (966): Es könnte ja die Gesundheit ausbrechen unter den Tieren. Sie machen den Vorschlag, bei schwer sehbehinderten Saugwelpen die Falten zunächst – wie beim Anpassen einer Hose – mit Stiften zu raffen, um sie dann später endgültig maßzuschneidern, d.h. zu reparieren (2948). Bei den Hautproblemen der Sharpeis sei eine langfristige Behandlung mit antiobiotischen und antiseborrhöischen Shampoos angezeigt, meint Mason (1991). Wie schön für den Tierarzt und die Pharmazie! Und es ist frustrierend, wenngleich kennzeichnend, daß sich ganze Schulen mit zwar recht interessanten, aber generell seltenen Erbdefekten befassen (4384, 4377), während sie diese u.a. standardbedingten Defektzuchten von breiter Bedeutung ignorieren (Chieffo et al., 1994, J. vet. int. med. 8) – wohl wissend, daß sie ihrer Ämter und Pfründe in Vereinen oder Kennels verlustig gingen, wenn sie gegen die verantwortlichen Betonköpfe in diesen Organisationen Front machten. Sie könnten zudem eines kontroversen Echos in Öffentlichkeit und Kollegenkreisen sicher sein. Und so prangt denn fröhlich das genannte Faltenmonster auf Pareys Prospekt für Hundebücher 1991 – ist es nicht beruhigend, daß man kynologische Werke auch in anderen Verlagen kaufen kann?

Wenn sich Ölmillionär Albright in Kalifornien, jenem Eldorado für »Gay-People« mit diesen Faltenhunden umgibt, wenn sie zugleich im Guinness-Book der Rekorde verewigt sind, und wenn kalifornische Tierärzte (und andere) ihnen gar bescheinigen, sie seien *die* Entropiumhunde, d.h. leiden am häufigsten an jener potentiell blindmachenden Verengung der Augenöffnung (346, 347, 3501) – so waren dies natürlich Gründe genug für unseren schon bei den Nackthunden und Chihuahuas auffällig gewordenen Ex-Berufstänzer, Herrn Weinberg, sich dieser Knautschlook-Hunde zu bemächtigen, um sie seiner »Exoten«-Sammlung einzuverleiben. Denn publikumswirksame Bilder von faltenreichen Welpen »öffnen ja immer wieder die Herzen und die Geldbeutel von Hundeliebhabern (Dan Cordy).

Viele dieser Schlitzaugen sind nur operativ sehend zu machen bzw. vor Erblindung zu bewahren (695, 1449, 5455, 4421) – sie haben vielfach ein sogen. »360 Grad«-Entropium (698) und schwerstbehinderte Exemplare schielen gar gewaltig; so meint denn Rubin (1989) zu recht: »Es ist schwer, dieser Rasse positive Aspekte abzugewinnen, wenn die Mehrzahl ihrer Repräsentanten der chirurgischen Korrektur genetischer Defekte bedürfen«. Sicher können auch Defekthunde liebe Kerlchen sein – sie wurden ja auch nicht gefragt, als man ihnen die Defekte anzüchtete -, aber die profitgierigen Züchter verdienen Schläge und genauso die Käufer, welche sich aus einem gewissen exhibitionistischen Bedürfnis heraus (Statussymbol, »teuerster Hund der Welt« u.a. Unsinn) den Teufel um biologische Wertmaßstäbe scheren: Herr Weinberg meint, man solle dies alles nicht »so dramatisch« sehen und auch Herrn Brusis (1991), Vorsitzender vom Sharpei-Club, ficht es nicht an – er bagatellisiert alles und preist »seine« Rasse in der Geflügelbörse an. Und in den USA wird der Sharpei im Hochglanz-Journal »Orient-Expreß« regelrecht vermarktet. Daß dieser erbkranke Hund den Segen der VDH- und FCI-Standardkommission fand, ist ein weiteres Beispiel für die Notwendigkeit eines Heimtierzuchtgesetzes. Insgesamt sind die durch pervertierten oder schlicht ignoranten Standardfetischismus bedingten Augenerkrankungen durch Klinikstatistiken vielfach belegt (3126).

Das *Tapetum* cellulosum sv. *lucidum* im Augenhintergrund (Abb. 15) mit seinen irisierenden Zellen eine sichtbare Reflexion eingefallenen Lichtes bewirkend, ist eine weitere Besonderheit der Fleischfresser: Es weist gegenüber anderen Säugern einen erhöhten Zinkgehalt auf (6141, 6146). Zinkbindende Verbindungen sollen die Sehkraft von Fleischfressern beeinflussen können (3436). Insbesonders das Zink-Cystein mag als Halbleiter das Nacht-Sehvermögen der Karnivoren erhöhen (2622).

Die Iris der Welpen ist gewöhnlich blau, da die Einwanderung und Farbstoffproduktion der Melanozyten erst postnatal erfolgt. Zwischen Sekretionsrate und Resorption des Kammerwassers scheint beim Hund ein ausgeglichenes Verhältnis zu bestehen, so daß eine abnorme Erhöhung des Augeninnendruckes, ein sekundäres *Glaukom*, selten ist. Lediglich bei der in Terriern vorzugsweise auftretenden Linsenluxation sieht man es häufiger als Komplikation infolge Verlegung der Abflußkanäle durch die luxierte Linse (587, 3715).

Umgekehrt können, z.B. beim Sealyham Terrier, primäre Glaukome einen sekundären Linsenvorfall bewirken (3487). Weitere Dispositionen zu Grünem Star wurden bei Spaniels (3714, 3631, 1382), Pudeln, Beagles (1049), Basset Hounds (3761), Fox- und Cairn Terriern (mit Pigmenteinlagerung, 4445), Mischlingen u.a. beobachtet (5604, 679) – bei letzteren weniger als bei

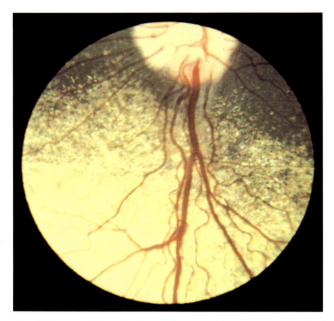

Abb. 15 Netzhautbild (Retina-Fundus-Photographie) eines normalen Hundes, mit deutlich irisierendem Tapetum lucidum; Blinder Fleck (Sehnervpapille) oben, mit austretenden Blutgefäßen (nach Dausch u. Mit., 1977).

rassereinen Hunden (5335, 4421). Familiär gehäuftes Auftreten wie beim Menschen ist unverkennbar (6030), wenngleich genauere genetische Analysen bislang fehlen; teilweise wird rezessiv autosomaler, teilweise dominanter Erbgang postuliert (2162, 2386, 1384, 4446). Durch Gonioskopie sollen Engpässe in der Drainage am Angelpunkt Iris/Ziliarkörper als prädisponierende Faktoren schon bei jungen Hunden diagnostizierbar sein und selektive Gegenmaßnahmen ermöglichen (680). Daneben gibt es andere Mechanismen, die zu anlagebedingtem Grünen Star führen können (683, 684, 4418, 4419) – und offenbar auch rassische Unterschiede in der Toleranz erhöhten intra-okulären Drucks (1048). Insgesamt werden die symptomatischen Formen häufiger sein als die idiopathischen (3270). Immerhin waren 14 von 50 Hunden, denen man einen oder zwei Silikon-Augäpfel implantierte, Spaniels, – der Rest rekrutierte sich vielfach aus kleinen »apfelköpfigen« Rassen (Hamar et al., 1994, JAAHA).

Nase und Geruchssinn sind stark ausgeprägt beim Hund – und zwar von Geburt an (882) –, die von der Riechschleimhaut überzogenen Nasen- und

Siebbeinmuscheln viel komplizierter aufgebaut als beim Menschen. So mißt das Riechfeld beim Teckel etwa 75 qcm mit 125 Mill. Riechzellen, beim Schäferhund 150 qcm mit 220 Mill. Zellen gegenüber 5 qcm bzw. 8. Mill. beim Menschen (5017), auch das Riechhirn ist anteilig viel größer. »Wir leben in einer Gesichtswelt, die Hunde in einer Geruchswelt (3582)«. Man sagt auch, Menschen wären Mikrosmatiker, Hunde dagegen Makrosmatiker (4025). Der feuchte, bewegliche Nasenschwamm, auch Trüffel genannt, befähigt den Hund zur Aufnahme von Fernwitterung, was besonders bei Vorstehhunden wichtig ist. Personen werden vorwiegend am Kleidergeruch erkannt (4174), und es hat schon Hunde gegeben, welche ihren eigenen Herrn anfielen, wenn er ihnen plötzlich nackt gegenübertrat, in einem verbürgten Fall wurde auf diese Weise ein Mensch durch seine beiden Doggen getötet (2365). Vielleicht waren es merlegeschädigte Tigerdoggen wie jene Tiere, die im Februar 1986 ihre Besitzerin töteten, oder wie jenes Exemplar, das durch knurrende Aufgeregtheit einen ZDF-Moderator verschreckte, den man gerade von seiner Harmlosigkeit überzeugen wollte (»Spielraum«, ZDF 2.4.85).

Bekannt wurden auch Angriffe auf den Besitzer, wenn dieser verletzt und blutend dalag, wofür man den »fremden Blutgeruch« verantwortlich machte (4321). Doch scheint hier im Raubtier Hund der Beutetrieb die Oberhand über soziale Regungen zu bekommen, wie dies ja auch von der rücksichtslosen Vertilgung verletzter Mitglieder eines Wolfsrudels her bekannt ist. Diesem Trieb, verbunden mit den o.a. hervorragenden Nasenleistungen, ist letzlich die vielseitige Verwendbarkeit unseres vierbeinigen Freundes im Dienst der Polizei, Jäger und Zollbeamten zuzuschreiben. Er braucht nur durch Training und Einstellung des Tieres auf bestimmte Gerüche weiter gefördert zu werden. So entdeckte der Rekordhund »Trep« von 10 versteckten Rauschgiftpäckchen 11. Erinnert sei in diesem Zusammenhang an die spektakuläre Aufklärung der Untaten des Lustmörders Seefeldt, welche infolge Aufspürung vergrabener Kinderleichen durch Hunde in den dichten Kiefernschonungen zwischen Schwerin und Ludwigslust gelang (935), doch auch kürzlich wieder fand der Suchhund Ero eine 70 cm tief vergrabene, einjährige Leiche (397).

Überhaupt ist die Fährten- und Sucharbeit eines Hundes nie rein mechanisch-sinnesphysiologisch zu sehen, sondern als ein Produkt komplizierten Zusammenspiels von Verhaltensweisen, Gedächtnisleistungen und Organfunktionen – und daher auch zu beeinflussen durch Begleitpersonen und Hundeführer (4029, 1403). Interessant ist in diesem Zusammenhang, daß die in Laborversuchen ermittelte, enorm niedrige Riechschwelle des Hundes für Buttersäure (4145) in Freilandversuchen durch den vielfältigen, allgemeinen »Geruchspegel« offenbar wesentlich erhöht ist (4708). Sinnes- und verhaltensphysiologische Beobachtungen an Jagdhunden auf Buttersäurefährten finden sich bei Zuschneid u. Mitarb. (1976).

Zweifelsfrei existieren rassische oder individuelle Unterschiede im Riechvermögen beim Hund, doch wird es wohl stets ausreichen, um den Rüden darüber zu informieren, ob Harnmarken in seinem Revier von einer läufigen Hündin, einem fremden Rüden – oder von ihm selbst sind (2272). Hält man einem schlafenden Hund Fichtennadeln vor die Nase, soll er angeblich anfangen, jaulend und strampelnd von der Jagd im Wald zu träumen, auch Gemütszustände des beschnüffelten Kontrahenten, z.B. Angst, können zu spezifischen »Duftemissionen« führen: »Dies kann bei Hunden eine Aggressivität auslösen, wie sie gegenüber nicht-ängstlichen Menschen niemals zutage tritt. Unkontrollierbare, vegetative Reaktionen, die bei Kriminellen während der Ausführung eines Verbrechens in Absonderung von besonderen Geruchsstoffen resultieren (Anm.: Wenn z.B. der gestreßte, die Entdeckung fürchtende Einbrecher sich auf dem Perserteppich löst), erleichtern dem Fährtenhund die Verfolgung der Spur (2416)«. Man schlägt sogar vor, Hunde zur Erkennung (»Erschnüffelung«) spezifischer Stoffwechselzustände bei psychotischen Patienten einzusetzen (3983). Hunde erkennen aber keinesfalls immer am Geruch eines Gegenstandes seine evtl. Zugehörigkeit zu einer bestimmten Person (1025).

Neuerdings wird auch der Einsatz speziell trainierter Tiere zum Aufspüren der Larven von Motten und Tsetsefliegen diskutiert (103), ja sogar ihre Verwendung zur Brunsterkennung beim Rind (3133, 3134, 2565, 2931). Ohnehin wird vielen schockierten Besitzern verschlossen bleiben, warum ihre vermenschlichten Fleischfresser sich mit wachsender Begeisterung in stinkenden Fischleichen, Kothaufen und anderen stark riechenden Spezialitäten suhlen, um sich mit deren Geruch zu »parfümieren« (4683). Und in der Tat gibt dies ja bei einem frisch ondulierten Lhasa Apso mit Schleifchen einen geradezu perversen Kontrast – aber auch der gehorcht ja nur seinem Wolfserbe (4907). Stundenlange, für alle Beteiligten frustrierende Waschaktionen in der Badewanne sind meist die Folge.

Das Geschmacksorgan, die *Zunge*, mit der für Hund und Katze charakteristischen Lyssa, einem aus Fett und Bindegewebe bestehenden, wurmförmigen Strang an der Bodenfläche der Zunge, hat beim Hund die wichtigen zusätzlichen Funktionen der Flüssigkeitsaufnahme, durch große Beweglichkeit und Form zu ihrer Löffelfunktion befähigt, sowie der Wärmeabgabe. Dieses geschieht durch Wasserabdunstung beim *Hecheln*, der physiologischen Tachypnoe des Hundes (3231) mit bis zu mehreren 100 Atemzügen in der Minute. Dabei wird besonders das wässrige Sekret der seitlich gelegenen paarigen Nasendrüsen verdunstet (834). Nicht zuletzt infolge Verkleinerung der thermoregulatorisch (evaporativ) wirksamen Fläche sind Brachyzephale somit besonders hitzegefährdet (3774). Ekkrine *Schweißdrüsen* – denen nach den

Ergebnissen der Literaturarbeit von Neurand (1974) aufgrund ihrer Funktion und Sekretbeschaffenheit der vom Menschen übernommene Name »Schweißdrüse« gar nicht zukommt – finden sich beim Hund hauptsächlich nur in der Haut der Zehenballen (6135), so daß Zunge, Mundschleimhaut und Lunge die Funktion des Schwitzens weitgehend übernehmen. Wegen der Durchblutung wird bei bedrohlichen Kreislaufzuständen und unzugänglichen Venen die intralinguale Injektion empfohlen (2473).

Der *Hals* variiert rassisch stark in der Länge, doch gilt für Hunde wie für Säuger generell (mit wenigen Ausnahmen), daß die Zahl der Halswirbel konstant 7 ist. Variationen entstehen durch unterschiedliche relative Länge der Wirbel und Zwischenwirbelscheiben sowie durch ein stärker gewinkeltes oder steilgestelltes Schulterblatt, welches den Hals kurz und gedrungen erscheinen lassen kann. In brachyzephalen Rassen mit kurzem Hals und tonnenförmigem Brustkorb auf eine »gutgewinkelte« Scapula zu selektieren, wird daher nur bedingt möglich sein (5360). Dagegen ist eine gleichzeitige Zuchtwahl auf langen Hals und kurze Lenden-Kreuzbeingegend durchaus praktikabel, wie der Dobermann zeigt, da die einzelnen Rumpfabschnitte einer weitgehend getrennten genetischen Determination unterliegen. Hierfür lassen sich aus anderen Tierarten gleichfalls Beispiele finden (3904), ohne dabei gleich an die Giraffe denken zu wollen. Die afrikanischen *Affen- oder Pavianhunde* (915), Kreuzungen aus Greyhounds und Hottentottenhunden, bei denen sich eine Verkürzung der *Wirbelsäule* rezessiv autosomal vererbt und affenähnlichen Sitz bedingt, stehen ebenso jenseits der Norm wie ähnliche Erscheinungen bei japanischen Spitzen (5842, 5589, 5590) u.a. Rassen (2466).

Wie für den Kopf und seine Organe ausgeführt, können bei einer rigorosen Zucht auf bestimmte Ausstellungsmerkmale die Belange der physiologischen Anatomie vernachlässigt werden. Dieses gilt besonders auch für die Gliedmaßen, und bedingt für die *Wirbelsäule*. Die Wirbelzahl in den einzelnen Abschnitten (Hals, Brust, Lende, Kreuzbein, Schwanz) wird im allgemeinen durch folgende Formel charakterisiert: $H_7 B_{13} L_7 K_3 S_{20}$.

So traf man unter 300 Hunden nur einen mit 21 statt 20 Brust-Lendenwirbeln an (2878). Dagegen ist eine Blockbildung, die entwicklungsgeschichtlich unterbleibende Trennung von zwei oder mehr Wirbeln etwas häufiger, darf jedoch nicht mit sekundären Verschmelzungen durch Spondylitis (S. dort) verwechselt werden. Formmäßig gleichen sich die Wirbel einer Region in der Grenzzone oft schon jenen der folgenden an (»Lumbosakrale Übergangswirbel«, bes. bei Dt. Schäferhunden, 6293). Das Kreuzbein zeigt deutliche individuelle Prägungen, die offenbar zur Identifikation beim Versuch betrügerischer Manipulationen von HD-Röntgenaufnahmen nutzbar sind (631).

Angeborene Verengungen, Stenosierungen des Halswirbelkanals – u.U.

mit klinischen, neurologischen Erscheinungen verbunden (»*Wobbler*«-Syndrom – sieht man bei großen Rassen wie Dt. Doggen, Irischer Wolfshund, Mastiffs, Dobermann, aber auch Bassets, öfter als in anderen (6359, 5278, 3846), während Axialverschiebungen im Atlasbereich offenbar mehr in kleineren Rassen gesehen werden (3864).

Sogenannte »*Schmetterlingswirbel*« mit einem durchgehenden, sagittalen Spalt des Wirbelkörpers findet man vorzugsweise in Rassen mit Korkenzieherschwanz (1674, Bullies, Mops, Boston Terrier), überhaupt vermehrt bei Brachyzephalen, auch bei Pekinesen (4402, 554, 1608), ebenso eine Keilwirbelbildung, die sogen. *Hemivertebra*: Es wird der dorsale oder ventrale, oder ein lateraler Teil des Wirbels nicht ausgebildet, so daß es u.a. zur Abknickung der Wirbelsäule u.U. mit Rückenmarksbeeinträchtigung kommt (Lähmungen etc., 6361, 5989, 1043). Dies kam sporadisch in anderen Rassen zur Beobachtung (5019, 4354, 2426). Insbesondere Spaltbildungen (*Spina bifida*, 6175) und Verwachsungen an Wirbelkörpern und -fortsätzen, Verschmelzungen an Brustbein etc., dürften mit vielfach aktenkundigen Paralysen und Deckuntauglichkeiten bei Bulldogs in Zusammenhang stehen (Abb. 16, 17, 18). Während aber der Krüppelschwanz der Manxkatze unvollkommen dominanten Erbgang zeigt, verhält sich die Korkenzieherrute der Bullies in der Ankreuzung an andere, normalwüchsige Rassen rezessiv (5503).

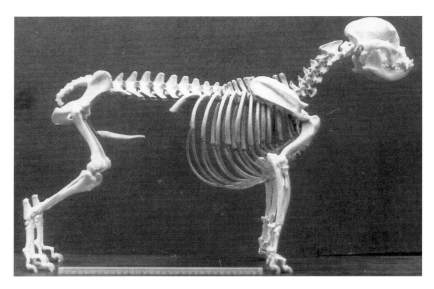

Abb. 16 Skelett eines Bulldog-Rüden (S. Penisknochen!) nach Broekman (1982)

Bau und Funktion, Typdisposition 77

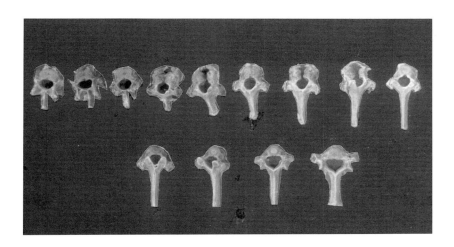

Abb. 17 Einige Brust- und Lendenwirbel des in Abb. 16 dargestellten Tieres
– mit multiplen Anomalien.

Abgesehen von den bereits erwähnten Affenhunden ergeben sich Variationen in der Wirbelsäulenlänge somit vorwiegend im Schwanzbereich, wo die Zahl der Wirbel zwischen 6 und 23 variiert. Eine gezielte Zucht auf erblichen *Stummelschwanz*, beispielsweise bei Rottweilern, Bobtails und Schipperkes betrieben, geht aber anscheinend nicht zwangsläufig mit vergleichbaren Anomalien und Vitalitätsminderungen einher, wie sie oben bei Bulldogs oder aus der Katzenzucht beschrieben werden: Bei der stummelschwänzigen oder schwanzlosen Manx-Katze (S. dort) ist die Anurie häufig mit einer Reduktion der Wurfgröße und letalen oder subvitalen Wirbelsäulenanomalien verknüpft (Spina bifida, Paralysen etc.). Es gibt aber Hinweise, daß bei einer konsequenten Selektion auf Stummelschwanz unter Verwendung von Inzucht auch beim Hund ähnliche Erscheinungen auftreten können (3185, 1454). Dies vermutet Räber (1980) für die Verhältnisse beim oft mutzschwänzig geborenen Rottweiler, Entlebucher Sennenhund und beim Pembroke Welsh Corgi: »Stummelschwänzigkeit ist eine erblich fixierte Mißbildung am Skelett, vorab der Wirbelsäule, und steht selten allein da« (291, 426). Was bei einem Vergleich zwischen Cardigan und Pembroke Welsh Corgi (vorwiegend stummelschwänzig), verzwergten Britischen Hütehunden etwa gleicher Körpergröße, in der Tat auffällt, ist die signifikant geringere Wurfgröße beim Pembroke (Tab. 13) – und das, obwohl in einigen Cardigan-Linien mit dem Merlefaktor operiert wird. Es ist daher zu begrüßen, wenn Züchter einer sonst vielfach kupierten Rasse, nämlich des Polnischen Niederungshütehundes (PON), diese Fragen

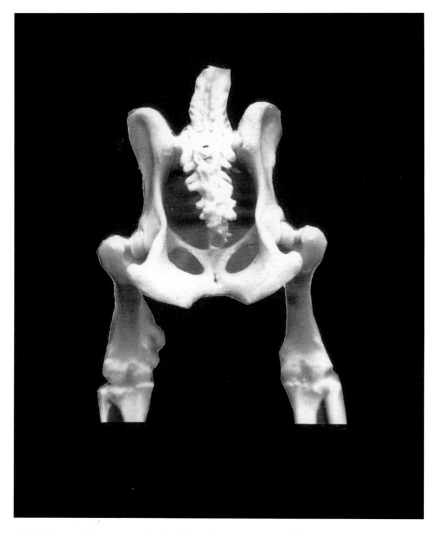

Abb. 18 Becken, Kreuzbein und mißgebildete Schwanzwirbelsäule der unter Abb. 16 vorgestellten Französischen Bulldogge.

vorab zu klären suchen, bevor sie ein solches Zuchtziel anstreben (2556). Und es ist schon ein Stück aus dem Tollhaus, wenn man den PON-Club aus dem VDH zu drängen sucht, nur weil er den Standardfetischismus des Schwanzabschneidens nicht mehr mitmachen will. Solche »Ehrenratsbeschlüsse« werden von Tierärzten mit unterzeichnet (2611).

Bau und Funktion, Typdisposition

Tabelle 13 Vergleich der Wurfgrößen beim Cardigan und Pembroke Welsh Corgi

	Wurfgröße	Streuung
Cardigan W.C. (UR 1977 - 87	6,9	1,8
Pembroke W.C. (dito)	5,0	0,9
	Differenz d = 1,9^{+++}	
Cardigan W.C. (Zuchtbücher 1978, 82, 84, 85)	6,6	1,8
Pembroke W.C.	5,1	1,2
	Differenz d = 1,5^{+++}	

Die in ihrer Manifestation sehr variablen Brachy- oder Anurien bei Hund und Katze sind offenbar polyfaktoriell bedingt oder modifiziert und nicht einfach mendelnd, wie aus widersprüchlichen Berichten über ihre Vererbung in verschiedenen Rassen geschlossen werden kann (5856, 5470, 4575, 4916). So gibt es beim o.a. PON Extrem- und Intermediärformen, Individuen mit langen, mit mittellangen Ruten und schließlich schwanzlose Hunde, so daß eine dreigipflige Häufigkeitsverteilung entsteht (Abb. 19). Unterstellt man eine kodominante Vererbung, so ergeben sich in mehreren Populationen dieser Rasse gute Hardy-Weinberg-Gleichgewichte beobachteter und erwarteter Werte, die eine solche Hypothese untermauern (6106). Diese genetischen Schwanzverluste sind aber klar zu trennen von teratogen bewirkten *Phänokopien*, welche durch Schadwirkungen auf die Früchte im Mutterleib entstehen und daher oft ganze Würfe betreffen: Solche Anurien sind meist mit anderen, multiplen Mißbildungen vergesellschaftet (4207). So war ein mit verkürzten Schwänzen einhergehendes Dysmelie-Syndrom bei Schäferhunden (6058) in der Bruder-Schwester-Paarung und Rückkreuzung behafteter Tiere nicht zu reproduzieren (insgesamt 17 normale Nachkommen, 4670, Abb. 20).

Die gemachten Ausführungen verdeutlichen jedenfalls, daß es bei Beachtung gewisser Vorsichtsmaßregeln möglich sein müßte, auf Stummelschwanz zu selektieren, wodurch sich ein Abschneiden der Rute – eines zum »Signalisieren einer Fortbewegungsabsicht« (und zu mehr!) dienenden Organs (3139) – erübrigte. Gerade der Gesichtspunkt der Verursachung unnötiger Schmerzen ist es aber, weswegen sich immer wieder engagierte Tierschützer am *Schwanzkupieren* erhitzen, obwohl »weit barbarischere Methoden bei landwirtschaftlichen Nutztieren wortlos geduldet werden (5363)«. Vom Royal Vet. College wurde das Entsteißen der Hunde als mit dem Berufsethos eines Tier-

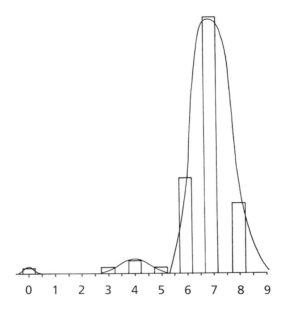

Abb. 19 Mehrgipflige Verteilung der Rutenlänge beim Pon.

arztes unvereinbar erklärt, gleichwohl wird es von vielen engl. Tierärzten praktiziert (220, 6183). Werden Schwanzverkürzungen in solchen Rassen vorgenommen, in denen ohnehin angeborene, erbliche Anurien – jedoch, wie demonstriert, in sehr variablem Ausmaß – anzutreffen sind, mag mancher es zum Zwecke der Vereinheitlichung des rassischen Erscheinungsbildes »als Notwendigkeit« akzeptieren (5341), wenngleich auch dieses nur ein äußerlicher Gesichtspunkt ist (183) und selbst von einigen Züchtern abgelehnt wird (2905).

Es ist allerdings richtig, daß Schwanznekrosen und das Wundschlagen kurzbehaarter Rutenspitzen bei Jagdhunden im Einsatz durch vorheriges Kupieren »völlig vermeidbar« sind (5062). Abgesehen davon, daß ansonsten Zusammenhänge zwischen Rutenlänge und Verletzungsdisposition kaum bewiesen sind (5929), wird aber bei der Rasse, die noch am meisten zur *Schwanzspitzennekrose* neigt, der Dt. Dogge (2692), vom »Standard« auf feinste, filigran auslaufende Rutenspitzen geachtet. Dem praktizierenden Tierarzt, dem auch nach Ansicht des engl. Kollegen Prole (1981) diese Eingriffe »vorbehalten bleiben sollten, um die Hunde nicht in die Hände »erfahrener Züchter« fallen zu lassen« (266; die nicht selten mit tierquälerischen Gummiband-Strangulationen

Bau und Funktion, Typdisposition

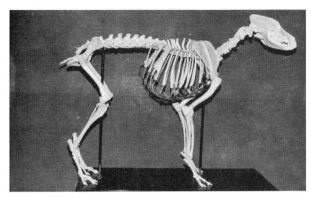

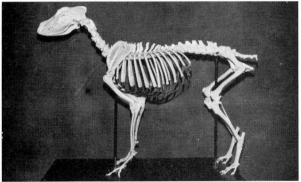

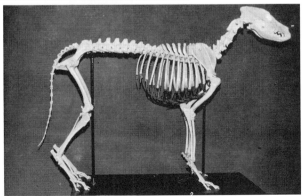

Abb. 20 Gegenüberstellung der Skelette der mißgebildeten Eltern (Vollgeschwister) und ihres normalen Sohnes. (Rechte Seitenansicht Vater, oben; linke Seitenansicht Mutter, Mitte; Sohn unten) nach Reetz und Wegner, 1973

das Schwanzende der Verwesung überantworten; 1070), wurde schon früh mit Übersichten zum Kupieren beim Hund an die Hand gegangen (5117), sowie empfohlen, vor der Amputation die besonderen Wünsche des Besitzers zu erkunden, denn selbst Rassestandards der Herkunftsländer geben über die »ideale« Schwanzlänge oft wenig Auskunft (238). In Analogie zu aufrüstenden Behandlungen – zwar weniger der Ohrmuscheln sondern anderer Körperregionen – am Menschen, werden von der Industrie bereits »Steifmacher« für Hundeohren, die nicht »stehen« wollen, angeboten. Solange solche Eingriffe u.a. Kippohroperationen (2621), zu denen im übrigen niemand den Tierarzt zwingen kann, die er also nicht unbedingt nur dann unterlassen sollte, »wenn er keine Erfahrung besitzt (5022)« – Abusus bleiben, soll auch das vorliegende Buch diese Information nicht vorenthalten (Übersicht 1).

Ein beachtenswerter Einwand von Hughes (1987) erinnert zudem daran, daß auch bei Tieren nach Verlust von Körperteilen langanhaltende bzw. wiederkehrende »Phantom«- oder Amputationsschmerzen zu vermuten sind, wie von betroffenen Menschen hinlänglich bekannt. Außerdem können Amputations-Neurome resultieren (2349). Schon vor der Novellierung des Tierschutzgesetzes blieb zumindest eine Rasse, nämlich der Bullterrier, nach erfolgreicher Selektion auf Stehohren vom Kupieren verschont.

Was die Diskussion um die Funktion des Schwanzes angeht, so signalisiert er beim Hund, wie schon betont, zweifellos mehr als nur eine »Fortbewegungsabsicht«, vor allem Gemüts- und Erregungszustände; er ist bei Sprung und Lauf eine Art Balancierstange und beim Sitzen ein Stützorgan. Dies sehen mittlerweile selbst Jäger (5042). Hunde mit Ruten bieten überdies i.a. ihren After nicht so ungeschützt Insekten dar und nicht so schamlos dem Auge des Betrachters, wie Frau Sprecher, Redakteurin der süddeutschen »Weltwoche« pikiert vermerkte (390). Aber der Streit über die Pros und Contras einer kosmetischen Verstümmelung des Hundes geht selbst quer durch die Tierärzteschaft, nicht nur bei uns, sondern auch in den USA (1602) und im U.K.; während die einen die Tatsache, ob sich jemand als Ohren- und Schwanzabschneider betätigt, zum Test auf ethische Einstellung hochstilisieren, deklarieren die anderen diese Beschäftigung als notwendige Korrektur unguter Domestikationserscheinungen, nämlich zu langer und zu schlapper Ohren und Schwänze, die vermehrt verletzungsgefährdet seien (5296, 1927). Aber zumindest in einer diesbezüglichen Schwanzstatistik an über 12 000 Hunden kam heraus, daß kein Zusammenhang bestand zwischen Anfälligkeit zu Rutenverletzungen und kupiertem oder unkupiertem Zustand (1487).

Am Ende der Rutendiskussion ist somit für einen unveränderten, naturbelassenen Schweif des Hundes zu plädieren, der ihm weder entsteißt noch beschnitten wird. Und dieses Recht auf Unversehrtheit der Hundepersönlich-

Bau und Funktion, Typdisposition

Übersicht 1: Rassen, die erst die Weihen verstümmelnder Amputationen empfangen müssen bzw. mußten, um für den (deutschen) Züchter und Halter akzeptabel zu sein. Es werden (bzw. wurden) kupiert (ganz oder partiell, genaue Angaben S. Rassestandards, VDH, 5079, 5505):

Nur die Ohren (in der BRD jetzt verboten):
Bordeaux-Dogge
Boston Terrier (fakultativ)
Briard (Berger de Brie)
Dt. Dogge
Dogo Argentino
Foxhound

Nur die Ruten:
Airedale Terrier
Bobtail (falls länger als 5 cm)
Bouvier des Flandres (bis auf 2-3 Wirb,)
Cavalier King Charles Span. (a. 2/3 Länge)
Cocker Spaniel (mittel)
Dt. Drahthaar (a. halbe Länge)
Dt. Kurzhaar (a. 2/5 bis halbe Länge
Dt. Langhaar (falls zu lang)
Dt. Stichelhaar
Dt. Jagdterrier
Dt. Wachtelhund
Epagneul breton (falls länger als 10 cm)
Foxterrier (Drahthaar; auf 3/4 Länge
Griffon
Gr. Münsterländer
Irish (Kerry) Blue Terrier
Yorkshire Terrier (mittel)
Irish Terrier (auf 3/4 Länge)
King Charles Spaniels
Lakeland Terrier
Magyar Vizsla (a. 2/3 Länge)
Mastino Napoletano (fak.)
Norwich Terrier (mittel)
Poln. Niederungshütehund (fak.)
Pudel (außer Schnürenpudel)
Pudelpointer
Pumi (falls zu lang)
Rottweiler (falls zu lang)
Schipperke (falls vorhand.)
Sealyham Terrier
Weimaraner (Skrotum od. Vulva abdeck., nur Spitze b. Kurzh.)
Welsh Terrier

Ohren und Ruten (in BRD nur Ruten)
Affenpinscher (fak. bis 3. Gelenk)
Boxer (a. 5 cm Länge)
Dt. Pinscher (kurz)
Dobermann (bis 1. od. 2. Gelenk)
Schnauzer (alle Varianten, bis 3. Gelenk)
Zwerggriffon (Ohren fak., s. kurz)
Zwergpinscher

keit sollte genauso ins Tierschutzgesetz Eingang finden, wie das schon mit Blick auf die Ohren – auch gegen starke Widerstände – der Fall war. Wenn erst die amtsgerichtlich verordneten Gebühren für einen Schwanzverlust genauso 1500.- DM betragen werden wie unlängst in Pirmasens für das im Ausland praktizierte Ohrenstutzen, wenn also für den Totalverlust der Ruten in einem mittleren Bobtailwurf etwa 10 000.- DM zu entrichten wären, dann würde Ruhe einkehren an der Verstümmelungsfront. Und auch, wenn sie nicht jeden erwischten, der mit seinen Ohren und Schwänzen über die Grenze fährt und ohne dieselben zurückkehrt – notabene die seiner Hunde -, so wird doch diese Sonderform von Mülltourismus nur in Grenznähe en vogue sein. Und mit »Müll« sind da weniger die unschuldigen Amputate gemeint, die dort im Ausland deponiert werden, sondern mehr der geistige Müll, den diese Leute in ihrem Gepäck haben.

Den *Vordergliedmaßen* des Hundes wird nachgesagt, sie würden bei der Zuchtarbeit oft in der Annahme vernachlässigt, eine für die Fortbewegung untergeordnete Rolle zu spielen. Sicher erfolgt bei schnellen Gangarten der Schub vorrangig aus der Hinterhand, und die Vorderbeine sind mehr Stütz- und Hebelwerkzeuge. Bei hochgestelltem Kopf ist jedoch ein weites Vorführen der Vorderfüße und kraftvolles Ausschreiten möglich, wie der kutschpferd- ähnliche Trabergang mancher Rassen zeigt, z.B. bei Pudel und Windspiel (5360). Werden die Hinterextremitäten bewegungsunfähig oder amputiert, so lernen Hunde meist in kurzer Zeit, nur auf den Vorderbeinen zu gehen (818). Strasser (1976) beschreibt jedoch eine Beagle-Hündin, der wegen verletzungs- bedingter Lähmung das rechte Vorderbein abgenommen wurde; durch Ein- wärtsstellung und Hypertrophie des verbliebenen Beins kompensierte sie her- nach diesen Ausfall und erfüllte noch 9 Jahre ihre Funktion als Zuchthündin. Aufsehen erregte auch ein Schäferhund, dem ein Zug beide rechte Beine abfuhr, und der sich dennoch mit den linken »in galoppierender Weise« gut fortbewegen und behaupten konnte (1076). Nur das Stehen fiel ihm schwer. Somit ist die Erfordernis der *Amputation* einer Gliedmaße (Trauma, Tumoren etc.) noch keine medizinische Indikation zur Euthanasie. Exartikulationen im Hüft- und Schultergelenk sollen die besten kosmetischen und funktionellen Effekte haben (3973). Die meisten Besitzer sind mit den Resultaten zufrieden (1184).

So ruht denn bei stehenden Tieren 60% des Gesamtgewichts über den Vorderfüßen (1047), und beim laufenden Hund entspricht die auf die Vorder- ballen vertikal ausgeübte Kraft etwa dem Körpergewicht, bei den Hinterballen nur 4/5 desselben. Die Kontaktzeiten sind vorn ca. 1,5 mal so lang wie hinten (2850). Doch gibt es hier rassische Unterschiede: Bei weniger massig oder auf Rennleistung gezüchteten Rassen liegt der Schwerpunkt mehr schwanzwärts. Bremsimpulse liegen mehr vorn, Antriebsimpulse mehr hinten (1114).

Die Gangarten Schritt, Trab, Paßgang und Galopp unterscheidet man auch beim Hund, wenngleich besonders der Galopp dieses Fleischfressers sich von dem des Pferdes darin unterscheidet, daß er echt von der Nachhand auf die Vorderhand springt (5198) – zumindest bei Rennhunden, aber auch bei Dackeln (!) -, so daß eindeutige Schwebephasen sowohl bei maximaler bauch- seitiger Abkrümmung des Rumpfes als auch bei extrem gestreckter Aktion resultieren. Somit kann man auch bei Hunden zwischen Schwer- und Leicht- athleten unterscheiden (5322), denn bei schwerfälligen Rassen mit rundem, *tonnenförmigem Thorax* ist das Schulterblatt steiler gestellt als bei Laufhun- den mit schlankem Brustkorb, flachen Rippen und starker Winkelung der Sca- pula, doch sind Extreme nach beiden Richtungen abzulehnen.

Die steile, wenig stoßdämpfende Aufhängung der Vordergliedmaßen mag

Bau und Funktion, Typdisposition

neben einer frühen, gewichtsbedingten Überbeanspruchung unreifen – weil zu schnell gewachsenen Stützgewebes dazu führen (1397, 4328, 4276, 5516), daß vorwiegend bei schweren, doggenartigen Rassen eine aseptische Nekrose des Humeruskopfes, die mit Entzündung und Absplitterung einhergehende, meist beidseitige *Osteochondritis dissecans* des Schultergelenks angetroffen wird (4486, 4489, 801, 2327, 4557, 2804, 1090, 1579, 1580). Dies wird durch neuere Untersuchungen bestätigt, in denen Dt. Dogge, Bernhardiner, Retriever u.a. große Rassen die Liste beherrschen (5345), wie generell bei osteochondrotischen Prozessen (761, 5030), wenngleich die Untersucher als Ätiologie mehr eine traumatisch bedingte, transversale Absprengungsfraktur am Gelenkkopf verantwortlich machen (1358, 5792). Bei einer umfänglichen Stichprobe des Großen Schweizer Sennenhundes waren immerhin 27% erkrankt (3971).

Diese Schulterlahmheit tritt – ähnlich wie bei Pferden (3993, 1578) – vorzugsweise kurz vor oder nach Abschluß des Wachstums und öfter bei männlichen Individuen auf (4578, 2188, 4933). Im Kniegelenk werden solche Osteochondrosen seltener gesehen (4580, 4277), ebenso am Oberschenkelkopf (498) und im Ellbogengelenk (4771). Hier spricht man allerdings speziell beim Berner Sennenhund von sogen. »*Wachstumslahmheiten*« in diesem Bereich (790). Diese Erscheinungen beim Hund sind übrigens eine deutliche Parallele zum »Beinschwächesyndrom« des frohwüchsigen Fleischschweins, mit dem die Schweinezucht zu kämpfen hat (6068, 4684). Bei großrahmigen Hunden ist es daher eher richtig, verhalten-restriktiv in der Wachstumsphase zu füttern (4633, 2586).

Ein weiterer Grund zu Lahmheiten mag besonders bei Rennhunden der zwischen der Sehne des Bizeps und der Tuberositas humeri gelegene Schleimbeutel sein. Der Oberarmknochen, bei Rassen mit geradegestellter Vorhand sehr kurz (Terrier), weist bei Hunden mit zurückverlagertem Ellenbogengelenk (Labrador Retriever) eine größere relative Länge auf. Elle und Speiche, nur bedingt gegeneinander rotierbar, sind besonders bei Toy-Rassen öfters frakturiert (5581). Im Ellenbogengelenk großer Rassen kann neben der bereits erwähnten Osteochondritis dissecans des medialen Oberarmkondylus (Gelenkhöcker) ein losgelöster *Processus anconaeus* der Ulna (mit eigenem Ossifikationszentrum, 6313) Lahmheitsursache sein (3789, 1542). In angelsächsischen Ländern scheinen Labrador Retriever besonders betroffen, bei uns Schäferhunde (S. dort, 740) und der o.a. Sennenhund.

Vorder- und Hinterfußwurzelgelenk weisen je 7 Knöchelchen auf, das *Fußskelett* besteht aus 4 stützenden Zehen, die fünfte (medialer 1. Strahl) ist rudimentiert und besitzt nur 2 Phalangen. Sie hängt somit als *Afterkralle* lose über dem Boden und kann auch, meist bei großen Rassen (3043) als sogen. Wolfskralle an den Hinterfüßen auftreten. Wahrscheinlich wird sie deswegen so genannt, weil sie bei Wölfen nicht zu finden ist (5204, 5205, 2553). Verdoppelt angelegt *(Doppelsporn)*, ist sie bei Beaucerons, Briards und dem Lundehund rassenobligatorisch (ein totaler Unsinn, die Verletzungsgefahr wird dadurch erhöht, 5205, 346); man trifft sie auch bei Bernhardinern sehr oft an, wie überhaupt bei großen Rassen mehr als bei kleinen (45).

Für Form und Stellung der Füße sind zwar Training und Untergrund wichtig, doch kann man deutlich zwischen rundlichen, katzenähnlichen Pfoten mit wenig Fußungsfläche (Terrier) und geraden, kaum gewinkelten »Plattfüßen« z.B. bei Papillons und Pekinesen unterscheiden. Diese sollen besonders zu Interdigitalentzündungen und -abszessen neigen (6195), was Frau Bolt (1988), renommierte Papillonzüchterin aus der Schweiz, bestreitet: Patellarluxationen wären hier ein weit bedeutenderes Problem. Eine *»Bärentatzigkeit«* kann beispielsweise bei Pudeln durch geschicktes Frisieren der Behaarung am Fuß kaschiert werden – wie so manches im Showgeschäft. »Durchtrittigkeit« mag sich auch bei schnellwachsenden, großen Rassen unter ungünstigen Haltungs- und Fütterungsbedingungen einstellen (250).

Die *Hinterbeine* können ebenfalls steil unter den Körper gestellt oder laufgünstig abgewinkelt sein, was eine weit hinter den Rumpf verlagerte Fußung bedingt. Auswüchse in beiden Richtungen wirken sich aber offensichtlich noch ungünstiger aus als vorn. So hat die Zucht auf gerade, steile Gliedmaßen beim Chow-Chow (zu deutsch: »lecker-lecker«; ein chinesischer Gastwissenschaftler meinte allerdings, es bedeute mehr »backen, braten, zubereiten«) eine Stuhlbeinigkeit mit fast unphysiologischem, stelzendem Gang erzeugt (141). Die kurzen, breiten Oberschenkel sollen schon im Ursprungsland dieses Spitzes gefördert worden sein, wo man ihm aus kulinarischen Erwägungen saubere, gerade Keulen abverlangte (147). Dort sind junge Hunde noch heute ein Leckerbissen für Gourmets.

Dagegen sind die Auswirkungen *stark gewinkelter* Hintergliedmaßen mit kaudal verlagertem Stand unter gleichzeitiger Verlängerung der Tibia und *abfallender Rückenlinie,* wie etwa beim Deutschen Schäferhund, umstritten. Smythe u. a. Autoren nehmen an, daß die dadurch bedingten vermehrten Exkursionen des Oberschenkelkopfes bei der Fortbewegung eine Schwächung des Ligamentum teres bewirken und die Veränderung des Angriffpunktes der Schubkraft im Hüftgelenk einer Dysplasie Vorschub leiste. Dieser wahrscheinlich berechtigten Auffassung ist auch Skerritt (1981). Dem muß aber entgegengehalten werden, daß auch bei einer Rasse mit recht geradegestellter Nachhand, dem Rottweiler, Hüftdysplasie nicht selten ist. So fanden denn Hauptmann u. Mitarb. (1985) keine deutlichen Beziehungen zwischen *Hüftgelenkswinkelung* und HD-Frequenz, während Geerthsen (1988) in einer großen südafrikanischen Gebrauchshundepopulation sehr wohl solche Zuammenhän-

Bau und Funktion, Typdisposition 87

Tabelle 14 Häufigkeit der Perthesschen Krankheit in einer Schwedischen Klinik (nach *Ljunggren*, 1966).

Rasse	allg. Rassenfrequenz	beobachtete Fälle	erwartet	χ^2
Dackel	39,6%	5	51,5	41,1^{+++}
Zwergpinscher	3,7%	21	4,8	51,4^{+++}
Pudel	31,6%	57	41,4	5,8^{+}
W. Highl. White Terr.	0,5%	5	0,7	20,6^{++}

ge erkannte – bei gleichzeitiger Berücksichtigung der Rückenlänge. Auf diese Problematik wird jedoch beim Deutschen Schäferhund näher eingegangen (S. dort). Jedenfalls zeugt es von agronomischer Arroganz, wenn Willis (1981) meint, Tierärzte sollten sich ganz aus dieser Diskussion heraushalten. Er stößt damit auf die begründete Kritik seiner veterinärmedizinischen Landsleute (3027, 3028, 3029, 279), doch neuerdings kommen selbst von ihm andere Töne (6269), sogar was die Einsicht angeht, renitente Züchter letztlich nur durch gesetzgeberische Maßnahmen in die Pflicht nehmen zu können (6270).

Prinzipiell sei betont, daß das Risiko, an HD zu erkranken, in großen und übergroßen Rassen 20 – 50fach höher ist als in kleinen (4548) – Ausnahmen bestätigen auch hier diese Regel (943). HD kann *Inaktivitätsosteoporosen* nach sich ziehen (2525).

Auf eine andere Erkrankung in diesem Bereich hingegen, welche vorwiegend bei kleinen Rassen anzutreffen und mit HD nicht zu verwechseln ist, sei jedoch verwiesen: die *Perthessche Krankheit*, auch Morbus Legg-Perthes-Calvé-Waldenström, Malum deformans iuvenile coxae, Coxa plana etc. genannt. Bei diesem in jugendlichem Alter auftretenden Leiden bildet sich ein Degenerationsfocus im Caput femoris, kommt es zu lahmheitsbedingenden Osteonekrosen mit sekundären Hüftgelenksveränderungen (3976, 1101, 4275). Sie bevorzugt in ihrem Auftreten Kleinschnauzer, -pudel und Terrier; 3566, 1580, 5306, 5887).

Wie aus dem statistischen Vergleich in Tab. 14 zu ersehen, waren Dackel stark unter-, die anderen Rassen aber überrepräsentiert bezüglich Perthes-Frequenz. Innerhalb der Rassen vermutet man rezessiv-autosomalen Ergang (4466).

Im Kniegelenk sind die Rollkämme der Femurtrochlea normalerweise gleich hoch. Wenn jedoch eine mangelhafte Ausbildung des medialen Kammes (1521, 2793, 3030), angeborene Hypoplasien der Kniescheibe, Muskeln oder Bänder vorliegen (5834), so können habituelle oder stationäre *Kniescheibenluxationen* entstehen, welche ebenfalls vorwiegend bei kleinen und Toy-

Rassen gesehen werden – oft beidseitig (2723, 5052, 1784), und besonders in jungen Exemplaren (1166). So stellten große Rassen in den Erhebungen von Schröder und Schirrmacher (1980) insgesamt nur 11% der Patienten. Auch bei dieser Störung scheint mendelnder Erbgang nicht erwiesen, doch ist neben der Disposition kleiner Rasen die familiäre Häufung gesichert (3590, 3220, 5304), z.B. bei Papillons – und auch innerhalb dieser Rasse wirkt die Zucht auf extreme Verzwergung hierbei förderlich (905). Nach Priester (1972) tragen Zwergspitze, Yorkshire Terrier, Chihuahuas und Zwerpudel ein bis zu 12fach größeres Risiko als z.B. Dackel, Collies oder Boxer; außerdem seien weibliche Tiere öfter betroffen. Traumatische Formen treten dagegen meist einseitig und in älteren Individuen auf (4432). Kommt Kniescheibenverrenkung bei großen Exemplaren vor, so öfter lateral (z.B. beim Pyrenäen-Berghund, 2220), und in Korrelation zu HD, was aber genau wie die vermutete Beteiligung des Mc. Pectineus noch der Überprüfung bedarf (762, 3602, 3354). Dagegen sind gerade die größeren, frohwüchsigen Rassen eher von *Kreuzbandrissen* in diesem Gelenk betroffen (1089).

Abschließend zur Hintergliedmaße sei noch bemerkt, daß Rüden durchweg erst mit 8 Monaten beginnen, diese beim Urinieren hochzuheben (1553), wobei es deutliche Präferenzen zu geben scheint (linke oder rechte). Aber auch Hündinnen verspritzen in einem beträchtlichen Prozentsatz ihren Harn in dieser wenig »ladyliken« Weise (5653). Kleine Terrier-Rüden machen gar einen regelrechten Kopfstand, um auch hochstämmige Bäume zu markieren. Dagegen kann Lüften der Vorderpfote Schmerzens- und Demutsgebärde oder Ausdruck einer »hysterischen« Lahmheit sein, d.h. den Wunsch signalisieren, vom Besitzer gestreichelt zu werden (1986).

Das *Haarkleid* des Hundes resultiert aus rassisch variablem Zusammenspiel der beiden Komponenten Deckhaar und Unterwolle: Vom Langhaar des Neufundländers u.a. über das Stockhaar der Wild- und vieler Schäferhunde (mittellanges Deckhaar, dichte Unterwolle) zum Kurzhaar, mit Verkürzung und Rückbildung beider Haaranteile einhergehend; Rauh-, Draht- und Kraushaar treten als weitere Varianten hinzu. Bei letzter ist wegen stetigen Abwachsens der hypertrophen, gelockten Unterwolle (z.B. Pudel, Bedlington Terrier, Kerry Blue) die Tendenz zum *saisonalen Haarwechsel* (i.a. Frühjahr und Herbst, 1543), nicht ausgeprägt (4067, 4148). So beträgt das Haargewicht bei Pekinesen rund 30 g/kg Lebendmasse, bei Kurzhaardackeln aber nur 5 g/kg (4079). Welpen tragen ein *Jugendhaarkleid,* mit Wollhaaren im Vordergrund (6162). Im übrigen bestätigte sich auch in Kreuzungen des kurz-stockhaarigen Bernhardiners mit der langhaarigen Variante der *dominante Erbgang des Kurzhaars* (1402). Trotz Behaarung reagiert aber die Hundehaut auf exzessive physikalische Reize genauso empfindlich wie die menschliche: Als ein unge-

Bau und Funktion, Typdisposition 89

zogenes Kind den Zwergpudel der Familie in der Mikrowelle eine halbe Minute »garen« wollte, resultierten daraus schwere, lebensbedrohende Verbrennungen (4664).

Krankhafte Haut- und Haarkleidveränderungen, meist im Sinne von *Alopezien*, werden oft in Zusammenhang mit Hormonstörungen gesehen, insbesondere im Bereich der Keim-, Schilddrüse und Nebenniere; bei letzterer sind Pudel und andere Kleinrassen hinsichtlich eines Hyperadrenokortizismus *(Morbus Cushing)* überrepräsentiert: Es bilden sich kahle, pigmentierte Stellen, Nasenglatze, Hängebauch u.a. Folgeerscheinungen (495, 5106, 1758, 1975, 3488, 1878).

Systemische, offenbar erblich beeinflußte Ursachen hat auch die durch krankmachenden Befall mit der Haarbalgmilbe ausgelöste *Demodikose*, die zwar vielfach, aber keineswegs ausschließlich in Kurzhaarrassen auftritt (2364, 4196, 6428). So werden neben Dackel, Dobermann, Pinscher, Dt. Dogge, Beagle, Boxer, Bullies und Basset auch diverse Schäferhundrassen und Spaniels genannt (2265, 3683, 3487), sowie familiäre Häufungen vermutet. Primär zugrunde liegt offenkundig ein *Immundefekt* bzw. eine Abwehrschwäche, die der überall gegenwärtigen Milbe erst die pathogene Ausbreitung ermöglicht (2589, 2590, 2591, 3296, 2264). Da besonders die generalisierte Form starke genetische Effekte erkennen lasse, wird Zuchtausschluß empfohlen (4010).

Zu Besonderheiten und Typdispositionen bei einigen *Inneren Organen* sei nur kurz Stellung genommen. Hier ist an erster Stelle der enorm erweiterungsfähige *Magen* zu nennen, der ein »Fressen auf Vorrat« und großes Hungervermögen ermöglicht: Bis zu 17 Tage ohne Nahrungsaufnahme (einige Autoren sprechen von 4 Wochen) wurden von Wölfen überlebt. *Magentorsionen* und -tympanien nach Überfressen und vorangegangener oder anschließender Hyperaktivität sowie Streß werden hin und wieder bei älteren Exemplaren großer, tiefbrüstiger Rassen wie Dt. Doggen (6342, 2274, 5821), Bluthunden und Boxern (820, 2090, 1468), Irischen Wolfshunden (121), aber auch bei Dt. Schäferhunden (5392, 4365), seltener bei kleinen Rassen registriert (5672, 5465, 5818, 6316, 2540, 345, 1138, 1932). Sie sind oft vergesellschaftet mit Milzverdrehungen (3860, 3805, 5459) und letal, wenn nicht baldigst chirurgisch versorgt (6283, 657, 1730, 2089, 6011). Dabei wurde innerhalb der Rassen eine familiäre Häufung beobachtet und eine erbliche Schwäche des Aufhängeapparates von Magen und Milz vermutet, sowie eine gestörte Motorik (1140). Auch in neueren Klinikstatistiken standen wiederum Bernhardiner, Doggen, Schäferhunde u.ä. an der Spitze des Patientenmaterials (5996, 5521, 6201), wird die Selektion auf einen besonders *tiefbrüstigen* »Champion-Ausstellungstyp« als prädisponierend inkriminiert (5514). Deutlich wurde auch die ausgeprägte Rückfalltendenz (Rezidive), selbst nach Operationen (6285, 777). Seltenere, wohl meist verletzungsbedingte Lungenflügelverdrehungen kamen gleichfalls im genannten Typ vor, z.B. bei Afghanen (3613).

Eine der menschlichen *Zöliakie* ähnliche, zu chronischen Durchfällen disponierende Glutensensitivität (Überempfindlichkeit gegenüber Klebereiweiß in Weizen u.a. Getreide) wurde auch in Hunden beschrieben (642, 643, 644, 645, 646, 2633), während die in Familien des Lundehunds gefundenen chronischen Durchfälle ätiologisch anders gelagert zu sein scheinen (3389). Ständiges Erbrechen älterer Hunde kann auf Magenkrebs hindeuten; Rough Collies und Shelties zeigten sich hier etwas überrepräsentiert (5579).

Die am Ende des relativ kurzen Darmkanals links und rechs des Analrohres gelegenen *Analbeutel* mit ihren Drüsen, sowie die *Analdrüsen*, liefern für das Sozial- und Sexualverhalten wichtige Geruchsstoffe (Pheromone) (1614) und können durch Verstopfung, Fistelbildung und Entzündung Anlaß zum »Schlittenfahren« der Hunde sein, während die subkutan rund um den Anus angeordneten *Zirkumanaldrüsen* bei männlichen Tieren Prädilektionsstellen für adenomatöse Wucherungen sind (2772, 2186, 663), wobei besonders Cocker, Teckel und Foxterrier genannt werden (3487).

Als Lauftiere mit ausgeprägtem Dauerleistungsvermögen (4945) stehen Wölfe und Hunde zusammen mit Vollblutpferden an der Spitze der Säuger hinsichtlich relativen *Herzgewichtes* (6061): Es liegt im Mittel zwischen 0,65 und 1,04% des Körpergewichtes (2879a, 1324, 2670, 4136), erreicht bei Renn-Greyhounds jedoch physiologischerweise 1,3% und mehr. Dieses sollte man bei der Diagnose »Panzerherz« bei Windhunden berücksichtigen. Einen Fall von Cardiomegalie (rel. Herzgewicht 1,84%), der möglicherweise den Glykogen-Speicherkrankheiten zuzurechnen war, beschrieb Mostafa (1970). Von Herzversagen durch *Kardiomyopathien* scheinen ansonsten mehr Dobermann u.a. große Hunde betroffen (6011), von *Klappenfibrosen* Dackel und Pudel. Nimmt man bei Versuchshunden bis zu 150 Herzpunktionen vor, braucht man sich aber nicht zu wundern, daß sie »herzkrank« werden (1106).

Das Herz ist auch und gerade beim Hund ein »besonderer«, leistungsfähiger Muskel; wie es für menschliche Athleten gilt, so bestehen gleichfalls beim Hund negative Beziehungen zwischen Herzschlagfrequenz und Herzgröße: Relativ große Herzen tendieren zu *physiologischen Bradykardien* (5464). Greyhounds weisen daneben weitere adaptive Besonderheiten hämatologischer, lungenphysiologischer, pharmakogenetischer und muskel-metabolischer Art auf (4846, 1298, 1438). Umgekehrt überrascht es nicht, daß längere Zeit sehr eng gekäfigte Beagles zu *Tachykardien* unter Belastung neigten (1280). Dennoch ist auch bei Windhunden der akute, plötzliche Herztod infolge Überanstrengung bekannt (2131); denn die Belastung ist hier in der Tat beträchtlich: So steigen unter dem Rennen Puls von 110 auf 245, Atemfrequenz von 19 auf 136 und die Rektaltemperatur von 38,9 auf 40,6 Grad (2860). Bei der Erstellung von Normtabellen sollte man somit neben Trainingseffekten immer mögliche genetische Einflüsse nicht gänzlich vernachlässigen (789). Auch EKG-Strecken allein scheinen wenig aufschlußreich für die intravitale Bestimmung der Herzgröße zu sein (3990).

Der Puls des Hundes schlägt weder gleichmäßig noch regelmäßig (4058), da Abhängigkeiten zur Atemfrequenz bestehen, es normalerweise zu respiratorischen *Arrhythmien* kommt (2447), – die allerdings nicht mit pathologischen Unregelmäßigkeiten verwechselt werden dürfen, wie sie insbesondere im Zusammenhang mit Kardiomyopathien in Hundegiganten, z.B. Irischen Wolfshunden, beschrieben wurden (1072, 1073). Bei erhöhter Atemzugzahl steigt auch die Zahl der Herzschläge an (r = 0,62; 6115). Große Rassen zeigen generell gegenüber kleinen herabgesetzte Vitalfunktionswerte, z.B. eine Herzfrequenz zwischen 80 und 100 Schlägen pro Minute (gegenüber 100 – 120 bei kleinen, und etwa 215 bei neugeborenen und bis zu 3 Wochen alten Welpen; 1267, 5785, 5314), eine *Rektaltemperatur* ab 37,5 und eine Atemzugzahl zwischen 10 und 30. Mittelwerte, wie sie in einjährigen Untersuchungen an Teckeln ohne Störungen des Allgemeinbefindens ermittelt wurden, gibt. Tab 15 wieder.

Tabelle 15 (nach Wegner u. Dröge, 1975) Abgerundeter physiologischer Schwankungsbereich (± 2 s) der Vitalfunktionen bei ausgewachsenen, nicht hochträchtigen, nicht laktierenden, nicht aufgeregten Teckeln*

	untere Grenze	Mittelwert	obere Grenze
Atemzugzahl/Min.	23	36	49
Herzschlagfrequenz/Min.	97	115	133
Rektaltemperatur °C	38,3	38,7	39,1

* ohne Hitzehecheln

Diese Untersuchung machte weiter deutlich, daß mit der Umgebungstemperatur besonders die Atemfrequenz, aber auch die Rektaltemperatur ansteigt, und erbliche Einflüsse am deutlichsten für die Atemzugzahl unter Hitzestreß bestehen. Daneben gibt es circadiane Rhythmen (3069). Wie schon von anderen Autoren berichtet (3401, 1093), war gleichfalls eine Temperaturerhöhung nach Erregung oder verstärkter Bewegung registrierbar. Nach Langpap (1934) soll sich solche Steigerung auch nach Schüssen, nicht aber bei Mundharmonikaklängen ergeben. Wie bei Mensch und Schwein, so gibt es offenbar auch bei Hunden Individuen mit Neigung zu *Maligner Hyperthermie* unter der Einwirkung bestimmter Pharmaka (4224).

Es erscheint ferner bedeutsam, daß in brachyzephalen Rassen mit bereits erwähnter Neigung zu Atemschwierigkeiten eine ausgesprochene Disposition zu *Tumorbildungen an der Herzbasis* besteht, nämlich genau in jenen Strukturen (Glomus aorticum und Gl. caroticum), welche als Chemorezeptoren (Blutgasgehalt) bei der Atmungsregulation eine ausschlaggebende Rolle spielen (4186, 5175, 2821, 2960, 1517, 4370, 2571). Dies mag zur Disposition des Boxers zu Herzkrankheiten, wie sie Beglinger u. Mitarb. (1975) fanden, genauso beitragen wie die noch an anderer Stelle erwähnten Aortenstenosen (auch in anderen Rassen gesehen, 908, 4092). In Linien des nasenlosen Mopses wurde über plötzlich-tödliche *Herzattacken* (Syncope) berichtet (969). Im übrigen ist der Einbau von *Herzschrittmachern* inzwischen ja auch beim Hund möglich (719, 2389). Allein in den USA sollen jährlich über 150 Stück in »Pets« eingepflanzt werden (5367).

Die *Geschlechtsorgane* bieten gleichfalls einige erwähnenswerte Eigentümlichkeiten. Da ist vorrangig der Penis zu nennen, mit seiner in einen vorderen, langgestreckten (Pars longa) und einen hinteren, schwellkörperverdickten Abschnitt (Bulbus glandis) unterteilten Eichel, letzter beim Coitus durch Schwellung nach dem Einführen das immer wieder bei Laien Aufsehen und Fehlreaktionen auslösende »Hängen« der Hunde bedingend (bis zu 30 Minuten). Dabei sollen weniger die apikalen, sondern die kaudalen Zonen der Glans für die Auslösung der Erektion und Ejakulation verantwortlich sein (2504). Erst die zweite Phase der Erektion erlaubt die kraftvolle Injektion des Samens in die Gebärmutter (2277). Tägliche Samenentnahme bei Beaglerüden über 3 Wochen lang führte nicht zur Libidoabnahme (3374).

Bei 14 während dreier Monate (Frühjahr) wöchentlich untersuchten Teckelrüden, die unter identischen Bedingungen gehalten wurden, betrug die mittlere Vorspieldauer $1,1 \pm 1,2$ Min. (Spanne 0,5 - 8,0 Minuten), die Ejakulationsdauer $15,6 \pm 5,7$ Min. (2 - 30 Min), bei einem *Gesamtejakulat* von $11,4 \pm 4,9$ cm^3 (1,2 - 26,3) und einer mittleren Gesamtspermienzahl von 508 - 660 Millionen. Dieses sind Werte, die vergleichbar sind oder sogar über denen größerer Hunde liegen (3345, 1682, 5611, 5612, 3374). Es lassen sich somit verschiedene *Ejakulatfraktionen* unterscheiden (4036). Mit einem Alter von 375 Tagen scheint die adulte Spermaqualität gegeben (5611), wenngleich Ejakulationen schon mit 235 Tagen möglich sind. Dies geht mit analogen Entwicklungen bei Hoden und Prostata einher (2907). Spontanejakulationen bei einem Cockerrüden, der sich in Sehnsucht zu einer im selben Haus wohnhaften läufigen Hündin verzehrte, wurden beschrieben (4495). Der Anteil *abweichender Spermienformen* liegt normalerweise unter 20% und ist meist sekundärer

Natur (2637, 4246, 4247, 5396, 1791, 5922). Oberhalb dieser Marge beginnt zweifellos der Bereich pathologischer Ejakulatsveränderungen, wie auch klar die in den o.a. Untersuchungen ermittelte, zweigipflige Häufigkeitsverteilung zeigt (Abb. 21). Allgemein werden im Frühjahr bessere Ejakulatsquantitäten und -qualitäten vorgefunden (3345), und natürlich bestehen ebenfalls beim Hund positive Korrelationen zwischen Hodengröße und Ejakulationsvolumen (4363), nicht aber so deutlich zur Körpergröße (6338). Dabei überrascht es nicht, daß eine normale Entwicklung der Adenohypophyse derjenigen der Keimdrüsen vorangehen muß (5804). Die Spermatozoen selbst sind offenbar bis zu maximal 11 Tagen im Genitaltrakt der Hündin befruchtungsfähig (1790).

Künstliche Samengewinnung ist beim Rüden durch Penismassage und sachgerechtes Vorgehen leicht zu bewerkstelligen (3290, 3696, 2636), wenngleich eine *künstliche Besamung* bei ausgereifter Technik (2671) offenbar nur mit frischem Samen gute Erfolge verspricht (2218, 2140, 1858). Sie wurde schon 1790 durch Spallanzani und 1903 von Iwanoff vorgenommen. Neuerdings werden aber auch brauchbare Ergebnisse nach Gefrierkonservierung des Samens gemeldet (5177, 3456, 1109, 3526, 1859). Aus der KB von auswärtigen Rüden resultierende Würfe nicht einzutragen, wie vom engl. Kennelklub praktiziert (203) erscheint als eine sehr weitreichende Entscheidung (5418); da in England aber alles getan wird, um die Tollwut von der Insel fernzuhalten, kamen strenge Bestimmungen für den Import von Hundesamen zum Tragen (221). Der Wert einer KB für wissenschaftliche Untersuchungen oder zur Überbrückung großer Entfernungen zwischen Rüde und Hündin ist unbestritten (2493, 945, 5028), zur züchterischen Umgehung einer vorliegenden *Impotentia coeundi* aber zweifelhaft, da sie nicht selten genetisch beeinflußt ist und so weitere Verbreitung finden kann – sie ist keineswegs nur »umweltbedingt« (3188): Das Deckverhalten ist stark individuell geprägt (5058); über vermehrtes Auftreten von *Deckschwierigkeiten* in bestimmten kurzatmigen Rassen wurde bereits berichtet; sie kamen auch vom Tibet-Terrier zur Meldung (4210). So hat sich kennzeichnenderweise ausgerechnet ein englischer Bulldogzüchter eine »Samenbank« daheim eingerichtet (271). Wenn bornierte Rassestandards Impotenz bei Rüden und Koitier- und Gebärunfähigkeit in Hündinnen induzieren, so daß sie nur über KB und Sectio zu reproduzieren sind (2765), so hat tierärztliche Kunst ihren Sinn verfehlt – wie überall, wo sie sich zur Komplizin züchterischer Marotten macht (2880).

Eine familiäre Form der *Aspermie* konnte ebenfalls festgestellt werden (572). BCG-Impfstoffinjektionen in den Hoden wurden als effektive Methoden der immunologischen Sterilisation vorgeschlagen (4133); sie dürften aber – ähnlich den altägyptischen Praktiken der Kastration (2 Ziegelsteine) – schmerzhaft sein.

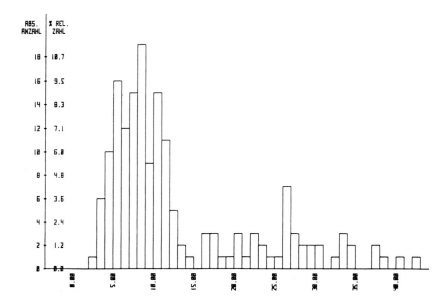

Abb. 21 Häufigkeitsverteilung morphologisch abweichender Spermien in 168 Teckel-Samenproben (nach Treu u. Mit., 1976).

Interessant ist ferner, daß jene außerhalb der Norm, im Bereich männlicher Subfertilität gelegenen Werte aus Abb. 21 (hohe Gehalte an morphologisch abweichenden Spermienformen) ausschließlich von Tigerteckeln stammten, die in homozygoter oder heterozygoter Form mit dem *Merlefaktor* behaftet waren (S. dort). Damit ist ein Hinweis gegeben, daß dieses in vielen Rassen zur Erzeugung einer Harlekin-Sprenkelung mißbrauchte Defektgen – neben den noch zu erörternden Anomalien der Sinnesorgane – auch auf die *Gametogenese* abträglich wirkt. Solche Querverbindungen zwischen Depigmentierung und Sterilität sind auch aus anderen Tierarten bekannt (6063, 6102).

Die bei Karnivoren vorhandene knöcherne Grundlage des Peniskörpers, das *Os penis* sv. priapi, kann – in großen Rüden – bis zu 14 cm lang werden, in kleinen Rassen minimal 2,8 cm messen, und umschließt die Harnröhre hohlsondenartig: In diesem Engpaß sitzen nicht selten *Harnsteine* fest (1604). Dabei ist bemerkenswert, daß signifikante Rassenunterschiede im Lumen, d.h. in der Querschnittsform des Sulcus urethralis bestehen: Bei kleinen Rassen eher nach ventral offen, verengt er sich in großen Rassen besonders im mittleren Bereich tatsächlich (Abb. 22) – mit zunehmender Tendenz im Alter (2668). So nimmt es nicht wunder, daß Rüden 3 mal so oft mit Erkrankungen der ableitenden Harnwege behaftet sind wie Hündinnen (4894). Ein analoges Os clitoridis ist nur in seltenen und wahrscheinlich hermaphroditischen Fällen vorhanden (2278, 1770), was entsprechend für einen rudimentären »Uterus masculinus« in Rüden gilt (4478).Angeborene, den Deckakt stark behindernde Richtungsänderungen des Penisknochens scheinen selten (2554, 742).

Der *Abstieg der Hoden* beim Hund – die im übrigen einen ähnlichen Schutz beim Röntgen beanspruchen können wie die menschlichen (6006, 6335) – erfolgt nach einer Phase der fetalen Entwicklung in der Bauchhöhle erst postnatal (6149), der Durchtritt durch den Leistenkanal sollte am Ende des ersten Lebensmonats abgeschlossen, der Fundus des Hodensacks von den noch sehr kleinen Hoden am Ende des zweiten erreicht sein (3907). Oft erscheint der linke zuerst, gibt es gesicherte rassische Unterschiede: Bei schweren Tieren liegt der Zeitpunkt meist etwas später (3642), wenngleich andere Autoren hier zu gegensätzlichen Befunden kamen (3189). Verzögerungen dieses Descensus testis und *Kryptorchismus* sind nicht selten. So waren in einem Feldmaterial undefinierbarer Rassen aus Belo Horizonte 5,1% mit Hodenhypoplasien und 6,3% mit Kryptorchismus behaftet (1256). Dieses mag dazu beitragen, daß der Hund vor anderen Arten eine Disposition zu *Hodentumoren* besitzt (1639, 4682), da besonders dislozierte, ektopische Gonaden zur Entartung neigen (4318, 1379, 4681, 3075, 2607). Metastasierende Sertolizelltumoren und andere Neoplasien wurden bei Binnenhodern mehrfach beschrieben (3074, 5134, 5985, 3751, 3522, 3107, 4527). Diese können sekundär zu Hoden- und Samenstrangverdrehungen mit schwersten klinischen Erscheinungen führen (4403), aber auch zur geschlechtsunspezifischen Östrogenproduktion (1212). Da therapeutische Maßnahmen zur Beseitigung der Binnenhodigkeit mit Choriongonadotropinen und Hypothalamus-Releaserhormonen teilweise erfolgversprechend sind (5090, 490), sieht man heute als Hauptursache eines Maldescensus testis primäre oder induzierte Funktionsstörungen dysplastischer Hoden an. Sie sollen öfter einseitig und rechts, und mehr inguinal als abdominal auftreten (1393); Kastration wird erbhygienisch das Mittel der Wahl sein. Schreitet man zur operativen Tumorprävention durch Exstirpation ektopischer Gonaden, so sollte man allerdings bedenken, daß bei diesen Patienten die Wahrscheinlichkeit der Eingriffskomplikation und postoperativen Mortalität höher ist als diejenige, an metastasierenden Geschwülsten zu erkranken (926). Andrologisch-spermatologisch wirkt sich dieser Eingriff bei unilateralem Binnenhoden jedoch positv auf die verbliebene normale Drüse aus (3090).

Kryptorchismus kommt zwar in allen Rassen vor, doch scheint sich in den

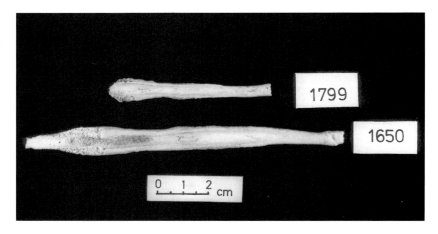

Abb. 22 Penisknochen von Teckel und Schäferhund (Ventralansicht) (1799: Langhaarteckel, 7 Jahre; 1650: Dt. Schäferhund, 14 Jahre)

Erhebungen von Pendergrass und Hayes (1975) anzudeuten, daß verzwergte, vielfach ingezüchtete Petrassen wie Chihuahuas, Yorkshire Terrier, Zwergspitz u.a. ein höheres Risiko tragen, wie überhaupt häufig weitere angeborene Defekte mit Kryptorchismus einhergehen, z.B. *Hypospadien, Hermaphroditismus* und *Nabelbrüche*, was auf gemeinsame Ätiologie schließen läßt bzw. auf Korrelationen zum Inzuchtgrad (2580, 1394). So wird auch der Sheltie diesbezüglich geradezu als »Modellrasse« zum Studium der kryptorchid induzierten Tumorentstehung bezeichnet (2574), was nach Statistiken von Prange u. Mit. (1986) für Collie und Boxer nicht minder zu gelten scheint, während Pudel und Terrier mehr zu altersbedingten Proliferationen neigten.

Genetische Analysen der Binnenhodigkeit werden durch das Vorkommen nichterblicher Formen der *Monorchie* oder Hodenverlagerungen erschwert (3837, 6198). Genuiner, beidseitiger Kryptorchismus ist aber hoch erblich (4576, 2825), obwohl kein einfach mendelnder Ergang, sondern polyfaktorielle Determination zu erwarten ist (4699, 6259, 5315). Dieses deckt sich mit Befunden bei anderen Tierarten, z.B. beim Schwein (2025). Selektive Gegenmaßnahmen sind und waren somit gerechtfertigt, wenngleich man sich vielerorts erst spät dazu durchrang (148). Im Gegensatz zu unilateralen Kastraten, wo weitgehende Kompensation durch das verbliebene Organ erfolgt (2381, 3089), sind einseitige Kryptorchiden in ihrer Fertilität herabgesetzt *(Oligospermie* oder *Asthenospermie)*, jedoch oftmals zeugungsunfähig (550, 3793). Die Häufigkeit liegt in einigen Rassen so hoch, daß einerseits der z.B. von Leeuwen u. Mit. (1989) vorgeschlagene Zuchtausschluß aller Zuchttiere, in deren Nachwuchs einmal Binnenhodigkeit auftrat, unmöglich ist, andererseits Überdominanzeffekte, d.h. Selektionsvorteile in unerkannten Anlageträgern nicht ganz auszuschließen sind (6400). Die Geschlechtsorgane der Hündin durchlaufen während der meist zweimal im Jahr auftretenden *Läufigkeit* (Jan. bis Febr. und Aug. bis Sept.) einen 9 Tage dauernden Proöstrus (Vorbrunst) und einen gleichfalls etwa 9 Tage währenden Östrus (Brunst). Dabei sind Ovulationszeitpunkt und Sexualverhalten der Hündin offenbar nicht sehr straff korreliert (4707). Zur dreiwöchigen Hitze werden noch frühe Abschnitte des Metöstrus gezählt (497), der, falls keine Trächtigkeit eintritt (5379), zusammen mit dem Anöstrus die etwa 5 – 6monatige Phase der Inaktivität repräsentiert. Endokrin bedingte Zyklusstörungen (pathologische *Anöstrien*) können mit Haarkleidveränderungen einhergehen (Alopezien, 493) östrogen bedingte Erhöhungen der Kapillardurchlässigkeit bzw. Verminderung der Blutgerinnungsfähigkeit mit Nachgeburtsblutungen (Postpartale *Metrorrhagien*, 492). Bei älteren, fetten, nicht selten auch diabetischen Individuen mit mehreren vorangegangenen Zyklen ohne Trächtigkeit kann es leicht zu Gebärmutterentzündungen *(Pyometra)* kommen (925). So stellte Frost (1963) bei 6% von 500 untersuchten Hündinnen hyperplastische Endrometritiden fest.

Rassische Variationen im *Östrusintervall u*nd im Eintritt der *Geschlechtsreife* sind bekannt geworden (16 – 24 Mon., 2456, 5381, 4244). So wurde für den Dackel ein mittleres Intervall von 34, für den Dt. Schäferhund ein solches von 26 Wochen registriert (1263), bei Greyhounds lag es bei 8,1 Monaten, jedoch mit starken individuellen Schwankungen (4562). Daher sollte man Befunde an »kasernierten« Versuchshunden wie Beagles nicht kritiklos auf andere Rassen übertragen (98), zumal auch Umwelteinflüsse signifikant einwirken (Zwinger/Auslaufhaltung etc., 4102, 4103, 936).

In eigenen Untersuchungen an Teckeln kamen wir auf ein mittleres Zyklusintervall von 200 ± 42 Tagen (3911). Jedenfalls läßt sich nicht so generell sagen, »bei kleinen Hunden trete eine Brunst alle 4 Monate, bei größeren Hunden alle 8 Monate auf« (2908). Genau wie beim Menschen, lassen sich – parallel zu den Hormonspiegel-Änderungen (2755, 4138, 3525 – durch *Scheidenabstriche* und zytologische Untersuchung, durch Diagnose des Zelltyps im Abstrich, die einzelnen Zyklusstadien gut trennen und objektivieren (1264, 4208, 6372, 491, 2380, 2379). Bei Beagles trat die Hitze im Mittel in einem Alter von 278 ± 5 Tagen auf und wurde auch ohne schädliche Effekte genutzt (2118). Dabei bleiben Änderungen im Hormonstatus (6218, 5474, 1825, 1224) wie schon betont, nicht ohne Auswirkungen auf Blutbild und Blutzusammensetzung (5714). Auch der Progesteronspiegel während der Brunst zeigt beträchtliche individuelle Schwankungen; seine Erhöhung etwa 12 Tage nach

Beginn der Blutung zeigt die Ovulation und damit den besten Befruchtungstermin an (2396, 2397).

Haushündinnen haben relativ größere Ovarien als weibliche Wildhunde mit stark *saisonaler Brunst* (3051). Allerdings sollen auch Basenjis und andere exotische Rassen einen deutlichen jahreszeitlichen Peak zeigen (5639). Zur *Brunstverhinderung* sind viele wirksame Präparate auf dem Markt, manche jedoch mit z.T. pyometra- und tumorinduzierenden Nebenwirkungen (4261, 4271). Nach Kastration kann sich als Nachteil *Harnträufeln* entwickeln (6309) und es herrscht Uneinigkeit darüber, ob man Hündinnen vor oder nach der ersten Brunst sterilisieren sollte (2757, 5666, 2881).

In der Wahl des Geschlechtspartners zeigen Hündinnen und Rüden hin und wieder deutliche Partnerbevorzugungen (662); im Vergleich zum fast monogamen Wolf ist jedoch der Haushund »zu einem Symbol der *Polygamie* und sexuellen Untreue geworden (4101)«. Lernprozesse – aber auch geduldiges Verhalten der beim Deckakt anwesenden Besitzer! – spielen beim männlichen Tier für den Ablauf eines ungestörten *Coitus* eine größere Rolle als beim weibliche (633). Gesichert ist auch, daß mehrmaliges Decken während der Hitze im Mittel die Zahl der geborenen Welpen erhöht. Über widernatürliche, zwischenartliche Geschlechtsbeziehungen wird auch beim Hund sporadisch berichtet. So kopulierte eine brünstige Äffin öfter mit ein und demselben Rüden; als sie sich allerdings einem anderen Hund anbot, biß dieser ihr den Arm ab (634). Läßt man einen Rüden bei seiner Mutter aufwachsen, so erscheint es normal, daß er sexuelles Interesse an ihr entwickelt, und man braucht einen »Ödipus-Komplex« wohl nicht zu bemühen (1990).

Sicher ist, daß frühe Erfahrungen auch für den Hund wichtig sind: so waren getrennt von Artgenossen aufgezogene Rüden nicht zu erfolgreicher Kopulation imstande (481). Auch ist richtig, daß sexuell passive Rüden meist verträglichere Hausgenossen sind als sehr aktive (4605), doch wo käme die Zucht hin, wenn man nahe der Impotenz liegende geschlechtliche Passivität zum Selektionsmerkmal erhöbe. Auf der anderen Seite wird man einen starken Drang des normalen Rüden, die mit Sex-Pheromonen »parfümierte« Vulva läufiger Hündinnen »zu beschlecken« (2764, 2261), seine ausgeprägte Neigung zum Ungehorsam in dieser Zeit, kaum als »Hypersexualität« bezeichnen können, eher schon das permanente Streben, Deckversuche an untauglichen Objekten zu machen (1091), etwa am Fuß der zu Besuch weilenden Erbtante. Ein solches Gebaren wird dem Regelkreis der AAM zugerechnet (Angeborene Auslösemechanismen, 4929). Im übrigen riskiert Strafen wegen Erregung öffentlichen Ärgernisses, wer in Italien seine Hunde auf der Straße koitieren läßt.

Paarungen zwischen Partnern extrem unterschiedlicher Körpergröße sind nichts weltbewegend Seltenes, wie Exkanzler-Hund Bastian bezeugte (nach Willy Brandt ein in »normaler menschlicher Stellung« gezeugter Dackel-Bernhardiner-Mischling). Oft bieten sich läufige Hündinnen dazu liegend selbst kleinsten Rüden an, und es bedarf keiner untergeschobenen Strohballen, um dem männlichen Tier die richtige Zielansprache zu ermöglichen, wie »Bild« es von einem Teckelrüden-Rottweilerhündin-Seitensprung behauptete. Es hat aber keinen Sinn, telefonisch anfragenden Bild-Reportern solche »Sensationen« ausreden zu wollen – man findet sich höchstens anderntags wahrheitswidrig zitiert und als blamierter Pariser in »Bild« wieder (»Prof. Wegener zu »Bild«: Von so einem Fall höre ich zum erstenmal, aber es ist möglich«, 222). Insofern kann man also keineswegs so ganz sicher sein, ob nicht, bei günstiger Ausgangsposition, ein Chihuahua-Rüde auch eine Bernhardinerhündin belegen kann (4930).

Die *Trächtigkeit* währt zwischen 59 und 65 Tagen, im allgemeinen 63 Tage – bei wenigen Früchten länger, bei vielen i.a. kürzer. Bei Dalmatinern betrug die negative Korrelation zwischen Wurfstärke und Trächtigkeitsdauer $r = -0,29$ (6089), in anderen Rassen scheint diese Beziehung noch straffer zu sein (1651). In eigenen Untersuchungen wurde bei normalen Teckelinnen eine mittlere Tragzeit von $61,5 \pm 1,2$ Tagen ermittelt, was sich gut mit Angaben von Naaktgeborenen (1971) und Tsutsui (1983) deckt. Rassenunterschiede scheinen jedoch wenig abgesichert (3330). Eine »Zwischenträchtigkeitszeit« wie bei Kühen zu errechnen (4838), dürfte nur bei einer Intensivproduktion von Gebrauchs- und Versuchshunden sinnvoll sein – sofern denn so etwas überhaupt sinnvoll ist.

Auch bei der besamten Hündin entwickeln sich die ersten *Blastozystenstadien* noch präimplantativ im Eileiter (4707). Eine Röntgendiagnose der Gravidität kann noch bis zum 55. Tag ihre Tücken haben (4487) und es sieht so aus, als ob *Ultraschallverfahren* hier bessere Resultate bringen (4535, 2861, 912, 1208, 2084, 1952, 5146). Es gibt ferner Tabellen zur Bestimmung des Fetalalters (Scheitel-Steißlänge etc., 1261). Neuerdings ist es auch bei der trächtigen Hündin möglich, durch Immunelektrophorese, ähnlich wie bei schwangeren Frauen, gesteigerte Mengen eines Schwangerschaftsproteins (Alpha-Globulin) nachzuweisen (5092). Im allgemeinen kündigt meßbare Gewichtszunahme und Ausbildung des Gesäuges die nahe Geburt deutlich an. Zur Laktation kann es jedoch auch bei dem in unbefruchteten Hündinnen nicht seltenen Phänomen der *Scheinträchtigkeit* kommen, was schon als phylogenetisches Relikt, als Beitrag leergebliebener Weibchen zur Aufzucht der Jungtiere in Wildcaniden-Rudeln interpretiert wurde (57).

Die *Wurfgröße* ist stark rassen- bzw. körpergrößenabhängig: Riesenschnauzer und Bernhardiner bringen im Schnitt 8,7 Welpen zur Welt, Papillons nur 2,1 (3674). Diese straffe positive Beziehung zwischen Körpergröße und Welpenzahl kam auch in den Erhebungen von Kaiser (1971) zum Ausdruck (Tab. 16). Die geringe Anzahl von Welpen in Zwergrassen pauschal mit »Inzuchtschäden« erklären zu wollen, ist aber in der Tat nicht »der Weisheit letzter Schluß (Bolt, 1987)«.

Tabelle 16 Rassengröße und Reproduktion (nach Kaiser, 1971)

Rasse	Widerristhöhe	mittl. Wurfstärke	Streuung	mittl. Totgeburtenrate
Bernhardiner	70 cm	8,03	3,50	17,89%
Gr. Schweizer Sennh.	68 cm	7,93	3,21	13,14%
Berner Sennhund	62 cm	6,76	2,80	12,07%
Appenz. Sennhund	55 cm	8,04	3,06	7,37%
Entlebuch. Sennhund	45 cm	5,51	2,21	4,50%
Kleinpudel	40 cm	4,84	1,62	1,83%
Zwergpudel	30 cm	3,89	1,44	2,95%
Papillon	22 cm	2,42	0,73	4,34%

Jüngere Recherchen verdeutlichen die o.a. Zusammenhänge noch mehr, stellen jedoch vor allem auch *tierschutzrelevante Merzungsprozesse* durch Züchterhand heraus: Wie Tabelle 17 ausweist, beträgt die Gesamt-Abgangsrate (bis zur Zuchtbucheintragung) bei Dt. Doggen 49%, bei Tigerdoggen (Gesprenkeltzucht) sogar makabre 55% (1905), bei Bernhardinern und Bulldogs 38%, wobei die »Selektierten« von Züchtern offenbar zwanglos auf »Totgeburten« und «bis zur Eintragung Verendete« verteilt werden (5094); auch bei Schäferhunden, Rottweilern und Boxern betragen die Abgänge noch fast 30, 27 und 21%, bewegen sich damit allerdings bereits auf die Bandbreite natürliche Ausfälle zu. Die *Korrelation zwischen Widerristhöhe und Wurfgröße* errechnete sich zu r = 0,86 und ist hochgesichert. Anderseits wird wieder deutlich, daß vor allem chondrodystrophe Rassen, d.h. disproportionierte Zwerge wie Scottish Terrier und Teckel (Wh 25 cm, WG 4,4; Hahn, 1988), hier aus der Reihe tanzen: Trotz geringer Wh bringen sie eine normalwüchsigen Individuen vergleichbare Welpenzahl, so daß weniger die Wh als vielmehr die *Rumpflänge* bestimmendes Element zu sein scheint.

Wie insgesamt ersichtlich, reduziert sich die mittlere Wurfstärke besonders bei großen Rassen durch eine höhere *Totgeburtenrate*, insbesondere aber auch durch züchterischen Eingriff (»Merze«) post partum. Daß aber auch in kleineren Rassen Zuchtprobleme diesbezüglich überproportional zu Buche schlagen können, zeigt die stattliche Welpenabgangsrate von rund 17% bei Chihuahuas und Zwergspitzen, ebenso die unverhältnismäßig hohen Verluste bei Bull- und Bostonterriern.

Tabelle 17 Durchschnittliche Wurfgröße bei der Geburt und bei der Zuchtbucheintragung, Widerristhöhe (Wh) und Gesamtabgänge (Verluste); nach Fiedler (1986), Hahn (1988), v. Radinger (1989), Widmann-Acanal (1992), Kock (1984), Wegner (1986, Kl. Kyn., 3. Aufl.)

Rasse	Wh	WG bei Geburt	s	WG bei Eintrag.	s	Verluste (%)
Briard	60,0	8,55	2,72	8,12	2,70	5,02
Dt. Dogge	75,0	8,38	3,46	4,28	1,80	48,90!
Airedaleterrier	57,2	8,08	2,80	6,75	2,54	16,50
Tigerdogge (M)	75,0	8,03	3,19	3,59	1,67	55,30!
Kuvasz	68,0	8,01	3,04	6,41	2,67	20,03
Bernhardiner	68,5	7,87	3,46	4,84	2,18	38,49!
Appenzeller S.	51,0	7,73	2,46	5,56	2,28	28,06
Gr. Schweiz. S.	64,0	7,73	3,41	5,29	2,51	31,58!
Sloughi	65,0	7,72	2,62	6,82	2,39	11,61
Deerhound	71,0	7,71	3,62	6,00	2,85	22,16
Dt. Langhaar	63,0	7,69	3,00	6,32	-	17,86
Golden Retriev.	54,0	7,61	2,28	7,05	2,30	7,35
Rottweiler	59,0	7,58	2,81	5,57	2,32	26,53
Berner Senn.	62,0	7,56	2,91	5,83	2,30	22,88
Komondor	70,0	7,50	2,25	6,08	1,96	18,95
Labrador Retr.	55,0	7,47	2,25	6,97	2,36	6,62
Ir. Wolfshund	70,0	7,45	3,07	6,12	2,84	17,76
Dt. Schäferhund	62,0	7,45	3,00	5,23	-	29,80
Pyrenäen Bergh.	68,5	7,30	2,71	6,70	2,50	8,22
Bobtail	54,0	7,26	2,78	6,31	2,64	13,05
Greyhound	63,0	7,21	2,53	6,16	2,13	14,50
Barsoi	71,0	7,04	2,85	5,92	2,51	15,80
Boxer	56,0	6,93	2,57	5,48	2,64	20,99
Bearded Collie	52,0	6,75	1,74	6,40	1,79	5,18
Afghane	65,0	6,71	2,22	6,09	2,24	9,21
Saluki	62,0	6,66	2,19	6,01	2,02	9,77
Skye Terrier	22,0	6,48	1,89	5,87	1,85	6,38
Collie	53,5	6,44	2,24	5,37	2,20	16,65
Bullterrier	37,0	6,28	2,21	5,07	2,15	19,21
Alaskan Malam.	59,0	6,27	2,52	5,61	2,49	10,57
Soft Coat. W.T.	47,0	6,21	2,28	6,03	2,32	2,89
Entlebucher S.	46,0	6,17	2,22	5,06	1,93	17,94
Irish Terrier	46,0	5,83	2,05	5,38	1,96	8,14
Whippet	45,0	5,81	2,11	5,34	2,06	8,05
Engl. Bulldog	40,0	5,80	2,60	3,60	2,07	38,04!
Samojede	51,0	5,79	2,13	5,26	2,15	9,23
Cocker Spaniel	39,0	5,51	2,07	4,90	2,09	11,20
Sib. Husky	54,0	5,26	1,85	4,95	1,87	5,97
Puli	39,0	5,25	1,78	4,60	1,93	12,38
Americ. Cocker	35,6	5,16	1,91	4,37	1,87	15,45
Beagle	36,0	5,15	1,86	4,84	1,90	6,07
Mops	32,0	4,89	1,76	4,00	1,81	18,20
Kerry Blue T.	44,0	4,74	1,88	4,38	1,87	7,67
Scottish Terrier	27,0	4,52	1,75	3,93	1,74	13,12
Cav. K. Ch. Span.	25,0	4,40	1,66	3,99	1,64	9,41

Rasse	Wh	WG bei Geburt	s	WG bei Eintrag.	s	Verluste (%)
Sheltie	35,5	4,28	1,52	3,59	1,57	16,10
Dandie Dinm. T.	25,0	4,27	1,92	3,57	2,03	16,49
Border Terrier	33,0	4,23	1,60	3,82	1,55	9,84
Cairn Terrier	24,0	4,22	1,53	3,88	1,52	8,23
Welsh Terrier	40,0	4,21	1,37	3,99	1,44	5,32
West H. Wh. T.	28,0	4,21	1,64	3,76	1,65	10,65
Sealyham T.	29,0	4,05	1,77	3,40	1,77	16,05
Lakeland T.	37,0	3,82	1,52	3,31	1,59	13,31
Bedlington T.	40,5	3,79	1,81	3,51	1,59	7,43
Norwich Terrier	25,0	3,70	1,30	2,63	1,19	29,05
Silky Terrier	24,0	3,54	1,40	3,23	1,45	8,87
Boston Terrier	36,0	3,48	1,66	2,77	1,67	20,37
Shi-Tzu	27,0	3,37	-	3,28	-	10,49
Yorkshire T.	23,0	3,33	1,35	3,00	1,38	10,08
Windspiel	35,0	3,17	1,49	2,77	1,34	12,62
Malteser	22,0	2,77	1,03	2,40	1,05	13,48
Chihuahua	19,0	2,64	-	2,45	-	16,59
Zwergspitz	22,0	2,09	-	1,73	-	17,16

Bei vermehrter Inzucht ist gleichfalls mit einem Ansteigen der Todesfälle zu rechnen (1987, 5040) - wenn z.B. seltene, exotische Rassen auf schmaler Zuchtbasis fortgezüchet werden; hierfür könnte der Norwich Terrier (S. Tab. 17) ein Beispiel sein.

Deutliche genetische Effekte kommen ferner in der Tatsache zum Ausdruck, daß bestimmte Rüden konstant eine größere Sterblichkeit unter ihren Nachkommen zu verzeichnen haben als andere (3850, 2103). Auch aus Versuchshunde-Kolonien wird eine Neugeborenen- und Jungtiersterblichkeit (vor dem Absetzen, incl. Totgeburten) zwischen 13 und 19% gemeldet (3850, 2896, 4515), bei Terrierhaltung (als Laborhund denkbar ungeeignet!) bis zu 46% (2456). Durch Aufzucht unter prophylaktischem Antibiotikaschutz sei die Verlustrate unter 10% zu senken (4910). Mit dem Alter der Hündin und der Zahl der Würfe nimmt jedoch die Mortalität zu (952); Unreife (Untergewicht), Infektionen, Immunschwäche in Verein mit Surfactant-Insuffizienzen (»Fading puppy complex«, 866, 4858) oder Traumen stellen die Hauptabgangsursachen dar (1995, 782). *Negative Beziehungen* zwischen Alter der Elterntiere und Wurfgröße werden auch aus anderen Rassen beschrieben (3218, 6269, 4617, 6204). So würde im Mittel bei einer Reduktion der Widerristhöhe um 10 cm und einer Alterszunahme der Zuchttiere um 1 Jahr die Welpenzahl um 1 abnehmen (6098). Hier wäre mithin ein probater Weg, das Problem »überzähliger« Welpen züchterisch in den Griff zu bekommen: Durch Verwendung älterer, möglichst nachkommengeprüfter Zuchttiere, wie dies seit Jahren von einsichtigen Züchtern gefordert wird (6101); auch im Kennel-Club wird altersmäßig eher eine zu rigide Begrenzung nach oben praktiziert (1726, 6031). Daneben kann das Züchten mit bestimmten *Defektgenen* zu einer beträchtlichen Steigerung der embryonalen und der perinatalen Mortalität führen (S. a. Nackthund). Dies trifft z.B. für den sogen. *Merlefaktor* zu, ein unvollkommen dominantes Depigmentierungsgen, auf das schon im Zusammenhang mit der Gametogenese hingewiesen wurde und welches in Abschnitt C ausführlicher besprochen wird. Bei Reinerbigkeit für diese Erbanlage (Homozygotie), d.h. nach einer vorangegangenen Paarung getigert x getigert, resultieren sogen. Weißlinge oder »Weißtiger« mit variablen Anomalien und einer perinatalen Sterblichkeitsrate bis zu 47% (3911). Dies rechtfertigt die Einordnung des Merlefaktors als Subvitalgen (Todesrate Behafteter bis 49%), unter den Bedingungen natürlicher oder züchterischer Selektionen sicher auch als *Semiletalfaktor* (Todesrate über 50%), da auch die ›lebensfähigen‹ Weißtiger von den Züchtern meist als »Fehlfarben« schon bei der Geburt gemerzt werden, wie aus der Tigerdoggenstatistik ersichtlich (Tab. 17, Abb. 82).

Aufschlußreich ist auch, daß nach etlichen Untersuchungen (3049) das *sekundäre Geschlechtsverhältnis* bei Totgeburten noch mehr zur männlichen Seite verschoben ist (55,7 männlich: 44,93 weiblich) als ohnehin schon (51,9 männlich : 48,1 weiblich). Ähnliche Verhältnisse waren bei Dt. Schäferhunden (S. dort) und in anderen Rassen zu beobachten und können darauf hindeuten, daß geschlechtsgebunden vererbte Letalfaktoren bei dieser perinatalen Sterblichkeit eine beachtliche Bedeutung haben.

Im übrigen ist klar, daß im Zeitalter von Embryotransfer und Mikromanipulation inzwischen auch der Hund zum Gegenstand diesbezüglicher Untersuchungen wurde (5805).

Einzelgeburten sind in kleinen Rassen nicht selten, extreme Wurfgrößen mit 21 Welpen und mehr (145) dagen nur in Ausnahmefällen zu verzeichnen. Da, wie aus den Tabellen hervorgeht, Wurfgrößen von 8-9 in großen Rassen als normal gelten müssen (S. a. D7) und die Hündin über insgesamt *10 Milchdrüsen* verfügt (4-6 an jeder Seite, jedoch z.T. Seitenunterschiede in der Anzahl; 6394), von denen normalerweise mindestens 8 zur Sekretion gelangen, so erscheint die in manchen Rassen von Züchtern ausgeübte *Limitierung der Wurfgröße* auf 6 Welpen als ein willkürlicher Akt. Sie war mit Recht umstritten und mußte in dieser pauschalen Form aufgegeben werden (6070, 6071). Laut Tierschutzgesetz sollten daher die Zeiten vorbei sein, in denen der Züchter »über die genügende seelische Robustheit verfügen mußte, auch absolut gesunde Tiere zu töten«. Es gibt aber nach wie vor eine stattliche Zahl robuster Gesetzesübertreter, wie man leicht den Wurfmeldungen z.B. des Dt. Doggen- oder des Molosserclubs entnehmen kann, denn »nicht Deutsche

Tierliebe«, sondern »eine gewaltige Portion Härte gegenüber der Kreatur« habe der Züchter notwendig, meinte der saubere Vorsitzende des letztgenannten Vereins (6137). Die Häufigkeitsverteilungen der Wurfgröße in den großen Rassen mit Verlustraten über 30% (Tab. 17) zeigen einen typischen ›*Verstümmelungsknick*‹ (Abb. 82), einen jähen Abfall des prozentischen Anteils von Würfen mit mehr als 6 Welpen bei der Zuchtbucheintragung. Nur wird nunmehr in den Vereinsmitteilungen – anders als noch vor wenigen Jahren – kaum noch offen zugegeben, daß »getötet« wird, es werden halt nur noch weniger »aufgezogen«. An den Fakten und an der Statistik hat sich dadurch nichts geändert.

Es ist auch unsinnig anzunehmen, das Merkmal »möglichst viele Junge pro Wurf« genieße einen natürlichen Selektionsvorteil im Stande der Domestikation, sondern es ist offenbar der Genotyp begünstigt, dem eine Maximierung aus beiden Komponenten gelingt: aus der Zahl der geborenen und der Anzahl großgezogener Nachkommen (4032). Ein Maximum an Neugeborenen ist dabei natürlich keineswegs auch ein Optimum für Wurf und Muttertier, wie die hohen Mortalitäten bei großen Rassen in Tab. 17 zeigen, während andererseits ein unterdurchschnittlich kleiner Wurf ebenso einem Selektionsdruck unterliegt, u.a. durch vorzeitiges Nachlassen der Milchleistung des Muttertieres (4211). Aber natürlich nehmen i.a. Welpen kleiner bis mittlerer Würfe in der Saugphase besser zu als solche großer (1636).

Interessant ist auch, daß zwar Geburtsgewichte der Einzelwelpen von den schwersten zu den leichtesten Rassen relativ zunehmen von 0,97% beim Pyrenäenhund bis 6,41% beim Chihuahua (in% vom mütterlichen Gewicht), daß aber das mittlere relative Wurfgewicht mit 11,6% recht artspezifisch zu sein scheint (3050). Die geschilderten Verhältnisse bei Hunden können zugleich als eine Entkräftung der These gelten, die Reduktion der Zahl geborener Nachkommen bei Zweifüßlern (Primaten) sei eine durch den aufrechten Gang ausgelöste, gravitationsbedingte Selektionserscheinung (4731): Kleine Hunde gehen offenbar nicht häufiger aufrecht als große.

Die eigentliche *Geburt* (Austreibungsphase) wird vom Wildhund und einem normalen weiblichen Haushund – nach einer zeitlich variablen, meist kaum erkennbaren Vorbereitungsphase der Dilatation und Relaxation (Eröffnungsphase) – innerhalb weniger Stunden anstandslos und ohne fremde Hilfe bewältigt, wobei zwischen dem Ausstoßen der einzelnen Welpen i.a. 40 - 50 Min. Pause liegt (4101). Das unmittelbare Bevorstehen der Geburt geben die meisten Hündinnen durch verstärkte Unruhe, Nestbau und einen gesicherten *Abfall der Rektaltemperatur* zu erkennen. So betrug bei hochträchtigen Teckelinnen die Körperinnentemperatur $38,2 \pm 4°$ gegenüber $38,7 \pm 0,4$ bei nichttragenden und $39,0 \pm 0,4$ bei säugenden (6115). Gesunde Hündinnen nicht degenerierter Rassen mit einem geräumigen Becken, nicht zu breiten Köpfen der Welpen und einem normalen Gebiß werfen leicht, öffnen die Fruchthüllen selbst und nabeln die Jungen auch ab.»In der Vergangenheit war eine Hündin, welche nicht gebären konnte, zum Tode verurteilt, und ebenso ihr Nachwuchs, – eine harte, aber effektvolle Methode der natürlichen Selektion. Das heutige tierärztliche Können, die Vornahme von Kaiserschnitten, mag jedoch sehr wohl dazu beigetragen haben, daß Körperbautypen erzüchtet wurden, die einem normalen Geburtsablauf entgegenstehen.Daher ruht sicherlich eine große Verantwortung auf den Schultern des tierärztlichen Berufsstandes, dafür Sorge zu tragen, daß Tierärzte und Züchter diese Zusammenhänge klar erkennen und das *Gebärvermögen* in den Rang eines der wichtigsten Selektionsmerkmale erheben (2024).«

Bei einer gesunden, nicht degenerierten und gut versorgten Hündin ist es eher verkehrt, sich zuviel um Geburt, Hündin und Wurf zu kümmern und so ihre Ruhe und den Ablauf angeborener Reflexe zu stören (223). Allerdings können nicht allein die disproportionierte Verzwergung, der unharmonische Körperbau und relativ zu große Früchte in Miniaturrassen, auch familiär und rassisch gehäuft auftretende *Wehenschwächen,* z.B. bei Scottish-Terriern (in Verein mit vermindertem Beckendurchmesser), Schwierigkeiten machen (2024). Daneben treten, besonders in kleinen Rassen, hin und wieder Geburtskrämpfe, *Eklampsien,* auf (3809), welche in den seltenen Fällen, wo sie schon vor der Geburt einsetzen, eine Sectio notwendig machen können (3617). Sie kommen vor allem durch Hypokalzämien während der Laktation zustande (534). Denn immerhin beträgt die durchschnittliche »Milchleistung« einer Beaglehündin ca. 1l pro Tag (bei 9,5% Fett, 4253).

Der Welpe, welcher nur selten während der Fetalzeit seine intrauterine Position verändert (6172), und der in 2/3 der Fälle in Vorderendlage (Kopf voran) und mit geschlossenen Augen geboren wird (5119, 4101) – »blind, weilen die Mutter mit dem Gebären allzusehr eilet (234)« – zeigt in den ersten Tagen wenig Resistenz gegenüber Kälte: Bei allen Umgebungstemperaturen unter 26,7 Grad C verliert er Körperwärme, angezeigt durch ein Absinken der Rektaltemperatur. Dieser *Wärmeverlust* kann nur durch Wärmekonduktion aus der Umgebung ausgeglichen werden, denn erst zwischen dem 3. und 7. Tag bildet sich die Fähigkeit der kompensatorischen Wärmeerzeugung aus (1409, 1410). *Hypoglykämische* Tendenzen sollen in Zwergrassenwelpen stärker ausgeprägt sein (1901) und auch im späteren Leben bestehen starke rassische Variationen im kalorischen Erhaltungsbedarf (3137), denn er wächst nicht streng proportional zum Körpergewicht (6340).

Dabei sind aber selbstverständlich der Außentemperatur angepaßte *saisonale Schwankungen* zu verzeichnen (1705). Diese spielen auch für blutphysiologische Werte, besonders Hämatokrit und Hämoglobin, eine große Rolle (4514). So war das *Gesamtblutvolumen* bei Alaska-Huskies im Winter um 25% größer als im Sommer und rekrutierte sich u.a. aus einem 38%igen Anstieg im Erythrozytenvolumen und 14% Mehr an Plasma (2464). Doch sind echte Temperatureffekte und nachgewiesene Wirkungen vermehrter körperlicher Aktivität oder von Erregungszuständen (4179, 4180) wohl nicht immer klar zu trennen. Dennoch zeigten Huskies auch sonst noch einige Besonderheiten (6278). So würden viele von Sion (1966) in Südafrika ermittelten Daten deutlich unter den Normangaben von Niepage u. Schaewen (1969) liegen. Ähnliche Beobachtungen machte Oduye (1978). Auch rassische Unterschiede in anderen Blutmerkmalen wurden beobachtet (1991, 3237, 2706), sowie genetische Einflüsse auf diese Werte bekannt (54), wenngleich hierbei differente Umwelten zu beachten sind (4651). Durch Selektion waren Hunde mit höherem Hämatokrit zu erzüchten, welche z.B. für das Überleben in größeren Höhen besser geeignet scheinen als andere (5348).

Daher darf man den Begriff der »Normalverteilung« keineswegs unbesehen gleichsetzen mit klinischer »Normalität« (4178). Biologische Abweichungen von der Normalkurve müssen nicht notwendig pathologisch, sondern können z.T. genetisch bedingt sein. So zeigt z.B. der Erythrozyten-Kaliumgehalt bei Schafen eine erblich verankerte zweigipflige, bei Rindern eine deutlich schiefe Verteilung (3895, 6114). Ähnliche Abweichungen sind auch bei anderen Werten und für die Hunde-Hämatologie nicht auszuschließen (754). Signifikante Alters-, Geschlechts- und Linienunterschiede wurden zudem für etliche Serumenzym- und Proteinwerte ermittelt (3077). Dies dürfte auch für den Blutdruck gelten (5324).

Ein Hund erreicht im Schnitt ein *Lebensalter* von 9 Jahren, doch werden kleine Rassen – mit der Ausnahme von »Super-Mini-Yorkies« und anderen »Verreckerlis« (4894) – meist wesentlich älter, z.B. Papillons 12,5 Jahre (Bolt, 1992). Bei übergroßen und zu massigen Tieren wie Dt. Doggen, Rottweilern, Boxern etc. sind alles was über 10 Jahre hinausgeht, »geschenkte Jahre« (2052, 107). Gerade auch bei Gebrauchshunden stellt das 10. Lebensjahr offenbar eine kritische Marge dar – vorwiegend wegen zunehmender Lahmheiten (1707). Bei diesen Rassen liegt das *Generationsintervall* bei etwa 4 Jahren (3539).

Es finden sich in der Literatur maximale Altersangaben bis zu 34 Jahren (6152, 2190). Die vielzitierte höhere Widerstandskraft und Überlebensrate von *Bastarden* gegenüber oft ingezüchteten, reinrassigen Hunden wurde in Experimenten nicht immer deutlich (1950). Da es sich hierbei jedoch um Mischlingshunde unbekannter Vorgeschichte handelte, dürften hierfür widrige Umweltstressoren in erster Linie verantwortlich sein, die auf die Bastarde sicher in stärkerem Maße als auf reinrassige Tiere eingewirkt hatten. So war bei rasselosen Streunern, die sich vorwiegend von Fäzes und Erbrochenem ernährten, schon die Verwurmung wesentlich stärker (5843).

Auch die aus Klinikstatistiken vielfach eruierte Unterrepräsentanz der Mischlinge als Patienten – insbesondere auch in Westberlin (3487) – darf nicht zu voreiligen Schlußfolgerungen bezüglich Erkrankungsresistenz verleiten. Umgekehrt sollen z.b. Irish Setter nach Eingriffen länger »hospitalisiert« sein als andere Rassen (1621). In der Tat geht z.b. aus den langjährigen Erhebungen von Groß (1977) in einer Kölner Kleintierpraxis klar hervor, daß Bastarde nur 2,9% des Patientenmaterials stellten, obwohl sie 10,8% der Einzugspopulation ausmachten, – während umgekehrt Boxer 16,3% der behandelten Hunde stellten, obwohl sie nur mit 4,1% in der Hundebevölkerung vertreten waren. Diese Unterschiede sind nach Chiquadrat hochgesichert, wie Tab. 18 ausweist.Sie erklären sich aber vorwiegend – wenngleich sicher nicht allein – aus der geringeren materiellen Wertschätzung der meist billig erworbenen Rassenmischungen gegenüber wertvollen, teuer erstandenen Rassetieren und der dadurch unterschiedlich ausgeprägten Bereitschaft zum Tierarztbesuch im Erkrankungsfalle.Wie stark solche Statistiken oft durch rein lokale Faktoren beeinflußt werden können, geht auch daraus hervor, daß eine beträchtliche Überrepräsentanz des Boxers im vorliegenden Falle wiederum damit zusammenhängen dürfte, daß der betreffende Tierarzt aktives Mitglied im Boxerklub war. Die Frage nach dem »Was zählt für die Wahl des Tierarztes?«, die einmal so beantwortet wurde (Mod. vet. pract.), daß in erster Linie die demonstrierte Tierliebe des Veterinärs und erst in 2. Linie sein fachliches Können von der Klientel honoriert würde – läßt sich somit dahingehend bescheiden, daß offenbar Vereinsarbeit auch Früchte trägt. Solche vereinsorganisierten Kollegen leisten auch nur selten tatkräftige Schützenhilfe bei erbhygienischen Forderungen an renitente Defektzüchter, denn sie züchten ja teilweise fleißig mit.

Sicher ist allgemein bei einer Bastardisierung auch in Hunden im Rahmen der Kreuzungsvitalität *(Heterosiseffekt)* ein Zuwachs an Krankheitsresistenz und Fruchtbarkeit zu erwarten – im Vergleich zu rassereinen Inzestprodukten mit angezüchteter *Inzuchtdepression,* wenngleich dies von rassebewußten Kynologen als »übergeiles Strabanzertum« abqualifiziert wird

Tabelle 18 Durchschnittlicher Patientenanteil von Boxern und Bastarden in einer Kölner Praxis (1967 - 1975), nach Groß (1977)

	Anzahl	in % der Gesamtpat.	in % der Popul.	Erwartet	χ^2
Boxer	2924	16,3	4,1	735	6517^{+++}
Bastarde	529	2,9	10,8	1936	1022^{++}

(4235). Tatsächlich hat die Praxis gezeigt, daß durch unkonventionelles Kreuzen z.B. zweier Farbvarianten einer Rassengruppe, wie beispielsweise Tervueren mit Groenendal, Inzuchtschäden zunächst zu beseitigen waren (944); solches Vorgehen wäre vielen Rassehundvereinen zu empfehlen.

Dieser Gedanke wurde jüngst in dem Vorschlag aufgegriffen, »Qualitätsbiozuchten« aus Linienkreuzungen bei Rassehunden zu erstellen (Wachtel, Der Hund, 1992). So wäre z.B. interessant zu erfahren, wie sich die Bastardisierung von Riesenschnauzer, Airedale, Rottweilern, Dt. Drahthaar, Neufundländer u.a. Rassen zum »Schwarzen Russenterrier« der Roten Armee auf die HD-Frequenz auswirkte (5676). Jedenfalls zeugt es von unsachlicher Voreingenommenheit, harmonische Kreuzungen als »eine Art von Betrug« abzuqualifizieren (Quéinnec, 1992, Hund 7).

»Der alternde Hund wird ruhiger, schläft mehr, seine Aktivität nimmt ab, dafür meist leider seine Freude am Fressen zu« (2052). Formen des *»Altersschwachsinns«* stellen auch Aufgabe der Stubenreinheit, Zerstörungswut und unmotiviertes Bellen dar (1229). So wurden wir in St. Michel-Escalus, unserem südfranzösischen Ferienort, frühmorgens durch einen solchen vertrottelten, verfetteten Hund geweckt, der sein Überleben wahrscheinlich nur der Tatsache verdankte, daß sein Gebell auf belustigende Art dem hämischen Gelächter eines Zynikers glich. Zur Bekämpfung einer alters-, fütterungs- und besitzerbedingten *Freß- und Fettsucht* gibt es heute gute Diätvorschläge (3900, 3901, 3903), doch sind die Rassen offenbar unterschiedlich inkliniert (3495): Im UK waren insbesondere Labradors, Cocker und Langhaardackel überrepräsentiert, sowie Kastrate (1733), und es wurden auch familiäre Formen erhöhten Blutfettgehalts, ja sogar Fettlebersyndrome bei Jungtieren beschrieben (6200, 2826, 3530). Behandlungskosten bei jungen oder alten Hunden oder Katzen kann man sich aber über *Tierversicherungen* kaum wieder hereinholen, weil diese die besonders risikoträchtigen Zeiten vor dem 4. Lebensmonat und nach dem 5. Lebensjahr meist aussparen.

Nicht nur Geriatrika zur Lebensverlängerung hält zudem die Veterinärmedizin heute bereit (630), auch praxiseigene Verbrennungseinrichtungen werden schon angeboten, um – wenn es denn einmal soweit ist – für eine pietätvolle Einäscherung der Pets zu sorgen (2120, ca. 30 DM Aufschlag pro *Euthanasie;* praktikable Methoden der Einschläferung sind in der Diskussion; 5523, 5458, 3653, 2653, 1192, 3263, 656). Auf Hundefriedhöfen – etwa der *Tiernekropole* in Wiesbaden oder durch das Hanseatische Haustierbestattungsinstitut – beigesetzt (allerdings ohne Verwendung christlicher Symbole), können sie so zum Gegenstand postmortaler Verehrung werden (5819). So umfaßt der Braunschweiger Tierfriedhof mittlerweile weit über 1000 Gräber, und einer der ältesten Vorläufer befindet sich in London am Rande des Hyde-Parks

(Victoria Lodge, Bayswater Road, Abb. 23); auf einem der Miniatur-Grabsteine dort attestierte Frauchen ihrem Liebling, er wäre treuer gewesen als ihre verblichenen Ehemänner. In New York haben sich auch schon Besitzer zusammen mit ihren Pets veraschen und beisetzen lassen (239, 248) – ein Begräbnis 1. Klasse soll in den USA 1000 Dollar kosten. Und in Kalifornien gibt es mittlerweile eine Veterinär-»Seelsorge« für trauernde Hinterbliebene entschlafener Pets (Pet loss support hotline, 562). In Tokio soll es gar einen »Nippon Pet Angel Service« geben, ein fahrendes Krematorium mit pinkfarbenen Uniformierten, die dieses Geschäft gegen Entgelt und unter Orgelklängen verrichten – sozusagen im rollenden Einsatz (391). Nun mag zwar der Tod eines Pudels den normalen Sterblichen nicht zur Komposition einer »Elegie« (Beethoven) inspirieren, doch ist der Gedanke an sein Ende in einer Abfalltonne in der Tat etwas degoutant.

Eine an der analogen physiologischen Reife orientierte Tabelle des *Altersvergleichs* zwischen Mensch und Hund stellte Lebau (1953) auf, welche abschließend wiedergegeben sei. Wie man sieht, altert der ausgewachsene Hund etwa viermal so schnell wie der Mensch.

Tabelle 19   Altersvergleich Mensch/Hund (n. *Lebeau*, 1953)

Alter des Hundes	vergleichbares Alter des Menschen (Jahre)
1	15
2	24
3	28
4	32
| + 1	| + 4
16	80

Abnormes Verhalten, insbesondere durch die Ignoranz von Züchtern und Haltern induzierte Überaggressivität, ist heute einer der Hauptgründe für die vorzeitige Tötung von Hunden – er ist der »Killer Nr. 1 für Pets« (290, 5458, 3734, 3387, 4152), denn auch in Tierheimen können solche Tiere nur schwer »an den Mann« gebracht werden (917). Auch aus einer Analyse von Leserumfragen durch eine Zeitschrift (»Ein Platz für Tiere«) ergaben sich Verhaltensstörungen als wichtige Problematik (1843); durch die Wahl dieser Illustrierten war allerdings bereits eine schwerwiegende Vorselektion unter Tierhaltern getroffen. Ansonsten steht ähnlich wie beim Menschen als natürliche Todesursache alternder Hunde »*Krebs*« an vorderster Stelle (1046). Anders als bei Menschen, die sich oft langsam zu Tode quälen müssen, gilt aber die Verkürzung der Leiden eines Tieres (und der Belastung seiner Besitzer) als gesell-

Abb. 23 Historischer Hundefriedhof an der Bayswater Road, Hyde Park, London.

schaftliche Konvention (3959, 501), so daß das »erreichte Durchschnittsalter« einer Rasse jenes ist, bei dem die Mehrzahl wegen verschiedener Leiden eingeschläfert wird (1746). Darüber wird oft eins vergessen: daß es eine der trostlosesten und deprimierendsten Facetten tierärztlicher Tätigkeit ist, so viele Tiere ins Jenseits befördern zu müssen – was besonders von Berufsanfängern so empfunden wird (Rollin 1994, Can.vet.J., 2509, 1198, 5220). Doch selbst Klinikprofessoren erstritten – zumindest in den USA – eine Änderung von Ausbildungspraktiken, die letztlich Tötung des benutzten Tieres beinhalteten (2745). Und kein Tierarzt kann durch den Willen eines Verstorbenen gezwungen werden, dessen gesunden Hund zu töten (2463). Wer bezweifelt, daß "Vets" zu solchen Gefühlsregungen fähig wären, möge die anrührende Selbsterfahrung des Kollegen Randolph nachlesen. (JAVMA 205, 1994).

In Wohlstandsgesellschaften sind die Besitzer alternder Tiere aber zunehmend bereit, besagten Schritt nicht vorschnell, sondern im Gegenteil alles zu tun, um das Leben ihrer Lieblinge zu verlängern; so sollen inzwischen rund 18 % der US-Hundepopulation über 10 Jahre, rund 1 % über 15 Jahre alt sein (4022). Tabelle 20 gibt einen ungefähren Anhaltspunkt, wann – gegliedert nach Körpergröße – Hunde die Schwelle zum Senium mit allen altersbedingten Ausfalls- und Krankheitserscheinungen übertreten.

Tabelle 20   Eintritt des Hundes ins Greisenalter (n. Mosier, 1990)

Zwerge	– 9,1 kg	mit 11,5 ± 1,9 Jahren
Mittelgroße	– 22,7 kg	mit 10,2 ± 1,6 Jahren
Große	– 40,8 kg	mit 8,9 ± 1,4 Jahren
Riesen	über 41 kg	mit 7,5 ± 1,3 Jahren

Und wie ihre Besitzerinnen oder Besitzer im Rentenalter, so neigen ältliche Hündinnen zu Brustkrebs, alte Rüden zu Prostatahyperplasien (4588).

C. Genetik

»*Seien Sie sich bewußt, daß das Vorgehen gegen eine Erbkrankheit in einer Rasse beträchtliche Streitigkeiten auslöst, die mit erheblicher Schärfe ausgetragen werden ...*«   Rubin, 1989
Keine Sorge, Herr Rubin, die meisten Tierärzte sind sich dessen bewußt.

Wie jedes Lebewesen, so gibt auch der Hund seine Erbanlagen, die durch Riesenmoleküle der Desoxyribonukleinsäure verkörperten Gene, mit den Kernfäden, den *Chromosomen* im Zellkern, an seine Nachkommen weiter. Dabei vereinigen sich die einfachen, haploiden Chromosomensätze in den Keimzellen der Geschlechtspartner zum doppelten, diploiden Satz (2 n) der Zygote. Auf den homologen Chromosomen dieses Diplosets liegen sich am gleichen Genlocus wie Bild und Spiegelbild Gene gegenüber, welche für die Steuerung ein und desselben Merkmals verantwortlich sind, sogenannte *Allele* (Abb. 24).

Jede Art besitzt einen nach Zahl und Struktur spezifischen Chromosomensatz, der sich als *Karyotyp* mit zytologischen Methoden darstellen läßt. *Hund* (Canis familiaris), *Wolf* (C. lupus), *Dingo* (C. dingo) und *Kojote* (C. latrans) weisen eine Chromosomenzahl von 2n = 78 mit einer mittleren Länge von 0,1 - 3,8 Mikron (3996, 2820) auf, und auch der *Goldschakal* (C. aureus) macht nach neueren Untersuchungen hier keine Ausnahme (4642, 3815, 5383), wodurch ältere Berichte widerlegt erscheinen (3801, 1968). Solange allerdings nicht wie beim Hund (918) größere Kontingente von Wildcaniden verschiedener Herkünfte untersucht wurden, ist auch ein *Chromosomen-Polymorphismus* nie auszuschließen, wie er z.B. bei Haus- und Wildschweinen trotz uneingeschränkter Fertilität festgestellt wurde (6064). Neuere Bandierungstechniken machen dies auch für Caniden heute objektivierbar (6376, 4368, 4003, 3814, 1905, 2813, 2081). Letztlich ergibt sich eine Evolution rezenter Formen aus einem primitiven *Carnivoren-Karyotyp* (6035).

Selbst der afrikanische Hyänenhund (Lycaon pictus), der trotz etlicher physiologischer Besonderheiten (5627) Verhaltensähnlichkeiten zum Hund zeigt und auf gleiche Vakzinen reagiert wie er (2599, 5403), reiht sich mit 78 Chromosomen in diese Verwandtschaft ein (1253). Die sehr hohe Chromosomenzahl wurde von Vertretern der evolutionären »Spaltungstheorie« als Ausdruck erhöhter Adaptation der Caniden an ihre Umwelt gewertet, was ihre weite Verbreitung auf dem Erdball erkläre (5734). Träfe diese These zu, müßten wir auch dem Nashorn auf unseren Spaziergängen in heimischen Wäldern öfters begegnen, da es mit 2n = 84 gleichfalls eine sehr hohe Chromosomenzahl besitzt.

Genetik 113

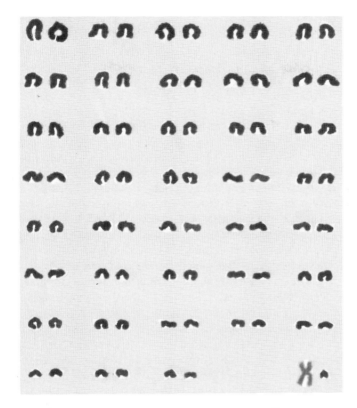

Abb. 24 Karyogramm eines männlichen Hundes 2n = 78. Alle 38 Autosomenpaare sind akrozentrisch (Zentromer endständig), nur die Heterosomen sind meta- bzw. submetazentrisch (XY-Chromosomen). (nach Wegner, 1977)

Die Identität des Karyotyps macht es verständlich, daß über *fertile Kreuzungen* der genannten Caniden wiederholt berichtet wurde. So sind Wölfe und Hunde voll miteinander fruchtbar und als einer Art, einer Fortpflanzungsgemeinschaft zugehörig anzusehen (890, 5643). Wolfseinkreuzungen in Schlittenhunde Nordamerikas sollen keine Seltenheit sein (3861, 4270), und auch aus Rußland wird über Vergleichbares berichtet (4904, 3329, 2363).

Dagegen ist der wahrscheinlich ausgerottete »Tasmanian devil«, der getigerte australische Beutelwolf, ein echter Marsupialier (5675). Ein anderer Wildhund Australiens, der *Dingo* – trotz eifriger Nachstellungen durch die Schafzüchter wegen seiner Schlauheit mit guten Überlebenschancen (1943) –

wird aber wahrscheinlich zu Recht als ein in früheren Jahrhunderten verwilderter Haushund betrachtet. Er ist mit Hunden voll fertil und sogar an der Entstehung einiger Hunderassen beteiligt, so bei Kelpie und Heeler (Australian cattle dog), dem man seine Schläue nachsagt: Er soll alles können, nur nicht melken (135). Es fällt allerdings auf, daß Dingos ein einzelgängerisches Jagdverhalten, wenig Kontaktfreude zum Menschen und eine andere Vokalisation sowie jährliche Reproduktionszyklen im Vergleich zum Hund zeigen (1355, 5800), so daß Macintosh (1975) für Eigenständigkeit des Canis dingo sv. antarcticus plädiert. Elektropherogramme von Dingo und Hund waren jedoch kaum zu unterscheiden (5253), 1326). Auf den Kopf eines Dingos wurde eine Prämie von 2.50 Dollar angesetzt.

Fruchtbare *Hybridisationen* von Hund/Kojote (»Pukos«, 2430, 3114, 1866), Kojote/Schakal (5207, 2657), Wolf/Kojote (Canis rufus, der Rote Wolf aus Texas, soll ein solcher Hybride sein, 2221, 6036, 3234), Schakal/Hund (»Puschas«, 3888, 2292, 709) wurden gleichfalls konstatiert, wenngleich ihre Fertilität über mehrere Generationen hinweg teilweise angezweifelt wurde (729, 3880, 730). Diese Zweifel dürften durch neuere Untersuchungen ausgeräumt sein (5775, 5295, 1997, 2197). Da jedoch manche Kreuzungen unter weitgehend artifiziellen Bedingungen, z.T. unter Verwendung künstlicher Besamung zustandekamen und in freier Wildbahn wegen der stark unterschiedlichen Verhaltensweisen wohl nur in Ausnahmefällen zu erwarten sind, kommen bis auf den Wolf die letztgenannten Caniden als Vorfahren des Hundes nur sehr bedingt in Betracht. Auch beim Schakal leitet man diese These z.T. aus Verhaltensbesonderheiten her (1864, 1865, 3985, 2002, 2004).

Der *Fuchs* scheidet dagegen völlig aus (2387), und es blieb der dichterischen Freiheit William Faulkners überlassen, über einen Wurf aus angeblicher Fuchs/Hunde-Kreuzung zu berichten (in »Sartoris«) - angeregt vielleicht durch Experimente mit einem fruchtbaren »Fuchshund« aus der vorgeblichen Paarung eines Rotfuchsrüden mit einer Spitzhündin, in dem allerdings die hundlichen Eigenschaften »dominierten« und der Fuchs »seelisch« völlig verschwand (5037). Diese Versuche wurden nie reproduziert. Der Chromosomensatz des Rot- und Silberfuchses ist mit $2n = 34$ und einer variablen Zahl von Mikrochromosomen (bis $2n = 41$), denn auch sehr different von dem des Hundes (2273, 6013, 5947).

Auch der Grisfuchs hat eine andere satellitäre Basensequenz, wenngleich Ähnlichkeiten bestehen (1853).

Ferner imponieren strukturelle Haarbesonderheiten (3112). Kennzeichnenderweise wurden bei vergleichenden, reziproken Transplantationsversuchen die vom Fuchs in den Hund - und umgekehrt - implantierten Gewebe wesentlich schneller abgestoßen - wenngleich gewisse immungenetische Par-

Genetik

allelitäten durchaus vorhanden sind (563) -, wie wenn Wolf und Hund Spender oder Empfänger waren (2448, 1241): man kann somit in diesem Zusammenhang gar nicht von einem »xenogenen System« Wolf/Hund sprechen (1706), da eben vieles dafür spricht, daß sie *nicht* unterschiedlichen Arten angehören. Auch in anderen Blutparametern sind sie sich sehr ähnlich (1645). Neuere Diskriminanzanalysen bestimmter Schädelmerkmale von Caniden zeigen, daß auch *Kojote* und Hund verwandtschaftlich weiter voneinander entfernt sind als Wolf/Hund (3440), wenngleich sie dem *Schakal* eine große Ähnlichkeit attestieren (3104), Immerhin beweisen Heulwölfe ein ähnliches Anpassungsvermögen an menschliche Kulturen wie der Hund: so hat Los Angeles eine muntere Kojotenbevölkerung, die selbst im Kanalisationssystem ihr Domizil aufschlug (184). Sie stellen zudem neben streunenden Hunden ein ernstes Problem für die Schafhaltung in den USA dar (1152, 1338, 4538), wenngleich über 50% ihrer Nahrung aus Aas und kleinen Nagetieren besteht (4140, 710). Coyoten laufen maximal zu dritt oder viert (vorwiegend im Winter), meist aber nur paarweise oder einzeln, was selbstverständlich auch mit der Größe der Beutetiere zusammenhängt (1606, 3889). Dagegen soll an der Entstehung der Falkland-Hunde der äußerlich eine Mittelstellung zwischen Fuchs und Wolf einnehmende Dusicyon australis beteiligt gewesen sein, eine Vermutung, zu deren Untermauerung sogar der Vergleich wirtsspezifischer Läusepopulationen herangezogen wurde (1305). Chromosomenuntersuchungen stehen aber noch aus. Archipele wurden jedoch meist durch verwilderte Haushunde bevölkert, die heute, z.B. auf den Galapagos-Inseln, z. T. eine Gefährdung der einheimischen Wildtiere darstellen (580).

Von den meisten Autoren wird somit der Hund als ein domestizierter Wolf betrachtet (4382, 5169), der jedoch im Verlaufe der Jahrtausende währenden Domestikation (frühe Haushund-Funde datieren aus der Zeit um 14000 - 10000 v. Chr., 3439, 4702, 297, 1513, 883) durch Mutation und unter dem züchterischen Einfluß des Menschen eine erstaunliche genetische und phänotypische Differenzierung erfuhr, wie sie sich uns heute im vielfältigen Bild der Hunderassen präsentiert. Es ist daher trotz der uneingeschränkten Hybridisierbarkeit nicht mehr gut möglich, Wolf = Hund zu setzen (6199). Wie anderen Arten, so gingen auch dem Hund mit der Haustierwerdung viele Merkmale der Ausgangsspezies verloren, so die farbliche und strukturelle Uniformität des Haarkleides (3924), wenngleich ebenfalls bei Wolf-Subspezies über beträchtliche Unterschiede berichtet wird: Neben der typischen graubraunen Wild- oder Agoutifarbe wurden rotbraune, schwarze und sogar weiße Wölfe gesehen (929). Bei Hunden sind aber heute mindestens 10 Genloci mit *multiplen Alleleserien* bekannt, die eine Vielzahl von Farb-, Scheckungs- und Stichelungsvarianten erzeugen (3547, S. dort). Die Palette der bei unseren Rassen anzutreffenden Farbnuancierungen ist vom bläulichen Silbergrau der Pudel, dem Kastanienbraun der Irish Setter zum hellen Rot des Finnenspitzes in der Tat weit gespannt, doch scheinen so ausgefallene Farbtöne wie Pistaziengrün das Produkt exogener Einwirkungen zu sein (133). Bei Blondinen mit »Grünschimmer« soll kupferhaltiges Leitungswasser die Ursache sein (289). Grüne Verfärbung der Wolle wird bei Schafen allerdings durch Besiedlung mit bestimmten Bakterien hervorgerufen (5767). Eine abnorme Rotfärbung der Haare, verbunden mit Indikanurie u. a. Symptomen kann dagegen durch einseitige Abfallfleisch-Ernährung zustande kommen (1618, 2368). Auch beim jaguarähnlich getupften »Balihund« scheint noch unklar, ob er nicht seine Tupfen einem Pinsel verdankt (452).

Auf die extremen Skelettvariationen wurde bereits im vorigen Kapitel eingegangen, doch ist die Abnahme der *relativen Hirnkapazität* bei Hunden gegenüber Wölfen bemerkenswert (3163, 4832). Nach Hemmer (1978) sollen sich solche Domestikations-Kerne allerdings schon in Subpopulationen der Wildform gebildet haben, die sich von vornherein durch die kleinste Hirngröße auszeichneten. Auch Herre ist dieser Gedanke nicht mehr ganz fremd (SV-Z 5/94): Es bedurfte domestizierten Verhaltens, um die Domestikation zu ermöglichen (Budiansky). Die relative Hirngröße lasse indirekte Rückschlüsse auf das Lernvermögen zu (2627, 2628). Sie soll beim Ibizahund keineswegs immer kleiner gewesen sein als bei seinem von Keller als Vorfahr verdächtigtem Ahn, dem allerdings eher fuchsähnlichen, abessinischen Wolf (Canis simensis, 422); dieser wird von anderen Autoren als Hundeahn gänzlich ausgeschlossen (1804): Echte Wölfe (Canis lupus) stießen nur bis zur arabischen Halbinsel vor (2631); dieser Südwolf wird denn auch von diesen Forschern als eigentliche Haushund-Wildform betrachtet (1306).

Ein anderes, früher als Eigenart der Wildcaniden herausgestelltes Merkmal, die sog. Präcaudal- oder *Schwanzdrüse,* eine dorsal auf dem Schwanz gelegene ovale Zone großer, spezialisierter Talg- und apokriner Schweißdrüsen, die ähnlich den Analdrüsen pathologischen und/oder altersbedingten Veränderungen anheimfallen kann, scheint auch bei Hunden recht regelmäßig anzutreffen zu sein (2076, 5163, 3908), wenngleich quantitative Unterschiede bestehen mögen (Violsche Drüse, besonders häufig in Bullterriern (4166, 4167).

Frühreife und höhere Reproduktionsrate ist jedoch beim Hund mit durchschnittlich zweimaliger Brunst gegenüber dem Jahreszyklus des Wolfes – parallel zu ähnlichen Erscheinungen bei anderen Haustieren – zu vermerken. Ob dagegen die Unart insbesondere großer, frustrierter, d.h. alleingelassener Hunde, im Garten Löcher zu graben, einen atavistischen Rückfall zum Höhlenbau bei Wildcaniden darstellt, ist unklar (23).

Wenngleich dieses Kapitel keine allgemeine Einführung in grundsätzliche genetische Probleme geben kann, so sei doch anhand einiger praktischer Beispiele gezeigt, daß Mendelgesetze und Populationsgenetik auch für den Hund ihre Bedeutung haben. Wie oben ausgeführt, liegen sich auf einem Paar homologer Chromosomen am selben Genort 2 Allele mit identischer Steuerungsfunktion gegenüber, die jedoch durch Allelemutation ihre Steuerungsrichtung ändern können. So kann sich z.B. an einem Farblocus durch solche Schaltmutation ein ursprünglich für volle Pigmentierung verantwortliches Gen zum Allel für Pigmentlosigkeit wandeln. Liegen beide Allele im *Genotyp* vor, d.h. sowohl das für Pigmentierung wie das für Pigmentmangel, ist das Individuum also heterozygot für dieses Merkmal, so entscheidet ihre Durchschlagskraft, Penetranz, über das Erscheinungsbild, den *Phänotyp*. Unterdrückt in einem solchen Falle beispielsweise ein Gen für schwarze Fellausfärbung sein Allel für Pigmentaufhellung völlig in der Auswirkung, so spricht man von *Dominanz* desselben, bzw. von Rezessivität des überdeckten. Diese Verhältnisse sind vor allem für die Erbpathologie bedeutsam. So ist die bei Springer Spaniels – aber auch in anderen Hunden (3951) – beobachtete Cutis laxa (2603, 2604), eine dem Ehlers-Danlos-Syndrom (ESD) des Menschen ähnliche, mit Schlaffheit und Brüchigkeit der Haut einhergehende Erkrankung ein typisches Beispiel für *dominanten Erbgang:* Bei der Paarung behafteter heterozygoter Tiere ist unter den Nachkommen aufgrund der vier genotypischen Kombinationsmöglichkeiten eine Aufspaltung in drei verschiedene Genotypen, aber nur in zwei Phänotypen zu erwarten, wie Schema 1 zeigt.

Wie man sieht, wird bei einer genügend großen Anzahl von Nachkommen aus einer solchen Paarung mit einem ungefähren Zahlenverhältnis von 3 Kranken zu 1 gesunden Tier zu rechnen sein. Größere Abweichungen von die-

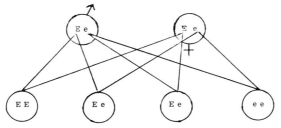

Homozygot und heterozygot kranke Individuen   homozygot normale

E = dominantes Allel für Ehlers-Danlos-Syndrom; e = rezessives Normalallel

Schema 1 Cutis laxa bei Hunden: ein Beispiel für Dominanz (nach *Hegreberg* u. Mit., 1969).

ser Relation könnten aber zustandekommen, wenn Homozygotie des Defektallels (hier der EE-Typ) Letalität und frühembryonale Fruchtresorption auslöst, wofür es auch im vorliegenden Falle Hinweise gibt. Über eine der Cutis laxa des Springer Spaniels ähnliche Erscheinung der Beagles berichtet Gething (1970). Diese unheilbare Erbkrankheit – möglichweise auch in rezessiven Varianten und anderen Rassen (4521) – wurde auch schon bei Boxern, Schäferhunden, Dackeln, Greyhounds gesehen (1156, 4067). Dagegen scheint eine bei *Sharpeis* registrierte Subvitalvariante mehr mit Mucinosen einherzugehen, wie vorn bereits erwähnt.

Ein von Wall (1947) in Manchester Terriern angetroffener Hautdefekt mag gleichfalls hierher gehören; bei normalem Zug lösten sich ganze Hautfetzen ab, schon bei der diagnostischen Untersuchung: »Dies war der verwirrendste Augenblick all meiner Praxisjahre; aber der Besitzer kam mir zuhilfe und schlug Euthanasie vor«.

EDS geht auch beim Hund hin und wieder mit *Gelenk- und Augenschäden* parallel (615); in diesem Zusammenhang scheint bedeutsam, daß Ticer u. Mitarb. (1991) unlängst familiär gehäufte Ellbogengelenks-»Inkongruenzen« und Lahmheiten auch in Sharpeis beschrieben.

Wie schon aus dem geschilderten Beispiel hervorgeht, kommt bei *rezessivem Erbgang* eine Anomalie nur durch Homozygotie des rezessiven Schadallels, d.h. bei Vorliegen in doppelter Dosis, zur Ausprägung. Die von Magrane (1955) und Barnett (1965) beschriebene Form der erblichen, peripheren (»*generalisierten*«, 5434) *Progressiven Retina-Atrophie* (PRA, Typ I), vorwiegend in Irish Settern, Zwerg- und Kleinpudeln (5780), aber auch in vielen anderen Rassen aufgetreten (3093, 2117, 4414, 3101, 185, 3266, 1570), ist hierfür ein Beispiel, wie Schema 2 zeigt. Diese mit Nachtblindheit beginnende, in völliger

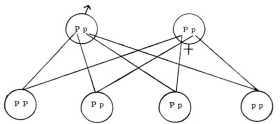

Schema 2 Periphere Progressive Retina-Atrophie, ein Beispiel für Rezessivität (nach *Barnett*, 1965)

Erblindung endende und meist bilateral auftretende Erbkrankheit führt über eine zunächst periphere Degeneration der Netzhaut und -gefäße schließlich zur totalen Retinadystrophie (5977). Bei Paarung unerkannter, weil gesunder Träger des PRA-Allels ist ein ungefährer Anteil von 25% an befallenen Individuen zu erwarten.

Da die englische Setterzucht vor einigen Jahren starke Ausfälle durch diese Erbanomalie hatte, ging man z.T. durch rigorose *Rückkreuzungstests* erfolgreich dagegen vor: Hündinnen wurden vor der Zuchtzulassung an defekte, d.h. homozygote blinde Rüden angepaart. Waren sie Träger des PRA-Allels, so erkrankten 50% ihrer Nachkommen, waren sie genetisch frei, so blieben alle gesund, gehörten nun aber ihrerseits zu den zuchtuntauglichen Trägern (Schema 3). Da diese Testmethode aufwendig (und ethisch anfechtbar, 6245) war, ging man später besonders auch in anderen Rassen dazu über, zumindest durch frühzeitige Erkennung und Ausschaltung defekter Tiere der Ausbreitung dieses Leidens entgegenzuwirken (588, 3443). Es gibt diesbezüglich eine recht gute Zusammenarbeit zwischen Kennel Club und entsprechenden Tierärzten in England (3500). Dieses – und der Zuchtausschluß so erkannter Anlageträger – ist unbedingt notwendig, denn selbst beim Irish Setter im U.K. beginnt dieses Leiden sich wieder auszubreiten, da nicht alle Züchter sich an den Selektionen beteiligen (1714), auf Welpenproduktion erpichte, kommerziell eingestellte Hundevermehrer ohnehin kaum ein Ohr für diese Dinge haben (3499).Weil keine Heilbehandlung bei dieser Erbkrankheit möglich ist, bieten züchterische Maßnahmen den einzig gangbaren Weg. Auch der Schweizer Pudelklub, der Schwedische Labrador-Verein u.a. begannen ihn zu gehen – anderenorts stößt dies auf starke Widerstände (294, 2115, 696, 699, 5309).

Es ist klar, daß sich solche rezessiven Schadgene in *Inzuchtnischen* kumulieren können oder auch dort, wo exotische Rassen sich von wenigen importierten Zuchttieren herleiten, die dummerweise unerkannte Vererber (heterozygote Träger) dieser Erblast waren; man nennt dies dann einen (negativen) *»Founder-Effekt«*. Jüngstes Beispiel scheint das vermehrte Auftreten von PRA in schwedischen Nachzuchten des Papillons zu sein (Bolt, 1992), einer Rasse, die vorgeblich bis dato frei davon war. Ähnliches mag sich bei norwegischen Rottweilern hinsichtlich Katarakt-Disposition andeuten.

Fortschreitende Netzhautdegenerationen, für die auch – mit m.o.w. Berechtigung – Namen wie Retinitis pigmentosa, Photoreceptive Abiotrophie, Dysplasie der Stäbchen- und Zapfenschicht, und Primäre Tapeto-retinale Degeneration geprägt wurden (1435), treten außer in der beschriebenen peripheren, generalisierten Form zudem als *zentrale PRA* auf (Typ II, S.a. Abb. 46), in England besonders in den Rassen Golden Retriever, Collie, Sheltie, Cardigan Corgi und Engl. Springer Spaniel (185, 4316, 4317, 15, 602). Dabei mögen

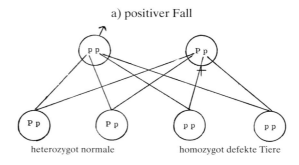

a) positiver Fall

heterozygot normale   homozygot defekte Tiere

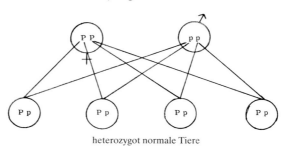

b) negativer Fall

heterozygot normale Tiere

Schema 3 Rückkreuzung verdächtiger Probanden auf homozygote Defekttiere.

klinisches Bild und betroffene Retinabezirke von Rasse zu Rasse und auch innerhalb der Rassen variieren (31, 32, 594, 596). Man vermutet für diesen Typ unvollkommen dominanten Erbgang (2114, 6322, 6323). Es ist primär das Pigmentepithel dystroph (2114, 694); beim Briard soll Typ II rezessiv geprägt sein.

Eine weitere Variante, die nur die Stäbchenschicht der Netzhaut schädigt, wurde vom Elchhund, aber offenbar auch in Beagles, beschrieben (29, 15, 6146), daneben existieren erbliche Tapetum-Degenerationen mit Blockaden der Melaninproduktion (1134, 1135), sowie fokale Retinopathien, z.B. in Barsois (4878).

In Amerika sind nach einer Statistik aus 1979 Zwergpinscher, Zwerg- und Kleinpudel, Irish Setter und Labradors deutlich überrepräsentiert hinsichtlich »PRA«, Dackel, Schäferhunde und Boxer dagegen unterrepräsentiert.

Ob die in Terriern, bei Labradors u.a. Rassen gesehene, mit Netzhautablösung und Grauem Star verknüpfte *Retina-Dysplasie* (RD) in den Gesamtkomplex der PRA einzuordnen ist (693, 694, 4135, 5431, 6213), scheint genauso fraglich wie bei der in Greyhounds gesehenen Form (5338). Dies gilt ebenso für in einigen anderen Rassen beschriebene, multifocale Retinadysplasien (688, 3695). Nach Barnett u. Mitarb. (1983) sind letzte beide Formen kongenital, aber nicht progredient. Die – wie gleich beim Merlesyndrom zu schildern – vielfach einhergehenden retinalen Falten- und Rosettenbildungen können jedoch letztlich zu Netzhautablösungen, Katarakt u.a. Komplikationen führen (1575, 4147). Was Erbanalysen angeht, so werden natürlich nicht immer Daten aus Zuchtexperimenten für die Prüfung auf Rezessivität verfügbar sein und man muß auf Züchterunterlagen oder andere Statistiken zurückgreifen; hier bieten sich dann vereinfachte Segregationsanalysen wie die »Singles«-Methode an (4161).

Kommen von einem heterozygoten Genpaar beide nicht voll, aber teilweise zur Penetranz, so spricht man von unvollkommener oder *partieller Dominanz* bzw. intermediärem Erbgang. In vielen gesprenkelten, getigerten Rassen arbeitet man – leider – mit dem sogen. *Merlefaktor* (»Merle« wahrscheinlich aus marbled – marled = marmoriert), von dem mit Einschränkungen gesagt werden kann, daß er dem unvollkommen dominanten Erbgang folgt (4105). Dieses z.B. für die Erzeugung von Blue-merle-Collies (3957, 1330), Tigerteckeln (3635), Harlekindoggen, Dunkerhunden (6357, 1829), Merle-Shelties, -Corgis und -Bobtails (2156), bestimmten Foxhoundschlägen (21), älteren Bullterrierlinien (6197), Australian Shepherds und Farbschlägen des Altdeutschen Schäferhundes (5478, 249) mißbrauchte Defektgen bewirkt in einfacher Dosis, d.h. bei Heterozygotie, eine regionale, disperse Pigmentaufhellung, eben die besagte Tigerung, bei Homozygotie, d.h. in doppelter Dosis jedoch fast völligen *Pigmentverlust* sowie *multiple Augen- und Ohranomalien, Mikrophthalmus,* angeborene *Katarakte* und *Iriskolobome und -dysplasien* sowie *Degenerationen im Innenohr* (Ductus cochlearis), oft Taubblindheit bei diesen *Weißtigern bedingend* (5393, 616, 1978, 5428, 2669, 14). Diese Kopplungen von Depigmentierung und Anomalien der Sinnesorgane und des Zentralnervensystems sind bei Mensch und Tier keine Seltenheit, und es finden sich Parallelen in vielen Arten (6063, 6102). Man erklärt dies u.a. durch den gemeinsamen Ursprung von Melanozyten und neuraler Strukturen aus der embryonalen Neuralleiste.

Es ist somit ein schwerer Fehler zu behaupten, die Dalmatiner- und Tigerscheckung habe auf die Augenfarbe keinen Einfluß (2786); so kommt auch beim Dalmatiner neben anderen Abweichungen *Seitendiskordanz* der Augenfarbe (»odd-eyed«) nicht selten vor.

Einsichtige Züchter vermeiden das Auftreten homozygoter *»Fehlfarben«*

dadurch, daß sie heterozygote Tiger nur an einfarbige Tiere anpaaren und dann mit etwa 50% getigerten Nachkommen rechnen können, ohne das Risiko von *Weißtigern* einzugehen. In einigen Rassen, so bei Tigerdoggen, wird jedoch bewußt eine »Schwarzweiß-Tiger-Reinfarbenzucht« , d.h. die Paarung gesprenkelter Merle-Tiere betrieben und führt in der Tat zu etwa 25% »Ausschuß« (3343), wie es nach dem in Schema 4 verdeutlichten, unvollkommen dominanten Erbgang des Merlefaktors nicht anders zu erwarten ist (S. a. Abb. 25). Zwar kann der Grad der Defekte bei Weißtigern sehr variabel sein, was für eine polyfaktorielle Komponente spricht (4966, 2403, 6059), doch ist in der Mehrzahl der Fälle mit schwerwiegenden Abweichungen von der Norm zu rechnen (142, 4085, 3858, 6373). Es gibt heute Beweise, daß auch bei *heterozygoten* Tigern deletäre Effekte des Merlefaktors durchschlagen: Neben verbreiteter *Heterochromia iridis*, d.h. beginnender Augendepigmentierung, wurde schon früh über Seh- und Hörstörungen (1966, 4456) sowie Potenzschwierigkeiten bei Rüden berichtet (5934), was von einigen Züchtern bestätigt wird (276).

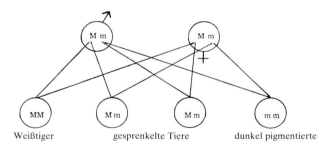

Schema 4: M = Unvollkommen dominanter Merlefaktor, m = Normalgen

Neuere Untersuchungen untermauerten dies: 11 Tigerteckel mit einem Aufhellungsgrad der Körperoberfläche von 50% und mehr (homozygote Weißtiger, MM) zeigten ein- oder beidseitig, jedoch in variabler Manifestation, schwerste Augenanomalien: Mikrophthalmus und Mikrokornea, Mikrokorie und Korektopie, Katarakte und Kolobome, vereinzelt auch rudimentäre Linsen und Ektasien. In heterozygoten Tigerteckeln (Mm) mit einem Weißanteil des Integuments unter 50% kamen – ebenso wie bei Weißtigern – *Iris bicolor* und Heterochromia iridis, Fehlen des Tapetum lucidum, Retina-Pigmentarmut, *Papillenanomalien* und Ektasien episkleraler Gefäße zur Beobachtung, wenngleich nicht bei allen Tieren. Diese Befunde wurden in den Abbildungen 26 –

33 sowie bei Wegner und Reetz (1975) und Dausch u. Mitarb. (1977) dokumentiert und als klare Gendosiswirkungen des unvollkommen dominanten Merlefaktors M interpretiert. Sie gehen einher mit mikroskopisch nachweisbaren Netzhautanomalien und Hornhautveränderungen (3181, 3182, 3183), und sind korreliert mit entsprechenden *Abweichungen im Gehirn,* d.h. an Sehbahnen und Sehzentren (43, 44). Abgesehen von vereinzelten *Ektasien episkleraler Gefäße* konnten in 13 homozygot einfarbigen, gut pigmentierten, mit dem Merlefaktor nicht behafteten Kontrolltieren keinerlei Normabweichungen registriert werden (1494a).

Insbesondere die in Abb. 30 gezeigte Anomalie des Sehnerv-Austritts, verbunden mit Netzhaut-Depigmentierung und *Fehlen des Tapetum lucidum* bei einem hohen Prozentsatz der »normalen« Tigerteckel sind wesentliche Befunde: Hanson (1975) konnte zeigen, daß eine pharmakologisch bewirkte Verblassung des für das Dunkel- und Dämmerungssehen der Fleischfresser wichtigen Tapetum lucidum mit Verlusten der Lichtempfindlichkeit einherging (Vergl. dazu Abb. 15 und Abb. 30). Fehlendes Tapetum ist aber in normalen, fundusuntersuchten Hundepopulationen ein seltener Befund (4901, 5018, 2083), wenngleich isolierte, idiopathische tapetale Degenerationen beschrieben wurden (1134, 1135). Für den Laien und ophthalmologisch Ungeschulten ist wichtig, daß diese nur mit speziellen Untersuchungsmethoden zu ermittelnden Defekte des Augenhintergrundes sehr oft gekoppelt sind mit leichter erkennbaren Normabweichungen der Iris, insbesondere Pigmentverblassung (Abb. 29, 31) und Verschiedenfarbigkeit einer oder beider Regenbogenhäute (Abb. 26, 27). Dieses ist somit nicht nur ein gutes Selektionsmerkmal für Züchter, die Augenschäden bekämpfen wollen, sondern oft auch das einzig erkennbare: Heterozygote Rauhhaar-Tiger im dürrlaubfarbenen Typ sind zwar bei der Geburt gesprenkelt, später aber kaum noch oder gar nicht mehr (3911), so daß die Irispigmentanomalien einziger Anhaltspunkt bleiben (Abb. 26). Dieselben Probleme ergeben sich bei »Sable«-Collies mit dem Merlefaktor; es sind oft »cryptic« Merles (298). Solche scheinbaren Inkongruenzen mit mendelschen Spaltungsverhältnissen werden offenbar von einigen Autoren als »germinale Rückmutation bzw. Transposition« des Merlegens gedeutet (5410) oder durch das Hinzutreten anderer Farballele (5411, 5412, 5413). Wie die häufigen *Mosaikbildungen* zeigen (6102) – in anderen Rassen selten (5416) –, mag am Merle-Locus in der Tat eine Tendenz zu somatischer Mutation vorliegen (4981, 5414). Und es werden für analoge Fälle »variabler Penetranz« dominanter Erbanlagen in anderen Spezies gar Hypothesen aufgestellt, welche die evolutionäre Bedeutsamkeit dieses Phänomens herausstreichen (4903).

Doch nicht allein Schadwirkungen des Merlefaktors auf Augenstrukturen fanden in diesen Untersuchungen ihre Bestätigung. In den schon im vorigen

Kapitel zitierten Tests auf Hörfähigkeit bei jenen Tieren zeigte sich, daß nicht weniger als 55% der Weißtiger und 37% der »normalen« Tigerteckel mit *Hörverlusten* geschlagen waren, die z.T. an Taubheit grenzten (4672, S. a. Abb. 13). Konsequenterweise konnten denn auch Meyer (1977) und Flach (1980) an perinatal gestorbenen Welpen dieser Merle-Kolonie schwerste Innenohrveränderungen feststellen und zugleich eine generell heraufgesetzte Jungtiersterblichkeit: Sie betrug in Heterozygoten 29%, im Homozygoten (Weißtigern) aber 47%, wie schon in B betont. Dies wird auch von wenigen Züchtern zugegeben (276).

Neben den o.a. Symptomen und den unter B angeführten Einbußen männlicher Fertilität ist ferner die bei etwa 50% dieser Tiger und Weißtiger ermittelte *Störung des Schwimmvermögens* bedeutsam (6117). Einige dieser Tiere mußten nach kurzer Zeit aus dem Wasser gezogen werden, da sonst die Gefahr des Ertrinkens bestanden hätte – während gutpigmentierte, normale Kontrolltiere auf Anhieb koordiniertes Schwimmverhalten zeigten. Es ist bekannt, daß Gleichgewichtsstörungen durch Defekte des Labyrinths (Vestibulapparat) besonders in Schwimmversuchen zutage treten, da nur mit intaktem Gleichgewichtsorgan eine Orientierung oben/unten in tiefem Wasser möglich ist. Diese analog bei kleinen Versuchstieren in Verbindung mit Farbaufhellergenen angetroffene Verhaltensstörung (3675, 1545, 1546, 3676) scheint somit eine weitere, gerade für Züchter leicht zu realisierende Möglichkeit des Tests auf Intaktheit der Sinnesorgane zu bieten.

Auch in vielen anderen klinischen und statistischen Erhebungen des In- und Auslandes wurde immer wieder deutlich, daß die mit dem Merlefaktor geschlagenen Rassen durchweg zu Hör- und Sehverlusten neigen (2392, 2161, 2294, 356, 3106, 2155). Denn – wenn eines deutlich wurde in all diesen Untersuchungen: *Es gibt keine klaren Grenzen zwischen Homo- und Heterozygoten.*

Das heftige Pro und Contra in einschlägigen Züchterkreisen über die zu treffenden Maßnahmen zur Verhinderung der genannten»Gesundheitsstörungen« (988, 3361) zeigt, daß man sich offenbar vielfach nicht darüber klar ist, daß in diesen Rassen mit einem Defektgen gezüchtet wird. Hier gibt es nur eine ethische Alternative: Die völlige *Aufgabe des Züchtens mit dem Merlefaktor.* Es existieren genug andere Scheckungs- und Sprenkelungsgene bei Hunden, die nicht mit Defekten gekoppelt sind (3547, 5185) und eine vergleichbar prächtige Zeichnung erzeugen würden. Daß eine solche Zuchtumstellung aufwendig und mühselig wäre, bestreitet niemand. Im Interesse der Gesunderhaltung der Tiere und der Wiederherstellung ihres guten Rufes sollten die Züchter jedoch dazu bereit sein. Wenn eine Collie-Züchterin auf die Feststellung des Tierarztes, ihr Hund habe Mikrophthalmus (ein in Collies aus geschilderten Gründen nicht seltener Befund, 775), mit der Antwort konterte,

Genetik 125

es werde eben jetzt auf »kleine Augen gezüchtet«, so kann dies die wahre Einstellung nicht sein (5302). Es ist auch entmutigend, wenn den betroffenen Rassehundvereinen vorgetragene Fakten und Vorschläge von Zuchtwarten und Züchtern zunächst als durchaus beherzigenswert und diskutabel akzeptiert (6065, 6066, 6067, 6072, 6076, 1830), später aber dann schriftlich durch uneinsichtige Attacken oder Lobpreisungen dieses »schönen Farbenschlags (5049)« konterkariert werden (3808, 6080, 6081, 4729). Und wenn sich daran ein »Prinz Rasso v. Bayern« beteiligt, so hat dies natürlich Einfluß (393). Immerhin verbot man inzwischen bei den Brit. Hütehunden die Paarung Tiger x Tiger und fängt auch in der Doggenzucht an, »nachzudenken« (2943). Leider handelte es sich dabei oft nur um Lippenbekenntnisse: Die inkompetenten Zuchtmethoden und brutalen *Merzungsprozesse* gingen lustig weiter (6111). Unter »Selektieren« (was bei gelernten Tierzüchtern nichts anderes heißt als »Zuchtwahl treffen«) wird hier in schönster tausendjähriger Tradition »Totschlagen« verstanden (2944). Dies läßt sich sogar aus vereinsinternen Wurfstatistiken und Zuchtbüchern belegen, die in der Arbeit von Fiedler (1986) für den Zeitraum 1981 – 1985 ausgewertet wurden:

»Die ermittelte durchschnittliche Wurfstärke der Dt. Doggen lag in den merlenegativen Farbschlägen bei 8,5 ± 3,5, in Tiger x Tiger-Paarungen bei 8,0 ± 3,2 Welpen pro Wurf. In die Zuchtbücher wurden davon 4,6 ± 1,8 bzw. 3,6 ± 1,7 Tiere eingetragen.

Trotz der in merlefreien Farbschlägen schon ungemein hohen Welpenabgänge von 46,7% zeigt sich auch hier ein deutlicher Einfluß des Merlefaktors in einer Steigerung der Verluste um 9%, so daß nur 44,7% der aus Mm x Mm-Paarungen geborenen Welpen eingetragen wurden.

Außer den bei Tiger x Tiger-Paarungen zu erwartenden ca. 25% homozygoten Weißtiger (MM), die überwiegend gemerzt werden, sorgt der Merlefaktor durch seine Variabilität und die Kombination mit einem Scheckungsgen auch bei heterozygoten Tieren (Mm) für eine hohe Zahl an Fehlfarben, die von den Züchtern nicht aufgezogen werden.

Die allein durch das Merlegen bedingten Fehlfarbenanteile in der Doggenzucht werden allerdings durch die in allen Farbschlägen grundsätzlich rigoros durchgeführte Welpendezimierung etwas verschleiert.«

Ein wahrhaft deprimierendes Ergebnis!

Insgesamt machen die aufgezeigten Mißstände zugleich deutlich, daß Züchterunterlagen für Erbanalysen zum Merlesyndrom ungeeignet sind. (4314). Und wie da eine ausgewachsene Tierärztin behaupten kann, »bei Dt. Doggen sei mit dem Merlefaktor keine Vitalitätsminderung verbunden (Stur, 1987)«, ist nicht mehr nachzuvollziehen. Rubin (1989) fand in Harlekindoggen die gleichen Veränderungen wie in Tigerteckeln. Aber auch ein anderer Tierarzt, der Zuchtwart des DTK, will ja die Tigerteckelzucht »erfahrenen Züchtern« überlassen (432).

In der über den gleichen Zeitraum aus dem UR ausgewerteten Wurfstatistik des »Clubs f. Brit. Hütehunde« wimmelt es von unpräzisen Angaben; so bleibt meist unklar, wieviele Welpen dieses Farbschlags tatsächlich geboren und dann aufgezogen wurden, wie oft die angeblich verbotene Paarung Merle x Merle vorgenommen wurde, und schon gar nicht werden Angaben über tot- oder defekt geborene Tiere gemacht. Es ist also weiß Gott euphemistisch zu verkünden, »Rassehundezüchter führten detaillierte und akkurate Zuchtbücher, die gute Ansatzpunkte für Untersuchungen liefern (Pidduck, 1985)«.

Somit scheint sich seit Alan Mitchells Zeiten (1935) nichts geändert zu haben, denn er schrieb: »Diese Collies (Weißtiger) werden meist bei der Geburt getötet und erreichen selten das Erwachsenenalter. Tatsächlich geben viele Züchter nicht zu, daß diese Tiere je in ihrem Zwinger geboren wurden, obwohl sie immer wieder blue merle mit blue merle paaren.« Es ist ferner kennzeichnend, daß es gerade diese Sorte von Züchtern ist, welche auf jahrelange, berechtigte Vorhaltungen mit wüsten Anwürfen und Anwaltsdrohungen reagierte (872, 873). Sie halten stur an borniertern Zuchtpraktiken und Aussprüchen fest wie »Ein guter Blue merle mit blauen Augen ist ein vollkommener Blue merle«. Sie sollten lieber Blaumerlen züchten als Blue-merles.

Begrüßenswerte, erbhygienische Computer-Dateien, die sich auf Züchterangaben stützen und die, weil kennel-finanziert, *standardbedingte Defekte* aussparen (4383), müßten somit durch Statistiken unabhängiger Praktiker und Hochschulinstitutionen ergänzt werden. Aber VDH-Vorzeig-Akademikerin und Boxerfan Frau Eichelberg meint ja, Tierärzte wären diesbezüglich nicht kompetent.

Schützenhilfe für diese Einstellung, die das permanente Merzen von »Fehlfarben« nicht »tragisch nimmt«, kommt auch aus dem Ausland, wofür die Tirade der Frau Vanderlip (1984) ein Beispiel war: Die Verlautbarungen dieser »anerkannten Wissenschaftlerin« in Vereinspostillen strotzen von Ignoranz (Club 13, 1; 15, 7). Auch Tierärztin Luttgen (1994, Vet. clin. N. A., 24) betreibt Appeasement.

Schon die Collie-Züchterin Margaret Osborne schrieb: »Die Verbindung von zwei Blauen (Blue-merle-Collies) wird oft sehr erfolgreich durchgeführt, aber es liegt eine Gefahr darin: Die Erzeugung von mißgebildeten, weißen Welpen ... der Züchter geht ein großes Risiko ein, aber diese Verbindung bringt meist vorzügliche Welpen ... die weißgeborenen Welpen werden meist getötet (4302)« – oder als »Albinos« unter Preis, oder gar, von der Bildzeitung als »Spitzenleistung der Dackelzucht (155)« herausgestellt, zu Phantasiepreisen verhökert, wie man hinzufügen möchte. Auch in anderen Fragen der Ver-

Genetik

Abb. 25 Ein Wurf Tigerteckel aus einer Heterozygoten-Paarung (Schema 4), mit einem homozygoten Weißtiger, einem homozygoten dunkel pigmentiertem Tier und 5 getigerten Heterozygoten

Abb. 26 Iris bicolor links (Heterochromia iridis links)

Abb. 27 Heterochromia irides (Diskordanz der Irisfärbung)

Abb. 28 Verkleinerter Augapfel links bei normalen Größenverhältnissen des rechten Bulbus, aber Iris-Pigmentarmut, bei einem Weißtiger (nach Dausch u. Mit. 1977)

Abb. 29 Extrem kleine Pupille (Mikrokorie) bei einem Weißtiger

Genetik

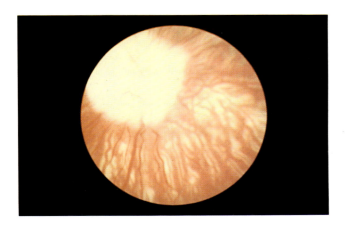

Abb. 30 Papillenanomalie mit unscharfen Grenzen, fehlendes Tapetum lucidum und Pigmentarmut der Netz- und Aderhaut bei einem heterozygoten Tigerteckel.

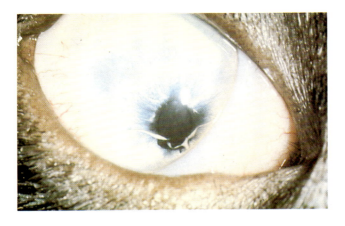

Abb. 31 Diffus weißlich-graue Farbe der pigmentarmen Iris und nach unten verlagerte Pupille (Korektopie) bei einem Weißtiger.

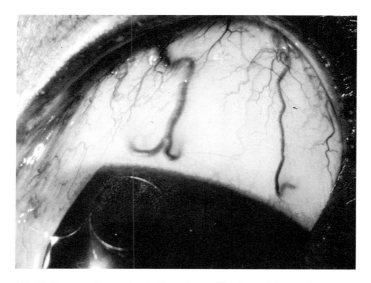

Abb. 32 Ektasie und vermehrte Füllung der episkleralen Gefäße (Weißtiger)

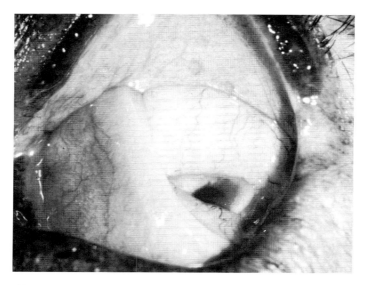

Abb. 33 Ausgeprägte Hyperplasie der Nickhaut bei Mikrophthalmus (Weißtiger)

erbung hat die genannte Züchterin (4301) ein recht grobgeschnitztes Weltbild. Auf den Salomoninseln blendete man Schweine mit glühenden Drähten, um sie »ministrabler« zu machen (2026), in der Hundezucht bedient man sich des Merlefaktors, um ähnliche Effekte zu erzielen, was das Sehvermögen angeht – nur werden die Hunde dadurch nicht umgänglicher, sondern eher verhaltensgestörter. Sinnigerweise hat denn auch ein Blue-merle-Sheltie Zwinger den Namen »Qui vivra verra« = Nur die Sehenden bleiben leben. »Wer den Tiger küßt« – insbesondere den Weißtiger – »begibt sich in Gefahr« (1828); in der Tat (6099).

Defekte Merlehunde unter unseren Tigerteckeln waren alle m.o.w. verhaltensgestört – und auch jene Dogge, die durch knurrende Aufgeregtheit in der ZDF-Sendung »Spielraum« den Moderator verschreckte oder jene, die ihre Besitzerin 1986 aus »heiterem Himmel« tötete, war eine Tigerdogge. Zufall? Die mädchenmordende Harlekindogge des Barden Kunze gesellt sich nunmehr zu dieser Kasuistik.

Der Merlefaktor ist jedoch nicht das einzige Farbaufhellergen bei Hunden, welches mit Defekten oder Erkrankungsdispositionen verknüpft ist. Neben dem noch bei Collies zu besprechenden, mit Störungen der Blutbildung einhergehenden, rezessiven Graufaktor, tritt z.B. in Dobermannzuchten eine Erbanlage für *blaugraue Farbaufhellung* auf, die offenbar gleichfalls dem unvollkommen dominanten Erbgang folgt, denn sie führt in einfacher Dosis zur besagten blaugrauen Farbverblassung der dominant schwarzen Decke des Dobermann (4182, 629). Diese blauroten Tiere – und wahrscheinlich besonders die homozygoten – besitzen eine gesteigerte Disposition zu Alopezie und Hautentzündung, sehen oft bereits in jungen Jahren wie »mottenzerfressen« aus und kommen sozusagen mit einem kaum heilbaren *Ekzem* schon auf die Welt (127, 4067). Jedenfalls ist es unverantwortlich, blaue Dobermänner über »Tiermarkt«-Anzeigen an Leute verramschen zu wollen, »die das Besondere lieben« (2729). Ein analoger, wenn nicht identischer Farbverdünner bewirkt in Whippets, Greyhounds, Dt. Doggen, Pinschern und rehfarbenen Irish Settern ähnliche Schäden (538, 1020, 3400). Man spricht von einer angeborenen Nebennieren-Insuffizienz bei diesem »Blue-Dobermann-Syndrom«, sowie seiner Zuordnung zu Immunkomplex-Krankheiten (4482, 4481). Es wäre sehr lohnend, hier die genetischen Zusammenhänge besser zu klären; wegen des o.a. Auftauchens in anderen Rassen ist zudem wohl besser vom *»Blue-Dog-Syndrom«* zu reden (4046, 5662, 1892). Dieser Defekt scheint jedoch trotz auftretender Makromelanosomen nicht identisch mit dem Chediak-Higashi-Syndrom zu sein (s. dort, 4552, 4553). Eine weitere Genodermatose, die in W. Highland White Terriern vermeldete »Epidermale Dysplasie«, wird durch Befall mit Hefepilzen kompliziert (5157).

Tabelle 21 Farbvererbung beim Hund (nach Little, 1957; Burns u. Fraser, 1966; Searle, 1968) Dominante Allele sind groß-, rezessive kleingeschrieben.

Allele-paare	Konstella-tionen	Wirkung, Beispiel
A, a^t	AA oder Aa^t	Gestattet uniforme Ausbreitung dunklen Pigments über den ganzen Körper; einfarbig dunkle Rassen.
	a^{t}a^t	Bewirkt Aufhellung (Brand, black and tan) an Unterkopf, Fuß, Unterbauch, Analzone; Dobermann u.a.
B, b	BB oder Bb	erzeugt kräftiges, volles Schwarz
	bb	reduziert die Melaninproduktion, so daß Brauntöne entstehen
C, c^{ch}	CC oder Cc^{ch}	Verstärkereffekt bei Schwarz- und Brauntönen
	c^{ch}c^{ch}	Farbaufhellung, z.B. gelb bis hin zum Weiß
D, d	DD oder Dd	erhöht die Farbintensität
	dd	Farbverdünner-Wirkung, blaugraue Pudel
E, e	EE oder Ee	Gestattet einheitl. Ausbildung dunklen Pigments
	ee	Kein dunkles Pigment kann gebildet werden, d.h. weitere Farbaufhellung; Irish Setter
G, g	GG oder Gg	Bewirkt Vergrauung (Graufaktor)
	gg	Keine Vergrauung
M, m	MM oder Mm	Merle-Tigerung, Tiger und Weißtiger
	mm	Keine Tigerung
S, s	SS oder Ss	Uniforme Pigmentierung des ganzes Körpers
	ss	Scheckung (Platten, Blessen, Tüpfelung)
T, t	TT oder Tt	Stichelung; Vorstehhunde
	tt	keine Stichelung

Die gemachten Ausführungen tangieren bereits das Gebiet der Farbvererbung, ein für die Liebhaberzucht sehr wichtiges, aber auch recht kompliziertes und wenig durchforschtes Kapitel. Denn obwohl Haar- und Hautpigmentierung als qualitative Merkmale oft Großeneffekte einzelner Erbanlagen erkennen lassen, so täte man doch Gregor Mendel Gewalt an, wollte man hier alles über den Leisten seiner Gesetze schlagen – wie vielfach praktiziert. Schon beim Merlefaktor war die breite Variabilität im Scheckungsgrad und hinsichtlich der pleiotropen Effekte deutlich geworden, so daß zusätzliche Genwirkungen angenommen werden müssen (Minor-Gen-Effekte) – also echte Übergänge zur quantitativen Vererbung (2845). Dennoch soll an dieser Stelle kurz über den Stand der – weitgehend mendelistisch orientierten – Farbvererbungsansichten referiert werden, wie sie in den Werken von Little (1957), Burns und Fraser (1966) und Searle (1968) ausführlicher nachzulesen sind. Weitere Hinweise finden sich bei Quéinnec (1982) und Pape (1983).

Wie schon betont, ist bei Erbanalysen, die nicht von wissenschaftlich gelenkten Zuchtexperimenten, sondern von Züchterunterlagen ausgehen (2945), allemal Skepsis angebracht, da die Rate *falscher Abstammungsangaben* hoch ist, wie die zahlreichen Butgruppenbestimmungen am hiesigen Institut untermauerten. Hinzu kommt, daß Wurfabnahmen durch Zuchtwarte erst erfolgen, wenn die Welpen »mindestens 7 Wochen« alt sind: Was sich vorher im Züchterkämmerlein abspielt, bleibt im Verborgenen.

Die in Tabelle 21 aufgelisteten 9 Allelepaare stellen mit ihren 18 Genen bei weitem noch nicht das gesamte für die Farbvererbung verantwortliche Genspektrum des Hundes dar. So gibt es für jedes dominante Allel meist nicht nur eine, sondern mehrere rezessive Alternativen, z.B. in der S-Serie, wo ein Allel s^p bei Homozygotie großflächige, m.o.w. gleichmäßig aufgeteilte Scheckung, ein Allel s^w aber extreme Weißscheckung (bis hin zu rein weiß mit pigmentierten Nasen) determiniert. Es kann davon ausgegangen werden, daß lange nicht alle Farbmutanten in Wirkung und Erbgang abgeklärt sind, und auch nicht die Interaktionen zwischen den einzelnen Systemen. Immerhin gibt es bereits bei Zugrundelegung der o.a. Erbanlagen breit gefächerte Möglichkeiten der Genkombinationen.

So hätte z.B. ein Grau-silberpudel (schwarz geboren) die Genkonstellation
AA BB CC DD EE GG mm SS tt,

d.h. A, B, C, D, E garantieren zwar kräftige Pigmentierung bei der Geburt – auch S, m und t verhindern Scheckung oder Sprenkelung, aber der Graufaktor G führt zu einer allmählichen Farbverblassung. Dagegen hätten die schon blaugrau geborenen Individuen etwa folgende Konstellation:
AA BB CC dd EE gg mm SS tt,

d.h. sie verdanken ihre Aufhellung der Homozygotie des Verdünnerfaktors d und nicht dem Graufaktor G.

Auch das Weiß des Pudels und anderer Rassen hätte somit in seinen Nuancierungen mannigfache Determinationsmöglichkeiten, z.B. wenn man nur die dafür relevanten Gensysteme berücksichtigt – folgende:

bb $c^{ch}c^{ch}$ dd GG EE (cremefarben)
BB $c^{ch}c^{ch}$ dd GG ee (schwarze Nase)
bb $c^{ch}c^{ch}$ DD GG ee (braune Nase)

Dabei ist, wie in Tab. 21 dargelegt, für die volle Wirkung eines dominanten Allels nicht Homozygotie, d.h. die doppelte Dosis erforderlich, d.h. weiße Pudel mit schwarzer Trüffel können auch die genotypische Konstellation Bb $c^{ch}c^{ch}$ etc. besitzen, wobei schon ein einziges B-Allel die Farbaufhellerwirkung von ee unterdrückt (Epistasie), auch in »blonden« Retrievern gesehen (5645).

Dies verdeutlicht zugleich, daß *rezessive Farbaufhellergene* (z.B. b) unerkannt über Generationen mitvererbt werden können, um erst nach der Anpaarung solcher mischerbigen, heterozygoten Genotypen auszuspalten – sehr zum Ärger der Züchter, die doch immer Pudel mit schwarzen Nasen hatten! Auf diese Weise können selbst bei Schäferhunden einmal weiße Exemplare fallen (Abb. 34). Verfolgt man *dihybride Erbgänge*, d.h. mendeln 2 Allelesysteme mit rezessiven Genen, so ergibt sich etwa das in Abb. 35 anhand des Erbganges von Scheckung bzw. Einfarbigkeit und Schwarz bzw. Braun in Pointern dargestellte Schema und Spaltungsverhältnis in der F2-Generation – vorausgesetzt, das Bild wird nicht durch zusätzliche Scheckungs-, Farbaufheller-, Grau- oder Stichelungsfaktoren kompliziert. Die Spaltungsverhältnisse 9 (einfarbig schwarze) : 3 (einfarbig braune) : 3 (schwarz-weiß gescheckte) : 1 (braun-weiß- gescheckter) werden sich natürlich erst bei einer genügend großen Anzahl von Nachkommen einstellen – und nicht unbedingt exakt schon bei 16 Welpen, wie ja überhaupt die Mendelschen Regeln Wahrscheinlichkeiten angeben, was von Züchtern oft vergessen wird. Die wenigen, ausspaltenden braun-weißen Hunde, die beim Dt. Kurzhaar meist widerrechtlich als »Fehlfarben« getötet werden, sind im übrigen ein Indiz auf das Pointererbe im Kurzhaar (S. dort).

Diese Gesetzmäßigkeiten können eindrucksvoll auch an den Herreschen Pudel (schwarz)-Wolf-Bastarden bestätigt werden (5029): Die F1-Bastarde waren schwarz, mit einem bei zunehmendem Alter auftretenden weißen Abzeichen. Von diesen Merkmalen darf also angenommen werden, daß sie sich dominant vererbten. Paart man diese F_1-Tiere miteinander, so ergaben sich in der Tat bei insgesamt 100 F_2-Tieren 58 schwarze, mit weißem Abzei-

Abb. 34 Weißlinge in einem Wurf reinrassiger Schäferhunde; weiße Schäferhunde gibt es relativ häufig in den USA und auch hierzulande jetzt diesbezügliche Vereine (»Amerikanisch-Kanadische« weiße Schäferhunde). Es sind keine Albinos (1211), schon v. Stephanitz beschrieb sie als Farbvarianten.

Genetik

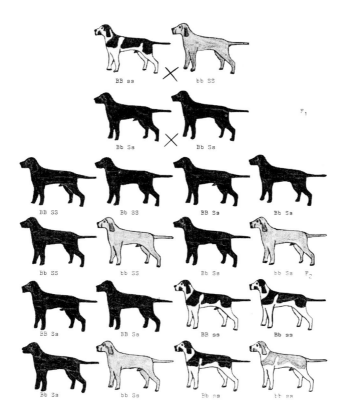

Abb. 35 Dihybrider Erbgang beim Pointer (nach Wegner, 1970)

chen, 15 völlig schwarze, 19 wildfarbene und 8 graue. Bei einer exakten Aufteilung nach dem Verhältnis 9 : 3 : 3 : 1 wäre eine Zahlenrelation von 56,3 : 18,8 : 18,8 : 6,3 zu erwarten gewesen. Beobachtete und erwartete Werte weichen jedoch nicht signifikant voneinander ab ($\chi^2 = 1{,}28$ Ns). Weiße Abzeichen, die allerdings in höherem Alter eher eine Tendenz zum Verschwinden zeigten, wurden auch bei Labrador Retrievern gesehen (1605).

Davon abzugrenzen ist offenbar »*Vitiligo*«, jene »Weißfleckenseuche« bei Mensch und Tier, die anfangs gut pigmentierte Individuen später verblassen läßt, zumindest regional (5225). Diagnostisch von der familiären Form zu unterscheiden sind toxische Wirkungen, z.B. von Gummi-Inhaltsstoffen auf die Haut (5466); dies wird allerdings mehr für Homo sapiens bei der Wahl seines

Verhüterlis eine Rolle spielen. Abb. 36 zeigt Vitiligo bei einer Bernhardinerhündin. Ob Fälle bei Chow-Chow und Tervueren ähnlich gelagert waren, ist nicht bekannt (1795, 3716); bei einem Akita ging Depigmentierung mit Sehverlust (4086), beim Menschen geht Vitiligo öfter mit Hörverlust einher. Man vermutet Autoimmunprozesse.

Von den vorn genannten Chromosomenpaaren des Hundes sind nur 38 homomorph, d.h. deckungsgleich; ein Paar jedoch, die sogen. Hetero- oder *Geschlechtschromosomen*, welche für die Geschlechtsbestimmung verantwortliche Gene tragen, setzt sich, wie bei anderen Säugern auch, aus einem größeren X- und einem kleineren Y-Chromosom zusammen (S. Abb. 24). Erbanlagen, welche auf diesen Geschlechtschromosomen lokalisiert sind, folgen dem *geschlechtsgebundenen Erbgang*. Dabei ist vor allem das X-Chromosom interessant, da das männchenbestimmende Y-Chromosom wegen seiner Kleinheit nur wenige Gene beisteuert.Für x-chromosomalgebundenen Erbgang gibt es viele Beispiele, am bekanntesten beim Menschen wurde die Bluterkrankheit oder *Hämophilie*, welche ganz parallel aber auch bei Hunden auftritt (1907, 2846). Hämophilie-Defektgene auf dem X-Chromosom bewirken bei Hemizygotie ein Fehlen oder Defizienz des Faktors VIII (Antihämophiles Globulin) oder IX (Christmas-Faktor) im Plasma. Mangelnde Aktivität des Faktors VIII nennt man *Hämophilie A*, Fehlen des Faktors IX *Hämophilie B:* beides kommt bei Mensch und Hund vor (4094, 4872, 2425), offenbar bedingt durch *Schaltmutation*, durch Basenaustausch im Strukturgen (1822).

Wie in Schema 5 veranschaulicht, kann Hemizygotie und damit Bluterkrankheit im Regelfall nur bei männlichen Individuen auftreten: aus der Paa-

Abb. 36 Vitiligo beim Bernhardiner
a) Sandra, 15 Mon., noch schwarz   b) Sandra, 2 Jahre, total rosa

Genetik 137

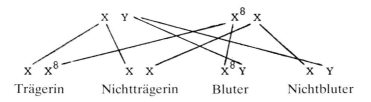

Schema 5 Geschlechtsgebundener Erbgang der Hämophilie.

rung eines gesunden Vaters mit einer gesunden, aber heterozygoten Mutter. Diese Mutter, unerkannte *Trägerin* des Hämophilie-Allels auf dem X-Chromosom, bleibt gesund, weil bei ihr die krankmachende Wirkung des Defektgens durch das Normalallel auf dem anderen X-Chromosom abgepuffert wird. Dieses zweite X-Chromosom fehlt jedoch ihren Söhnen, so daß bei denjenigen, welchen sie das Heterochromosom mit dem Bluterallel vererbt (etwa 50%), der krankmachende Effekt voll einsetzt. In seltenen Fällen bei Menschen (2874) oder unter experimentellen Bedingungen bei Hunden kommen männliche Bluter zur Geschlechtsreife und können mit Trägerinnen des Defektgens auch *weibliche Bluter* zeugen, d.h. den Genotyp X^8X^8 (4090, 4505, 1023). Es ist sogar möglich, doppelte Heterozygotie für Hämophilie A und B zu erzüchten, d.h. den Typ X^8X_9 (5488, 1509). Die versetzte Indizierung X^8X_9 oder auch X^aX_b ist zweckmäßig, um klarzustellen, daß es sich bei den Genen für Hämophilie A und Hämophilie B nicht um Allele eines Systems handelt, sondern um Gene an verschiedenen Genorten auf dem X-Chromosom (1024), es sind somit auch doppelt homozygote ($X_9^8 X_9^8$), mit Hämophilie A und B behaftete weibliche Individuen, selbstverständlich auch mit beiden Defekten geschlagene männliche denkbar ($X_9^8 Y$): Bei ihnen mag schon die embryonale Sterblichkeit heraufgesetzt sein. Straffe Kopplungen zwischen beiden Genlocis scheinen nicht vorzuliegen, was durch Beobachtungen in einer holländischen Zucht französischer Bullies bestätigt wurde, in der beide Gerinnungsstörungen frei segregierten (5328). Es ist leicht vorstellbar, daß solche Befunde an Hunden gute Modelle zur Erforschung und Behandlung menschlicher Bluterkrankheiten darstellen (1022, 3506, 2979), es existieren mittlerweile mehrere »Bluter«-Kolonien (5722). Und es ist logisch, daß diese Defekte zu *hämorrhagischen Zwischenfällen* bei kosmetischen Verstümmelungen von Junghunden führen, wenn man sich nicht vorher über ihren Status informiert (2954, 2955).

Auftreten von *Hämophilie A* wurde bislang bei Irish Settern, Greyhounds, Shelties, Beagles, Labradors, Chihuahuas, Weimaranern, Dt. Schäferhunden, Collies, Pyrenäenhunden, Bullies, Schnauzern, Samojedenspitzen, Pudeln und Bastarden festgestellt (1027, 5528, 3064, 3411, 2177, 733, 4504, 2250, 2215, 2216, 5329, 4497, 3735), doch es gibt keinen Grund zur Annahme, daß sie u.a. Koagulopathien nicht auch in anderen Rassen auftreten können (1108, 1596). Heterozygote Trägerinnen des Defektallels können dadurch erkannt werden, daß bei ihnen der AHG-Plasmaspiegel um 50% gegenüber der Norm gesenkt ist, auch die einfache Thromboplastinzeit (PTT) ist verlängert (4357, 1956, 1957). Hierin kommt ein klarer Gen-Dosiseffekt zum Ausdruck, der dem Züchter selektive Ansätze ermöglicht. Hemizygote, männliche Defektwelpen zeigen dagegen keine nennenswerte Faktor-VIII-Aktivität (3859), was ihre abnorme Blutungsbereitschaft bedingt. Sie kann durch AHG-Konzentrat von Rind und Schwein kupiert werden (5248), neuerdings auch durch rekombinanten F VIII (2217).

Orthotope Transplantation einer normalen Leber in einen Bluterhund erreicht zwar völlige Korrektur der AHG-Defizienz, was die Leber als primären Faktor VIII-Syntheseort ausweist (auch für Prothrombin, 6053, 101), doch zeigten hepatektomierte normale Hunde mit einer transplantierten Bluter-Leber nach wie vor, wenngleich herabgesetzte AHG-Produktion. Dieses spricht für extrahepatische Synthesestätten; man glaubt, daß die Milz hierbei eine Rolle spielt (6043). Besonders in einigen Schäferhundlinien hat diese Anomalie offenbar beträchtliche Verbreitung erlangt (1958, 5682), so daß man durch Blutungen ins Gelenk *(Haemarthros)* bewirkte Lahmheiten in Rüden stets differentialdiagnostisch berücksichtigen sollte (2981), zumal es milde, nicht lebensbedrohende Varianten gibt (3549).

Hämophilie B fand man desgleichen bereits in mehreren Rassen, hier ist in Vererberinnen gleichfalls die Aktivität herabgesetzt (1596, 5269, 5916, 3553).

Erbliches Fehlen des *Faktor VII,* wie es bei Beagles beschrieben wurde (4095, 2424, 5422, 5423, 5424), scheint dagegen mit klinischer Gesundheit vereinbar zu sein (1600, 1181, 4976), jedoch gegenüber Ektoparasitenbefall empfindlicher zu machen, insbesondere bei Demodikose, da gewisse Verzögerungen der Blutgerinnung bei Mikroläsionen offensichtlich einen günstigen Nährboden schaffen (3875). Auch eine erhöhte peripartale Blutungsbereitschaft wurde dokumentiert (6174).

Eine andere, nicht auf herabgesetzter Aktivität der Gerinnungsfaktoren beruhende, sondern durch angeborene *Thrombasthenie* verursachte hämorrhagische Diathese wurde dagegen bei einer Familie der Otterhounds gefunden (1594); auch bei Bassets berichtete man über analoge Defekte oder Funktions-

Genetik 139

störungen der Blutplättchen (2983, 714, 4388, 937). Ähnlich wie bei der Glanzmann-Krankheit des Menschen vermutet man hier autosomal rezessiven Erbgang. Sie kann also, ebenso wie die zwei vorgenannten, in beiden Geschlechtern auftreten.

Gleiches läßt sich von der in mehreren Rassen diagnostizierten *v. Willebrandschen Krankheit* sagen (1596, 4098), die zwar in den AHF-Ausfallerscheinungen der Hämophilie A gleicht, aber durch autosomal vererbten Verlust eines genetischen Synthese-Induktors oder anderer gerinnungsfördernder Mechanismen zustandekommt (6102). Sie soll durch Import behafteter Zuchttiere (»Gründereffekt«) in bestimmten Zuchten amerikanischer Dt. Schäferhunde und Zwergschnauzer recht verbreitet sein; ihre Ausbreitung wird durch klinisch inapparente Verläufe begünstigt, d.h. es kommen zweifellos – wie beim Menschen – genetische Varianten vor (1599, 4845). Morbus Willebrand wurde jüngst auch aus Dobermann-, Retriever- und Terrierzuchten sowie anderen Rassen beschrieben (2953, 2984, 2956, 2980, 5332, 1877, 2990, 3554), Therapievorschläge werden gemacht (2985, 2986, 3289), da es sich anscheinend um die *häufigste Hämostase-Störung bei Mensch und Hund* handelt (1875). Ob aber Dobermänner tatsächlich generell herabgesetzte v. Willebrand-Level haben und deswegen zu blutungsinduzierten Lahmheiten neigen (heterotope Osteochondrofibrosen, 1685), bedarf wohl noch weiterer Überprüfung.

Der in bestimmten Spaniellinien gefundene, z.T. mit letalen Blutungen einhergehende *FaktorX-Mangel* (Stuart-Prower-Fehler, 1595), welcher sich in einer hohen Totgeburtenrate und Saugwelpenmortalität niederschlug, wird gleichfalls nicht geschlechtsgebunden vererbt, was ebenso für einen Faktor XI-Ausfall (PTA) zutrifft – u.U. zu schweren postoperativen Blutungen prädisponierend (1601). Faktor XII (Hagemann) – Defizit scheint dagegen meist klinisch unauffällig zu bleiben (4638).

Gute Übersichten erblicher Blutgerinnungsstörungen bei Hunden geben Dodds (1978) und Spurling (1980), diagnostische Methoden finden sich u.a. bei erstgenannter Autorin, bei Jones (1979), Middleton u. Watson (1978), Okin u. Dodds (1980), Slappendel (1988), Fogh u. Fogh (1988) sowie Mansell u. Parry (1991). Insgesamt wird aus den dargelegten Fakten deutlich, daß der Haushund eine beträchtliche *»genetische Bürde«* hinsichtlich kongenitaler Gerinnungsstörungen trägt (4333). Es ist möglich, daß rätselhafte Fälle tödlicher Verblutungen ins Thymusgewebe bei Junghunden damit in Zusammenhang stehen könnten (3223), und es ist ferner nicht verwunderlich, daß Hämophilien auch gekoppelt mit anderen Defekten auftreten (4461, 716, 717). Weiter muß man stets an exogen induzierte oder symptomatische Blutungen denken, z.B. bei Hämangiosarkomen (1215, 1794), wie umgekehrt auch erhöhte, thrombosefördernde Gerinnungsbereitschaften im Rahmen von Syndromen verzeichnet werden (2298).

Chromosomenaberrationen, d.h. zahlenmäßige und strukturelle Veränderungen des Karyotyps können auch beim Hund angeboren, spontan oder erworben sein (durch Strahlen, Virus, physikalische oder chemische Reize, 5595). So wurden eine dem menschlichen *Klinefeltersyndrom* analoge, mit Verdoppelung der X-Chromosomen (XXY-Konstellation) einhergehende Sterilität (Hodenunterentwicklung), aber auch das XO *(Turner-)-Syndrom* sowie *Trisomien* beschrieben (1304, 3759, 933, 2976), desgleichen mit Chromosomen-Mosaiken verbundene Intersexualität und testikuläre Feminisierungen (1467, 6041, 5600). Wie in anderen Arten, so gehen auch beim Hund tumoröse Erkrankungen öfter mit Aneuploidien einher (2624, 3818).

Andere Normabweichungen wurden gleichfalls bekannt (S. a. Tab. 28), doch zählte bis vor kurzem wegen der *großen Chromosomenzahl* (Abb. 24) und der dadurch bedingten schlechten zytologischen Sortierbarkeit der Hund neben dem Huhn zu den zytogenetisch undankbarsten Objekten unter den Haustieren(4594). Durch neuere Verfahren der Chromosomen-Zonierungstechnik (G-Banden etc.), durch Darstellungsmöglichkeiten aus der Amnionsflüssigkeit usw. bahnt sich hier jetzt ein Wandel an (2742, 5216, 3733, 3885, 2812, 4368, 3246). Allerdings ist die Gleichzeitigkeit, d.h. das Zusammentreffen einer angeborenen Anomalie mit einer vorliegenden Aberration im Einzelfall – wie auch beim Hund mehrfach beschrieben (927) – noch nicht beweiskräftig für ursächlichen Zusammenhang. So fanden Ma und Gilmore (1971) einen aberranten Karyotyp von 2n = 77 (Verschmelzung zweier Autosomen) in einem klinisch und phänotypisch normalen Hund. Solche klinisch unverdächtigen *Robertsonschen Translokationen* kamen auch durch andere Autoren zur Beobachtung (3414, 3415). Rönne u. Mitarb. (1991) weisen zudem darauf hin, daß telomere NOR-Anhängsel (Nucleolus-Organisator-Region, 3815) leicht mit translozierten Bruchstücken verwechselbar sind.

Die vorn besprochene Hämophilie führte bereits ins Gebiet der *biochemischen Genetik*. Hier wurden auf kynologischem Sektor in jüngster Vergangenheit interessante Untersuchungsergebnisse bekannt. So gewinnen auch beim Hund die *Blutgruppen* und ihre Bestimmung an Bedeutung. Wichtig, wenngleich unterschiedlich wichtig, sollen vor allem die Gruppen A_1, A_2, B, C, D, E, F und J sein (5598, 1766). Da die zugrundeliegenden Gene einfach mendeln (kodominant = jedes Allel kommt phänotypisch voll zur Geltung), können sie zum *Abstammungsnachweis* herangezogen werden, insbesondere bei Verdacht auf betrügerische Manipulation des »Stammbaumes« (5599, 5621, 1327, 5527, 1865, 4920). Vergleichbare deutsche Untersuchungsergebnisse scheinen noch nicht vorzuliegen (3211, 3212, 1462).

Unverträglichkeitsreaktionen wurden besonders in der Blutgruppe A beschrieben (3056). Bei Bluttransfusionen von einem A-positiven Spender auf einen A-negativen Empfänger bildet sich der Isoantikörper Anti-A aus, welcher bei *wiederholten Transfusionen* als starkes Hämolysin wirkt. Ein Test mit Anti-A-Serum sollte also solchen Blutübertragungen vorausgehen, da sonst aufgrund der Häufigkeit dieser Allele in Hundepopulationen in ca. 25 - 30% der Blindtransfusionen mit Zwischenfällen zu rechnen sei (6315). Das Halten eines »idealen Spenderhundes« kann somit gegebenenfalls ratsam sein (1233). Solche Kautelen werden bislang aber bei Transfusionen kaum beachtet, wie jüngste Erhebungen ergaben, vielmehr wird in praxi offenbar zunächst schlicht »angetestet«, ob Unverträglichkeiten auftreten, bevor voll transfundiert wird (627, 2359). Auch intrauterine Sensibilisierungen soll es geben. So konnte man bei A-positiven Welpen, die von ihrer A-negativen Mutter gesäugt wurden, Hämolyse feststellen (6401, 1954). Dieses spricht somit für die Existenz eines kolostralinduzierten *Ikterus neonatorum*. Diese Befunde scheinen sich in anderen Untersuchungen zu bestätigen, zumindest, was die A-Allele in Hundepopulationen angeht (multiple Allelie, 5592, 1002, 5602).

Serogenetische Merkmale können ebenfalls für die Abstammungsanalyse verwertet werden. Im Transferrinsystem des Hundes gelang der Nachweis von mindestens 4 Allelen, die in individuell unterschiedlichen Kombinationen vorliegen (768, 1703, 5489, 1286, 4671, 3034, 528, 965). Das Hämoglobin dagegen scheint in den meisten Rassen monomorph zu sein (3245, 1778, 5273) - nur gelegentlich wurde über Hb-Varianten berichtet (4395, 3145, 963) und nur selten über pathologische (3004). Interessanterweise zeigten bislang nur japanische und nahe verwandte Hunderassen einen Hb- und Erythr.-K-Polymorphismus (5617, 5619, 3706).

Die zwischenzeitlich ermittelten polymorphen Systeme - Erythrozytenenzyme und -antigene (61, 659, 964, 3129, 4918, 3034, 3035, 2856, 5616, 1125, 1557, 5208, 529, 3130, 962), Serumproteine (1515, 841, 4582, 965, 2182), Leukozytenenzyme u.a. (5957, 5615, 5575, 4720) reichen vielfach schon aus, um unabhängig von den Blutgruppen *Vaterschaften* auszuschließen (2375, 4669, 3036, 4472, 4676). Sie werden zudem benutzt, um *phylogenetische Verwandtschaften* verschiedener Hunderassen zu testen, z.B. asiatischer und europäischer (5618, 5619, 3209). Jüngste diesbezügliche Untersuchungen an spanischen Rassen zeigten kaum Korrelationen zwischen morphologischen und serogenetischen Distanzen. Diese Systeme sind zudem nutzbar, um über ihren *Homozygotiegrad* auf den Inzuchtkoeffizienten zurückzuschließen; insgesamt gesehen, braucht man heute nicht mehr - wie früher vorgeschlagen - auf den allerdings hoch individualspezifischen Nasenabdruck eines Hundes zurückzugreifen, um die Identität zu sichern.

In letzter Zeit sind auch – wie in der Human-Forensik – *DNA-Fingerprints* für die Pedigree-Analyse verwendbar, und dem Human-Genom-Projekt steht mittlerweile ein canines *Genom-Projekt* zur Seite (2922, 4008, 4397, 2656, 2680, 2743).

Nimmt man *Transplantationen* beim Hund vor, so geben die Leukoytenantigene b – m einen guten Anhaltspunkt über die *Histokompatibilität,* welche offenbar nur von wenigen Hauptgenen gesteuert wird (3972, 4917, 5956, 2253, 5525, 793, 3369). Je besser in Spender-Empfänger-Paaren die Übereinstimmung in diesen Antigenen, desto besser die Gewebsverträglichkeit (1495). Es gibt Hinweise, daß die zugrundeliegenden Gensysteme (DLA- und DMA-Allele) auch Einfluß auf die Disposition zu allergischen Reaktionen nehmen (*Canine Atopie* etc., 5958, 5829, 4643, 5959, 5087, 4624, 4961, 3327). Da die recht straffe Kopplung bestimmter Histokompatibilitäts-Loci zur Spondylitis-Disposition des Menschen bekannt ist (1015), wurde auch beim Hund, insbesondere in der dazu neigenden Rasse (S. Boxer), dieser Fragestellung nachgegangen (1748). In den für die Infektionsabwehr bedeutsamen Immunglobulinen wurden desgleichen inzwischen canine Allotypen (IgM-Polymorphismus, 5658, 4919), sowie *Komplementvarianten* gefunden (2352, 4280, 1642, 1643). Bei der Bildung der Antikörper gibt es auch beim Hund offenbar gelegentlich idiopathische Störungen, die von erworbenen Immundefiziten zu trennen sind (5331, 1307, 4860, 6178, 2230, 1883). Ebenso kann die Komplementsynthese gestört sein (6289, 6290).

Autoimmunisierungen und daraus resultierende Erkrankungen wurden ebenfalls beschrieben (619). So trat bei 0,5% von 4500 untersuchten Hunden eine der Hashimoto-Erkrankung des Menschen ähnliche lymphozytäre *Thyreoiditis* auf (3804), die genauso wie die hämolytische *Autoimmunanämie* (Thrombozytopenia purpurea, 4168, 3945, 2409, 6249, 4433, 2541), die Dermatomyositis (2483), der *Lupus erythematodes* (2329, 2330, 739, 738, 2827) und die postvirale *Enzephalomyelitis* den Autoimmunreaktionen zugerechnet wird (3407, 4598, 4599, 2474, 4259). Bei diesen und anderen genetisch beeinflußten Krankheiten (z.B. *Orchitiden,* Ataxien durch *Myelinschäden* (59, 6032, 2434, Formen der *Polyarthritis* und des *Morbus Addison,* 738, 741, 1886, 4975), kommt es durch Niederbrechen des Toleranzzustandes zur Ausbildung von Autoimmunkörpern gegen körpereigenes Gewebe, welches im Verlaufe dieser »Antigen-Antikörperreaktion« chronisch geschädigt wird (4598, 1375, 2421, 744).

Bei der klinisch oft unauffälligen Thyreoiditis, die mit erblich-dispositionellen oder umweltbedingten *Kropfformen* nicht zu verwechseln ist (2876, 4722, 1055, 4733), ist lymphozytäre Infiltration (4093, 2072, 1333), beim Lupus erythematosus Alopezie, Pemphigus (4062), Anämie (5689), Nephritis sowie nicht selten rheumatoide Lahmheit zu konstatieren (3510, 3511, 3998, 5132, 4988, 3978, 3979, 5646, 2840, 2435, 2436, 6419, 2855). Mendelnder Erbgang liegt offenbar nicht vor, doch ist die vertikale Übertragung eines infektiösen Agens in genetisch anfälligen Individuen nicht auszuschließen; Übertragbarkeit auf den Menschen scheint nicht gegeben (3509, 3512, 1278).

Auch für die durch Autoantikörper gegen Acetylcholin-Rezeptoren oder das Fehlen letzterer ausgelöste Form der Muskelschwäche, die *Myasthenia gravis* – nicht selten mit Speiseröhrenlähmung *(Megaösophagus,* 5265) einhergehend -, gibt es Parallelen bei Hunden (6317, 4339, 6221), wenngleich hier offenbar zwischen angeborenen und erworbenen Formen unterschieden werden muß (4338, 5993, 3935, 3934, 5264, 1936). Man vermutet einen rezessiven Letalfaktor (3934, 3936). Ebenso existieren immunologische Querverbindungen zwischen dem o.a. Lupus und anderen Hautschäden wie etwa Atopien, Kontakt- und Parasitenallergien, sowie zu MHC-Allelen (5152, 5161, 5641), während die *Demodikose* überwiegend, aber nicht ausschließlich bei kurz- und glatthaarigen Hunden (1145), offensichtlich eher durch individuelle Immunschwäche gefördert wird (2265). Hautveränderungen in Zusammenhang mit den o.a. Autoimmun-Schilddrüsenerkrankungen und verwandten Dyshormonosen sind meist integrierende Bestandteile dieser Syndrome (5871, 5872, 5151, 3044); sie sind von primären *Hypothyreosen,* etwa durch Enzymblockaden, zu trennen, die, beispielsweise als Jod-Kopplungsunfähigkeit, auch vom Hund geschildert wurden (1235, 3419). Nach Panciera (1994, JAVMA) seien Dobermann und Golden Retriever überpräsentiert.

Ein anderer, dem *Pyruvat-Kinase-Mangel* des Menschen analoger biochemischer Defekt ist die bei Basenjis – seltener in anderen Rassen – festgestellte angeborene *hämolytische Anämie,* die dem autosomal rezessiven Erbgang folgt, wenngleich Gendosiseffekte erkennbar sind (1826, 5626, 2737, 1230, 1231). Erythrozytenverminderung, Splenomegalie und Retikulozytose sind charakteristisch für diesen Enzymdefekt (5179, 149). In einigen Populationen dieses afrikanischen Terriers sind bis zu 19% der Hunde Anlageträger dieser PK-Blockade (116, 1069). Verbindungen zu einer gleichfalls in dieser Rasse beobachteten *hypertrophischen Gastritis* (3324) scheinen nicht zu bestehen.

Anämische Tiere sind durch Knochenmarkstransplantate von kompatiblen, gesunden Wurfgeschwistern völlig zu heilen (6122), heterozygote Vererber durch Enzymtests zu erkennen – für die vergleichende Medizin hochinteressante Befunde (6118, 117, 5178).

Daneben gibt es andere erythrozytäre Enzymausfälle, z.B. der *Phosphofructokinase* (in Engl. Springer Spaniels beschrieben), die zu hämolytischen Krisen prädisponieren (2204, 2205, 2538, 2537, 4866), abnorme Glutathion-Gehalte (4254), Stomatozytosen (5333) sowie ungeklärte familiäre Hämolyseformen (4639, 3708). Oft werden betroffene Tiere an den charakteristischen *Harnverfärbungen* unter Belastung erkannt (2201, 2203, 5950, 2212).

Ein Glucose-6-Phosphat-Dehydrogenase (G6PD)-Mangel der Erythrozyten, beim Menschen hämolytische Probleme schaffend, scheint bei Hunden nur selten und klinisch weniger schwerwiegend aufzutreten (5352). Die wohl bekannteste Enzymanomalie, der in vielen Tierarten rezessiv vererbte, durch Tyrosinase-Mangel verursachte *Albinismus* (6063), völlige Pigmentlosigkeit bedingend, wurde bislang beim Hund nicht sicher nachgewiesen. Zwar traten öfter reinweiße Tiere mit Glasaugen auf, so bei Pekinesen, Cocker Spaniels, Schäferhunden u.a. (4406, 156, S. Abb. 34), Reste von Pigment waren jedoch in den Augen, am Nasenschwamm oder in anderen Körperregionen meist nachweisbar, und ihre Zugehörigkeit zur Albinoserie bleibt ungeklärt. Auch für das Vorkommen der zu Photosensibilisierungen und Erythem prädisponierenden *Porphyrie* liegen beim Hund keine Beweise, nur Hinweise vor, obwohl exogene Licht-Überempfindlichkeiten fraglos existieren (2829).

Dagegen konnte das Auftreten eines durch krankhafte Kupferspeicherung in der Leber ausgelösten Stoffwechseldefekts – bedingt vergleichbar der *Wilsonschen Krankheit* des Menschen (2678) – in Bedlington Terriern in letzter Zeit besser abgeklärt werden (5365, 3892). Diese *endogene Kupfervergiftung* scheint in der genannten Rasse stark verbreitet, wenngleich unterschiedlich schwere klinische Verläufe und inapparente Formen zu konstatieren sind (5827, 5828, 3641, 1812, 513, 3459, 5239, 2834, 6272). Es liegt ein hepatobiliärer Cu-Exkretionsdefekt vor, der unter dem Bild einer chronischen Hepatitis und Leberzirrhose zu vorzeitigem Tod führen kann (5571, 5572, 2951, 2953, 3108). Mögliche Gendosiseffekte sprechen für intermediären Erbgang, zuchthygienische Maßnahmen werden gefordert und von den Vereinen z.T. in Angriff genommen (Leberbiopsie beschrieben bei Geisel u. Fiebiger, 1984, u.a., 4323. 3265, 2615, 2616, 1813, 2679). Eine familiäre Lebererkrankung bei Skye-Terriern scheint different zu sein (1260, 2585), analoge Cu-Stoffwechselentgleisungen wurden jedoch inzwischen aus mehreren anderen Rassen beschrieben (5690, 5691, 5692, 5693, 5694, 5695, 5696, 3233). Die Frequenz dieses Defektgens soll nach neueren Untersuchungen in Bedlingtons bei 0,6 liegen. Die geschilderten Zustände müssen aber stets vor dem Hintergrund einer ohnehin breiten individuellen Variabilität des Leber-Cu-Gehaltes in vielen Rassen interpretiert und differentialdiagnostisch von CAH anderer Genese unterschieden werden (5697, 4820).

Auch eine dem Bild einer genetischen Zink-Blockade, der Parakeratose, entsprechende letale *Akrodermatitis* kam zwischenzeitlich zur Beobachtung – ohne jedoch auf Zn-Therapie anzusprechen (2932) – im Gegensatz zu andern zinkreaktiven Dermatitiden (bei Schlittenhunden u.a., 4258). Selbst einen der *Perniziösen Anämie* entsprechenden Vitamin B12-Resorptionsblock entdeckte man in Riesenschnauzern (2095).

Fermentstörungen im Fettstoffwechsel, soweit sie direkte Lipase-Ausfallerscheinungen und *Hyperlipämie* betreffen, wurden bisher nur sporadisch gesehen und genetische Analysen fehlen (652, 3314, 5982). Andere erbliche Störungen des Lipidmetabolismus im Zentralnervensystem, die der amaurotischen Idiotie des Menschen nahestehen, konnte man dagegen häufiger feststellen. Da sind die zerebralen *Lipodystrophien* (Gangliosidosen) zu nennen, bis dato vornehmlich bei English Settern und Dt. Kurzhaar, neuerdings auch in Spaniels u.a. Rassen beobachtet (3247, 141, 4715, 1431, 65, 5262). Diese rezessiv autosomal vererbte, mit Schwachsinn, Sehstörungen, Ataxien und Spasmen einhergehende Anomalie wird durch Degeneration, Lipideinlagerungen und Schwellung in Ganglien und Neuronen verursacht (3072, 3841, 66). Sie tritt bei jungen Hunden auf und führt meist zum Tode vor Erreichung des 2. Lebensjahres, hierin und in ihrem rassisch gehäuften Auftreten juvenilen menschlichen Formen sehr ähnlich (Tay-Sachs/Niemann-Pick, 3248, 2027, 2028). Über Analoges bei Katzen wird berichtet (1259). Kommt es dabei zur Einlagerung von Ceramiden, spricht man von *Ceroid-Lipofuszinosen,* die außer in Engl. Settern sporadisch in anderen Rassen aufschienen (4151, 2237, 4185, 486, 4303, 5557, 5633). Eine dem humanen Gaucher (Glucocerebrosidose) entsprechende Erkrankung fand man ebenfalls beim Hund (6021), desgleichen eine *Fukosidose,* ausgelöst durch α-L-Fucosidase-Ausfall (3111, 7, 5631, 5632) und bislang vorzugsweise in Engl. Springer Spaniels gesehen (2677, 576).

Weitere bekanntgewordene Lipidosen sind die sogen. *Leukodystrophien* vom Typus Krabbe des Menschen (1850), mit typischen Globoidzellen in der weißen Substanz des Zentralnervensystems und peripherer Nerven (entstanden durch abnorme Ablagerung von Stoffwechselprodukten, sogenannten Galactocerebrosiden, 5591, 2987), mit zentralen Ausfallserscheinungen wie Kopfzittern und Lähmungen (3842, 4020) und EEG-Veränderungen (1946, 3346). Sie wurde vorwiegend bei Cairn- und West Highland White Terriern, sporadisch oder in anderen Varianten auch bei anderen Rassen beobachtet (1947, 1949, 2712, 2818, 536, 6380, 6411, 958, 3668, 809). Diese hocherblichen Formen sind von fütterungs- oder altersbedingten Lipofuszinosen oder gar senilen Amyloidosen klar zu trennen (5577, 6188, 6303, 2458, 5593), weniger klar allerdings von symptomatisch ähnlichen Neuropathien des Cairn-Terriers (4344).

Vielmehr rechnet man die vorgenannten zentralnervösen Störungen den *lysosomalen Erkrankungen* zu, bei denen der Abbau hochpolymerer Substanzen durch die Lysosomen infolge Fermentausfalls (Lactosylceramidase u.a., 3344) oder die Bildung dieser Zellpolizisten selbst gestört ist. Dadurch kommt es zur krankhaften Speicherung den Körper vergiftender Stoffe = *Speicherkrankheiten* ist somit ein anderes Synonym für solche Defekte (2516, 4857). Sie müssen nicht, wie die obengenannten oder andere (Lafora-Krankheit, Glykoproteinose, 1455, 5765, 3048, Fukosidosen u.a. Gangliosidosen, z.T. mit Sterilität bei Rüden, 2592, 3552, 4824, 4965, 1508, 357, 5635) auf das Zentralnervensystem beschränkt bleiben, sondern können z.B. auch das Bindegewebe, die Muskeln, das Herz u.a. innere Organe betreffen (*Mucopolysaccharidosen* etc., 4987, 5283, 1340, 5280, 5282, 4952, 2255, 2863).

Glykogen-Speicherkrankheiten durch Ausfall von Glucosidasen, Phosphofructokinasen etc. schließlich können zu angeborener Muskelschwäche, Speiseröhrenerweiterung und Herzfehlern mit frühem Tod führen, wie unlängst in Lapland-Hunden liniengehäuft geschildert (2539, 6001, 6002, 6003, 6004). Sind gar die Granula der Leukozyten tangiert, so kommt es – ähnlich wie beim Chediak/Higashi-Syndrom des Menschen – zu starke Infektionsanfälligkeit bedingenden *Granulozytopathien* (4704, 4705). Man hat mit begrenztem Erfolg versucht, diese Fermentblockaden durch Knochenmarktransplantation zu reparieren, und auch mit Somazell-*Gentherapie* hatte man – in vitro – Anfangserfolge (1005, 5284, 6193, 3359, 5389).

Genetisch beeinflußte *Entgleisungen des Mineralstoffwechsels* gibt es gleichfalls, wie zuvor schon für Kupfer und Zink erwähnt. So scheint es, ähnlich wie bei anderen Arten, erbliche Formen der *Rachitis* und *Osteogenesis imperfecta* zu geben (5503, 3489, 1158, 2958). Ihr Vorkommen besonders in Petrassen legt aber den Verdacht nahe, daß es sich bei diesen trotz aller »Liebe« oft einseitig ernährten oder viel in geschlossenen Räumen gehaltenen Tieren auch um Mangelerscheinungen bzw. Fehlernährungen handeln kann (5046, 1475). Dies mag auch für die vor allem in diesen Rassen beschriebenen hypokalzämischen Krämpfe (*Eklampsien*, 1740) und Disposition zu *Diabetes* zutreffen (6413, 6414, 1974). Hocherbliche Zucker-Varianten wurden jedoch aus Keeshond-Linien gemeldet (3286, 3161). Tritt Rachitis bei tropischen Hunden auf, sollte die Beobachtung von Menzel (1963) berücksichtigt werden, daß das Aufsuchen schattiger Plätze durch junge Hunde der Vitamin-D-Eigensynthese möglicherweise entgegenwirke. Neuere Untersuchungen lassen jedoch den Schluß zu, daß der Hund vorwiegend auf exogene Vitaminzufuhr angewiesen ist (2587).

Bedeutsamer sind *Exkretionsanomalien*, die zu Harnsteinen prädisponieren. Bei den von Finco u. Mitarb. (1970) untersuchten 30291 Hunden wurden 133 Fälle von *Urolithiasis* diagnostiziert mit der in Tab. 22 wiedergegebenen rassischen Frequenz. Wenngleich in diesen Erhebungen nicht immer etwas über die Rassenhäufigkeit in der Basispopulation gesagt wird, so geht auch aus anderen Ermittlungen die Disposition chondrodystropher und kleiner Rassen hervor (3318, 6179, 6180, 4437, 4488, 5009, 5010, 4490, 2689, 2690, 4002). Dabei handelt es sich, im Gegensatz zu den Verhältnissen beim Menschen, vorwiegend um Ammonium-, Magnesiumstruvit (»*Infektionsstein*«, 5061), weniger um Kalziumphosphatsteine (1062, 3166, 3167, 1817). Auch innerhalb der Rassen werden hierbei familiäre Häufungen deutlich (3078, 4297). Daneben findet man häufiger, gerade auch in männlichen Teckeln und Bassets, *Zystinsteine* (1028, 46, 2686, 2690), die aus einem abnorm erhöhten Zystinspiegel im Harn resultieren (970), der für diese Patienten pathognomonisch ist (1370). Hier scheint es sich um renale, tubuläre Rückresorptionsanomalien zu handeln (5787, 5788, 6346). Ihr Vorkommen ist allerdings nicht auf Dackel beschränkt (1910, 5802, 946). Generell neigen Rüden mehr zu Harnsteinerkrankungen (5518).

Tabelle 22 Rassisch unterschiedliches Auftreten von Harnsteinen (n. Finco u. Mit., 1970)

Dackel	1 auf 38
Dalmatiner	1 auf 39
Scotch Terrier	1 auf 41
Zwergschnauzer	1 auf 50
Pekinesen	1 auf 66
Dt. Schäferhund	1 auf 535
Boxer	1 auf 595

Idiopathische *Diuresestörungen* durch insuffiziente Vasopressin-Inkretion sind sehr selten (4736). Liniengehäufte *Oxalat-Urolithiasis* fand sich jüngst auch in Dandie Dinmonts.

Der Dalmatiner (Abb. 37) verdankt dagegen seine Disposition zu Harnsteinen einem anderen Umstand: Er ist die einzige Hunderasse, bei der die im Intermediärstoffwechsel anfallenden Purine nicht vorwiegend zu Allantoin abgebaut, sondern wie beim Menschen als Harnsäure ausgeschieden werden (6143, 4283, 2098, 5793, 3825). Dieses prädisponiert ihn zu *Harnsäuresteinen*, möglicherweise auch zum sogen. »*Bronzesyndrom*« (Hauterscheinungen, 5101, 1019, 3096, 6037, 5009, 5010). So war der uricolytische Index, d.h. das Verhältnis Allantoin N_2 : Harnsäure N_2 + Allantoin N_2 (x 100), bei Dalmatinern 36,3, in anderen Rassen aber im Mittel 92,4 (4511). Doch kann die charakteristische Hyperurikämie und -urie bei Dalmatinern nicht allein durch mangelnde tubuläre Rückresorption von Uraten erklärt werden (6429, 6406), auch nicht durch ein Fehlen des Ferments Urikase (6405, 3469, 4861, 3373), sondern beruht anscheinend auf Störungen im Transport der Harnsäure durch Erythrozyten, Hepatozyten u.a. Mechanismen (2527, 2727, 2199, 2200). Allopurinol soll Rezidive verhindern und eventuelle gleichzeitige, gichtähnliche *Gelenkaffektionen* lindern (4293, 6029). Denn wie bei Gichtikern, ist auch in Dalmatinern der Überhang an männlichen Patienten ausgeprägt.

Abb. 37 Der Dalmatiner – nur er bekommt wie der Mensch Harnsäuresteine.

Die Bedeutung extrarenaler Faktoren wurde durch Befunde nach Abklemmen der Ureteren und reziproken Nierentransplantationen bei Dalmatinern unterstrichen (2067, 487). Durch Kreuzung von Dalmatinern mit Pointern und Rückkreuzung der Bastarde auf Dalmatiner waren für vergleichendmedizinische Experimente wertvolle Wurfgeschwister mit hoher bzw. niedriger Harnsäure-Ausscheidung zu erzüchten (4982). Schaible (1971, 1981) meint sogar, daß man auf diesem Wege den Dalmatiner von seiner Stoffwechselbesonderheit befreien könnte.

Uratsteinbildungen waren auch in Linien des Engl. Bulldogs zu beobachten (1501).

Pharmakogenetische Besonderheiten scheinen für die individuelle Disposition zu iatrogenen Erkrankungen eine ähnliche Rolle zu spielen wie beim Menschen (3598). So beruhen Unterschiede in der Succinylcholin-Empfindlichkeit offenbar auf analogen Differenzen in der *Cholinesterase-Aktivität* (907, 2060). Differente Speciesverträglichkeiten können hier nicht diskutiert werden, doch ist die niedrige Toleranzschwelle des Hundes gegenüber Sulfonamiden (Prontosil, Debenal, Trimethoprim etc. 2291) und Methämoglobinbildnern bekannt (3468, 4385, 5764); bei Dobermännern wurde über Sulfadiazin-

Allergien berichtet (2202). Auch bei verbreiteten Kreislaufmitteln reagiert der Hund ganz anders: Digitoxin z.B. ist keineswegs ein Langzeitpräparat für Hunde, die es wesentlich schneller abbauen als der Mensch – dagegen reagieren sie auf coffeinhaltige Tabletten etwa doppelt so empfindlich (2059, 1964). Selbst *Halothan-Überempfindlichkeiten,* ähnlich wie beim Schwein mit maligner Hyperthermie verbunden, wurden in disponierten Individuen registriert, die dann auch unter einem Streß entsprechende Reaktionen zeigen (4222, 4223, 4224, 4635). Eine Tendenz zur Vergiftung mit Meeresalgen (Nodularia) kann Hunden zudem ein sommerliches Bad im Meer verleiden (3537) und *Futtermittelallergien* als Basis für Dermatosen sollen eine beträchtliche Rolle spielen (2920). Auch andere Produkte – wie sie in jedem Haushalt herumliegen – können zum Verhängnis werden: So entwickelte eine Bulldogge perverse Vorlieben für rohe Zwiebeln und büßte dies mit Vergiftungserscheinungen und Anämie (5446). Eine Hündin fraß 1 Pfund Kakaopulver; 12 Stunden später fiel sie tot um; Theobromin in Schokolade ist somit recht toxisch (5588, 2795). Beim Verzehr von Goldregenschoten erwartet man – ähnlich wie bei Kleinkindern – allerdings nichts anderes (3517). Ein Welpe, der zinkhaltige Pennies verschluckte, entwickelte eine hämolytische Anämie, ähnlich erging es einem Mops (3426, 12).

Was unsere Fleischfresser allerdings in keiner Weise von anderen Säugern unterscheidet, ist, daß sie Narkosemittel, z.B. Barbiturate, in Unmengen und zur Unzeit verabfolgt, schlecht vertragen: Fleisch von Tieren, die zuvor durch solche Mittel eingeschläfert wurden, sollte man nicht an Hunde verfüttern (4500, 4680).So verfiel eine unserer Teckelinnen in einen stundenlangen Tiefschlaf – aus dem sie nur durch tierärztliches Einschreiten wieder erweckbar war[*] – weil man ihr in einem Augenblick der Unachtsamkeit Schweinehoden servierte. Nun sind diese als Hundefutter an sich zwar unbedenklich – nur nicht, wenn sie von Ebern stammen, die nach intratestikulärer Narcoren-Injektion kastriert wurden. Die fragliche Hündin entwickelte übrigens später epileptiforme Krämpfe – möglicherweise infolge Sauerstoff-Unterversorgung des Gehirns während dieser Tiefnarkose.

Greyhounds sollen im übrigen viel stärker und länger auf Barbiturate ansprechen als andere Rassen; zudem werden ja Drogensuchhunde mitunter Opfer ihres Eifers, wenn sie die von ihnen erschnüffelten Gifte verschlucken, und aufgespürter Plastiksprengstoff soll ihnen ebenfalls nicht gut bekommen (1687). Bei Huskies gibt es gar »*Stone-eater-Linien*«, die eine spezielle (letale) Vorliebe für Steine in einem bestimmten Format entwickeln.

Auch auf *Glykolverzehr* reagiert der Hund keinesfalls mit erhöhter Kälteresistenz, sondern – ähnlich wie weinselige Konsumenten oder Selbstmörder – mit ausgesprochenen Vergiftungserscheinungen (5475, 2288). Man empfiehlt

---

[*]) An dieser Stelle sei für die vielen Hilfeleistungen durch die hiesige Kleintierklinik gedankt.

daher schlechtschmeckende Additive zu Frostschutzmitteln (3758). Bei Nerzen dagegen wurde allen Ernstes experimentell geprüft, ob sich die Wasser- und Futterzufuhr bei Pelztierhaltung in sibirischer Kälte durch Glykolzusätze verbessern ließ: Die inneren Organe wurden zwar massiv geschädigt, nicht aber Quantität und Qualität der Pelze (3722).

Im Gegensatz zur Vererbung bisher besprochener Eigenschaften qualitativer Art mit m.o.w. einfach mendelndem Erbgang, kommt man bei der Erblichkeitsermittlung *quantitativer Merkmale* mit polygenischer Komponente durch reine Mendelgenetik nicht weiter. »Alle körperlichen Merkmale ... und Verhaltensweisen« als »genetisch bedingt« zu bezeichnen (4728), ist ebenfalls eine grobe Vereinfachung und keineswegs richtig. Bei komplex verursachten, durch die Einwirkung von Erbgut und Umwelt zustandegekommenen Kennzeichen wie Körpergewicht, Widerristhöhe, Rennleistung etc., die sich nur quantitativ in Maßeinheiten erfassen lassen, ist der Effekt einzelner Gene oft nicht mehr zu ermitteln, und man muß zu anderen Methoden greifen. Hier wird durch statistische und populationsgenetische Erhebungen anhand der Ähnlichkeit verwandter Individuen hinsichtlich dieser Eigenschaften die erbliche Komponente von den Umwelteinflüssen abgetrennt.

Durch entsprechende Analysen der Variation gelingt es, den Erblichkeitsanteil an der Gesamtvariation, auch *Heritabilität* oder Erblichkeitsgrad genannt, in Prozent auszudrücken. Diese Erblichkeitsgrade variieren somit zwischen 0 und 100%. Sie geben Aufschluß darüber, ob die Selektion auf ein bestimmtes Merkmal möglich und sinnvoll ist. Sie spielen naturgemäß bei Haustieren mit wirtschaftlich genutzten Leistungseigenschaften eine größere Rolle als beim Hund. Die genetischen Voraussetzungen sind jedoch dieselben, und die z.B. in allen Rassen gemäß den Standardbestimmungen geübte, m.o.w. erfolgreiche Zuchtwahl auf *Widerristhöhe*, deren Über- und Unterschreiten in recht engen Grenzen zum Zuchtausschluß führt, zeigt, daß diesem Maß eine vergleichbar hohe Heritabilität von ca. 65% zugrundeliegen muß wie etwa beim Rind; dies bestätigte sich in Untersuchungen von Verryn u. Geerthsen (1987), so daß diese morphometrischen Parameter adulter Tiere teilweise schon in der Jugend mit beträchtlicher Genauigkeit vorhersagbar sind (5919).

Dennoch wird eine Selektion auf solche quantitativen, polygenisch vererbten und umweltvariablen Merkmale stets problematischer sein als bei einfach mendelnden, qualitativen Eigenschaften. Wenn z.B. Renn-Whippet-Züchter darüber klagen, sie bekämen die Widerristhöhe bei ihren Hunden (Höchstlimit der Zulassung 50 cm) züchterisch schlecht in den Griff, weil auch aus niedrigen Eltern immer wieder einmal größer werdende Jungtiere fallen, so erklärt sich dies aus den geschilderten Wechselwirkungen zwischen vielen Genen und verschiedenen Umweltfaktoren. Besser, als diese »Riesen« zu

»Außenseitern« zu stempeln, d.h. zu disqualifizieren, war es sicher, für sie eine zusätzliche »Sprinter«-Klasse zu etablieren (4209). Nach diesbezüglichen Abmahnungen (6110) scheint der DWZRV jetzt flexibler zu reagieren, spätestens seit sich eine Whippet-Dissidenz mit nicht so rigiden Bestimmungen auftat.

Dies alles schließt nicht aus, daß ab und an *Zwergenwuchs* monogenisch rezessiv determiniert wird, so der hypophysäre (S. Schäferhund) oder der hypothyreotisch bedingte Kretinismus (beschrieben in Riesenschnauzern, 2295).

Tabelle 23 Häufigkeit von HD unter Nachkommen gesunder und erkrankter Mütter bei Konstanthaltung der väterlichen Komponente.

	Mutter gesund	Mutter erkrankt	Differenz
erkrankte Nachkommen (Vater gesund)	35%	45%	10%
erkrankte Nachkommen (Vater erkrankt)	45%	90%	45%

Im Rahmen dieser Abhandlung wichtiger sind Verfahren der Erblichkeitsabschätzung bei erblich-dispositionellen Erkrankungen. Hier muß man anders vorgehen, da es sich meist um *Alles-oder-Nichts-Merkmale* handelt und in einer Population nur m.o.w. Erkrankte und Nichterkrankte zu unterscheiden sind. Man geht zwar auch von Eltern-Nachkommen-Vergleichen aus, muß jedoch Häufigkeiten, Prozentzahlen verwerten. Eine etwas ausführlichere Einführung in die Methodik und weiterführende Literaturhinweise bringen Meyer und Wegner (1973). Im Prinzip wird so verfahren, daß man unter Konstantsetzung der Erkrankungsdisposition des einen Elternteils die Häufigkeiten erkrankter Nachkommen des disponierten oder resistenten anderen Elternteils vergleicht. Dieses sei an der *Hüftgelenksdysplasie* demonstriert, die schon lange nicht mehr zu den mendelnden Erbdefekten gerechnet werden kann (5082, 4985), sondern zu den dispositionellen Krankheiten mit Erb- und Umweltkomponente gehört (6260). Legt man die gemittelten Zahlenangaben der gezielten Anpaaarungen von Riser und Mitarb. (1964), Henricson (1967) und Gossling (1967) zugrunde, so erhält man die in Tab. 23 wiedergegebene Aufstellung.

Wie man sieht, ist unter den Nachkommen erkrankter Mütter eine um 10 - 45% höhere Frequenz von HD zu erwarten. Da *Disposition und Resistenz* bei polygenischer Vererbung Kehrseiten ein und derselben Medaille sind, müßten die Differenzen in beiden Gruppen eigentlich gleich sein. Die Diskrepanz dürfte sich vorwiegend aus den für solche Erhebungen zu kleinen Tierzahlen erklären, könnte aber auch auf Dominanz- und Epistasieeffekten, d.h. auf einzelnen Genwirkungen beruhen. Geht man vom Mittelwert aus, so kommt man auf einen mittleren Häufigkeitsunterschied von 27,5% zwischen den Nachkommen resistenter und disponierter Mütter. Diese Differenz kann vorwiegend erblichen Einflüssen zugeschrieben werden. Um jetzt die Heritabilität, d.h. den kompletten Erblichkeitsanteil zu errechnen, muß dieser Betrag verdoppelt werden, da ja vom Vater her ein gleich großer Beitrag zu erwarten ist. Hieraus ergibt sich ein mittlerer Erblichkeitsgrad von 55% für die Hüftgelenksdysplasie. Dieses deckt sich mit den Ergebnissen von Henricson u. Mitarb. (1965) und Jessen (1970) und ist mit dem hohen Prozentsatz bilateralen Auftretens dieser Erkrankung gut vereinbar (78% der Fälle, 2643). Der mittlere Erblichkeitsgrad wurde auch in neueren Untersuchungen bestätigt (2597, 5597).

An der mittelgradig erblichen Bedingtheit von HD ändern auch hin und wieder geschätzte sehr niedrige Erblichkeitsgrade von 0, 12, 22 oder 30% nichts (99, 119, 3540, 6267, 1589), denn sie signalisieren nur, daß die »Heritabilität« keine einmal errechnete und dann für alle Zeiten fixe und repräsentative Zahl ist, sondern ein Verhältnis, den Quotienten aus Erb- und Umwelteinflüssen in der jeweils der Schätzung zugrundeliegenden Population darstellt. Es ist logisch, daß trotz gleichbleibender genetischer Komponente die Umwelteffekte von Population zu Population, von Untersucher zu Untersucher stark variieren (Tierzahl, Verwandtschaftsverhältnis, diagnostische Methode, »Vorröntgen« (4082), Züchtereingriffe etc.) und Einwirkungen des Erbes m.o.w. verschleiern können, was sich in niedrigeren oder höheren h^2-Werten niederschlägt (3691). So ist z.B. Mason (1976) der Ansicht, daß nur eine kombinierte, gründlichere Diagnostik (Palpation mit 8 Wochen, Röntgen im Alter von 2 - 3 Jahren und *Nachkommentests*) schnellere Selektionserfolge garantierte als das einmalige Röntgen Einjähriger. Auch andere sehen frühe Ansatzpunkte (3705). Alle diese Maßnahmen erfordern jedoch die freudige, opferbereite Mitarbeit der Züchter, die lückenlose Befunderhebung in den Zuchten. Zudem wird nach jahrelanger Selektion die Heritabilität ohnehin abnehmen, da die genetischen Unterschiede in der Population nivelliert werden. Jedenfalls geht aus dem seit 1978 praktizierten »HD-Scoring Scheme« des Kennel-Clubs hervor, daß dort keinesfalls mehr der Dt. Schäferhund an der Spitze hinsichtlich Befalls steht, sondern von etlichen, insbesondere auch schweren, doggenartigen Rassen wie Neufundländer und Bernhardiner überboten wird (6268).

In ein Kapitel über Genetik gehören zweifelsfrei auch einige Bemerkungen über zumindest teilweise erblich geprägte *Verhaltensmuster* des Hundes.

Ausführlichere Erörterungen können aber entfallen, da gerade dieses Thema oft Gegenstand wissenschaftlicher und populärwissenschaftlicher Abhandlungen war und ist. Hierin scheint eine Gesetzmäßigkeit zum Ausdruck zu kommen: Je weniger konkret faßbar und exakt objektivierbar eine Eigenschaft ist, desto umfangreicher und zahlreicher werden die Bücher, welche man darüber schreibt. Verbesserte Analysen werden angestrebt (Askew, 1994, DpT). Zweifellos zeigt der Hund als *Rudeltier* einige Parallelen zum sozialen Verhalten des Menschen – wenngleich in vereinfachter, undifferenzierter Form – und wird dadurch zum beliebten Studienobjekt von Verhaltensforschern (1093, 1094). Fraglos kommt auch in der Tatsache, daß sich viele Verhaltensweisen des Wolfes fast unverändert beim Hund wiederfinden und offenkundige Wesensunterschiede zwischen Rassen bestehen, ein genetischer Effekt zum Ausdruck (4485, 2505, 2506). Und es sind ja diese *vorprogrammierten Verhaltensmuster,* die sich moderne Abrichtungsmethoden zunutze machen (4327). Innerhalb der Rassen sollte man aber besonders bei *Verhaltensstörungen* den Einfluß erblicher Faktoren nicht überschätzen. Sogenanntes »ererbtes Angstbeißen«, Scheuheit und Nervosität sind oft nur Zeichen einer ausgebliebenen *Sozialisierung* in der sensiblen Wachstumsphase (ab 6. Woche, 2087, 1937), Ausdruck der sogen. »*Kennelosis*« (1174) oder »Zwingerscheu«, dem »Zuchthausknall« des Menschen vergleichbar (5478), wenn also Welpen kontaktarm und lieblos aufwachsen (1647, 2501). Denn »Hunde lernen schon am ersten Lebenstag« (72) – primär von ihrer Mutter und den Wurfgeschwistern (2285), von denen man sie nicht zu früh trennen sollte (am besten nicht vor der 10. Woche, 74, 78); in dieser frühen *Prägungs- und Sozialisierungsphase* werden wichtige Weichen für ein späteres gedeihliches Zusammenleben von Mensch und Tier gestellt (3748), obschon bereits jetzt in den trotz gleicher maternaler und Wurfumwelt deutlich werdenden Unterschieden zwischen den Welpen in Temperament und agonistischem Verhalten *klare Erbeinflüsse* imponieren, was selbst »erfahrene« Hundeabrichter offenbar nur schwer begreifen (4992). Demselben Autor ist aber beizupflichten, wenn er meint, es mache keinen Sinn, die Mehrheit der Hunde aus »Schutzhunderassen« auf den »vollen, harten Biß« zu trainieren (und ihnen so die *Beißhemmung* gegenüber dem Menschen zu nehmen) – wo doch nur ein sehr geringer Prozentsatz später tatsächlich im Schutzdienst steht. Es kam auch in den Untersuchungen von Mönig (1990) heraus, daß selbstbewußte, ruhig-dominante Schutzhunde schlechtere Wachhunde *(»Detektoren«)* zu sein pflegen, als ängstlich-aufmerksame Exemplare. Immer wieder fallen auch gerade Dt. Schäferhunde als furchtsame Angstbeißer auf (4730).

Dennoch: Nach Antelyes (1967) ist bei nervösen und schwer zu beherrschenden Tieren der Besitzer oft gleichfalls psychotisch. Und wenngleich es, um es nochmals zu betonen, nicht Aufgabe des Tierarztes ist, Persönlichkeitsabweichungen des Menschen zu werten, so kommen sie doch als Ursachen von abnormen Verhaltensweisen des Hundes in Betracht. Denn ob der Tierarzt zugleich »Humanmediziner und Psychotherapeut« sein sollte (Bergler, 1988), sei nun wirklich dahingestellt – Einfühlungsvermögen ist aber zweifellos gefragt, besonders bei verantwortungsscheuen, stets mit Ausflüchten reagierenden Besitzern (480). »Hundepsychiater« gibt es ja inzwischen, sie geben z.T. recht pfiffige Ratschläge: z.B. bei Territorial-Aggression den Hund vom potentiellen Opfer fernzuhalten, bei »Raubtier-Aggression« den Hund nie frei laufen zu lassen, und bei »Schmerz-Aggression« den auslösenden Schmerz zu vermeiden (521). Da kann man nur beipflichten: Meide den Kummer und meide den Schmerz, dann ist das Leben ein Scherz.

Der hohe Grad der *Prägung* des Hundes durch das Verhalten des Besitzers ist »immer wieder verblüffend« (3583). Kleine Kinder, denen man unbeaufsichtigte Hunde als »Spielzeug« überläßt, sind wegen ihres Unverständnisses hundlicher Verhaltensweisen stets gefährdet und können diese außerdem »verziehen«, z.B. zu lebenslangen Apportier- und Spielnarren (2245). Hunde »spielen« nur mit sozial Ranggleichen, sonst wird es leicht zum Ernst (3771).

Besonders widersprüchliche Anordnungen verschiedener Familienangehöriger können Hunde in ausweglose Konfliktsituationen bringen, die Vornahme verschiedener Behandlungen durch mehrere Personen gleichzeitig zu panischen Abwehrreaktionen Anlaß sein. Selbst zu Stubenreinheit vergessenden »Bettnässern«, zu »aggressiven Kotzern« oder »Scheißefressern« können sie werden, wenn man ihnen zu plötzlich eine separate Schlafstelle zuweist (4057, 1092) oder anderweitig das Selbstvertrauen nimmt (1173). So weckte ein Windspiel eines Morgens seine Herrin dadurch, daß er ihr ins Haupthaar pinkelte (1175). Zur *Koprophagie* sollen Hündinnen mehr neigen (2496), da diese Tätigkeit ohnehin zu ihren Pflichten bei der Welpenpflege gehört.

Dennoch sind in Einzelfällen auch angeborene Schäden zu verzeichnen, die z.B. *Überaggressivität* bedingen (5051), deren Ursache z.T. in primären oder sekundären Hirnschäden zu suchen ist, da Lobektomie zu zivilerem Verhalten führen mag (1425). Auch Hormonstörungen und eine Fülle von anderen Erkrankungen kommen infrage (4686) 4691). Ob unmotivierte, anfallsweise auftretende Attacken des eigenen Besitzers oder seiner Angehörigen hier einzuordnen sind, wie sie in Zuchten des *Berner Sennenhundes* beschrieben wurden (5909, 5908), ist unklar. Und so wird denn in der Schweiz bei Ankörungen auf *Wesensprüfungen* in dieser Rasse großer Wert gelegt. »Wer mich denn gebissen hätte«, war die ignorante Reaktion des Herrn Zagatta vom SSV, als ich seinerzeit diese Probleme ansprach; inzwischen gibt der Zuchtleiter Pohling zu, daß viele Tiere keineswegs problemlos waren, und offenbar immer noch nicht sind (UR 6, 94, S. 49). Auch aus anderen großen Rassen (Bernhardiner, Doggen, Dobermann u.a.) – insbesondere bei männlichen Exemplaren – wird solche »*idiopathische Aggressivität*« gemeldet und an erbliche Ursachen gedacht (1093, 2499) – dabei können Querverbindungen zu limbisch lokalisierten Formen latenter Epilepsien bestehen, wie jüngste Befunde ergaben.

In diesem Zusammenhang darf aber nicht vergessen werden, daß große Hunde, wie eingangs dieses Buches gezeigt, heute infolge wachsenden Schutzbedürfnisses vermehrt in Hände von Leuten gelangen, denen z.T. der rechte Hundeverstand und die feste Hand zu ihrer Sozialisierung abgeht – oder auch die Möglichkeit, ein Ventil für den angewölften Bewegungs- und Kampftrieb zu schaffen, so daß sich *Frustrationshandlungen* ergeben (1094, 3024, 666). Denn, so bemerkt A.M. Radtke richtig, jedes technische Gerät funktioniert nur, wenn die Informationen der Anleitung befolgt werden – für die Handhabung eines komplizierten Lebewesens glauben die meisten, ohne die geringste Ahnung von »Wartung« auskommen zu können. Solche Besitzer haben dann schon bald das sichere Gefühl, daß der Hund der wahre Herr im Hause ist (5773, 4474). Auch aus kleinen Rassen sind solche Verhaltensweisen bekannt, nur wirken sie dort nicht gleich lebensbedrohend und sozusagen – leider zu oft – »euthanasiepflichtig« (186, 408). Es mag unschön klingen, aber sicher ist eins: »Liebe«, Streicheln und kraftlose Gehorsamsübungen allein tun es nicht; dominante, widersetzliche Führernaturen brauchen hin und wieder auch ein gehöriges »Arschvoll« (4590, ja nicht unbedingt mit dem Vorschlaghammer, auch »Teletakt« ist umstritten, denn die Stromstöße hätten »die Intensität eines Weidezauns«, 1078; der Schlag mit der raschelnden Zeitung oder die Wurfkette tun da oft bessere Dienste; 2245), wenn sie die Machtfrage stellen – besonders in der Initialphase, der sogen. *Rang- und Rudelordnungsphase* der Jugendentwicklung. Ist dies einmal bleibend geklärt, kommt man i.a. später eher mit Belohnung für Wohlverhalten weiter als mit Bestrafung (3202, 5149). Versäumnisse in den o.a. Phasen, einmal etablierte Rangordnungen sind aber bei erwachsenen Hunden wesentlich schwerer »umzukehren«- physische Strafen können dann bei mangelndem Durchsetzungsvermögen zu einer *Eskalation der Gewalt* führen (5941). Denn hat der Hund einmal »positive« Erfahrungen mit Angriff und Beutemachverhalten gegenüber unterlegenen Menschen gemacht (78), so neigt er zu Wiederholungen – er ist auch dort sehr lernfähig. Schon bei »Kampfspielen« mit Junghunden sollte man immer darauf achten, die Oberhand zu behalten.

Insgesamt ist somit zu betonen, daß der von Züchtern gern kolportierte, ihnen von unbelehrbaren »Verhaltenskundlern« suggerierte Satz: »Es gibt keine Problemhunde, sondern nur Problembesitzer« so pauschal nicht akzeptiert werden kann (5229, 521) – es gibt auch viele Problemzüchter. Prinzipiell ist richtig, wenn Tortora (1980) Verhaltensprobleme bei Hunden einteilt 1. in solche, die idiopathisch, d.h. ohne Einwirkung des Besitzers entstanden sind, 2. in solche, die durch menschliche Einflußnahme entstanden und 3. in solche, welche sich aus Interaktionen zwischen beiden Möglichkeiten entwickeln. Von ausgesprochenen Defekthunden abgesehen, ist daher die *genetische Komponente von Verhaltensmustern* keineswegs als unkompliziert zu betrachten (5903). Sicher ist es zu einfach, zu sagen, »Jagdeignung« vererbe sich »dominant« gegenüber »Nichteignung« (3360). Im Gegenteil muß eine polygenische Grundlage angenommen werden, wie aus Schätzungen des Erblichkeitsgrades verschiedener Verhaltenskriterien hervorgeht (5170), die in mittleren Bereichen lagen (27 - 44%). Hier wurde allerdings der für Heritabilitätsschätzungen unzulässige Kunstgriff angewandt, erbliche Unterschiede dadurch vorzuprogrammieren, daß man von einer Mischpopulation extrem wesensunterschiedlicher Rassen ausging (Foxterrier, Cocker, Basenji, Beagle und Sheltie). Solche rassischen Besonderheiten in Temperament, Dominanz- und Orientierungsverhalten, Bellgewohnheiten und Rauflust sind nicht neu (5900, 2085, 5168, 1373, 1217, 69) und werden seit langem in der Auswahl von Versuchshunden beachtet, die in Meutenhaltung leben. Denn nicht alle Rassen wären dafür heute noch geeignet – sie wären "überfordert" (Feddersen-Petersen). Bei Berechnungen innerhalb der Rassen, welche allein die Frage nach einer erfolgreichen Selektion beantworten können, muß daher mit wesentlich niedrigeren Erblichkeitsgraden gerechnet werden. So zeigte die Schußempfindlichkeit bzw. *Schußscheu* bei Vorstehhunden (ein zuchtausschließender Mangel) deutliche Frequenzunterschiede in Rüden-Nachkommenschaften (5 - 25%), die, wenn man sie nach der anderenorts beschriebenen Varianzanalyse zur h^2-Schätzung nutzte (3218), eine Heritabilität von 6% ergaben. Dies bestätigte sich in jüngeren Untersuchungen. Dieser Erblichkeitsgrad ist aber sicher unterschätzt, denn Nachkommen extrem schußscheuer Rüden können naturgemäß nicht untersucht werden, da sie (lt. Vereinssatzung) gar nicht existieren. Durch diese *Vorselektion* wird natürlich das genetische Spektrum für solche Schätzungen eingeengt. So bezweifelt denn auch Courreau (1991) die Machbarkeit von *Zuchtwertschätzungen* bei Hunden bei der derzeit unobjektiven Methodik der Leistungserfassung. Aus wenigen Experimentalpaarungen schußscheuer Elterntiere deutet sich jedoch gleichfalls eine erbliche Komponente an (4685). Es gibt somit zweifellos »*angeborene Scheuheit*, eine das ganze Verhalten dominierende, beherrschende Angst (Seiferle, 1979)«. Eine unkrontrollierbare Angst-Beißsucht kann resultieren. Das gilt gleichermaßen für *Gewitter-Phobien* (5285); doch sollte man Lernprozesse nicht unterbewerten: So war unser Bastard Bingo bei Erhalt im Alter von 1/2 Jahr total lärmunempfindlich, hatte sich die Angst vor Donner und Büchsenknall aber bald von unserer alten Schäferhündin Senta »abgeguckt«. Wenn zudem das Ballern mit Gewehren zum »Wesenstest« auch für Pets hochstilisiert wird (5566, 5568, 3300), so steht dem nicht nur die o.a. niedrige Heritabilität, sondern auch die Notwendigkeit entgegen, zuvor Hörtests machen zu müssen, um zu wissen, ob man es nicht mit tauben oder schwerhörigen Tieren zu tun hat.

Daß *Sinnesanomalien* – im übrigen auch Sehverluste (1246) – Wesensmerkmale nachhaltig beeinflussen, ist logisch und wurde schon beim Merlesyndrom erörtert; es kam auch jüngst wieder in den Untersuchungen von Klein und Mitarb. (1988), Steinberg u. Mitarb. (1989) zum Ausdruck und wurde schon von Brummer (1971) vermerkt; es wird mehr und mehr auch von der kynologischen Popular-Literatur in anerkennenswerter Weise berücksichtigt (2507, 6123, 2136, 453). Daß man dabei zwischen veranlagtem und durch Alter oder Medikamente induziertem Sinnesverlust differenzieren muß, ist klar, aber wohl nicht immer einfach (6025).

Somit ist auch innerhalb der Rassen eine genetische Differenzierung möglich. So konnten Peters u. Mitarb. (1967) bei Pointern eine »stabile« kontaktfreudige und wesensfeste Linie sowie einen »unstabilen« Stamm züchten, wobei sie verschärft mit Inzucht arbeiteten (1710, 4524, 3637, 1058), deren Effekte sie allerdings in diesem Zusammenhang gering bewerteten (1058).

So unbestritten das Vorhandensein eines erblichen Anteils bei Verhaltensweisen ist, – der sehr wohl zu frühzeitigen *Wesensanalysen* im Welpenalter auszunutzen ist (878) – sei doch nochmals darauf hingewiesen, daß eine Vielzahl während seiner Entwicklung auf den Hund einwirkender *Umweltfaktoren* seine spätere Reaktionsnorm maßgeblich mitbeeinflußt (1091, 1096, 1082).

Nicht zuletzt können, wie schon betont, *organpathologische Prozesse* (HD, Ästhesien etc.) als »Wesensschwäche« fehlinterpretiert werden, sogar Ernährungsschäden (3776, 568, 4039). Selbstverständlich ist auch der *Geschlechtseinfluß* signifikant – nicht von ungefähr sind aggressive Problemhunde öfter Rüden, und man wird in Fällen, die einer Contra-Konditionierung unzugänglich sind, um ihre *Kastration* nicht herumkommen (2806, 6367). Kennzeichnend scheint dabei, daß Tierärzte in einem Land, das uns die meisten verrückten Fancy- und *Aggressionszüchtungen* bescherte, sich bei notwendig gewordenen Kastrationen schriftlich geben lassen, sie hätten keine Meinung über die fragliche Rasse (1737). Die o.a. Rüden-Problematik gilt allerdings nur für die Interaktionen Hund/Mensch: Bei innerartlichen Auseinandersetzungen, also etwa bei gemeinsamer Haltung gleichgeschlechtlicher Hunde (Rudelhaltung) sind Kämpfe zwischen weiblichen Tieren unheilträchtiger: während Rüden sich meist mit Klärung der Rangordnung begnügen, zielen – insbesondere läufige und trächtige – Hündinnen auf Tötung der Kontrahentin ab; das soll in anderen Arten ähnlich sein und deckt sich mit dem Volksmund: Man könne 1000 Kerle zusammensperren, aber nicht 3 Weiber. Hier treten offenbar maternale »Brutschutzinstinkte« hinzu. Immerhin ist kein Zufall, daß als Blindenhunde vielfach Hündinnen angelernt werden, die nicht ständig in Versuchung sind, ihren Herrn zum »Markieren« von einer Straßenseite auf die andere zu ziehen (4407). Hier kann durch Kastration gleichfalls einiges erreicht werden (3390), und überdies durch Selektion: In Retriever-Stämmen, die seit Jahren auf Tauglichkeit für den Blindendienst selektiert wurden und die weder aggressiv noch chronische »Schnüffler« sein dürfen (1519), zeichnete sich ein mittlerer Erblichkeitsgrad für diese Eigenschaft ab (2233, 369).

Es gibt mithin gute genetische Ansatzpunkte, die charakterliche Eignung der Hunde für ihren jeweiligen Verwendungszweck züchterisch-selektiv zu fördern (3328, 3597)). Um einem »Haß auf Hunde« vorzubeugen (483), ist dies dringend erforderlich – dringender als die Jagd auf fehlende Prämolaren -, denn ein hoher Prozentsatz der in tierärztlichen Praxen nicht zuletzt wegen Verhaltensstörungen vorgestellter Patienten (824) rekrutiert sich mittlerweile aus *Angstbeißern* (5448, 2235) – und Hauptgrund für die Euthanasie großer, vitaler Hunde ist heutzutage ihre »Bösartigkeit« (6094, 3201), ein Ausdruck züchterischer und erzieherischer Inkompetenz oder Indolenz: »Menschen, die einen Hund anbinden oder einsperren, verdienen ihrerseits angebunden zu werden (Tucholsky)«.

Beobachtungen an *Wölfen* liefern zweifellos manchen Schlüssel zum Verständnis der Psyche unserer Haushunde. Hier muß auf Bücher von Mech (1970), Zimen (1978) u.a. verwiesen werden, von deren Erkenntnissen nur einige zitiert seien. So besteht ein Wolfsrudel im Mittel aus 12 Tieren, die meist eng miteinander verwandt sind, weil man durch deutliche Partnerbevorzugungen bei der Kopulation fast von Familiengründungen sprechen kann. Die *Rudelbildung* erscheint konsequent, da nur so wirksam Jagd auf Beutetiere gemacht werden kann, die größer und kräftiger sind (Elch etc.). Die obere Begrenzung des Rudels ergibt sich daraus, daß sich nach Erlegung der Beute nur eine begrenzte Anzahl daran sättigen kann (3912), und ferner aus der Tatsache, daß in zu großen Meuten die Einzelmitglieder ständig Rangordnungs- und Machtkämpfe auszutragen hätten, worunter die Arbeitseffektivität leidet. Auch in Hyänenrudeln nimmt mit sich verringerndem Verwandtschaftsgrad die »Hilfsbereitschaft« ab (4326). In überschaubaren Gemeinschaften entwickelt sich dagegen schnell eine *stabile Rangordnung*, die Führung wird meist von einem sogenannten Alpha-Männchen übernommen (6423). Wird diese Ordnung gestört, kommt es zu verstärkter Aggressivität (80). Dies ist vergleichbar mit dem unverhofften »Dazwischenfahren« des Familienhundes, wenn Familienmitglieder aneinander geraten (9).

Untereinander bilden somit Rudelmitglieder starke soziale Bindungen aus, und es ist diese vom Wildhund ererbte Fähigkeit, welche es dem Haushund ermöglicht hat, in so engen Kontakt zum Menschen zu treten. Doch auch Wölfe schließen sich dem Menschen in lebenslanger Anhänglichkeit an, wenn man sie als Welpen an ihn gewöhnt – man muß nur die richtige Sozialisierungsphase erwischen. Und mittlerweile leben ja hierzulande etliche »Wolfsmenschen« in ihren Rudeln; sie können der Aufmerksamkeit der Medien gewiß sein – spätestens, wenn sie zusammengebissen werden. Das Konrad-Lorenz-Konzept von der *Tötungsbremse* bei Kämpfen unter Angehörigen derselben Art, gilt denn auch bei Wölfen nur bedingt (5005). Auseinandersetzungen zwischen fremden Rudeln enden nicht selten tödlich; auch im Rudel wird aber der als Blitzableiter dienende »Prügelknabe«, das sozial niedrigst stehende Tier, öfter zu Tode gebissen, wenngleich dies i.a. durch aktive und passive Unterwerfungsgesten verhindert wird. Ähnliches ist von Hunden bekannt (1081, 1494), wenngleich vielen mittlerweile die *Organe fortgezüchtet oder amputiert* wurden, die ihnen *soziale Kommunikation* ermöglichten. Nach eigenen Erfahrungen und den Beobachtungen von Brummer und Theissen (1974) kommt auch *Kannibalismus* beim Hund sporadisch vor. Offenbar stellt sich in sozial, also in Verbänden, Gemeinschaften lebenden Arten ein Gleichgewicht ein zwischen »altruistisch«, uneigennützig oder auch nur permissiv der Gemeinschaft dienenden Individuen, – die zwar selektiv benachteiligt sind, aber die Effizienz des Verbandes erhöhen –, und solchen, die egoistisch nur auf die Durchsetzung eigener, persönlicher Interessen bedacht sind (1321). Denn bei Überhandnahme sowohl der einen wie der anderen würde das Rudel im Wettstreit mit anderen Rudeln zugrundegehen. Daß Rangordnungskämpfe unter Caniden, bei denen sich im übrigen »Koalitionen« zwecks Machterhalts, seltener zwecks Machtwechsels, bilden, i.a. glimpflich ausgehen, mag damit zusammenhängen, daß – im Gegensatz zu fast regelmäßig für mindestens einen tödlich endenden Auseinandersetzungen zwischen Rivalen in einigen anderen Arten (1803) – die Reproduktionsspanne und -rate groß genug ist, um auch Unterlegenen noch Fortpflanzungschancen zu eröffnen.
Bei knapper werdender Beute sollen Wölfe weniger Nachwuchs zeugen und verminderte Jagdaktivität zeigen (2800). Territorien werden mit *Duftmarken* abgegrenzt, die vorwiegend durch Urinieren und Defäkation gesetzt sind. Bei Koyoten verhindert übrigens ein »Markieren« von Beutestücken oder Futter nicht, daß diese von anderen Tieren aus dem Rudel gefressen werden (2489). Das Lernvermögen ist bei Wölfen gleichfalls gut ausgeprägt. So lernen sie in kurzer Zeit, dem Büchsenknall der Bisonjäger zu folgen, um nach beendeter Jagd die Überreste zu vertilgen. Im Winter vermieden sie offene schneebedeckte Flächen bei Annäherung von Motorgeräusch, wenn öfter vom Flugzeug

auf sie geschossen worden war, - eine sehr sportliche Art der Jagd übrigens, die kürzlich noch in Alaska Anwendung fand (3958, 2999). Beim Beutemachen reagieren die Wölfe ebenfalls anpassungsfähig. Stellt sich ein Elch zum Kampf, kann er sie meist vertreiben: auslösendes Moment für Verfolgung und Tötung ist erst die Flucht des Beutetieres. Durch spielerisches Hetzen einer Beutetierherde wird zudem getestet, welches potentielle Opfer krank, schwach oder sonst in der Fortbewegung behindert ist - eine auch für die Beutepopulation evolutionär günstige Selektion (1185); ist deren Jungtierdichte hoch, kann es allerdings auch zu Tötungsorgien ohne anschließenden Verzehr der Opfer kommen (3932).

Mech nimmt am Schluß seiner Ausführungen auch zu dem Ammenmärchen Stellung, der Wolf sei ein für den Menschen gefährliches Raubtier; in ganz Europa und Amerika sollen in den letzten 150 Jahren keine authentischen, d.h. nachweislich wahren Berichte über *Wolfsangriffe* auf den Menschen bekanntgeworden sein, von tollwütigen Tieren abgesehen. Doch schon der verliebte, seine Lalagen im Sabiner Wald besingende Ovid war ja seinerzeit nicht wenig verblüfft, als ein Wolf ihn floh, obwohl er unbewaffnet war. Gesunde Wölfe ergreifen heute stets die Flucht, wenn Menschen in ihre Nähe kommen. Dies gilt sicher auch nach Vorfällen wie dem Ausbruch der Zimenschen Wölfe aus dem Bayerischen Nationalpark (6422), der Verletzung eines Kindes durch sie oder die Tötung einer Sechsjährigen durch einen in Gefangenschaft gehaltenen Pyrenäenwolf: Dies waren keine »wilden Tiere«, keine Wölfe im ursprünglichen Sinne mehr, sondern an Menschen zumindest teilweise gewöhnte Exemplare, durch keine unüberwindlichen Barrieren der Scheuheit von ihm getrennt. Dann sind solche Zwischenfälle nicht viel anders zu werten als analoge, bereits erwähnte Verhaltensweisen großer Hunde. Inzwischen wurde ja auch dem »bösen Wolf« aus Grimms Märchen der Prozeß gemacht - das Verfahren endete mit Freispruch. Nicht seine Missetaten, sondern die sexuellen Wunschvorstellungen Rotkäppchens seien schuld an seinem schlechten Ruf.

In starken und ausgehungerten Wolfspopulationen vergangener Jahrhunderte mag dies aber anders gewesen sein (5520). Nach Aussagen von Eskimos kamen zudem vor Einführung der Schußwaffen Attacken auf einzeln gehende Menschen häufiger vor, und auch aus Rußland und Indien kamen Berichte (5481). Doch sind Geschichten aus alter Zeit - wie schon v. Stephanitz meinte -, »da der Wolf sich noch den Tischler samt dem Winkelmaß zu Gemüte führte« - nur zu oft recht »lögenhaft to vertellen«. Glaubhafter ist es schon, daß 1649 - unmittelbar nach dem 30jährigen Krieg - Hannover den Zehnten an Lämmern nicht aufbringen konnte, da sie ein Opfer der Wölfe wurden. Für die in manchen Ländern betriebene und bereits vollzogene Ausrottung dieser Art

(158, 6009) lassen sich keine vernünftigen Gründe anführen. Dieses gilt zumindest für Regionen, in denen Vieh- und insbesondere Schafhaltung keine oder eine untergeordnete Rolle spielt. Vorwiegend wegen der Gefährdung halbdomestizierter Rentierherden räumt man Isegrimm auch in Nordeuropa keinen Lebensraum mehr ein (4573, 224), und macht sich auf internationalen Kongressen Gedanken über seine Zukunft (3843). Aber es besteht Hoffnung, denn Peter Maffay meint, »Wölfe sterben niemals aus«.

D. Rassen und spezielle Dispositionen

Hunderte von genetischen Defekten bei Hund und Katze werden durch unsere eigenen ästhetischen Vorlieben in Rassestandards verewigt ... Dieser Mißbrauch von Gesellschaftstieren ist die schlimmste Sorte von Tierquälerei: Er ist ein sinn- und nutzloser Willkürakt, der in direktem Widerspruch zur vorgeblichen Motivation der Heimtierhaltung steht.

B.E. Rollin, 1991

Über Domestikation und *Rassenentstehung* ist manches geschrieben worden, naturgemäß viel Spekulatives. Hinweise auf einige kynologische Werke mit entsprechenden Erörterungen wurden bereits gegeben. Auch die heute besonders von der Herreschen Schule kompromißlos vertretene Auffassung der Ableitung des Haushundes vom Wolf (4832) fand Erwähnung, desgleichen die These, daß Genimporte vom Schakal und Kojoten nicht auszuschließen seien (2008, 3104, 1306). Man solle in dieser Frage nicht dogmatisch sein (2751, 2149). In einer Aufstellung von Peters (1969) über die Abstammung der 119 bekanntesten Rassen imponieren Fragezeichen und das Wort »unbekannt« am meisten. Dieses ist charakteristisch für viele diesbezügliche Erhebungen. Somit ist sicher richtig, daß sich einzelne Rassen nicht seit grauer Vorzeit »rein« erhalten haben oder sich bis dorthin zurückverfolgen lassen (2663, 3659) – es beeindruckt die breite Variabilität auch innerhalb der Rassen.

Was heute an Verschiedenart der Hunderassen existiert – man zählt inzwischen über 400 – ist durch den züchterischen Einfluß und die *große Mutationsbereitschaft* der Species Canis entstanden. In der Tat fällt es ja schwer, bei Extremen wie Chihuahua und Bernhardiner an eine gemeinsame Herkunft vom Wolf zu glauben. So führten römische Legionen, aber auch Perser und Gallier, gepanzerte *Schlachthunde* in den Kampf, die vom Gegner gefürchtet waren. Diese Tiere mußten selbstverständlich andere Eigenschaften besitzen als Hirtenhunde oder die verwöhnten Schoßhündchen der Damen, die schon im Altertum bekannt waren. Und es war schon betont worden, daß *züchterische Exzesse* in beide Richtungen auf Kosten der Erbgesundheit der Tiere gehen – eine *extreme Verzwergung* zu lebensuntüchtigen Kretins mit vielfach durchlöcherten Schädeln, ein *massiger Gigantismus* zu schweren Gelenk- und Skelettschäden und einer hohen Knochenkrebsrate führen (670).

Zuchtwahl auf einen bestimmten Verwendungszweck, Isolation begrenzter Populationen und selektiv-evolutionäre Anpassung an unterschiedliche Umwelten waren somit – nicht nur beim Hund – ausschlaggebende formende

Rassen und spezielle Dispositionen

Abb. 38 Der Basenji – er bellt selten oder nie.

Kräfte. Die emotional stark gegensätzliche Einstellung des Menschen zum Hund läßt sich gleichfalls bis in alte Zeiten zurückverfolgen: Von den einen für die Jagd und zum Schutze geschätzt, werden sie von den anderen, insbesondere semitischen Völkern, als unrein verachtet, da verwilderte Hunde es bekanntlich nicht verabscheuen, sich von Aas und Abfällen zu ernähren. Sie bilden noch heute im Orient zusammen mit Aasgeiern und Hyänen eine Art Gesundheitspolizei, und stellten weniger Verteidiger des Hofes als »lebende Hausglocken« dar. Die meist sandfarbenen oder gescheckten, »herrenlosen« Hunde des Nahen und Mittleren Ostens, auch *Pariahunde* genannt, verharren auf einer primitiven Stufe der Domestikation. Die Kynologen Menzel formten aus ihnen den spitzartigen Kanaanhund Palästinas (295, 5937, 5272). Ähnlich entwickelten sich die in der Nähe afrikanischer Dörfer anzutreffenden *Schensihunde,* die meist weder gezüchtet noch gefüttert, wohl aber in Notzeiten verspeist werden (5074). Kongohunde kastriert und mästet man aber auch zu diesem Zweck (1804), nicht selten mit einer Wurstsorte besonderer Art: »Wenn dort ein Kind dem inneren Drange nachgegeben hatte, wurde schnell ein Hund herbeigerufen, um das Würstchen zu vertilgen« (5478). So betrachten denn auch die meisten Haustierforscher nicht die jagdliche Verwendung von Canis, sondern seinen Verzehr als einen wichtige *Initialgrund für die Domestikation* (3739, 4833). Auch die Bastardpopulationen südafrikanischer Townships rekrutieren sich überwiegend aus chronisch kranken Hungerleidern (4652).

Schon zwischen *Subspezies* der Art Wolf besteht eine starke Unterschiedlichkeit: So leitet man die leichteren mediterranen und nordafrikanischen Laufhunde von im Typ ähnlichen Südwölfen her, während der eurasiatische Plumptyp mehr Ausgangstyp der Doggenartigen, z.B. der *Tibetdogge*, gewesen sein soll. In der Tat hat ja der Tibet-Mastiff manche Ähnlichkeit mit Rottweiler und Neufundländer und fungiert in seiner Heimat als furchterregender Bewacher der Zeltlager (1463). Werth (1944) dachte mehr an eine gemeinsame Herkunft aus einem asiatischen Wolf.

Der o.a. Gruppe entstammt der schon in anderem Zusammenhang genannte *Basenji* (Abb. 38), welcher seit einigen Jahren in angelsächsische Länder importiert und als Rasse konsolidiert wurde. Er erfreut sich besonders in den USA wachsender Beliebtheit (149) in Liebhaber- und Versuchszuchten, denn er bellt selten oder nie. Bei Haltung großer Kontingente kann dies von unschätzbarem Vorteil sein und m.o.w. aufwendige *Stimmbandoperationen* erübrigen (108, 821, 94, 2648) – fast so dubiose Eingriffe übrigens wie Alkohol-Injektionen in den Kehlkopf (2532), denn irgendwo wird dieses Organ außer zur Vokalisation, auch zum Atmen und Schlucken benötigt. Scott (1968) hält diese Eigenschaft für einen Hinweis, daß Basenjis aus der Bastardisierung von Hund und Schakal entstanden seien. Ob rassische Kehlkopfbesonderheiten dafür verantwortlich sind, ist noch ungewiß (516). Doch auch Wölfe und Dingos bellen ja wenig oder gar nicht. Nach dem Motto »Ein kranker Arzt und ein Hund, der nicht bellt, nützen wenig auf der Welt« wird man dies wohl auch nicht überall und für jeden Verwendungszweck als Vorteil empfinden. Immerhin wurde auch bei uns ein »Basenji-Klub Deutschland« gegründet.

Im übrigen gibt es Quellen, die diesem Hund mit den »Kummerfalten« auf der Stirn nachsagen, er könne einen Lärm veranstalten, der mindestens so irritierend sei wie Bellen und einem denaturierten Tiroler Jodeln gleiche (6349, 5079, 394). Neben den im vorigen Abschnitt besprochenen, hin und wieder bei ihm anzutreffenden Defekten soll diese Rasse eine vermehrte Neigung zu *persistierenden Pupillarmembranen* besitzen, jenen Überbleibseln der embryonalen Entwicklung des Auges, die auch in anderen Rassen vorkommen können, oft vergesellschaftet mit weiteren Augenstörungen – aber selten zur Erblindung führend (4765, 607, 2714, 5832, 1494a, 4878, 2906). Das liniengehäufte Auftreten unstillbarer *Durchfälle* in Basenjizuchten dürfte mehr ein Inzucht- als ein Rasseproblem sein (Immunbasis vermutet, 1006, 1007, 1008, 1010, 3694), ebenso ein öfter beschriebenes Nierenversagen (*Fanconi-Syndrom,* Tubulus-Defekte, 947, 948, 949, 3862, 6369). Nach Scott u. Mitarb. (1976) stellen die *Telom-Hunde* Malaysias eine Art Bindeglied zwischen Dingos und Basenjis dar, was für Papuahunde gleicherweise gelten mag (6155). Unter den registrierten »Rassehunden« nimmt mittlerweile aber selbst in diesem Land der Dt. Schäferhund eine Spitzenstellung ein (6334). Interessant ist, daß in dortigen, der natürlichen Selektion unterliegenden Streunerpopulationen weiße und getigerte Hunde sehr selten sind, nicht jedoch solche mit Latz- und Blessenscheckung (»Irish Spotting«, 4315).

Abb. 39 Husky-Gespann

Eine andere Gruppe, welche dem Wolf räumlich und äußerlich noch sehr nahesteht, ist die der *Nordland- und Schlittenhunde,* denen besonders Alaskan Malamute, Sibirischer Husky (Abb. 39), Eskimohund, Samojeden- und Finnenspitz, östliche Laikis (»Verbeller«, 349), sowie Nordischer Elchhund, Bären- und Grahund zugehören. Größte und schwerste Vertreter dieser Gruppierung sind die Malamutes, daher auch »Frachtlokomotiven« des Nordens genannt – wenn man die Akita Inu nicht hinzurechnen will, jene japanischen Großspitze (- 70 cm Wh), welche laut »Bild« so gefährlich seien, daß sie »in Deutschland nicht einmal als Wachhunde gehalten werden dürfen«, die aber wie die Tosa Inu bereits eine Mischrasse mit europäischen Einkreuzungen darstellen (546, 4835). Einige Augenbefunde und Züchterdiskussionen lassen sogar die Vermutung zu, daß möglicherweise selbst der Merlefaktor Eingang fand in diese Akitas, zumal keine Farbe als »fehlerhaft« gilt (3382, 3409, 1383); jedenfalls fand man wie bei einigen anderen Nordlandhunden mit Farbaufhellungen (Vitiligo) einhergehende Augenveränderungen (*Uveodermatologisches Syndrom,* 4878), die analogen Phänomenen beim Menschen ähneln (Vogt-Koyanagi-Harada).

Gesicherte Unterschiede in der Zusammensetzung einiger Körperflüssigkeiten, z.B. der Milch oder des Blutes (3433, 1778), machen eine engere Verwandtschaft dieser Hundegruppe mit den Wölfen ihrer Heimat unwahrscheinlich, wenngleich sporadische Einkreuzungen immer wieder vorkamen und neuerdings Geschäftstüchtige auf Gewinn bei der systematischen Wolfshybrid-Erzeugung mit Malamutes spekulieren (468, 4692). Da es in den USA verboten ist, Wölfe als »Pets« zu halten, firmieren sie als »Husky-Crosses«. Ältere Quellen bezeichnen den Husky auch als Polarhund im Sinne von »Wildhund«, was sicher nicht richtig ist. Zu helle und sogar diskordante oder mit *Iris bicolor* behaftete Augen sind beim Siberian Husky leider vom Standard zugelassen; denn der Verdacht hat sich bestätigt, daß *Korrelationen zu Augenanomalien* bestehen (5450), wenngleich dies von Leach (1992,Vet. Hosp. Big Lake) bestritten wird und er sich darüber wunderte, daß russische Gebrauchs-Schlittenhunde-Züchter alle Tiere mit blauen Augen töteten: Das ist zwar ein abzulehnendes, rigoroses Vorgehen, doch ihre Gründe werden diese auf die Leistung ihrer Hunde angewiesenen Menschen haben. Bei uns hat man eher den Eindruck, Huskies werden »wegen« ihrer blauen Augen gekauft. Einen schönen Rück- und Überblick, die Grönland- und Eskimohunde seiner Zeit betreffend, mit denen auch Polarforscher Alfred Wegener sich notgedrungen wissenschaftlich beschäftigen mußte -, gab Peters (1939). Hier sind Angaben über mutmaßliche Herkunft, Pigmentierung, Körpergröße etc. zu finden – und über die sehr »natürliche« Einstellung einiger Eskimostämme zu ihren Hunden: Sodomitische, libertinistische Perversionen seien nicht selten gewesen, ohne großes Aufsehen zu erregen. So erzählte ein Mann eher beiläufig, seine Frau sei zuvor mit einem Rüden verheiratet gewesen, und ein anderer, er hätte lange Zeit die sexuelle Verbindung eines jungen Mannes mit einer Hündin verfolgt, die schließlich in der Geburt von 7 Welpen mit Händen und menschlichen Gesichtern resultierte, die allerdings von der Hündin bald – aus Scham über ihr sittliches Vergehen – aufgefressen worden seien. Wie man sieht, regen lange Polarnächte die Fabulierlust an. Im übrigen ist erstaunlich, mit welch schmaler Futterbasis diese hart arbeitenden Nordhunde in ihrer Heimat oft auskommen müssen; in der allergrößten Not auch mit ihrem Ledergeschirr zufrieden, betätigen sie sich gewohnheitsmäßig als Faezes-Vertilger, sozusagen als »lebende Kanalisation«; dabei sei Vorsicht geboten, wenn man oberhalb des Polarkreises die Hosen herunterlasse, gewarnt vor dem raschen Zugriff dieser Ausgehungerten – bei allem Verständnis für eine dampfende Mahlzeit im ewigen Eis. Heftige Balgereien unter den Hunden selbst sind daher nicht verwunderlich und an der Tagesordnung. Althaus (1978, 1980) bescheinigt ihnen jedoch eine ausgesprochen soziale Einstellung und mangelnde Aggressivität. Dies gilt für die unverfälschten Naturburschen aber wohl nur sehr bedingt; wehe, der Eskimo fällt in den Schnee – das ganze Rudel wird sich auf ihn stürzen (1081).

Die Energiekrise und Rückbesinnung auf billigere – und sportlichere – Fortbewegungsmittel läßt mit diesen Hunden eine »Track-Romantik« fröhliche Urständ feiern, die mit Jack Londons »Burning Daylight« oder jenem Leonhard Seppala begraben schien, der 1925 zusammen mit anderen Mushern im »Serum-Rennen« einen rettenden Diphtherie-Impfstoff nach Nome brachte. Dem Hund »Balto« aus dem Ziel-Team setzte man ein Denkmal in New York. Beim *»Iditarod-Rennen«* (Anchorage-Nome, über 1800 km, 1. Preis 50000 Dollar für den Musher) legte 1975 ein solches Gespann 1049 Meilen in 14,5 Tagen zurück (Spitzengeschwindigkeiten bei 40 km/h, wie bei Jagdhunden, so sind auch hier die Hündinnen oft die führigsten, 25, 71). *Rekordsucht* wird dabei gleichfalls für Mißstände sorgen, z.B. brutale Merzungen Nichtgeeigneter (»Aus 100 Welpen entsteht ein 14-köpfiges Gespann«, 6140); außerhalb des Trainings sind die handscheuen Hunde an einzelne Bäume im Wald angekettet (5124). Denn allein in Amerika geht es bei über 100 Rennen um mehr als 250 000 Dollar (313), auch der Zuchttierverkauf ist lukrativ. Nachahmungen hierzulande, z.B. in Winterberg/Hochsauerland (neuerdings auch in Oberhof/Thüringen, nächtliches »Überlebens-Biwak« inklusive) scheinen derzeit noch sportiver, wenngleich sich zunehmend mausgrauer Ehrgeiz abzeichnet (3048, 77); es werden Spezialdiäten erfunden und Pläne fürs Training entworfen (75, 2283, 2280, 2281, 1103) – und ähnlich den Verhältnissen bei Olympioniken und Rennwindhunden ist auch das *Doping* voll in der Diskussion (2282). Auch das *»Alpirod«* durch die Länder A, F, CH stellt eine »Zerreißprobe« für Hunde und *Musher* dar (750 km, 4104, 5504). Es gibt weltweit inzwischen über 20 000 an Wettkämpfen teilnehmende Gespanne – in Europa fast soviele wie in Nordamerika. Sie bewerben sich um insgesamt 1,7 Mio Dollar Preisgelder, auch olympische Ehren werden angestrebt. Der Ausdruck »Musher« soll sich vom Marschbefehl herleiten, den frankophone Kanadier ihren Hunden zuriefen (2280). Bei diesen »Sportlern« machte zwischenzeitlich der ursprünglich recht feine sibirische Husky einem robusten »Alaska-Typ« Platz, während umgekehrt die in Schönheits- und Ausstellungszuchten betreuten AKC-Nordlandrassen kaum noch sportlich verwendbar sind (2079).

Im übrigen hatte der Hund als »*Zugtier*«, auch vor dem Melker- und Fleischerkarren, durchaus jahrhundertealte Tradition (heute Verbote in einigen Ländern). »Rollt oder gleitet das Gefährt dahin, so ist die Zugarbeit minimal (73)«. Dies gilt aber wohl nur für horizontale oder Bergab-Strecken.

Abgesehen von *Frostschäden, Knochenbrüchen, Pfotenverletzungen* und z.T. irreparablen *Dehydratationen* während des Rennens bzw. im Gespanndienst (5519, 2284), ist über spezielle Erkrankungsdispositionen bei diesen Rassen wenig bekannt, lediglich *Sehstörungen* finden häufiger Erwähnung (1404, 4410). So wurde insbesondere bei weißen Lappenhunden öfters *Schneeblindheit* beobachtet, ein angesichts der verbreiteten Iris-Pigmentarmut in dieser Rasse wohl erklärlicher Befund (5594). Die Grundfärbung beim Lapinkoira ist daher dunkel (5939). Bostelmann (1976) hatte diesbezüglich keine Probleme mit Huskies in der Antarktis, jedoch spricht Rubin (1989) gerade bei dieser Rasse von Augenveränderungen, die denen des Merlesyndroms ähneln. Ob ätiologische Querverbindungen zu der von ihm bei Malamuten ermittelten, im Alter von 8 – 29 Wochen aufgetretenen *Tagblindheit* bestehen, ist nicht bekannt. Letzere scheint sich rezessiv autosomal zu vererben (4879b). Ferner trat bei Akitas und Elchhunden, die es – ähnlich wie bei Dt. Schäferhunden und Schnauzern – in schwarzen, etwas grazileren Varianten gibt, neben einigen seltenen Keratoacanthomen, die schon erwähnte, in vielen Rassen verbreitete Progressive Retina-Atrophie auf (5451, 1316, 4391), sowie eine dem Fanconi-Syndrom analoge Nierenerkrankung (auch bei Samojeden, Rottweilern u.a. diagnostiziert, 1913, 843). Huskies wurde zudem eine erhöhte Neigung zu Harnleiterverlagerungen nachgesagt, jenen besonders im weiblichen Geschlecht zu Harnträufeln führenden *Ureterektopien* (1911, 1912, 2971, 1518); in den auch als »lächelnde Hunde« apostrophierten Samojeden mendelt zudem eine der hereditären Human-Nephritis gleichende *Glomerulopathie* (x-chromosomal, d.h. vorwiegend Rüden betroffen, 2909, 2910, 2911, 2912), die offenbar durch einen Kollagendefekt in der Kapillarmembran verursacht wird (5698). Zweifellos kommen solche Erbkrankheiten auch in anderen Rassen vor (3836), was in gleicher Weise für weitere, bei Samojeden konstatierte Defekte gilt (Zwergwuchs, Nervenschäden etc., 3917, 1432, 4646). Diese Phänomene scheinen somit als rassische Dispositionen noch wenig gesichert (2573, 2569, 5347). Sie werden jedenfalls nicht dafür verantwortlich sein, daß man diesen im Blizzard zu »bein- und kopflosen« Wesen schrumpfenden Hunden unterstellt, sie höben ihr Bein weniger oft als die anderen Rassen. Immerhin wird schon hier deutlich, daß in solchen exotischen, vielfach nur in kleinen Zuchtstämmen gehaltenen (ingezüchteten) Rassen öfter *Defekthäufungen* beschrieben werden (neben den bereits erwähnten noch Neuropathien, Herzfehler, Muskelatrophien u.a., 767, 4074, 4518), wenn sie erst zu »Softies« umfunktioniert wurden, d.h. einer zweckentfremdeten Züchtung und Haltung anheimfielen. So wurden die wenigen bisher beschriebenen eosinophilen Granulome der Mundhöhle vorwiegend von Huskies gemeldet (3701, 1962, 3966, 4941, 1532, 2042).

Ein durch Knorpelwachstumsstörungen, d.h. chondrodysplastisch, zustandegekommener *Zwergwuchs* in Malamuten (neuerdings auch in Elchhunden, 798) mit klinischer Ähnlichkeit zur vitamin-D-resistenten Rachitis (4937) -, gehorcht offenbar ebenfalls rezessivem Erbgang (4938, 4939). Er macht diese Schlittenhunde sozusagen zu verunglückten Basset-Hounds (5340, 5574).Tests auf Träger dieses Defektgens dürften künftig dadurch erleichtert werden, daß an diese Chondrodystrophie eine hämolytische Anämie straff gekoppelt zu sein scheint, evtl. als pleiotroper Effekt ein und desselben Gens, die sich auch bei Heterozygoten bereits andeutet (1945). Neue Resultate weisen darauf hin, daß den Symptomen eine genetische Blockade des Spurenelementstoffwechsels (Cu, Zn) zugrundeliegen mag (1066, 1067, 2721, 1068, 5647). Der Amerikanische Malamute-Klub unternimmt Anstrengungen, dieser Defekte Herr zu werden (1944).

Karelier, Elch-, Jämt- und Lundehund sowie Finnenspitz werden in ihrer Heimat sicher mehr als Jagdhunde eingesetzt – meist stumm jagend: Nur der letztgenannte feuerrote Spitz, »Nationalhund« der Finnen, wird als Verbeller bei der Vogeljagd verwendet; man ermittelt »Bellkönige« (293). Solche Bellkönige werden bei zweckentfremdeter Haltung in der Stadt allerdings eher unangenehm auffallen, was für alle Spitzartigen gilt. Einem ähnlichen Verwendungszweck dienten ursprünglich Rußlands Laikas (5771).

Verzwergte bzw. noch kleinere Formen wie Västagötaspets und Buhund (»Hofhund«) fungieren mehr als Bauern- und Schäferhunde, Spezialformen sind Lapphunde und Islandspitze (5716), letztere mit Überlebensschwierigkeiten infolge Hundefeindlichkeit auf dieser Insel (Echinokokkose, S. dort!).

Zur *Vielfalt moderner Rassen,* leider auch zu Exorbitanzen, haben englische Züchter zweifellos ein Großteil beigetragen. So sind z.B. in der vorn genannten Aufstellung von Peters unter 119 Rassen nur 14 als deutsche Züchtungen ausgewiesen. In England fanden auch im vorigen Jahrhundert die ersten züchterischen Zusammenschlüsse und organisierten Zuchtschauen statt, die als Initialzündung für ähnliche Gruppierungen auf dem Kontinent fungierten. Doch noch 1969 wurden 14764 Rassehunde aus England exportiert, 5699 davon nach USA, 434 nach Deutschland; Yorkshire Terrier standen mit 2361 an der Spitze. Dieses ist somit durchaus ein Faktor in der *Devisenbilanz.*

Die jährlich in London, Earl's Court, abgezogene viertägige *Cruft's Show* lockt an einem Tag über 100 000 Besucher an – zusammen mit dem vom

Kommerz veranstalteten Rummel ein ungeheurer Streß für die etwa 15000 ausgestellten Hunde, so daß selbst einheimische Reporter sagen: »Cruft´s isn´t fit for dogs«. Sie setzt – leider – »Mode-Trends« und die Welpen einer Hündin, die dort unter die »Top-Ten« kam, »können in Gold aufgewogen werden« (370).

Unterschiedliche nationale Ursprünge der Rassen wurden, wie so vieles beim Hund, gleichfalls zum Gegenstand nicht ganz ernstzunehmender, emotional-schablonenhafter Vergleiche. So wird von Cross und Saunders (1962) dem Irish Setter der Kehr-dich-an-nichts des Iren bescheinigt, dem Scottish Terrier die Zurückhaltung des Hochländers, der Englischen Bulldogge die Ausdauer des Briten (dabei ist sie so kurzatmig), dem Pudel die Intelligenz des Franzosen, dem Deutschen Schäferhund die Disziplinierbarkeit des Deutschen und dem Chow-Chow die Würde eines chinesischen Aristokraten. So unbestritten die Verdienste der Herkunftsländer um die Zucht bestimmter Rassen sind, so sollte man doch auch hier von vermenschlichenden Glorifizierungen Abstand nehmen.

Heute sind die meisten Zuchtvereine in der F.C.I. (Fédération Cynologique Internationale) mit Sitz in Brüssel zusammengeschlossen, welche Rassestandards festlegt und allein – zusammen mit der Herkunftsland – zu Änderungen berechtigt is; daß sie dazu auch verpflichtet ist, wenn »Hundemonster um der Mode willen (Seiferle, 1983)« gezüchtet werden, scheint dieses Gremium nur sehr langsam zu begreifen – trotz ständiger Abmahnungen durch Tierärzte, Genetiker (6083, 6084, 1313, 274, 1110, 6262) und einsichtige Kynologen (268). So darf man sich nicht wundern, wenn Massenmedien diese Mißstände anprangern – und dabei natürlich auch durch Fehlinterpretationen einmal übers Ziel hinausschießen (3797).

Deutsche Vereine sind im VDH (Verband f.d. Dt. Hundewesen, Sitz Dortmund), in der EHU (Europ. Hundesport Union, IRGV) oder anderweitig organisiert, die ihre Interessen gegenüber Behörden und der Öffentlichkeit vertreten und durch ihre Zuchtschauordnungen Ausstellungen regulieren.

Der *VDH als Wirtschaftsverband* (Kammergericht Berlin) produziert in seinen Landesverbänden Hunde für den EG-Markt »Rassehunde« – keinesfalls unter der Bagatellmarge (1802); er hat über 130 Mitgliedsvereine mit mehr als 600 000 Mitgliedern – zweifellos ein Machtfaktor, mit dem es sich keiner gern verdirbt (1926). Er nutzt diese Machtstellung schamlos für monopolistische Bestrebungen aus, mit denen er andere Verbände unter Druck setzt, z.B. den JGHV oder den DWZRV (DD-Blätter 69, S. 161; Uns. Windh. 7, 1991). Er gehorcht den Gesetzen von Angebot und Nachfrage und maßt sich an, Tierärzten die Qualifikation für HD- und Augenuntersuchungen zu- oder abzusprechen (429) – auch diesbezüglich würde ein *Heimtierzuchtgesetz* der Hybris machtgieriger Vereinsbonzen wohltuend entgegenwirken. Immerhin bahnt sich auch hier eine Wende an: Es wird klargestellt, daß wer überwiegend oder ausschließlich von Hundezucht und/oder -abrichtung lebt, diesen »Gemeinnützigkeit« nutznießenden Vereinen nicht angehören darf (1802) – hier werden sich aber doch wohl einige Vereinsvorsitzende ihren molossoiden Kopf kraulen müssen?

Es gibt grob drei Arten von Zuchtschauen: 1. Spezial-Zuchtschauen einzelner Rassevereine, 2. Allgemeine Rassehund-Zuchtschauen, 3. Internationale Zuchtschauen, auf denen ein CACIB vergeben werden kann (Certificat d'aptitude au championat international de beauté). »In der BRD werden jährlich 12 – 14 internationale und ca. 800 Spezialzuchtschauen durchgeführt. Im Rahmen dieser Ausstellungen werden von den Ausstellern mehr als 30 000 Betten belegt (Gehring, 1983)« – vorwiegend wohl Doppelbetten. 1977 vergab die FCI an 1347 Hunde den Titel eines Internationalen Schönheits-Champions (1. Schweden mit 238, 2. BRD mit 215, 3. Frankreich mit 157. 1978 war die Reihenfolge umgekehrt).

Tabelle 24   Anteilige Rassen – Rangordnung (BRD) (n. Mihaljevic 1988)

1979 (IDH*)	1984 (EFFEM)		1986 (IDH)	1988 (IDH)	
1 Dackel	1 Mischling	24,5%	1 Mischling	1 Mischling	27%
2 Mischling	2 Dackel	17,8%	2 Dackel	2 Dackel	20%
3 Pudel	3 Schäferhund	13,5%	3 Schäferhund	3 Schäferhund	12%
4 Schäferhund	4 Pudel	11,7%	4 Pudel	4 Pudel	10%
5 Spitz	5 Cocker	5,3%	5 Boxer	5 Cocker	5%
6 Boxer	6 Boxer	2,3%	6 Cocker	6 Schnauzer	3%
7 Schnauzer	7 Schnauzer	2,1%	7 Schnauzer	7 Boxer	2%
8 Dogge	8 Collie	1,9%	8 Collie	8 Spitz	2%
9 Pinscher	9 Spitz	1,8%	9 Spitz	9 Collie	1%
10 Bernhardiner	10 Pinscher	1,6%	10 Pinscher	10 Pinscher	1%
11 Cocker	11 Sonstige	17,5%		11 Sonstige	16 %
			3.5 Mio Hd. gesamt	3.6 Mio. Hd. gesamt	

*) IDH = Interessengemeinschaft Deutscher Hundehalter

Dabei scheint die Zahl der vergebenen Titel im reziproken Verhältnis zur Verbreitung der Rasse zu stehen (236), denn »Show«-Leute mit ausgefallenen, seltenen Rassen – aber auch Pudelbesitzer! – besuchen öfter Ausstellungen als Züchter verbreiteter Gebrauchshunde. Organ des VDH ist »Unser Rassehund«; außerdem gibt es noch eine Vielzahl weiterer Hundezeitschriften einzelner Vereine im VDH. Aber auch außerhalb dieses Verbandes erzüchtete Hunde (in sogen. »Dissidentenvereinen«) müssen nicht a priori schlecht sein.

In der Tabelle 24 sind die Rassenanteile an der bundesrepublikanischen Hundepopulation im Zeitraum 1979/1988 wiedergegeben, wie sie sich aus Stichprobenerhebungen von Marktforschungsinstituten ergaben.

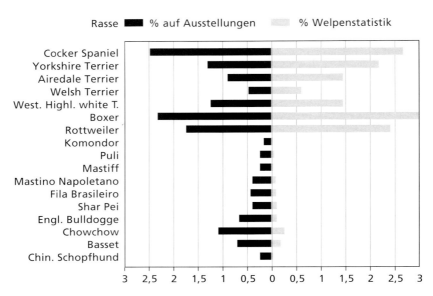

Abb. 40 Relation ausgestellter Hunde zu Welpenzahlen (n. Walz, 1993)

An der Rangfolge Mischling – Dackel – Schäferhund hat sich somit in den letzten Jahren nicht viel geändert; auch in der Erhebung von Rümmelin (1989) liegen die Letztgenannten Kopf an Kopf. Mittlerweile finden ja sogar »Mischlings-Schauen« statt.

Was nun die angedeutete Über- bzw. Unterrepräsentation bestimmter Rassen auf Ausstellungen angeht, so brachte die Untersuchung von Patricia Walz (Dissert. Hannover, 1993) mehr Klarheit: Hier wurden die rassischen Anteile an den Welpeneintragungen in Relation gesetzt zu ihrer Repräsentanz auf Shows (VDH, Abb. 40).

Die Grafik bringt nur einen eindrucksvollen Ausschnitt aus der genannten Erhebung, und zwar in der oberen Hälfte auf Ausstellungen eher *unterrepräsentierte* Rassen, in der unteren solche, die signifikant *überrepräsentiert* sind. Hier wird also deutlich, daß Züchter und Halter insbesondere von Gebrauchshunden vergleichsweise wenig Interesse am reinen »Vorzeigen« ihrer Rasse haben, während die Fans exotischer, seltener Rassen *starke exhibitive Aktivitäten* entfalten; dabei ist der Drang zur Schau offenbar nicht immer vereinbar mit einer biologischen, tierschutzkonformen Denkungsweise (Walz, 1993).

Die rassische Zusammensetzung einer Hundebevölkerung ist zudem starken regionalen Schwankungen unterworfen, wie sich schon aus den eingangs geschilderten statistischen Erhebungen am Gegensatz Stadt-Land ablesen läßt.

Doch auch aus anderen Untersuchungen geht dies klar hervor. So dominierten in amerikanischen Städten Pudel,Cocker Spaniels,Dackel und Boxer vor Schäferhunden und Collies, die ihrerseits in ländlichen Gegenden überwogen (S. aber auch Kap. A, 3943). Zu ähnlichen Differenzen in der Zusammensetzung kam Robinson (1967). Daneben machte sich der Zeitgeist bemerkbar: Der zunächst deutliche Trend zum kleinen, umweltfreundlichen Luxushund, besonders in Städten. Dies beweist z.B. die prozentuale Entwicklung der häufigsten Hunderassen in Köln (Groß, 1977). Wie Abb. 41 zeigt, erfuhren Teckel, Pudel (insbesondere Kleinpudel) und Cocker zwischen 1955 und 1975 eine recht kontinuierliche Aufwärtsentwicklung, Bastarde, Dt. Schäferhunde, Spitze und Terrier dagegen eine ebenso stetige Abwärtsentwicklung – ein Trend, der sich zwischenzeitlich zumindest für Mischlinge und Schäferhunde wieder umgekehrt hat, wie Tab. 24 ausweist. Ausgeprägtes Bellvermö-

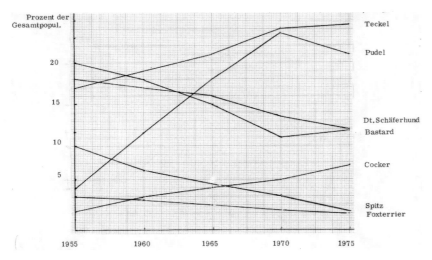

Abb. 41 Rassische Struktur der Hundebevölkerung Kölns im Zeitraum 1955 - 1975 (nach Groß, 1975)

gen und Griffigkeit von Spitz und Terrier passen offensichtlich nicht so recht in eine moderne Wohnlandschaft. Dies scheint auch der Vergleich mit einer Düsseldorfer Statistik aus 1957 zu bestätigen (5099). Aus dieser Situation heraus entstand übrigens durch Einkreuzung von Chow-Chows in Großspitze der »*Eurasier*« - mit gebremster Bellfreudigkeit (6299).Eine Rasse, die 1967 in

Tabelle 25   Rassenregistration im Britischen und Amerikanischen Kennelclub (Parsons, 1992).

Rank	1988	Breed	1987	Rank
Kennel Club				
1	14,650	German Shepherd Dog	16,976	1
2	13,674	Labrador	13,914	2
3	10,278	Golden Retriever	11,290	3
4	9,368	Yorkshire Terrier	10,241	4
5	8,658	Cavalier King Charles Spaniel	9,110	5
6	7,598	Rottweiler	9,088	6
7	6,278	Cocker Spaniel	6,490	7
8	5,940	Staffordshire Bull Terrier	6,233	8
9	5,703	English Springer	5,999	9
10	5,385	West Highland White Terrier	5,339	11
11	4,508	Dobermann	6,413	10
12	4,480	Boxer	4,911	12
American Kennel Club				
1	108,720	Cocker	105,236	1
2	86,446	Labrador	81,987	3
3	82,600	Poodle	85,400	2
4	62,950	Golden Retriever	60,936	4
5	57,139	German Shepherd Dog	57,612	5
6	50,781	Chow	49,096	6
7	42,748	Rottweiler	36,162	12
8	41,983	Beagle	41,972	7
9	41,921	Dachshund	40,031	9
10	41,558	Miniature Schnauzer	41,462	8
11	38,829	Shih Tzu	36,519	11
12	38,730	Shetland Sheepdog	37,616	10

Köln noch völlig unbekannt war, nämlich der Yorkshire Terrier, stellte 1975 mit 364 Exemplaren immerhin schon 1,4 % (2348). So können also Mode und Umwelt die Struktur von Grundgesamtheiten beeinflussen.

Im benachbarten Holland macht sich jedoch bereits wieder ein Trend zum großen Schutzhund – weg vom Toypet – bemerkbar (942). Auch in England hat sich der prozentuale Anteil an Pudeln von 1972 bis 1982 um 2/3 verringert (5889) – nicht dagegen in USA, wo er immer noch Spitzenpositionen einnimmt, zusammen mit Spaniel und Dobermann (267). Eine neuere Klinikstatistik aus Illinois weist Dt. Schäferhunden, Cockern, Dobermännern und Kleinpudeln (in dieser Reihenfolge) etwa 20 % der Gesamt-Patientenpopulation zu (3295); eine auf Rassehund-Registration beschränkte AKC- und KC-Statistik aus 1988 gibt Tab. 25 wieder.

Im U.K. spiegelt sich in Tierheimstatistiken wider, daß etwa 1/4 der Heiminsassen durch Rassehunde gestellt werden, wobei Dt. Schäferhunde, gefolgt von Labradors, die Liste anführen (262). Aus Sektionslisten ist hier im Zeit-

Rassen und spezielle Dispositionen 175

Tabelle 26 Der Mischling wird nicht so vermißt, wenn er wegläuft...

N	Mischling	Dt. Schäferhund	Teckel
Populationsanteil (n. Rümmelin, 1989)	22,5%	13,1%	12,9%
Vermißt gemeldet Beobacht.: 118	12 (10,2%)	19 (16,1%)	17 (14,4%)
Erwartet:	26,6	15,5	15,2
			$\chi^2 = 7,0$ ++

raum 1970 – 1982 eine abfallende Tendenz bei Pudeln und Terriern ersichtlich (28); und aus einer Diagnose-Labor-Auflistung in Frankreich resultiert die Reihenfolge Bastard – Pudel – Dt. Schäferhund – Boxer – Cocker – Teckel – Epagneul (3921).

Daher ist bei *Rassenvergleichen*, z.B. zur Ermittlung von Erkrankungsdispositionen anhand von Klinikmaterial, korrekterweise die rassische Struktur im tatsächlichen geographischen Einzugsgebiet der Klinik zugrundezulegen (549). Auch dann können noch Fehler gemacht werden. So sind ausgefallene und Toy-Rassen aufgrund der oft sehr ausgeprägten Sorge ihrer Besitzer um ihr Wohlergehen möglicherweise *überrepräsentiert* (4539). Umgekehrt wurden Schäferhunde und Bastarde in einer Basispopulation doppelt soviel gezählt, wie man prozentual in die Klinik einlieferte. Aus einer anderen Erhebung resultierte, daß nur 63,5 % der Hundebesitzer überhaupt Tierärzte konsultieren (1193). So kommt es, daß in diversen Klinik- und Praxisbilanzen Mischlinge kaum je über 20% der Patienten stellen, obwohl sie doch 1/4 bis 1/3 der Basisbevölkerung ausmachen, während z.B. Dackel und Schäferhunde ziemlich exakt rasserepräsentativ vertreten, Pudel und Boxer jedoch überrepräsentiert sind (3927, 3928). Daß sich hier sozioökonomische und dispositionelle Einflüsse vermengen, wurde schon unter B diskutiert. Das kommt auch darin zum Ausdruck, daß *Bastarde* offenbar z.T. nicht so intensiv vermißt werden, wenn sie entlaufen: Wie Tab. 26 aufweist, entspricht die Zahl der als »vermißt« dem Dt. Tierschutzbund gemeldeten Mischlinge (Dez. 87 – Jan. 90) weniger als der Hälfte ihres tatsächlichen Populationsanteils, während sich z.B. die Anzahl gemeldeter Schäferhunde und Dackel recht gut mit ihrem Anteil deckt. Es ist daher eine janusköpfige »Beliebtheit«, derer sich der Promenadenmischling erfreut, denn es ist nicht anzunehmen, daß Rassehunde öfter entlaufen als Bastarde – allerdings könnten sie öfter gestohlen werden. So wird denn mancher froh sein, daß ihm sein lästig gewordener, ausgewachsener Hund entlief – wenn er ihn nicht ohnehin zur Urlaubszeit aussetzte – und kann sich an Weihnachten einem weiteren »schnuckeligen« Welpen zuwenden (502).

Auch in der *Altersstruktur* ergeben sich u.U. signifikante Differenzen (2052). Betrachtete man nur stationär behandelte Patienten, so waren Klinikpopulationen häufig älter als Basisbevölkerungen, bezog man sich jedoch auf alle behandelten Tiere, so kam man auf ein geringeres Alter (4773). Außerdem ist in solchen Aufstellungen zu berücksichtigen, daß bestimmte Rassen wegen standardbedingter Eingriffe (Wolfskrallen, Kupieren etc.) übermäßig vertreten sein können.

Tabelle 27 Verteilung der Todesursachen in Beagles (nach Andersen und Rosenblatt, 1965)

Ursache	In der Kolonie	Bei Besitzern
Krebs	36,4%	2,0%
Verkehrsunfälle	0,0%	52,0%
Andere Ursachen	63,6%	45,0%

Wie wichtig beispielsweise bei der Ermittlung von Krebsdispositionen das Alter der Vergleichspopulation oder die einwirkenden Umweltstressoren sind, zeigten Untersuchungen von Andersen u. Rosenblatt (1965), die in Tab. 27 wiedergegeben sind. Aus ihr könnte man bei oberflächlicher Betrachtung entnehmen, daß in Versuchskennels gehaltene Beagles wesentlich anfälliger waren für Tumoren als frei beim Besitzer laufende. In Wirklichkeit waren dies jedoch fast rein altersbedingte Differenzen: Aufgrund der hohen Mortalität junger Feldbeagles durch Kfz-Einwirkungen (s. Tab. 27) erreichten nur 50 % ein Alter von 4 1/2 Jahren und mehr, bei den Versuchshunden lebte aber mit 10 - 13 Jahren noch die Hälfte der Tiere. Erste hatten also gar nicht viel Chance, ein krebsanfälliges Alter zu erreichen, letzte andererseits kaum Gelegenheit, ihr Leben unter einem Auto zu lassen, da in wissenschaftlich gelenkten Versuchszwingern nur selten Motorrennen veranstaltet werden (1623).

In der Tat liegt nach einer neueren Recherche ein *mittleres Krebsalter* bei Hund und Katze im 10. Lebensjahr, wobei der Prozentsatz der malignen Tumore zu diesem Zeitpunkt bereits 50 % (Hund) bzw. 90 % (Katze) beträgt (3921). – Im Rassenvergleich wird natürlich auch die rassespezifische mittlere Lebenserwartung eine Rolle spielen; so war in der o.a. Statistik (3928) für Doggen und Rottweiler ein mittleres Erkrankungs- bzw. Behandlungsalter von 3,9 Jahren, für Pudel aber ein solches von 8,2 Jahren zu registrieren.

Ein klärendes Wort noch zum Begriff der *»Rassendisposition«*. Wie aus den gemachten Ausführungen deutlich wird, bedeutet eine Rassenanfälligkeit – sofern sie in zahlreichen fundierten Ermittlungen objektiviert wurde – nicht, daß alle oder auch nur die Mehrheit einer Rasse mit speziellen Erkrankungen geschlagen seien – eine falsche Begriffsinterpretation, wie sie von erbosten

Hundezüchtern Genetikern gern unterstellt wird. Vielmehr besagt »Disposition« lediglich, daß die betreffende Rasse die fragliche Störung in einer größeren prozentualen Häufigkeit zeigt als andere (ausgenommen standardbedingte Defektzuchten). Dabei ist zusätzlich zwischen hier primär interessierenden, echt genetischen Dispositionen und solchen Krankheitshäufungen zu unterscheiden, welche nur einer rassegebundenen, besonderen Verwendungs- oder Haltungsweise entspringen, wie z.B. noch bei den Windhunden zu erörtern. Beide Einflüsse sind allerdings nicht immer klar zu trennen, wie gerade dieses Beispiel verdeutlicht: Die hohe Frequenz von *Knochenbrüchen,* die »Berufskrankheit der Renner«, mag nämlich dadurch gefördert worden sein, daß bei ihnen die Skelettmasse zugunsten der hypertrophen Muskulatur abnahm – ein Beagle im gleichen Körpergewicht hat ein gesichert schwereres Skelett (5268). Ganz deutlich wird aber die Vermengung von Exogen- und Endogenfaktoren, wollte man etwa von einer »Disposition« großer Hunde zum *Bruch des Oberschenkels* nach *Verkehrsunfällen* sprechen – er bewegt sich halt auf selber Höhe wie die Stoßstange auffahrender Autos, wie schon Barke vor 50 Jahren vermerkte, – während kleine Exemplare gleich ganz überfahren werden.

Bevor auf einzelne Rassen und häufiger bei ihnen anzutreffende Erkrankungen eingegangen werden soll, sei noch ein kurzer Blick auf angeborene oder in früher Jugend auftretende Defekte und Störungen geworfen, die sporadisch in allen Rassen vorkommen können und bisher nur vereinzelt in einigen zur Beobachtung kamen, ohne daß bislang von rassischen Prädilektionen gesprochen werden kann. Es wäre nicht korrekt, in diesem Stadium der Erkenntnis bestimmte Rassen mit ihnen stigmatisieren zu wollen, nur weil sie erstmalig bei ihnen beschrieben wurden (1808, 1809, 1810, 3465, 1806, 1807). Allerdings mag im Laufe der fortschreitenden Forschung der eine oder andere Defekt, welcher heute noch hier aufgeführt ist, später deutlichere Rassedispositionen zeigen. Dies kann sich z.B. für bestimmte Formen der *Aortenstenosen* abzeichnen, welche gehäuft in Boxern und Neufundländern, aber auch in anderen Rassen vorkamen (4991, 1415, 4375, 4498, 4076, 5782, 3000, 4252), sowie für andere *Herzfehler* (3647, 1486), insbesondere Herklappeninsuffizienzen bei verzwergten Rassen (3795, 5706, 1485) und Formen der Kardiomyopathien, die speziell in doggenartigen Rassen, auch beim Dobermann, für Todesfälle sorgen können (2259, 5673, 5674, 802, 1160, 1162).

Tabelle 28 Sporadisch in vielen Rassen auftretende oder bisher nur vereinzelt beobachtete, angeborene und/oder erbliche Anomalien.

Defekt	Auftreten	Autor
Abiotrophie, neurale, zereb.	rezess. autosomal	4940, 1530, 1537, 1849, 5669
Achalasie, Megaösophagus, Kardiospasmus	sporad., polygen.	5427, 5550, 4294, 2728, 4346, 1299, 4853, 1139, 1900, 5382, 4404, 1395, 5131, 6039, 4825, 6344
Achondroplasie	sporad. u. familiär	2113, 62, 1474, 5350, 2875, 4751, 1014
Addisonsche Krankheit	sporad., bes. in ♀	4974, 5948, 3732, 4634, 3118, 1237
After-Harnweg-Fistel	sporadisch	3192, 6273, 1130
Alopezie, Hypotrichie	familiär	5222, 5223, 1339, 5160
Amblyopie	rezessiv autosomal	4336
Aorten-, Pulmonalisstenose, -atresie	sporad., polygenisch	4372, 894, 5781, 4355, 544, 4585, 3001, 3148, 1916, 3420, 1060, 5326
Aphakie	familiär	3763
Arachnodaktylie	sporadisch	3756
Ataxien, s.a. Kleinhirn	rezess. u. nichtgenet.	811, 812, 4336, 4341, 2515, 1365, 1823, 5796
Atresia ani, ilei, coli	sporadisch	3527, 3367, 4655, 4993, 3826
Cardiomyopathie	sporadisch	4320
Chromosomenaberrationen	sporadisch	5276, 2479, 2685, 927
Dentinogenesis imperfecta	sporadisch	512
Dermatofibrose, Nierenkarz.	familiär	3563, 3310, 3624
Dermatomyositis	familiär	2558, 2559, 2560, 83, 3337, 2481, 2482, 2484
Dermoid der Cornea	sporadisch, familiär	5454, 4409, 4410, 971
Diabetes insipidus	sporadisch	4513
Doppelbildungen	sporadisch	3718, 1786, 1396, 1180, 3608
Ductus Botalli persistens	familiär	3567, 4372, 4373, 4379, 1554, 6132, 1863, 13, 2918, 2187, 4226
Dysmelien, Dysplasien	sporadisch, familiär	3371, 6058, 4647, 4648, 3578, 3370, 2332, 4106, 6026
Ectopia cordis	sporadisch, familiär	3527, 2031
Ectopia ureteris, Inkontinenz	sporadisch, familiär	5195, 5344, 3492, 2971, 2757, 2415, 5539, 3406, 1377
Ectrodaktylie	sporadisch	1204, 3989
Enzephalomeningocele	sporadisch	3756, 3255
Fallots Tetrade	sporadisch, familiär	894, 1277, 3883, 4378, 2675, 4375, 4739
Fazialisparalyse	sporadisch	993
Flat pup-Syndrom	familiär	567, 1771
Frenulum penis persistens	sporadisch	705, 799, 3452
Gefäßanomalien	sporadisch	5586, 5587, 1371, 620, 2782, 5813, 5870
Glomerulopathien	sporadisch, familiär	4851, 4463
Grauer Star	sporadisch, erblich, symptomatisch	96, 4879c, 2698, 4880, 4763, 4767, 3214, 4264, 1144, 2160, 2164, 2165, 591, 597, 1297, 1440, 613, 601, 603, 1498, 5542

Rassen und spezielle Dispositionen 179

Haarfollikeldysplasie	sporadisch, familiär	5224, 2488, 2263
Hämolytische Anämie	familiär	3708
Hemimelie, Arthropathie	sporadisch, familiär	1988, 5350, 3756, 5340, 3508, 63
Hemivertebra	rezessiv (?)	3284, 5263
Hepato-Enzephalopathie	sporadisch, familiär	2796, 1172, 4862, 5688, 1902, 3794, 5321, 2949, 2967, 3698, 5883, 2289, 4909, 555
Herzfehler	sporadisch, familiär	1105, 5350, 3122, 4374, 3969, 2369, 4584, 4373, 4255, 3527, 6286, 2893, 3356, 5495
Hypospadie	sporadisch	3527
Hypothyreose	familiär	4815
Hypotrichie	sporadisch	3336
Ichthyosis congenita	sporadisch	533, 5158
Intersexualität, Hermaphrod.	sporadisch, familiär	6257, 2761, 2879b, 3920, 1221, 1222, 4640, 5310
Kartagener-Syndrom	sporadisch, familiär	27, 4637, 5865, 3700, 1963, 3142, 1738
Klappendefekte	sporadisch	3567, 1831, 1832, 2695
Kleinhirnhypoplasie, -degeneration	sporadisch, familiär	773, 1640, 1357, 3986, 3987, 3195, 2517, 6390, 3252, 1433, 3451
Kolobome, Staphylome	sporadisch	4902, 3963
Korneadystrophie	familiär	1412
Leistenbruch, Hernien	sporadisch, familiär	5541
Lentigo, Leberflecken	dominant	1018
Lymphödem	dominant autosomal	3646, 3648
Mikrophthalmie	sporadisch, familiär	2164, 2165, 511, 4410, 4116, 2130
Multiple Exostosen	familiär	2138, 1245, 2106, 840, 1603
Muskeldystrophien	autosomal, gonosomal	358, 5867, 5869, 1349
Myasthenia gravis	rezessiv autosomal	1935, 1953
Myopathien	sporadisch, familiär	6150, 5362, 4337, 3281, 4155, 995
Myotonien	familiär	2767, 6365
Nabel-, Leistenbrüche	sporadisch, familiär	4457, 1989, 139, 5350, 3527, 2570, 3471, 6403
Nebenhodenaplasie	sporadisch	1345
Nephropathien	sporadisch, familiär	4118, 4816
Neuropathie, Myelinschäden -dystrophie, -hypoplasie	rezess. autos., sporad.	5412, 1347, 1348, 1427, 1258, 2902, 1689, 4, 996, 833, 4342, 3810, 3251, 1434, 6354, 6355
Nierenagenesien, -hypoplasie, -ektopie, -dysgenesie	sporadisch, familiär	4755, 5962, 5920, 4207, 3527, 1994, 3086, 4262, 4091, 3186, 6044, 5807, 1561, 2998, 1071, 1560, 4121, 4463, 4120, 1811, 2394
Oesophagusdilatation	sporadisch	1013, 3138a, 2770, 4195
Ohrfistel (Kiemenbogen-)	sporadisch	3095, 5945
Opticushypoplasie	sporadisch	5406, 5820
Osteopathie, cranimandib.	familiär	2143, 4747, 6028, 5113, 3893, 2779, 4677, 49
Osteopetrose	sporadisch	4748, 4225
Otozephalie	sporadisch, familiär	1992, 1993, 1254
Panostitis	sporadisch, familiär	5548, 1380

Defekt	Auftreten	Autor
Pectus carinatum	sporadisch	3244
Pelger-Huet-Kernanomalie	dominant (?), exogen	3156, 1876, 4329, 954, 5281, 6274, 3423, 3424
Persist. Pupillarmembran – Tunica vascularis	sporadisch, familiär	509, 510, 5432, 5435, 5436, 3529, 5542
Polyneuropathie	sporadisch	4205, 4206, 994, 997
Portosystemischer Shunt	familiär	4636
Pylorusstenose	sporadisch	5486, 3828, 4775, 4401
Schlundstriktur, persist. Aortenbogen	sporadisch, familiär	1551, 3542, 1300, 1301
Septumdefekte	sporadisch, familiär	3567, 894, 3527
Situs inversus (Kartag. S.)	sporadisch, familiär	2695, 1739
Spermiendefekte	sporadisch, familiär	4484
Spina bifida	Einzelfälle	1244, 1293
Spinale Muskelatrophie	dominant (?)	5259, 5261, 4533, 1360
Spinalparalyse, -ataxie	sporadisch, familiär	934, 4559, 3518, 6355
Spongiöse ZNS-Degeneration	familiär	4219
Stomatozytose, Gastritis	familiär	5334
Syndaktylie	sporadisch	3280, 4742, 4701
Synostosen	sporadisch	794, 4670
Telangiektasien	sporadisch	3992
Vaginalstenose, Vulva-Aplas.	familiär, sporadisch	2760, 3873
Vestibularstörungen	familiär	3453, 5323
Wassersucht, Ödeme (Abb. 42)	sporadisch, familiär	3368, 3756, 4944, 4378, 4380, 4381, 3648
Wirbelsäulenverkrümmung	sporadisch	2709, 5933
Zitterkrämpfe, Myelinschäd.	familiär od. exogen	1696, 1001, 3802, 1155
Zungenmißbildung	rezessiv autosomal	2847
Zwerchfellhernien, Sternal-, Abdominalspalten	sporadisch, familiär	500, 1881, 50, 1824, 4884, 5812, 5868, 715
Zwergwuchs	sporadisch, familiär, z.T. monogenisch	4245, 3965, 2926, 4066, 1203, 118, 119, 6177, 3657, 4994, 3435, 5320
Zyklopie	sporadisch	3054, 4190
Zystennieren	familiär	3852, 3562

Die aufgeführten Mißbildungen können erblicher, exogener oder ungeklärter Natur sein. Im Abschnitt B erwähnte Abweichungen mit klarer, typbedinger Disposition (Gaumenmißbildungen, Hydrozephalus, Zahnfehler etc., der dort behandelte Schwanzverlust oder die unter C angeführten Erbfehler wurden nicht in diese Liste aufgenommen.

Die Mehrzahl *angeborener Defekte*, die in einer Sektionsstatistik immerhin 14,3 % der Todesursachen bei Welpen ausmachten (5584), kann genetisch bewirkt, fakultativ aber auch durch traumatische, infektiöse oder toxische Einwirkungen während der Trächtigkeit oder als Ausdruck einer Mangelerscheinung (Myelinschäden z.B. vermutlich durch reine Pansenernährung, 5257) auftreten *(Phänokopien)*. Dieses post festum zu klären, ist im Einzelfall meist

Rassen und spezielle Dispositionen 181

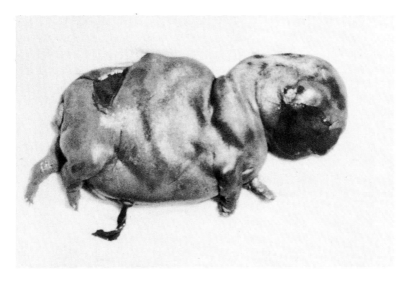

Abb. 42 Totgeborener Welpe mit angeborener Wassersucht – ein sporadisch oder familiär gehäuft auftretender Defekt.

nicht möglich. Sind ganze Würfe oder Zuchten betroffen (482), muß eher an *exogene Einflüsse* gedacht werden, die auf alle Tiere gleichermaßen einwirkten. Treten Mißbildungen jedoch nur vereinzelt auf, bestehen verwandschaftliche Beziehungen zwischen den Fällen oder lassen sie sich in Zuchtversuchen reproduzieren, so steht die Erblichkeit im Vordergrund. Dennoch kann auch hier die Ursache in einem komplexen Zusammenwirken von Erbgut und Umwelt zu suchen sein (1323, 4198). Die Warnung (6057), bei gehäuft in einem Wurf auftretenden Mißbildungen voreilig von »Erbdefekten« zu sprechen, bevor der Nachweis der Erblichkeit schlüssig erbracht wurde, muß somit auch für die Zukunft aufrechterhalten werden. Hinzu tritt, daß mindere Abweichungen nur bei peinlichster Befunderhebung zu entdecken sind – was gar nicht immer möglich ist. So kamen in Hundefamilien mit Tendenz zu Gaumenspalten »Mikroformen« dieses Defekts zutage, die bei routinemäßigen Untersuchungen verborgen geblieben wären (2797). Daher sind auch die Untersucher und Art der Untersuchung Faktoren, die die Frequenz von Defekten beeinflussen können.

Auch signifikante *Geschlechtsverschiebungen* sowohl bei Besitzern wie bei Hunden können die Statistik beeinflussen. So werden z.B. Doggen und Boxer vermehrt von Männern gehalten (größeres Schutzbedürfnis?), Toy- und Petrassen dagegen mehr von Frauen, was sich gleichfalls auf die Tendenz zum

Tierarztbesuch auswirken kann (1420). Andererseits besteht offenbar ein eindeutiger Trend zur Bevorzugung von Rüden bei Haltung und Ankauf, wie aus mehreren Untersuchungen (4772) und eigenen Erfahrungen beim Verkauf von Hunden hervorgeht. Es ermittelten Schnurrenberger u. Mitarb. (1961) ein Verhältnis von 1,7 ♂ ± 1,0 ♀ in einer Basispopulation. Ein von Pensinger (1972) festgestellter Überhang des männlichen Geschlechts bei kardiovaskulären Erkrankungen (58 % Rüden) muß somit nicht für eine erhöhte Anfälligkeit sprechen. Dagegen ist die verstärkte Tendenz zu *Nabelbrüchen* bei Hündinnen unverkennbar (2570); die überwiegend traumatisch induzierten *Zwerchfellhernien* dagegen sah man vermehrt in männlichen Exemplaren, besonders Bastarden, was mit der erhöhten Exposition von Streunern zu Verkehrsunfällen, Mißhandlungen und Beißereien erklärbar scheint (939).

Solange man die aufgeführten *systematischen Effekte* – auf die nicht genug hingewiesen werden kann (3320) – nicht ermittelt und berücksichtigt, darf man nicht davon ausgehen, daß Hunde jeder Rasse, jeden Geschlechts und Alters die gleiche Chance haben, in Klinik- oder Autopsielisten zu erscheinen (5704). So mögen in der Tat Klimaeffekte bei der stark unterschiedlichen regionalen Verteilung von Hautkrebs und Demodikose unter Hunden in den USA eine Rolle spielen – aber auch die differente rassische Zusammensetzung der Basispopulationen (5313). Die humanmedizinische Statistik hat mit ähnlichen Schwierigkeiten zu kämpfen (3719). Da bei der Ermittlung rassischer Anfälligkeiten, von denen die Rede war oder noch sein wird, die angesprochenen Punkte meist nicht gebührend in Rechnung gestellt wurden, sind sie mit Vorsicht zu werten, solange nur einzelne Hinweise vorliegen. Wenn aber bei zahlreichen und zeitlich auseinanderliegenden Erhebungen in verschiedenen Regionen und Ländern herauskommt, daß bestimmte Rassen und Gruppen hinsichtlich spezieller Erkrankungen immer wieder die Liste anführen, so ist man eher berechtigt, von *echten Dispositionen* zu sprechen, da sie trotz unterschiedlicher Zusammensetzung der Einzugspopulationen deutlich bleiben. Dies hat sich in jüngsten Erhebungen wieder bestätigt (Michelsen, 1994, Dissert. Hannover). Wie stark schon nationale Bevorzugungen die Struktur solcher Grundgesamtheiten beeinflussen können, zeigt z.B. die Tatsache, daß in den Vereinigten Staaten lange Zeit Pudel doppelt so oft vom Kennel Club registriert waren wie Dt. Schäferhunde, während in der BRD genau umgekehrte Verhältnisse vorlagen (146).

Mit diesen Einschränkungen gesehen, liegt die Häufigkeit der in Tab. 28 genannten Anomalien in Hundebevölkerungen i.a. unter 1 %. Sie sind daher a priori *von geringerer Bedeutung als standardbedingte Defektzuchten,* die durch extreme Käufervorlieben und willfährige Züchter gefördert werden. Doch kann es in abgeschlossenen Zuchten, wie überhaupt in Rassehunden

(396), wo vermehrt mit Inzucht gearbeitet wird, natürlich zu einer Kumulation von Defektgenen und erhöhten Ausfallfrequenz kommen. Dieses war u.a. offenbar in vielen Rassen bei der *Progressiven Retina-Atrophie* (PRA) der Fall, die bereits unter C erwähnt wurde. Sie fällt auch deswegen etwas aus dem Rahmen der in Tab. 28 genannten Störungen, weil ihre Erstmanifestation schon im Alter von 6 Monaten und eher beobachtet wurde (5359), in anderen Fällen jedoch erst mit 6 Jahren auftrat. Einen Überblick über das Vorgehen englischer Züchter gegen diese Erkrankung gab Black (1972), sowie Bedford (1989). Neben der erwähnten peripheren Form gibt es offensichtlich – wie in Kapitel C näher erläutert – eine zentrale PRA, die mit einer Retinitis pigmentosa von der Umgebung des Sehnerven ausgeht (582, 583, 584), zuerst zu einer Erweiterung des blinden Flecks führt (Kollision mit stationären Objekten!) und erst später periphere Netzhautbezirke erfaßt. Daneben muß immer an symptomatische Degenerationen differentialdiagnostisch gedacht werden (Staupe etc.). Henricson (1974) empfiehlt ein »Unbedenklichkeitsattest« über Freiheit von PRA bei Pudeln und Cockern erst nach 7 Jahren auszustellen.

Bei *monogenisch* fixierten Erbleiden wird überdies künftig z.T. die Möglichkeit bestehen, über gekoppelte *Markergene* auch die Anlageträger zu erkennen (1453).

Was genetische Einflüsse und rassische Dispositionen bei der Auseinandersetzung mit *Infektionskrankheiten* betrifft, so ist beim Hund darüber bislang wenig Gesichertes bekannt. Es gibt aber Hinweise, daß erbliche Unterschiede in der Anfälligkeit bestehen. So gelang es Fox u. Mitarb. (1965) in einem ingezüchteten Basenjistamm die Widerstandskraft gegenüber *Coli-Enteritis* selektiv zu erhöhen. Baker u. Mitarb. (1962) konnten nach uniformer Staupe-Impfdosis individuelle und Rassenunterschiede in der Ausbildung des Antikörper-Titers ermitteln. Doch müssen solche serologischen Differenzen nicht notwendig auch Unterschiede in der Stauperesistenz widerspiegeln. Es zeigten einige Tiere nach der Impfung keine Immunantwort (4477) und waren später dennoch immun, so daß noch andere als humorale Mechanismen eine Rolle spielen dürften. Über erhöhte Staupeanfälligkeit in bestimmten Rasssen wurde wiederholt berichtet, so bei Bluthunden und beim Finnenspitz, ohne daß genauere epidemiologische oder statistische Untersuchungen vorliegen. Wahrscheinlich waren es *Inzuchteffekte* (421) ähnlich denen, welche eine Gruppe eng verwandter Möpse für tödliche Hirnhautentzündungen anfällig machten (1359). Allerdings waren die Korrelationen, die Ubbink u. Mitarb. (1992, Vet. quart.) beim Bouvier zwischen Inzuchtgrad und Krankheitsanfälligkeit berechneten, nicht sehr überzeugend. Aber auch in jüngsten Erhebungen nahmen ingezüchtete Rassehunde hinsichtlich einer Neigung zu »idiopathischen« Enteritiden wieder eine Spitzenstellung ein. Nach Erno und Möller

(1961) soll die Sterblichkeit in einer Hundebevölkerung, von der jährlich etwa 3 - 5 % an Staupe erkrankten, unter Boxern, Pekinesen und Scottish Terriern größer gewesen sein als unter Schäferhunden, Cockern und Samojedenspitzen. Aber sicher genügt es nicht – wie bei Parry (1950) geschehen hinsichtlich Dispositionsuntersuchungen bei Virushepatitis – »Rassengruppen« mit nur 3 - 4 Exemplaren zum Vergleich heranzuziehen.

Glickman u. Mitarb. (1985) sprechen von einem gesteigerten *Parvovirose-Risiko* bei Dobermann und Rottweiler.

Daß tatsächliche genetische, d.h. nicht immunitätsbedingte Resistenzunterschiede bestehen müssen, wird deutlich, wenn Staupe in »jungfräuliche« Populationen getragen wurde, die über Generationen keinen Kontakt mit dieser Krankheit hatten. So kam es nach der Einschleppung in abgelegenen Schlittenhundevölkern Alaskas (4687, 2262) und Grönlands (1154) zu katastrophalen Seuchenausbrüchen, denen bis zu 50 % der Hunde aller Altersstufen zum Opfer fielen. Die geographische Isolierung dieser Tiere verhinderte einerseits die Ausbildung einer Immunität durch Kontakt mit infizierten Individuen und andererseits die kontinuierliche Merzung besonders disponierter Welpen durch die Staupe. Dadurch überlebten bei einem plötzlichen Seuchenausbruch vorwiegend Hunde mit *angeborener Resistenz*.

Ähnliches dürfte für jüngst beschriebene Seuchenzüge infolge wachsender Impfmüdigkeit zutreffen (24). Die Erklärung dafür, daß Staupe vornehmlich eine Erkrankung junger Tiere ist, liegt also nicht allein in der erworbenen Immunität älterer Individuen (4818), sondern auch in einer natürlichen Selektion Resistenter. Dies mag ebenfalls für die nachweisliche *Trypanotoleranz* afrikanischer Pariahunde gelten (2790).

Wie mitunter ein einziges Defektgen die Krankheitsresistenz entscheidend mindern kann, wird beim *Gray-Collie-Syndrom* deutlich (S. dort), wo der rezessiv vererbte Pigmentmangel mit einem Defizit an weißen Blutkörperchen einhergeht, den Gesundheitspolizisten im Blut; solche hereditären Funktionsstörungen neutrophiler Granulozyten kamen auch isoliert zur Beobachtung (1009, 2206, 2208). Weiter wurden auch beim Hund Gene bekannt, die über eine *Thymusschädigung* die Immunkompetenz und andere Abwehrkräfte des Organismus schwächen (4859, 5556, 4384).

Im übrigen ist auch bei Hunden das *weibliche Geschlecht* das resistentere: Totgeburtenrate und Neugeborenensterblichkeit liegen bei Rüden stets höher; männliche Tiere sind auch primär betroffen, wenn durch Ausfall x-chromosomaler, immunitätssteuernder Gene eine angeborene Immunschwäche entsteht (2933).

1. Schäferhunde

»Sporthunde werden bei nicht vorhandenem Schutzarm auch nicht in irgendeine Reizlage versetzt und haben somit auch keine Veranlassung zuzufassen«.
Hoffmann, SV-Ausbildungswart
= *welche Chancen für armamputierte Kriminelle!*

Da der Deutsche Schäferhund zusammen mit dem Teckel in Deutschland an der Spitze der Beliebtheit und Häufigkeit steht, da sich Schäferhunde generell im Hinblick auf Habitus und Struktur von Wildhunden weniger entfernten als manche andere Rasse, erscheint es angebracht, sich mit dieser Gruppe zuerst zu beschäftigen. Der *Deutsche Schäferhund,* um die Jahrhundertwende aus bodenständigen thüringischen und württembergischen Schlägen als Rasse konsolidiert (5478, 5075) – und keinesfalls wie Willis (1984) meint, aus Wölfen (wenngleich fruchtlose Einkreuzungsversuche stattfanden, 5777) – nimmt in der Wertschätzung der Deutschen heute unter den Hunden etwa die Stellung ein, welche unter den Autos dem Volkswagen zukommt: Seine abgeschlagene Kruppe gar wird auf diese Weise noch glorifiziert, denn »bei ihm sitze halt wie beim VW-Käfer der Motor hinten«. Kritik wird von der Anhängerschaft daher oft als Sakrileg und Nestbeschmutzung gewertet. »Zutiefst erschüttert« standen Herr Kremhelmer, ehem. geschäftsführender Direktor des Vereins für Dt. Schäferhunde, und seine Vereinsgenossen, vor der »hervorragenden Artikelserie des »Stern« (»Deutschland, deine Hunde«), solange Zucht und Hundehandel außerhalb ihres Vereins angeprangert wurden – zutiefst beleidigt reagierten sie, als in derselben Serie ein Ortsgruppen-Innenleben auf die Schippe genommen wurde (3304, 3306). Selbst wenn Tommy, der Sunnyboy der Nation, dieses teutonische Wunder in der Haribo-Reklame verulkt, knurrt man humorlos verbissen; doch gemach, sein jüngstes Schönhuber-Interview schuf sicher wieder einen Ausgleich.

Initiator und 1. Vorsitzender dieses 1899 in Karlsruhe gegründeten Vereins war der königlich preußische Rittmeister a.D. Freiherr *Max v. Stephanitz,* mit dessen Namen und Arbeit die Zucht in diesem Klub verknüpft blieb und der »jeden Besserwisser rücksichtslos ausschaltete«, bis ihn die Nazis selbst hinausekelten (5479) – ein Ereignis, das ihn trotz oder gerade wegen seiner rassenideologisch recht konformen Einstellung (»Daher ist just der Deutsche Hundefreund, denn ihm eignet noch das arische Geheimnis«) hart getroffen haben muß. Denn: »Die kynologischen Erkenntnisse des Rassebegründers haben zweifellos weltgeschichtliche Bedeutung (Platz, 1991)«. Ein Jahr später, am 37. Gründungstag des SV, starb er. Vielleicht wurde ihm der Satz verübelt, daß »Führer nur aus gefestigter Reinzucht herkommen, nicht aus der Hefe«, sowie die Tatsache, daß in der 8., heute noch vertriebenen Auflage seines Werkes (5478) Generalfeldmarshall v. Hindenburg zwar konterfeit, Mussolini auch lobend erwähnt (»Was er anfaßt, hat Hand und Fuß«), der »böhmische Gefreite« Adolf Hitler aber keines Wortes gewürdigt wurde. Sicher kann der Schäferhund nichts dafür, wenn er das Gefallen dieser »Unperson« fand oder zum KZ-Bewacher degradiert wurde – russischen Hunden im Archipel Gulag ging es ähnlich. Und schließlich ist auch unser Volkstumspfleger und Pimpflied-Revival-Barde Heino nicht nur ein »großartiger Sänger, der in Deutscher Sprache singt... er ist auch ein großer Tierliebhaber: er hat zwei Deutsche Schäferhunde (Förster, 1988)«.

Tabelle 29 Trauma-Statistik aus zwei hannöverschen Praxen (n. Mihaljevic, 1988)

Erkrankung	Gesamt absolut	%tual	Dackel %tual	Pudel %tual	Mischl. %tual	DSH %tual	Cocker %tual	York. %tual	Boxer %tual
Bißwunde	250	30,1	37,1	29,1	31,6	19,6	31,6	22,6	31,3
Schnitt-, Rißwunde, Ballenverletzung	210	27,1	16,1	12,7	30,1	39,3	26,3	0,0	18,8
Krallenverletzung, Krallenabriß	159	19,1	18,6	37,3	18,1	8,9	13,2	48,4	22,9
Verkehrsunfall	88	10,6	18,6	9,1	7,5	5,4	13,2	16,1	10,4
Sonstiges	125	15,0	9,7	11,8	12,8	26,8	15,8	12,9	16,7
Gesamt (absolute Anzahl)	832	100,0	124	110	133	56	38	31	48
Geschlechtsquotient*	1,8 : 1		2,2 : 1	6 : 1	1,7 : 1	1,8 : 1	1,0 : 1	1,8 : 1	2,0 : 1
Geschlechtsquotient* der Vergleichspop.	1,3 : 1		1,2 : 1	2 : 1	1,2 : 1	1,3 : 1	1,2 : 1	1,5 : 1	1,3 : 1

Anm. zu Tab. 29: Geschlechtsquotient* = Verhältnis von Rüde zu Hündin.

Wie schon betont, ist es statistisch unabwendbar, daß gerade dieser verbreiteteste Gebrauchshund als »*Beißer*« auffällt (5670) und den Zorn der Öffentlichkeit sowie die reißerische oder tendenziöse Berichterstattung auf sich kanalisiert; er wird als »deutsches Mistvieh« und »Mörder« abgestempelt und dient so der Auflagensteigerung. In schöner doppelter Verneinung meint Züchter Feller denn auch: »Schäferhunde sind so wenig wie andere Hunde keine Kinderfresser«. Aus der langjährigen Analyse zweier Großstadtpraxen (Tab. 29) ergibt sich eher folgendes Bild: Hier wurde der Dt. Schäferhund vermehrt das Opfer von Schnitt-, Riß- und Ballenverletzungen, was wohl nicht zuletzt durch seine harte Ausbildung und Zweckverwendung verursacht wurde. Andererseits wird aus dieser Erhebung klar, daß kleine Hunde wie Dackel und Pudel signifikant öfter zu den Gebissenen gehören (4396). Es hat somit den Anschein, als wollten große Schutzhunde ihre auf Übungsplätzen eingebleuten Frustrationen anderenorts an Schwächeren abreagieren. Hinzu kommt offenbar eine Art »Erbfeindschaft« zwischen Schäferhund und Pudel: Extrem kosmetisierte und vermenschlichte Kleinpudel scheinen von ersteren gar nicht mehr recht als Artgenossen, sondern als Provokation von Nase und Auge, sozusagen als jagdbares Wild empfunden zu werden. Wenn dann noch panikartiges Kreischen und Hektik des Kleinhundes hinzutreten, so wird der *Tötungstrieb* ausgelöst (4612). Auch ein Wolf soll ja neulich in Schweden vor den Augen einer entsetzten Papillon-Besitzerin deren Schoßhündchen zur Beute erkoren haben.

Abb. 43 Abnahme der SV-Pokalparade durch den bayerischen Staatssekretär Dr. Gauweiter (Mitte), n. SV-Z.82, 17; 1988; die Diensthunde- und SV-Hundeführer wurden ihm gehorsamst als »angetreten« gemeldet (SV-Z.81, 876).

Zum Begründer wichtiger Blutlinien, zum »Schicksal der Schäferhundezucht« wurde in den Gründerjahren der Rüde Hektor Linksrhein, genannt »Horand v. Grafrath«, der Ursprung aller sich verästelnden, erlauchten Stammbäume. Auch im Ausland, besonders in den Vereinigten Staaten, hat der Dt. Schäferhund großen Anklang und starke Verbreitung gefunden: Nur durch den Pudel wurde ihm hier lange der erste Rang streitig gemacht (144, 146, 411, S. a. Tab. 25) und unter den Gewinnern der jährlich vergebenen »Dog-Hero-

Medaille« waren auch Schäferhunde (134). Nach Quittet (1969) steht er auch in Frankreich an der Spitze der Beliebtheit – auch auf den Übungsplätzen (5886). Diese Tatsachen sprechen für sich und es bedarf keiner weiteren Lobpreisung (Lux: »Der Deutsche Schäferhund ist Gebrauchshund Nr. 1 in der ganzen Welt.« Hess. Rundfunk: »In der ganzen Welt?«. Lux: »Ja«.) Da bleibt nur, stramme Haltung anzunehmen und das Deutschlandlied zu intonieren – in weihevoller Stimmung, wie sie sehr schön auch durch Abb. 43 zum Ausdruck gebracht wird. Und es erscheint konsequent, wenn »Bild« vermeldet, Dt. Schäferhunde in den USA müßten jetzt Deutsch lernen, da sie auch in englischsprachiger Umgebung schneller und besser auf deutsche Kommandos reagierten.

Wie schon betont, kann Sinn dieses Buches – und das gilt für alle noch zu erwähnenden Rassen – nicht die Aufzählung von Rassestandards und mutmaßlichen Herkünften sein. Hierüber liegen ausreichend kynologische Publi-

Tabelle 30 Leistungsprüfungen 1992 im SV

Prüfungsart	Anzahl	Hunde	bestanden	nicht bestanden
SchHA	125	137	119	18
SchH1	2178	5033	3940	1093
SchH2	1950	3512	2871	641
SchH3	2812	13363	11460	1903
FH	1577	3933	3102	831
IP1	129	161	139	22
IP2	63	66	51	15
IP3	229	327	280	47
DH1	12	34	33	1
DH2	3	11	10	1
DFH	–	–	–	–
Rettungshund-Tauglichk.	5	6	5	1
Rettungshundprüfung	–	–	–	–
LG-A-Prüfungen	18	652	538	114
Bundessiegerprüfung	1	184	160	24
Leistungshüten	11	82	82	–
Bundesleistungshüten	1	21	21	–
Jugendprüfungen	22	290	246	44
WUSV-Bundesqualifikationspr.	9	169	145	24
	9145	27981	23202	4779
1991	11952	34262	27751	6511
Differenz in + und -	-2807	-6281	-4549	-1732
Begleithunde	2648	9295	8379	916
Wachhunde	10	13	13	–
Ausdauerprüfungen	667	5878	5735	143

kationen vor, die bereits zitiert oder noch zu nennen sind – darunter auch solche, die »nicht mit Wissen belasten« (3217). Vielmehr sollen *aktuelle Zuchtprobleme* und vorrangig die den Tierarzt und interessierten Züchter besonders angehenden rassischen Dispositionen zusammengestellt werden, die sich aus spezifischen Zuchtschäden oder rassegebundenen Verwendungszwecken ergeben. Dabei sind die im vorigen Kapitel genannten Fehlerquellen beim Deutschen Schäferhund besonders zu beachten, denn erkrankte Exemplare einer so verbreiteten Rasse werden stets häufiger zur Beobachtung kommen als seltenere Hunde. Dennoch haben sich auch beim Deutschen Schäferhund im letzten Jahrzehnt einige Erkrankungsdispositionen gezeigt.

Stellvertretend für ähnliche Verhältnisse bei anderen Vereinen sei aber einem neutralen Außenstehenden auch ein Wort zur *Vereins- und Zuchtarbeit* gestattet, denn zusammen mit dem Teckel stellen Schäferhunde über 50 % der jährlich eingetragenen Welpen im VDH, der somit im wesentlichen von DSV, DTK und Dt. Hundesportverband *majorisiert* wird. Und so lautet denn die zahlenmäßige Rangfolge der auf AZG-Leistungsprüfungen vorgestellten Hunde: Dt. Schäfer – Boxer – Schnauzer – Rottweiler – Dobermann – Hovawart – Terrier (362). Über die Entwicklung des Vereins für Deutsche Schäferhunde (SV) von den Anfängen um 1900 bis in unsere Zeit gibt sehr schön der Bericht von Kremhelmer (1969) Auskunft, jenem rührigen ehemaligen SV-Direktor, dem man in Würdigung seiner 30-jährigen SV-Tätigkeit das Bundesverdienstkreuz (ohne Eichenlaub und Schwerter) verlieh. Dabei wird besonders herausgestellt, daß Schäferhundezucht stets auch »*Gebrauchshundezucht*« blieb, mit entsprechenden Leistungsprüfungen, die maßgeblich die Zuchtarbeit beeinflußten. Darüber gibt Tab. 30 Auskunft.

Wie daraus ersichtlich, wurden 1992 in insgesamt 12470 Prüfungsveranstaltungen 43167 Hunde geprüft (Erfolgsquote 86,5 %), wobei in *Schutzhundeprüfungen* der Löwenanteil, im *Leistungshüten* nur noch 0,24 % der »Schäferhunde« erschienen. Im Rahmen einer *Begleithundeprüfung* (aller Rassen) können neuerdings auch »Agility-Tests« (Geschicklichkeitsprüfungen auf Hindernisparcours, 4448) hinzukommen. Der Schäferhund trägt somit seinen Namen nur noch mit bedingter Berechtigung. Es sei aber daran erinnert, daß ein guter Herdenhund ja schon immer nicht allein Feld und Flur vor Übergriffen der Herden, sondern diese auch vor Angriffen vier- und zweibeinigen Raubzeugs zu schützen hatte – also echte Schutzhundfunktionen. So war das geschlossene Treiben ohne Ausbrechen einzelner Tiere in Ortschaften u.a. deswegen wichtig, »weil sich dort zwar bereitwillige Türen zur Aufnahme müder, abgesprengter oder neugieriger Stücke öffneten – aber nicht, um sie herauszulassen« (5478). Bei Hütehunden entscheidet die Leistung, nicht der Stammbaum (3482).

Högner (1979) kam auf niedrige Erblichkeitsgrade (3 – 14%) für diese Prüfungsleistungen, vernachlässigte allerdings unzulässigerweise die Effekte gemeinsamer Wurfumwelt bei der Vollgeschwisteranalyse.

Hervorgehoben wird auch der zweifellos »perfekt« funktionierende Vereinsapparat, der »Geist der SV-Familie«, deren nimmermüde Funktionäre wesentlich zum Aufstieg dieser Rasse beitrugen. So konnte sich der SV nach eigener Aussage zum bedeutendsten und größten Rassezuchtverein der Welt entwickeln, mit 1880 Ortsgruppen (eine an nationalsozialistische Parteistrukturen erinnernde Bezeichnung, die der SV besser aufgeben sollte) in 15 Landesgruppen (Alt-BRD) und über 100 000 Mitgliedern; und es ist klar, daß diesem Machtfaktor Beachtung an höchster Stelle geschenkt wird (S. a. Abb. 43). So bestätigte Staatssekretär Gallus dem SV: »Sie sind das Spiegelbild unserer freiheitlichen Gesellschaft«. Ausgestattet mit der SV-Visa-Card ergibt sich somit eine schlagkräftige Truppe von Vereins-Nutznießern.

Das monatlich erscheinende, zur weiteren Lektüre bezüglich Leistungsprüfungen und Ausbildung empfohlene Vereinsorgan, die SV-Zeitung, besorgt sehr effektvoll die Information der Mitglieder, die Öffentlichkeitsarbeit und Selbstbespiegelung der Vereinsoberen, scheut sich aber auch nicht, Mißstände anzuprangern, insbesondere Hektik, Fanatismus, Egoismus und Undiszipliniertheit einiger Mitglieder, besonders auf Zuchtausstellungen. In Tendenz und Inhalt recht gleichgeschaltet ist der »Dt. Hundesport«, Organ des Dt. Hundesportverbandes e.V. (dhv), der auf seinen Gebrauchshundeprüfungen gleichfalls an erster Stelle Schäferhunde betreut. Jüngst ergab sich jedoch eine Mißstimmung zwischen dhv und SV, als dieser nach einigen Medienveranstaltungen »Wirkung« zeigte und mit einer Art »Führerbefehl« an die Ortsgruppen, einem »Schnellschußverfahren« zur kostenlosen Anlernung von Nicht-SV-Hunden und selbst Bastarden und ihrer Halter reagierte (*»Augsburger Modell«*); solche, allerdings gebührenpflichtige Hundehalterkurse wurden vom dhv schon länger angeboten. »Rassenfanatiker hätten hier über Nacht ihr Herz für Mischlungshunde entdeckt – ein mittleres Wunder im 20. Jahrhundert (Stemann, 1986)«. Es ist jedoch sehr zu begrüßen, daß sich da etwas bewegt; neuerdings will der VDH Schutzprüfungen gar nur noch von »prädestinierten« Rassen ablegen lassen (2362). In der Tat, angriffstrainierte Schutzhunde sollten nur der Verbrechensbekämpfung dienen – in Privathand richten sie wegen ihrer *herabgesetzten Beißhemmung* eher Unheil an.

Sicher ist bei Anlernung von Hunden ohne gewisse Zwangsmaßnahmen nicht auszukommen, doch wird dabei von »Sportfanatikern« offenbar mitunter übertrieben, wenn sie z.B. ihre noch jungen Hunde mit ungefestigtem Skelett über steile Hinderniswände jagen – und sich nachher über HD-Disposition wundern. So können Übungsplätze auch zu Hundequälplätzen werden. Geradezu beschwörend finden sich denn auch besonders in dieser Zeitung immer wieder Zitate aus dem Tierschutzbereich (»Wer Tiere quält ist unbeseelt«; Grausamkeit gegen Tiere ist eines der kennzeichnendsten Laster eines niederen Volkes«); »sinnlose« Tierversuche werden angeprangert. Haltet den Dieb?

Daß ein großer Verein neben echten Idealisten immer wieder auch Geltungsbedürftige, Geschäftemacher, d.h. »Vereinsmeier« im schlechten Sinne anzieht, bedarf keiner gesonderten Erwähnung und mag sich auch in der starken Mitglieder-Fluktuation mit jährlich über 10 % Zugängen und etwa gleichviel Abgängen ausdrücken. Dabei scheint es sich nicht immer um positive Ausleseprozesse zu handeln, da in einigen Ortsgruppen offenbar nicht nur die »siebten Welpen«, sonder auch mißliebige Mitglieder »gemerzt« wurden. Auch der Prozentsatz tödlicher Verkehrsunfälle (insbesondere jüngerer) Vereinsaktiver liegt erschreckend hoch (3305).

Etwas mehr Objektivität und Toleranz erscheint oft wünschenswert. Während auf der einen Seite durch ständige Erfolgsberichte in der SV-Zeitung über Leistungen des Schäferhundes in der Öffentlichkeit das Bild desselben verklärt wird, besteht offenbar andererseits die Tendenz, aufsehenerregende Entgleisungen oder Schäden durch einzelne Tiere bewußt zu bagatellisieren. Hunde großer Rassen, auch Deutsche Schäferhunde, können für den Menschen, insbesondere Kinder, potentiell immer eine *Gefahr* sein, wenn sie schlecht oder gar nicht erzogen, unbeaufsichtigt oder im Einzelfalle auch von bösartigem Naturell sind. Kein vernünftiger Mensch wird aber wegen einzelner Vorfälle ganze Rassen inkriminieren wollen, und es bedarf keiner Herausstellung der Hunde als der »besseren Menschen«. Vielmehr sollten sich die für die Zucht Verantwortlichen Gedanken machen, ob nicht die immer wieder geforderte und praktizierte Zucht auf Härte, Mut, Kampftrieb und Führigkeit insofern geändert werden sollte, als die letztgenannte Eigenschaft voranzustellen und primär zu fördern wäre. Große, wesensfeste Hunde sind allein durch ihre Erscheinung respektgebietend und müssen nicht zu »Verbrechern« pervertiert werden. Für die Ausprägung von Verhaltensweisen bei erwachsenen Tieren spielt aber die Wurf- und Jungtierumwelt mit allen ihren Einflüssen (1082) sowie Ausbildung und Haltung eine gleichfalls entscheidende Rolle. Negative Eigenschaften sind nicht alle angeboren und ererbt, sondern z.T. anerzogen. Trumler (1971, 1973), der wegen seiner Kritik am SV ebenfalls in »Bierverschiß« kam (3764), unterscheidet – in weiterer Differenzierung der von Menzel (1937) gemachten Einteilung – insgesamt *7 Phasen* dieser sensiblen Wachstums- und *Entwicklungsperiode*, in welcher das Jungtier für Umwelteinflüsse besonders empfänglich ist: 1. Vegetative Phase (1. und 2. Woche). 2. Übergangsphase (3. Woche). 3. Prägungsphase (4. – 7. Woche). 4.

Sozialisierungsphase (8. - 12. Woche). 5. Rangordnungsphase (13. - 16.Woche). 6. Rudelordnungsphase (5. und 6. Monat). Pubertätsphase (ab 7. Monat). Althaus (1977) unterteilt die ersten 10 Wochen in eine Periode der innerlichen Zuwendung (1. - 7.Tag), eine Übergangsperiode (7. - 17. Tag) und eine Periode der Zuwendung zur Außenwelt (ab 17. Tag). Es ist z.B. eine bekannte und immer wieder herausgestellte Tatsache, daß ängstliches, scheues und nervöses Verhalten von *Ammen* auf Welpen aus »wesensfesten« Linien abfärbt. Deswegen ist die Mutterhündin nicht nur in genetischer Hinsicht von großer Bedeutung für die Zuchtarbeit. Daher ist auch die von Herre und Zimen (1972) aufgestellte These, die Vorsicht und Scheu des Wolfes vererbe sich »dominant« bei Wolfs/Pudelkreuzungen, wohl nur bedingt richtig. Da ihre »Puwos« Wölfinnen zur Mutter hatten, können diese nichtgenetischen, maternalen und Wurfumwelt-Komponenten für ihr späteres Verhalten von großer Bedeutung sein. Auch im vorangegangenen Kapitel wurde bereits auf den niedrigen Erblichkeitsgrad von Wesens- und Sinneseigenschaften sowie Verhaltensweisen hingewiesen. Schätzte man ihn über die rein additiv genetische väterliche Komponente innerhalb einer Rasse, so lag er zwischen 0 und 12 %, berechnete man ihn über die mütterliche Varianzkomponente, ergaben sich Werte zwischen 19 und 46 % (2145). Auch dieses ist wieder ein Hinweis auf die obengenannten Umwelteinflüsse.

Zuchtwertschätzungen anhand der Schutzhundprüfungen bei Schäferhunden kamen desgleichen auf niedrige Heritabilitäten (4452).

Man sollte sich somit vor Mystifizierungen und falschen Wertungen hüten. Die Wertschätzung des Hundes braucht den Vergleich zum Menschen nicht. Fleiß, Treue, Unbestechlichkeit und Charakter, oft gelobte, triebhaft angelegte oder andressierte Merkmale des Hundes, sind mit den menschlichen Eigenschaften gleichen Namens nicht vergleichbar, da diese bewußt gelebt und somit einige Kategorien höher zu bewerten sind.

Bei allem lobenswerten Einsatz der Vereine für die Interessen ihrer Tiere kann man sich fallweise des Eindruckes nicht erwehren, daß neben berechtigter Wahrnehmung tierschützerischer Belange, z.B. beim Versandhandel (3302), preispolitische Überlegungen und das ängstliche Wachen über das erstrebte Monopol zur Abgabe rassereiner Hunde eine Rolle spielen. Preisstabilisierend wirkte sich da auch das Verbot der Aufzucht* von mehr als 6 Welpen pro Wurf aus, wenn man von einer damals begrenzten Ammenaufzucht absah. Zu dieser Frage wird auch unter B und D, 7 Stellung bezogen. Wie in der aus den Jahresberichten des SV von 1967 - 1972 erstellten Übersicht (Tab. 31) ersichtlich, wurden in diesem Zeitraum aufgrund der vereinsgeförderten Wurfstärkenbeschränkung insgesamt 24375 Welpen getötet.

Schon dafür hätte der SV-Direktor den Bundesorden verdient gehabt –

---

*) *Der VDH hat es inzwischen als gesetzeswidrig aus seinen Bestimmungen gestrichen: die erweiterte Ammenaufzucht wurde zähneknirschend vom SV sanktioniert.*

und auch wegen seines noch 1974 bekundeten, mannhaften Eintretens für diese ungesetzliche Maßnahme (3303), wofür ihm im übrigen tierärztliche und vereinskollegiale Schützenhilfe nicht versagt blieb (974, 6210, 6211). Verständlicher wird durch solche Vorgänge aber vielleicht, warum man Herbert Wehner nur mit Mühe diese Plakette verleihen konnte und neulich ein herrenloses Exemplar auf dem Bonner Fundbüro abgegeben wurde.

Tabelle 31 Statistische Übersicht aus den Jahresberichten des Vereins für deutsche Schäferhunde (SV.Z. 62 - 67)

Jahrg.	eingetr. ♂	eingetr. ♀	totgeb. ♂	totgeb. ♀	verend. ♂	verend. ♀
1967	11 834	10 157	zus. 2 831		zus. 2 737	
1968	12 898	11 092	1 702	1 119	1 681	1 217
1969	13 432	11 568	1 955	1 085	1 623	1 489
1970	13 991	12 009	2 006	1 200	2 024	1 717
1971	14 077	11 923	2 181	1 250	2 169	1 622
1972	15 884	12 116	2 316	1 358	2 456	1 837
Summe, Mittel	82 125	68 865	10 160	6 012	9 953	7 882
Geschl. verh.	1,19 : 1		1,69 : 1		1,26 : 1	

Jahrg.	getöt. ♂	getöt. ♀	Würfe	Wurfstärke	ohne totgeb. u. verend.
1967	zus. 3 800		4 153	7,55	6,21
1968	951	2 542	4 486	7,40	6,13
1969	878	2 619	4 764	7,27	5,98
1970	1 106	2 727	4 887	7,53	6,10
1971	1 438	3 610	5 104	7,50	6,08
1972	1 528	3 176	5 460	7,45	5,99
Summe, Mittel	5 901	14 674	28 854	7,45	6,08
Geschl. verh.	1 : 2,49				

Durch die geschilderten Eingriffe sowie durch Totgeburten und postnatales Verenden verringerte sich die Gesamtzahl von 214940 auf 150990, und das *Geschlechtsverhältnis* verschob sich von 1,10 männlich : 1,0 weiblich bei der Geburt auf 1,19 männlich : 1 weiblich bei der Eintragung, weil im Mittel fast dreimal soviel Hündinnen getötet wurden wie Rüden. Bei Unterlassung der Tötung hätte das endgültige Geschlechtsverhältnis 1,04 : 1 betragen, was zweifellos einen für die Züchter unerwünschten Überhang schwerverkäuflicher weiblicher Tiere bedeutete. Die in Tab. 31 ermittelte Zahl von durchschnittlich 7,45 Welpen pro Wurf beim Deutschen Schäferhund, die sich im übrigen mit älteren Befunden deckt (schon v. Stephanitz hatte 1913 einen Schnitt von 7,53 Welpen ermittelt) stellt ein normales *Rassemittel* dar und kann bei vorbildlicher Ernährung während der Trächtigkeit und Säugeperiode nicht als unphysiologisch oder unzumutbar für die Hündin bezeichnet werden. Auch ohne menschliche Eingriffe würde sich die Wurfstärke ohnehin durch Totgeburten oder Tod nach der Geburt im Mittel auf 6,08 Jungtiere reduzieren, wie Tab. 31 gleichfalls ausweist. Durch die zusätzliche *Tötungsmaßnahme* wurde aber die Wurfgröße weiter auf 5,23 gesenkt und somit beides, nämlich die Zahl verkäuflicher Hunde und das Geschlechtsverhältnis, in vereinspolitisch offenbar erwünschtem Sinne beeinflußt. Aus diesen Verhältnissen ließ sich nur folgende Forderung ableiten: Bei sichergestellter genügender Ernährung von Hündin und Welpen mußte es der Verein gestatten, mindestens 7 - 8 Jungtiere bei der Mutter zu belassen und weitere Welpen zur Ammenaufzucht freizugeben. Eine erwünschte Reduktion der Gesamtzahl eingetragener Hunde kann nur durch entsprechende *Zuchtbeschränkungen,* nicht durch Tötungsmaßnahmen erfolgen (S. a. D., 7). Letztere wirken sich auch im züchterischen Sinne negativ aus, da hier eine oft willkürliche menschliche Selektion die natürliche ersetzt.

Tabelle 32 Getötete, Totgeborene, Verendete im SV (in % der Gesamtgeburten)

	1968/1972		1976/77		Differenz	
	R	H	R	H	R	H
getötet	3,2	8,0	1,7	3,7	-1,5	-4,3
	zus. 11,2		zus. 5,4		-5,8	
totgeboren	5,5	3,3	5,9	4,6	+0,4	+1,3
	zus. 8,8		zus. 10,5		+1,7	
verendet	5,4	4,3	5,0	5,0	--0,4	+0,7
	zus. 9,7		zus. 10,0		+0,3	
insgesamt	29,7%		25,9%		-3,8%	
Wurfstärke	7,45		7,04			

Tab. 32 zeigt in einer Gegenüberstellung die natürlichen und induzierten Welpenverluste aus einer Zeit vor und nach Wirksamwerden des neuen Tierschutzgesetzes. Wie daraus hervorgeht, sind insgesamt 3,8 % weniger Gesamtverluste zu registrieren, vorwiegend durch einen Rückgang der Tötungen (um 50 %) in beiden Geschlechtern, naturgemäß bei Hündinnen am meisten zu Buche schlagend.

Dennoch nahm die Zahl jährlich eingetragener Hunde seit 1972 um nur 1000 zu, obwohl sich die SV-Mitgliederzahl zwischenzeitlich um 10 000 erhöhte. Dieses wird dadurch bedingt, daß die o.a. niedrigere Tötungsrate teilweise damit kompensiert wurde, daß die Zahl der »Totgeburten« und der »nach der Eintragung verendeten« Welpen – besonders im weiblichen Geschlecht – signifikant zunahm (Tab. 32). Den Kommentar dazu kann man sich ersparen.

Nach neueren SV-Statistiken (1987/88) wurde dieser Trend noch konsolidiert, jedoch zugleich geschickt kaschiert: Die »Verluste« betragen nur noch etwa 21 % im männlichen und 23 % im weiblichen Geschlecht, denn es werden offiziell keine mehr »getötet«; es wurden aber nur noch knapp 5 Welpen pro Wurf eingetragen. Denn in der mittleren Wurfstärke läßt der Deutsche Schäferhund plötzlich nach: Während jahrzehntelang (bis 1973) der Durchschnitt bei 7,4 – 7,5 lag, warfen die Deutschen Schäferhündinnen 1976/77 nur noch 7,0 Welpen pro Wurf, 1992 nur noch 6,7 (»Verluste« 18,8 %) – will man den Meldungen der Züchter glauben (3766). Und dies, obwohl diese Rasse eher dazu tendiert, größer und schwerer zu werden (4892) und die positiven Korrelationen zwischen Wurfgröße und Größe der Mütter gesichert sind – wie vorn sattsam diskutiert. Und wenngleich man dem SV fast dankbar dafür sein muß, daß er diese Zahlen in seinem Organ präsentiert – denn in anderen Vereinen, die sich mit der Zucht großer, wurfstarker Hunde befassen, sieht es nicht besser, sondern eher schlechter aus (S. a. C, Dt.Dogge!) – so ist dies doch eine eindrucksvolle Demonstration, wie man trotz neuer Gesetze alles beim alten Stiefel lassen kann, wenn man unbequemere Mittel zur Begrenzung der Zahl eingetragener Hunde nicht anwenden will oder kann: Nämlich eine schärfere Selektion unter Züchtern und Zuchtmaterial vor der Zulassung der Hunde zur Zucht (6075). Verantwortliche im SV zeigen hier bis heute wenig Einsicht (6203).

Wie sehr eine menschliche Auswahl oft durch Äußerlichkeiten und modische Strömungen beeinflußt wird, zeigt das *heutige Erscheinungsbild* des Deutschen Schäferhundes: Früher waren einfarbig graue oder schwarze Tiere noch relativ häufig, heute gehören sie mit Populationsanteilen unter 5 % zu den Seltenheiten (2094, 671) und das schwarz-gelbe Haarkleid steht als »modisch« im Vordergrund. Die im Volksmund auch »*Wolfshund*« genannte graue Variante ist jedoch nicht zu verwechseln mit Wolf/Schäferhund-Hybriden in Holland und der Tschechei, die wegen der schon genannten Schwierigkeiten, wegen der Unangepaßtheit wölfischer Verhaltensweisen an den Hausstand, keine weitere Bedeutung erlangten.

Die Veränderungen im Phänotyp des Schäferhundes blieben aber nicht auf das Fell beschränkt, sondern betreffen vor allem auch das *Gebäude*. Dieses wird in Abb. 44 aus der Gegenüberstellung der Umrisse des Siegers von 1929 (SV-Z. 63, 36) und eines als Spitzen-V-Rüden, Ia bezeichneten Tieres aus SV-Z. 82, 705 deutlich, die stellvertretend, wenngleich in betonter Form, die unterschiedlichen Zuchtziele repräsentieren. Sie waren über die Jahrzehnte hinweg keineswegs einheitlich (4693).

Während früher fast quadratisch gebaute Tiere (2196), insbesondere mit steilerer Nachhand und *gerade verlaufender Rückenlinie* das Bild bestimmten, wird in den letzten Jahren forciert auf eine »harmonisch *abfallende Rückenli-*

Abb. 44a Veränderungen im Zuchtziel beim Deutschen Schäferhund. Sieger von 1929

Abb. 44b Spitzen-V-Rüde, Ia, 1988 (SV-Z 82, 705)

nie« bei starker Winkelung der Hintergliedmaße und Ausbildung langer Röhrenknochen sowie rückwärts verlagerter Fußung gezüchtet (3968). Als Begründung gilt, daß von steilgestellten Hunden wenig Ausdauer und Raumgriff sowie kraftlose Bewegungen zu erwarten wären (3339, 3236). Auf die hier angesprochene Problematik, insbesondere hinsichtlich einer möglichen Förderung der HD-Anfälligkeit durch das heute angestrebte Zuchtziel, wurde bereits im Teil B hingewiesen. In der Tat erscheint dem unvoreingenommenen Betrachter das in Abb. 44 unten gezeigte Tier eher als zur Lendenlahmheit und »kraftlosen« Bewegung prädisponiert als der oben abgebildete, stabil auf vier Beinen stehende Hund, dem allerdings die elegant abfallende Rückenlinie fehlt. Diese findet bei vielen Züchtern offenbar soviel Gefallen, daß sie sie durch »Auseinanderreißen« der Tiere bei der Standphotographie oder gar durch Photographieren am Berg noch mehr betonen. Die Durchsicht des Bildmaterials der letzten SVZ-Ausgaben zeigt, daß sich daran trotz mehrfacher Ermahnung durch den 1. Vorsitzenden Dr. Rummel (4891, 4893) nicht viel änderte, im Gegenteil: Auch der neue Vereinsvorstand trägt weiter schwer an seinem Brett vorm Kopf (1882). Kritiker werden als »Gegner des Hundewesens« diffamiert und alle Verzüchtungen und Degenerationen wären nur »behauptet« (Martin, 1986). Jüngst ergaben sich jedoch Anklänge von Einsicht (4480). Denn schon v. Stephanitz prangerte den *»hyänenhaften« Hund* mit abgeschlagener Kruppe und zur Täuschung herausgestellter Hinterhand an; es wurde auch versucht, ein möglichst objektives Meßverfahren zur Erfassung dieser Winkelung zu erarbeiten (3621). Andrea Heckler (1994: Diss. Hannover) konnte damit zeigen, daß das Sprunggelenk des Dt. Schäferhundes heute um sage und schreibe 36° stärker gewinkelt ist als beim anderen Extrem, dem Chow-Chow. Aber auch Kliniker haben für solche dem Tierzüchter oft selbstverständlichen Aspekte so gar kein Verständnis (979). Dieses leitet über zu der erblich-dispositionellen Erkrankung, welche für den Deutschen Schäferhund trotz seit 1966 datierenden Gegenmaßnahmen immer noch ein großes Problem darstellt: die *Hüftgelenksdysplasie.*

Ursächlich bei dieser angeborenen Anomalie bzw. Entwicklungsstörung sind nicht zur optimalen Form reifende Gelenkpfannen und Femurköpfe (1216, 552), die im Verein mit oder ausgelöst durch Schlaffheit von Band und Kapsel (5048, 4601) eine Insuffizienz dieses Nußgelenks bedingen (3242).

Die anomal *lose Artikulation* (5024) führt zu einer Verformung des Caput femoris (4996), zu Osteoarthritiden, Kapselfibrosen (Prokollagen-Nachweis!, 3704), Arthrosen und im Extremfall zur *Luxation* mit oder ohne Ausbildung einer Pseudarthrose (4170, 4006). Als ätiologisch bedeutsam werden ferner genannt: Zucht auf frohwüchsige, überschwere Individuen (4745, 2969, 5902), ungenügende Ausbildung des das Gelenk umgebenden Muskel- und Bindegewebes (4741, 4746, 2851, 2852, 2853, 2854), neuromuskuläre Veränderungen (573, 4176), hormonelle Imbalancen (115, 4475, 2384, 3057, 2385), sowie Komponenten der Synovialflüssigkeit (1424). Die von Smythe (1970) als ursächlich inkriminierte abfallende Rückenlinie und starke Winkelung langer Röhrenknochen der Hintergliedmaßen, welche vermehrte Exkursionen des Oberschenkelkopfes bei der Bewegung bedinge und somit Prädispositionen schaffe, scheidet als primäre Ursache wohl aus, da z.B. bei dem sehr quadratisch gebauten Norwegischen Elchhund HD mit 27,6 % in hoher Frequenz vorkam (3413). Es ist jedoch nicht auszuschließen, daß das o.a. Zuchtziel des Schäferhundes ein gravierender Faktor bei bereits vorliegender leichter HD sein könnte. Auch der kynologisch interessierte Agrar-Genetiker Willis (1981), der dies vehement bestreitet, räumt ein, daß eine abgeschlagene Kruppe und überwinkelte Gliedmaßen zu beanstanden sind. Und es ist auch nicht möglich, diesbezüglich Vergleiche zu ziehen zwischen den extrem leichtgebauten Greyhounds und dem Dt. Schäferhund (6263, 6264, 3027, 3028, 3029): Kreuzungen zwischen beiden Rassen würden offenbar keine Verbesserung der Situation ergeben (1187). Inwieweit fragliches Zuchtziel die vorwiegend beim Dt. Schäfer beschriebene *Cauda equina* (»Hammelschwanz«-Syndrom) begünstigt, ist nicht bekannt (1870, 5039).

Die *röntgenologische Beurteilung* des Hüftgelenkes, der man eine höhere Verläßlichkeit als anderen diagnostischen Methoden nachsagt (1401, 5701), erfolgt nach der Anleitung von Müller u. Saar (1966) unter Rückenlagerung, Streckung und exakt paralleler Lagerung der Oberschenkel bei streng symmetrischer Aufnahme, die Klassifizierung der vorgefundenen Verflachungsgrade oder Subluxationen nach dem – durchaus nicht einhellig applaudiertem (4043) – Prinzip von Norberg-Olsson (2522, 3591, 1052, 1053, 985). Auch andere Methoden (553, 5093, 5144, 5145, 4911, 5293, 5073) sowie die Möglichkeit einer Frühdiagnose durch »Vorröntgen« und Palpation (2194, 2234, 6368, 3197) wurden erprobt oder haben sich teilweise bewährt (2048). Schawalder (1990) weist auf *rassische Besonderheiten* in der Gelenkwinkelung hin, die zu beachten seien, um iatrogene Befunde zu vermeiden; doch auch dies wird kontrovers diskutiert (3589). Neben der klinisch üblichen Einteilung in vier Schweregrade (5776) hat sich die Bezeichnung »a« für alle Hunde eingebürgert, welche frei von HD, verdächtig oder leicht befallen sind. »Dabei ist der Begriff »verdächtig« der Notbehelf des unentschlossenen Beurteilers, und es kommt vor, daß der gleiche Hund von verschiedenen Beurteilern als frei, verdächtig oder Grad I eingestuft wird (4558)«. Daneben unterscheidet man »mittlere« und »schwere« Fälle. Positive Röntgenbefunde gehen jedoch vielfach nicht oder noch nicht mit Lahmheit oder Leistungsbeeinträchtigung einher (6007, 4050, 4005, 617, 4044). Andererseits hatten 25 % der Hunde mit negativem Röntgenbefund einen positiven pathologisch-anatomischen Sektionsbefund (3662). Dieses trägt dazu bei, daß Selektionsmaßnahmen in Züchterkreisen oft mit Zurückhaltung begegnet wird (3784), doch wurde auf die mittelgradige Heritabilität der HD schon in C hingewiesen. Sie ermöglicht und rechtfertigt eine Zuchtwahl auf HD-Freiheit, wie sie seit Jahren in den meisten Clubs der betroffenen Rassen betrieben wird.

Dabei ist sicher richtig, daß mit ein *Selektionsprogramm* auf freiwilliger Basis, welches auch mittlere Grade der HD noch zur Zucht zuläßt, nur eine allmähliche Verdrängung dieser Erkrankung aus den Zuchten zu erreichen ist (5904), ungünstigstenfalls ein Festschreiben des Status quo (6008). Auch in der Schweiz war zunächst trotz fünfjähriger Selektion der Befall nicht wesentlich zurückgegangen (2924). Wollte man jedoch neben schweren und mittleren auch leichte Fälle von der Zucht ausschließen – eine sicher sehr effektvolle Methode (3831, 5905, 4744, 976) – so würden die Basis der Zuchtarbeit zu schmal und andere Selektionsmerkmale darüber vernachläsigt werden. Ein weiteres Anziehen der Selektionsschraube scheint jedoch vertretbar (891), z.B. eine zusätzliche Kennzeichnung und Herausstellung wirklich HD-freier Tiere, wie z.T. bereits praktiziert (»normal«), sowie eine Überprüfung des Standards angezeigt, der weniger Wert auf gefällige Linie und mehr Betonung auf Stabilität und Standfestigkeit legen sollte.

Erste Erfolge der Propagierung und Anwendung solcher Zuchtvorhaben zeichnen sich ab: Ein langsamer, aber stetiger Fortschritt, eine Zunahme HD-freier Tiere und eine Abnahme schwerer Fälle wird von fast allen Vereinen gemeldet, die seit Jahren eine Selektion betreiben, so vom SV bei uns und in der Schweiz (4892, 2056), auch aus Skandinavien und Israel (2594, 575), insbesondere seitdem bei solchen Zuchtmaßnahmen HD-Unterlagen über Vorfahren vorliegen, zu der Massenselektion eine wesentlich effektivere *Zuchtwertschätzung* über die Nachkommensprüfung tritt (4602, 6261, 3541), der »Progenie«-Test, wie Brass (1987) ihn nennt. Niemand kann heute mehr behaupten, die meisten Dt. Schäferhunde hätten HD (4740): Es wurden 24 % in der BRD, 25 % in den USA genannt und 38 % in Ungarn (4749, 4912).

Seit 1966 konnte an 183 827 Hunde im SV das »a« vergeben werden; und eine Zuchtbewertung V können nur Tiere erhalten, denen das »a« zuerkannt wurde (4892); wenn man allerdings berücksichtigt, daß davon im Mittel nur ca. 38 % »a-normal« waren, der Rest aber »fast normal« und »noch zugelassen« (leichte HD), so verdunkelt sich das Erfolgsbild wieder.

Es ist aber zu konstatieren, daß die o.a. Beziehungen zwischen Körperbau und HD-Frequenz (4749) jetzt mehr Beachtung finden, die Zucht eines im Skelett zu raschwüchsigen, überschweren Typs bei gleichzeitig mangelhafter Bemuskelung nicht länger erstrebt wird. In der Tat wurden bei SV-Siegerprüfungen große und übergroße Hunde nur selten gesehen (2418, 1012). In diesem Zusammenhang sei daran erinnert, daß bei mittlerem Erblichkeitsgrad etwa 50 % der Variationen in der Defektmanifestation durch zufällige oder systematische Umweltfaktoren bedingt werden (Haltung, Füttterung, Untersuchungsfehler etc.): Eine entsprechend zusammengesetzte Ad-libitum-Fütterung, »*ein maximales Wachstum ist nicht vereinbar mit optimaler Skelettentwicklung*« (3079, 3080, 3081, 3902, 5636, 5637, 3666). Dies scheint sich sogar an »Gefangenschaftswölfen« zu bestätigen, gilt nach Aussage anderer Autoren aber nur für HD-disponierte Rassen (5823). Daher könnte umgekehrt auch durch entsprechende Maßnahmen der Ernährung und Haltung u.U. eine Verschleierung der genetischen Disposition erfolgen, die Selektionen unwirksam macht. Dies mag auch für die durch Belfield (1976) beschriebenen, angeblichen Effekte hoher Vitamin-C-Gaben gelten, obgleich diese weiterer Absicherung bedürfen, da von anderen Untersuchern Vitamin- oder Mineralstoffmangelzustände als nicht beteiligt erkannt wurden (3663). Eine straffe Kopplung zwischen Temperament und HD-Grad scheint dagegen unwahrscheinlich, wenngleich nicht undenkbar (2593, 3690), ebenso Trainings- und insofern auch saisonale Effekte (2472). Es ist jedenfalls sicher richtig, einer Durchleuchtung mitursächlicher Umweltfaktoren künftig mehr Beachtung zu schenken (3665), ohne die eugenischen Gefahren solcher Zielsetzungen dabei zu übersehen, und ohne nun die gesicherte genetische Komponente ganz leugnen zu wollen (3058). Im übrigen sind stets andere, z.T. gleichfalls familiär gehäuft auftretende Nachhandlahmheiten von HD differentialdiagnostisch abzugrenzen (1693).

Die »Dysplasiesorgen« der Schäferhundzüchter sollen nicht darüber hinwegtäuschen, daß diese Krankheit auch in anderen großen und schweren Rassen verbreitet ist (2844). Selbst bei 9 von 14 in Gefangenschaft lebenden Dingos war sie anzutreffen (1269). Insbesondere Bernhardiner und Sennenhunde, Neufundländer, Rottweiler, Boxer, Deutsche Doggen, Retriever und Leonberger sind betroffen und es werden Frequenzen zwischen 12 und 60 % genannt (2646, 574, 5719, 3769, 3105). Doch auch beim Hovawart rechnet man damit, daß durch planmäßige Selektion erst allmählich der Befall auf einen unbedeutenden Wert zurückgehen wird (4955), was entgegen früheren Darstellungen (4954) auf einen beträchtlichen Prozentsatz in dieser Rasse schließen lassen mag. Dies deckte sich mit Befunden aus der DDR (6212). Hier wie dort – auch in anderen Rassen -, scheinen die Selektionsmaßnahmen zu greifen (5906, 6073, 4056, 977, 4060, 4956).

Wie der SV, so sehen sich auch die Züchter dieser Rassen vor der Notwendigkeit, einen vernünftigen Kompromiß zwischen HD-Programmen und der Zuchtwahl auf andere Eigenschaften zu finden (206). Wie die Verhältnisse bei Boxern zeigen (S. dort), waren auch in dieser Rasse unter den 3972 geröntgten Nachkommen von 95 Rüden mit HD-positivem Befund nur 49 % o.b. Einige ausländische Gegenmaßnahmen krankten in der Vergangenheit offenbar daran, daß sie zuwenig differenzierten, also nur »Kranke« und »Gesunde« unterschieden (157, 207). Damit wurde der diagnostische Spielraum eingeengt und der Wert des Dokuments erhöht (3445), der Züchter aber unnötig verschreckt und zu Ausweichmanövern gezwungen. Zudem lassen sich englische Züchter beispielsweise nicht so bürokratisieren und disziplinieren wie hierzulande die SV-Leute durch ihren Verein. Es führte aber dazu, daß trotz zwölfjähriger Anwendung des »HD-Scheme« im U.K. die Frequenz dieses Defekts nicht zurückging (207). Jedoch sind sinkende HD-Häufigkeit auch bei uns nicht unbesehen als züchterischer Erfolg zu werten, sondern signalisieren oft nur eine stärkere Problembewußtheit bei Züchtern und Besitzern: Tiere mit schweren Veränderungen – über die man sich anderweitig Gewißheit verschafft – werden gar nicht erst zur offiziellen Untersuchung vorgestellt und können so zur Verfälschung und Fehlinterpretation von Statistiken und zu h^2-Werten bei Null führen (1587, 4043, 5510). Darüber wissen in solche »Vereinsmeiereien« involvierte Röntgen-Tierärzte ein leidvolles Lied zu singen(2523). Allerdings beinhaltet auch ein solcher Vorgang auf lange Sicht einen günstigen Selektionseffekt. Denn es hieße die Ironie überziehen, wollte man sagen, HD habe in vielen Rassen abgenommen, obwohl dagegen selektiert wurde (5907). Die bei einigen bewußt geförderte Zucht auf einen überschweren, schnellwüchsigen Typ (1574) sollte jedoch grundsätzlich revidiert werden. HD kommt in kleinen und leichten Rassen (6158), z.B. bei Windhunden, offenbar seltener vor: Von in zwei Jahren geröntgten 72 Windhunden waren 58 hd-frei, 7 hd-verdächtig, 6 leicht befallen, und nur einer mit mittelgradiger HD behaftet. Diese 14 Fälle kamen kennzeichnenderweise aus der Afghanen- und Irischen Wolfshund-Zucht, die noch am ehesten die äußere »Schönheit« zum Ideal erklärt (4821, 11), und vermehrt auf die Größe achtet. 1982 wurde daher die Röntgenpflicht für Windhunde wieder aufgehoben.

Priester und Mulvihill (1972) halten das Risiko sehr großer und großer Rassen, an HD zu erkranken, für 50 - bzw. 20mal größer als bei kleinen und mittelgroßen. Riser und Larsen (1975) kamen zu ähnlichen Ergebnissen, betonen jedoch wie Freudiger u. Mitarb. (1976), daß etliche mittlere und kleine Rassen diese Regel durchbrechen können. Dies scheint für manche (4005, 4536), aber nicht alle Beagle-Linien zuzutreffen (3664). Dagegen zeigt eine doch recht große, aber scharf auf Gebrauchszweck gezüchtete Rasse wie Deutsch-Drahthaar – ähnlich wie andere Jagdhunde (1368) – mit 17 % eine nur moderate Disposition (6433). Hier wird ein Dilemma moderner Hundezucht in einer Gesellschaft mit veränderer Einstellung zum Tier deutlich: Es wird heute nicht mehr akzeptiert, den Gebrauchszweck, den Nutzeffekt allein zum Kriterium für Sein oder Nichtsein des Tieres zu erheben, und rücksichtslos alles über die Klinge springen zu lassen, was ihm nicht entspricht. Vielmehr muß der mühseligere Weg der Zuchtwahl und Zuchtbeschränkung beschritten werden. Die Tierwelt rächt sich sonst an kalten Rechnern; zwar nicht so direkt wie bei Patricia Highsmith (»Hamster contra Webster«), sondern über eine umweltbewußte Lobby. Man denke nur an die »KZ-Hühner«.

Abschließend zur Hüftgelenksdysplasie sei noch erwähnt, daß *Pektinektomie* bei hüftlahmen Hunden erstaunliche Besserung bringen kann (4725, 1186, 47) und als Alternative zur Euthanasie nicht unversucht bleiben sollte (1540). Auch die Arthroplastik wurde beschrieben (1686, 2268). Angeborene Dysplasien bzw. die durch sie verursachten Gesundheitsstörungen sind somit vielfach durch chirurgische und medikamentöse Behandlungen durchaus therapierbar – »nicht heilbar« (1372) ist lediglich die vererbte genetische Disposition.

Eine weitere Gelenkserkrankung, für welche eine fast noch stärkere Disposition des Deutschen Schäferhundes beschrieben wurde (4491), die aber nicht so häufig ist wie HD, ist die *Ellbogengelenksdysplasie,* oder besser: die Osteochondrose des Ellbogengelenks (3579, 3580, 6133). Sie kann hervorgerufen werden durch einen isolierten Processus anconaeus (5691), eine Patella cubiti (5863), Olecranon-Loslösung (3568) oder durch einen isolierten medialen Epicondylus humeri (O.D.C. = Osteochondritis dissecans cubiti, 5981), doch scheint ersteres die häufigste Ursache zu sein (2333, 1577). Diese losen Knochenteile wirken wie Fremdkörper im Gelenk und können letztlich eine *Arthrosis deformans* verursachen (961), wenn sie nicht entfernt oder fixiert werden (5308, 2672). Der Processus anconaeus des Deutschen Schäferhundes besitzt ein eigenes Ossifikationszentrum (1367, 2460), das erst später als in anderen Rassen (5288), in krankhaften Fällen aber gar nicht den Anschluß an die Ulna gewinnt, so daß eine wenig belastungsfähige knorpelige Zone dazwischen bestehen bleibt. Wenngleich diese Erscheinungen öfter auch in Bassets (4577, 2575), sowie in anderen größeren Rassen, versprengte Verknöcherungskerne z.B. auch bei Rottweilern (6417), beschrieben wurden (4770, 4969, 2478, 6280, 3789, 2338, 4351, 6281, 6282, 3184), so scheint doch neben der Disposition des Deutschen Schäferhundes eine familiäre Häufung auf eine erblich-dispositionelle Basis hinzudeuten (6153, 1197, 1369, 2337). Rüden sind öfter betroffen als Hündinnen (2334, 2335, 3536). Bei der Häufigkeit von HD wundert es nicht, daß Ellbogen- und Hüftgelenksdysplasie gemeinsam auftreten können (5193). In einer Retrieverpopulation schätzte man die Heritabilität dieser *Osteochondrose* auf 45 – 77% (2390); andere kamen auf etwas niedrigere Werte (5558). Gerade auch bei Retrievern sei in den letzten Jahren eine Zunahme zu beobachten gewesen (4706, 3914); Berner Sennenhunde und Neufundländer sind gleichfalls betroffen und in Rottweilern errechnete man einen Erblichkeitsgrad von 10,4 % (über die väterliche Komponente, 2340).

Andere Erkrankungen, die bisher vorwiegend oder ausschließlich beim Dt. Schäferhund gemeldet wurden, sind eine *Keratitis superficialis chronica* (5833, 89, 5838, 1296), welche meist beidseitig als roter Fleck (Pannus) im äußeren, unteren Quadranten des Auges beginnt (5469), und – wenngleich ätiologisch ungeklärt (Zugehörigkeit zum Immunkomplex vermutet, Kortikoide bzw. Operation empfohlen, 4438, 702, 535, 5337, 3269, 1749, 5463, 1884, 3460, 4421, 4449) – als rassespezifisch bezeichnet wird (90), sowie eine relativ seltene *Panostitis* (2121, 1003, 5460, 1218, 3536), auch Enostosen (6336) und eine *Myositis eosinophilica* (3338, 3559). Letzere ist besonders in der Kaumuskulatur lokalisiert und es wird gleichfalls eine Autoimmun-Ursache vermutet (1188); sie wurde in Dobermännern und Samojeden ebenfalls vermehrt gesehen (1044). Die Keratitis ist nur symptomatisch zu therapieren (1631); erbhygienische Gesichtspunkte wurden bislang nicht verfolgt, man nimmt jedoch Rezessivität an (4878). Es kamen auch Fälle in Greyhounds, Airedales u.a. zur Beobachtung (4417, 5644, 4878). Der Dt. Schäferhund scheint zudem eine erhöhte Frequenz von dermoid-ähnlichen Palpebral-Hypertrichien am lateralen Canthus zu besitzen (4878), sowie generell zu *Kerato-Acanthomen* (3709) zu neigen.

Ferner zeigt der Deutsche Schäferhund wegen seines *breiten Schwanzansatzes* bei hängender Rute und des dadurch bedingten ständigen Fäzes-Films im Perianalbereich und wegen seiner generellen Bereitschaft zu Pyodermien (6305, 5156) eine Tendenz zu *Perianalfisteln* bzw. Perianalfurunkulose (3498, 3393, 2803, 1113, 2073, 1934, 6160). So waren von 83 Fistel-Patienten innerhalb von 5 Jahren 76 Schäferhunde, obwohl ihr rassischer Anteil am Gesamtpatienten-Bestand nur 16 % ausmachte (2528). Außer neuerdings auch in King Charles Spaniels und Irish Settern, werden sie in anderen Rassen sehr selten konstatiert (1266, 507, 3143) – und sind auf Dauer nur operativ anzugehen – bis hin zur Schwanzamputation (3779). Die »hochgradige Disposition« des Schäferhundes zu ausgebreiteten, tiefen, nicht selten lebensbedrohenden *Pyodermien*, eitrigen Hautentzündungen, gehe aus Klinikaufzeichnungen hervor (3683, 4067, 3779, 6377, 3309) und scheint sich auch in Praxisstatistiken zu bestätigen (3928); man vermutet erbliche Immunschäden (1311, 3940, 2435, 2436, 542); auch Flohallergien können offenbar zur Symptomatik beitragen (6308).

Freudiger (1971) vermerkt, daß der Deutsche Schäfer bei der recht seltenen, mit Heißhunger und Abmagerung einhergehenden *chronischen Pankreatitis* überrepräsentiert sei (2051). Bei dieser auch in relativ jungem Alter durch nichtentzündliche Atrophien ausgelösten Insuffizienz der Bauchspeicheldrüse und sekundären Darmschleimhautveränderungen (5388) werden genetische Faktoren vermutet, möglicherweise rezessiv-autosomaler Erbgang (2049, 2050, 2053, 6052). Dies glauben auch andere Autoren (6164, 6165, 4738, 4631). Die *Pankreasatrophie* tritt noch seltener in anderen Rassen auf, z.B. Collies (4530, 2702, 6166, 6167, 4473, 2459); subklinische Formen kommen vor (6168, 2054), diätetische Therapievorschläge werden gemacht, und es bestehen gute Diagnosemöglichkeiten (781, 6300, 641, 5961, 6248, 5298, 3116, 1538, 6413, 3767); aber es macht schon betroffen, wenn in einem »Waltham-Report« (Fertigfutterhersteller, 1992) die genetisch-züchterischen Aspekte voll unterschlagen werden. Das ebenfalls vermehrt in Dt. Schäferhunden observierte *SIBO* (Small intestine bacterial overgrowth) kann zu ähnlichen Symptomen führen, jedoch ist die Pankreasfunktion normal (646, 647).

Vereinzelt auftretende *Blutgefäßtumore* (Hämangiome) in Haut, Herz, Leber und Milz sollen gleichfalls vorzugsweise in Schäferhunden aufscheinen (4544, 4399, 5563, 484, 4871, 5425, 4569, 4157, 3685, 2148), was auch für Mesotheliome gilt (3628, 2042). Und über eine mit Lähmung und Darmstörung einhergehende Myelopathie wird noch gerätselt (240, 5879, 6247, 1849, 3607). Möglicherweise bestehen Querverbindungen zu der seltenen, bisher aber nur bei Dt. Schäferhunden beschriebenen, mit Nachhand- und Speiseröhrenlähmung verbundenen *axonalen Neuropathie,* die familiär auftritt (1690, 1692, 1693). Analoge Rückenmarkserkrankungen wurden aus anderen, vorwiegend großen Rassen gemeldet (783, 373, 5896), dies gilt auch für Cauda equina (CES). Auch die Calcinosis circumscripta oder *Kalkgicht,* relativ selten gesehene, knotige Kalkablagerungen, aber auch *dermatofibrotische Kollagen-Naevi* in bradytrophem subkutanen Gewebe (675, 5892, 2994, 526) werden außer bei Dt. Schäfern auch in anderen großen Rassen, z.B. beim Irischen Wolfshund und bei der Dt. Dogge, hin und wieder beobachtet (4324, 1951). Die Kalzinose tritt überwiegend plantar und distal vom Tarsus auf, seltener mit Herden in der Zunge oder im Wirbelkanal (5187, 1635, 3845, 626, 3505), d.h. mit Vorliebe in Zonen häufiger traumatischer Irritationen. Somit mag auch das permanente Anlegen tierschutzsuspekter Stachelhalsbänder gerade beim Schäferhund eine »rassische Disposition« zur Calcinosis bzw. Myositis ossificans im Halsbereich bewirken (2112). Auch generalisierte Haut-Kalzinosen werden gesehen (2304).

Der in Deutschen Schäferhunden sporadisch auftretende, nach Andersen (1978) und Nicholas (1978) rezessiv vererbte, *hypophysäre Zwergwuchs* ist keine besondere Disposition dieser Rasse, sondern tritt mutationsbedingt auch in anderen Rassen auf (S. a. Tab. 28). Ähnliche Erscheinungen in Karelischen Bärenhunden müssen nicht durch »Infektion« dieser Rasse mit Dt. Schäferhunden zustandegekommen sein (118). Diese Verzwergung wird durch zystische Entartung oder Abwesenheit der Adenohypophyse und entsprechende Hormonausfälle bewirkt (1755, 51, 4064, 6412) und führt auch zu abnormem Haarkleid (1750). Es ist jedenfalls nicht mit chondrodystrophem Zwergwuchs identisch, wie er gelegentlich auch aus Schäferhunden beschrieben wird (4756). Fließende Übergänge zur Norm kommen vor (4641).

Ausländische Schäferhunde spielen bei uns bis auf wenige Ausnahmen

Abb. 45 Tervueren – langhaariger, quadratischer Vetter des Dt. Schäferhundes.

eine untergeordnete Rolle. Daher soll hier nur das Wissenswerteste über einige bekanntere Rassen referiert werden. Nahe Verwandte des Deutschen Schäferhundes, die belgischen Rassen Tervueren, Malinois, Groenendael und Laekenois sind im ganzen hochläufiger, schlanker und quadratischer gebaut. Ihre Rückenlinie verläuft im wesentlichen horizontal. Von 218 bis 1984 geröntgten Belgiern waren 160 HD-frei, d.h. 73,4% – ein deutlich günstigerer Prozentsatz als beim Dt. Schäfer. Die Behaarung des Tervueren (Abb. 45) entspricht in etwa der des sogen. »altdeutschen«, langhaarigen Schäferhundes, der hin und wieder auch in Würfen Dt. Schäfer fällt (S. a. Vererbung Haarlänge) und, weil nicht dem Standard entsprechend, eliminiert wird. Es gibt jedoch »Dissidentenvereine«, die diesen ansprechenden Typ betreuen. In Malinois-Würfen fallende Langhaarige werden denn auch zur Verbesserung des Gebrauchswertes bei Tervueren züchterisch genutzt. Ein genetischer Pigmentverlust am Kopf scheint in einigen Belgierlinien ein Problem zu sein (Vitiligo; auch aus anderen Rassen berichtet; 5165, S.a. Abb. 36). Daher bemühen sich Genetiker neuerdings um Erkenntnisse zur Farbvererbung bei dieser Rasse (4809).

Die Holländischen Schäferhunde sind hierzulande noch weniger bekannt; die braungestromte, stockhaarige Variante mag bei Unbedarften Assoziationen an gestreifte Hyänen wecken. Über Erkrankungsdispositionen wurde bei Belgischen Schäferhunden bislang wenig bekannt, zumindest bei uns, denn die Nachrichten des zuständigen Klubs im »UR« sind, was Zuchtprobleme betrifft, ziemlich nichtssagend. Das bedeutet nicht, daß sie keine haben, und ist auch nicht allein redaktionell aus Platzmangel erklärbar. So berichtete v.d. Velden 1968 über gehäuftes Auftreten zentralnervöser Störungen beim Tervueren, die sich in *»Anfällen«* äußerten.

Er vermutete eine genetische Basis, da sich gemäß einer Umfrage bei Besitzern deutliche Unterschiede in der Befallsfrequenz je nach Paarungstyp ergaben. Paarte man disponierte Hunde, so zeigten 85% ihrer Nachkommen »Anfälle«, war nur ein Elternteil behaftet, so kam man auf 67 %. Bei Unverdächtigkeit der Eltern registrierte man nur 4% in der Nachkommenschaft.

Erbliche Einflüsse bei *epileptiformen Anfällen* wurden auch in anderen Rassen dingfest gemacht. So sollen in England die meisten Fälle von Epilepsie bei Dt. Schäferhunden auf einen Rüden (Ingosohn of Errol) zurückgehen und über seine Nachzucht auch nach Neuseeland eingeschleppt worden sein (3437). Dies wird durch neuere Untersuchungen an Schäferhunden bestätigt (1844), die eine mit dem Inzuchtgrad steigende Frequenz von Anfällen in jugendlichem Alter sowie den Einfluß bestimmter Ahnen und einen Überhang von Rüden sicherten (1854). Es scheint, daß in bestimmten Hirnregionen primär epileptischer Hunde die anfallauslösende Schwelle für gewisse Reize (Aktivität, Licht, Lärm, Chemikalien, Trauma) niedriger ist als in normalen (6208, 4654). In der Tat muß es neben vielen *nichterblich* verursachten epileptiformen Störungen extra- und intracranieller Genese (Hypoxie, Bleivergiftung, Neoplasmen, Trauma, Enzephalitis etc., 6102, 3930) idiopathische, genuine Formen geben (1848, 1852), die offenbar erblich beeinflußt sind (1436, 1466, 3770, 3773). So waren bei 46 von 70 »epileptischen« Hunden, von denen 50 ein abnormes interiktisches EEG zeigten, keine exogenen Ursachen, in zwei Hundefamilien dagegen deutliche Anfälligkeiten erkennbar (2752). Spezifische pathologisch-anatomische Veränderungen im Gehirn fehlen dabei öfter (4334).

Ähnliche, familiär gehäuft auftretende, enzephalitisbedingte Epilepsien wurden beim Keeshond, einem dem Wolfsspitz nahestehenden niederländischen Spitz beobachtet (1417, 140), während nach Aussagen von Knecht und Small (1968) und aus anderen statistischen Erhebungen hervorzugehen scheint, daß Pudel (S. a. dort) die Liste hinsichtlich epileptischer Dispositionen anführen (1416, 2752, 983). Auch Boxer erscheinen überrepräsentiert (6057), was in Anbetracht ihrer unter B erwähnten Neigung zu primären Geschwülsten des Zentralnervensystems nicht überrascht. Doch wird mehrfach darauf hingewiesen, daß besonders bei kurzköpfigen Hunden öfter ausgeprägte *Sinusarrhythmien* angetroffen wurden, sowie andere Herzfehler, welche sogen. Adam-Stokesche, d.h. kreislaufkollaps-bedingte Anfälle bewirkten, die einer »Epilepsie« ähnelten (1929, 5784).

Größere Unterschiede hinsichtlich der Zahl registrierter epileptiformer Anfälle wurden auch zwischen den Nachkommenschaften verschiedener Beagle-Rüden ermittelt (786, 1727, 1437). Bei solchen Beagles waren charakteristische Hirnläsionen, z.T. zudem biochemische Besonderheiten, objektivierbar (3988, 2166). Insgesamt soll die »Epilepsie«-Rate der des Menschen etwa gleichen (5136; über 500 000 Bundesbürger leiden an chronischer Epilepsie, 2913, 6102). Wenngleich Schätzungen des *Erblichkeitsgrades* bislang ausstehen und postulierte Mendelerbgänge wenig gesichert sind (1418), so erhellt doch aus den genannten Untersuchungen, daß es beim Hund, ähnlich wie beim Menschen, genetisch beeinflußte Epilepsieformen geben muß. Solche Ansicht vertritt auch Fankhauser (1977) in seiner Übersicht über die primären und sekundären Epilepsien des Hundes. Er betont mit Recht, daß diese erblich geprägten Formen – auch in Linien des Collie beschrieben (5857, 5858; »die bloße Erwähnung des Wortes in Zusammenhang mit dem Collie hat hohe Wellen geschlagen«, 275, 277), sowie in Spaniels (5011, 3618) – weniger ein Rasseproblem als vielmehr ein Problem bestimmter Familien bzw. Linien innerhalb Rassen darstellen, und in Ausnahmefällen schon sehr früh im Welpenalter auftreten können (2183). Jedoch sollten metabolisch, toxisch, hypoxisch, traumatisch oder viral bedingte Ausfallserscheinungen stets differentialdiagnostisch in Betracht gezogen werden. So weisen Oliver und Hoerlein (1965) darauf hin, daß die Frequenz »idiopathischer« Fälle nachgelassen habe, seit die Diagnostik der exogen bewirkten verbessert wurde, wozu nicht zuletzt die Weiterentwicklung der Elektroenzephalographie beitrug (3177, 4663). Gerade bei Viruserkrankungen ist oft wegen der vertikalen Übertragung die Objektivierung erblicher Komponenten erschwert (6102). In diesem Sinne ist auch der Keeshond heute wieder weitgehend entlastet (5992); ähnliches dürfte für analoge Vorkommnisse in Mopsfamilien zutreffen (1359, 4534). Wie schwierig es ist, in Zusammenarbeit mit Züchtern diese Problematik anzugehen, zeigen jüngste diesbezügliche Versuche bei Gr. Schweizer Sennenhunden (3952). Jedenfalls sind Ehrlichkeit der Züchter, genauer Vorbericht, präzise Befunderhebung (Symptomatik, Verwandtschaft) und Untersuchung (EEG) unerläßlich für Prognose, Therapie und Zuchtentscheid (1419).

Einmal wurden Anfälle und neurologische Auffälligkeiten auch durch einen ins Gehirn eingewanderten, zentimeterlangen Pin aus einer Beckennagelung verursacht (4914), ein anderes Mal durch den in den Hinterkopf gedrungenen Stachel eines Stachelschweins (1483). *Erbliche Fälle* und *staupebedingte* treten im Gegensatz zu anderen schon in jüngeren Jahren auf, erste sind aber in den Pausen meist symptomlos, letzte progressiv (5877, 104). Auch lysosomale Erkrankungen sind als Ursachen für Epilepsien in Betracht zu ziehen (*Laforasche Myoclonien* etc., 4332, 2934). Katzen seien weniger anfalldisponiert (975). Es werden verschiedene Präparate zur symptomatischen Therapie primärer Epilepsien vorgeschlagen (3545, 778, 1773, 5133, 6176, 1855, 1422). Ein gesunder, trainierter Hund schließlich kann umgekehrt zum *Vorwarner* für seinen epileptischen Besitzer werden, wenn diesem ein Anfall droht (5395, 1736).

Schlußendlich zu den Niederländischen Schäferhunden sei erwähnt, daß familiäre Formen des *Magenkrebses* in einer Groenendael-Linie in Italien beschrieben wurden (4968); Kennel-Effekte evaluierte man jedoch nicht. Immerhin sind genetische Veranlagungen zu Magen-Darm-Geschwülsten, ist umgekehrt das »Gastarbeiter-Ulcus« von Italienern in der Fremde bekannt (6102).

Die *französischen Schäferhunde* besitzen im wesentlichen nur lokale Bedeutung. Von ihnen wurde der Beauceron, jener auch Bas rouge (»Rotstrumpf«) genannte, kurzhaarige, schwarzlohfarbene Berger de Beauce bereits wegen seiner *obligatorischen Wolfskrallen* (auch beim Briard, der langhaarigen Variante!) flüchtig erwähnt. Selbst ein sehr schönes und typvolles Tier, das diese Bedingung nicht erfüllt, darf nicht zur Zucht zugelassen werden = totale Vereins- und Standardidiotie (4049). Daß in diesen Rassen auch hin und wieder – neben der diskutierten Merle-Problematik – durch erbliche Retinaveränderungen hervorgerufene Erblindungen vorkommen, bedarf keiner gesonderten Erwähnung (703).

Dagegen haben die *englischen Schäferhundrassen* im Ausland, besonders in den USA, aber auch bei uns, eine stärkere Verbreitung gefunden und verdienen eine gesonderte Erwähnung. Da ist vorrangig der Schottische Schäferhund oder Collie zu nennen, der »Lassie come home« unserer Fernsehjugend. Dieser ursprünglich reine Gebrauchshund – wie er heute etwa noch durch den

Border Collie verkörpert wird (314) – hat sich in der Vergangenheit, wahrscheinlich durch die Einkreuzung anderer Rassen, insbesondere der Barsois (was entgegen der Auffassung Schneider-Leyers vom Collie-Klub bestritten wird), zu einem begehrten, langschädeligen Luxushund gemausert, mit kurz-, lang- und zotthaarigen Varianten. Er fiel weitgehend der »Schönheitszucht« anheim, z.T. mit entsprechenden Konsequenzen für sein Wesen (5935).

Auch die Colliezüchter haben mit rassischen Dispositionen ihres Hundes zu kämpfen, die aber auf gänzlich anderem Sektor liegen als beim Deutschen Schäferhund. Hier sind an erster Stelle *Augenanomalien und Sehstörungen* zu nennen, die offenbar dadurch eine Häufung in dieser Rasse erfahren haben, daß zusätzlich zu dem auch in anderen Rassen mißbrauchten Merle-Faktor und der *Progressiven Netzhautatrophie* (S. a. C) noch zwei weitere, vorwiegend auf den Collie beschränkte Augenfehler gehäuft vorkommen: Das Collie-Ektasie-Syndrom und angeborene Staphylome. Auf die erstgenannten Defekte wurde bereits unter C eingegangen und weitere Information findet sich bei den genannten Schrifttumstellen (4966, 3297, 606). Es gab und gibt übrigens nicht nur Blue-merle-Collies, sondern auch »Blauschimmel« bzw. »Tigerschecken« unter den altdeutschen, stockhaarigen oder langstockhaarigen Schäferhunden und »Harlekins« bei Bergers des Pyrénées und Beaucerons (5478), die diese Zeichnung offenbar gleichfalls dem Merle-Gen verdanken. Dies wird von Merle-Fanatikern als Beweis betrachtet, daß heterozygote Tiger keine Schäden haben können, »denn sonst wäre eine solche Variante längst in den Händen der Hirten und Bauern ausgemerzt worden (5936)« In der Tat: Wie überall in der Merlezucht werden Tiere mit »arbeits- und lebensbehindernden« Mängeln *kontinuierlich gemerzt* – und aussortiert wie die Fehlfarben in der Zigarrenindustrie. Es war zu begrüßen, daß man im »Club der Britischen Hütehunde e.V.« begann, Einsicht zu zeigen, und die Paarung blue merle x blue merle verbot (871), wenngleich dieses »Verbot« durch mehrfache »Ausnahmegenehmigungen« und Zuwiderhandlungen durchbrochen wurde. In angelsächsischen Ländern werden ja sogar Weißtiger prämiert und propagiert (5874). Zwar hörte man zunächst im o.a. Verein auch hinsichtlich vorzunehmender Augenuntersuchungen andere Töne – man gab anders Laut (3045) als zuvor (4843). Leider fehlt jedoch oft die echte Einsicht, denn zum Hauptzuchtwart dieses Klubs wurde Herr Rall bestimmt, der meint, daß eine Rasse großen Schaden erleide, »wenn man sich in der Öffentlichkeit mit Zuchtproblemen und eventuellen Erbfehlern herumstreitet« = also frisch weiter unter den Teppich gekehrt! Auf jahrelange, berechtigte Vorhaltungen antwortete man mit wüsten Verleumdungen (UR 1984, 11, 46). Bannerträger dieser Betonköpfe in diesem sauberen Verein waren der Blue-merle-Züchter Zielke und Frau Bodenberger (2066). Schützenhilfe kommt auch von jenem anpasserischen Schöngeist, der sich »Vorsitzender der Standardkommission« nannte und immer wieder Blue merle Collies an vorderster Stelle propagierte (Titelbild Schweiz. Hundedesp. 101, 1985; Hunde 104, 1060, 1988). Zugleich geben er und andere Haupt- und Mitverantwortliche für Mißstände in Vergangenheit und Gegenwart jetzt, wo es 5 nach 12 ist, *Lippenbekenntnisse zu »Qualzuchten«* etc. ab (4613, 6139). Und auf Seite 1352 der von Herrn Dr. h.c. Räber redigierten Zeitschrift prangt dann wieder ein offenbar nanophthalmischer Blue merle Collie als »Internat. Champion« sowie ein Bearded Collie, der wegen seiner Augengardine und ein Chow-Chow, der wegen seines entropiumbedingten »Skowls« nicht so recht aus den Augen gucken kann. Ein schönes Resultat der Rassereinzucht! Zugleich offenbaren diese Reinzuchtideologen eine totale Unkenntnis positiver Heterosiswirkungen bei passigen Rassenkreuzungen – oder sie wollen sie nicht wahrhaben (421). Auch nach redaktioneller Umstrukturierung hat sich am Tenor dieser Zeitschrift wenig geändert: In einer Ausgabe, die Prof. Freudigers Bedenken gegen »Qualzucht« im Interview wiedergibt, imponiert ein Nackthund auf der Titelseite, ein Mastino mit schlimmem Caro-Auge auf Seite 808 und ein Molera-Chihuahua-Zwerg auf Seite 809 (Hunde 107, 1991. S. a. Abb. 59, 74, 80).

Von den *Retina-Atrophien* scheint besonders die zentrale Form beim Collie vorzukommen (S. a. Abb. 46), sowie Retinadysplasien (S. a. vorn), u. U. mit anderen Defekten vergesellschaftet (6322, 6323).

Das *Ektasie-Syndrom*, in England auch »Collie Eye anomaly (CEA)« genannt oder Ectasia posterior sclerae (585, 586), zuerst von Magrane (1953) beim Collie beobachtet, stellt im wesentlichen eine *Fundusaushöhlung* und/oder Kolobombildung im Bereich der Papilla fasciculi optici dar, welche dann weite Teile des Augenhintergrundes einzunehmen scheint (4762). Primär mag eine Dysplasie der Chorioides vorliegen (3787), die auch zu charakteristischen Gefäßveränderungen (gewundener, unregelmäßiger Verlauf), im Endeffekt zur Netzhautablösung und intraokulären Blutung führen kann (585, 595). Die angeborene Sehnervaushöhlung ist nicht progressiv, meist bilateral und kann früh erkannt werden, allerdings nicht vor dem 30. Tag der Embryonalentwicklung (3427). Dieses Syndrom soll dem rezessiv-autosomalen Erbgang folgen, was aber in Anbetracht seiner hohen Frequenz in dieser Rasse und der Kenntnisse über die Verbreitung rezessiver Defekte in Populationen unwahrscheinlich ist. Nach neueren Erhebungen sind im Vereinigten Königreich besonders Sheltie (29 %) und Rauhhaar-Collie (16 %) mit CEA geschlagen, und es wurden Maßnahmen zu ihrer Bekämpfung eingeleitet (227). Genannt wurden Prozentsätze zwischen 48 und 72 % (685, 689, 610). In holländischen Colliepopulationen soll es nicht viel besser sein, ebenso nicht in Schweden (5439, 6214), und in Deutschland wurde wegen besagter Vereinseinstellung bislang nicht viel bekannt (967).

Vom Ektasiedefekt abzugrenzen sind andere kongenitale Ausbuchtungen im Bereich des Augenhintergrundes, sogenannte *juxtapapilläre Staphylome* (1615, 1616), wenngleich ausgedehnte Fundusektasien offenbar gleichfalls unter diesen Begriff subsumiert werden. Diese Staphylome waren nach Freeman und Mitarb. (1968) bei 35 % von 6000 untersuchten Collies in den USA anzutreffen und oft mit obengenanntem Syndrom vergesellschaftet. So zeigten 90 % der besagten Collies chorioretinale Läsionen, 8 % Retinaablösungen. Auch in Australien wiesen von 92 untersuchten Collies 58,9 % retinale Gefäßveränderungen, 32,5 % Chorioides-Dysplasie, 25 % Veränderungen der Papilla nervi optici und 2 % Cornea-Dystrophie auf (3787). Die Vererbung dieser Phänomene scheint komplex (1615). Treten mehrere oder alle vier genannten Defekte sowie weitere, z.B. Cornea-Dystrophien (1414, 4392) in einem Individuum zugleich auf, so kann es zu klinisch schwerwiegenden und diagnostisch verwirrenden Mischbildern kommen (4761, 4764, 6382, 691), die

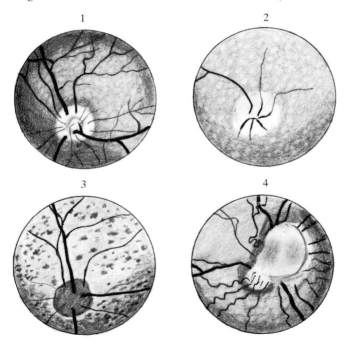

Abb. 46 Normales und abnormes Netzhautbild beim Hund (nach Roberts, 1968 und Startup, 1969), leicht schematisch (S. a. Abb. 9)
1.: Normales Fundusbild; 2: Periphere Progressive Retinaatrophie, Degeneration der Gefäße; 3: Zentrale Progressive Retinaatrophie, Pigmenteinlagerung, 4: Ausgedehnte Fundus-Ektasie, Teile der Papille einbeziehend.

schon zu dem Trugschluß führten, das Collie-Ektasie-Syndrom sei mit dem Merlefaktor gekoppelt, wofür es keine Beweise gibt (6379). Wie in C dargelegt, können Ektasien allerdings Bestandteil des Merlesyndroms sein. Daß beide Syndrome aber genetisch nicht gekoppelt sind, bewies Ford (1967), dem in einer Blue-merle-Collie-Linie durch Selektion die Eliminierung der Ektasie gelang. Rubin (1989) referiert kompetent über diese *differentialdiagnostischen Schwierigkeiten*. Auch Bjerkas (1991) fand keine CEA-Frequenzunterschiede zwischen den verschiedenen Collie-Farbschlägen in Norwegen.

Alle Augendefekte sind in gleicher Weise – zusätzlich zu den schon erwähnten Hodenproblemen und zu anderen im Schottischen Schäferhund wie in anderen Rassen registrierten Normabweichungen, z.B. der *Dermatomyositis* (2481, 2482, 2483, 2484, S. a. Tab. 28) – beim Shetland Sheepdog anzutreffen *(Sheltie)*, der ja eine verkleinerte Form des Collie darstellt (3441). In Abb. 46 sind die durch Netzhautatrophie und Ektasie verursachten Abweichungen des Augenhintergrundes schematisch der Norm gegenübergestellt. Auch beim *Border-Collie*, jenem meist schwarz-weiß latzgescheckten, noch recht unverdorbenem Hütehund (6408, 6409), ebenso beim Bobtail, nimmt man merlebedingte Augendepigmentierungen leider vom Standard her inkauf; Fälle von »hysterischem Fehlverhalten« in diesen Gebrauchshunden werden »unverständigen Besitzern« zugeschrieben, sie mögen somit aber auch merlebedingt sein (3342). Auch sollen collieartige Hunde im Gebrauchstyp mehr zu Fußverletzungen neigen. Jüngst beschriebene mitochondriale Myopathien in Brit. Hütehunden (z.B. Bobtails und Shelties) können gleichfalls Ursachen für Lahmheiten und vorzeitige Ermüdung in bestimmten Zuchtlinien sein, doch reichen diese Einzelfälle nicht aus, um von einer rassischen Prädisposition zu sprechen.

Eine andere hereditäre Erkrankung, welche man ähnlich dem Merlesyndrom den mit Depigmentierung einhergehenden Anomalien zurechnen muß, ist das sogenannte *Gray-Collie-Syndrom*. Das Gen für silber-graue Farbaufhellung, offenbar in allen Farbschlägen des Collies rezessiv anzutreffen, z.B. in 32 % der US-Collies (1572, 1969), ist ein Letal- oder zumindest Semiletalfaktor, weil es bei Homozygotie mit schweren Störungen der Hämatopoese, Immunkörper- und Komplementbildung einhergeht, die meistens zum Tode vor der Geschlechtsreife führen, vor allem wegen mangelnder Infektionsabwehr (2452, 2453, 5778, Abb. 47). Leitsymptom ist eine *zyklische Neutropenie*, d.h. ein periodischer 3 – 4tägiger Abfall neutrophiler Granulozyten im peripheren Blut in Abständen von ca. 12 Tagen (3654, 3009), welcher durch zyklische Reifungshemmungen im Knochenmark ausgelöst wird (1697, 55). Man erklärt sich solche Zusammenhänge zwischen Depigmentierung und gestörter Blutbildung entweder durch Membranbildungsschwierigkeiten, welche für die

Abb. 47 Collie-Welpe mit Homozygotie für silbergraue Farbaufhellung und normaler, dreifarbiger Wurfgenosse (nach Lund und Mitarbeiter, 1970).

Ausbildung der Melaningranula in gleicher Weise abträglich sind wie für die Leukozytengranulierungen, oder durch parallelgehende Insuffizienzen in der Zellkoloniebildung sowohl bei Melanoblasten als auch der blutbildenden Stammzellen (5185). Die Erythrozyten, die Thrombozyten und die Relationen der T-Lymphozyten-Subpopulation sind von dieser »Neutropenie« gleichfalls betroffen, so daß man besser von einer *»zyklischen Hämatopoese«* spräche (3273, 5779). Auch das Blutgerinnungsvermögen ist daher subnormal (3006, 4666). Solche an das *Chediak-Higashi-Syndrom* bei Mensch und Tier erinnernden *Granulozytopathien* wurden vereinzelt auch aus anderen Hunderassen beschrieben (4703).

Behaftete Welpen zeigen Schwäche, Inappetenz und hohe Disposition zu Infektionen (Haut- und Schleimhautaffektionen, Gingivitis, Diarrhoe, Amyloidose, Knochennekrose), oft auch unterentwickelte Gonaden (1247, 1248, 3655, 3656, 3687). Wenngleich es graduelle Unterschiede in der Schwere der Erkrankung gibt (126, 1582), ist Aufzucht ohne besondere Pflege und massiven Antibiotikaschutz meist nicht möglich (5384). Einhergehende Sklera-Ektasien (1249) gehören offenbar nicht zum Symptomkomplex, da diese Anomalie auch als isolierte Erscheinung in Colliepopulationen weitverbreitet ist, wie oben bereits ausgeführt. Lund und Mitarb. (1970) glauben gleichfalls nicht an eine Kopplung zwischen CN, Merlefaktor und Ektasiesyndrom. Ein der zyklischen

Neutropenie des grauen Collies ähnliches Krankheitsbild ist vom Menschen her bekannt, jedoch sind die Intervalle länger und erbliche Einflüsse bisher wenig gesichert (1970, 1169). Zum Zwecke vergleichend-medizinischer Untersuchungen wurde die CN der Collies jüngst in Beagles eingekreuzt, wobei sich ihr rezessiver Erbgang bestätigte (3007).

Für das Gray-Collie-Syndrom gibt es diverse Therapievorschläge: Knochenmarkstransplantation, Lithium- und Endotoxininjektionen sowie die Verabfolgung von rekombinantem Granulopoietin (6386, 3799, 2450, 2451, 2452, 2453, 3619).

Das rezessive Gray-Schadgen ist nicht zu verwechseln mit dem normalen (Malteser-) Grau in Border Collies oder dem dominanten Grau in anderen Schlägen (1971). Ob Collies zudem eine verstärkte Neigung zu Rektalpolypen zeigen, scheint noch unbewiesen (5206), ebenso wie eine von Ackerman (1985) gesehene Tendenz von Collie und Sheltie zum *Pemphigoid* (Bläschenkrankheit, Immunkomplex), bei dem man allerdings eine Querverbindung zum Nachfolgenden vermutet: Bei Tieren mit unpigmentiertem Nasenschwamm, wie man ihn besonders bei Merleschecken sieht, kommt öfter unter intensiver Sonneneinwirkung ein Ekzem an Nase und Augen vor *(Collie-nose)*, das in anderen Rassen selten gesehen wird (1177). Hier liegen somit eindeutige Parallelen zu Hautläsionen begünstigenden Depigmentierungen bei Katzen vor (S. dort). Ein von Moss und Severin (1963) vorgeschlagenes Tätowieren der Nase – wofür bei uns Pelikan-Tusche empfohlen wird (5103) – kann nicht Gegenmittel der Wahl sein, da nur züchterische Maßnahmen langfristig Abhilfe schaffen (5668). Dieses gilt für die o.a. Erbkrankheiten in gleicher Weise, nur kommt es beim Collie anders als beim Deutschen Schäferhund, bei dem eine Massenselektion gegen HD zu betreiben ist, vor allem auf die gezielte Elimination von Defektgenen an, insbesondere des Merle- und Graufaktors. Während dies beim unvollkommen dominanten Merlefaktor – bei gutem Willen – unschwer möglich ist, wird es beim rezessiven Grayfaktor auf sorgfältige Fallregistrierung in väterlichen *und* mütterlichen Linien und konsequenten Zuchtausschluß ankommen. Das Ektasiesyndrom scheint dagegen in seiner variablen Ausprägung mehr quantitativ-polygenischen Charakter zu tragen, so daß ihm nach sichergestellter genügender Heritabilität wahrscheinlich nur durch Fundus-Reihenuntersuchungen und Selektion beizukommen wäre – ähnlich wie bei HD. Dies wird in England und USA seit längerer Zeit praktiziert.

Der Kuriosität halber sei noch der *Australian Shepherd Dog* (»German Collie«) als Rasse erwähnt, die vorwiegend in den USA beheimatet ist und zu der nur wenige importierte australische Blue-Merle-Border Collies beitrugen. Neben den genannten Augenfehlern soll auch HD bei ihnen häufiger vorkommen (4453). Diese getigerten Hunde finden besonders Anklang bei »Westernreitern«, denn um sich wie Mr. Caltlight auf der Ponderosa zu fühlen, gehört zum nachtblinden Appaloosa-Scheck natürlich der Merle-Aussi (3278). Selbst Hannoveraner-Züchter setzen ja vermehrt auf diesen Modetrend und meinen, »die Bunten finden immer mehr Liebhaber, weil sie einfach anders sind ... exklusiver, – Pferde, die überall auffallen (3364)«, und nehmen dabei erhöhte Risiken an Augenanomalien und sonstigen Subvitalitäten bei diesen Schecken inkauf (6102) – wie die Merle-Züchter bei ihren Hunden.

Was den *Gebrauchs-Border Collie* betrifft, so unterscheidet sich seine Arbeitsweise von der anderer Schäferhunde: Während diese im Zusammenwirken mit den Schäfern größere Herden treiben, verlangt man von ihnen, kleinere Schafgruppen selbsttätig auf Kommando zu dirigieren (2328). Hierzulande werden Border Collies vom VDH-Club allerdings fast nur auf »Schönheit« gezüchtet, wie Gebrauchsleute klagen. Dennoch hat sich der AGBC neulich dem VDH-Liebeswerben ergeben und ist diesem amorphen, monopolistischen Wirtschaftsverband beigetreten.

Im äußeren Erscheinungsbild eine Mittelstellung zwischen europäischen Hirtenhunden und dem zotthaarigen Collie nimmt der Old English Sheepdog ein, wegen seines *Stummelschwanzes* auch *Bobtail* genannt, der nicht wie der Schottische Schäferhund Kippohren, sondern kaum sichtbare Hängeohren trägt (Abb. 63). Sein Schwanz wird jedoch häufig nachkupiert, um dem Standard zu entsprechen. Einige Bobtailzüchter schnüren ihn mit einem Gummiband ab, so daß er, leicht riechend, »verwest« und abfällt (Abicht, 1982), denn: »Die Hot dogs aus dem Elbe-Urstromtal« sind halt »oft kupiert, aber nicht erreicht !!! (Club 11,30)«. Es gab auch grausame Züchterpraktiken, den Schwanz »herauszudrehen«.

Mit HD scheint der Bobtail aufgrund seiner Größe prozentual etwas mehr befallen zu sein als der Collie. Zur Zeit der engen Verflechtungen von hannoverschem und englischem Herrscherhaus soll er verstärkt in niedersächsische Schäferhunde eingekreuzt worden sein. Dieser in seiner Heimat und anderenorts inzwischen einem gewissen Moderummel zum Opfer gefallene *»Alte Englische Schäferhund«*, der sicher aus dem gleichen Genpool stammt wie der Bearded Collie, soll mit seiner Augengardine aber besser für Kuh-Hütung als zur Schäferei geeignet gewesen sein, denn »widerborstige Schafe bieten ihm die Stirn und treten ihm mit ihren spitzen Hufen ins zottige (schafähnliche) Gesicht« (398). Die aus den versteckten Augen und Ohren sowie dem fehlenden Schwanz resultierende Unfähigkeit, mit Artgenossen normal zu kommunizieren, bedingt Verhaltensprobleme in dieser Rasse, ähnlich wie in jenen, denen man diese Strukturen fortzüchtete oder abschnitt. Weiter mendelt in Bobtails (leider) gleichfalls der Merlefaktor mit seinen deletären Wirkungen, die aber äußerlich durch das Zotthaar kaschiert werden. Für die damaligen Gebrauchszüchter galt aber: »Blaue oder Glasaugen waren höchst unbeliebt, es herrschte die (berechtigte) Meinung, Hunde mit blauen Augen würden vorzeitig blind« (398). In diesem Zusammenhang seien auch Jagdszenen aus Niedersachsen nicht verschwiegen, die ich selbst in nächster Umgebung registrieren konnte:

So bekam Egon, mein Nachbar vis à vis, unlängst einen 2jährigen Bobtail geschenkt und war ganz begeistert, bis ihm Inge, seine Nachbarin nebenan, sagte: »Den mag ich nicht! Ich kann es nicht haben, wenn Leuten nicht in die Augen zu sehen ist«. So plump soll man zwar mit Nachbarn nicht umgehen, aber etwas hat diese Einstellung für sich, und es ist auch keineswegs nur Inge, die sie hat: Nicht nur, daß durch diese »Doofheitsgardine« - wie wir das als Straßenbuttjer in Hamburg nannten - eine auch bei Hunden wichtige Form der Kommunikation erschwert wird, nämlich das exakte Fixieren des Gegenübers,- auch über den Zustand der Augen selbst kann man erst nach Öffnen des Vorhanges Genaueres erfahren. Und da mich Egon darum bat, tat ich selbiges - mit dem Ergebnis, daß ich, nachdem ich dem Bobtail Toby die Augen freigelegt hatte, seinem Besitzer die Augen öffnen mußte, und zwar darüber, daß sein Hund mit dem Merlefaktor geschlagen sei. Nicht nur war das eine Auge blau, das andere braun, auch ansonsten zeigten sich Iris- und Pupillenveränderungen, wie sie für das Merlegen charakteristisch sind. Und morgens in früher Dämmerung, wenn Egon mich mit zur Bahn nimmt, dann rumpelt dieser halbblinde Hund erst einmal voll in mich hinein und erschrickt selbst zu Tode, weil er nämlich nur erkennt, woran er mit der Nase stößt. Und er hat auch merkwürdige Bellgewohnheiten: Sind die Hunde in der ganzen Straße aus irgendeinem Grunde aufgeregt und kläffen, läßt ihn das völlig kalt, aber zu total unerfindlichen Anlässen erhebt er plötzlich atypisch seine Stimme. Auch bezüglich seines Gehörs habe ich somit einen bösen Verdacht. Und die Moral von der Geschicht: Einem geschenkten Gaul guckt man vielleicht nicht ins Maul, aber in die Augen sollte man ihm sehen.

Selbst Ophthalmologen, welche sich über die Fülle von Augenveränderungen bei Bobtails mit *»blue coat«* wundern, ist offenbar entgangen, daß es sich dabei um Merleschecken handelt (4878).

Wer einen handlichen, verträglichen Familienhund wünscht, ist heute tatsächlich vielleicht besser bedient mit dem »Mini-Bobtail«, dem PON *(Polnischer Niederungshütehund),* von dem schon bei der Stummelschwanz-Diskussion die Rede war (Kap. B., Abb. 48). Bei zu schmal werdender Zuchtbasis könnte man diesem Hund möglicherweise durch Verkreuzung mit einer passenden anderen Hütehundrasse Inzuchtdepressionen ersparen und zugleich überbordende Augengardinen oder rudimentäre Schwänze wieder der Norm annähern (2557).

Schäferhunde 217

Abb. 48 PON-Mutter mit schweifwedelndem Nachwuchs.

Die Genannten und der ebenfalls fakultativ mit Stummelschwanz geborene, autochthone kroatische Schäferhund (4836, 4837) leiten über zur Gruppe der *Hirtenhunde*, welche bis auf die hin und wieder auch außerhalb ihrer Heimat anzutreffenden ungarischen Vertreter (Kuvasz, Abb. 49, Komondor, Puli, Pumi) von rein regionaler Bedeutung sind, wenngleich sie, ebenso wie die jugoslawischen und französischen Hirtenhunde bei uns inzwischen von kleinen Clubs betreut werden. Bei diesen stark behaarten ost- und südosteuropäischen Hirtenhunden (»Owtscharki« = Schäferhunde) ist Weiß die dominierende Fellfarbe, worüber schon Columella berichtete (De re rustica, 60 n. Chr.). Sie soll in früheren Jahrhunderten gefördert worden sein, um Hirtenhunde und räuberische Wölfe besser auseinanderhalten zu können. So ähneln sich Owczarek und Podhalanski (Polen), Tschouvatsch (Rußland), Kuvasz, Maremmaner und Pyrenäenhund, jener leider etwas zu massiv werdende »Patou« (399, 3939) – nicht zu verwechseln mit dem sehr viel kleineren Berger des Pyrénées, den man ähnlich wie den zottelhaarigen Bergamasker (leider) auch als Merle-Variante antrifft. Diese Problematik wird trotz ellenlanger »linearer Beschreibungen« durch Herrn Kopernik (Zuchtleitertagg. 1993) mit keinem Wort erwähnt.

Der Komondor ist ein weiterer Repräsentant dieser Zuchtrichtung und mit seinem *verfilzten Schnüren- oder Plattenfell* nur noch schwer von den Schafen zu unterscheiden, die er bewacht (»Pußta«-Behaarung). Einen ähnlich exzessiven Haarwuchs zeigt der den Tibetterriern (optisch) nahestehende, allerdings schwarze Puli (Abb. 50; 372). Beide sollen schon von den Hunnen nach Ungarn gebracht worden (125), der zottelige Pumi dagegen durch Einkreuzung westeuropäischer Spitze entstanden sein. In der Tat ist eine spitzähnliche, stehohrige Variante der Mudi. Trotz der genannten verwandtschaftlichen Beziehungen zwischen Türken und Ungarn ist jedoch der große, gelbe anatolische Schäferhund Karabasch (Schwarzkopf) kurz-stockhaarig; er soll soziale Bindungen zu den von ihm bewachten Schafen entwickeln.

Nicht immer erkennt man auf Anhieb, wo vorn, wo hinten ist bei den erwähnten Zottel-Ungetümen – in der Tat wird der extreme, fast pathologische Haarwuchs *(Hypertrichie)* durch ständiges Nachwachsen der Unterwolle auf Kosten des normalen Deckhaars bewirkt – ganz ähnlich wie beim Schnürenpudel, zu dem zweifellos gewisse rassische Bezüge bestehen.

Die Augen dieser Hunde sind meist nicht sichtbar, und man fragt sich, was man mit ihnen sehen kann. Wenngleich ein dicker Pelz in kälteren Klimazonen fraglos Vorteile hat, wird es jedoch bei der Fortbewegung in tiefem Schnee durch eine solche Art der Behaarung zu stark hinderlicher Eisklumpenbildung an der gesamten Körperunterseite kommen, die den Gebrauchs-

Abb. 49 Kuvasz »Moritz«; Besitz.: Hanna Fuhrmann

Abb. 50 Puli-Rüde (Weltsieger).

wert einschränkt. Eher behindert sind diese Hunde auch im dichten Gestrüpp. Aber Arbeitstiere sind ungarische Hirtenhunde bei uns ohnehin nicht mehr, sondern repräsentative Exoten, mit denen man sich schmückt. Doch sollte man nicht verkennen, daß sie vom Wesen her mißtrauische Hütehunde blieben, obwohl dieses Mißtrauen vielleicht zum Teil auf ihrer Sehbehinderung beruht.

Um ihnen eine unerträgliche Haarlast zu ersparen, könnte man es ja halten wie weiland Schopenhauer, der sich an Weihnachten warme Socken aus der Wolle seines Pudels schenken ließ. Doch dem steht der »Rassestandard« entgegen: Je länger die Putzwolle, desto besser; kurzes Haar wird mit Zuchtausschluß bestraft. Als die Hirtenhunde noch mit Wölfen kämpften, waren sie kürzer und praktischer behaart, denn wer die zupackende, reißende Kampfart der Wildhunde kennt, kann sich vorstellen, wie leicht sie einem »Krümelmonster» die Jacke ausgezogen hätten. Noch in einem Hundelexikon von 1933 wirkt ihre Bewollung, besonders am Kopf, keineswegs so extrem wie heute. Ulrich Klever meinte denn auch über diesen Hirtenhund: »Sein Fell muß gepflegt werden, sonst stinkt er«. Lassen Sie einen bärtigen Hund mit langer Zottelwolle ein Vollbad nehmen, und spätestens dann, wenn er Sie zitternd und mit angeklatschtem Haar vorwurfsvoll mustert, werden Sie sehen, daß Sie einen richtigen Hund vor sich haben.

2. Laufhunde

*Es gibt viel zu viel leichtsinnige Jäger, die zwar meist nicht viel Wild, dafür aber einen Hund * um so sicherer treffen.*
Seuster, 1988

Mit der sehr heterogenen Gruppe der Laufhunde soll fortgefahren werden, nicht nur, weil man sie aufgrund gewisser gemeinsamer Merkmale (Laufvermögen, Jagdpassion, Hängeohren) von den ältesten, geschichtlich belegten Haushunden, den altägyptischen und mediterranen Lauf- und Windhunden herleitet, sondern weil sich unter ihnen die Rasse befindet, welche sich neben dem Deutschen Schäferhund bei uns der größten Beliebtheit erfreut: Der Dachshund. Betrachtet man die Mittelmeer-Laufhunde, wie sie z.B. die iberischen *Podencos* repräsentieren, als dem alten Ausgangstyp am nächsten stehend, so stellen die heutigen europäischen und nahöstlichen Lauf- und Meutehunde in der Tat ein Konglomerat verschiedenster Rassen und Schläge dar, deren beide Pole, – die Windhunde auf der einen und die Dackel auf der anderen Seite – sich stark von dieser Ausgangsform entfernten. Und so wird denn von einigen Kynologen strikt zwischen Wind- und Laufhunden unterschieden (422).

Die löffelohrigen Podencos, »Pharaos Jagdhunde«, sollen sich ihre Schnelligkeit und Fähigkeit zur Hetzjagd bis heute erhalten haben und daher – aber auch durch Anwendung des altbewährten Prinzips (»viele Hunde sind ...«) – dem Jäger auf der Kaninchenjagd manchen Schuß ersparen (6209); zuviele Rüden in solchen Meuten neigen allerdings zum Querulantentum. Auf Ibiza schien man eine Zeitlang ihre Vorzüge vergessen zu haben und beseitigte herrenlose Exemplare in den rotierenden Trommeln der Müllabfuhr, nachdem Touristen an ihrem verwahrlosten Zustand Anstoß genommen hatten (4619). Diese Hundegruppe leitet sich mutmaßlich – ebenso wie die verwandten Windhunde – von einer Wildhundform her, die sich in ihrem leichten Körperbau wesentlich von anderen eurasiatischen Varianten (Tibetwolf) unterscheidet, die wiederum als Ausgangspunkt doggenartiger Hunderassen zu betrachten sind. Prototyp dieser Pharaonenhunde ist der Podenco der Balearen, der Canaren und des spanischen Festlandes (2110). Man lobt ihr ausgeprägtes Sprungvermögen – aus dem Stand heraus (Abb. 51).

Die maltesische Varietät der Pharaonenhunde, der Kelb tal Fenek, wird auch vom Rassestandard her »Pharao Hound« genannt. Während die meisten anderen Laufhunde Schlappohren besitzen, zeigen die Pharaonenhunde, besonders eindrucksvoll der Cirneco dell'Étna (der Cyrenaika-Hund am Ätna,

---

*Dieses Schicksal ereilte auch den Bernhardiner (!) von Knut Kiesewetter.

423), große Stehohren, so daß Ohrenentzündungen bei ihnen seltener sein dürften. Ihr charakteristisches »Stirnrunzeln« läßt an verwandtschaftliche Beziehungen zu Basenjis denken (350), zumal man auch diesen die Fähigkeit zum »ziegenähnlichen« Sprung auf allen Vieren in die Höhe nachsagt.

Sie sind zumeist glatt- und recht kurzhaarig, weshalb man sie – was das Fell angeht – als Gegenstück der zuvor beschriebenen ungarischen Hirten-

Abb. 51

hunde ansehen kann. Für ein vorwiegend aushäusiges Leben in kalten Klimaten sind sie daher sicherlich weniger gut angepaßt. Außerdem neigen solche »leichtbekleideten« Rassen hin und wieder zu regionalem Haarausfall (Alopezie), so als wollten sie andeuten, daß es von ihnen bis zum Nackthund nicht mehr weit ist. Ihr funktionelles Skelett prädisponiert sie jedoch kaum zu der in plumpen Rassen verbreiteten Hüftgelenksdysplasie.

Die Kurzbeinigkeit des Teckels und anderer Niederlaufhunde (»Bassets«) stellt dagen ein mutationsbedingtes Merkmal dar, welches durch eine Reduktion des Längenwachstums insbesondere der Röhrenknochen des Gliedmaßenskeletts zustandekommt, und für das es analoge Beispiele in vielen Tierarten gibt, z.B. bei Schafen (Ancon- oder Dackelschaf), Rindern (Dexterrind) und Hühnern (Krüperhuhn). Dieses sei in Abb. 52 durch die Gegenüberstellung der Oberschenkelknochen eines einjährigen Schäferhundes und eines gleichaltrigen Dackels veranschaulicht. Dabei ist interessant, daß die Knochenstärke, gemessen an Breite und Umfang, beim Teckel offenbar nicht in dem Maße abnahm wie die Länge, was aus den in Tab. 33 niedergelegten Daten und Relationen hervorgeht. Auch die Hüftgelenkspfanne ist flacher als in anderen Rassen (4723). Dies alles hinderte den ersten Vorsitzenden des DTK nicht, das Gangwerk des Teckels als das »eleganteste unter allen Rassen« zu bezeichnen (5774).

Tabelle 33 Einige Maße der Oberschenkelknochen aus Abbildung 52

Femurmaße (cm)	Schäferhund		Dackel	
	absol.	in % von der Länge	absol.	in % von der Länge
Länge	20,72	–	8,24	–
Breite am Caput	4,82	23,26%	2,75	33,37%
Tiefe am Caput	2,20	10,61%	1,41	17,11%
Breite am Condyl.	3,64	17,56%	2,58	31,31%
Tiefe am Condyl.	4,10	19,76%	2,86	34,70%
Umfang Corpus (dünnste Stelle)	4,96	23,93%	3,11	37,74%
mittl. Durchmesser (dünnste Stelle)	1,58	7,62%	0,99	12,01%

Da diese niederläufigen Hunde für die Erdjagd und das »Einschliefen« in Dachs- und Fuchsbauten besonders geeignet waren, wurde ihre Zucht schon früh gefördert, wie alte frühgeschichtliche und mittelalterliche Schriften bekunden (5640). Bereits Karl der Große soll einen kurzläufigen »Biberhund« besessen haben.

Für den genannten Verwendungszweck sind von ihrer Haarart her und weil sie i.a. über mehr Raubzeugschärfe verfügen (nicht zu kleine!) *Kurz- und Rauhhaardackel* besser befähigt als *Langhaar,* das angeblich aus Spanieleinkreuzungen entstand, während der »Rauhbauz« auch Blut des Dandie Dinmonts, jenes »Pfeffer u. Senf«-Terriers Sir Walter Scotts, sowie Schnauzerblut führt. Der umstrittene *Kaninchenteckel* schießlich soll einen Brustumfang von 30 cm nicht überschreiten.

Auch heute wird die jagdliche Nutzung von Teckelvereinen stark in den Vordergrund gestellt, wenngleich der Dackel seine große Verbreitung nicht der relativ geringen Zahl passionierter Erdjäger verdankt, sondern der Tatsache, daß er ein weniger Platz, Kosten und Auslauf erfordernder, auch in Städten zu haltender Hund ist. Dieses trägt wohl auch zu seiner wachsenden Beliebtheit im Ausland, z.B. in den USA, bei. Er nimmt hier in der Kennel-

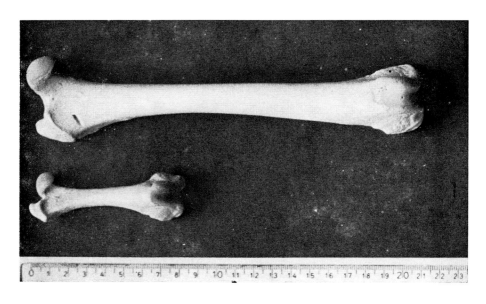

Abb. 52 Oberschenkelknochen eines Dackels und eines Schäferhundes.

Registration nach Pudel, Dt. Schäferhund, Irish Setter und Beagle einen vorderen Platz ein (2476). Auch ein britischer Dachshund-Club besteht seit über 100 Jahren, wenngleich in jenem Land im 1. Weltkrieg z.T. eine derartige Feindseligkeit gegenüber diesen »deutschen« Hunden bestand, daß der Mob sie ihren Besitzern entriß und zu Tode trampelte.

Denn ein urdeutsches Zuchtprodukt ist er schon, dieser schlappohrige Schrumpfgermane – gezüchtet in Zwingern wie »Germandachs«.

Der unaufhaltsame Trend fort vom Jagdhund hin zum Liebhabertier kommt darin zum Ausdruck, daß der für den ursprünglichen Jagdzweck geeignetste Typ, der Kurzhaarteckel, gegenüber dem Lang- und Rauhhaar stark zurückging. So betrug 1933 das Zahlenverhältnis der vom DTK eingetragenen Rassetiere noch 2241 Kurzhaar : 2525 Rauhhaar : 1978 Langhaar, 1988 dagegen 662 : 11738 : 3516, 1990 etwa stagnierend 651 : 11216 : 3040. Wie die Zahlen zeigen, kam das Langhaar gleichfalls in modebedingte »Rezession«, gleichzeitig zeichnet sich ein Faible für Zwerge ab.

Wenngleich die Erkenntnis einer veränderten Situation auch dem DTK dämmert (1099), so scheint dem Zuchtobjekt die Anpassung an eine andere Umwelt leichter zu fallen als manchem Zuchtverein, dessen Vorstand von Jagdbeflissenen durchsetzt ist. So wird z.B. in der Satzung des Deutschen Teckelklubs von 1988 und in entsprechenden Auslassungen im »Dachshund« (5237) die Zucht auf jagdliche Eignung immer noch sehr betont, obwohl 1987 bei einer Gesamtzahl von 15901 ins Stammbuch dieses Vereins eingetragenen Hunden nur 155 ins Gebrauchsteckelstammbuch aufgenommen wurden. Daher seien diesbezüglich Interessierte auf entsprechende einführende Werke verwiesen (1788, 653, 5076, 3671). 1991 registrierte die DTK-Bodenjagd-Statistik nur 362 Jagdteckel (21 K: 298 R: 43 L) in der BRD, mit denen 1827 Füchse, 15 Dachse, 4 Marder und ein »anderer« (Diplomat?) zur Strecke gebracht wurden.

Eine unveränderte Zucht auf Aggressivität und *Raubzeugschärfe* (»Ohne Bodenjagd kein Teckel«), die beim Teckel nicht selten eine blindwütige, selbstmörderische und kostenverursachende ist, steht aber den veränderten Anforderungen geradezu im Wege und sollte nur noch in Spezialzuchten betrieben werden. Sonst geht Schwiegermutters böser Dackel noch dem das Bett hütenden Schwiegersohn ans Gemächte, wie jüngst die Presse berichtete; auch meine Enkelin hatte neulich unter der eifersüchtigen Attacke einer chondrodystrophischen Furie zu leiden und wir wissen von einer Nachbarin, die mehrfach krankenhausreif gebissen wurde, wenn sie ihren Waldi vom Sofa zu nehmen versuchte. Doch sind da die Jägersleut ganz anderer Meinung: »Leider ist bei vielen unserer heutigen Teckel die Passion verwässert oder ganz weggezüchtet worden. Sie verbringen ihr Leben als Stadthund und haben ihr Wesen als Erdhund verloren; sie sind herabgesunken zum Hund schlechthin « (5237). So führt der Jagdeifer einschlägiger Kreise oft so weit, daß noch am Grabe verstorbener Jagd- und Teckelfreunde mit einem letzten Halali »die Strecke verblasen« wird (Halali aus frz. Ha là lit = Ha, da liegt er! nach anderer Jägerversion soll es sich aber von Allah-il-Allah herleiten). Der neben dem Deutschen Teckelklub für eine organisierte Dackelzucht in der BRD zuständige Verein ist der Internationale Dackel-Club Gergweis (IDG), dem VDH nicht angeschlossen. Zwischen beiden Vereinen herrschte lange Jahre m.o.w. offene Befehdung, die sich aus der Wettbewerbssituation und unterschiedlichen Zuchtauffassungen ergab und z.T. unschöne Formen annahm. Sie wurde 1971 durch eine Vereinbarung zwischen DTK und IDG gemäßigt, wenngleich nicht behoben (150, 4081).

Die drei Haarschläge des Teckels liefern zugleich gutes Anschauungsmaterial für den Erbgang dieser Felleigenschaften bei ihrer Kreuzung. Dabei wurde schon von Löns (1913) und Kröning (1938) in Jagdhundrassen das ordnende Prinzip erkannt: Die Dominanz von Rauh- und Kurzhaar und die Rezessivität von Langhaar, welches somit stets »rein« weitergezüchtet. Bei Kreuzungen zwischen Rauh- und Kurzhaar werden sich jedoch, abgesehen vom fast konstant vererbten rauhen Backenbart der Bastarde, neben beiden Extremformen alle Übergänge von Rauh- zu Kurzhaar finden, deutet sich somit gleichfalls polygenische Vererbung an = »sowohl Langhaar wie Glatthaar liegt in der Variationsmöglichkeit jedes durchgezüchteten, stockhaarigen Hundes (Räber, 1980)«. Dieses führte dazu, daß Kurzhaarteckel, die nicht aus reinen Kurzhaarwürfen stammen, seit 1969 nur noch unter Rauhhaar eingetragen wurden (mit einem Kurzhaar-Vermerk = R(K)).

Wie schon unter B erwähnt, zählt man den Dackel zu den sogenannten »chondrodystrophen« Rassen, welche neben der Verkürzung der Röhren- und oft auch der Gesichtsknochen (2361) weitere Normabweichungen knorpeliger und knöcherner Strukturen aufweisen, die sie zu ganz bestimmten Erkrankungen prädisponieren. Diesen chondrodystrophischen Rassen werden insbesondere Pekinesen, Teckel und Französische Bulldoggen zugerechnet, ferner Scottish und Sealyham Terrier, Corgis, von einigen Autoren selbst Cocker Spaniels (5718, 4047, 3020). Bei den disproportionierten Zwergen kommt es neben besagtem vorzeitigem Wachstumsstillstand in den nur schmal ausgebildeten Epiphysenfugen langer Knochen (1474) häufig zur frühen Dystrophie mit oder ohne Verkalkung im Bereich der Zwischenwirbelscheiben (3146, 5915), die auch röntgenologisch nachweisbar sind und so zur Grundlage von Selektionsmaßnahmen werden könnten (2563); hierbei sind allerdings regional bedingte Unterschiede in den Diskus-Inhaltsstoffen zu beachten (6087, 1127).

Die Degenerationen (3581, 3584) setzen im Nucleus pulposus (2192, 2193), besonders aber im Anulus fibrosus (2317, 2318) schon früh ein, z.T. bei jugendlichen Tieren, machen diesen brüchig und können selbst bei physiologischen Belastungen, z.B. Treppensteigen oder Hochspringen am Besitzer, zum Riß und *Vorfall* des Nucleus pulposus führen (2468, 4015, 4752).

Tabelle 34 Fälle von Discusprolaps bei Teckeln und anderen Rassen in einer Klinik. Gegenüberstellung mit einer Vergleichsgruppe derselben Rassen, desselben Alters und Geschlechts, die im gleichen Zeitraum wegen anderer Erkrankungen eingeliefert wurden (nach Goggin und Mitarbeiter, 1970).

Altersgruppe (Jahre)	Fälle von Bandscheibenvorfall		Vergleichsgruppe	
	Dackel	and. Rassen	Dackel	and. Rassen
1	4	13	35	691
2 - 3	37	47	68	1 103
4 - 6	191	127	121	1 000
7 - 9	85	78	41	613
10 - 14	22	32	34	375
15 +	-	3	5	36
Summe	339	300	304	3 818

Je nach Lokalisation, Grad und Ausmaß des Vorfalls und der reaktiven Prozesse treten dann variable Formen der Rückenmarkseinengungen und -alterationen auf, die sich meist in schlaffen oder spastischen Lähmungen und Hyperästhesien äußern (4769, 5390). Nicht selten gesellen sich gastrointestinale Komplikationen und vor allem Miktionsstörungen hinzu (3995, 5657). Diese unter dem Begriff der »*Teckellähme*« zusammengefaßten Ausfallserscheinungen zeigen daher bei den genannten Hunden eine hoch gesichert größere Häufigkeit als in anderen Rassen (3948, 892, 5499, 4899, 1604), wenngleich beim Hund ähnlich wie beim Menschen offenbar eine gewisse Artdisposition zu Diskopathien generell besteht, da bei ihnen der Anteil der Zwischenwirbelscheiben an der Wirbelsäule 17,5 bzw. 25 % ausmacht, gegenüber beispielsweise nur 11 % bei Pferd und Katze (3023). Weitere prädisponierende und gravierende Faktoren können Kyphose und Fettleibigkeit der Tiere sein, da kompaktes interdurales Fett ein Ausweichen des Marks bei eingetretenem Diskusprolaps nicht mehr erlaubt (3341). Auch in Dackelzuchten mit starker Betonung langer Rücken bei geringer Bodenfreiheit und ausgeprägter Krummbeinigkeit sowie Durchtrittigkeit tritt Teckellähme offensichtlich besonders häufig auf (4830). Dieser Typ ist in England noch viel anzutreffen.

Die genannten rassischen Dispositionen kommen sehr schön in den Erhebungen von Goggin und Mitarb. (1970) zum Ausdruck, welche ihre Beobachtungen in einer großen Klinik über einen Zeitraum von mehreren Jahren anstellten und in den einzelnen Altersgruppen zu den in Tab. 34 wiedergegebenen Frequenzen kamen, die der Rassenhäufigkeit einer gleichaltrigen und gleichgeschlechtlichen Vergleichsgruppe aus demselben Einzugsgebiet gegenübergestellt wurde, die wegen anderer Erkrankungen behandelt wurden. Sie errechneten anhand dieser Daten das relative Risiko (R) der einzelnen Rassen, von Teckellähme befallen zu werden.

Dabei ergab sich eine Abnahme des Risikos in der Reihenfolge Dackel -> Pekinese -> Beagle -> Cocker Spaniel -> andere Rassen. So betrug das relative Risiko des Dackels das 14,2fache, das der Pekinesen das 10,3fache gegenüber den anderen Rassen.

Wie aus Tabelle 34 weiter ersichtlich, stellen Teckel mehr als 53 % aller Fälle von Prolaps (1148). Dabei fällt aber auf, daß der anatomische Sitz rassisch stark unterschiedlich war, wie aus Tab. 35 hervorgeht. Somit scheint der rassische Grad der Chondrodystrophie, der bei Dackel und Pekinese ausgeprägter ist, mit einer Häufung der Vorfälle im thorako-lumbalen Bereich einherzugehen. Über ähnliche Beobachtungen berichtete bereits Vaughan (1958). Absolut gesehen, finden sich also die meisten Diskopathien im *thorako-lumbalen Grenzbereich* (3190, 1064, 5496), der Zone maximaler Belastung bei der Flexion der Wirbelsäule (551), während andererseits die geringe Beweglichkeit zwischen dem 10. und 11. Brustwirbel mit dem selteneren Vorkommen von Vorfällen an dieser Stelle zusammenfällt (3395).

Tabelle 35 Lokalisation des Bandscheibenvorfalls (Fälle; nach Goggin und Mitarbeiter, 1970).

	zervical	thorakolumbal	Verhältnis
Dackel	58	257	1 : 4,4
Pekinese	7	20	1 : 2,9
Cocker Spaniel	23	31	1 : 1,3
Andere Rassen	52	105	1 : 2,0

Diese Befunde fanden zwischenzeitlich durch neuere Erhebungen ihre volle Bestätigung, mit dem Zusatz, daß auch Pudel und Lhasa Apso letzthin einen verstärkten Hang zur »Bandscheibe« zeigten (2099, 4545). In nicht-chondrodystrophen Rassen wurden Komplikationen selten auch durch Faserknorpel-Gefäßembolien ausgelöst (2308).

Da operatives Vorgehen nur frühzeitig (3238) und im zervikalen Bereich erfolgversprechend, Chiropraktik noch wenig erprobt erscheint (3975) und abwartende, konservative Behandlungsmethoden weitgehend palliativen Charakter haben (980), d.h. neben einer Schmerzbekämpfung beim Tier besonders auch eine Linderung der Besorgnis des Besitzers bewirken, sollten züchterische Maßnahmen vermehrt ins Auge gefaßt werden. Neuestens werden allerdings auch bessere Heilerfolge bei Operationen im Rückenbereich vorgezeigt (1496, 2921, 816), und es wurden kombiniert konservativ-operative Behandlungsmethoden vorgeschlagen (1500, 4581); auch Rollstühle für querschnittsgelähmte Dackel gibt es bereits. Die o.a. Rassen- und Typdispositionen zeigen, daß die *genetische Komponente* bei der Neigung zu Teckellähme eine beachtliche Rolle spielen muß, was auch in mehreren Berichten über die familiäre Häufung von Fällen seinen Niederschlag findet (5808, 566, 5915). Funkquist und Henricson (1969) fanden ferner eine deutlich höhere Frequenz von Teckellähme bei kurzhaarigen Dackeln gegenüber rauhhaarigen, bei deren Entstehung bekanntlich u.a. Schnauzer eingekreuzt wurden, welche man nicht dem chondrodystrophischen Typ zurechnet. Eugenische, selektive Maßnahmen zur Eindämmung dieser Erkrankung werden daher seit langem gefordert (6076, 6092), stießen aber offenbar auf wenig Kooperationsbereitschaft (143, 1922).

Chondrodystrophisch, d.h. durch Verzögerung des Längenwachstums und asynchrones Wachsen der Elle bedingt (2649), dürfte auch eine beim Bassethund beschriebene »rassetypische *Distractio cubiti*« sein (2358, 2449), eine nicht selten lahmheitsverursachende Stufenbildung, Frakturierung und Arthrose im Ellbogengelenk (2715). Eine jüngere, allerdings nicht näher belegte Klinikstatistik zeigte eine eher ausgeglichene Rasseverteilung. Verschärfte Zuchtwahl wird gefordert, da der Erblichkeitsgrad hoch zu sein scheint (4649); sie wurde seit 1976 im Schweizer Bassetklub vermittels Röntgenbefund praktiziert (2716). Über Diskopathien wird gleichfalls aus dieser Rasse berichtet (4335). Metaphysäre und Gelenkdysplasien an Vorder- und Hinterbeinen werden andererseits auch von Dackeln mit zu geringer Bodenfreiheit gemeldet (3819, 3823), gerade auch im Schultergelenk, was somit differentialdiagnostisch bei Vorhandlahmheiten zu berücksichtigen ist (3824). Angeborene Dislokationen im Ellbogengelenk sind dagegen in größeren Rassen nur selten beschrieben worden (5649).

Von einigen Autoren wird angenommen, daß der Chondrodystrophie letztlich eine genetisch gesteuerte, hypophysäre *Dyshormonose* zugrundeliege, die sich besonders auf den Ca- und Phosphorstoffwechsel auswirke und daher vor allem in Anomalien des Stützapparates ihren Niederschlag finde (5501). Da es bei Kreuzung disproportionierter Zwerge mit normalwüchsigen Rassen zu einer Vielfalt von Intermediärvarianten kommt (5503), ist der Erbgang dieses Defekts keineswegs klar dominant (1931), sondern allenfalls *unvollkommen dominant*. In der Tat sollen im Vergleich zu Normalwüchsigen endokrinologisch nachweisbare Differenzen im Hormonlevel existieren (1757), Zusammenhänge, die schon früh von Stockard (1928, 1935) angenommen wurden. Denn auch im Bereich des Pankreas und der weiblichen Geschlechtsorgane scheint es beim Teckel vermehrt zu Störungen der Inkretion zu kommen. So wurde wiederholt über seine erhöhte Anfälligkeit zu *Diabetes mellitus* (3021, 4556, 2754), *Scheinträchtigkeit und Eklampsie* (4826, 4143, 4144) berichtet, wenngleich genauere statistische Analysen fehlen und in anderen Untersuchungen eine solche Disposition nicht nachgewiesen werden konnte (3319, 5650, 2181). Vielleicht ist aber ganz aufschlußreich, daß gerade in bestimmten Teckelzuchten die Eklampsie als eine »Geißel« der Dackelzucht bezeichnet wurde (2093). Schließlich paßt auch die unter C erwähnte Neigung des Dachshunds zu Harnsteinen in diesen Kontext (1079).

Beim *Diabetes* – mit gleichfalls verschiedenen Formen beim Hund (4864, 3065, 1751, 1753) – scheint der Überhang an Dackeln gegenüber anderen Rassen ausgeprägter (6232, 3431), wenngleich in anderen Populationen mehr Terrier im Vordergrund standen (1644).

Was in den zitierten Untersuchungen aber stets deutlich wurde, ist die erhöhte Neigung weiblicher, älterer und insbesondere *fettsüchtiger* Individuen zur Zuckerkrankheit (4726, 1315, 3870, 2123 3014), die oft mit chronischer Pankreatitis und sekundärer *Katarakt* sowie *Hautausschlag* vergesellschaftet ist – wegen herabgesetzter Immunkompetenz (5035, 1592, 4390, 3450). Dabei ist die juvenil-familiäre Zuckerform die seltenere, wie aus verschiedenen Rassen berichtet (3285, 6253, 3286). Es hat somit den Anschein, als wäre weniger eine Rassenveranlagung, sondern die leider oft zu beobachtende Umfunktion des Dackels zu einem wenig bewegten, fettleibigen Schoßhund für das zunehmende Auftreten von symptomatischem Altersdiabetes verantwortlich. Dieses gilt für Pudel und andere Toyrassen in gleicher Weise (2725) und war schon von Hjärre (1928) vermerkt worden. Dabei ist das erste Sichtbarwerden von Symptomen oft in der Post-Östrus-Phase zu verzeichnen (1982, 1983) und soll eng mit dem Progesteron- und Wachstumshormon-Stoffwechsel zusammenhängen (1753). Jedenfalls ist auch die Fett-Verstoffwechselung gestört (5299).

Hormonelle Imbalancen (2122) sollen auch für eine andere Krankheit ursächlich sein, für die der Teckel eine gesicherte rassische Disposition zeigt: Die *Acanthosis nigricans* (3449, 5162). Sie wurde auch bei chondrodystrophen Menschen beobachtet (3399, 2465). Bei dieser mit Juckreiz, Hyperkeratose und Hyperpigmentation einhergehenden Erkrankung von Hautbezirken der Schenkelinnenflächen, Brustwand, des Kopfes und Perianalbereiches soll nach Börnfors (1958) Hypothyreose, die auch von anderen Untersuchern beim Teckel häufig konstatiert wurde (2299, 3946) und ähnlich wie in disponierten Beagle-Familien die Fettsucht und Gefäßerkrankungen fördert (3730) -, prädisponierend wirken, wenngleich weitere Autoren keine Schilddrüsen-Dysfunktion bei behafteten Tieren und auch keine rassischen Unterschiede im hormonell abhängigen Cholesterinspiegel und Thyroxinlevel feststellen konnten (1767, 1768, 830). Nach Witzigmann und Käb (1937) litten von 1994 Dackeln 75 an Acanthosis nigricans, von 10067 Vertretern anderer Rassen dagen nur 50. Auch hier waren weibliche und ältere Individuen, insbesondere Kurzhaarteckel, in der Überzahl, wie ja überhaupt kurzhaarige Rassen eine generell höhere Disposition zu bestimmten Hauterkrankungen zeigen sollen, z.B. für *Demodikose, Intertrigo und Alopezie* (5139, 560, 3060), aber auch zu Furunkulose (4589, 3779) und Histiozytom (2437). Insbesondere bei generalisiertem Demodexbefall werden erbliche Störungen der Immunantwort auf diese ubiquitäre Milbe vermutet (5150, 5159).

Zusammenhänge mit hormonellen Dysregulationen scheinen auch aus einer offenbar gesteigerten Anfälligkeit des Dachshundes zu *Mammatumoren* deutlich zu werden. Bei dieser gleichfalls vermehrt bei älteren Hündinnen auftretenden Geschwulst kam in mehreren Erhebungen heraus, daß Dackel, gefolgt von Spaniels und Boxern (909), überrepräsentiert waren (3921, 1464, 4946, 4045, 4629, 4031). Dabei übt vorangegangene Trächtigkeit einen hemmenden, Scheinträchtigkeit einen fördernden Einfluß auf die Tumorbildung aus (5835, 5837), während Kastration ähnlich wie beim Menschen risikovermindernd wirkt (5071). Geschwülste der caninen Brustdrüse (in beiden Geschlechtern), die vorzugsweise in den kaudalen Komplexen auftreten (4. und 5., (4070); zu 41 % im inguinalen Komplex 5, (931)) gehören zu den häufigsten bei Haustieren beobachteten Neubildungen überhaupt (5790, 5850, 5445); neben ihrem bevorzugten Vorkommen bei Teckeln und Spaniels zeigen sie zu 30 – 60 % einen bösartig-metastasierenden Charakter (4947, 1899), wobei es sich meist um Adenokarzinome handelt (3372). Abgesehen von den genannten rassischen Prädispositionen, die allerdings nicht in allen statistischen Erhebungen deutlich wurden oder ganz andere Rangordnungen zeigten (4547, 1623, 4358), konnten genetische Abhängigkeiten bislang nicht nachgewiesen werden (1627, 1774), jedoch hat der *Ploidie-Status* auch bei Hunden prognostischen Wert, wie jüngere Untersuchungen ergaben. Abschließend zu Endokrinstörungen sei vermerkt, daß diese natürlich auch beim Hund ein krasses Ausmaß erlangen, wenn tumoröse Veränderungen der Hypophyse die Ursache sind (618).

Einen ätiologischen Zusammenhang mit der Chondrodystrophie des Teckels sehen manche Autoren beim höheren Prozentsatz erworbener *Herzvitien* in dieser Rasse, insbesondere Atrioventrikularklappen-Insuffizienzen (3122) und spontanen Herzrupturen (2799, 1104, 5564), welche ebenfalls einer vorzeitigen Degeneration des Bindegewebes zugeschrieben werden. Falls nötig, sind ja aber Herzschrittmacher nun auch für Hunde erhältlich. Die besagte Anfälligkeit, welche für angeborene Herzdefekte nicht zu verzeichnen war (4372), erscheint jedoch ebenso wie ein dabei festgestellter Überhang des männlichen Geschlechts aus den unter D eingangs erwähnten Gründen bislang wenig gesichert, wenngleich neuere Befunde ebenfalls in diese Richtung weisen; da Teckel aber – falls ihre Wirbelsäule mitmacht – neben Pudeln zu den langlebigsten Rassen gehören, werden hier auch Alterseffekte eine Rolle spielen (4894).Cavalier King Charles Spaniels sollen gar nach jüngsten schwedischen Untersuchungen eine fünffach stärkere Disposition zu *Herzklappenerkrankungen* haben. Die gemachten Einschränkungen gelten sicher auch für das höhere Risiko chondrodystropher Rassen (besonders Rüden) zu *Perinealhernien,* die ja ähnlich erklärbar wären (6042, 3070, 5660, 4819, 3087). Daneben ist die *Nabelbruchhäufung* mit 3-4 % in einigen Zuchten beachtlich (6348).

Ob es – analog der schäferhundspezifischen Hornhautentzündung des Auges (S. dort) – eine langhaarteckel-spezifische Variante gibt, scheint derzeit noch fraglich (972), ebenso die jüngste Vermutung, seine stärkere Exponiertheit für Auspuffgase prädisponiere ihn zu Nickhauttumoren.

Ein hin und wieder bei Dackeln – und insbesondere offenbar Langhaar- und Zwergteckeln – auftretender Rassefehler ist der *Knickschwanz,* welcher – falls durch angeborene, erbliche Mißbildung bedingt – Zuchtausschluß nach sich zieht, in England aber wesentlich milder beurteilt werden soll, wie so manches, was bei den »Pets« mißbildet ist.

Durch einseitig verstärkten Zug oder Verkürzung der Sehnen oder Muskeln entstandene »Sichelruten« sind nicht zuchtausschließend (3062). Die Knickrute tritt in Teckelpopulationen mit ziemlich konstanter Häufigkeit von 1 – 2 % (5234) auf und ist in den meisten Fällen offenbar hoch erblich (5230), wenngleich genauer belegte Zuchtexperimente beim Teckel bisher nicht bekannt wurden. Bei dem rassenobligatorischen Knick- und Knotenschwanz der Bullies (Abb. 18) vermutete Stockard (1935) Rezessivität dieses Merkmals, und auch bei Dachshunden spricht die niedrige und konstante Frequenz für m.o.w. einfach mendelnden Erbgang. Dies legen auch die Untersuchungen von Ost (1982) nahe. Selektive Gegenmaßnahmen sind somit möglich und nötig (5233, 5236, 4322, 2070, 2071).

Zur Frage der *Tigerteckelzucht* mit dem Merlefaktor wurde bereits unter C Stellung bezogen (S. a. Abb. 25 – 33). Nach dem numehr breit propagierten Informationsstand (6065, 6112), ist es nicht mehr vertretbar, mit diesem Defektgen zu züchten und defekte Weißtiger, deren Seh- und Gehöranomalien von Laien oft nicht erkannt werden können, als »besonders wertvolle Zuchttiere« (4393, 4829, 4831) zu halten oder zu Phantasiepreisen zu verkaufen, um mit ihnen in der Anpaarung an einfarbige Tiere 100% getigerte Heterozygote zu erzeugen. Nicht nur »Rückschläge« (3059), sonder auch moralische Bedenken sollten zur Aufgabe dieser Zucht führen. Der von einsichtigen

Züchtern vorgeschlagene Ausschluß von Weißtigern aus dem Ausstellungsring war ein erster Schritt in diese Richtung (6374). Das Verbot der Paarung Tiger x Tiger muß folgen, die Aufgabe des Züchtens mit dem Merlefaktor das Endziel sein. Wenn dagegen Nixon (1973) schreibt »Blinde und taube Tiere haben keinen Platz im Ausstellungsring, aber Wert als Erzeuger von Nur-Tiger-Nachkommenschaft«, wenn Züchter dies als »Experimentieren und Forschen« (4394) bezeichnen, so kann man diesen Standpunkt wahrhaftig nicht nachvollziehen. Leider sind die wenigen Tigerteckelzüchter mindestens so stur wie Blue merle Collie-Leute; und so meint Prinz Rasso v. Bayern in schöner Verbohrtheit: »Ich werde mich nicht davon abbringen lassen, Tiger mit Tiger zu paaren«. Er und die o.a. Experimentalzüchterin wurden darin bestärkt vom ehemaligen Zuchtwart des DTK (Duisburg), Herrn Dr.med.vet. Schmidt-Duisburg. Auch für massive Inzucht plädieren diese Rassereinzucht-Fanatiker (2780). Und schließlich ist ja Herzog Albrecht v. Bayern Schirmherr des Bayer. Dachshundklubs und Prof. Dr.med.vet. Rüsse sein Schatzmeister. So erstreckt sich denn die »unwahrscheinliche Teckelliebe« des 2. DTK-Vorsitzenden, Hanns Fichtl, auch auf diesen Schlag. Es wurden sogar Uralt-»Rassekennzeichen« aus dem »Hundesport« von Anno-Tobak hervorgekramt, um dies zu rechtfertigen (402).

Einen abenteuerlichen Weg, den Merlefaktor in Teckel einzukreuzen, beschrieben Fekete und Mitarb. (1959), wenngleich die Zielsetzung bei ihnen wissenschaftlicher Natur war. Sie besamten eine 6,5 kg schwere Teckelhündin durch eine 46 kg wiegende Dogge künstlich und erzielten in 2 Würfen insgesamt 9 Welpen im normalen Dackelgewicht. Die Hündin gebar ohne Schwierigkeiten und auch später waren die Kreuzungsprodukte nicht sehr viel größer als ihre Mutter. Dieses verdeutlicht die starken intrauterinen, mütterlichen Effekte auf die Körpergröße *(Matroklinie)*, die aus anderen Tierarten gleichfalls bekannt wurden. Es zeigt aber auch, daß das Hereinbringen von Farbgenen in den Teckel, welche nicht mit Defekten gekoppelt sind, auch aus wesentlich größeren Rassen möglich wäre, wenn man nicht gerade Zwerge oder Kaninchenteckel für den ersten Bastardisierungsschritt benutzt. Die Tigerteckel fanden kennzeichnenderweise nie rechten Eingang in die Jagdgebrauchszucht (919), was nicht allein durch ihre geringe Zahl und Verwechselbarkeit mit Katzen erklärbar scheint. (Von anderer Seite wird ihre Zeichnung als Argument für ihre jagdliche Eignung angeführt, da man sie nicht mit ausfahrenden Füchsen verwechseln kann). Sie sollen jedoch hoch in der Gunst gewisser Damen des horizontalen Gewerbes stehen.

Dem Dackel hinsichtlich seiner disproportionierten Verzwergung nahestend – und nur deswegen erwähnt – sind die Welsh Corgis (»Currgi« gesprochen; mit Varianten Pembroke und Cardigan, 273), wenngleich es sich bei ihnen funktionell und rassenhistorisch um verzwergte Schäferhunde handelt (Abb. 53). Die von Schneider-Leyer übernommene Eingruppierung als »Zwergschäferhund« stößt jedoch auf fanatische Kritik der deutschbritischen Hütehundleute: Sie zeuge »einmal mehr von oberflächlichem Wissen und beruhe auf optischer Täuschung« (die Stehohren und der Schäferhund/ spitzähnliche

Abb. 53 Der stehohrige, stummelschwänzige Pembroke Welsh Corgi – ein verzwergter Schäferhund.

Kopf sind allerdings auf dem Bild zu erkennen), denn der Corgi leite sich u.a. von skandinavischen Spitzformen her und habe mehr zum Treiben von Rindern als zum Hüten von Schafen gedient. Aber gleichgültig, ob Corgis in der Vergangenheit mehr Ochsen oder Hammeln die Beine langzogen – sie erfreuen sich in angelsächsischen Ländern ziemlicher Beliebtheit, ja sogar königlicher Gunst – Pembroke Welsh Corgis sind treue Hausgefährten der englischen Königsfamilie und als verhätschelte, tyrannische Hundemeute der Schrecken der Bediensteten; neuerdings gehen sie offenbar dazu über, nicht nur diese sondern auch die Königin selbst zu beißen. Bei uns sind Corgis mehr als Markenzeichen für britische Spielzeugautos bekannt; doch auch Dorgis (Kreuzung zwischen Dackeln und Corgis) wuseln bei den Royalties herum. Auch in Corgi-Zuchten besteht offensichtlich die Tendenz, zu schwere, zu kurzbeinige und dabei zu lange Tiere zu züchten (3172) – mit erhöhter Anfälligkeit zu Bandscheibenvorfall. Immerhin waren diese Hundezwerge noch so beweglich, daß sie der Queen in einem Jahr 72 Kleider, 17 Hüte und 22 Paar Schuhe aufarbeiteten (2350). Beim Cardigan-Typ mißbraucht man ebenfalls den *Merlefaktor* zur Produktion gesprenkelter, hell- und blauäugiger Tiere, die ihren Besitzern zweifellos erhöhte Aufmerksamkeit der Passanten sichern. Als Corgis noch in Wales mit Hirten kampierten, soll eine Märchenfee ihnen über Nacht den Merlefaktor beschert haben: Es wird wohl mehr ein böser Geist gewesen sein.

Engere typmäßige Beziehungen zum Teckel bestehen dagegen bei der Dachsbracke, welche aus der Kreuzung von Dackel- und Brackenschlägen hervorging. Sie wird in der BRD u.a. durch die dreifarbige Westfälische Dachsbracke repräsentiert (Abb. 66), einen nur von Jägern in Spezialzuchten gehaltenen, niederläufigen Hund. Anfangsschwierigkeiten in der Zucht dieser Rasse (krumme Vorläufe, unproportional langer Rücken 2371), wurden anscheinend zwischenzeitlich überwunden, so daß es verwundert, warum sich die Liebhaberzucht noch nicht dieses farbenfrohen Hundes bemächtigte. Die Bracke als klassischer Meute- und Hetzhund muß bei uns zwangsläufig eine untergeordnete Rolle spielen, da Parforcejagden verboten sind (5115) und für die etwa 14 bei uns existierenden Schleppjagdmeuten vorwiegend Hunde im Foxhound-Typ eingestellt werden (3760). Sie sorgen bei der unblutigen »Jagd im roten Rock« und hoch zu Pferde für die malerische Kulisse (1011). Von diesen Hunden wurden, neben einigen sporadisch auftretenden Defekten (1166) und den durch Rangordnungskämpfe in der Meute bedingten Ausfällen, wenig spezifische Anfälligkeiten bekannt. Im übrigen ist es ja noch nicht lange her, daß zu einem stilvoll eingerichteten Herrenzimmer ein der Parforcejagd geltendes Bild gehörte (3040) – heute ist es mehr der röhrende Hirsch. Aber auch andere Jagdkunst ist wieder gefragt, wovon sich die Bonner Schickeria auf einer Ausstellung unter Führung von Hubertusjünger Walter Scheel überzeugen konnte (226). Welch Kontrast zu seinem Amtsvorgänger und Parteifreund Theodor Heuss, der die Jägerei als »eine Sonderform der Geisteskrankheit« bezeichnet hatte, von der er nie befallen gewesen sei.

Von den Calico (Merle)-Foxhoundschlägen nahm man an, sie hätten mehr »Biß« als andere, was sich aber natürlich nicht bewahrheitete (Rubin, 1989): wo Hörvermögen nicht gefragt sei, könne man sie gut verwenden.

Die Sauerländer oder Olper Bracke, aus der auch die o.a. Dachsbracke erzüchtet wurde, ist einziges Überbleibsel der einstigen Vielfalt von Laufhundrassen, wie sie sich heute noch in anderen europäischen Ländern findet und hier im einzelnen nicht aufgezählt werden kann, da sie meist nur von lokaler Bedeutung sind. Lediglich die französischen und besonders die englischen *Basset-Hunde* (»Hush-puppies«) sind in letzter Zeit als repräsentative Haustiere »en vogue« – wahrscheinlich weil sie neben bescheidenen Ansprüchen an Platz und Auslauf mit ihren tiefen Falten und Runzeln im Gesicht ihrem Besitzer den Eindruck vermitteln, einen verträglichen, etwas melancholischen Philosophen »mit kummervollem Ernst« zum Hausgefährten zu haben. Der Jägerslang bezeichnet dies als eine »durch die hubertoiden Gesichtsfalten bedingte Ausdrucksfülle« (628). Das deutsche Pendant, der mittelgroße Hannoversche Schweißhund, wird heute im Verein »Hirschmann« nur noch von wenigen Jägern betreut.

Auf die erhöhte Disposition zu *Hautfalten-Dermatitiden, Otitis* und *Ektropium* bei diesen Rassen mit schlaffer Haut wurde schon unter B hingewiesen. Sie ist besonders ausgeprägt beim Bluthund mit seinen schweren, pendelnden Behängen, sabbernden Schlotter-Lefzen (451) und dem »leidenden Gesicht eines Straßenbettlers«, der ja auch an der Entstehung der Bassethounds beteiligt war und mit dem Hubertushund praktisch identisch ist. Die Jagdschickeria sieht das anders: »Der charakteristische Kopf, die Größe und Substanz ergeben die Gesamterscheinung eines kraftvollen, imposanten Jagdhundes mit unverkennbarem Adel und dem typischen Ausdruck von Würde und Gelassenheit; niemand kann wohl gleichgültig an einem Bloodhound vorbeigehen: entweder man ist fasziniert ... oder man findet ihn grundhäßlich (797)«. Und somit bedeute »Bluthund« also »Hund von edlem Blut« (415). In der Tat verdankt er seinen irreführenden Namen wohl mehr dem Spürsinn, mit dem er als Gutsherrenhund der Fährte des angeschossenen Wildes folgte oder als Diensthund der des Wilderers oder Diebes (360) – und weniger seiner Blutrünstigkeit gegenüber dem Menschen. Jüngst wurden einige Fälle plötzlichen Herztods *(Dysrhythmien)* observiert.

Wie schon öfter betont, stellt die vom Standard geforderte Zucht auf extrem schlaffe Haut – der Basset soll ähnlich wie der Bluthund bzw. Chien de St. Hubert möglichst »das Rote« des unteren Augenlides zeigen – nur eines von vielen Beispielen künstlich geschaffener Krankheitsdispositionen dar (141, 3491), denn andernfalls ist ja der Hund nicht »typvoll«. Beim Basset Artésien-Normand gelten diese Extreme vernünftigerweise als fehlerhaft. Diese tiefliegenden, langsamen Laufhunde waren früher besonders für ältere Herrenreiter mit Podagra geeignet, für den harten Jagdgebrauch seien sie heute »vollkommen untauglich« (650). Bassets sind Bluthunde auf verkrüppelten Beinen: und so verwundert nicht, wenn der 1. Vorsitzende des Bluthundeklubs gleichzeitig 2. Vorsitzender des Bassethoundklubs ist und diese Rassen in der Schweiz vom selben Verein betreut werden (BBCS, Jahresheft 1990: The long ear year). Um der Hundemeute besser zu Fuß folgen zu können, sollen englische Jäger schon Bassets in ihre Beagles eingekreuzt haben, sozusagen als »Bremse« (Abb. 54). Mit einer mittleren Wurfgröße von 7,2 ± 3,2 liegen sie in der Gegend des Deutschen Schäferhundes, was einmal mehr die Abhängigkeit der Welpenzahl pro Wurf weniger von der Wh als vielmehr von der Rumpflänge unterstreicht.

Laufhunde 237

Abb. 54 Hush-Puppy's Klage auf einer VDH-Ausstellung: »Ich komm aus dem konjunktivitischen Grübeln über meinen bescheuerten Rassestandard nicht heraus; darüber lasse ich verzweifelt die Ohren hängen – weiter gehts nicht mehr, sonst stolpere ich darüber«.

Beim Bassethound ist die *dysplastische Verformung* der Vorderbeinknochen geradezu rassetypisch. In einigen Exemplaren ist offenbar nicht nur das Ellbogengelenk, sondern auch das Kiefergelenk betroffen: Sie bekommen beim Gähnen das Maul nicht wieder zu – ein auch in anderen Individuen hin und wieder gesehenes Phänomen (5671, 3405). Dies alles focht unseren Fernseh-Klever nicht an: »Daß andere Leute unsere Hunde komisch finden, stört uns nicht«, denn »er erregt immer noch Aufsehen« und »fünf Kinder können ihn gleichzeitig streicheln«(3179). Spricht man mahnende Worte, so ist man »profilneurotischer Veterinär« (315). Alle diese Hunde sind aber »naseweis.., was bei ihnen »Weisheit der Nase« und nicht Vorwitz bedeutet (3040). Ihr charakteristischer Laut auf der Fährte, das »Brackengeläut«, wird mit »Zorn und Jagdleidenschaft« wohl nur unzulänglich motiviert, denn manche lassen es auch auf der Spur ihres Herrn erklingen. Einzelne Fälle von Intersexualität wurden – wie in anderen Rassen auch – jüngst beim Basset beschrieben.

Ein anderer angelsächsischer Hasen- und Fuchsmeutenhund – der Beagle – verdient wegen seiner Bedeutung für die Versuchstierzucht eine etwas ausführlichere Betrachtung. Wo heute in der pharmazeutischen Industrie oder von wissenschaftlichen Instituten Versuchshunde gehalten werden, handelt es sich meistens um den Beagle, der vielfach schon in SPF-Zuchten (Gnotobioten) gezogen wird (5258, 2640, 3884). Je nach Grad ihres »keimfreien Zustandes« kann man bei diesen 1- 5 Kategorien unterscheiden (838). Der Beagle findet Anklang als Versuchstier, weil er ein verträglicher, nicht zu großer, kurzhaariger Hund mit genügend hoher Reproduktionsrate ist (5544, 2896, 2057). Diesen Vorteilen steht nur seine relativ große Bellfreudigkeit entgegen. Bei dieser wegen seiner Wirtschaftlichkeit im Ursprungsland auch als »Armer-Leute-Hund« apostrophierten Rasse (5121) kamen Strasser und Schuhmacher (1968) bei einer Gesamtzahl von 1789 geborenen Welpen auf eine mittlere Wurfstärke von 6 Welpen oder 9,5 pro Hündin und Jahr, mit 7,5 Monaten Wurfabstand und 3,7 % Totgeburten (6,2% Gesamtverluste vor dem Absetzen). Auch hier wurden wieder starke individuelle, offenbar genetisch beeinflußte Unterschiede in der Wurfstärke zwischen 3,8 und 8,7 deutlich. Die genetische Komponente der Wurfgröße setzt sich dabei zweifelsfrei aus mütterlichen und väterlichen Faktoren zusammen (3673), doch darf der Erblichkeitsgrad nicht überschätzt werden, was für alle Fruchtbarkeitskriterien gilt. So kamen Gaines und v. Vleck (1976) auf eine Heritabilität von 10 % für die Neugeborenensterblichkeit.

Alle klassischen Forschungen über Diabetes – um nur ein Beispiel zu nennen – wurden am Pankreas der Hunde unternommen (1057). Die Fettsucht beim Hund durch falsche Lebensführung bzw. Haltung stellt auch heute noch ein aufschlußreiches Gebiet vergleichend-medizinischer Betrachtung dar (3262). Sicher ist Forschung mit und an *Versuchstieren,* die »Vivisektion« im weitesten Sinne, ein trauriges Kapitel der Menschheitsgeschichte – aber nicht trauriger als die Tatsache, daß jährlich Millionen junger, schlachtbarer Haustiere über den Hades müssen, damit Homo sapiens sich mit ihnen den Magen füllt. Versuchstiere werden oft besser gehalten als landwirtschaftliche Nutztiere. In der Tat scheint hier eine gewisse Unausgeglichenheit tierschützerischer Aktivitäten konstatierbar zu sein (4165, 2744). Allerdings ist das Übergewicht an Frauen unter »Tierschützern« eher positiv zu werten: Sie zeigen und praktizieren halt eher Gefühl, auch Mitgefühl, und wieso sollen Emotionen in der Wissenschaft nicht berechtigt sein (1314), wo wir doch alle wissen, wohin völlig gefühllose Wissenschaftler uns schon gebracht haben? Nicht notwendige Emotionen, sondern sentimentale Vermenschlichungen können die Sicht auf Notwendigkeiten verbauen. Nur vegetarische Idealisten, die sich bereitwillig und freudig im Krankheitsfalle mit unerprobten Medikamenten behandeln oder durch die Hand experimentell unerfahrener Chirurgen operieren lassen, haben das Recht zu protestieren – falls ihnen noch viel Zeit dazu bleibt. »Soweit wir in dieser Frage Grundsätze des Tierschutzes vertreten, soweit müssen wir auch bereit sein, auf das Angebot medizinischer Dienstleistungen zu verzichten (5006)«. »Kein Mensch darf sich Gesundheit und Wohlergehen mit dem unsäglichen Leid von Versuchstieren erkaufen« meint Annelore Raab aus Hannover. Tierliebe aus Misanthropie? Nie wieder einen Fleischerladen oder eine Apotheke betreten? Nicht Tierexperimente sind generell »umsonst« oder »sinnlos«, sondern die über die vermenschlichende Sentimentalität eines unaufgeklärten Publikums auf den Geldbeutel zielenden unaufrichtigen und irreführenden Berichterstattungen darüber (5500, 5638). Hier ist echtes tierschützerisches Engagement säuberlich zu trennen von der Suche nach dem zugkräftigen Thema; so erweist sich z.B. ein Prospekt der Firma »Tasso-Haustier-Zentralregister (Spendenkonto)« als unverhohlene Werbung für eigene Kosmetikprodukte – eingehüllt in Aufrufe des Dt. Tierschutzbundes und in unbedarfte, »Tierquälerei brandmarkende« Leserbriefe. Sollen kranke Menschen Versuchskaninchen sein (2241)? Auch heute ist durch Tests an Gewebekulturen nicht alles zu meistern; es ist schlimme Heuchelei, den durch das Tierschutzgesetz gedeckten Tierexperimentator pauschal als Sadisten zu diffamieren – er verdient mehr Achtung als mancher »Züchter«, dessen Hobby es ist, erbgeschädigte, defekte Liebhabertiere zu züchten oder laufend Jungtiere aus rein farbformalistischen Gründen zu töten. Terroristen unter exaltierten »Tierschützern« versteigen sich gar neuerdings zu Attentaten und bringen damit die ganze Bewegung in Mißkredit (1243).

Nach vorschriftsmäßiger Betäubung bzw. sachgerechter Tötung der wissenschaftlichen Verwertung zugeführte Tiere leisten der Menschheit – und nicht zuletzt ihren vielen im Hausstand lebenden Artgenossen – einen größeren Dienst als im Tierheim nach dumpfer Wartezeit eingeschläferte und den Abdeckereien angediente »Ladenhüter« oder durch den Schuß des Jägers zerfetzte Streuner. Dies gilt nach Aussagen einiger Versuchstierkundler auch für mit chronisch-angeborenen Erkrankungen behaftete Tiere, wenn diese mit analogen Syndromen beim Menschen vergleichbar sind (5114). Selbstverständlich bleibt trotz allem, daß die Vornahme von Experimenten generell und besonders bei zu so starker sozialer Kontaktaufnahme fähigen Tieren wie unseren Hausfleischfressern auf ein unbedingtes Mindestmaß beschränkt wird. Denn zweifellos mutet es – obwohl objektiv notwendig – geradezu hinterhältig an, daß man auch in Versuchstierkennels gezüchteten Junghunden ein notwendiges Maß an »liebevollem« Kontakt zum Pflegepersonal gewährleisten muß, um sie nicht später zu unministrablen, aggressiven oder extrem scheuen Individuen werden zu lassen (5875). Unter der »*Kennelosis*« geht nämlich selbst dem Beagle seine laut BCD-Standard (Beagle-Club v. Deutschland) »immer vorhandene« Eigenschaft – die Sanftmut – verloren. Zweifellos bedeutet es Stress und stellt eine nicht artgerechte Haltung dar, Versuchshunde zeitlebens ohne Kontakte zu käfigen (2694); doch aus eigener Erfahrung bei Gruppenhaltung einer Hundezucht wissen wir, wie wichtig dabei die kompatible Zusammensetzung dieser Gruppen und ihre ständige Beobachtung durch sensible Betreuer ist, um Aggressionen vorzubeugen.

Selbst Pelztierfarmer wissen, daß ihre Füchse ein Mindestmaß an Zuwendung in der Jugendphase brauchen, damit sich nicht Kannibalismus und Zuchtversagen entwickeln, bevor sie »weggepelzt« werden (424).

Die Kosten für den Aufbau und die Aufrechterhaltung standardisierter Zuchten sind beträchtlich; dennoch nahm allein in Amerika an NIH-Instituten die Verwendung koloniegezüchteter Versuchshhunde im Zeitaum 1967 - 1972 von 3,1 auf 23 % zu, die Benutzung angekaufter Exemplare unsicherer Herkunft entsprechend von 96,9 auf 77 % ab (4515). Denn auch die Ausgaben für Quarantäne und Konditionierung vom Händler erworbener Tiere sind beachtlich (4345), wenngleich niedriger. Letzte zeigen regelmäßig einen deutlich höheren Prozentsatz klinisch oder bei der Sektion sichtbarer Krankheitsprozesse als koloniegezogene Hunde (4460), deren »Homogenität« allerdings auch ein sehr relativer Begriff ist (2802).

Durch Verwendung genetisch definierter Tiere, wie sie Rapp u. Mitarb. (1988) auch bei anderen Untersuchungen vorschlagen, läßt sich jedenfalls die benötigte Anzahl vermindern, da bei Benutzung eines »Feldmaterials« die Individualkomponente nicht analysierbar und somit die Streuung der Werte so breit ist, daß die Resultate stark hypothetisch sind (3138). Z.T. wird ja durch Kreuzung auf Heterosis gebaut: So produzierte Boehringer neben dem »Hamburger Gift« auch die FBI-Hunde (Foxhound-Boxer- Kreuzung aus Ingelheim).

Beagles aus den USA, wo sie im großen Stil von mehreren Kennels gezüchtet werden, zeigen ein durchschnittliches Gewicht vo 10,5 kg und eine Widerristhöhe von 34,2 cm im männlichen Geschlecht, bzw. 9,9 kg und 33 cm im weiblichen (95). Die ideale Färbung soll 20 % Weiß, 40 % Braun und 40 % schwarz betragen. Zu pigmentarme oder zweifarbige Tiere sind unerwünscht, wenngleich vom Standard her zulässig.

Entsprechend der geschilderten Situation ist es erklärlich, daß die meisten statistisch fundierten, d.h. an einem größeren und unter identischen Bedingungen gehaltenen Tiermaterial gewonnenen anatomischen und *physiologischen Daten* vom Hund an Beagles ermittelt wurden. Da für viele dieser Kriterien, insbesondere blutphysiologische, keine signifikanten Rassenunterschiede zu bestehen scheinen – nur bei Greyhounds wurden wiederholt abweichende Daten beobachtet (3010, 4510) – so kommt ihnen allgemeine kynologische und vergleichend-medizinische Bedeutung zu (4193). Diese physiologischen Werte können hier nicht einzeln aufgeführt werden, doch sei auf einige entsprechende Schrifttumsstellen verwiesen (3404, 1634, 1087, 5494, 2699) und insbesondere auch vermerkt, daß teilweise gesicherte Geschlechts- und Altersunterschiede festgestellt wurden (1524, 1493). Es kamen auch schon chemische Ganzkörperanalysen zum Rapport (5444).

Tabelle 36 Absolute und relative Organgewichte bei neugeborenen und 178 Tage alten Beagles (nach Deavers und Mitarbeiter, 1972).

Alter	Herz	Lunge	Nieren	Milz	Leber
0 Tage					
abs. (g)	2,25 ± 0,09	5,58 ± 0,12	4,07 ± 0,19	1,22 ± 0,09	14,5 ± 0,44
relat. (%)	0,93 ± 0,03	2,31 ± 0,04	1,69 ± 0,05	0,50 ± 0,03	6,02 ± 0,12
178 Tage					
abs. (g)	61,5 ± 2,79	80,2 ± 3,22	47,6 ± 2,35	17,5 ± 1,01	250,0 ± 12,5
relat. (%)	0,76 ± 0,03	1,03 ± 0,09	0,59 ± 0,03	0,21 ± 0,01	3,11 ± 0,14

Wegen der allgemeinen Bedeutung als Vergleichsdaten und zur Sichtbarmachung der grundsätzlich zu beobachtenden Abnahme des *relativen Organgewichtes* mit zunehmendem Alter in der Wachstumsphase seien aber in Tabelle 36 einige Daten aus den Untersuchungen von Deavers u. Mitarb. (1972) wiedergegeben. Das Körpergewicht dieser Tiere im Alter von 0 bw. 178 Tagen betrug 0,241 respektive 8,13 kg. Neben der genannten negativen Beziehung zwischen relativem Organgewicht und Körpergewicht wird aus diesen Angaben aber auch die große individuelle Schwankungsbreite deutlich, z.B. beim Herzgewicht mit 35 – 78 g bei den 5 – 6 Monate alten Tieren. Diese dürfte vorwiegend, wenngleich nicht ausschließlich, genetisch bedingt sein, wie ganz ähnlich schon aus anderen Tierarten berichtet (6061).Die wiedergegebenen Zahlen decken sich recht gut mit neueren Daten von größeren Hunden – mit Ausnahme des relativen Hirngewichts, welches bei Beagles mit 0,85 % wesentlich höher liegt als bei schäferhundformatigen Tieren (0,28 %, 5491).

Angesichts der Wichtigkeit dieser Frage für die große Zahl der in der Industrie tätigen Tierärzte sei auch über züchterische Probleme kurz referiert. Kürze genügt, denn »glücklicherweise ist es nicht notwendig, die Genetik ganz zu verstehen, um bestimmte Zuchtmethoden mit Erfolg anwenden zu können (1845)«.

Bei der Zucht von Beagles für Versuchszwecke, insbesondere für *Langzeitversuche* mit ständigem Bedarf an einheitlich reagierenden Tieren, kann man diese Homogenität durch die Etablierung von *Inzuchtlinien* erreichen, oder durch konstante, d.h. stets in gleicher Weise wiederholte Kreuzungen zweier, nicht verwandter Inzuchtlinien. Diese Kreuzungsprodukte besitzen ein Höchstmaß an *reproduzierbarer Heterozygotie* und sind vielfach vorzuziehen, da stark ingezüchtete Individuen in ihrer Reaktionsnorm sicher nicht immer einer »normalen« panmiktischen Population entsprechen (5286). Eine andere

Möglichkeit ist die Schaffung stabiler »Gen-Pools«, d.h. relativ umfangreicher, aber in sich abgeschlossener Zuchten von 20 nicht miteinander verwandten Rüden auf 40 weibliche Tiere pro Generation, unter Garantierung weitgehender Zufallspaarung (3851, 785), jedoch unter Ausschaltung von Voll- und Halbgeschwisterpaarung, um die Entstehung von »Inzuchtnischen« zu vermeiden.

Einziges Auswahlkriterium für die Weiterverwendung und Aufzucht sei dabei Gesundheit, ungestörtes Reproduktionsvermögen und genügendes Wachstum der Versuchstiere (960). Tyler und Norris (1968) berechnen als Auswahlkriterien für das Akzeptieren eines Jungtieres die Zahl M nach folgender Formel:

$$M = \frac{1}{n} \sum \frac{(W - W_t)^2}{W}$$

wobei W = Durchschnittsgewicht aller Tiere beim Alter t, Wt = Gewicht des Probanden im Alter t, n = Zahl der ermittelten Gewichte (Tiere), M wird also für jedes einzelne Tier anhand der Wochengewichte ermittelt und mit dem Gesamt-M verglichen.

Die Zunahme des Inzuchtgrades beträgt in einer panmiktischen Population nach Wright (1931) nur etwa dF = 1/8 Nv + 1/8 Nm pro Generation, wobei Nv = Zahl der Vatertiere und Nm = Zahl der Muttertiere pro Generation. Diese Steigerung des Inzuchtgrades würde somit bei 20 Rüden und 40 Hündinnen etwa 0,009 oder 1 % betragen. D.h. erst nach ca. 20 Generationen Zufallspaarung innerhalb einer solchen Gruppe wäre er über 20 % gestiegen (1845).

Der Inzuchtgrad gibt die Wahrscheinlichkeit an, mit der an den Genlocis zwei identische Gene, d.h. von demselben Vorfahren stammende Allele aufeinandertreffen. Bei hunderprozentiger Inzucht, die praktisch nur bei parthenogenetischer Entwicklung aus dem unbefruchteten Ei denkbar ist, stammen alle Allele von ein und demselben Vorfahren und der Inzuchtgrad ist 1,0 oder 100 %. Für alle konkreten Fälle von Inzucht wird er berechnet nach der Formel von Wright, der die simple Erkenntnis der Wahrscheinlichkeitsrechnung zugrundeliegt, daß die Chance für einen Nachkommen, ein bestimmtes Allel von seinem Vater bzw. von seiner Mutter zu bekommen, gleich 50 % oder 1/2 ist, die Wahrscheinlichkeit, dieses Allel von einem weiter zurückliegenden Vorfahren zu erhalten, sich aber mit der Zahl der dazwischenliegenden Generationen verringert. Der Inzuchtgrad des Nachkommen x ist somit

$$F_x = \sum \left(\frac{1}{2}\right)^{n + n' + 1}$$

wobei n = Zahl der Generationen vom Vater zum gemeinsamen Vorfahren, n'= Zahl der Generationen von der Mutter zum gemeinsame Vorfahren.

Bei dem unten gezeigten Schema einer Halbgeschwisterpaarung, d.h. bei einem gemeinamen Großvater z.B. errechnet sich der Inzuchtgrad somit zu

$$F_x = (\tfrac{1}{2})^{1+1+1} = (\tfrac{1}{2})^3 = (\tfrac{1}{8})$$

oder 0,125 oder 12,5 %

Schema zur Berechnung des Inzuchtgrades bei Halbgeschwisterpaarung

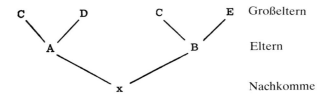

Bei *Halbgeschwisterpaarung* sind somit die Nachkommen mit 12,5 % ingezüchtet. Dieses gilt aber nur, wenn der gemeinsame Vorfahr seinerseits nicht ingezüchtet ist, da sonst sein Inzuchtgrad in Rechnung zu stellen ist. Gibt es mehrere gemeinsame Vorfahren, so ist für jeden die Formel in der gehandhabten Weise anzuwenden und die einzelnen Beiträge werden addiert, was durch das Summenzeichen in der Formel symbolisiert wird. Daher beträgt der Inzuchtgrad bei *Vollgeschwisterpaarung*, d.h. bei zwei gemeinsamen Vorfahren 0,25 oder 25 %. Er würde erst nach 20 aufeinanderfolgenden Generationen von Vollgeschwisterpaarungen 0,986 erreichen, was somit gleichbedeutend wäre mit einer 98,6-prozentigen Reduktion der Heterozygotie von Allelepaaren (4674). Mit zunehmender Homozygotie kommt es natürlch zu einem Aufeinandertreffen, zur »doppelten Dosis« von Schad-Allelen, was u.a. ein signifikantes Absinken der Überlebensrate von Jungtieren bei zunehmender Inzucht bedingt. Sie betrug 75 % bei Beagles mit einem Inzuchtgrad zwischen 0,001 und 0,24, aber nur noch ca. 25 % bei einem solchen von 0,673 - 0,785.

Bei forcierter Inzucht, die sicherlich Vorteile zur Vereinheitlichung eines Rassebildes haben kann, wird es somit vermehrt zu solchen »Inzuchtdepressionen« kommen.

Bei Histokompatibilitätsstudien, d.h. bei Ermittlung der *Gewebsverträglichkeit*, geht man vom *Verwandtschaftsgrad* der benutzten Tiere aus, der sich in ganz ähnlicher Weise errechnet:

$$R_{bc} = \frac{\sum (\tfrac{1}{2})^{n+n'}(1+F_a)}{\sqrt{(1+F_b)(1+F_c)}}$$

wobei Rbc = Verwandtschaftsgrad der als Spender und Empfänger des Transplantats verwendeten Tiere; Fa = Inzuchtgrad des gemeinsamen Vorfahren; Fb = Inzuchtgrad des Spenders B; Fc = Inzuchtgrad des Empfängers C.

Nach Rehfeld u. Mitarb. (1970) erfolgte bei nicht verwandten Tieren die komplette Abstoßung des transplantierten Hautstückes nach ca. 12 Tagen, bei einem Verwandtschaftsgrad von 0,02 - 0,09 nach 14 Tagen, bei Rbc = 0,689 mit 16 und bei Rbc = 0,85 nach durchschnittlich 20 Tagen. Bei Autotransplantaten, d.h. bei Identität von Spender und Empfänger, betrug die Einheilungsrate 100 %.

Wie aus den geschilderten Verhältnissen ersichtlich, stellen statistische und populationsgenetische Methoden der Erblichkeitserfassung nur eine Fortentwicklung der Mendelgenetik dar, die alle auf dem alten Mendelschen Prinzip der freien Kombinierbarkeit der Gene beruhen, welches keineswegs ungültig (2683), sondern auch heute noch von grundlegender Bedeutung ist. Man tut Gregor Mendel Unrecht, wollte man den »Mendelismus« als obsoletes »genetisches System« abtun (4728). Die *Populationsgenetik* ist nur eine notwendige Ergänzung der klassischen *Mendelvererbung,* die überall dort Anwendung finden muß, wo man den Erbgang einzelner Erbanlagen unter den Nachkommen nicht mehr verfolgen kann, weil es sich um Eigenschaften handelt, welche durch eine Vielzahl von Genen bedingt werden und durch Umweltfaktoren einer zusätzlichen Modifikation unterliegen. Dieses ändert nichts an der Gültigkeit der Mendelgesetze. Nur muß man wissen, wann man was anzuwenden hat.

Mehr oder weniger einfach mendelnde Merkmale wie Pigmentierung und Behaarung als für den praktischen Hundezüchter von minderer Bedeutung zu bezeichnen (2682), zeugt von hypertropher Wertung der reinen Gebrauchszucht. Diese Eigenschaften sind für die Masse der Liebhaberzüchter nach wie vor von eminenter Wichtigkeit, wenn auch der Gebrauchshundezüchter darüber lächeln mag. So war z.B. beim Pudel der Anteil der Pigmentfehler unter den zuchtausschließenden Mängeln mit etwa 10 % sehr hoch (3625). Doch auch von Versuchstierzüchtern wird möglichste Homogenität der Population in diesen qualitativen Merkmalen angestrebt, da pleiotrope Wirkungen von Farbgenen vielfach bekannt und an dieser Stelle bereits mehrfach erwähnt wurden. Auf der anderen Seite kann exakt angewandte Statistik und Populationsgenetik sehr wohl unsere Kenntnisse über Zusammenhänge, Entwicklungen und mögliche Ursachen von Zuchtschäden bereichern und gute Zuchthilfen liefern, nur muß man sich auch zu ihrer großrahmigen objektiven Anwendung entschließen.

Über spezielle Erkrankungsneigungen beim Beagle wurde wenig bekannt. Um ihn den chondrodystrophen Rassen zuzuschlagen, erscheint es notwendig, mehr als die durch Braund u. Mitarb. (1975, 1977) belegten Fälle vergleichend zu untersuchen. Als es noch verzwergte Beagles gab, waren Geburtsschwierigkeiten an der Tagesordnung, doch sind solche Varianten mittlerweile ausgestorben (456). Auch wenn man 3 Beagle eingepfercht in einem kleinen Käfig aufwachsen läßt, braucht man sich über WS-Schäden nicht zu wundern (2082). Andersen (1970) berichtet über eine starke Tendenz zu Hautpapillomen und subkutanen Lipomen bei alternden Tieren. Nach anderen Statistiken dürften aber Dackel und Cocker hier an der Spitze stehen (5535, 5536, 4411). Neoplasien der Fortpflanzungsorgane sollen beim Beagle im Gegensatz zu allgemeinen Hundepopulationen, in denen Nierenerkrankungen eine Hauptabgangsursache darstellen (2045), häufig, Leukosen dagegen sehr selten sein. Diese Befunde scheinen bislang wenig gesichert (4256). Das gilt auch für eine ihm nachgesagte Neigung zu Amyloidosen und zur Vasculitis, oder zu Speicheln und Epilepsie im männlichen Geschlecht (1566, 5638).

Das Fehlen ausgesprochener Dispositionen bei dieser Rasse ist zwar für die Zucht und Haltung von Vorteil, mindert aber ihren Wert als Modell für spezielle Erkrankungen des Menschen. Doch der ist ja beim Hund generell nicht sehr hoch zu veranschlagen, zumindest, was das vorrangige Problem der Herz-Kreislaufkrankheiten angeht. Spontane *Arteriosklerose* kommt beim Hund sehr selten vor (1552, 5004, 3725), wenngleich dies von anderen Autoren bestritten wird (5552). Tritt sie auf, sei sie überdies klinisch unauffälliger und auch von daher menschlichen Gefäßerkrankungen unähnlich (3645, 6196). Sie läßt sich auch bei Hunden diätetisch induzieren (1391, 3717). Insgesamt sollten bei solchen Untersuchungen signifikante Rassenunterschiede im Lipoproteinlevel beachtet werden, wie jüngste Erhebungen ergaben. So gibt es familiäre *Hyperlipidämien,* z.B. bei Zwergschnauzern (2965). Über ein liniengehäuftes Cor pulmonale wurde gleichfalls berichtet, ebenso über essentiellen Bluthochdruck (951, 1016); ohnehin sollen 10 % der äußerlich gesunden Hundepopulationen Hypertoniker sein (4698). Es scheint zudem – wie in anderen Arten – Genotypen zu geben, die durch die Fähigkeit zur Ausbildung von Kollateralgefäßen resistenter gegenüber Herzinfarkten sind (5841).

Ein ursprünglich für die Löwenjagd gezüchteter, heute aber vermehrt für den Dienstgebrauch verwendeter, südafrikanischer Laufhund – hierzulande u.a. vom »Club der Löwenhunde« in Frankfurt betreut –, der rassisch auf Bluthunden und Schensihunden aufbaut, ist der *Rhodesian Ridgeback:* Er besitzt auf dem Rücken, zwischen Kruppe und Widerist, einen gegen den allgemeinen Haarverlauf weisenden, bürstenähnlichen Haarstrich, dem er seinen Namen verdankt, sozusagen eine »Dauerbürste«, wie die Caniden-Verhaltensforscherin Feddersen-Petersen richtig meint; diese kann von anderen Hunden und Menschen wohl auch als solche mißdeutet werden. Allerdings wird der eindrucksvoll hochtoupierte Blondschopf von Frau Feddersen wohl einen ähnlichen Effekt auf ihre Wölfe und Hunde ausüben – aber das ist ja vielleicht beabsichtigt. Dieses Merkmal soll außer ihm nur noch ein auf einer Insel im Golf von Siam heimischer Hund zeigen (Phu-Quoq-Hund, »Thai-Ridgeback«, 316).

Der Ridgeback ist aber noch aus einem anderen Grunde interessant. Bei ihm kommen hoch erbliche, wahrscheinlich unvollkommen dominante, dorsale *Dermoidzysten* in den an den genannten Haarstrich angrenzenden Hautzonen vor (Hals-, vorderer Brust- und Kreuzbeinbereich). Diese blindsackähnlichen Hauteinstülpungen entwickeln sich embryonal aus einer unvollkommenen oder ausbleibenden Trennung von Haut und Rückenmark im Verlauf der gemeinsamen Entwicklung aus dem Ektoderm (3729). Je nach der Tiefe des Blindsacks kann man 4 Grade unterscheiden (Abb. 55). Klinisch schwerste Fälle, bei denen eine Verbindung zum Wirbelkanal bestehen bleibt, können zu *Nachhandparalysen* und Hyperästhesien führen (3612, 1709). Behaftete Welpen trifft Zuchtausschluß (5551). Therapie ist nur durch radikale Exzision möglich (2735), wie auch jüngste Befunde von Kasa u. Mitarb. (1992, tierärztl. prax.) wieder zeigten.

Züchterisch muß jedoch an eine bedingte genetische Kopplung von Zyste und Ridge gedacht werden (259) und vielleicht sollte man künftig auf dieses

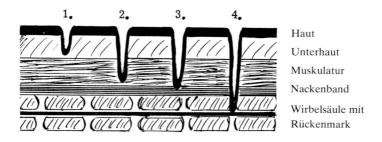

Abb. 55 Verschiedene Schwergrade der Dermoidzysten beim Rhodesian Ridgeback (nach Hofmeyr, 1963).

»Wappenschild« der Rasse verzichten, statt an seine Ausprägung auch noch Formansprüche zu stellen (Box, Crowns etc.). So wird bei einer mittleren Wurfgröße von 8,6 fast jeder dritte lebend geborene Welpe »aus kynologischen

Gründen gemerzt« (4063). Epidermoidzysten im ZNS kommen sonst nur sporadisch in anderen Rassen vor (3091).

Ein anderer Laufhund, der aber schon im vorigen Jahrhundert mehr als Begleithund für Kutschen und Feuerwehr-Pferdefuhrwerke fungierte (der »Firehouse-dog« angelsächsischer Länder), ist der *Dalmatiner*, im Französischen auch Braque de Bengale genannt (Abb. 37). Beide Namen sagen nichts Sicheres über seine Herkunft, wenngleich Dalmatien den Ursprung dieses auch als »Ragusanische Bracke« bezeichneten Hundes für sich beansprucht (4289, 4290). Auch von ihm würden Jagdgebrauchszüchter heute sagen, er wäre zu einem reinen Luxus- und Begleithund »degradiert« (5115). Die bloße Tatsache, daß ein Hund mehr zum Gegenstand der Liebhaber- als der Gebrauchszucht wurde, reicht aber als Kriterium der »Degradierung« sicher nicht aus. Manch ein regelmäßig ausgeführter Hund der Liebhaberrassen wird sich weniger degradiert vorkommen als nur während der Jagdzeiten bewegte, sonst aber auf engem Raum eingepferchte Jagdhunde, an deren Schicksal dann Tierschutzvereine ein oft nicht unberechtigtes Interesse entwickeln (151).

Die typische Pardelzeichnung des Dalmatiners, schwarze oder braune Sprenkelung auf weißem Grunde, bildet sich postnatal, etwa nach 10 Tagen aus, so daß Neugeborene rein weiß sind. Man sagt dieser Rasse einen aufgeschlossenen, extrovertierten Charakter nach, andere wieder sagen, sie sei wegen ihrer Dummheit in die Pferdeställe der Lords verbannt worden (351). Nach Keeler (1940) seien es oft »Allerweltsfreunde«, die nächtlichen Einbrechern für eine Liebkosung das gesamte Hab und Gut ihrer Besitzer überließen – sicher eine unzulässige Verallgemeinerung. Daß besondere Erkrankungen des Dalmatiners nicht beobachtet worden seien (2828), ist keineswegs richtig: Auf seine Veranlagung zu *Harnsäuresteinen* wegen der Besonderheiten im Purinstoffwechsel wurde schon im Kapitel C hingewiesen (5053); 75 % der bei ihm analysierten Steine sind Urate (4300), Hesse (1990) kam auf eine noch höhere Frequenz. Ein anderer, häufig in dieser Rasse registrierter Fehler sind depigmentierte oder verschiedenfarbige, blaue Augen und *pigmentlose Nasenschwämme* (3297, 5698), oft in Verbindung mit blasser, rehbrauner Tüpfelung, die heute strenger beurteilt werden als noch vor einigen Jahren (1893, 6, 1054). Auch hier sollte man »Fehlfarben« nicht durch Tötungsmaßnahmen, sondern durch konsequente Zuchtwahl eliminieren: Wie aus Tabelle 37 ersichtlich, fallen in dieser Rasse nicht weniger als 13 % aller Welpen *farbformalistischen Eliminationen* zum Opfer, sowie weitere 5 % den Depigmentierungsanomalien. Wieso soll ein Dalmatiner mit ulkigem »Pigmentmonokel« dem Tode geweiht sein; Käufer von Dalmatinern wollen ohnehin ein wenig mit ihren Hunden auffallen – könnten sie es mit einem solchen Tier nicht noch besser? Sehr vernünftig ist jedoch der Zuchtausschluß »blauäugiger« Tiere, denn *auch hier sehen wir hohe Korrelationen zwischen Pigmentmangel der Iris mit Anomalien des Sehorgans, nämlich des Augenhintergrundes* (772). Warum können sich die Blue-Merle-Züchter zumindest diesem Beispiel nicht anschließen? Aber selbst bei Dalmatiner-Züchtern gibt es darüber heftige Auseinandersetzungen mit Uneinsichtigen (2567). In Ländern mit mehr Sonneneinwirkung scheint diese Rasse zudem eine Tendenz zu squamösen Karzinomen zu entwickeln (4863, 1805).

Tabelle 37 Zur Statistik und zur Zuchtsituation beim Dalmatiner (nach Wegner, 1981). Mittelwerte und Standardabweichungen, Häufigkeiten und Prozentzahlen (Gesamtmaterial).

Merkmal	N = 5460 Welpen aus 640 Würfen			Verh. R/H
	zusammen	Rüden	Hündin.	
Trächt. dauer	–	–	62,8 ± 2,4	–
Wurfstärke	8,5 ± 2,6	4,4 ± 2,0	4,1 ± 1,9	1,1 : 1,0***)
ZB-Eintrag	6,3 ± 2,2	3,2 ± 1,6	3,1 ± 1,7	1,0 : 1,0
Platten	587 = 10,8%	332	255	1,3 : 1,0**)
blaue Augen	226 = 4,1%	109	117	0,9 : 1,0
Lemon	95 = 1,7%	45	50	0,9 : 1,0
taub	63 = 1,2%	28	35	0,8 : 1,0
fehl. Augens.	37 = 0,7%	29	8	3,6 : 1,0***)
Tricolor	11 = 0,2%	5	6	0,8 : 1,0
Sonst. Defekte	62 = 1,1%	34	28	1,2 : 1,0
Rest (Totgeb. etc.)	340 = 6,2%	182	138	1,3 : 1,0***)

***) = statistisch gesicherte Unterschiede

Der Dalmatiner verdankt zwar seine Zeichnung nicht dem Merlefaktor, doch geht die generelle Depigmentierung in dieser Rasse offenbar gleichfalls mit einer Häufung von Anomalien im Innenohr parallel (2830, 973), die durch Degenerationen im Cortischen Organ *Taubheit* bedingen können (102). Sie sollen progressiv verlaufen (3720, 3721) und ähnlich wie beim Merlefaktor mit entsprechenden Hirnveränderungen einhergehen (1891). Dieses ist somit ein weiteres Beispiel für ontogenetisch begründete Zusammenhänge zwischen angeborenen Ausfallserscheinungen der Sinnesorgane und erblichem Pigmentmangel. Die Frequenz geht aus Tab. 37 mit ca. 1,2 % hervor, doch müssen diese Tiere wohl schon sehr taub gewesen sein, um als solche erkannt zu werden. Aus einigen ausländischen Populationen werden noch höhere Prozentsätze gemeldet (5770). Es müßte zusätzlich durch Serien-Audiometrien geklärt werden, inwieweit verschiedene Grade des Hörverlusts in dieser Rasse eine Rolle spielen und selektive Ansätze ermöglichen. So wurden durch solche Untersuchungen unter 46 Dalmatinern 27 Taube (16 einseitig, 11 beidseitig) entdeckt, wovon die unilateralen Hörverluste somit dem subjektiven Test entgangen wären (3757). Auch Chastain (1989) nennt ähnliche Zahlen. Denn, wenn schon der Dalmatiner-Club Schildchen mit Hundekopf und Aufschrift »Hier wache ich« verteilt, so sollte er auch für das Hörvermögen seiner Tiere garantieren. Es war aber anzuerkennen, daß diese Probleme in fraglichem Club offen diskutiert wurden (5969). Dennoch wußte auch der AKC seinen Züchtern keinen besseren Rat zu geben, als taube Individuen kontinuierlich zu töten.

Abschließend ein Wort zu den *Windhunden,* diesen seit Jahrhunderten – schon Harun al Raschid veranstaltete Hundewettrennen und auch aus Römerzeiten sind sie überliefert (3981) – auf extreme Laufleistung gezüchteten Laufhunden. Ursprünglich wurden sie zur Sicht- und Hetzjagd auf Wild und Wolf benutzt, wobei ihnen ihre Lautlosigkeit zugute kam – eine in der Vergangenheit und auch jetzt noch bei Wilderern geschätzte Eigenschaft (»Lurcher«). Heute werden viele von ihnen nur noch zur Jagd auf künstliche Hasen im Rahmen von *Windhundrennen* angesetzt, in erster Linie zur Befriedigung des menschlichen Wett- und Spielertriebes (Standard-Distanz 525 yards = 480 m).

Dies gilt allerdings nicht für reine »Show-Greyhounds«, die kaum noch zu einem Galopp fähig sind (4566). Wie beim Whippet, jenem Rennhund des kleinen Mannes (»Zweckzüchtungen für die Rennbahn«), gibt es auch hier »Ausstellungs-Züchter«, denen Schönheit und »Eleganz« oberstes Anliegen sind (3131); doch weder mit dem einen noch mit dem anderen Extrem wird man glücklich werden, es sei denn, man trennt – wie heute in ihrer Heimat – die »Showwhippets« von den »Rennwhippets«. In der Tat wird oft – nicht nur bei Hunden – der Quadratur des Kreises gleichkommen, »Schönheit« mit »Leistung« optimal vereinen zu wollen; auch hochdekorierte Traber- und Vollblutprofis waren öfter vom Exterieur her eher »Krücken«, d.h. mit Fehlstellungen behaftete, unharmonische Individuen, denn »Leistung« resultiert schließlich nicht nur aus der Anatomie, sondern vor allem aus dem »Nerv«, aus der Bereitschaft zum vollen Einsatz. Und wenn Weidmann (1981) sagte, »Schönheit und Leistung seien bis zu einem gewissen Grade unabhängig von der Größe«, so ist sicher ebenso richtig, daß Leistung zu einem erheblichen Grade unabhängig ist von Schönheit und Größe. Doch hier sollten mal echte Korrelationen berechnet werden (6110) – wie bei Pferden (4202).

Insbesondere in angelsächsischen Ländern, aber auch in Spanien, sind Windhundrennen *»Big Business«*: Die 1982 aus Irland exportieren 10000 Windhunde brachten diesem Land mehr ein als jedes andere Geschäft (2065). NGRC-Rennen (National Greyhound Racing Club Ltd.), die mit 46 Rennbahnen (»Kynodrome«), vielen hundert Trainern und über 10000 lizenzierten Greyhounds 95 % aller Totalisator-Umsätze bei Greyhound-Rennen in England stellen, entwickelten sich seit 1945 zur zweitbeliebtesten Sportart bei den

Zuschauern (5853). Auch in den USA sollen die auf 62 Rennbahnen erzielten Wettumsätze mehr als 1 Milliarde Dollar betragen (850) und in Australien sind 20000 Renn-Greyhounds registriert (2860). Im Export werden für Champions Preise bis zu 10000 Dollar erzielt und nachgesuchte Deckrüden können bis zu 30000 Dollar Deckgebühren einbringen. Am Eröffnungsabend des White-City-Rennens (»Greyhound-Derby« und »Grand National«) zählt man 100000 Besucher und mehr (2065), insgesamt im UK über 6 Mio Zuschauer, in USA 30 Mio (3981). Es wurden Siegerpreise von 140000 DM genannt, die größte Siegsumme betrug 125000 Dollar; Homspun Rowdy brachte es in seiner Karriere auf insgesamt 297000 Dollar.

Auf guten Rennbahnen können diese Hunde 100 m in 6,1 sek laufen, auf längeren Strecken sind 65 km/h keine Seltenheit. Bei einem Bundessiegerrennen in Berlin gingen vor nur mehr 2000 Zuschauern 7 Barsois, 21 Salukis, 11 Sloughis, 38 Afghanen, 40 Whippets und 36 Greyhounds an den Start. Dieser Trend hat sich fortgesetzt: Was Zuchteintragungen betrifft, erlebten Afghanen und Irische Wolfshunde im letzten Jahrzehnt einen modischen Aufwärtsboom, während Greyhounds abfielen (Walz, 1993, Diss. Hannover). Allerdings nehmen Irish Wolfhounds kaum an Rennen teil. Der Dt. Windhund-Zucht- und Rennverband richtet jährlich etwa 70 - 100 Rennveranstaltungen mit jeweils ca. 70 teilnehmenden Hunden aus - auf insgesamt 35 vereinseigenen Rennbahnen. Ob diese Vereinigungen hierzulande wesentlich sportiver und hobbymäßiger sind, sei dahingestellt; ständige Querelen im Vorstand und zwischen Mitgliedern deuten wie in vielen anderen Vereinen auf das Wirken starker egoistisch-ehrgeiziger Zentrifugalkräfte hin: Ganze Vorstände werden abgesetzt und amtsgerichtlich durch Notvorstände ersetzt; so kann aus einem Zuchtleiter ganz schnell ein Notzuchtleiter werden.

Bei einem rein auf Leistung gezüchteten Rennhund wären - parallel zu Verfahren bei landwirtschaftlichen Nutztieren - auch moderne Zuchtwertschätzungen möglich, wie z.B. durch Quéinnec u. Mitarb. (1974) in einem Index vorgeschlagen, der zu 40 % auf Eigenleistung und zu 60 % auf Nachkommenleistung beruht.

Es verwundert nicht, daß in einer Atmosphäre kommerzieller Rekordjagd - 1973 lag der Wettumsatz beim Derbylauf bei 500000 £ - ähnlich wie bei Pferden und Menschen - auch *kriminelles Doping* eine Rolle spielt (784, 5596, 2275, 1303), sei es, daß mit Stimulantien die Rennleistung zu steigern, sei es, daß mit Sedativa oder gar Giften eine negative Beeinflussung versucht wird (1143, 5351); und es ist ungeklärt, inwieweit die Neigung von Renn-Greyhounds zu renaler Arteriosklerose mit solchen Praktiken zusammenhängt (814, 815). Auch das Vollpumpen der Hündinnen mit anabolen Hormonen zur »Vermännlichung« und Östrusunterdrückung zwecks ganzjährigen Renneinsatzes wird angeprangert (241), sowie die Tatsache, daß sich daran in 25 Jahren nichts geändert hat (Sweeney, Vet. rec. 134, 48; 1994): *Virilisierung* von Hündinnen, Sterilität, gesteigerte Aggressivität bei Rüden, sogar angeborener Hermaphroditismus können die Folgen hormonellen Dopings sein (848, 4272). In Rennpraktiken uneingeweihte Tierärzte, die zur Behandlung eines Rennwindhundes gerufen werden, sollten diese Problematik bedenken (2276). Daher werden ständig viele Urinanalysen gemacht (4268) und man wird künftig wohl auch in Zuschauerrängen an der Zielgeraden ein Auge darauf haben müssen, ob nicht mit getarnten Ultraschallkanonen versucht wird, das Rennen zu manipulieren, nachdem man unlängst gar einen Jockey damit »aus dem Sattel schoß«. Wenn sich wie hier Hundehaltung und menschliche Leidenschaften verquicken, wird es verständlich, daß in der englischen Sprache Synonyme wie »to sell a pup = einen Hund verkaufen = beschwindeln« entstehen konnten. Will man Tolstoi glauben, so wurden im zaristischen Rußland von adligen Großgrundbesitzern für einen einzigen Barsoirüden ganze Dörfer (Einwohner inbegriffen) in Zahlung gegeben. Daß *Barsois* auf früher üblichen Wolfsjagden ihre flüchtenden »Stammväter« mühelos zur Strecke brachten, zeigt übrigens – ähnlich der Milchleistung bei heutigen Kühen – wie bei durchgezüchteten Haustieren spezialisierte Leistungen weit über denen ihrer Ahnen liegen können. Auf Rennbahnen heute sollen sie allerdings einen eigenwilligen Hang zum vorzeitigen Abbruch (»Stehenbleiben«) haben (5107).

In angelsächsischen Ländern wird alljährlich eine große Zahl ausgedienter, aber auch junger, »ungeeigneter« Renn-Windhunde getötet (3365, 4134); sie wurden schon zu Hunderten in obskuren Massengräbern gefunden – mit abgeschnittenen Ohren, um Spuren zu verwischen. Denn infolge der starken Beanspruchung ist die Renn-Laufbahn dieser Tiere im allgemeinen mit 4,5 Jahren zu Ende, vielfach aber schon eher, da eine hohe Frequenz von Knochenbrüchen und *Muskelrissen* für eine große Ausfallquote sorgt (»2 – 3 Jahre Renn-Karriere«, 849). »Der Traum, ein Windhund zu sein« (5854), ist somit meist bald ausgeträumt: 3 von 4 Tierheiminsassen drüben seien Greyhounds (281). Test auf Überleben ist allein die Rennleistung. Diesem soll durch die Einrichtung eines Durchgangs- und Vermittlungsheims für »pensionierte« Profi-Rennhunde entgegengewirkt werden (4592). *Frakturen* treten besonders, wahrscheinlich wegen der vermehrten Belastung in den Rennbahnkurven, im Tarsal- und Karpalbereich auf (638, 3100, 1510). Titanstahl-Gelenk-Implantate werden als Alternative zur Euthanasie empfohlen, dürften aber recht kostspielig sein (842); aber auch Mittelfußknochen, Phalangen und Sesambeine sind betroffen (1511, 4563, 4309, 2957, 2959, 847). Linke Vorderfußverletzungen machen mit den Löwenanteil aus (1529, 4564). Die Ursachen werden in forcierten Trainingsprogrammen schon bei jungen Tieren gesehen, deren Skelett noch nicht die genügende Reife besitzt, so daß es selbst zu Schienbeinbrüchen kommt (2108, 4525). Prädisponierend sollen ferner unphysiologisch lange Krallen (Hebelwirkung) und Vorführen der falschen Gliedmaße (»Linkshänder«) wirken (637, 3982). Bei der Behandlung dieser »Hochleistungspatienten« soll deren Hochleistung »akzeptiert, Zweckdienlichkeit vermieden und Perfektion angestrebt werden«, meint Dee (1991) – was immer dieser Unsinn auch bedeuten mag.

Muskelrisse und Hämatome entstehen bei diesen Hunden gehäuft im Bereich des Mc. gracilis und pectineus (847, 2011, 639, 5894, 2109, 3703, 4564). Inwieweit dies durch quantitative und qualitative Besonderheiten der Muskulatur von Windhunden (2376, 3830, 2377, 2378) gefördert wird, ist nicht bekannt. Von den in Deutschland nur vereinzelt gesehenen Sloughis, den von Tuaregs noch heute in der Gazellenjagd verwendeten arabischen Windhunden (2722), die zweifellos verwandtschaftliche Beziehungen zu den persischen Salukis besitzen (278), wird behauptet, sie seien für Verletzungen weniger anfällig (5097), doch läßt ihre bisherige Beteiligung an Rennen eine gesicherte Aussage nicht zu. Mangelhafte Rennbahnbeläge mögen bei den oben geschilderten Traumatisierungen als zusätzliche Stressoren eine gravierende Rolle spielen. Bei hartem und steinigem Geläuf gibt es immer wieder schwere Verletzungen (4132). Insofern hat auch, besonders bei Rasenbahnen, das Wetter einen Einfluß (4563). Es wird vermehrt für feinkörnige Sandbahnen plädiert.

Den repräsentativen *Afghanen* – man unterscheidet Berg-, Steppenafghanen und Kurzhaarvarianten in seiner Heimat – sagt man wegen ihrer »Einzelkämpfer-Natur« eine geringere Eignung zum Rennen im Rudel nach, da sie zur Abwendung vom Objekt und zu Raufereien mit den Nachbarn neigten – in Holland werden deswegen zwischen 15 und 19 % der Afghanen disqualifiziert (schon beim »Kopfdrehen«), aber nur 3 – 5 % der Whippets und Greyhounds (2311). Hier böte sich in der Tat vielleicht eine spezielle Rennordnung für Afghanen und andere Langhaar-Rennhunde an, die nicht nur ihre Schnelligkeit prämierte, sondern auch ihr Vermögen, Konkurrenten aus dem Feld zu beißen. Aber sie tragen ja Maulkorb.

Offenbar wird diese als »Stolz, Unnahbarkeit« (Rassestandard!) interpretierte Aggressivität von einigen verbohrten Züchern bewußt gefördert, sie soll sich in einheimischen Hirtenhunden aber eher als Ängstlichkeit gegenüber Fremden niedergeschlagen haben (436). Andere wieder buhlen durch Überbetonung von Farbe und Haarfülle (»immer mehr und immer länger«) um den Geschmack der Käufer.

Afghanische Windhunde sollen eine – wahrscheinlich allergisch bedingte – erhöhte Neigung zu virusinduzierter Hornhauttrübung (»Blue eye«, 1445,

1446) haben. Hocherbliche, familiäre Formen spinaler Lähmungen dürften aber keine Spezialität dieser Rasse sein (541, 1426). Sie sind von gefäßbedingten Lahmheiten zu trennen (527).

Sonstige Erkrankungsdispositionen bei Windhunden wurden wenig bekannt und auf ihre kreislaufanatomischen, physiologischen und muskulären Besonderheiten wurde schon hingewiesen (5630, 1392). Über mutmaßlich genetisch beeinflußte Fruchtbarkeitsstörungen in Greyhounds berichtete man (2022, 2940); für ätiologische Querverbindungen zu der in diesen kurzhaarigen Rassen hin und wieder beobachteten *Hypotrichie* und zum *Hypothyreoidismus* (Schilddrüsenunterfunktion, Strumatendenz, 848) gibt es Anhaltspunkte (5687). Kennzeichnend scheint, daß auch bei Huskies ähnliche Hormonstörungen beobachtet wurden (2284), vielleicht, weil ihr *Hormonhaushalt* neuerdings durch Doping genauso durcheinander gebracht wird? Auch Diabetes insipidus registrierte man (848) und in US-Greyhound-Linien kam zudem eine offenbar dispositionelle, mit Hautgeschwüren und Allgemeinstörungen einhergehende Nierenerkrankung *(Glomerulopathie)* zur Beobachtung (Alabama rot, 1200). Greyhounds sollen überdies hinsichtlich Tonsilitiden und Speichelzysten überrepräsentiert sein (3095, 2439) und unter mangelnden hygienischen Kennelbedingungen eine höhere Invasionsrate bestimmter Würmer aufweisen (736, 2890).

Der *Galgo espagnol*, eine andere, noch recht ursprüngliche Variante, wurde offensichtlich viel mit Greyhounds und Sloughis vermischt, so daß ständige Querelen über Standardfragen die »Galgoszene« nach Aussagen einer entnervten Züchterin zu einem »Bürgerkriegsgebiet« machen.

Eine Extremform stellt das *italienische Windspiel* dar, welches z.T. mit Glotzäugigkeit, Apfelkopf und Fitnessverlust dafür büßt, daß der Zucht auf Winzigkeit im Rassestandard nach unten keine Grenzen gesetzt sind, wie der Vorsitzende der Standardkommission - mit dem Ausdruck des Bedauerns - einräumt (431). Windspiele waren auch die gehätschelten Augäpfel Friedrichs des Großen - ihnen durfte kein Haar gekrümmt und sie mußten von Bediensteten »gesiezt« werden - während gleichzeitig ganze Bataillone den Marschbefehl in den Tod erhielten. Ein prominentes Beispiel dafür, daß »Tierliebe« und Menschenverachtung oft dicht beieinander liegen; aber auch seine Tierliebe muß wohl sehr selektiv gewesen sein, wenn es stimmt, daß er seine Soldaten fragte »Hunde, wollt ihr ewig leben?«

Eine andere, den Windhunden nur mit bedingter Berechtigung zugeordnete Rasse, der *Irische Wolfshund*, sei nur deswegen kurz erwähnt, weil es sich bei ihm mit einer Widerristhöhe von mindestens 81,5 cm um die z.Z. größte Hunderasse der Welt handelt. Im Original wohl ausgestorben, wurde sie im vorigen Jahrhundert durch Kreuzung Schottischer Deerhounds mit anderen

Rassen »wiederbelebt« (1708, 3410). Ob bei ihnen eine echte Neigung zu primär virusbedingten Rhinitiden besteht, ist bislang wenig gesichert (6228). 1976 wurde auf der Welthundeausstellung in Innsbruck ein Exemplar mit 105 cm Widerristhöhe gezeigt.

3. Vorsteh-, Apportier- und Stöberhunde

»... werden Sie adelig. Ein klangvoller vererblicher Adelstitel aus dem deutschen Uradel ... sichert Ihnen ... gesellschaftlichen und beruflichen Erfolg.«
                        Wild und Hund, 1988, Anz. Abt.

Bei dieser Gruppe handelt es sich um die Jagdhunde im engeren Sinne, obwohl einerseits die meisten unter D 2 besprochenen Laufhunde und einige noch zu besprechende Terrierschläge gleichfalls unter diesen Oberbegriff fallen, und andererseits viele Apportier- und Stöberhunde heute mehr Gegenstand der Liebhaber – als der Gebrauchszucht geworden sind. Bevor auf einzelne Rassen eingegangen werden soll, vielleicht ein offenes Wort zur Jagd und *Jagdkynologie* generell. Fast so wichtig wie die sachgemäße Behandlung erkrankter Jagdhunde dürfte für den nichtjagenden Tierarzt sein, sich mit Mentalität und Vokabular ihrer Besitzer, nämlich der Jäger, vertraut zu machen. Interessenten mit tiefergehendem Informationsbedürfnis kann aber nur der Besuch eines Lehrganges zum Erwerb des Jagdscheines empfohlen werden, wo nicht wenig Zeit gerade an die Adaptation des künftigen Jägers an Bräuche und Rituale der »Grünen Gilde« verwandt wird. Wenngleich über Jäger so wenig wie über irgendeine andere Gruppe ein Pauschalurteil möglich ist, so ist doch sicher, daß – vom Berufsjägertum abgesehen – seit dem Mittelalter die Ausübung einer zünftigen Jagd Vorrecht Privilegierter und Finanzkräftiger war. Auch heute muß für eine durchschnittliche 1000-ha-Jagd als Pachtzins das Jahresgehalt eines Beamten »mittlerer Güte« aufgebracht werden, und es werden enorme Spitzenpreise genannt (1921). »7,2 Stück Wild für 30 000.– DM (4537)«. Doch von Kosten für Revier und Ausrüstung abgesehen, soll selbst Erwerb, Abrichtung und Arbeit eines großen Jagdhundes mit den Aufwendungen für Anschaffung und Unterhaltung eines Kleinwagens vergleichbar sein (5231, 6426), wenngleich sich nach dem Anziehen der Autopreise und der Aufhebung der Wurfbegrenzung diese Relation wieder zugunsten der Hunde verschoben haben dürfte (5023).

Jagende stellen somit seit je keinen repräsentativen Bevölkerungsquerschnitt dar – »sie sind keine so heterogene Menge Mensch, wie gern suggeriert (6163)« –, sondern rekrutieren sich vorwiegend aus konservativ-bürgerlichen oder ländlichen, nicht selten auch adligen Kreisen, denen an Ausbau und Erhalt ihres Status gelegen sein muß. »Die Bedeutung des Adels in unserer Gesellschaft ist nicht so minimal, wie mancher Mann meint (3085)«. Daran hat auch die angeblich »vollkommene Gleichheit (3532)« schaffende Währungsreform von 1948 nichts geändert, denn der eine stand mit seinen 40.- DM auf seinem Großgrundbesitz, der andere in seinem Schrebergarten. Bei den *Jagdscheininhabern* in Bayern waren 1987/1988 17% »Arbeiter«. In Niedersachsen machten unter den Jahresjagdscheininhabern Landwirte, Handwerker, Kaufleute, Freiberufler und Beamte 73%, »Arbeiter« aber nur 6% aus. Schlüsselt man die insgesamt etwa 6000 Beitrittserklärungen zum DD-Verein beruflich auf, so kommt man auf 27,4% Angestellte und Beamte (meist des gehobenen Dienstes), davon allein 5,3% Polizisten, auf 21,2% selbständige Handwerksmeister und Unternehmer, auf 18,1% unselbständige Handwerker und Arbeiter, 13,5% Bauern, 12,4% Akademiker – darunter besonders Ärzte, Zahnärzte, Ingenieure und Juristen – aber nur auf 4,4% Förster und sage und schreibe 0,5% »Berufsjäger«. Der Anteil der jagenden Tierärzte entspricht mit 1,0% etwa dem der jagenden Fleischermeister. Wenn also der Präsident der Landesjägerschaft Niedersachsen meint, »die Jäger kommen aus allen Einkommens- und Berufsschichten«, so gilt das nur qualitativ, keineswegs repräsentativ; wenn er allerdings fortfährt:»Das Bild des Försters aus dem Silberwald, der mit Flinte und Hund durch den Wald streift, gibt es nicht mehr«, so trifft das leider zu; man sieht mehr den rechts und Rep wählenden Jagd-Schickimicki im Mitsubishi-Jeep auf asphaltierten Waldwegen. In der Tat ist ja die Vereinigung von Jäger und Tierarzt oder von Jäger und Pfarrer in einer Person eine denkwürdige Konstellation (405), wie etwa bei jenem Militärpfarrer, der auf tragische Weise auf sich aufmerksam machte, indem er den Springer Oberförster versehentlich erschoß. Aber: »Am Morgen predige ich wie ein Engel, und am Abend jage ich wie der Teufel«, sagte schon ein Trappistenabt (415). Immerhin: »Kein Tötungsvorgang an Tieren ist mit soviel Unsicherheitsfaktoren behaftet wie der bei der Jagd (Schulze, 1976)«. Die hubertoiden Veterinärmediziner werden wissenschaftlich betreut von sogen. Wildtierärzten, tätig im Rahmen eines vom Jägermeister-Fabrikanten geförderten »Instituts für Wildtierforschung« – mit Pflichtvorlesung an der TiHo Hannover; was noch fehlt, sind scheinpflichtige Jagd-Übungen für vet.med. Student/Innen. Diese jagenden Kollegen wollen künftig noch rigoroser in die Jugendheime der Rehe eingreifen, um abschußplanlos ihrer Lust frönen und eine bessere Selektion auf Trophäenqualität üben zu können (4496).

Nun sind zwar die Zeiten vorbei, da Wilderern die Sympathien des kleinen Mannes gehörten, ihnen sogar Gedenksteine errichtet wurden (3039), doch ist das Hängen an überlieferten, autoritär-hierarchischen Denkvorstellungen unter Jägern offenbar nach wie vor verbreitet. So erscheint es symptomatisch, daß noch 1962 Ostermann in seinem Büchlein über die deutschen Jagdgebrauchshunde das Jahr 1848 nicht deswegen »unglückselig« nennt, weil es Markstein einer gescheiterten Revolution ist, sondern weil es mit der Jagdfreiheit den Verlust aller fürstlichen Jagdregale brachte. An anderer Stelle wird dagegen u.a. das Tausendjährige Reich mit Hermann Görings Reichsjagdgesetzen als »goldene Zeit« des Aufschwungs gefeiert (5530). Wenn dann noch in jagdlichen Veröffentlichungen unverhohlen auf Nazi-Terminologien wie »gesundes Volksempfinden«, »staatstragend« etc. zurückgegriffen wird (708) oder von »flammenden Protesten in kerndeutscher Art« die Rede ist (2600), wenn einige Jäger durch ständige Überbetonung ihrer grünen Uniformiertheit den Schein erwecken, sie wären Angehörige einer paramilitärischen Organisation, so erscheint die Frage von Lindeiner-Wildau (1972), wieso es immer wieder zu Angriffen komme (5483), als naiv. Wen wundert solche Animosität in einem Volke, das durch kriminelle nationalistische Verhetzung in zwei Weltkriegen an den Rand der Selbstvernichtung gebracht wurde?

Unvorsichtigkeit, nervöse »Schußhitze« einiger Jäger, die wiederholt zu tragischen Jagdunfällen oder zum Abschuß der eigenen Hunde führten (»Die Angst jagt mit«, 3670), rücksichtslose Verfolgung jeder Hauskatze, welche sich mehr als 200 m von der Behausung entfernt, mag zur Verfestigung dieses Freund-Feind-Verhältnisses beigetragen haben. Im Regierungsbezirk Lüneburg wurden 1980/81 18000 Katzen und 600 Hunde erlegt, und allein im Landkreis Burgdorf 4 Jagdhunde erschossen, 4 weitere angeschossen und 2 Jäger »angebleit«. Ein jähzorniger Jäger trampelte seinen eigenen Hund zu Tode – ein anderer prügelte ihn mit der Doppelflinte, wobei er sich selbst erschoß. Stimmt es, daß Jäger ganz allgemein »keine Freunde von Haustieren« seien, wie Haustierkundler Röhrs meint? Unter allen *Jagdunfällen* (versicherungsaktenkundig) stehen Jagdhunde häufigkeitsmäßig (aktiv und passiv) an der Spitze. Hier muß u.U. der Tierarzt gutachterlich tätig werden (5088). Besitzer von Tieren mit »eingeheilten« Kugeln im Leib sollten bedenken, daß – je nach Art der verwendeten Munition – Bleivergiftungen oder Entzündungen durch Korrosion resultieren können (625).

Aber es scheint wohl so zu sein: »Wer Schweinsköpfe haben will, muß Hundsköpfe dranwenden«. Auch wenn der *Mannschärfe* bei Jagdhunden das Wort geredet wird, kann man nur hoffen, daß Jägern und Hunden die Unterscheidung zwischen harmlosen Wanderern und Wilderern immer auf Anhieb gelingt. Mannschärfe sei ein »wertvolles Erbgut« (6119), insbesondere Dt. Stichelhaar galt als »Wilddiebsfänger« (2762). Scharfe Hunde (5849, 5104) hätten aber Schießduelle zwischen Jagdbeauftragten und Wilderern kaum verhindert – Unheil entstand und entsteht allein dadurch, daß man Jägern hoheitliche Rechte (»Der G'schwindere ist der G'sündere«) übertrug, sie zu Hilfsorganen der Staatsanwaltschaft machte; denn die Verfolgung von Gesetzesübertretern hat allein Aufgabe der Polizei zu sein. Es wird sonst der Typ des jagenden Hilfspolizisten gefördert, der plötzlich mit vorgehaltener Büchse hinter dem

Baum hervortritt, um Jogger zu schrecken. Jüngst wurde wieder ein Wilderer, der mit geschultertem Rehbock floh, durch Jägerschuß lebensgefährlich verletzt; aber der menschenverachtende Wildhüter wurde freigesprochen: »Denn weder sei das angegriffene Objekt (der Rehbock) zu geringwertig gewesen, um nicht mit den Mitteln der Notwehr verteidigt zu werden, noch sei der Wert des durch die Notwehr bedrohten Gutes (die körperliche Unversehrtheit des Wilderers) im Verhältnis dazu so hoch gewesen, daß ... etc., etc.. (4571).« Hier sprach wohl ein Jagdgenosse den anderen frei.

Nun soll ja selbst der an die Wohnzimmerwand genagelte Hirschkopf »greifbarer Beweis für die männliche Dominanz auch im ureigensten Bereich der Frau« sein (578), doch ist wohl nur für eine Minderheit akzeptabel, wenn Waidleute ihr Selbstverständnis aus atavistischen Gefühlsregungen schöpfen (»Jagen und Töten ist unlösbarer Bestandteil der menschlichen Natur« – Ortega y Gasset – »Ohne das Jagen würde dem Herbst die Würze fehlen (209))«; und wenn selbst SPD-Politiker Prof. Farthmann einräumt, er folge bei der Jagd seinen »Urinstinkten«, so kann einem das ganz schön stinken. »Wir sind der Natürlichkeit des Todes viel näher als die Menschen, die im Supermarkt ein abgepacktes Steak in den Händen halten« erläutert der Jäger und Psychiater Dr. Jan Cornelsen. In der Tat – Jägerei hat wohl viel mit Psyche zu tun. Andererseits ist ja die Gefahr der Selbstentleibung auf solchen Diplomatenjagden immer gegeben, wie man hin und wieder der Presse entnehmen kann; aber es ist schon ein Skandal, daß durch die Schießwut privater Möchtegern-Nimrods die Zahl der Stellen qualifizierter Berufsjäger »begrenzt« ist, und der DJV sie am liebsten gleich ganz in den »Umweltschutz« abdrängen möchte (401).

So kommt es, daß sich der Waidmann in seiner »Totmacherkiste« (3886), wo er dem »Töten zum Vergnügen« fröne (2286), immer wieder selbst bestätigen muß, er sei im Lande nicht unbeliebt (1116). Selbstkritik und Anpassung, nicht geringschätziges Abqualifizieren erholungssuchender Städter als »Freizeit-Menschen«, die mit »Sack und Pack und Kind und Kegel das nächste Wirtshaus ansteuern« (2617), kann die Jägerschaft davor bewahren, zu Vertretern »vordergründiger Gruppeninteressen« oder »Wohlstands- und Prestigejägern« abgestempelt zu werden (2414). Doch haben bei allem sachlichen Ausgleich von Gruppeninteressen nicht nur diese selbst, sondern vor allem Pflege und Erhalt von Natur und Wildbestand im Vordergrund zu stehen. Dieses kann weder durch das Wirken privilegierter »Trophäenjäger« auf der einen Seite, noch durch extreme Jagdliberalisierung auf der anderen erreicht werden, wie sie z.B. in einigen westlichen Ländern praktiziert wird. (In Frankreich wurden 1972 über 2,1 Mill. Jagdscheine ausgegeben). Hier wie in Italien wird die Jagdsaison regelmäßig »mit tragischen Begleiterscheinungen« eröffnet. Eine Intensivierung staatlicher Jagd und Hege auf Kosten des hypertrophen privaten Sektors könnte hier sicherlich Arbeitsplätze schaffen, ohne notwendig zu »einem neuen Heer öffentlicher Bediensteter« führen zu müssen (164). Jedenfalls sollte man sich durch undemokratische Regimes, in denen die Jagd ohnehin Privileg der Oberbonzen ist, nicht vorrechnen lassen, daß nur durch Einführung einer sozialistischen Gesellschaftsordnung naturschutzwidriges Streben nach Maximalprofit einzudämmen sei. Auch Tierschützer sind für die Abschaffung der »Lustjagd« (442).

Als Begründer und Altmeister einer organisierten Jagdgebrauchshundezucht im Deutschland des auslaufenden vorigen Jahrhunderts gilt *Hegewald* (= Freiherr v. Zedlitz und Neukirch, der »Bannerträger deutscher Waidgerechtigkeit«; Ostermann), der schon früh für eine strikte Trennung der leistungsorientierten Gebrauchszucht von der sogenannten »Schönheits- und Ausstellungszucht« eintrat. Nach ihm sind die an verdiente Jagdkynologen verliehenen »Hegewald-Nadeln« und die alljährlichen »Hegewald-Zuchtprüfungen« des JGHV (Jagdgebrauchshundeverband) benannt, die mit einer »Hegewald-Fanfare« eröffnet werden (1547). Hier kommen auch grüne Hegewald-Taschentücher zur Verteilung, mit dem Hegewald-Symbol, jener einem verstümmelten Hakenkreuz nicht unähnlichen Rune. Schirmherr der 56. Hegewald-Zuchtprüfung 1988 war Elmar Graf v. Plettenberg. Eine weitere Vaterfigur der Jagdkynologie, um die sich gleichfalls ein fast mystischer Personenkult rankt, ist *Hegendorf* (= Ludwig v. Merey v. Kapos Mere), Autor eines immer wieder aufgelegten Werkes zur Abrichtung und Zucht von Jagdhunden (2600). Daneben existiert eine Vielzahl von einführenden jagdkynologischen Büchern, von denen nur einige genannt seien (4035, 1763, 5924, 5606, 2058, 2279, 5608). So informativ diese z.T. für den Uneingeweihten zum Kennenlernen der Theorie des Abrichtens und der *Waidmannssprache* sind (»In dieser Sprache gibt es weder vulgäre, drastische, noch schnöde Vokabeln (1717)«; z.B. After = Weidloch, Penis = Feuchtglied, Vulva = Nuß oder Schnalle, Hoden = Geschröte, Kurzwildbret oder Brunftkugeln etc., sogar der gammelige Stubben, über den man stolpert, ist ein »greiser Baum«), so verwirrend und irreführend für den Laien sind sie oft, wenn es um Fragen der Vererbung geht. In einem Satz wird beispielsweise behauptet, »es bestünden zwar Vererbungsgesetze, aber es gäbe noch keine Norm dafür, bei der Zucht mit ganz bestimmten Voraussetzungen rechnen zu können«, während es schon im nächsten Absatz apodiktisch heißt, »die geistigen Anlagen vererben sich«. So ist denn für das dem jagdbeflissenen Neuling im übrigen sehr zu empfehlende »Jagdkynologische Repetitorium (1077)« der Begriff »Genetik« ein nicht beachtenswertes Fremdwort. Oft hat es den Anschein, als wäre ein ganzes Jahrhundert genetischer Forschung spurlos an den Jagdkynologen vorübergegangen. »Man muß ein weitgehendes Ignorieren der gesicherten Erkenntnisse der Populationsgenetik konstatieren (5023)« - obwohl verbal stets »Zuchtforschung« betrieben wird (968).

Bei der o.a. konservativ geprägten Geisteshaltung nimmt es somit nicht wunder, daß Bestrebungen, der EDV und Populationsgenetik Eingang in den JGHV zu verschaffen, starker Zurückhaltung und Opposition begegneten (6205, 5844, 4943, 6207), bzw. »abgewürgt« wurden (2684), oder auf einzelne Vereine beschränkt blieben (2612). Doch kann man sich hier teilweise der Stichhaltigkeit einiger Argumente alter erfahrener Züchter nicht verschließen, z.B. der Unmöglichkeit der Vorhersage einer endgültigen Kosten/Profitrelation bei jeder *wissenschaftlichen* Forschung (5607). Andererseits erscheint auch die Konzentration der Wissenschaftler auf ein genetisch so komplexes und schwieriges Problem wie die züchterische Beeinflussung bestimmter Wesens- und Verhaltensweisen der Jagdhunde etwas als ein Startversuch am untauglichen Objekt. Gründe für die Schwierigkeit der Objektivierung dieser Eigenschaften, für ihren primär niedrig einzuschätzenden *Erblichkeitsgrad*, wurden bereits unter C und D angeführt und auch von den verantwortlichen Züchtern z.T. richtig gesehen (1088, 1153, 2613).

Tabelle 38 Erblichkeitsgrade verschiedener jagdlicher Eigenschaften beim DD-Vorstehhund (nach Geiger und Wiedeking, 1974, in Prozent).

Merkmal	h_v^2	h_m^2
Hasenspur	3	46
Nase	1	39
Suche	0	41
Vorstehen	12	38
Führigkeit	1	19

»Wir wissen alle, daß Hunde mit mittelmäßigen Anlagen durch geübte Abrichter zu Spitzenresultaten kommen, andererseits bestveranlagte Hunde durch Erstlingsführer auf Prüfungen versagen können (4313). Erbforscher werden somit künftig auch die Leistungsrichter auf ihre Veranlagung prüfen müssen (»Wie hat der Richter seine Kindheit verbracht? Welche Richteranlagen wurden ihm vererbt? (433)«. Und bei Nichtbestehen des Tests - Zuchtausschluß? Ernüchternd scheint auch, daß es offenbar purer Zufall ist, ob der Hund beim Aufnehmen der Fährte des Wildes diesem folgt oder sich von ihm entfernt (3693).

Nach jahrelanger Zuchtforschung am Ende vielleicht eingestehen zu müssen, daß trotz neuer, differenzierender Prüfverfahren (6206) die ermittelten Heritabilitäten zwar gesichert, aber für eine erfolgversprechende Selektion zu niedrig seien, wäre in der Tat ein deprimierendes Ergebnis. Es würde Leuten

Auftrieb geben, die starke Zusammenhänge zwischen Formwert und Leistungseigenschaften sehen, die weißgott nicht zu erwarten sind (5567), etwa nach dem Motto: Lange Ohren, gute Nase. Die jedem Interessierten zu empfehlenden, in Zusammenarbeit mit dem Deutsch-Drahthaar-Verein durchgeführten populationsgenetischen Erhebungen scheinen diese Problematik zu bestätigen (2146), wie Tab. 38 ausweist. Danach waren die bezüglich additivgenetischer Einflüsse besonders aufschlußreichen, für die Selektion entscheidenden h_v^2-Werte (Über die Väter geschätzte Heritabilität) nicht gesichert von Null verschieden, während die über die Mütter errechneten, durch die Mikroumwelt verfälschten Erblichkeitsgrade (h_m^2) in mittlere Bereiche vorstießen. Nach Aussagen der Autoren und eigenen Erfahrungen wird allerdings eine Vorselektion der Rüden, wie sie schon bei der »Schußscheue« (S. vorn) diskutiert wurde und auch für Deutsch Drahthaar bestätigt wird, zu einer Unterschätzung der paternalen Komponente beitragen (2305). Ähnliche Differenzen ergaben sich bei Erblichkeitsschätzungen von Leistungsmerkmalen des Jagdterriers (4187).

So ergäben die anhand der VDD-Angaben in 103 Rüden-Nachkommenschaften (DD-Blätter 67, 158-159, 1989) errechneten Heritabilitäten für »*schußscheu*« bzw. »*P1-Fehler*« Werte von 2% (± 1) bzw. 11% (± 2); sie sind zwar signifikant von Null verschieden, zeigen aber, wie schwer es unter den genannten Feldbedingungen ist, »Wesensmerkmale«« durch Massenselektion verbessern zu wollen.

Der Versuch, durch eine Intensivierung von Verhaltensstudien die beachtliche *Umweltkomponente* von Verhaltensweisen besser in den Griff zu bekommen (4668), entbehrt somit nicht der Logik. Daneben wird die Furcht einiger Züchter vor einer möglichen Beschneidung der Eigeninitiative und des Spielraumes bei der Preisgestaltung durch eine zentrale Zuchtlenkung eine Rolle spielen. Dieses ist sicher eine fortschrittsfeindliche Einstellung, und es wird mit Recht moniert, wenn jede für »zuchttauglich« erklärte »Töle« genauso oft deckt wie beste Vererber (3124), die höchstbietend ausgebucht sind.

Aufgrund der beengten Verhältnisse war die Jagdhundezucht in Deutschland schon früh darauf angewiesen, einen möglichst *vielseitigen Gebrauchshund* zu schaffen, dem man ein »ruhiges Suchen«, vorsichtiges Stöbern und eisernes Vorstehen sowie gute Apportiereigenschaften« abverlangte. Von solchen Allround-Hunden sind allerdings Spitzenleistungen in den Einzeldisziplinen nicht zu erwarten, wie sie von ausländischen Spezialrassen erbracht werden, z.B. von den *Pointern im Vorstehen*, den *Spaniels im Stöbern*, den *Retrievern im Apportieren* oder den *Hubertushunden auf der Schweißfährte*. Besonders den wahrscheinlich von den spanischen Perdigueros herzuleitenden Pointern (Name vielleicht von Braco de Punta) sagt man ein »bombenfestes

Vorstehen« nach; Briten verbieten ihm die »Arbeit nach dem Schuß«, um seine Nase nicht zu verderben. Um die Jahrhundertwende viel nach Deutschland importiert und von Prinz Solms, Freiherr von Zedlitz u.a. in »weise bemessener Dosis« dem Dt. Kurzhaar, aber auch Drahthaar, beigemischt (3168), mußten sie nach Aussage von Rudolf Löns anfänglich »viel leiden«, da der auf seinen Universalhund erpichte Durchschnittsjäger auch sie zu »Wundertieren prügeln wollte«. Doch soll es nach Fritz Reuter ja auch in Deutschland vergleichbar stramm vorstehende Hunde gegeben haben, deren Fell sich noch sträubte und Hühner »vorstand«, wenn es längst zur Jägerweste verarbeitet war. Heute ist der Anteil englischer Vorstehhunde (Pointer, Irish, English und Gordon Setter) an der Zucht in Deutschland – mit Ausnahme des Irish Setters – minimal (5192). Auch im Setter-Club gibt es Querelen zwischen »Schönheitszüchtern« und Jagdkynologen. Ohnehin sehen Tierschützer heute nur noch im Aufspüren und Apportieren krankgeschossenen Wildes eine sinnvolle Aufgabe ausgebildeter Jagdhunde (5376).

Der *Bestand* an großen Jagdhunden in der BRD ist, gemessen an der Verbreitung von Liebhaberhunden, gering, wie schon aus der statistischen Erhebung unter A hervorging. So waren 1973 in ganz Bayern für 11000 Reviere ca. 6300 – 6500 mit dem Resultat »brauchbar« geprüfte Jagdhunde verfügbar. In einem Zeitraum von 10 Jahren wurden 12300 Hunde mit diesem Ergebnis geprüft, darunter allerdings nicht nur reinrassige Jagdhunde. 1972 waren zu 122 Verbandsprüfungen 1264 Vorstehhunde gemeldet, von denen 1139 erschienen und 943 prämiert wurden. Davon waren 481 Deutsch Drahthaar, 227 Deutsch Kurzhaar, 76 Deutsch Langhaar, 26 Pudelpointer, 6 Griffon, 3 Stichelhaar, 10 Weimaraner, 37 Große Münsterländer, 68 Kleine Münsterländer, 3 Setter, 5 Pointer und 1 Magyar Vizsla. 1982 waren die vergleichbaren Zahlen: 165 VGP (Verbandsgebrauchsprüfungen) mit 1547 gemeldeten, 1427 erschienenen und 1174 prämierten Hunden mit 561 DD, 262 DK (1987: 247), 100 DL (1987: 112), 32 PP, 6 Griff., 11 DSt., 33 GM, 113 KLM, 25 Weim., 12 Sett., 7 Point., 9 Mag. Vis., 3 Breton. Die Rassenrelationen sind somit weitgehend unverändert geblieben, jedoch ist quantitativ zweifellos eine gewisse Aufwärtsentwicklung zu verzeichnen.

Deutsch Drahthaar, überwiegend in den Farben Braunschimmel und Braun, weniger Schwarzschimmel, erfreut sich also der stärksten Verbreitung. Diese Rasse war ohnehin bis vor 80 Jahren ein Sammelsurium rauh- und drahthaariger Schläge. Noch 1927 faßte man im Vorstehhund-Schlag »Rauhhaar« die Familien Griffon, Stichelhaar, Pudelpointer und Deutsch Drahthaar zusammen, ein Beweis starker verwandtschaftlicher Beziehungen und fließender Übergänge. Man kann daher auch heute noch verschiedene »Familientypen« je nach Kurzhaar-, Pointer- oder Pudelanteil unterscheiden (4312). Der

Deutsch-Drahthaar-Verein mit 9268 Mitgliedern trug 1978 insgesamt 3800 Hunde aus 564 Würfen ein. 1990 waren es 3261 Welpen aus 438 Würfen. Hier zeichnen sich somit trotz »Wiedervereinigung« keine großen Veränderungen ab, sondern eher eine »Marktsättigung«, bedingt durch schmalere Kassen und kritische Käufereinstellung, wie der Hauptzuchtwart meint.

Der Löwenanteil in der Jagdhundehaltung entfällt dabei stets auf die Länder Bayern und Hessen, gefolgt von Schleswig-Holstein; preisgekrönter DK-Deckrüde dort ist »Engholms Jucker«. Das Schlagwort »Kein Jäger ohne Hund« scheint langsam aber stetig Früchte zu tragen, und es wird schon von einem Überhang nicht ausgelasteter, in Zwingern vertrauernder Jagdhunde bei Bauernjägern gesprochen. Somit stellt sich auch für diese Vereine das Welpen- und Wurfstärkenproblem.

Die Welpenzahl liegt beim Deutsch Drahthaar mit einer dem Dt. Schäferhund vergleichbaren Körpergröße (2145) gleichfalls bei 7 - 8 Welpen pro Wurf, wie aus den Vereinsstatistiken zu schließen. Aus den Wurfmeldungen 1982 ergibt sich eine durchschnittliche Wurfgröße von 6,8. Dies dürfte aber mit der Zahl tatsächlich geborener Welpen nicht übereinstimmen, die Zuschneid (1980) mit 8,8 ± 2,7 angibt. Die Wurfbegrenzung erfolgt auch hier in Kombination mit Ammenaufzucht – in Übereinstimmung mit dem Tierschutzgesetz. Dem »Schreckgespenst« der Massenproduktion, das bei diesen Rassen mit begrenztem Abnehmerkreis ohnehin niemanden schreckt, kann nur durch schärfere Selektion bei der Zuchtzulassung (6156), nicht durch Tötung von Welpen durch Laienhand begegnet werden, wenngleich dies von einigen offenbar bedauert wird, denn sie beklagen die »Wesensschwäche« mancher Züchter, die eigenhändige Tötungen nicht »übers Herz bringen« (5888). In diesem Zusammenhang ist sicher ungut, daß wieder Wert darauf gelegt wird, »größere« DD-Hunde zu züchten (1550). Die Beziehungen zwischen Wh und Wurfgröße (und zur HD!) sind aber sattsam bekannt und wurden schon a.o. erörtert. Andererseits würde sich bei vorwiegender Verwendung nachkommensleistungsgeprüfter, älterer Zuchttiere eine Reduktion der Wurfgröße ergeben (Negative Korrelation Alter/Wurfgröße, 6098).

Die jährliche Gesamtwelpenzahl bewegt sich in einigen weniger bekannten Rassen in kaum nennenswerten Größenordnungen, z. B. beim Pudelpointer, jenem nach Hegewalds Anregung aus der Kreuzung von Arbeitspudel mit Pointern entstandenen Jagdhund (4311, 1871), bei 200-300 Welpen pro Jahr. Auch die Gesamtzahl Hannoverscher Schweißhunde betrug beispielsweise 1969 nur 170 Exemplare stark ingezüchteter Linien (1983 = 101 Stück, 628). Sie werden »Landesfürst« Ernst Albrecht bei der Diplomatenjagd im Saupark gute Dienste geleistet haben. Schirmherr im Verein Hirschmann war bis 1987 Ernst August Prinz von Hannover. Der »Korthals-Griffon« gar, benannt nach dem Zwingermeister des Prinzen zu Solms, wölft in der BRD nur 25-40 Welpen (3038). Ähnliches gilt für Dt. Stichelhaar, der durchaus z.T. nach seiner äußeren Erscheinung mit Dt. Drahthaar verwechselbar ist (758).

Dagegen ist im Verband für Kleine Münsterländer, jenem weißbraunen *»Heidewachtel«* mit verwandtschaftlichen Beziehungen zu Dt. Langhaar und Dt. Wachtelhund, an dessen Entstehung bzw. Propagierung sich die Gebrüder Löns verdient machten, eine aufsteigend/konsolidierende Tendenz unverkennbar (frz.»Epagneul de Munsterland«, 1741).

Große Münsterländer und *Dt. Langhaar* müßte man eigentlich gemeinsam sehen, da erste lediglich eine schwarz-weiß gescheckte Farbvariante letzterer darstellen, die nur durch formalistischen »Fanatismus« abgetrennt wurde (3218). Freiherr v. Schorlemer machte sich um Dt. Langhaar verdient und bekam durch Freiherrn v. Heeremann bestätigt, daß seine Rasse »die Erfordernisse der Brauchbarkeit nach Ethik und Gesetz« erfülle. Es wird auch immer mal wieder Kurzhaar in diese Rassen eingekreuzt.

Beim kurz- und drahthaarigen ungarischen Vorstehhund, dem *Magyar Vizsla*, zeichnete sich Ritter v. Bleyle aus; man rühmt seine jagdliche Eignung: So lief Cacib-Sieger Rolli v.d. Haraska beim Apportieren in eine unvorsichtig abgegebene Schrotgarbe, trug aber seinem Herrn trotz tödlicher Verletzung noch den Hasen zu (Rauwolf, 1978). Inwieweit die Vizslas nur »gelbe Weimaraner« sind, ist umstritten (359, 2787).

Auch der in Frankreich besonders in Liebhaberhand sehr verbreitete, dem KLM und Springer Spaniel in Scheckung und Größe nicht unähnliche *Epagneul breton*, der »Bretone« – mit Laverack-Setter-Blutanteil -, wird mehr und mehr in anderen Ländern, auch bei uns (1841) als handlicher Allroundjagdhund – und keinesfalls nur zum Stöbern – genutzt und gestutzt; aber angewölfte Stummelruten kommen vor (1842). Ein bei ihm beschriebener, rezessiv autosomal vererbter, *spinaler Muskelschwund* dürfte mehr ein Linien- als ein Rassenproblem sein (1362, 1363, 1364, 1366, 3615). Denn familiäre Myopathien wurden sporadisch auch aus anderen Jagdhunderassen (u.a.) gemeldet (2862, 6252, 84).

Überhaupt erscheint aufschlußreich, daß bei den vornehmlich auf Leistung und Gebrauchswert – aber keineswegs ganz ohne Farb- und Fellformalismus (so werden z.B. Langhaarige in Kurzhaarwürfen und gelb/hellbraun/weiße Schecken als »Fehlfarben« meist gemerzt) – gezüchteten deutschen Vorstehhunden über spezielle Erkrankungsdispositionen wenig bekannt wurde. Einige Dinge, wie das Auftreten von *En- und Ektropium*, das aber mehr bei Jagdhunden im Laufhundtyp mit »hubertoiden« Gesichtsfalten anzutreffen ist (3308), oder das sporadische Vorkommen einer erblichen Gangliosidose des Zentralnervensystems *(amaurotische Idiotie)* beim Deutsch Kurzhaar (5303, 2107) wurden schon in vorangegangenen Kapiteln erwähnt. Wie bei anderen Rassen beschrieben, so kamen auch bei Vorstehhunden Fälle erblicher Epilepsieformen zur Beobachtung (1548). Dagegen ist Hüftgelenksdysplasie bei diesen gleich hohen, aber wesentlich quadratischer gebauten Hunden (DD-Standard: Rumpflänge und Schulterhöhe sollen möglichst gleich sein) relativ seltener als bei Dt. Schäferhunden (1549), findet aber gleichfalls züchterische Beachtung. Von insgesamt 493 Würfen waren bei 54 beide Eltern, war bei weiteren 173 Würfen ein Elternteil erkrankt.

Bei einer in kurzhaarigen tschechischen Vorstehhunden, aber auch in Pointerschlägen beobachteten *Zehennekrose* (4935), die auf neuraler Basis durch Selbstverstümmelung der fühllos gewordenen Zehen entstand *(= ulzero-mutilierende Akropathie*, Pivnik, 4936), erscheint die angenommene mendelnde Vererbung noch hypothetisch (4934, 1428, 1429, 14390). Sie hat starke Ähnlichkeit mit der erblichen Akroosteolysis des Menschen (2521), scheint jedoch mit ähnlichen Neuropathien in Dackeln nicht identisch (1694, 1695).

Auch von den bei uns im Jagdgebrauch nur selten, in Liebhaberhand umso öfter anzutreffenden *Irish Settern* (Abb. 64) wurde über spezielle Erkrankungsneigungen nur wenig berichtet; familiäre Fälle von Speiseröhrenlähmung (*Megaösophagus,* 4405) und *Retinaatrophie* wurden schon in den Abschnitten C und D referiert (2724, 3636). Diese schien durch strenge Selektion der Setterzüchter in England zunächst gebannt, nahm aber infolge nachlassenden Selektionsdruckes wieder zu (159).

Eine ähnliche Situation zeichnet sich für den *Labrador Retriever* in angelsächsischen Ländern und in Schweden ab (608, 2968, 810). Dieser aus demselben Gentopf wie der Neufundländer stammende schwarze, braune oder blonde Hund, der nicht nur im UK, sondern auch in einigen städtischen Populationen Australiens neben dem Dt. Schäfer an der Spitze der Häufigkeit lag, führte dort auch prompt die Liste der *HD-Frequenz* und Epiphyseolysis an (3454), während Dt. Schäferhunde wegen eines jahrzehntelangen Einfuhrverbotes unter »ferner liefen« rangierten. Dieses ist ein weiteres Beispiel für die kritische Wertung solcher Klinikstatistiken. Mittlerweile hat der »German Shepherd» laut Rasseregister dem Labrador aber auch in Australien den Rang abgelaufen (824).

Erwähnenswert ist ferner, daß Gelatt (1972) u.a. im *Golden Retriever*, jener wohl aus Spaniel/Labrador-Kreuzungen entstandenen kleineren, wellhaarigen Variante, einen hohen Prozentsatz von *Linsentrübungen* sowohl bei Welpen (19,4%) als auch bei erwachsenen Tieren (13,6%) feststellte (258), doch soll ihm der Labrador darin nicht viel nachstehen (1441); in Europa registrierte man etwas niedrigere Prozentsätze (1452). Rubin (1974, 1989) vermutet für diese Störung unvollkommen dominanten Erbgang und weist zugleich auf häufige *Iriszysten* in dieser Rasse hin; eine mit Skelettschäden einhergehende Retinadysplasie scheint dagegen auf bestimmte Linien beschränkt. Es ist klar, daß als *Führhund* trainierte Retriever (4886) speziell auf solche Schäden hin zu untersuchen sind (3203), denn nichts kann ein Blinder wohl weniger gebrauchen, als einen halbblinden Hund. Auch sollte man prüfen, ob *Verhaltensprobleme,* die man jüngst als »Dominanz-Aggression« in Golden Retrievern konstatierte, möglicherweise mit Sehverlusten zu tun haben. Denn Eignungs- und Ausbildungsdefizite führen offenbar u.a. dazu, daß sich z.B. in Deutschland etwa nur 1% der Blinden einem Führhund anvertrauen.

Ein in bestimmten Labrador-Familien auftretender Muskelverfall wird den autosomal rezessiven *Muskeldystrophien* zugeordnet (1238, 3283, 4248, 3855, 3994, 851); ähnliche, der Myasthenia gravis des Menschen vergleichbare Erscheinungen wurden auch in einem Wurf Springer Spaniels beobachtet und erinnern an die zuvor erwähnten Myopathien (2966, 3854). Einige Formen scheinen mit Myoklonien und Megaösophagus verknüpft (1985, 3856, 989); geschlechtsgebunden vererbte, der humanen Duchenne-Form analoge Manifestationen kamen in Golden Retrievern zur Beobachtung – sie sollen nach jüngsten Ergebnissen auf einem RNA-Splicing-Fehler beruhen (3254, 3257, 1349).

Über eine von McGrath (1960, 1965) bei *Weimaranern* in den USA gesehene, familiäre *Spinale Dysraphie* (Vakuolisierung, abnorme Hohlraumbildung im Rückenmark, 1336), einen hopsenden und kriechenden Gang bedingend, wurde in Australien sporadisch (6012), in Europa aber bislang nur selten berichtet (3123, 1332, 1042). Der Vererbungsmodus dieser in verschiedenen Graden manifesten Rückenmarksstörung schein noch unklar (1648, 1787, 3256). Jedenfalls dürften keine Parallelen zu anderen, z.B. in Foxhounds gemeldeten, ätiologisch ungeklärten Varianten der Ataxie bestehen (4340, 2322), die auch im Labyrinth, Kleinhirn oder verlängerten Rückenmark ihren Ursprung haben können.

Für den Weimaraner mit seinem grauen Fell bei bernsteinfarbenen Augen (Abb. 65) und erwünschter *»rabiater Mannschärfe«* bei Rüden (die früher vielfach gemerzte Langhaarart wird auch auf Mannschärfe geprüft und soll »nur in Jägerhände abgegeben werden«, 5042; es scheint solche griffigen Exemplare auch bei Golden Retrievern gegeben zu haben, was sich bis heute in einigen Linien auswirkt, S.o.! 2486), ebenso für den Setter, trifft die schon beim Teckel beschriebene »schizoide« Zuchtsituation in den betreffenden Vereinen in gleicher Weise zu: eine mangelnde oder fehlende Trennung zwischen reinen Gebrauchs- und Liebhaberzüchtern führt öfter zu Mißhelligkeiten unter diesen beiden Parteien. Hier kann wohl nur eine klare organisatorische Abgrenzung unter dem Dach desselben Vereins weiterhelfen (3672, 92), wie es z.B. vom *Jagdspaniel*-Klub gehandhabt wird (2614), in dem die jagdliche Richtung nur noch einen kleinen Zweig darstellt. Schon 1962 legten von 4300 ins Zuchtbuch eingetragenen Tieren nur 23 (!) bzw. 81 eine Gebrauchs- bzw. Anlageprüfung ab und wurden in die entsprechenden Leistungsbücher eingetragen (5530). Das Zuchtbuch 1973 enthielt bei 5457 Gesamteintragungen nur 156 Welpen aus prüfungsbewährten Eltern. (Gebrauchszuchten mit grün bedruckten Ahnentafeln.)

Dieser ursprünglich den Settern noch sehr ähnliche, für die Stöber-, Buschier- und Wasserarbeit in verschiedenen angelsächsischen Schlägen gezüchtete Hund [English-, American-Cocker Spaniel (von »Woodcock«, Wachtel, 312), Springer- und Water-Spaniel etc.], dem funktionell – mit den oben gemachten Einschränkungen – in Frankreich der Epagneul breton, in Deutschland *Wachtelhund* (von Fürst zu Waldburg betreut) und Heidewachtel entspricht (1909), ist in der Tat in seiner Heimat und anderenorts einer gewissen Massenproduktion anheimgefallen – und verschiedene ausgeprägte Krankheitsdispositionen wurden bekannt, desgleichen Wesensfehler, insbesondere in einfarbig rotbraunen Linien, wo man fast schon von einem *»Cocker Rage Syndrom«*, der sogen. »Spanielwut« spricht (4038). Aber auch in einer US-Statistik über Verhaltensprobleme bei Rassehunden nahmen Cocker und Springer Spaniels Spitzenplätze ein -bis auf den Springer Spaniel allerdings gleichfalls in der Rassenverteilung der Einzugspopulation (3387, 3388): Der *American Cocker Spaniel* soll in den USA die Top-Position übernommen haben; er ist mit seiner üppigen Haarpracht prädestiniert für Leute, die gern bürsten, kämmen, trimmen. Auf die *Ekzembereitschaft*, besonders in den seitlichen Lippenfalten (5139, 2439, 727), und die vermehrte *Otitisfrequenz* bei dieser langhaarigen Rasse mit großen, pendelnden Behängen (Ab. 56) wurde schon unter B hingewiesen (1604). Offenbar stellen diese schlaffen, vergrößerten Ohrmuscheln, wie man sie bei keinem Wildhund antrifft, unter der Selektion des Menschen entstandene und erhaltene Domestikationserscheinungen dar, die zu den *»Maladaptiven Attributen«* (40) zu zählen sind und sich in freier Wildbahn bestenfalls bei primären und sekundären Geschlechtsmerkmalen halten können, welche durch ihre Größe attraktiv wirken und so auch bei natürlicher Selektion begünstigt werden (z.B. der lange Schweif des Pfaus).

Ektropium und Lagophthalmos werden durch die schlaffe, faltenreiche Gesichtshaut begünstigt und es ist schon ein züchterisches Armutszeugnis, wenn diesem Übel durch umfangreiche Exzisionsraffung der Kopfhaut im Scheitelbereich abgeholfen werden muß – wie wenn man einer zu weit geratenen Hose einen Abnäher verpaßt (700). Auch Distichiasis soll so selten nicht sein beim Cocker (3603).

Es ist erklärlich, daß sozusagen als *»Berufskrankheit«* bei Jagdgebrauchs-

Abb. 56 Der Cocker Spaniel – trotz einiger »maladaptiver Attribute« ein beliebter Hund.

rassen öfter als in anderen mit mykotischen (z.B. therapieresistenten Blastomykosen) bzw. aktinomykotischen Sekundärinfektionen von Verletzungen durch harte Gras- und Schilfspelzen, Zweige etc. zu rechnen ist (2794, 5965). In den USA sind diese Rassen auch mehr von der Dirofilariose (Herzwürmer) betroffen (5211, 5212). Bei einer von Day u. Mitarb. (1986) gesehenen disseminierten Aspergillose waren allerdings mehr Schäferhunde befallen.

Neben den mehr typbedingten Dispositionen scheinen Spaniels im mittleren und vorgerückten Alter eine spezielle, erhöhte Neigung zu besonderen Formen von *Hauttumoren* zu besitzen (4172), insbesondere zu *Talgdrüsentumoren* (2042, 2866) und *Melanomen* (1319, 5953). Auch *Mammatumoren* fand Stotz (1968) sehr oft, wenngleich ein Rassenvergleich hier fehlt. Doch schon Misdorp (1964) berichtete über eine gesteigerte Häufigkeit von Brustdrüsengeschwülsten bei dieser Rasse. Dies deckt sich mit anderen Erhebungen (1904, 4547). Zwar sind Neoplasien der Haut bei Hunden generell wesentlich häufiger als z.B. bei Katzen, bei denen mehr Neubildungen im Bereich des hämatopoetischen und retikuloendothelialen Systems im Vordergrund stehen, was durch Tabelle 39 verdeutlicht sei, u.a. bei Mihaljevic et al. (1989) belegt ist.

Tabelle 39 Häufigkeitsunterschiede in der Tumorlokalisation bei Hund und Katze (nach Brodey, 1970).

Hund (n = 2917)		Katze (n = 395)	
Integument	35,6%	Hämolymphopoet. Syst.	26%
Weibl. Genitale	22,0%	Integument	21%
Magen-Darmkanal	12,8%	Magen-Darmkanal	20%
Hämolymphopoet. Syst.	7,6%	Weibl. Genitale	15%
u.a.		u.a.	

Doch wurde in der genannten Untersuchung, wie auch in vielen anderen (3299, 4067), gleichzeitig die vermehrte Anfälligkeit des Cocker Spaniels zu *epithelialen Tumoren der Adnexe* (Haarfollikel, Schweiß-, Talg- und Perianaldrüsen) deutlich, die ätiologische Querverbindungen zur schon genannten Bereitschaft von Spaniels zum seborrhoischen Ekzem vermuten läßt (5534, 5852, 3782, 2437, 5663, 5664, 1699, 3357, insbesondere auch *Lefzenekzem*, 4894). Während Christie und Jabara (1964) in ihrem Material keine rassischen Dispositionen zu Schweißdrüsentumoren feststellten, ermittelte v.d.Ingh (1973) 29,3% der Talgdrüsentumoren und 22,2% der Histiozytome in Spaniels bei einer Repräsentanz von 8,5% der Gesamtklinikpopulation. Auch Thrasher (1961) fand sie überrepräsentiert. In der Tat scheinen schon bei gesunden Tieren rassische Unterschiede in Hautstruktur und -funktion zu bestehen, z.B. zwischen Beagle und Cocker (3358). Männliche Cocker erkrankten etwa achtmal häufiger an Analdrüsentumoren als Pudel, wie überhaupt diesbezüglich ein starker *Überhang an Rüden* imponiert (4173, 5794, 4529); Analoges scheint für Cockerhündinnen zuzutreffen, Scheidengeschwülste betreffend (489, 2144). Speziell in kräftig pigmentierten Spanielschlägen wurden vermehrt epidermale Hyperpigmentationen und Melanome, insbesondere auch maligne, beobachtet (1030, 1031). Sie sollen beim Hund generell mehr in Rassen mit dunkler Haut auftreten (4962), was somit im Gegensatz zu Befunden in anderen Arten steht, bei denen gerade pigmentarme Individuen zu melanotischen Neubildungen neigen, z.B. bei Mensch, Pferd und Rind (3905). Beim Hund sind diese Melanome vorwiegend in der Haut (4068), gelegentlich aber auch in Mund- und Rachenhöhle oder im Auge lokalisiert (1319, 6136, 3611, 1628). Aus den gemachten Ausführungen erklärt sich, daß die bei Cockern vorzugsweise angetroffenen Geschwulstarten Adenokarzinome und Melanosarkome sind (1320).

Insgesamt gelten die bei Caniden auftretenden Tumore als recht gute Modelle für Human-Neoplasien, da sie aufgrund der kürzeren Lebensspanne dieser Art sozusagen im»Zeitraffertempo« ablaufen und Hunde somit geradezu als »*Sentinellen*« für Umweltbelastung fungieren könnten, z.B. mit Blick auf Asbest und andere Krebserreger (5704, 4257).

Auf das wiederholte Vorkommen von primären, angeborenen Formen des *Glaukoms* beim Cocker Spaniel wurde schon unter B hingewiesen. Das fanden auch andere Autoren bestätigt (3630, 2154, 2157). Es gilt genauso für erbliche Formen der Katarakt sowie Netzhautdysplasie (6381, 3434) und ferner für eine Neigung des American Cocker Spaniel zu *Trichomegalie* (abnorm lange Wimpern, 698). Auch in den Erhebungen von Hedhammar (1986) zeigten Spaniels und Retriever einen leichten Überhang – was hereditäre Augenleiden angeht – im Vergleich zu anderen Rassen. Jüngste Berichte sprechen zudem von Häufungen *linseninduzierter Uveitis* (phakogen) in Americ. Cockern und Zwergpudeln.

Daß manche Wissenschaftler den Cocker wegen gehäuften Auftretens von Bandscheibenvorfällen zu den chondrodystrophen Rassen zählen, fand gleichfalls bei den Teckeln Erwähnung. Daneben wurde über *kongenitale Nephropathien* (Nierenrindenhypoplasien bzw. sklerosierende Glomerulonephritiden) in bestimmten Familien und Linien des Spaniels berichtet (3317, 5492, 4434, 1793, 4435, 4436, 2043, 2044, 3222, 4517, 4814); heterozygote Anlageträger sind offenbar nicht diagnostizierbar und englische Züchter mühen sich um Eindämmung (3684, 5509).

Spaniels führen außerdem die Liste der seltenen Fälle von *Hermaphroditismus* (Intersexualität) beim Hunde an (5987, 4519, 2730, 5120, 5217, 5582, 2736, 1223), wenngleich über familiären Pseudohermaphroditismus auch aus Mopszuchten u.a. referiert wurde (5493). Man muß dies von hormonell-exogen induzierten Fällen trennen (1222, 5386). Bei einem männlichen Pseudohermaphroditen (Spaniel), d.h. einem äußerlich männlichen Tier wurde trotz vorliegendem Hodengewebe in über 100 Metaphasen kein Y-Chromosom entdeckt. Es handelte sich stets um die weibliche XX-Konstellation im Karyotyp (2480). Dieses gilt als Hinweis, daß es möglicherweise zur Ausbildung von Hodengewebe nicht des Y-Chromosoms bedarf. Es kann sich dabei allerdings dennoch um XX/XXY-Mosaiken handeln (58). Dieses H-Y-Antigen-positive Zwittertum bei Spaniels soll rezessiv geprägt sein (5215, 5219, 3918), was durch Meldungen aus der Praxis bestätigt wird (6288).

Daß eine in Spanielzuchten gesehene idiopathische, d.h. ursächlich ungeklärte Herzvergrößerung – verbunden mit Muskeldegeneration und Kreislaufschwäche – genetische Komponenten hat, wird vermutet (2674, 5426, 2258). Ältere Cocker sollen zudem mehr zu *Fettsucht* und Leberzirrhose neigen als andere Rassen (114, 3749, 3999, 5822), und männlichen Exemplaren sagt man eine Bruchtendenz des Humerus schon bei geringen Belastungen nach (5885). Eine Neigung zu Obesitas lastet man aber auch Retrievern, Dackeln und Shelties an, wobei man bei solchen Aussagen Angaben über den Status des Besitzers jedoch nicht vergessen sollte (1399).

4. Doggen und Doggenartige

Menschen haben spezifische Hunderassen insbesondere zur Erfüllung bestimmter Aufgaben gezüchtet und gewisse Charakterzüge gefördert... bis zu einem gewissen Grade auch die Aggressionen der Kampfhunderassen.

P. Neville, 1991

Dieser Gruppe rechnet man neben den Doggen im engeren Sinne besonders den Boxer, Mastiff, Bernhardiner, Neufundländer, Leonberger und Mops zu. Sie leitet sich von den Kampf-, Hetz- und Treibhunden des Altertums her und findet heute vorwiegend als Schutz- und Wachhund Verwendung. Gemeinsam ist vielen von ihnen eine Verkürzung des Gesichtsschädels, so daß beispielsweise beim Boxer das Verhältnis Hirnschädel : Gesichtsschädel 3 : 1 beträgt, gegenüber 1 : 1 bei Dolichozephalen. Manche Vertreter dieser Gruppe zeigen zudem eine gewisse *Akromegalie,* d.h. einen disproportionierten Breiten- und Größenwuchs von Kopf und Gliedmaßenenden, z.B. Bernhardiner (ein sogen. »Kastenkopf« = ».. er sei auffallend groß und achtungsgebietend«; (Kasten, 1985) – nur scheint er nicht selten auch *Kaiserschnitte* zu induzieren; so betrug die Sectio-Rate 1990 knapp 16%) und Neufundländer, jedoch dürfte dieses Phänomen mit dem hypophysären Riesenwuchs des Menschen nicht identisch sein, denn krankhafte Akromegalien entwickeln sich ansonsten bei Hunden nur unter Langzeitbehandlung mit Hormonen oder bei Dyshormonosen (1752, 1754, 1170), wenngleich diese Rassen – absolut gesehen – natürlich höhere Level bestimmter Wachstumshormone als der Durchschnitt aufweisen (1757). Andererseits waren wachsende Minipudel durch Hormongaben nicht zu vergrößern (2374). Da die großen Rassen wie die Doggenartigen aber ohnehin Besonderheiten in der Ossifikation (3822) und eine Neigung zu anderen pathologischen Formen des Knochenwachstums bzw. der Verknöcherung zeigen, z.B. zu *Osteosarkomen* (4030, 1033, 5724, 1039, 5142, 5553, 3921, 6185, 5343), zu hypertrophierenden *Osteoarthropathien* (1032, 4009), zu Osteomyelitiden (5346, 6333) und zu verknöchernden, Nachhandparesen auslösenden *Pachymeningitiden* der Rückenmarkshäute (4950, 4050, 3362, 6275, 3466, 1683), zur Sklerosierung spinaler und zerebraler Gefäße (4215) sowie zu osteogenen *Gingiva-Hypertrophien* (1141, 713, bei odontogenen Tumoren, ebenso bei sinonasalen, offenbar weniger vertreten, 5995, 4371), liegt es nahe, hier einen ätiologischen Zusammenhang auf genetisch-hormoneller Basis zu vermuten. Auch beim Menschen sollen besonders große Kinder zu bösartigen Knochentumoren neigen (2021). Insbesondere ältere Rüden und *speziell die*

Extremitäten sind betroffen (3955, 2524, 2195; Immunfaktoren mögen eine Rolle spielen (5194).

Die schon unter B als *»Wobbler«-Syndrom«* in Dt. Doggen, Dobermännern und anderen großen Rassen beschriebene, Nachhandataxien bewirkende Stenosierung des Halswirbelkanals (6358, 2900, 2901) zeigt familiäre Häufungen (2133, 5214, 1541), die man beim Mastiff jüngst als unvollkommene Dominanz deutete. Solche zervikalen, oft mit Subluxation der Halswirbel einhergehenden *Spondylopathien,* meist zwischen C5 und C7 lokalisiert, scheinen in juvenilen und senilen Varianten vorzukommen (1541, 4656, 2838, 4625, 776, 6339, 4156); sie sind durch Myelographien darstellbar und spondylotischen Prozessen beim Menschen sehr vergleichbar (3614, 6363). Lewis (1991) hält die röntgenologischen Veränderungen auch bei noch nicht erkrankten für so charakteristisch, daß auf der Basis von Reihenuntersuchungen Selektionen möglich wären (3848). Eine mit Hinterhandlähmung bzw. -schwanken verknüpfte, wahrscheinlich rezessiv autosomal vererbte Erkrankung – in bestimmten Boxerlinien anscheinend ein Problem darstellend – wird jedoch durch eine *Axonopathie* peripherer und zentraler Nervenstränge verursacht (2320, 2323, 280); ähnliche Polyneuropathien kamen jedoch auch in Dobermann-Exemplaren zur Beobachtung (2326, 1257, 2319, 2325, 373). – Und von den »Überbelastungsschäden« an den Gelenken großer Hunde war schon mehrfach die Rede (1477, 3292), u.a. in Zusammenhang mit HD.

Auf die *Frohwüchsigkeit des Skeletts* deutet auch eine andere anatomische Besonderheit hin, die große Rassen von den kleinen unterscheidet: Die bestimmten Wirbeln zuzuordnenden Rückenmarksabschnitte sind besonders in den hinteren Zonen stärker kranial verlagert, was darauf hindeuten kann, daß das Rückenmarkswachstum mit dem der Wirbelsäule nicht Schritt hält (1948). Es wäre ferner zu erwägen, ob nicht bestimmte Fälle hypertrophierender *Osteodystrophien,* wie sie von einigen Autoren bei diesen Rassen beobachtet und dem rachitischen Komplex zugeordnet wurden (6023, 3629), besser unter dem Blickwinkel dieser Zusammenhänge zu sehen sind (5949). So konnten Hedhammar und Mitarb. (1974) zeigen, daß eine Ad-libitum-Fütterung protein- und mineralstoffreicher Nahrung zur Forcierung des Wachstums prädisponierend für viele der oben angeführten Krankheitsformen des Stützapparates wirkte.

Aufgrund anatomischer Besonderheiten der Harnröhren- und Blasentopographie sollen Hündinnen großer Rassen auch einmal mehr zum *Harnträufeln* nach der Kastration neigen (2758).

Unter den genannten Hunden erfreut sich der *Boxer* bei uns zweifellos der größten Beliebtheit, weshalb er zunächst betrachtet werden soll. Doch auch wegen einiger ausgeprägter spezieller Erkrankungsdispositionen verdient diese Rasse vorrangig das Interesse des Tierarztes und vergleichenden Mediziners. Der heutige Boxer mit seinen einfarbig gelben, gestromten oder weiß gezeichneten Varianten soll im vorigen Jahrhundert durch Verschmelzung Danziger und Brabanter Bullenbeißer-Schläge entstanden sein, die nach Ende der Hetzjagden und Bullenhetzen in den Metzgereien als Treibhunde Verwendung fanden (3640), und denen er seine vom Standard geforderte »Unerschrockenheit« verdankt. Für Brehm (1923) waren »Bulldogg« und »Boxer« noch synonym.

Bei einer mittleren Wurfstärke von 6,7 bis 7,3 (384) war in dieser Rasse von 1951 – 1965 eine Zunahme des Prozentsatzes an Weißgescheckten von 0,6 auf 3,2 zu verzeichnen, jedoch verfielen Boxer mit mehr als einem Drittel Weiß dem Zuchtausschluß, ja, sie verfielen bis 1979 sogar dem »Tötungsgebot«. Das sind im BK (Boxer-Klub) immerhin ca. 10%. Diese gesetzwidrigen Eliminationen, die auch durch vereinsintegrierte Wissenschaftler gestützt wurden (1744), führten zu Kontroversen zwischen Züchtern und Vereinsleitung, die gutachterlichen Rat notwendig machten. Da das *»Fehlfarben«-Problem«* ein prinzipielles und nicht nur »boxerspezifisches« ist, sei daher der diesbezügliche Schriftverkehr hier wiedergegeben:

Lemberger/Schneider – Rechtsanwälte   *Bad Tölz, den 8.9.1978*

Sehr geehrter Herr Professor Dr. Wegner,
wir zeigen an, daß wir den Boxerclub e.V., Sitz München, anwaltschaftlich vertreten.
In einigen Rechtsstreitigkeiten, die wir für den Boxerclub e.V. durchführen, taucht immer wieder die Frage auf, ob es aus genetischen und medizinischen Gründen vertretbar ist, daß Hundezüchtern geboten wird, weiße Boxerwelpen zu töten. Wir sind, abgesehen von Empfehlungen der Tierärzte, insbesondere durch ihren Artikel über Ihren Vortrag im November 1976 dazu gekommen, daß Sie sich mit dem Problem wissenschaftlich auseinandergesetzt haben, ob die Weißerbigkeit genetisch verbunden ist mit einer Schädigung anderer Organe. Um dem OLG München eindrucksvoll vor Augen zu stellen, daß die Tötung der weißen Welpen nicht gegen das Tierschutzgesetz verstößt, da die Weißerbigkeit mit einem gewissen Risiko belastet ist, bitten wir Sie, uns mitzuteilen, ob aufgrund ihrer wissenschaftlichen Tätigkeit es erwiesen ist, daß eine solche genetische Belastung einerseits besteht, zum anderen es aus diesem Grunde nicht sinnvoll ist, weiße Boxerwelpen aufzuziehen, mit der weiteren Folgerung, daß das Töten von weißen Boxerwelpen nicht gegen das Tierschutzgesetz verstößt.
Gleichzeitig bitten wir Sie, uns mitzuteilen, ob Sie gegebenenfalls für diese

Frage als Sachverständiger uns zur Verfügung stehen.
Für Ihre Bemühungen bedanken wir uns.
Mit vorzüglicher Hochachtung
gez. Lemberger

Antwort:
Betr.: Ihr Schreiben vom 8.9.1978
Sehr geehrte Herren,
in Beantwortung Ihres Schreibens vom 8.9.1978 möchte ich Ihnen mitteilen, daß ich das Töten von Welpen aus rein farbformalistischen Erwägungen verurteile. Die Weißscheckung beim Boxer ist mit keinen offensichtlichen Mißbildungen verknüpft; sie unterscheidet sich somit von dem in anderen Rassen zur Erzeugung einer Harlekin-Sprenkelung (z.B. Tigerdoggen) mißbrauchten sogen. Merlefaktor, der mit schweren Anomalien einhergeht. Ich halte es zwar auch für richtig, daß die Boxer-Züchter gegen einen zunehmenden Pigmentmangel ihrer Hunde selektionieren, aber es genügt, wenn man diese Hunde von der Zucht ausschließt, in Nicht-Züchterhände gibt und im übrigen bei seiner Zucht darauf achtet, daß diese Typen gar nicht erst entstehen.

Mit freundlichen Grüßen
gez. Wegner

Bald darauf wurde das »Tötungsgebot« aufgehoben – und ich bekam seitdem die »Boxer-Blätter« nicht mehr zugestellt. Ganz weiße Boxer werden auch schon als »Rarität« (ohne Papiere) für 2000.– DM gehandelt.

Auch jüngste norwegische Untersuchungen bescheinigen dem »Boxer-Weiß« gesundheitliche Unbedenklichkeit.

Wichtigste Defekte der Neugeborenen-Aufzuchtphase sind beim Boxer *Kryptorchismus* und *Gesichtsspalten*. Auf die besondere Tendenz zu Spaltbildungen (3363) im Bereich des knöchernen und weichen Gaumens wurde schon unter B hingewiesen. Doch auch der Prozentanteil der Binnenhodigkeit erscheint überdurchschnittlich hoch und mag zur Tumordisposition dieser Rasse beitragen (1029), da die Neigung dislozierter Gonaden zur malignen Entartung bekannt ist (3876, 4681). Insbesondere Sertolizelltumoren wurden beschrieben (3543, 2562, 6040), die zu östrogen bedingten Knochenmarkschäden führen können (3075). Im Tiermaterial letztgenannter Autoren waren allerdings Boxer hinsichtlich Kryptorchismus nicht überrepräsentiert. Aus den unter B erörterten Gründen ist auch der Auffassung entgegenzutreten, daß es sich hierbei um einen monogenisch rezessiven Defekt handle, vielmehr ist eine polyfaktorielle Anlage zu vermuten (6258, 6259). Auch im Material von

Brömel (1966) ist eine nach Chiquadrat zweifach gesicherte Abweichung beobachteter von erwarteten Werten festzustellen. Dem Statement, daß es sich bei Binnenhodigkeit um eine geschlechtsbegrenzte Eigenschaft handle, ist allerdings beizupflichten. Härtl (1938) wollte noch »Rigo vom Angertor«, dem Münchner Begründer der Boxerzucht, den Schwarzen Peter für diese vom Zuchtleiter des BK als »leidiges Leiden« bezeichnete Anomalie zuschieben, doch heute wird ja eher ein zu starker Einfluß englischer Rüden beklagt.

Nach Zahlenangaben des Boxer-Klubs – mit Sitz in München –, der in 81 Jahren 150 000 Tiere in sein Zuchtbuch eintrug, entfielen 1976 auf 5916 Gesamtgeburten bei einer mittleren Wurfstärke von 7,3 Welpen 14,8% Totgeburten, 5,1% nach Eintragung Verendete, 2,5% Hasenscharten sowie 3,4% Einhoder oder »Hodenlose« (1610). Es ist nachahmenswert, daß sich der BK entschloß, in seinen informativen »Boxer-Blättern« die Rüden und Hündinnen mit Mangelwürfen spezifiziert aufzuführen – nur so kommt man erbhygienisch weiter. Abgesehen davon, daß aus diesen Zusammenstellungen ganz klare familiäre Häufungen deutlich werden, zeigen sie weitere aufschlußreiche Tendenzen. So kamen 1977 auf 371 Mangelwürfe (1612), welche nach dem o.a. Rassenmittel in der Welpenzahl etwa 2700 Welpen repräsentieren, 135 Einhoder und 27 »Hodenlose« (= zus. 162 mit Hodenfehlern), 140 Hasenschartige, sowie 369 »Weiße«, d.h. 6% mit Hodenfehlern, 5,2% mit Spaltbildungen sowie 13,6% »Weiße«. Dieses bedeutet, wie Tab. 40 ausweist, eine statistisch dreifach gesicherte höhere Frequenz aller drei Mängel in den genannten Linien, setzt allerdings gleiche Reproduktionsrate wie in der Basispopulation voraus. Da diese in den Mangellinien eher niedriger als in der Basispopulation einzuschätzen ist, dürften die errechneten Prozentzahlen schönfärberisch sein, da sie ohnehin nur die von den Züchtern gemeldeten Fälle widerspiegeln. Das simultan gehäufte Auftreten der fraglichen Defekte muß nicht für ihre genetische Kopplung sprechen – es kann auch durch einen höheren Inzuchtgrad in den betreffenden Linien bedingt sein, da der Anteil rezessiver Gene an allen drei Phänomenen hoch sein wird. Diese Parallelität zeichnet sich auch in Tab. 41 ab.

Gegenüber den Zahlen aus 1976 (7,8% Kryptorchismus, 4,5% Hasenscharten, 18% Weiß in Mangelwürfen) zeigt sich somit nur bei den »Weißen«

Tabelle 40 Häufigkeit von Fehlern in einer Boxer-Basispopulation, verglichen mit ihrem Vorkommen in Defektlinien

	Kryptorchismus	Hasenscharten	Weiße
Basispopulation	3,4%	2,5%	9,1%
Linien mit Mangelwürfen	6,0%	5,2%	13,6%
$\chi^2 = 191^{+++}$			

ein beträchtlicher, bei den Kryptorchiden ein geringer Rückgang. Neuere Zahlen sind jedoch eher deprimierend: 13% Totgeburten, 4% Verendete, 10% Hodenfehler, 2,8% Hasenscharten, 10,1% Weiße, 12,7% Kaiserschnitte (1613). Insbesondere der Prozentsatz der Hodenfehler zeigt bis 1983 mit 12,7% (Computerauszug 1983), die Hasenscharten mit 2,9% und die »Weißen« mit 11,2% eine stagnierende bis steigende Tendenz. Aus der DDR kamen ähnliche Angaben (5811).

Benutzt man diese sicher vorselektierte (signifikantes Defizit an Rüden bei der Eintragung!) und daher nur bedingt aussagefähige Vereinsstatistik (Tab. 41), um nach dem bei LeRoy (1966) beschriebenen Verfahren den *Erblichkeitsgrad* (h^2, Heritabilität) für »Hasenscharte« (inkl. Gaumenspalte) sowie für »Hodenfehler« (Kryptorchismus, Monorchie) zu errechnen (anhand der unterschiedlichen Frequenz in Rüden-Nachkommenschaften), so kommt man auf Werte von ca. 8% für Hasenscharte und von 13% für Hodenfehler – recht niedrige Zahlen, die keineswegs allein auf bedeutsame Umweltkomponenten bei der Entstehung dieser Anomalien hindeuten, sondern auch auf die schon angesprochenen Ungenauigkeiten ihrer Diagnose und statistischen Erfassung in Züchterzwingern und Computern. Dennoch signalisieren diese h^2-Zahlen einmal mehr, daß es sich bei den Hodenfehlern eher um polygenisch beeinflußte *Dyshormonosen* handelt, während beim LKG-Komplex (Lippen-Kiefer-Gaumenspalten) zweifelsfrei in brachyzephalen und prognathen Rassen (Vorbiß) wie dem Boxer eine gewisse Kopplung von »Hasenscharten« an diese Kiefermißbildungen vorliegt: Daher muß man bei Heritabilitätsschätzungen in kieferverkürzten Reinzuchtpopulationen zu niedrigeren Erblichkeitsgraden kommen, wie wenn man diese in rassischen Mischpopulationen durchführte. Turba und Willer (1987) plädieren gar für monogenische Prägung.

Tabelle 41 Häufigkeit von Hasenscharten und Hodenfehlern in 35 Boxer-Rüden-Nachkommenschaften (Anon. 1983)

Rüde	Nachk.	dav. ♂	ohne Hasensch.	mit Hasensch.	ohne Hodenf.	mit Hodenf.	α_1	α_2
1	225	73	223	2	49	24	1.98	16.11
2	230	77	217	13	57	20	12.27	14.81
3	683	215	676	7	166	49	6.93	37.83
4	74	23	69	5	18	5	4.66	3.91
5	81	31	80	1	25	6	0.99	4.84
6	279	96	263	16	78	18	15.08	14.63
7	115	50	112	3	42	8	2.92	6.72
8	98	38	97	1	32	6	0.99	5.05
9	80	26	78	2	22	4	1.95	1.69
10	56	13	55	1	11	2	0.98	1.69
11	110	33	97	13	28	5	11.46	4.24

Fortsetzung Tab. 41

12	719	221	705	14	189	32	13.73	27.37
13	239	86	218	21	74	12	19.15	10.33
14	307	102	301	6	88	14	5.88	12.08
15	150	45	141	9	39	6	8.46	5.20
16	102	41	100	2	36	5	1.96	4.39
17	261	82	259	2	73	9	1.98	8.01
18	636	220	630	6	196	24	5.94	21.38
19	332	114	329	3	102	12	2.97	10.74
20	88	30	88	0	27	3	0	2.70
21	415	181	401	14	163	18	13.53	16.21
22	112	42	111	1	38	4	0.99	3.62
23	261	95	258	3	86	9	2.96	8.15
24	413	122	404	9	111	11	8.80	10.00
25	65	24	65	0	22	2	0	1.83
26	497	169	465	32	155	14	29.94	12.84
27	232	75	228	4	69	6	3.93	5.52
28	394	129	392	2	119	10	1.99	9.22
29	258	104	243	15	97	7	14.13	6.53
30	187	62	181	6	58	4	5.81	3.74
31	447	135	414	33	128	7	30.56	6.64
32	123	46	122	1	44	2	0.99	1.91
33	125	48	124	1	46	2	0.99	1.92
34	95	25	95	0	24	1	0	0.96
35	94	46	92	2	45	1	1.96	0.98

$g = 35$; $N_1 = 8583$; $N_2 = 2919$; $A_1 = 8333$; $B_1 = 250$; $A_2 = 2557$; $B_2 = 362$;
$\alpha_1 = 236{,}9$; $\alpha_2 = 303{,}8$

$$h^2 = \frac{4(DQ1 - DQ2)}{DQ1 + (n_0 - 1)DQ2} \qquad s_h = \frac{(4+(n_0 - 1)h^2)(4 - h^2)}{2\sqrt{2n_0(n_0 - 1)(g - 1)}} \qquad DQ1 = \frac{AB/N - \alpha}{g - 1}$$

$$DQ2 = \frac{\alpha}{N - g}$$

$h^2_{\text{Hasensch.}} = 8{,}3\% \ (\pm 2)$; $h^2_{\text{Hodenf.}} = 12{,}6\% \ (\pm 4)$ $\qquad n_0 = \frac{N}{g}$

Diese Situation zeigt abermals, daß der »Erblichkeitsgrad« eine statistische Größe ist, die außer von der genetischen Komponente abhängt von der Schätzpopulation, der Schätzmethode, der Diagnostik, dem Inzuchtgrad u.v.m.: Er ist keinesfalls unbesehen gleichzusetzen mit »Erblichkeit«, er ist keine »unveränderbare« Größe, die »von Tierzuchtprofessoren konstant abrufbar« wäre (4713). Dennoch: bei aller Vorsicht der Interpretation solcher Erblichkeitsgrade weisen niedrige Prozentsätze bei diesen u.a. angeborenen Anomalien daraufhin, daß keineswegs alle »nachgewiesenermaßen einwandfrei erblich« (1897) sind, wenngleich die Mehrzahl genetisch-dispositionell geprägt sein wird.

Ähnlich ist die Lage bei der Hüftgelenksdysplasie:
Auch die *HD-Kampagne* wird im BK in lobenswerter Offenheit diskutiert. Dabei ergab sich 1979 das in Tabelle 42 niedergelegte Bild: Abgesehen vom paradoxen Anstieg der Zahl HD-freier um 7% (F) unter den Nachkommen »Verdächtiger« (V) – im Vergleich zur Nachkommenschaft HD-freier -, veran-

Tabelle 42 HD unter Nachkommen von Boxerrüden mit Röntgenbefund

Rüde Befund n	Nachkommen/Befunde					
	F	V	L	M	S	zus.
F(15)	62 (13%)	160 (34%)	172 (36%)	69 (14%)	13 (3%)	476
V(40)	352 (20%)	522 (30%)	579 (33%)	256 (15%)	43 (2%)	1752
L(37)	209 (27%)	417 (27%)	611 (40%)	257 (17%)	35 (2%)	1529
M(3)	18 (8%)	69 (32%)	75 (35%)	41 (19%)	12 (6%)	215
zus.	641 (16%)	1168 (29%)	1437 (36%)	623 (16%)	103 (3%)	3972

$$\chi^2 = 83{,}3^{+++}$$

schaulicht Tabelle 42, daß sich F- und V-Nachkommen nicht wesentlich in den Prozentsätzen unterscheiden. Man kann sie daher als »o. B.« zusammenfassen und mit der ebenfalls zu »HD« zusammengefaßten L-, M- und S-Gruppe vergleichen.

Legt man dann für eine Heritabilitätsschätzung nach o.a. Muster die BK-HD-Liste aus 42 Rüdennachkommenschaften (d.h. unter Wegfall von Rüden mit weniger als 20 geröntgten Nachkommen) von 1983 zugrunde (6320), so kommt man auf einen Erblichkeitsgrad für »HD« von $h^2 = 13\%$ ($\pm 4\%$), der somit noch etwas niedriger als der 1979 mit einer anderen Methode (Kontingenz) errechnete liegt (6083). Hier deutet sich zugleich die logische Konsequenz an, daß bei zunehmendem Selektionserfolg – der zweifellos auch bei Boxern zu verzeichnen ist (4459) – und bei konstanter Selektionsdifferenz die Heritabilität abnimmt (S. a. »realisierte Heritabilität«) – ein weiterer Grund, warum der Erblichkeitsgrad (per definitionem) keine »konstante Größe« ist. Bemüht man sich nicht, »Zwinger-Effekte« auszuschalten, wird man auf etwas höhere Werte kommen (1588).

So zweifelsfrei somit gesicherte genetische Komponenten bei der Entstehung von HD, Hodenfehlern u.a. Dispositionen existieren – die trotz niedriger h^2-Schätzwerte Selektionen rechtfertigen -, so unbestritten bleibt, daß exogene Einflüsse bei der Entstehung, der Ausprägung, Erfassung und populationsgenetischen Auswertung mitwirken. Diese Ansicht wird von anderen Autoren geteilt (1476). Wer dies verkennt, und HD schlicht als eine »erblich bedingte Erkrankung« bezeichnet, muß sich selbst »genetische Ahnungslosigkeit« vorwerfen lassen (1745).

Die angegebene HD-Heritabilität nähert sich der bei Rottweilern kürzlich ermittelten Zahl (12%, 6073) – aus demselben Grunde: Es beruht – neben den oben erörterten methodischen und prinzipiellen Gründen – darauf, daß das ausgewertete Material vorselektiert ist, d.h. Nachkommen von S-Rüden gar nicht, und solche von M-Rüden nur in geringer Zahl erfaßt werden. Schätzwerte des Erblichkeitsgrades von HD, die von solchen Vereinsunterlagen ausgehen, bewegen sich daher an der unteren Grenze der Heritabilitätsspanne. Selbst sonst so einsichtige und erfahrene Rottweiler-Züchter wie Herr Pienkoß können diese Zusammenhänge offenbar nur schwer verstehen (4471).

Neben HD und der eingangs genannten, besonders auch bei Boxern zu verzeichnenden Anfälligkeit der Doggenartigen zu Osteosarkomen (1036) und Chondrosarkomen (5896) spielt eine weitere Erkrankungsdisposition des Stützapparates bei dieser Rasse eine Rolle: Die *Spondylosis deformans* der Wirbelsäule (4040). Diese dem Morbus Bechterew des Menschen ähnliche Erkrankung (Dämmrich, 1981, sieht hier keine direkte Vergleichsmöglichkeit – insbesondere nicht zum rheumatoiden Komplex), bei der es über eine Spondylosis mit Exostosen- und schließlich Brückenbildung zwischen benachbarten Wirbeln zu einer Spondylarthritis ankylopoetica kommt (6425), nimmt zwar generell in allen Rassen mit dem Alter an Häufigkeit zu (merkwürdigerweise scheinbar mit Ausnahme der chondrodystrophen Rassen, 4658, 5896), doch ist der Boxer offensichtlich überrepräsentiert (2228, 2168, 1743, 1747, 5203, 6362). So zeigten im Material von Schnitzlein (1960) von 172 Boxern 51% Exostosenbildung (Schäferhunde 19%) und auch Morgan und Mitarb. (1967) registrieren unter insgesamt 1451 Hunden verschiedener Rassen, daß Boxer im Alter von 6 Jahren rund 50% der Fälle von Spondylosis deformans ausmachten. Auch von den durch Morgan (1967) untersuchten 19 Boxern zeigten 18 Osteophyten. Durch diese *Osteophyten*, d.h. die knöcherne Verwachsung von Wirbeln über den Zwischenwirbelspalt hinweg, kommt es bei Boxern vielfach schon in relativ jungem Alter (1775) zur sogenannten »Bambuswirbelsäule« besonders im lumbosakralen Bereich. Abgesehen davon, daß behaftete Hunde infolge Versteifung der Wirbelsäule ein Galoppieren meist vermeiden und bei der freudigen Begrüßung nicht mit dem Schwanz (der ohnehin kupiert ist), sondern mit dem ganzen Rücken wedeln, sind die klinischen Symptome oft unauffällig und selten so schwerwiegend, daß die deformierten Schwanzwirbel einen ordnungsgemäßen Kotabsatz verunmöglichen (1102, 4008). Beim Menschen vermutet man eine polygenische Basis (1783).

Eine für die vergleichende Medizin gleichermaßen interessante Disposition des Boxers ist seine vielfach erwiesene *Neigung zu Tumoren* der verschiedensten Art (3316, 547, 1201, 3710, 3954, 726, 3742, 3623, 5579, 4278, 3348). Zwar stehen, wie schon erwähnt, Tumorerkrankungen insbesondere bei alternden Hunden (4546, 3194) zusammen mit Nierenkrankheiten generell an der Spitze der Todesursachen (beim Menschen nach Herz- und Gefäßleiden erst an 2. Stelle; 4051), doch kam in sehr vielen Untersuchungen heraus, daß die Häufigkeit von Geschwülsten bei Boxern keineswegs nur ihrer allgemeinen Verbreitung entspricht (3869), sondern weit überdurchschnittlich ist (5562). So errechnete Priester (1967) ein 7,3faches Risiko des Boxers, an *Leukose* zu erkranken, gegenüber allen anderen von ihm untersuchten Rassen. Dieses deckt sich mit Befunden von Bäckgren und Mitarb. (1964) u.a. (1318, 5839, 5543, 3261). Noch ausgeprägter ist seine Anfälligkeit für *Mastozytome* (3417, 3418, 846, 4451, 2042, 1805, 2437, 5656). Hier kam Peters (1969) auf ein 14fach erhöhtes Risiko für Boxer, Boston Terrier und Bullterrier; auch der Bullmastiff kam diesbezüglich ins Gerede (4281). Ähnliches war schon von anderen Autoren beobachtet worden (6134). Von 300 solitär-kutanen oder multiplen Mastzellgeschwülsten exstirpierte man 45,6% aus Boxern (Durchschnittsalter 8,2 Jahre, 2801). Erhebungen von Priester und Mitarb. (1977) weisen dem Boxer ein vierfach erhöhtes Risiko hinsichtlich aller Tumorformen zu. Auch jüngere Statistiken aus Berlin belegen dies.

Eine Gegenüberstellung von 750 Boxern mit 750 Kontrolltieren anderer Rassen ergab 173 Mastzelltumoren bei Boxern gegenüber 17 bei Nichtboxern, 77 Histiozytome gegenüber 20, 29 endokrine Drüsentumore gegenüber 2, 29 Hämangiome gegenüber 8 und 19 Epuliden gegenüber 3 bei anderen Rassen (2810). Bei *Epuliden* sahen auch andere Autoren diese Spitzenstellung (5952, 5953, 3928). Dabei mag der Einwand von Wagstaff und Mitarb. (1967) nicht ganz unberechtigt sein, daß Haut- und Mammatumoren mehr in Privatpraxen zur Beobachtung kämen, viszerale und hämatopoetische dagegen mehr in Universitätskliniken, so daß von den einen Cocker Spaniels und Terrier (wegen der Disposition zu Hautgeschwülsten), von den anderen aber Boxer als besonders tumordisponiert herausgestellt würden. Doch sollten maligne Lymphome und Mastozytome, die nicht selten kutan oder subkutan lokalisiert sind, auch ohne verfeinerte Diagnostik und Sektion erkennbar sein. Interessant ist jedoch, daß nach v. Sandersleben und Mitarb. (1973) der Anteil der Leukosen bei den 4-6jährigen Hunden am höchsten ist, während er bei den anderen Tumorarten mit dem Alter kontinuierlich wächst, um mit 14 Jahren schließlich über 40% der Todes- oder Tötungsursachen auszumachen. Ansonsten beginnt im Mittel das »Krebsalter« des Hundes mit 6 Jahren (4069), es ist also durchaus vergleichbar mit dem des Menschen (S. a. Tab. 19).

Die auch durch Dorn und Mitarbeiter (1968, 1970) mehrfach herausgestellte und als erwiesen zu betrachtende erhöhte Disposition des Boxers zu bösartigen lymphoretikulären und mastozytären Geschwülsten macht den Einfluß genetischer Faktoren deutlich; auch Macadam (1984, 1987) glaubt an die Möglichkeit einer Zuchtwahl. Dieses erscheint umso bedeutsamer, als für Mastozytome und Mastzelleukämien des Hundes heute eine *Virusätiologie* angenommen werden kann (3601, 4724). So gelang Post und Mitarb. (1970) die zellfreie Übertragung des Mastzelltumors auf 65 von 171 Welpen, wenngleich Rudolph (1972) keine Übertragbarkeit nachweisen konnte.

Obwohl für die Leukämie der Katze Virusnachweis und Übertragung gesichert scheinen (6378) und auch für die Leukose des Hundes und anderer Arten eine Virusursache angenommen wird (1226), so gelangen doch experimentelle Infektionen mit zellfreien Extrakten bei dieser Erkrankung bisher nicht (3052). Lediglich beim TVT (= transmissible venereal tumor), dem regional gehäuft auftretenden, infektiösen, *venerischen Lymphosarkom* des Hundes (1034), sowie bei caninen Hautpapillomen glückte der Nachweis der Virusätiologie (22, 6022), neuerdings auch bei der lymphofollikulären Hyperplasie der Bindehaut (2883).

Die genannten Neoplasien des Hundes und der Katze stellen zweifellos gute Modelle für analoge Krankheiten des Menschen dar (2964). Aufgrund gelungener Übertragungsversuche eines Fibrosarkoms der Katze auf Hunde und Kaninchen sind Theilen und Mitarb. (1969) sogar der Ansicht, die Tumorviren unserer Haustiere seien in ihrer pathogenen Wirkung *nicht artgebunden*. Träfe diese These zu, wären die Konsequenzen unabsehbar, insbesondere auch bezüglich vorbeugender Impfungen unserer Tiere mit lebendem Tumorvirus (Marek etc.). Eine Konkordanz in der Tumorfrequenz bei Menschen und Hunden in denselben Haushalten konnte bislang nicht ermittelt werden (5070), wenngleich über dieses Problem sicherlich nur sehr viel umfangreichere und zahlreichere statistische Erhebungen schlüssig Auskunft geben könnten. Epidemiologische Mensch-Rind-Vergleiche hinsichtlicher akuter Leukämie verliefen bislang ähnlich negativ (165, 3355).

Die aufgezeigten, gesicherten erblichen Einflüsse auf die Erkrankungsbereitschaft bei diesen Neubildungen, wie sie in der geschilderten Rassendisposition des Hundes, aber auch bei Erhebungen am Menschen und aus anderen Untersuchungen deutlich werden (835, 1624), sollten Ansatzpunkt für weitere Ermittlungen bieten, welche die zugrundeliegenden dispositionsfördernden Faktoren geweblicher, humoraler oder strikt genetischer Art aufzuhellen hätten. Dieses wäre sicher auch für Prophylaxe und Therapie von Bedeutung. Über immunologische Zusammenhänge wird noch gerätselt (1629).

Doch nicht allein für Mastozytom und Leukose ist der Boxerhund prädisponiert, auch beim *Leiomyom,* insbesondere im Genitaltrakt der Hündin (1034), beim *Histiozytom* junger Hunde (5628, 1030), Chondrosarkom (1038), Hämangioperizytom (Gefäßtumoren), bei *Herzbasistumoren* (Glomus caroticum), Inselzell- und Schilddrüsenneoplasien zeigt er sich überrepräsentiert

(4186, 4189, 3031, 1035, 2960, 5561). In diesem Zusammenhang scheint interessant, daß in englischen Boxerpopulationen jüngst vermehrt über systolische Herzgeräusche berichtet wurde, die allerdings eher an Stenosen denken lassen (2078) – aber auch *boxerspezifische Kardiomyopathien* soll es geben. Dagegen scheint der Boxer bei Brustdrüsentumoren unterdurchschnittlich vertreten (3728) und auch Geschwülste der Nasen- und Nasennebenhöhlen registrierte man mehr in dolichozephalen Hunderassen (3921). Die mit der Brachyzephalie einhergehende, sicher nicht notwendig durch sie bedingte, gesteigerte Frequenz von intrakraniellen Neubildungen bei Boxern, insbesondere von *Gliomen* (1851, 4217, 1924) und Adenohypophysentumoren (1182) wurde jedoch schon unter B erwähnt.

Neben den genetischen Aspekten mag die Tumorforschung beim Hund auch Hinweise auf die Wirksamkeit *karzinogener Umwelteinflüsse* geben können. So sollen Tonsillar-Karzinome bei Hunden aus industrialisierten, großstädtischen Gebieten häufiger sein als bei Exemplaren ländlicher Herkunft (4627, 5724), zeigen wie der Mensch, so auch fast alle Hunde bei der Sektion *Anthrakose,* nicht wenige Pneumokoniose (Kohlen- und Staublunge, 2315).

Mit einer gesicherten Neigung zu den genannten Erkrankungen ist die Dispositionspalette des Boxers jedoch nicht erschöpft. Nennenswert erscheint eine erhöhte *Schwergeburtsfrequenz,* die durch Selektion auf große Kopfbreiten und enge Hüften gefördert wurde (2015), sowie eine wahrscheinlich damit zusammenhängende, vermehrte Häufigkeit von *Gebärmutter- und Scheidenvorfall* (3931, 5125), nicht selten auch als sogenannter Läufigkeitsprolaps (496), als östrogene Hypertrophie der Scheide (932) – auch bei den verwandten Bullies öfter gesehen (1652). Hierbei scheint besonders die jugendliche Vagina zu eng, um die aufgelockerte und hypertrophische Schleimhaut aufzunehmen (1976 entfielen in dieser Rasse auf 811 Geburten 117 Schnittenbindungen; 14,4%, 1610). Die Boxerhündin soll auch vermehrt zur *Harninkontinenz* nach Kastration neigen (2610), wie schon für andere Doggenartige betont.

Eine weitere bei Boxern in spezifischer Form beobachtete Krankheit ist die gehäuft in bestimmten Zuchten oder Familien auftretende ulzerative, histiozytäre *Colitis* junger Hunde (3325, 3113): Sie ist der Whippleschen Krankheit des Menschen und der Paratuberkulose des Rindes nicht unähnlich und geht mit intermittierenden, hämorrhagischen Durchfällen, einer irreversiblen, enzephaloiden Fältelung der Darmschleimhaut und Gewichtsverlusten einher (4900). Oft sind Zwingergenossen nicht befallen, was für eine genetische Komponente sprechen kann (4942, 2703, 2704, 2705). Bei der eingangs zitierten »Furchtlosigkeit« des Boxers überrascht allerdings die Auffassung v. Kruiningens (1967), der Parallelen zwischen menschlichen chronischen Colitis-Patienten mit Neigung zu emotionalem Stress und den Boxern als einer

»etwas furchtsamen und übererregbaren Rasse« sieht. Eine andere Analogie scheint dagegen bedeutsamer: Auch bei Menschen mit ankylosierender Spondylitis sollen chronisch-entzündliche Prozesse im Darmkanal und auch Leukämie vermehrt vorkommen (3827, 1294). Eine Disposition zu »Darmerkrankungen« generell ist für Boxer in statistischen Erhebungen jedoch nicht ersichtlich (4894). Sollte die primär auslösende Ursache dieser Colitiden infektiöser Natur sein, wofür es Hinweise, aber keine Beweise gibt (3323, 2254; Hall et al., 1994, vermuten Vererbung; J. sm. an. pract. 35), so muß mit ihrem sporadischen Auftreten in anderen Rassen gerechnet werden, zumal exakte Diagnosen ohne Biopsien nur sehr schwer möglich sind (3523). Das von Ollerhead (1939) bei English Settern beobachtete Vorkommen therapieresistenter, blutiger Durchfälle mag in diese Richtung weisen; doch wurde gerade bei Settern unlängst ja die schon erwähnte Gluten-induzierte Enteropathie dingfest gemacht (2427). Selbst Thomas Mann beschreibt in seinem Buch »Herr und Hund« bei seinem Bastard Bauschan eine ähnliche Erscheinung. Unstillbare, mit Immunoproliferation im Dünndarm einhergehende Durchfälle wurden auch in Basenjis beschrieben (1008).

Auf den – insbesondere älteren – Boxer beschränkt sein soll ein einfaches, oberflächliches Hornhautgeschwür – wegen keiner Tendenz zu ausgeprägter Ulcusbildung auch als *Hornhauterosion* bezeichnet (3267, 4878, 90) -, welches chronisch-rezidivierend und oft einseitig vorliegen kann (»Boxer-Ulcer«, 5555, 4760, 89, 4415, 2163). Man rückt ihm heute schon mit hydrophilen Kontaktlinsen zu Leibe (5405). Nach Gelatt (1972) wurde dieses Ulcus corneae von unbekannter Ursache auch beim Boston Terrier gesehen – sicher auch in anderen Rassen (3155). Bei all diesen brachyzephalen Individuen mit stärker exponierten Augäpfeln sollte aber auch vermehrt an exogene Ursachen gedacht werden, wie noch beim Mops zu erörtern. Auch Cramer (1991) sieht im *Exophthalmos* einen möglichen Grund für die Prädisposition. Insofern scheint zudem die Tränensekretion bedeutsam (5013). Und zu guter Letzt seien noch Dermoide *(Epithelzysten)* erwähnt, die bei Boxern besonders auf Nasenrücken und Stirn zur Beobachtung kamen (1126).

Der Vetter des Boxers, die *Englische Bulldogge*, einst National- und Statussymbol der Engländer, und – wie viele andere Rassen – z.T. mit hohem Inzuchtgrad erzüchtet, tritt bei uns als Rasse kaum in Erscheinung (Abb. 57) – wohl aber überproportional auf VDH-Ausstellungen (Walz, Dissert. 1993). Diesem aus unter B genannten Gründen zu *Atembeschwerden* neigenden Hunde wurde noch bis vor kurzem wegen seiner »Blutrünstigkeit« in Paris das Betreten öffentlicher Straßen verboten – allerdings nur auf dem Papier eines vergessenen, aber gültigen Gesetzes aus dem Jahre 1843. Doch auch in Mecklenburg hob man erst am 22.11.1905 das »Verbot des Haltens von Bulldoggen«

Abb. 57 Keuch! Schönen Gruß von Gert Haucke; wetten, daß ich grad den Gottschalk vollgesabbert hab`?

vom 8.11.1841 auf (5089). In der Tat scheinen es in vergangen Jahrhunderten besonders Bulldoggen gewesen zu sein, die auf Sklaven- und Indianerjagden ihre unerquickliche Arbeit verrichteten. Selbst Brehm (1923) ergeht sich noch in der Wiedergabe phantasiereicher Beschreibungen der Mordlust und Kampfeswut dieser Rasse, die in Bullenbeißertagen zweifellos vorhanden, heute aber durch züchterische Bemühungen offenbar stark abgemildert wurde = Aus der Kampfmaschine wurde eine Schnaufmaschine. »Überflüssiges« Gaumengewebe wird reseziert. Die auf *Schwanzwirbelmißbildungen* beruhende Rutenverkürzung (Korkenzieherrute) geht öfter mit Anomalien im vorderen WS-Abschnitt (Brust etc.) einher: Spina bifida, d.h. Spaltbildungen, Verengungen des Wirbelkanals (6276, 3196), die u.U. Lähmungserscheinungen bewirken können. *Deckunlust* ist unter Bullies verbreitet, Penisvorfall ein selten gesehenes Ereignis, desgleichen Mastdarm-Harnröhrenfisteln (5307, 4296). Schon Dexler (1923) beklagte ja die mangelnde »Erotisierbarkeit« vieler Bullies. Von der Neigung zu LKG war zudem schon die Rede (4075). Eine Neigung zu Cystin- und Uratsteinen eruierten jüngste Erhebungen. Selbst angelsächsische Genetiker wie Hutt (1979) räumen ein, es sei Zeit, »dem Bulldog aus seinem pathologischen Zustand herauszuhelfen«. Servile Praktiker sehen dies anders (5371). Ohnehin wurden jüngst in England nur noch 792 Bullies vom Kennel-

Club registriert, aber 20593 Deutsche Schäferhunde: Damit gehe die »britische Lebensart verloren« barmte die »Mail of Sunday«. Die hier nur angedeuteten Zuchtprobleme dieser Rasse wurden von einigen Mitgliedern des alten »Clubs für Engl.Bulldogs« auch klar erkannt, als bekämpfenswürdig deklariert, und führten zur Abspaltung und Neugründung des »Dt. Klubs für Engl. Bulldogs«, da die alte Leitung am hergebrachten Standard nicht rütteln ließ. Inzwischen vereinigten sich beide Vereine nach allerlei Querelen im *»Allg. Club f. Engl. Bulldogs«,* der hoffentlich nicht in die alte Lethargie verfällt. Auch in ausländischen Clubs wird die Problematik jetzt selbstkritischer gesehen (300).

Ein eng verwandter, aber kleinerer, zunächst wohl in England als Toy-Bulldog gezüchteter Hund mit abstehenden Fledermausohren und *Knoten- oder Korkenzieherrute* (Abb. 58) ist der schon bei der Erörterung der Chondrodystrophie erwähnte *Französische Bully.* Er ist – neben seinem Kreuzungsprodukt, dem Boston Terrier, sowie der prähistorischen, altperuanischen Chincha-Bulldogge (2707) – der einzige Kurzkopf mit Stehohren, die man ihm aber offenbar erst in Frankreich verpaßte.

Von der konstitutionellen Hydrozephalie, der *»Rassenhydrozephalie«* (Dexler, 1923) bei solchen und extrem verzwergten Typen war schon die Rede; es seien gezüchtete Degenerationserscheinungen von hohem modischen Wert für den imagebewußten Snob: Ein solches Tier wirke schon durch diese

Abb. 58 Französische Bulldogge (Bouledogue)

Eigentümlichkeiten »unterhaltend« (1555). Auf die Neigung zu *Dystokien* bei diesen rund- und breitschädeligen Brachyzephalen wurde gleichfalls bereits verwiesen – sie ist offenbar so alt wie diese Rassen (374). Im Zeitraum 1979 – 82 betrug die Kaiserschnittrate 58,3% aller Geburten bei Bullies, die Welpensterblichkeit bei und nach der Geburt 22,4%. In den Jahrgängen 1986 – 88 ließ sich in 83 Würfen eine mittlere Wurfgröße von 4,41 und eine Verlustrate von knapp 24% bis zur Eintragung ermitteln – Sterbeziffern, wie sie sonst nur bei erhöhtem Inzuchtgrad imponieren; doch dies mag ja auch bei Bouledogues ein zusätzliches Problem sein. Vereinsintegrierte Tierärzte nehmen oft die Schnittentbindungen selbst vor; so bleiben sie immer auf dem letzten Stand der chirurgischen Fitness. Seit 1982 wurden aber diese Dinge durch eine neugewählte Zuchtkommission des »Int. Klub f. Franz. Bulldogs« unter den Teppich gekehrt und nicht mehr im UR veröffentlicht; die Kaiserschnittrate ging vorgeblich auf 22,5% zurück (470). Doch auch bei Engl. Bulldogs ist eine »normale Geburt« der gesonderten Erwähnung wert.

Der durch eine schiefe Verwachsung benachbarter Wirbel entstehende *Knotenschwanz* ist genetisch bedingt, wenngleich im Erbgang nicht sicher abgeklärt. Er geht öfter mit Spaltbildungen und Verschmelzungen an Wirbeln und Rippen einher (3164), wie schon unter B belegt. Ähnliche endogen oder exogen bedingte Syndrome wurden in der Teratologie des öfteren beschrieben (4670). Sie sind abzugrenzen von sporadisch in vielen Rassen anzutreffenden, extrem über die Sakralpartie überzogenen »*Ringelruten*« (3887), die auf einer Verkürzung oder zu starkem Zug der Sehnen der dorsalen Schwanzmuskulatur beruhen.

Entsprechend dem vorgenannten Hund, so sind auch die verschiedenen *Mastiffrassen,* der Fila brasileiro, sowie die mächtige Bordeauxdogge in Deutschland von untergeordneter Bedeutung, wenngleich das wachsende Sicherheitsbedürfnis und sensationelle Presseberichte die Nachfrage anheizten, ein diese Rassen vertretender Club gegründet wurde (»Molosser«, exklusive Welpenpreise). Aber selbst in Zwingernamen wie »Colosser« wird das »Kolossale« an diesen Hunden betont = sehr zum Schaden der Tiere. Die *Übergrößen* bedingen mehr HD und übergroße Würfe: So werden alljährlich hunderte von Welpen durch Züchterhand gesetzeswidrig getötet und gleichzeitig eine Ammenaufzucht durch Vereinsbestimmungen praktisch verunmöglicht. Aber die Sturheit und Kommerzbewußtheit bei der Verfolgung unsinniger Zuchtziele ist gleichfalls kolossal: »Wir brauchen den enorm wuchtigen Typ der schweren Keiler mit einmalig ausgeprägten Köpfen (2402)«. Der Vorsitzende dieses Vereins nennt seine Hunde »Falstaff« und sieht selber so aus[*]; bei Beschreibungen »seiner« Rasse und in seinen (vor allem Spenden-) Appellen an die Mitglieder operiert er besonders mit Ausrufezeichen – jüngst

---

[*] In „Schreinemakers live" jüngst demonstriert

mehren sich allerdings die Fragezeichen. Und so wie hier und heute Mastino Napoletanos (Abb. 59), jene marktschreierisch als »*römische Kampfhunde*« apostrophierten, kopflastigen Ungetüme mit schlurfendem Gang (selbst die Abkürzung MAN soll wohl das Überroll-Potential eines 20 t-Lasters suggerieren), großen Anklang im »Milieu« fanden – so waren sie früher Begleiter der Camorristas auf ihren Raubzügen in Neapel und Umgebung (403). Für einen Champion-Deckrüden wurde 40000.- DM bezahlt und es floriert eine diese Zuchtsparte verherrlichende Literatur über »Kampfhunde«, »Gladiatoren« und »Molosser«. Die Autoren können kaum verbergen, wie sehr sie sich an Furcht und Erschrecken einiger Mitmenschen weiden, auf die sich losgelassene »Molosser« zubewegen. Auch beim Mastin Espagnol sind Größe und Gewicht nach oben keine Grenzen gesetzt und es wurden Exemplare von 120 kg beschrieben.

Es seien vorwiegend »Machos«, die sich mit imposanten Beißmaschinen umgäben – es werden aber eher Schwächlinge sein, die sich eine eigenständige Selbstverteidigung nicht zutrauen, Feiglinge, die ihr Selbstvertrauen und die Beeindruckung anderer daraus schöpfen, daß sie sich hinter zähnefletschenden Bestien verstecken. Diese Charakterkrüppel machen das Image der Hundezucht und -Haltung kaputt und sind jedem Tierfreund ein Greuel. Sie stimulieren immer mal wieder Legislative und Jurisdiktion, ganze Rassen »verbieten« zu wollen: Dies würde Gerechte und Ungerechte gleichermaßen treffen und hat sich in den USA nicht als praktikabel erwiesen (3046); hier wäre der Pflichterwerb einer *Lizenz* mit entsprechenden Auflagen (polizeiliches Führungszeugnis etc.) ein probates Mittel, ungeeignete Personen von Zucht und Haltung potentiell gefährlicher Hunde fernzuhalten, z.B. die »Jungs vom Kiez«, wie der 1. Molosser-Klub-Vorsitzende sie liebevoll nennt (2441), und deren Vorstrafenlatte kaum auf eine DIN A 4-Seite paßt. Jener von Hunden lebende «Werbekaufmann«, der in der Tat stets einflußreiche Verbandsfunktionäre und Medien »umwirbt«, gegen den »famosen Professor aus Hannover« aber Postwurf-Sudelbriefe losläßt und den Geschäftsführer des Tierschutzbundes als Dummkopf klassifiziert – auf jenen mit »einer gewaltigen Portion Härte gegenüber der Kreatur« ausgestatteten Welpenselektierer (UR 11, 1994) sollte man »viel mehr hören«, meint Frau Feddersen-Petersen. Dabei sehen dem »Öffentlichkeitsausschuß« des VDH angehörende Akademiker die Gesamtproblematik stets nur parteiisch/bagatellisierend und leisten damit langfristig einer sozialverträglichen Hundehaltung Bärendienste; der Workshop von Rowan (1986) ist da von anderer Qualität und streicht klar die Verantwortung von Haltern *und* Züchtern heraus.

Und so wollen denn dem VDH verbundene Leute und sogen. »Komitees gegen Tierfeindlichkeit und Leinenzwang« immer alles auf die Halter und die

»Dissidenz« abwälzen (2526), sie zitieren gar jene am fatalen Image sogenannter »Kampfhunde« nicht unschuldigen, reich und blutrünstig bebilderten Machwerke (sicher auch für Analphabeten ein Genuß) als »wissenschaftliche Literatur« (1940). In diesen »unter dem Patronat des VDH« vertriebenen Büchern werden 16 »moderne Kampfhunderassen« aufgelistet und werbewirksam stigmatisiert – beinahe im gleichen Atemzug behauptet jedoch dieser saubere Verein, es gäbe gar keine Kampfhunde (469), sie wären eine »medienwirksame Erfindung« (Eichelberg). Unter Miesmachung von Mischlingen und derber Propaganda für den VDH verschweigen diese Leute ihre eigene Verantwortung für viele Fehlentwicklungen(Fleig, Der Hund 11, 1994). Doppelzüngige Opportunisten werden in der Tat künftige gesetzliche Regelungen zu fürchten haben, sie bekommen sie bereits teilweise zu spüren: Der Zorn unschuldig Mitbetroffener komme über sie! Denn, wenn die durch den o.a. *»Kampfhund-Rummel«* losgetretene Lawine von »Kampfhund«-Verordnungen gegen den »Gleichheitsgrundsatz« verstößt, fordert natürlich der Kinderbeauftragte sofort, sie auf alle größeren Hunde auszudehnen, was de facto jetzt in NRW geschehen ist.

Der Altkynologe Beckmann hält die Herkunft der Bezeichnung Mastiff von »Master of the thieves (Diebspacker)« für unwahrscheinlich – die Herleitung von »Mast-Teve« (gemästete Töle) wäre näherliegend; andere Autoren bemühen lateinische Sprachwurzeln (404). Die Jäger vergangener Jahrhunderte benutzten diese Doggenartigen auch als Saupacker. In Bullenbeißertagen und als die Völker noch mit Keulen aufeinanderschlugen, mag der *Kampftrieb* dieser Hunde zweckmäßig gewesen sein, heute genügt allein ihre Erscheinung, um Respekt einzuflößen. Wer diese Tiere in Zwingern zu »Verbrechern« pervertieren läßt, ist selbst einer. Er muß sich nicht wundern, wenn sie ihn eines Tages selbst fressen: Aggressivität und »unmotivierte Beißsucht« – auch gegenüber dem Besitzer und seiner Familie sind heute der Hauptgrund für vorzeitige Tötungen gesunder, großer Hunde: Sie werden durch die Ignoranz der Züchter und Halter »euthanasiepflichtig«. Allerdings gibt es auch Formen angeborener Überaggressivität, u.a. durch Inzuchtschäden, aber dies gilt für alle Rassen.

Beim leicht überbauten (Kruppe höher als Widerrist), vorwiegend wohl auf europäische Importe zurückgehenden *Fila* wurde das Bissig-Image bewußt gefördert, ebenso wurden Bullmastiffs ursprünglich geradezu für die »Jagd auf Wilddiebe« gezüchtet. Fila heißt »Reihe« und »filar« heißt »packen«, und in der Tat soll er alle Sklaven gebissen haben, die aus der Reihe tanzten: »Das Vorführen dieser Rasse auf Ausstellungen ist erschwert oder unmöglich. Dieses ist nicht als Fehler zu werten, da ein solches Verhalten ein typisches Rassenmerkmal darstellt« – es ist zwar ein erster Schritt, aber keineswegs damit getan, daß man diesen »idiotischen« Satz inzwischen aus dem Standard strich, doch jahrzehntelange Zuchtpraktiken (1533) macht man so noch nicht ungeschehen. Denn nur eine »verbale Abrüstung« (5001) nutzt nichts, es müßte schon eine tatsächliche sein! Wenn bei Bewertung dieser »Molosser« von insgesamt 150 möglichen Punkten nur 20 für »Ausdruck und Wesen« vergeben werden, so sagt dies eigentlich alles über Menschenfeindlichkeit und Inkompetenz dieser Züchter. Die sträfliche Vernachlässigung von Wesensmerkmalen zugunsten preisverdächtiger »Standard«-Merkmale wird auch im Ursprungsland der »Rassestandards« beklagt (5999, 6000). Aber der Tierarzt soll natürlich klarkommen mit wesensgestörten 2-Zentnerhunden (23). Mahnt Herr Apel von Dt. Tierschutzbund mehr Verantwortungsbewußtsein beim VDH an, so wird er von einem Hauptverantwortlichen als Herr »Appel vom Tierschutzverbund« veräppelt und als Dummer qualifiziert, dem man das Reden verbieten sollte (Weisse 1990, UR 1); derselbe »Haupterwerbs«-Kynologe weidet sich an der Unsicherheit von Amtsveterinären, die man veranlaßt, einen »Wesenstest« bei einer Bordeauxdogge in ihrer »guten Stube« zu machen (Weisse 1993, UR 1). Mein Appell auf der Zuchtleitertagung 1984 in Dortmund, der VDH solle sich von seinen falschen Freunden trennen, ist somit heute so aktuell wie vor 10 Jahren.

Die früher beliebte verzwergte Doggenform, der *Mops* (Abb. 74), ist recht

Abb. 59 "Ich bin ein MAN-Siegermodell (VDH): Meine Frontlichter sind in modischer Karoform, oben mit En-, unten mit Ektropium"

selten geworden. Rassenhistorisch ist er wohl eher ein »hochhackiger«, heute etwas farbverblaßter Kurzhaar-Pekinese (252). Dieser Rundkopf mit den vielen »Tränenfalten« im Gesicht gibt in der Erregung *schnarchende Töne* von sich und neigt als verwöhnter und falsch ernährter Luxushund zu Fettsucht und Trägheit. Insbesondere in der tiefen Falte über der Nase (»soweit man von ihr sprechen kann«, 5954) kommt es leicht zu *Dermatitiden*. Aufgrund der vom Standard geforderten vorquellenden Knopfaugen ist bei ihm die Gefahr von Traumatisierungen und Irritationen des Bulbus mit sekundären Entzündungserscheinungen ähnlich wie beim Pekinesen wesentlich erhöht. So soll nach Beobachtungen in den Jahren 1964 – 65 und Berichten auf dem 23. Welttierärztekongreß in Paris die Häufigkeit von *Keratitis* und *Ulcus corneae* beim Mops ein 50faches, beim Pekinesen ein 13faches der durchschnittlichen Häufigkeit betragen, während sie für den Bostonterrier 6fach erhöht war (141). In der Vergangenheit teilweise beigemischtes Pinscherblut verlieh dem Mops dennoch offenbar eine gewisse Robustheit (5911), und es ist wohl an der Zeit, ihm wieder eine Prise davon beizumengen, damit er auf die ihm mobmäßig zustehende Nase nicht weiter zu verzichten braucht. Selbst diesbezüglich schuldbeladene Vereins-Betonköpfe geben ja jetzt anders »Laut« (UR 7/93).

Die über 80 cm Widerristhöhe erreichende *Deutsche Dogge* mit einfarbigen, gestromten und gesprenkelten Varianten stellt dagegen einen besonders in gehobenen Kreisen beliebten Repräsentier- und Schutzhund dar, der nicht wenig Auslauf, Futter und Platz im Auto benötigt. Er galt schon Seyfarth (1898) als die »größte und schönste, kurzhaarige Renommierrasse der Erde«, doch hieße es wohl sein Anpassungsvermögen an das Wunschdenken mancher seiner Besitzer übertreiben, wenn man ihm nachsagt, er jage nicht nur hinter Kleinautos her, sondern fange sie auch ein und verscharre sie im Garten. Auf die möglicherweise besondere psychologische Situation einiger Käufer und »Schwierigkeiten« des Züchters dieser im großen und ganzen gutartigen, etwas tolpatschigen Riesen (Ausnahmen von dieser Regel sind allerdings besonders gefährlich, 1903), die vorwiegend durch ihre Größe Furcht einflößen können, wurde schon unter A und C hingewiesen. Diese im angelsächsischen Ausland – trotz selbst dort konzedierter deutscher Herkunft (3546) – gern als »Great Danes« (in der Tat sollen die gelben Varianten »Dänenblut« führen, 3279) bezeichneten Doggen (3402) sorgten im März 1973 für Aufsehen, als einige Tage nach einer großen »Hundeparty« anläßlich des Geburtstages seiner Dogge der Gouverneur der Bermudas, sein Adjutant und Hund erschossen wurden. Nach Presseberichten soll für das politisch motivierte Attentat die in lokalen Zeitungen heftig kritisierte Party eine Art Initialzündung gewesen sein.

Für die Zucht gesprenkelter Doggen gilt das unter C und bei Tigerteckeln und Merle-Collies Gesagte. Man sollte das Züchten mit dem *Merlefaktor* aufgeben und nach neuen Wegen suchen. Die von Schneider-Leyer (1969, 1976) beschriebene, als »Packer« für Schwarzwild- und Pumajagden erzüchtete *weiße argentinische Dogge* verdankt bei schwarzer Trüffel und schwarzen bis braunen Augen ihre Depigmentierung offenbar anderen Genen als dem Merlefaktor. Leider befanden sich unter ihren Ahnen auch weiße, taube Bullterrier, so daß von 19 anläßlich der Berner Welthundeausstellung 1994 vorgestellten Dogos argentinos 7 eingeschläfert werden mußten. Die meist defekten Weißtiger im Rahmen der Tigerdoggenzucht, von den Züchtern auch fälschlich »Albinos« genannt, werden nicht immer getötet, sondern tauchen auch ohne Papiere auf dem Tiermarkt auf. So wurde dem Verfasser ein solches 1 1/2 Jahre altes Tier mit Diskordanz der Irisfärbung für 400.- DM angeboten. *Der Verkauf sinnesgestörter Hunde birgt unkalkulierbare Risiken* für den Halter – diese Tiere sind wegen ihrer für den Laien oft unauffälligen Seh- und/oder Hörstörungen vielfach schreckhaft und abnorm in ihrem Verhalten – und kann einen Betrug am Käufer darstellen. Inwieweit solche Abnormitäten die Tigerdogge »Dingo« des Rockstars Kunze mitveranlaßten, eine Vierjährige totzubeißen, konnte nicht untersucht werden, denn sie wurde schnell eingeschläfert. Der DDC täte in der Tat gut daran, die durch den Merlefaktor induzierten Probleme offen zu diskutieren (3294).

Neben den genannten oder schon zuvor erwähnten Erkrankungsdispositionen der Dt. Dogge und anderer Giganten – so der erhöhten Anfälligkeit zu *Magenverdrehungen* (4710, 6011, 2035, 2026, auch in jüngsten Gießener Erhebungen wieder bestätigt) – scheint noch die Beobachtung erwähnenswert, welche von gehäuftem Auftreten von *Herzklappeninsuffizienzen* (Mitralis) in Vertretern dieser Rasse berichtet (2445, 1523, 3271, 3558). Auch das generell seltene Vorhofflimmern sowie weitere *Kardiomyopathien* scheinen in den Riesenrassen mehr vorzukommen (1821, 5783). Ihr Überhang in einigen Klinikstatistiken ist insofern gesichert (886, 893, 6223, 3600, 803, 5711, 3829, 1918). Ähnliche Erscheinungen wurden jedoch aus Dobermännern, einer Linie der Foxhounds sowie bei Boxern und Cockern gemeldet (6011, 984, 1492). Gerade Doggen neigen zudem durch Zucht auf feine, eleganteste Rutenspitzen zu *Schwanznekrosen* infolge mangelhafter Blutversorgung (2243). Dieser große und schwere Hund ist außerdem – ähnlich wie andere »gewichtige« Rassen – zu *Liegebeulen* inkliniert, die sich entzündlich verändern können (2970).

Die zu den Doggenartigen gerechneten Bernhardiner, Neufundländer und Leonberger stellen zweifellos Übergänge von Doggen zu Treibhunden dar. Der Schweizer *St. Bernhardshund,* im dortigen Hospiz der Mönche gezüchtet, aber zuchtbuchmäßig zuerst vom Berner Metzger und Wirt Heinrich Schumacher bearbeitet (4606) und als Lawinenhund berühmt geworden, kommt bei erwünschter ausgeglichener Braun-weiß-Zeichnung in stock- und langhaarigen Varianten vor. Letzte soll durch Einkreuzung von Landseern entstanden sein.

Man vermutet aber auch verwandtschaftliche Beziehungen zum Bergamasker, d.h. zu langhaarigen, kräftigen Schäferhunden – und weniger zu den nebulösen »Molossern« (253). Jüngst feierte der Schweizer St. Bernhards-Club, ebenso wie die »Schweiz. Kynologische Gesellschaft«, sein hundertjähriges Bestehen (4611).

Sagenhafte Berühmtheit erlangte der 1812 eingegangene Barry vom St. Bernhard, der in zwölfjährigem Bergdienst bei der Rettung von 40 Menschen hervorragende Dienste geleistet haben soll, und von dessen Ruf diese Rasse bis heute zehrt. Er besitzt ein Denkmal auf dem Pariser Hundefriedhof und ist ausgestopft im Berner Museum zu betrachten. Über seinem Retter- und Kinderhund-Image wird oft vergessen, daß *Aggressivität* beim Bernhardiner ein genauso ernstes Zucht- und Erziehungsproblem darstellen kann wie in anderen übergroßen Hunden. Die ungute Tendenz, diese Tiere auf ein hohes »Mastendgewicht« zu bringen, die Verformung des Schädels wurde schon erwähnt (»Riesenköpfe mit schwachem Gebäude und schwankendem, fehlerhaftem Gangwerk«, 3353). Besonders in englischen Zuchten wird und wurde das *Doggenhafte* des Bernhardiners zu stark betont (4128). Man sieht »hochbewertete Hunde, die kaum mehr gehen können (Räber)«. So spielt denn das *HD-Problem* in dieser Rasse eine große Rolle und es wurden Prozentsätze über 50 genannt, ebenso bei den großen Sennenhunden (3136); auch die Kaiserschnittrate betrug 1993 16%. Diese Fragen werden im St. Bernhards-Klub offen und kontrovers diskutiert (319). Neben der schon aufgezeigten, vom »Standard« geradezu geforderten Neigung zu Ektropium (»*Rautenauge*« (3352) = Rechteckige, schlecht anschließende Augenlider mit Entropium an der äußeren Ecke und Ektropium in der Mitte des Augenlides«, 5433) und zu *Wolfskrallen* bei diesem Hund (3099), sowie seinem Hang zum Sabbern, wissen einige Autoren über vermehrtes Auftreten angeborener *Kornea-Dermoide*, versprengter Hautinseln auf der Hornhaut des Bernhardiners zu berichten (3159, 2151).

Dem *Neufundländer,* einem einfarbig schwarzen oder braunen, langhaarigen Produkt einheimischer Hunde Nordamerikas und europäischer Importe (2244), wird ruhiges anschmiegsames Naturell und eine große *Vorliebe für Wasser* nachgesagt, bzw. ein angewölfter Trieb zum Apportieren aus dem Wasser – schließlich ist ja der Labrador Retriever ein naher Verwandter. Der Standard fordert einen »angeborenen lebensrettenden Instinkt« und er soll auf diese Weise schon viele vor dem Ertrinken bewahrt haben; will man verschiedenen Berichten glauben (3178), so wurde die abschließende, blutige Auseinandersetzung mit Napoleon bei Waterloo nur deshalb erforderlich, weil ein

Neufundländer ihm das Leben rettete, als er beim Verlassen der Insel Elba ins Wasser fiel. In der Tat gibt es in Frankreich bereits Lebensrettungsgesellschaften mit angegliederten Neufundländer-Trupps (1700).

Weiße Flecken kommen öfter vor, desgleichen Braun-weiße (»Fehlfarbe«, Landseer)- bei Rezessivität dieser Phänomene nicht weiter verwunderlich. »Der erwachsene Neufundländer muß eine totale Beißhemmung haben im Umgang mit dem Menschen (1527)« – das ist sicher eine beherzigenswerte Zuchtmaxime für den idealen Familienhund, die sich manch anderer Züchter »molossoider« Hunde hinter die Ohren schreiben sollte. Aber chronisch frei revierende, Passanten belästigende Neufundländer können offenbar auch Polizisten zu Überreaktionen veranlassen – wie jener, der in Feldkirchen von einem Ordnungshüter erschossen wurde, weil er einen Radler umstieß (UR 2, 74, 1991).

Zweifellos besitzen Bernhardiner, Neufundländer, Landseer, Leonberger und selbst einige Mastiff- (Mastin-) Rassen starke verwandtschaftliche Beziehungen zueinander, und es könnte ihnen bei schmäler werdender Zuchtbasis guttun, würde man sie öfter miteinander verpaaren: Über einen möglichen Heterosiseffekt wären auch günstige Auswirkungen auf die HD-Bekämpfung zu erwarten. Es ist reiner Rassen- bzw. *Farbformalismus* (um nicht zu sagen »Fanatismus«), hier künstliche Grenzen zu schaffen und evtl. Inzuchtdepressionen in Kauf zu nehmen – dann lieber eine gewisse phänotypische Variabilität. Es ist allerdings richtig, daß Rassereinzuchtideologen unter den Züchtern (3792) und den potentiellen Käufern dies nicht akzeptieren würden. So finden *unsinnige Selektionen* statt (»Manch gute Kopfzeichnung wird zugunsten einer gewünschten Plattierung am Körper ausgemerzt«, UR 12, 1983; aussortiert werden auch »unegale Masken = Auge im Weiß«). Statt dessen sollte man lieber vom *Gigantismus* in diesen Rassen fortkommen (»Wir behielten die Hündin mit dem schwersten Kopf und den schwersten Knochen«, UR 4, 1984). Neufundländer im Doggenhabitus haben denn auch prompt Probleme mit dem »*Caro*«-Auge (4878). Zu plumpe Unbeweglichkeit von Rüden dieser Rassen kann *Deckuntauglichkeit* bedingen und auch die *Kaiserschnittrate* von 13,3% bei Bernhardinern ist beträchtlich.

Die durch willfährige, geschäftstüchtige Züchter befriedigten Wunschvorstellungen von Gigantomanen unter den Käufern verewigen überdies das Problem *übergroßer Würfe* und tierschutzwidriger Merzungsprozesse in diesen Rassen: So waren allein im Jahrgang 1986 des St. Bernhard-Klubs e.V. (Zuchtbuch Bd. 66) knapp 40% »Verluste« zu verzeichnen, so daß bei einer mittleren Wurfstärke von 7,8 ± 3,5 nur 4,7 ± 1,8 Welpen eingetragen wurden – eine *Verlustrate*, die durch natürliche Mortalität nicht erklärbar ist; sie ist zudem auch unterschätzt, da selbst ein jahrelang als »Landes-Zuchtwart« fungierender

Funktionär sich nicht entblödete, ganze Würfe zu unterschlagen. Durch Züchter-Schummelei entsteht auch der – schon bei den Schäferhunden diskutierte (S. D1) – Überhang an Rüden bei der Eintragung 1,24 : 1), denn es werden vorwiegend Hündinnen umgebracht. Durch Änderungen der Zuchtbestimmungen wurden jüngst Verbesserungen angestrebt; es kamen auch aus diesem Klub geharnischte Proteste gegen koreanische und philippinische Tötungssadismen bei Schlachthunden – und -katzen (457). Präsidentin Aquino verbat sich jedoch jede Einmischung in die »Kultur« ihres Landes. Jedenfalls stimmt es hoffnungsvoll, daß der Vereinsvorsitzende, Herr Schreiber, ganz vernünftige Ansichten äußerte und gegen die Selektion auf extreme Massigkeit zu Felde zieht: vielleicht folgen auf Worte auch einmal Taten. Bei den »Molossern« betrug die Wurfstärke – ermittelt aus den letzten Jahrgängen des UR – 8,1 $\pm$ 3,3, die »Verlustrate« 32,1%; etwas günstiger stellt sich die Situation bei den Neufundländern dar: Mittlere Wurfstärke 7,5 $\pm$ 3,2, davon eingetragen 5,5 $\pm$ 2,6, d.h. 26,7% »Verlustrate«; dies nähert sich bereits der natürlichen Abgangsrate.

Der *Landseer,* benannt nach dem englischen Maler gleichen Namens, stellt eine schwarz-weiße Variante des Neufundländers dar, ist allerdings meist etwas größer und damit bernhardiner-ähnlicher. Einige Landseer-Züchter wollten Eigenständigkeit und Abgrenzung ihrer als »Unterrasse« majorisierten Hunde im Dt. Neufundländer-Klub stärker betont wissen und gründeten einen eigenen Verein, eine »Dissidenz« – mit allen bei Hundlern üblichen Begleiterscheinungen zähnefletschender, ja gerichtlicher Auseinandersetzungen (3790).

Auch der *Leonberger* (Abb. 60) entstammt als Kunstrasse Kreuzungen von Bernhardinern, Landseern und Pyrenäenhunden. Er wurde im vorigen Jahrhundert durch den Leonberger Stadtrat Essig in dem Bemühen erzüchtet, einen dem Wappentier der Stadt (Löwe) ähnlichen Hund zu schaffen. Nach anfänglichen Anfeindungen durch die Bernhardinerzüchter (»Was man nicht definieren kann, sieht man gut als Leonberger an,« 2942) wurde auch diese Rasse schließlich anerkannt, wenngleich der Schwerpunkt ihrer Verbreitung nach wie vor in Schwaben liegt (Bestand 1958: 300 – 400 Tiere). Zur Klubsieger-Zuchtschau 1973 kamen 121 Tiere zur Anmeldung.

1979 wurden 439 Welpen eingetragen, mittlerweile hat der Klub aber schon 1600 Mitglieder, die zusammen 5000 Hunde besitzen. Helle Augen sowie aufgehellte, braune Nasenschwämme, Ballen und Lefzen gelten als Fehler in dieser Rasse. Die Zentralstelle zur Untersuchung der Leonberger auf HD befindet sich in Stuttgart-Hohenheim; es werden auch aus anderen Ländern beträchtliche HD-Prozentsätze genannt (5068).

Die erst seit 1922 in Deutschland als ihrem Ursprungsland zuchtbuchmäßig betreute Rasse *Hovawart,* mit blonden, schwarzen und schwarz-

Doggen und Doggenartige 295

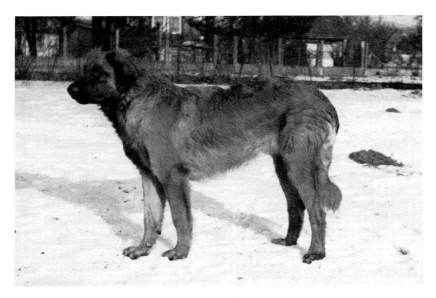

Abb. 60 Der Leonberger – mit »löwenähnlichem« Fell

lohfarbenen Varianten (4810) als »altdeutscher Wächter des Hofes« nach Albrecht-Dürer-Vorlage aus Bauernhunden rekonstruiert, wird durch eine Organisation mit regem Vereinsinnenleben vertreten, so rege, daß Klagen laut wurden, ihre Mitteilungsspalte im UR sei mehr eine Andenken-Kolumne für Verstorbene (Zwei- und Vierbeiner) als ein Mitteilungsorgan für das Zuchtgeschehen. Aber auch in dieser Rasse gibt es neben der bereits erwähnten HD (3307) Probleme, z.B. *»Blauvererber«*, welche das rezessive Gen für blaugraue Farbaufhellung (S. dort) weitergeben, das bei entsprechender Partnerpaarung (Homozygotie) zum Ausspalten dieser Fellfarbe führt (2914).

Der Hovawart stellt zweifellos weniger etwas »Doggenartiges« als vielmehr ein gewisses schlappohriges, reichbehaartes Pendant zum Dt. Schäferhund dar, wenngleich es mit seiner teutonischen Abstammung nicht so weit her ist: Neben Schäferhund-Anpaarungen finden sich Neufundländer- und Kuvacz-Einkreuzungen (und selbst *»Kuvacz«* bedeutet schon »Bastard« – tatsächlich sollen bei ihm Barsois, Maremma- und Pyrenäenhund, ja sogar Bordeauxdoggen, beteiligt gewesen sein, 2080), vorgeblich auch ein »afrikanischer Wildhund« bei seiner Rassewerdung. Deswegen bräuchte sich niemand zu echauffieren, wenn unlängst ausgerechnet ein blonder Hovavart mit dem Namen eines Afrikanerstammes belegt wurde. Wären nicht »Teuto vom Kaffernkral« oder »Siegfrid vom Ovambotal« auch herrlich völkerverbindende

Namen? Allerdings würde sich dann sicherlich ein ehemaliger Eigner dieses »Germanenhundes« (Siegtreu/König) im Grabe umdrehen: »Reichsführer SS« H. Himmler; aber der wird wohl ohnehin einen unruhigen Schlaf haben in Luzifers großem Siedetopf. Gegensätze ziehen sich bekanntlich an und so ist es wohl konsequent, daß Dänen und Schweden mehr schwarze Hovawärter, Franzosen dagegen mehr blonde erzüchten. König, auf seiner »zootechnischen Station« in Thale einer der »Schöpfer« dieser Rasse, hatte eine sehr liberale Einstellung, was die Einkreuzung anderer Schläge und Rassen anging; heute tendieren die Hovawarte dahin, immer feiner und setterähnlicher zu werden (333), was allerdings die *HD-Frequenz* nur positiv beeinflussen dürfte. Ähnliches würde man den Bernhardinern wünschen, wo ja der »Imposantheit« im Rassestandard nach oben keine Grenzen gesetzt sind.

5. Treibhunde, Pinscher, Terrier

Rassemerkmale, welche einst nützlich und zweckdienlich waren, wurden betont und übertrieben, so daß sie heute sinnlos und in vielen Fällen gesundheitsabträglich sind. Mit einem einzigen Akt erwiese man dem Hund einen guten Dienst: Mit der Abschaffung von Hunde-Ausstellungen.
J.H.B. Prole, 1981
Dazu die Pudelzüchterin S. Kalina (1992): »Im Ring steht der große Sieger ... der Rest des Wurfes ist nicht vorzeigbar und wird unter den Teppich gekehrt.«

Wie die Doggenartigen, so sollen auch die heute unter den Oberbegriff »Treibhunde« fallenden Rassen als *molossoide Kampf- und Arbeitshunde* (nach der Landschaft Molossis auf dem Balkan) mit den Römern über die Alpen zu uns gekommen sein. Ihre Nachfahren in den Alpentälern sind die *Schweizer Sennenhunde,* von denen besonders der Große Schweizer und der Berner Sennenhund – nach Heim (137) der »schönste Hund, den es überhaupt gibt« (Abb. 67, ehemals »Dürrbächler«) – noch ihre nahe Verwandtschaft zum Bernhardiner verraten. Räber (1977) sieht bodenständige, rassisch recht heterogene Bauernhunde als ihre Vorfahren an (»Abschied vom Molosser«). Der *Appenzeller mit Ringelrute* und der *Entlebucher mit Mutzschwanz* sind verwandte, gedrungene Varianten mit Stockhaar. Mit ihrer charakteristischen weißen Blesse und rostroten Abzeichen stellen sie noch heute auf Almen und Sennen willige Arbeitshunde (»Küherhunde«) dar, die über ihre engere Heimat hinaus keine sehr weite Verbreitung fanden. Inzuchtgeförderte Augenerkrankungen wurden jüngst auch vom Entlebucher berichtet. Die *Blesse* wird von farbformalistischen Züchtern »rein weiß«, ohne Pigmentflecken gefordert, und das »Pfotenweiß« strikt begrenzt, was auch hier zu borniertten *Merzungsprozessen* führt (320) – bis in die Gegenwart, denn wie sonst wäre die beträchtliche Ausfallrate bei Sennenhunden zu erklären (6204, Tab. 17) ? Blaue Augen sollten dagegen schon eher Zuchtausschluß bedingen. Per »Seitensprung« kam auch Neufundländer-Erbe in Berner Sennenhundzuchten (4608).Heim weiß über diese Schweizer Sennenhunde zu berichten, daß vor einigen Jahrzehnten sogenannte »*Spalt- oder Doppelnasen*« bei ihnen oft vorkamen, durch Selektion aber weitgehend gemerzt sein sollen (5471). Sie wurden eine Zeitlang sogar als »Seftigschwänder«-Rarität gezüchtet (4604). Es ist interessant deswegen, weil 1959 Weber wieder einen solchen Fall beim Berner Sennenhund beschrieb. Diese mediane Nasenspalte vererbte sich vom behafteten Rüden möglicherweise dominant auf seine Nachkommen mit einer normalen Hündin, von denen 11 diesen Defekt aufwiesen (von insgesamt 28). Einen ähnlichen Fall mit vergleichbarem Erbgang beschrieb schon Schenk (Bildber. DTW, 1953) von einer Pinscherbastard-Hündin und ihren Nachkommen.

Hier handelte es sich somit um hocherbliche Formen von Spaltbildungen im Lippen-, Kiefer-, Gaumenbereich, wie sie auch aus anderen Rassen beschrieben (3042) und von phänotypisch u.U. völlig gleich aussehenden Mißbildungen teratogener Genese stets abzugrenzen sind (Hohe Cortisongaben an Trächtige etc., 2819). So wird die Wiederholbarkeit oder Konkordanz hinsichtlich Hasenscharte bei menschlichen eineiigen Zwillingen, welche als obere Grenze der Heritabilität anzusehen ist, nur mit 42 % angegeben (6202).

Eine vorgeblich speziell in Exemplaren dieser Sennhunde gesehene maligne Hauterkrankung (systemische Histiozytose) wurde inzwischen auch aus anderen Rassen registriert (5164); zudem gelangten sporadisch familiäre Nierenkrankheiten zur Meldung (3950).

Engere verwandtschaftliche Beziehungen zu Vorgenannten bestehen beim *Rottweiler* (Abb. 68), jenem »Metzgerhund« par excellence des vorigen und beginnenden jetzigen Jahrhunderts, dessen Zucht in der alten, freien Reichsstadt Rottweil mit ihren regen Viehmärkten einen Schwerpunkt fand (4990). Er brachte Kraft und Mut genug mit, um selbst widerspenstige Bullen zu bändigen, und fand außerdem als Zughund Verwendung. Diese *Ziehhunde* genossen einen besonderen polizeilichen Schutz: Konstitution, Zuggeschirr und Wagen unterlagen Kontrollen. Der Viehtreiber-Instinkt soll ihm auch heute noch angewölft und leicht abzuverlangen sein (1781), obwohl man ihn inzwischen zu einem vielseitigen Schutz- und Gebrauchshund machte.

In einer Zeit zunehmender Gewaltkriminalität erlebt auch er derzeit – und auch im Ausland – einen gewissen Boom, der auf die Preise abfärbt: »Selbst bei ständig steigender Rottweilerproduktion ist die Nachfrage kaum zu befriedigen (81)«.

In älteren Schlägen traten noch *weiße Abzeichen* ähnlich wie beim Sennenhund auf (2351), die heute als fehlerhaft gelten. Zeigen sie sich in geringem Umfange, so werden sie offenbar vielfach von »Schlaumeiern« unter den Züchtern vor der Schönheitskonkurrenz gefärbt und finden so weitere Verbreitung (4468). Weit folgenschwerer für den Weiterbestand dieser Rasse, zu deren Freunden auch Adenauer gehörte, erscheinen jedoch andere Zuchtprobleme. Wurden früher mit Rücksicht auf ihren Verwendungszweck *Angriffslust und Kampftrieb* als Vorteil angesehen, so stellt heute ein Übermaß an diesen Eigenschaften offenbar ein ernstes Hindernis für die Brauchbarkeit dieses Hundes dar (1111). »Sucht der Film eine um sich beißende Bestie, so muß der Rottweiler herhalten (2635)«. Diese bewußte oder ignorante Pflege eines Negativ-Images induzierte in England einen *»Dangerous dog act«* und stimulierte das Landgericht Hannover zu einem Verbot der Rottweiler-Haltung ohne Vermieter-Erlaubnis, weil sie »schon wegen ihres Erscheinungsbildes furchteinflößend wirken«. Auch die BVA mahnte »responsible ownership« an (439), – sie sollte auch mal »*responsible breedership*« postulieren.

Bei Überbetonung der Massigkeit dieser Treibhundtypen, d.h. bei zu *schwerem Kaliber,* war bereits auf die dann erhöhte Disposition zu Gelenkerkrankungen, insbesondere auch zu *Schulter- und Ellbogenlahmheit* hingewiesen worden (Osteochondritis dissecans u.a. Osteochondrosen, z.B. Sesambeinerkrankungen; 3788, 4850, 5511, 2388, 2339, 741, 5898, 4659). Daneben wurde eine – seltene – familiäre Hirn/Rückenmarkskrankheit (Leukoenzephalomyelopathie, Demyelinisierung, 5339), die progressive Bewegungsstörungen verursacht, diagnostiziert, jüngst auch Fälle neuroaxonaler Dystrophie. Diese mutmaßlich rezessiv autosomal vererbten, *neurogenen Lähmungen* kamen auch in Afghanen und Koiker-Hunden zur Meldung, jenen nach dem Krieg auf ganz schmaler Zuchtbasis wiedererstandenen holländischen »Enten-Treibern«.

Nach Zimmermann (1933) -, in dessen Hundelexikon über Adolf Hitler, Knochenfett bis zur Selbstdarstellung der Verfasser zwar viel Unkynologisches steht, das aber einiges Wissenswerte aus vergangener Zeit birgt – wurden Rottweiler kennzeichnenderweise im süddeutschen Volksmund auch »Mélac«, im norddeutschen Raum »Davout« genannt (nach dem französischen Verwüster der Pfalz bzw. dem verhaßten napoleonischen Besatzungsgeneral Hamburgs). Es erscheint unverständlich, daß noch 1967 Gebißfehler (überwiegend Prämolarenverlust, festgestellt und verfolgt von sogenannten *Prämolarenjägern,* S. a. Abschnitt B) mit 41 % der zuchtausschließenden Mängel vor schweren Wesensfehlern mit 39 % rangierten. So verwundert es nicht, daß von dieser auf Übungsplätzen oft eher gefürchteten Rasse im gleichen Zeitraum nur 9 % der ins Zuchtbuch eingetragenen Tiere eine Schutzhundprüfung ablegten. Es reicht sicher nicht aus, Rottweiler nur dann zu disqualifizieren, wenn sie eine »ausgesprochene Gefahr« für die Umwelt darstellen. Diese ungute Tendenz deutet sich auch in Euthanasie-Statistiken an (Rehage, 1992, DpT).

Die Neigung des Rottweilers zu *Entropium,* die er mit seinem Verwandten, dem Sennhund teilt (4878), fand unter B Erwähnung und wurde offensichtlich dadurch gefördert, daß man den unerwünschten, »faltenreichen Jagdhundtypen« züchterisch entgegenwirken wollte und auf engschließende Lider selektierte. Nach gut verheilter Lidoperation oder -injektion werden diese Manipulationen leider oft verheimlicht, was zum Fortdauern des Problems führt. Trotz recht steilgestellter Sprunggelenke zeigt diese Rasse zudem eine beträchtliche Frequenz an *Hüftgelenksdysplasie.* So wiesen von 750 geröntgten Tieren 20,6 % einen leicht positiven, 40 % einen positiven Befund auf (4107). Die Tendenz in diesem Verein ging offenbar dahin, nur noch HD-freie Hunde zur Zucht zu verwenden (2231). In der offenen Diskussion dieser und anderer Zuchtmängel zeichnete sich allerdings im ADRK eine gewisse Stagnation ab, nachdem der in dieser Hinsicht sehr rührige 1. Vorsitzende A. Pienkoß (4469, 4470) durch rechtswidrigen Beschluß eines »Ehrengerichts« aus dem Verein befördert, wenngleich post executionem »rehabilitiert« wurde (Stalinistisches Prinzip, 5036). Der rasseobligatorische, angeborene oder nachkupierte *Stummel- oder Mutzschwanz* wird wie beim Rottweiler (daher in Süddeutschland »Stumper« genannt) so auch beim Entlebucher Sennhund gesehen und stellt einen weiteren Hinweis auf verwandtschaftliche Beziehungen dar.

Ein bei uns selten anzutreffender, neuerdings vereinsmäßig betreuter Treibhund ist der flandrische Bouvier, ob seines Aussehens »Vuilbaard« genannt. Taube und glasäugige *Merle-Schecken* kamen auch bei diesem *Bouvier des Flandres* früher vor (356). Von ihm – und kürzlich auch aus einigen Schlittenhundfamilien (3487, 4221) – wurden zudem der normalen Lautgebung abträgliche *Stimmbandlähmungen* bzw. -veränderungen berichtet (5912, 2398). Sie sollen auf neurogener Atrophie von Kehlkopfmuskeln beruhen und dem dominanten Erbgang folgen (2400, 2401). Schwere Formen führen zu Atemwegsverlegungen und *Dyspnoen,* erworbene und symptomatische Varianten existieren auch in anderen Rassen (990, 997, 504, 1119, 2097, 87); idiopathische sollen auch vermehrt in Labradors und Afghanen beobachtet worden sein (6184). Familiäre, generalisierte Muskelerkrankungen (Polymyopathie) und Schluckbeschwerden auslösende Dystrophien, bei verwandten Bouviers beschrieben (999, 4408), scheinen mit dieser Kehlkopflähmung nicht gekoppelt. Eine andere Variante fiel jüngst in Dalmatinern auf.

Pinscher und Schnauzer, letztere früher vielfach »rauhhaarige Pinscher« genannt (1718), sind den Doggen und Treibhunden zweifellos sehr unähnlich. Eine gewisse Ausnahme und somit gute Überleitung macht hier lediglich der *Dobermann-Pinscher,* bei dessen Rasseentstehung neben Thüringer Pinschern und einem Sammelsurium anderer Rassen und Bastarde (u.a. Black-and-tan-Terrier) Schäferhunde und Rottweiler mitgewirkt haben sollen. Dabei kam dem Nachtwächter, Abdecker und Hundehändler Dobermann aus Apolda/Thüringen zwar eine zentrale Rolle, aber wohl nicht das Alleinverdienst der Schaffung dieser Rasse zu (2062), so daß der Name »Thüringer Pinscher« vielleicht gerechtfertigter gewesen wäre. Es ist bis heute ein *scharfer,* mißtrauischer Wach- und Diensthund geblieben, ein typischer »Ein-Mann-Hund«, kein Allerweltsfreund, der wegen seiner Ausdauer und Schnelligkeit früher auch als »Radlerhund« sehr beliebt war. Will man Presseberichten glauben, so ist es schon vorgekommen, daß nächtliche Einbrecher in New Yorker Warenhäusern, in denen Dobermänner Nachtwache hielten, von diesen zerfleischt und getötet wurden. Sie beißen halt auch mal zu, ohne »auf den Ärmel abgerichtet« zu sein. Dies alles hindert nicht, daß Feiglinge wie in anderen Rassen bei Dobermännern vorkommen, insbesondere in reinen »Schönheitszuchten«. Sie belästigen zwar gern harmlose Spaziergänger, aber »fordert man diese Hunde zum Kampf, versagen sie, und der Fluchttrieb setzt mit allen unschönen Begleiterscheinungen wie Urinieren und Dünnkoten ein (5932)«. Ohnehin scheinen insbesondere sterilisierte weibliche Exemplare dieser Rasse zu Harnträufeln (Inkontinenz) unter Streß zu neigen (3295).

Eine übertriebene Selektion auf Kampftrieb dieser sich gleichfalls einer steigenden Beliebtheit erfreuenden Rasse kann – verbunden mit falscher Erziehung und Ausbildung – offenbar zu Auswüchsen führen, was sich u.U. in behördlich verordnetem, lebenslangem Leinenzwang niederschlägt, zumal freudige Unterordnung ohnehin nicht zu ihren Stärken zählt (4591) und 1976 nur 5,6 % der Jahrgänge 72 – 74 schutzhund-prüfungsaktiv waren (4593). Das neben der obligaten Rutenverkürzung seit je betriebene Kupieren der Ohren verlieh diesen Hunden zweifellos einen zusätzlichen martialischen Ausdruck, der durch Schlappohren verlorengeht – in der Schweiz und nunmehr auch bei uns und EG-weit muß man sich jedenfalls jetzt an dieses Bild gewöhnen (282). Hauck (1917) meinte jedoch, daß neben diesem »Verschönerungseffekt« der »kupierte Hund« in der Regel von gewissen, oft langwierigen Erkrankungen des Ohres verschont bliebe (Othämatome, Otitis etc., s.a.B). Ferner stellt der Dobermann anscheinend eine positive Ausnahme von der Gesetzmäßigkeit dar, welche besagt, daß mit der Größe der Rasse auch ihre HD-Frequenz zunehme (5902). Obwohl er den größeren Rassen zuzurechnen ist (Wh über 60 cm), soll Hüftgelenksdysplasie bei ihm relativ selten sein. Dies verdankt er wohl seinem leichten Kaliber: Von 515 geröntgten Tieren waren 52 % F, 40 % V, 7 % L und nur 2 % M (1 Fall S) (2650).Die Prozentsätze bei Schnauzern liegen etwas höher (L + M, 4688). Auch die von einigen Autoren dem Dobermann unterstellte Neigung zu fibrösen Dysplasien knöcherner Strukturen scheint bislang wenig untermauert (1202); auf die insbesondere aus angelsächsischen Zuchten berichtete verstärkte Anfälligkeit Dt. Doggen und Dobermänner zum sogen. »Wobbler«-Syndrom = *Zervikale Spondylomyelopathie,* Taumeln, Paresen durch Instabilität und Stenosierung des Halswirbelkanals auslösend (3785, 3786, 3502, 1075, 5884, 3847), war aber schon hingewiesen worden; es mag mit dem rasanten Wachstum zusammenhängen und eine polyfaktorielle Basis haben, wird aber in anderen Rassen und anderen Lokalisationen seltener gesehen (5497). Dichtungsringe, zwischen die Wirbel gebracht, sollen Linderung bringen (3849). Man muß dieses Syndrom jedoch von *Karpal-Lahmheiten* durch Sehnenkontrakturen in Junghunden unterscheiden, wie sie jüngst sporadisch in Dobermännern gesehen wurden. Auch eine Sakralisation des 7. Lendenwirbels sah man (3412). Ob aber eine echte

Disposition zu in diesen Rassen häufiger diagnostizierten *Cardiomyopathien* besteht (1160, 1161, 2588, 3160), bedarf ebenso der Klärung wie Berichte über familiäre Formen der Nierenerkrankung und Hepatitis (6212, 1251, 2950, 2867, 2868, 5665, 5402).

Daneben zeigen diese kurzhaarigen Rassen eine erhöhte Bereitschaft zu *Alopezie und Demodikose,* zusätzlich zu den schon unter C erwähnten Effekten des Farbaufhellergens für blaugrau. Extremer Juckreiz durch solche oder andere Hautprozesse, aber auch Verhaltensstereotypien, d.h. neurologische Probleme, können dann zu *Leck-Granulomen* führen (»Flank-sucking«, 4169, 5661, 2507, 3644) – ähnlich dem »Waschzwang« des Menschen (2248). Schilddrüsenunterfunktionen tangieren gleichfalls die Haut (4137, 495, 3639). Man sollte auch die Entwicklung des Sehorgans beim Dobermann aufmerksam beobachten, denn aus Schweden und den USA wurde über liniengehäuft auftretende Verkleinerungen des Augapfels berichtet (6215, 4420). Des weiteren wurden erbliche Störungen der Linsen- und Pupillenentwicklung gemeldet (»*Primäres Vitreum*«, 5440, 5442, 5437, 4115, 885, 888, 889), die im übrigen ja oft mit Mikrophthalmie vergesellschaftet sind (3504, 759); ob – wie beim Merlefaktor – Korrelationen zu Hörverlusten bestehen (6222), ist unbekannt, denn es gibt auch idiopathische Taubheiten. Wie schon dort diskutiert, gilt auch hier als beherzigenswert, daß *große Hunde mit Sehproblemen* eine potentielle Gefahr darstellen, wenn sie durch plötzliche Bewegungen oder Geräusche erschreckt werden; *sie sollten keinen Eingang in Heime mit kleinen Kindern finden* (4878).

Generell existieren aber bei Pinschern und Schnauzern (schwarz und pfeffersalzfarben, Abb. 61, 62) nur wenige ausgeprägte Erkrankungsdispositionen, wenn man davon absieht, daß das *Temperament* dieses Hundetyps »äußerst hitziger Natur« und somit der »Hundswuth leicht unterworfen« sei, »wenn er in Befriedigung des Geschlechtstriebes gezüchtet wird (Götz, zit. n. Anon., 1982)«. Lediglich die *Klein- und Zwergformen* zeigen einige Anfälligkeiten, so die schon unter B genannte erhöhte *Perthesneigung* proportionierter Zwerge (Züchter sprechen etwas obskur von »Hinterhanddeformationen«, mit denen sie sich bei schwarzen Zwergen »herumschlagen« müssen; 4607), sowie eine gleichfalls bei anderen Kleinrassen vermehrt aufscheinende *Xerose der Cornea,* eine stark irritierende und potentiell blindmachende Keratoconjunctivitis sicca. So wiesen Zwergschnauzer eine statistisch gesicherte größere Häufigkeit dieser Erkrankung auf, da sie unter 22 737 untersuchten Hunden 12,7 % der Fälle stellten, obwohl sie 1,4 % der Gesamtpopulation ausmachten (32). Mit Recht weist daher Höhn (1972) auf die erhöhten Gefahren hin, welche Pinschern und Schnauzern bei extremer Zucht auf Zwergenhaftigkeit drohen – u.a. vermehrtes Auftreten von Patellarluxationen; frisch operiert, werden sie

Treibhunde, Pinscher, Terrier

Abb. 61
Der Pinscher –
temperamentvoll und
kompromißlos

bedenkenlos zur Ankörung in den Showring geführt (Stark, 1991). Bei hellen Zwergschnauzern in den USA wurden gehäuft durch Sinusarrhythmien *(Synkope)* bedingte Kreislaufstörungen gesehen (2446), in anderen terminales Nierenversagen durch dysplastische Prozesse (4019). Mit »*Schnauzer-Comedo-Syndrom*« bezeichnet man die in Zwergen hin und wieder konstatierten papulösen dunklen Hautanhängsel (4067); ob dies – ähnlich den Hautxanthomen in Patienten mit hohem Blutfettgehalt (6102) – Bezüge zu familiären Formen der *Hyperlipoproteinämie* in Miniaturschnauzern hat, ist nicht bekannt (6200). Im übrigen haben es die amerikanischen Pet-Fans ohnehin inzwischen geschafft, auch aus dem urigen Schnauzer ein kosmetisiertes Hätschelwesen zu machen, das dem FCI-Standard kaum noch entspricht (471). Eine gewisse Anfälligkeit zu Oxalat-Harnsteinen besonders in Rüden wurde beschrieben (3652).

Die Wiege der vielfach auch als »Rattenbeißer« bezeichneten Schnauzerrassen mit ihrem charakteristischen, seehundähnlichen Bart wird Süddeutschland sein. Dieses gilt insbesondere auch für die früher »Münchner oder Bier-

Abb. 62 Schnauzer – Riese und Zwerg

schnauzer« genannten Riesenschnauzer, die Doggen- und Schäferhund-Blutanteile mitführen sollen (Tendenz zu Krallenbeintumoren und Plattenepithelkarzinomen; 3494, 2041, 2042, 5540, 4350, 3921). Zuchtausschließende weiße Flecken bei Schwarzen sind in diesen Rassen schon »wegoperiert« worden – ganz selten fallen auch einmal als Rarität rein weiße Tiere (2750); eine dürrlaubfarbene Variante soll in Holland unter dem Namen Smoushond existieren (475). HD-Befund ist für Zuchtverwendung obligatorisch: Nur F-, V- und L-Tiere sind zuchtverwendungsfähig, L darf nur an F oder V verpaart werden. Die Bezeichnung »Rattler« dürfte nach Untersuchungen von Theissen (1972) gerechtfertigt sein, der in einem Rassenvergleich feststellte, daß 80 bzw. 69 % der beobachteten Mittel- und Zwergschnauzer Mäuse und Ratten im typischen »Mäusesprung« fingen und meist auch töteten. Damit standen sie bezüglich dieses Verhaltens an der Spitze der untersuchten Rassen, die allerdings nicht immer in vergleichbar großen Kontingenten erfaßt wurden.

Erwähnenswert ist, daß auch bei Pinschern versucht wurde, mit dem Merlefaktor zu züchten (S.a.C). So wurden noch 1933 von einer Frau Baertling zu Hannover solche Harlekin- oder *Tigerpinscher* (»Karlsbader Pinscher«) gezüchtet, obwohl der Pinscher- und Schnauzerklub vernünftigerweise ihre Zucht abgelehnt hatte und damit ein Beispiel von Einsicht bei verantwortlichen Hundezüchtern gab. Durch die 1958 erfolgte neuerliche Eintragung des Harlekinpinschers ins Rasseregister der F.C.I. wurde diese Maßnahme allerdings wieder torpediert. Diese Harlekinpinscher scheinen auf Umwegen zumindest in die kurzhaarigen Tigerteckelschläge gelangt zu ein, welche nicht selten ausgeprägte Pinscherköpfe zeigen, wie Abb. 72 demonstriert.

Der Standard des *Affenpinschers,* dieses kleinen struppköpfigen »schwarzen Teufels voll Gift und Galle (5074)«, gibt ein weiteres Beispiel von Inkonsequenz: Während zwar deutliche Formen des Vor- und Überbeißens verworfen werden, verlangt er dennoch, daß er *»vorbeißend,* dabei gut schließend und ohne sichtbare Zähne bei geschlossenem Fang« sei. Die Schneidezähne des Unterkiefers dürfen etwa eine Streichholzstärke vor denen des Oberkiefers stehen. Der Affenpinscher stammt zweifellos aus derselben »genetischen Suppe« wie die Belgischen Griffons (Brüsseler, Belgier, Brabançon); ihn macht »seine Häßlichkeit schön« (Brehms Tierleben). Er ist jedoch kein Arthybride aus Affe und Pinscher. Die extreme Brachyzephalie insbesondere der Zwerggriffons bedingt all die Anfälligkeiten, die schon bei Pekinesen und Mops beschrieben wurden *(Gesichtsekzem,* Augen- und Geburtsprobleme). Wegen der fehlenden Nase »können sie nicht mehr richtig bellen und neigen zum Schnarchen (283)«.

Was draufgängerischen Schneid, Eigenwilligkeit und Lebhaftigkeit angeht, können es die *Terrier* sicher mit den Pinschern aufnehmen. Mit diesen Eigenschaften muß man sich daher als Hundehalter abfinden können. Diese im Wesen recht einheitliche, im äußeren Erscheinungsbild sehr heterogene Gruppe von Hunden mit meist niedrigem oder mittelhohem Geläuf wurde, wie der Name sagt, in England ursprünglich für die jagdliche Erdarbeit gezüchtet, d.h. für das Einfahren in die Bauten der Dachse und Füchse. Eine jagdliche Verwendung findet bei uns nur noch – von einigen Foxterriern als Ausnahmen abgesehen (3017) – der von Jägern vereinzelt gehaltene Deutsche Jagdterrier, der im übrigen im wesentlichen auf Foxterriern aufbaute (2355). Farbige Foxl sind selbst für Kynologen mitunter nur schwer von Welsh- und Lakeland Terriern zu unterscheiden, jenen Kleinausgaben des Airedaleterriers.

Mit dem lebhaften *Temperament* der Terrier ursächlich in Zusammenhang zu stehen scheinen zwei Erkrankungsdispositionen mit chirurgischer Indikation: *Schlundverstopfung und Linsenluxation.* Ihre Neigung zu Oesophagus-Verstopfung mag zwar durch die anatomischen Gegebenheiten in kleinen Rassen generell begünstigt sein (5648), wird aber offenbar durch hastiges, schnelles Herabwürgen des Futters gefördert, wie man es häufiger bei Terriern sieht (4400). So waren von 75 operierten Fällen 44 Terrier, während sich 16 in anderen kleinen Rassen (davon 10 Pekinesen), die restlichen in verschiedenen größeren Schlägen fanden (3199). In den Erhebungen von Ryan und Greene (1975) standen allerdings, gemäß dem Rassenanteil, die Pudel an der Spitze; aber auch Houlton et al. (1985) nannten besonders W. Highland White Terrier u.a., andere auch den mexikanischen Taschenterrier (Chihuahua).

Abb. 63 Der Bobtail-nach Horst Stern auch dann noch ein «alt-englischer» Schäferhund wenn er jung ist.

Abb. 64 Der kastanienfarbene Irish Setter

Abb. 65 Kurzhaarige Weimaraner

Abb. 66
Westfälische Dachsbracke
im Beagle-Typ

Abb. 67
Berner Sennenhund - der
»schönste Hund der Welt«

Abb. 68
Rottweiler - ein trutziger
Hund mit »gut
schließenden Lidern«

Abb. 69
Bullterrier - »ein kleiner Athlet mit furchtlosem Kämpferherzen

Abb. 70
Peking - Palasthund

Abb. 71
Chow-Chow- »edible dog« mit der »Würde eines chinesischen Aristokraten«

Abb. 72
Tigerteckel im Pinscher-
Habitus, Vater der Tiere
aus Abb. 25

Noch ausgeprägter, insbesondere beim Foxterrier, scheint die Tendenz zur *Linsenluxation* zu sein (4183, 2919, 1444, 1443). Nach Westhues (1937) soll sie durch die für Terrier charakteristischen »bockartigen« Sprünge verursacht werden, während andere Autoren eine angeborene Schwäche des Augenlinsen-Aufhängeapparates vermuten (1972, 1973, 1447, 4421), zwei Thesen, die sich eher ergänzen, als gegenseitig auszuschließen scheinen. Im Material von Gruenberg (1962) wurden bei 61 chirurgisch versorgten Fällen 55 von Terriern gestellt, davon 39 Foxterrier. Auch bei den von Knight (1962) beschriebenen 103 Linsendislokationen fanden sich 93 in Terriern oder Terrierbastarden. Diese meist beidseitigen, aber nicht notwendig gleichzeitigen Linsenverlagerungen (2152) werden oft durch ein sekundäres Glaukom mit Hydrophthalmus kompliziert, wie schon unter B betont (3442). Sie treten auch beim Dt. Jagdterrier, sowie bei Bull- und Tibetterrier liniengehäuft auf, selbstverständlich hin und wieder auch in anderen Rassen (4187, 1447, 1448, 1984). Allerdings gleicht der Tibetterrier eher einem langhaarigen Hirtenhund als einem rechten Terrier. Doch selbst der den Terriern gleichfalls nur mit bedingter Berechtigung zuzuordnende Chihuahua soll verstärkt zu Linsenverlagerungen neigen (4878).

Zur *Rauflust* des Terriers ätiologisch in Verbindung bringen einige Wissenschaftler auch ein bevorzugtes Vorkommen von *Basaliomen* besonders am Kopf, und von *Plattenepithelkarzinomen,* speziell auf dem Rücken von Foxterriern. Sie glauben, daß Bißverletzungen, die in diesen Rassen besonders häufig in jenen Bereichen gesehen werden, hier von auslösender Bedeutung sein könnten (928, 5191).Dabei handelt es sich nicht wie bei Cocker Spaniels vorwiegend um Neubildungen der Hautdrüsen, sondern um echte, kutane, nekrotisierende Epitheliome (4948, 4949), für die vor allem der *Kerry Blue Terrier,* diese relativ junge, erst 1922 vorgestellte, aus »weichhaarigen« Wheaten-Terriern entstandene Rasse, anfällig zu sein scheint (2771, 2772, 2042). Dies hindert nicht, daß bei Terriern öfter die *Perianaldrüsen* entarten können (3260, 4630). Auch bei *Airedale Terriern* stellte Rahko (1968) eine erhöhte Anfälligkeit dieses größten aller Terrierschläge – ursprünglich als »Waterside Terrier« von Wilderern, die seine stumme Jagdmanier schätzten, aus Kreuzungen von Otterhounds und Terriern im Tal der Aire in Yorkshire gezüchtet – für *Hautgeschwülste* fest. Diese Befunde decken sich mit Erhebungen von Müller (1964, 1977) und anderen Autoren (1819). Aufgrund seiner Größe spielt auch bei ihm und dem Kerry Blue HD eine gewisse Rolle und wird vom Verein in Zusammenarbeit mit Röntgentierärzten bekämpft. Und auf die von einigen Tierärzten vermerkte Neigung stark pigmentierter Hunderassen zu Melanomen wurde schon bei Spaniels verwiesen. Das vermehrte Vorkommen bösartiger, melanotischer Tumore beim schwarzen Scottish Terrier weist ebenfalls in diese Richtung (1378, 4068, 4291). Dagegen stellt »*Corny Feet*« speziell des Irish Terriers eine Hyperkeratose der Sohlenballen dar, die mit Zuchtausschluß geahndet wird. Die einer Schur bedürftigen Kerry Blue Terrier – mit einer Tendenz zu *Blepharophimose* (verengter Lidspalt, 4878) – und der Bedlington (»der Wolf im Schafspelz«) zeigen eine ähnlich geringe Neigung zum Haarwechsel wie der Pudel. Weiße Pfoten oder gar Beine bei Airedalewelpen »sind sofort zu selektieren« meint Tierarzt Scheffler (4998).

Eine andere systemische Erkrankung, bei der Terrier die Liste erkrankter Tiere anführten, ist die »*Canine Atopie*« (5102, 5154, 2301), d.h. eine Juckreiz, Hautentzündungen, Rhinitis oder sogar asthmatische Anfälle auslösende *Allergiereaktion,* besonders auf Pollenantigene in der Sommerzeit (6241, 4386, 4387). Diese saisonalen Dermatitiden wurden häufig bei rauhhaarigen Foxterriern gesehen (5140), und auch in dem durch Tabelle 43 wiedergegebenen Material hielten diese die Spitze, wenngleich nach Aussagen anderer Autoren dies nicht repräsentativ für andere Populationen sein muß (5946, 5658, 6243). Neben einer rassischen Disposition verzeichnete man Linienhäufungen innerhalb der Rasse (2438), die aber offenbar nicht so straff fixiert sind, daß die Etablierung einer »Atopie-Kolonie« einfach wäre (5138). Ob die anscheinend gleichfalls überrepräsentierten Dalmatiner ihre Neigung zu allergischen Hautaffekten der bereits erwähnten Disposition zu Harnsäuregicht verdanken, ist ungeklärt. Sicher scheint nur, daß bei diesen Allergien ein Gipfel im August/September zu verzeichnen ist und eine gute Vergleichbarkeit zu entsprechenden Reaktionen des Menschen besteht.

Eine *epidermale Dysplasie* der Whities scheint dagegen mehr monogenisch geprägt (5166). Die kutane Mastzellpopulation ist erhöht in atopischen Hunden (6224).

Neben den genannten Anfälligkeiten allgemein gibt es spezielle Probleme in den einzelnen Rassen. Sie werden vom Klub f. Terrier i.a. beispielhaft offen diskutiert und angegangen, woran sich manch anderer Verein ein Beispiel nehmen könnte. So ist beim meist schwarzen *Schottenterrier*, diesem ausgesprochenen »Herrenhund«, dessen Name alles über seine Herkunft sagt (früher auch Aberdeen Terrier genannt), vorrangig die Tendenz zu *Schwergeburten* zu nennen (5148). Diese werden durch relativ zu große Früchte hervorgerufen

Tabelle 43 Atopie beim Hund (nach Halliwell und Schwartzmann, 1971)

Rasse	Rassenanteil an den Allergiefällen	Rassenanteil an den Gesamtklinikpopul.
Foxterrier	15,0%	1,1%
Weiß. Hochlandterrier	6,7%	0,9%
Dalmatiner	5,0%	0,6%
Scotch Terrier	5,0%	0,4%
Sealyham Terrier	3,3%	0,3%
Deutscher Schäferhund	3,3%	15,8%
Dackel	–	3,4%

(2022, 2023), d.h. durch ein stark dorsoventral abgeflachtes Becken, das im Verein mit großen Köpfen der Welpen und evtl. Wehenschwächen der Anlaß zu Dystokien ist. Dies gilt auch für den Sealyham Terrier, im wesentlichen eine rein weiße Ausgabe des Scottish Terriers (735; es gibt aber auch »weizenfarbige« Scotties!). Daher ist die Schottenzucht mit »Schwierigkeiten verbunden«, denen man nur züchterisch wird begegnen können. Nennenswert ist ferner eine wahrscheinlich biochemisch-zentralnervös bedingte Störung in bestimmten Linien, die sogen. »*Schottenkrämpfe*« (Scottie cramps, 4444, 1295, 4757). Diese zuerst von Klarenbeek und Mitarb. (1942) beschriebenen, in anderen Rassengruppen nur selten gesehenen (6343) hyperkinetischen Anfälle äußern sich in intermittierenden Spasmen der Rücken- und Gliedmaßenmuskulatur nach voraufgegangener Bewegung oder Erregung (5356, 3019). Durch den muskulären Hypertonus wird ein steifer Gang bei gekrümmtem Rücken bedingt, doch ist völlige Bewegungsunfähigkeit oft das Endstadium, das nur durch intramuskuläre Chlopromazin-Injektionen zu kupieren sei (3915, 3916). Jedoch ist keine vollkommene Heilung möglich und meist eine Zunahme der Anfälle mit dem Alter zu verzeichnen. Hin und wieder werden auch charakteristische Grätschstellungen gesehen, doch soll dies eine andere Variante sein (111, 112, 113). Gewisse Hinweise sprechen für autosomal rezessiven Erbgang dieser Anomalie, denn Paarung Befallener soll stets behaftete Tiere ergeben, während die Vereinigung Normaler nur dann Erkrankte hervorbringt, wenn diese miteinander verwandt waren. Einige Untersucher sehen Zusammenhänge mit Veränderungen an Stirn- und Scheitelbein in dieser Rasse (112). Ob ätiologische Querverbindungen zu den von Björck und Mitarb. (1957, 1958) in Foxterriern gesehenen, erblichen *Ataxien,* sowie zu »Krämpfen« in Norwich Terriern bestehen (2092), ist nicht bekannt. Es fällt aber auf, daß durch Kleinhirnveränderungen ausgelöste Bewegungsstörungen gerade in Terrierschlägen zur Meldung kamen (3054), so kürzlich wieder bei Kerry Blues in Form von degenerativem Kleinhirnrindenzerfall mit vermutetem rezessivem Erbgang (1535, 1536). Doch können Ganganomalien auch durch biochemisch bedingte Enzephalo- oder Myopathien bewirkt werden, wie in Irish oder Silkie Terriern registriert (6150, 6151, 4716). Tetraparesen durch Myeloenzephalopathie in einem Scotch waren offenbar gleichfalls eine distinkte Entität, wie der Neudeutsche so schön sagt.

Über ein anderes, vor einigen Jahren beschriebenes Kuriosum der Scottish Rüden, eine unverhältnismäßig große, klinisch unauffällige *Prostata* (4304, 3022, 4305), wurde später kaum wieder berichtet (1165, 6038), was aber daran liegen mag, daß diese Rasse heute relativ selten geworden ist. Pathologische Beschwerden beim Harnabsatz verursachende Hypertrophien der Vorsteherdrüse, die bei kleinen Rassen normalerweise bohnen-, bei größeren taubeneigroß ist (4817), sollen hormonell bedingt und bekämpfbar ein (2946), aber auch vermehrt in Individuen auftreten, welche darauf trainiert wurden, den Harn lange anzuhalten (5034). Sie werden zu einem hohen Prozentsatz während der Sektion angetroffen (4700), z.B. bei 86 % der Rüden im Alter von 9 Jahren (2061). Diese von metastasierenden Tumoren zu unterscheidenden, meist adenomatösen Wucherungen (2792, 82) können ein gewaltiges Ausmaß erreichen. So wurde einem Schäferhundrüden eine 5,6 kg schwere, zystisch entartete Prostata entfernt (5836). Nun vergrößert sich allerdings – analog zum Menschen – die Vorsteherdrüse bei alternden Hunden schon »normalerweise« um das 2,5fache (3634); eine Analogie besteht auch insofern, als chronische Prostatitiden nach Kastration abklingen (1387). Zu metastasierenden *Adenokarzinomen* sollen zudem mehr große Rassen neigen (4568). Schottenterrier nahmen jedoch auch in der Liste der an *»Blasenkrebs«* erkrankten Hunde einen Spitzenplatz ein (2572, 4002).

Zwei weitere, mit speziellen Zuchtproblemen belastete Rassen sind der Bull- und der Bostonterrier. Bei dem im England des vorigen Jahrhunderts aus der Kreuzung von Bulldoggen mit Terrierschlägen (eine brisante Mischung!) bewußt als Kampfhund gezüchteten *Bullterrier* (mit »Toy«-Spielart) ist die weiße Variante (Abb. 69) mehr als andere Schläge mit *Taubheit* bedingenden Gehöranomalien behaftet, die durch Degenerationen und Atrophien des Schneckenkanals bzw. Gehörnerven zustandekommen sollen (4065, 129, 3098). Sie erinnern somit an das Merlesyndrom, zumal nicht selten auch Augenanomalien und einhergehende Depigmentation des Nasenschwammes *(Schmetterlingsnase)* gesehen werden. Dieses scheint somit ein weiteres Beispiel erblicher Depigmentationsanomalien zu sein (6063). Auch in der Zuchtgeschichte dieses «kleinen Athleten mit dem furchtlosen Kämpferherzen und der Seele eines liebeschenkenden Kindes», dem man einen »Knick« in den Kopf züchtete (unphysiologische Abwinkelung der Kieferknochen, sogen. *»Downface«)*, und der wegen seines Formats als Dienstgebrauchshund nur selten, als ausgesprochener Schutzhund aber öfter Anklang fand (5240), wird über Züchter berichtet, die »berühmte« Blutlinien mit Rüden begründeten, welche sie wegen ihrer Anomalien niemals zeigten (2224), aber im Verborgenen fröhlich decken und ihre Defekte vererben ließen. Von den 1972 - 1975 durch den Dt. Club f. Bullterrier eingetragenen Welpen waren 51% weiß, 26% gestromt, 12% rot/falb und 11% schwarz. »Säule« der britischen Bullterrierzucht war ein Einhoder.

Dieser seinerzeit als »Beißmaschine« und Waffe erzüchtete Hund trägt über einem oft ferkelähnlich tiefgestelltem Rumpf einen Rammskopf, der nur aus Gebiß zu bestehen scheint und in dem die zu tief versenkten, zu kleinen und zu hoch eingesetzten Augen wie die Sehschlitze eines Panzers wirken (in der Tat gibt es einen Zwinger »Panzarkraft«), von dessen Besatzung nicht viel Intelligenz, aber blindwütiges Draufgängertum (»Rotphase«) erwartet wird. Oder verbirgt sich hinter den Schlitzaugen ein Schlitzohr, das über mehr Grips verfügt als jene Standard-Fetischisten, die ihm sein »Styling« verpaßten? Die von E. Hauck geförderte physiologischere »Kontinentalform« konnte sich leider nicht durchsetzen (438). Jedenfalls veranlagt die züchterische Verformung diesen Hund u.a. auch zu *Entropium* (4878).

Illegale *Hundekämpfe* werden heute allerdings – nicht nur – auf angelsächsischen Hinterhöfen mehr mit Pitbulls und Staffordshire-Bullterriern ausgetragen (254, 303, 412, 417). In England wird man dafür jetzt hart bestraft, wenngleich die Ermittlungsarbeit dort wie hierzulande auf erklärliche Schwierigkeiten stößt (3947, 6109). Auch die Zuhälter-Szene weiß die Qualitäten dieser Hunde zu schätzen (417); und es herrscht Uneinigkeit, ob Behandlung kampfverletzter Tiere unter die »tierärztliche Schweigepflicht« falle (2719, 353,

383, 6225). Sicher setzt man sich bei Anzeige – genau wie bei gutachterlicher Aussage vor Gericht (6109) – dem Druck krimineller Kreise aus; Verschwiegenheit (Omerta) wird aber prompt von den Medien als Mitwisser- oder gar Mittäterschaft interpretiert (3127, 433). *American Pit Bull Terriers* sollen in den letzten 5 Jahren (versicherungsaktenkundig) in den USA 38 Personen totgebissen und 50% der Schwerverletzten durch Bisse verursacht haben, 70% davon Kinder (3778, 1302)); sogar ein Expräsident wurde jüngst auf jenem Kontinent unter Strafe genommen, weil er seinen Pitbull einen Rentner killen ließ. Eine befürchtete ähnliche Entwicklung im UK durch Import und Haltung dieser Hunde (und japanische Tosa-Inus) führte ja unlängst zu der (unsinnigen) Forderung nach Tötung aller Hunde dieser Rassen (953). Und auch in Holland macht man mit dem Verbot der Zucht und Haltung vom »Pit-Bull-Terrier-Typ« ab 1.2.1993 (mit Kastrations- bzw. Sterilisations-Übergangsregelung) alles an diesem »Watschenmann« der Rassereinzüchter fest, da er ja ein »Bastard« und schwer zu definieren ist.

Sicher ist aber richtig, daß man sich im Rahmen der sogen. »*Kampfhund-Diskussion*« Gedanken darüber macht, wie man weniger diese und vergleichbar potentiell gefährlichen Hunde, sondern vielmehr ihre Züchter und Besitzer lizenziert und reglementiert (1713b). »Züchter und Liebhaber dieser Rassen müssen sich den Vorwurf gefallen lassen, viel zu lange das Image der »Nachfahren der alten Kampfhunde« gepflegt zu haben, um die Rasse interessant zu machen und die Welpenpreise nach oben zu treiben (Schreiber, 1991).« Leider gibt es genug Akademiker, die sich mit solchen Züchtern solidarisieren (3594, 1868, 1869). Es werden Schauermärchen von der Blutrunst des Bullterriers erzählt; wenn es aber stimmt, daß Hündinnen bestimmter Linien oft ihre Jungen totmachen und sich die Welpen ihrerseits im zarten Alter von 6 Wochen in der Wurfkiste so ineinander verbeißen, daß man den ganzen Wurf heraushebt, wenn man einen greift (5241), so kann man nur noch von gezielter Zucht auf *Defektverhalten* sprechen. Bruder- und Schwesternmord kommt sonst nur in Würfen gefleckter Hyänen vor (2012). »Systematisch wurde diesen Hunden die soziale Grundordnung der Hundemeute hinweg gezüchtet. Der Kampfhund akzeptiert keine Demutsgeste, er hat keine Beißhemmung gegen die Hündin, gegen den sich unterwerfenden Gegner ... Dieser Gefahr muß sich der Besitzer eines Nachkommen dieser alten Kampfhunde stets bewußt sein (Fleig, 1981)«.

»Ein solcher Hund ist »designed« für harte, lange Kämpfe und läßt oft erst aus, wenn er tot ist (Bryant, League against cruel sports, London)«. Die Kampfeswut der Bullterrier scheint sich zudem auf die Vereinsfunktionäre zu übertragen: Die Vereinsmitteilungen bestehen vorwiegend aus Darstellungen und Gegendarstellungen, einstweiligen Verfügungen und Ehrenratsbeschlüssen.

Auch in der gegenwärtigen »Kampfhund«-Debatte verbeißen sie sich darin, »die Fragwürdigkeit verfehlter Gesetzgebung« (Hamann, 1992) zu attackieren, statt die Fragwürdigkeit fehlgelenkter Züchtung einzuräumen und zu korrigieren. Einsichtige haben inzwischen den Weg der Umkehr beschritten (5242), andere umgeben diese Hunde mit der Gloriole von »Gladiatoren«.

In bestimmten Linien des *Staffordshire Bullterriers* trat jüngst – ähnlich wie beim Dobermann erwähnt – eine *Leukokorie* (weiße Pupille) bewirkende Augenanomalie auf, die durch persistierende fetale Tunica vasculosa lentis und Glaskörper-Fehlentwicklung bedingt wird (1450, 3473, 3474). Ob überdies in diesen Rassen – vielleicht von den Bullies her – eine Tendenz zu Herzklappeninsuffizienz anzunehmen ist, scheint eine Frage, die bislang nur in Australien aufgeworfen wurde (3724); genetisch ebenfalls ungeklärt sind familiäre Nierenerkrankungen, die auch unter Züchtern diskutiert werden (2768, 2769, 4061). Schwanzverstümmelungen resultieren u.U. aus *Verhaltensstereotypien* (3644).

Mit *»Staffordshire dogs«*, den Steinguthunden aus jener Region, haben besagte Kampfmaschinen jedoch nichts gemeinsam: Diese englische Lebensart signalisierenden Porzellanhunde dienen – etwa als lebensgroßer Dalmatiner – im Vorraum als Türstopper, oder als Toyspaniel-Miniaturen im Fenster zur Nachrichtenübermittlung an den Betrachter: Glotzen sie ihn abweisend an, ist sein Besuch unerwünscht, kehren sie ihm den Rücken zu, hat die Herrin nichts dagegen einzuwenden. So sollen früher Gunstgewerblerinnen dort den Besucherstrom geregelt haben (4667).

Im Gegensatz zu den o.a. Störungen im Bereich der Sinnesorgane oder des Verhaltens sind es beim *Bostonterrier* (Boston Bull, Abb. 73), dieser als rein amerikanische Schöpfung bezeichneten Kunstrasse aus Terriern und englischen und französischen Bullies – von denen er seine Neigung zu *Spaltbildungen* im Bereich des Gaumens und gelegentlich auch WS-Anomalien erbte (1728, 747) -, vor allem *Geburtsschwierigkeiten,* welche Probleme schaffen und auf die schon unter B verwiesen wurde. Und schon in dem Artikel von Benesch (1955, DTW) über Zangenextraktion ist es »natürlich« eine Bostonterrierhündin, an der eine Zangengeburt demonstriert wird. Wegen der vorquellenden Augen ist auch bei diesem Hund die Frequenz traumatischer *Keratitiden* erhöht. Auch auf die Möglichkeit sporadischen Auftretens erblicher Retina-Atrophien u.a. Augenprobleme (Grauer Star etc. 4109) in allen Hunderassen, über die beim Bedlington, Sealyham-, Tibetterrier und »Westie« gleichfalls berichtet wurde (4873, 4874, 519, 3942), konnte mehrfach hingewiesen werden, ebenso auf die *Kupferspeicherkrankheit* in Familien des ersteren (S. dort, in England scheinen alle Linien betroffen, 5513, 940), sowie auf die *Leukodystrophie* bei *Cairn* und *West Highland White Terriern,* jenen

Abb. 73 Boston Terrier - französischer Typ mit unkupierten Ohren (gez. n. V. G. Perry in J. P. Chauve, 1971)

weißen Abkömmlingen der vorgenannten, von den Hebriden stammenden Urform aller schottischen Terrier-Rassen. Sie ist von anderen in diesen Rassen vorgekommenen ZNS-Störungen abzugrenzen (4343, 4286).

Ganz amüsant ist, daß das reine Weiß des Hochlandterriers manchen ehrgeizigen Züchtern offenbar noch nicht weiß genug ist, da man sie mit etwas Gespür auf Ausstellungen dabei beobachten kann, wie sie in entlegenen Winkeln ihren Zöglingen mit Kreide das letzte »Make up« verpassen. Doch auch der Kuvacz soll ja vor Schönheitskonkurrenzen vielfach mit Bleichmitteln gewaschen werden, um den Elfenbein-Ton herauszubekommen. Nach Aussagen der erfahrenen Kuvacz-Züchterin Hanna Fuhrmann soll diese selektive Begünstigung rein Weißer auch in dieser Rasse mit einer Häufung von Hör- und Sehproblemen einhergegangen sein; in den übermittelten Zuchtunterlagen spielte aber offensichtlich zudem Inzucht eine maßgebliche Rolle – und dies ist beim Menschen nicht anders: *Mit dem Verwandschaftsgrad steigt die Häufigkeit genetischer Taubheiten* (3125).

Die in Tab. 28, D, aufgelistete, ätiologisch unklare aber zweifellos familiäre *Craniomandibuläre Osteopathie* (auch mit Ulnar-Herden) fand sich auch in Whitie- und Scottie-Linien (3803, 5570) und die schon bei Zwergschnauzern u.a. erwähnte trockene Bindehautentzündung macht offenbar dem W.H. White Terrier gleichfalls zu schaffen (4958, 3084), wobei man eine autoimmun und/oder medikamentös induzierte Basis vermutet, denn es sind vorwiegend

Hündinnen betroffen (697, 3731, 604). Wie andere Pets kam er neuerdings auch mit wohl vorzugsweise ernährungsbedingten Leber-Lipidosen ins Gerede; es mag somit sein, daß sich der durch Werbespots für Hundefutter ausgelöste Boom auf Westies insgesamt negativ für die Rasse ausgewirkt hat.

Bedenklich ist ferner, daß mit *zunehmender Verzwergung* – besonders bei den als Toy-Pets gehaltenen *Yorkshire-Terriern* (Abb. 76) züchterisch forciert (3,2 kg Maximum, nach unten »keine Grenze«) – in wachsendem Maße »Moleras« beobachtet werden (5361), jene zu Traumatisierungen und perinatalem Tod prädisponierenden, persistierenden Fontanellen im Schädel, wie sie schon beim *Chihuahua,* dem mexikanischen Zwergterrier, beschrieben wurden (S. a. B). Diese Insuffizienzen des knöchernen Schädels können ferner zu *Wasserköpfen* und Anfallbereitschaft führen (4661). Sie werden vom »Standard« geradezu gefordert und sind von infektiösen Formen zu trennen (322, 6352). Wie normal demgegenüber der Teckelkopf blieb und wie sehr sich die Bilder bei den extrem verzwergten Rassen gleichen, möge Abb. 75 belegen. Mit schwersten Traumen schon bei physiologischen Belastungen ist bei diesen Hündchen stets zu rechnen: Ein diese seine Mißbildungen im Hinterkopf/Atlas-Bereich mißachtender Yorkie blieb bewußtlos liegen als er im Schlußsprung die Tasche seiner Besitzerin verfehlte, worauf diese ihn durch 10 Min Mund-zu-Mund-Beatmung wiederbelebte und tierärztliche Kunst ihn mühselig von seinen Lähmungen befreite (5983).

Diese »kleinsten Hunde der Welt« werden somit ohne Rücksicht auf Vitalitätseinbußen für Leute gezüchtet, die – wie weiland Xavier Cugat beim Dirigieren – ihren Hätschelhund in der Jackentasche vorführen wollen. Ausgewachsene Hündinnen des mexikanischen Zwergterriers wiegen mitunter nur ca. 1 Pfund und die im Rassestandard festgeschriebene Zucht auf Glotzäugigkeit und primatenähnlichen Rundkopf (»Kindchenschema«) geht soweit, daß *Geburtsschwierigkeiten* in dieser Rasse verbreitet sind (361). Die Welpensterblichkeit ist hoch. Auch hier wird wieder geschäftstüchtig mit dem »Mitleid-Effekt« spekuliert, und weiß Gott können einem diese Hundekretins leidtun. Insofern deutet sich hier eine Konfliktsituation zwischen Tierschutz und Psychiatrie an: Der Hund als »Companion«, als Gefährte des vereinsamten Menschen. Aber bedarf es dazu defekter Hunde? Sicher ist die Zucht auf handliches Kleinformat legitim, hat aber irgendwo biologische Grenzen, die man nicht ungestraft überschreitet. Aber man beruft sich natürlich immer wieder auf die »uralte« Provenienz dieser Rassen und auf das Mekka der Fancyzucht mit Zitaten wie diesen: »Auf der Westmooreland-Show 1870 zeigte Mrs. Foster eine kleine Hündin .. sie wog 1 Pfund und 100 g. Sie war die kleinste Hündin in dieser Zeit und wurde für 100 Pfund Sterling verkauft« (3863). In der Tat, auch Kriege sind wohl so alt wie die Menschheit und dennoch ist der letzte noch genauso bescheuert wie der erste.

Abb. 74 Auf einer VDH-Ausstellung:
"Quetsch mich nicht wie ´ne Tube, die Augen fallen mir auch so aus meinem löcherigen Appelkopp; und du fiese Möp, glotz nicht so, dat kann ick alleene", meint die Handvoll Chihuahua. Schnarchton von nebenan: "Ich fixiere mit meinem Hornhautgeschwür wen ich will."

Diese unguten Tendenzen werden heute auch in anderen »*Toy-Pets*« ganz deutlich. So haben solche Spielarten oftmals zeitlebens mit schweren *Gebißanomalien* und anderen Erkrankungsdispositionen zu kämpfen, die ihren – oft ahnungslosen – Käufern viel Kummer und Kosten verursachen. Welpen dieser Pets sollen zudem vermehrt Phasen von *Hypoglykämien* zeigen, die u.U. tödlich sind (5769). Unter den Bedingungen der natürlichen Selektion wären deshalb diese Gnome längst ausgestorben oder hätte sich ihre Zwergenhaftigkeit auf ein erträgliches Maß normalisiert. Das schließt nicht aus, daß ausgewachsene Exemplare z.B. des Chihuahua ein putziges, lebhaftes Temperament an den Tag legen, kleinen Nagern eifrig nachstellen und von ihren Fans unterstellt bekommen, sie wären die einzigen Hunde überhaupt, welche in freier Wildbahn überlebensfähig seien – vorausgesetzt sie überleben ihre Geburt. Und wen wundert es noch, wenn sich unser Nackthund-Freund Joachim Weinberg, gleichzeitig passionierter Chihuahua-Züchter, zusammen mit einem einpfündigen Hundezwerg und dem »kleinsten Fernsehapparat der Welt« lächelnd der Presse stellt? Der VDH verlieh ihm die goldene Ehrennadel. Für ihre Defekthunde verlangen sie 6000.- DM und mehr (2142).

Zwischen Langhaar-Chihuahuas und Papillons bestanden offenbar Interaktionen und tatsächlich werden sie hierzulande vom selben Züchtertyp betreut.

Treibhunde, Pinscher, Terrier

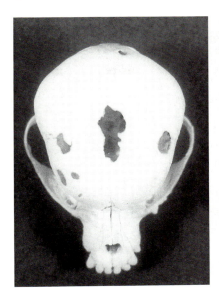
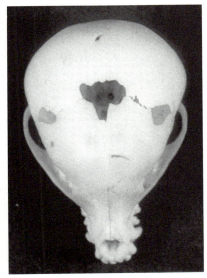

Abb. 75 Multiple Fontanellenpersistenz beim Yorkshire Terrier (links oben) und beim Zwergspitz (rechts oben); es sind nicht alle Exemplare in diesem Ausmaß betroffen. Teckelschädel rechts (n. Hahn, 1988)

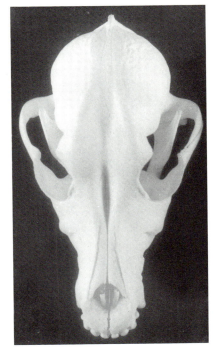

Abb. 76 (nach Wegner, 1981)
Ein Champion vom Schleifchen bis zu den geföhnten Haarspitzen: Frauchen und ihr Yorkshire-Terrier bei der Preisverleihung. Ob dies den Bedürfnissen des Hundes gerecht wird, hat bei der Prämiierung niemand gefragt. (Foto: dpa)

Das lange seidige Fell sollen die Yorkshires dagegen *Malteser*-Einkreuzungen verdanken und letztere sind deshalb auch schon unzulässigerweise »Yorkies in Weiß« genannt worden. Ein Yorkie, dessen »Mantel« nicht bis auf den Boden reicht »hat auf Ausstellungen keine Gewinnchancen (304)«. Heute wird die Haarpracht gewickelt und mit Schleifchen zusätzlich verziert, früher soll sie praktischeren Erwägungen gedient haben (779): Die Weber Yorkshires wischten sich darin ihre ölverschmierten Hände sauber (Kleenex war unbekannt); mediterrane Kanalarbeiter gingen gar noch weiter – sie sollen Hunde als lebende Klosettbürsten durch die Rohre gejagt haben. Mit seiner Haarpracht ähnelt der Yorkie sicher dem *Skye-Terrier* und muß sich wie dieser von Berlinern als »wildgewordener Handfeger« apostrophieren lassen. In Australien nachgezüchtete Varianten (Silky und Australian Terrier) sind von ihm oft nicht zu unterscheiden. »Wild« und angriffslustig – ohne Rücksicht auf eigene Verluste – sind sie in der Tat trotz ihrer Winzigkeit teilweise geblieben: Bei *Oberarmfrakturen* nehmen Yorkies einen Spitzenplatz ein – mitunter aber auch deswegen, weil sie ihren Besitzerinnen vom Arm fallen (1308). Inkongruentes Wachstum der Unterarmknochen kann in diesen Zwergen zu Radiusverbiegungen führen (4520, 3428).

Neben den genannten Rassen fanden noch viele andere in Deutschland ihre Liebhaber, so die einander sehr ähnlichen (»Kleinausgaben« des Airedale

T.) Welsh- und Lakeland-Terrier, der Irish und der eher seltene, schon fast im Pinschertyp stehende, extrem kurzhaarige Black-and-tan-Terrier, tiefschwarz mit mahagoniroten Abzeichen (durch Einkreuzung des italienischen Windspiels in Miniaturform auch als English Toy Terrier); er gibt ein Beispiel dafür, wie selbst Rassebezeichnungen durch die Politik beeinflußt werden können: Er wurde 1923 in »*Manchester-Terrier*« umbenannt, nachdem im irischen Befreiungskampf »Black and tan« zu einem Schimpfwort für die englischen Besatzer geworden war. Nach dem Ohrkupierverbot in England eine Zeitlang vom »Aussterben« bedroht, sind diese Dünnbehaarten zweifellos den Pinschern artverwandt und für Außenhaltung in kälteren Klimaten kaum geeignet.

Wie der Jagdterrier, so ist auch die andere »deutsche« Terrierrasse, Frau Schleifenbaums *Kromfohrländer,* letztlich wohl ausländischer Provenienz: Begründer soll ein aus der US-Army »desertierter« Mischling gewesen sein (375). Dieser von Rasseideologen als »Siegener Bastard« beschimpfte Hund zeigt im Haarkleid immer noch eine sympathische Variabilität. Dies mag auch für Horaks auf Scottish und Sealyham Terriern aufbauenden »Tschechischen Terrier« gelten. Leider wurden diese Rassekreuzungen dann wieder rigoros ingezüchtet, weil die Gründer sich in einem möglichst einheitlichen Rassebild ein Denkmal setzen wollten.

Die Terrier-Statistik zeigt zugleich, daß modische Strömungen die rassische Zusammensetzung von Grundgesamtheiten stark verändern können: Während 1956 Airedale und Scottie weit vorn in der Publikumsgunst lagen, nimmt 1984 der Yorkshire diese Spitzenposition ein – inzwischen scheint er durch den Westie abgelöst zu werden (Ausstellungszahlen 1987 im Terrier-Klub: 1551 Airedales, 1379 Westies, 1252 Yorkies).

Eine *American Hairless Terrier*-Mutante, rezessiv geprägt, soll mit den anderen Nackthundvarianten nicht identisch sein (5417). Und ein typischer Schweinehund schließlich sei die Mischung aus Airedale und Jagdterrier – für die Jagd auf Schwarzwild bestens geeignet (3746). Der z. Zt. auf der Insel im Trend liegende *Parson Jack-Russell-Terrier* endlich soll dem Tonträger-Werbehündchen (His master´s voice) nachempfunden sein und erhielt erst kürzlich FCI-Anerkennung.

6. Pudel und Kleinhunde

Dexler (1923) zu »Mode- und Spielhunden«: Selbstverständlich sind auch hier wirtschaftliche Beziehungen im Hintergrunde; erhält doch die jeweilige Mode der Hundehaltung ... immer auch einen Anstoß aus dem Seltenheitswert jener Rassen ...«

Wie eingangs geschildert, konkurriert der Pudel bei uns durchaus mit Bastard, Deutschem Schäferhund und Teckel hinsichtlich Beliebtheit und Häufigkeit. Zumindest auf Cacib- und allgemeinen Rassehundzuchtschauen ist er neben dem Dackel die am meisten gezeigte Rasse (225), wenngleich er an der Gesamt-Welpeneintragung (VDH) nur mit etwa 3 % beteiligt ist (Walz, 1993). Diesen relativen Anklang verdankt er zweifellos der Erzüchtung des *Klein- und Zwergpudels* sowie seinem »Outfit«, d.h. der »modernen« *Karakulschur* (5709) (bzw. der daraus entwickelten »Neuen Schur«, die in der Nazizeit als »undeutsch« verboten war. Abb. 77). Die Auskunft, welche uns Wilhelm Busch in seinem »Naturgeschichtlichen Alphabet« über den Pudel gibt, ist heute somit nur noch bedingt richtig (»Der Papagei hat keine Ohren, der Pudel ist meist halbgeschoren«). So waren vom Jahrgang 1970 bei 3893 Gesamteintragungen des DPK (Deutscher Pudel-Klub) 2684 Zwerge, 179 Klein- oder Zwergpudel, 886 Kleinpudel, 2 Klein- oder Großpudel und 144 Großpudel. Auf die einzelnen Farbschläge verteilten sich wie folgt: 1845 schwarze, 475 weiße, 270 braune, 1030 Silber- und 251 Apricot-Pudel (Rest Fehlfarben). Auch in den vorangegangenen Jahren sahen die Größen- und Farbrelationen ganz ähnlich aus, und es hat sich daran neuerdings nicht viel geändert: Eine Analyse der Wurf-

Alte Schur

Neue Schur

Abb. 77

listen (DPK) des 1. Halbjahres 1984 ergab 190 Zwerg-: 35 Klein-: 11 Großpudelwürfe, mit schwarz wiederum an der Spitze. In den Vereinigten Staaten stehen die genannten Rassen (incl. Spaniels) gleichfalls in einem ständigen Kampf um die Spitze, wobei der Pudel in den letzten Jahren allerdings meist um eine Nasenlänge vorn lag (146). Bei unseren Nachbarn Dänemark und Holland stehen sie ebenfalls auf vorderen Plätzen, während sie in Großbritannien weit hinter Deutschen Schäferhunden und Labradors rangieren (S. a. Tab. 25).

Übereinstimmend ist in allen Pudelzuchten (neben dem DPK gibt es noch die von ihm zwecks Assimilation umworbenen VDP, ADP, PZV, MPC sowie »Dissidenten«) ein Rückgang der ursprünglichsten Form, des Groß- oder Königspudels, zu verzeichnen, der wegen seiner durchaus bestehenden Eignung für Gebrauchszwecke gern auch »Jagd- oder Altdeutscher Pudel« bezeichnet wird. Wegen des ausgesprochenen Trends zu den handlichen und kostensparenden Kleinformen, aber auch wegen der unerbittlichen oberen Begrenzung der Widerristhöhe (Pudel über 60 cm »sind keine Pudel mehr«), die das Züchten repräsentativer und wohl auch attraktiver Übergrößen verhindere, sehen engagierte Großpudelzüchter ihre züchterische Basis zunehmend kleiner werden und klagen, die Großpudel wären »von Grzimek vergessen« und zum Aussterben verurteilt. Es sind Bestrebungen im Gange, auch Größen über 60 cm anzuerkennen (3429), wie in angelsächsischen Ländern längst üblich. Denn, wie schon vorn diskutiert, wird es fließende Übergänge zwischen den Größen innerhalb einer Rasse aufgrund der polygenischen Vererbung immer geben.

Bärtige, gelockte Hüte- und Jagdhunde von mittlerer bis großer Statur (»Barbets«) waren es wahrscheinlich, denen die heutigen Pudel ihre Entstehung verdanken (5078) – und in der Tat ahnt man z.B. beim größten aller Spaniels, dem kraushaarigen Irish Water Spaniel, noch diese Verwandtschaft. Vor allem Frankreich und Deutschland streiten sich um den Rang des Ursprungslandes. Pudel (frz. le caniche) soll sich von »Pfudel = Pfütze« herleiten und ein Hinweis auf die Vorliebe dieser Rasse fürs Wasser sein; tatsächlich scheinen Querverbindungen zum gelockten *Portugiesischen Wasserhund* zu bestehen, der vorgeblich »Schwimmhäute« zwischen den Zehen haben soll (430). Pudel erlangten z.T. Berühmtheit in den genannten Ländern, so »Moustache«, ein Maskottchen napoleonischer Truppen, oder jener Pudel, welchem Goethe am Weimarer Hoftheater »weichen mußte«. Vom gestörten Verhältnis dieses Dichters zu Hunden abgesehen, ließe sich eine ganze Reihe bekannter Männer aufführen, die zugleich Pudelfreunde waren (Schopenhauer, Beethoven, Thomas Mann, Churchill u.a.).

Des Pudels lockiges *Kraushaar,* im modernen oder klassischen Schnitt gestutzt, stellt zweifellos eine *Domestikationserscheinung* dar, wie wir sie in ähnlicher Form bei vielen Haustieren sehen können (sogen. »Pluripotenzerscheinung«, 3924), so bei Schafen (Karakuls), Schweinen (Mangalitzas), Lockeneseln (2658) und Pferden (Pendletonians, (2842). Diese echte Wolle des Pudels entsteht durch Fortfall oder Umwandlung der Deck- und Grannenhaare und stetiges Wachstum der feinen Unterwolle mit rückgebildetem Markkanal, welche somit der Schur bedarf, wenn sie nicht zottig verfilzen soll (»Schnürenpudel«). Da die Pudelrasse zudem eine starke Größenvariabilität zeigt – ein weiteres Domestikationsmerkmal – wurden Pudel von Herre (1971) als »typische Hunde« bevorzugt zu *Wildhund-Haushund-Kreuzungen* herangezogen. Wie schon unter C angedeutet, trugen die Erkenntnisse aus diesen Kreuzungen und Kreuzungsprodukten (»Puwos« = Pudel x Wolf, »Puschas« = Pudel x Schakal) dazu bei, daß der Wolf in seinen frühzeitlichen Varianten als Stammvater aller Hunde angesehen wird. Insbesondere das stark unterschiedliche Verhalten und die niedrigeren relativen Organgewichte des Schakals werden als Argumente angeführt (2665). Festzuhalten bleibt aber, daß trotz starker Abneigungen Pudelrüde und Schakalfähe ähnlich zu freiwilliger und fruchtbarer Paarung zu bringen waren wie Pudel und Wölfin, während andererseits der Versuch einer Wolfsrüden/Pudelin-Kreuzung an dem jahreszeitlichen Geschlechtszyklus des Wolfes scheiterte, und auch die Pudel/Wölfin-Paarung nicht ohne tödlichen Zwischenfall abging und nicht »problemlos« ist (2660, 2661). Strukturuntersuchungen des Kleinhirns verschiedener Caniden brachten zudem größere Ähnlichkeiten zwischen Kojoten, Hunden und Schakal als zum Wolf (180), so daß es vielleicht müßig erscheint, hier unbedingte Ausschließlichkeitsthesen der Abstammung verfechten zu wollen (S. a. C u. D).

Unser heutiger Pudel wird in den Größen 45 – 58 (60) cm (Großpudel), 35 bis 45 cm (Kleinpudel) und unter 35 cm (Zwerge) Wh gezüchtet, ihnen entsprechen in englischen Ländern etwa die »Standard-, Miniature- und Toy-Poodles«. In der Wurfgröße zeigen Pudel die schon unter B genannte straffe Beziehung zwischen Körpergröße und Welpenzahl: Zwergpudel bringen im Mittel 3,56 (1 – 9) Kleinpudel 4,72 (1 – 12) und Großpudel 5,97 (1 – 13) Welpen pro Wurf (2662). Die Tragzeit bleibt dadurch jedoch weitgehend unbeeinflußt und liegt zwischen 61,4 und 62,0 Tagen durchschnittlich. Auch bei starken Würfen konnten Tötungen zum Zwecke der Begrenzung der Wurfstärke auf die seinerzeit verbandsseitig vorgeschriebene »ominöse Zahl 6« (6065) durch Ammenaufzucht weitgehend unterbleiben.

Bei einem so verstädterten, d.h. vollkommen zum Liebhabertier gewordenen Hund wie dem Pudel spielen Fragen des *Farbformalismus* selbstverständlich eine große Rolle, wie auch aus den o.a. Relationen der Farbschläge zueinander hervorgehen mag. Hierauf ging schon Abschnitt C ein. So kann es durchaus passieren, daß in weißen Pudelschlägen mit vorschriftsmäßig schwarzen Nasenschwämmen rezessive Farbaufhellergene unerkannt mitgeführt werden und bei entsprechender Paarungskombination zur Homozygotie gelangen, so daß Tiere mit pigmentarmen, *braunen Nasen* fallen (6056). Hier hilft nur konsequente Zuchtauswahl und das Wissen über die Vererbungszusammenhänge weiter, zumal ehrgeizige, aber ehrliche Züchter seit jeher auf diesem Wege voranzuschreiten suchten und nicht durch »*Faking*« (= betrügerisches Färben der Fellhaare mit nicht abfärbenden Mitteln, die in guter Qualität besonders aus der BRD geliefert werden). Abwegige Geschmäcker brachten es sogar fertig, Pudel leuchtend rot einzufärben, um sie als Begleithunde von Mannequins zu farbigen Kontrastpunkten werden zu lassen. Als noch Methylenblau therapeutische Verwendung fand, erhielten allerdings weiße Hunde nicht selten auch einen »iatrogenen« Blauschimmer.

Zweifellos wird gerade der Pudel infolge der intensiven *Kosmetisierbarkeit* seiner Haare das Opfer mancher Modetorheit, und es erhebt sich die Frage, ob es nicht ohnehin eine besondere »Sorte Mensch« sei, welche diese Rasse bevorzugt, möglicherweise genau die, welche unlängst die »Damenbinde« für Hündinnen und Hunde-Rendezvous-Vermittlungsagenturen kreierte (1539). Neulich wurde auch einer geschiedenen Frau das »Sorgerecht« für den bis dato gemeinsamen Pudel zugesprochen. Die Vermutung dürfte berechtigt sein, daß vielen Pudel- und Toy-Pet-Fans als auf beengtem Raum lebenden Stadtmenschen eine mehr natürliche Einstellung zum Tier verlorengegangen ist, wenngleich es nicht immer so weit zu kommen braucht, wie in dem von Reitzel (1971) beschriebenen Fall, wo ein eifersüchtiger, das Doppelbett mit einer Witwe teilender Pudel die zuvor von ihr gelesenen Krimis nachts zerfetzte und fraß. Als Halter einer reinen Liebhaberrasse scheint gerade der Pudelbesitzer zu einer stark emotional geprägten, oft auch *vermenschlichenden Einstellung* zu seinem Tier zu neigen. So mußte Herre (1971) als Präsident eines Notvorstandes des DPK – (das alte Präsidium war wegen vereinsinterner Differenzen abgesetzt worden und führende Mitglieder verkehrten nur noch über Rechtsanwälte miteinander) – »ein Ausmaß an Emotionen erleben, welches er kaum für möglich gehalten hatte unter Menschen, die als gemeinsames Ziel der Fortschritt der Pudelzucht und die Liebe zum Pudel verbinden sollte«. Die genannten Querelen führten zur Abwanderung einiger DPK-Substanz zum VDP. Beide Vereine marschieren somit immer noch getrennt, schlagen einander jedoch vereint (beide im VDH, gemeinsame Schauen); die Pudel auf den Emblemen beider Vereine zeigen sich den Hintern, doch hat neuerdings eine gewisse Annäherung stattgefunden. In der Zeit vom März 1976 bis März 1978 (incl.) registrierte der DPK 2054 Welpeneintragungen, davon 1633 Zwerge (Rangfolge Silber – schwarz – apricot etc.), 329 Kleinpudel (schwarz vorn) und 92 große. Im VDP waren es im selben Zeitraum bei 1336 Eintragungen 725 Zwerge, 448 Kleine und immerhin 163 Große (Schwarze bei allen eindeutig vorn). Der Anteil der Zwerge war also im DPK mit 80 % wesentlich höher als im VDP (54 %); somit mag der DPK den Weg zu einem Zwerg-Pudel-Klub eingeschlagen haben. Doch auch im Schweizer Pudelklub betrug 1992 der »Zwerg«-Anteil (Zwerg- und Toypudel) 71 %; von der Gesamtzahl eingetragener Welpen (314) waren gleichfalls 42 % schwarze, gefolgt von 18 % Silbergrau.

Dort, wo Misanthropie à la Schopenhauer oder Montaigne die Quelle der Tierliebe ist (»Die Menschen sind die Teufel auf der Erde, und die Tiere die geplagten Seelen«, »Je mehr ich den Menschen kennenlerne, desto mehr liebe ich den Hund«), wo ein Mensch, vor die Wahl gestellt, einem Menschen oder Hunde das Leben zu retten, sich für den letzteren entscheidet (5928, 190), kann man nur von menschlichem Fehlverhalten und Übergängen zur Psychopathie sprechen. Ähnliches gilt andererseits auch für solche »Hundefreunde«, welche dieses Haustier als ein spielzeugähnliches, kurzfristig an- und abzuschaffendes Freizeitobjekt betrachten, eine Einstellung, die gar nicht so selten zu sein scheint und sich in der Tatsache äußern mag, daß das »Pudelgeschäft« ein »Stoßgeschäft« ist: Mit großer Nachfrage vor Feiertagen wie Weihnachten oder Ostern, aber ausgesprochener Flaute in der Sommer- und Ferienzeit.

Die geschilderten Verhältnisse, die mögliche Übertragung gewisser Neurosen oder Psychosen vom Besitzer auf den Hund, mögen dazu beitragen, daß besonders beim Pudel über das Vorkommen von *»abnormem Temperament«* (4154) sowie nervös-neurotischen Störungen berichtet wird (4695). In diesem Zusammenhange erscheint auch aufschlußreich, daß gerade der Pudel eine rassische Disposition zu *epileptiformen Anfällen* zu zeigen scheint, wie schon an anderer Stelle erwähnt (3191). Zwar wird darüber unter Pudelzüchtern nur »hinter der vorgehaltenen Hand« gemunkelt (152), und auch im Vereinsorgan finden sich nur sporadische Andeutungen (3520, 4697, 153, 154). Man fragt sich jedoch, inwieweit zu dieser Kasuistik neben hocherblichen Formen genuiner, angeborener Epilepsie (154, 3772, 3773) auch Fälle von Hysterie beitragen mögen (2500). Auch wird eine Polypragmasie bei Schoßhündchen generell ihre Disposition zu *Pyometra* sowie *Brust- und Genitalkrebs* fördern (3921).

Daß temperamentvolle, kleine Rassen wie Zwerg- und Kleinpudel eher zu nervösen Störungen inklinieren, erscheint logisch und mag auch darin seinen Niederschlag finden, daß sie für eine *Narkose* relativ mehr Narkosemittel benötigen als große, phlegmatische Tiere (2069). Man sagt ihnen eine gewisse Neigung zu Durchfällen nach (1137). In einigen, stark ingezüchteten Linien beobachtete man andererseits Neigungen zu Ohnmachtsanfällen *(Narkolepsien),* zu einer krankhaften Schlafsucht – dem Oblomowismus des Menschen nicht unähnlich (3962). Aber wer hätte nicht Verständnis dafür, daß der Hang zum Daunenpfühl zur Sucht werden kann. Jedoch wurde dieses anscheinend monogenisch vererbte, mit pathologischem Abfall des Muskeltonus einhergehende Phänomen auch in größeren Rassen wahrgenommen; eine verantwortliche Erbanlage soll Kopplung an Ig-Gene zeigen (4027, 3381, 5279, 3925, 3926, 5291, 3249).

Interessant ist zudem die Feststellung einiger Autoren, daß unter Patienten mit Hyperkortizismus *(Cushing-Syndrom)* vermehrt Pudel, wie überhaupt kleinere Rassen anzutreffen waren (1691, 1879, 5290, 3486, 4053, 4072, 4447), was allerdings von anderen nicht festgestellt wurde (1473, 4734, 4735, 6239); in einer jüngeren Erhebung waren Pudel mit 38 % aber auch wieder überrepräsentiert. Diese mit Alopezie, Muskelschwund, Freß-, Fettsucht, Insulinresistenz (Hyperglykämie) und Hängebauch einhergehende Erkrankung beruht auf einer krankhaften, idiopathisch oder hypophysär gesteuerten Vergrößerung und *Überfunktion der Nebennierenrinde* (485, 5399, 4284, 4285, 796, 4735b, 3970, 6330); Cushing's Syndrom in brachyzephalen Rassen, z.B. Boxern, soll dagegen mehr neoplastisch bedingt sein. Es werden chirurgische oder medikamentöse Therapien vorgeschlagen (5988, 4285). Von dem Cortex kann aber allgemein zumindest im zwischenartlichen Vergleich gesagt werden, daß er bei kleinen, lebhaften Tieren sehr viel größer angelegt ist als das Nebennierenmark. So beträgt z.B. das Rinden/Markverhältnis des Meerschweinchens 59:1, das des Hausschweines dagegen nur ca. 3:1 (6060). Es wäre sinnvoll zu prüfen, inwieweit hier auch bei Hunden eine rassische Variation vorliegen mag. Eine seltene, Schwäche und Taumeln verursachende Störung der Blutbildung (Makrozytose) will man gleichfalls vorwiegend bei Pudeln gesehen haben (1179).

Es erscheint jedoch fraglich, ob die besonders bei Kleinpudeln, aber auch in anderen Petrassen gehäuft vorkommenden *Störungen im Bereich der Mundhöhle,* vor allem Speichelzysten (Ranula), Zahnsteinbildungen, Stomatitiden und in Zusammenhang damit übler Mundgeruch (3193, 1759) sowie eine von Forschern vermutete Hepatitis-Prävalenz (2925) als echte rassische Dispositionen zu betrachten sind (2925) oder vielmehr durch eine in diesen Hunden eher zu befürchtende unphysiologische Ernährung (Süßigkeiten, Kuchen etc.) begünstigt werden. Und so scheint es denn konsequent, wenn weibliche ältere Pudel offenbar einmal öfter an Diabetes mellitus erkranken (3949). Auch eine verstärkte Neigung zu Zehenkrebs bei Pudeln und Schnauzern ist wenig gesichert (2041). Und auf die Tendenz zu *Patellarluxationen* und distalen *Femurläsionen* in kleinen Rassen (5893, 1760, 4822), auf die erhöhte *Otitishäufigkeit* bei Pudeln (3974) und auf eine gewisse Anfälligkeit zu seborrhöischen Hyperkeratosen (4856), desgleichen auf einige auch vermehrt bei dieser Rasse auftretende Augenerkrankungen, so *Distichiasis, Störungen des Tränenabflusses,* sowie die potentiell blindmachende progressive Retinaatrophie (590) wurde aber schon in vorangegangenen Kapiteln hingewiesen – ebenso auf die besonders in älteren Exemplaren gut pigmentierter Rassen immanente Inklination zu malignen Melanomen (896). Daneben gibt es Informationen zum Grünen Star (5979) und auch eine Häufung von Grauem Star wird Kleinpudeln nachgesagt (4421); doch ist dies ja eine sehr komplexe, in vielen Hunden auch symptomatisch u.a. als Alters- oder Diabetesform konstatierbare Sehstörung (S. a.D, Tab. 28). In einigen Zwergpudeln wurden zudem Sehnerv-Hypoplasien aktenkundig (605). Eine andere schwerwiegende Augenerkrankung, die sogen. »Zwingerblindheit« (1374), tritt jedoch nur bei den Züchtern, niemals beim Pudel selbst auf und läßt diese bedauernswerten Menschen zu schlechten Verlierern im Ausstellungsring werden.

An den Zwergpudel lassen sich nahtlos andere Klein- und »*Schoßhunde*« anfügen, weniger wegen ihrer rassischen Verwandtschaft, sondern wegen der fast identischen Struktur ihres Anhängerkreises, z.B. die »*Bichons*«: Bologneser, Havaneser und Malteser, letzerer nicht von der Insel Malta stammend, sondern angeblich ursprünglich von der Insel Melitea in der Adria (884). Nach Plinius (zit. n. Beckmann, 1894) sollen diese Hündchen schon im Altertum einem Verwendungszweck (als »Thermophoren« = Wärmespender, engl. »Comforter«, 284, sowie zur »Wollust bey den edle Weyberen«, Conrad Gesner, zit. n. Anon., 1987) gedient haben, der ihrem heutigen noch in einigem zu ähneln scheint, was aus Sätzen wie folgendem zu schließen ist:»Diejenige Art der Hunde, welche wir die melitöische nennen, lindern die Magenschmerzen, wenn man sie öfter auflegt und man kann es merken, daß die Krankheit zu ihnen übergeht, weil sie krank werden und gemeiniglich auch sterben». Zu ihnen ist auch der zwergspitzähnliche »Coton de Tulear« aus Madagaskar zu rechnen, allerdings – wie der Name sagt – mit baumwollartigem Putz (376). – Preußische Auffassung von »Staat und Hundewesen« wollte selbst in solchen Kleinsthunden nur den »Gebrauchswert« anerkennen: »... denn selbst der kleinste Hund wirkt als Alarmglocke bei Gefahr« (DTW, 1932). Auch die »*Löwchen*« (Bichons petit Chien-Lion, 376) gehören zu diesen heut raren Schoßhündchen. Wenn man heute aber in der Kynologie von »Löwenhunden« oder »Lion dogs« spricht, so meint man weniger diese wuseligen »Löwchen«, mit denen sich Rokokodamen verlustierten – wie Fragonard dies in seinen Bett-Stilleben festhielt (Künstlerisch wertvolle Vorläufer der Hart-Pornos, S. Abb. 6), und auch nicht die in Südafrika speziell für die Löwenjagd gezüchteten Rhodesian Ridgeback (aus Bluthunden und Schensis), oder gar den Leonberger, sondern mit »Tibetan Lion dogs» oder »bellenden Löwenwachhunden (Abso Seng Kye = die ganz mit Haaren bedeckten kleinen Löwen Tibets)« benamst man jene, dem Tibetterrier nahestehenden, ehemals recht robusten

Palastwächter des Dalai Lamas, die *Lhasa Apsos*.

Eng damit verwandt, und wahrscheinlich aus ihnen durch Einkreuzung von Pekinesen entstanden, sind die »Löwen« Chinas, die Shih-Tzu – mit platter Nase und chrysanthemenähnlichem Kopf infolge langer, seidiger Behaarung. »Züchter von Langhaarhunden haben sich ja für diese Rasse entschieden, weil sie Spaß am Kämmen und Bürsten haben (299)«. Verpaßt man diesen Hunden dann noch eine »Löwenschur« (= klassische Schur, d.h. nackter Hintern wie beim Pudel), sehen sie vollends wie Löwleinchen aus und entzücken die Chinesen, die ja sonst keine Löwen im Lande haben. Tatsächlich haben die Bewohner des Reiches der Mitte und der Anrainerstaaten ihre Hunde oft zum Fressen gern.

Bei uns sind die genannten Hündchen mehr Salonlöwen – mit Schleifchen im Haar; und die Zeiten müssen wohl sehr schlecht werden, daß man sie als eiserne Fleischration benutzt. Ein Hang zu Glotzäugigkeit und unbilligem Fletschen der Zähne (Vorbiß) ist bei diesen Löwchen gleichfalls durch den »Rassestandard« zu verantworten. In einigen Linien dieser Tibeter soll Nierenversagen grassieren (4234, 2777, 2778); und auf etliche allgemeine Dispositionen wurde schon unter B hingewiesen, so die ausgesprochene Veranlagung zu *Trichiasis und Distichiasis* bei Brachyzephalen, insbesondere auch bei Pekinesen (4759, 2433, 2150, 2151), beim Japan Chin und Zwergspaniel (3491, Abb. 78). Während die Trichiasis meist erworben ist, tritt Distichiasis als kongenitale Anomalie familiär gehäuft auf, was von den entsprechenden Erscheinungen beim Menschen in ähnlicher Weise gesagt werden kann (4462, 5000). Auch das vorzugsweise Vorkommen einer *Keratokonjunktivitis sicca* in diesen kleinen *exophthalmischen* Rassen mit »gerissenem Tränenfilm (1206)« wurde vermerkt (981, 4421), ebenso die Tendenz zu *Gaumenspalten* bei Kurzköpfen, insonderheit beim *Pekinesen* (2824, 2809), jenem »Peking-Palasthund« (Abb. 70) von sagenhafter Herkunft (Die heutigen Vertreter dieser Rasse sollen sich vorgeblich von wenigen, während der britischen Besetzung des Kaiserpalastes 1860 geretteten Exemplaren ableiten, 2928). Mehrfach-Vorstellungen wegen Erkrankungen sind bei Pekinesen offenbar häufiger zu konstatieren als in anderen Rassen (1604). – Eine Art hochhackiger »mißratener«Pekinese mit mehr Schnauze ist der Tibetspaniel (321): So könnte der Palasthund aussehen, wenn man biologischer denkt. Auch beim Pekinesen kann man die Anfälligkeit für Teckellähme durch Inzucht steigern (5316) – bzw. sie durch die zu fordernden Zuchtmaßnahmen bekämpfen.

Beim *Shih-Tzu,* jenem schon genannten, zum Luxusobjekt transformierten »tibetanischen Wachhund«, sind die fraglichen Anomalien ebenfalls aktenkundig (1351, 1352). Auch die Veranlagung zu Störungen des Stützapparates, zu Chondrodystrophie, Dislokationen, Perthes und Frakturen bei Toy-Rassen fand mehrfach Erwähnung (5897). Überdies wurde von sporadisch in diesen Hündlein gesehenen Besonderheiten der Blutkörperchenbildung berichtet (4986).

Krahwinkel und Merkley (1976) plädieren für eine Aufklärung der Züchter und für operatives Entfernen von Hauterkrankungen begünstigenden Faltenbildungen bei diesen Rassen, andere betonen jedoch, daß vor der chirurgischen Korrektur chronische Entzündungen bedingender Gesichtsfalten in diesen Kurzköpfen die ausdrückliche Erlaubnis des Besitzers für diese therapeutische Maßnahme einzuholen sei (2303, 4067); denn nach diesem Eingriff sei der Hund zwar gesund, entspräche aber nicht mehr dem Standard. Eine wahrhaft heroische Einstellung, die viel Beifall bei Rassezüchtern finden wird. Macht man Front dagegen (6065, 6066), bekommt man es mit dem geballten (6128, 3544), wenngleich leicht abzuwehrenden Zorn der »Betroffenen« zu tun (6067), der aber in unterirdischen Kanälen bis in den Hochschulbereich schwappt; insbesondere im medialen Augenwinkel ist ein Entropium beim Pekinesen inzisiv anzugehen (5441).

Ein bei Chris Howland erworbener »Weltsieger« kann ja doch nicht gut ein Krüppel sein? Und nachdem die erste europäische Pekinesenzucht durch Queen Victoria bzw. die Herzogin v. Richmond begründet wurde, wären Änderungen des Rassestandards wohl geradezu Majestätsbeleidigungen.

Schwere, schlaffe *Lähmungen* (Tetraplegien) können in diesen Zwergen durch angeborene Subluxationen im Wirbelbereich ausgelöst werden (1641, 1164, 2134, 3366, 4353). Ein anderes, bisher fast ausschließlich in Zwerg- oder Kleinrassen beobachtetes Phänomen ist der *Tracheal-Kollaps,* bzw. eine durch Fettsucht und Kopfform geförderte Stenose der Luftröhre (1607, 3479, 4220, 5336, 85). So mußte ein Yorkshire-Terrier erst zwei Jahre lang husten, bevor eine Luftröhrenverengung bei ihm diagnostiziert wurde (3606). Es scheint denkbar, daß die von Koch (1935) in Skye-Terriern festgestellte Kehlkopfverengung hier einzuordnen wäre. Done und Drew (1976) glauben ursächlich an eine angeborene Abflachung der knorpeligen Luftröhrenringe durch Ausdünnung der organischen Grundsubstanz, andere wieder an eine Schwächung muskulärer Anteile (895). Natürlich gibt es auch symptomatische Formen. Hinzu kommt in brachyzephalen Rassen (auch großen) eine Tendenz zur anfallsweisen Atemnot durch *Kehlkopfdeckel-Dysfunktion* infolge Arretierung der Epiglottis bei der Inspiration (3480).

Bei einer weiteren Anomalie – der den Augapfel irritierenden Einbeziehung aberranter äußerer Haut in die Bindehaut – sind die asiatischen Rassen Pekinese, Shitsu und Lhasa Apso fast unter sich (1210); bei letzteren wurde neulich auch eine familiäre *Neuropathie* mit Nierensymptomen und Bluthochdruck, sowie das Auftreten völlig furchen- und windungsloser Gehirne

Pudel und Kleinhunde 331

beschrieben (5398, 2297). Über *Geburtsschwierigkeiten* bei besonders kleinen Hündinnen des Chihuahua (2191), jenes in der Manteltasche mitzuführenden, mexikanischen Zwergterriers (Das Durchschnittsgewicht der Rüden wurde mit 3 kg angegeben, 3448), über hohe, durch *»Moleros«* (persistierende Fontanellen) und ihre Folgewirkung verursachte perinatale Verluste – in anderen, größeren Rasen nur sporadisch gesehen (4574) – konnte gleichfalls im Abschnitt B berichtet werden, ebenso über *»Zahnschwierigkeiten«* in einigen verzwergten Hunderassen (1604). So rekrutierten sich z.B. von den 22 Fällen diagnostizierter *Hydrocephali* interni 15 aus Chihuahuas, ein in Anbetracht der relativ geringen Verbreitung dieser Rasse beträchtlicher Prozentsatz (1896). Dies wird aus anderen Brachyzephalen-Statistiken bestätigt (4719). »Molera-Hunde« sind nicht für Familien mit Kindern geeignet, sondern brauchen einen sehr behüteten Platz bei einem älteren Ehepaar oder alleinstehenden Frauen (Bolt, 1988)« = d.h. sie sind nicht nur so klein, sie sind auch so zerbrechlich wie Nippes. Und auch Herr Räber von der Standardkommission

Abb. 78
Toy-Spaniel
- praktisch nasenlos

sieht noch für die »kleinsten« Hunde » ökologische Nischen« (425). Und wenn Nasti wie weiland Jane Mansfield mit ihrem Mini in der »Bunten« auftritt, so ist das natürlich ein Trendsetting.

Es erübrigt sich die Feststellung, daß die diskutierten, angezüchteten Defekte in Verein mit der Prägung durch den Besitzertyp zu multiplen *Verhaltensstörungen* führen können, wie schon bei Pudeln erörtert. So sollen einige Cavalier King Charles Spaniels den lieben langen Tag Fliegen fangen – auch wenn gar keine da sind, denn im Grunde erheischen sie nur mehr Aufmerksamkeit (3392, 2507); solche Auffälligkeiten stellten sich allerdings auch bei Hunden ein, die sich im Dunstkreis Cannabis-rauchender Personen aufhielten. Selbst *Krampfanfälle* kommen vor und mögen auf myopathisch bedingten Muskelverspannungen beruhen (6364, 6365). Immerhin stellen aber diese Cavaliere eine physiologischere Variante als die Toy-Pets King-(Black and tan) und Prince Charles Spaniel (tricolor) dar, da sie wieder mehr Nase haben (auch Ruby-Typ und Blenheim=ruby mit weiß, 6350). Grauer Star wurde öfter in diesen Hündchen registriert (4878), jüngst auch vielfach vorzeitig auftretende *abnorme Herzgeräusche* und Macrothrombozytose. Brown (1987) beobachtete zudem *Nahrungsmittelallergien,* so daß die Tiere ständig furzten, worunter sie sehr litten – und noch mehr ihre Besitzer. Wie bei Zwergschnauzern, kommen auch hier gelegentlich *neuropathologische Stereotypien* vor (3644).

Federleichte Spaniel-Spielarten (Kontinentale Zwergspaniels, Bolt, 1987) repräsentieren die *Papillons* (»Schmetterlinge«), die zu Nachtfaltern *(Phalène)* werden, wenn sie Hängeohren haben. Unerwünschte Mischformen (Kippohr etc.) existieren und angeblich auch solche Papillons, die ihre Ohren nur beim Zahnwechsel hängen lassen (897). Obwohl verwandtschaftlicher Bezug zu Chihuahuas bestehen mag, haben sie doch zumindest in der Schweiz das Glück, von der erbhygienisch sehr aufgeschlossenen Frau E. Bolt mitbetreut zu werden, die nicht nur Vereinsfunktionärin sondern offenbar zugleich Tierfreundin ist: Molera-Hunde verfallen dem Zuchtausschluß und das PL-Problem versucht man durch Offenlegung der Fälle zu bekämpfen – oder wenigstens gehbehinderte Individuen preiswerter an »nicht sehr wanderlustige« Familien abzugeben. Aus den zugänglich gemachten Zuchtunterlagen resultiert eine mittlere Wurfgröße von 2,6, eine Verlustrate von 12,4 % und eine mittlere Tragdauer von 59,5 Tagen, die sich bei Einzelgeburten auf 61 Tage erhöhte; das Normal-Erwachsenengewicht soll zwischen 2 und 4,5 kg liegen, größere Hündinnen werden mit kleinen Rüden verpaart, um Geburtsschwierigkeiten zu vermeiden. Vielleicht sollte man insgesamt die jetzt als »Übergrößen« aussortierten Exemplare zwischen 5 und 7 kg zum »Rassestandard« erheben; aber darüber gehe ja der »liebliche Ausdruck« der Rasse verloren (899). Immerhin ist ein

Minimum von 1,5 kg festgelegt und in der Schweiz werden Tiere unterhalb dieser Marge als »Verreckerlis« bezeichnet. Auch die Aussage, innerhalb der Rasse bestehe kein Zusammenhang zwischen Verzwergung und Tendenz zu *Patellarluxation* (904), wurde zwischenzeitlich korrigiert (905).

»Ich halte es für eine Schutzbehauptung mancher Züchter, wenn sie sagen, die Käufer zwängen sie dazu, 1,5 kg-Krüppelchen zu züchten (Bolt, 1993)«; und dieselbe, offenbar noch denkfähige Züchterin gibt den typisch-deutschen Problemverdrängern im »Papillon und Phalèneklub« der BRD ironische Lebenshilfe, wenn sie die Anfälligkeit der schweizerischen Schmetterlingshündchen zur Kniescheibenverrenkung »durch das hügelige Gelände« erklärt. – Kreuzbandrisse sieht man dagegen ja mehr bei großen Hunden. Die Schwäche für die Jagd auf Vögel soll diesen graziösen Hündlein der Adelsdamen vergangener Jahrhunderte (Medicis etc., 900) noch nicht verlorengegangen sein.

Eine weitere Sonderform der Liebhaberrassen, die *Nackthunde* – auf Initiative des schon bei Chihuahuas und Sharpeis auffällig gewordenen Extänzers Weinberg vom VDH dem »Club der exotischen Rassehunde« zur »Betreuung« zugewiesen – bedürfen nur aus Prinzip, beileibe nicht wegen ihrer Bedeutung, einer etwas ausführlicheren Betrachtung. Denn immerhin bemerkten selbst Außenstehende zwischenzeitlich die erhebliche diesbezügliche Scheinheiligkeit fraglichen Verbandes: »Man kann nicht die Qualzüchtungen unter der Hand für scheußlich halten, die Mitgliedsbeiträge aber eben dieser Züchter gern einkassieren (Heck, UR 2, 1993). Und zu der Schutzbehauptung, diese Mutanten seien uralte »Rassen« läßt sich nur mit Dr. Johnson sagen, daß »das Althergebrachte an einem Mißbrauch noch keine Rechtfertigung für seine Fortsetzung ist«. Denn: Beim Nackthund haben wir es offensichtlich mit einem Vorgang zu tun, den man als *Mißbrauch eines Defektgens* zur Etablierung von Liebhaberrassen bezeichnen kann, gleichgültig, ob man diese Tiere nun mexikanische, kubanische, türkische, chinesische oder ceylonesische »Haarlose Hunde« oder »Xoloitzcuintle« nennt. Denn um eine Defektmutante handelt es sich hier eindeutig: Diese Hunde, die man kennzeichnenderweise nur in wärmeren Ländern häufiger findet (1632), sind infolge ihrer fast völligen *Haarlosigkeit* für ein natürliches Leben in kälteren Zonen nicht gerüstet; Christian Körber aus Ansbach meint allerdings: »Das vermeintliche Zittern ist aber nichts weiter wie die natürliche Regulierung des Wärmehaushalts (Der Hund 11, 92)«. Aber Kohn, der seine Erkenntnisse auf dermatologische Studien stützte, schimpfte schon 1921: »Mag sein, daß nackte Hunde ihre Anomalie in heißen Ländern besser ertragen als bei uns (Anm.: sie sind aber sonnenbrandgefährdet!), wo sie als arme Kranke – das sind sie ja – zitternd vor Kälte ein elendes Dasein fristen«. Nackthunde zeigen zudem regelmäßig mehr oder weniger schwerwiegende *Anomalien des Gebisses*. Diese Tatsache hatte schon vor hundert Jahren der Tiermaler Beckmann richtig beobachtet, als er den Schädel eines Nackthundes porträtierte (Abb. 79). Auch Magitot (zit. n. Bodingbauer, 1976) konnte bei einem türkischen Nackthund lediglich 4 Incisivi feststellen und Brehms Tierleben III (1925) konstatierte gleichfalls dieses Zahndefizit. Die restlichen Zähne seien »wie aus Porzellan und nicht für Knochen geeignet (1919)«. Aber es gäbe »ja heute genug Soft-Futtermittel« meinte Herr Dr. Wirtz (1983), Zuchtobmann des VDH. Auch der FCI-Vertreter sieht das nicht so eng (2969, 305, 4614).

Es sind diese Vereins-Oberbonzen, die als nutznießende Schreibtischtäter Defektzüchtern immer wieder Alibi-Argumente liefern.

Gaspar (1930) und Letard (1930) stellten bei ihren Zuchtexperimenten fest, daß das unvollkommen dominante Gen für Nacktheit nahezu regelmäßig mit Zahnreduktionen in Zahl und Form einherging. Es fehlen meist die Prämolaren völlig, nicht selten auch Schneidezähne und Canini (3467). Dieses wurde nicht von allen (6126), jedoch von den meisten Nackthundezüchtern auch zugegeben (160), zumal selbst der amerikanische Standard für »Hairless dogs« unter»Zähne« anführt:».. weniger Zähne als die meisten anderen Hunde, Prämolaren nicht vorhanden (162)«. Diese Angaben wurden allerdings von Herrn Weinberg unterschlagen (6130). Bei Paarung nackter mit behaarten Hunden (sog.»Powder-Puffs«) fallen aufgrund der Dominanzverhältnisse in der Regel 50 % haarlose Schopfhunde. Paart man jedoch Nackthunde unter sich, so kommt es im Mittel bei 25 % Nachzucht zur doppelten Dosis, zur *Homozygotie des Nacktgens,* und diese Tiere sind nicht lebensfähig, sie sterben vor

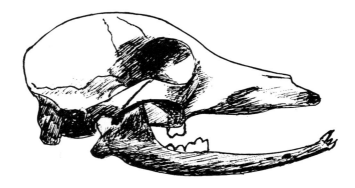

Abb. 79 Schädel eines nackten Hundes (nach Beckmann, 1894)

oder nach der Geburt (2841, 2842, 4805). Diese Befunde wurden durch neuere Untersuchungen voll bestätigt (6387): besonders auch die peri- und postnatale Mortalität war heraufgesetzt (Kimura et al., 1993, Lab. anim. 27). Denn ähnlich wie bei Nacktmäusen, scheint auch mit *Thymus* und Immunsystem nicht alles in Ordnung zu sein (2267), wie jüngere japanische Ermittlungen ergaben. Insofern gilt die Aussage von Plate (1929), es handle sich um »eine degenerative Mutation nichtletalen Charakters« nur für Heterozygote. So erklären sich »Schwierigkeiten« und hohe Verlustraten in diesen Zuchten sowie z.T. astronomisch hohe Welpenpreise, wie sie sonst nur für vitale, ausgebildete Gebrauchshunde verlangt werden:

Wenngleich Zuchtbucheintragungen der Vereine keine objektiven Gegebenheiten widerspiegeln, so fällt doch auf, daß bei Chihuahuas auf 167 Würfe 465 Welpen kamen, ein Schnitt von 2,8 Welpen also – und das trotz seiner Tendenz zu Geburtsschwierigkeiten! – beim wesentlich größeren »Chinese Crested« auf 22 Würfe aber nur 49, d.h. 2,3 Welpen pro Wurf fielen. Ohne die genannten Letalwirkungen wäre dies schwer erklärlich. Die Forderung nach völliger Aufgabe des Züchtens mit diesem Semiletalfaktor ist somit berechtigt. Wer sich ihr verschließt, darf sich nicht wundern, in den Geruch eines etwas abartigen Geschmacks zu kommen. Sicher ist es möglich, Nackthunde bei entsprechender Fürsorge zu halten, am besten wohl indem man sie ständig in wohltemperierten Räumen oder gar Betten vor den Unbilden der Witterung schützt. Unter solchen Voraussetzungen hält auch Robinson (1990) sie für »zähe Biester« – dabei vergißt er allerdings ihre Zahnschäden. Hier kann man sich jedoch jeden weiteren Kommentar ersparen und nur an das alte Sprichwort erinnern, daß »wer mit Hunden zu Bett geht, mit Flöhen wieder aufsteht«.

Vera Hempelmann meint denn auch: »Er kann ins kleinste Täschchen passen, du kannst aus Fell ihm Kleidchen nähen, und wie ein Püppchen ihn versehen, denn seine Haut ist haarlos glatt, daß man sie zu beschützen hat (260)«; diese Hunde seien »ungewöhnlich warm« meint auch Hobby-Züchterin Claudia Rauschbach aus Braunschweig und gern will man glauben, daß unserem Ober-Nackthundzüchter, Herrn Weinberg, warm ums Herz wird, wenn er seine Nackedeis tätschelt (Abb. 80).

Selbst in Mexiko sollen diese Hunde recht empfindlich auf Witterungsumschwung und Fliegenbefall reagieren, wurde der unvollkommen dominante Erbgang des Nacktgens früh erkannt (128, 2917). Weil ihre Haut sich so schön warm anfühle, würden sie hier seit alters her als Heilmittel gegen Rheumatismus benutzt. Schnaas Hintze (1976) bestätigt, daß es sich bei den in afrikanischen Ländern »Sandterrier«, in in ihrer aztekischen Heimat »Xoloitzcuintle« genannten Nackthunden um eine einheitliche Defektmutante handelt,

Abb. 80 Recht so! Nackte sollte man warmhalten, sonst beginnt ihr "vermeintliches" Zittern.

die ihre Haarlosigkeit einem *Semiletalfaktor* verdankt. Doch – so ärgert sich eine Kleinhundezüchterin (3103) – »warum eigentlich nicht mit einem Letalfaktor züchten? Das schadet den Hunden weniger als andere Zuchtziele«. Die im »Standard« stehenden haarlosen Schopfhunde werden von hiesigen Erzeugern als »temperamentvolle, abgehärtete, völlig problemlose Raritäten (64)« vermarktet,»die voller Liebe in ihren Besitzer hineinkriechen (6129)«, der Ausschuß wird unter Preis verschleudert. Denn bei deutschen Züchtern kommt natürlich erst die Rasse, dann die Kasse (6173). Ich glaube, daß es»Züchter« dieses Schlages sind, die Hunde und Katzen zu»Cats and dogs« machen (Börsenjargon = Werte mit äußerst spekulativem Charakter). Tierschützer, die sich über Siebenbürger Nackthälse (Hühner;»Skandalzüchtungen« für tropische Leistungszucht, 363) aufregen, reagieren gelassen, wenn man solche Ekel-Nackthunde und -Katzen in unseren Breiten fortzüchtet. Allenfalls als Versuchshund dürfte der Nackthund in unseren Landen eine Daseinsberechtigung haben, denn seine der unbehaarten menschlichen Haut ähnliche Körperoberfläche eignet sich gut für vergleichend-medizinische, dermatologische Untersuchungen (3224, 4560, 6387, 6388, 2849); es bestehen jedoch keine wesentlichen hämatologischen Unterschiede zu normalen Hunden, wie jüngere Forschungen ergaben. Es ist weiter vorstellbar, daß diese Chinese Crested dogs – welche die Chinesen übrigens im Gegensatz zum Chow-Chow als Nahrung verschmähten (3723) – ideal für die Anwendung einer nun auch von Tierärzten propagierten Methode wären, die wie sie, ebenfalls dem Reich der Mitte entstammt: der *Akupunktur* (1097). Die heilsamen Punkte Chung Fu oder Chi pien bräuchte man nicht lange unter dichter Behaarung zu suchen. Die exhibitiven Aktivitäten der Nackthundezüchter sind jedoch beträchtlich. 1977 stellten Chinesische Nackthunde immerhin gleich viele Champions wie Entlebucher Sennenhunde (236). Und auch Abb. 40 zeigte ja bereits, daß diese »Exoten« auf Ausstellungen gewaltig überrepräsentiert sind. Auch ist das Wort »Hundeausstellung« diesen Leuten nicht genug: Sie brauchen »Shows« und machen gern solche (6131) – sie finden sie halt »geil« wie die Kids heute sagen würden. Supergeil scheinen auch einige ihrer Zuchtprodukte zu sein: Ein zweijähriger Mexican Hairless Rüde bereitete als chronischer Masturbator größte Unannehmlichkeiten, so daß er kastriert wurde; 1 Monat danach hing er aber schon wieder mit einer Bostonterrierhündin zusammen – ohne daß daraus allerdings nackte Bastardwelpen resultierten.

Wie schon an anderer Stelle hervorgehoben und in entsprechenden Erhebungen untermauert (771), sind aber die genannten Pet-Kleinrassen in ihrer Hilfsbedürftigkeit und Abhängigkeit vom Menschen durchaus in der Lage, einen emotionalen Bedarf ihrer BesitzerInnen gegebenenfalls zu decken *(Kind-Ersatz)*, weswegen sie Fox einmal »Canis over-familiaris« nannte (1997). Der primatenähnliche Rundkopf, die großen, vorquellenden Augen bei vielen dieser Kleinrassen entsprechen dem »Kindchenschema« (Konrad Lorenz) und tun ein übriges, den Brutpflegetrieb zu aktivieren. Und so läßt denn ein Dresdener Stadtverordneter seine Pekinesin in einem Körbchen an den Sitzungen teilnehmen, da sie »hilfsbedürftig und personengebunden« sei.

Auf Mißstände, die anthropozentrische Einstellungen induzieren können, wurde nun schon mehrfach hingewiesen. Sie werden auch von engagierten Tierfreunden immer deutlicher gesehen. So schrieb mir neulich eine Frau A. Lichner aus Friedrichshafen: »Es ist tragisch, daß Tiere, nur um Käufern als Luxuszüchtung zu gefallen, ihr Leben lang leiden müssen. Wenn es solche Tiere nicht gibt, kann man sie auch nicht kaufen. Diese verrückte Züchterei müßte einfach verboten werden. Doch die Züchter verdienen an solchen armen Tieren mehr – und die dummen Angeber, die vielleicht nicht einmal Tierfreunde sind, fühlen sich besser, wenn sie etwas Besonderes an der Leine führen ...«. Selbst Außenstehende erkennen somit klar, daß hier nicht Tierliebe, sondern Renommiersucht Motivation der Tierhaltung ist. Wer diesen Tatsachen nicht ins Auge sieht und ohnehin viel abschreibt, ohne die Quellen zu zitieren, wäre besser bei seinen Gänsestopflebern im »Gourmet Brevier« geblieben, statt Hundebücher zu schreiben (3180). Dennoch bin ich in diesem umsatzbewußten Heile-Welt-Kynologen posthum dankbar, denn seine Epigonen im Basset-Hound-Club bezeichneten mich unlängst als »mittelmäßigen Geist« mit engem »Horizont«. Dadurch weiß ich endlich, warum ausgerechnet Hannover mir zur zweiten Heimat wurde, denn frei nach Theodor Lessing sei dies die Stadt, die in der Mitte Deutschlands am Mittellandkanal gelegen – seit jeher jede Art von Mittelmäßigkeit beherberge. Anders als zu Zeiten jenes Unglücklichen muß aber zumindest die hannöverschen Hochschulen mittlerweile ein überdurchschnittliches Maß an Toleranz auszeichnen, wenn sie es drei Jahrzehnte mit einem Querkopf aushielten.

7. Epilog

»Eine Diskussion über aktuelle Fragen des Tierschutzes und der Durchsetzbarkeit von Bestimmungen aus dem Tierschutzgesetz kam nicht mehr zustande, da der Diskussionsleiter mit ungewöhnlicher Deutlichkeit zur Kürze mahnte « (Hunde 18, 1992). Aber eins ist sicher: »Ich weiß aus genügend eigener Erfahrung, daß es ganz und gar keine schöne Sache ist, neugeborene Welpen zu töten« (Dr. Helga Eichelberg).

Wenn man rückblickend die in den vorangegangenen Kapiteln geschilderten allgemeinen oder speziellen Krankheitsdispositionen und Zuchtschäden betrachtet, kann man die Feststellung machen, daß nur wenige Rassen ungenannt blieben. Doch scheinen u.a. *Spitze,* jene den Nordland- und Wildhunden noch am nächsten stehenden Hunde, die »Mistbella« älterer Quellen, in angelsächsischen Ländern auch wegen der in Pommern früher verbreiteten Zucht weißer Spitze »Pomeranians« genannt, deutlich unterrepräsentiert. Dieses gilt jedoch nur cum grano salis, wenn man z.B. an die genannte Neigung des *Chow-Chows* (Abb. 71), jenes »eßbaren« chinesischen Spitzes (besonders die blaue Zunge wird oder wurde als Leckerbissen geschätzt, denn: »des Hundes Zunge ist heylsam, denn mit dem Lecken heilet er seine und andere Wunden«; 234), zu *Entropium und Stuhlbeinigkeit* denkt. Dennoch scheinen sich Spitze eine gewisse Ursprünglichkeit bewahrt zu haben. Zumindest kleine Spitze wurden aber wegen ihres oft *bellfreudigen* und zänkischen Charakters in den letzten Jahrzehnten seltener, und Erkrankungsdispositionen kamen daher weniger zur Beobachtung. Wer allerdings vor unliebsamen nächtlichen Besuchern rechtzeitig gewarnt sein will, sollte sich einen Spitz anschaffen. Auch der zur Rarität gewordene, schwanzlose *Schipperke* gehört hierher, wenngleich es sich bei ihm mehr um einen verzwergten Schäferhund handeln soll. Und letztlich verdankt der *Eurasier,* jenes von Julius Wipfel zu Weinheim in rot, grau und schwarz gezüchtete Kreuzungsprodukt, seine Rassewerdung dem echten Bedürfnis, Vitalität und Temperament des Wolfsspitzes mit dem ruhigen Wesen des Chow-Chow zu amalgamieren, wobei allerdings außerdem noch die Theorie von den Canis lupus – und den Canis aureus-Hunden in den Köpfen der Gründer spukte und zusätzlich Samojeden bei der Rassebildung beteiligt waren (377). Schade nur, daß die anfängliche Kreuzungsvitalität dieser und anderer Bastarde (Diss. Heckler, Hannover) schnell durch den Ehrgeiz ihrer "Erfinder" aufgehoben wird, sie durch Inzucht zu einer "neuen Rasse" zu vereinheitlichen.

Die den gravitätischen Gang des Chinesenspitzes fördernde, angezüchtete *Stuhlbeinigkeit* (»Schinkenwüchsigkeit«) erfährt offenbar in einigen Linien eine Akzentuierung dadurch, daß in ihnen eine vermutlich rezessiv autosomale *Myotonie* mendelt, die den Muskelnöten einiger »Mr. Universum«-Typen beim Menschen ähnelt (2991, 2992, 1857, 725, 1856). Sie ist sicherlich von in dieser Rasse beschriebenen, Zitterkrämpfe verursachenden Myelinschäden different (5878, 5881). Tod durch Erwürgen zwecks Gewinnung eines unbeschädigten Felles soll auf nordchinesischen Hundefarmen das Schicksal dieses Hundes sein; sein Fleisch, als Ragout verabreicht, dient chinesischen Weltrekordlerinnen zur Erzielung von Spitzengeschwindigkeiten. Die krankheitsfördernden Übertreibungen beim langhaarigen Chow-Chow scheinen beim leider selten gewordenen Kurzhaar-Chow-Chow nicht so ausgeprägt, sie sind jedoch bei seinem Kurzhaar-»Vetter«, dem *Shar-Pei,* noch viel extremer. Ob Chow-Chow-Hündinnen vermehrt zu schweren Formen der Gebärmuttervereiterung neigen, ist noch wenig bewiesen (5797).

Abschließend läßt sich feststellen, daß die organisierte Hundezucht erst am Anfang einer *Ausrichtung nach erbbiologischen und physiologischen Gesichtspunkten* steht. Eine künftige vermehrte Zusammenarbeit zwischen Veterinärmedizinern, Genetikern und Züchtern zum Zwecke der Eliminierung von Zuchtschäden ist eine unabdingbare tierschützerische Forderung. Neben der gezielten *Ausschaltung bestimmter Defektgene,* beispielsweise des Merlefaktors und Nacktgens, kommt es dabei vor allem auf die gemeinsame Überprüfung und *Revision gewisser Rassestandards* zwecks Verhinderung oder Eindämmung geschilderter Dispositionen an, eine Empfehlung, die so neu nicht ist (130), bei einigen Hundezüchtern aber bislang wenig Echo fand. Immerhin inaugurierte der Kennel-Club einen »Abnormality Survey« (228), und auch bei uns beginnt man knurrend über den Standards zu brüten, denn, »ein Herr Dr. Wegner, ein Bulldoggegner, kann dazu angeblich 2000 Schriftstellen zitieren« (Lorenz, UR 2, 1990). Nun denn, viel Glück auf den Weg, insbesondere, wo selbst der Vorsitzende der FCI-Standardkommission äußerte, man bräuchte da nicht zu optimistisch zu sein.

Eine menschliche Selektion sollte vorrangig bei der Zuchtzulassung, nicht bei der Geburt einsetzen. *Tötungsmaßnahmen,* welche die Zahl neugeborener Welpen unter das normale Rassemittel und die zugehörige Standardabweichung (Tab. 17) drücken, sind nicht länger tragbar und *ungesetzlich.* Zu dieser Frage wurde bereits unter B, D und bei Wegner (1974) Stellung genommen. Sie konnte 1974 in Anwesenheit von VDH- und Tierschutzvertretern ausdiskutiert werden (6071). Sicher hat mit der Haustierwerdung besonders in großen Rassen das *Reproduktionspotential,* die mittlere Anzahl geborener Welpen, gegenüber dem Wildhund (5 - 6 Junge, 5063) beachtlich *zugenom-*

men, doch ist dies bei vielen Haustieren zu beobachten und kann nicht als pathologisch bezeichnet werden. Reduktion der Wurfgröße »auf ein vernünftiges Maß« kann somit nur bedeuten, daß vereinsseitig lediglich dort eine Verminderung der Welpenzahl vorgeschrieben wird, wo diese die angegebenen Grenzen überschreitet (Tab. 17). Wie man daraus ersieht, ist selbst die in der Schweiz seit längerer Zeit gehandhabte Limitierung auf 8 (4616) für einige sehr große Rassen nicht der Weisheit letzter Schluß. Für krankhafte Fälle von Milchmangel, Gesäugeentzündung u.a. Notfälle, die u.U. sogar die Euthanasie des ganzen Wurfes erforderlich machen, kann den Züchter und Tierarzt ohnehin niemand aus der *Eigenverantwortlichkeit* entlassen. Doch sei auf die – bei verfügbarer Zeit – durchaus gegebenen Möglichkeiten der künstlichen Welpenaufzucht verwiesen (4897, 1460, 1461).

Unter Hinweis auf die gemachten Ausführungen und die genannten Grenzbereiche ist zu fordern, daß man endlich aufhört, den Verfechtern einer gesetzlicheren Handhabung der Wurfbeschränkung zu unterstellen, sie verteidigten auch noch die Aufzucht imaginärer, sporadisch einmal vorkommender Würfe von 21 Welpen durch das Muttertier. Wollen Vereine eine Verringerung der Gesamtzahl eingetragener Hunde erreichen, so sollten sie dies nicht durch willkürliches und eindeutig von der Preispolitik inspiriertes Selektieren bei der Geburt (306), sondern durch eine schärfere Beschränkung bei der Zuchtzulassung anstreben. Dadurch, d.h. durch eine vermehrte Aufzucht von Jungtieren aus züchterisch wertvollen Linien (d.h. von älteren, leistungsgeprüften Tieren) und eine strengere Limitierung bei der Köreintragung, würde die Effektivität der Zuchtarbeit wesentlich erhöht, und Selektionsprogramme zur Zurückdrängung erblich-dispositioneller Erkrankungen (nicht nur HD) könnten mit höherem Wirkungsgrad durchgeführt werden.

Nur oberflächlich betrachtet, erscheint es müßig, sich auch noch in der 4. Auflage dieses Buches dieser Thematik zu widmen. Denn zwischenzeitlich ergingen Gerichtsurteile, welche die Züchter auf den rechten Weg führten (5124b). Aber die Widerstände gegen *Ammenaufzucht* (S. a. Schäferhundstatistik, D1) und gegen flankierende, aber umständliche Maßnahmen einer Steuerung der Hundepopulation (5484, 2732, 3210) sind immer wieder groß (6074). Die *illegale »Merze«* geht munter weiter (6103, 4617) und kommt einer Verstümmelung der normalen Häufigkeitsverteilung durch Züchterhand gleich (Abb. 81, 82). Insbesondere große, wurfstarke Rassen, aber auch solche mit speziellen Problemen (Merlefaktor, Schwergeburten, S.a. Tab. 17) präsentieren eine *hohe Verlustrate.* Dies wird bestätigt durch Analysen aus der ehem. DDR (3294). Denn die Wurfabnahmen dürfen nach der VDH-ZO nicht vor der 7. Lebenswoche der Welpen erfolgen – ein breiter Spielraum für Vorgänge im Züchterkämmerlein. Da Überschuß und »Ausschuß« aber auch zur Tierheim-

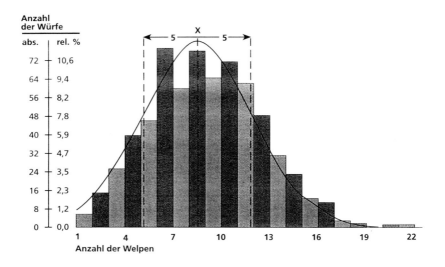

Abb. 81: DEUTSCHE DOGGEN: Merlefreie Paarungen: Wurfgröße, Mittelwert und Standardabweichungen (nach Angaben aus UNSER RASSEHUND 1971-1985

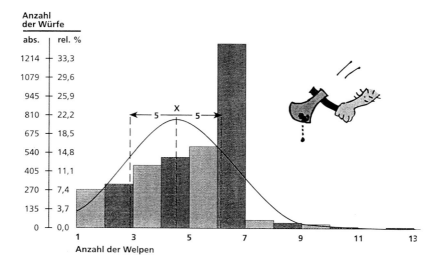

Abb. 82: Verstümmelung der Häufigkeitsverteilung ("truncated") durch Züchterhand: Eingetragene Welpen im Dt. Doggenclub Zuchtbücher Band 53-80

und Streunerpopulation beiträgt, können bornierte Rassestandards, die biologische Varianzen nicht berücksichtigen, auf diese Weise zum Hunde- und Katzenelend beitragen. So erstanden wir unsere offensichtlich reinrassige Schäferhündin Senta seinerzeit für 70.- DM im Tierhort Krähenwinkel, denn ihr einziger Fehler war gewesen, daß sie weder schwarzgelb noch wolfsgrau, sondern eben eine Mischung aus den drei Farben war (Café au lait).

Züchter und Halter müssen somit erst noch beweisen, daß die geforderte Schaffung eines *Heimtierzuchtgesetzes* (6075) gegenstandslos wird, da ihnen die Morgenröte der Vernunft und Einsicht dämmert. Sie könnten dies dadurch, daß sie sich freiwillig den Forderungen unterwürfen, wie sie in einem solchen Gesetzesvorschlag formuliert und von Tierschützern als brauchbar empfunden wurden (5110). Auch einsichtige Engländer und Amerikaner schließen sich inzwischen einer solchen Initiative für »Companion animal act« und »Control laws« an (5395, 502). Katzenfans sehen desgleichen die Notwendigkeit (6113) und in einigen US-Staaten bzw. Gemeinden funktionieren schon solche Gesetze (4028). Wegen der beinahe zeitlosen Aktualität der Probleme seien daher diese Vorschläge mit überarbeiteten Kommentaren hier wiedergegeben (modifiziert n. Wegner, 1976, 1986):

Gesetz über die Zucht, Haltung und Besteuerung von Heimtieren (Entwurf).
Einleitung.

Dieses Gesetz muß der Sonderstellung der Heimtiere in ihrem Verhältnis zum Menschen gerecht werden. Es darf nicht gewissen Vereinen oder Verbänden das Privileg der Zucht (und Preisgestaltung) zuerkennen, sondern muß für alle Züchter und Halter gültige Normen der Zucht und Haltung sowie Handhaben zu deren Überwachung festlegen. Ein Züchter und sein Zuchtprodukt muß nicht deswegen a priori schlecht sein, weil er nicht in einem »anerkannten« Verein züchtet. Auch die zahllosen Mischlinge haben unter einem ungerechtfertigten Vorurteil zu leiden. Manch ein Rassenbastard bringt von seiner Erbgesundheit bessere Voraussetzungen mit als einige degenerierte »reinrassige« Tiere mit hohen Inzuchtgraden und angezüchteten Defekten. Von diesen Erkenntnissen, dem sogenannten »Luxurieren der Bastarde« (Heterosiseffekt), macht man in der Nutztierzucht seit Jahrzehnten Gebrauch. Eine sinnvoll gelenkte, die Kombinationseignung beachtende Rassenkreuzung kann auch bei Hunden und Katzen gute Resultate erzielen, wie die Entstehungsgeschichte mancher Rasse zeigt. Von dieser Basis her gesehen wird das »rasselose« Tier zu Unrecht diskriminiert, wenngleich ja bekannt ist, daß bei extremer Unterschiedlichkeit der elterlichen Ausgangsrassen unharmonische, unschöne Kreuzungstiere entstehen können. Eine Kombinationseignung gehört schon dazu.

Die Heimtierhaltung und -zucht ist von beachtlicher volkswirtschaftlicher Bedeutung, welche bei uns die einiger landwirtschaftlich genutzter Haustiere bei weitem übertrifft (z.B. Schafe, Ziegen, Kaninchen etc.). Dieses läßt sich durch Schätzungen über den Umfang der Populationen (6069, 6078), der Umsätze der damit befaßten Industrie und des jährlichen Steueraufkommens belegen. Der Hund hat und hatte zudem stets neben seinem ideellen Wert für den Halter eine oft verkannte, bedeutsame Wach- und Schutzfunktion. Dabei handelt es sich nicht nur um einen imaginären, sonder in aller Regel um einen realen Sicherheitszuwachs. So nimmt in allen Ländern mit abnehmender Bevölkerungsdichte in einsamen, ländlichen Gebieten die Hundedichte zu, ebenso die Anschaffung großer und mittelgroßer Rassen in Großstädten mit zunehmender Gewaltkriminalität. Die Behauptung, der Gebrauchshund habe «abgedankt«, ist somit schlicht Unsinn. Zudem haben Spezialrassen oder besonders abgerichtete Hunde (Wach-, Schutz-, Polizei-, Spür-, Jagdhunde etc.) einen oft beträchtlichen Arbeits- und Gebrauchswert. Analoges gilt für die Ungezieferbekämpfung durch Katzen.

Doch auch das aus reiner »Liebhaberei« gehaltene Heimtier füllt eine wichtige soziale Lücke von großer mentalhygienischer Bedeutung (2467, 2598), denn es zeugt von Zynismus, den Wert eines Tieres für den Menschen nur daran messen zu wollen, ob es in den Kochtopf wandert oder nicht. Wir haben es hier mit einer echten Symbiose, keineswegs mit einem »parasitären« Verhältnis zu tun (2014). Besagtes Gesetz hätte den genannten Gesichtspunkten Rechnung zu tragen, die erwarteten Leistungen züchterisch zu fördern, eine verantwortungsvolle Tierhaltung (etwa durch Steuernachlaß) zu honorieren und zugleich Zwangsmittel zu bieten, um tierschutz- und umweltschutzwidrige Auswüchse zu vermeiden. Denn überall wird immer mehr anerkannt, daß Tiere auch Rechte haben, die unabhängig von menschlichen Nutzinteressen sind (2005). Es muß vor allem den Zustand beenden, daß - nicht nur in Deutschland - Tierzüchter und Trainer jeder werden kann, der sich hinstellt und behauptet, er wär' einer (4100).

§ 1: Heimtiere erwerben, züchten und halten darf nur, wer die dafür notwendigen Kenntnisse, Möglichkeiten und Reife besitzt. Züchter haben vor einer neutralen, sachkundigen Kommission den Beweis für das Vorliegen dieser Voraussetzungen zu erbringen. Sie dürfen mit dem Tierschutzgesetz noch nicht in Konflikt geraten sein.

Kommentar: Die sachkundige Kommission hätte sich aus einschlägig vorgebildeten Vertretern des Staates, der Tierzuchtwissenschaft, der Tiermedizin und des Tierschutzes zusammenzusetzen, bei denen die Gewähr für das Nichtvorhandensein von Interessenkonflikten gegeben ist. Ferner haben dieser Kommission anzugehören je ein gewählter Vertreter der Züchter und Halter. Kindern und Jugendlichen sollte die Beaufsichtigung und Haltung großer, potentiell gefährlicher Hunde nicht gestattet sein und ebenso nicht solchen

Personen, die ihre mangelnde sittliche Reife genügend unter Beweis gestellt haben, z.B. notorisch-rückfälligen Gewalttätern. Gezielt durch Zucht und Aufzucht verformte *Verhaltenskrüppel*, sogenannte »Kampfhunde« z.B., gehören zweifellos nicht in die Hände von Zuhältern, deren hervorstechendstes Merkmal eine ansehnliche Latte von Vorstrafen ist (6105). Durch Beißzwischenfälle und andere Negativentwicklungen begünstigte *Hundefeindlichkeit* wird nicht wenig zur weitgehenden Stagnation der Hundehaltung in der BRD während der letzten Jahre beigetragen haben (6109). Solchen und ähnlichen menschen- und tierfeindlichen Tendenzen gilt es – aus tierschützerischen, philanthropischen und auch aus standespolitischen Erwägungen heraus – entgegenzuwirken. Gleichzeitig sollte in der Tat ein rein kommerzieller Handel und Wandel mit Hobbytieren, ein »Puppy-Farming« und »-Trading« (454) verboten werden. Dem stehen jedoch finanzielle Interessen der Hundezuchtverbände selbst entgegen (2882).

§ 2: Vor dem Erwerb eines Tieres hat sich der künftige Halter über die Anforderungen, Konsequenzen und gesetzlichen Bestimmungen zu informieren, die in Zusammenhang mit der Tierhaltung von Bedeutung sind. Eine informierende Broschüre ist ihm spätestens beim Kauf durch den Züchter oder Vorbesitzer auszuhändigen. Ihr Empfang ist zu quittieren.

Kommentar: Eine solche standardisierte Broschüre müßte im Kaufpreis enthalten sein; sie hätte über die wichtigsten Bedürfnisse des Heimtieres hinsichtlich Unterbringung, Fütterung, Auslauf, Pflege, Erziehung, über einschlägige gesetzliche Bestimmungen, wichtige Adressen etc. kurz aber gezielt zu informieren. Sie muß frei von Werbung sein. Auch draußen sieht man den Bedarf der Information (1539).

§ 3: Der Import von Heimtieren ist nur bewährten Züchtern zu gestatten, die bei dieser Maßnahme die Verwirklichung eines Zuchtzieles oder den Aufbau einer neuen Zucht im Auge haben. Er ist bei der Kommission zu beantragen und zu begründen. Dieses betrifft nicht den Erwerb eines Einzeltieres im Ausland und das Mitbringen durch den Besitzer selbst.

Kommentar: Ein Großteil der beklagenswerten Mißstände und Konflikte mit dem Tierschutz in Vergangenheit und Gegenwart beruht in der Tat auf frühkapitalistisch anmutender, skrupelloser Kommerzialisierung des Verkehrs und Handels mit Heimtieren, der rücksichtslosen Vermarktung durch »Einfuhrgesellschaften«, der Feilhaltung in Schaufenstern der Zoo- und Hundehandlungen (1941, 195), die ihnen erst den Status eines kurzfristig an- und abzuschaffenden »Wegwerf-Gegenstandes« auf breiter Basis bescherten (5044). Nun könnte man zwar meinen, eine Gesellschaft, die das Feilbieten jüngerer Damen in den Auslagen der Bordelle zuläßt, sollte bei Hunden weniger aufgeregt reagieren, doch hinkt dieser Vergleich wohl etwas, insbesondere, was die Dauer des Erwerbs angeht. Es fehlt zudem den Tieren die Entscheidungsfreiheit, den Menschen nicht – wenn man vom Zwang der Verhältnisse absieht. Eine konsequente Anwendung von §1 und §3 scheint geeignet, hier einen Riegel vorzuschieben, wenngleich schon jetzt gesagt werden kann, daß eine einflußreiche Lobby Sturm dagegen laufen wird, da der Export von Heimtieren einen nicht unwesentlichen Faktor in der Devisenbilanz mancher Länder darstellt.

§ 4: Eine gelenkte Tierzucht hat sich in ihren Zuchtzielen und der Zahl erzüchteter Tiere nach legitimem Bedarf und Anspruch der Haltung zu richten.

Kommentar: Zuchtziel bei Heimtieren ist, wie schon betont, selbstverständlich auch die »Liebhaberei« – was nicht notwendig mit »Petischismus« gleichzusetzen ist -, doch darf dies nicht dazu führen, daß es, aus welchen Motiven auch immer, zu Defektzuchten kommt, die eine Schädigung bewußt in Kauf nehmen. Dem möglicherweise vorhandenen Verlangen einiger spezieller Heimtierhalter nach besonders hilfsbedürftigen Objekten der umhegenden Fürsorge (nach »Bettwärmern«) sind durch die Bestimmungen des Tierschutzgesetzes (§17, 11b) enge Grenzen gesetzt. Bei Zucht und Abrichtung auf einen bestimmten Gebrauchs- oder Verwendungszweck sind die Erkenntnisse moderner Tierzuchtwissenschaft und Tierpsychologie zu berücksichtigen, größere Verbände haben sich entsprechend beraten lassen. Was die Zahl der angebotenen Hunde und Katzen angeht, so ist es hier vor allem auch Aufgabe der Kommission, durch Anlegen strenger Maßstäbe bei der Erteilung der Zuchterlaubnis (für Züchter und Hund) für eine gewisse Regulierung zu sorgen. Die angestrebten Zuchtziele und Tierzahlen bei Züchtern müssen auch einem langfristigen Bedarf der Tierhaltung entsprechen und dürfen nicht nach kurzer Zeit zu einer großen Zahl »ausgedienter« und verstoßener Tiere führen. Die Zahl der von einer Hündin aufgezogenen Welpen darf den Rassendurchschnitt in der Welpenzahl und die zugehörige Standardabweichung nicht überschreiten, anderenfalls ist Ammenaufzucht oder künstliche Aufzucht geboten. Offensichtlich todkranke, lebensschwache oder mit vitalitätseinschränkenden Defekten behaftete Welpen sind durch einen Tierarzt zu begutachten und gegebenenfalls einzuschläfern. Generelle »Wurfbeschränkungen« und Tötungsgebote durch Vereine sind jedoch ungesetzlich (1797, 1798, 5109). Sie haben in den vergangenen Jahren dazu geführt, daß Tausende lebensfähiger Welpen dem Farbformalismus, befürchteten Absatzschwierigkeiten, kurz, der Vereinsdespotie zum Opfer fielen. So war z.B. im Verein für Dt. Schäferhunde die Zahl getöteter weiblicher Tiere etwa 2,5mal so hoch wie bei männlichen Welpen, obwohl es eine Tatsache ist, daß – nicht nur bei Hunden – das weibliche Geschlecht das widerstandsfähigere ist und oftmals das ministrablere. Hier soll auch nicht erneut in die schier endlosen Diskussionen zu diesem Problem eingetreten werden, die längst zu einem Abschluß kamen (6070, 6071). Sie wurden teilweise in Verkennung der Tatsache geführt, daß nicht nur eine sehr große, sondern auch eine unterdurchschnittlich kleine Anzahl von Nachkommen infolge mangelnder Stimulation des Gesäuges und Versiegens des Milchflusses zu Aufzuchtschwierigkeiten führen kann (4211), und daß es humanere Methoden der Populationsreduzierung gibt als Totschlagverfahren, z.B. auch die Verabschiedung eines Gesetzes wie das vorgeschlagene. Es wird von Züchtern offensichtlich auch verkannt, daß man auf lange Sicht eine Reduktion der Wurfgröße durch Selektion erreichen könnte, da, wie z.B. beim Schwein, so auch beim Hund die Zahl geborener Nachkommen eine gesicherte erbliche Komponente hat. Hier wäre allerdings darauf zu achten, daß nicht unbewußt auf Letalfaktoren selektiert wird.

§ 5: Für die Zucht bestimmte männliche und weibliche Tiere bedürfen der Ankörung durch neutrale, sachkundige Körkommissionen. Ihre Zusammensetzung muß die objektive Wahrung der Belange der Praxis (Züchter), der Erbgesundheit (Tierschutzwissenschaftler, Genetiker) und der Zuchthygiene (Tierarzt) gewährleisten. Nicht angekörte Tiere sind von der Zucht auszuschließen. Werden sie verkauft, sind sie vorher zu sterilisieren oder zu kastrieren. Züchter sind zur unverwechselbaren und bleibenden Kennzeichnung ihrer Tiere sowie zur Führung eines Zuchtbuches verpflichtet.

Kommentar: Neben den Forderungen, wie sie in Zuchtordnungen vieler Vereine stehen, würde dieser Paragraph den übergeordneten Gesichtspunkten der Erbhygiene und Populationsbegrenzung Rechnung tragen. Voraussetzung für die Ankörung seiner Tiere wäre auch nicht mehr die Zugehörigkeit des Züchters zu einem bestimmten Verein oder Verband, sondern lediglich sein Status als zugelassener Züchter (S. § 1) und die Qualität seiner vorgeführten Tiere und Zuchtmethoden. So betont Niemand (1977) zu Recht, daß man auch vom Hundehandel gute Welpen, von VDH-Züchtern aber miese beziehen kann. Es liegt an den organisierten Züchtern, daß sie Händler-Einwände wie diese durch Taten entkräften: »Zuchtorganisationen, die den zoologischen Fachhandel diskriminieren, sollten ihren Standpunkt überprüfen, daß sie überzählige Welpen töten lassen .... und aus derartig dezimierten Zuchten Hunde bis zu 30 % teurer handeln ... nicht aus Tierliebe (1123)«. Entscheidend ist doch die vorschriftsmäßige, hygienische Versorgung, individuelle Betreuung und zeitige Vermittlung in gute Hände.

Wie *Sterilisierungskampagnen* in den USA und England zeigten, hat diese Maßnahme nur Erfolg, wenn ein großer Prozentsatz insbesondere der weiblichen, zuchtuntauglichen Tiere erfaßt wird (192). Die Diskussionen über die Konsequenzen, Kosten und Durchführbarkeit von Massensterilisationen sind noch nicht abgeschlossen (2835, 2490, 5622, 5364, 166, 2811), doch scheint keine Maßnahme bei breiter Anwendung besser geeignet, die Heimtierbevölkerung zu steuern (2696, 5515, 5538). Dies würde jedoch erhebliche Kosten verursachen, es sei denn, man richtet staatliche Kliniken zur unentgeltlichen oder verbilligten Kastration ein – ein Vorschlag, der in England auf den Widerstand der Kleintierpraktiker stieß (255, 60, 2748), deren Mehrheit sich ohnehin zu einem Nachlaß für Minderbemittelte bereitfindet, zu einem sogen. »Discount-Neutering« (5677, 5678). Hierzulande wurden die Kosten inzwischen durch eine Vereinbarung mit dem Tierschutzbund gesenkt (444). Nur auf einen geringen Prozentsatz der reproduktionsfähigen Tiere angewendet, hätten solche Eingriffe ähnliche Wirkungen wie Fliegenklatschen bei der Moskitobekämpfung (2391). In USA bestehen z.T. Anreize durch Steuerermäßigung (1191, 2655). Neben unbestreitbaren Tendenzen zur *Verfettung* (3999) werden vor allem auch langfristige Auswirkungen solcher Operationen auf Wesen und Verhalten sowie Wachstum diskutiert (1688): Hier sind die Meinungen geteilt (3003, 4928). Doch soll bei Rüden und Hündinnen in Gebrauchsrassen weder die Leistung negativ beeinflußt, noch die Psyche nachhaltig verändert werden (2654, 4898); andererseits *nimmt danach die Neigung zum Umherstreunen, zu Aggressivität, Aufreiten und Markieren deutlich ab* (2776, 2497). Allerdings sind die Erfahrungen, die man mit Praktikern machen kann, wenn man an sie das Ansinnen der o.a. Eingriffe stellt, noch vielschichtig: Bei einer telefonischen Anfrage in Hannover lehnten zwei sie grundsätzlich ab, ein dritter nahm trotz ausdrücklichen Wunsches statt einer Kastration eine Sterilisation vor. Jedenfalls sind die genannten Maßnahmen primär aus der Sicht des vorbeugenden Tierschutzes zu sehen und nicht pauschal als Verstümmelungstaten zu diffamieren, die von eigensüchtigen Besitzern zwecks Erlangung größerer Bequemlichkeit im Umgang mit den Tieren herbeigeführt würden. Kastrierte Tiere kommen zudem in den Genuß herabgesetzter Tumor- bzw. Pyometra- und Prolaps-Disposition (2795, 2939). Allerdings sollten Gonadektomien als »pädiatrische« Operationen bei sehr jungen Individuen wohl vermieden werden, da dann zweifellos Konsequenzen für Wachstum und Skelettentwicklung zu befürchten sind. Ein entmutigendes Ergebnis einer jüngsten Statistik ist auch, daß etwa die Hälfte der Besitzer/innen ihren Hund nicht »ein zweites Mal« kastrieren lassen würden.

Nun muß nicht immer nur an chirurgische Verfahren gedacht werden. Auch die *»Anti-Welpen-Pille«* ist vermehrt in der Diskussion und Anwendung (191, 1898, 2939, 1334), doch sind hier arzneimittelrechtliche und soziologische Bedenken anderer Art zu überwinden: So soll die amerikanische Gesundheitsbehörde den Absatz eines Hundefutters untersagt haben, welches ein Contraceptivum enthielt, da sein Verzehr und seine Zweckentfremdung als

»Pillenersatz« in sozial schwachen Schichten nicht auszuschließen gewesen sei (6421). Auch in England sollen sich ja nach Aussagen des dortigen Tierschutzverbandes »Tausende« regelmäßig von Hundefutter ernähren. Bei der Hündin kommen, wie bei der Frau, vornehmlich nidationsverhindernde Mittel (Östrogene, die die Einnistung, Implantation des befruchteten Eis unterbinden, 2938, 4882, 6163) infrage. Die billigste – wenngleich nicht unbedingt effektivste – Methode sei immer noch die Leine (1239). Auch eine medikamentöse *Brunstunterdrückung* hat wegen erhöhter Pyometra-Gefahren Nachteile bei Hund und Katze (4953, 286, 323, 5387, 4197), wird aber genauso erörtert wie eine hormonelle Unterbindung der Spermiogenese (1679). Nur durch Kombination aller akzeptablen Methoden der Geburtenkontrolle, durch vermehrte Publikumsaufklärung und Öffentlichkeitsarbeit (2029) wird bei staatlicher Förderung und notfalls gesetzlicher Regelung der Zustand aufhören, daß *Euthanasie* nach wie vor in allen Ländern das Mittel zur Bekämpfung der *Pet-Bevölkerungsexplosion* ist, die letztlich durch das unvernünftige, ja grausame Verlangen vieler Tierkäufer nach Befriedigung eines kurzfristigen Bedürfnisses entsteht (2937). »It is a sick nation that kills healthy dogs« (RSPCA). Die Populationskontrolle wirft somit auch für den Tierarzt viele rechtliche Fragen auf (2462); und es ist unverantwortlich, die ständige Zunahme der Hunde- und Katzenbevölkerung pauschal und kritiklos als »positives Faktum für praktizierende Tierärzte« zu werten (3741) und gleichzeitig populationsbegrenzende Aktivitäten zu konterkarieren (6396). Denn die an Sterilisations- u.a. Tierelend-Verhütungsprogrammen mitarbeitenden Engagierten haben in der Tat das Gefühl, sie arbeiteten gegen einen nie versiegenden Strom verstoßener Tiere an, insbesondere, wenn die abschließende Evaluierung solche Programme fehlt (4868).

§ 6: Halter habe ihre Tiere so zu beaufsichtigen und zu halten, daß sie keine Gefahr für Menschen, Wild und den Verkehr darstellen und sich nicht unkontrolliert fortpflanzen können. Eine jederzeitige Identifizierung muß durch die laufende Steuernummer am Halsband möglich sein. Die Halter haben ihren Tieren genügend Auslauf und Gelegenheit zu verschaffen, sich an geeigneten, hygienisch unbedenklichen oder dafür vorgesehenen Plätzen zu lösen.

Kommentar: Auf die Gefährdung des Menschen durch u.U. tödliche Bisse unbeaufsichtigter bösartiger Hunde wurde schon hingewiesen. Potentiell gefährlich können verhaltensdefekte, umweltgeschädigte, speziell provozierte und frei herumlaufende Exemplare großer Rassen (u. Bastarde) sein; von den unter dem Stichwort »*Kampfhund*« diskutierten wenigen Ausnahmen abgesehen (6109), ist es ungerechtfertigt, bestimmte Rassen besonders inkriminieren zu wollen. Vor gewohnheitsmäßig streunenden, wildernden und herrenlosen

Hunden und Katzen in Forst und Feldmark wird die freilebende Tierwelt rechtens durch den Abschuß dieser Tiere geschützt. Allerdings ist der Jäger gut beraten, wenn er hier stark differenziert, und im Zweifelsfalle den »Finger lieber gerade läßt« (1789). Wer ein Tier vor den Augen seines Besitzers erschießt, nur weil es sich der momentanen Einwirkung desselben und des Gehorsams entschlug, handelt instinktlos und grausam – von krassen Fällen der Wilderei abgesehen. Denn für den konsternierten Besitzer ist eine solche Maßnahme oft Ermordung eines »Familienmitgliedes«, für den Jäger Schutz eines freilebenden Wildtieres, zu dem niemand, auch er selbst nicht, einen direkten persönlichen, ja intimen Bezug hat. Hier muß man zweifellos unterschiedlich gewichten (177). – Auch die wachsende Gefährdung des Straßenverkehrs bei zunehmender Hunde- und Katzenpopulation stellt ein Problem dar, wie schon betont. Für die Behandlung dabei verletzter Tiere kommt meist niemand auf (2738, 124). Hier, wie in vielen anderen Fällen der Umweltbelästigung und Tierschutzrelevanz, hilft nur die jederzeitige Identifizierbarkeit des Tieres anhand seiner Steuermarke, um die Verantwortlichen ausfindig zu machen. Es bedarf nicht der Einführung eines neuen »Tätowiersystems« oder von implantierten »Identichips«, wie im Ausland propagiert (287, 4088, 2651), sondern lediglich der Reaktivierung und straffen Kontrolle des Tragens farbiger, jährlich ausgegebener Steuermarken aus Metall. Eingepflanzte, mit einem »Leser« zu identifizierende oder zentral gespeicherte Ziffern wären allerdings ein probates Mittel, echt verlorengegangene oder entwendete Tiere wiederzufinden (2475). Nasenabdrücke wären auch hilfreich, wie jüngst gezeigt! Der letzte Punkt schließlich, die Verschmutzung öffentlicher Wege durch *Hundekot*, nimmt erst durch die Gleichgültigkeit vieler Hundehalter und Stadtverwaltungen die Gemüter regelmäßig erregende Dimensionen an, insbesondere wenn wieder einmal ein Kommunalpolitiker oder Journalist »hineintrat« und in den Medien Dampf abläßt. Kynologen müssen diese verbreitetste Ursache einer begründeten Abneigung gegen Hunde klar erkennen und bekämpfen helfen, es nützt nichts, wenn Hundeliebhaber darauf hinweisen, der Mensch sei in Wahrheit ein viel ärgerer Umweltverschmutzer, nur spiele sich dies diskret unterirdisch in der Kanalisation (194) oder über den Wolken am Ozonloch ab.

§ 7: Die Steuer ist in ihrer Höhe sozial zu staffeln, die Versteuerung selbst straff zu kontrollieren und zentral zu erfassen, so daß ein jederzeitiger rascher Informationszugriff gewährleistet ist. Ein ohne Steuermarke angetroffenes Tier ist zu konfiszieren und staatlich geförderten Tierheimen zu überantworten.

Kommentar: Die Hundesteuer in ihrer z.T. beträchtlichen Höhe hat bei uns zweifelsohne einen gewissen, *prohibitiven Charakter*, die Hundehaltung nimmt proportional mit dem Einkommen zu, wenngleich auf einige andere

Tendenzen bereits in Kapitel A hingewiesen wurde. Dabei liegt aber offensichtlich weniger in ihrem Betrag, sondern in ihrer strikten Kontrollierung der potentiell regulierende Einfluß einer Besteuerung für die Zukunft. Diese Zusammenhänge schien man auch in England durch geplante Anhebung des minimalen Steuersatzes und die Einsetzung von »Dog wardens« besser berücksichtigen zu wollen (336, 334 , 5447) – statt dessen schaffte man, mit dem mächtigen Kennel-Club als Lobby im Rücken (3745) Taxe und Registrierung ganz ab (368), was zu einem deutlichen Anstieg streunender und jährlich zu tötender Exemplare (420, 445) und zu massiven Protesten Einsichtiger führte (382, 386, 387, 408, 427, 445, 447, 449). Die immerhin inzwischen gewachsene Einsicht führte 1990 die Thatcher-Regierung an den Rand einer Abstimmungsniederlage, endgültig zu Fall kam dann allerdings die »eiserne Lady« nicht über einen Hundehaufen. Dennoch: In Dänemark ist Welpentätowierung nunmehr obligatorisch und in einigen US-Staaten gibt es mittlerweile eine »Spay or pay«-Regelung.

Bleibende Kennzeichnung von Tieren ist eigentlich auch eine Conditio sine qua non für die Ausstellung tierärztlicher Atteste (4017). Die derzeitige Steuerfreiheit der Katzenhaltung trägt sicher nicht wenig zum *Katzenelend* bei, aber auch »Tierschützer« hierzulande mögen dies so gar nicht einsehen (463); und man mag über B.B.´s Tierschutz-Aktivitäten denken wie man will, die Unterstützung solcher Vorschläge durch sie ist goldrichtig.

Schlußwort: Auch ich glaube nicht, im Besitz des Steines der Weisen zu sein, hoffe aber, durch diesen Diskussionsbeitrag einige Anregungen und Informationen gegeben zu haben. Insbesondere bin ich der Auffassung, daß eine mehr und mehr verstädternde menschliche Gemeinschaft auf Dauer nicht ohne gesetzliche Regelungen der Heimtierzucht und -haltung auskommen kann. Denn auch ein so marktbeherrschender Verband wie der VDH mit seinen Rassezuchtvereinen hat diesbezüglich versagt, weil er eben keineswegs nur ein Zusammenschluß von »Hundeliebhabern« ist, sondern eine Wirtschaftsvereinigung (1801), die nach dem Motto »Haltet den Dieb« Mißstände auf »Dissidenten« oder sogen. »Outlaws« (Pitbulls, Bandogs etc.) abwälzen möchte (2441). Diese sogen. »Hobbyzüchter« nutzen die Gesetzeslücke zwischen dem Tierzuchtgesetz (nur für landwirtschaftliche Nutztiere geltend) und dem Tierschutzgesetz (nur für gewerbliche Zuchten greifend) schamlosgewinnträchtig und erheischen und erlangen auch noch Gemeinnützigkeit (6109, 6112). Diese Lücke gilt es zu schließen.

»Das Problem ist nicht so sehr, daß es zuviele Heimtiere, sondern daß es zuviele Gelegenheitsbesitzer gibt, die nicht für ihre notwendige Versorgung und Beaufsichtigung aufkommen« (1191). »Die an Weihnachten den Kindern geschenkten Jungtiere verlieren schon bald im neuen Jahr mit dem Heranwachsen ihre »Niedlichkeit« – nur zu oft werden sie dann auf die Straße gejagt, billig weitergegeben oder dem Tierheim zur Tötung überantwortet« (1998). »Es ist dringend erforderlich, daß Veterinärmediziner und Tierschützer bei der Erziehung der Tierbesitzer zu verantwortungsvollem Handeln zusammenarbeiten. Der Besitz eines Liebhabertieres ist ein Privileg – kein Anrecht – und muß sich, wie alle Privilegien, verdient werden« (3025). Der *Tierarzt* muß hier zweifellos in vorderster Front stehen, denn »*er ist berufen, Leiden und Krankheiten der Tiere zu verhüten, zu lindern und zu heilen* (Bundestierärzteordnung)« – aber sicher nicht, sie routinemäßig zu töten.

E. Anhang

1. Katzen

Hat man an einer naturverderbenden Gartenkunst den Geschmack verloren, so sollte man um so triftigere Gründe finden, den unserer Zucht und Hege überantworteten Tieren nicht fernerhin mehr Leibesgestalten aufzubürden, die sie ihrer Lebenslust berauben und lebenslangen körperlichen und psychischen Unzuträglichkeiten und Leiden überantworten, nur damit der Snob sie bezahlt und des Kitzels einer wohligen Scherz- oder Schreckwirkung halber.
F. Schwangart, 1931

In einer »Kynologie« haben Katzen eigentlich nichts zu suchen. Doch soll in einem Anhangskapitel versucht werden dazu beizutragen, verbreitete Informationslücken über spezielle Fragen der Katzenzucht abzubauen. Spätestens mit der Eröffnung seiner Praxis merkt der Kleintierpraktiker, daß Katzen zu seinen häufigsten Patienten zählen (auch in der Hochschulklinik betrug der Katzenanteil an den Gesamtpatienten der letzten Jahre etwa 40%; 4894) und während seines Studiums, zumindest was tierzüchterische und genetisch-dispositionelle Probleme betrifft, zu Unrecht ein »Aschenputtel-Dasein« führten (6227). Hier wie anderenorts (517) kann das zu Mißhelligkeiten zwischen Katzenfans und Veterinärmedizinern beitragen. Daher gibt es heute schon etliche rein auf Katzen spezialisierte Praktiker (5380). Doch auch dem experimentell tätigen Tierarzt werden sie öfter als Versuchstiere begegnen – bei besonderem Pech (oder Glück) vielleicht sogar die eigenen, von Tierfängern eingefangenen und weiterverschacherten. Da Katzen (leider) keiner Besteuerung und Registrierung unterliegen (Frankreich beschritt nunmehr einen vorbildlichen Weg der gesetzlichen Tätowierungspflicht für Katzen), können über *Populationsumfang* nur Schätzwerte aus Stichprobenerhebungen etwas aussagen. Während er 1950 nicht wesentlich über 1 Mio lag (5292), betrug 1965 ein solcher Schätzwert 3,3 Mio Katzen für die Bundesrepublik (3896), 1969 lag er bei 3,1 Mio (1590). Dabei wurde in 5% der insgesamt 21,98 Mio Haushalte 1 Katze, in 3% wurden 2 Katzen und mehr gehalten. Nach den Untersuchungen des DIVO-Institutes würde dieses der Zahl der Hunde im genannten Zeitraum entsprechen, nach den unter A angeführten Ermittlungen aber deutlich über der Anzahl versteuerter Hunde liegen. 1981 schätzte der Industrieverband Heimtierbedarf 3,3 Mio Hunde und 3,2 Mio Katzen in der BRD, 1983 kam Effem auf ca. 3,4 Mio für beide Haustierarten; 1987 sprach man von 3,8 Mio, davon 5% »Rassekatzen« (380) und der Zentralverband zoologischer Fachbetriebe schätzte 5,7 Mio in der Gesamt-BRD.

In England soll der Umfang der Katzenpopulation den der Hunde übertreffen (zwischen 6 und 12 Mio, davon 7% Rassekatzen, 131, 123; eine andere Schätzung spricht von 3,3 Mio, 1885), während sie in den USA zur selben Zeit Kopf an Kopf lagen mit ca. 28 Mio (5105), eine nach Todd (1977) überschätzte Zahl. Aus gleichfalls nicht repräsentativen statistischen Erhebungen in den Vereinigten Staaten ging hervor, daß dort 15% der Haushalte 1 oder mehr Katzen haben (1839). Prozentual nahmen Belgien und Frankreich die Spitze der Heimtierhaltung ein. Es fällt auf, daß Mehrfachhaltung bei Katzen eher praktiziert wird als bei Hunden, ferner, daß letztere eher von Besserverdienenden (insbesondere auch »Singles»), Stubentiger dagegen mehr von kleinen Einkommen gehalten werden. Wie solche u.a. Erkundungen ergaben, wirkte sich für die Katzenhaltung günstig aus, wenn ein Einfamilienhaus mit Kindern bewohnt wurde. In den kalifornischen Erhebungen von Franti und Kraus (1974) besaßen 25-28% städtischer Haushalte 1 Katze oder mehr, aber 44% der ländlichen. Schätzungen von 40 Mio Katzen in den USA erscheinen den o.a. Autoren stark überschätzt. Hier wie bei Hunden ist die »Pet-Pollution« aber sicher ein Problem, zu dem Tierärzte klar Stellung beziehen müssen, wenn sie nicht zu »Prügelknaben« der Entwicklung werden wollen (1176).Doch selbst für die BRD meint Anna-M. Radtke (1990): »6 - 7 Mio Hunde und Katzen in einem engen, verstädterten Land sind zuviel». Besteuerung und Registrierung werden gefordert (6113, 502), von uneinsichtigen Rassekatzen-Züchtern aber prompt als »unfair, undurchführbar, unnötig« abqualifiziert (5973).

Von den in 4,3 Mio Haushalten anzutreffenden Katzen (Enigma, West-D, in 1 Mio mehr als 1 Katze, 473) sind aber nur ein Bruchteil Rassekatzen. In der Stichprobe von Bergler (1989) waren es 6% und von insgesamt 1677 dem Dt. Tierschutzbund im Zeitraum Dez. 87 bis Jan. 90 als vermißt gemeldeten Katzen waren nur 4% Perser, 1,6% Siamesen, der Löwenanteil aber kurzhaarige »Hauskatzen». Jedoch ist der *Edelkatzenanteil,* über dessen rassische Zusammensetzung Tab. 44 einen Anhaltspunkt gibt, in Kliniken oder Sektionsgut na-

Tabelle 44 Rassenstruktur der Deckkaterpopulation (Gepoolte Daten aus »Katzen« und »Die Edelkatze«)

	Total	»Perser«	Kurzhaar	Siam u. OKH	Siam
1977/81	281	174 (62%)	107 (38%)	53 (19%)	43 (15%)
1984/87	276	197 (71%)	79 (29%)	34 (12%)	25 (9%)

»Perser« = Langhaar u. Halblanghaar; OKH = Orientalisch Kurzhaar; $\chi^2 = 3{,}92^+$

türlich überrepräsentiert (2420, 765). *Perser* sind somit modisch »in«, während bei Kurzhaar (incl. Siam) ein gewisser Rückgang zu verzeichnen ist (1942), wenngleich verstärkte »Show«-Aktivitäten der Perser-Leute hier das Bild optisch verzerren können – ganz analog zu den aufgezeigten Verhältnissen bei Rassehunden. In USA gibt die CFA einen gleichfalls massiven Überhang an Persern an, weit abgeschlagen gefolgt von Maine Coon, Siam, Abessiniern u.a. – mit Scottish Folds leider schon an 7. Stelle.

Das noch recht *wildtierhafte,* unabhängige Wesen unserer Hauskatze bedingt, daß sie sich nur ungern unterordnet und mehr an Lokalitäten (Reviere, 3516) als an Personen gewöhnt – was von Katzenkennern aber für »Menschenkatzen« bestritten und nur für verwilderte Streuner bedingt akzeptiert wird. Im Gegenteil: Bei Stubenkatzen gehe Intelligenz und Anpassung z.T. so weit, daß sie das Telefon abnehmen, wenn es zu lange läute – wobei sie allerdings den Anrufer regelmäßig dadurch verprellten, daß sie es für unter ihrer Würde hielten sich zu melden. Wenn aber eine an Verwandte in 650 km Entfernung abgegebene Katze eines Tages – in trächtigem Zustand – wieder vor der Tür sitzt, so scheint dies mehr nach verzinster Rückgabe als nach sagenhaftem »Heimfindevermögen« auszusehen. »Ein Hund bleibt treu – schlägt der Herr ihm auch ein Bein entzwei« – das kann man von der Katze wahrlich nicht behaupten. »Sie hat vielmehr die in den Augen vieler Menschen abträgliche Eigenschaft, Zuneigung nur gegen Zuneigung zu verschenken« (5127). Ihre Freundschaft ist nicht »erkaufbar« wie die der meisten Hunde, die sich ja sogar hinsichtlich der Krebsdisposition an den Menschen anpaßten: Sie teilen mit ihm das Faible für Brustkrebs im weiblichen, und eine Neigung zu Hautkrebs im männlichen Geschlecht (2476) – während Katzen sich mehr auf Mesenchym- und Blutkrebs kaprizierten. Mit FIV infiziert, entwickeln sie allerdings ein AIDS durchaus vergleichbares Syndrom (5266, 3921).

Verwilderte Katzen behaupten sich in freier Natur gut und können bei Überhandnahme eine Bedrohung frei lebender Wildarten darstellen (1356, 556, 2428, 1), doch wird diese Gefahr von Jägern und Vogelliebhabern offenbar überschätzt (4567, 4679, 1275). Dabei seien Jagdreviere weiblicher Katzen und ihrer Jungen enger begrenzt als die grenzüberschreitender Kater – was Inzucht vermeidet (1484); aber selbst in Löwenrudeln wirkt ja ähnlich wie in Katzenkohorten eine Wanderzeit überzähliger Männchen dem entgegen (4330, 2546, 5021). Andererseits kann es in geschlossenen *»Katzen-Sozietäten«,* z.B. auf größeren Gutshöfen oder in Buddhistentempeln, durchaus zu höheren Verwandtschaftsgraden kommen (1836, 3682). Katzen gewöhnen sich bei einer Verpflanzung in eine andere Umgebung offenbar auch leichter ein als beispielsweise Hunde bei einem vorübergehenden Tierheim-Aufenthalt (2711). Die Katze ist aber kein »asoziales« Tier und eignet sich bei einfühlsamer

Behandlung gut als Gesellschaftstier, als »purrfect friend« (379, 380, 2510), wenngleich auch hier wie bei Hundewelpen die *Sozialisierungsphasen* zur entsprechenden Prägung genutzt werden müssen (6277) und einmal erwachsene Katzen ein starkes Revier-Verteidigungsverhalten zeigen. Ob man allerdings Gemüts- und Geisteskranken »eine Katze auf Rezept« verschreiben sollte, sei dahingestellt (2101, 5972); eine an Parkinsonscher Schüttellähme erkrankte Frau wurde jedenfalls Aggressionsopfer ihrer eigenen Katze (823) – auch der umgekehrte Weg ist denkbar. Jedenfalls sollte man Katzen, die ohnehin zu intensiver, explorierender Kontaktsuche bei ihnen unbekannten Personen neigen, »auf sich zukommen lassen«, sich nicht aufdrängen, sonst wird man leicht Gegenstand einer angstinduzierten, spielerischen oder Übersprung-Aggression (4493, 5942). Solche plötzlichen Frust-Attacken auf den Menschen als Ersatzobjekt können – als idiopathische Aggressivität mißdeutet – Anlaß zur Euthanasie werden (1228).

Das Problem unbeaufsichtigter und herumstreunender Tiere spielt jedenfalls überall eine größere Rolle als bei Hunden (151, 2179) und auch in Tierheimen liegt die Sterbe- bzw. Euthanasierate infolge ständiger Überbelegung wesentlich höher (4964). Die unterschiedliche Situation bei Hund und Katze spiegelt sich auch darin wider, daß – nach einer Umfrage in USA – 48% der Hunde von Züchtern erworben, 13% aus Tierheimen ausgelöst, 19% über Anzeigen oder Tierhandlungen gekauft, 10% von Nachbarn erhalten und nur 10% als Streuner adoptiert wurden –, während bei Katzen 36% aufgenommene Herrenlose, 21% Tierheiminsassen, 30% ein Geschenk des Nachbarn und nur 13% gekaufte Rassekatzen waren (4028). Das *Katzenelend* resultiert somit auch daraus, daß die Katzenanschaffung überwiegend spontan, ohne Planung erfolgt und den Tieren dann aus Bequemlichkeit und Gleichgültigkeit ein »freies Revieren« in der Umgebung gewährt wird (473). Die DDR institutionalisierte Tier-Kontroll-Dienste, die streunende Katzen fingen und töteten; die Felle wurden einer Pelzfabrik in Leipzig zugeführt – jüngst wurden über 10000 davon auch von Katzengenetikern zur Genfrequenzermittlung benutzt. Im übrigen will Herr Schmitter, Präsident der DRU, zwischen Arbeitslosenrate und »wilder« Katzenzucht ähnliche Zusammenhänge festgestellt haben, wie für Hunde beschrieben (Katzen 23,2). Allein in Deutschland dürften jährlich 100000 im Freiland sich bewegende Katzen von Jägern abgeschossen werden (2609, 406) und jeder Autofahrer weiß ja, daß sie auch auf den Straßen einem grimmigen Aderlaß unterliegen; in den Kochtopf wandern sie dagegen in allen Ländern wesentlich seltener als der Hund, wenngleich es diesbezüglich regionale Unterschiede zu geben scheint. So sollen die China-Katzen – mit seidenweichem Langhaar – in ihrer Heimat in schöner Eintracht mit dem Chow-Chow gemästet und gegessen worden sein (5080). Und auf der Insel St. Lucia werden von den Einheimischen wohl herrenlose Katzen, nicht aber Hunde verspeist (1146). Doch selbst hierzulande beklagte Schwangart noch 1936, daß »Fang und Tötung von Katzen des Fleisches wegen öfter vorkommt als bekannt ist« und monierte, daß in einem Jubiläumsaufsatz der Tierärztlichen Hochschule Hannover über Prüfung von Fleischwaren die »Beimengung von Katzenfleisch« vergessen sei. Auch die noch ein Jägerdasein fristenden Aboriginals Australiens und Indonesiens sollen gebratene Katzen nicht verachten (565): »Ich sah, wie eine Katze nachmittags getätschelt und abends gegessen wurde (856)«. Als es Roms »heiligen Katzen« an den Kragen gehen sollte, protestierten nicht nur die Tierschützer, sondern auch Leute, die meinten, Katzen seien als Rohstoff für einige Restaurants und Labors nicht verzichtbar. Und für die Fabrikation flotter Damenpelze werden die Felle toter Katzen hierzulande gleichermaßen genutzt wie die der Hunde (1925).

Auch zu Kreuzungen mit heimischen *Wildkatzen* (Felis silvestris) kann es kommen, die fruchtbar sind (4792), wenngleich die europäische Wildkatze, deren Zahl seit einigen Jahren wieder wächst (z.B. in der Eifel, im Harz und anderswo, 4352, 4628, 4632), nicht zu den direkten Vorfahren der Hauskatze gerechnet wird. Sie unterscheidet sich von ihr durch höhere Körpergewichte, kurzen, starken Schwanz (»wie abgehackt«), hellen Nasenspiegel und praktisch unzähmbares Naturell. Einige Forscher sind allerdings der Meinung, daß es kaum noch reine Wildkatzen, sondern nur Hybriden zwischen Felis silvestris und Felis catus dom. in Europa gäbe (5580).

Im Gegensatz zum Hund weist die Katze eine weitgehende anatomische und physiologische *Uniformität* auf (3421), und alle Katzenrassen sind im wesentlichen nur Varianten der Pelzfarbe und -länge. Daneben wird noch ein sogen. »Plumptyp« (z.B. Europäisch Kurzhaar) und ein »Schlanktyp« (z.B. Siamesen) unterschieden. Selbstverständlich kommen aber auch bei Katzen sporadisch hypophysäre oder achondroplastische *Zwerge* vor (2511, 1388, 2605), gibt es auf der anderen Seite die recht große »waschbärenähnliche« Rasse *Maine Coon* (vorgeblich mit Luchs-Blutanteilen, was wenig wahrscheinlich ist); sie soll 1 m Länge über alles erreichen (1335). Doch halten sich ansonsten die Größenunterschiede in Grenzen. Bezüglich grundsätzlicher Dinge und Einzelheiten über Bau und Funktion sei auch bei Katzen auf die schon beim Hund angegebenen Standardwerke verwiesen, hinsichtlich spezieller katzenkundlicher Information auf die Büchlein von Petzsch (1969), Wolff (1984) und die vielen Veröffentlichungen von Schwangart (1954). Kein Katzenfan wird auch an dem Buch von Damjan und Schilling (1969), an A.M. Radkes einfühlsamen Katzengeschichten (1988) und an »Keysers praktischem Katzenbuch« vorübergehen (6287).

Kürze der Gesichtsschädelknochen, offene Orbita und nebeneinander, in einer Ebene liegende Augen lassen bei der Katze den Eindruck eines

Abb. 83 Europäisch-Kurzhaar (silbergetigert) in Kopulation – Nackenbiß und Kopulationsschrei

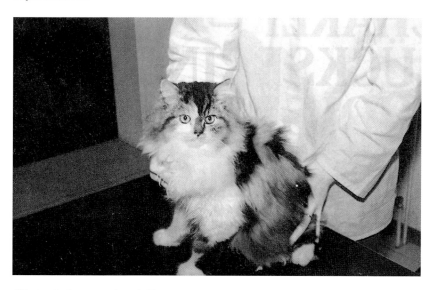

Abb. 84 Charly, ein steriler Schildpattkater (Perser, schildpatt mit weiß)

Katzen

Abb. 85 Die wildfarbene Abessinierkatze

Abb. 86 Siamkatze mit Akromelanismus

Abb. 87 Die »heilige« Birma – halblanghaarig und mit weißen Pfoten

Abb. 88 Die kurzhaarige Burma

Katzen

Abb. 89 Kartäuserkatze – blaugrau mit gelben Augen

Abb. 90 Russisch-blau – blaugrau mit grünen Augen

gedrungenen *Rundkopfes* entstehen, was besonders von den langhaarigen *Persern*, aber weniger von den Siamesen gesagt werden kann. »Nasenspiegel, Stirn und Kinn bilden eine Gerade bei typvollen peke-face Persern und es wäre rückgratlos, sich dem Diktat einer Minderheit von Gesundheitsfanatikern zu beugen« meint Züchterin Heike Freundt (Katzen extra 4, 1993). In Perserkatzen zeigt sich somit zweifelsfrei eine an überzüchtete Hunderassen erinnernde Tendenz zur mit vermehrter Gesichtsfaltenbildung einhergehenden *Brachyzephalie* (4055, 2631). Das wird in Präparaten repräsentativer Schädel ganz deutlich (Abb. 91),kam auch in den Erhebungen von Schlegel (1982) zum Ausdruck und es ist sicher, daß dies eine erhöhte *Schwer- und Totgeburtenrate* (3622, 4523, 4531, 6204) und eine Disposition zu *Prognathien, Wasserkopf, Epiphora, Entropium* und *Hornhautsequester* bedingt (828, 4410, 4416, 4421, 5438, 5404, 5443, 5456). Dies sind keinesfalls nur chirurgische, sondern – wie schon Blethon und Mitarb. (1976) anprangerten – vor allem züchterische Probleme, und endlich sieht man auch beim Cat Fancy Club in England Ansätze, hier gegenzusteuern (3806). Die ungute Zucht auf runde Köpfe und kurze Nasen scheint neuerdings auch bei Burmesen mit liniengehäuften Schädeldeformationen einherzugehen (6529, 4192). Inkongruentes Kieferwachstum und *Malokklusion* sind daher in Rassekatzen verbreitet (4915).

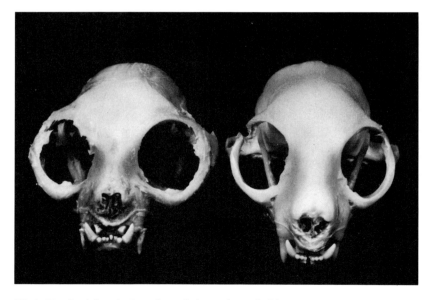

Abb. 91 Mopsköpfigkeit der Perserkatze (links); rechter Schädel von normaler Kurzhaarkatze.

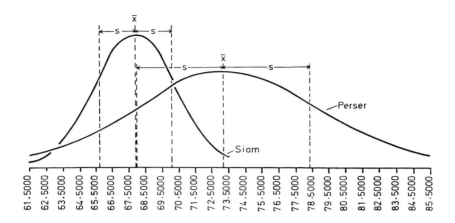

Abb. 92 Schädelindex

In der Arbeit von Hain (1986) zur rassischen Variation einiger Schädelmerkmale in verschiedenen Katzenrassen wurde eine statistisch hochgesicherte Unterschiedlichkeit des *Schädelindex* (Verhältnis Breite zu Länge) ganz deutlich, wie Abb. 92 demonstriert. Aus der partiellen Überlagerung beider Kurven ergibt sich aber, daß die Rasseverschiedenheit hinsichtlich dieser Merkmale noch nicht so weit fortgeschritten ist, daß eine züchterische Umkehr bei Persern nicht mehr möglich oder nur durch Einkreuzen anderer Rassen machbar wäre. Die Perserkatzen besitzen somit derzeit noch genügend »normale« genetische Varianz, um den Züchtern eine solche Rückbesinnung und eine Korrektur dieser Rasse aus sich selbst heraus zu ermöglichen. Die geschilderten Abstriche in der Vitalität beim Langhaar mögen allerdings dazu beitragen, daß sie im Schnitt offenbar seltener zu Aggressionen neigen als Kurzhaarkatzen, wie jüngere Untersuchungen ergaben, jedoch zu mehr *Hautpilzinfektionen.*

Das *Gebiß* ist durch Reduktionen im Bereich der Molaren und Prämolaren noch weniger zum Kauen geeignet als beim Hund. Die 26 Milch- und 30 bleibenden Zähne (beim Luchs nur noch 28!) finden sich in folgender Anordnung (267):

Milchgebiß
I 3/3 C 1/1 P3/2 (x 2 = 26)
Ersatzgebiß
I 3/3 C1/1 P3/2 M1/1 (x2 = 30)

Mit 3,5 Monaten beginnt der *Zahnwechsel* an den Incisivi und ist mit 5 – 6 Monaten an den Canini abgeschlossen, die Molaren haben keine Milchzahnvorläufer. In Verlaufsuntersuchungen an 1707 Kurzhaarwelpen kam Brower-Rabinowitsch (1976) zu etwas anderen Ergebnissen: Der Durchbruch der Milchzähne begann an den Schneidezähnen mit dem 10. Tag, der Ausfall an derselben Stelle mit dem 84. Tag und der letzte bleibende Prämolar brach mit 168 Tagen durch. Die Backzähne kamen am 180. Tag. *Zahnfehler,* persistierende Milchzähne oder verzögerter Ausfall (6311, 6312), Anodontien u.a. kommen vor, scheinen jedoch ähnlich wie beim Hund öfter nichtgenetischer Natur zu sein (5831). Das Fehlen von Prämolaren wurde auch bei Wildkatzen beobachtet (2167). Die *Zunge* ist reibeisenähnlich rauh, mit feinen, nach hinten gerichteten Hornpapillen bedeckt, was sie zum sauberen Abraspeln von Knochen befähigt und gleichzeitig zu einer Art *Putzstriegel* für das durch ständiges Belecken saubergehaltene Fell macht. Dieser Reinlichkeitstrieb läßt sich bei widersetzlichen Exemplaren zur Applikation von Medikamenten ausnutzen: Man streicht sie auf die Pfoten, welche dann säuberlich abgeleckt werden (2065).

Das *Sehvermögen* der Katze ist ihrem gut ausgebildeten *Geruchssinn* (vomeronasales Organ, 822) mindestens ebenbürtig (6226). Sie ist ein »Augentier«, vielfach nachts oder frühmorgens auf Beute gehend, auch sie besitzt ein Tapetum lucidum (6326). Zu *Farbwahrnehmungen* und -unterscheidungen soll sie fähig sein, was aus Untersuchungen hervorgeht, bei welchen Hell/Dunkeleffekte weitgehend ausgeschaltet wurden und auch aus jüngeren Forschungen bestätigt wird. Bevorzugt eine Katze das rote statt des grünen Sofakissens, können also echte Farbvorlieben vorliegen (4754). Ähnliches wird dem Fortpflanzungsverhalten mancher Kätzinnen nachgesagt, welche sich bei freier Wahl nur mit bestimmten gescheckten oder aber einfarbigen Katern paaren. Ja, Katzen sollen sogar »zählen« können, wie NATURE schon vor 100 Jahren berichtete: Als man einer Kätzin von 3 Jungen eins nahm, adoptierte sie nach verzweifelter Suche einen jungen Hasen als Nestling (Walker, 1889).

Den senkrechtovalen *Pupillenspalt* findet man außer bei Katzen in weiteren, nächtlich oder in der Dämmerung auf Nahrungssuche gehenden Arten, so bei Eulen, Füchsen und Schlangen. Er soll einen besseren Verschluß der Augen bei grellem Licht und eine Erweiterung des Gesichtsfeldes nach oben und unten ermöglichen (4721). Im übrigen ist die Katze das einzige derzeit bekannte Tier, welches ß-Karotin nicht in Retinol umzuwandeln vermag und daher auf einen hohen Level in der Nahrung angewiesen ist. Man mag darüber rätseln, ob die Katze deswegen Fleischfresser wurde oder ob ihr diese Fähigkeit als Carnivor verlorenging (5173). Essentiell scheint auch *Taurin* zu sein, so daß Hundefutter durchaus nicht unbedingt tauglich für Katzen sein muß (611). Mängel hinsichtlich dieser Komponente dürften Gründe für *Retinopathien,* ja sogar *Kardiomyo-*

pathien darstellen (692, 4012, 4013, 4041, 3232). Und über ein in Würfen gehäuft auftretendes »Key-Gaskell-Syndrom« (Dysautonomie) wird noch gerätselt (599, 1734, 5249, 2324). Es nimmt aber nicht wunder, daß viele beim Hund familiär oder strikt erblich fixierte *Augenerkrankungen* die Katze analog heimsuchen: Blindheit verursachende Horn- und Netzhautdystrophien bzw. Degenerationen oder Atrophien, Sehnervschäden u.a. wurden beschrieben (723, 806, 1195, 6170, 5275, 4881, 1923, 721, 3109, 1413, 4265). Insbesondere die zentralen und peripheren Formen der *Progressiven Retinaatrophien* (PRA, rezess. autosomal) spielen z.B. in Abessinier- und Siamesenzuchten eine gewisse Rolle (1205, 1196, 598). Speziell beim Aufbau der schwedischen Abessinierzuchten scheint man das Pech gehabt zu haben, PRA-Vererber zu benutzen, so daß die Frequenzen hier beträchtlich sein sollen (4110, 4111, 4112, 4113). Vielleicht wurden diese auch wegen ihrer großen, seelenvollen Augen (krankhafte Pupillarerweiterung, 1576) unbewußt im Ring begünstigt (2410). Es soll hier eine dominante Jugendform und eine rezessive Spätform der PRA geben (614, 4114, 1196, 605, 1442). Daneben kommen sporadisch idiopathische Uveitis (4422), Linsen- und Glaskörperdefekte (33, 3473), Kolobome und Formen des Stars (722, 4416, 887), und sogar seltene Fälle von Lidagenesie und Dermoid vor (4542, 2639, 4766).

Die obere Grenze des kätzischen *Hörvermögens* wurde mit 60 000 Hertz angegeben (4139), doch stellte man noch bei 100 000 Hertz Reaktionen über Cochlearpotentiale fest (6171, S. a. Abb. 13). Interessant sind Beobachtungen, wonach Hörfähigkeit und Lautproduktion bei Tieren augenscheinlich in direkter Relation stehen, jedoch scheinen Geschlechtsunterschiede in der Stimmentwicklung durch quantitative Kehlkopfbesonderheiten bedingt (5137, 2550). Inwieweit das für viele Feliden charakteristische Schnurren damit korreliert, ist unbekannt (4439). Jedenfalls besteht die Möglichkeit, vom Menschen nicht wahrnehmbare Signale zu senden und zu empfangen, ein besonders für die Verständigung zwischen Mutter und Jungtier wichtiger Vorgang (2512). Was Lautstärke angeht (Dezibel), so geht aus Abb. 13 hervor, daß die *Hörschwelle* der Katze niedriger liegt als die von Mensch und Hund, sie also im selben Bereich feiner hört. Allerdings sind Verhaltenshörtests, wie sie bei der Katze überwiegend Verwendung fanden (2009), nicht geeignet, die absolute Hörschwelle zu ermitteln. Doch scheinen sich auch bei der Katze gute Übereinstimmungen mit Cochlear-Potentialmessungen zu ergeben (1776, 6014, 1279, 5378).

Das Rumpf- und Gliedmaßenskelett zeigt betreffs Knochenzahl und -form keine bedeutenden Verschiedenheiten zum Hund, wenn man von dem öfter beobachteten Auftreten einer rudimentären 14. Rippe, meist ohne zugehörigen 14. Brustwirbel (956), und der besonderen Ausformung des *Zehenendorganes* absieht. Hier wird das letzte Zehenglied durch die Strecksehne bei eingefahrener Kralle rückwärts und aufwärts gezogen, was eine Abnutzung dieser Waffe beim

Gang verhindert. Beim Prankenschlag wird dagegen mittels der Beugesehne ein Vorschnellen der Kralle, die im übrigen zum Leidwesen mancher Katzenhalter gern an Polstermöbeln gewetzt wird, sowie ein Auseinanderspreizen der Zehen gewährleistet. Eine *Krallenamputation* ist seit Inkrafttreten des Tierschutzgesetzes verboten, denn eine entkrallte Katze ist erhöht unfallgefährdet und kann sich nicht artgemäß verteidigen (1084); sie neige eher zum Beißen (1920, 3013). Eine reiche Auswahl an Sisal-Kratz- und Kletterbäumen bietet daher der Katzenbedarfsfachhandel an. Es gibt allerdings Stimmen, die das Entkrallen bei ständig in Innenräumen gehaltenen Katzen für das kleinere Übel halten (5190, 734), einige sehen keinerlei Nachteile (3385, 3386, 2807).

Dicke, weiche, fettgepolsterte *Sohlenballen* garantieren einen lautlosen Schritt (3913). Wie Hunde, so lernen auch Katzen nach Beinamputationen rasch, auf drei Beinen zu laufen. Der meist lange Schwanz ist *Balancierstange* beim Sprung und zugleich Ausdrucksmittel für Gemütszustände. Seiner Steuerfunktion und ihrem speziellen Gleichgewichtssinn verdankt die Katze ihre Fähigkeit, stets auf ihre »vier Füße« zu fallen. Beim freien Fall aus 30 m Höhe und mehr braucht man sich jedoch auch bei diesem Haustier über »Schäden« an den Gliedmaßen oder tödlichen Ausgang nicht zu wundern (4689). Es wird dann aber sehr wissenschaftlich von einem *»High-rise-trauma-Syndrom«* gesprochen (4774), da es aufgrund der charakteristischen Fallhaltung immer wieder zu ähnlichen Verletzungen kommt; bei Stürzen aus Wolkenkratzern sollen Katzen aber vorgeblich solche aus dem 9. - 32. Stock besser überleben als Abgänge aus dem 5. - 8. (1559). Dennoch: Typ und Schweregrad der Verletzungen hingen vor allem von der Höhe des Sturzes und der Bodenbeschaffenheit der Aufprallfläche ab – in der Tat! Zu ähnlich umwerfenden Erkenntnissen kam man jüngst auch bei Sprüngen oder Stürzen von Hunden aus entsprechenden Höhen, und ferner, daß »Sturzverletzungen bei Kindern viel öfter in Hirn- und Schädelläsionen resultieren als bei anderen Tieren« (Gordon et al., 1993, JAMA). Weiter sollte man bedenken, daß es schmerzhafte Prankenhiebe setzen kann, wenn man – mit einer Leiter bewaffnet – das oft erstaunliche Unvermögen zur Selbstbefreiung bei *»aufgebaumten«* Katzen durch tätige Hilfe korrigieren will: Man kann den Besitzer nicht regreßpflichtig machen, da dies »normales Katzenverhalten« sei (Hannah, JAVMA, 1991).

Was die scharfen Magensäfte unverdaut lassen, wird hin und wieder als »Gewölle« ausgewürgt, nachdem zuvor von der Katze oft Gras oder Strohmaterial gefressen wurde. Das Fangen und Töten kleiner Beutetiere will vom Jungtier erst gelernt sein, früh von der Mutter getrennt, wissen sie später mit diesen oft nichts anzufangen und erschrecken gar beim Auftauchen einer Ratte (1549). Zudem soll nach Aussage einiger Autoren zum Tötungsbiß in den Nacken die Überwindung einer *Beißhemmung* erforderlich sein, die beim Wegtragen der

Jungen durch das Muttertier oder beim Nackenbiß des Katers während der Kopulation tödliche Verletzungen normalerweise verhindert (Abb. 83).

Da die Katze gemäß ihrer Lebensweise anders als der Hund kaum je zu Dauer-Laufleistungen gezwungen ist, liegt auch ihr *relatives Herzgewicht* mit ca. 0,46% wesentlich niedriger (6102). Hauptbrunst- und Paarungszeit (*»Ranzzeit«*) ist das Frühjahr, die Zeit der »Katzenkonzerte«. Nach Strasser und Mitarb. (1971) ist die Katze von Januar bis Juli brunstaktiv; viele Katzen werden jedoch auch zu anderen Jahreszeiten rollig, der Kater ist ganzjährig deckbereit. Wie schon bei Hunden angemerkt, liegen auch bei der Katze statistisch fundierte *physiologische Daten* nur aus Versuchstierzuchten vor (5012, 4476, 4727, 3174), die sich wegen des günstigen Kostenniveaus wachsender Beliebtheit erfreuten, teilweise sogar als SPF-Zuchten (837, 3102), auch wenn man dies als Katzenfan bedauern mag und stets die Frage nach ihrer Berechtigung zu stellen ist (4366). Dabei wird die trächtige Kätzin »durch Kopfschuß getötet und der gravide Uterus entnommen – ein Beitrag zum Tierschutz (2837)«. Beliebt sind dazu Abessinierkatzen.

So wurde aus solchen Zuchten deutlich, daß die fruchtbare Kätzin durchaus *polyöstrisch,* d.h. wiederholt brünstig ist zwischen Januar und Oktober, daß aber selbst in den Wintermonaten und somit ganzjährig durch standardisierte Beleuchtung für Reproduktionszyklen zu sorgen ist (5172, 2836). Ein Zyklus währt 14 Tage, davon 3 – 6 Tage Vollbrunst mit Akzeptieren des Katers. Ohne Paarung oder mechanische Stimulation erfolgt kein Eisprung, d.h. keine hormonelle Auslösung desselben (5274). Dabei ist auch die Häufigkeit des Coitus wichtig (6219, 1715).

Die *erste Raunze* tritt nach dem 5. Monat auf (494), die Brunststadien sind auch bei Katzen zytologisch mittels Vaginalschleimhaut-Abstrich wesentlich genauer diagnostizier- und trennbar (4367, 4034, 2406, 1129).

Die *Geschlechtsreife* des Katers wird bei 8 – 12 Monaten geortet (664, 1636) und auch bei ihm nehmen die Hoden, welche schon bei Neugeborenen frei beweglich im Skrotum liegen, in der warmen Jahreszeit gewichtsmäßig zu (3153).

Trotz gedämpfter Machtkämpfe rivalisierender Kater ist die *Partnerwahl* fast ausschließlich Sache der Kätzin. Sie paart sich durchaus nicht immer mit dem Sieger aus solchen Kämpfen, sondern oft mit dem Unterlegenen, mitunter auch mit beiden und weiteren verfügbaren Katern, wohl auch deswegen, weil ersterer keine Besitzansprüche geltend macht (4130, 4131). Flehmen sieht man in beiden Geschlechtern, wenngleich vermehrt im männlichen (2508). Der eigentliche *Paarungsakt* geht nach langem Vorspiel (Das Wort von Hans Sachs – »Es geht wie auf einer Hundehochzeit zu: wenig zu fressen und viel zu laufen«, ließe sich fast noch mehr von einer Katzenhochzeit sagen, denn einige Kätzinnen scheinen dieses Theater – zusammen mit sexuell aggressivem Verhalten – für einen Eisprung nötig zu haben, d.h. »sachlich bediente« Hauskatzen bleiben öfter steril, 3026) sehr schnell vor sich: der in der Ruhe fast kaudal gerichtete Penis nimmt bei der Erektion während des Übertretens der Katze eine kraniale Richtung ein, schwillt um das Doppelte an (4662) und vollführt nur wenige Friktionen im Vestibulum (3187), wobei das weibliche Tier einen eigentümlichen *Kopulationsschrei* ausstößt (Abb. 83), von dem manche – mit Blick auf die *papillenbewehrte Eichel* des Katers – bis heute gern wüßten, ob es sich um einen Lust- oder Schmerzensschrei handelt. Auch der Kater besitzt einen Penisknochen. Springt Tommy ab, wendet sich die Kätzin meist hurtig um, ihm schnell noch »eins auszuwischen«.

Eine Samengewinnung und *künstliche Besamung* ist auch bei Katzen praktikabel (5377, 1499, 5031, 3661, 1617). Über sexuelle, wenngleich vorwiegend nur Frustrations- oder Pubertätsperversionen wird bei Katzen sporadisch berichtet. Unter Ausschluß von Artgenossen nur bei Menschen aufgewachsene Tiere (*»Kaspar-Hauser-Syndrom«*, auch bei Hunden beobachtet), können so sehr auf diese geprägt sein, daß sie einen normalen Begattungsakt verweigern. So war nach Leyhausen (1967) ein Baumozelotweibchen nur dann durch ein Männchen zu decken, wenn es Kontakt mit dem Bein seiner Pflegerin hatte.

Eine Eigentümlichkeit ist das *Spritzen* zur Brunstzeit, aber auch bei anderen Gelegenheiten, d.h. das gezielte Absetzen von Urin, den – meist unkastrierte – Kater sogar senkrecht in die Luft zerstäuben können, ein Grund zur *Kastration* von in Wohnungen gehaltenen Katzen, nach Wolff (1974) ein Haupthindernis beim Halten von *Wildkatzen*: Sie lassen das Spritzen nicht. Leider sind auch handelsübliche »Katzen-Repellentien« kaum geeignet, dies zu unterbinden (5021). Laut Gass (1977) sei ein weiterer Preis für den Luxus einer Haltung von Ozelots, Margays, Oncillas oder Bengalkatzen (die zum Zwecke der Pelzgewinnung, z.T. schon farmmäßig gezogen werden, 3258) die Tatsache, daß fast alle ihre Besitzer Biß- und Kratzwunden vorweisen können. Beim spritzenden Hauskater, der mit seinem nach rückwärts aufgerichteten Penis das Zielobjekt mit beträchtlicher Genauigkeit anvisiert, hört die Unart i.a. wenige Wochen nach der Kastration auf (196, 2495), bei 10% bleibt sie trotzdem bestehen (2503).

Nach der Befruchtung liegt die *Implantationsrate* bei 84%, wobei durch Wanderung der Embryonen von einem Uterushorn zum anderen offenbar die Tendenz besteht, die Früchte gleichmäßiger in der Gebärmutter zu verteilen (5806). 74% der Würfe fallen in den Bereich von 63 - 66 Tagen *Trächtigkeitsdauer* (4191), doch scheinen gewisse rassische Variationen zu bestehen (4531). Die Variationsspanne wird mit 58 - 71 Tagen angegeben (2407), jedoch häuft sich bei Geburten vor dem 60. Tag die Zahl der tot oder lebensschwach Geborenen, desgleichen bei vermehrter Inzucht (5795). Infantizid durch fortpflanzungserpichte Kater scheint jedoch selten zu sein (4129). Die europäische Wildkatze soll im übrigen länger tragen als die nordafrikanische (2630).

Ab dem 21. Tag ist die Trächtigkeitsdiagnose palpatorisch oder röntgenologisch möglich (5712). Die *durchschnittliche Anzahl* beträgt 3 – 4 Junge (1 – 10, es wurden auch schon »Rekorde« mit 13 Welpen registriert, 2673), die bei Hund und Katze nicht selten in Steißendlage kommen. Erste Würfe sind oft kleiner als spätere, wenngleich bei zunehmendem Alter der Kätzin wieder eine Verringerung eintritt (3063). Große Würfe stellen naturgemäß eine erhebliche, die Lebenserwartung der Welpen einschränkende Belastung des Muttertieres dar (1516), andererseits bleibt offenbar der Status »Einzelkind« gleichfalls bei der Katze nicht ohne Konsequenz auf Sozialverhalten und Mortalität (3878, 3879).

Normalerweise geht die eigentliche *Geburt* und die Versorgung der Welpen eher ohne als mit menschlicher Hilfe glatt vonstatten, stellen kongenitale Defekte nur einen geringen Prozentsatz perinataler Verluste (3221). Jede Kätzin sollte separat welpen und aufziehen, da gemeinsam Werfende die Tendenz haben, einander die Jungen zu stehlen (4367). Das *Geburtsgewicht* liegt bei 120 g, jedoch gibt es selbstverständlich rassische, wurfgrößen- oder ernährungsbedingte Schwankungen. So betrug in 274 Würfen einer Kurzhaar-Kolonie in Außenhaltung das Geburtsgewicht 99 g, die mittlere Welpenzahl 3,7 (23% mit 4 Welpen), die Konzeptionsrate 74%, das Geschlechtsverhältnis 54 männlich : 46 weiblich, die Trächtigkeitsdauer 65 Tage, und nahm bei einer Erhöhung der Welpenzahl um 1 das Geburtsgewicht um 5% ab. Peltz (1975) ermittelte eine Gesamtsterblichkeit von 31% bei Welpen verschiedener Rassen. Eine hohe Totgeburtenrate zeigten besonders Perser- und Manxkatzen (4523). Analoge Tendenzen ergaben sich aus anderen Statistiken (5167). So war die mittlere Welpenzahl in Langhaar-Würfen 3,6 – in Kurzhaar 4,6, bei einem sekundären *Geschlechtsverhältnis* von 1 männlich : 0,92 weiblich (2982). Auch Rate und Ursachen vorgeburtlicher Sterblichkeit sind ähnlich denen anderer Säuger (2978). Es konnte zudem nicht ausbleiben, daß die Katze zum Embryo-Transfer-Studienobjekt wurde (4507, 1655, 1656, 2260), wenngleich man dabei z.T. möglicherweise die Absicht hegt, Embryo-Bänke vom Aussterben bedrohter Feliden anzulegen, um später die ubiquitäre Katze zum Austragen zu benutzen (2972, 2973). Bis zu 6 Wochen besitzen Katzenwelpen eine physiologische *Hypothermie*, wie man jüngst herausfand.

Wird es notwendig, Katzenwelpen zu töten, so sollte man sie *einschläfern*, nicht ertränken, da dieses einen langsamen Erstickungstod bedeutet, auch wenn Prof. Krzywanek bei seinen »Ertränkungsversuchen« 1937 zu anderen Resultaten kam. Gleichfalls obsolet, und nur der Kuriosität wegen erwähnt, ist das Einträufeln von Kaliumzyanid in Auge oder Mundhöhle, und man begreift nicht, wie es hat propagiert werden können (4689), da bei den heftigen Abwehrbewegungen der Katze vorstellbar ist, wie leicht hier der Töter zum Getöteten geworden wäre. Das gleiche gilt übrigens für die in Nordamerika vielfach zur Raubzeugbekämpfung angewandten Zyankali-Trigger-Fallen. Wenn sie nicht vorzeitig eines gewaltsamen Todes sterben – bei der großen Zahl von Katzenfeinden kein seltenes Ereignis (In 46% von 546 katzenlosen Haushalten Bostons war zumindest eine Person mit Haß, Abneigung, eingebildeter oder tatsächlicher Allergie gegenüber Katzen, 5740) – erreichen Katzen eine mittlere Lebensdauer von 10 – 12 Jahren, doch wurde auch schon über 22jährige Individuen berichtet (913). *Kastrate* leben im allgemeinen länger (2444), vorwiegend wegen ihrer geringeren Exponiertheit gegenüber äußeren Gefahren infolge Fortfalls der Brunstzeiten und problematischen Verhaltens (3204), weniger wegen echter Gesundheitsvorteile: Kastrierte Kater neigen im Gegenteil viel mehr zu Erkrankungen der Harnorgane, insbesondere zum *Harnverhalten* durch Harnsteine (1885, 2687) – aber auch zu altersbedingtem Diabetes mellitus (4348).

Als wilde Stammformen unserer Hauskatze – und dies gilt für Perser wie für Siamesen (2626) – kommen nach Petzsch (1968) nicht allein die nordafrikanischen und abessinischen *Falbkatzen* (Felis silvestris lybica und ocreata), sondern weitere, z.T. eurasiatische Unterarten in Betracht (Felis silv. iraki etc.), da sowohl aus dem alten Ägypten (4500 v. Chr.), als auch aus Mesopotamien und Anatolien (6000 v. Chr.) ja sogar Zentralasien (38) Überreste von Katzen im Hausstand belegt sind. Von letzten sollen sich vornehmlich Langhaar- und Siamkatzen herleiten (3287). Fragwürdig mag aber die Beteiligung der Rohr- oder Dschungelkatze (F. chaus) sein (1168). Die Karyotypen der genannten Feliden sind identisch (4803). Sie entsprossen evolutionär wohl demselben Stamm (2629).

Somit dürfte es *mehrere Domestikationszentren* gegeben haben. Hauptgründe für die Haustierwerdung der Katze werden Liebhaberei und ihr Gebrauchswert als Mäuse- und Rattenvertilger gewesen sein, sowie die noch heute bei den genannten Ausgangsarten zu beobachtende Tendenz, sich menschlichen Siedlungen zu nähern (5744). Im alten Ägypten war die Katze Gegenstand kultischer Verehrung, so war die katzenköpfige Bast Schutzgöttin der Deltastadt Bubastis, und alljährlich wurde ihr Fest begangen. Für gestorbene Katzen veranstaltete man ähnliche Trauerzeremonien wie für verstorbene Familienmitglieder (2412), denn in den 7 mageren Jahren, von denen Moses spricht, waren die Ägypter auf die Kornvorräte angewiesen, die sie in den 7 reichen Jahren angesammelt hatten, wenn der Nil für ausreichende Bewässerung sorgte. Die zahlreichen Katzen waren dann die einzigen, welche eine Vernichtung dieser Vorräte durch die Ratten- und Mäusescharen verhinderten (1472). Diese *Katzenverehrung* soll sogar soweit gegangen sein, daß sich belagerte ägyptische Soldaten kampflos den anrückenden Persern ergaben, als diese sich lebende Katzen vor ihre Schilde banden.

Heute jedoch führen die meisten Katzen in arabischen Ländern das unstete Leben von Hungerleidern, schwarze Exemplare werden von abergläubischen

Moslems als Inkarnation des Bösen (»Dschinnis«) angesehen und verfolgt; andere wieder betrachten Katzenblut, peroral oder als örtliche Einreibung appliziert, als wirksames Aphrodisiakum. Auch in Europa genoß die Katze nach ihrer Einführung (etwa 1000 n. Chr.) zunächst hohe Verehrung, um später dann u.a. das Opfer öffentlicher *Massenverbrennungen* (Hexenprozesse) zu werden; man sagte ihnen sogar nach, Babies in der Wiege ersticken zu können – dieses Gerücht fand durch eine jüngere Zeitungsmeldung neue Nahrung, wonach ein 4 Monate altes Baby tot im Bett aufgefunden wurde; auf seinem Gesicht lag eine Perserkatze. Aber auch Habersoll berichtete schon 1936 (Sitz. Ges. Naturf. Berlin) von dem vorgeblich durch Katzen auf diese Weise verursachten Tod zweier Säuglinge. Und im deutschen Unfallbericht der Zeitspanne 1927 – 1932 werden neben vielen Todesfällen durch Pferde, Rinder, Schweine, ja sogar durch Ziegen und Ratten, auch 2 durch Katzen genannt, die sich auf das Gesicht unbeaufsichtigter Säuglinge gelegt hätten. Ob das nicht wohl eher der »Plötzliche Kindstod« war?

Erst Heinrich IV. ging in Frankreich gegen die Unsitte der Katzenpogrome vor, wie ja überhaupt dieses Land eine Hochburg der Katzenzucht war und ist. Katzen werden hier nicht selten wie Hunde an der Leine geführt, denn »Leinenführigkeit« ist jungen Katzen durchaus einzustudieren (4623). Es gab sogar kommunale *Deckstationen* behufs Steigerung der »Rattentüchtigkeit« bei Katzen (Le Havre), eine organisierte Leistungszucht im »Club du chat ratier« (5127). Auch Napoleon soll Freund der Katzen gewesen sein – wenngleich er in ihrer Gegenwart schwitzte -, und von einem seiner Offiziere wird berichtet, daß er mit 3 Katzen ins Feld zog, die er zwecks Bekämpfung des Ungeziefers und feindlicher Spionage-Tauben im Umkreis des Lagers hielt. Als eine davon bei Leipzig verletzt wurde, amputierte man ihr ein Bein – die Blutung stillte man in einem Topf mit kochendem Wasser (1675). Eine Unzahl von Sagen und Legenden umgibt das Bild der Katze und extremer als beim Hund stehen sich überall Katzenfreunde (Felinophile, wie z.B. Richelieu) und Katzenhasser (Ailurophobe, wie z.B. Julius Caesar) gegenüber, letzte meist in der Überzahl. Neben der Tatsache, daß es unter Katzen immer auch einige »Vogelspezialisten« gibt, wird dazu das verantwortungslose Verhalten einiger Katzenhalter selbst beitragen, welche überzählige Katzen einfach aussetzen und verwildern lassen. Auch in USA sollen ca. 40% der Katzen Streuner sein (4287). Bei aller Achtung vor der Parteinahme für dieses vielfach verfolgte Tier kann doch die Aussage Leyhausens (4618), er habe nicht ein einziges Mal gesehen, daß eine Katze einen gesunden, flugfähigen Vogel erwischte, unmöglich verallgemeinert werden. Verf. konnte selbst beobachten, wie eine in schnellem Tiefflug befindliche Schwalbe mit einem einzigen Prankenhieb aus der Luft geholt wurde. Heidemann (1973), der 171 Katzen untersuchte, stellte einen »Vogelanteil« von 4,4% in ihren Mageninhalten fest. Andere Untersucher kamen zu einem viel höheren Vogelanteil an der allerdings wohl nicht immer gefressenen oder apportierten Beute, die z.T. rein sportiv erlegt wird (3807).

Im übrigen gilt das für die Reproduktionsregelung beim Hund gesagte (D, 7) cum grano salis auch für die Katze: Verantwortungsbewußte Halter werden zur Kastration, *Sterilisation* oder hormonellen Kontrolle schreiten (2941, 1128, 494). Nach Todd (1977) sollen im Mittel 51% der Kater kastriert und 57% der Kätzinnen sterilisiert werden (Stichproben aus USA und Westeuropa).

Die Katze besitzt wie Puma, Luchs, Leopard und Tiger einen diploiden *Chromosomensatz* von 2n = 38 im Kern somatischer Zellen (1400). Diese Chromosomen sind heute gleichfalls durch Zonierung gut sortierbar, Markergene ermöglichen inzwischen zudem die Identifizierung von Kopplungsgruppen, z.B. im ß-Globin- und MHC-Bereich, das Erstellen von Genkarten (z.T. starke Syntänie mit Mensch, 4230, 4231, 4228, 4229, 4233, 2214, 6407). Dies läßt sich somit auch für phylogenetische Studien nutzen (5271, 2667).

Eine Abweichung von diesem Karyotyp im Bereich der Geschlechtschromosomen wurde bekannt, welche weit über die Katzenzucht hinaus Bedeutung für die vergleichende Medizin erlangte und als klassisches Beispiel für Chromosomenaberrationen und *geschlechtsgebundenen Erbgang* gilt (6064). Bei der Katze – wie übrigens bei einigen anderen Säugern genauso (4779) – folgt das Gen O für orangefarbenes Haarkleid dem geschlechtschromosomal gebundenen Erbgang. Es ist auf dem X-Chromosom lokalisiert und zeigt auch in einfacher Dosis, bei hemizygoten Tieren, einen klaren Effekt. Treten O und O^+, das Allel für »Nichtorange« (also z.B. schwarz, 3941) zusammen in einem Tier auf, was normalerweise nur bei weiblichen Individuen mit zwei X-Chromosomen der Fall sein kann (4778), da sie »physiologische Mosaiken« aus aktiven und inaktivierten X-Chromosomen darstellen (5002), so zeigen diese Katzen ein an die schwarz/gelbe Musterung des Schildkrötenpanzers erinnerndes Farbmuster (Tortoise shell). Oft handelt es sich auch um sogen. *Tricolor-Katzen* (Schwarz-weiß-orange), da neben O und O^+ noch Weiß mitmendelt, das aber autosomal vererbt wird (Abb. 84). Interessant ist jedoch, daß bei diesen Tricolorkatzen eine klarere Abgrenzung der Schwarz/Orange-Bezirke imponiert als bei *Schildpattkatzen* (2174).

Es fallen nun in seltenen Ausnahmefällen auch *männliche Schildpattkatzen*, die aber fast alle steril sind. Daher mußten Versuche, Schildpatt- oder tricolor-Katzen »rein« zu züchten, fehlschlagen (1220). Obwohl schon früh ein geschlechtsgebundener Erbgang bei diesen Farballelen vermutet wurde (4689), rätselte man noch lange darüber, warum nur so selten, und dann meist sterile Schildpattkater fielen (2371). 1962 beschrieben dann Thuline und Norby die *XXY-Konstellation* für einen solchen Kater, eine Parallele zum Klinefeltersyndrom des Menschen. Dieses Tier wies somit in allen Körperzellen ein X-Chromosom zuviel auf, so daß bei ihm beide Farballele zugleich vorkommen konnten. Weitere Fälle wurden bekannt (3243, 3605, 2411). Dieses Syndrom geht auch beim Menschen mit *Hypogonadismus und Gynäkomastie* einher. Bei vielen folgenden, zytogenetisch untersuchten männlichen »Torties« ergab sich jedoch, daß es sich um *gonosomale Mosaiken* handelte, z.B. Diploid-triploid-Mosaiken, d.h. um postzygotisch durch somatische Mutation entstandene Zellgemische aus normalen und aberranten Karyotypen (1219, 731, 1236). Somit können sich entsprechend den genotypischen Kombinationsmöglichkeiten u.a. folgende Konstellationen ergeben:

X^OX^O	X^OX^{O+}	$X^{O+}X^{O+}$	X^OY	$X^{O+}Y$
orange ♀	schildpatt ♀	schwarz ♀	orange ♂	schwarz ♂

$X^OX^{O+}Y$ oder $X^OX^{O+}Y/X^OX^O$ oder X^OX^{O+}/X^OY
oder $X^OY/X^{O+}X^OY$ etc.

Klinefelter und Mosaiken = sterile Schildpattkater

Damit scheint die männliche Schildpattkatze eher in den Bereich der Mosaiken als unter die Gonosomenaberrationen zu gehören (5707, 1270), auch XX/XY-*Chimären*, d.h. durch plazentalen Blutaustausch zwischen verschiedengeschlechtlichen Feten zustandegekommene Zellgemische oder XY/XY-Ganzkörperchimären kommen vor: Diese können sogar fertil sein (3033, 3276, 3626, 2302, 4827, 4806). Die bis 1969 wissenschaftlich untersuchten 8 männlichen Schildpattkatzen waren jedoch alle nicht voll fertil (3011); dies gilt auch für Charly, jenen »Glücksbringer aus Holstein« (780) – ein einseitig kryptorcher Klinefelter (39XXY, Abb. 84) mit pathologischem Hodenbefund und »*Drumsticks*« an Leukozytenkernen (Abb. 93). *Fellfärbungsasymmetrien* schildpatt/tabby oder schildpatt/burma etc. können durch illegitimes, *somatisches Crossing over* bewirkt werden (780, 6102, 5683, 4001, 4583). Rein orangefarbene Katzen sollen zudem eine Tendenz zu benignen *Leberflecken* auf kutanen Schleimhäuten haben (Lentigo, 5155), vor allem Kater (1234); diese sind in anderen Farbvarianten offenbar seltener (4122). Blue-cream ist im übrigen eine Burmesen-Farbe, die schildpatt entspricht und somit normalerweise nur in Kätzinnen vorkommt (4162).

Andere *Chromosomenaberrationen* kamen zur Meldung, so der Verlust eines X-Chromosoms (XO-Konstellation, 5686, 4201, 3604, 2976), während autosomale Abweichungen, z.B. Trisomien, nur selten beschrieben wurden (732). Wie schon betont, können solche Aberrationen zu unvorhergesehenen Regelwidrigkeiten im Farbvererbungsmodus führen (4787, 4789); sie sind z.T. infektiös, tumorös oder sonst *exogen induzierbar* und gehen auch nicht selten mit Hypogonadismus oder *Zwittrigkeit* einher (5369, 2247, 3817), die allerdings auch anderer Genese sein können (3627, 2422). Auch Formen des Pseudo-Hermaphroditis-

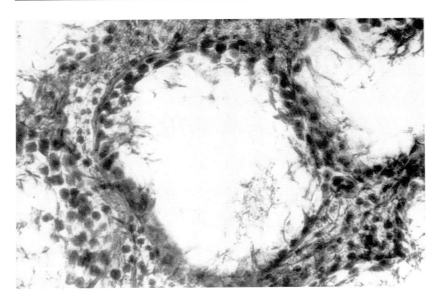

Abb. 93 a + b: Histologischer Schnitt durch Charly's Hoden (oben), im Vergleich zum Normaltier (unten)

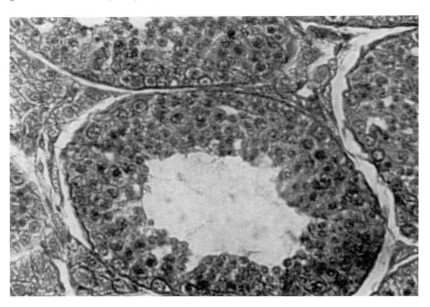

mus (Androgen-Rezeptoren-Resistenz, 4384) bzw. der testikulären Feminisierung kamen vor (3919).

In Japan werden Phantasiepreise für die seltenen Torties bezahlt, da man sie als »Glücksbringer« schätzt, wie überhaupt in Asien orange oder Schildpattkatzen aufgrund eindeutiger Vorlieben sehr viel mehr anzutreffen sind als in Europa (5182). So betrug die Genfreqzenz für das Allel O in London 10,7, in Mishima 39,5%. Es scheint somit in Katzenpopulationen deutliche, durch menschliche Präferenz oder andere Faktoren begünstige Selektionsvorteile bestimmter Genotypen zu geben. Um diese Frage für eine bekannte Katzenbevölkerung zu prüfen, muß man den sogenannten *Hardy-Weinberg-Gleichgewichtstest* vornehmen, d.h. man muß feststellen, ob die beobachtete Verteilung der Allele an einem Farbgenlocus mit multipler Allelie wie dem fraglichen in einer Population mit der nach dem Hardy-Weinberg-Gleichgewicht zu erwartenden übereinstimmt. Dieses H.-W.-Gleichgewicht, benannt nach seinen Entdeckern, besagt, daß sich bei *Zufallspaarung* (Panmixie) ohne selektive Begünstigung eines Genotyps ein ganz bestimmtes *Zahlenverhältnis* der Genotypen in der fraglichen Fortpflanzungsgemeinschaft einstellt, das bei einem 2-Allele-System der Formel $p^2 : 2pq : q^2$ gehorcht (p = Häufigkeit, Frequenz des einen Allels; q = Frequenz des anderen Allels). Dieses sei an dem schönen von *Hutt* (1964) gewählten Beispiel der Londoner Katzen demonstriert.

Nach Searle (1949) wurde folgende Häufigkeit der fraglichen Farbtypen in einer Stichprobe von 691 Londoner Katzen beobachtet:

	Nichtorange (O^+/O^+)	Schildpatt (O^+/O)	Orange (O/O)	
bei ♀:	277	54	7	= zus. 338
bei ♂:	311	-	42	= zus. 353

Die Gesamtzahl der Allele an diesem Locus in der untersuchten Population betrug somit 338 x 2 + 353 = 1029, da ja nur weibliche Tiere zwei X-Chromosomen und daher 2 Allele besitzen, männliche Tiere dagegen nur eins. Wenn man nun die Genfrequenz, d.h. die Häufigkeit des Gens O auszählt, so kommt man auf 54 + 14 + 42 = 110, das sind 10,7% von 1029 oder q = 0,107. Die Frequenz für O^+ ist somit 100% - 10,7% oder p = 1,0 - 0,107 = 0,893. Diese Werte für p und q braucht man nur noch in die o.a. Formel einzusetzen und die errechneten Zahlen mit der Gesamttierzahl zu multiplizieren, um die *Erwartungswerte* zu erhalten. Dieses ist jedoch nur in der weiblichen Population praktikabel, da bei Katern ja der heterozygote Genotyp fehlt, d.h. es ergibt sich

$[0,893^2 : 2(0,893 \times 0,107) : 0,107^2] \times 338 = 270 : 64 : 4.$

Dieses sind die zu erwartenden Genotyp-Häufigkeiten in der weiblichen

Bevölkerung, wenn Zufallspaarung herrscht. Wie man sieht, stimmen sie recht gut mit der *beobachteten* Farbverteilung überein, die geringen Abweichungen liegen innerhalb der Fehlergrenze und können auch durch Miß-Klassifizierungen zustande kommen (1664). *Hutt* (1964) zieht daraus folgende Schlüsse: Alle drei Genotypen gewährleisten gleiche Vitalität und Fruchtbarkeit. Die Londoner Katzenhalter zeigten keine krassen Farbvorlieben. Londons Kater bevorzugen keine Blondinen.

Das Studium des Farb- und Fellpolymorphismus der Katzen scheint eines der wenigen zu sein, welches sich ohne großen zusätzlichen Aufwand mit einer Urlaubsreise verbinden läßt, z.B. nach Benidorm, Chamonix oder den Balearen, alles Orte, die in solchen Statistiken vorkommen. Und natürlich verrät auch die Wahl des Kongreßortes einen erlesenen Geschmack der Katzendemographen (3574).

Daher wurde seit Searles o.a. Untersuchungen eine Fülle von Befunden zur Farbgenverteilung in Weltkatzenpopulationen gesammelt, die in Tabelle 45 zusammengefaßt sind. Dabei sind natürlich einige Fehlerquellen zu beachten (3340, 19). Wie vorn schon aus der unterschiedlichen *Rasseverteilung* in Teilpopulationen deutlich wird, werden sich Genfrequenzen in echt panmiktischen, frei revierenden Katzendemen stets von denen in Klinikkontingenten oder gar Pelzsammellagern unterscheiden.

Wenngleich die aufgeführten Allelesysteme in den zitierten Erhebungen meist in gutem Hardy-Weinberg-Gleichgewicht standen und extreme Selektionsvorteile somit ausscheiden, werden doch aus dieser Tabelle einige interessante Tendenzen erkennbar. So ist, wie schon betont, die Häufigkeit des Gens O für *orange in Fernost* gesichert höher (5186) – es sind dort also auch die Katzen gelber als bei uns -, doch ist die Differenz zu den USA schon nicht mehr so deutlich, möglicherweise durch die vielen Chinesenviertel in dortigen Großstädten. Hierüber läßt sich jedoch nur spekulieren, ebenso über das deutliche Gefälle für t^b (*tabby-blotched*, marmorierte Streifung) von Westeuropa nach Asien, wo diese Tigerung zugunsten einer klaren Linearstreifung in den Hintergrund tritt. Man nimmt an, daß dieses Allel einst durch Mutation in England entstand (1672) und von dort erst allmählich Verbreitung findet. In der Tat scheinen Farbvorlieben europäischer Katzenhalter orangefarbene Katzen zu umschließen, schildpatt und tricolorfarbene Exemplare aber nicht zu favorisieren (1838, 5759), während umgekehrt O seinen Ursprung in Asien haben soll (4803). Selbstverständlich ist für solche Statistiken wichtig, daß echt *panmiktische Fortpflanzungsgemeinschaften* herangezogen werden und nicht züchterischen Restriktionen unterliegende Rassekatzenzuchten (5825).

Obwohl *dominantes Weiß (W)* überall sehr selten ist (Tab. 45), so zeigen sich doch auch hier hochgesicherte geographische Unterschiede: In Ländern mit

Katzen   377

Tabelle 45 Verbreitung der wichtigsten Farballele (sowie von Langhaar l) in panmiktischen Weltkatzenpopulationen (Ungewogene Mittel aus den Angaben der zitierten Autoren, die somit nur die große Linie verdeutlichen, zumal die Diagnose der Phänotypen ohnehin beträchtlichen Ungenauigkeiten unterliegt – besonders, wenn man sie nachts vornimmt (2173), wo bekanntlich alle Katzen grau sind.

Land	O	a	t^b	S	d	W	l	Autoren
NWS-Mitteleuropa	0,16 ±0,078	0,72 ±0,087	0,63 ±0,16	0,32 0,09	0,31 ±0,09	0,019 ±0,023	0,27 ±0,12	1658, 1659, 1662, 1663, 1665, 1671, 5180, 5184, 4787, 4788, 4790, 4800, 4812, 660, 3890, 1283, 5740, 5748, 5751, 1712, 3569
Südosteuropa	0,17 ±0,04	0,70 ±0,05	0,27 ±0,05	0,34 ±0,08	0,26 ±0,04	0,005 ±0,004	0,07 ±0,05	1504, 5748, 5753, 2710
Balearen, Zypern	0,19 ±0,03	0,76 ±0,05	0,34 ±0,13	0,34 ±0,01	0,18 ±0,25	0,003 0,002	0,29 ±0,30	4790, 5740
Nordafrika	0,17 ±0,07	0,74 ±0,07	0,21 ±0,15	0,37 ±0,04	0,38 ±0,01	0,005 ±0,007	0,10 –	2172, 2173, 5739
Vorderasien	0,18 ±0,07	0,61 ±0,10	0,22 ±0,10	0,42 ±0,05	0,20 ±0,10	0,008 ±0,009	0,28 ±0,18	5753, 5756, 4923, 4924, 4925
Fernost	0,31 ±0,06	0,76 ±0,12	0,06 ±0,08	0,12 ±0,02	0,12 ±0,02	0,014 ±0,007	– –	5186, 4922
Australien/ Neuseeland	0,19 ±0,07	0,73 ±0,18	0,69 ±0,19	0,29 ±0,10	0,32 ±0,11	0,025 ±0,016	0,36 ±0,12	3753, 3967, 1281, 1488, 1489, 1490, 1491
USA, Kanada	0,26 ±0,06	0,72 ±0,07	0,43 ±0,11	0,28 ±0,11	0,41 ±0,08	0,031 ±0,019	0,39 ±0,13	5723, 5727, 5729, 5733, 5754, 5186, 3977, 2184, 2185, 2222, 854, 3383, 1622, 1835
M/S-Amerika	0,18 ±0,07	0,73 ±0,07	0,31 ±0,10	0,33 ±0,03	0,17 ±0,10	0,013 ±0,004	0,35 ±0,16	5747, 5755

gemäßigtem oder kaltem Klima ist die Frequenz mit $q^w = 0{,}025 \pm 0{,}006$ dreimal so hoch wie in wärmeren Regionen ($q^w = 0{,}008 \pm 0{,}005$) – mit einer Ausnahme. Van in der Türkei zeigt aufgrund seiner traditionellen Vorliebe für die *weiße Van-Katze* (mit verschiedenfarbigen Augen) eine exceptionell hohe Genfrequenz von 0,10! (5756). Dies verdeutlicht, wie stark regionale Bevorzugungen oder auch geographische Isolation solche Genbestände beeinflussen können: Auf den Shetland- und Orkney-Inseln fallen die Frequenzen $q^o = 0{,}35$ bzw. $q^w = 0{,}07$ gleichfalls völlig aus dem Rahmen (5749). Dies wird durch den sogen. »Founder-Effekt« erklärt (1665). Nach der Besiedlung dieser abgeschiedenen Nischen durch nur wenige, einzelne Tiere kann das Genspektrum natürlich für viele Folgegenerationen nicht breiter sein als das der Gründertiere. So sollen die wenigen Katzen auf den Kerguelen fast alle schwarz bzw. schwarzweiß sein und wahrscheinlich auf eine ausgesetzte trächtige Katze zurückgehen (1661). Auf kleinen Inseln können somit solche Effekte zu krassen Abweichungen führen (564, 5759, 5760, 2898, 3, 2119).

Auch Islands Katzenbevölkerung scheint eine Genverteilung widerzuspiegeln, die mehr früheren, vergangenen Verhältnissen in Nordwesteuropa entspricht (5751). Dies vermerkt man auch für einige US-Populationen (18). So können Katzen Trends geschichtlicher, kolonisatorischer Entwicklungen bestätigen (5742, 5745, 854, 855, 862, 5826, 865, 4011, 3572, 3573, 5601, 2440). Kennzeichnenderweise unterscheiden sich nordamerikanische Populationen nicht sehr von westeuropäischen hinsichtlich der betrachteten Allele (Tab. 45). Australien (Melbourne) sowie Tasmanien (Hobart) und Neuseeland ist mit $q^{tb} = 0{,}81 - 0{,}87$ sogar noch englischer als das Mutterland – was Wunder bei der königstreuen Einstellung der Aussies (1491, 3149, 1376).

Wie Dyte (1974) bemerkt, könnten solche Genverschiebungen offenbar *trotz* menschlicher Präferenz zustandekommen als wegen derselben, denn mit steigender Beliebtheit wachse ja auch die Gefahr der Sterilisation. Einem deutlichen, wenngleich regional unterschiedlichen *Selektionsdruck* scheint auch der weiße bzw. farbaufgehellte Phänotyp zu unterliegen. Dieses kommt nicht nur in dem oben diskutierten Gefälle von den kalten Zonen zu den Tropen zum Ausdruck, sondern auch darin, daß besonders im großstädtischen Milieu die Frequenz von W und anderer Farbaufheller niedriger ist als auf dem Lande (1658, 1659, 864, 5733); es scheint somit eine Beziehung zwischen der Bevölkerungsdichte, Industrialisierung und der genetischen Farbverdunkelung des Katzenfells zu geben, ein *»kumulativer urbaner Druck«* auf helle Genotypen zu bestehen (1283, 1284). Die Korrelationen sind jedoch schwach (5025), und über parallele Veränderungen der NN-Gewichte wird noch gerätselt (2) – andere Autoren bestreiten denn auch solche Zusammenhänge (5763, 1507, 5967). Vielmehr werde durch menschliche Vorlieben generell der helle Genotyp begünstigt (4808). Und von Jägerhand oder dem Kraftverkehr in ländlichen Zonen erlegte Katzen seien mehr dem dunklen

Farbtyp zugehörig (3660).

Solche populationsgenetischen Ermittlungen von Genfrequenzen können somit dazu genutzt werden, die *genetische Distanz* distinkter Teilpopulationen zu schätzen, d.h. aus den Genfrequenzunterschieden in verschiedenen Allelesystemen die genetische Unterschiedlichkeit bzw. Verwandtschaft dieser Teilkontingente zu ermitteln. Wenn nämlich Genfrequenzänderungen im wesentlichen nur durch Gen-Immigration von benachbarten Populationen über lange Zeiträume erfolgen, so müßte sich eine hohe positive Korrelation zwischen genetischer und geographischer Distanz ergeben (5758). Hierfür wurden verschiedene Schätzverfahren vorgeschlagen (Kidd u. Cavalli-Sforza, 1974), die auch bereits auf die beschriebenen Farballele-Systeme der Katze Anwendung fanden. Natürlich könnte man noch andere Polymorphismen mit einbeziehen (1059).

So errechneten Adalsteinsson u. Mitarbeiter (1979) auf diese Weise die genetische Distanz isländischer Katzen zu anderen europäischen Katzengruppen.

Danach ist

$$d_{ij} = \sum_n \left(1 - \sum_k \sqrt{p_{ik} \cdot p_{jk}}\right)$$

wobei p_{ik} die Frequenz eines Allels am Locus k in der Population i, p_{jk} die Frequenz desselben Allels in der Population j, K die Zahl der betrachteten Allele am Locus k und n die Gesamtzahl der verglichenen Loci ist.

Schlegel (1982) und Hain (1986) vollzogen diese Erhebungen an deutschen Katzenpopulationen und kamen dabei auf keine nennenswerten Distanzen von Katzendemen innerhalb der Alt-BRD. Vergleicht man jedoch die westdeutschen Populationen mit weiter entfernten, so kommt man zu den in Tab. 46 niedergelegten Verhältnissen.

Wie daraus ersichtlich, *wächst mit der geographischen Entfernung auch die genetische Distanz;* unter Auslassung der Inselbevölkerungen beträgt diese positive Beziehung r = 0,63***. Inzwischen sind weitere Untersuchungen erfolgt und die Karten der Katzendemographen werden immer kompletter (924, 857, 858, 859, 3119, 3570, 3575, 1669, 1673, 1506, 2175, 2223, 2357, 5745, 5761, 5960, 6020, 4926, 4813, 2899, 1271, 4889, 5966, 1698, 3120, 2256, 4212, 860, 3170, 3171).

Wie schon beim Hund herausgestellt, folgt selbstverständlich auch das *Verhalten* der Katzen z.T. genetisch gelenkten Bahnen. Nur ist die Abschätzung des *Erblichkeitsgrades* hier genauso schwierig und sicher nicht durch globale Thesen zu bewerkstelligen, wie etwa »schwarze Katzen wären weniger aggressiv und besser in Gruppen zu halten als gestreifte« (Todd, 1977). Aber das »Wesen« findet ja bei Katzenprämierungen noch weniger Beachtung als bei Hunden und leider wird und wurde auch viel mit Inzucht gearbeitet. Auch die verschiedenen, katzenspezifischen *Aggressionsformen*, die für den Menschen (spielerische, Angst- oder Übersprung-Aggression) oder die Katzengefährten (Territorial-, Dominanz-,

Tabelle 46 Genfrequenzen von a, t^b, S und O in eurasiatischen und afrikanischen Ländern sowie Genetische Distanz (d_{ij}) zwischen der westdeutschen Katzenpopulation und den aufgeführten Katzendemen (additive, paarweise genetische Distanz für a, t, S und O).

Land/Stadt	a	t^b	S	O	Entfernung (km)	d_{ij}	Autor
Island	0,67	0,36	0,50	0,17	2 208	0,0342	Adalsteinsson u. Mit. 1979
Irland	0,83	0,70	0,33	0,14	910	0,1132	Todd 1977a; Lloyd 1979; Todd u. Lloyd 1979
Cambridge	0,81	0,73	0,29	0,25	480	0,1440	Lloyd 1977
Bristol	0,76	0,80	0,38	0,20	640	0,1710	Gruffyd-Jones u. Mit. 1979
Südengland	0,80	0,84	0,32	0,19	600	0,1981	Robinson u. Silson 1969
Norddeutschland	0,72	0,48	0,46	0,09	290	0,0346	Schlegel 1982
Westdeutschland	0,74	0,27	0,32	0,08	–	–	Hain 1986
Schweden	0,71	0,34	0,44	0,06	1 170	0,0120	Jensen, n. Adalsteinsson 1979
Zentralfrankreich	0,59	0,29	0,21	0,06	530	0,0217	Dreux 1978, 1979
Cher	0,70	0,61	0,25	0,12	570	0,0669	Dreux 1981
Marseille	0,72	0,68	0,30	0,08	860	0,0888	Dreux 1975
Saragossa	0,68	0,49	0,56	0,19	1 200	0,0715	Dreux u. Saumet 1981
Benidorm	0,79	0,55	0,33	0,17	1 460	0,0514	Robinson 1971b; Dyte u. Todd 1977
Balearen	0,79	0,43	0,33	0,17	1 300	0,0255	Dyte, zit. n. Anon. 1979
Rom	0,66	0,49	0,31	0,09	1 100	0,0300	Lloyd u. Mit. 1983
Venedig	0,58	0,48	0,17	0,06	710	0,0546	Searle 1966
Sizilien	0,56	0,20	0,54	0,19	1 490	0,0600	Anon. 1979
Malta	0,64	0,33	0,33	0,43	1 750	0,1036	Jaffe u. Lloyd 1981
Wien	0,57	0,29	0,17	0,10	740	0,0326	Lloyd u. Mit. 1983
Budapest	0,60	0,00	0,33	0,08	950	0,2000	Davis u. Davis 1976
Jugoslawien	0,75	0,32	0,40	0,18	1 250	0,0164	Hines u. Randal 1977
Patras	0,74	0,30	0,45	0,18	1 820	0,0209	Todd u. Kunz 1977
Zypern	0,72	0,25	0,34	0,21	2 960	0,0188	Robinson 1972
Saudiarabien	0,58	0,11	0,58	0,29	4 760	0,1104	Davis u. Ahmad 1983
Tunis	0,68	0,15	0,40	0,21	1 590	0,0347	Todd 1977b
Rabat	0,62	0,38	0,24	0,09	2 220	0,0193	Génermont 1974
Jerusalem	0,67	0,23	0,25	0,12	3 380	0,0094	Saliternik u. Mordokhovich 1975
Jericho	0,64	0,34	0,43	0,33	3 350	0,0677	Saliternik-Vardy u. Ritte 1978
Ankara	0,57	0,15	0,40	0,27	2 520	0,0642	Todd u. Mit. 1977
Teheran	0,56	0,30	0,47	0,19	4 110	0,0441	Saliternik u. Todd 1977
Leningrad	0,57	0,44	0,31	0,25	1 770	0,0599	Borodin u. Mit. 1978
Kuibyschew	0,57	0,44	0,31	0,22	2 870	0,0522	Borodin u. Mit. 1978
Kaukasus	0,63	0,22	0,46	0,04	3 050	0,0226	Robinson u. Manchenko 1981
Täbris	0,57	0,16	0,51	0,10	3 530	0,0447	Borodin u. Mit. 1981
Khabazovsk	0,47	0,39	0,53	0,12	7 730	0,0724	Robinson u. Manchenko 1981
Irkutsk	0,63	0,19	0,38	0,24	5 980	0,0387	Borodin u. Mit. 1978
Karachi	0,58	0,14	0,47	0,26	5 930	0,0730	Beek 1978
Bangkok	0,77	0,00	0,31	0,29	9 040	0,1857	Saliternik 1977
Bombay	0,62	0,12	0,55	0,31	6 820	0,1001	Todd 1983
Singapur	0,60	012	0,50	0,32	10 370	0,0957	Searle 1959
Wladiwostok	0,51	0,23	0,44	0,16	8 040	0,0454	Borodin u. Mit. 1978
Colombo	0,63	0,19	0,52	0,27	8 410	0,0658	Todd 1983
Macao	0,44	0,39	0,46	0,39	9 110	0,1406	Todd 1983

brutbeschützende Aggression, 1227) Probleme bereiten können, dürften in ihrer Ausprägung genetischen Steuerungen unterliegen. Diese Auffassung vertritt auch Bradshaw in dem schönen Buch »The behaviour of the domestic cat« (1992). Selbst was destruktive Kratzgewohnheiten an Möbeln angeht, fährt man offenbar gewöhnlich besser mit solchen Kätzchen, deren Mütter diesbezüglich nicht auffällig wurden (3386). Immerhin ließen sich Methoden der Populationsgenetik erfolgreich anwenden. Wollte man, um nur ein Beispiel zu nennen, auf hervorragende Mäuse- und Rattenfangeigenschaften züchten, so könnte man – bei gelenkter und überwachter Zucht – über den *Selektionserfolg* unschwer die *realisierte Heritabilität* (Erblichkeitsgrad, h^2) ermitteln, denn der Selektionserfolg SE is proportional dem Erblichkeitsgrad und der *Selektionsdifferenz* SD (= der Unterschied zwischen dem Populationsdurchschnitt und den für die Zucht benutzten Tieren). Wenn aber SE = $h^2 \cdot$ SD, so ist h^2 = SE/SD. Fangen also – vorausgesetzt, es sind genügend Nagetiere da – meine auserwählten Zuchttiere im Schnitt etwa 60 Mäuse pro Woche, der durchschnittliche Rest meiner Katzen aber nur 20 (d.h. SD = 40) und fängt der Nachwuchs aus meinen Zuchttieren im Mittel 50 Nager, so beträgt der Selektionserfolg 50 – 20 = 30, denn die Nachkommen liegen ja nur 30 über dem Durchschnitt. Daraus errechnete sich dann der Erblichkeitsgrad dieser Eigenschaft mit h^2 = 30/40 = 0,75 oder 75%. Ähnlich ließe sich bei anderen Verhaltensweisen – etwa nach einem Punktesystem – verfahren (2494).

Daß die *Umwelt*, z.B. auch Fütterungseffekte, gleichfalls bedeutsam sind, zeigten Katzenwelpen, bei denen Schmalhans Küchenmeister war: Sie wiesen wesentlich mehr spielerische Interaktionen auf als vollgefressene Exemplare (640). Im übrigen gibt es Autoren, die sich sehr kompetent mit Verhaltensstudien an Katzen befassen, z.B. Leyhausen (1975). Meier (1968), Fox (1975, 1976), Brunner (1976), so daß hier auf Weiterungen zu verzichten ist. Wenn man allerdings Tötungs- und Freßgewohnheiten von Hauskatzen studiert, indem man ihnen über 300 Vögel, Nager, Fische etc. lebend ausliefert, braucht man sich über eine Bestrafung als Tierquäler wohl nicht zu wundern. »Die Katzen wären durch diese Versuche nicht gequält worden«, führte der Verantwortliche als Entlastung an (243).

Da rassische Variation bei Katzen vorwiegend eine Variabilität der Farbe und Fellbeschaffenheit ist, werden diesbezügliche Fragen der Vererbung auch im weiteren zu betrachten sein. Die heutigen Rassenstandards in der BRD sind von den Katzenzuchtvereinen, u.a. dem 1. Deutschen Edelkatzenzüchter-Verband e.V. und der Dt. Rassekatzen-Union, den Richtlinien der FIFE (Fédération Internationale Féline d'Europe) angepaßt. Daneben gibt es »Autonome«. Kein Ruhmesblatt war, daß bei Gründung des o.a. Verbandes die ausländischen Rassekatzen unter Miesmachung von Einheimisch-Kurzhaar propagiert wurden (5127). Auch bei Rassekatzenzüchtern herrscht eine herzliche Zwietracht zwischen konkurrierenden Vereinen, doch sehen die Zuchtbestimmungen i.a. so aus, daß der Kater vor Aufnahme ins *Deckkater-Verzeichnis* mindestens einen lebenden Wurf gezeugt und auf einer Ausstellung das Prädikat vorzüglich bekommen haben muß; jährliche Kontrollen durch den Tierarzt sind Vorschrift, nach 8 Jahren erfolgt automatische Streichung aus dem Zuchtregister. Eine Katze – Mindestzuchtalter 1 Jahr – darf nur 2 x pro Jahr werfen, im Abstand von mindestens 5 Monaten; dritte Würfe und nicht genehmigte Paarungen verschiedener Rassen erhalten keine Stammbäume, sondern nur Eintragungskarten. Erste Ausstellungen sollen vor 120 Jahren in England stattgefunden haben. Hierzulande wurden Katzenfelle zu dieser Zeit noch auf dem Oktoberfest feilgeboten.

Neben der grundsätzlichen Einteilung in *Langhaar-* (Perser, früher auch viel Angorakatzen genannt) und *Kurzhaarrassen* finden bei einer Erörterung der durch mindestens 9 Genloci mit z.T. multipler Allelie gesteuerten *Farbvererbung* automatisch fast alle Katzenrassen Erwähnung, von einigen noch zu nennenden Sonderformen der Skelett- und Fellausprägung abgesehen. Bei der Benennung der Farbgene wird zweckmäßig die Nomenklatur von Robinson (1967) und Searle (1968) zugrundegelegt, wie schon in Tabellen 45 und 46 erfolgt. Alle bekannten Farballele können prinzipiell sowohl in Katzen mit kurzem als auch in solchen mit langem Haar auftreten, das sich im übrigen bei Kreuzungen ähnlich den Verhältnissen bei Hunden rezessiv gegenüber Kurzhaar verhält, wenngleich auch Intermediärformen bekannt wurden, z.B. *Halblanghaar* (Birma). Langhaar- und Kurzhaarkatzen mit dem gleichen Farb-Genotyp werden jedoch von den Rassezüchtern als verschiedene Rassen betrachtet: So spricht man nicht von »Langhaar-Siamesen«, sondern von »Khmer«, oder »Colourpoint-Langhaar«, einer Kunstrasse, entstanden aus Persern und Siamesen. Langhaarkatzen sollen etwas mehr zu spezifischem *Pilz- und Milbenbefall* neigen (Cheyletiellose), der auch auf Menschen übertragbar ist (4319).

In panmiktischen europäischen Hauskatzenpopulationen, d.h. bei der Masse der nur Zufallspaarung und keiner gelenkten Reinzucht unterliegenden Katzen, spielen zweifellos Wildfarben-, Streifen- und Scheckungsgene eine große Rolle, wie Tab. 45 ausweist. Im übrigen ist eine starke Gen-Homologie zur Farbdetermination anderer Säuger erkennbar (4802). Während eine reine Agouti- oder *Wildfarbe* (»Ticking«, T^a) z.B. bei Abessiniern (Abb. 85) mit charakteristischer dunkelroter Decke und hellerer Unterseite (»Brand«) anzutreffen ist, stehen beim europäischen Kurzhaar mehr Kombinationen des Agoutigens (A) mit verschiedenen *Streifungs- und Sprenkelungsfaktoren* im Vordergrund. Die für Katzenartige typische Streifungsmusterung (»Tabby«) wird durch mindestens 3 Allele gesteuert, d.h. zu dem o.a. T^a tritt noch ein T^s, welches für ein mehr durchgehend linienförmiges, sowie ein T^b, das für ein unterbrochen getuptes Muster sorgt, und schließlich noch ein Allel t^b für klumpig-marmorierte Musterung (blotched, Abb.

83). Eine kleintüpfelige, wildgepardenähnliche Zeichnung (»Egyptian Mau«) ergibt sich wahrscheinlich aus Kombinationen dieser Allele, wobei die Dominanzreihe wohl $T^a - T^s - T^b - t^b$ ist (4809).

Langhaarige Abessinier heißen auch Somalis, sind aber keineswegs direkte Abkömmlinge der Felis lybica jüngeren Datums, sondern Hauskatzen-Zuchtprodukte. Es gibt sie zudem in anderen Farbvarianten (silber, blue, creme, 5256, 6329). Andere unlängst anerkannte Rassen wie die Maine Coon und die Norwegische Waldkatze sind Wildformen gleichfalls nur nachempfunden.

Großflächige *Weiß-Scheckung* gehorcht offenbar einem polygenisch beeinflußten Erbgang, da ähnlich wie bei Schwarzbunten Rindern (1331) alle Übergänge von vorwiegend weiß bis vorwiegend schwarz vorkommen (3332). Extrem weißgescheckte Tiere dürfen jedoch nicht mit reinen weißen verwechselt werden, wie dies selbst Katzenzüchtern passiert, da diese ihren Pigmentmangel entweder der Albinoserie oder dem dominanten Gen W verdanken, das meist gleichzeitig eine Aufhellung der Iris bewirkt (blaue Augen). Wie bei Boviden oder selbst beim Merlefaktor des Hundes (3911) zeigt daher auch die Flächenscheckung der Katze eine echte quantitativ-polygenische oder zumindest *polyfaktorielle Variation* (1657), was beim krampfhaften Versuch der Interpretation durch einfach mendelnde Erbgänge zu Hilfskonstruktionen wie »unvollkommener Dominanz« eines Großgens etc. führt (1660). Dies gilt für eine isolierte, begrenzte Bauchscheckung in gleicher Weise (5736). Übrigens ist ganz interessant, daß analog den Schwarzbunten Rindern auch bei westeuropäischen Scheckungskatzen der Löwenanteil durch vorwiegend schwarze gestellt wird (Weißanteil 10 - 30%, 1504). Nach Dreux (1968) entsprechen die Katzen vom Scheckungstyp 0 dem Genotyp ss (Abb. 94), die Grade 0,1 - 0,4 der heterozygoten Konstellation Ss und 0,5 - 0,9 sind Homozygote SS.

Es war im Vorangegangenen schon gesagt worden, daß die *einfarbig weißen* Individuen in Städten recht selten sind. Dazu mag ein vitalitätsabträglicher pleiotroper Effekt dieses Depigmentierungsgens beigetragen haben, welchen man öfter bei diesen Katzen feststellt: Die Kopplung von Weiß im Haarkleid und *Pigmentmangel der Iris* mit *Taubheit* (48, 4570, 6370, 6192, 6279, 760, 1534, 1121), was schon 1769 Buffon aufgefallen war (5289). Auch die foetale Mortalität soll erhöht sein (4785). Tatsächlich erinnern die bei weißen Katzen hin und wieder gesehenen degenerativen Veränderungen im Innenohr stark an die in Zusammenhang mit dem Merlefaktor des Hundes besprochenen Atrophien des Ductus cochlearis bzw. der Reißnerschen Membran (2815, 6325, 3720). Hier liegt somit eine eindeutige Parallele vor, wie schon öfter im Zusammenhang mit *Depigmentierungsanomalien* besprochen. Diese Befunde wurden in späteren Untersuchungen erhärtet (569, 6292, 5226), doch wurde gleichzeitig die beträchtliche Variation in der Ausprägung der Anomalien deutlich (5746): beidseitig nor-

Abb. 94 Scheckungsgrade bei der Katze (n. Dreux 1968)

mal – einseitig taub – beidseitig taub mit allen Übergängen kommt vor. Auch hierfür dürften wieder Polygene oder epistatische Wirkungen verantwortlich sein, sehen wir ähnlich multiple Manifestationen wie beim Merlesyndrom. Analog ist auch das vielfach in diesen Katzen gesehene Auftreten *diskordanter Irisfärbungen* (ein blaues, ein gelbes Auge, 3012, 3791), sowie das Fehlen des Tapetum lucidum (5654).

Schwangart meinte schon 1928, die blauäugigen weißen Katzen wären zur Hälfte taub; Mair (1973) vermeldete eine Befallshäufigkeit von mindestens 20%.

Die schon erwähnte türkische Van-Katze ist ein solcher, zum Standard erhobener Typ: Langhaar, dominant weiß, mit *heterochromatischen Augen* (5756). Sie ist in ihrer Heimat fast ein Prestigeobjekt und wird zudem als »Souvenir« an Touristen verkauft, was trotz der genannten subvitalen Effekte zu dieser hohen Genfrequenz von 10% führte. Ursprünglich wohl von Armeniern am Van-See in der Osttürkei gezüchtet, hatte sie in den dreißiger Jahren offenbar noch andere Charakteristiken: Weiß, mit schwarz-braunen »Käppchen« auf dem Kopf und schwarzem Schwanz (3173). Dies würde auch der von Robinson (1977) für Van-Katzen angegebenen Erbformel ll o ss besser entsprechen, während die o.a. dominant weißen Typen eher dem Bild der *»Original-Angora-Katzen«* gleichkommen. Hier, wie beim Merlefaktor des Hundes, ist die vergleichend-medizinische Bedeutung dieser Tiere für parallele Defektsyndrome des Menschen hoch einzuschätzen (1061, 1815). Bei der tauben weißen Katze sind histologisch-funktionelle Hinweise für progressiven Verlauf, Einbeziehung zentralnervöser Bezirke und Übergreifen auf das Gleichgewichtsorgan *(Vestibularapparat)* gegeben (3720). Somit ist wahrscheinlich, daß die Katze, welche General Elliot auf seinen Inspektionsgängen bei der Belagerung Gibraltars zum Erstaunen der Soldaten trotz betäubenden Geschützlärms begleitete – eine weiße Katze war.

Den erblichen, mit ZNS-Ausfallserscheinungen einhergehenden Pigmentmangelsyndromen (6102) zuzurechnen ist sicher auch das von Woodward und Mitarb. (1974) als rezessive, »ballonierende Nervendystrophie« beschriebene, ataktische Syndrom. Daneben scheint es weitere dominante Farbaufheller zu geben (5817). Die Borniertheit der Züchter tauber, weißer Katzen ist (ähnlich den Verhältnissen bei Merle-Hunden) beträchtlich: »Ich glaube, daß Taubheit eine m. o. w. normale Begleiterscheinung der blauäugigen weißen Katze ist. Taubheit ist auf Ausstellungen ein Vorteil, denn taube Katzen lassen sich nicht verwirren. Wenn ich sie auf mich aufmerksam machen will, stampfe ich auf den Fußboden, da sie auf die Vibrationen reagieren (5342)«. Sie besitzen gar die Frechheit, solche Katzen als »geistig beschränkt« zu bezeichnen (Katzen 4, 39, 1992), sind jedoch blind für ihre eigene Beschränktheit. Wieweit zynischer Farbformalismus das Handeln von Menschen bestimmen kann, zeigte jene Besitzerin, die ihre Katze vom Tierarzt einschläfern lassen wollte, weil ihre Augenfarbe nicht mehr zur renovierten Wohnung paßte. *»Odd-eyed«*-Katzen – immer wieder von Unbedarften oder Zynikern propagiert (Katzen Extra 12, 4, 1991) – werden mit Preisaufschlag abgegeben und Jahrzehnte von Rassekatzenzucht haben es nicht vermocht, Taubheit und Pigmentschwäche einzudämmen (418). Ob in diesen Tieren auftretende einseitige Taubheit tatsächlich immer ipsilateral mit dem blauen Auge ist (1234, 3068), wird bezweifelt. Es ist jedoch belegt, daß Individuen mit genetischen Asymmetrien – auch in anderen Arten, z.B. beim Merlesyndrom (S. dort) – herabgesetzte Lebenserwartung haben, wenngleich, wie bei Löwen nachgewiesen, hier Geschlechtsunterschiede bestehen mögen (Packer u. Pusey, Science 1993). Dies scheint ja auch für einen leichten »Silberblick« bei Frauen zuzutreffen, der für manchen Medienstar offenbar eher einen Selektionsvorteil bedeutet.

Eine weitere Disposition weißer Katzen ist ihre Anfälligkeit für bestimmte *Hautläsionen*, zumindest in Zonen mit starker Sonneneinwirkung (2872). Ähnlich wie es bei Rindern mit weißen Köpfen und pigmentlosen Lidrändern in den Tropen vermehrt zu Augenkarzinomen kommt (6102), wurde auch bei Katzen unter vergleichbaren Umwelten das Auftreten zunächst präkanzeröser Hautalterationen gehäuft besonders an Ohrspitzen und Augenlidern konstatiert (1207, 4600, 5153, 559), die sich nicht selten zu Basaliomen oder bösartigen, squamösen Karzinomen entwickeln (621, 6191, 2437, 2042), wie ohnehin der Kopf eine Prädilektionsstelle für solche Neubildungen bei Katzen darstellt (5498). Leider wurde in einer jüngsten, umfangreichen Augenkrebsstatistik von Klinikern die Farbe der Tiere als Dispositionsfaktor nicht analysiert; Siamesen seien danach mehr zu Mastzelltumoren inkliniert.

Wie bei menschlichen Albinos stellt auch bei pigmentarmen Katzen intensive Lichteinwirkung somit ein *potentielles Kanzerogen* dar (1390, 3709). Diese Fakten scheinen einen Bezug zu der in Tab. 45 deutlich gewordenen Abnahme weißer Individuen in warmen Ländern herzustellen. Doch sind weiße Katzen keineswegs Albinos gleichzusetzen (2814), da rezessiv vererbter *Albinismus* im Rahmen der C-Alleleserie (6063) bei Katzen nicht sicher nachgewiesen wurde, wenngleich man des öfteren über das Auftreten weißer, möglicherweise albinotischer Individuen berichtete (5741). Wahrscheinlich kompletter okulokutaner Albinismus kam auch andernorts zur Meldung (1405). Daneben gibt es rein cutane Formen (4554). Diese Rezessiv-Weißen (1080) traten kennzeichnenderweise in Zuchten der Siamesen auf (Abb. 86), welche mit ihrem *Akromelanismus* (c^s, auch Himalaya-Allel genannt) und zumeist blauen Augen Vorstufen der völligen Pigmentlosigkeit darstellen (6161, 5255, 570). Dieser Akromelanismus, d.h. die ausschließliche Pigmentierung der Körperenden (Ohren, Maske, Gliedmaßenenden und Schwanz) bei hellem Grundton findet sich ganz analog auch in der Albinoserie anderer Tierarten, z.B. bei Kaninchen (Russen- und Himalayakaninchen) und kleinen Labortieren (4795). Man erklärt sich das durch *Temperatureffekte* auf die Pigmentausbildung bei diesen Tieren mit partieller Blockade der Tyrosinase, einem offenbar temperaturabhängigen Oxydationsenzym. Ließ man Siamkatzen bei sehr niedrigen Temperaturen aufwachsen, wurde ihr Fell dunkler als gewöhnlich (2859), ein gleicher Effekt wurde bei Experimenten mit Russenkaninchen erzielt. So ist es umgekehrt möglich, durch Aufzucht dieser Tiere bei hohen Temperaturen (30°C) rein weiße Exemplare mit rosa Augen zu erzielen, sogenannte »Pseudo-Albinos« (4777). Ähnliche Ratschläge betreffs gleichbleibender, hoher Temperatur werden auch ausstellungsbewußten Siam- und Birmakatzenzüchtern gegeben, um das »Nachdunkeln« der Tiere zu vermeiden. »Siamkatzen aus Kalifornien, Florida und Texas sind heller als solche aus Kannada (3475)«. Übrigens ist in diesem Zusammenhang auch an das Dunklerwerden rasierter Hautbezirke nach Operationen zu denken (3446).

Der Akromelanismus erscheint somit durch niedrige Temperaturen der Haut an den Körperenden erklärbar; er bildet sich erst postnatal aus. In einer kuriosen Ausnahme trat jedoch das Gegenteil ein: Die Welpen wurden bereits mit typischen »Points« geboren, welche aber später wieder verschwanden (4199).

Auch eine andere bei Siamesen häufiger beobachtete Erscheinung macht die Analogie zum menschlichen Albinismus deutlich: Der *oszillatorische Nystagmus*, d.h. ein horizontales Augenzittern (6229), das kongenital und unwillkürlich auftritt (499) und durch die infolge Pigmentmangels bedingte Schwachsichtigkeit *(Amblyopie)* begründet wird (6190). Letzte ist jedoch nicht nur peripher, sondern offenbar auch zentralnervös bedingt (764, 829). Es wurden aberrante Faserverläufe in Sehbahnen und Sehzentren bei Siamkatzen gefunden, die offenbar direkt an die Depigmentierung gekoppelt sind (5250, 5251, 5253) und zu abnormen Retina-Projektionen führen können (5522, 1406, 6049, 3984, 2823, 2373). Hierin scheint ebenfalls der in Siamesen häufiger aufgetretene *Strabismus* (Schielen, meist Str. convergens) seine tiefere Ursache zu haben. Jedenfalls ist er wie manche Formen des Schielens beim Menschen, z.T. genetisch fixiert (2602). Diese Sehstörungen dürften aber kaum jemals so weit gehen, daß dadurch der von Knight (1967) einigen Siamkatzen unterstellte perverse Appetit auf Wollsachen erklärbar wäre: Es handelt sich wohl mehr um ein Saugen an Wollenem, vergleichbar dem Daumenlutschen (667); auch in Burmesen wurde diese »Macke« beobachtet (823). Dagegen mögen Cornea-Nekrosen in Colourpoints eher der Langhaarigkeit und Entropiumdisposition zu verdanken sein (5899).

Die lebhafte Siam kann ihre Stimme zu imponierender Lautstärke erheben (»Sie geht durch Mark und Bein, 5054«), was nicht überall als angenehm empfunden wird. Diese abweichende Lautgebung – bei Burmas mit teilweise »vogelähnlichem Zwitschern« angeblich noch extremer – sowie Temperament und langer Schädel führten sogar zu der Auffassung, die Bengalkatze sei neben der Wildkatze an ihrer Rassewerdung beteiligt gewesen – ein inzwischen revidierter Standpunkt (2625). Ihre Lebhaftigkeit mag auch bedingen, daß bei ihnen – und in Abessiniern – häufiger »idiopathische *Neurodermatosen*«, d.h. durch ständiges Lecken erzeugte Hauterkrankungen gesehen werden (537, 4691).

Im übrigen ist klar, daß das Siamgen, d.h. die Konstellation $c^s c^s$ lediglich die Restriktion der Pigmentierung auf die Akren bewirkt: Die Farbgebung dieser »*Points*« wird durch die anderen Farbgene gesteuert (3150). So gibt es Seal-, Chocolate-, Red-Tortie-, Blue- und Tabby-Points etc. – jede Variante mit eigener Rassenummer im Katzenkatalog.

Der erbliche *Knick- und Knotenschwanz* stellt eine weitere Anomalie dar, welche vorwiegend, aber nicht ausschließlich in *Siamrassen* zur Beobachtung kam (986, 3032). »Kenner« behaupten, er rühre daher, daß die Siamesen zu lange mit unterschlagenem Schweif vor den Tempeln ihrer Heimat gesessen hätten. Bei den schon erwähnten »Langhaar-Siamesen« im Persertyp, den *Khmer- oder Colourpointkatzen*, aus Experimentalzuchten von Keeler und Cobb entstanden (4887), mittlerweile mit vielen weiteren Farbvarianten (hierher wohl auch die Koratkatze, silberblue, gehörig, 3175) – wird dieser Fehler gleichfalls öfter gesehen. Er soll nach Grau (DTW, 1939) hin und wieder mit WS-Anomalien auch in kranialen Bereichen einhergehen, wie es massiver ja bei der Manxkatze beschrieben wird (S. dort). Eine weitere Rasse, die wahrscheinlich durch Einkreuzung von Siamesen in Perser entstand, ist die langhaarige, »*heilige*« *Birma* (»Tempelkatze«), bei der der Akromelanismus sich aber nicht auf die Gliedmaßenenden erstreckt: Alle 4 Pfoten sind weiß oder zumindest hell (Sie tragen »Handschuhe«, Abb. 87). Diese verdanken sie wohl weniger – wie die Sage geht – der Berührung mit einem heiligen Kittak-Priester, als der auf die Extremitäten beschränkten Wirkung des Scheckungsgens S. Die Birma darf wegen der Namensähnlichkeit nicht mit der *kurzhaarigen* Burma verwechselt werden (Abb. 88), deren bräunliche Farbaufhellung einem anderen Allel der Albinoserie zuzuschreiben ist (c^b).

Die temperamentvolle *Burma* neige bei restriktiver Haltung vermehrt zu Aggressionen gegenüber Menschen (4152); neuseeländische Nachzuchten sollen zudem eine besondere Prädisposition zu hypokaliämischen Muskelerkrankungen besitzen (2997).

Kreuzungen zwischen Siamesen und Burmesen nennt man auch Tonkanesen (5254), glatthaarige Siamkatzen dagegen, welche – im Gegensatz zur Khmer – weiterhin in Siam-Schlankform gezüchtet werden, Balinesen (2747). Orientalisch Kurzhaar schließlich kamen durch Siameinkreuzungen in andere EKH-Schläge zustande: »Die Züchter sehen keine Persönlichkeitsunterschiede zwischen Orientals und ihren Siamesen; in gewöhnlicher Umgebung sprechen sie orientalisch, in Eheangelegenheiten siamesisch (3747)«. Neuerdings züchtet man auch »Halloween«-Katzen, die Bombays (Schwarz mit kupferfarbenen

Augen), sowie »Ocicats«, die aus der Kreuzung Siam/Abessinier entstanden (1619), und »Ragdolls« (Angora/Birma-Kreuzung, 3844).

Die durch das Chinchilla-Allel (c^{ch}) erzeugten silbergrauen Farbtöne (»silbermoor«, Chinchilla) können bei Lang- und Kurzhaarrassen registriert werden. Über Erbgänge, Epistasie- und Dominanzwirkungen scheint hier noch nicht das letzte Wort gesprochen (5816), auch nicht darüber, ob bestimmte *»Blue-smoke«*-Fellaufhellungen Ausdruck des *Chediak-Higashi-Syndroms* sind, jener in Mensch, Nerz, Rind, Maus und Killer-Wal mit Depigmentierung einhergehenden lysosomalen Erkrankung (6102, 3282). Jedenfalls ist diese rezessive Defektmutante nicht direkt identisch mit dem Chinchilla-Gen (4550); sie geht mit Neutropenie und erhöhter Blutungs- und Infektbereitschaft einher (4555, 6015, 4356). Granulierungsbesonderheiten in weißen Blutkörperchen zeitigte auch eine rezessive Anlage in Birmas (2713).

Eine Chinchilla-Mutation liegt überdies dem Muster der »Weißen Tiger von Rewa« (Indien) zugrunde (5700): sie zeigen dunkle Tigerung auf weißem Grundton (5699, 4782). Es handelt sich um schon früher belegte Formen des Teilalbinismus (5100). »Siegfried und Roy's« weiße Tiger sollen auch Sibirier-Blut führen und ihre z.B. durch Rewati, den schielenden Tiger von Rewa, belegte Tendenz zu *Strabismus* u.a. Augenproblemen wurde von züchtenden Zoodirektoren als »gewisse Augenschwäche« bagatellisiert.

Neben den genannten Erbanlagen gibt es noch ein Gen b (ein Allel von B für schwarz), dem die kastanienbraune Havanna ihre Entstehung verdankt, sowie ein Gen d (dilution) für bläuliche Farbverdünnung (Russisch und British Blue, S. a. Tab. 45 und Abb. 89,90). Es ist Zank unter Züchtern, ob die Havanna identisch sind mit Orientalisch Kurzhaar, braun (5859, 2404) und British Blue mit »Chartreuse« bzw. Kartäuser-Katzen. Im Gegensatz zur schlanken, leichten, grünäugigen Russisch Blau (6295), hat die massivere Kartäuser eine gelb-braune Iris. Verblaßte Augenfarbe, weiße »Medaillons« und Schwanz-Formabweichungen gelten – wie in vielen Rassen – als zuchtausschließende Fehler; Kaiserschnitte seien hin und wieder nötig.

Die Rex- und Manxkatzen schließlich repräsentieren zwei bei uns kaum gesehene Rassen, welche durch die bewußte Zucht mit Defektgenen zustandekamen. Bei der *Rexkatze*, von der es mehrere Schläge gibt (4781, 4783, 4786, Abb. 95), kommt es zum völligen oder teilweisen Fehlen der Leit- und Grannenhaare und zur Verkürzung und Verkrümmung der Schnurrhaare, während die verbleibende Unterwolle lockig gewellt ist (3432), stellenweise allerdings auch ganz fehlt (4796, 1234). Es sind, wie herzig! – »Halbnackedeis«, die zwar »ihre Körperwärme schneller verlieren« aber »gern bei Schnee und Frost herumtollen (Maas, 1991)«. Dominante Mutanten mit brüchigem *Drahthaar* kamen gleichfalls in Katzen zur Beobachtung und werden in USA gezüchtet (Wirehair, 4793, 5859). Ob sie mit der in einigen Abessiniern gesehenen Anomalie identisch sind, ist unklar (6231).

Die Fellreduktion ist bei German Rex weniger ausgeprägt als bei English Rex, welche oft wie »gerupft« aussehen. »Lämmchen«, das erste deutsche, wahrscheinlich mutationsbedingte Rexkätzchen mit welligem Haar, zeugte mit ihrem behaarten Sohn im Mittel 50% Rex- und 50% normalhaarigen Nachwuchs, womit Rezessivität klar ist (5016). Die Züchter sind stolz auf diese »deutsche« Züchtung und wollen das »German« deutsch ausgesprochen wissen. Es scheinen aber mehr Schrumpfgermanen zu sein. Bei Devon-Rex vermutet man eine Neigung zu *Kniescheibenverrenkung* (4561), jüngst konstatierte man auch liniengehäuft Spastiker. Rexkatzen sollen sich am besten für Haltung in Mietwohnungen eignen, da nicht nur ihr Fell, sondern auch ihre Stimmentwicklung dürftig sei (2634, 1872). Es gibt mittlerweile dominante Varianten (4804), ja sogar »*Pudelkatzen*«, denen man mit dem Perser-Langhaar, dem Rexfaktor und den Faltohren auch das dominante weiß für Taubheit und »odd-eyed« eingekreuzt hat (3086). Welch schöner Erfolg für Leute »mit einem extravaganten Geschmack« (Cats 1992)! Denn die renommierte Katzenzüchterin Frau Dr. Rosemarie Wolff meint: Es lebe die Experimentalzucht! »Die Vision einer wundersamen, bildschönen Katze mit seidenweichen Locken, einem kindlichen Gesicht,

Abb. 95 Rex-Katze

dessen weiches Rund von den Hängeohren umrahmt und betont wird und aus dem große ausdrucksvolle Augen strahlen – dieses Inbild habe ich wohl zwanzig Jahre in mir getragen« – und heraus kam die Pudelkatze, wahrhaft kretinoides Produkt einer verlängerten Tragzeit.

Es erscheint aufschlußreich, daß bei der Zucht mit den Rexgenen auch mal Haarlose fallen, welche oft verzwergt und von herabgesetzter Vitalität sind, in seltenen Fällen auch aus anderen Rassen berichtet werden (3485), ihre Nacktheit aber offenbar dem vom Rexfaktor unabhängigen Gen h (»Hairless«) verdanken. Hier deutet sich somit eine Parallele zu den bei den haarlosen Hunden (S. dort) besprochenen deletären Auswirkungen von Nacktheit bedingenden Genen auf die Lebenskraft an. (U.a. Thymusatrophie; Casal, 1994, Kleint. prax. 39, 433.) Eine systematische Zucht solcher *Nacktkatzen* soll in vergangenen Jahrzehnten nur in wärmeren Ländern betrieben worden sein, so in Mexiko und Paraguay (3877), doch werden immer mal wieder in Amerika Versuche unternommen, diese Defektkatzen unter dem Namen »Sphinx« oder »Canadian Hairless« (hierzulande auch »Glatzenpussy« genannt) für Leute mit »Allergie gegen Katzenhaare« zu züchten (6328, 5485), ein Argument, das ja auch bei Nackthundzüchtern scheinheilig Alibifunktion übernehmen soll. Die Haut dieser Katzen ist verdickt, fühlt sich ölig an und riecht ranzig: die wenigen vorhandenen Haare – auch die Schnurrhaare – sind abnorm (4797). Andere Nacktmutanten kommen vor, sowie eine seltene Epitheliogenesis imperfecta (2638, 4077). Wie für die Nackthunde, so gilt auch für die nackten Katzen, daß, wenn man sie unklugerweise in kälteren Zonen halten will, man dies nur unter Verwendung selbstgestrickter, wollener Überzieher bzw. in wohltemperierten Räumen tun sollte (4800). In der Tat bietet ja der Kommerz »Katzenkleidung« an: Pullover, passig im Muster für Katze und Fan, ja sogar Niklaus-Kostüme für »Purry Christmas« (5860). »Ich glaube nicht, daß man einen guten Eindruck von einer Sphinx bekommen kann, wenn sie auf einer Ausstellung in einem Käfig sitzt (Abb. 96), sagt selbst eine Nacktkatzenzüchterin, die der Sphinx »verfallen« ist (4126). »Why anyone would want to perpetuate such a breed is beyond me« meint der Dermatologe Scott (1980).

Die *Manxkatze* stellt eine weitere rassegewordene Defektmutante dar, welche sich durch variable Formen der *Schwanzverkürzung* auszeichnet (5728, 5609). Benannt wurde sie nach ihrer Herkunft von der Isle of Man, wo sie erstmals in Europa züchterische Betreuung fand. So beliebt die Rute auf dieser Insel zur Züchtigung von Missetätern seit alters her ist, so unbeliebt ist sie offenbar bei Katzen. Letzte Verantwortung lehnen die Inselbewohner ohnehin ab, da diese Stummelschwanzkatzen als »Schiffbrüchige der zerstörten spanischen Armada« seinerzeit an Land gekommen seien. Bei völliger Schwanzlosigkeit spricht man vom »rumpy«-Typ, bei verbliebenem Schwanzstummel von der »stumpy-Manx« (Abb. 97). Einige dieser Defektzüchter treiben die liebevolle Einteilung noch weiter: Stellt der Stummel nur einen kurzen, aufgerichteten Höcker dar, sind es die »rumpy-riser«, nähert er sich in seiner Länge fast schon der Norm, heißen sie »longies« (4800). Und es gibt auch Tierärzte, die an ihnen kosmetisch herumoperieren (1620). Bei dieser Erbanlage scheint es sich um einen unvollkommen dominanten Letalfaktor zu handeln: Heterozygote zeigen die genannten, unterschiedlich ausgeprägten *Brachyurien* (2904, 1497, 5583), oft mit verschiedenen Graden der *Spina bifida*, Becken- und Rückenmarksdefekten sowie *Nachhandparalysen* gekoppelt und den vom Standard geforderten steifen, »hüpfenden oder kaninchenähnlichen« Gang bedingend: Homozygote sind offenbar nicht lebensfähig und sterben frühembryonal ab (636). Es sollen auch Spermienselektionen vorkommen, was andere Autoren bestreiten (16, 2176). So kommt es, daß bei Rumpy x Rumpy-Paarungen stets extrem kleine Würfe fallen (2816). Die stark variierende Manifestation dieses Syndroms wird wahrscheinlich durch modifizierende Gene oder Umweltfaktoren bewirkt (2817). Oft sind sogar vordere Wirbelsäulenabschnitte mitbetroffen, sowie *Harn- und Kotabsatz beeinträchtigt* (3121, 1531, 1906, 2429). Über genetische Formen der Anurie und des Knick-

Abb. 96 Nacktkatze aus Nathans (1983)

Abb. 97 Silhouette der Manxkatze - links »rumpy«, rechts »stumpy«
(gez. n. Schulberg, 1963, und Hutt, 1964)

schwanzes wurde in beträchtlicher Frequenz auch aus asiatischen Katzenpopulationen berichtet (S. Siamesen, »Japanese Bobtail« etc., 1838, 3727, 1272, 5182), eine isolierte Spina bifida, andere Wirbel- und Thoraxmißbildungen sowie Brachyurien unklarer Genese finden gleichfalls Erwähnung (1285, 2075, 2076, 6393, 2310, 3535, 6145).

Auch die »*Karelische Bobtail*« mit »charakteristischen Bewegungen der langen Hinterbeine« - vorgeblich von den Ladogainseln stammend - wurde unlängst wieder von einer »namhaften« (aber noch nicht dingfesten) Züchterin propagiert: In ihrem Rassenstandard steht als »Fehler« (!) : ein Schwanz mit mehr als 10 Wirbeln (Wagner, 1991).

Im Gegensatz zu analogen Verhältnissen in der Hundezucht (S. a. Nackthunde etc.) werden die genannten Defektrassen von der Mehrzahl seriöser Katzenzüchter abgelehnt und als das bezeichnet, was sie sind: »vererbliche Monstrositäten« (6287, 5128, 5467, 5923, 539, 53). Sie taugen bestenfalls als Modelle für ähnliche Defektsyndrome des Menschen (3158). Es gibt aber wiegesagt auch Züchter, die die Manx als »fesselndes Abenteuer« bezeichnen und ein »glücklicherweise wachsendes Interesse« konstatieren (916), Züchterinnen, die beleidigte »Zwischenrufe« ertönen lassen, wenn man ihren Standard-Fetischismus anprangert (845). Mit solchen zynisch-tierquälerischen oder schlicht borniterten Attitüden hatten schon Schwangart und Grau vor über 6 Jahrzehnten in ihrem Kampf gegen Irrwege der Katzenzucht zu tun. Dieses ist ein weiterer Beweis, daß Defektzüchtern nur durch Strafandrohung das Handwerk zu legen ist. Heute wie vor 70 Jahren kopieren sie sonst kritik- und gewissenlos alles, was die angelsächsische oder asiatische *Fancyzucht* hervorgebracht hat: »Man neigt in England zur Zucht auf Degenerationen (man bevorzugt unter den weißen Katzen die zur Hälfte tauben, blauäugigen, ebenso die knoten- und knickschwänzigen, die sogar schwanzlos werden, und die schieläugigen«, Schwangart 1918, DTW). Immerhin – legt man solche Fehlentwicklungen in Publikationen oder Vorträgen vor Katzenfans offen (6085, 6086), kann dies zu Spontanaustritten aus Katzenvereinen führen (921), aber auch dazu, daß man nie wieder eingeladen wird. Doch selbst in Popular-Blättchen erscheinen jetzt kritische Artikel (1142) und auch Herr Schmitter von der DRU liest seinen »Extremzüchtern« die Leviten, ohne allerdings zu vergessen, Beitrag von ihnen zu kassieren.

Selbstverstümmelungen der Rute gibt es auch als *Verhaltensstereotypien* (3644) und über rein exogen induzierte Schwanzverluste berichtete unsere Sekretärin von ihrem letzten Neckermannurlaub auf der Insel Djerba: Hier verlieren Katzen öfter dieses Endorgan, wenn sie sich zwecks Kühlung zu nah an rotierende Ventilatoren setzen (Air condition). Dies leitet über zu angeborenen, erblichen oder ursächlich ungeklärten *Defekten*, die keine speziellen rassischen Dispositionen erkennen lassen und somit sporadisch in allen Rassen auftreten können (3054). So kann ein dominantes Gen für *Polydaktylie* bis zu 10 Extra-Zehen erzeugen (1480, 1481, 5730). Diese kuriosen Katzen mit den breiten Pfoten (»Superscratcher«, 2889, 852) sollen nach Sis und Getty (1968) von einigen Besitzern aus Renommiersucht bewußt gehalten werden und so zur Verbreitung der Anomalie beitragen. Die dominante Mutation trat bei variabler Manifestation (Polygenie und Interaktionen, vorwiegend Vorderpfoten betroffen, 1232) und mit zunehmendem Ausprägungsgrad offenbar *semiletal* (1503), erstmals in der Nähe von Boston zur Zeit der amerikanischen Revolution auf (5732) und begleitete königstreue Flüchtlinge auf ihrem Zug nach Kanada (5754). Daneben gibt es andere, familiär gehäuft vorkommende Gliedmaßenanomalien, z.B. »känguruhähnliche« *Verkürzungen der Vorderbeine* (6256, 5655), dominante Syndaktylien (2584, 5181), sowie Dysmelien erblicher oder unklarer Genese (5385, 508, 4717, 6296, 3508, 5057). Selbst liniengehäufte, wenngleich seltene Fälle von HD und Patellarluxationen kamen zum Rapport (2576, 1938).

Eine weitere ontogenetisch bedingte Kuriosität, die übrigens sporadisch auch bei Hund und Fuchs beobachtet wurde, ist die sogen. »*Vierohrigkeit*« (3548, 1724), oft zugleich mit verkleinerten Augen verbunden (1711). Diese Doppelohren können unabhängig voneinander bewegt werden (1860). Desgleichen kamen Katzenpopulationen mit Hänge- oder Kippohren (dominant) oder anderen angeborenen Ohrmuscheldeformationen zur Beobachtung (6327). Natürlich konnte es

Abb. 98 Faltohr-Katze (n. Fink, 1984)

nicht an Versuchen fehlen, solche »Faltohr«-Katzen, die bei Homozygotie für dieses Gen mit zusätzlichen chondrodystrophischen Knorpelstörungen behaftet sind (4425, 2885, 4798), als besondere Rasse zu züchten (»*Scottish Fold*«, Abb. 98, 1713a). »Sie fesselt durch ihre Einzigartigkeit« (1917) – da nimmt man halt Skelettschäden inkauf und vermeidet fold x fold-Paarungen (5970). Angeblich sollen ja auch Frostschäden ein »Welken« der Ohren bedingen können (6254).

Wie in anderen Arten, treten hin und wieder seltene *Doppelmißbildungen* auf (4665, 4978, 787, 5955, 4080), z.B. als Dizephalus, Diprosopus etc. (1163, 805, 5209), z.T. in Verbindung mit Zyklopie (1772), ebenso *Atresien*, das Fehlen ganzer Organe oder Organteile im Bereich der Nieren (3689), der Gebärmutter und Ovarien (5349, 4690), des Afters (2936) und anderenorts (2869, 3157, 2455). Ein Kätzchen mit Atresia ani soll 100 Tage gelebt haben. Auch *Situs inversus*, d.h. ein Seitenvertausch der Organe, kam vor (6356). Bei *Hemmungsmißbildungen* findet man gleichfalls eine reiche Kasuistik: Persistierender rechter Aortenbogen und Achalasie (2930, 1301, 770, 1178, 1322, 1115, 5862), Fallots Tetrade (906, 3151), Aorten- und Pulmonalisstenosen (3555, 6234, 5482), Septum- und Klappendefekte (3556, 3561, 1769, 5569) sowie andere angeborene Herzfehler (3557, 2858, 4431, 5238, 1522, 2513, 3533, 910, 5625, 1273), Pylorusstenose und Megacolon

(5824, 543, 4042), Branchial- und Urachusfisteln (3956, 2300), verlagerte Harnleiter (792, 4509) u.v.m. (4959). Auch bei der liniengehäuften, aber bislang ätiologisch ungeklärten Osteogenesis imperfecta junger Katzen (5319, 2141), deren vorzugsweises Vorkommen in Siamesen angesichts der Verbreitung dieser Rasse noch wenig gesichert erscheint (1346, 1525, 632, 827), bei konnatalen Wasserköpfen (5294), multiplen Knorpelexostosen (4506), zystischer Leber-, Nieren- oder Pankreasveränderung (957, 3490, 5461), Retinadegenerationen und anderen Augenanomalien (4881, 33, 2159, 4977, 2356), bei Gaumenspalten (3595, 3596), Eingeweidebrüchen und Kryptorchismus (4801, vorgeblich mehr in Rassekatzen, 3377, 3661) sei auf die zitierte Literatur verwiesen (5789, 2645, 3464, 2808, 2570). Auch durch Lebergefäß-Kurzschlüsse induzierte Hirnstörungen (Hepatoenzephalopathie) wurden, ähnlich wie beim Hund, in Katzen aktenkundig (4862, 4361, 4970, 2309, 836). Defektauflistungen finden sich des weiteren bei Saperstein und Mitarb. (1976) sowie Robinson (1987). Wie schon beim Hund diskutiert, wird man generell beim Aufscheinen von *Defekten* stets vor der Frage stehen, ob es sich um *erbliche Mißbildungen* handelt *oder* um *Phänokopien* (3326). Hirnbrüche in Burmakatzen z.B. wichen in ihrem Auftreten unter Verwandten nur unwesentlich vom postulierten rezessiven Erbgang ab (5415).

Ebenso sind die durch angeborene *Kleinhirnschäden* bei Katzen – wohl der häufigste kongenitale Defekt des ZNS in dieser Art (3054, 3092, 4024) – verursachten *Ataxien* heute hinsichtlich ihrer Ursachen vorsichtig zu beurteilen. Ähnlich den Verhältnissen bei der Epilepsie des Hundes (S. dort) ist auch hier nicht mehr auszuschließen, daß sogenannte »erbliche« Formen älterer Autoren (2393, 4999, 5420, 3577, 4799, 3213) zumindest teilweise durch vertikale, insbesondere intrauterine *Virusinfektionen* zustandekamen (5917, 3140), wodurch einfach mendelnde Erbgänge vorgetäuscht werden können. So soll nach Kilham u. Mitarb. (1971) das Virus der Katzenseuche (Panleukopenie) solche kongenitalen zerebellären Ausfallserscheinungen (Hypoplasien) auszulösen imstande sein (4000). Dennoch gibt es zweifellos genetische Fälle, u.a. die im folgenden beschriebenen *Speicherkrankheiten* (3252, 3781). Gleichgewichtsstörungen sind natürlich auch durch *Vestibulardefeke* auslösbar, wie gleichfalls in Siamesen und Burmesen hin und wieder beschrieben (4429). Echte Epilepsien kamen desgleichen selten vor (6321). Eine Neigung zu neurologischen Ausfällen kann zudem in viel Fisch fressenden Katzen dadurch entstehen, daß dieses Futter »Anti-Vitamine« (Thiaminase) enthält, so daß sekundäre *Hypovitaminosen* resultieren (568).

Die der amaurotischen Idiotie des Menschen ähnliche Lipoidose des Zentralnervensystems wurde insbesondere als GM_1, GM_2 und GM_3 *Gangliosidose* geortet (557, 831, 167, 4089, 1361, 579, 6148, 4150). Dies ist analog den geschilderten Verhältnissen bei Hunden und über vergleichbare, in bestimmten Katzenfamilien gehäuft auftretende Gesundheitsstörungen durch abnorme Lipid- oder Globoidzell-Einlagerungen referierten auch andere Autoren (2961, 1259, 4430, 1861). Sind bei jugendlichen Katzen bestimmter Linien fortschreitende Bewegungsstörungen, Tremor, Sehunvermögen, verzögertes Wachstum und Exitus nach wenigen Monaten zu beobachten (4200, 2605, 4957, 3397) und zeichnet sich einfache Mendelvererbung ab, so ist an diese genetischen Stoffwechselentgleisungen zu denken. Bei erblichen Blockaden des lysosomalen Ferments α-Mannosidase kommt es zu einer weiteren Speicherkrankheit im ZNS und in der Leber, der *Mannosidose*, wie in Perserkatzen gesehen (1122, 5990, 5882, 1213, 6017, 832, 3707, 67). Rezessiv-autosomal wird eine vergleichbare Lysosomendysfunktion bei Abessiniern vererbt, über deren biochemische Grundlage man noch diskutiert (3396, 3398, 752). Auch *Mucopolysaccharidosen*, die als Knorpelwachstums-Insuffizienzen mit Trichterbrust (Pectus excavatum) einhergehen können (2307, 5277, 3241), wurden gemeldet (2542, 2543, 2544, 2545, 3838, 2128). Sie waren z.T. durch Knochenmarktransplantationen heilbar (474). Ob ursächlich unklare Muskeldystrophien hier einzuordnen sind, bleibt abzuwarten (5951); es wurden der DMD des Menschen ähnliche Fälle beschrieben (2124).

Die *Porphyrie*, eine andere durch biochemische Entgleisung des Intermediärstoffwechsels verursachte erbliche Störung im Aufbau der Hämoproteide Myoglobin und Hämoglobin, mit massiver Exkretion von Porphyrin (bernsteinfarbener Harn) und brauner Ablagerung in den Zähnen (5726, 2226) folgt bei der Katze – ähnlich den Verhältnissen beim Schwein – dem autosomal dominanten Erbgang. Sie geht auch nicht, wie die rezessive Porphyrinurie des Rindes, mit Photosensibilisierung einher (2227).

Erbliche Blutgerinnungsstörungen, Hämophilie A, B, vWd-Disease (3549, 1875, 1051), genetische Koagulopathien durch Vitamin K-Stoffwechselstörungen (3699) und das Pelgermerkmal kamen ebenso zur Beobachtung (Homozygotie u.U. letal, 2372, 3424, 3422, 1584, 938, 1381, 3137a, 6050), sporadisch auch familiäre *Hyperlipämie* (5679, 2995, 1050), Leberlipidosen (2894), *Diabetes* mellitus und insipidus sowie weitere biochemisch-genetische Stoffwechselentgleisungen (5517, 2169, 4973, 2993, 6297), z.B. durch Schilddrüsendysfunktion verursachter Kretinismus – jüngst in Abessiniern beschrieben (5620, 5318). Bei der Polycythämie gibt es idiopathische und durch Herzfehler u.a. induzierte Formen (1980).

Ansonsten war die Katze bisher weniger Gegenstand biochemischer Untersuchungen, sind beispielsweise ihre *Blutgruppen* ein noch unvollkommen erforschtes Gebiet, wenngleich hier und beim Hämoglobin sowie einigen Enzymen, Proteinen und im MHC-Komplex *Polymorphismus* nachweisbar war (4073, 5613, 3225, 3483, 530, 531, 5401, 6144, 4227, 4228, 52, 4753, 2209, 2857, 800, 3037, 6291). Es wurden zudem *Transfusionsunverträglichkeiten* und Isohämolysen bekannt (Gruppe A und B, 531, 2211, 2210, 5974, 853, 2963), speziell bei Neugeborenen (1157, 2213). Dabei differieren stark ingezüchtete, seltene Rassen (Rex etc.) deutlich in ihren Allelefrequenzen von panmiktischen Populationen; ebenso gibt es geographische Variationen. Jedenfalls sollte man auf Blutgruppen-Kompatibilität achten. Was weitere *Immunopathien* angeht, so wurden Autoimmun-Muskelschäden (Myasthenia gravis, 2865, 4237, 3018), Hyperthyreosen (3115), Polyarthritiden (745) und mit Hyperglobulinämien zusammenhängende Nierenkanalverstopfungen (Amyloidosen in Abessiniern, 1250, 955) aktenkundig (1562, 1563, 1564, 1565). Und auch Gammopathien bei unkontrollierter Proliferation eines B-Zell-Clons kamen zur Meldung (6384, 6385).

Über besondere erbliche Dispositionen zu chirurgischen oder infektiösen Erkrankungen wurde bei Katzen wenig ruchbar. Die schon im vorgehenden erwähnte, vorwiegend und obstruierend-rezidivierend bei älteren kastrierten Katern (Harngriespfropf), 3321, 6189, 1981, 3933, 1268, 950), aber auch in weiblichen Individuen gesehene *Urolithiasis* (4295, 3384) soll nach Livingstone (1965) vermehrt in gewissen Kater-Nachkommenschaften vorkommen. Die absolute Frequenz ist mit 0,68% gering (197, 5766, in USA höher, 4532). In einer Klinikpopulation waren allerdings 9,8% der Kater und 3,3% der Katzen befallen (1792); andere sahen ein ausgeglicheneres Geschlechtsverhältnis (3538). Perser sollen besonders dazu neigen (6235, 6238), was von anderen bestritten wird (4522), doch auch in den Erhebungen von Hesse u. Sanders (1985) zeigten sie sich überrepräsentiert. FN, d.h. feline *Nephrolithiasis* dagegen fand man jüngst vermehrt in Siamesen.

Diese neuerdings vielleicht durch einige Fertigfuttermittel begünstigten Probleme (Diskussion über diätetische Ätiologie und Therapie kontrovers, 5056, 1255, 1960, 229, 1684, 1915, 1124, 3496) können in Ausnahmefällen auch bei Katzen – ähnlich wie in Dalmatinern – durch Ammoniumuratsteine infolge abnormer Harnsäureausscheidung verursacht werden (2886). Es gibt zudem seltene *Hyperoxalurien* durch Enzymdefekte (3857, 1482). Neben den bereits diskutierten ätiologischen Faktoren endo- und exogener Art soll auch dauernde aktivitätseinschränkende Innenhaltung prädisponierend wirken (6236, 6237, 2370, 4908). Daher wohl der mehrfach berichtete Winter- und Frühjahrsgipfel in der Erkrankungsrate (2884, 6240, 766). Selbst so abwegig erscheinende Stressoren wie Erdbeben wurden – neben Infektionserregern – als ursächlich für *FUS* (Feline urological syndrome) inkriminiert (1214), wobei wohl weniger an ein mechanisches Losschütteln der Steine im Sinne eines Steinschlages gedacht worden war. Ferner sind Urachus-Relikte, Infektionen u.a. Ursachen möglich (6233, 1834, 5014, 2469, 4299). Im übrigen bewährten sich mehrere operative Verfahren zur Behandlung der Harnröhrenverlegung (791) – bis hin zur plastischen Chirurgie unter Einsatz eines Plastikpenis, »den man für Notfälle ständig bereithalten sollte« (1704) – und mit »Notfällen« sind hier eindeutig solche mit Bezug zur Miktion gemeint. Jedenfalls ist die medizinische Indikation dieser Eingriffe gegeben, ganz im Gegensatz zur (verwerflichen) Implantation von Plastikhoden in Kryptorchiden zum Zwecke der Täuschung von Ringrichtern.

Seltene Zystinsteine wurden selbst in Wildfeliden gesehen, auch Nierentubulusverlegungen durch primäre Hyperoxalurien kamen bei Katzen zur Beobachtung (2887, 1569, 5845, 3857). Daneben registrierte man polyzystische Nierenentartungen und andere *Nephropathien* (1421, 4119, 5461, 5529, 648, 3651, 3650). Alle genannten und weitere Harnwegserkrankungen sind unter FUS subsumierbar (3455, 4855) und man ist immer wieder erstaunt, wie wenig von Klinikern an mögliche genetische und neurogene Komponenten gedacht wird (3750, 2125).

Andere Gesundheitsstörungen mit chirurgischer Konsequenz, bei Hunden häufig, stellen sich bei Katzen nur selten oder weniger schwerwiegend ein, z.B. Bandscheibenvorfälle (3147), Hüftgelenksdysplasie und Patellarluxation (4413, 1502), Darmverlegungen, Darmpolypen (4171, 3088, 518, 4292), Darmerweiterungen (Megacolon, 1581, 4921, 6395), Colon- und Analatresien (1041, 1955, 987, ein afterloses Kätzchen lebte 100 Tage; Freese, DTW 1931). Parallelen zum Ehlers-Danlos-Syndrom, zur Cutis laxa bei Mensch und anderen Tieren (extrem schlaffe, brüchige Haut durch Bindegewebsdefekt) wurden mehrfach beschrieben (4382, 5921, 5685, 4711, 2032, 2033, 2034, 6347). Seltene Hautkalzinosen und -allergien zeigen offenbar keine rassischen Vorlieben (6242, 109).

Eine gewisse Artdisposition zu *Leukämien* bzw. lymphatischen Leukosen, welche generell mehr als bei Hunden zu verzeichnen sind (s.a.Tab.39), ist bei Katzen aber zweifellos feststellbar (2766, 2873, 5045). Es scheint dies eine der ersten bösartigen, neoplastischen Krankheiten bei Haussäugern zu sein, bei der eine Virusätiologie nachgewiesen wurde (FeLV); sie geht öfter mit Chromosomenaberrationen einher (1411, 2010, 2331). Nach Hayes und Mitarb. (1976) könnte ein Drittel aller Katzentumoren durch Entfernung leukämisch infizierter Tiere vermieden werden, während andererseits ca. 10,7% einer Bluttransfusion unterzogener Katzen iatrogen angesteckt wurden (2476, 2477). Vertikale und horizontale Infektionsmechanismen (Speichel) spielen offenbar eine Rolle (1037, 2915). Diese für die vergleichende Medizin hoch bedeutsamen Befunde gelten analog für FIV, die durch ein weiteres Retrovirus ausgelöste Immunschwäche der Katze, insonderheit wegen ihrer Parallelität zu AIDS: Auch bei Katzen ist mehr das männliche Geschlecht betroffen, allerdings wegen verstärkter Exposition zu Bissen (2520, 2774, 2775, 4282, 3964, 4071). Ob *Siamesen*, wie behauptet, zu diesen Viruserkrankungen sowie zu systemischen Blastomykosen, zu Mastzelltumoren und Intestinalkarzinomen eine erhöhte Disposition besitzen, harrt noch der Überprüfung (1624, 2916, 1408). Nach Weijer (1975) soll in der Tat vermehrt der Kurzhaartyp prädisponiert sein (6125), doch mögen hier unterschiedliche *rassische*

Verhaltensmuster (Temperament, Aggressivität etc.) differente *Infektionsrisiken* bedingen (2519, 3938), wie analog evtl. Unterschiede Rassekatzen/»Hauskatzen« auf der verschiedenen Exponiertheit beruhen (3669). Andere Statistiken scheinen auf den ersten Blick ausgeglichener (6230). Bei Mammakarzinomen sei der Überhang an Siamkatzen noch ausgeprägter, ebenso bei Kardiomyopathien (2578, 2457, 4885). Hier ist differentialdiagnostisch aber an Taurinmangel zu denken (4479). Dispositionelle Formen wurden – zusammen mit Atopien – aber auch aus Abessinierzuchten gemeldet (1276). Hypertrophe Kardiomyopathien zeigten in anderen Erhebungen keine rassischen Prädilektionen bzw. nur einen Überschuß an »Kurzhaarkatzen« (524) sowie eine dreifach erhöhte Anfälligkeit von Katern, konsequenterweise verbunden mit einer Unter-Repräsentanz von Tricolorkatzen (die ja zwangsläufig weiblich sind). Vergleichbare menschliche Erkrankungen finden sich hier modellhaft wieder (2249).

Die Katzenzunge scheint zudem – im Vergleich zu anderen Haustieren – Prädilektionsstelle für allerdings seltene *Tumorbildungen* zu sein (911, 6404, 5952). Dieses mag sie ihrer Funktion als Putzstriegel verdanken.

Abschließend – und als besonderer Hinweis für Katzenliebhaber gedacht, welche öfter unter Kopfschmerzen leiden und entsprechende Medikamente auf ihrem Nachttisch ausbreiten – sei noch die starke *Giftigkeit von Aspirin* und ähnlichen Arzneimitteln (Phenazopyridin, 2536) für Katzen hingewiesen: Schon Dosierungen von 2 – 5 g täglich können tödlich wirken (3416). Aspirin ist jedenfalls toxisch in Dosen, die früher als analgetisch beschrieben wurden (179), und bei dieser Haustierart eigentlich *kontraindiziert* (2040), wenngleich Dosierungen von 50 mg/kg und mehr über längere Zeiträume keine Schäden bewirkten und geringere Dosen gar zur Vorbeuge gegen Thromboembolien empfohlen werden (6392, 4243, 56). Die gesteigerte Toxizität phenolischer Derivate für die Katze soll auf ihrer Unfähigkeit beruhen, diese Verbindungen durch *Glucuronid-Bildung* zu binden (1291). Daraus resultieren weitere Idiosynkrasien, über die man sich vor der Rezeptur informieren sollte (2927). Auch Futtermittel-Allergien entwickeln Katzen hin und wieder (6187). Dagegen blieb der Konsum ganzer Packungen kontrazeptiver »Pillen« ohne nachteilige Folgen – außer vielleicht für die Bestohlene (1290). Generell scheinen Katzen in der Tat ein zäheres Leben zu haben als Hunde: Bissen sie in stromführende Kabel, zeigten sie zwar gewisse Schocksymptome, aber keine starb, während 36% der Hunde mit einer Schwäche für Stromleitungen das Zeitliche segneten (3229).

2. Zoonosen

*»Wenn eine Hündin Junge bekommt, setze ich sie in eines der
Kinderzimmer. Ich habe nämlich keine Angst davor, daß sich
die neugeborenen Welpen an meinen Kindern infizieren«.*

E. Trumler (1974)

Dieser Anhangsabschnitt über die wichtigsten von Hund und Katze auf den Menschen übertragbaren Erkrankungen ist weniger als die vorangegangenen Kapitel zur Information für den Tierarzt gedacht – gründliches Wissen über Zoonosen, nicht selten auch eigene leidvolle Erfahrung, kann bei ihm vorausgesetzt werden. Dabei werden Tierärzte offenbar häufig durch Bisse, aber auch durch Kontakt – und sogar durch Aerosol-Einatmung bei der Zahnsteinentfernung infiziert (5086, 1761). Vielmehr seien Halter und Züchter unter den Lesern auf einige Gefahren hingewiesen, die ihnen, und insbesondere ihren Kindern, aus zu engem und unhygienischem Umgang mit Tieren erwachsen können (3047). Diese sind nicht zu bannen, indem man sie bagatellisiert oder zu »Ammenmärchen« erklärt, sondern allein dadurch, daß man ihnen ins Auge sieht (4539). Zwecks weiterführender Literatur sei auf Fachbücher wie Hull (1963), Röder und Mitarb. (1966), Bisseru (1967), Becker und Menk (1967), Reichenow und Mitarb. (1966) Beaver (1966), Schwabe (1969), Hubbert und Mitarb. (1975), verwiesen, denen manche der hier gemachten Angaben entstammen. Insgesamt stellen aber die von Liebhabertieren übertragenen Infektionen – im Vergleich zu den über die Nahrung erworbenen – einen kleinen Prozentsatz dar (2104).

Die schon mehrfach kritisierte, allzu vermenschlichende, natürliche Barrieren mißachtende Einstellung einiger Tierhalter schafft aber zusätzliche Risiken, die man durch unkritische Berichte in kitschigen Hunde-Journalen – untermalt mit wuseligen Szenarien, in denen Hund und Kleinkinder vor demselben Freßnapf sitzen (Mayr u. Mitarb., 1991) – sicher nicht behebt: Nach einer Umfrage in den USA ist das prophylaktische Engagement der Tierärzte hier unzureichend (2535). Es ist heute sicher nicht übertrieben, wenn Ärzte in den Vorbericht ihrer Patienten mit aufnehmen, ob sie Tierhalter sind oder nicht (674). Von hier kamen jüngst gar Vorschläge, Heimtiere als »Sentinellen«, als lebendes Vorwarnsystem für Gifte und Erreger in der Umwelt zu nutzen.

Wenngleich die hygienischen Konsequenten ubiquitären *Hundekots* sicher nicht so bedrohlich sind wie oftmals hochgespielt (5477), ist es doch verbreitete Auffassung, daß Hunde eines Tages aus dichtbesiedelten Gebieten verbannt werden könnten, wenn die Halter keine verantwortungsvollere Einstellung an den Tag legten (3755, 214) und zur Lösung dieses »Allerweltsproblems« beitrügen. Eine Kontamination öffentlicher Kinderspielplätze ist gegeben (2791), doch müssen »Hundekotfeinde« (HAZ) künftig das sichergestellte Corpus delicti mit auf die Polizeiwache bringen, um durch Erreger- oder Gift-Nachweis seine Gefährlichkeit zu beweisen. Und obschon gerade Hundefreunde solche uneinsichtigen Einstellungen von Hundehaltern nur verurteilen können, so mag auf der Gegenseite eine gewisse ästhetische Abneigung gegen Exkremente zweifellos mitspielen. Natürlich sollten Hunde dazu erzogen werden, ihr Geschäft an passendem Ort zu verrichten, am besten direkt in einen Schacht, der durch die Kanalisation entsorgt wird (1731). Und in diesen Schacht sollten sie sicher zweckmäßigst gleich selbst mit hineinplumpsen, wenn es nach dem Willen einiger ginge, die in den Medien diese Kacke ständig am Dampfen halten. Hierunter mag es in der Tat etliche mit extremer Kot-Phobie geben, die schon beim Erblicken eines Hundes einem Waschzwang gehorchen, in Wahrheit aber nach Freud mit Verdrängung, d.h. mit Angst und Ekel auf eigene sexuelle Neigungen reagieren (2198). Tatsächlich wurde jüngst eine »Arbeitsgruppe Hundekot« in Hannover gegründet, die ähnlich der Situation beim Outing sexueller Minderheiten, nur wenige bekennende Eiferer dazu bewegte, Scheißhaufen liebevoll mit Fähnchen zu versehen, um zu beweisen, wie »verschissen« Hannover ist. Köter ist für sie die Steigerung von Kot.

Selbstverständlich ist eine wachsende Zahl von Liebhabertieren für die tierhaltenden Menschen und den Tierarzt primär zu begrüßen, wenngleich es auf der anderen Seite nachdenklich stimmt, wenn nach Bisseru z.B. in England die »Königliche Gesellschaft zur Verhütung von Grausamkeiten gegen Tiere« mehr Spendengelder erhielt als die »Nationale Gesellschaft zur Verhütung von Kindesmißhandlungen«. Auch in der Bundesrepublik nahm sich der »Kinderschutzbund« mit ca. 15000 Mitgliedern gegenüber den Tierschutzvereinen mit mindestens 150000 zahlenden Organisierten vergleichsweise bescheiden aus. So positiv richtig verstandene Tierliebe zu werten ist – sollte hier das rechte Augenmaß verlorengegangen sein, sollte hier ein »Grzimek« für Kinder fehlen? Allerdings steht totalitären Staaten, die ihre Heranwachsenden schon früh in vormilitärische Gruppierungen nötigen, Kritik an diesen Verhältnissen schlecht zu Gesicht. Provokatorische, fiktive »öffentliche Hundeverbrennungen« dürften gleichfalls kaum das geeignete Mittel sein, hier die Gewichte richtig zu verteilen. Auch sollte man nicht vergessen, daß auf dem Tier-Sektor das Äquivalent staatlicher Einrichtungen (Sozialämter etc.) fehlt, die sich hauptamtlich um das Wohl unterprivilegierter Kinder kümmern (sollten). Ohnehin ist diese Polarisierung Kind / Tier völlig verfehlt: Beide sind oft gleichermaßen die Leidtragenden; in Familien mit Kindesmißhandlungen treten auch vermehrt Tierquälereien auf (2848). »Hunde leben besser als Kinder« plappert die HAZ Frau Henselder-Barzel anläßlich des Welternährungstages nach: Eine angesichts des nun schon mehrfach diskutierten, weltweiten Hunde- und Katzenelends grob unrichtige, tendenziöse Berichterstattung, die privilegierte Einzelschicksale zur Norm erhebt.

Nur zu leicht ist der Mensch in seinem Verhältnis zu Tieren bereit, von einem Extrem ins andere zu fallen. Von übertriebener »Tierliebe«, die z.B. die Halsbänder ihrer betthäusigen Lieblinge mit echten Edelsteinen besetzt (5355) oder sie auf dem Ku-Damm in Nerzmänteln ausführt, aber auch von Hundefeinden, Katzenhassern etc. war schon die Rede. Solche Feindseligkeiten können sich zur *Phobie* steigern, zu ausgesprochenen Haß- und Angstgefühlen beim bloßen Anblick eines Tieres, mit durchaus körperlichen Symptomen wie Schweißausbruch, Parästhesien usw. Diese Phobien sind jedoch keine »Zoonosen«, da ihre tiefere Ursache in der seelischen Struktur des Behafteten zu suchen ist. Auf die besonderen Gefahren, welche für freilaufende Katzen und Hunde aus solchen oder ähnlichen Einstellungen im Bereich von Jagdrevieren entstehen können, wurde schon hingewiesen. Niemand wird gerade auch im Hinblick auf die Verbreitung von Zoonosen einer Duldung oder Überhandnahme echt herrenloser, streunender und wildernder Katzen und Hunde das Wort reden wollen. Und es sei auch nicht gleich an die Anregung des Rittmeisters v. Stephanitz und Leyhausens gedacht, der wildernde Hausfleischfresser könnte nach der Vernichtung des natürlichen Raubwildes »die unentbehrliche Rolle der *Gesundheitspolizei* im Revier« übernehmen. Ihre Bekämpfung sollte jedoch in die Hände objektiv denkender und sachlich handelnder Beauftragter gelegt werden, die sich nicht von Haßgefühlen gegen die Kreatur lenken lassen. Sie sollte Leuten genommen werden, die aus einer Animosität heraus »nur zu gern den Finger krumm machen«, Hunde und Katzen »zusammenschießen« und »umlegen« und das »Bewußtsein des unbedingten Tötungsrechts genießen« (2839). Nicht nur der Mensch, auch das Tier sollte vor den Aggressionen Frustrierter geschützt werden. Immer wieder stehen Jäger vor Gericht wegen Hundeabschüssen, die außerhalb oder am Rande der Legalität liegen (755, 406, 407). Daher ist der Appell der Landesjägerschaft Niedersachsen begrüßenswert, nicht sofort zu schießen, wenn Hunde »außerhalb der Einwirkung« ihres Herrn angetroffen werden, auch wenn das Gesetz dies vielleicht gerade noch deckt (5111). Insgesamt über 200 000 Katzen und Hunde pro Jahr werden von den ca. 270 000 Jagdscheininhabern in diesem Lande massakriert: Verantwortungslose Halter sind die Verursacher, schießwütige Grünröcke die Vollstrecker. Früher dachten sich adlige Jagdherren noch andere Gemeinheiten aus, um Bauernhunde vom Wildern abzuhalten: sie wurden »gebüngelt«, d.h. bekamen einen Knüppel zwischen die Beine, man brach ihnen die Pfoten, schnitt die Sehnen durch oder riß sogar die Ohrmuscheln aus, damit sie nicht durchs feuchte Gras liefen (Rippel, HAZ).

Allerdings hat ja die motorisierte Gesellschaft dem Jäger eh schon ein Teil vom Kuchen gebissen: Allein 70 000 Stück Rehwild starben im Jagdjahr 1975/76 den Verkehrstod = 11% der gesamten Strecke; in einigen Revieren werden 60% des »Abschusses« durch Autos getätigt (5232). Und so rät denn der Kreisjagdberater der Mainmetropole seinen Kumpanen, früh auf die Pirsch zu gehen: »Alles was geschossen wird, kann nicht mehr vom Auto totgefahren werden«.

Neben den Phobien sind noch die durch Kontakt mit Tieren hin und wieder auftretenden *Allergien* zu erwähnen. Haare, Hautschuppen, Speichel oder Urin von Hund und Katze können hier die Allergene sein und sind leider oft nur durch die Abschaffung der Tiere als krankheitsauslösende Ursache zu beseitigen (2718). Ist das Tier gegenüber seinem Besitzer allergisch, muß es ihn jedoch weiter klaglos erdulden. Außer Hautallergien werden auch asthmatische Reaktionen gesehen. Wie angedeutet, können die Allergene vielfältiger Natur sein und schon geringste Mengen zur Allergisierung ausreichen. Die Zucht haarloser Hunde und Katzen, die ohnehin meist noch Spuren von Haarwuchs aufweisen, als Liebesdienst für allergische Tierfreunde hinzustellen, ist daher nur ein plumper Versuch, Defektzuchten mit altruistischen Motiven zu verbrämen.

Die eigentlichen Zoonosen sind jedoch stets *Infektions- oder Invasionskrankheiten*, die durch den Übergang der Erreger oder Parasiten vom behafteten Tier auf den Menschen zustandekommen. Bei den *Virusinfektionen* steht wegen ihrer Gefährlichkeit – weil Unheilbarkeit – nach wie vor die *Tollwut* an erster Stelle, wenngleich die Zahl der nach Kriegsende in der BRD an Tollwut Verstorbenen beinahe an den Fingern beider Hände abzählbar ist. Dieses ist vor allem der bei Infektionsgefahr oder -verdacht seit Pasteur gehandhabten *postinfektionellen, aktiven Schutzimpfung* zu verdanken, welche infizierte Menschen allein vor dem Tode bewahren kann, beruht aber auch z.T. darauf, daß die Tollwut in jüngerer Zeit in der sogen. *silvatischen Form* verbreitet ist, d.h. vorwiegend in Fuchs- und Wildtierpopulationen grassiert (2395, 3798, 5473), in Afrika und Asien allerdings nach wie vor mehr durch Hunde weitergetragen wird. Rabies drang nach dem Kriege – vom Osten kommend – immer weiter vor und hat längst Italien und Mittelfrankreich erreicht, so daß auch im Grüngürtel von Paris zunehmende Fuchszahlen die Stadtväter beunruhigen (4164). In früheren Jahrzehnten stand mehr die *»urbane«* Wut mit Erregerreservoir vorzugsweise in Hunden und Katzen im Vordergrund. Somit entsteht bei Hunden die »Wuth« heute nicht, »wenn sie der zu großen Hitze ausgesetzt, oder wenn sie zu geil sind« (39), sondern meist durch Kontakt mit infiziertem Wild. Die Angst vor Übertragung dieser oder anderer gefährlicher Erkrankungen mag im Mittelalter viel zu den damals regional üblichen, systematischen Hundepogromen beigetragen haben. Es erscheint konsequent, daß sich diese massiven Verfolgungsmaßnahmen bei uns heute auf den Fuchs verlagert haben (5026), wenngleich Baubegasungen sicher eine rabiate Methode darstellen (1000, 5963, 4984), die inzwischen durch Impfung von Füchsen ersetzbar ist (6294, 5067, 6220). Trotz allem stand auch bei 69% der im Zeitraum 1950 – 1965 in BRD und DDR registrierten Tollwutfälle (Mensch) der Hund, d.h. der Hundebiß, als Infektionsquelle vorn, wenngleich die

Infektionsrate in Katzen generell höher ist (5394, 728, 5851, 3620) und diese auch wegen ihrer meist ausgeprägteren Aggressivität während der Erkrankung eine ernste Infektionsmöglichkeit verkörpern, zumal sie meist nicht gegen Tollwut geimpft sind (4096, 1785, 6415, 5419). Auch von daher ist eine Zunahme der Streunerpopulation – bei gleichzeitiger Tendenz von Füchsen, selbst Stadtrandgebiete zu besiedeln (6416) – bedenklich.

Diese Aussagen gelten noch mehr für Länder, in denen streunende Tiere ein echtes Problem sind, z.B. Afrika, Kleinasien, Indien, Mexiko, Sibirien u.a. (2127, 231, 232, 5449), d.h. in Ländern mit unkontrollierter Hundetollwut, aus denen sich auch die meisten der jährlich etwa 1500 Tollwut-Toten rekrutieren (1930, 2312, 1833, 4218, 5462, 105, 3128). Wurden Massenimpfungen der Hundepopulation durchgeführt, beispielsweise auf den Philippinen, war rasch eine Kontrolle zu erreichen (749); in anderen Ländern scheint ein nicht erreichbarer Kern streunender Hunde dem entgegenzustehen, z.B. in Tunesien mit über 200000 Streunern, ebenso im Sudan (2405, 2443). Eine generelle Schutzimpfung der Hunde und Katzen halten Dräger (1973), Schneider (1975) u.a. daher für eine wichtige prophylaktische Maßnahme zum Schutze des Menschen. Sie ist nunmehr seit Jahren auch bei diesen Tieren möglich und erlaubt (3811).

Wenngleich die gegenwärtige Tollwut-Situation für Hunde- und Katzenhalter keineswegs dramatisiert zu werden braucht, so liegt doch das Unheimliche an dieser Krankheit in der *Hilflosigkeit*, mit der man ihr gegenübersteht, wenn sie einmal ausgebrochen, und in ihrem heimtückischen Verlauf: Anfallsperioden geistiger Umnachtung wechseln mit Zeiten völlig klaren Bewußtseins, in denen der Patient die Aussichtslosigkeit seiner Lage erkennt. Noch vor 150 Jahren soll es daher in vielen Ländern nicht ungewöhnlich – obwohl ungesetzlich – gewesen sein, Tollwutkranke in ihren Betten zu ersticken oder sie zu ertränken. So berichtet Pugh (1962) von einem Fall, wo ein tollwutkranker Familienvater in einem anfallsfreien Moment seine Kinder zum Abschied herzte und küßte, bevor man ihn erstickte. Sieben Tage danach litten auch seine Kinder an Tollwut. Dieses ist eine tragische Demonstration, wie hoch kontagiös gerade der Speichel Erkrankter ist. – Immer mal wieder auftauchende Berichte angeblicher Spontanheilungen sind vorsichtig zu beurteilen (4184), da selbst bei einheitlicher künstlicher Infektion nicht 100% erkrankten (2897), bei massiven Infektionen aber selbst Impfdurchbrüche möglich sind (5964). Immerhin gibt es mittlerweile wohl einige authentische Fälle (26, 6046). Auch Katzen sollen Tollwut überlebt haben, ebenso Hunde (4087, 1873), jedoch sollte man dabei nicht die außerordentlich lange Latenzzeit in einigen Individuen vergessen (2892), die jüngst auch in einer erst nach 5 Jahren verstorbenen Patientin registriert wurde. Hierbei spielen zudem Virulenz-Unterschiede von Erreger-Varianten eine Rolle, die auf bestimmte Wirte »spezialisiert« sind. Nur etwa 25% infizierter Hunde entwickeln die klassische

Form der »rasenden Wut«, der Rest stellt u.U. ernste diagnostische Probleme (681). Dagegen sollen amerikanische Vampire Tollwut überleben bzw. latent infiziert sein können und so in ihrer Heimat zur Verbreitung der Seuche beitragen (6251, 5814), insbesondere auf Rinderherden. Nach Aussagen anderer Autoren gehen aber auch sie über kurz oder lang an dieser Krankheit zugrunde (5065), wenn sie nicht schon zuvor - wie jüngst berichtet- Opfer von Vampirspezialisten unter Hauskatzen werden. In mit diesen Fledermäusen dichtbesetzten Höhlen steckten sich sogar Menschen allein durch Einatmen der Luft an. In den Staaten werden jährlich ca. 40 000, (in der BRD 2000 - 5000) wegen vermuteter Ansteckung geimpft, erkranken aber nur 1-2 Personen an dieser Zoonose (1317).

Australien, Teile Skandinaviens und der Iberischen Halbinsel und die Britischen Insel sind heute frei von Tollwut (5629, 5066). Daher die rigorosen *Einfuhr- und Quarantänebestimmungen* für Hunde in diesen Ländern, die drakonischen Strafen bei Übertretung derselben (169, 213). Als der Schiffsteward eines im englischen Hafen ankernden deutschen Schiffes den Bordhund am Kai ausführte, durfte der Kapitän 1800.- DM Strafe zahlen. Grotesk ist, daß sich die Scilly-Inseln von der Hauptinsel abermals durch Restriktionen abgrenzen: Premier Wilson mußte beim Urlaub in seinem dortigen Bungalow den Labrador »Paddy« zuhause lassen. Ein über 40 Jahre währendes Einfuhrverbot Deutscher Schäferhunde in Australien war jedoch in seiner Motivation offensichtlich vielschichtiger. Neben einer damals generellen Animosität gegenüber diesem Hund »made in Germany«, befürchtete man speziell von dieser Rasse wegen ihrer »Wolfsähnlichkeit«, daß sie sich vermehrt mit Dingos paaren und so eine zusätzliche Gefahr für die Schafherden dieses Kontinents darstellen würde.

Gegenüber der Tollwut verblassen die übrigen, gelegentlich von unseren Hausfleischfressern übertragenen Viruskrankheiten, was die Gefährdung des Menschen, nicht was ihre Häufigkeit angeht. So soll die sogenannte *Katzenkratzkrankheit*, bei der neuerdings auch Bakterien (Rickettsien, Chlamydien, Afipia) ätiologisch verdächtigt werden (3470, 532, 3835, 2746), besonders auch bei Tierärzten und Kindern weltweit verbreitet sein und jährlich Tausende befallen (2314, 6019). Die mit Kratzen übertragene und offenbar oft fehldiagnostizierte Erkrankung zeigt bei entsprechender medikamenteller Verhinderung von Sekundärinfektionen meist einen gutartigen Verlauf (Hautentzündung und Lymphknotenschwellung, 2864, 2063). Auch die für den Menschen bedrohlichere Zeckenenzephalitis wird nur in Ausnahmefällen - bei Entfernung infizierter Zecken - durch Hund und Katze übertragen, ebenso die Lymphozytäre Choriomeningitis (1131). Dagegen kann *Mumps* vom Menschen auf diese Haustiere übergehen und umgekehrt (4194, 5353). Genauso steht das Warzenvirus diesbezüglich in Verdacht (4587): Ein Hundebesitzer, der es als angenehm empfand, sich von seinem Hund regelmäßig den Nacken belecken zu lassen, entwickelte typische Warzen genau an dieser Stelle (4586).

Das Problem der Übertragung möglicherweise virusinduzierter *neoplastischer Krankheiten* wurde schon bei der Erörterung der Leukose des Hundes angeschnitten und wird weiter diskutiert (6298, 3274). Eine solche Ansteckungsmöglichkeit ist bislang unbewiesen. Die von einigen Autoren beschriebenen Einzelfälle gleichzeitiger Tumorerkrankungen von Mensch und Tier in denselben Haushalten stellen keinen Beweis dar (2773, 5930). Auch die durch Norris und Mitarb. (1971) an 50 000 von Hunden gebissenen Kindern durchgeführte prospektive Studie über mögliche Zusammenhänge zwischen Biß und späterer Leukämie/Leukosefrequenz brachte keine gesicherten positiven Befunde. Bei der anscheinend recht hohen Bißhäufigkeit bei Kindern hundehaltender Haushalte – nach Carithers (1960) wurden in 300 Familien 15,4% der Kinder mindestens einmal gebissen – klingt dies beruhigend, ist jedoch kein Anlaß, diesbezügliche Untersuchungen nicht weiterzuführen. Bezüglich einer Verwandtschaft zwischen Hundestaupe- und MS-Virus kursieren derzeit nur Spekulationen (1341) und kontroverse Aussagen, schlüssige Beweise fehlen (244, 3891, 1136, 1118, 1342, 1343, 1344, 4127, 2832, 3347, 3275, 5480, 5880), ebenso wie bei einer vermuteten Querverbindung zwischen Staupe und Morbus Paget des Menschen (635). Dagegen können bei unterbliebener Pocken-Schutzimpfung Tierpocken beim Menschen angehen (»Katzenpocken«, 1457).

Bakterielle Infektionen durch Hund und Katze – insbesondere die *Tuberkulose* – stehen heute nicht mehr so im Vordergrund wie vor einigen Jahrzehnten (2046). Besonders Haustiere in Gaststätten oder anderen Orten mit regem Publikumsverkehr waren der Ansteckung ausgesetzt und konnten ihrerseits wieder Menschen infizieren (5032). Untersuchungen in 31 Haushalten mit tuberkulösen Hunden ergaben in 80% vorliegende Infektionen bzw. Erkrankungen des Menschen (3430). Umgekehrt lagen hinsichtlich positiver Tuberkulinreaktionen Hunde aus Haushalten Tuberkulöser an der Spitze (3066). Infolgedessen war bei Tbc-Erkrankungen des Hundes und der Katze stets der Typus humanus der häufigste (»Der Mensch als Infektionsquelle für Heimtiere«, 6048). So gehörten bei 182 natürlichen Infektionen des Hundes die Erreger in 137 Fällen dem humanen, in 44 dem bovinen und in 1 Fall dem aviären Typ an. Obwohl heute selten, müssen Symptome wie Gewichtsverlust, verdickte Lymphknoten, chronische Pneumonien, Hauttuberkeln oder Bauchwassersucht bei diesen Tieren Verdacht erregen (3560). Tuberkulöse Menschen sollten keine Haustiere halten; diese können andererseits bei Erkrankungen geradezu als »Sentinellen« (Anzeiger) für latente Ausscheider fungieren. Selbstverständlich können auch einmal Milzbrand, Salmonellosen, Pseudotuberkulose, Brucellosen oder Pasteurellosen durch entsprechend infizierte Tiere übertragen werden (941, 1317, 5112, 1638), doch gilt dies nicht nur für Hund und Katze. Dagegen sind *Leptospirosen* in diesem Zusammenhange bedeutsamer, und zwar sowohl die durch Leptospira canicola hervorgerufene »Stuttgarter Hundeseuche«, als auch die durch L. icterohaemorrhagiae erzeugte Weilsche Krankheit. Während aber das von erkrankten (weil ungeimpften!) Hunden ausgehende Canicola-Fieber (in England machten Canicola-Infektionen in 10 Jahren nur 7% der Human-Leptospirosen aus, 1780) meist einen relativ komplikationslosen Verlauf nimmt, kommen bei der normalerweise durch Ratten (5267) und seltener durch die betrachteten Fleischfresser weitergegebenen *Weilschen Krankheit* etwa ein Drittel besonders der älteren Patienten ad exitum (1149). Aus den 800 000 meist streunenden Hunden Sao Paulos herausgegriffene und getötete Exemplare zeigten allerdings nur 2,5% eine Nierenbesiedlung mit Leptospiren (6391). Neuerdings wurden zunehmend L. icterohaemorrhagiae-Träger identifiziert (3586, 1677, 2518, 6332), auch L. grippotyphosa scheint im Kommen (5855, 2798). Wegen ihrer dauernden Schnüffelei sollen Rüden anfälliger sein, was fraglich ist (2077). Im Hundekot werden auch viel *Salmonellen* gefunden (4979, 1026), die zudem einen gewissen Anteil unter den Ursachen bakteriell bedingter Welpenverluste stellen (1716).

Durch parasitierende Einzeller, *Protozoen*, hervorgerufene Zoonosen sind bei uns – ausgenommen die Toxoplasmose – kaum von Bedeutung. So spielt die Leishmaniose *Kala-azar* und die Trypanosomiasis *Chagas* nur in tropischen oder subtropischen Ländern eine größere Rolle (5033, 3403). Diese Erkrankungen werden zwar durch stechende oder saugende Insekten in den Menschen gepflanzt, doch stellen Hunde und Katzen in diesen Ländern ein ständiges Erregerreservoir (3375), potentiell somit auch von dort importierte Tiere (3609), was übrigens auch für die Lyme-disease gilt. Dagegen ist die Verbreitung der durch Toxoplasma gondii hervorgerufenen *Toxoplasmose* bei sehr vielen Säugern und manchen Vögeln weltweit (6217, 2017, 2417). Infektion des Menschen erfolgt vorwiegend durch den Genuß rohen Fleisches, insbesondere Schweinemet, oder durch Kontakt mit landwirtschaftlichen Haustieren, wobei wieder Schweine und Schafe, weniger Rinder, im Vordergrund stehen (4078, 4971). Aber auch Katzen, bei denen diese Zoonose als *spezifische Darmkokzidiose* unter Ausscheidung infektiöser Oozysten auftritt (4467, 5243, 2895, 1681), und die neben einigen Wildkatzen als natürliche Endwirte zu betrachten sind (2700), können bei mangelnder Hygiene ein erhebliches Ansteckungspotential bilden (5227). So wiesen von 117 untersuchten Katzen 99 einen positiven Antikörpertiter auf, in einem anderen Kontingent waren es von 90 Tieren 44% (6154). Andere Untersucher kamen zu ähnlichen, einige zu niedrigeren Zahlen (3350,1292, 4888, 4841, 2431). Festzuhalten bleibt somit, daß der Mensch, wie viele andere Arten, Zwischenwirt für Toxoplasmen ist und sich an den Zysten im Fleisch von Schlachttieren sowie an Oozysten aus dem Katzenkot infizieren kann (4839, 870, 5815). Auch als Zwischenträger für *Sarkosporidien* kommen unsere Hausfleischfresser infrage. Katzenhalter zeigen regelmäßig höhere Prozentsätze positiver Reagenten als Vergleichpopulationen ohne Katzenkontakt (2935, 5270), doch ist fraglich, ob bei diesen Erhebungen unterschiedliche Infektionsmöglichkeiten über rohes Fleisch nicht auch eine Rolle spielten.

Während Toxosplasmose beim erwachsenen Menschen prognostisch günstig zu beurteilen ist und, außer bei immungeschädigten Individuen, die für Zoonosen insgesamt wesentlich anfälliger sind, schwere Verläufe selten sind – sie ist daher in aller Regel kein »Schleichpfad ins Irrenhaus« – kann die Ansteckung schwangerer Frauen (bei Primärinfektion serologisch negativer Patientinnen, 3288) zum transplazentalen Übertritt der Erreger auf die Frucht, zu Aborten oder Mißbildungen des Neugeborenen (Wasserkopf etc.) führen (5174, 2038). Nach Frenkel (1967) soll die Häufigkeit der fetalen Infektion des Menschen 5 bis 7 auf 1000 Geburten betragen, doch erkranken davon nur etwa 1/3 der infizierten Foeten. Der früher auch als Überträger stark inkriminierte Hund scheint nach neueren Untersuchungen weitgehend entlastet (3768), wenngleich er selbst von dieser Krankheit befallen werden kann (1325).

Neben der vorn geschilderten Möglichkeit eines Befalls mit Spaltpilzen gibt es auch ausgesprochene Mykosen, d.h. Erkrankungen durch Dermatophyten, *Hautpilze,* die von Hund und Katze auf den Menschen übersiedeln können. Hier ist vorrangig die *Mikrosporie,* verursacht durch Microsporum canis und die *Trichophytie* zu nennen (2137, 3872, 3293, 5940). Diese Dermatophytosen erzeugen bei Mensch und Tier meist kreisrunde, tonsurähnliche Alopezien und Hautveränderungen (»Ringwurm«). Sie sind weitverbreitet, zumal manche Katzen (insbesondere langhaarige, 6047) und Hunde symptomlose Träger sind (3737, 3311).

Die obengenannte Toxoplasmose leitet über zu den *Parasitosen,* insbesondere den *Helminthosen,* d.h. den Befall des Menschen mit Würmern oder Wurmlarven von Hund und Katze. Hier muß zweifellos der sogenannte »gefährliche Hundebandwurm des Menschen«, *Echinococcus granulosus,* an erster Stelle genannt werden, da er als Kosmopolit überall auf der Welt, wenngleich oft nur sporadisch und in unterschiedlich gefährlichen Varianten – in Westdeutschland z.B. relativ selten vorkommt(1723, 1796, 959, 649, 2988). Dixon u. Mitarb. (1973) wiesen in England bei alten Schlachtrindern und -pferden, die während eines langen Lebens mehr Gelegenheit hatten, sich zu infizieren, aber einen beträchtlichen Prozentsatz von Echinococcus-Zysten nach (27-62%) – wesentlich weniger bei anderen Schlachttieren (5490). Ähnlich scheint die Situation in Dänemark bei Schafen (3015). Aber auch bei uns häufen sich Meldungen über Befall bei Hunden (230). Ein echter Zyklus Hund/Pferd (offenbar weniger infektiös für den Menschen, 5998, 122) kommt nach Verfütterung rohen Pferdefleisches bzw. der Organe zustande, wovon besonders Jagd- und Bauernhunde, in schafhaltenden Regionen auch Hütehunde und Streuner betroffen sind, die sich an unbeseitigten

Kadavern auf Weiden gütlich tun (5681, 2551, 5997). Dieser gewöhnlich dreigliedrige, nur 2-6 mm lange Bandwurm des Hundes, aber auch anderer Caniden (z.B. Dingos, Füchse, 2652, 4989, 2923), vermehrt sich durch Eier, die nach Aufnahme durch den Zwischenwirt (normalerweise Schaf, Rind, Pferd, Ziege) zu blasenförmigen Larven heranwachsen = Echinococcus zysticus genannt, mit Durchmessern bis zu 20 cm (1719, 1720). Diese expansiv wachsenden, meist in der Leber, aber auch in anderen Organen angesiedelten »Hydatiden« erwirbt der Mensch bei entsprechend unhygienischem Zusammenleben mit bandwurmbefallenen Hunden. Die *Echinokokkose des Menschen* kann völlig symptomlos, Zufallsbefund bei Autopsien sein, bei inoperablen Ausnahmefällen mit Sitz im Gehirn aber auch zum Tode führen (4347). Sie stellt in Ländern mit mangelnder Fleischhygiene und starker Streunerpopulation, z.B. im Mittleren und Nahen Osten (u. Balkan!) ein ernstes Gesundheitsproblem dar (3740, 2549, 707, 1556, 2382, 6045) und wird durch den Auslandstourismus auch bei uns eingeschleppt (1586). In Nigeria sind z.B. 60 - 70% der geschlachteten Kamele infiziert (1458, 1459). Da es kein hundertprozentiges Mittel zur Abtreibung dieses Bandwurms gab und er im Hund bis zu 2 Jahre alt werden kann, wurde die Tötung desselben bei Befall angeraten. Es bleibt abzuwarten, ob durch die Einführung von Droncit (Praziquantel, Bayer) hier eine Wende zu verzeichnen ist: Es soll bei guter Verträglichkeit Echinococcen von Hund und Katze fast vollständig abtreiben (4083, 4840, 2170, 5667). Die Eier der abgetriebenen Bandwürmer bleiben jedoch virulent und verseuchen dann massiv die Umgebung, so daß nach wie vor die Tötung betroffener Hunde empfohlen wird (4842). In Inselländern mit intensiver Schafhaltung wie Island, Tasmanien, Neuseeland, Zypern, Sardinien, Schottische Inseln, in denen diese Zoonose hyperendemisch war (4989, 4502), konnte sie inzwischen durch Gegenmaßnahmen getilgt oder unter Kontrolle gebracht werden (514, 4503). So gilt noch heute ein 1924 ergangenes Verbot der Hundehaltung in Reijkjavik, nur Hunde ausländischer Diplomaten haben für die Zeit ihrer Anwesenheit Dispens (163); diese müssen ihre Tiere zum »Gassigehen« aber aufs Land fahren. Archaische Verhältnisse, unter denen der Mensch fast routinemäßig zum Zwischenwirt wird, kommen nur von den Turkana-Niloten in NW-Kenia zur Meldung: Diese setzen aus Aberglauben Sterbende im Busch aus, wo sie von Hyänen oder verwilderten Hunden gefressen werden, die sich ihrerseits an den Zysten Echinococcen-Befallener infizieren. Die durch die Carnivoren wieder ausgeschiedenen Eier werden dann leicht von den Hirten aufgenommen, so daß sich der Zirkel schließt (2781). Noch intimer gar ist der Kontakt zwischen Wirt und Zwischenwirt bei den Wassermangel leidenden Wüsten-Turkanas: Hier besorgen schleckende Hunde die Säuberung defäkierender, erbrechender Babies und menstruierender Frauen (4141). Überhaupt soll Kenia weltweit den Vogel abschießen hinsichtlich Befallsrate (2132). Routinemäßige Leichen-Entsorgung durch lungernde Dorfköter wurde aber außer aus dem afrikanischen auch aus dem asiatischen Raum bekannt. Hier, und in amerikanischen Nationen mit viel Schafhaltung stellen Echinokokkosen immer noch ein ernstes, fleischbeschauliches und epidemiologisches Problem dar (5245, 3632, 5861, 1407, 2270, 4526)

Eine für den Menschen noch gefährlichere, aber glücklicherweise noch *seltenere* Echinokokkose ist die durch *Echinococcus multilocularis*, einen in Füchsen parasitierenden, maximal 3,7 mm groß werdenden 3 - 5 gliedrigen Bandwurm, ausgelöste. Werden seine Eier aufgenommen, so kommt es zu einer Besiedlung der Leber mit exogen sprossenden, dieses Organ völlig durchsetzenden linsengroßen Larven (E. alveolaris), welche somit das Bild des *Leberkrebses* kopiert und auch als solcher schon fehldiagnostiziert wurde. Die Prognose ist oft infaust (5453), wenngleich schon über recht gute Therapie-Erfolge mit Mebendazol berichtet werden konnte (3176, 91). Diese erstmalig von Buhl und Virchow (1855) ätiologisch geklärte »multiloculäre, ulcerierende Echinokokkengeschwulst der Leber« kann sporadisch auftreten, wo E. multilocularis in Fuchspopulationen endemisch (Korrelationen zur Tollwutverbreitung; man setzt auf Praziqantel-Köder, 1895) ist: In Süddeutschland (Alpen, Schwaben, Baden), West-Österreich, Schweiz, Luxemburg, Ostfrankreich, sowie in weiten Gebieten Rußlands und Nordamerikas (4650, 1721). Immerhin erkranken allein im Raum Tübingen pro Jahr etwa 5 - 10 Menschen und sind - mit starken saisonalen und regionalen Schwankungen - ca. die Hälfte der Füchse infiziert (2013, 5091). Dieser Wurm soll neuerdings auch weiter nach Norden vordringen (5003, 2269), mit beträchtlichen Befallsraten z.B. in Thüringen und angrenzenden Provinzen (5576). Die regulären Zwischenwirte sind kleine Nager (Microtus), doch kommt es in selteneren Fällen in diesen Gegenden auch zur Besiedlung des Hundes und der Katze und somit zur fakultativen Aufnahme seiner Eier durch den Menschen (1894). Einige Untersucher sprechen gar davon, daß neben dem »Wildzyklus« dieses Bandwurms (Fuchs/Maus) ein »Hauszyklus« (Katze/Maus) existiert (1678, 1722). Wegen des engen Kontaktes mit ihren Schlittenhunden und der zwangsläufig mäßigen Hygiene sollen die genannten Echinokokkosen in Eskimos an der Tagesordnung sein (3461). Zur Vorbeuge ist auch hier die Tötung befallener Tiere ratsam, und zumindest in gefährdeten Gebieten sollte die Verfütterung roher Organe an Fleischfresser unterbleiben.

Ein anderer Bandwurm des Hundes, *Dipylidium caninum* (auch in Katzen anzutreffen, 2548), ist sehr viel häufiger, aber relativ harmlos. Seine Larve entwickelt sich im Hundefloh. Wenn Kleinkinder diesen verschlucken, können sie eine Dipylidium-Invasion bekommen (5246). Trotz der Ansicht des seligen Sir Francis Galton (1420), gut gebadete und gebürstete Hunde wären träge und langweilig, da ihnen das Stimulans der Flöhe fehle, ist somit eine Flohbekämpfung dringend anzuraten (mit Alugan oder noch besseren Mitteln bei Hund und Katze,

1147, 750), zumal auch Pulex irritans, der Menschenfloh, den Hund als Vektor benutzen kann (3053). So werden zudem Kontakt-Dermatitiden verbreitet (3135).

Nicht so dramatisch wie bei der Echinokokkose, aber wesentlich häufiger ist die Gefährdung des Menschen – und insbesondere auch hier wieder der Kleinkinder – durch Toxocara canis und T. cati s. mystax, verbreitete *Spulwürmer* des Hundes und der Katze. Große, in Zwingern gehaltene Hunde weisen i.a. eine höhere Invasionsrate auf (2266). Bei Untersuchungen frisch auf öffentlichen Plätzen deponierter Haufen konnten Befallsätze von 7 – 83% hinsichtlich infektiöser Nematodeneier ermittelt werden, insbesondere auch in gern besuchten südlichen Urlaubsländern (2891, 1274, 488, 2171, 5926, 4709, 3380, 1117). Die aus verschluckten Eiern dieser Würmer schlüpfenden Larven können, da der Mensch nicht der rechte Endwirt für sie, auf ihren Irrfahrten durch den Körper (*Larva migrans visceralis*) bei massivem Befall schwere Zerstörungen innerer Organe u.a. auch des Gehirns und Auges bewirken (3378, 2547, 1107, 2788, 211, 5533, 2681), wenngleich mäßige Invasionen oft völlig symptomlos bleiben oder unspezifische Symptome verkannt werden: Befallene Augen sind sogar schon als »blastomatös verändert« enukleiert worden (5354). Die Therapie beim Menschen ist insgesamt unbefriedigend (3379), Wurmkuren bei Hunden sind jedoch erfolgreich und sollten früh durchgeführt werden, da eine pränatale oder galaktogene Infektion der Welpen meist schon vorliegt (5531, 2756, 2219) – ein »erblicher« Wurmbefall, wie frühere Autoren dies nannten. Das intime Hantieren von Klein- und Kleinstkindern mit Junghunden ist daher mit besonderer Sorge zu betrachten und zu verhindern – ebenso wie die Verschmutzung von Kinderspielplätzen mit Kot (1456, 5317, 2789, 3576). Natürlich sind Züchter und Veterinäre hier wieder besonders gefährdet (6341, 748): 1990 reagierten 20% der Toulouser vet. med. Studenten seropositiv, vermehrte Hygiene wurde angemahnt.

Neben dieser Toxocariasis kann es auch zu einer *Ankylostomiasis* durch perkutan eindringende Larven des Hakenwurms von Hund und Katze kommen, welche im Patienten das Bild der *Larva migrans cutanea* (Hautmaulwurf) erzeugen. Gefährdet sind vor allem barfuß gehende Individuen oder in kotverschmutztem Sand spielende Kinder, welche unangenehm juckende Hautentzündungen durch die einige Tage oder Wochen dauernden Wanderungen der Larven erwerben können. Hakenwürmer sind verbreitet bei halbwilden Streunern in Entwicklungsländern (4732) und werden zudem oft bei Zwingerhaltung von Jagdhunden auf feuchten Sandböden gesehen, in denen sich die Larven sehr lange halten. Befall mit Herzwürmern (Dirofilariose, 6397) wird jedoch nur aus tropischen und subtropischen Regionen berichtet.

Die geschilderten Verhältnisse machen deutlich, daß im eigenen Interesse des Halters ausreichende Hygiene im Umgang mit Hund und Katze geboten, aber auch bei größter Sauberkeit zu intimer Kontakt mit Haustieren zu vermeiden ist.

Hunde- und Katzenhalter tragen hier besonders auch große Verantwortung für eigene und Nachbarskinder. Mit Sauberhaltung von Mensch und Tier allein ist es jedoch nicht getan (3812), es kommt vor allem auch auf die *regelmäßige Überwachung des Gesundheitszustandes unserer Haustiere durch den Tierarzt an.*

F. Schrifttumsverzeichnis

»Zitiere Deinen Nächsten wie Dich selbst«
G. Uhlenbruck, 1971

1. Aarde, R.J.v., 1979, Reproduction and population ecology in the feral house cat, Felis catus, on Marion Island. Carn.gen.Nwsl., 3, 288-316. – **2.** Aarde, R.J. v., B. Blumenberg, 1979, Genotypic correlates of body and adrenal weight in a population of feral cats, Felis catus. Carniv. 2, 37 – 45. – **3.** Aarde, R.J.v., T.J. Robinson, 1980, Gene frequencies in feral cats on Marion Island. J. hered. 71, 366-368. – **4.** Abbott, D.P., 1987, Studies on the acute lesions and the pathogenesis of canine inherited demyelinative neuropathy. Diss. abstr. B. 48, 12. – **5.** Abicht, C., 1982, Ein Gummibändchen wirkt wunder! Club Mitt. Brit. Hüteh. 8, 44-45. – **6.** Abke, A., 1968, Uns. Rassehd., 42. – **7.** Abraham, D.,W.F. Blakemore, A.Dell, M.E.Herrtage, J.Jones, J.T.Littlewood, J. Oates, A. C. Palmer, R. Sidebotham, B. Winchester, 1984, The enzymic defect and storage products in canine fucosidosis. Biochem. J. 222, 25-33. – **8.** Abrams, J.T., 1962, The feeding of dogs. W. Green & Sons, Lond. – **9.** Abrantes, R. A. B., 1987, The expression of emotions in man and canid. J.Sm.anim. pract. 28, 1030-1036. – **10.** Ackerman, L. J., 1985, Canine and feline pemphigus and pemphigoid. Comp. cont. educ. pract. vet. 7, 281-286. – **11.** Ackerman, N., 1982, Hip dysplasia in the Afghan hound. Vet. rad. 23, 88-97. – **12.** Ackerman, N., 1990, Zinc toxicosis secondary to ingestion of pennies. Vet. rad. 31, 155-157. – **13.** Ackerman, N., R. Burk, A.W. Hahn, H.M. Hayes, 1978, Patent ductus arteriosus in the dog. Am. J. vet. res. 39, 1805-1810. – **14.** Acland, G.M., 1980, in Blogg, R., The eye in veterinary practice, Saunders, Philad. – **15.** Acland, G.M., G.D. Aguirre, G. J. Chader, T. Fletcher D. Farber, R. Lolley, 1980, Canine early onset hereditary retinal degenerations. Trans. 11th ann. sci. progr. coll. vet. ophth., 1-12. – **16.** Adalsteinsson, S., 1980, Establishment of equilibrium for the dominant lethal gene for Manx taillessness in cats. Theor. appl. gen. 58, 49-53. – **17.** Adalsteinsson, S., T. Sigurjonsson, G. Jonsson, 1979, Variation in colour gene frequencies among Icelandic cats. Carn. gen. nwsl. 3, 359-372. – **18.** Adalsteinsson, S., B. Blumenberg, 1983, Possible norse origin for two Northeastern United States cat populations. Z. Tierz. Zücht. biol. 100, 161-174. – **19.** Adalsteinsson, S., B. Blumenberg, 1984, Simultaneous maximum likelihood estimation of the frequency of sexlinked orange and the male ratio in the cat. Carniv. 7, 68-77. – **20.** Adam, R., 1975, Arch. Tiersch. 5, 4. – **21.** Adams, E. W., 1956, Hereditary deafness in a family of Foxhounds. J. A. V. M. A. 128, 302-303. – **22.** Adams, E. W., L. P. Carter, W. J. Sapp, 1968, Growth and maintenance of the canine venereal tumor in continuous culture. Canc. res. 28, 753-757. – **23.** Adams, G.J., J. Grandage, 1989, Digging behaviour in domestic dogs. Austr. vet. J. 66, 126. – **24.** Adelus-Neveu, F., A. L. Saint-Gérand, G. Fayet, C. Wiedemann, 1991, Hundestaupe. Prakt. TA. 72, 866-871. – **25.** Adkins, T. O., J. C. Morris, 1975, The Iditarod. Mod. vet. pract. 56, 456-461. – **26.** Afshar, A., M. Bahmanyar, 1978, Non-fatal rabies virus infections. Vet. bull. 48, 553-559. – **27.** Afzelius, B.A., 1979, The immotile-cilia syndrome and other ciliary diseases. Int. rev. exp. path. 19, 1-43. – **28.** Agnarsson, B. A., A. Levene, 1983, Relative canine breed distribution found in a surgical pathology laboratory. Vet. rec. 113, 263. – **29.** Aguirre, G., 1978, Retinal degeneration in the dog. Exp. eye res. 26, 233-253. – **30.** Aguirre, G. D., L. F. Rubin, 1971, Progressive retinal atrophy (rod dysplasia) in the Norwegian Elkhound. J. A. V. M. A. 158, 208-218. – **31.** Aguirre, G. D., L. F. Rubin, 1971, The early diagnosis of rod dysplasia in the Norwegian Elkhound. J. A. V. M. A. 159, 429-433. – **32.** Aguirre, G. D., L. F. Rubin, C. E. Harvey, 1971, Keratoconjunctivitis sicca dogs. J.A.V.M.A. 158, 1566-1579. – **33.** Aguirre, G. D., S. I. Bistner, 1973, Mikrophakia with lenticular luxation and subluxation in cats. Vet. med. 68, 498-500. – **34.** Aguirre, G. D., L. F. Rubin, 1975, Rod-cone dysplasia (Progressive retinal atrophy) in Irish Setters. J. A. V. M. A. 166, 157-164. – **35.** Aguirre, G. D., L. F. Rubin, 1975, The electroretinogram in dogs with inherited cone degeneration. Invest. Ophth. 14, 840-847. – **36.** Aguirre, G. D., A. Laties, 1976, Pigment epithelial dystrophy in the dog. Exp. eye res. 23, 247-256. – **37.** Agrawal, H. C., J. M. Davis, W. A. Heinwich, 1968, Water content of dog brain parts in relation to maturation of the brain. Am. J. phys. 215, 846-848. – **38.** Ahmad, M., B. Blumenberg, M. F. Chaudhary, 1980, Mutant allele frequencies and genetic distance in cat populations of Pakistan and Asia. J. hered. 71, 323-330. – **39.** Aigner, R., 1975, Zwei »neuere« Beiträge zur Diagnostik der Lungenseuche des Hornviehs und der Hundswuth. Tierärztl. Umsch. 30, 455-456. – **40.** Aird, I., 1962, Maladaptive attributes. Vet. rec. 74, 1520-1525. – **41.** Aitchison, J. 1963, Changing incisor dentition of bulldogs. Vet. rec., 75, 153-154. – **42.** Aitchison, J., 1964, Incisor dentition in short-muzzled dogs. Vet. rec. 76, 165-169. – **43.** Akcan, A., W. Wegner, 1983, Veränderungen an Sehbahn und Sehzentren beim Merlesyndrom des Hundes. Z. Versuchstierk. 25, 91-99. – **44.** Akcan, A., W. Wegner, 1985, Morphologische und morphometrische Untersuchungen über Veränderungen am Großhirnkortex beim Merlesyndrom des Hundes. Vet. Fak. Derg. Ank. Univ. 32, 342-357. – **45.** Alberch, 1985, Developmental constraints. Am. Nat. 126, 430-433. – **46.** Albrecht, F., 1974, Beitrag zur Symptomatik, Diagnostik und Therapie der Cystinurie des Hundes. Kleintierprax. 19, 202-211. – **47.** Albrecht, G., O. Dietz, E. Li, V. Schmidt, 1976, Funktionelle Wiederherstellung bei der Hüftgelenksdysplasie des Hundes durch Pektinektomie unter besonderer Berücksichtigung einer nachfolgenden Wiedereinsatzfähigkeit von Diensthunden. Mh. Vet. med. 31, 95-98. – **48.** Alexander, G., X. Tandler, 1905, Untersuchungen an kongenital tauben Hunden, Katzen und an Jungen kongenital tauber Katzen. Arch. Ohrhlk. 66, 161-179. – **49.** Alexander, J. W., 1978, Craniomandibular osteopathy. Can. pract. 5, 31-39. – **50.** Alexander, J. W., K. E. Hoffer, J. M. Macdonald, G. R. Bolton, J. V. Oneil, 1975, Hiatal hernia in dogs. J. Am. anim. hosp. ass. 11, 793. – **51.** Allan, G. S., C. R. Huxtable, C. R. Howlett, R. C. Duff, B. R. Farrow, 1978, Pituitary dwarfism in German Shepherd dogs. J. sm. anim. pract. 19, 711-727. – **52.** Allan, J., W. Putt, R. A. Fisher, 1981, An investigation of the products of 27 gene loci in the domestic cat, Felis catus. An. bld. grps. bioch. gen. 12, 95-105. – **53.** Allan, L. R. Allan, 1987, Katzen, 16, 6, 5-12. – **54.** Allard, R. L., A. D.

Carlos, E. C. Faltin, 1989, Canine hematological changes during gestation and lactation. Comp. anim. pract. 19, 3, 3-6. - **55**. Al-Lebban, Z. S., R. D. Lange, J. B. Jones, C. D. Lothrop, 1987, Long-term bone marrow culture systems: normal and cyclic hematopoietic dogs. Can. J. vet. res. 51, 162-168. - **56**. Allen, D. G., I. B. Johnstone, S. Crane, 1985, Effects of aspirin and propanolol alone and in combination on hemostatic determinants in the healthy cat. Am J. vet. res. 46, 660-663. - **57**. Allen, W. E. , 1986, Pseudopregnancy in the bitch. J. sm. anim. pract. 27, 419-424. - **58**. Allen, W. E., M. G. Daker, J. L. Hancock, 1981, Three intersexual dogs. Vet. rec. 109, 468-471. - **59**. Allen, W. E., J. R. R. Patel, 1982, Autoimmune orchitis in two related dogs. J. sm. anim. pract. 23, 713-718. - **60**. Allison, A., 1984, »No« to neutering clinics, Vet. rec. 114, 76. - **61**. Allison, A. C., W. Rees, G. P. Burn, 1957, Genetically controlled differences in catalase activity of dog erythrocytes. Nature, 180, 649-650. - **62**. Almlöf, J., 1961, On achondroplasia in the dog. Zbl. Vet. med. 8, 43-56. - **63**. Alonso, R. A., A. Hernandez, P. Diaz, J. M. Cantu, 1982, An autosomal recessive form of hemimelia in dogs. Vet. rec. 110, 128-129. - **64**. Alraun, R., 1974, HAZ 15.6. - **65**. Alroy, J., U. Orgad, A. Ucci, S. H. Schelling, K. L. Schunk, C. D. Warren, S. S. Raghavan, E. H. Kolodny, 1985, Neurovisceral and skeletal GM1-gangliosidosis in dogs with ß-galactosidase deficiency. Science 229, 470-472. - **66**. Alroy, J., V. Goyal, C. D. Warren, 1988, Lectin histochemistry of gangliosidosis. Act. neuropath. 76, 109-114. - **67**. Alroy, J., G. O. Freden, V. Goyal, S. S. Raghavan, K. L. Schunk, 1989, Morphology of leukocytes from cats affected with alpha-mannosidosis and mucopolysaccharidosis VI (MPSVI). Vet. path. 26, 294-302. - **68**. Althaus, T., 1977, Der Beitrag der Schweiz zur Verhaltensforschung beim Haushund. In: Schweiz. Kynol. Ges. a. a. O. - **69**. Althaus, T., 1977, Die Entwicklung des Verhaltens beim Siberian Husky in den zehn ersten Lebenswochen. In: Schweiz. Kynol. Ges. a. a. O. - **70**. Althaus, T., 1978, Nordische Hunde. Kleintierprax. 23, 401-402. - **71**. Althaus, T., 1980, Zur Psychologie des Schlittenhundegespanns. Schweiz. hundesp. 96, 2-8. - **72**. Althaus, T., 1983, Hunde lernen am ersten Lebenstag. Tierärztl. Umsch. 38, 491-495. - **73**. Althaus, T., 1983, Der Hund als Zugtier. Schweiz. hundesp. 99, 855-868. - **74**. Althaus, T., 1985, Altersabhängige Veränderungen des Verhaltens und der Umwelt bei Hundewelpen. Schweiz. hundesp. 101, 886/887. - **75**. Althaus, T., 1985, Première journée de médicine canine sportive. Schweiz. hundesp. 101, 779-782. - **76**. Althaus, T., Hunde 102, 1137-1141. - **77**. Althaus, T., 1986, Hunde 1, 1-2. 13. - **78**. Althaus, T., 1987, The development of a harmonic owner-dog relationship. J. sm. anim. pract. 28, 1056-1064. - **80**. Altmann, D., 1986, Soziale Funktionen im Wolfsrudel, Canis lupus lupus L. Wiss. Z. H. Univ. Berl. MNR 35, 292-295. - **81**. Altpeter, K., 1983, Uns. Rasseh. 1, 20. - **82**-. Al-Zubaidy, A. J., 1984, Prostata- und Harnröhrentumore beim Hund. Vet. med. Nachr., 71-85. - **83**. Amann, J. F., 1987, Congenital and acquired neuromuscular disease of young dogs and cats. Vet. clin. N. Am. sm. an. pract. 17, 617-639. - **84**. Amann, J.F., M. H. Laughlin, R. J. Korthuis, 1988, Muscle hemodynamics in hereditary myopathy of Labrador Retrievers. Am. J. vet. res. 49, 1127-1130. - **85**. Amis, T. C., 1974, Tracheal collapse in the dog. Austr. vet. J. 50, 285-289. - **86**. Amis, T. C., C.Kurpershoek, 1986, Pattern of breathing in brachycephalic dogs. Am. J. vet. res. 47, 2200-2204. - **87**. Amis, T. C., M. M. Smith, C. E. Gaber, C. Kurperschoek, 1986, Upper airway obstruction in canine laryngeal paralysis. Am. J. vet. res. 47, 1007-1010. - **88**. Amis, T. C., D. Hager, D. L. Dungworth, W. Hornof, 1987, Congenital bronchial cartilage hypoplasia with lobar hyperinflation in an adult Pekingese. J. A. A. hosp. ass. 23, 32-329. - **89**. Ammann, K., 1966, Hornhauterkrankungen beim Hund. Kleintierprax. 11, 1-9. - **90**. Ammann, K., 1971, Augenkrankheiten bei den verschiedenen Hunderassen. Uns. Rassehd., 292-298. - **91**. Ammann, R., K. Tschudi, M. Ziegler, F. Meister, J. Cotting, J. Eckert, F. Witassek, 1988, Langzeitverlauf bei 60 Patienten mit alveolärer Echinokokkose unter Dauertherapie mit Mebendazol. Klin. Wschr. 66, 1060-1073. - **92** Amon-Hechtenberg, 1973, Jagdgebr. hd. 9, 152. -93. Anders, H., 1937, Hundehaltung und Hundezucht in Deutschland und ihre volkswirtschaftliche Bedeutung. Kleint. Pelzt. 13, 3, 1-41. - **94**. Andersen, A. C., 1955, Debarking in a kennel. Vet. med. 50, 409-411. - **95**. Andersen. A. C., 1970, The Beagle as an experimental dog. Iowa St. Univ. Press. - **96**. Andersen, A. C., F. T. Shultz, 1958, Inherited (congenital) cataract in the dog. Am. J. path. 34, 965-975. - **97**. Andersen, A.C., L.S. Rosenblatt, 1965, Survival of Beagles under natural and laboratory conditions. Exp. geront. 1, 193-199. - **98**. Andersen, A. C., M. E. Simpson, 1973, The ovary and reproductive cycle of the dog (Beagle). Geron-X, Inc. Los Altos, Calif. - **99**. Andersen, S., E. Andresen, K. Christensen, 1988, Hip dysplasia selection index exemplified by data from German Shepherd dogs. J. anim. breed. gen. 105, 112-119. - **101**. Anderson, G.F., M. I. Barnhart, 1964, Prothrombin synthesis in the dog. Am. J. phys. 206, 929-938. - **102**. Anderson, H., B. Henricson, P. G. Lundquist, E. Wedenberg, J. Wersäll, 1968, Genetic hearing impairment in the Dalmatian dog. Act. otolaryng. Suppl. 232, 34pp. - **103**. Anderson, J. R., S. C. Hembree, 1979, On the possible use of scenting dogs to detect tsetse flies. Trans. Roy. soc. trop. med. hyg. 73, 442-443. - **104**. Anderson, P., R. W. Carithers, 1975, History as a diagnostic aid in canine epilepsy. Iowa St. Univ. vet. 37, 6-9. - **105**. Anderson, R. M., H. C. Jackson, R. M. May, A. M. Smith, 1981, Population dynamics of fox rabies in Europe. Nature 289, 765-771. - **106**. Anderson, R. S., 1975, Pet animals and society. Bailliére Tindall, Lond. - **107**. Anderson, R. S., 1987, Die Altersverteilung in Hundepopulationen und ihre Abhängigkeit von der Lebenserwartung. Int. Symp. Hannover, 147-153. - **108**. Anderson, S. M., C. L. Lippincott, 1991, Devocalization of dogs by carbon dioxide laser surgery. J. Am. an. hosp. ass. 27, 364-366. - **109**. Anderson, W. I., D. W. Scott, 1987, Calcinosis circumscripta in a domestic short-haired cat. Corn. vet. 77, 348-350. - **110**. Anderson, W. I., J. M. King, T. J. Flint, 1989, Multifocal bullous emphysema with concurrent bronchial hypoplasia in two aged Afghan Hounds. J. comp. path. 100, 469-473. - **111**. Andersson, B., L. E. Akerlund, 1976, Skotterkramp och splay. Sv. vet. tidn. 28, 733-738. - **112**. Andersson, B., M. Andersson, 1982, On the etiology of scottie cramp and splay - two motoring disorders common in the Scottish Terrier breed. Act. vet. scand. 23, 550-558. - **113**. Andersson, B., Andersson, M., Andersson, M., 1986, Skotterkramp och splay. Sv. vet. tidn. 38, 166-171. - **114**. Andersson, M., E. Sevelius, 1991, Breed, sex and age distribution in dogs with chronic liver disease. J. sm. ani. pract. 32, 1-5. - **115**. Andrén, L., N E. Borglin, 1961, Disturbed urinary excretion pattern of oestrogens in newborns with congenital dislocation of the hip. Act. endocr. 37, 423-433. - **116**. Andresen, E., 1977, Haemolytic anaemia in Basenji dogs. I. Hereditas 85, 211-214. - **117**. Andresen, E., 1977, Haemolytic anaemia in Basenji dogs. II. An. bld. grps. bioch. gen. 8, 149-156. - **118**. Andresen, E. 1978, Herkunft und Verbreitung von hypophysärem Zwergwuchs beim Hund und Grundlage zur Ermittlung von Anlageträgern verschiedener genetisch bedingter Krankheiten unter Anwendung biochemischer Methoden. Kleintierprax. 23, 65-74. - **119.** Andresen, E., 1985, The hip dysplasia index. Dansk vet. tids. 68, 1054-1057. - **120.** Andresen, E., P. Willeberg, P. G. Rasmussen, 1974, Pituitary dwarfism in German Shepherd dog. Nord. vet. med. 26, 692-701. - **121.** Andrews, A.H. 1970, A study of ten cases of gastric torsion in the Bloodhound. Vet. rec. 86, 689-693. - **122.** Andrews, S.J., M. B. Lancaster, 1990, Echinococcosis as a public health problem. Vet. rec. 127, 235. - **123.** Andrews, T., 1987, Small animal client survey. Vet. rec. 120, 75-76. - **124.** Angel, K. 1981, Liability for injured dogs. Vet. rec. 108, 405-406. - **125.** Anghi, C. G. v., 1938, Die Ungarischen Hirtenhunde. Z. Hundef. NF 12, 1-79. - **126.** Angus, K., D. S. Wyand, T.J. Yang, 1978, Impaired lymphocyte response to phytohemagglutinin in dogs affected with cyclic neutropenia. Clin. imm. immunopath. 11, 39-51. - **127.** Anon, 1912, Uns. Doberm. Pinsch. 3, 120. - **128.** Anon, 1917, The hairless dog, J. hered. 8, 519-520. - **129.** Anon. 1930, Defects in dogs. Vet. rec. 10, 933. - **130.** Anon. 1945, Dog-breeding standards. Vet. rec. 57, 70-71. - **131.** Anon. 1961, Cats outnumber all other pets in Britain. J. sm. an pract. 2, 58. - **132.** Anon. 1963, Dog owners defy reds in Bulgaria. J. A. V. M. A. 143, 109. - **133.** Anon, 1963, Green pup born to English Setter. J. A. V. M. A. 143, 1035. - **134.** Anon, 1963, German Shepherd dog wins hero medal. J. A. V. M. A. 143, 777. - **135.** Anon. 1964, Dingo blood improves famous cattle blood. J. A. V. M. A. 145, 933-936. - **136.** Anon. 1966, Too many dogs in Japan. J. A. V. M. A. 148, 619. - **137.** Anon. 1967, Schweizer Sennenhunde in Wort und Bild. Schweiz. Sennh. verein München. - **138.** Anon. 1967, Mass slaughter of dogs and cats reported in Russia. J. A. V. M. A. 150, 127. - **139.** Anon. 1967, Komplexe Mißbildungen bei zwei Dackelwelpen. Kleintierprax. 12, 114. - **140.** Anon. 1969, Bericht des Ausschusses der Wld. Sm. An. Vet. Ass., Kleintierprax. 14, 225-230. - **141.** Anon. 1969, Report of the Wld. Sm. An. Vet. Ass. Comm., J. sm. an. pract. 10, 135-141. - **142.** Anon. 1969, Uns. Rassehd., 170-172. - **143.** Anon. 1969, Dachshd. 24, 235. - **144.** Anon. 1970, Population explosion. Vet. rec. 86, 442. - **145.** Anon. 1970, Vingt-et-un. Vet. rec. 87, 661. - **146.** Anon. 1970, Poodles rank first in popularity for the 9th year. J. A. V. M. A. 156, 1547. - **147.** Anon. 1971, Edible dogs. Vet. rec. 88, 664. - **148.** Anon. 1971, Breed standards, Vet. rec. 89,246. - **149.** Anon. 1971, Basenji under study for rare blood condition. J. A. V. M. A. 159, 1218. - **150.** Anon. 1971, Dachshd. 26, 131-132. - **151.** Anon. 1971, Jahresbericht Schweiz. Ges. Tiersch., 4. - **152.** Anon. 1971, Uns. Pud. 15, 265. - **153.** Anon. 1971, Uns. Pud. 15, 266. - **154.** Anon, 1971, Uns. Pud. 15, 270. - **155.** Anon. 1972, Bild 17. 12. - **156.** Anon. 1972, Hundewelt 44, 8. - **157.** Anon. 1972, Hip dysplasia control scheme. Vet. rec. 90, 286. - **158.** Anon. 1973, Wld. u. Hd. 76, 1060. - **159.** Anon. 1973, PRA in Irish Setters. Vet. rec. 92, 293. - **160.** Anon. 1973., Uns. Rassehd., 133. - **161.** Anon. 1973, The sheep chaser. Vet. rec. 93, 322. - **162.** Anon. 1973, Uns. Rassehd., 133. - **163.** Anon 1973, Dogs in Iceland. Vet. rec. 93, 322. - **164.** Anon. 1974, Wld. u. Hd. 76, 1021. - **165.** Anon. 1974, Zur Frage der Übertragbarkeit der Leukose vom Menschen auf das Rind. Dt. tierärztl. Wschr. 81, 248. - **166.** Anon. 1974, RSPCA neutering scheme never costed says report. Vet. rec. 95, 500. - **167.** Anon. 1974, Generalized gangliosidosis in cats. Carn. gen. nwsl. 2, 237. - **168.** Anon. 1974, ILAR-Nws. 17, 19. - **169.** Anon. 1974, Woman fined 200 pound for attempted dog smuggling. Vet. rec. 95, 428. - **170.** Anon. 1975, Canine registrations show ups and downs. J. A. V. M. A. 166, 950. - **171.** Anon. 1975, Dentist creates beef-flavored tooth-paste for dogs. J. A. V. M. A. 166, 567. - **172.** Anon. 1975, Dogs are here to stay. Vet. rec. 97, 63-64. - **173.** Anon. 1975, Pol. Schtzhd 75, 36. - **174.** Anon. 1975, Dogs in the United Kingdom. Rep. JACOPIS; Walter House, Lond. - **175.** Anon. 1975, Dog licenses. Vet. rec. 96, 191. - **176.** Anon. 1975, Alsatian killed schoolboy. Vet. rec. 96, 210. - **177.** Anon. 1975, Du u. d. T. 5, 5. - **178.** Anon. 1975, Dog-bite problem. J. A. V. M. A. 166, 966-967. - **179.** Anon. 1975, Dog tolerance continues unabated. J. A. V. M. A. 166, 297. - **180.** Anon. 1975, A coffey-coloured view. Vet. rec. 97, 264. - **181.** Anon 1975, Humane destruction of unwanted animals. Vet. rec. 97, 298-299. - **182.** Anon. 1975, Canadian VMA opposed to ear cropping. J. A. V. M. A. 167, 133. - **183.** Anon. 1975, Ethics of docking, J. A. V. M. A. 166, 297. - **184.** Anon. 1975, Tier 15, 64. - **185.** Anon. 1975, Progressive retinal atrophies. Vet. rec. 97, 159-160. - **186.** Anon. 1975, Euthanasia. Mod. vet. pract. 56, 395-400. - **187.** Anon. 1975, Love me, love my dog continued. Mod. vet. pract. 56, 791-792. - **188.** Anon. 1975, SV-Z. 69, 338. - **189.** Anon. 1975, Dangerous breeds. Vet. rec. 97, 264. - **190.** Anon. 1975, HAZ 22.5. - **191.** Anon. 1975, Wld. u. Hd. 77, 1004. - **192.** Anon. 1975, Spay clinics claimed effective. J. A. V. M. A. 167, 326. - **193.** Anon. 1975, Dog breeders view of legislation. Vet. rec. 97, 311-312. - **194.** Anon. 1975, Open up the dog house. Vet. rec. 96, 256. - **195.** Anon. 1975, Tier 15, 20. - **196.** Anon. 1975, Spraying by castrated toms. Mod. vet. pract. 56, 729-731. - **197.** Anon. 1975, Feline urolithiasis. Vet. rec. 96, 298-299. - **199.** Anon. 1976, Uns. Rassehd. 9, 771. - **200.** Anon. 1976, Du u. d. T. 6, 50. - **201.** Anon. 1976, Fewer dogs. Vet. rec. 99, 306. - **202.** Anon. 1976, Pounds 5 license to finance dog wardens recommended. Vet. rec. 99, 117. - **203.** Anon. 1976, Canine Al. Vet. rec. 99, 58. - **204.** Anon. 1976, Temperament. Vet. rec. 98, 95. - **205.** Anon. 1976, Wolf kill. Harpers Aug. 25. - **206.** Anon. 1976, Hip dysplasia. Vet. rec. 99, 484-487. - **207.** Anon. 1976, The hip dysplasia scheme. Vet. rec. 99, 469. - **208.** Anon. 1976, Uns. Rassehd., 255. - **209.** Anon. 1976, Wld. u. Hd. 79, 541. - **210.** Anon. 1976, The public health significance of canine ascarid infections. Vet. rec. 99, 37-38. - **211.** Anon. 1976, Toxocara canis implicated in blindness. Vet. rec. 99, 21. - **212.** Anon. 1976, Rabies. Vet. rec. 99, 155. - **213.** Anon. 1976, Dog smuggling ruse costs Pounds 400. Vet. rec. 99, 62. - **214.** Anon. 1976, Shows in public parks. Vet. rec. 98, 58. - **215.** Anon. 1977, Dearer dog licenses debated. Vet. rec. 100, 2. - **216.** Anon. 1977, Killer dogs. Vet. rec. 100, 254. - **217.** Anon. 1977, Dog licenses costs and revenue. Vet. rec. 100, 254. - **218.** Anon. 1977, Man's inhumanity to dog. Vet. rec. 101, 84. -. **219.** Anon. 1977, Uns. Hd. 10, 6. - **220.** Anon. 1977, Docking of dogs' tails. Vet. rec. 101, 700. - **221.** Anon. 1977, Dog semen import rules revised. Vet. rec. 101, 217-218. - **222.** Anon. 1977, Bild 7.4. - **223.** Anon. 1977, Dog breeders interfere too much. Vet. rec. 101, 316. - **224.** Anon. 1977, Wld. u. Hd. 79, 1076. - **225.** Anon. 1977, Uns. Rassehd. 4, 9. - **226.** Anon 1977, Wld. u. Hd. 79, 980. - **227.** Anon. 1977, Certification for collie eye anomaly. Vet. rec. 101, 450-451. - **228.** Anon. 1977, A welcome move on canine abnormalities. Vet. rec. 101, 293-294. - **229.** Anon. 1977, Final report on feline urolithiasis. Vet. rec. 100, 208-209. - **230.** Anon. 1977, Uns. Rassehd. 6, 7. - **231.** Anon. 1977, Rabies death. Vet. rec. 100, 229. - **232.** Anon. 1977, Rabbies alert in Israel. Vet. rec. 100, 3. - **233.** Anon. 1978, Schweiz. Hundesp. 94, 181. - **234.** Anon. 1978, Dachshd. 33, 81. - **235.** Anon. 1978, Uns. Pud. 22, 43. - **236.** Anon 1978, Schweiz. Hundesp. 94, 254. - **237.** Anon. 1978, Uns. Rassehd., 9. - **238.** Anon 1978, No guidance on docking. Vet. rec. 102, 515. - **239**. Anon. 1978, Schweiz. hundesp. 94, 946. - **240**. Anon 1978, Degenerative myelopathy hereditary? Can. pract. 5, 16. - **241**. Anon. 1978, The greyhound as a machine for running. Vet. rec. 103, 389. - **242**. Anon. 1978, Dogs and the Victorians. Vet. rec. 103, 369. - **243**. Anon 1978, Lecturer convicted for cruelty. Vet. rec. 102, 294. - **244**. Anon. 1978, MS and canine distemper virus. Vet. rec. 102, 250. - **245**. Anon. 1979, Schweiz. hundesp. 95, 180. - **246**. Anon. 1979, Schweiz. hundesp. 95, 279. - **247**. Anon. 1979, Schweiz. hundesp. 95, 625. - **248**. Anon. 1979, Schweiz. hundesp. 95, 1012. - **249**. Anon. 1979, Dt. Schäferz. 71, 273. - **250**. Anon. 1979, Flat feet in purebred dogs. Vet. prof. top., 6-7. - **251**. Anon. 1979, SV-Z. 73, 778. - **252**. Anon. 1979, Schweiz. Hundesp. 95, 368. - **253**. Anon. 1979, Schweiz. hundesp. 956, 51. - **254**. Anon. 1979, Schweiz. hundesp. 95, 1046. - **255**. Anon. 1979, Vet. rec. 104, 201. - **256**. Anon. 1979, Dogs still top pet poll. Vet. rec. 104, 178. - **257**. Anon. 1979, Mutant allele frequencies in domestic cats of Siracusa, Sicily. Carn. gen. nwsl. 3, 418-420. - **258**. Anon. 1980, Cataract in the Golden Retriever. Vet. rec. 106, 315. - **259**. Anon. 1980, Schweiz. hundesp. 96, 708. - **260**. Anon. 1980, Schweiz. hundesp. 96, 448. - **261**. Anon. 1980, Dog licensing. Vet. rec. 106, 69. - **262**. Anon. 1980, Schweiz. hundesp. 96, 643. - **263**. Anon. 1980, Dogs and dog wardens, J. sm. anim. pract. 21, 519-520. - **264**. Anon. 1980, The human-companion animal bond. Vet. rec. 106, 91-93. - **265**. Anon. 1980, Schweiz. hundesp. 96, 773. - **266**. Anon. 1981. Tail docking. Vet. rec. 109, 127-128. - **267**. Anon. 1981, Schweiz. hundesp. 97, 277. - **268**. Anon. 1981, Schweiz. hundesp. 97, 317. - **269**. Anon. 1981, Schweiz. hundesp. 97, 448. - **270**. Anon. 1981, Schweiz. hundesp. 97, 566. - **271**. Anon. 1981, Schweiz. hundesp. 97, 586. - **272**. Anon. 1981, Schweiz. hundesp. 97, 849. - **273**. Anon. 1981, Schweiz. hundesp. 98, 26, 74. - **274**. Anon. 1981, Improving the standards. Vet. rec. 108, 387-388. - **275**. Anon. 1981, Collie-Rev. 4,16. - **276**. Anon. 1981, Collie-Rev. 4, 18. - **277**. Anon. 1981, Uns. Rassehd. 9, 54. - **278**. Anon. 1981, Schweiz. hundesp. 97, 116. - **279**. Anon. 1981, Genetics and other matters. Vet. rec. 109, 459. - **280**. Anon. 1981, Control of progressive axonopathy in boxers. Vet. rec. 109, 458. - **281**. Anon. 1981, National canine defense league. Vet. rec. 109, 351-352. - **282**. Anon. 1981, Schweiz. hundesp. 97, 868. - **283**. Anon. 1981, Schweiz. hundesp. 97, 784. - **284**. Anon. 1981, Schweiz. hundesp. 97, 334. - **285**. Anon. 1981, Uns Rassehd. 6, 84. - **286**. Anon. 1981, Problems of suppressing oestrus in cats. Vet. rec. 109, 210. - **287**. Anon. 1981, Tattooing cult in dogs bill. Vet. rec. 108, 468. - **288**. Anon. 1981, Awaking pet owners to their responsibilities. Vet. rec. 108, 342-344. - **289**. Anon. 1982, Grüne Haare. DMW 107, 720. - **290**. Anon. 1982, Canine aggression. Vet. rec. 110, 417. - **291**. Anon. 1982, Schweiz. hundesp. 2. - **292**. Anon. 1982, Schweiz. hundesp. 6. - **293**. Anon. 1982, Schweiz. hundesp. 98, 158. - **294**. Anon. 1982, Schweiz. hundesp. 98, 872. - **295**. Anon. 1982, Schweiz. hundesp. 99, 76. - **296**. Anon. 1982, Schweiz. hundesp. 98, 872. - **297**. Anon. 1982, Der älteste Hund der Welt. Tierärztl. Umsch. 36, 878. - **298**. Anon. 1982, Collie Rev. 5, 36. - **299**. Anon. 1982, Dachshd. 37, 105. - **300**. Anon. 1982, Schweiz. hundesp. 98, 578. - **301**. Anon. 1982, Schweiz. hundesp. 98, 292. - **302**. Anon. 1982, Schweiz. hundesp. 336. - **303**. Anon. 1982, Schweiz. hundesp. 98, 567. - **304**. Anon. 1982, Uns. Rassehd. 5, 85. - **305**. Anon. 1982, Schweiz. hundesp. 98, 689. - **306**. Anon. 1982, Schweiz. hundesp. 99, 63. - **307**. Anon. 1982, Schweiz. hundesp. 98, 181. - **308**. Anon. 1982, Dt. Schafz. 74, 364. - **309**. Anon. 1982, Schweiz. hundesp. 98. 274. - **310**. Anon. 1982, Vet. rec. 111, 48. - **311**. Anon. 1983, Hearing aids for dogs. Can. pract. 2, 38. - **312**. Anon. 1983, Schweiz. hundesp. 99, 384. - **313**. Anon. 1983, Sled dog racing history. Can. pract. 10, 6-8. - **314**. Anon. 1983. Schweiz. hundesp. 99, 252. - **315**. Anon. 1983, Uns. Rassehd. 6, 58. - **316**. Anon. 1983, Schweiz. hundesp. 100, 61. - **317**. Anon. 1983, Box Bl. 79, 904. - **318**. Anon. 1983, 100 Jahre Schweizerische Kynologische Gesellschaft. Schweiz. Kyn. Ges., Bern. - **319**. Anon. 1983, Mitt. St. Bernh. Kl. 2, 9. - **320**. Anon. 1983, Schweiz. hundesp. 99, 919. - **321**. Anon. 1983, Schweiz. hundesp. 99, 918. - **322**. Anon. 1983, Hydrocephalus in the dog. Can. pract. 9, 33-36. - **323**. Anon. 1983, Du u. d. T. 13, 20. - **324**. Anon. 1983, Neurological disorders in the dog and cat. Vet. rec. 113, 51-52. - **325**. Anon. 1983, Schweiz. hundesp. 99, 239. - **326**. Anon. 1983, Cost of dog licenses. Vet. rec. 112, 22. - **327**. Anon. 1983, Schweiz. hundesp. 99, 372. - **328**. Anon. 1983, Dog bites. Vet. rec. 112, 443. - **329**. Anon. 1983, Ethology of the stray dog. Vet. rec. 113, 227-228. - **330**. Anon. 1983, Pet food and pet care. Vet. rec. 112, 311. - **331**. Anon. 1984, SV-Z. 78, 11. - **332**. Anon. 1984, Mitt. St. Bernh. Kl. 2, 16. - **333**. Anon. 1984, Schweiz. hundesp. 100, 448. - **334**. Anon. 1984, Vet. rec. 114, 366. - **335**. Anon. 1984, Hundemag. 7, 24. - **336**. Anon. 1984, Realistic dog licence fee needed. Vet. rec. 115, 1.- **337**. Anon. 1984, Dog licensing. Vet. rec. 115, 26. - **338**. Anon. 1984, Schweiz. hundesp. 100, 478. - **339**. Anon. 1984, Breed registration. Can. pract. 11, 3, 10. - **340**. Anon. 1984, Du u. d. T. 14, 23. - **341**. Anon. 1984, Small animal practice. Vet. rec. 114, 332-333. - **342**. Anon. 1984, Small animal practice continues buoyant. Vet. rec. 114, 329. - **343**. Anon. 1984, Proposals on dog registration. Vet. rec. 115, 585-586. - **344**. Anon. 1985, Schweiz. hundesp. 101, 58. - **345**. Anon.1985, Gastric dilatation complex in the dog. Can. pract. 12, 9-12. - **346**. Anon. 1985, Small animals committee. Vet. rec. 116, 271-272. - **347**. Anon. 1985, Ban on breeding of sharpeis urged. Vet. rec. 116, 305-306. - **348**. Anon. 1985, Schweiz. hundesp. 101, 1052. - **349**. Anon. 1985, Schweiz. hundesp. 101, 102. - **350**. Anon. 1985, Schweiz. hundesp. 101, 352. - **351**. Anon. 1985, Schweiz. hundesp. 101, 416. - **352**. Anon. 1985, Pilot scheme for clear-up of dog faeces. Vet. rec. 117, 76. - **353**. Anon. 1985, Minimising mistreatment. Vet. rec. 117, 481. - **354**. Anon. 1986, Man-made dogs; man-made diseases. Vet. rec. 118, 443-444. - **355**. Anon. 1986, hundesp. 102, 420. - **356**. Anon. 1986, Dachshd. 41, 243. - **357**. Anon. 1986, Hereditary diseases in dogs. Vet. rec. 119, 315. - **358**. Anon. 1986, X-linked muscular dystrophy. Can. pract. 13, 27. - **359**. Anon. 1986, Hunde 102, 1088. - **360**. Anon. 1986, Police dogs. Vet. rec. 118, 315. - **361**. Anon. 1986, Hunde 102, 1036. - **362**. Anon. 1986, Terrier 79, 4, 19. - **363**. Anon. 1986, Du u. d. T. 16, 40. - **364**. Anon 1986, Du u. d. T. 16, 8. - **365**. Anon. 1986, Anti dog fouling success. Vet. rec. 118, 315. - **366**. Anon. 1986, Hunde 102, 878. - **367**. Anon. 1986, Aspects of the human-companion animal bond. Nature 118, 116. - **368**. Anon. 1986, Dog licence abolition confirmed. Vet. rec. 119, 102. - **369**. Anon. 1987, Hunde 103, 684. - **370**. Anon. 1987, The biggest Crufts ever. Vet. rec. 120, 169. - **371**. Anon. 1987, Degenerative myelopathy uncurable. Vet. rec. 121, ii. - **372**. Anon. 1987, Hunde 103, 1071. - **373**. Anon. 1987, Hunde 103, 704. - **374**. Anon. 1987, hundesp. 103, 111. - **375**. Anon. 1987, Hunde 103, 666. - **376**. Anon. 1987, Hunde 103, 780. - **377**. Anon. 1987, Hunde 103, 899. - **378**. Anon. 1987, Hunde, 103, 727. - **379**. Anon. 1987, Kal Kan Report. Comp. an pract. 1, 15. - **380**. Anon. 1987, Du u. d. T. 17, 12. - **381**. Anon. 1987, Hunde 103, 563. - **382**. Anon. 1987, Dog licence abolition attacked. Vet. rec. 121, 51. – **383**. Anon. 1987, Vet. rec. 121, 505. – **384**. Anon. 1987, Small animal practice. Vet. rec. 120, 313-314. – **385**. Anon. 1987, Defining the human-companion animal bond. Vet. rec. 121, 210-212. – **386**. Anon. 1987, RSPCA continues fight over dog licence abolition. Vet. rec. 121, 386. – **387**. Anon. 1987, Dog licences are necessary. Vet. rec. 121, 19. – **388**. Anon. 1988, Du u. d. T. 18, 14. – **389**. Anon. 1988, Du u. d. T. 18, 14. – **390**. Anon. 1988, Hunde, 104, 470. – **391**. Anon. 1988, Hunde 194, 581. – **392**. Anon. 1988, Spare the rod in behaviour problems. Vet. rec. 122, 427. – **393**. Anon. 1988, Dachshd. 43, 106. – **394**. Anon. 1988, Hunde 104, 451. – **395**. Anon. 1988, Wld. u. Hd. 91, 68. – **396**. Anon. 1988. Heritable diseases. Vet. rec. 122, 571-572. – **397**. Anon. 1988, SV-Z. 82, 391. – **398**. Anon. 1988, Hunde 104, 862. – **399**. Anon. 1988, Hunde 104, 114. – **400**. Anon. 1988, Dachshd. 43, 114. – **401**. Anon. 1988, Wld. u. Hd. 91, 14, 5.- **402**. Anon. 1988, Dachshd. 43, 280. – **403**. Anon. 1988, Hunde 104, 1105. – **404**. Anon. 1988, Hunde 104, 1039. – **405**. Anon. 1988, Du u. d. T. 18, 43. – **406**. Anon. 1988, Du u. d. T. 18, 9. – **407**. Anon. 1988, Wld. u. Hd. 91, 8, 9. – **408**. Anon. 1988, Evaluating the role of companion animals. Vet. rec. 123, 327. – **409**. Anon. 1988, Hunde 104, 289. – **410**. Anon. 1988, Pets. Vet. rec. 122, 341. – **411**. Anon. 1988, Pet ownership. Vet. rec. 123, 306. – **412**. Anon. 1988, Support for hard line on dog fights. Vet. rec. 123, 610-611. – **413**. Anon. 1988, Dog registration. Vet. rec. 122, 313. – **414**. Anon. 1988, QC advocates dog identification system. Vet. rec. 123, 636. – **415**. Anon. 1989, Hunde, 105, 52. – **416**. Anon. 1989, Hunde 105, 68. – **417**. Anon. 1989, Hunde 105, 127. – **418**. Anon. 1989, Katzen, 19, 1, 10. – **419**. Anon. 1989, Dt. Tierärztbl. 37, 176. – **420**. Anon. 1989, Dog registration campaign boost. Vet. rec. 124, 153-154. – **421**. Anon. 1989, Hunde 105.432. – **422**. Anon. 1989, Hunde 105, 536. – **423**. Anon. 1989, Hunde 105,13, 792. – **424**. Anon. 1989, Dt. Pelztierz. 63, 71-72. – **425**. Anon. 1989, Hunde 105, 552. – **426**. Anon. 1989, Hunde 105, 592. – **427**. Anon. 1989, RSPCA steps up registration campaign. Vet. rec. 124, 500-501. – **428**. Anon. 1989, Feeding a growing pet population. Vet. rec. 124, 523-524. – **429**. Anon. 1989, Kritik am Verfahren zur Zulassung als Augenuntersuchungsstelle. Prakt. Tierarzt 70, 61-62. – **430**. Anon. 1989, Hunde 105, 945. – **431** Anon. 1989, Hunde 105, 989. – **432**. Anon. 1989, Dachshd. 44, 262. – **433**. Anon. 1989, President dismisses dog fighting claim. Vet. rec. 124, 155. – **434**. Anon. 1989, Prakt. TA 70, 6. – **435**. Anon. 1989, Dangerous dogs. Vet. rec. 125, 26. – **436**. Anon. 1989, Hunde 105, 1115. – **437**. Anon. 1989, Dog control act rushed through Parliament. Vet. rec. 125, 139-140. – **438**. Anon. 1989, Hunde 105, 1182. – **439**. Anon. 1989, Rottweilers. J. sm. anim. pr. 30, 431. – **440**. Anon. 1989, Hunde 105, 1257. – **441**. Anon. 1989, Du u. d. T. 19, 18. – **442**. Anon. 1989, Du u. d. T. 19, 33. – **443**. Anon. 1989, Recent malpractice decisions of importance to veterinarians. J. A. V. M. A. 195, 1220. – **444**. Anon. 1989, Du u. d. T. 19, 19. – **445**. Anon. 1989, Hunde 24, 1458. – **446**. Anon. 1989, Scottish dog ban under attack. Vet. rec. 125, 164. – **447**. Anon. 1989, Stray managment. Vet. rec. 125, 164. – **448**. Anon. 1989, Dog control. Vet. rec. 124, 646. – **449**. Anon. 1989, Cruft's. J. sm. an. pract. 30, 200-201. – **450**. Anon. 1989, Tierheimordnung Dt. Tierschutzbd. e.V. – **451**. Anon. 1990, Hunde 106, 126. – **452**. Anon. 1990, Hunde 106,76. – **453**. Anon. 1990, Hunde-J. 73, 5. – **454**. Anon. 1990, Controlling puppy farming. Vet. rec. 126, 1-2. – **455**. Anon. 1990, Perspectives on cats. Corn. fel. hlth. cent., Spring iss., 3. – **456**. Anon. 1990, Hunde 106, 406. – **457**. Anon. 1990, Mitt. St. Bernh. Kl. 2, 31. – **458**. Anon. 1990, Cool response to new dog control plans. Vet. rec. 127, 2. – **459**. Anon. 1990, Peers press for dog registration. Vet. rec. 127, 26. – **460**. Anon. 1990, Vet. rec. 127, 158. – **461**. Anon. 1990, Vet,rec, 127, 437. – **462**. Anon. 1990, Indexel. VET V., 41. – **463**. Anon. 1990, Du u. D. T. 20, 6, 22. – **464**. Anon. 1991, Promoting pets. Vet. rec. 128, 92. – **465**. Anon. 1991, Dogs ban impractical. Vet. rec. 128, 462. – **466**. Anon. 1991, Bringing fighting dogs to heel. Vet. rec. 128, 557. – **467**. Anon. 1991, Dangerous dogs bill rushed through the Commons. Vet. rec. 128, 558-559. – **468**. Anon. 1991, Hunde 107, 1224. – **469**. Anon. 1991, Uns. Rassehd. 8, 3.- **470**. Anon. 1991, Uns. Rassehd.8, 99. – **471**. Anon. 1991, Hunde 107, 1124. – **472**. Anon. 1991, Gesetz zu dem Europäischen Übereinkommen zum Schutz von Heimtieren. Dt. Tierärztebl. 39, 946-953. – **473**. Anon. 1991, Katzen 21, 5, 8. – **474**. Anon. 1991, Feline bone marrow center performs 100th transplant. J. A. V. M. A. 199, 691. – **475**. Anon. 1991, Hunde 107, 1429. – **476**. Anon. 1991, Tijds. diergen. 116, 1043. – **477**. Anon. 1992, Katzen 22, 14. – **478**. Antelyes, J., 1967, Objectionable behavior in pet animals. Vet. med. 62, 774-779. – **479**. Antelyes, J., 1989, Caring in veterinary practice. J. A. V. M. A. 195, 904-905. – **480**. Antelyes, J., 1991, Client excuses. J. A. V. M. A. 198, 224-227. – **481**. Antonov, V. V., M. M., Khananashvili, 1973, Significance of early experience in the establishment of sexual behaviour in male dogs. An. breed. abstr. 42, 574. – **482**. Apel, S., 1958, Erfahrungen über erbliche Krankheitsveranlagung beim Hund. Kleintierprax. 3, 13 – 15. – **483**. Apel, W. 1989, Du u. d. T. 19, 12. – **484**. Appelby, E. C., A. H. Hayward, G. Douce, 1978, German shepherds and splenic tumours. Vet. rec. 102, 449. – **485**. Appelby, E. C., I. Sohrabi-Haghdoosi, 1980, Cortical hyperplasia of the adrenal gland in the dog. Res. vet. sci. 29, 190-197. – **486**. Appelby, E. C., J. A. Longstaffe, F. R. Bell, 1982, Ceroid-lipofuscinosis in two Saluki dogs. J. comp. path. 92, 375-380. – **487**. Appleman, R. M., G. A. Hallenbeek, R. G. Shorter, 1966, Effect of reciprocal allogenic renal transplantation between Dalmation and Non-Dalmation dogs on urinary excretion of uric acid. Proc. soc. exp. biol. med. 121, 1094-1097. – **488**. Arambulo, P. V., J. H. Steele, 1976, Urban dogs in Houston, Tex., Int. J. zoon. 3, 114-144. – **489**. Arbeiter, K. 1961, Der Scheidentumor bei der Hündin und seine operative Behandlung. Wien. tierärztl. Mschr. 48, 750-755. – **490**. Arbeiter, K., 1975, Zum Maldescensus testis beim Hund. Tierärztl. Prax. 3, 129-130. – **491**. Arbeiter, K. 1975, Die klinische Betreuung der Zuchthündin. Kleintierprax. 20, 109-114. – **492**. Arbeiter, K., 1976, Postpartale Metrorrhagien bei der Hündin. Kleintierprax. 21, 5-7. – **493**. Arbeiter, K., 1977, Endokrinbedingte Haarkleidveränderungen beim Hund. Kleintierprax. 22, 10-13. – **494**. Arbeiter, 1977, Genitalerkrankungen bei der Katze. Kleintierprax. 22, 139-143. – **495**. Arbeiter, K. 1981, Veränderungen von Haut und Haarkleid unter dem Einfluß eines funktionsgestörten Endokriniums. Kleintierprax. 26, 421-428. – **496**. Arbeiter, K., H. Geigenmüller, 1989, Genitalerkrankungen der Hündin. Wien. tierärztl. Mschr. 56, 232-236. – **497**. Arbeiter, K., H. K. Dreier, 1972, Pathognostik und Behandlungsmöglichkeiten bei der Sub-, Anöstrie und Anaphrodisie bei Zuchthündinnen. Berl. Münch. tierärztl. Mschr. 85, 341-344. – **498**. Arbesser, E., 1974, Osteochondrosis dissecans der Femurkondylen beim Hund. Wien. tierärztl. Mschr. 61, 303-313. – **499**. Archer, D., 1970, Congenital nystagmus in a Siamese cat. Vet. rec. 86, 640. – **500**. Archibald, J. A., A. J. Cawley, J. H. Reed, 1960, Surgical technic for correcting diaphragmatic hernia in the dog. Mod. vet. pract. 41, 28-36. – **501**. Arguello, S., L. Lagoni, 1988, When companion animals die.

Proc. 6th ann. vet. med. f. Wash., 199-202. – **502**. Arkow, P., 1991, Animal control laws and enforcement. J. A. V. M. A. 198, 1164-1172. – **503**. Arluke, A., 1991, Coping with euthanasia. J. A. V. M. A. 198, 1176-1180. – **504**. Armbrecht, S., E. Wendel, S. Niemand, 1992, Stimmbandlähmung beim Hund. Prakt. Tierarzt 73, 28-31. – **505**. Arnall, L., 1961, Some aspects of dental development in the dog. J. sm. an. pract. 2, 195-201. – **506**. Arnall, L., 1961, Factors predisposing to canine external otitis. Vet. rec. 73, 130-131. – **507**. Arnall, L., 1988, Anal furunculosis. Vet. rec. 123, 499-500. – **508**. Arnbjerg, J. 1979, Congenital partial hemimelia tibia in a kitten. Zbl. Vet. med. A 26, 73-77. – **509**. Arnbjerg, J., 1980, A study of ocular abnormalities in Standard Poodles. Can. pract. 7, 21-25. – **510**. Arnbjerg, J., 1982, Persistent hyperplastic tunica vasculosa lentis (PHTVL) in dogs. Nord. Vet. med. 34, 394-398. – **511**. Arnbjerg, J., O. A. Jensen, 1982, Spontaneous microphthalmia in two Doberman puppies with anterior chamber cleavage syndrome. J. Am. an. hosp. ass. 18, 481-484. – **512**- Arnbjerg, J., J. Reibel, 1988, Dentinogenesis imperfecta bei zwei Hunden. Kleintierprax. 33, 463-466. – **513**. Arnold, U., 1987, Die Wertigkeit der Serum-Gamma-Glutamyl-Transferase-Aktivität für die Diagnose der Hepatopathien des Hundes. Kleintierprax. 32, 49-56. – **514**. Arru, E., A. M. Nieddu, 1979, L'echinococcosi del cane in Sardegna. Parasitol. 21, 81-85. – **515**. Ascher, F., L. Maynard, D. Hervé, R. Allaire, J. Simon, J.C. Bourjalliat, 1988, Mise au point et étude expérimentale d'une formulation destinée au traitement des otites externes du chien et du chat. Prat. méd. chir. anim. comp. 23, 267-272. – **516**. Ashdown, R. R., T. Lea, 1979, The larynx of the Basenji dog. J. sm. an. pract. 20, 675-679. – **517**. Ashford, A., 1977, Diagnosing cat diseases. Vet. rec. 101, 42. – **518**. Ashford, A. 1981, Intussusception in Siamese cats. Vet. rec. 109, 236. – **519**. Ashton, N., K. C. Barnett, D. D. Sachs, 1968, Retinal dysplasia in the Sealyham Terrier. J. path. bact. 96, 269-272. – **520**. Askew, H.R., 1991, Clinical animal behavior. Kleintierprax. 36, 135-139. – **521**. Askew, H. R., 1991, Clinical animal behavior II. Kleintierprax. 36, 197-203. – **522**. Asztalos, A., 1977, Uns. Rassehd. 7, 8. – **523**. Atkins, C.E., R. K. Johnson, 1975, Clinical toxicities of cats. Vet. clin. N. Am. 5, 623-652. – **524**. Atkins, C. E., A. M. Gallo, I. D. Kurzman, P. Cowen, 1991, A retrospective study of risk factors, presenting signs and survival in 74 cases of feline idiopathic hypertrophic cardiomyopathy. Proc. ann. ACVIM For. 122. – **525**. Atkins, D. L., L. S. Dillon, 1971, Evolution of the cerebellum in the genus canis. J. mammal. 52, 96-107. – **526**. Atlee, B. A., D. J. DeBoer, P. J. Ihrke, A. A. Stannard, T. Willemse, 1991, Nodular dermatofibrosis in German shepherd dogs as a marker for the renal cystadenocarcinoma. J. Am. an. hosp. ass. 27, 481-487. – **527**. Audell, L., A. Bergman, B. Funkquist, 1978, Primary arterial thrombosis in Afghan hounds. Sv. vet. tidn. 30, 373-374. – **528**. Audeval-Gérard, C., L. Genet, J.P. Braun, R. Darré, P. Bénard, 1988, Identification et polymorphisme des transferrines du chien. Rev. méd. vét. 139, 281-284. – **529**. Audeval-Gérard, C., J. P. Braun, R. Darré, C. Petit, 1989, Contrôle de filiation chez le chien. Prat. méd. chir. anim. comp. 24, 197-214. – **530**. Auer, L., K. Bell, 1980, The A-B blood group system in the domestic cat. Proc. 17th Conf. an bld. grps., Wagen., 106. – **531**. Auer, L., K. Bell, 1983, Transfusion reactions in cats due to AB blood group incompatibility. Res. vet. sci. 35, 145-152. – **532**. August, J.R., 1989, Cat scratch disease. Proc. conf. soc. Ontario vet., 101-103. – **533**. August, J. R., W. R. Chickering, Y. Rikihisa, 1988, Congenital ichthyosis in a dog. Comp. cont. ed. pract. vet. 10, 40-45. – **534**. Aulstad, R., E. Bjerkas, 1976, Eclampsia in the bitch. J. sm. an. pract. 17, 793-798. – **535**. Austad, R., E. O. Oen, 1978, Chronic superficial keratitis in the dog. J. sm. an. pract. 19, 197-206. – **536**. Austin, J., D. Armstrong, G. Margolis, 1968, Studies of globoid leukodystrophy in dogs. Neurol. 18, 300. – **537**. Austin, V. H., 1975, Common skin problems in cats. Mod. vet. pract. 56, 541-545. – **538**. Austin, V. H., 1975, Blue dog disease. Mod. vet. pract. 56, 34. – **539**. Autin, C. E., 1956, Feline monstrosities. J. A. V. M. A. 129, 561-562. – **540**. Avanzino, R., 1991, Pets overpopulation and humane education in schools and communities. J. A. V. M. A. 198, 1237-1241. – **541**. Averill, D. R., R. T. Bronson, 1977, Inherited necrotizing myelopathy of Afghan hounds. J. neuropath. exp. neur. 36, 734-747. – **542**. Awad-Masalmeh, M., A. Jurinka, H. Willinger, 1988, Bakteriologische Untersuchungen zur Pyodermie des Hundes. Wien. tierärztl. Mschr. 75, 232-236. – **543**. Baab, U., 1991, Colonraffung beim idiopathischen Megacolon der Katze. Prakt. Ta., 72, 880-881. – **544**. Baarschers, J. J., U. E. Hommes, P. H. Poll, 1975, Tijds. dierg. 100, 987-988. – **545**. Baba, E., T. Fukata, M. Saito, 1981, Incidence of otitis externa in dogs and cats in Japan. Vet. rec. 108, 393-395. – **546**. Baba, K., 1985, Schweiz. hundesp. 101, 823. – **547**. Bäckgren, A. W., 1965, Lymphatic leukosis in dogs. Act. vet. scand. 6, 80pp. – **548**. Bäckgren, A., L. E. Johansson, A. Nordén, S. Rubarth, G. Winquist, 1964, Spontaneous leucosis in dogs.. Act. path. microb. scand. 58, 385. – **549**. Bäckgren, A., B. Henricson, 1964, Ras-, köns- och aldersfördelning i olika hundpopulationer. Nord. vet. med. 16, 512-521. – **550**. Badinand, F., P. Szumowski, A. Breton, 1972, Etude morphologique et biochimique du sperme du chien cryptorchide. Rec. méd. vét. 148, 655-689. – **551**. Badoux. D. M., 1968, On the relation between the shape of the intervertebral discs and the frequency of hernia nuclei pulposi in domesticated dog. Kon. Ned. Ak. Wet. Proc. Ser. C Biol. Med. Sci. 71, 1-10. – **552**. Badoux, D. M., P. Hoogeveen, 1976, Some notes on the biomechanics of the normal and dysplastic canine acetabulum. Proc. Kon. Ned. Ak. Wet. C 79, 97-111. – **553**. Baeza Sanchez, E. F., 1972, Vergleich einiger Methoden zur Diagnose der Hüftgelenksdysplasie, Diss. Hannover. – **554**. Bailey, C. S. 1975, An embryological approach to the clinical significance of congenital vertebral and spinal cord abnormalities. J. Am. an. hosp. ass. 11, 426-434. – **555**. Bailey, M. Q., M. D. Willard, M. A. McLoughlin, C. Gaber, J. Hauptman, 1988, Ultrasonographic findings associated with congenital hepatic arteriovenous fistula in three dogs. J. A. V. M. A. 192, 1099-1101. – **556**. Baker, C. M., C. Manwell, 1981, Fiercely feral. Z. Tierz. Zücht. biol. 98, 241-257. – **557**. Baker, H. J., J. R. Lindsay, G. M. McKhann, D. F. Farell, 1971, Neuronal GM1 gangliosidosis in a Siamese cat with ß-galactosidase deficiency. Science 174, 838-839. – **558**. Baker, J. A., D. S. Robson, B. Hildreth, B. Pakkala, 1962, Breed response to distemper vaccination. Proc. an. care. pract. 12, 157-162. – **559**. Baker, K. P., 1970, Some aspects of feline dermatoses. Vet. rec. 86, 62-66. – **560**. Baker, K.P., 1970, Parasitic skin diseases of dogs and cats. Vet. rec. 87, 452-459. – **561**. Baker, M. A., P. A. Davis, M. J. Hawkins, 1983, Effect of dehydration of hyperosmolality on the thermoregulatory water losses in exercising dogs. Am. J. phys. 244, R516-521. – **562**. Balaban, B., L. A. Hart, 1988, A client's perspective. Comp. an. pract. 2, 20-24. – **563**. Balbierz, H., M. Nikolajczuk, W. Pisanski, 1977, An immunogenetic characteristic of polar foxes. Prac. mat. zootech. 13, 7-13. – **564**. Baldwin, J. A., 1979, Ships and early diffusion of the domestic cat. Carn. gen. nwsl. 4, 32-33. – **565**. Baldwin, J. A. 1980, The domestic cat, Felis catus L., in the Pacific Islands. Carn.

gen. nwsl. 4, 57-66. – **566**. Ball, M. U., J. A. McGuire, S. F. Swalm, B. F. Hoerlein, 1982, Patterns of occurrence of disk disease among registered Dachshunds. J. A. V. M. A. 180, 519-522. – **567**. Ball, W., R. L. Asquith, 1959, Flat pup syndrome. Veterin. 19, 135-137. – **568**. Ballarini, G., 1990, Animal psychodietetics. J. sm. an. pract. 31, 523-532. – **569**. Bamber, R. C. 1933, Correlation between white coat colour, blue eyes and deafness in cats. J. genet. 27, 407-413. – **570**. Bamber, R. C., E. C. Herdman, 1931, Two new colour-types in cats. Nature 127, 558. – **571**. Bandel, Dr., 1976, Du u. d. T. 6, 38. – **572**. Bane, A., 1970, Sterilitet hos hanhund. Nord. vet. med. 22, 561-566. – **573**. Bardens, J. W., H. Hardwick, 1968, New observations on the diagnosis and cause of hip dysplasia. Vet. med. 63, 238-245. – **574**. Bargai, U., R. Trainin, 1974, Prevalence of hip dysplasia in dogs in Israel. Ref. veterin. 31, 86-89. – **575**. Bargai, U., T. Waner, Y. Beck, 1988, Canine hip dysplasia in Israel. Isr. J. Vet. med. 44, 202-207. – **576**. Barker, C. G., M. E. Herrtage, F. Shanahan, B. G. Winchester, 1988, Fucosidosis in English springer spaniels. J. sm. an. pract. 29, 623-630. – **577**. Barker, C., A. Dell, M. Rogers, J. A. Alhadeff, B. Winchester 1988, Canine alpha-L-fucosidosis in relation to the enzymic defect and storage products in canine fucosidosis. Biochem. J. 254, 861-868. – **578**. Barlett, P. F., 1991, Southern hunting in black and white. Science 254, 1821-1823. – **579**. Barnes, I. C., D. F. Kelly, C. A. Pennock, J. A. Randell, 1981, Hepatic beta glactosidase and feline GM1 gangliosidosis. Neuropath. appl. neurobiol. 7, 463-476. – **580**. Barnett, B. D., 1985 Dogs of the Galapagos Islands. Diss. Univ. Calif. Davis. – **581**. Barnett, B. D., 1985, Chemical vasectomy of domestic dogs in the Galapagos Islands. Theriogen. 23, 499-509. – **582**. Barnett. K. C., 1964, Abnormalities and defects in pedigree dogs, Adv. sm. an. pract. 5, 53-55. – **583**. Barnett, K. C., 1965, Retinal atrophy. Vet. rec. 77, 1543-1560. – **584**. Barnett, K. C., 1965, Two forms of hereditary and progressive retinal atrophy in the dog. Anim. hosp. 1, 234-245. – **585**. Barnett, K. C., 1969, The Collie eye anomaly. Vet. rec. 84, 451-454. – **586**. Barnett, K. C., 1969, Genetic anomalies of the posterior segment of the canine eye. J. sm. an. pract. 10, 451-455. – **587**. Barnett, K. C., 1970, Glaucoma in the dog. J. sm. an. pract. 11, 113-128. – **588**. Barnett, K. C. 1970, The BVA/Kennel Club progressive retinal atrophy scheme. Vet. rec. 86, 588-592. – **589**. Barnett, K. C., 1972, Types of cataract in the dog. J. Am. an. hosp. ass. 8, 2-9. – **590**. Barnett, K. C., 1976, Comparative aspects of canine hereditary eye disease. Adv. vet. sci. comp. med. 20, 39-67. – **591**. Barnett, K. C., 1978, Hereditary cataract in the dog. J. sm. an. pract. 19, 109-120. – **592**. Barnett, K. C., 1978, Diseases of the nictitating membrane of the dog. J. sm. an. pract. 18, 101-108. – **593**. Barnett, K. C., 1979, Imperforate and micro-lachrymal puncta in the dog. J. sm. an. pract. 20, 481-490. – **594**. Barnett, K. C., 1979, Progressive retinal atrophy in the Border Collie. Ped. dig. 6, 7, 15. – **595**. Barnett, K. C., 1979, Collie eye anomaly (CEA). J. sm. an. pract. 20, 537-542. – **596**. Barnett, K. C. 1980, Schweiz. hundesp. 96, 345-346. – **597**. Barnett, K. C., 1980, Hereditary cataract in the Welsh Springer Spaniel. J. sm. an. pract. 21, 621-625. – **598**. Barnett, K. C., 1982, Progressive retinal atrophy in the Abyssinian cat. J. sm. an. pract. 23, 763-766. – **599**. Barnett, K. C., 1984, Observations on the feline dilated pupil syndrome. Vet. rec. 114, 351. – **600**. Barnett, K. C., 1985, The diagnosis and differential diagnosis of cataract in the dog. J. sm. an. pract. 26, 305-316. – **601**. Barnett, K. C., 1985, Hereditary cataract in the Miniature Schnauzer. J. sm. anim. pract. 26, 635-644. – **602**. Barnett. K. C. 1986, Hereditary eye abnormalities in the Border Collie. Proc. meet. shp. vet. soc. 11, 41. – **603**. Barnett, K. C., 1986, Hereditary cataract in the German Shepherd dog. J. sm. an. pract. 27, 387-395. – **604**. Barnett, K. C., 1988, Keratoconjunctivitis sicca. J. sm. an. pract. 29, 531-534. – **605**. Barnett, K. C. 1988, Inherited eye disease in the dog and cat. J. sm. an. pract. 29, 462-475. – **606**. Barnett, K. C., W. L. Dunn, 1969, The International Sheep Dog Society and progressive retinal atrophy. J. sm. an. pract. 10, 301-307. – **607**. Barnett, K. C., G. C. Knight, 1969, Persistent pupillary membrane and associated defects in the Basenji. Vet. rec. 85, 242-249. – **608**. Barnett, K. C., G. R. Björck, E. Kock, 1970, Hereditary retinal dysplasia in the Labrador Retriever in England and Sweden. J. sm. an. pract. 10, 755-759 . – **609**. Barnett, K. C., R. Curtis, 1978, Lens luxation and progressive retinal atrophy in the Tibetan terrier. Vet. rec. 103, 160. – **610**. Barnett, K. C., F. C. Stades, 1979, Collie eye anomaly in the Shetland Sheepdog in the Netherlands. J. sm. an. pract. 20, 321-329. – **611**. Barnett, K. C., L. H. Burger, 1980, Taurine deficiency retinopathy in the cat. J. sm. an. pract. 21, 521-534. – **612**. Barnett, K. C., R. Curtis, N. J. Millichamp, 1983, The differential diagnosis of retinal degeneration in the dog and cat. J. sm. an. pract. 24, 663-673. – **613**. Barnett, K. C., F. G. Startup, 1985, Hereditary cataract in the standard poodle. Vet. rec. 117, 15-16. – **614**. Barnett, K. C., R. Curtis, 1985, Autosomal dominant progressive retinal atrophy in Abyssinian cats. J. hered. 76, 168-170. – **615**. Barnett, K. C., B. D. Cottrell, 1987, Ehlers-Danlos syndrome in a dog. J. sm. an. pract. 28, 941-946. – **616**. Barone R., F. Lescure, 1959, Hétérochromie et microphthalmie chez le chien. Rév. méd. vét. 110, 769-792. – **617**. Barr, A. R., H. R. Denny, C. Gibbs, 1987, Clinical hip dysplasia in growing dogs. J. sm. an. pract. 28, 243-252. – **618**. Barr, S. C. 1985, Pituitary tumour causing multiple endocrinopathies in a dog. Austr. vet. J. 62, 127-129. – **619**. Barrett, R. E., 1983, Immunologic disorders of dogs and cats. 50th ann. meet. Am. an. hosp. ass., Proc., 247-256. – **620**. Barrett, R. E., A. Delahunta, W. J. Roenigk, R. E. Hoffer, F. H. Coons, 1976, Four cases of congenital portacaval shunt in the dog. J. sm. anim. pract. 17, 71-85. – **621**. Barron, C. N. 1962, The comparative pathology of neoplasms of the eyelids and conjunctiva with special reference to those of epithelial origin. Diss. abstr. 22, 2364-2365. – **622**. Barrow, C., 1974, Retired greyhounds. Vet. rec. 95, 71. – **623**. Barsanti, J. A., 1985, Canine prostatic diseases. Proc. 3rd. ann. med. for. San Diego, 70-78. – **624**. Barsanti, J. A., D. R. Finco, 1986, Canine prostatic diseases. Vet. clin. N. Am sm. an. pract. 16, 587-599. – **625**. Bartels, K. E., E. L. Stair, R. E. Cohen, 1991, Corrosion potential of steel bird shot in dogs. J. A. V. M. A. 199, 856-863. – **626**. Bartels, P., M. Maurer, 1985, Calcinosis circumscripta der Zunge. Kleintierprax. 30, 107-108. – **627**. Barth, G., M. Sager, 1991, Untersuchungen zum Aufbau einer regionalen Blutbank für Hunde. Kleintierprax. 36, 347-354. – **628**. Barth, W. E., 1969, Der Hannoversche Schweißhund. Schrift. Landesjgd.verb. Hamburg 2, 1 -96. – **629**. Bartha, F. H., 1963, Pigmentationsformen im Haar des Dobermanns. Wien. tierärztl. Mschr. 50, 440-448. – **630**. Barthold, S., 1974, Geriatrika und Euthanasie. Prakt. Ta. 56, 53-55. – **631**. Bartling, U., C. v. Bardeleben, 1991, Die Kreuzbeinflügel des Hundes als individuelles Merkmal zum Identitätsvergleich bei der Röntgenuntersuchung des Hundes. Kleintierprax. 36, 431-439. – **632**. Barton, A., 1960, Rarefying osteodystrophy in the kitten. Vet. med. 55, 41-48. – **633**. Barton, A., 1960, Instinct and sexuality in the dog. Vet. med. 55, 49-50. – **634**. Barton, A., 1960, Unconventional aspects of canine and feline sexuality. Vet. med. 55, 65-68. – **635**. Basle, M. F., 1989, Paget-

Krankheit des Menschen durch Staupevirus verursacht? Tierärztl. Prax. 18, 537. – **636.** Basrur, P. K., M. E. DeForest, 1979, Embryological impact of the Manx gene. Carn. gen. nwsl. 3, 378-384. – **637.** Bateman, J. K., 1960, The Racing Greyhound. Vet. rec. 72, 893-897. – **638.** Bateman, J., 1963, Repair of fractured right os calcis in the racing Greyhound. Vet. rec. 75, 1001-1003. – **639.** Bateman, J. K., 1964, Dropped thigh muscle in the racing Greyhound. Vet. rec. 76, 201-202. – **640.** Bateson, P., M. Mendl, J. Feaver, 1990, Play in the domestic cat is enhanced by rationing of the mother during lactation. Anim. behav. 40, 514-525. – **641.** Batt, R. M., B. M. Bush, T. J. Peters, 1979, A new test for the diagnosis of exocrine pancreatic insufficiency in the dog. J. sm. an. pract. 20, 185-192. – **642.** Batt, R. M., M. W. Carter, L. McLean, 1984, Morphological and biochemical studies of a naturally occurring enteropathy in the Irish setter dog. Res. vet. sci. 37, 339-346. – **643.** Batt, R. M., M. W. Carter, L. McLean, 1985, Wheat-sensitive enteropathy in Irish Setter dogs. Res. vet. sci. 39, 80-83. – **644.** Batt, R. M., E. J. Hall, 1987, Darmerkrankungen durch Unverträglichkeit von Weizen bei Irish Settern. Int. Symp. Hannover, 167-170. – **645.** Batt, R. M., L. McLean, M. W. Carter, 1987, Sequential morphologic and biochemical studies of naturally occurring wheat-sensitive enteropathy in Irish Setter dogs. Dig. dis. sci. 32, 184-194. – **646.** Batt, R. M., E. J. Hall, 1989, Chronic enteropathies in the dog. J. sm. an. pract. 30, 3-12. – **647.** Batt, R. M., A. Barnes, H. C. Rutgers, S. D. Carter, 1991, Relative IgA deficiency and small intestinal bacterial overgrowth in German shepherd dogs. Res. vet. sci. 50, 106-111. – **648.** Battershell, D., J. P. Garcia, 1969, Polycystic kidney in a cat. J. A. V. M. A. 154, 665-666. – **649.** Bauer, C., M. Stoye, 1984, Ergebnisse parasitologischer Kotuntersuchungen von Equiden, Hunden, Katzen und Igeln der Jahre 1974 bis 1983. Dt. tierärztl. Wschr. 91, 255-258. – **650.** Bauer, E. F., 1977, Jgdgebr. hd. 13, 87. – **651.** Bauer, K., 1990, Untersuchungen zum aktuellen Erkenntnisstand beim Merle-Syndrom des Hundes in vergleichender Sicht und zur Korrelation zwischen Genotyp und Pigmentierung sowie Defekten der Sinnesorgane. Diss. Hannover – **652.** Baum, D., A. I. Schweid, D. Porte, E. L. Biermann, 1969, Congenital lipoprotein lipase deficiency and hyperlipemia in the young puppy. Proc. soc. exp. biol. med. 131, 183-185. – **653.** Baumann, A., 1934, Die Dachsbracke, Leykam-Verlg., Graz. – **654.** Baumann, D., 1984, Nordische Hunde. E. Ulmer Vlg., Stuttgart. – **655.** Baumann, P., O. Fink, 1976, Zuviel Herz für Tiere. Hoffmann u. Campe Vlg. – **656.** Baumans, V., L. J. Hellebrekers, A. P. Bertens, W. Hartman, 1989, Evaluation of T 61 as an euthanasia agent in rabbits and dogs. Z. Versuchst. 32, 195. – **657.** Baumberger, A., L. Lakatos, 1981, Der Magenblähungs-Magendrehungs-Komplex beim Hund. Schweiz. Arch. Tierhlk. 123, 429-433. – **658.** Baumgärtner, G., 1977, Wld. u. Hd. 79, 603. – **659.** Baur, E. V., T. T. Schorr, 1969, Genetic polymorphism of tetrazolium oxidase in dogs. Science 166, 1524-1525. – **660.** Baxa, H., 1973, Gene frequencies in stray cat populations from Vienna. Genetica 44, 25-30. – **661.** Bayern, R. v., 1988, Dachshd. 43, 106. – **662.** Beach, F. A., 1970, Coital behaviour in dogs. Behav. 36, 131-148. – **663.** Beardi, B., 1974, Feinstrukturelle Befunde an den hepatoiden Circumanaldrüsen sowie den Circumanaldrüsenadenomen und -karzinomen beim Hund. Diss. Hannover. – **664.** Beaver, B. V., 1977, Mating behavior in the cat. Vet. clin. N. Am. 7, 729-733. – **665.** Beaver, B., 1980, Veterinary aspects of feline behavior. C. V. Mosby Co., St. Louis. – **666.** Beaver, B. V., 1986, Canine behavior problems. 53rd. ann. meet. Am. an. hosp. ass., 18-19. – **667.** Beaver, B. V., 1986, Feline behavior problems. 53rd. ann. meet. Am. an. hosp. ass., 16-17. – **668.** Beaver, B. V., 1991, The role of veterinary colleges in addressing the surplus dogs and cat problem. J. A. V. M. A. 198, 1241-1244. – **669.** Beaver, P. C., 1966, Zoonoses. In: Soulsby, E. J., Biology of parasites. Ac. Press., N.Y. – **670.** Bech-Nielsen, S., 1981, Animal models in comparative oncology. Thesis, Vet. med. Fak. Uppsala. – **671.** Bechtold, W., 1982, SV-Z. 76, 867. – **672.** Beck, A., 1973, The ecology of stray dogs. York Press, Baltimore. – **673.** Beck, A. M., 1975, The ecology of feral and free-roaming dogs in Baltimore. In: Fox,M. W., a. a. O. – **674.** Beck,A.M., 1975, The public health implications of urban dogs. Am. J. publ. hlth. 65, 1315-1318. – **675.** Becker, C. H., G. Ilchmann, 1966, Zur Pathogenese und Differentialdiagnose knotiger Kalkablagerungen in der Haut des Hundes. Berl. Münch. Tierärztl. Wschr. 79, 325-329. – **676.** Becker, W., W. Menk, 1967, Zoonosen-Fibel. H. Hoffmann Vlg., Berlin – **677.** Beckmann, L., 1894, Rassen des Hundes. Vlg. Vieweg u. Sohn, Braunschweig. – **678.** Bedford, P. G., 1971, Eyelashes and adventitious cilia as causes of corneal irritation. J. sm. an. pract. 12, 11-17. – **679.** Bedford, P. G., 1975, The aetiopathogenesis of primary glaucoma in the dog. Vet. ann. 15, 261-267. – **680.** Bedford, P. G., 1975, The aetiology of primary glaucoma in the dog. J. sm. an. pract. 16, 217-239. – **681.** Bedford, P. G., 1976, Diagnosis of rabies in animals. Vet. rec. 99, 160-162. – **682.** Bedford, P. G., 1979, Congenital vestibular disease in the English Cocker Spaniel. Vet. rec. 105, 530-531. – **683.** Bedford, P. G., 1980, The aetiology of canine glaucoma. Vet. rec. 107, 76-82. – **684.** Bedford, P. G., 1980, Glaucoma in the dog. Proc. Voorjaarsd. Amsterdam, 11. – **685.** Bedford, P. G., 1980, Incidence of collie eye anomaly. Vet. rec. 107, 95. – **686.** Bedford, P. G., 1981, Breeding towards a disaster. Vet. rec. 109, 184. – **687.** Bedford, P. G., 1982, Tracheal hypoplasia in the English bulldog. Vet. rec. 111, 58-59. – **688.** Bedford, P. G., 1982, Multifocal retinal dysplasia in the Rottweiler. Vet. rec. 111, 304-305. – **689.** Bedford, P. G., 1982, Collie eye anomaly in the United Kingdom. Vet. rec. 111, 263-270. – **690.** Bedford, P. G., 1982, Collie eye anomaly in the border collie. Vet. rec. 111, 34-35. – **691.** Bedford, P. G., 1982, The diagnosis of ocular disease in the dog and cat. Brit. vet. J. 138, 93-119. – **692.** Bedford, P. G., 1983, Feline central retinal degeneration in the U. K. Vet. rec. 112, 456-457. – **693.** Bedford, P. G., 1984, Retinal dysplasia in the dog. Vet. ann. 24, 325-328. – **694.** Bedford, P. G., 1984, Retinal pigment epithelial dystrophy (CPRA). J. sm. an. pract. 25, 129-138. – **695.** Bedford, P. G., 1984, Entropion in Sharpeis. Vet. rec. 115, 666. – **696.** Bedford, P. G., 1985, Inherited eye disease in dogs. Vet. rec. 117, 645. – **697.** Bedford, P. G., 1985, Sulphasalazine and keratoconjunctivitis sicca. Vet. rec. 116, 222. – **698.** Bedford, P. G., 1988, Conditions of the eyelids in the dog. J. sm. an. pract. 29, 416-428. – **699.** Bedford, P. G., 1989, Control of inherited retinal degeneration in dogs and cats in the United Kingdom. J. sm. an. pract. 30, 172-177. – **700.** Bedford, P. G., 1990, Surgical correction of facial droop in the English Cocker Spaniel. J. sm. an. pract. 31, 255-258. – **701.** Bedford, P. G., 1991, BVA/KC/ISDS scheme. Vet. rec. 128, 434-435. – **702.** Bedford, P. G., 1979, J. A. Longstaffe, 1979, Corneal pannus in the German Shepherd dog. J. sm. an. pract. 20, 41-56. – **703.** Bedford, P. G., R. M. Lightfoot, 1985, Briard eye donor scheme. Vet. rec. 116, 139. – **704.** Beek, B., 1978, Cats of Karachi, Pakistan and their coat color gene frequencies. Carn. gen. nwsl. 3, 175-179. – **705.** Begg, T. B., 1963, Persistent penile frenulum in the dog. Vet. rec. 75, 930-931. – **706.** Beglinger, R., C. Alioth, P.

Gretener, 1975, Die Herzkrankheiten des Hundes. Schw. Arch. Tierhlk. 117, 611-616. – **707.** Behbehani, K., O. Hassounah, 1976, The role of native domestic animals in the dissemination of Echinococcus infection among dogs in the State of Kuwait. J. helminth. 50, 275-280. – **708.** Behnke, H., 1972, Wld. u. Hd. 75, 317. – **709.** Bekhtin, I. N., K. T. Sulimov, 1985, Crossing dogs with jackals. Prirod. 3, 65-71. – **710.** Bekoff, M., 1978, Coyotes. Ac. Press. N. Y. – **711.** Bekoff, M., H. L. Hill, J. B. Mitton, 1975, Behavioral taxonomy in canids by discriminant function analysis. Science 190, 1223-1225. – **712.** Belfield, W. O., 1976, Chronic subclinical scurvy and canine hip dysplasia. Vet. med. 71, 1399-1401. – **713.** Bell, A. F., 1965, Dental disease in the dog. J. sm. an. pract. 6, 421-428. – **714.** Bell, T. G., P. M. Olson, D. M. Craft, J. A. Penner, G. A. Padgett, 1982, Platelet function in Basset Hound hereditary thrombopathia. Fed. proc. 41, 701. – **715.** Bellah, J. R., C. P. Spencer, D. J. Brown, D. L. Whitton, 1989, Congenital cranioventral abdominal wall, caudal sternal, diaphragmatic, pericardial, and intracardiac defects in Cocker Spaniel littermates. J. A. V. M. A. 194, 1741-1746. – **716.** Bellars, A. R., 1969, Hereditary disease in British Antarctic sledge dogs. Vet. rec. 85, 600-607. – **717.** Bellars, A. R., 1971, Genetic defects in Antarctic dogs. J.sm. an. pract. 12, 493-500. – **718.** Bellenger, C. R., 1980, Perineal hernia in dogs. Austr. vet. J. 56, 434-438. – **719.** Bellenger, C. R., J. E. Ilkiw, A. I. Nicholson, R. Malik, 1990, Transvenous pacemaker leads in the dog. Res. vet. sci. 49, 211-215. – **720.** Bellenger, C. R., J. Maddison, G. C. Macpherson, J. Ilkiw, 1990, Chronic hypertrophic pyloric gastropathy in 14 dogs. Aust. vet. J. 67, 317-320. – **721.** Bellhorn, R. W., C. A. Fischer, 1970, Central retinal degeneration. J. A. V. M. A. 157, 842-849. – **722.** Bellhorn, R. W., K. C. Barnett, P. Henkind, 1971, Ocular colobomas in domestic cats. J. A. V. M. A. 159, 1015-1021. – **723.** Bellhorn, R. W., G. D. Aguirre, M. B. Bellhorn, 1974, Feline central retinal degeneration. Inv. ophth. 13, 608-616. – **724.** Bellhorn, R. W., C. J. Murphy, C. E. Thirkill, 1988, Anti-retinal immunoglobulins in canine ocular disease. Sem. vet. med. surg. 3, 28-32. – **725.** Bellucci, D., 1986, Sindrome miotonica in un cane di razza Chow-Chow. Boll. Ass. It. Vet. Picc. Anim. 25, 313-318. – **726.** Bender, A. P., 1981, An epidemiologic study of canine multiple primary neoplasia. Diss. abstr. 41B, 2508. – **727.** Benedek, G., 1964, Beobachtungen über Otitis externa und Ekzem des Hundes im Spiegel einer 10jährigen Statistik. Mh. Vet. med. 19, 77-80. – **728.** Benhamiche, B., 1977, Etat actuel de la rage en Algérie. Thèse Alfort. – **729.** Benirschke, K., 1967, Comparative aspects of reproductive failure. Springer Verlg. N. Y. – **730.** Benirschke, K., 1967, Sterility and fertility of interspecific mammalian hybrids. In: Benirschke, K., 1967, a. a. O. – **731.** Benirschke, K., 1970, Spontaneous chimerism in mammals. Curr. top. path. 51, 1-61. – **732.** Benirschke, K., R. Edwards, R. J. Low, 1974, Trisomy in a feline fetus. Am. J. vet. res. 35, 257-259. – **733.** Benn, D. M., P. A. Gentry, I. B. Johnstone, 1978, Classic hemophilia (hemophilia A) in a family of Collies. Can. vet. J. 19, 221-225. – **734.** Bennett, B. S., K. A. Houpt, H. N. Erb, 1988, Effects of declawing on feline behavior. Comp. anim. pract. 2, 12, 7-12. – **735.** Bennett, D., 1974, Canine dystocia. J. sm. an. pract. 15, 101-117. – **736.** Bennett, D., 1975, The diagnosis in treatment of Filaroides osleri in the dog. Vet. ann. 15, 256-260. – **737.** Bennett, D., 1987, Immune-based non-erosive inflammatory joint disease of the dog. 1. J. sm. an. pract. 28, 871-889. – **738.** Bennett, D., 1987, Immune-based non-erosive inflammatory joint disease of the dog. 3. J. sm. an. pract. 28, 909-928. – **739.** Bennett, D., S. L. Finnett, A. S. Nash, D. Kirkham, 1981, Primary autoimmune haemolytic anaemia in the dog. Vet. rec. 109, 150-153. – **740.** Bennett, D., S. R. Duff, R. O. Kene, R. Lee, 1981, Osteochondritis dissecans and fragmentation of the coronoid process in the elbow joint of the dog. Vet. rec. 109, 329-336. – **741.** Bennett, D., D. F. Kelly, 1985, Sesamoid disease as a cause of lameness in young dogs. J. sm. an. pract. 26, 567-579. – **742.** Bennett, D., J. Baughan, F. Murphy, 1986, Wedge Osteotomy of the os penis to correct penile deviation. J. sm. an. pract. 27, 379-382. – **743.** Bennett, D., F. F. Kelly, 1987, Immune-based non-erosive inflammatory joint disease of the dog. 2. J. sm. an. pract. 28, 891-908. – **744.** Bennett, D., D. Kirkham, 1987, The laboratory identification of serum antinuclear antibody in the dog. J. comp. path. 97, 523-539. – **745.** Bennett, D., A. S. Nash, 1988, Feline immune-based polyarthritis. J. sm. an. pract. 29, 501-523. – **746.** Bennett, T., R. Wright, 1984, What the burglar saw. New Soc. 2, Febr. – **747.** Bentley, J. F., S. T. Simpson, J. T. Hathcock, 1991, Spinal arachnoid cyst in a dog. J. Am. an. hosp. ass. 27, 549-551. – **748.** Bentley, R., M. Daly, T. Harris, 1980, Toxocara infection among veterinarians. Vet. rec. 106, 277-278. – **749.** Beran, G. W., 1982, Ecology of dogs in the Central Philippines in relation to rabies control efforts. Comp. imm. microb. inf. dis. 5, 265-270. – **750.** Beresford-Jones, W. P., 1981, Prevalence of fleas on dogs and cats in an area of central London. J. sm. an. pract. 22, 27-29. – **751.** Berg, O., 1974, Der Kampf gegen die kosmetische Verstümmelung von Hunden. Du u. d. T. 4, 98-100. – **752.** Berg, P. B. v. d., M.K. Baker, A. Lange, 1977, A suspected lysosomal storage disease in Abyssinian cats. J. S. Afr. vet. ass. 48, 195-199. – **753.** Berger, B., E. C. Feldman, 1987, Primary hyperparathyroidism in dogs. J. A. V. M. A. 191, 350-356. – **754.** Berger, J., 1981, Hematology reference values for dogs of Beagle stock. Z. Versuchst. 23, 278-283. – **755.** Berger, R., 1987, Wld. u. Hd. 90, 10. – **756.** Bergler, R., 1988, Die Psychologie der Beziehungen von Heimtieren, Heimtierhaltern und Tierärzten. Zbl. Vet. med. B 35, 443-461. – **757.** Bergler, R., 1989, Mensch und Katze. Dt. Inst. Vlg., Köln. – **758.** Bergmann, C., 1980., Wld. u. Hd. 83, 216. – **759.** Bergsjö, T., K. Arnesen, P. Heim, N. Nes, 1984, Congenital blindness with ocular developmental anomalies, including retinal dysplasia, in Doberman Pinscher dogs. J. A. V. M. A. 184, 1383-1386. – **760.** Bergsma, D. R., K. S. Brown, 1971, White fur, blue eyes, and deafness in the domestic cat. J. hered. 62, 170-185. – **761.** Bergsten, G., M. Nordin, 1986, Osteochondrosis as a cause of claims in a population of insured dogs. Sv. vet. tidn. 38, 97-100. – **762.** Berlin-Materna, C., 1981, Die Luxatio patellae congenitalis der Hunde. Prakt. TA 62, 14-16. – **763.** Berman, E., J. Davis, J. F. Stara, 1967, A dental chart of the domestic cat. Lab. an. care 17, 511-513. – **764.** Berman, N., M. Cynader, 1972, Comparison of receptive field organization of the superior colliculus in Siamese and normal cats. J. phys. 224, 363-390. – **765.** Bernack, I., 1988, Untersuchung über die Häufigkeit des Vorkommens von Skelettveränderungen bei Katzen. Diss. Berlin. – **766.** Bernard, M. A., 1978, Feline urological syndrome. Can. vet. J. 19, 284-288. – **767.** Bernard, M. A., V. E. Valli, 1977, Familial renal disease in Samoyed dogs. Can. vet. J. 18, 181-189. – **768.** Bernoco, D., G. Sartore, C. Bona, 1966, Studi preliminari sul polimorfismo biochimico nel cane. Att. soc. it. sci. vet. 20, 343-346. – **769.** Berrocal, A., J. H. Vos, T. s. v. d. Ingh, R. F. Molenbeek, F. J. v. Sluijs, 1989, Canine perineal tumours. J. vet. med. A 36, 739-749. – **770.** Berry, A. P., G. J. Brouwer, B. J. Tennant, 1984, Persistent right aortic arch in a kitten. Vet. rec. 114, 336-337. – **771.** Berryman, J. C., K. Howells, M. Lloyd-Evans, 1985, Pet-owner attitudes to pets and people. Vet. rec. 117, 659-661. – **772**. Berthe, J., B. Dupuis, G. Mazue, 1977, Contribution à l'étude du fond d'oeil du chien Dalmate. Rev. méd. vét. 128, 1133-1142. – **773**. Bertrand, I., C. Medynski, P. Salles, 1936, Etudes d'un cas d'agénésie du vermis cérébelleux chez le chien. Rev. neurol. 66, 716-733. – **774**. Berzon, D. R., R. E. Farber, J. Gordon, E. B. Kelly, 1972, Animal bites in a large city. Am. J. publ. hlth. 62, 422-426. – **775**. Bestetti, G., H. Luginbühl, 1980, Anomalien und Fehlentwicklungen im ZNS und in den übrigen Organen. Jahresvers. Schweiz. Ver. Kleint. med., 87-95. – **776**. Betts, C. W., 1982, Eine Übersicht über die zervikale Spondylopathie. kleintierprax. 27, 255-260. – **777**. Betts, C. W., S. K. Kneller, E. Rosin, 1975, Recurring gastric volvulus in a dog. J. sm. an. pract. 16, 433-438. – **778**. Beuter, W., 1983, Antiepileptika. tierärztl. prax. 11, 521-528. – **779**. Beuttler, H., 1983, Terrier 76, 362. – **780**. Beyer, D., S. Lindhoff, W. Wegner, 1991, Charly-ein Glücksbringer in Holstein, VET-J. 6, 9, 33-35. – **781**. Beyer, R., 1983, Extrakorporale Vorverdauung von Protein und Fett in Futtermitteln für Hunde mit chronischer exokriner Pankreasinsuffizienz. Diss. Hannover. – **782**. Bibrack, B., 1974, Neue Virusinfektionen des Hundes. Berl. Münch. tierärztl. Wschr. 87, 265-270. – **783**. Bichsel, P., M. Vandevelde, J. Lang, 1984, Myelopathie bei großen Hunderassen. Tierärztl. Prax. 12, 239-249. – **784**. Biddis, K.J., 1962, Greyhound racing in Great Britain, Vet. rec. 74, 556-557. – **785**. Bielfelt, S. W., A. J. Wilson, H. C. Redman, R. O. McClellan, L. S. Rosenblatt, 1969, A breeding program for the establishment and maintenance of a stable gene pool in a Beagle dog colony to be utilized for long-term-experiments. Am. J. vet. res. 30, 2221-2229. – **786**. Bielfelt, S. W., H. C. Redman, R. O. McClellan, 1971, Sire-and sex-related differences in rates of epileptiform seizures in a purebred Beagle dog colony. Am. J. vet. res. 32, 2039-2048. – **787**. Bieniek, H., 1963, Cephalothorakopagus bei Katzenwelpen. Kleintierprax. 8, 174. – **788**. Bieniek, H., M. Sager, C. Remmers, 1987, Osteomyelitis der Kieferknochen beim Foxhound. Prakt. TA 68, 74-77. – **789**. Bienvenu, J. G., R. Drolet, 1991, A quantitative study of cardiac ventricular mass in dogs. Can. J. vet. res. 55, 305-309. – **790**. Bienz, H. A., 1986, Untersuchungen zur sogen. »Wachstumslahmheit« bei den Sennenhundrassen. Hunde 102, 89-92. – **791**. Biewenga, W. J., 1975, Preputial urethroplasty for relief of urethral obstruction in the male cat. J. A. V. M. A. 166, 460-462. – **792**. Biewenga, W. J., J. Rothuizen, G. Voorhout, 1978, Ectopic ureters in the cat. J. sm. an. pract. 19, 531-537. – **793**. Bijnen, A. B., H. M. Vriesendoorp, H. Große-Wilde, D. L. Westbroek, 1977, Polygenic control of mixed lymphocyte reactions in dogs. Tiss. antig. 9, 187-194. – **794**. Bille, N. 1970, Two cases of congenital vertebral synostosis in dogs. Nord. vet. med. 22, 353-359. – **795**. Billups, L. H., S. K. Liu, D. F. Kelly, F. M. Garner, 1972, Pulmonary granulomas associated with PSA-positive bodies in brachycephalic dogs. Vet. path. 9, 294-300. – **796**. Bilzer, T., 1991, Hypophysentumoren als gemeinsame Ursache von Morbus Cushing und Diabetes insipidus des Hundes. Tierärztl. prax. 19, 276-281. – **797**. Binder, R., 1989, Hunde 105, 7. – **798**. Bingel, S. A., R. D. Sande, 1982, Chondrodysplasia in the Norwegian Elkhound. Am. J. path. 107, 219-229. – **799**. Biondini, J., P. M. Ferreira, E. Guerrerodecarvalho, W. Euripedespinto, 1975, Persistence of frenulum preputii in dogs. Arqu. esc. vet. Min. Ger. 27, 87. – **800**. Bird, M. S., S. M. Cotter, G. Gibbons, S. Harris, 1988, Blood groups in cats. Comp. an. pract. 2, 8, 31-33. – **801**. Birkeland, R., 1967, Osteochondritis dissecans in the humeral head of the dog. Nord. vet. med. 19, 294-306. – **802**. Bishop, L., 1986, Ultrastructural investigations of cardiomyopathy in the dog. J. comp. path. 96, 683-698. – **803**. Bishop, L.M. P. R. Wotton, C. J. Gaskell, 1979, Heart failure in giant dogs. Vet. rec. 104, 175-176. – **804**. Bisseru, B., 1967, Diseases of man acquired from his pets. W. Heinemann Med. Bks. Ltd. – **805**. Bissonnette, T. H., 1933, A two-faced kitten. J. hered. 24, 103-104. – **806**. Bistner, S. I., G. Aguirre, J. N. Shively, 1976, Hereditary corneal dystrophy in the Manx cat. Inv. ophth. 15, 15-26. – **807**. Bittner, F., 1981, Das Tierschutzgesetz vom 24.7.1972 und das Kupieren der Ohren mit besonderer Berücksichtigung der Folgen ungeeigneter Nachbehandlung. Diss. Hannover. – **808**. Bjerkas, E., 1991, Collie eye anomaly in the rough collie in Norway. J. sm. an. pract. 32, 89-92. – **809**. Bjerkas, I., 1977, Hereditary cavitating leukodystrophy in Dalmatian dogs. Act. neuropath. 40, 163-169. – **810**. Björck, G., 1986, Some early experiences of the investigation and eradication of inherited disorders in dogs. Sv. vet. tidn. 38, 20-25. – **811**. Björk, G., S. Dyrendahl, S. E. Olsson, 1957, Hereditary ataxia in smooth-haired Fox Terriers. Vet. rec 69, 871-876. – **812**. Björck, G., S. Dyrendahl, S. E. Olsson, 1958, Genetiskt betingad ataxi hos släthorig foxterrier. Proc. VIII. Nord. vet. möt., 961-962. – **813**. Björck, G., W. Mair, S. E. Olsson, P. Sourander, 1962, Hereditary ataxia in Fox Terriers. Act. neuropath., Suppl. I, 45-48. – **814**. Bjotvedt, G., 1986, Spontaneous renal arteriosclerosis in Greyhounds. Can. pract. 13, 26-30. – **815**. Bjotvedt, G., G. M. Hendricks, T. A. Brandon, 1988, Hemodynamic basis of renal arteriosclerosis in young greyhounds. Lab. an. sci. 38, 62-67. – **816**. Black, A. P., 1988, Lateral spinal decompression in the dog. J. sm. an. pract. 29, 581-588. – **817**. Black, E. B., J. M. Stengle, 1973, Blood grouping in dogs, cattle and sheep. In: Harmison a. a. O. – **818**. Black, L., 1970, Compensatory mechanism in a dog after hind leg amputation. J. sm. an. pract. 11, 723-726. – **819**. Black, L., 1972, Progressive retinal atrophy. J. sm. an. pract. 13, 295-314. – **820**. Blackburn, P. S., D. McFarlane, 1944, Acute fatal dilatation of the stomach in the dog. J. comp. path. ther. 54, 189-199. – **821**. Blackler, P. M., 1986, Muting the bark. Vet. rec. 118, 343-344. – **822**. Blackshaw, J. K., 1985, Normal behaviour patterns of cats. Austr. vet. pract. 15, 159-162. – **823**. Blackshaw, J. K., 1988, Abnormal behaviour in cats. Austr. vet. J. 65, 395-396. – **824**. Blackshaw, J. K., 1988, Abnormal behaviour in dogs. Austr. vet. J. 65, 393-394. – **825**. Blackshaw, J. K., 1991, Dog bites and bull terriers. Austr. vet. J. 68, 117-118. – **826**. Blackshaw, J. K., 1991, An overview of types of aggressive behaviour in dogs and methods of treatment. Appl. an. behav. sci. 30, 351-361. – **827**. Blähser, S., 1962, Über nicht alltägliche Todesursachen und einige plötzliche Todesfälle bei der Katze.Kleintierprax. 7, 192-201. – **828**. Blähser, S., C. Labie, 1964, Le diagnostic nécropsique chez le chat. Econ. méd. anim. 5, 67-77. – **829**. Blake, R., D. N. Antoinetti, 1976, Abnormal visual resolution in the Siamese cat. Science 19, 109-110. – **830**. Blake, S., A. Lapinski, 1980, Hypothyroidism in different breeds. Can. pract. 7, 48. – **831**. Blakemore, W. F., 1972, GM1 gangliosidosis in a cat. J. comp. path. 82, 179-185. – **832**. Blakemore, W. F., 1986, A case of mannosidosis in the cat. J. sm. anim. pract. 27, 447-455. – **833**. Blakemore, W. F., A. C. Palmer, 1985, Nervous disease in the chihuahua characterized by axonal swellings. Vet. rec. 117, 498-499. – **834**. Blatt, C. M., C. R. Taylor, M. B. Habal, 1972, Thermal panting in dogs. Science 177, 804-805. – **835**. Blau, H. J., 1972, Zur Epidemiologie der Leukämie bei Kindern. Wiss. Z. Univ. Rost. 21, 437-448. – **836**. Blaxter, A. C., P. E. Holt, G. R. Pearson, C. Gibbs, T. J. Gruffydd-Jones, 1988, Congenital portosystemic shunts in the cat. J. sm. an. pract. 29, 631-645. – **837**. Bleby, J., A. Lacey, 1969, The establishment of a specific pathogen free cat. J. sm. an. pract. 10, 237-248. – **838**. Bleby, J., M. F. Festing, 1972, The selection and supply of laboratory animals. In: UFAW Handbook on the care and management of laboratory animals. Churchill & Livingstone, Edinb. – **839**. Blethon, J., Sirieix, Rousselet-Blanc, 1976, Die Prognathie des Unterkiefers bei der Katze. Edelkatze 26, 4, 2-5. – **840**. Blevins, W. E., H. D. Cantwell, 1980, Osteochondromatosis. J. vet. orthoped. 2, 31-36. – **841**. Blirup-Jensen, S., 1976, Proteinpolimorfi hos hund. Thesis, Kong. Vet. Landb. skol. Copenhag. – **842**. Bloebaum, R. D., C. A. Sanderson, J. Emmanual, P. Campbell, J. Emmanual, G. D. Yocham, 1989, Histological analysis of a central tarsal implant in a racing greyhound. Vet. rec. 124, 339-342. – **843**. Bloedow, A. G., 1981, Familial renal disease in Samoyed dogs. Vet. rec. 108, 157-168. – **844**. Blogg, J. R., 1970, Collie eye anomaly. Austr. vet. J. 46, 530-532. – **845**. Blomberg, B., 1991, Katzen, 21, 4, 10. – **846**. Bloom, G., B. Larsson. B. Aberg, 1958, Canine mastocytoma. Zbl. Vet. med. 5, 443-458. – **847**. Bloomberg, M. S., 1991, Affections musculo-tendineuses du chien de sport. Rec. méd. vét. 167, 775-784. – **848**. Bloomberg, M. S., 1991, Spécifités de la pathologie endocrinienne du Greyhound de compétition. Rec. méd. vét. 167, 787-793. – **849**. Bloomberg, M. L., R. E. Eaton-Wells, 1990, Fractures des os longs chez le lévrier de course. Rec. méd. vét. 166, 1117-1126. – **850**. Bloomberg, M. S., W. W. Dugger, 1991, Fréquence et caractéristiques des blessures orthopédiques chez le lévrier de course. Rec. méd. vét. 167, 795-798. – **851**. Blot, S. M. Fardeau, R. Moraillon, 1991, Hereditary myopathy in Labrador Retriever. Proc. ann. ACVIM for., 136. – **852**. Bloyd, S., 1982, Edelkatze 32, 10. – **853**. Blue, J.T., 1991, Anemia in cats. Fel. hlth. top. 6, 1. – **854**. Blumenberg, B., 1976, Mutant allele frequencies in the domestic cats of California, Texas and New Spain. Carn. gen. nwsl. 3, 2-9. – **855**. Blumenberg, B., 1977, Genetic difference and selection in domestic cat populations of the United Kingdom and former British colonies. Theor. appl. gen. 49, 243-247. – **856**. Blumenberg, B., 1979, Feral cats in Australia and their inclusion in the Aboriginal diet. Carnivore 2, 43. – **857**. Blumenberg, B., 1983, The genetic profile of the domestic cats of Calgary,Alberta. Carn. gen. nwsl. 4, 215-217. – **858**. Blumenberg, B., 1983, Mutant allele frequencies in the domestic cats of Humboldt County, California. Carn. gen. nwsl. 4, 218-223. – **859**. Blumenberg, B., 1983, Indian and European dogs on colonial Nantucket. Carn. gen. nwsl. 4, 263. – **860**. Blumenberg, B., 1986, Historical population genetics of Felis catus in Humboldt County, California. Genetica 68, 81-86. – **861**. Blumenberg, B., G. Blumenberg, 1976, Cat gene frequencies in the San Francisco Bay region. Genetica 46, 385-389. – **862**. Blumenberg, B., R. B. Lowry, G. Blumenberg, 1977, Mutant allele frequencies in domestic cats of Vancouver, Brit. Columbia, J. hered. 68, 333-336. – **863**. Blumenberg, B., B. MacDonald, 1978, A population genetics analysis of the domestic cats of Cleveland, Ohio, and the Midwest United States. Carn. gen. nwsl. 3, 227-240. – **864**. Blumenberg, B.,. N. B. Todd, 1978, Calculation of the phenotypic frequency of sex-linked orange and the coefficient of darkness in domestic cats. Carn. gen. nwsl. 3, 180-183. – **865**. Blumenberg, B., C. Fish, B. MacDonald, 1979, Mutant allele frequencies in three domestic cat populations of New England. Carn. gen. nwsl. 4, 1-12. – **866**. Blunden, A. S., 1983, The fading puppy complex. Vet. rec. 113, 201. – **867**. Blunden A. S., C. M. Hill, B. D. Brown, C. J. Morley, 1987, Lung surfactant composition in puppies dying of fading puppy complex. Res. vet. sci. 42, 113-118. – **868**. Blythman, W. G., 1971, Distorted third eyelid. Vet. rec. 89, 546, – **869**. BMF, 1990, Unsere Steuern von A-Z. 13. Aufl. – **870**. Boch, J., D. Kühn, M. Rommel, G. Weiland, 1975, Toxoplasma-Infektionen bei Haustieren und ihre Bedeutung für die Toxoplasmose des Menschen. Dt. tierärztl. Wschr. 82, 122-124. – **871**. Bodenberger, G., 1977, Uns. Rassehd. 36. – **872**. Bodenberger, G., 1981, Uns. Rassehd. 3, 36. – **873**. Bodenberger, G., 1982, Uns. Rassehd. 1, 36. – **874**. Bodingbauer, J. 1946, Entwicklungsanomalien bei Zwerghunden und deren Zusammenhänge mit endokrinen Störungen. Wien. tierärztl. Mschr. 33, 293-311. – **875**. Bodingbauer, J., 1955, Zahnkaries beim Hund. Wien. tierärztl. Mschr. 42, 177-190. – **876**. Bodingbauer, J., 1960, Retention of teeth in dogs as a sequel to distemper infection. Vet. rec. 72, 636-638. – **877**. Bodingbauer, J., 1963, Oligodontia and polyodontia in prehistoric dogs. Vet. rec. 75, 668-672. – **878**. Bodingbauer, J., 1973, Wesensanalyse für Junghunde. Wien. Selbstverlg. – **879**. Bodingbauer, J., 1974, Hochgradige Zahnunterzahl (Aplasie) beim Hund. Wien. tierärztl. Mschr. 61, 301-303. – **880**. Bodingbauer, J., 1976, Korrelation zwischen Oligodontie und Milchzahnpersistenz als Fehlerquelle bei der Beurteilung des Hundegebisses. Kleintierprax. 21, 12-15. – **881**. Bodingbauer, J., 1976, Das regelrechte (normale) und das abwegige (anomale) Gebiß des Hundes. SV. Z. 70, 1-15. – **882**. Bodingbauer, J., 1978, SV. Z. 72, 207. – **883**. Boessneck, J., 1985, Die Domestikation und ihre Folgen. tierärztl. prax. 13, 479-497. – **884**. Boessneck, J., 1989, Der kleinste Zwerghund aus der Römischen Kaiserzeit. Tierärztl. Prax. 17, 89-91. – **885**. Boevé, M. H., 1988, Ontogenesis of persistent hyperplastic tunica vasculosa lentis and persistent hyperplastic primary vitreous (PHTVL/PHPV) in the Dobermann Pinscher. Thesis, Univ. Utrecht. – **886**. Boevé, M. H., A. A. Stokhof, W. E. v. d. Brom, 1984, Prognostic significance of the electrocardiogram in dogs with atrial fibrillation. Res. vet. sci. 36, 32-36. – **887**. Boevé, M. H., F. C. Stades, 1985, Glaucoom bij hond en kat. Tijds. dierg. 110, 219-236. – **888**. Boevé, M. H., T. v. d. Linde-Sipman, F. C. Stades, 1988, Early morphogenesis of persistent hyperplastic tunica vasculosa lentis and primary vitreous. Inv. ophth. vis. sci. 29, 1076-1086. – **889**. Boevé, M. H., F. C. Stades, J. S. v. d. Linde-Sipman, 1989, PHTVL/PHPV-associated cataract in the Dobermann, Tijds. dierg. 114, Suppl.1, 55-57. – **890**. Bohlken, H., 1961, Haustiere und zoologische Systematik. Z. Tierz. Zücht. biol. 76, 107-113. – **891**. Böhme, R., E. Schönfelder, S. Schlaaf, 1978, Prognostische Untersuchungen zur Verbreitung der Hüftgelenksdysplasie beim Deutschen Schäferhund in der DDR. Mh. Vet. med. 33, 93-96. – **892**. Bohn, F. K., 1965, Die spastische Paralyse der Nachhand des Hundes und ihre Behandlung unter bes. Berücksichtigung der niederfrequenten Elektrotherapie. Kleintierprax. 10, 149-158. – **893**. Bohn, F. K., 1984, Bemerkungen zu den primären und sekundären Myokardiopathien des Hundes. Prakt. TA 65, 60-63. – **894**. Bohn, F. K., G. Scabell, T. Hänichen, 1967, Supravalvuläre Aortenstenose beim Hund. Zbl. Vet. med. A 14, 85-90. – **895**. Bojrab, M. J., L.L. Nafe, 1976, Tracheal reconstructive surgery. J. Am. an. hosp. ass. 12, 622-628. – **896**. Bolon, B., M. B. Mays, B. J. Hall, 1990, Characteristics of canine melanomas and comparison of histology and DNA ploidy to their biologic behavior. Vet. path. 27, 96-102. – **897**. Bolt, E., 1979, Der Papillon. Schweiz. hundesp. 95, 282-285. – **898**. Bolt, E., 1987, Uns. Rassehd., 5, 9. – **899**. Bolt, E. 1987, Hunde 103, 13. – **900**. Bolt, E., 1987, Schmetterlingshündchen. Kynos Vlg. – **901**. Bolt, E., 1988, Pers. Mitteil. – **902**. Bolt, E., 1988, Schweiz. Papillonclub. – **903**. Bolt, E.,

1990, Hunde 106, 972. – **904**. Bolt, E. 1990, Papillonfreund 3, 6. – **905**. Bolt, E., 1991, Pers. Mitteil. – **906**. Bolton, G. R., 1972, Tetralogy of Fallot in three cats. J. A. V. M. A. 160, 1622-1631. – **907**. Bolz, W., 1960, Guajakolglycerinäther und Succinylcholinchlorid als Muskelrelaxantien bei der Katze und anderen Kleintieren. Berl. Münch. tierärztl. Wschr. 73, 465-468. – **908**. Bomhard, D., M. Luderer, T. Hänichen, 1974, Zur Histogenese der Herzbasistumoren beim Hund. Zbl. Vet. med. A 21, 208-224. – **909**. Bomhard, D. v., J. Dreiack, 1977, Statistische Erhebungen über Mammatumoren bei Hündinnen. Kleintierprax. 22, 205-209. – **910**. Bonagura J. D., 1987, Congenital heart disease. 54th meet. Am. an. hosp. ass., 70-74. – **911**. Bond, E., H. D. Dorfman, 1969, Squamous cell carcinoma of the tongue in cats. J. A. V. M. A. 154, 786-789. – **912**. Bondestam, S., M. Kärkkäinen, I. Alitalo, M. Forss, 1984, Evaluating the accuracy of canine pregnancy diagnosis and litter size using real-time ultrasound. Act. vet. scand. 25, 327-332. – **913**. Bonnet, P., 1968, Longevity in cats. Bull. soc. hist. nat. Toul. 104, 260-262. – **914**. Bonsma, J. C., 1949, Breeding cattle for increased adaptability to tropical and subtropical environments. J. agr. sci. 39, 204-221. – **915**. Boom, H. P. de, 1965, Anomalous animals. S. Afr. J. sci. 61, 159-171. – **916**. Boon, F. E., 1981, Edelkatze 31, 6. – **917**. Borg, J. A. v. d., W. J. Netto, D. J. Planta, 1991, Behavioural testing of dogs in animal shelters to predict problem behaviour. Appl. an. beh. sci. 32, 237-251. – **918**. Borgaonkar, D. S., O. S. Elliot, M. Wong, J. P. Scott, 1968, Chromosome study of 4 breeds of dogs. J. hered. 59, 157-160. – **919**. Borggräfe, I., 1973, Jgdgebr. hd. 9, 48. – **920**. Borggräfe, I., 1991, Dachshd. 46, 219. – **921**. Borgmann, H., 1981, Edelkatze, 31, 54. – **922**. Börnfors, S., 1958, Acanthosis nigricans in dogs. Act. endocr. Supp. 37. – **923**. Borodin, P. M., M. N. Bocharev. I. Smirnova, G. P. Manchenko, 1978, Mutant allele frequencies in domestic cat populations of six Soviet cities. J. hered. 69, 169-174. – **924**. Borodin, P. M., G. P. Manchenko, R. Robinson, N. B. Todd, 1981, New studies of mutant allele frequencies in USSR cat populations. Carn. gen. nwsl. 4, 153-167. – **925**. Borresen, B., 1975, Pyometra in the dog. Nord. vet.med. 27, 508-517. – **926**. Bosch. A. G., F. J. Sluys, J. J. v. Nes, 1989, Medical decision analysis in veterinary practice. Tijds. dierg. 114, 369-375. – **927**. Bosma, A. A., V. Baumans, G. Buwalda, N. A. de Haan, 1982, Triploidy in a newborn dog. 5th Eur. coll. cytogen. dom. an., 392-398. – **928**. Bosse, K., E. Weiss, 1963, Basaliom und Plattenepithelkarzinom des Hundes und des Menschen in vergleichender Betrachtung. Berl. Münch. tierärztl. Wschr. 76, 387-390. – **929**. Bosshard, M., 1988, Hunde 104, 402. – **930**. Bostelmann, R. W., 1976, Work with sledge dogs in the Antarctic. J. sm. an. pract. 17, 255-260. – **931**. Bostock, D. E., 1975, The prognosis following the surgical excision of canine mammary neoplasms. Eur. J. canc. 11, 389-396. – **932**. Bostock, D. E., L. N. Owen, T. Hänichen, 1976, Geschwülste bei Katze, Hund und Pferd. F. K. Schattauer, Stuttg., N.Y. – **933**. Bosu, W. T., B. F. Chick, P. K. Basrur, 1978, Clinical, pathologic and cytogenetic observations on two intersex dogs. Corn. vet. 68, 375-390. – **934**. Botelho. S. Y., S. A. Steinberg, J. T. McGrath, J. Zislis, 1967, Electromyography in dogs with congenital spinal cord lesions. Am. J. vet. res. 28, 205-212. – **935**. Böttger, P., 1937, Hunde im Dienste der Kriminalpolizei. Klein. Pelzt. 13, 66, 1-32. – **936**. Bouchard, G., R. S. Youngquist, D. Vaillantcourt, G. F. Krause, P. Guay, M. Paradis, 1991, Seasonality and variability of the interestrous interval in the bitch. Theriogen. 36, 41-50. – **937**. Boudreaux, M., 1987, Cyclic AMP metabolism in hereditary canine thrombopathia. Diss. abstr. B 47, 2846. – **938**. Boudreaux, M., A. R. Dillon, 1988, The effect of danazol treatment on factor IX deficiency in cats. Vet. clin. path. 17, 84-85. – **939**. Bourdrieau R. J., W. Muir, 1987, Pathophysiology of traumatic diaphragmatic hernia in dogs. Comp. cont. ed. pract. vet. 9, 379-386. – **940**. Bounden, K., 1987, Terrier 80, 31. – **941**. Bourdin, M., 1979, Pseudotuberculosis in man. Comp.immun.mircr.inf.dis. 1,243-251. – **942**. Bouw, J., 1979, Dog breeding in the Netherlands. Tijds.dierg. 104,913-922. – **943**. Bouw, J., 1980, Hip dysplasia and dog breeding. Proc.voorjaarsd.Amsterd., 52-53. – **944**. Bouw, J., 1981, 10. Kynol. Weltkongr. Dortm., 41-51. – **945**. Bouw, J., 1986, Arificial insemination in dog breeding. Tijds. dierg.111,25-26. – **946**. Bovée, K.C., S.Segal, 1971 Canine cystinuria and cystine calculi. Proc.21st Gaines vet.symp., 3-7. – **947**. Bovée, K.C., T. Joyce, R. Reynolds, S. Segal, 1978, Spontaneous Fanconi sysndrome in the dog. Metab.clin.exp. 27,45-52. – **948**. Bovée, K.C., T. Joyce, R. Reynolds, S. Segal,1978, The Fanconi synodrome in Basenji dogs. Science 201, 1129-1131. – **949**. Bovée, K.C., T. Joyce, B. Blazer-Yost, M.S. Goldschmidt, S. Segal, 1979, Characterizaiton of renal defects in dogs with a syndrome similar to the Fanconi syndrome in man. J.A.V.M.A. 174, 1094-1099. – **950**. Bovée, K.C., J.S. Reif, T. G. Maguire, C.J. Gaskell, R.M. Batt, 1979, Recurrence of feline urethral obstruction. J.A.V.M.A. 174,93-96. – **951**. Bovée. K.C., M.P. Littman, B.J. Crabtree, G. Aguirre, 1989, Hypertension in a dog. J.A.V.M.A. 195, 81-86. – **952**. Bowden, R.S., S.F. Hodgman, J.M. Hime, 1952, Neo-natal mortality in dogs. 17. Weltteierärtzekongr. Hannov., 1009-1013. – **953**. Bower, J.M., 1991, The fighting dog saga. J.sm.an.pract. 32,375-376. – **954**. Bowles, C.A., R.D. Alsaker, T.L. Wolfle, 1979, Studies of the Pelger-Huet anomaly in foxhounds. Am.J.path. 96,237-247. – **955**. Boyce, J.T., S.P. DiBartola, D.J. Chew, P.W. Gasper, 1984, Familial renal amyloidosis in Abyssinian cats. Vet.path. 21,33-38. – **956**. Boyd, J.S., F.E. Lindsay, 1968, Variations in number of ribs in the domestic cat. Vet.rec. 83,471. – **957**. Boyden, E.A., 1925, The problem of the pancreatic bladder. Am.J.anat. 36,151-183. – **958**. Boysen, B.G., L.Tryphonas, N.W.Harries, 1974, Globoid cell leukodystrophy in the Bluetick Hound dog. Can.vet.J. 15,303-308. – **959**. Brack, M., J.Lamina, 1968, Massenbefall mit Echinococcus granulosus bei einem Hund. Dt.tierärztl.Wschr. 75, 95-96. – **960**. Bradley, W.A., 1974, Selection and management of a Beagle colony for experimental dogs. J.inst.an.techn. 25, 45-54. – **961**. Bradley, I.W., 1967, Non-union of the anconeal process in the dog.Austr.vet. J.43, 215-216. – **962**. Braend, M., 1984, Genetic variation of an esterase system in sera of dogs. Act.vet.scand. 25, 526-535. – **963**. Braend, M.,1988, Hemoglobin polymorphism in the domestic dog. J. hered. 79,211-212. – **964**. Braend, M.R. Austad, 1973, Polymorphism of red cell acid phosphatase in dogs. An.bld.grps.bioch.gen. 4, 189-192. – **965**. Braend, M., A.E. Andersen, 1987, Variation of transferrin and esterase in sera of dogs. Act.vet.scand. 28, 435-444. – **966**. Brahm, E., 1983, Uns.Rassehd. 7,6. – **967**. Brahm, E., R. Brahm, K.J. Saers, 1978, Collie-Augen-Anomalie(CEA). Kleintierprax. 23, 221-224. – **968**. Brahms, F., 1975, Wld.u.Hd. 77, 1003. – **969**. Branch, C.E., B.T. Robertson, S.D. Beckett, A.L. Waldo, T.N. James, 1977, An animal model of spontaneous syncope and sudden death. J.lab.clin.med. 90, 592-603. – **970**. Braend, E., G.F. Cahill, B. Kassell, 1940, Canine cystinuria. J.biol.chem. 133, 431-436. – **971**. Brandsch, H., V. Schmidt, 1982, Erbanalytische Untersuchungen zum Dermoid des Auges beim Hund. Mh.Vet.med. 37, 305-306. – **972**. Brandsch, H.,K. Nicodem, 1982, Zur Vererbung der Keratitis bei Langhaar-

Teckeln. Mh.Vet.med. 37, 216-219. - **973**. Branis, M., H. Burda, 1985, Inner ear structure in the deaf and normally hearing Dalmatian dog. J.comp.path. 95, 295-299. - **974**. Brass, W., 1973, SV-Z. 67, 592. - **975**. Brass, W., 1979, Epilepsie bei Hund und Katze. Kleintierprax. 24,327-334. - **976**. Brass, W., 1981,10.Kyn.Weltkongr. Dortm., 57,- **977**. Brass. W., 1983, SV-Z. 77, 55. - **978**. Brass, W., 1987, Terrier 80, 27. - **979**. Brass, W., 1989, Hip dysplasia in dogs. J.sm.an.pract. 30. 166-170. - **980**. Brass, W., E. Magunna, I.Horzinek, 1967, Prüfung von therapeutischen Maßnahmen am Beispiel der konservativen Behandlung der Teckellähme. Dt.tierärztl.Wschr. 74, 514-515. - **981**. Brass, W.,I. Horzinek, H. Richter, 1970, Weitere Erfahrungen mit der chirurgischen Behandlung der Keratokonjunktivitis sicca beim Hund. Kleintierprax. 15, 186-187. - **982**. Brass, W., I. Horzinek, 1971, Klinik und Elektroencephalogramm des Hydrocephalus internus beim Hund. Dt.tierärztl.Wschr. 78, 42-45. - **983**. Brass, W., I. Horzinek, 1971, Erfahrungen mit d1-Chlormadinonacetet bei der Epilepsie des Hundes. Dt.tierärzl.Wschr. 78, 302-304. - **984**. Brass, W., I. Horzinek, W. Sterner, 1972, Relative (extravalvuläre) Mitralinsuffizienz bei Meutehunden. Berl. Münch. tierärztl.Wschr. 85, 208-211. - **985**. Brass, W., U. Freudiger, L.F. Müller, S. Paatsama, N.A.v.d. Velden, C.C.v.d. Watering, 1978, Bericht der Hüftgelenksdysplasie-Kommission. Kleintierprax. 23, 169-180. - **986**. Braun, 1938, Als erster Tierarzt in Deutsch-Neuguinea. Berl. Münch. tierärztl.Wschr., 632-636. - **987**. Braun, H.G., 1989, Bildbericht. Kleintierprax. 34, 403. - **988**. Braun, R., 1969, Uns. Rassehd., 363. - **989**. Braund,K.G., 1988, Labrador Retriever myopathy. Proc. 6th an. vet.med.for., 85-87,- **990**. Braund, K.G., 1989, Laryngeal paralysis and polyneuropathy in immature and mature dogs. Proc. 7th ann.vet.med.for., 984-987. - **991**. Braund, K.G., P. Ghosh, T.K. Taylor, L.H. Larsen, 1975, Morphological studies of the canine intervertebral disc. Res.vet.sci. 19, 167-172. - **992**. Braund, K.C., T.K.Taylor, P. Ghosh, A.A. Sherwood, 1977, Spinal mobility in the dog. Res.vet.sci. 22, 78-82. - **993**. Braund, K.C.,P.J. Luttgen, D.C. Sorjonen, R.W. Redding, 1979, Idiopathic facial paralysis in the dog. Vet.rec. 105, 297-299. - **994** Braund, K.G., P.J. Luttgen, R.W. Redding, P.F. Rumph, 1980, Distal symmetrical polyneuropathy in a dog. Vet.path. 17, 422-435. - **995**. Braund, K.G., H.S. Steinberg, 1989, Degenerative myopathy of Bouvier des Flandres. Proc. 7th ann.vet.med.for., 995-998. - **996**. Braund, K.G., M.E. Matz, 1989, Congenital hypomyelinating polyneuropathy in two Golden Retriever littermates. Proc. 7th ann.vet.med, for., 957-960. - **997**. Braund, K.G., H.S. Steinberg, A. Shores, J.E. Steiss, J.R. Mehta, M. Toivio-Kinnucan, K.A. Amling, 1989, Laryngeal paralysis in immature and mature dogs as one sign of a more diffuse polyneuropathy. J.A.V.M.A. 194, 1735-1740. - **998**. Braund, K.G., J.R. Mehta, M. Toivio-Kinnucan, K.A. Amling, L.G. Shell, M.E. Matz, 1989, Congential hypomyelinating polyneuropathy in two Golden Retriever littermates. Vet.path. 26, 202-208. - **999**. Braund, K.G., H.S. Steinberg, J.R. Mehta, K.A.Amling, 1990, Investigating a degenerative polymyopathy in four related Bouvier des Flandres dogs. Vet.med. 85, 558-570. - **1000**. Braunschweig, A.v., 1975, Tollwutbekämpfung aus jagdlicher Sicht. Bund. ges. bl.18, 290-293. - **1001**. Bray, G.M., I.D. Duncan, I.R. Griffiths, 1983, Shaking pups. Neuropath. appl. neurobiol. 9, 369-378. - **1002**. Bree, H.v., D. Mattheeuws, Y. Bouquet, 1977, Bloedtransfusie bij de hond. Vlaams dierg. tijds. 46, 26-37. - **1003**. Bree, H.v., L. Pollet, J.v.d. Stock, A. de Rick, J. de Scheper, D. Mattheeuws, 1980, Panosteitis bij de hond. Vlaams dierg. tijds. 49, 331-351. - **1004**. Brehm, A.E., 1923, Die Haushunde. Recl. Univ. Bibl., Leipz. - **1005**. Breider, M.A., R.M. Shull, G. Constantopoules, 1989, Long-term effects of bone marrow transplantation in dogs with mucopolysaccharidosis I. Am. J. path. 134, 677-692. - **1006**. Breitschwerdt, E.B., W.H. Halliwell, C.W. Foley, D.R. Stark, L.A. Corwin, 1980, A hereditary diarrhetic syndrome in the Basenji characterized by malabsorption, protein losing enteropathy and hypergammaglobulinemia. J. Am. an. hosp. ass. 16, 551-560. - **1007**. Breitschwerdt, E.B., C. Waltman, H.V. Hagstad, R. Ochoa, J. McClure, O. Barta, 1982, Clinical and epidemiologic characterization of a diarrheal syndrome in Basenji dogs. J.A.V.M.A. 180, 914-920. - **1008**. Breitschwerdt, E.B., R. Ochoa, M. Barta. J. McClure, C. Waltham, 1984, Clinical and laboratory characterization of Basenjis with immunoproliferative small intestine disease. Am. J. vet. res. 45, 267-273. - **1009**. Breitschwerdt, E.B., T.T. Brown, E.v.d. Buysscher, B.R. Andersen, D.E. Thrall, E. Hager, G. Ananaba, M.A. Degen, M.D. Ward, 1987, Rhinitis, pneumonia, and defective neutrophil function in the Doberman Pinscher. Am.J.vet.res. 48, 1054-1062. - **1010**. Breitschwerdt, E.B., N.J. MacLachlan, R.A. Argenzio, S.A. Hurlbert, C. Babineau, E.V.de Buysscher, 1991, Gastric acid secretion in Basenji dogs with immunoproliferative enteropathy. J.vet.int.med. 5, 34-39. - **1011**. Brelie, K.v., 1977, HAZ 22.12.77. - **1012**. Brendel, G., 1977, SV-Z. 71, 536. - **1013**. Breshears, D.E., 1965, Esophageal dilatation in six-week old male German Shepherd pups.Vet.med. 60, 1034-1036. - **1014**. Breur, G.J., C.A. Zerbe, R.F. Slocombe, G.A. Padgett, T.D. Braden, 1989, Clinical, radiographic, pathologic, and genetic features of osteochondrodysplasia in Scottish Deerhounds. J.A.V.M.A. 195, 606-612. - **1015**. Brewerton, D.A., M. Caffrey, A. Nicholls, D. Walters, D.C. James, 1973, Acute anterior uveitis and HI-A 27. Lancet 2, 994-996. - **1016**. Brewster, R.D., S.A. Benjamin, R.W. Thomassen, 1983, Spontaneous cor pulmonale in laboratory Beagles. Lab.an.sci. 33, 299-302. - **1017**. Briedermann,L., 1975, Die Rolle der Jagd in der sozialistischen Gesellschaft. Mh. Vet. med. 30, 780-786. - **1018**. Briggs, O.M., 1985, Lentiginosis profusa in the pug.J.sm.an.pract. 26, 675-680. - **1019**. Briggs, O.M., E.H. Harley, 1985, Serum urate concentrations in the Dalmatian Coach Hound. J.comp.path. 95, 301-304. - **1020**. Briggs, O.M., W.S. Botha, 1986, Color mutant alopecia in a blue Italian greyhound. J.Am.an.hosp.ass. 22, 611-614. - **1021**. Bright, R.M., 1987, Dystocia-etiologies. 2nd ann.vet.surg.for., 27-29. - **1022**. Brinkhous, K.M., 1973, Summary of contribution of hemophilic dogs to knowledge and human welfare. In: Harmison a.a.O. - **1023**. Brinkhous, K.M., J.B. Graham, 1950, Hemophilia in the female dog. Science 111, 723-724. - **1024**. Brinkhous, K.M., P.D. Davis, J.B. Graham, W.J. Dodds, 1973, Expression of linkage for X-linked hemophilias A and B in the dog. Blood 41, 577-585. - **1025**. Brisbin, I., S.N. Austad, 1991, Testing the individual odour theory of canine olfaction. An.behav. 42, 63-69. - **1026**. Britt, D.P., T.A. Cole, C.R. Shipp, 1978, Salmonella from dogs in Vom, N. Nigeria. Trop. an hlth. prod. 10, 215-218. - **1027**. Brock, W.E., R.G. Buckner, J.W. Hampton, R.M. Bird, C.E. Wulz, 1963, Canine hemophilia. Arch. path. 76. 464-469. - **1028**. Brodey, R.S., 1964, Canine urolithiasis. J.A.V.M.A. 145, 28. - **1029**. Brodey, R.S., 1966, Canine and feline neoplasia. S.W. vet. 19, 269-275. - **1030**. Brodey, R.S., 1970, Canine and feline neoplasia. Adv.vet.sci.comp.med. 14, 309-354. - **1031**. Brodey, R.S., 1970, The biological behaviour of canine oral and pharyngeal neoplasms. J.sm.an.pract. 11, 45-53. - **1032**. Brodey, R.S., 1971, Hypertrophic osteathropathy in the dog. J.A.V.M.A. 159, 1242-1256. - **1033**. Brodey, R.S., R.M.

Sauer, W. Medway, 1963, Canine bone neoplasms. J.A.V.M.A. 143, 471-495. – **1034**. Brodey, R.S., J.F. Roszel, 1967, Neoplasms of the canine uterus, vagina and vulva. J.A.V.M.A. 151, 1294-1307. – **1035**. Brodey, R.S., D.F. Kelly, 1968, Thyroid neoplasms in the dog. Cancer 22, 406-416. – **1036**. Brodey, R.S., W.H. Riser, 1969, Canine osteosarcoma. Clin.orth.re.res. 62, 54-64. – **1037**. Brodey, R.S., S.K. McDonough, F.L. Frye, W.D. Hardy, 1969, Epidemiology of feline leukemia. Comp.leuk.res., 333-342. – **1038**. Brodey, R.S., M. Misdorp, W.H. Riser, R.O.v.d. Huil, 1974, Canine skeletal chondrosarcoma. J.A.V.M.A. 165, 68-78. – **1039**. Brodey, R.S., D.A. Abt, 1976, Results of surgical treatment in 65 dogs with osteosarcoma. J.A.V.M.A. 168, 1032-1035. – **1040**. Brodie, J.D., 1981, Health benefits of owning pet animals. Vet.rec. 109, 197-199. – **1041**. Broek, A. H. v. d., R. W. Else, M. S. Hunter, 1988, Atresia ani and urethrocetal fistula in a kitten. J. sm. an. pract. 29, 91-94. – **1042**. Broek, A. H. v. d., R. W. Else, R. Abercromby, M.France, 1991, Spinal dysraphism in the Weimaraner. J. sm. an. pract. 32, 258-260. – **1043**. Broekman, L. J., 1982, Pers. Mitteil. – **1044**. Brogdon, J. D., A. H. Brightman, S. A. McLaughlin, 1991, Diagnosing and treating masticatory myositis. Vet. med. 86, 1164-1170. – **1045**. Brömel, J., 1966, Untersuchungen zur Verbreitung und Genetik des Kryptorchismus und anderer angeborener Anomalien bei deutschen Boxern. Diss. Gießen. – **1046**. Bronson, R. T., 1982, Variation in age at death of dogs of different sexes and breeds. Am. J. vet. res. 43, 2057-2059. – **1047**. Brookhart, J. M., P. L. Parmeggiani, W. A. Petersen, S. A. Stone, 1965, Postural stability in the dog. Am. J. phys. 208, 1047-1057. – **1048**. Brooks, D. E., D. A. Samuelson, K. N. Gelatt, 1989, Ultrastructural changes in laminar optic nerve capillaries of Beagles with primary open-angle glaucoma. Am. J. vet. res. 50, 929-935. – **1049**. Brooks, D. E., D. A. Samuelson, K. N. Gelatt, 1989, Morphologic changes in the lamina cribrosa of Beagles with primary open-angle glaucoma. Am. J. vet. res. 50,936-941. – **1050**. Brooks, K. D., 1989, Idiopathic hyperlipoproteinemia in a cat. Comp. an. pract. 19, 5-9. – **1051**. Brooks, M. B., W. J. Dodds, 1989, Factor IX deficiency in two male domestic short-hair cats. J. Am. an. hosp. ass. 25, 153-155. – **1052**. Brooymans-Schallenberg, J. H. 1980, Determination of canine hip dysplasia and selection against this trait. Proc. voorj. dg. Amsterd., 50-51. – **1053**. Brooymans-Schallenberg, J. H., 1983, Diagnosis of canine hip dysplasia and selection against this trait. Vet. quart. 5, 8-10. – **1054**. Brosius, I., 1971, Uns. Rassehd., 405. – **1055**. Brouwers, J., 1950, Goitre et hérédité chez le chien. Ann. méd. vét. 94, 173-174. – **1056**. Brower-Rabinowitsch, A., 1976, Makroskopisch-anatomische und röntgenologische Untersuchungen zum Zahndurchbruch und Zahnwechsel bei der Katze. Diss. Hannover. – **1057**. Brown, A. M., 1963, Matching the animal with the experiment. In: Lane-Petter a. a. O. – **1058**. Brown, C. J., O. D. Murphree, J. E. Newton, 1978, The effect of breeding on human aversion in pointer dogs. J. hered. 69, 362-365. – **1059**. Brown, C. J., I. L. Brisbin, 1983, Genetic analysis of pariah cat populations from the southeastern United States. J. hered. 74, 344-348. – **1060**. Brown, D. J., D. F. Patterson, 1989, Pulmonary atresia with intact ventricular septum and agenesis of the ductus arteriosus in a pup. J. A. V. M. A. 195, 229-234. – **1061**. Brown, K. S., 1973, Genetic features of deafness. J. acoust. soc. Am. 54, 569-575. – **1062**. Brown, N. O., J. L. Parks, R. W. Greene, 1977, Canine urolithiasis. J. A. V. M. A. 170, 414-418. – **1063**. Brown, N. O. J. L. Parks, R. W. Greene, 1977, Recurrence of canine urolithiasis. J. A. V. M. A. 170, 419-422. – **1064**. Brown, N. O., M. L. Helphrey, R. G. Prata, 1977, Thoracolumbar disk disease in the dog. J. Am. an. hosp. ass. 13, 665-672. – **1065**. Brown, P. R., 1987, Fly catching in the cavalier King Charles spaniel. Vet. rec. 120, 95. – **1066**. Brown, R. G., G. N. Hoag, R. E. Subden, M. E. Smart, 1977, Alaskan Malamute chondrodysplasia III. Growth 41, 207-214. – **1067**. Brown, R. G., G. N. Hoag, M. E. Smart, G. Boechner, R. E. Subden, 1977, Alaskan Malamute chondrodysplasia IV. Growth 41, 215-220. – **1068**. Brown, R. G., G. N. Hoag, M. E. Smart, L. H. Mitchell, 1978, Alaskan Malamute chondrodysplasia V. Growth 42, 1-6. – **1069**. Brown, R. V., Y. – S. Teng, 1975, Studies of inherited pyruvate kinase deficiency in the Basenji. J. Am. an. hosp. ass. 11, 362-365. – **1070**. Brown, S., M. Leggett, 1986, Tail Docking. Vet. rec. 119, 119. – **1071**. Brownie, C. F., M. W. Tess, R. D. Prasad, 1988, Bilateral renal agenesis in two litters of Shetland Sheepdogs. Vet. hum. tox. 30, 483-485. – **1072**. Brownlie, S. E., 1991, An electrocardiographic survey of cardiac rhythm in Irish wolfhounds. Vet. rec. 129, 470-471. – **1073**. Brownlie, S., H. Nott, 1991, An investigation of size in Irish wolfhounds with supraventricular cardiac arrhythmias. Vet. rec. 129, 493. – **1074**. Brückner, D., 1983, Collie Rev. 6, 36. – **1075**. Brueckner, K. A., 1990, Caudal cervical spondylomyelopathy. J. Am. an. hosp. ass. 25, 677-683. – **1076**. Brückner, G. H., 1938, Über einen zweibeinigen Hund. Z. Hundeforsch. NR 13, 1-16. – **1077**. Brückner, H., 1977, Jagdgebr. hd. 13, 121. – **1078**. Brückner, H., 1989, Dt. Drahth.bl. 67, 148. – **1079**. Brühl, M., 1989, Studie zur Epidemiologie der Urolithiasis bei Hund, Katze und Kaninchen auf der Grundlage infrarotspektroskopischer Untersuchungen. Diss. Gießen. – **1080**. Bruin, S., 1981, Edelkatze, 31, 18. – **1081**. Brummer, H., 1971, Uns. Pudel. 15, 114. – **1082**. Brummer, H., 1973, SV-Z. 66, 262. – **1083**. Brummer, H., 1974, Lenkung der Kotabgabe beim Hund. Berl. Münch. tierärztl. Wschr. 87, 53-54. – **1084**. Brummer, H., 1975, Über die Krallenamputation bei Katzen. Du u. d. T. 5, 44-45. – **1085**. Brummer, H., H. Eikmeier, 1967, Psychosomatische Störungen und Erkrankungen bei Tieren. Dt. tierärztl. Wschr. 74, 433-434. – **1086**. Brummer, H., U. Theissen, 1974, Beobachtungen über Kannibalismus beim Hund. Dt. tierärztl. Wschr. 81, 88-90. – **1087**. Brunk, R., 1966, Hämatologische Standardwerte beim Englischen Beagle. Berl. Mün. tierärztl. Wschr. 79, 167-168. – **1088**. Brunk, R., 1973, Jagdgebr.hd. 9, 84, – **1089**. Brunnberg, L., 1990, Klinische Untersuchungen zur Ätiologie und Pathogenese der Ruptur des Ligamentum cruciatum craniale beim Hund. Kleintierprax. 35, 377-389. – **1090**. Brunnberg, L., H. Waibl, M. L. Nagel, 1978, Zur aseptischen Knochennekrose des Caput humeri beim Hund. Berl. Münch. tierärztl. Wschr. 91, 418-423. – **1091**. Brunner, F., 1969, Die Anwendung von Ergebnissen der vergleichenden Verhaltensforschung in der Kleintierprax. Z. Tierpsych. 26, 129-165. – **1092**. Brunner, F., 1970, Arttypisches und abnorm auftretendes Miktionsverhalten beim Großstadthund. Vet. med. Nachr., 43-47. – **1093**. Brunner, F., 1971, Über die abnorme Aggressivität bei Hunden. Dt. tierärztl. Wschr. 78, 346-350. – **1094**. Brunner, F., 1971, Schweiz. hundesp. 87, 511; 546. – **1095**. Brunner, F., 1973, SV-Z. 66, 276. – **1096**. Brunner, F., 1973, Der unverstandene Hund. Verl. J. Neumann, Neudamm. – **1097**. Brunner, F., 1976, Akupunkturanalgesie in der Veterinärmedizin. tierärztl. prax. 4, 387-396. – **1098**. Brunner, F., K. Hlawacek, 1976, Die Katze – richtig verstanden. Gersbach u. Sohn, München. – **1099**. Bruns, H., 1976, Dachshde. 31, 267. – **1100**. Brusis, H. P., 1991, Gefl. börse 112, 15. – **1101**. Bruyere, P., 1970, La maladie de Legg-Perthes-Calvé-Waldenstrom. Ann. méd.vét. 114, 67-74. – **1102**. Bryson, E. L., N. J. Vatistas, 1987, Unusual sequelae to discospondylosis in a boxer. Vet. rec. 120, 538. – **1103.** Bubna-Littiz, H., K. Schätz, H. Brochier, 1986, Untersuchung zur Laufmotivation von Schlittenhunden. Wien. tierärztl. Mschr. 73, 311-314. – **1104.** Buchanan, J. W., 1972, Spontaneous left atrial rupture in dogs. In: Bloor, C. M., Comparative pathophysiology of circulatory disturbances. Plenum Pr., N.Y. – **1105.** Buchanan, J. W., D. F. Patterson, 1965, Selective angiography and angiocardiography in dogs with congenital cardiovascular disease. J. Am. vet. rad. soc. 6, 21-39. – **1106.** Buchanan, J. W.,R. P. Botts, 1972, Clinical effects of repeated cardiac punctures in dogs. J. A. V. M. A. 161, 814-818. – **1107.** Buchwalder, R., 1973, Probleme des Spulwurmbefalles beim Hund und seine Bedeutung als Zoonose. Mh. Vet. med. 28, 98-103. – **1108.** Buckner, R. G., J. M. Hampton, R. M. Bird, W. E. Brock, 1967, Hemophilia in the Vizsla. J. sm. an. pract. 8, 511-519. – **1109.** Buckrell, B., 1986, Use of frozen semen from dogs in Canada. Can. vet. J. 27, 161-163. – **1110.** Buckwell, A. C., 1981 Breeding towards a disaster. Vet. rec. 109, 367. – **1111.** Büdenhölzer, J., 1973, Uns. Rassehd., 831. – **1112.** Büdenhölzer, J., 1974, Uns. Rassehd., 296. – **1113.** Budsberg, S. C., Z. L. Spurgeon, H. D. Liggitt, 1985, Anatomic predisposition to perianal fistulae formation in the German Shepherd dog. Am. J. vet. res. 46, 1468-1472. – **1114.** Budsberg, S. C., M. C. Verstraete, R. W. Soutas-Little, 1987, Force plate analysis of the walking gait in healthy dogs. Am. J. vet. res. 48, 915-918. – **1115.** Buergelt, C. D., R. F. Suter, W. J. Kay, 1968, Persistent truncus arteriosus in a cat. J. A. V. M. A. 153, 548-552. – **1116.** Bülow, C. v., 1974, Wld. u. Hd. 76,931. – **1117.** Bundy, D. A., D. E. Thompson, B. D. Robertson, E. S. Cooper, 1987, Age-relationships of Toxocara canis seropositivity and geohelminth infection prevalence in two communities in St. Lucia. Trop. med. paras. 38, 309-312. – **1118.** Bunnell, D. H., B. R. Visscher, R. Detels, 1979, Multiple sclerosis and housedogs. Neurol. 29, 1027-1029. – **1119.** Burbidge, H., B. E. Goulden, B. R. Jones, 1991, Neurogenic laryngeal paralysis in the dog. N. Zeal. vet. J. 39, 83-87. – **1120.** Burckhardt, A., V. Schmidt, 1978, Rechtsgrundlage der veterinärmedizinischen Betreuung von Klein- und Heimtieren der Bürger. Mh. Vet. med. 33, 761-765. – **1121.** Burda, H., 1982, Inherited deafness in cats. Chovat. 21, 188. – **1122.** Burditt, L. J., K. Chotai, S. Hirani, P. G. Nugent, B. G. Winchester, W. F. Blakemore, 1980, Biochemical studies on a case of feline mannosidosis. Biochem. J. 189, 467-473. – **1123.** Buresch, J., 1976, Du u. d. T. 6, 38, – **1124.** Burger, I. H., 1987, Nutritional aspects of the feline urological syndrome (FUS). J. sm. an. pract. 28, 448-455. – **1125.** Burghoff, H., 1982, Darstellung und Vererbung der Peptidasen aus den Erythrozyten des Hundes. Diss. Hannover. – **1126.** Burgiser, H., J. Hintermann, 1961, Kystes dermoides de la tête chez le boxer. Schweiz. Arch. Tierhlk. 103, 309-312. – **1127.** Burke, M. J., W. J. Banks, A. W. Nelson, H. B. Seim, 1986, Histochemical study of the anulus fibrosus in normal canine caudal cervical intervertebral discs. Res. vet. sci. 40, 18-23. – **1128.** Burke, T. J., 1975, Feline reproduction. Fel.pract. 5, 16-19. – **1129.** Burke, T. J., 1976, Feline reproduction. Vet. clin. N. Am. 6, 317-331. – **1130.** Burke, T. J., C. W. Smith, 1975, Vulvo-vaginal cleft in a dog. J. Am. an. hosp. ass. 11, 774-777. – **1131.** Bürki, F., 1970, Einige seltene, im Rahmen einer Kleintierpraxis übertragene Viruszoonosen. Kleintierprax. 16, 181-185. – **1132.** Burns, M., M. N. Fraser, 1966, Genetics of the dog. Oliver & Boyd, Lond. – **1133.** Burns, M., M. N. Fraser, 1968, Die Vererbung des Hundes. Oertel u. Spörer, Reutlingen. – **1134.** Burns, M. S., R. W. Bellhorn, C. W. Impellizzeri, G. D. Aguirre, A. M. Laties, 1988, Development of hereditary tapetal degeneration in the Beagle dog. Curr. eye res. 7, 103-114. – **1135.** Burns, M. S., N. K. Tyler, R. W. Bellhorn, 1988, Melanosome abnormalities of ocular pigmented epithelial cells in beagle dogs with hereditary tapetal degeneration. Curr. eye res. 7, 115-123. – **1136.** Burridge, M. J., 1978, Multiple sclerosis, house pets, and canine distemper. J. A. V. M. A. 173, 1439-1444. – **1137.** Burrows, C. F., 1977, Canine hemorrhagic gastroenteritis. J. Am. an. hosp. ass. 13, 451-458. – **1138.** Burrows, C. F., 1987, Pathogenese der Magenblähung. Intern. Sympos. Hannover, 159-162. – **1139.** Burrows, C. F., 1987, Reversible mega-oesophagus in a dog with hypoadrenocorticism. J. sm. an. pract. 28, 1073-1078. – **1140.** Burrows, C. F., L. A. Ignaszweski, 1990, Canine gastric dilatation-volvulus. J. sm. an. pract. 31, 495-501. – **1141.** Burstone, M. S., E. Bond, R. Litt, 1952, Familial gingival hypertrophy in the dog (Boxer breed). Arch. path. 54, 208-212. – **1142.** Busch-Hoffmann, G., 1991, Katzen extra 12, 46. – **1143.** Büscher, D. W., 1972, Das Doping. Diss. Hannover. – **1144.** Buskirk, R. v., 1977, The lens epithelium of American cocker spaniels with inherited and non-inherited lens cataracts. Res. vet. sci. 22, 237-242. – **1145.** Bussieras, J., R. Chermette, 1980, Bilan de deux années de traitement de la démodécie du chien par l'amitraz. Rec. méd. vét. 156, 605-608. – **1146.** Butler M., C., 1975, Felines for food. Vet. rec. 96, 276. – **1147.** Butt, K. M., 1971, The use of bromocyclen for the control of the cat flea. Vet. rec. 88, 253-254. – **1148.** Butterworth, S. J., H. R. Denny 1991, Follow-up study of 100 cases with thoracolumbar disc protrusions treated by lateral fenestration. J. sm. an. pract. 32, 443-447. – **1149.** Büttner, U., 1969, Die berufsbedingten von Tieren auf Menschen übertragenen Krankheiten in den Jahren 1955 – 1965 in Nordrhein. Diss. Düsseldorf. – **1150.** Butz, E. L., 1975, Hamburgers vs companion animals. J. A. V. M. A. 166, 91. – **1151.** Bydlinski, P., 1980, Edelkatze 30, 6. – **1152.** Byerly, T. C., 1975, Competition between man and animals. Work. Pap. Rockef. found. N. Y. – **1153.** Byhain, F., 1973, Jgdgebr.hd. 9, 141. – **1154.** Cabasso, V., J., 1966, Discussion-canine distemper. J. A. V. M. A. 149, 618-621. – **1155.** Cachin, M., M. Vandevelde, 1991, Tremor beim Tier. Wien. tierärztl. Mschr. 78, 252-255. – **1156.** Cahill, J. I., B. R. Jones, G. R. Barnes, A. S. Craig, 1980, A collagen dysplasia in a greyhound bitch. N. Zeal. vet.J. 28, 203-204. – **1157.** Cain, G. R., Y. Suzuki, 1985, Presumptive neonatal isoerythrolysis in cats. J. A. V. M. A. 187, 46-48. – **1158.** Calkins, E., D. Kahn, W. C. Diner, 1956, Idiopathic familial osteoporosis in dogs. Ann. N. Y. ac. sci. 64, 410-423. – **1159.** Calvert, C. A., 1984, Cardiomyopathy in the Doberman Pinscher dog. Cal. vet. 38, 7-12. – **1160.** Calvert, C. A., 1986, Dilated congestive cardiomyopathy in Doberman Pinschers. Comp. cont. ed. pract. vet. 8, 417. – **1161.** Calvert, C. A., W. L. Chapman, R. L. Toal, 1982, Congestive cardiomyopathy in Doberman Pinscher dogs. J. A. V. M. A. 181, 598-602. – **1162.** Calvert, C. A., J. Brown, 1986, Use of M-mode echocardiography in the diagnosis of congestive cardiomyopathy in Doberman Pinschers. J. A. V. M. A. 189, 293-297. – **1163.** Camon, J., J. Ruberte, G. Ordonez, 1990, Diprosopia in a cat. J. vet. med. A. 37, 278-284. – **1164.** Campbell, J. R. 1968, Shoulder lameness in the dog. J. sm. an. pract. 9, 189-198. – **1165.** Campbell, J. R., D. D. Lawson, 1963, The signs of prostatic disease in the dog. Vet. rec. 75, 4-7. – **1166.** Campbell, J. R., M. J. Pond, 1972, The canine stifle joint. J. sm. an. pract. 13, 11-18. – **1167.** Campbell, J. R., D. Bennet, R. Lee, 1976, Intertarsal and tarsometatarsal subluxation in the dog. J. sm. an. pract. 17, 427-442. – **1168.** Campbell, J. W., D. G. Campbell, 1973, Jungle cat-Felis chaus. Fel. pract. 3, 32-34. –

1169. Campbell, K. L., 1985, Canine cyclic hematopoiesis. Comp. cont. ed. pract. vet. 7, 57-60. – **1170.** Campbell, K. L., 1988, Growth hormone-related disorders in dogs. Comp. cont. ed. pract. vet. 10, 477-481. – **1171.** Campbell, K. L., C. Neitzel, F. A. Zuckermann, 1991, Immunoglobulin A deficiency in the dog. Can. pract. 16, 7-11. – **1172.** Campbell, T. M., P. M. Lording, R. H. Wrigley, R. B. Lavelle, 1980, Portal vein anomaly and hepatic encephalopathy in three dogs. Austr. vet. J. 56, 593-598. – **1173.** Campbell, W. E., 1975, The stool-eating dog. Mod. vet. pract. 56, 574-575. – **1174.** Campbell, W. E., 1975, Understanding the shy dog. Mod. vet. pract. 56, 278-282. – **1175.** Campbell, W. E., 1976, Problem behavior in dogs. Mod. vet. pract. 57, 627-629. – **1176.** Camuti, L. J. 1975, Pets under attack. Fel. pract. 5, 56 – **1177.** Candlin, F. T., 1956, Chronic solar dermatitis of the dog. Vet. med. 51, 523-527. – **1178.** Candlish, A. P., A. S. Nash, A. Peggram, 1984, Unusual vascular ring in a cat. Vet. rec. 114, 338-340. – **1179.** Canfield, P. J., A. D. Watson, 1989, Investigations of bone marrow dyscrasia in a Poodle with macrocytosis. J. comp. path. 101, 269-278. – **1180.** Capel-Edwards, K., 1977, Double vagina with perineal agenesis in a bitch. Vet. rec. 101, 57. – **1181.** Capel-Edwards, K., D. E. Hall, 1968, Factor VII Deficiency in the Beagle dog. Lab. anim. 2, 105-112. – **1182.** Capen, C. C., S. L. Martin, A. Koestner, 1967, Neoplasms in the adenohypophysis of dogs. Path.vet. 4, 301-325. – **1183.** Carati, C. J., K. E. Creed, E. J. Keogh, 1988, Vascular changes during penile erection in the dog. J. physiol. 400, 75-88. – **1184.** Carberry, J. A., H. J. Harvey, 1987, Owner satisfaction with limb amputation in dogs and cats. J. Am. an. hosp. ass. 23, 227-232. – **1185.** Carbyn, L. N., T. Trottier, 1987, Responses of bison on their calving grounds to predation by wolves in Wood Buffalo National Park. Can. J. zool. 65, 2072-2078. – **1186.** Cardinet, G. H., M. M. Guffy, L. J. Wallace, 1974, Canine hip dysplasia. J. A. V. M. A. 165, 529-532. – **1187.** Cardinet, G. H., M. M. Guffy, L. J. Wallace. R. C. Labben, 1983, Canine hip dysplasia in German Shepherd dog-Greyhound-crossbreeds. J. A. V. M. A. 182, 393-395. – **1188.** Cardinet, G. H., L. H. Spelman, 1989, Autoantibodies in canine masticatory myositis. Proc. 7th. ann. vet. med. for. 988-990. – **1189.** Carding, A. H., 1968, Mass euthanasia of dogs with carbon monoxide and/or carbon dioxide. J.sm.an, pract. 9, 245-259. – **1190.** Carding, A.H., 1969, The significance and dynamics of stray dog populations with special reference to the U. K. and Japan. J. sm. an. pract. 10,419-446. – **1191.** Carding, A., 1975, The growth of the pet population in Western Europe and the implications for dog control in Great Britain. In: Anderson a. a. O. – **1192.** Carding, T., 1977, Euthanasia of dogs and cats. Anim. reg. stud. 1, 5-21. – **1193.** Carithers, C. M., 1960, Children and their pets. Vet. med. 55, 58-62. – **1194.** Carles, A. B., K. M. Lampkin, 1977, Studies of the permanent incisor eruption, and body development of the Large East African Zebu. J. agr. sci. 88, 361-373. – **1195.** Carlile, J. L., 1981, Feline retinal atrophy. Vet. rec. 108, 311. – **1196.** Carlile, J. L., S. D. Carrington, P. G. Bedford 1984, Six cases of progressive retinal atrophy in Abyssinian cats. J. sm. an. pract. 25, 415-420. – **1197.** Carlson, W. D., G. A. Severin, 1961, Elbow dysplasia in the dog. J. A. V. M. A. 138, 295-297. – **1198.** Carmack, B. J., J. Becker, 1988, Staff stress. Lab. anim. 17, 21-27. – **1199.** Carmichael, S., I. R. Griffiths, M. J. Harvey, 1983, Familial cerebellar ataxia with hydrocephalus in bull mastiffs. Vet. rec. 112, 354-358. – **1200.** Carpenter, J. L., N. C. Andelman, F. M. Moore, N. W. King, 1988, Idiopathic cutaneous an renal glomerular vasculopathy of greyhounds. Vet. path. 25, 401-407. – **1201.** Carrara, O., A. Cremagnani, 1965, Statistical surveys on the incidence of neoplasms in dogs in the Milan district. Att. soc. it. sci. vet. 18, 401-406. – **1202.** Carrig, C. B., A. A. Seawright, 1969, A familial polyostotic fibrous dysplasia with subperiosteal cortical defects. J. sm. an. pract. 10, 397-405. – **1203.** Carrig, C. B., A. MacMillan, S. Brundage, R. R. Pool, J. P. Morgan, 1977, Retinal dysplasia associated with skeletal abnormalities in Labrador Retrievers. J. A. V. M. A. 170, 49-57. – **1204.** Carrig, C. B., J. A. Wortman, E. L. Morris, W. E. Blevins, C. R. Root, G. F. Hanlon, P. F. Suter, 1981, Ectrodactyly in the dog. Vet. rad. 22, 123-143. – **1205.** Carrington, S. D., J. L. Carlile, 1981, Progressive retinal atrophy in Abyssinian cats. Vet. rec. 108, 426. – **1206.** Carrington, S. D., P. G. Bedford, J. P. Guillon, E. G. Woodward, 1989, Biomicroscopy of the tear film. Vet. rec. 124, 323-328. – **1207.** Carta, A., 1940, Raggi solari e cancro dei gatti bianchi. Clin. vet. 63, 85-97. – **1208.** Cartee, R. E., T. Rowles, 1984, Preliminary study of the ultrasonographic diagnosis of pregnancy and fetal development in the dog. Am. J. vet. res. 45, 1259-1265. – **1209.** Carter, C. N., 1990, Pet population control. J. A. V. M. A. 197, 192-195. – **1210.** Carter, J. D., 1973, Medical conjunctivoplasty for aberrant dermis of the Lhasa Apso. J. Am. an. hosp. ass. 9, 242-244. – **1211.** Carver, E. A., 1984, Coat color genetics of the German Shepherd dog. J. hered. 75, 247-252. – **1212.** Casal, M., G. Hartmeier, M. Hubler, S. Arnold, B. Hauser, P. Rüsch, 1988, Feminisierungssyndrom bei Rüden. VET 3, 7, 54-57. – **1213.** Castagnaro, M. 1990, Lectin histochemistry of the central nervous system in a case of feline alpha-mannosidosis. Res. vet. sci. 49, 375-377. – **1214.** Caston, H., 1973, Stress and the feline urological syndrome. Fel. pract. 3, 14-22. – **1215.** Catalfamo, J. L., W. J. Dodds, 1988, Hereditary and acquired thrombopathias. Vet. clin. N. Am. 18, 185-193. – **1216.** Catcott, E. J., 1968, Canine medicine. Am Vet. Publ., Wheaton, Illinois. – **1217.** Cattell, R. B., C. R. Bolz, B. Korth, 1973, Behavioral types in purebred dogs objectively determined by taxonome. Behav. gen. 3, 205-216. – **1218.** Cebulj, N. 1984, Relevance of blood picture in diagnosing eosinophilic panosteitis of dogs. Veterinarstvo 21, 253-260. – **1219.** Centerwall, W. R., K. Benirschke, 1973, Male tortoiseshell and calico cats. J. hered. 64, 272-278. – **1220.** Centerwall, W. R., K. Benirschke, 1973, Male calico and tortoiseshell cats. Genet. 74, 41. – **1221.** Chaffaux, S., E. P. Cribiu, F. Crespeau, 1986, Un cas rare d'hermaphrodisme vrai latéral chez une chienne 78, YX. Rec. méd. vét. 162, 463-470. – **1222.** Chaffaux, S., E. P. Cribiu, 1990, Pseudohermaphrodise femelle d'orgine iatrogène chez trois chiennes d'une même portée. Rec. méd. vét. 166, 407-411. – **1223.** Chaffaux, S., E. P. Cribiu, 1991, Clinical, histological and cytogenetic observations on nine intersex dogs. Gen. sel. evol. 23, 81-84. – **1224.** Chakraborty, P. K. 1987, Reproductive hormone concentrations during estrus, pregnancy, and pseudopregnancy in the Labrador bitch. Theriogen. 27, 827-840. – **1225.** Chamala, S., B. R. Crouch, 1981, A survey of pet owner views of veterinarians in Brisbane environs. Austr. vet. J. 57, 485-492. – **1226.** Chapman, A. L., W. J. Bopp, A. S. Brightwell, H. Cohen, A. H. Nielsen, C. R. Gravelle, A. A. Werder, 1967, Preliminary report on virus-like particles in canine leukemia and derived cell lines. Canc. res. 27, 18-25. – **1227.** Chapman, B. L., 1991, Feline aggression. Vet. clin. N. Am. 21, 315-327. – **1228.** Chapman, B. L., V. L. Voith, 1990, Cat aggression redirected to people. J. A. V. M. A. 196, 947-950. – **1229.** Chapman, B. L., V. L. Voith, 1990, Behavorial problems in old dogs. J. A. V. M. A. 196, 944-946. – **1230.** Chapman, B. L., U. Giger, 1990, Inherited erythrocyte pyruvate kinase deficiency in the

West Highland terrier. J. sm. an. pract. 31, 610-616. - **1231**. Chapman, B. L., U. Giger, 1991, Erythrocyte pyruvate kinase deficiency in West Highland white terriers. Mod. vet. pract. 72, 148-149. - **1232**. Chapman, V. A., F. N. Zeiner, 1961, The anatomy of polydactylism in cats with observations on genetic control. Anat. rec. 141, 105-127. - **1233**. Chappuis, G., J. Terré, 1970, Les groupes sanguins et la transfusion sanguine chez le chien. Rec. méd. vét. 146, 671-676. - **1234**. Chastain, C. B., 1989, Hair coat markers of associated genetic defects. Proc. 7th ann. vet. med. for., 214-217. - **1235**. Chastain, C. B., S. V. McNeel, C. L. Graham, S. C. Pezzanite, 1983, Congenital hypothyroidism in a dog due to an iodide organification defect. Am. J. vet. res. 44, 1257-1265. - **1236**. Chastain, C. B., W. G. Guilford, D. Schmidt, 1988, The 38, XX/39, XXY genotype in cats. Comp. cont. ed. pract. vet. 10, 18-22. - **1237**. Chastain, C. B., R. W. Madsen, R. T. Franklin, 1989, A screening evaluation for endogenous glucocorticoid deficiency in dogs. J. Am. an. hosp. ass. 25, 18-22. - **1238**. Chatburn, C. C., K. M. Meyers, 1977, Electromyographic abnormalities of Labrador retriever dogs with familial myotonic dystrophy. Fed. proc. 36, 556. - **1239**. Chatfield-Taylor, J., 1976, S. Franc. Chron. 23. 2. - **1240**. Chaudieu, G., G. Camy, 1991, Anomalies dentaires chez les carnivores domestiques. Rec. méd. vét. 167, 991-995. - **1241**. Chaussy, C., C. Hammer, J. Scheel, K. Pielsticker, H. W. Sollinger, K. J. Pfeiffer, H. Pongratz, W. Brendel, 1975, Xenogenic skin and kidney transplants in a closely related canine system, fox-dog. Transplant. 20, 150-154. - **1242**. Chauve, J. P., 1971, Le Boston-Terrier. Diss. Lyon. - **1243**. Cherfas, J., 1990, Two bomb attacks on scientists in the U. K. Science 248, 4962. - **1244**. Chesney, C. J., 1973, A case of spina bifida in a chihuahua. Vet. rec. 93, 120-121. - **1245**. Chester, D. K., 1971, Multiple cartilaginous exostoses in two generations of dogs. J. A. V. M. A. 159, 895-897. - **1246**. Chester, Z., W. T. Clark, 1988, Coping with blindness. Vet. rec. 123, 668-671. - **1247**. Cheville, N.F., 1968, The gray collie syndrome. J.A.V.M.A. 152, 620-630. - **1248**. Cheville, N.F., 1975, The gray collie syndrome. J. Am. an. hosp. ass. 11, 350-352. - **1249**. Cheville, N. F., R. C. Cutlip, H. W. Moon, 1970, Microscopic pathology of the Gray Collie syndrome. Path. vet. 7, 225-245. - **1250**. Chew, D. J., S. P. DiBartola, J. T. Boyce, P. W. Gasper, 1982, Renal amyloidosis in related Abyssinian cats. J. A. V. M. A. 181, 139-142. - **1251**. Chew, D. J., S. P. DiBartola, J. T. Boyce, H. M. Hayes, J. J. Brace, 1983, Juvenile renal disease in Doberman Pinscher dogs. J. A. V. M. A. 182, 481-485. - **1252**. Chew-Lim, M., 1976, Hydrocephalus and anasarca in a Pekingese litter. Vet. rec 99, 424-425. - **1253**. Chiarelli, A. B., 1975, The chromosomes of the canidae. In: Fox a. a. O. - **1254**. Chichester, F. E., 1924, The anatomy of an otocephalic dog. Anat. rec. 28, 15-30. - **1255**. Chow, F. C., D. W. Hamar, I. Dysart, L. J. Rich, 1975, Feline urolithiasis. Fel. pract. 5, 15-19. - **1256**. Chquiloff, M. A., E. F. Nascimento, 1977, Histopathologische Veränderungen an Hoden und Nebenhoden bei Rüden, Kleintierprax. 22, 247-250. - **1257**. Chrisman, C. L., 1985, Distal polyneuropathy of Doberman Pinschers. Proc. 3rd. ann. med. for. S. Diego, 164-165. - **1258**. Chrisman, C. L., L. C. Cork, D. A. Gamble, 1984, Neuroaxonal dystrophy of Rottweiler dogs. J. A. V. M. A. 184, 464-467. - **1259**. Chrisp, C. E., D. H. Ringler, G. D. Abrams, N. S. Radin, A. Breukert, 1970, Lipid storage disease in a Siamese cat. J. A. V. M. A. 156, 616-622. - **1260**. Christian, M. K. 1984, Liver disease in Skye terriers. Vet. rec. 114, 127. - **1261**. Christiansen, I. J., M. Schmidt, 1982, Estimation of the fetal age in dogs and cats. Nord. vet. med. 34, 354-361. - **1262**. Christie, D. W., E. T. Bell, C. E. Horth, R. F. Palmer, 1971, Peripheral plasma progesterone levels during the canine oestrous cycle. Act. endocr. 68, 543-550. - **1263**. Christie, D. W., E. T. Bell, 1971, Some observations on the seasonal incidence and frequency of oestrous in breeding bitches in Britain. J. sm. an. pract. 12, 159-167. - **1264**. Christie, D. E., J. B. Bailey, E. T. Bell, 1972, Classification of cell types in vaginal smears during the canine oestrous cycle. Brit. vet. J. 128, 301-310. - **1265**. Christie, G. S., A. G. Jabara, 1964, Canine sweat gland growths. Res. vet. sci. 5, 237-244. - **1266**. Christie, T. R., 1975, Perianal fistulas in the dog. Vet. clin. N. am. 5, 353-362. - **1267**. Christoph, H. J., 1973, Klinik der Hundekrankheiten. G. Fischer Verl. Stuttg. - **1268**. Christoph, H. J., 1977, Das urologische Syndrom bei männlichen Katzen. Mh. Vet. med. 32, 481-484. - **1269**. Christoph, H. J., P. Arnold, U. D. Wenzel, G. Albrecht, 1969, Hüftgelenksuntersuchungen bei Dingos, Blaufüchsen und Füchsen. Mh. Vet. med. 24, 784-786. - **1270**. Chu, C. H., H. C. Thuline, D. E. Norby, 1964, Triploid-diploid chimerism in a male tortoiseshell cat. Cytogen. 3, 1-18. - **1271**. Chu, K. C, 1981, A study of mutant allele frequencies in the domestic cats of St. Johns Newfoundland. Carn. gen. nwsl. 4, 210-212. - **1272**. Chu, K., 1986, Mutant allele frequencies in domestic cats of Taiwan. J. hered. 77, 277-278. - **1273**. Church. D. B., G. S. Allan, 1991, Atrial septal defect and Eisenmenger's syndrome in a mature cat. Aust. vet. J. 67, 380. - **1274**. Churcher, S. W., 1976, A review of some of the risks to human health from dogs. Environm. hlth. 84, 220-226. - **1275**. Churcher, P. B., J. H. Lawton, 1987, Predation by domestic cats in an English village. J. zool. 212, 439-455. - **1276**. Cieslicki, M., P. Cieslicki, 1989, Auftreten von endogenem Ekzem und Kardiomyopathie in einer Abessinier-Katzenzucht. Kleintierprax. 34, 395-402. - **1277**. Clark, D. R., J. N. Ross, R. L. Hamlin, C. R. Smith, 1968, Tetralogy of Fallot in the dog. J. A. V. M. A. 152, 462-471. - **1278**. Clair, D., R. J. DeHoratius, R. J. Wolfe, R. Halliwell, 1980, Autoantibodies in human contacts of SLE dogs. Arthr. rheum. 23, 251-253. - **1279**. Clark, G. M., H. G. Kranz, H. Minas, 1973 Behavioral thresholds in the cat to frequency modulated sound and electrical stimulation of the auditory nerve. Exp. neurol. 41, 190-200. - **1280**. Clark, J. D., J. P. Calpin, R. B. Amstrong, 1991, Influence of type of enclosure on exercise fitness of dogs. Am. J. vet. res. 52, 1024-1028. - **1281**. Clark, J. M., 1973, Gene frequencies in the domestic cats of Adelaide. Aust. J. biol. sci. 26, 1215-1219. - **1282**. Clark, J. M. 1974, Cat colour gene frequencies in Australia. Carn. gen. nwsl. 2, 204-208. – **1283**. Clark, J. M., 1975, The effects of selection and human preference on coat colour gene frequencies in urban cats. Hered. 35, 195-210. - **1284**. Clark, J. M., 1976, Variation in coat colour gene frequencies and selection in the cats of Scotland. Genet. 46, 401-412. - **1285**. Clark, L., C. H. Carlisle, 1975, Spina bifida with syringomyelia and meningocele in a shorttailed cat. Aust. vet. J. 51, 392-394. - **1286**. Clark, P., G. E. Ryan, A. B. Czupron, 1975, Biochemical markers in the family Canidae. Aust. J. zool. 23, 411-417. - **1287**. Clark, R. G., W. J. Hartley, G. S. Burgess, J. S. Cameron, G. Mitchell, 1982, Suspected inherited cerebellar neuroaxonal dystrophy in collie sheep dogs. N. Zeal. vet. J. 30, 102-103. - **1288**. Clark, W. T., D. Cuddeford, 1971, A study of the aminoacids in urine from dogs with cystine urolithiasis. Vet. rec. 88, 414-417. - **1289**. Clarke,A. P., 1977, Number of cat owners. Fel. pract. 7, 52. - **1290**. Clarke, E. G., 1975, Pets and poisons. J. sm. an. pract. 16, 375-380. - **1291**. Clarke E. G., 1976, Species difference in toxicology. Vet. rec. 98, 215-218. - **1292**. Claus, G. E., E. Christie, J. P. Dubey, 1977, Prevalence of toxoplasma antibody in feline sera. J. parasit. 63, 266. -**1293**. Clayton, H. M., J. S. Boyd, 1982, Spina bifida in a German Shepherd puppy. Vet. rec. 112, 13-15. - **1294**. Clemesen, J., 1965, Statistical studies in the aetiology of malignant neoplasms. Act. path. micr. scand. Suppl. 174, I, 1-543. - **1295**. Clemmons, R. M., K. M. Meyers, 1982, Alterations in serotonergic neuronal function by prostaglandin inhibition in Scottish Terrier dogs affected with Scottie cramp. Fed. proc. 41, 1364. - **1296**. Clerc, B., 1976, Progrès dans la connaissance de la pathologie cornéenne du chien. Anim. comp. 11, 397-406. - **1297**. Clerc, B., 1978, Le cristallin et sa pathologie. Point vét. 8, 43-50. - **1298**. Clercx, C., W. E. v. d. Brom, H. W. de Vries, 1991, Comparison of inhalation-to-perfusion ratio in anesthetized dogs with barrel-shaped thorax vs dogs with deep thorax. Am. J. vet. res. 52, 1097-1103. - **1299**. Clifford, D. H., R. Malek, 1969, Diseases of the canine esophagus due to prenatal influence. Am. J. dig. dis. 14, 578-602. - **1300**. Clifford, D. H., J. N. Ross, E. D. Waddell, C. F. Wilson, 1971, Effect of persistent aortic arch on the ganglial cells of the canine esophagus. J. A. V. M. A. 158, 1401-1410. - **1301**. Clifford, D. H., F. K. Sifer, C. F. Wilson, E. D. Waddell, G. L. Guilland, 1971, Congenital achalasia of the esophagus in four cats of common ancestry. J. A. V. M. A. 158, 1554-1560. - **1302**. Clifford, D. H., K. A. Green, R. M. Watterson, 1990, Pit bulls, origins, identification and legislation. Pet vet. 2, 8-14. - **1303**. Clifford, R. J. 1986, Use of chlorbutol in greyhounds. Vet. rec. 119, 534. - **1304**. Clough, E., R. L. Pyle,W. C. Hare, D. F. Kelly, D. F. Patterson, 1970, An XXY sex-chromosome constitution in a dog with testicular hypoplasia and congenital heart disease. Cytogen. 9, 71-77. - **1305**. Clutton-Brock, J., 1977, Man-made dogs. Science 197, 1340-1342. - **1306**. Clutton-Brock, J., 1984, Dog. In: Mason, I. L., Evolution of domesticated animals. Longman, London. - **1307**. Cockerell, G. L., 1978, Naturally occurring acquired immunodeficiency diseases of the dog and cat. Vet. clin. N. Am. 8, 613-628. - **1308**. Cockett, P. A.., D. G. Clayton Jones, 1985, The incidence of humeral condylar fractures in the dog. J. sm. an. pract. 26, 437-444. - **1309**. Cockrell, B. Y., R. R. Heirgstad, G. L. Flo, A. M. Legendre, 1973, Myelomalacia in Afghan hounds. J. A. V. M. A. 162, 362-365. - **1310**. Codner, E. C., 1989, Canine atopy. Proc. 7th ann. vet. med. for., 105-108. - **1311**.. Codner, E. C., 1989, Pyodermie des Hundes. VET 4, 12, 13-22. - **1312**. Coffey, D. J., 1970, Observations on the surgical treatment of otitis externa in the dog. J. sm. an. pract. 11, 265-270. - **1313**. Coffey, D. J., 1981, Improving the standards. Vet. rec. 108, 484. - **1314**. Coffey, D. J., 1991, Attitudes to animal welfare. Vet. rec. 128, 574-575. - **1315**. Coffin, D. L., A. Thordal-Christensen, 1953, The clinical and some pathological aspects of pancreatic disease in dogs. Vet. med. 48, 193-198. - **1316**. Cogan, D. G., T. Kuwabara, 1965, Photoreceptive abiotrophy of the retina in the Elkhound. Path. vet. 2, 101-128. - **1317**. Cohen, D., 1975, Zoonoses in perspective. In: Anderson a. a. O. - **1318**. Cohen, D., S. Booth, O. Sussman, 1959, An epidemiological study of canine lymphoma and its public health service significance. Am. J. vet. res, 20, 1026-1031. - **1319**. Cohen, D., R. S. Brodey, S. M. Chen, 1964, Epidemiologic aspects of oral and pharyngeal neoplasms of the dog. Am. J. vet res. 25, 1776-1779. - **1320**. Cohen, D., J. S. Reif, R. S. Brodey, H. Keiser, 1974, Epidemiological analysis of the most prevalent sites and types of canine neoplasia observed in a veterinary hospital. Canc. res. 34, 2859-2868. - **1321**. Cohen, D., I. Eshel, 1976, On the founder effect and the evolution of altruistic traits. Theor. popul. biol. 10, 276-302. - **1322**. Cohen, J. S., L. P. Tilley, S. K. Liu, W. D. DeHoff, 1975, Patent ductus arteriosus in five cats. J. Am. an. hosp. ass. 11, 95-101. - **1323**. Cohlan, S. K., 1963, Teratogenic agents and congenital malformations. J. ped. 63, 650-659. - **1324**. Cohn, A. E., J. M. Steele, 1936, Changes with age in cardiac and body weights of wire haired fox terriers. Am. J. anat. 58, 103-107. - **1325**. Cohrs, P., H. C. Carstensen, 1952, Toxoplasmose beim Hund. Dt. tierärztl. Wschr. 59, 161-165. - **1326**. Cole, S. R, P. R. Baverstock, B. Green, 1977, Lack of genetic differentiation between domestic dogs and dingos at a further 16 loci. Aust. J. exp. biol. med. sci. 55, 229-232. - **1327**. Colling, D. T., R. Saison, 1980, Canine blood groups. An. bld. grps. bioch. gen. 11, 1-20. - **1328**. Colyer, F., 1936, Variations and diseases of the teeth of animals. Bale, Sons & Danielsson, Lond. - **1329**. Coman, B. J., J. L. Robinson, 1989, Some aspects of stray dog behaviour in an urban fringe area. Aust. vet. J. 66, 30-32. - **1330**. Combe, J., 1971, Uns. Rassehd., 913. - **1331**. Comberg, G., G. Sponer, H. Feder, G. Aschermann, R. Plischke, W. Wegner, 1972, Einige qualitative und quantitative Eigenschaften in Populationen Deutscher Schwarzbunter Rinder. Z. Tierz. Zücht. biol., 89, 109-122. - **1332**. Comont, P. S., A. C. Palmer, A. E. Williams, 1988, Weakness associated with spinal subpial myelopathy in a Weimaraner puppy. J. sm. an. pract. 29,367-372. - **1333**. Conaway, D. H., G. A. Padgett, T. E. Bunton, R. Nachreiner, J. Hauptman, 1985, Clinical and histological features of primary progressive familial thyroiditis in a colony of Borzoi dogs. Vet. path. 22, 439-446. - **1334**. Concannon, P. W., V. N. Meyers-Wallen, 1991, Current and proposed methods of contraception and termination of pregnancy in dogs and cats. J. A. V. M. A. 198, 1214-1225. - **1335**. Condit, M., 1976, Edelkatze 26, 4. - **1336**. Confer, A. W., B. C. Ward, 1972, Spinal dysraphism. J. A. V. M. A. 160, 1423-1426. - **1337**. Connelly, M. E., N. B. Todd, 1972, Age at first parity, litter size and survival in cats. Carn. gen. nwsl. 2, 50-52. - **1338**. Connolly, G. E., R. M. Timm, W. E. Howard, W. L. Longhurst, 1976, Sheep killing behavior of captive coyotes. J. wildl. man. 40, 400-407. - **1339**. Conroy, J. D., B. A. Rasmusen, E. Small, 1975, Hypotrichosis in Miniature poodle siblings. J. A. V. M. A. 166, 697-699. - **1340**. Constantopoulos, G., R. M. Shull, N. Hastings, E. F. Neufeld, 1985, Neurochemical characterization of canine alpha-L-iduronidase deficiency disease. J. neurochem. 45, 1213-1217. - **1341**. Cook, S. D., 1977, Multiple sclerosis survey. Vet. rec. 101, 314. - **1342**. Cook, S. D., B. H. Natelson, B. E. Levin, P. S. Chavis, P. C. Dowling, 1978, Further evidence of a possible association between house dogs and multiple sclerosis. Ann. neurol. 3, 141-143. - **1343**. Cook, S. D., P. C. Dowling, J. Norman, S. Jablon, 1979, Multiple sclerosis and canine distemper in Iceland. Lancet I, 380-381. - **1344**. Cook, S. D., P. C. Dowling, J. W. Prineas, W. W. Hall, 1981, A radioimmunoassay search for measles and distemper antigens in subacute sclerosing panencephalitis and multiple sclerosis brain tissues. J. neurol. sci. 51, 447-456. - **1345**. Cook, W. R., 1964, Observations on the upper respiratory tract of the dog and cat. J. sm. an. pract. 5, 309-329. - **1346**. Coop, M. C., 1958, A treatment for osteogenesis imperfecta in kittens. J. A. V. M. A. 132, 299-300. - **1347**. Cooper, B. J., I. Duncan, J. Cummings, A. DeLahunta, 1984, Defective Schwann cell function in canine inherited hypertrophic neuropathy. Act. neuropath. 63, 51-56. - **1348**. Cooper, B. J., A. DeLahunta, J. F. Cummings, D. H. Lein, G. Karrema, 1984, Canine inherited hypertrophic neuropathy. Am. J. vet. res. 45, 1172-1177. - **1349**. Cooper, B. J., N. J. Winand, H. Stedman, B. A. Valentine, E. P. Hoffman, M. S. Kunkel, M. O. Scott, K. H. Fischbeck, J. N. Kornegay, R. J. Avery, J. R. Williams, R.

D. Schmickel, J. E. Sylvester, 1988, The homologue of the Duchenne locus is defective in X-linked muscular dystrophy of dogs. Nature 334, 154-156. - **1350**. Cooper, B. J., B. A. Valentine, S. Wilson, D. F. Patterson, P. W. Concannon, 1988, Canine muscular dystrophy. J. hered. 79, 405-408. - **1351**. Cooper, H. K., G. W. Mattern, 1970, Genetic studies of cleft lip and palate in dogs. Carn. gen. nwsl. 1, 204-209. - **1352**. Cooper, H. K., G. W. Mattern, 1971, Genetic studies of cleft lip and palate in dogs. Birth def. orig. art. ser. 7, 98-100. - **1353**. Cooper, N., 1973, Greyhound racing. Vet. rec. 93, 182. - **1354**. Copland, M. D., N. J. Maclachlan, 1976, Aplasia of the epididymis and vas deferens in the dog. J. sm. an. pract. 17, 443-449. - **1355**. Corbett, L., A. Newsome, 1975, Dingo society and its maintenance. In: Fox a. a. O. - **1356**. Corbett, L. K., 1978, A comparison of the social organization and feeding ecology of domestic cats in two contrasting environments in Scotland. Carn. gen. nwsl. 3, 269. - **1357**. Cordy, D. R., H. A. Snelbaker, 1952, Cerebellar hypoplasia and degeneration in a family of Airedale dogs. J. neuropath. exp. neur. 11, 324-328. - **1358**. Cordy, D. R., A. P. Wind, 1969, Transverse fracture of the proximal humeral articular cartilage in dogs. Path. vet. 6, 424-436. - **1359**. Cordy, D. R, T. A. Holliday, 1989, A necrotizing meningoencephalitis of Pug dogs. Vet. path. 26, 191-194. - **1360**. Cork, L. C. 1986, Hereditary canine spinal muscular atrophy of Brittany Spaniels. Proc. 6th ann. vet. med. for., 196-198. - **1361**. Cork, L. C., J. F. Munnell, M. D. Lorenz, J. V. Murphy, J. H. Baker, M. C. Rattazzi, 1977, GM2 ganglioside lysosomal storage disease in cats with ß-hexosaminidase deficiency. Science 196, 1014-1017. - **1362**. Cork, L. C., J. W. Griffin, J. F. Munnell, M. D. Lorenz, R. J. Adams, D. L. Price, 1979, Hereditary canine spinal muscular atrophy. J. neuropath. exp. neur. 38, 209-221. - **1363**. Cork, L. C., J. W. Griffin, C. Choy, C. A. Padula, D. L. Price, 1982, Pathology of motor neurons in accelerated hereditary canine spinal muscular atrophy. Lab. invest. 46, 89-99. - **1364**. Cork, L. C., R. J. Adams, J. W. Griffin, D. L. Price, 1982, Hereditary canine spinal muscular atrophy. In: Animal models of inherited metabolic diseases. A. R. Liss, N. Y. - **1365**. Cork, L. C., J. C. Troncoso, D. L. Price, E. F. Stanley, J. W. Griffin, 1983, Canine neuroaxonal dystrophy. J. neuropath. exp. neur. 42, 282-296. - **1366**. Cork, L. C., D. L. Price, J. W. Griffin, G. H. Sack, 1990, Hereditary canine spinal muscular atrophy. Can. J. vet. res. 54, 77-82. - **1367**. Corley, E.H., 1967, Elbow dysplasia in the German Shepherd dog. Diss. abstr. B. 27, 4216. - **1368**. Corley, E. A., 1978, Canine hip dysplasia and the Orthopedic Foundation for animals. Nord. nws. 53, 14-17. - **1369**. Corley, E. A., T. M. Sutherland, W. D. Carlson, 1968, Genetic aspects of canine elbow dysplasia. J. A. V. M. A. 153, 543-547. - **1370**. Cornelius, C.E., J.A.Bishop, M.A. Schaffer, 1967, A quantitative study of amino aciduria in Dachshunds with a history of cystine urolithiasis. Corn. vet. 57, 177-183. - **1371**. Cornelius, L. M., D. E. Thrall, W. H. Halliwell, G. M. Frank, A. J. Kern, C. B. Woods, 1975, Anomalous portosystemic anastomoses associated with chronic hepatic insufficiency in six young dogs. J. A. V. M. A. 167, 220-228. - **1372**. Cornelius, W., 1978, Box. bl. 74, 70. - **1373**. Corson, S. A., 1969, Discussion. Ann. N. Y. ac. sci. 164, 526-534. - **1374**. Cortes, A., 1972, Uns. Pud, 16, 17. - **1375**. Costa, O., C. Fournel, E. Lotchouang, J. C. Monier, M. Fontaine, 1984, Specificities of antinuclear antibodies detected in dogs with systemic lupus erythematosus. Vet. immun. immunopath. 7, 369-382. - **1376**. Costello, S. S. Blumenberg, 1976, Mutant allele frequencies in the domestic cats of the Massachusetts Bay Colony. Carn. gen. nwsl. 3, 10-20. - **1377**. Cotard, J. P., G. Collas, C. Leclere, 1984, L'ectopie urétérale chez le chien à propos de onze cas. Rec. méd. vét. 160, 731-740. - **1378**. Cotchin, E., 1955, Melanotic tumors of dogs. J. comp. path. 65, 115-129. - **1379**. Cotchin, E., 1960, Testicular neoplasms in dogs. J. comp. path. 70, 232-247. - **1380**. Cotter, S.M, R. C. Griffiths, I. Leav, 1958, Enostosis of young dogs. J. A. V. M. A. 153, 401-410. - **1381**. Cotter, S. M., R. M. Brenner, W. J. Dodds, 1978, Hemophilia A in three unrelated cats. J. A. V. M. A. 172, 166-168. - **1382**. Cottrell, B. D., 1986, Primary glaucoma in the Welsh Springer Spaniel. 7th ann. meet. Am. coll. vet. ophth., 165-176. - **1383**. Cottrell, B. D., K. C. Barnett, 1987, Harada's disease in the Japanese Akita. J. sm. an. pract. 28, 517-521. - **1384**. Cottrell, B. D., K. C. Barnett, 1988, Primary glaucoma in the Welsh Springer Spaniel. J. sm. an. pract. 29, 185-199. - **1385**. Cottrill, N. B., W. J. Banks, R. D. Pechman, 1989, Ultrasonographic and biometric evaluation of the eye and orbit of dogs. Am. J. vet. res. 50,898-903. - **1386**. Courreau, J. F., 1991, Les perspectives en sélection du chien de sport. Rec. méd. vét. 167, 667-672. - **1387**. Cowan, L. A., J. A Barsanti, W. Crowell, J. Brown, 1991, Effects of castration on chronic bacterial prostatitis in dogs. J. A. V. M. A. 199, 346-350. - **1388**. Cowell, K. R., P. F. Jezyk, M. E. Haskins, D. F. Patterson, 1976, Mucopolysaccharidosis in a cat. J. A. V. M. A. 169, 334-339. - **1389**. Cox, N. R., R. P. Kwapien, D. C. Sorjonen, K. G. Braund, 1986, Myeloencephalopathy resembling Alexander's disease in a Scottish terrier dog. Act. neuropath. 71, 163-166. - **1390**. Cox, N. R., W. R. Brawner, R. D. Powers, J. C Wright, 1991, Tumors of the nose and paranasal sinuses in cats. J. Am. an. hosp. ass. 27, 339-347. - **1391**. Cox, R. H., D. K. Detweiler, 1979, Arterial wall properties and dietary atheroslerosis in the racing greyhound. Am. J. phys. 236, H790-797. - **1392**. Cox, R. H., R. J. Bayshaw, D. K. Detweiler, 1985, Baroreceptor reflex cardiovascular control in mongrel dogs and racing greyhounds. Am.J. phys. 249, H655-662. - **1393**. Cox, V. S., 1986, Cryptorchidism in the dog. In: D. A. Morrow, Current therapy in theriogenology. Saunders, Philadelphia. - **1394**. Cox, V. S., L. J. Wallace, C. R. Jessen, 1978, An anatomic and genetic study of canine cryptorchidism. Teratol. 18, 233-240. - **1395**. Cox, V. S., L. J. Wallace, V. E. Anderson, R. A. Rushmer, 1980, Hereditary esophageal dysfunction in the Miniature Schnauzer dog. Am. J. vet. res. 41, 326-330. - **1396**. Cozens, D., L. E. Mawdesley-Thomas, 1966, Reduplication of the pituitary in a dog. Vet. rec. 78, 474-475. - **1397**. Craig, P., W. H. Riser, 1965, Osteochondritis dissecans in the proximal humerus of the dog. J. Am. vet. rad. soc. 6, 40-49. - **1398**. Cramer, B., 1991, Licht- und elektronenmikroskopische Untersuchungen an der normalen Cornea des Boxers - ein Beitrag zur Erfassung prädisponierender Faktoren für die Entstehung der Erosio recidiva corneae. Diss. Hannover. - **1399**. Crane, S. W., 1991, Occurrence and management of obesity in companion animals. J. sm. an. pract. 32, 275-282. - **1400**. Cranmore, D., E. L. Alpen, 1964, Chromosomes of the domestic cat. Nature 204, 99-200. - **1401**. Crawford, R. D., J. W. Pharr, 1975, Recommendations on canine hip dysplasia. Can. vet. J. 16, 308-309. - **1402**. Crawford, R. D., G. Loomis, 1978, Inheritance of short coat and long coat in St. Bernard dogs. J. hered. 69, 266-267. - **1403**. Cree, J., 1988, Ped. dig. 14, 6. - **1404**. Creel, D. J., 1978, Anophthalmia in the American Eskimo dog. Carn. gen. nwsl. 3, 184-186. - **1405**. Creel, D., N. B. Todd, 1979, Albinism in the domestic cat. Carn. gen. nwsl. 3, 385-387. - **1406**. Creel, D., L. L. Collier, A. G. Conlee, D. J. Prieur, 1982, Abnormal retinal projections in cats with Chediak-Higashi syndrome. Inv. ophth. vis. sci. 23, 798-

801. - **1407.** Crellin, J. R., F. L. Andersen, P. M. Schantz, S. J. Condie, 1982, Possible factors influencing distribution and prevalence of Echinococcus granulosus in Utah. Am. J. epidm. 116, 463-474. - **1408.** Cribb, A. E., 1988, Feline gastrointestinal adenocarcinoma. Can. vet. J. 29, 709-712. - **1409.** Crighton, G. W., 1961, Rectal temperatures in new-born normal puppies. Vet. rec. 73, 645-649. - **1410.** Crighton, G. W., 1962, Thermal balance in new-born puppies. Vet. rec. 74, 474-481. - **1411.** Crighton, G. W., 1969, Lymphosarcoma in the cat. Vet. ann., 62-71. - **1412.** Crispin, S. M., 1986, Crystalline stromal dystrophy in the Cavalier King Charles Spaniel. 7th ann. meet. Am. coll. vet. ophth., 18-22. - **1413.** Crispin, S. M., 1988, Uveitis in the dog and cat. J. sm. an. pract. 29, 429-447. - **1414.** Crispin, S. M., K. C. Barnett, 1983, Dystrophy, degeneration and infiltration of the canine cornea. J. sm. an. pract. 24, 63-83. - **1415.** Critchley, K.L., 1976, Sub-aortic stenosis in a boxer dog. J. sm. an. pract. 17, 319-321. - **1416.** Croft, P. G., 1965, Fits in dogs. Vet. rec. 77, 438-445. - **1417.** Croft, P. G., 1968, The use of the electroencephalograph in the detection of epilepsy as a hereditary condition in the dog. Vet. rec. 82, 712-713. - **1418.** Croft, P., 1971, Fits in the dog. Vet. rec. 88, 118-120. - **1419.** Croft, P. G., 1977, Treatment of epilepsy in the working dog. Vet. rec. 101, 394. - **1420.** Cross, J. W., B. Saunders, 1962, Dog care and training. Greystone Press, N. Y. - **1421.** Crowell, W. A., J. J. Hubbell, J. C. Riley, 1971 Polycystic renal disease in related cats. J. A. V. M. A. 175, 286-288. - **1422.** Crowell-Davis, S. L., M. Lappin, J. E. Oliver, 1989, Stimulus-responsive psychomotor epilepsy in a Doberman Pinscher. J. Am. an. hosp. ass. 25, 57-60. - **1423.** Crowley, J. P., P. McLoughlin, 1963, Hereditary entropion in lambs. Vet. rec. 75, 1104-1106. - **1424.** Cullis-Hill, D., P. Ghosh, 1987, The role of hyaluronic acid in joint stability. Med. hypoth, 23, 171-185. - **1425.** Cummings, J. F., 1971, Vicious dogs sought for Cornell study. J. A. V. M. A. 159, 533. - **1426.** Cummings, J. F., A. DeLahunta, 1978, Hereditary myelopathy of Afghan hounds, a myelinolytic disease. Act. neuropath. 42, 173-181. - **1427.** Cummings, J. F., B. J. Cooper, A. deLahunta, T. J. v. Winkle, 1981, Canine inherited hypertrophic neuropathy. Act. neuropath. 53, 137-143. - **1428.** Cummings, J. F., A. DeLahunta, S. Winn, 1981, Acral mutilation and nociceptive loss in English Pointer dogs. Act. neuropath. 53, 119-127. - **1429.** Cummings, J. F., A. DeLahunta, K. G. Braund, W. J. Mitchell, 1983, Hereditary sensory neuropathy. Am. J. path. 112, 136-138. - **1430.** Cummings, J. F., A. DeLahunta, S. T. Simpson, J. M. McDonald, 1984, Reduced substance P-like immunoreactivity in hereditary sensory neuropathy of Pointer dogs. Act. neuropath. 63, 33-40. - **1431.** Cummings, J. F., P. A. Wood, S. U. Walkley, A. DeLahunta, M. E. DeForest, 1985, GM2 gangliosidosis in a Japanese Spaniel. Act. neuropath. 67, 247-253. - **1432.** Cummings, J. F., B. A. Summers, A. DeLahunta, C. Lawson, 1986, Tremors in Samoyed pups with oligodendrocyte deficiencies and hypomyelination. Act. neuropath.71, 267-277. - **1433.** Cummings, J. F., A. DeLahunta, 1988, A study of cerebellar and cerebral cortical degeneration in Miniature Poodle pups with emphasis on the ultrastructure of Purkinje cell changes. Act. neuropath. 75, 261-271. - **1434.** Cummings, J. F., A. DeLahunta, J. J. Moore, 1988, Multisystemic chromatolytic neuronal degeneration in a Cairn Terrier pup. Corn. vet. 78, 301-314. - **1435.** Cunnick, J., M. Rider, L. J. Takemoto, D. J. Takemoto, 1988, Rod/cone dysplasia in Irish setters. Biochem. J. 250, 335-341. - **1436.** Cunningham, J. G., 1971, Canine seizure disorders. J. A. V. M. A. 158, 589-597. - **1437.** Cunningham, J. G., G. C. Farnbach, 1988, Inheritance and idiopathic canine epilepsy. J. Am. an. hosp. ass. 24, 421-424. - **1438.** Curtis, M. B., S. E. Eicker, 1991, Pharmacodynamic properties of succinylcholine in greyhounds. Am. J. vet. res. 52, 898-902. - **1439.** Curtis, R., 183, Aetiopathological aspects of inherited lens dislocation in the Tibetan Terrier. J. comp. path. 93, 151-163. - **1440.** Curtis, R., 1984, Late-onset cataract in the Boston terrier. Vet. rec. 115, 577-578. - **1441.** Curtis, R., 1986, Hereditary cataract in Golden and Labrador Retrievers in the United Kingdom. 7th ann. meet. Am. coll. vet. ophth., 23-30. - **1442.** Curtis, R., 1988, Retinal diseases in the dog and cat. J. sm. an. pract. 29, 397-415. - **1443.** Curtis, R., 1990, Lens luxation in the dog and cat. Vet. clin. N. Am. 20, 755. - **1444.** Curtis, R., K. C. Barnett, 1980, Primary lens luxation in the dog. J. sm. an. pract. 21, 657-668. - **1445.** Curtis, R., K. C. Barnett, 1981, Canine adenovirus-induced ocular lesions in the Afghan Hound. Corn. vet. 71, 85-95. - **1446.** Curtis, R., K. C. Barnett, 1983, The blue eye phenomenon. Vet. rec. 112, 347-353. - **1447.** Curtis, R., K. C. Barnett, S. J. Lewis, 1983, Clinical and pathological observations concerning the aetiology of primary lens luxation in the dog. Vet. rec. 112, 238-246. - **1448.** Curtis, R., K. C. Barnett, F. G. Startup, 1983, Primary lens luxation in the miniature bull terrier. Vet. rec. 112, 328-330. - **1449.** Curtis, R., K. C. Barnett, M. Stockman, 1984, Entropion in sharpeis. Vet. rec. 115, 634. - **1450.** Curtis, R., K. C. Barnett, A. Leon, 1984, Persistent hyperplastic primary vitreous in the Staffordshire bull terrier. Vet. rec. 115, 385. - **1451.** Curtis, R., K. C. Barnett, A. Leon, 1987, An early-onset retinal dystrophy with dominant inheritance in the Abyssinian cat. Invest. ophth. vis. sci. 28, 131-139. - **1452.** Curtis, R., K. C. Barnett, 1989, A survey of cataracts in Golden and Labrador Retrievers. J. sm. an. pract. 30, 277-286. - **1453.** Curtis, R., N. G. Holmes, K. C. Barnett, A. M. Scott, J.Sampson, C. Mellersh, 1991, Tackling hereditary diseases in dogs. Vet. rec. 129, 454. - **1454.** Curtis, R. L., D. English, Y. J. Kim, 1964, Spina bifida in a stub dog stock, selectively bred for short tails. Anat. rec. 148, 365. - **1455.** Cusick, P. K., A. M. Cameron, A. J. Parker, 1976, Canine neuronal glycoproteinosis in Lafora's disease in the dog. J. Am. an. hosp. ass. 12, 518-521. - **1456.** Cypess, R. H., 1978, Visceral larva migrans. Corn. vet. 68, 283-296. - **1457.** Czerny, C. P., A. M. Eis-Hübinger, A. Mayr, K. E. Schneweis, B. Pfeiff, 1991, Animal poxvirus transmitted from cat to man. J. vet. med. B 38, 421-431. - **1458.** Dada, B. J., 1978, Incidence of hydatid disease in animals slaughtered at Kano abattoir. Trop. an. hlth. prod. 10, 204. - **1459.** Dada, B. J., D. S. Adegboye, 1979, The epidemiology of echinococcus infection in Kaduna state, Nigeria. Vet. rec. 104, 312-313. - **1460.** Daerr, H. C., 1971, Wie man mutterlose Welpen großzieht.Dachshd. 26, 192. - **1461.** Daerr, H. C., 1973, Kynol. Weltkongr. Dortmund, 58. - **1462.** Daerr, H. C., 1973, Infusionstherapie und Bluttransfusion beim Hund. Kleintierprax. 18, 65-70. - **1463.** Dähler, S., H. Räber, 1984, Schweiz. hundesp. 100. - **1464.** Dahme, E., E. Weiss, 1958, Zur Systematik der Mammatumoren des Hundes. Dt. tierärztl. Wschr. 65, 458-461. - **1465.** Dahme, E., B. Schiefer, 1960, Intracranielle Geschwülste bei Tieren. Zbl. Vet. med. 7, 341-363. - **1466.** Dahme, E. W. Brass, 1975, Zur Epilepsie des Hundes. Berl. Münch. tierärztl. Wschr. 88, 248-263. - **1467.** Danin, A. R., R. G. Walker, 1979, Two intersex dogs with mosaicism. J. repr. fert. 56, 239-242. - **1468.** Dakin, G. W., 1986, Gastric dilation in bloodhounds. Vet. rec. 118, 190. - **1469.** Dallman, M. J., 1982, Normal and collapsed canine tracheas. Diss. abstr. B. 42, 3531. - **1470.** Dallman, M. J., E. M. Brown, 1979, Structural considerations in tracheal disea-

se. Am J. vet. res. 40, 555-558. - **1471**. Dallman, M. J., R. C. McClure, E. M. Brown, 1985, Normal and collapsed trachea in the dog. Am. J. vet. res. 46, 2110-2115. - **1472**. Damjan, M., R. Schilling, 1969, Mau Mao Miau. E. Diederichs Verlg. - **1473**. Dämmrich, K., 1962, Die Beeinflussung des Skeletts durch Hormone der Nebennierenrinde unter besonderer Berücksichtigung des Morbus Cushing beim Hund. Berl. Münch. tierärztl. Wschr. 75, 331-337. - **1474**. Dämmrich, K., 1967, Ein Beitrag zur Chondrodystrophia fetalis bei Tieren. Berl. Münch. tierärztl. Wschr. 80, 101-105. - **1475**. Dämmrich, K., 1976, Kalziumstoffwechselstörungen und Skelettveränderungen bei Hunden und Katzen. Effem-Rep. 3, 1-7. - **1476**. Dämmrich, K., 1979, Wachstumsstörungen des Skeletts bei großwüchsigen Hunderassen. Eff. Rep. 9, 1-7. - **1477**. Dämmrich, K., 1981, Zur Pathogenese der Skeletterkrankungen bei Hunden und Katzen. Wien. tierärztl. Mschr. 68, 109-115. - **1478**. Dämmrich, K., 1981, Zur Pathologie der degenerativen Erkrankungen der Wirbelsäule bei Hunden. Kleintierprax. 26, 467-476. - **1479**. Dämmrich, K., 1987, Uns. Rassehd. 10, 23. - **1480**. Danforth, C. H., 1947, Morphology of the feet in polydactyly cats. Am. J. anat. 80, 143-171. - **1481**. Danforth, C. H., 1947, Heredity of polydactyly in the cat. J. hered. 38, 107-112. - **1482**. Danpure, C. J., P. R. Jennings, J. Mistry, R. A. Chalmers, R. E. McKerrell, W. F. Blakemore, M. F. Heath, 1989, Enyzmological characterization of a feline analogue of primary hyperoxaluria type 2. J. inher. metab. dis. 12, 403-414. - **1483**. Daoust, P. Y., 1991, Porcupine quill in the brain of a dog. Vet. rec. 128, 436. - **1484**. Dards, J. L., 1978, Home ranges of feral cats in Portsmouth Dockyard. Carn. gen. nwsl. 3, 242-255. - **1485**. Darke, P. G., 1987, Valvular incompetence in Cavalier King Charles Spaniels. Vet. rec. 120, 365-366. - **1486**. Darke, P. G., 1989, Congenital heart disease in dogs and cats. J. sm. an. pract. 30, 599-607. - **1487**. Darke, P. G., M. V. Thrusfield, C. G. Aitken, 1985, Association between tail injuries and docking in dogs. Vet. rec. 116, 409 - **1488**. Dartnall, J. A., 1974, A study of the population genetics in the domestic cats of Hobart. Carn. gen.nwsl. 2, 212-218. - **1489**. Dartnall, J. A., 1975, Gene frequencies of feral domestic cats in Tasmania. Carn. gen. nwsl. 2, 248-250. - **1490**. Dartnall, J., 1977, Domestic cat gene frequencies in Darwin, N. Australia. Carn. gen. nwsl. 3, 137-139. - **1491**. Dartnall, J. A., N. B. Todd, 1975, A study of population genetics in the domestic cats of Hobart. A. J. zool. 23, 405-409. - **1492**. Das, K. M., R. J. Tashjian, 1965, Chronic mitral valve disease in the dog. Vet. med. 60, 1209-1216. - **1493**. Das, L. N., W. F. E. Haensly, R. Getty, 1971, Age changes in the weight of the hypophysis in the Beagle and other breeds. Exp. geront. 6, 115-124. - **1494**. Dathe, H., 1972, Beißhemmung? Wiss. Z. Humb. Univ. Berl. M. N. R. 21, 445-448. - **1494a**. Dausch, D., W. Wegner, W. Michaelis, I. Reetz, 1977, Ophthalmologische Befunde in einer Merlezucht. Dt. tierärztl. Wschr. 84, 468-475. - **1495**. Dausset, J., F. T. Rapaport, F. D. Cannon, J. W. Ferrebee, 1971, Histocompatibility studies in a closely bred colony of dogs. J. exp. med. 134, 1222-1237. - **1496**. David, T., 1977, Dorsolaterale Hemilaminektomie beim Hund. Arch. tierärztl. Fortb. 4, 182-186. - **1497**. Davidson, A. P., 1986, Congenital disorders of the Manx cat. Southwest. vet. 37, 115-119. - **1498**. Davidson, M. G., 1988, Congenital cataracts in English cocker spaniels. Vet. rec. 122, 494. - **1499**. Davidson, R. R., W. L. Walker, J. F. Bucher, M. Herron, 1975, Artificial insemination of cats. Fel. pract. 5, 49. - **1500**. Davies, J. V., N. J. Sharp, 1983, A comparison of conservative treatment and fenestration for thoracolumbar intervertebral disc disease in the dog. J. sm. an. pract. 24, 721-729. - **1501**. Davies, M., 1989, Urate urolithiasis in bulldogs. Vet. rec. 125, 26. - **1502**. Davies, M.,I. Gill, 1987, Congenital patellar luxation in the cat. Vet. rec. 121, 474-475. - **1503**. Davis, B. K., B. P. Davis, 1976, An interesting pedigree of polydactyl in the cat. Carn. gen. nwsl. 3, 69-74. - **1504**. Davis, B. K., B. P. Davis, 1977, Allele frequencies in a cat population in Budapest. J. hered. 68, 31-34. - **1505**. Davis, B. K., B. P. Davis, 1976, Unusual aspects of a cat population from Budapest. Carn. gen. nwsl. 3, 65-68. - **1506**. Davis, B. K., M. Ahmad, 1983, Allele frequencies in Saudi Arabian cat populations. Carn. gen. nwsl. 4, 224-229. - **1507**. Davis, C. M., B. K. Davis, 1984, Calculations of the orange allele frequency, the sex ratio, and the coefficient of darkness in cat populations. Carniv. 7, 61-64. - **1508**. Davis, K. E., J. W. Finnie, P. T. Hooper, 1990, Lafora's disease in a dog. Austr. vet. J. 67,192-193. - **1509**. Davis, P. D., 1968, Canine double heterozygotes for hemophilia A and B. Fed. proc. 27, 627. - **1510**. Davis, P.E., 1967, Track injuries in racing greyhounds. Austr. vet. J. 43, 180-191. - **1511**. Davis, P., 1971, Shin soreness in the racing greyhound. Vet. rec. 89, 610-611. - **1512**. Davis, P. E., C. R. Bellenger, D. M. Turner, 1969, Fractures of the sesamoid bones in the greyhound. Austr. vet. J. 45, 15-19. - **1513**. Davis, S. J., F. R. Valla, 1978, Evidence for domestication of the dog 12000 years ago in the Natufian of Israel. Nature 276. 608-610. - **1514**. Day, M. J., W. J. Penhale, C. E. Eger, E. Shaw, M. J. Kabay, W. F. Robinson, C. R. Huxtable, J. N. Mills, R. S. Wyburn, 1986, Disseminated aspergillosis in dogs. Austr. vet. J. 63, 55-59. - **1515**. Day, M. E., G. J. Kraay, R. W. Stevens, 1971, Polymorphism of canine serum albumin. An. bld. grps. bioch. gen. 2, 195-199. - **1516**. Deag, J. M., C. E. Lawrence, A. Manning, 1987, The consequences of differences in litter size for the nursing cat and her kittens. J. zool. 213, 153-179. - **1517**. Dean, M. J., A. C. Strafuss, 1975, Carotid body tumors in the dog. J. A. V. M. A. 166, 1003-1006. - **1518**. Dean, P. W., 1988, Disorders of micturition. Comp. an. pract. 2, 2-9. - **1519**. Dean, S., 1987, New directions for guide dogs. Vet. rec. 121, 500. - **1520**. Dean, S. P., 1987, Dog licensing. Vet. rec. 121, 503-504. - **1521**. DeAngelis, M., R. B. Holm, 1970, Evaluation of surgical correction of canine patellar luxation in 142 cases. J. A. V. M. A. 156, 587-594. - **1522**. Dear, M. G., 1970, An unusual combination of congenital cardiac anomalies in a cat. J. sm. an. pract. 11, 37-43. - **1523**. Dear, M. G., 1971, Mitral incompetence in dogs of 0-5 years of age. J. sm. an. pract. 12, 1-10. - **1524**. Deavers, S., L. Smith, R. A. Huggins, 1971, Changes in red cell volume, venous hematocrit and hemoglobin concentration in growing Beagles. Proc. soc. exp. biol. med. 137, 299-303. - **1525**. DeCamp, C. E., 1960, Cat practice. Vet. med. 55, 63-66. - **1526**. Dechambre, M., 1912, Absence totale des dentes chez un chien. Rec. méd. vét. 89, 67-68. - **1527**. Decken, G., 1987, Uns. Neufundl. 6, 5. - **1528**. Dee, J. F., 1991, Focus 1, 2, 2. - **1529**. Dee, J. F., J. Dee, D. L. Piermatei, 1976, Classification, management, and repair of central tarsal fractures in the racing greyhound. J. Am. an. hosp. ass. 12, 398-405. - **1530**. Deforest M. E., C. E. Eger, P. K. Basrur, 1978, Hereditary cerebellar abiotrophy in a Kerry Blue Terrier dog. Can. vet. J. 19, 198-202. - **1531**. Deforest, M. E., P. K.Basrur, 1979, Malformations and the Manx syndrome in cats. Can. vet. J. 20, 304-314. - **1532**. Degryse, A. D., J. Fransen, J. v. Cutsem, L. Ooms, 1987, Recurrent zinc-responsive dermatosis in a Siberian Husky. J. sm. an. pract. 28, 721-726. - **1533**. Deininger, D., 1980, Poliz. Schtzhd. 4, 19. - **1534**. Delack, J. B., 1984, Hereditary deafness in the white cat. Comp. cont. ed. pract. vet. 6, 609-617. -

1535. DeLahunta, A., 1976, Hereditary cerebellar cortical and extrapyramidal nuclear abiotrophy in Kerry Blue Terriers. Proc. 20th. wld. vet. congr. 1, 120-128. – **1536.** DeLahunta, A., D. R. Averill, 1976, Hereditary cerebellar cortical and extrapyramidal nuclear abiotrophy in Kerry Blue Terriers. J. A. V. M. A. 168, 1119-1124. – **1537.** DeLahunta, A., W. R. Fenner, R. J. Indrieri, P. W. Mellick, S. Gardner, J. S. Bell, 1980, Hereditary cerebellar cortical abiotrophy in the Gordon Setter. J. A. V. M. A. 177, 538-541. – **1538.** Delius, D., W. Wirth, M. Bergmeister, 1991, Zur Therapie der chronischen exokrinen Pankreasinsuffizienz des Hundes. Kleintierprax. 36, 505-510. – **1539.** Delmage, D. A., 1975, Breeding for temperament. Vet. rec. 96, 275. – **1540.** Demers, J., M. H. Engen, R. L. Pfeiffer, 1975, Indications for proximal pectineus tendonotomy for hip dysplasia. Can. pract. 2, 4-6. – **1541.** Denny, H. R., C. Gibbs, C. J. Gaskell, 1977, Cervical spondylopathy in the dog. J. sm. an. pract. 18, 117-132. – **1542.** Denny, H. R., C. Gibbs, 1980, The surgical treatment of osteochondritis dissecans and ununited coronoid process in the canine elbow joint. J. sm. an. pract. 21, 323-331. – **1543.** Denny, H. R., C. Gibbs, A. Waterman, 1988, Atlanto-axial subluxation in the dog. J. sm. an. pract. 29, 37-47. – **1544.** Denny, H. R., A. R. Barr, 1991, Partial carpal and pancarpal athrodesis in the dog. J. sm. an. pract. 32, 329-334. – **1545.** Deol, M. S., 1966, Influence of the neural tube on the differentiation of the inner ear in the mammalian embryo. Nature 209, 219-220. – **1546.** Deol, M. S., M. M. Dickie, 1967, Rotating, a new gene affecting behavior and the inner ear in the mouse. J. hered. 58, 69-72. – **1547.** Detert, H., 1971, DD-Blätt. 49, 195. – **1548.** Detert, H., 1973, DD-Blätt. 51, 15. – **1549.** Detert, H., 1973, DD-Blätt. 51, 67. – **1550.** Detert, H., 1988, DD-Blätt. 66, 275. – **1551.** Detweiler, D. K., M. W. Allam, 1955, Persistent right aortic arch with associated esophageal dilatation in dogs. Corn. vet. 45, 209-229. – **1552.** Detweiler, D. K., K. Hubben, D. F. Patterson, 1960, Survey of cardiovascular disease in dogs. Am. J. vet. res. 21, 329-359. – **1553.** Deubler, M. J., 1964, Pop. dogs 36, 53. – **1554.** Deussen, A., G. Heusch, J. Schipke, P. Busch, V. Thämer, 1984, Persistierender Ductus arteriosus Botalli. Zbl. Vet. med. A 31, 140-145. – **1555.** Dexler, H., 1923. Über die konstitutionelle Hydrozephalie beim Hunde. Prag. tierärztl. Arch. 3, 103-267. – **1556.** Dey-Hazra, A., 1976, Die Wirkung von Droncit auf Bandwurminfektionen bei Hund und Katze. Vet. med. Nachr., 134-141. – **1557.** Dhyan, J., J. Bouw, 1983, Biochemical variants in dogs. Vet. quart. 5, 32-40. – **1558.** Diamond, I. T., 1967, The sensory neocortex. In: Neff, W. D., Contributions to sensory physiology. 2, 51-100. – **1559.** Diamond, J. M, 1988, Why cats have nine lives. Nature 332, 586-587. – **1560.** Di Bartola, S. P., 1989, Familial renal disease in the dog. Proc. 7th ann. vet. med. for., 95-97. – **1561.** DiBartola, S. P., D. J. Chew, J. T. Boyce, 1983, Juvenile renal disease in related Standard Poodles. J. A. V. M. A. 183, 693-696. – **1562.** DiBartola, S. P., M. D. Benson, F. E. Dwulet, J. B. Cornacoff, 1985, Isolation and characterization of amyloid protein AA in the Abyssinian cat. Lab. inv. 52, 485-489. – **1563.** DiBartola, S. P., M. J. Tarr, M. D. Benson, 1986, Tissue distribution of amyloid deposits in Abyssinian cats with familial amyloidosis. J. comp. path. 96, 387-398. – **1564.** DiBartola, S. P., R. L. Hill, S. Fechheimer, J. D. Powers, 1986, Pedigree analysis of Abyssinian cats with familial amyloidosis. Am. J. vet. res. 47, 2666-2668. – **1565.** Di Bartola, S. P., M. J. Tarr, 1989, Corticotropin and thyrotropin response tests in Abyssinian cats with familial amyloidosis. J. Am. an. hosp. ass. 25, 217-220. – **1566.** DiBartola, S. P., M. J. Tarr, A. T. Parker, J. D. Powers, J. A. Pultz, 1989, Clinicopathologic findings in dogs with renal amyloidosis. J. A. V. M. A. 195, 358-364. – **1567.** DiBartola, S. P., J. A. Reiter, J. B. Cornacoff, G. J. Kociba, M. D. Benson, 1989, Serum amyloid A protein concentration measured by radial immunodiffusion in Abyssinian and non-Abyssinian cats. Am. J. vet. res. 50, 1414-1417. – **1568.** DiBartola, S. P., M. J. Tarr, D. M. Webb, U. Giger, 1990, Familial renal amyloidosis in Chinese Shar Pei dogs. J. A. V. M. A. 197, 483-487. – **1569.** DiBartola, S. P., D. J. Chew, M. L. Horton, 1991, Cystinuria in a cat. J. A. V. M. A. 198, 102-104. – **1570.** Dice, P. F., 1980, Progressive retinal atrophy in the Samoyed. Mod. vet. pract. 61, 59-60. – **1571.** Dice, P. F., P. L. Cooley, 1988, Use of contact lenses to treat corneal diseases in small animals. Sem. vet. med. surg. 3, 46-51. – **1572.** Dickson, D. M., 1964, Early death of the silver-grey Collie. Vet. med. 59, 529-531. – **1573.** Didisheim, P., I. L. Bunting, 1964, Canine hemophilia. Thromb. diath. haem. 12, 377-381. – **1574.** Dieckmann, H., 1967, Uns. Rassehd., 158. – **1575.** Dietz, H. H., 1985, Retinal dysplasia in dogs. Nord. vet. med. 37, 1-9. – **1576.** Dietz, H.H. 1986, Progressiv retinaatrofi hos Abyssinierkat. Dansk vet. tids. 69, 640-642. – **1577.** Dietz, O., E. Nagel, E. Li, 1972, Zur Klinik der Ellbogengelenksdysplasie des Hundes. Mh. Vet. med. 27, 734-738. – **1578.** Dietz, O., E. Nagel,W. Richter, 1976, Zur Problematik von intraartikulären Absprengungsfrakturen bzw. einer Osteochondrosis dissecans am Fesselgelenk des Pferdes. Mh. Vet. med. 31, 141-145. – **1579.** Dietz, O., E. Schröder, 1979, Chirurgische Behandlung und postoperative Belastbarkeit bei der Osteochondrosis dissecans am Schultergelenk des Hundes. Mh. Vet. med. 34, 501-504. – **1580.** Dietz, O., E. Nagel, E. Schröder, 1982, Lahmheitsdiagnostik beim Hund. Mh. Vet. med. 37, 490-496. – **1581.** Dietzmann, U., 1968, Über das Vorkommen des kongenitalen Megakolons bei der Katze. Mh. Vet. med. 23, 349-352. – **1582.** DiGiacomo, R. F., W. P. Hammond, L. L. Kunz, P. A. Cox, 1983, Clinical and pathologic features of cyclic hematopoiesis in Grey Collie dogs. Am. J. path. 111, 224-233. – **1583.** Dillberger, J. E., N. H. Altaman, 1986, Focal mucinosis in dogs. Vet. path 23, 132-139. – **1584.** Dillon, A. R., M. K. Boudreaux, 1988, Combined factors IX and XII deficiencies in a family of cats. J. A. V. M. A. 193, 833-834. – **1585.** Dillon, E. A., 1988, Traumatic myositis ossificans in a dog. N. Zeal. vet. J. 36, 152-153. – **1586.** Disko, R., I. Braveny, 1979, Echinokokkose. Med. Klin. 74, 1159-1163. – **1587.** Distl, O., E. Windisch, 1982, Analyse der Hüftgelenksdysplasie beim Hovawart. GfT-Tag., Kiel. – **1588.** Distl, O., E. Windisch, H. Kräusslich, 1985, Zur Verbreitung und Erblichkeit der Hüftgelenksdysplasie bei den Hunderassen Hovawart und Boxer in der BRD. Zbl. Vet. med. A. 32, 551-560. – **1589.** Distl, O. W. Grussler, J. Schwarz, H. Kräusslich, 1991, Analyse umweltbedingter und genetischer Einflüsse auf die Häufigkeit von Hüftgelenksdysplasie beim Deutschen Schäferhund. J. vet. med. A 38, 460-471. – **1590.** DIVO, Ges. f. Marktforsch., 1969. – **1591.** Dixon, J. B., J. Sanford, 1962, Pathological features of spontaneous canine diabetes. J. comp. path. 72, 153-164. – **1593.** Dixon, J. B., J. K. Baker-Smith, C. Greatorex, 1973, Incidence of hydatid cysts in old cattle. Vet. rec. 93, 470. – **1594.** Dodds, W. J., 1970, Congenital thrombopathies and related coagulation disorders in dogs. In: Sabourdy, M., Les Mutants pathologiques chez l'animal; Coll. nat. cent. rech. scient. Nr. 924. – **1595.** Dodds, W.J., 1973, Canine factor X deficiency. J. lab. clin. med. 82, 560-566. – **1596.** Dodds, W. J., 1975, Inherited hemorrhagic disorders. J. A. an. hosp. ass. 11, 366-373. – **1597.** Dodds, W. J., 1975, Further studies of canine von Willebrand's disease. Blood 45, 221-

230. – **1598**. Dodds, W. J., 1978, Inherited bleeding disorders. Can. pract. 5, 49-58. – **1599**. Dodds, W. J., 1984, Von Willebrand's disease in dogs. Mod. vet. pract. 65, 681-686. – **1600**. Dodds, W. J., M. A. Packham, H. C. Rowsell, J. F. Mustard, 1967, Factor VII survival and turnover in dogs. Am. J. phys. 213, 36-42. – **1601**. Dodds, W. J., J. E. Kall, 1971, Canine factor XI deficiency. J. lab. clin. med. 78, 746-752. – **1602**. Dodds, W. J., H. M. Smith, 1991, Still more on ear cropping. J. A. V. M. A. 199, 1530-1531. – **1603**. Doige, C. E., 1987, Multiple cartilaginous exostoses in dogs. Vet. path. 24, 276-278. – **1604**. Domke, P. G., 1983, Rassen- und Krankheitsverteilung beim Hund am Beispiel der Patientenpopulationen von drei tierärztlichen Großstadtpraxen. Diss. Hannover. – **1605**. Donavan, J. E., 1969, White-hair condition in Black Labrador Retrievers. Vet. med. 64, 994. – **1606**. DonBowen, W., 1981, Variation in coyote social organization. Can. J. zool. 59, 639-652. – **1607**. Done, S. H., D. G. Clayton-Jones, E. K. Price, 1970, Tracheal collapse in the dog. J. sm. an. pract. 11, 743-750. – **1608**. Done, S. H., R. A. Drew, G. M. Robbins, J. G. Lane, 1975, Hemivertebra in the dog. Vet. rec. 96, 313-317. – **1609**. Done, S. H., R. A. Drew, 1976, Observations on the pathology of tracheal collapse in dogs. J. sm. an. pract. 17, 783-791. – **1610**. Donner, O., 1977, Box. Bl. 73, 138. – **1611**. Donner, O., 1977, Box. Bl. 73, 200. – **1612**. Donner, O., 1978, Box. Bl. 74, 22. – **1613**. Donner, O., 1978, Box. Bl. 74, 146. – **1614**. Donovan, C. A., 1976, Canine sex pheromones. 8th int. congr. an. repr. art. insem. 1, 70. – **1615**. Donovan, R. H., A. M. Macpherson, 1968, The inheritance of chorioretinal change and staphyloma in the collie. Carn. gen. nwsl. 1, 85-89. – **1616**. Donovan, R. H., H. M. Freeman, C. L. Schepens, 1969, Anomaly of the Collie eye. J. A. V. M. A. 155, 872-875. – **1617**. Dooley, M. P., M. H. Pineda, 1986, Effect of method of collection of seminal characteristics of the domestic cat. Am. J. vet. res. 47, 286-292. – **1618**. Dorchies, P., D. Griess, M. Franc, J. D. deLahitte, 1979, Le syndrome rubrapilaire ou maladie des poils rouges du chien. Rev. méd. vét. 130, 1371-1376. – **1619**. Dorn, A., 1989, Ocicat. Vet. techn. 10, 80. – **1620**. Dorn, A. S., R. W. Joiner, 1976, Surgical removal of a meningocele from a Manx cat. Fel. pract. 6, 37-40. – **1621**. Dorn, A. S., R. A. Swist, 1981, Surgical complications of Irish Setters. J. Am. an. hosp. ass. 17, 61-65. – **1622**. Dorn, C. R., 1973, Cat gene frequencies in St. Louis. Carn. gen. nwsl. 2, 106-112. – **1623**. Dorn, C. R., 1976, Epidemiology of canine and feline tumors. J. Am. an. hosp. ass. 12, 307-312. – **1624**. Dorn, C. R., D. O. Taylor, A. A. Hibbard, 1967, Epizootiologic characteristics of canine and feline leukemia and lymphoma. Am. J. vet. res. 28, 993-1001. – **1625**. Dorn, C. R., D. O. Taylor, R. Schneider, H. H. Hibbard, M. R. Klauber, 1968, Survey of animal neoplasms in Alameda and contra Costa Counties, California. J. nat. canc. inst. 40, 307-318. – **1626**. Dorn, C. R., D. O. Taylor, R. Schneider, 1970, The epidemiology of canine leukemia and lymphoma. Comp. leuk. res. 36, 403-415. – **1627**. Dorn, C. R., R. Schneider, 1976, Inbreeding and canine mammary cancer. J. nat. canc. inst. 57, 545-548. – **1628**. Dorn, C. R., W. A. Priester, 1976, Epidemiologic analysis of oral and pharyngeal cancer in dogs. J. A. V. M. A. 169, 1202-1206. – **1629**. Dorn, C. R., W. P. Heuschele, 1978, Humoral and cell-mediated immune competence of high-cancer-risk canine breeds. Am. J. vet. res. 39,1932-1935. – **1630**. Dörr, G., 1974, Der pH-Wert der Tränenflüssigkeit des Hundes. Berl. Münch. tierärztl. Wschr. 87, 111-114. – **1631**. Dörr, G., 1975, Zur Keratitis superficialis chronica. Berl. Münch. tierärztl. Wschr. 88, 14-15. – **1632**. Dörre, F. W., 1970, Uns. Rassehd., 70. – **1633**. Dörrie, H., S. Dörrie, 1975, Beitrag zur chirurgischen Korrektur von unerwünscht hängenden Ohren bei Hunden großer Rassen. Prakt. Ta. 56, 606-608. – **1634**. Dougherty, J. H., L. S. Rosenblatt, 1965, Changes in the hemogram of the beagle with age. J. geront. 20, 131-138. – **1635**. Douglas, S. W., D. F. Kelly, 1966, Calcinosis circumscripta of the tongue. J. sm. an. pract. 7, 441-443. – **1636**. Douglass, G. M., E. Kane, E. J. Holmes, 1988, A profile of male and female cat growth. Comp. an. pract. 2, 9-12. – **1637**. Douglass, G. M., E. C. Faltin, W. W. Kerr, 1989, Litter size. Comp. an. pract. 13, 1, 25-28. – **1638**. Doutre, M. P., P. Perreau, M. Sane, 1975, Note sur le portage buccal de Pasteurella multocida chez le chats vivant dans l'agglomération dakaroise. Rev. élev. méd. vét. pays trop. 28, 21-23. – **1639**. Dow, C., 1962, Testicular tumours in the dog. J. comp. path. 72, 247-265. – **1640**. Dow, R. S., 1940, Partial agenesis of the cerebellum in dogs. J. comp. neurol. 72, 569-586. – **1641**. Downey, R. S., 1967, An unusual cause of tetraplegia in a dog. Can. vet. J. 8, 216-217. – **1642**. Doxiadis, G., V. Rebmann, I. Doxiadis, K. Krumbacher, H. M. Vriesendorp, H. Grosse-Wilde, 1985, Polymorphism of the fourth complement component in the dog. Immunobiol. 169, 563-569. – **1643**. Doxiadis, G., W.Schoen, I. Doxiadis. H. J. Deeg, G. J. O'Neill, H. Grosse-Wilde, 1987, Statement on the nomenclature of dog C4 allotypes. Immunogen. 25, 167-170. – **1644**. Dozey, D. L., E. M. Milne, C. P. Mackenzie, 1985, Canine diabetes mellitus. J. sm. an. pract. 26, 555-561. – **1645**. Drag, M. D., 1991, Hematologic values of captive Mexican wolves. Am. J. vet. res. 52, 1891-1892. – **1646**. Dräger, K, 1973, Die Tollwut des Hundes, ihre Gefahr für den Menschen und die Verhütung durch Schutzimpfung. Kleintierprax. 18, 185-189. – **1647**. Draper, D., 1976, Improper puppy socialization and subsequent behavior. Iow. St. univ. vet. 38, 44-49. – **1648**. Draper, D. D., J. P. Kluge, W. J. Miller, 1976, Clinical and pathological aspects of spinal dysraphism in dogs. Proc. 20th wld. vet. congr. 1, 134-137. – **1649**. Drawer, H., Mängel bei Schlachttieren. Fleischwirtsch. 55, 1076. – **1650**. Drazner, F. H., 1989, Hepatic encephalopathy in the dog. Proc. 7th ann. vet. med. for., 121-125. – **1651**. Dreier, C, H. K. Dreier, 1988, Terrier 81, 9, 24. – **1652**. Dreier, H. K., 1978, Fruchtbarkeitsstörungen bei der Hündin. Kleintierprax. 23, 315-318. – **1653**. Dressel, R., 1974, Du u. d. T., 4, 105. – **1654**. Dresser, B. L. C. S. Sehlhorst, K. B. Wachs, G. L. Keller, E. J. Gelwicks,J. L. Turner, 1987, Hormonal stimulation and embryo collection in the domestic cat. Theriog. 28, 915-927. – **1655**. Dresser, B. L., E. J. Gelwicks, K. B. Wachs, G. L. Keller, 1988, Embryo cryopreservation and transfer in the domestic cat. 11th int. congr. an. repr. art. insem. 2, 160. – **1656**. Dresser, B. L, E. J. Gewicks, K. B. Wachs, G. L. Keller, 1988, First successful transfer of croypreserved feline embryos resulting in live offspring. J. exp. zool. 246, 180-186. – **1657**. Dreux, P., 1966, Panachure chez le chat. Carn. gen. nwsl. 1, 3-4. – **1658**. Dreux, P., 1967, Génétique des populations de chats domestiques en Europe occidentale. Ann. génét. 10, 141-145. – **1659**. Dreux, P., 1968, Gene frequencies in the cat population of a French rural district. J. hered., 59, 37-39. – **1660**. Dreux, P., 1968, Panachure chez le chat. Carn. gen. nwsl. 1, 64-65. – **1661**. Dreux, P., 1969, The cats of Kerguelen Island, Réunion and Bloemfontein. Carn. gen. nwsl. 1, 170. – **1662**. Dreux, P., 1971, Génétique des populations de chats domestiques dans la vallé de Chamonix. Ann. gén. sél. anim. 3, 145-151. – **1663**. Dreux, P., 1974, Fréquences des gènes chez les chats de Tours. Carn. gen. nwsl. 2, 174-176. – **1664**. Dreux, P., 1975, Remarques sur le phénotype écaille-de-tortue chez le chat domestique. Carn. gen.

nwsl. 2, 286-287. – **1665**. Dreux, P., 1975, Génétique de population des chats domestiques de Marseille. Ann. gén. sél. anim. 7, 23-33. – **1666**. Dreux, P., 1978, Populations rurales de chats et effet urbain.Carn. gen. nwsl. 3, 220-224. – **1667**. Dreux, P., 1978, Fréquences des gènes chez les chats d'un district rural du centre de la France. Carn. gen. nwsl. 3, 187-189. – **1668**. Dreux, P., 1979, Fréquences de gènes à effets visibles dans la populations des chats de la ville de Tours. Ann. gén. sél. anim. 11, 391-396. – **1669**. Dreux, P., 1981, Génétique des populations de chats domestiques dans un district rural du Cher. Ann. gén. sél. anim. 13, 363-370. – **1670**. Dreux, P., 1990, Génétique des populations de chats domestiques de l'ile de la Réunion. Gen. sél. évol. 22, 367-371. – **1671**. Dreux, P., J. C. Legel, 1973, Gene frequencies in the cat population of the Hague. J. hered. 64, 337-339. – **1672**. Dreux, P., N. B. Todd, 1974, Clinal distribution of the t^b and O alleles in European domestic cats. Carn. gen. nwsl. 2, 177-180. – **1673**. Dreux, P., D. Saumet, 1981, Fréquences des gènes dans des populations rurales espagnoles de chats domestiques. Carn. gen. nwsl. 4, 127-129. – **1674**. Drew, R. A., 1974, Possible association between vertebral development and neonatal mortality in bulldogs. Vet. rec. 94, 480-481. – **1675**. Drewitt, M. S., 1973, Cats at war. Vet. rec. 93, 351. – **1676**. Dröge, P., 1977, Eine Kasuistik der seit Inkrafttreten des neuen Deutschen Tierschutzgesetzes vom 24. Juli 1972 bis Juni 1977 an Gerichten der BRD und Westberlins aktenkundig gewordenen Verstöße gegen dieses Gesetz. Diss. Hannover. – **1677**. Dröge, P., K. P. Vick, 1977, Ein Beitrag zur Hundeleptospirose-Statistik in den Jahren 1974/1975. Kleintierprax. 22, 35-38. – **1678**. Drolshammer, I., E. Wiesmann, J. Eckert, 1973, Echinokokkose beim Menschen in der Schweiz 1956-1969. Schweiz. med. Wschr. 103, 1337-1341. – **1679**. Dubé, D. A. Assaf, G. Pelletier, F. Labrie, 1987, Morphological study of the effects of an GnRH agonist on the canine testis after 4 months of treatment and recovery. Act. endocr. 116, 413-417. – **1680**. Dubey, J. P., 1976, A review of sarcocystis of domestic animals and of other coccidia of cats and dogs. J. A. V. M. A. 169, 1061-1078. – **1681**. Dubey, J. P., E. Christie, P. W. Pappas, 1977, Characterization of Toxoplasma gondii from the feces of naturally infected cats. J. inf. dis. 135, 432-435. – **1682**. Dubiel, A., 1972, Studies on semen collection by the masturbation method and on the ejaculatory reflex in dogs. Med. wet. 29, 225-234. – **1683**. Ducatelle, R., D. Mattheeuws, H. v. Bree, J. Hoorens, 1984, Acute paraplegia in a Great Dane with ischaemic-necrotizing myelopathy. Vlaams. diergen. tijds. 53, 292-301. – **1684**. Duch, D. S., F. C. Chow, D. W. Hamar, L. D. Lewis, 1978, The effect of castration and body weight on the occurrence of the feline urological syndrome. Fel. pract. 8, 35-40. – **1685**. Dueland, R. T., 1990, v. Willebrand heterotopic osteochondrofibrosis in Doberman Pinschers. J. A. V. M. A. 197, 383-388. – **1686**. Duff, R., J. R. Campbell, 1977, Long term results of excision arthroplasty of the canine hip. Vet. rec. 101, 181-184. – **1687**. Dumonceaux, G. A., V. R. Beasley, 1990, Emergency treatments for police dogs used for illicit drug detection. J. A. V. M. A. 197, 185-187. – **1688**. Dunbar, I. F., 1975, Behaviour of castrated animals. Vet. rec. 96, 92-93. – **1689**. Duncan, I. D., 1987, Abnormalities of myelination of the central nervous system associated with congenital tremor. J. vet. int. med. 1, 10-23. – **1690**. Duncan, I. D., I. R. Griffiths, 1977, Canine giant axonal neuropathy. Vet. rec. 101, 438-441. – **1691**. Duncan, I. D., I. R. Griffiths, A. S. Nash, 1977, Myotonia in canine Cushing's disease. Vet. rec. 100, 30-31. – **1692**. Duncan, I. D., I. R. Griffiths, 1979, Peripheral nervous system in a case of canine giant axonal neuropathy. Neuropath. appl. neurobiol. 5, 25-39. – **1693**. Duncan, I. D., I. R. Griffiths, 1981, Canine giant axonal neuropathy. J. sm. an. pract. 22, 491-501. – **1694**. Duncan, I. D., I. R. Griffiths, M. Munz, 1982, The pathology of a sensory neuropathy affecting Long Haired Dachshund dogs. Act. neuropath. 58, 141-151. – **1695**. Duncan, I. D., I. R. Griffiths, 1982, A sensory neuropathy affecting Long-haired Dachshund dogs. J. sm. an. pract. 23, 381-390. – **1696**. Duncan, I. D., I. R. Griffiths, M. Munz, 1983, »Shaking pups«: a disorder of central myelination in the Spaniel dog. Neuropath. appl. neurobiol. 9, 355-368. – **1697**. Dunn, C. D., J. B. Jones, J. D. Jolly, R. D. Lange, 1978, Cell proliferation of canine cyclic hematopoietic marrow in diffusion chambers. Proc. soc. exp. biol. med. 158, 50-53. – **1698**. Dunn, T. B., K. K. Klein, S. J. Kerr, 1989, Mutant allele frequencies of domestic cats of western Illinois and eastern Iowa. J. hered. 80, 332-334. – **1699**. Dunstan, R. W., E. J. Rosser, 1987, Newly recognized and emerging genodermatoses in domestic animals. Curr. probl. dermat. 17, 216-235. – **1700**. Durand, J. M. 1991, L'entrainement du Terre-Neuve sauveteur nautique. Rec. méd. vét. 167, 619-622. – **1701**. Durand, J. M. 1991, L'entrainement du Terre-Neuve sauveteur nautique. Rec. méd. vét. 167, 719-722. – **1702**. Dürr, A., U. Freudiger, 1976, Ist Ohrkupieren eine Prophylaxe gegen Otitis externa? Schweiz. Arch. Tierhlk. 118, 239-248. – **1703**. Dürr, U., 1969, Das Differenzieren der Serumproteine verschiedener Carnivora mit der vertikalen Polyacrylamidgel-Elektrophorese. Diss. Gießen. – **1704**. Dürr, U., 1977, Beitrag zur plastischen Chirurgie am Penis des Katers. Kleintierprax. 22, 251-253. – **1705**. Durrer, J. L., J. P. Hannon, 1962, Seasonal variations in caloric intake of dogs living in an arctic environment. Am. J. phys. 202, 375-378. – **1706**. Duswald, K. H., J. v. Scheel, C. Hammer, W. Brendel, 1976, Langzeitüberleben von Hauttransplantaten im xenogenen System Wolf – Hund. Res. exp. med. 167, 255-266. – **1707**. Dutton, R. E., G. E. Moore, 1987, Clinical review of death/euthanasia in 123 military working dog necropsies. Milit. med. 152, 489-493. – **1708**. Dutzi, P., 1970. Uns. Rassehd. 249. – **1709**. Dyce, J., M. E. Herrtage, J. E. Houlton, A. C. Palmer, 1991, Canine spinal arachnoid cysts. J. sm. an. pract. 32, 433-437. – **1710**. Dykman, R. A., O. D. Murphree, J. E. Peters, 1969, Like begets like. Ann. N. Y. ac. sci. 159, 976-1007. – **1711**. Dyte, C. E., 1973, Further data on folded-ear cats. Carn. gen. nwsl. 2, 112. – **1712**. Dyte, C. E., 1974, An aspect of human selection affecting coat variation in the domestic cat. Carn. gen. nwsl. 2, 219-224. – **1713a**. Dyte, C. E., P. Turner, 1969, Preliminary note on the inheritance of folded ears in the domestic cat. Carn. gen. nwsl. 1, 125. – **1713b**. Eagar, D. C., 1991, Vet. rec. 128, 554. – **1714**. Eaton, K. K., K. C. Barnett, 1981, Irish Setter PRA clear register. Vet. rec. 108, 482-483. – **1715**. Eaton, R. L., 1978, Why some felids copulate so much. Carniv. 1, 42-51. – **1716**. Ebel, L., 1984, Todesursachen bei Hundewelpen, untersucht im Institut f. Pathologie der TiHo Hannover von 1973 bis 1980. Diss. Hannover. – **1717**. Ebeling, U., 1974, Wld. u. Hd. 77, 96. – **1718**. Ebner, F., 1937, Schnauzer und Pinscher. O. Meißner Vlg. Hbg. – **1719**. Eckert, J., 1970, Echinokokkose bei Mensch und Tier. Schweiz. Arch. Tierhlk. 112, 443-457. – **1720**. Eckert, J., 1972, Parasitosen von Hund und Katze. Kleintierprax. 17, 97-108. – **1721**. Eckert, J., 1981, Echinokokkose. Berl. Münch. tierärztl. Wschr. 94, 369-378. – **1722**. Eckert, J., B. Müller, A. J. Partridge, 1974, Hauskatze und Hund als natürliche Endwirte von Echinococcus multilocularis im Süden der BRD. Tropenmed. Paras. 25, 334-337. – **1723**. Eckert, J., R. C. Thompson, 1988, Echinococcus strains in Europe. Trop. med. paras. 39, 1-8. - **1724**. Eckstein, K., 1988, Wld. u. Hd. 91, 99. - **1725**. Edmond, W. B., 1990, Dangerous dogs. Vet. rec. 126, 650. - **1726**. Edmond, W. B., 1991, Change in Kennel Club registration policy. Vet. rec. 128, 167. - **1727**. Edmonds, H. L., G. A. Hegreberg, N. M. v. Gelder, D. M. Sylvester, R. M. Clemmons, C. G. Chatburn, 1979, Spontaneous convulsions in beagle dogs. Fed. proc. 38, 2424-2428. - **1728**. Edmonds, L., R. W. Stewart, L. Selby, 1972, Cleft lip and palate in Boston Terrier pups. Vet. med. 67, 1219-1222. - **1729**. Edney, A. T., 1980, A look into the future of small animal practice. Vet. rec. 106, 347-348. - **1730**. Edney, A. T., 1981, Ernährung und Krankheit. Wien. tierärztl. Wschr. 68, 115-120. - **1731**. Edney, A., 1985, Heimtiere und die Gesundheit ihrer Halter. Schweiz. hundesp. 101, 297. - **1732**. Edney, A., 1985, Schweiz. hundesp. 101, 7. - **1733**. Edney, A. T., P. M. Smith, 1986, Study of obesity in dogs visiting veterinary practices in the UK. Vet. rec. 118, 391-396. - **1734**. Edney, A. T., C. J. Gaskell, N. J. Sharp, 1987, Waltham sympos. No. 6. J. sm. an. pract. 28, 333-416. - **1735**. Edney, A. T., 1987, Matching dogs to owners. J. sm. an. pract. 28, 1004-1008. - **1736**. Edney, A. T., 1991, Dogs are predictors of human epilepsy. Vet. rec. 129, 251. - **1737**. Edwards, D. B., 1991, Neutering of dangerous dogs. Vet. rec. 129, 435. - **1738**. Edwards, D. F., C. S. Patton, D. A. Bemis. J. R. Kennedy. B. A. Selcer, 1983, Immotile cilia syndrome in three dogs from a litter. J. A. V. M. A. 183, 667-672. - **1739**. Edwards, D. F., J. R. Kennedy, R. L. Toal, J. M. Maddux, M. A. Barnhill, G. B. Daniel, 1989, Kartagener's syndrome in a Chow Chow dog with normal ciliary ultrastructure. Vet. path. 26, 338-340. - **1740**. Edwards, J. N., 1987, Epidemic hypocalcaemia in toy breeds. Vet. rec. 121, 359. - **1741**. Eggerts, H., 1976, Der Kleine Münsterländer Vorstehhund. Vlg. J. Neumann, Neudamm. - **1742**. Ehses, I., 1978, Dachshd. 33, 150. - **1743**. Eichelberg, H., 1979, Box. Bl. 75, 530. - **1744**. Eichelberg, H., 1979, Box. Bl. 75, 475. - **1745**. Eichelberg, H., 1980, Box. Bl. 76, 504. - **1746**. Eichelberg, H., 1991, Dachshd. 46, 3. - **1747**. Eichelberg, H., H. Wurster, 1982, Untersuchungen zur Spondylosis deformans bei Boxern. Kleintierprax. 27, 59-72. - **1748**. Eichelberg, H., W. Schön, K. Loeffler, H. Brehm, H. Grosse-Wilde, 1988, Immungenetische Untersuchungen zur Spondylosis deformans beim Boxer. Berl. Münch. tierärztl. Wschr. 101, 236-239. - **1749**. Eichenbaum, J. D., J. D. Lavach, D. H. Gould, G. A. Severin, M. E. Paulsen, R. L. Jones, 1986, Immunohistochemical staining patterns of canine eyes affected with chronic superficial keratitis. Am. J. vet. res, 47, 1952-1955. - **1750**. Eigenmann, J. E., 1982, Diagnosis and treatment of pituitary dwarfism in dogs. Proc. 6th Kal Kan symp., 107-110. - **1751**. Eigenmann, J. E., 1982, Diabetes mellitus in dogs and cats. Proc. 6th Kal Kan symp., 51-58. - **1752**. Eigenmann, J. E., 1982, Naturally occurring and iatrogenic acromegaly in the dog. Proc. 6th Kal Kan symp. 81-84. - **1753**. Eigenmann, J. E., 1983, Diabetes mellitus bei der Hündin. tierärztl. prax. 11, 361-368. - **1754**. Eigenmann, J. E., R. Y. Eigenmann, A. Rijnwerk, I. v. d. Gaag, J. Zapf, E. R. Froesch, 1983, Progesterone-controlled growth hormone overproduction and naturally occurring canine diabetes and acromegaly. Act. endocr. 104, 167-176. - **1755**. Eigenmann, J. E., S. Zanesco, U. Arnold, E. R. Froesch, 1984, Growth hormone and insulin-like growth factor I in German Shepherd dwarf dogs. Act. endocr. 105, 289-293. - **1756**. Eigenmann, J. E., D. F. Patterson, J. Zapf, E. R. Froesch, 1984, Insulin-like growth factor I in the dog. Act. endocr. 105, 294-301. - **1757**. Eigenmann, J. E., A. Amador, D. F. Patterson, 1988, Insulin-like growth factor I levels in proportionate dogs, chondrodystrophic dogs and in giant dogs. Act. endocr. 118, 105-108. - **1758**. Eiler, H., J. W. Oliver, A. M. Legendre, 1984, Stages of hyperadrenocorticism. J. A. V. M. A. 185, 289-294. - **1759**. Eisenmenger, E., 1967, Wien. tierärztl. Mschr. 54, 201. - **1760**. Eisenmenger, E., 1969, Die distale Epiphysenlosreißung und suprakondyläre Fraktur des Femur bei Hund und Katze. Wien. tierärztl. Mschr. 56, 12-19, 356-369. - **1761**. Eisenmenger, E., K. Zetner, 1984, Die Gefährdung des Tierarztes bei Ultraschall-Zahnstein-Entfernung. Kleintierprax. 29, 35-38. - **1762**. Eiserhardt, H., 1966, Wld. u. Hd. 69, 112. - **1763**. Eiserhardt, H., 1967, Die Führung des Jagdhundes. Vlg. P. Parey, Hbg. - **1764**. Eisgruber, H., F. A. Stolle, 1988, Schlachtung von Hunden. Tierärztl. Umsch. 43, 315-316. - **1765**. Ejima, H., K. Kurokawa, S. Ikemoto, 1982, DEA 1 blood group system of dogs reared in Japan. Jap. J. vet. sci. 44, 815-817. - **1766**. Ejima, H., K. Kurokawa, S. Ikemoto, 1986, Phenotype and gene frequencies of red blood cell groups in dogs of various breeds reared in Japan. Jap. J. vet. sci. 48, 363-368. - **1767**. Ekman, L., K. Orstadius, C. B. Thorell, 1968, Canine thyroid function in adiposity and certain skin ailments, studied by the EU test. J. sm. an. pract. 9, 225-230. - **1768**. Ekman, L., K. Iwarsson, J. A. Nyberg, 1972, Diagnostik von Schilddrüsenstörungen beim Hund. Kleintierprax. 17, 70-77. - **1769**. Eliot, T. S., F. P. Eliot, C. C. Lushbaugh, U. T. Slager, 1958, First report of the occurrence of neonatal endocardial fibroelastosis in cats and dogs. J. A. V. M. A. 133, 271-274. - **1770**. Elkins, A. D., 1982, Os clitoris in the dog. Can. pract., 9, 39-40. - **1771**. Elks, M., 1981, Deformed poodle pups. Vet. rec. 208, 465. - **1772**. Ellinger, T. U., R. M. Wotton, I. J. Hall, 1950, A report on the occurrence of a median eye in a partially dicephalic cat. Anat. rec. 107, 67-68. - **1773**. El-Sayed, M. G., 1978, Pharmakokinetik von Ethosuximid beim Hund. Diss. Berlin. - **1774**. Else, R. W., D. Hannant, 1979, Some epidemiological aspects of mammary neoplasia in the bitch. Vet. rec. 104, 296-304. - **1775**. El-Sergany, M., 1967, Ein Beitrag zur Spondylosis deformans des Hundes. Kleintierprax. 12, 202-205. - **1776**. Elliott, D. N., L. Stein, M. J. Harrison, 1960, Determination of absolute-intensity thresholds and frequency-difference thresholds in cats. J. acoust. soc. Am. 32, 380-384. - **1777**. S. 1776!. - **1778**. Elliot, O., M. Wong, 1972, Acid phosphatase, handy enzyme that separates the dog from the wolf. Act. biol. med. germ. 28, 873-1087. - **1779**. Elliot, O., M. Wong, 1973, Catalase and hemoglobin in the Canidae studied by starch gel electrophoresis. Zool. Anz. 191, 178-181. - **1780**. Ellis, W. A., 1986, Leptospirosis. J. sm. an. pract. 27, 683-692. - **1781**. Elshof, W. J., 1974, Ervaringen met honden van het ras Rottweiler voor het drijven van runderen. Rapp. C-223, Inst. Schoonord. - **1782**. Elzay, R. P., R. D. Hughes, 1969, Anodontia in a cat. J. A. V. M. A. 154, 667-670. - **1783**. Emery, A. E., J. S. Lawrence, 1967, Genetics of ankylosing spondylitis. J. med. gen. 4, 239-244. - **1784**. Endres, B., 1977, Luxatio patellae congenita des Hundes. Dissert. München. - **1785**. Eng, T. R., D. B. Fishbein, 1990, Epidemiologic factors, clinical findings, and vaccination status of rabies in cats and dogs in the United States in 1988. J. A. V. M. A. 197, 201-209. - **1786**. Engel, E., 1931, Einige Cephalothoracopagi bei Säugetieren. Virch. Arch. path. Anat. 280, 706-722. - **1787**. Engel, H. N., D. D. Draper, 1982, Comparative prenatal development of the spinal cord in normal and dysraphic dogs. Am. J. vet. res. 43, 1729-1734. - **1788**. Engelmann, F., 1925, Der Dachshund. Vlg. J. Neumann, Neudamm. - **1789**. Englaender C., 1974, Wld. u. Hd. 77, 810. - **1790**. England, G. C., W. E. Allen, S. A. Blythe, 1989, Variability of the time of calculated LH release in 218 canine pregnancies. Vet. rec. 125, 624-625. – **1791**. England, G. C., W. E. Allen, 1989, Seminal characteristics and fertility in dogs. Vet. rec. 125, 399. – **1792**. Engle, G. C., 1977, A clinical report on 250 cases of feline urological syndrome. Fel. pract. 7, 24-27. – **1793**. English, P. B., H. Winter, 1979, Renal cortical hypoplasia in a dog. Austr. vet. J. 55, 181-183. – **1794**. English, P. B., R. H. Sutton, H. L. Thompson, 1984, A bleeding disorder associated with haemangiosarcoma in a dog. Austr. vet. pract. 14, 5-9. – **1795**. Engstrom, D., 1966, Tyrosinase deficiency in the Chow-Chow. In: R. W. Kirk, Curr. vet. ther. sm. anim. pract., W. B. Saunders Co., Philad. – **1796**. Enigk, K., 1969, Behandlung und Vorbeuge der Helminthosen von Hund und Katze. Berl. Münch. tierärztl. Wschr. 82, 70-73. – **1797**. Ennulat, K. J., 1974, Du u. d. T. 4, 38, – **1798**. Ennulat, K. J., 1974, Du u. d. T. 4,16. – **1799**. Ennulat, K. J., 1975, Du u. d. T. 5, 17. – **1800**. Ennulat, K. J., 1976, Uns. Rassehd. 195. –**1801**. Ennulat, K. J., 1992, Uns. Rassehd. 10, 62. – **1802**. Ennulat, K. J., 1992, Uns. Rassehd. 2, 14. – **1803**. Enquist, M., O. Leimar, 1990, The evolution of fatal fighting. Anim. behav. 39, 1-9. – **1804**. Epstein, H., 1971, The origin of the domestic animals of Africa. Afric. Publ. Corp., N. Y. – **1805**. Er, J. C., R. H. Sutton, 1989, A survey of skin neoplasms in dogs from the Brisbane region. Austr. vet. J. 66, 225-227. – **1806**. Erickson, F., 1979, Congenital defects of the most common dog breeds. Vet. prof. top. 2, 5 – 9. – **1807**. Erickson, F., 1979, Congenital defects in the most common dog breeds. II. Vet. prof. top. 3, 8-11. – **1808**. Erickson, F., G. Saperstein, H. W. Leipold, J. McKinley, 1977, Congenital defects of dogs. 1. Can. pract. 4, 54-61. – **1809**. Erickson, F., G. Saperstein, H. W. Leipold, J. McKinley, 1977, Congenital defects of dogs. 2, Can. pract. 4, 51-61. – **1810**. Erickson, F., G. Saperstein, H. W. Leipold, J. McKinley, 1977, Congenital defects of dogs. 3. Can. pract. 4, 40-53. – **1811**. Eriksen, K., J. Gröndalen, 1984, Familial renal disease in Soft-coated Wheaten Terriers. J. sm. an. pract. 25, 489-500. – **1812**. Eriksson, J. 1983, Copper toxicosis in Bedlington Terriers. Act. vet. scand. 24, 148-152. – **1813**. Eriksson, J., R. Peura, 1989, Verifying copper toxicosis in Bedlington Terriers by analytical electron microscopy of needle biopsies of liver. J. comp. path. 100, 443-448. – **1814**. Erno, H., T. Möller, 1961, Epizootologiske undersögelser over hundesyge. Nord. vet. med.13, 654-674. – **1815**. Erway, L. C., 1975, Geneticist in urgent need of mutant cats with balance problems. Carn. gen. nwsl. 2, 276. – **1816**. Eschler, E., 1975, Gesellschaftswissenschaftliche Aspekte der Kleintierhaltung in der DDR. Mh. Vet. med. 30, 262-265. – **1817**. Escolar, E., J. Bellanato, J. A. Medina, 1990, Structure and composition of canine urinary calculi. Res. vet. sci. 49, 327-333. – **1818**. Escolar, E., J. Bellanato, M. Rodriguez, 1991, Study of cystine urinary calculi in dogs. Can. J. vet. res. 55, 67-71. – **1819**. Eskens, U., 1983, Statistische Untersuchungen über nach den Empfehlungen der Weltgesundheitsorganisation klassifizierte Geschwülste des Hundes unter bes. Berücksichtigung der Mamma- und Hauttumoren. Diss. Gießen. – **1820**. Essex, M., D. P. Francis, 1976, The risk to humans from malignant diseases of their pets. J. Am. an. hosp. ass. 12, 386-390. – **1821**. Ettinger, S., 1971, Idiopathic cardiomyopathy. J. Am. an. hosp. ass. 7, 70. – **1822**. Evans, J. P., K. M. Brinkhous, G. D. Brayer, H. M. Reisner, K. A. High, 1989, Canine hemophilia B resulting from a point mutation with unusual consequences. Proc. nat. ac. sci. 86, 10095-10099. – **1823**. Evans, M. G., T. P. Mullaney, C. T. Lowrie, 1988, Neuroaxonal dystrophy in a Rottweiler pup. J. A. V. M. A. 192, 1560-1562. – **1824**. Evans, S. M., D. N. Biery, 1980, Congenital peritoneopericardial diaphragmatic hernia in the dog and cat. Vet. rad. 21, 108-116. – **1825**. Evers, P., S. Gerres, R. Höveler, 1988, Zur endokrinen Steuerung des Zyklus der Hündin. VET 3, 5, 6-11. – **1826**. Ewing, G. O., 1969, Familial nonspherocytic hemolytic anaemia of Basenji dogs. J. A. V. M. A. 154, 503-507. – **1827**. Ewing, G. O., J. A. Gomez, 1973, Canine ulcerative colitis. J. Am. an. hosp. ass. 9, 395-406. – **1828**. Extra, H., 1975, Uns. Rassehd., 555. – **1829**. Eysden, G. v., 1969, Uns. Rassehd., 297. – **1830**. Eysden, G. v., 1974., Uns. Rassehd., 877. – **1831**. Eyster, G. E., J. B. Dalley, A. Chaffee, R. Beadle, A. Trapp, W. J. Christopher, 1975, Aorticopulmonary septal defect in a dog. J. A. V. M. A. 167, 1094-1096. – **1832**. Eyster, G. E., A. T. Evans, G. L. Blanchard, D. J. Krahwinkel, A. Chaffee, D. DeYoung, D. R. Karr, P. O'Handley, 1977, Congenital pericardial diaphragmatic hernia and multiple cardiac defects in a litter of Collies. J. A. V. M. A. 170, 516-520. – **1833**. Ezekoli, C., P. Schnurrenberger, 1977, The incidence of suspected rabies in East Central State of Nigeria. Bull. an. hlth. prod. Afr. 25, 443-448. – **1834**. Fabricant, C. G., 1979, Herpesvirus induced feline urolithiasis. Comp. imm. micr. inf. dis. 1, 121-134. – **1835**. Fagen, R. M., 1975, Coat color gene frequencies in cats of Watertown and Belmont. Mass. Carn. gen. nwsl. 2, 251-255. – **1836**. Fagen, R. M., 1978, Population structure and social behavior in the domestic cat. Carn. gen. nwsl. 3, 276-281. – **1837**. Fagen, R. M., 1978, Domestic cat demography and population genetics in a midwestern USA metropolitan area. Carniv. 1, 60-67. – **1838**. Fagen, R. M., 1979, Domestic cat gene frequencies in Chiangmai and Bangkok. Carn. gen. nwsl. 3, 346-349. – **1839**. Fagen, R. M., D. J. Moriarty, 1976, Domestic cat ownership survey of Urbana, Illinois neighborhoods. Carn. gen. nwsl. 3, 21-27. – **1840**. Fahrenkrug, P., 1987, Kieferorthopädische Behandlungsmöglichkeiten im Hundegebiß. Prakt. Ta. 68, 30-43. – **1841**. Fährmann, F., 1981, Wld. u. Hd. 84, 689. – **1842**. Fährmann, G., 1988, Wld. u. Hd. 91, 72. – **1843**. Falbesaner, U., 1991, Probleme in der Heimtierhaltung. Diss. München. – **1844**. Falco, M. J., J. Barker, M. E. Wallace, 1974, The genetics of epilepsy in the British Alsatian. J. sm. an. pract. 15, 685-692. – **1845**. Falconer, D. S., 1972, Genetic aspects of breeding methods. In: UFAW Handbook on the care and management of laboratory animals. 4.ed. Churchill Livingston, Edinb. u. Lond. – **1846**. Fallis, A. M., 1971, Ecology and physiology of parasites. Univ. Toronto Press. – **1847**. Fankhauser, R., 1973, Kynol. Weltkongr. Dortmund, 32. – **1848**. Fankhauser, R., 1977, Über die Epilepsie des Hundes. In: Schweiz. Kynol. Ges. a. o. O. – **1849**. Fankhauser, R., 1981, Fortschritte und aktuelle Probleme der Neurologie des Hundes. Kynol. Weltkongr. Dortmund, 67-75. – **1850**. Fankhauser, R., H. Luginbühl, W. J. Hartley, 1963, Leukodystrophie von Typus Krabbe beim Hund. Schweiz. Arch. Tierhlk. 105, 198-207. – **1851**. Fankhauser, R., R. Fatzer, H. Luginbühl, 1972, Reticulosis of the central nervous system in dogs. Adv. vet. sci. comp. med. 16, 35-71. – **1852**. Fankhauser, R., M. Vandevelde, 1981, Epilepsie. tierärztl. prax. 9, 245-256. – **1853**. Fanning, T. G., 1989, Molecular evolution of centromere-associated nucleotide sequences in two species of canids. Gene 85, 559-563. – **1854**. Farnbach, G. C. 1984, Seizures in the dog. Comp. cont. ed. pract. vet. 6, 569-576. – **1855**. Farnbach, G. C., 1984, Efficacy of primidone in dogs with seizures unresponsive to phenobarbital. J. A. V. M. A. 185, 867-868. – **1856**. Farrow, B. R., 1988, Canine myotonia. Proc. 6th. ann. vet. med. for., 64-66. – **1857**. Farrow, B. R., R. Malik, 1981, Hereditary myotonia in the Chow Chow. J. sm. an. pract. 22, 451-465. – **1858**. Farstad, W., 1984, Bitch fertility after natural mating and after artificial insemination with fresh or frozen semen. J. sm. an. pract. 25, 561-565. - **1859**. Farstad, W., K. A. Berg, 1989, Factor influencing the success rate of artificial insemination with frozen semen in the dog. J. repr. fert. Suppl. 39, 289-292. - **1860**. Fasnacht, D. W., 1969, Four-eared cat. J. A. V. M. A. 154, 1145. - **1861**. Fatzer, R., 1975, Leukodystrophische Erkrankungen im Gehirn junger Katzen. Schweiz. Arch. Tierhlk. 117, 641-648. - **1862**. Faulkner, L. C., 1975, Dimensions of the pet population problem. J. A. V. M. A. 166, 477-478. - **1863**. Faulkner, R. T., R. R. Gayle, 1979, Persistent right aortic arch in a dog. Can. pract. 6, 55-60. - **1864**. Feddersen, D., 1980, Über das Ausdrucksverhalten und dessen Sozialfunktion bei Goldschakalen, Zwergpudeln und deren Bastarden. Z. wiss. Kynol. 2, 123-125 und 5, 1-5. - **1865**. Feddersen, D., 1981, Kynolog. Weltkongr. Dortmund, 19. - **1866**. Feddersen-Petersen, D., 1988, Hunde 104, 426. - **1867**. Feddersen-Petersen, D., 1990, Verhalten des Hundes. Dt. tierärztl. Wschr. 97, 231-236. - **1868**. Feddersen-Petersen, D., 1991, Uns. Rassehd. 7, 47. - **1869**. Feddersen-Petersen, D., 1991, Aggressive Hunde. Tierärztl. Umsch. 46, 749-754. - **1870**. Fehr, M., W. Thiet, 1990, Das Cauda-equina-Syndrom beim Dt. Schäferhund. Kleintierprax. 35, 49-56. - **1871**. Feick, K., 1981, Wld. u. Hd. 83, 1455. - **1872**. Feinman, J. M., 1983, The Rex cat. Vet. med. 78, 1717-1721. - **1873**. Fekadu, M., G. M. Baer, 1980, Recovery from clinical rabies of 2 dogs inoculated with a rabies virus strain from Ethiopia. Am. J. vet. res. 41, 1632-1634. - **1874**. Fekete, L, I. Monostori, I. Herold, 1959, Muttereinfluß bei Hunden. Agr. eg. Mez. Tud. Kar. Közl. 37-53. - **1875**. Feldman, B. F., 1989, Von Willebrand's disease and other significant inherited disorders of hemostasis. Proc. 7th ann. vet. med. for., 30-32. - **1876**. Feldman, B. F., A. U. Ramons, 1976, The Pelger-Huet anomaly of granulocytic leukocytes in the dog. Can. pract. 3, 22-30. - **1877**. Feldman, B. F., E. Brummerstedt, 1986, Von Willebrand's factor deficiency in a random population of Danish Golden Retrievers. Nord. Vet. med. 38, 378-382. - **1878**. Feldman, B. F., A. Rasedee, E. C. Feldman, 1986, Haemostatic abnormalities in canine Cushing's syndrome. Res. vet. sci. 41, 228-230. - **1879**. Feldman, E. C., 1989, Nebennierenrindenüberfunktion beim Hund. Wien. tierärztl. Msch. 76, 346-358. - **1880**. Feldman, M., 1974, The problem of urban dogs. Science 185, 963. - **1881**. Feldmann, D. B., M. M. Bree, B. J. Cohen, 1968, Congenital diaphragmatic hernia in neonatal dogs. J. A. V. M. A. 153, 942-944. - **1882**. Feller, A., 1988, SV-Z. 82, 595. - **1883**. Felsburg, P. J., L.T. Glickman, F. Shofer, C. E. Kirkpatrick, H. HoganEsch, 1987, Clinical, imunologic and epidemiologic characteristics of canine selective IgA deficiency. Adv. exp. med. biol. 216B, 1461-1470. - **1884**. Fenech, J. R., B. Clerc, M. M. Isseautier, 1986, Chronic superficial keratitis in the German shepherd dog. Proc. 7th ann. meet. Am. coll. vet. ophth., 3-10. - **1885**. Fennell, C., 1975, Some demographic characteristics of the domestic cat population in Great Britain with particular reference to feeding habits and the incidence of the Feline Urological Syndrome. J. sm. an. pract. 16, 775-783. - **1886**. Ferguson, D. C., M. Hoenig, 1989, Autoimmune endocrine disease. Proc. 7th ann. vet. med. for., 938-942. - **1887**. Fernandez, F., 1988, Rabia urbana. Vet. arg. 5, 713-718. - **1888**. Fernando, S. D., 1966, A histological and histochemical study of the glands of the external auditory canal of the dog. Res. vet. sci. 7, 116-119. - **1889**. Fernando, S. D., 1967, Certain histopathologic features of the external auditory meatus of the cat and dog with otitis externa. Am. J. vet. res. 28, 278-282. - **1890**. Ferrando, F., 1970, L'alimentation du chat. Anim. comp. 17, 173-185. - **1891**. Ferrara, M. L., C. R. Halnan, 1983, Congenital structural brain defects in the deaf Dalmatian. Vet. rec. 112, 344-346. - **1892**. Ferrer, L., I. Durall, J. Closa, J. Mascort, 1988, Colour mutant alopecia in Yorkshire Terriers. Vet. rec. 122, 360-361. - **1893**. Fertig, J., 1972, Uns. Rassehd. 8, 623. - **1894**. Fesseler, M., E. Schott, B. Müller, 1989, Zum Vorkommen von Echinococcus multilocularis bei der Katze. Tierärztl. Umsch. 44, 766-775. - **1895**. Fesseler, M., B. Müller, J. Eckert, 1991, Vergleich geographischer Verbreitung und regionaler Häufigkeit von Echinococcus multilocularis und Tollwut in Mitteleuropa. Tierärztl. Umsch. 46, 287-295. - **1896**. Few, A. B., 1966, The diagnosis and surgical treatment of canine hydrocephalus. J. A. V. M. A. 149, 286-293. - **1897**. Fichtner, H., 1981, Box. bl. 77, 802. - **1898**. Ficus, H. J., W. Jöchle, 1975, Erwünschte und unerwünschte Gestagenwirkungen bei der Hündin. tierärztl. prax. 3, 231-241. - **1899**. Fidler, I. J., D. A. Abt, R. S. Brodey, 1967, The biological behavior of canine mammary neoplasms. J. A. V. M. A. 151, 1311-1318. - **1900**. Fiebiger, J., 1985, Zur Ösophagusdilatation beim Hund. Tierärztl. Umsch. 40, 513-517. - **1901**. Fiebiger, I., 1986, Hypoglykämie bei Welpen und Junghunden insbesondere der Zwergrassen. Tierärztl. prax. 14, 515-524. - **1902**. Fiebiger, I., L. Bucsis, H. J. Flasshof, W. Kraft, R. Parrisius, 1985, Zum hepatoenzephalen Syndrom beim Hund und seiner Behandlung. Berl. Münch. tierärztl. Wschr. 98, 155-160. - **1903**. Fiedelmeier, L., 1967, Die Deutsche Dogge. O. Meissner Vlg.Bleckede. - **1904**. Fiedler, H., 1975, Ein Beitrag zur Häufigkeit der Tumoren des Hundes unter bes. Berücksichtigung der Haut- und Mammatumoren. Diss. München. - **1905**. Fiedler, H., 1986, Untersuchungen über den Einfluß des Merlefaktors auf die Zuchtsituation sowie auf das Karyogramm behafteter Hunde. Diss. Hannover. - **1906**. Field, B., R. A. Wanner, 1975, Cerebral malformation in a Manx cat. Vet. rec. 96, 42-43. - **1907**. Field, R. A., C. G. Rickard, F. B. Hutt, 1946, Haemophilia in a family of dogs. Corn. vet. 36, 285-300. - **1908**. Filiatre, J. C., J. L. Millot, A. Eckerlin, 1991, Behavioural variability of olfactory exploration of the pet dog in relation to human adults. Appl. an. beh. sci. 30, 341-350. - **1909**. Fimmen, H. O., 1972, Untersuchungen zur Zucht des Kleinen Münsterländer Vorstehhundes. Diss.Gießen. - **1910**. Finco, D. R., 1971, Current status of canine urolithiasis. J. A. V. M. A. 158, 327-335. - **1911**. Finco, D. R., 1973, Congenital and inherited renal disease. J. Am. an. hosp. ass. 9, 301-303. - **1912**. Finco, D. R., 1976, Familial renal disease in Norwegian Elkhound dogs. Am J. vet. res. 37, 87-91. - **1913**. Finco, D. R., H. J. Kurtz, D. G. Low, V. Perman, 1970, Familial renal disease in Norwegian Elkhound dogs. J. A. V. M. A. 156, 747-760. - **1914**.Finco, D. R., E. Rosin, K. H. Johnson, 1970, Canine urolithiasis. J. A. V. M. A. 157, 1225-1228. - **1915**.Finco, D. R., J. A. Barsanti, W. A. Crowell, 1985, Characterization of magnesium-induced urinary disease in the cat and comparison with feline urologic syndrome. Am. J. vet. res. 46, 391-400. - **1916**. Fingland, R. B., J. D. Bonagura. C. W. Myer, 1986, Pulmonic stenosis in the dog. J. A. V. M. A. 189, 218-226. - **1917**. Fink, H., 1984, Edelkatze 34, 6. - **1918**. Fioretti, M., E. Carri, E. Delli, 1988, Contributo allo studio delle miocardiopathie primitive del cane. Vet. Ital. 2, 81-90. - **1919**. Fiorone, F., 1970. Die große Hunde-Enzyklopädie. Kristall Vlg. Hbg. - **1920**. Fireman, J., 1976, The ultimate catbook. Workman Publ. Co. N. Y. - **1921**. Fischdick, H., 1973, Wld. u. Hd. 76, 972. - **1922**. Fischedick, F., 1971, Dachshd. 26, 62. - **1923**. Fischer, C. A., 1974, Central retinal degeneration. Comp. path. bull. 5, 3-4. - **1924**. Fischer, K., 1957,

Subependymale Zellproliferationen und Tumordispositionen brachycephaler Hunderassen. Act. neuropath. 8, 242-254. – **1925**. Fischer, S., 1988, Du. u. d. T. 18, 15. – **1926**. Fischer, U., 1992, Uns. Rassehd. 1, 2. – **1927**. Fischer, U., DD-Blätt. 70, 4. – **1928**. Fischer, W., M. Morris, 1977, Die Fettsucht des Hundes, ein häufiges veterinärmedizinisches Problem. Arch. tierärztl. Fortb. 4, 86-89. – **1929**. Fisher, E. W., 1971, Fainting in boxers. J. sm. an. pract. 12, 347-349. – **1930**. Fisher, E. W., 1978, Rabies in Mexico. Vet. ann. 18, 173-178. – **1931**. Fjeld, T., 1988, Chondroplastisk dvergvekst. Nor. vet. tidskr. 100, 711-714. – **1932**. Fjeld, T. O., A. V. Eggerstdottir, 1988, Gastric dilatation/torsion syndrome in dogs. Nor. vet. tidskr. 100, 281-287. – **1933**. Flach, M., 1980, Fluoreszenzangiografische und oto-histopathologische Untersuchungen zum Merlesyndrom. Diss. Hannover. – **1934**. Flachsbarth, M., K. Neurand, 1991, Analbeutel. VET 6, 11, 27-31. – **1935**. Flagstad, A., 1982, A new hereditary neuromuscular disease in the dog breed Gammel Dansk Honsehund. Hereditas 96, 211-214. – **1936**. Flagstad, A., W. Trojaborg, S. Gammeltoft, 1989, Congenital myasthenic syndrome in the dog breed Gammal Dansk Honsehund. Act. vet.scand. 30, 89-102. – **1937**. Flashman, A. F., 1967, Behavioural abnormalities of the dog. Austr. vet. J. 43, 524-529. – **1938**. Flecknell, P. A., T. J. Gruffydd-Jones, 1979, Congenital luxation of the patellae in the cat. Fel. pract. 9, 18, 20. – **1939**. Fleig, D., 1978, Uns. Rassehd., 75. – **1940**. Fleig, D., 1981, Kampfhunde I. H. Fleig Vlg. Mühlenbach. – **1941**. Fleischer, C., 1975, Tierschutz in Zoo- und Hundehandlungen. Dt. tierärztl. Wschr. 82, 147-150. – **1942**. Fleischhauer, H., 1986, Katzen 16, 2, 14. – **1943**. Fleming, P. J., D. Robinson, 1986, The impact of wild dogs on livestock production. Proc. Aus. soc. an. prod. 16, 84-87. – **1944**. Fletch, S. M., M. E. Smart, P. W. Pennock, R. E. Subden, 1973, Clinical and pathologic features of chondrodysplasia in Alaskan Malamutes. J. A. V. M. A. 162, 357-361. – **1945**. Fletch, S. M., P.H. Pinkerton, P. J. Brueckner, 1975, The Alaskan Malamute chondrodysplasia syndrome. J. Am. an. hosp. ass. 11, 353-361. – **1946**. Fletcher, T. F., 1970, Electroencephalographic features of leukodystrophic disease in the dog. J. A. V. M. A. 157, 190-198. – **1947**. Fletcher, T. F., H. J. Kurtz, D. G. Low, 1966, Globoid cell leukodystrophy in the dog. J. A. V. M. A. 149, 165-172. – **1948**. Fletcher, T. F., R. L. Kitchell, 1966, Anatomical studies on the spinal cord segments of the dog. Am. J. vet. res. 27, 1759-1767. – **1949**. Fletcher, T. F., D. G. Lee, R. F. Hammer, 1971, Ultrastructural features of globoid-cell leukodystrophy in the dog. Am. J. vet. res. 32, 177-181. – **1950**. Fletcher, W. S., R. H. Herr, A. L. Rogers, 1969, Survival of purebred Labrador Retrievers vs pound dogs undergoing experimental heart valve replacement. Lab. an. care 19, 506-508. – **1951**. Flo, G. L., H. Tvedten, 1975, Cervical calcinosis circumscripta in 3 related Great Dane dogs. J.Am. an. hosp. ass. 11, 507-510. – **1952**. Flückiger, M., P. Kramers, U. Hirt, K. Huter-Wissler, S. Arnold, 1988, Früherfassung der Trächtigkeit bei der Hündin mittels Ultraschall. Zb. Vet. med. A 35, 450-454. – **1953**. Flückiger, V., 1978, Myasthenia gravis beim Hund. Schweiz. Arch. Tierhlk. 120, 280. – **1954**. Fluharty, D. M., 1965, Some incompatible reactions of canine blood group A. J. A. V. M. A. 147, 1656-1657. – **1955**. Fluke, M. H., E. C. Hawking, G. E. Elliott, W. E. Blevins, 1989, Short colon in two cats and a dog. J. A. V. M. A. 195, 87-90. – **1956**. Fogh, J. M. 1986, Haemofili A hos schaeferhunde i Danmark. Dansk Vet. tids. 69, 938-940. – **1957**. Fogh, J. M., 1988, A study of hemophilia A in German Shepherd dogs in Denmark. Vet. clin. N. Am. 18, 245-254. – **1958**. Fogh, J. M., L. Nygaard, E. Andresen, I. M. Nilsson, 1984, Hemophilia in dogs, with special reference to hemophilia A among German Shepherd dogs in Denmark. Nord. vet. med. 36, 235-240. – **1959**. Fogh, J. M., I. T. Fogh, 1988, Inherited coagulation disorders. Vet. clin. N. Am. 18, 231-243. – **1960**. Follis, T. B., 1975, Feline urological syndrome and diet. Vet. rec. 96, 573-574. – **1961**. Font, E., 1987, Spacing and social organization. Appl. an. behav. sci. 17, 319-328. – **1962**. Fontaine, J., C. Clercx, F. Coignoul, M. Henroteaux, 1990, Deux cas de granulomes éosinophiliques oraux chez un Husky Sibérian et un Malamute. Ann. méd. vét. 134, 223-226. – **1963**. Foodman, M. S., U. Giger, K. Stebbins, D. Knight, 1989, Kartagener's syndrome in an old miniature poodle. J. sm. an. pract. 30, 96-100. – **1964**. Foor, J. C. M. Stowe, 1975, Acute fatal caffeine toxicosis in a dog. J. A. V. M. A. 167, 379. – **1965**. Forbes, S. J., R. Cook, 1991, Congenital peripheral vestibular disease attributed to lymphocytic labyrinthitis in two related litters of Doberman Pinscher pups. J. A. V. M. A. 198, 447-449. – **1966**. Ford, L., 1955, Defective Collie dogs with heterozygous merling. J. can. gen., 24-28. – **1967**. Ford, L, 1967, A genetic study of scleral ectasia in linebred dogs. Carn. gen. nwsl. 1, 41-42. – **1968**. Ford, L, 1969, Identification and chromomeric interpretation of pachytene bivalents from canis familiaris. Can. J. gen. cytol. 11, 389-402. – **1969**. Ford, L, 1969, Cyclic neutropenia in Collies. Mod. vet. pract. 50, 54-55. – **1970**. Ford, L., 1969, Hereditary aspects of human and canine cyclic neutropenia. J. hered. 60, 293-299. – **1971**. Ford, L., 1969, Inheritance of normal grey coat colour in collie dogs. Carn. gen. nwsl. 1, 149. – **1972**. Formstone, C., 1945, Observations on subluxation and luxation of the crystalline lens in the dog. J. comp. path. 55, 168-184. – **1973**. Formstone, C., 1952, Observations on diseases of the eye in animals with particular reference to the dog. Vet. rec. 64, 47-49. – **1974**. Forsberg, M., 1986, Breed differences in the predisposition for diabetes mellitus and Cushing's syndrome in the dog. Svensk vet. tidn. 38, 177-180. – **1975**. Forsberg, M., A. Hedhammar, 1984, Cushings sjukdom hos hund. Svensk vet. tidn. 38, 733-741. – **1976**. Förster, D., U. Holland, H. Tesfamariam, 1974, Salmonellen-Vorkommen beim Hund. Zbl. Vet. med. B 21, 124-130. – **1977**. Förster, U., 1988, SV-Z. 81, 89. – **1978**. Foss, I., 1968, Stria vascularis and Reissner's membrane of the hereditary deaf white Norwegian Dunkerhound. J. ultrastr. res. 25, 162-163. – **1979**. Foss, I., G. Flottorp, 1974, A comparative study of the development of hearing and vision in various species commonly used in experiments. Act. otolaryng. 77, 202-214. – **1980**. Foster, E. S., C. D. Lothrop, 1988, Polycythemia vera in a cat with cardiac hypertrophy. J. A. V. M. A. 192, 1736-1738. – **1981**. Foster, S. J., 1967, The urolithiasis syndrome in male cats. J. sm. an. pract. 8, 207-214. – **1982**. Foster, S. J., 1975, Diabetes mellitus. J. sm. an. pract. 16, 295-315. – **1983**. Foster, S. J., 1975, Diabetes mellitus. Eff. Rep. 2, 16-31. – **1984**. Foster, S. J., R. Curtis, K. C. Barnett, 1986, Primary lens luxation in the Border Collie. J. sm. an. pract. 27, 1-6. – **1985**. Fox, J. G., D. R. Averill, M. Hallett, K. Schunk, 1984, Familial reflex myoclonus in Labrador Retrievers. Am. J. vet. res. 45, 2367-2370. – **1986**. Fox, M. W., 1962, Observations on paw raising and sympathy lameness in the dog. Vet. rec. 74, 895-896. – **1987**. Fox, M. W., 1963, Observations on neonatal mortality in the dog. J. A. V. M. A. 143, 1219-1223. – **1988**. Fox, M. W., 1963, Sesamoideal hypoplasia with distal ulnar hemimelia and arthrodysplasia. Vet. rec. 75, 938-939. – **1989**. Fox, M. W., 1963, Inherited inguinal hernia and midline defects in the dog. J. A. V. M. A. 143, 602-604. – **1990**. Fox, M. W., 1964, A sociosexual behavioral abnormality in the dog resembling Oedipus complex in man. J. A. V. M. A. 144, 868-869. – **1991.** Fox, M. W., 1964, Osmotic resistance of erythrocytes. J. hered. 55, 146-148. – **1992.** Fox, M. W., 1964, Anatomy of the canine skull in low-grade otocephaly. Can. J. comp. med. 28, 105-107. – **1993.** Fox, M. W., 1964, The otocephalic syndrome in the dog. Corn. vet. 54, 250-259. – **1994.** Fox, M. W., 1964, Inherited polycystic mononephrosis in the dog. J. hered. 55, 29-30. – **1995.** Fox, M. W., 1965, The pathophysiology of neonatal mortality in the dog. J. sm. an. pract. 6, 243-254. – **1996.** Fox, M. W., 1965, Diseases of possible hereditary origin in the dog. J. hered. 56, 169-176. – **1997.** Fox, M. W., 1971, Behaviour of wolves, dogs and related canids. Jonathan Cape, Lond. – **1998.** Fox, M. W., 1975, Pet-owner relations. In: Anderson a. a. O. – **1999.** Fox, M. W., 1975, The wild canids. V. Nostrand Reinhold Co. N. Y. – **2000.** Fox, M. W., 1975, Behavior genetics of F1 and F2 coyote-dog hybrids. Appl. an. ethol. 1, 185-195. – **2001.** Fox, M. W., 1975, The behaviour of cats. In: Hafez a. a. O. – **2002.** Fox, M. W., 1975, Vom Wolf zum Hund. BLV Vlg. Ges. München. – **2003.** Fox, M. W., 1976, Versteh Deine Katze. A. Müller Vlg., Zürich. – **2004.** Fox, M. W., 1978, The dog. Garland Publ. Inc. N.Y. – **2005.** Fox, M. W., 1981, The question of animal rights. Vet. rec. 109, 37-39. – **2006.** Fox, M. W., W. G. Hoag, J. Strout, 1965, Breed susceptibility, pathogenicity and epidemiology of endemic coliform enteritis in the dog. Lab. an. care 15, 194-200. – **2007.** Fox, M. W., 1990, Pet population control. J. A. V. M. A. 197, 682. – **2008.** Fox, M. W., S. Halperin, A. Wise, E. Kohn, 1976, Species and hybrid differences in frequencies of play and agonistic actions in canids. Z.Tierpsych. 40, 194-209. – **2009.** Francis, R. L., 1975, Behavioural audiometry in mammals. Symp. zool. soc. Lond. 37, 237-289. – **2010.** Francis, D. P., M. Essex, 1980, Epidemiology of feline leukemia. Proc. III. int. fel. leuk. vir. meet, 127-131. – **2011.** Frandson, R. D., R. W. Davis, 1955, Dropped muscle in the racing greyhound. J. A. V. M. A. 126, 468-469. – **2012.** Frank, L. G., S. E. Glickman, P. Licht, 1991, Fatal sibling aggression, precocial development and androgens in neonatal spotted hyenas. Science 252, 702-704. – **2013.** Frank, W., 1984, Echinococcus multilocularis. Wien. tierärztl. Mschr. 71, 19-22. – **2014.** Franke, K., 1976, Spiegel Nr. 5. – **2015.** Frankling, E. M., 1964, Abnormalities and defects in pedigree dogs. Adv. sm. an. pract. 5, 63-66. – **2016.** Franti, C. E., J. F. Kraus, 1974, Aspects of pet ownership in Yolo County, Calif. J. A. V. M. A. 164, 166-171. – **2017.** Franti, C. E., H. P. Riemann, D. E. Behymer, D. Suther, J. A. Howarth, R. Ruppanner, 1976, Prevalence of Toxoplasma gondii antibodies in wild and domestic animals in Northern California. J. A. V. M. A. 169, 901-906. – **2018.** Fraser, G., 1961, Factors predisposing to canine external otitis. Vet. rec. 73, 55-58. – **2019.** Fraser, G., 1965, Aetiology of otitis externa in the dog. J. sm. an.pract. 6,445-452. – **2020.** Fraser, G., W. W. Gregor, C. P. Mackenzie, J. S. Spreull, A. R. Withers, 1970, Canine ear disease. J. sm. an. pract. 10, 725-754. – **2021.** Fraumeni, J. F., 1967, Stature and malignant tumours of bone in childhood and adolescence. Cancer 20, 967-973. – **2022.** Freak, M., 1948, The whelping bitch. Vet. rec. 60, 295-301. – **2023.** Freak, M. J., 1962, Abnormal conditions associated with pregnancy and parturition in the bitch. Vet. rec. 74, 1323-1339. – **2024.** Freak, M. J., 1975, Practitioners' and breeders' approach to canine parturition. Vet. rec. 96, 303-308. – **2025.** Fredeen, H. T., J. A. Newman, 1968, Cryptorchid condition and selection for its incidence in Lacombe and Canadian Yorkshire pigs. Can. J. an. sci. 48, 275-284. – **2026.** Fredrick, de D. F., 1977, Pig production in the Solomon Islands. Trop. an. hlth. prod. 9, 135-139. – **2027.** Fredrickson, D. S., 1966, Cerebroside lipidosis in Gaucher's disease. In: Stanbury et al. a. a. O. – **2028.** Fredrickson, D. S., E. G. Trams, 1966, Ganglioside lipidosis. In: Stanbury et al. a. a. O. – **2029.** Fredrickson, L. E., 1975, Pet planning programs. Mod. vet. pract. 56, 93-95. – **2030.** Freeman, H. M., R. H. Donovan, C. L. Schepens, 1968, Chorioretinal changes, juxtapapillary staphyloma and retinal detachment in the Collie. Mod. probl. ophth. 8, 111-117. – **2031.** Freeman, L. E., P. T. McGovern, 1984, Thoracoabdominal ectopia cordis in two littermate pups. Can. pract. 11, 39-43. – **2032.** Freeman, L. J., G. A. Hegreberg, J. D. Robinette, 1987, Ehlers-Danlos syndrome in dogs and cats. Sem. vet. med. surg. 11, 221-227. – **2033.** Freeman, L. J., G. A. Hegreberg, J. D. Robinette, 1989, Cutaneous wound healing in Ehlers-Danlos syndrome. Vet. surg. 18, 88-96. – **2034.** Freeman, L. J., G. A. Hegreberg, J. D. Robinette, J. T. Kimbrell, 1989, Biochemical properties of skin and wounds in Ehlers-Danlos syndrome. Vet. surg. 18, 97-102. – **2035.** Frendin, J., B. Funkquist, M. Stavenborn, 1988, Gastric displacement in dogs without clinical signs of acute dilatation. J. sm. an. pract. 29, 775-779. – **2036.** Frendin, J., B. Funkquist, 1990, Fundic gastropexy for prevention of recurrence of gastric volvulus. J. sm. an. pract. 31, 78-82. – **2037.** Frenkel, J. K., 1967, Toxoplasmosis. In: Benirschke a. a. O. – **2038.** Frenkel, J. K., 1975, Toxoplasmosis in cats and man. Fel. pract. 5, 28-29. – **2039.** Frenkel, J. K., 1979, Toxoplasmosis in cats. Comp. immun. microb. inf. dis. 1, 15-20. – **2040.** Frenning, B., O. Brink, 1971, Effects of Aspirin on the gastric mucosa. Scand. J. gastroent. 6, 605-612. – **2041.** Frese, K., H. Frank, U. Eskens, 1983, Plattenepithelkarzinome der Zehen beimHund. Dt. tierärztl. Wschr. 90, 359-363. – **2042.** Frese, K., B.Durchfeld, U. Eskens, 1989, Klassifikation und biologisches Verhalten der Haut- und Mammatumoren von Hund und Katze. Prakt. Ta. 70, 69-84. – **2043.** Freudiger, U., 1965, Die kongenitale Nierenrindenhypoplasie beim bunten Cocker-Spaniel. Schweiz. Arch. Tierhlk. 107, 547-566. – **2044.** Freudiger, U., 1965, Beobachtungen über eine erblich bedingte Nephropathie beim Cockerspaniel. Kleintierprax. 10, 189-192. – **2045.** Freudiger, U., 1971, Die Erkrankungen des exokrinen Pankreas des Hundes. Kleintierprax. 16, 201-211, 229-234. – **2046.** Freudiger, U., 1971, Übersicht über die wichtigsten Infektionskrankheiten der Katze.Kleintierprax. 16, 134-142. – **2047.** Freudiger, U., 1973, Pathogenese und Pathophysiologie der Uraemie des Hundes. Tierärztl. Umsch. 28, 371-374. – **2048.** Freudiger, U., 1973, Über die Zuverlässigkeit des Vorröntgens zur Beurteilung der Hüftgelenks-Dysplasie. Schweiz. Arch. Tierhlk. 115, 507-515. – **2049.** Freudiger, U., 1975, Untersuchungen über die chronische exokrine Pankreas-Insuffizienz, speziell des Deutschen Schäferhundes. Eff. Rep. 1, 2-13. – **2050.** Freudiger, U., 1976, Epidemiologie, Ätiologie, Klinik und Diagnose der chronischen exokrinen Pankreasinsuffizienz. Prakt. Ta. 57, 300-314. – **2051.** Freudiger, U., 1977, Schweiz. Kyn. Ges. a. a. O. – **2052.** Freudiger, U., 1979, Schweiz. hundesp. 95, 491, – **2053.** Freudiger, U., 1979, Die Diagnose der chronischen exokrinen Pankreasinsuffizienz. Kleintierprax. 24, 375-387. – **2054.** Freudiger, U., 1991, Physiologie, Pathologie, Labor und Therapie der exokrinen Erkrankungen der Bauchspeicheldrüse. Kleintierprax. 36, 5-16. – **2055.** Freudiger, U., V. Schärer, J. C. Buser, R. Mühlebach, 1973, Die Hüftgelenksdysplasie. Schweiz. Arch. Tierhlk. 115, 69-73. – **2056.** Freudiger, U., V. Schärer, J.C. Buser, R. Mühlebach, 1973, Die Resultate der Hüftgelenkdsdysplasie-Bekämpfung beim Dt. Schäfer in der Zeit von 1965-1972.

Schweiz. Arch. Tierhlk. 115, 169-173. – **2057**. Freund, E., G. H. Schumacher, D. Ivankievicz, C. Garet, D. Schwarz, J. Fanghänel, 1975, Beagle-Hunde als Versuchstiere der experimentellen stomatologischen Forschung. Wiss. Z. F. Schiller Univ. Jena M. N. R. 24, 289-292. – **2058**. Frevert, W., K. Bergien, 1974, Die gerechte Führung des Schweißhundes. P. Parey Vlg., Hbg. – **2059**. Frey, F. H., 1972, Besonderheiten der Pharmakologie der Herzglykoside beim Hund. Symp. Kardiologie des Hundes, Hannover. – **2060**. Frey, H. H., M. P. Magnussen, 1966, Serumcholinesterase und Succinylcholin-Empfindlichkeit beim Hund. Dt. tierärztl. Wschr. 73, 229-230. – **2061**. Frey, I., 1954, Beitrag zur Prostatahypertrophie des Hundes. Tierärztl. Umsch. 9, 297-304. – **2062**. Frey, S., 1924. Der Dobermannpinscher. H. Steinitz Verl. Berlin. – **2063** Frick, E., 1979, Katzenkratz-Krankheit. Münch. med. Wschr. 121, 189. – **2064**. Frick, E. J., 1962, Things worth knowing about cats. Vet. med. 57, 160. – **2065**. Frick, E. J., 1963, Facts worth knowing about greyhounds. Vet.med. 58, 339-340. – **2066**. Fricke, P., E. Woltersdorf, 1992, Uns. Rassehd. 2, 50. – **2067**. Frey, S., M. S. O. Byers, 1948, Observations concerning the cause of the excess excretion of uric acid in the Dalmatian dog. J. biol. chem. 175, 727-736. – **2068**. Friedmann, E., 1979, Haustierhaltung und Überlebenschancen nach Herzkranzgefäßerkrankungen. Eff. Rep. 9, 21-31. – **2069**. Fritsch, R., 1962, Zur Narkoseindikation bei kleinen Haustieren.Kleintierprax. 7, 55-61. – **2070**. Fritsch, R., P. Ost, 1983, Untersuchungen über erbliche Rutenfehler beim Dachshund. Berl. Münch. tierärztl. Wschr. 96, 444-450. – **2071**. Fritsch, R., A. Herzog, P. Ost, B. Tellheim, 1985, Zum Problem der Rutenfehler beim Dachshund. Kleintierprax. 30, 81-86. – **2072**. Fritz, T. E., R. C. Zeman, M. R. Zelle, 1970, Pathology and familial incidence of thyroiditis in a closed beagle colony. Exp. mol. path. 12, 14-30. – **2073**. Frost, C., 1988, Anal furunculosis. Vet. rec. 123, 355. – **2074**. Frost, R. C., 1963, Observations concerning ovarian and related conditions in bitches kept as domestic pets. Vet. rec. 75, 653-654. – **2075**. Frye, F. L., 1967, Spina bifida occulta with sacrococcygeal agenesis in a cat. Anim. hosp. 3, 238-242. – **2076**. Frye, F. L., L. Z. McFarland, 1965, Spina bifida with rachischisis in a kitten. J. A. V. M. A. 146, 481-482. – **2077**. Fuchs, G. H., H. Hartmann, 1974, Über das Vorkommen von Leptospireninfektionen bei Dienst- und Gebrauchshunderassen im Bezirk Dresden. Arch. exp. Vet. med. 28, 869-877. – **2078**. Fuentes, V. L., J. Dukes, 1991, Systolic cardiac murmurs in boxers. Vet. rec. 129, 343-344. – **2079**. Fuhrer, L., H. Dunlap, A. Reynolds, 1991, Evolution morphologique du chien de traineau. Rec. méd. vét. 167, 659-665. – **2080**. Fuhrmann, H., 1973, Richteranwärterarbeit. Dresden. – **2081**. Fujinaga, T., M. Yamashita, M. C. Yoshida, S. Mizuno, M. Tajima, Y. Okamoto, K. Otomo, 1989, The banding patterns of normal canine chromosomes. Jap. J. vet. sci. 51, 294-299. – **2082**. Fukuda, S., H. Iida, O. Matsuoka, K. Shibuya, 1983, Studies on intervertebral disc protrusion in Beagles. Jap. J. vet. sci. 45, 209-215. – **2083**. Fukui, M., T., Furukawa, 1986, Canine fundus abnormities in Japan. 7th ann. meet. Am. coll. vet. ophth., 67-70. – **2084**. Fukushima, S., Y. Aoto, K. Kawata, T. Nakao, M. Moriyoshi, T. Kurosawa, T. Nakade, 1985, Detection of early pregnancy and foetal development by ultrasonic linear electronic scanning in bitches.Jap. J. an. repr. 31, 57-62. – **2085**. Fuller, J. L., 1962, The genetics of behaviour of domestic animals. In: Hafez, E. S., The behaviour of domestic animals. Bailliere, Tindall & Co., Lond. – **2086**. Fuller, J., 1964, The K-Puppies. Discov. 25, 18-22. – **2087**. Fuller, J. L., E. M. DuBuis, 1962, The behaviour of dogs. In: Hafez a. a. O. – **2088**. Funk, W., H. Kremhelmer, 1970, SV-Z. 64, 11. – **2089**. Funkquist, B., 1979, Gastric torsion in the dog. J. sm. an. pract. 20, 103-109. – **2090**. Funkquist, B., L. Garmer, 1967, Pathogenetic and therapeutic aspects of torsion of the canine stomach. J. sm. an. pract. 8, 523-532. – **2091**. Funkquist, B., B. Henricson, 1969, Kann die Frequenz von Bandscheibenprolaps beim Dackel durch eugenische Maßnahmen verhindert werden? Kleintierprax. 14, 219-223. – **2092**. Furber, R. M., 1984, Cramp in Norwich terriers. Vet. rec. 115, 46. – **2093**. Fürst, H., 1971, Unsere Dackel – unsere Freunde. Selbstverlg. Gergweis. – **2094**. Furtwängler, H., 1977, SV-Z. 71, 871. – **2095**. Fyfe, J. C., P. F. Jezyk, U. Giger, D. F. Patterson, 1989, Inherited selective malabsorption of vitamin B12 in Giant Schnauzers. J. Am. an. hosp. ass. 25, 533-539. – **2096**. Gaag, I. v. d., 1988, The pathology of the external ear canal in dogs and cats. Tijds. diergen. 113, 556-565. – **2097**. Gaber, C. E., T. C. Amis, R. A. LeCouteur, 1985, Laryngeal paralysis in dogs. J. A. V. M. A. 186, 377-380. – **2098**. Gaebler, S., J.Maier, W. Tiemeyer, D. Giesecke, 1987, Über den Einfluß von Diäten mit definiertem Nucleinsäuren- und Puringehalt auf den Harnsäurespiegel im Blutplasma von Dalmatiner-Hunden. Zbl. Vet. med. A 28, 494-503. – **2099**. Gage, E. D., 1975, Incidence of clinical disc disease in the dog. J. Am. an. hosp. ass. 11, 135-138. – **2100**. Gage, E. D., B. F. Hoerlein, 1968, Surgical treatment of canine hydrocephalus by ventriculoatrial shunting. J. A. V. M. A. 153, 1418-1431. – **2101**. Gagnon, A. C., 1988, Les Animaux: rôle médical et social. Bull. ac. nat. méd. 172, 957-964. – **2102**. Gaiddon, J., S. G. Rosolen, L. Steru, C. S. Cook, R. Peiffer, 1991, Use of biometry and keratometry for determining optimal power for intraocular lens implants in dogs. Am. J. vet. res. 52, 781-783. – **2103**. Gaines, F. B., L. D. v. Vleck, 1976, The influence of Beagle sires on gestation length, litter size, birth weight and livability. Carn. gen. nwsl. 3, 75-79. – **2104**. Galbraith, N. S., N. J. Barrett, 1986, Emerging zoonoses. J. sm. an. pract. 27, 621-647. – **2105**. Gallus, G., 1987, SV-Z. 81, 162. – **2106**. Gambardella, P. C., C. A. Osborne, J. B. Stevens, 1975, Multiple cartilaginous exostoses in the dog. J. A. V. M. A. 166, 761-768. – **2107**. Gambetti, L. A., A. M. Kelly, S. A. Steinberg, 1970, Biochemical studies in a canine gangliosidosis. J.neuropath. exp. neurol. 29, 137-138. – **2108**. Gannon, J. R., 1972, Stress fractures in the Greyhound. Austr. vet. J. 48, 244-250. – **2109**. Gannon, J., 1978, Muscle injuries. Vet. ann. 18, 185-193. – **2110**. Garcia, F. F., A. Macarro, M.H. Garcia, 1985, Ethnological study of the large Andalusian Podenco dog. Arch. zoot. 34, 169-182. – **2111**. Gardner, A. F., B. H. Darke, G. T. Keary, 1962, Dental caries in domesticated dogs. J. A. V. M. A. 140, 433-436. – **2112**. Gardner, D. E., M. R. Alley, R. S. Wyburn, B. E. Goulden, R. G. Dreadon, M. G. Kyle, 1975, Calcinosis circumscripta-like lesions in dogs associated with the use of choke chains. N. Zeal. vet. J. 23, 95-97. – **2113**. Gardner, D. L., 1959, Angeborene Chondrodystrophie beim Hund. J. path. bact. 77, 243-247. – **2114**. Garmer, L., 1980, Progressiv retinal atrofi hos hund. Svensk. vet. tidn. 32, 441-443. – **2115**. Garmer, L., 1986, Progressive retinal atrofi hos labrador retriever. Svensk vet. tidn. 38, 120-123. – **2116**. Garmer, L., 1986, Linsluxation hos tibetansk terrier. Svensk vet. tidn. 38,132-133. – **2117**. Garmer, L., U. Lagerman-Pekkari, P. Schauman, A. Tigerschiöld, 1974, Progressiv retinal atrofi hos tibetansk terrier. Svensk vet. tidn. 26, 158-160. – **2118**. Garner, R. J., 1967, Early breeding of bitches. Vet. rec. 80, 582. – **2119**. Garnett, M., B. Blumenberg, 1983, Mutant allele frequencies in feral and domestic cat populations of Christmas Island, Kiribati, Central Pacific. Carn. gen. nwsl. 4, 230-234. – **2120**. Garratt, J. A., 1977, Disposal of companion animals. Vet. rec. 101, 123. – **2121**. Gärtner, K., 1956, Klinische Beobachtungen an der eosinophilen Panostitis der Junghunde. Kleintierprax. 1, 71-75. – **2122**. Gärtner, K., 1957, Die chirurgische Behandlung der Acanthosis nigricans des Hundes und einige Gedanken zu ihrer Pathogenese. Kleintierprax. 2, 33-41. – **2123**. Gärtner, K., 1969, Der spontane Diabetes mellitus bei Haustieren: E. F. Pfeiffer, Diabetes mellitus I. J. F. Lehmanns Verl. München. – **2124**. Gaschen, F. P., E. W. Uhl, D. F. Senior, L. K. Pearce, E. P. Hoffman, 1991, Muscular dystrophy and dystrophin deficiency in two kittens. J. vet. int. med. 5, 136. – **2125**. Gaskell, C. J., 1990, Feline urological syndrome. J. sm. an. pract. 31, 519-522. – **2126**. Gaspar, J., 1930, Analyse der Erbfaktoren der Schädels einer Paarung von Ceylon-Nackthund x Dackel. Jena. Z. Naturwiss. 65, 245-274. – **2127**. Gaspar, P., 1977, Distribution of animal rabies in Zambia and its potential danger to the human population. Med. J. Zamb. 10, 168-170. – **2128**. Gasper, P. W., M.A. Thrall, D. A. Wenger, D. W. Macy, L. Ham, R. E. Dornsife, K. McBiles, S. L. Quackenbush, M. L. Kesel, E. L. Gillette, E. A. Hoover, 1984, Correction of feline arylsulfatase B deficiency by bone marrow transplantation. Nature 312, 467-469. – **2129**. Gass, H., 1977, Exotische Katzen in der Kleintierpraxis. Arch. tierärztl. Fortb. 4, 51-55. – **2130**. Gasse, H., U. Hahn, 1987, Fall einer Augenmißbildung bei einem Pudel. Kleintierprax. 32, 381-384. – **2131**. Gastauer, R., 1978, Therapeutische Möglichkeit, den akuten Herztod von Windhunden während des Rennens durch Gabe des β-Blockers Carazolol zu verhindern. Tierärztl. Ums. 33, 259-262. – **2132**. Gathura, P. B., M. Kamiya, 1990, Echinococcosis in Kenya. Jap. J. res. 38, 107-116. – **2133**. Geary, J. C., 1969, Canine spinal lesion not involving discs. J. A. V. M. A. 155, 2038-2044. – **2134**. Geary, J. C., J. E. Oliver, B. F. Hoerlein, 1967, Atlanto axial subluxation in the canine. J. sm. an. pract. 8, 577-582. – **2135**. Gebhardt, H., 1977, Stern 28-35. – **2136**. Gebhardt, H., G. Haucke, 1988, Die Sache mit dem Hund. Rasch u. Röhring, Hbg. – **2137**. Gedek, B., 1974, Mykozoonosen des Hundes. Berl. Münch. tierärztl. Wschr. 87, 412-417. – **2138**. Gee, B. R., C. E. Doige, 1970, Multiple cartilaginous exostoses in a litter of dogs. J. A. V. M. A. 156, 53-59. – **2139**. Geerthsen, J. M., 1988, Pers. Mitt. – **2140**. Gehring, H., 1971, Künstliche Besamung beim Hund. Kleintierprax. 16, 123-125. – **2141**. Gehring, H., 1975, Osteogenesis imperfecta bei der Katze. Kleintierprax. 20, 225-231. – **2142**. Gehring, H., 1987, Uns. Rassehd. 12, 18. – **2143**. Gehring, H., W. Brass, 1967, Die craniomandibuläre Osteopathie des Hundes. Dt. tierärztl. Wschr. 74, 546-547. – **2144**. Geigenmüller, H., 1966, Der Scheidentumor der Hündin und seine Behandlung. Wien. tierärztl. Mschr. 53, 354-356. – **2145**. Geiger, G., 1973, Prüfungswesen und Leistungsvererbung beim Deutschen Drahthaarigen Vorstehhund. Diss. Gießen. – **2146**. Geiger, G., J. F. Wiedeking, 1974, Populationsanalyse beim deutsch-drahthaarigen Vorstehhund. Z. Jagdwiss. 20, 125-149. – **2147**. Geisel, O., I.Fiebiger, 1984, Die Leberbiopsie beim Hunde. Eff. Rep. 19, 11-19. – **2148**. Geisel, O., S. Kusch, H. Klein, 1986, Vorkommen, Primärsitz und Metastasierungsmuster des Hämangioendothelioms beim Hund. Tierärztl. Prax. 14, 389-395. – **2149**. Geiser, H., 1988, Hunde 104, 944. – **2150**. Gelatt, K. N. 1969, Resection of cilia-bearing tarsoconjunctiva for correction of canine distichia. J. A. V. M. A. 155, 892-897. – **2151**. Gelatt, K. N., 1971, Bilateral corneal dermoids and distichiasis in a dog. Vet. Med. 66, 658-659. – **2152**. Gelatt, K. N., 1971, Glaucoma and lens luxation in a dog. Vet. med. 66, 1102-1104. – **2153**. Gelatt, K. N., 1972, Cataracts in the Golden Retriever dog. Vet. med. 67, 1113-1115. – **2154**. Gelatt, K. N., 1972, Recent advances in veterinary and comparative ophthalmology.Adv. vet. sci. comp. med. 16, 1-33. – **2155**. Gelatt, K. N., 1981, Textbook of veterinary ophthalmology. Lea & Febiger, Philad. – **2156**. Gelatt, K. N., A. Veith, 1970, Hereditary multiple ocular anomalies in Australian Shepherd dogs. Vet. med. 65, 39-42. – **2157**. Gelatt, K. N., P. W. Ladds, 1971, Gonioscopy in dogs and cats with glaucoma and ocular tumours. J. sm. an. pract. 12, 105-117. – **2158**. Gelatt, K. N., L. D. McGill, 1973, Clinical characteristics of microphthalmia with colobomas of the Australian shepherd dog. J. A. V. M. A. 162, 393-397. – **2159**. Gelatt, K. N., R. L. Peiffer, J. Stevens, 1973, Chronic ulcerative keratitis and sequestrum in the domestic cat. J. Am. an. hosp. ass. 9, 204-213. – **2160**. Gelatt, K. N., R. D. Whitely, J. D. Lavach, K. P. Barrie, L. W. Williams, 1979, Cataracts in Chesapeake Bay Retrievers. J. A. V. M. A. 175, 1176-1178. – **2161**. Gelatt, K. N., N. G. Powell, K. Huston, 1981, Inheritance of microphthalmia with coloboma in the Australian Shepherd dog. Am. J. vet. res. 42, 1686-1690. – **2162**. Gelatt, K. N., N. G. G. Gunn, 1981, Inheritance of primary glaucoma in the Beagle. Am. J. vet. res. 42, 1691-1693. – **2163**. Gelatt, K. N., D. A. Samuelson, 1982, Recurrent corneal erosions and epithelial dystrophy in the boxer dog. J. Am. an. hosp. ass. 18, 453-460. – **2164**. Gelatt, K. N., D. A. Samuelson, J. E. Bauer, N. D. Das, E. D. Wolf, K. P. Barrie, T. L. Andresen, 1983, Inheritance of congenital cataracts and microphthalmia in the Miniature Schnauzer. Am. J. vet. res. 44, 1130-1132. – **2165**. Gelatt, K. N., D. A. Samuelson, K. P. Barrie, N. D. Das, E. D. Wolf, J. E. Bauer, T. L. Andresen, 1983, Biometry and clinical characteristics of congenital cataracts and microphthalmia in the Miniature Schnauzer. J. A. V. M. A. 183, 99-102. – **2166**. Gelder, N. M. v., H. L. Edmonds, G. A. Hegreberg, C. C. Chatburn, R. M. Clemmons, D. M. Sylvester, 1980, Amino acid changes in a genetic strain of epileptic beagle dogs. J. neurochem. 35, 1087-1091. – **2167**. Gelder, R. G. v., 1976, Additional data on occurrence of the second upper premolar in the Felis bengalensis. Carn. gen. nwsl. 3, 80-82. – **2168**. Gembardt, C., 1974, Spondylarthropathia deformans der Kreuzdarmbeingelenke und ihre Beziehung zur Spondylopathia deformans des Lumbosakralgelenks. Berl. Münch. tierärztl. Wschr. 87, 432-437. – **2169**. Gembardt, C., H. Loppnow 1976, Zur Pathogenese des spontanen Diabetes mellitus der Katze. Berl. Münch. tierärztl. Wschr. 89, 336-340. – **2170**. Gemmell, M. A., P. D. Johnstone, O. Oudemans, 1977, The effect of praziquantel on Echinococcus granulosus, Taenia hydatigena and Taenia ovis infections in dogs. Res. vet. sci. 23, 121-123. – **2171**. Genchi, C., 1976, Incidenza di uova di alcune specie di elminti intestinali del cane nei parchi pubblici della citta di Milano. Arch. vet. ital. 27, 98-99. – **2172**. Génermont, J., 1974,Estimation des fréquences de quelques gènes déterminant la couleur du pelage dans la population de chats domestiques de Rabat. Carn. gen. nwsl. 2, 181-182. – **2173**. Génermont, J., 1976, Gene frequencies in the cat population of Constantine (Algeria) with some general considerations on breeding systems in populations. Carn. gen. nwsl. 3, 83-87. – **2174**. Génermont, J., 1978, Some comments about the interactions between white-spotting and the tortoiseshell phenotype in the cat. Carn. gen. nwsl. 3, 225-226. – **2175**. Génermont, J., 1978, Gene frequencies in the cat population of Nice (France). Carn. gen. nwsl. 3, 356-357. – **2176**. Génermont, J., 1981, Maintien d'un gène létal dans une population. Ann. gén. sél. anim. 13, 371-388. – **2177**. Gentry, P. A., I.

B. Johnstone, S. E. Sanford, 1977, Diagnosis of classic hemophilia in a Standard Poodle. Can. vet. J. 18, 79-81. - **2178.** George, W. G., 1978, Domestic cats as density independent hunters and surplus killers. Carn. gen. nwsl. 3, 282-287. - **2179.** George, W. G., M. George, 1978, Population densities and ownership patterns of preying cats in rural America. Carn. gen. nwsl. 3, 317-324. - **2180.** Georgi, W., 1938, Rassen- und funktionelle Merkmale am Unterkiefer des Hundes. Z. Hundeforsch. 10, 1-53. - **2181.** Gepts, W., D. Toussaint, 1967, Spontaneous diabetes in dogs and cats. Diabetol. 3, 249-265. - **2182.** Gérard, C., J. P. Braun, R. Darré, A. G. Rico, 1987, Contrôle de filiation chez le chien. Rec. méd. vét. 163, 1139-1141. - **2183.** Gerard, V. A., C. N. Conarck, 1991, Identifying the cause of an early onset of seizures in puppies with epileptic parents. Vet. med. 86, 1060-1061. - **2184.** Gerdes, R. A., 1973, Cat gene frequencies in five Texas communities. J. hered. 64, 129-132. - **2185.** Gerdes, R. A., K. J. Sorenson, 1971, Cat gene frequencies in north Texas. Carn. gen. nwsl. 2, 26-28. - **2186.** Gerisch, D., K. Neurand, 1973, Topographie und Histologie der Drüsen der Regio analis des Hundes. Zbl. Vet. med. C 2, 280-294. - **2187.** Gerlach, K., M. Skrodzki, E. Trautvetter, 1988, Kongenitale Anomalien des Aortenbogens beim Hund. Kleintierprax. 33, 355-363. - **2188.** Gerlach, R., 1975, Ein Beitrag zur konservativen Behandlung der aseptischen Humeruskopfnekrose des Hundes. Tierärztl. Umsch. 30, 188-193. - **2189.** Gething, M. A., 1971, Suspected Ehlers-Danlos-Syndrome in the dog. Vet. rec. 89, 638-641. - **2190.** Getty, R., C. R. Ellenport, 1974, Laboratory animals in aging studies. In: W. I.Gay, Methods of animal experimentation V. Ac. Press, N. Y. - **2191.** Geusendamm, E., 1971, Uns. Rassehd., 148, 190. - **2192.** Ghosh, P., T. K. Taylor, J. M. Yarroll, 1975, Genetic factors in the maturation of the canine intervertebral disc. Res. vet. Sci. 19, 304-311. - **2193.** Ghosh, P., T. K. Taylor, K. G. Braund, L. H. Larsen, 1976, A comparative chemical and histochemical study of the chondrodystrophoid and nonchondrodystrophoid canine intervertebral disc. Vet. path. 13, 414-427. - **2194.** Giardina, J. F., A. W. McCarthy, 1971, Hip palpation. Vet. med. 66, 878-882. - **2195.** Gibbs, C., H.R. Denny, V. M. Lucke, 1985, The radiological features of non-osteogenic malignant tumours of bone in the appendicular skeleton of the dog. J. sm. an. pract. 26, 537-553. - **2196.** Giebel, W., 1971, SV-Z. 65, 180. - **2197.** Gier, H. T., 1975, Ecology and behavior of the coyote. In: Fox a. a. O. - **2198.** Gierke, P., 1991, Uns. Rassehd. 2, 6. - **2199.** Giesecke, D., W. Tiemeyer, 1984, Defect of uric acid uptake in Dalmatian dog liver. Experient. 40, 1415-1416. - **2200.** Giesecke, D., W. Kraft, W. Tiemeyer, 1985, Warum Dalmatiner Harnsäure ausscheiden. tierärztl. prax. 13, 331-341. - **2201.** Giger, U., 1985, A new inherited disorder in English Springer Spaniels. Nord. Nws., Fall, 32-33. - **2202.** Giger, U., L. L. Werner, N. J. Millichamps, N. T. Gorman, 1985, Sufadiazine-induced allergy in six Doberman Pinschers. J. A. V. M. A. 186, 479-484. - **2203.** Giger, U., J. W. Harvey, R. A. Yamaguchi, P. K. McNulty, A. Chiapella, E. Beutler, 1985, Inherited phosphofructokinase deficiency in dogs with hyperventilation-induced hemolysis. Blood 65, 345-351. - **2204.** Giger, U., M. P. Reilly, T. Asakura, C. J. Baldwin, J. W. Harvey, 1986, Autosomal recessive inherited phosphofructokinase deficiency in English Springer Spaniel dogs. Anim. gen. 17, 15-23. - **2205.** Giger, U., J. W. Harvey, 1987, Hemolysis caused by phosphofructokinase deficiency in English Springer Spaniels. J. A. V. M. A. 191, 453-459. - **2206.** Giger, U., L. A. Boxer, P. J. Simpson, B. R. Lucchesi, R. F. Todd, 1987, Deficiency of leukocyte surface glycoproteins Mo1, LFA-1, and Leu M5 in a dog with recurrent bacterial infections. Blood 69, 1622-1630. - **2207.** Giger, U., J. C. Fyfe, M. E. Haskins, P. F. Jezyk, D. Serdar, D. F. Patterson, 1988, Diagnosis of inborn errors of metabolism. Proc. 6th ann. vet. med. for., 314-316. - **2208.** Giger, U., J. C. Fyfe, M. E. Haskins, P. F. Jezyk, D. F. Patterson, 1988, Inherited leukocyte defects in dogs. Proc. 6th. ann. vet. med. for., 311-313. - **2209.** Giger, U., C. G. Kilrain, L. J. Filippich, K. Bell, 1989, Frequencies of feline blood groups in the United States. J.A.V.M.A. 195, 1230-1232. - **2210.** Giger, U., K. G. Akol, 1990, Acute hemolytic transfusion reaction in an Abyssinian cat with blood type B. J. vet. int. med. 4, 315-316. - **2211.** Giger, U., J. Bücheler, 1991, Transfusion of type-A and type-B blood to cats. Mod. vet. pract. 72, 96. - **2212.** Giger, U., N. A. Noble, 1991, Determination of erythrocyte pyruvate kinase deficiency in Basenjis with chronic hemolytic anemia. J.A.V.M.A. 198, 1755-1761. - **2213.** Giger, U., J. Bücheler, D. F. Patterson, 1991, Frequency and inheritance of A and B blood types in feline breeds of the United States. J. hered. 82, 15-20. - **2214.** Gilbert, D. A., J. S. O'Brien, S. J. O'Brien, 1988, Chromosomal mapping of lysosomal enzyme structural genes in the domestic cat. Genom. 2, 329-336. - **2215.** Giles, A. R., S. Tinlin, R. Greenwood, 1982, A canine model of hemophilic bleeding. Blood 60, 727-730. - **2216.** Giles, A. R., S. Tinlin, H. Hoogendoorn, R. Greenwood, R. Greenwood, 1984, Development of Factor VIII: C antibodies in dogs with hemophilia A. Blood 63, 451-456. - **2217.** Giles, A. R., S. Tinlin, H. Hoogendoorn, M. A. Fournel, P. Ng., N. Pancharm, 1988, In vivo characterization of recombinant factor VIII in a canine model of hemophilia A. Blood 72, 335-339. - **2218.** Gill, H. P., C. F. Kaufman, R. H. Foote, R. W. Kirk, 1970, Artificial insemination of Beagle bitches with freshly collected, liquid-stored, and frozen-stored semen. Am. J. vet. res. 31, 1807-1813. - **2219.** Girdwood, R. W., 1986, Human tococariasis. J. sm. an. Pract. 27, 649-654. - **2220.** Gitterle, E., 1991, Die Patellaluxation beim Hund. Kleintierprax. 36, 232-244. - **2221.** Gittleman, J. L., S. L. Pimm, 1991, Crying wolf in North America. Nature 351, 524. - **2222.** Glass, G. E., N. B. Todd, 1976, Gene frequencies of the domestic cat in Lawrence, Kansas. Carn. gen. nwsl. 3, 28-34. - **2223.** Glass, J., 1981, A preliminary survey of domestic cat gene frequencies in Goodland, Kansas. Carn. gen. nwsl. 4, 130-132. - **2224.** Glawatz, K., 1970, Uns. Rassehd. 35. - **2225.** Glen, J. B., 1972, Canine salivary mucocoeles, J. sm. an. pract. 13, 515-526. - **2226.** Glen, J. B., 1970, Feline porphyria. Comp. path. bull. 2, 2-3. - **2227.** Glenn, B. L., H. G. Glenn, I. T. Omtvedt, 1968, Congenital porphyria in the domestic cat. Am. J. vet. res. 29, 1653-1657. - **2228.** Glenny, W. C. 1956, Canine and feline spinal osteo-arthritis. J. A. V. M. A. 129, 61-65, - **2229.** Glickman, L. T., L. M. Domanski, T. J. Patronell, F. Visitainer, 1985, Breed related risk factors for canine parvovirus enteritis. J. A. V. M. A. 187, 589-594. - **2230.** Glickman, L. T., F. S. Shofer, J. A. Payton, L. L. Laster, P. J. Felsburg, 1988, Survey of serum IgA, IgG, and IgM concentration in a large beagle population in which IgA deficiency had been identified. Am. J. vet. res. 49, 1240-1245. - **2231.** Glow, K. H., 1969, Uns. Rassehd., 347. - **2232.** Glow, 1977, Uns. Rassehd. 7,7. - **2233.** Goddard, M. E., R. G. Beilharz, 1982, Genetic and environmental factors affecting the suitability of dogs as guide dogs for the blind. Theor. appl. gen. 62, 97-102. - **2234.** Goddard, M. E., T. A. Mason, 1982, The genetics and early prediction of hip dysplasia. Austr. vet. J. 58, 1-4. - **2235.** Goddard, M. E., R. G. Beilharz, 1985, A multivariate analysis of the genetics of fearfulness in potential guide dogs. Behav. gen. 15, 69-89. - **2236.**

Godwin, R. D., 1975, Trends in the ownership of domestic pets in Great Britain. In: Anderson a. a. O. – **2237**. Goebel, H. H., K. Ikeda, D. Armstrong, N. Koppang, 1981, Ultrastructural studies on lymphocytes in canine neuronal ceroid-lipofuscinosis. Vet. path. 18, 690-692. – **2238**. Goedegebuure, S. A., H. W. de Vries, J. Brom, 1975, Hypertrofische Osteodystrofie bij de hond. Tijds. diergen. 100, 1034-1044. – **2239**. Goerttler, V., 1927, Sportzucht und Leistungszucht.Hund 27, 333-335. – **2240**. Goerttler, V., 1928, Grundsätzliches zum Kupieren der Hunde. Hund 29, 59-61. – **2241**. Goerttler, V., 1928, Kampf der Vivisektion? Hund 29, 230-231. – **2242**. Goerttler, V., 1965, Die Konstitution als medizinisches und tierzüchterisches Problem. Nova Act. Leopold. 173,30, 433-442. – **2243**. Goerttler, V., 1973, Pers. Mitt. – **2244**. Goerttler, V., 1975, Neufundländer und Landseer. A. Ziemsen Verl. Wittenberg. – **2245**. Goerttler, V., 1981, Schweiz. hundesp. 97, 813. – **2246**. Goggin, J. E., A. Li, C. E. Franti, 1970, Canine intervertebral disk disease. Am. J. vet. res. 31, 1687-1692. – **2247**. Goh, K., R. A. Smith, J. S. Proper, 1981, Chromosomal aberrations in leukemic cats. Corn. vet. 71, 43-46. – **2248**. Goldberger, E., J. L. Rapoport, 1991, Canine acral lick dermatitis. J. Am. an. hosp. ass. 27, 179-182. – **2249**. Golden, A. L., J. M. Bright, 1990, Use of relaxation half-time as an index of ventricular relaxation in clinically normal cats and cats with hypertrophic cardiomyopathy. Am. J. vet. res. 51, 1352-1356. – **2250**. Golden, J. G., A. R. Banknieder, M. E. Bruestle, 1980, Hemophilia in a Great Pyrenees. Mod. vet. pract. 61, 671-674. – **2251**. Goldhorn, W., 1991, Zum Thema Kampfhunde. Prakt. Ta. 72, 689-699. – **2252**. Goldhorn, W., 1991, Tierschutzaspekte bei der Unterbringung von Hunden in Tierheimen. Prakt. Ta. 72, 1095-1098. – **2253**. Goldmann, S. F., K. Krumbacher, H. Schnappauf, H. D. Flach, 1975, Definition of MLC specifities in the dog. Transp. proc. 7, 389-393. – **2254**. Gomez, J. A., S. W. Russell, J. O. Trowbridge, J. Lee, 1977, Canine histiocytic ulcerative colitis. J. dig. dis. 22, 485-496. – **2255**. Gompf, R. E., R. M. Shull, 1988, Cardiac manifestations of mucopolysaccharidosis I-H. Proc. 6th. ann. vet. med. vor., 548-549. – **2256**. Goncharenko, G.G., O. E. Lopatin, G. P. Manchenko, 1985, Mutant colour genes in populations of domestic cats in the Central Asian and European zones of the USSR. Genetika 21, 1151-1158. – **2257**. Gonzalo Cordero, J. M., 1975, Disorders of the nictitating membrane of dogs requiring surgery. An. fac. vet. Leon, 19, 545-579. – **2258**. Gooding, J. P., W. F. Robinson, R. S. Wyburn, L. K. Cullen, 1982, A cardiomyopathy in the English Cocker Spaniel. J. sm. an. pract. 23, 133-149. – **2259**. Gooding, J. P., W. F. Robinson, G. C. Mews, 1986, Echocardiographic characterization of dilatation cardiomyopathy in the English Cocker Spaniel. Am. J. vet. res. 47, 1978-1983. – **2260**. Goodrowe, K. L., J. G. Howard, D. E. Wildt, 1988, Comparison of embryo recovery, embryo quality, oestradiol – 17ß and progesterone profiles in domestic cats at natural or induced oestrus. J. repr. fert. 82, 553-561. – **2261**. Goodwin, M., K. M. Gooding, F. Regnier, 1979, Sex pheromone in the dog. Science 203, 559-561. – **2262**. Gorham, J. R., 1966, The epizootology of distemper. J. A. V. M. A. 149, 610-611. – **2263**. Gosselin, Y., M. Papageorges, E. Teuscher, 1982, Black hair follicular dysplasia in a dog. Can. pract. 9, 8-15. – **2264**. Gothe, R., 1989, Die Demodikose des Hundes. Berl. Münch. tierärztl. Wschr. 102, 293-297. – **2265**. Gothe, R., A. Kraiß, 1983, Die Demodikose des Hundes. tierärztl. prax. 11, 169-341. – **2266**. Gothe, R., I. Reichler, 1990, Toxocara canis. tierärztl. prax. 18, 293-300. – **2267**. Goto, N., K. Imamura, Y. Miura, T. Ogawa, H. Hamada, 1987, The Mexican hairless dog, its morphology and inheritance. Exper. anim. 36, 87-90. – **2268**. Gottsauner-Wolf, F., G. Pflüger, N. Böhler, 1984, Erfahrungen über den totalen Hüftgelenksersatz beim Hund. Wien. tierärztl. Mschr. 71, 373-376. – **2269**. Gottstein, B., P. Deplazes, J. Eckert, B. Müller, E. Schott, O. Helle, P. Boujon, K. Wolff, A. Wandeler, U. Schwiete, H. Moegle, 1991, Serological and parasitological examinations of fox populations for Echinococcus multilocularis infections. J. vet. med. B. 38, 161-168. – **2270**. Graber, M., J. Thal, 1980, L'échinococcose des artiodactyles sauvages de la République Centrafricaine. Rev. él. méd. vét. pays trop. 33, 51-59. – **2271**. Gracey, J. F., 1980, Sheep deaths due to dogs. Vet. rec. 106, 319. – **2272**. Graf, R., M. Meyer-Holzapfel, 1974, Die Wirkung von Harnmarken auf Artgenossen beim Haushund. Z. Tierpsych. 35, 320-332. – **2273**. Grafodatskii, A. S., V. A. Potapov, T. P. Lushikova, 1985, Comparative cytogenetics of three species of canid. Genetika 21, 420-423. – **2274**. Graham, J. E., R. J. Ketchell, J. K. Bodendistel, 1962, Gastric torsion with torsion of the splenic pedicle. Can. vet. J. 3, 279-280. – **2275**. Graham-Jones, O., 1977, The racing greyhound. Wld. Greyhd. Rac. Fed., Lond. – **2276**. Graham-Jones, O., 1978, Greyhound racing rules. Vet. rec. 102, 535-536. – **2277**. Grandage, J., 1972, The erect dog penis. Vet. rec. 91, 141-147. – **2278**. Grandage, J., B. F. Robertson, 1971, An os clitoridis in a bitch. Austr. vet. J. 47, 346-347. – **2279**. Granderath, F., 1973, Hundeabrichtung. Neumann, Neudamm; Melsungen. – **2280**. Grandjean, D., 1991, Le sport de traineau à chien et ski-pulka. Rec. méd. vét. 167, 589-593. – **2281**. Grandjean, D., 1991, Les bases de l'entrainement chez le chien de sport. Rec. méd. vét. 167, 679-692. – **2282**. Grandjean, D., 1991, Le contrôle antidopage chez le chien. Rec. méd. vét. 167, 813-822. – **2283**. Grandjean, D., B. M. Paragon, R. Grandjean, 1987, Die Ernährung von Schlittenhunden. Int. Sympos.Hannover, 86, – **2284**. Grandjean, D., R. J. Sept. 1991, Spécifités pathologiques du chien de traineau en situation de course. Rec. méd. vét. 167, 763-773. – **2285**. Grant, T. R., 1987, A behavioural study of a beagle bitch and her litter during the first three weeks of lactation. J. sm. an. pract. 28, 992-1003. – **2286**. Grasmüller, A., 1988, Du u. d. T. 18, 6. – **2287**. Grassberger, R., 1968, Die Unzucht mit Tieren. Kriminol. Abhandlg., Springer Vlg., Wien, N. Y. – **2288**. Grauer, G. F., M. A. Thrall, B. A. Henre, R. M. Grauer, D. W. Hamar, 1984, Early clinicopathologic findings in dogs ingesting ethylene glycol. Am. J. vet. res. 45, 2299-2303. – **2289**. Grauer, G. F., R. P. Pitts, 1987, Primary polydipsia in three dogs with portosystemic shunts. J. Am. an. hosp. ass. 23, 197-200. – **2290**. Graves, E. F., 1948, An unusual dentition in a dog. J. A. V. M. A. 113, 40. – **2291**. Gray, A., 1990, Trimethoprim-sulphonamide hypersensitivity in dogs. Vet. rec. 127, 579-580. – **2292**. Gray, A. P., 1972, Mammalian hybrids. Commonwlth. agr. bur., Farnham Royal. – **2293**. Gray, H., 1930, Hereditary defects of the eye in dogs. Vet. rec. 10, 1031-1032. – **2294**. Gray, H., 1933, Congenital deafness in dogs. Our dogs 91, 490. – **2295**. Greco, D. S., E. C. Feldman, M. E. Peterson, J. L. Turner, C. M. Hodges, L. W. Shipman, 1991, Congenital hypothyroid dwarfism in a family of Giant Schnauzers. J. vet. int. med. 5, 57-65. – **2296**. Gréco, J. M., A. Poquet, D. Goga, 1988, Les morsures de chien. Sem. hôp. Paris 64, 2509-2513. – **2297**. Green, C. E., M. Vandevelde, K. Braund, 1976, Lissencephaly in two Lhasa Apso dogs. J. A. V. M. A. 169, 405-410. – **2298**. Green, R. A., E. A. Russo, R. T. Greene, A. Kabel, 1985, Hypoalbuminemia-related platelet hypersensitivity in two dogs with nephrotic syndrome. J. A. V. M. A. 186, 485-488. – **2299**. Green, J. A., C. D. Knecht, O. F. Roesel, 1979, Hypothyroidism as a possible cause of canine intervertebral disk disease. J. Am. an. hosp. ass. 15, 199-202. - **2300**. Greene, R. W., R. H. Bohning, 1971, Patent urachus associated with urolithiasis in a cat. J. A. V. M. A. 158, 489-491. - **2301**. Gregor W. W., 1965, The incidence of skin disease in small animal practice. In: Rook u. Walton a.a.O. - **2302**. Gregson, N. M., J.Ishmael, 1971, Diploid-triploid chimerism in 3 tortoiseshell cats. Res. vet. sci. 12, 275-279. - **2303**. Greiffenhagen, U., 1975, Die häufigsten Hauterkrankungen des Hundes. Prakt. Ta. 56, 39-41. - **2304**. Greiffenhagen-Potocki, 1979, Kalzinose der Haut bei Hund und Mensch. Kleintierprax. 24, 77-80. - **2305**. Greller, G., 1979, DD-Blätt. 57, 113. - **2306**. Greller, G., 1973, Jagdgebrchshd. 9, 9. - **2307**. Grenn, H. H., D. E. Lindo, 1968, Pectus excavatum in a feline. Can. vet. J. 9, 279-292. - **2308**. Grevel, V., G. U. Schmidt-Oechtering, E. Kaiser, 1987, Ein Beitrag zur Faserknorpelembolie des Rückenmarks beim Hund. Kleintierprax. 32, 363-379. - **2309**. Grevel, V., S. Schmidt, E. Lettow, P. F. Suter, G. U. Schmidt, 1987, Der angeborene portosystemische Shunt bei Hund und Katze. Tierärztl. Prax. 15, 77-92. - **2310**. Grevel, V., G. U. Schmidt-Oechtering, N. Harms, 1989, Eine Arachnoidzyste bei der Katze. Kleintierprax. 34, 55-66. - **2311**. Grevelt, E., 1978, Uns. Rassehd., 56. - **2312**. Gribanova, L., G. B. Malkov. V. Savitskii, G. Sidorov, A. Botvinkin, D. Pochekunin, V. Grekhov, K. Khramova, 1980, Results of a complex investigation of natural foci of rabies. Zhurn. mikrob. epid. immun. 7, 86-90. - **2313**. Grier, R. L., C. B. Schaffer, 1990, Evaluation of intraperitoneal and intrahepatic administration of a euthanasia agent in animal shelter cats. J. A. V. M. A. 197, 1611-1615. - **2314**. Griesemer, R. A., L. G. Wolfe, 1971, Cat scratch disease. J. A. V. M. A. 158, 1008-1012. - **2315**. Griesemer, R. A., R. L. Farrell, 1973, Respiratory diseases of dogs, calves and sheep. In: Harmison a. a. O. - **2316**. Griffiths, B. C., 1975, Studies from the Birmingham dogs home. J. sm. an. pract. 16, 715-721. - **2317**. Griffiths, I. R., 1972, Some aspects of the pathogenesis and diagnosis of lumbar disc protrusion in the dog. J. Sm. An. Pract. 13, 439-447. - **2318**. Griffiths, I. R., 1972, Some aspects of the pathology and pathogenesis of the myelopathy caused by disc protrusions in the dog. Neur. neurosurg. psych. 35, 403-413. - **2319**. Griffiths, I. R., 1985, Progressive axonopathy. J. Sm. An. Pract. 26, 381-392. - **2320**. Griffiths, I. R., I. D. Duncan, J. Baker, 1980, A progressive axonopathy of Boxer dogs affecting the central and peripheral nervous system. J. Sm. An. Pract. 21, 29-43. - **2321**. Griffiths, I. R., I. D. Duncan, M. McCulloch, S. Carmichael, 1980, Further studies of the central nervous system in canine giant axonal neuropathy. Neuropath. appl. neurobiol. 6, 421-432. - **2322**. Griffiths, I. R., I. D. Duncan, M. McCulloch, M. J. Harvey, 1981, Shaking pups. J. neurol. sci. 50, 423-433. - **2323**. Griffiths, I. R., I. D. Duncan, 1983, Progressive axonopathy of Boxer dogs. Vet.ann. 23, 244-246. - **2324**. Griffiths, I. R., N. J. Sharp, M. C. McCulloch, 1985, Feline dysautonomia. Neuropath. appl. neurobiol. 11, 17-29. - **2325**. Griffiths, I. R., E. Kyriakides, J. Scott, 1986, Progressive axonopathy. J. neurol. sci. 75, 69-88. - **2326**. Griffiths, I. R., E. Kyriakides, J. Barrie, 1989, Progressive axonopathy. Neuropath. appl. neurobiol. 15, 63-74. - **2327**. Griffiths, R., 1968, Osteochondritis dissecans of the canine shoulder. J. A. V. M. A. 153. 1733-1735. - **2328**. Grimard, B., 1991, Les concours de chiens de berger. Rec. méd. vét. 167, 615-618. - **2329**. Grindem, C. B., K. H. Johnson, 1983, Systemic lupus erythematosus. J. Am. an. hosp. ass. 19, 489-503. - **2330**. Grindem, C. B., K.H. Johnson, 1984, Amyloidosis in a case of canine systemic Lupus erythematosus. J. comp. path. 94, 569-573. - **2331**. Grindem, C. B., L. C. Buoen, 1989, Cytogenetic analysis in nine leukaemic cats. J. comp. path. 101, 21-30. - **2332**. Grondalen, J., 1973, Malformation of the elbow joint in an Afghan hound litter. J. Sm. An. Pract. 14, 83-89. - **2333**. Grondalen, J. 1976, Disorders of the shoulder and elbow joint in young rapidly growing dogs. Nor. vet. tids. 88, 309-316. - **2334**. Grondalen, J., 1979, Arthrosis with special reference to the elbow joint of young rapidly growing dogs. I. Nord. vet. med. 31, 62-75. - **2335**. Grondalen, J., 1979, Arthrosis in the elbow joint of young rapidly growing dogs. III. Nord. vet. med. 31, 520-527. - **2336**. Grondalen, J., 1981, A generalized chondropathy of joint cartilage leading to deformity of the elbow joints in a litter of Neufoundland dogs. J. sm. an. pract. 22, 523-538. - **2337**. Grondalen, J., A. M. Rorvik, 1980, Arthrosis in the elbow joint of young rapidly growing dogs. IV. Nord. vet. med. 32, 212-218. - **2338**. Grondalen, J., T. Grondalen, 1981, Arthrosis in the elbow joint of young rapidly growing dogs.V. Nord. vet. med. 33, 1-16. - **2339**. Grondalen, J., F. Lingaas, 1988, Arthrosis in the elbow joint among Rottweiler dogs. Tijds. diergen. 113, Suppl., 80-81. - **2340**. Grondalen, J., F. Lingaas, 1991, Arthrosis in the elbow joint of young rapidly growing dogs. J. sm. an. pract. 32, 460-464. - **2341**. Groneberg, W., 1974, Zum Kupieren von Boxerohren. Prakt. Ta. 55, 482-484. - **2342**. Gronefeld, G., 1975, Tier 15, 40. - **2343**. Grono, L. R., 1969, Studies of the ear mite, Otodectes cynotis. Vet. rec. 85, 6-8. - **2344**. Grono, L. R., 1969, The experimental production of otitis externa in the dog. Vet. rec. 85, 34-36. - **2345**. Grono, L. R., 1969, Observations on the incidence of otitis externa in the dog. Austr. vet. J. 45, 417-419. - **2346**. Grono, L. R., 1970, Studies of the microclimate of the external auditory canal in the dog. Res. vet. sci. 11, 307-319. - **2347**. Grono, L. R., A. J. Frost, 1969, The microbiology of the normal and affected external ear canal. Austr. vet. J. 45, 420-422. - **2348**. Gross, I., 1977, Rassenverteilung beim Hund in gesunden und kranken Populationen. Diss. Hann. - **2349**. Gross, T. L., S. H., Carr, 1990, Amputation neuroma of docked tails in dogs. Vet. Path. 27, 61-62. - **2350**. Groß, M., 1976, Uns. Rassehd., 334. - **2351**. Große, O., 1939, Der Rottweiler. O. Meißner Vlg. Hbtg. - **2352**. Grosse-Wilde, H., G. Doxiadis, K. Krumbacher, A. Dekkers-Bijma, H. J. Kolb, 1983, Polymorphism of the fourth complement component in the dog and linkage to the DLA system. Immunogen. 18, 537-540. - **2353**. Grothe, R., A. Kraiß, 1983, Die Demodikose des Hundes. tierärztl. prax. 11, 349-360. - **2354**. Gruenberg, K., 1962, Erfahrungen mit der operativen Behandlung der Linsenluxation des Hundes. Kleintierprax. 7, 29-33. - **2355**. Gruenewald, C. E., 1967, Wld. u. Hd. 70, 266. - **2356**. Gruffydd-Jones, T. J., A. I. Wright, 1977, Deformed kittens. Vet. rec. 100, 206. - **2357**. Gruffydd-Jones, T. J., W. P. Jaffe, A. T. Lloyd, N. B. Todd, B. Blumenberg, 1979, Mutant allele frequencies in domestic cat populations of Bristol and South Wales. Carn. gen. newsl. 4, 15-23. - **2358**. Grüll, F., E. Henschel, 1973, Distractio cubiti beim Bassethound. Kleintierprax. 18, 217-223. - **2359**. Grünbaum, E. G., 1989, Die serologisch abgesicherte Bluttransfusion beim Hund. Dt. tierärztl. Wschr. 96, 236-237. - **2360**. Grünbaum, E. G., E. Schimke, 1966, Ein Beitrag zur Torsio ventriculi des Hundes. Kleintierprax. 11, 158-164. - **2361**. Grüneberg, H., A. J. Lea, 1940, An inherited jaw anomaly in the long-haired Dachshund. J. genet. 39, 285-296. - **2362**. Grünen, M., 1992, Dt. hundesp. 1, 4. - **2363**. Gruskii, I. G., 1975, An. breed. abstr. 43, 480. - **2364**. Grzimek, B., 1952, Versuche über das Farbsehen von Pflanzenessern. Z. Tierpsych. 9, 23-39. - **2365**. Grzimek, B., 1953, Tötung eines Menschen durch einen befreundeten Hund. Z. Tierpsych. 10, 71-76. – **2366**. Grzimek, B., 1976, Neue Rev., 90. – **2367**. Guagere E., P. Dorchies, M. Franc, J. D. deLahitte, 1980, Epidémiologie de la démodécie canine à propos de 140 cas diagnostiques dans la région toulousaine. Rev. méd. vét. 131, 631-638. – **2368**. Guagere, E., D. Griess, P. Veau, P. Dorchies, 1982, Epidémiologie du syndrome rubrapilaire du chien. Rev. méd. vét. 133, 611-615. – **2369**. Guelfi, J. F., 1975, Congenital cardiopathies in dogs. Rec. méd. vét. 151, 679-687. – **2370**. Guelfi, J. F., J. Azam, J. Lavayssière, A. Thévenet, 1979, Contribution à l'étude de l'étiologie des affections vésico-urétrales du chat dans la région Toulousaine. Rev. méd. vét. 130, 75-86. – **2371**. Guenther, 1957, Beitrag zur Zucht dreifarbiger Katzen und Hunde. Kleintierprax. 2, 4-8. – **2372**. Guilford, W. G., 1987, Primary immunodeficiency diseases of dogs and cats. Comp. cont. ed. pract. vet. 9, 641-648. – **2373**. Guillery, R. W., 1969, An abnormal retino-geniculate projection in Siamese cats. Brain res. 14, 739-741. – **2374**. Guler, H. P., K. Binz, E. Eigenmann, S. Jäggi, D. Zimmermann, J. Zapf, E. R. Froesch, 1989, Small stature and insulin-like growth factors. Act. endocr. 121, 456-464. – **2375**. Gundel, H., I. Reetz, 1981, Exclusion probabilities obtainable by biochemical polymorphisms in dogs. An. bld. grps. bioch. gen. 12, 123-132. – **2376**. Gunn, H. M., 1975, Adaptations of skeletal muscle that favour athletic ability. N. Zeal. vet. J. 23, 249-254. – **2377**. Gunn, H. M., 1978, Differences in the histochemical properties of skeletal muscles of different breeds of dogs and horses. J. anat. 127, 615-634. – **2378**. Gunn, H. M., 1978, The proportions of muscle, bone and fat in two different types of dog. Res. vet. sci. 24, 277-282. – **2379**. Günzel, A. R., 1984, Physiologie und Diagnostik der Läufigkeit. Eff. Rep. 19, 21-27. – **2380**. Günzel, A. R., P. Koivisto, 1984, Aktuelles zum Sexualzyklus der Hündin. Prakt. Ta. 65, 161-172. – **2381**. Günzel-Apel, A. R., T. Heilkenbrinker, M. Heilkenbrinker, D. Krause, 1987, Ist ein Deckrüde nach einseitigem Verlust von Hoden und Nebenhoden noch zuchttauglich? Dt. tierärztl. Wschr. 94, 481-483. – **2382**. Güralp, N., Y. Tigin, T. Oguz, R. Tinar, A. Burgu, 1976, Vorläufige Untersuchungen über die Wirksamkeit von Droncit gegen verschiedene Bandwurmarten von Hund und Katze. Vet. med. Nachr., 129-133. – **2383**. Gustafson, B. A., 1955, Otitis externa in the dog. Diss. Stockholm. – **2384**. Gustafsson, P. O., 1968, Hip dysplasia in the greyhound. J. Am. vet. rad. soc. 9, 47-56. – **2385**. Gustafsson, P. O., S. E. Olsson, H. Kasström, B. Wenman, 1975, Skeletal development of greyhounds, German shepherd dogs and their crossbred offspring. Act. rad. 344, Suppl., 81-107. – **2386**. Gustavsson, E., L. Swenson, 1986, Glaukom hos springer spaniel. Svensk vet. tidn. 38, 149-151. – **2387**. Gustavsson, I., C. O. Sundt, 1965, Chromosome complex of the family Canidae. Hereditas 54, 249-254. – **2388**. Gutbrod, F., B. Langguth, 1987, Zur Osteochondrose beim Bullterrier. Kleintierprax. 32, 123-124. – **2389**. Gutbrod, F., B. Hagen, A. Weikl, 1990, Implantation eines Herzschrittmachers beim Hund. Prakt. Ta. 71, 78-83. – **2390**. Guthrie, S., H. G. Pidduck, 1990, Heritability of elbow osteochondrosis within a closed population of dogs. J. sm. an. pract. 31, 93-96. – **2391**. Guzzetta, J. P., 1975, Rationale against spay clinics. J. A. V. M. A. 166, 91. – **2392**. Gwin, R. M., M. Wyman, D. J. Lim, K. Ketring, K. Werling, 1981, Multiple ocular defects associated with partial albinism and deafness in the dog. J. Am. an. hosp. ass. 17, 401-408. – **2393**. Gyarmati, E., 1941, Heredo-Ataxia cerebellaris als die Folge einer Kleinhirn-Hypoplasie bei Katzen. Allat. Lap., 93-95. – **2394**. Gysling, C., A. Hagen, 1986, Renale Dysplasie beim Briard im Vergleich zu anderen Nephropathien beim Hund. Kleintierprax. 31, 3-8. – **2395**. Haacke, H., 1972, Untersuchungen zur Epidemiologie der Tollwut beim Fuchs und bei den Marderartigen. Kleintierprax. 17, 119-125. – **2396**. Haaften, B. v., 1989, Het optimale dektijdstip bij de teef. Tijds. diergen. 114, 1149-1153. – **2397**. Haaften, B. v., S. J. Dielemann, A. C. Okkens, A. H. Willemse, 1989, Timing the mating of dogs on the basis of blood progesterone concentration. Vet. rec. 125, 524-526. – **2398**. Haagen, A. J. v., 1980, Investigations on the pathogenesis of hereditary laryngeal paralysis in the Bouvier. Proefschr. Amsterdam. – **2399**. Haagen, A. J., v. 1982, Laryngeal paralysis in Bouviers Belge des Flandres and breeding advice to prevent the condition. Tijds. diergen. 107, 21-22. – **2400**. Haagen, A., W. Hartman, S. A. Goedegebuure, 1978, Spontaneous laryngeal paralysis in young Bouviers.J. Am. an. hosp. ass. 14, 714-720. – **2401**. Haagen, A. J. v., J. Bouw, W. Hartman, 1981, Hereditary transmission of laryngeal paralysis in Bouviers. J. Am. an. hosp. ass. 17, 75-76. – **2402**. Habig, C., 1984, Uns. Rassehd. 4, 63. – **2403**. Hackman, G. W., 1953, Arvsanlaget för tigerteckningen hos taxar. Suom. mäyr. julk. 3, 2-5. – **2404**. Hackmann, A., 1981, Edelkatze 30, 6. – **2405**. Haddad, N., H. Kharmachi, F. B. Osman, 1989, Programme de lutte contre la rage canine en Tunisie. Bull. ac. vét. France 61, 395-401. – **2406**. Haenisch, V., 1980, Vaginalzytologische Untersuchungen bei der Hauskatze unter bes. Berücksichtigung der Abgrenzung von anovulatorischem und gravidem Zyklus. Diss. Hannover. – **2407**. Hafez, E. S., 1967, Introduction to comparative reproduction. In: Benirschke a. a. O. – **2408**. Hafez, E. S., 1975, The behaviour of domestic animals. Bailliere, Tindall, Lond. – **2409**. Hagedorn, J. E., 1988, Successful management of class I autoimmune hemolytic anemia in a dog. Comp. cont. ed. pract. vet. 10, 418-427. – **2410**. Hageltorn, M., 1983, Katzen 13, 5. – **2411**. Hageltorn, M., I. Gustavsson, 1981, XXY-trisomy identified by banding techniques in a male tortoiseshell cat. J. hered. 72, 132-134. – **2412**. Hagemann, E., G. Schmidt, 1960, Ratte und Maus. W. de Gruyter Vlg. Berlin. – **2413**. Hagen, G., I. Bjerkas, 1990, Spongy degeneration of white matter in the central nervous system of Silver Foxes. Vet. path. 27, 178-193. – **2414**. Hagen, H., 1982, Die Sache mit den Jägern, Herbig Vlg., München. – **2415**. Hager, D. A., W. E. Blevins, 1986, Ectopic ureter in a dog. J. A. V. M. A. 189, 309-310. – **2416**. Hager, G., 1986, Dachshd. 41, 208. – **2417**. Hagiwara, T., 1977, Toxoplasmosis of animals in Japan. Int. J. zoon. 4, 56-70. – **2418**. Hahn, A., 1977, SV-Z. 71, 452. – **2419**. Hahn, S., 1988, Untersuchungen zur Variation einiger Schädelmerkmale und zur Zuchtsituation in Kleinhundrassen. Diss. Hannover. – **2420**. Hain, E., 1986, Untersuchung panmiktischer Katzenpopulationen zur multiplen Farbgenallelie und zur rassischen Variation einiger Schädelmerkmale. Diss. Hannover. – **2421**. Haines, D. M., P. M. Lording, W. J. Penhale, 1984, Survey of thyroglobulin autoantibodies in dogs. Am. J. vet. res. 45, 1493-1497. – **2422**. Hakala, J. E., 1984, Reproductive tract anomalies in 2 male cats. Mod. vet. pract. 65, 629. – **2423**. Halhuber, C., 1980, Der Hund als Therapie? Semin. »Der Hund in der Gesellschaft«, Timmend. Strand. – **2424**. Hall, D. E., 1970, Sensitivity of different thromboplastin reagents to factor VII deficiency in the blood of beagle dogs. Lab. anim. 4, 55-59. – **2425**. Hall, D. E., 1972, Blood coagulation and its disorders in the dog. Bailliere & Tindall, Lond. – **2426**. Hall, D. S., J. F. Amann, G. M. Constantinescu, D. W. Vogt, 1987, Anury in two Cairn terriers. J. A. V. M. A. 191, 1113-1115. – **2427**. Hall, E. J., R. M. Batt, 1991, Differential sugar absorption for the assessment of canine intestinal permeability. Res. vet. sci. 51, 83-87. –

2428. Hall, H. F., M. R. Pelton, 1979, Abundance, distribution and biological characteristics of free-roaming house cats in Northwestern Tennessee. Carniv. 2, 26-30. – **2429.** Hall, J. A., M. J. Fettman, J. T. Ingram, 1988, Sodium chloride depletion in a cat with fistulated meningomyelocele. J. A. V. M. A. 192, 1445-1448. – **2430.** Hall, R. E., 1943, Cranial characters of a dog-coyote hybrid. Am. midl. nat. 29, 371-374. – **2431.** Hall, S. M., 1986, Toxoplasmosis. J. sm. an. pract. 27, 705-716. – **2432.** Hallam, R. H., 1971, Dog and cat ownership trends. J. A. V. M. A. 159, 1754. – **2433.** Halliwell, W. H., 1967, Surgical management of canine distichia. J. A. V. M. A. 150, 874-879. – **2434.** Halliwell, R. E., 1977, Autoimmune skin disease in the dog. Proc. 6th wld. congr. sm. an. vet. ass., 107-110. – **2435.** Halliwell, R. E., 1986, Therapy of autoimmune skin diseases, Tijds. diergen. 111, 89-92. – **2436.** Halliwell, R. E., 1986, Dermatology, Tijds. diergen. 111, 73-76. – **2437.** Halliwell, R. E., 1990, Skin diseases of old dogs and cats. Vet. rec. 126, 389-394. – **2438.** Halliwell, R. E., R. M. Schwartzman, 1971, Atopic disease in the dog. Vet. rec. 89, 209-214. – **2439.** Hallstrom, M., 1970, Surgery of the canine mouth and pharynx. J. sm. an. pract. 11, 105-111. – **2440.** Halpine, T., S. J. Kerr, 1986, Mutant allele frequencies in the cat population of Omaha, Nebraska. J. hered. 77, 460-462. – **2441.** Hamann, W., 1990, Wer hat Angst vorm bösen Hund? K. Hamann Vlg., Essen. – **2442.** Hamann, W., 1992, Uns. Rassehd. 2, 75. – **2443.** Hameid, O. A., 1991, Rabies in Sudan. Vet. rec. 128, 61-62. – **2444.** Hamilton, J.B., R. S. Hamilton, G. E. Mestler, 1969, Duration of life and causes of death in domestic cats. J. geront. 24, 427-437. – **2445.** Hamlin, R. L., S. G. Harris, 1969, Mitral incompetence in Great Dane pups. J. A. V. M. A. 154, 790-798. – **2446.** Hamlin, R. L., D. L. Smetzer, E. M. Breznock, 1972, Sinoatrial syncope in Miniature Schnauzers. J. A. V. M. A. 161, 1022-1028. – **2447.** Hamlin, R. L., W. W. Muir, D. R. Gross, F. S. Pipers, 1974, Right and left ventricular systolic intervals during ventilation and sinus arithmia in the dog. Am. J. vet. res. 35, 9-14. – **2448.** Hammer, C., C. Chaussy, J. v. Scheel, H. Pongratz, H. Brendel, 1975, Survival times of skin and kidney grafts within different canine species in relation to their genetic markers. Transpl. proc. 7, 439-447. – **2449.** Hämmerling, G., R., Hämmerling, 1974, Ein Beitrag zur Distractio cubiti beim Bassethound. Tierärztl. Umsch. 29, 622-625. – **2450.** Hammond, W. P., T. H. Price, D. C. Cole, 1978, Canine cyclic hematopoiesis. Blood 52, 1170-1177. – **2451.** Hammond, W. P., E. R. Engelking. D. C. Dale, 1979, Cyclic hematopoiesis. J. clin. inv. 63, 785-792. – **2452.** Hammond, W. P., D. C. Dale, 1980, Lithium therapy of canine cyclic hematopoiesis. Blood, 55, 26-28. – **2453.** Hammond, W. P., D. C. Dale, 1981, Cyclic hematopoiesis in gray collie dogs. In: Immunological defects in laboratory animals I. Plenum Press, N. Y. – **2454.** Hammond, W. P., E. Rodger, D. C. Dale, 1987, Lithium augments GM-CSA generation in canine cyclic hematopoiesis. Blood 69, 117-123. – **2455.** Hampson, E. G., L. J. Filippich, W. R. Kelly, K. Evans, 1987, Congenital biliary atresia in a cat. J. sm. an. pract. 28, 39-48. – **2456.** Hancock, J. L, I. W. Rowlands, 1949, The physiology of reproduction in the dog. Vet. rec. 61, 771-776. – **2457.** Hänichen, T., 1986, Kardiomyopathie bei Hund und Katze. Tierärztl. Umsch. 41, 467-470. – **2458.** Hänichen, T., H. Püschner, 1971, Generalisierte Lipofuscinose mit neuraler Komplikation bei einem Hund. Vet. med. Nachr., 21-34. – **2459.** Hänichen, T., G. Minkus, 1990, Retrospektive Studie zur Pathologie der Erkrankungen des exokrinen Pankreas bei Hund und Katze. Tierärztl. Umsch. 45, 363-368. – **2460.** Hanlon, G. F., 1969, Additional radiographic observations on elbow-dysplasia in the dog. J. A. V. M. A. 155, 2045-2046. – **2461.** Hannah, H. W., 1963, Dogs, cats, angry citizens and the common law. J. A. V. M. A. 143, 1336-1337. – **2462.** Hannah, H. W., 1990, Animal control and the veterinarian. J. A. V. M. A. 196, 1774-1775. – **2463.** Hannah, H. W., 1991, Wills requiring the destruction of pets. J. A. V. M. A. 199, 1156-1157. – **2464.** Hannon, J. P., J. L. Durrer, 1963, Seasonal variations in blood volume and circulating metabolite levels of the Husky dog. Am. J. phys. 204, 517-519 – **2465.** Hansen, H. J., 1964, The body constitution of dogs and its importance for the occurrence of disease. Nord. vet. med. 16, 977-987. – **2466.** Hansen, H. J., 1965, Historiskt vittnesbörd om en sällsynt missbildning hos hund. Nord. vet. med. 17, 44-49. – **2467.** Hansen, H. J., 1973, Volksgesundheitliche Gesichtspunkte über das Halten von Hunden. Kynol. Weltkongr. Dortm., 64-68. – **2468.** Hansen, H. J., S. E. Olsson, 1958, Trauma och diskprolaps hos hund. Proc. VIII. nord vet. möt., 238-243. – **2469.** Hansen, J. S., 1972, Patent urachus in a cat. Vet. med. 67, 379-381. – **2470.** Hansen, J.S., 1977, Urachal remnant in the cat. Vet. med. 72, 1735-1741. – **2471.** Hanson, H. M., 1975, Psychophysical evaluation of toxic effects on sensory systems. Fed. proc. 34, 1852-1857. – **2472.** Hanssen, I., 1991, Hip dysplasia in dogs in relation to their month of birth. Vet. rec. 128, 425-426. – **2473.** Hapke, H. J., 1963, Die intralinguale Injektion. Berl. Münch. tierärztl. Wschr. 76, 296-298. – **2474.** Harcourt, R. A., 1978, Polyarteritis in a colony of beagles. Vet. rec. 102, 519-522. – **2475.** Harcourt-Brown, F., 1989, Dog registration. Vet. rec. 125, 308. – **2476.** Hardy, W. D., 1976, General concepts of canine and feline tumors. J. Am. an. hosp. ass. 12, 295-306. – **2477.** Hardy, W. D., 1976, The etiology of canine and feline tumors. J. Am. an. hosp. ass. 12, 313-334. – **2478.** Hare, W. C., 1962, Congenital detachment of the processus anconeus in the dog. Vet. rec. 74, 545-556. – **2479.** Hare, W. C., J. S. Wilkinson, R. A. McFeely, W. H. Riser, 1967, Bone chondrodysplasia in a chromosome abnormality in the same dog. Am. J. vet. res. 28, 583-587. – **2480.** Hare, W. C., R. A. McFeely, 1969, Chromosomal sex and pseudohermaphroditism. Austr. vet. J. 45, 135. – **2481.** Hargis, A. M., K. H. Haupt, D. J. Prieur, M. P. Moore, 1985, A skin disorder in three Shetland sheepdogs. Comp. cont. ed. pract. vet. 7, 306-315. – **2482.** Hargis, A. M., D. J. Prieur, K. H. Haupt, T. L. McDonald, M. P. Moore, 1986, Prospective study of familial canine dermatomyositis. Am. J. path. 123, 465-479. – **2483.** Hargis, A. M., D. J. Prieur, K. H. Haupt, L. L. Collier, J. F. Evermann, W. V. Ladiges, 1986, Postmortem findings in four litters of dogs with familial canine dermatomyositis. J. path. 123, 480-496. – **2484.** Hargis, A.. M., D. J. Prieur, K. H. Haupt, L. L. Collier, 1986, Post-mortem findings in a Shetland sheepdog with dermatomyositis. Vet. path. 23, 509-511. – **2485.** Hargis, A. M., M. P. Moore,C. T. Riggs, D. J. Prieur, 1989, Severe secondary amyloidosis in a dog with dermatomyositis. J. comp. path. 100, 427-433. – **2486.** Harley, P. J., 1991, Aggression in golden retrievers. Vet. rec. 128, 576. – **2487.** Harmison, L. T., 1973, Research animals in medicine. DHEW-Publ.72-333, Wash. – **2488.** Harper R. C., 1978, Congenital black hair follicular dysplasia in Bearded Collie puppies. Vet. rec. 102, 87. – **2489.** Harrington, F. H., 1982, Urine marking of food and caches in captive coyotes. Can. J. zool. 60, 776-782. – **2490.** Harris, A. K., 1974, Castration vs spaying. Vet. rec. 94, 451-452. – **2491.** Harris, D., P. J. Imperato, B. Oken, 1974, Dog bites. Bull. N. Y. ac. med. 50, 981-1000. – **2492.** Harrop, A. E., 1956, Artificial insemination in dogs. Brit. vet. J. 112, 338-340. – **2493.** Harrop, A. E., 1963, Canine artificial insemination between England and New Zealand. J. sm. an. pract. 4, 351-353. – **2494.** Hart, B. L., 1973, Genetics and behavior. Fel. pract. 3, 5-8. – **2495.** Hart, B. L., 1975, Spraying behavior. Fel. pract. 5, 11-13. – **2496.** Hart, B. L., 1976, Canine behavior. Can. pract. 3, 10-14. – **2497.** Hart, B. L., 1976, Behavioral effects of castration. Can. pract. 3, 10-21. – **2498.** = 2497. – **2499.** Hart, B. L., 1977, Canine behavior. Can. pract. 4, 10-14. – **2500.** Hart, B. L., 1977, Canine behavior. Can. pract. 4, 10-12. – **2501.** Hart, B. L., 1978, Canine behavior. Can. pract. 5, 8 – 13. – **2502.** Hart, B. L., 1978, Anthropomorphism. Can. pract. 5, 12-16. – **2503.** Hart, B. L., 1991, Effects of neutering and spaying on the behavior of dogs and cats. J. A. V. M. A. 198, 1204-1206. – **2504.** Hart, B. L., R. L. Kitchell, 1966, Penile erection and contraction of penile muscles in the spinal and intact dog. Am. J. phys. 210, 257-262. – **2505.** Hart, B. L., L. A. Hart, 1985, Selecting pet dogs on the basis of cluster analysis of breed behaviour profiles and gender. J. A. V. M. A. 186, 1181-1185. – **2506.** Hart, B. L., M. F. Miller, 1985, Behavioral profiles of dog breeds. J. A. V. M. A. 186, 1175-1180. – **2507.** Hart, B. L., L. A. Hart, 1985, Canine and feline behavioral therapy. Lea & Febiger, Philad. – **2508.** Hart, B. L., M. G. Leedy, 1987, Stimulus and hormonal determinants of flehmen behavior in cats. Horm. behav. 21, 44-52. – **2509.** Hart, L. A., B. L. Hart, 1987, Grief and stress from so many animal deaths. Comp. an. pract. 1, 20-21. – **2510.** Hart, L. A., B. L. Hart, 1988, Pets as partners of seniors. Comp. an. pract. 2, 33-36. – **2511.** Hartigan, P. J., C. A. McGilligan, 1976, Piperazine neurotoxicity in a pituitary dwarf cat. Ir. vet. J. 30, 188-189. – **2512.** Härtel, R., 1972, Frequenzspektrum und akustische Kommunikation der Hauskatze. Wiss. Z. Humb. Univ. Berlin M. N. R. 21, 371-374. – **2513.** Hartig, F., G. Hebold, 1973, Seltene Herzmißbildung bei einer männlichen Katze. Zbl. Vet. med. A 20, 469-475. – **2514.** Hartley, W. J., 1973, Ataxia in Jack Russel Terriers. Act. neuropath. 26, 71-74. – **2516.** Hartley, W. J., W. F. Blakemore, 1973, Neuroviszerale Glukocerebrosid-Speicherung bei einem Hund. Vet. path. 10, 191-201. – **2517.** Hartley, W. J., J. S. Barker, R. A. Wanner, B. R. Farrow, 1978, Inherited cerebellar degeneration in the rough coated collie. Austr. vet. pract. 8, 79-85. – **2518.** Hartman, E. G., 1977, Leptospirose. Tijds. diergen. 102, 45-51. – **2519.** Hartmann, K., 1990, Katzen 20, 5-8. – **2520.** Hartmann, K., K. Hinze, 1991, Epidemiologie und Klinik der FIV-Infektion in Bayern. Tierärzt. Prax. 19, 545-551. – **2521.** Hartung, J., 1974, Dermatologische Ähnlichkeiten bei Mensch und Tier. Sitz. Ärztever. Hannover. – **2522.** Hartung, K., 1966, Zur Hüftgelenksdysplasie. Berl. Mün. tierärzt. Wschr. 79, 477-480. – **2523.** Hartung, K., 1992, Mitt. St. Bernh. Clb., 40. – **2524.** Hartung, K., B. Münzer, 1984, Ein Beitrag zur röntgenologischen Diagnostik von Tumoren an den Extremitätenknochen von Hunden. Prakt. Ta. 65, 54-59. – **2525.** Hartung, K., S. C. v. Hasselt, 1988, Morphometrische Untersuchungen am Femurknochen des Hundes. Berl. Münch. tierärztl. Wschr. 101, 15-19. – **2526.** Hartwig, D., 1991, Uns. Rassehd. 5, 7. – **2527.** Harvey, A. M., H. N. Christensen, 1964, Uric acid transport system. Science 145, 826-827. – **2528.** Harvey, C. E., 1972, Perianal fistula in the dog. Vet. rec. 91, 25-32. – **2529.** Harvey, C. E., 1980, Upper airway obstruction surgery in the dog. Proc. voorj. dg. Amsterd., 38-41. – **2530.** Harvey, C. E., 1983, Review of results of airway obstruction surgery in the dog. J. sm. an. pract. 24, 555-559. – **2531.** Harvey, C. E., 1989, Inherited and congenital airway conditions. J. sm. an. pract. 30, 184-187. – **2532.** Harvey, C. E., J. O'Brien, 1975, Laryngeal paralysis to reduce dogs's bark. J. A. V. M. A. 167, 188. – **2533.** Harvey, C. E., E. A. Fink, 1982, Tracheal diameter. J. Am. an. hosp. ass. 18, 570-576. – **2534.** Harvey, C. E., 1987, Palate defects in dogs and cats. Comp. cont. ed. pract. vet. 9, 404-420. – **2535.** Harvey, J. B., J. M. Roberts, P. M. Schantz, 1991, Survey of veterinarians' recommendations for treatment and control of intestinal parasites in dogs. J. A. V. M. A. 199, 702-706. – **2536.** Harvey, J. W., H. P. Kornick, 1976, Phenazopyridine toxicosis in the cat. J.A. V. M. A. 169, 327-331. – **2537.** Harvey, J. W., W. A. Sussman, M. G. Pate, 1988, Effect of 2,3-diphosphoglycerate concentration on the alkaline fragility of phosphofructokinase-deficient canine erythrocytes. Comp. bioch. phys. B 89, 105-109. – **2538.** Harvey, J. W., G. R. Reddy, 1989, Postnatal hematologic development in phosphofructokinase-deficient dogs. Blood 74, 2556-2561. – **2539.** Harvey, J. W., M. B. Mays, K. E. Gropp, F. J. Denaro, 1990, Polysaccharide storage myopathy in canine phosphofructokinase deficiency. Vet. path. 27, 1-8. – **2540.** Harwood, D. G., 1975, Gastric torsion in a small dog. Vet. rec. 97, 436. – **2541.** Hasegawa, T., 1990, Immune-mediated skin lesions in a dog with autoimmune hemolytic anemia. Jap. J. vet. sci. 52, 1001-1006. – **2542.** Haskins, M. E., G. D. Aguirre, P. F. Jezyk, D. F. Patterson, 1980, The pathology of the feline model of mucopolysaccharidosis. VI. Am. J. path. 101, 657-674. – **2543.** Haskins, M. E., P. F. Jezyk, R. J. Desnick, D. F. Patterson, 1981, Animal models of human disease. Comp. path. bull. 13, 3-4. – **2544.** Haskins, M. E., P. F. Jezyk, R. J. Desnick, M. M. McGovern, D. T. Vine, D. F. Patterson, 1982, Animal models of mucopolysaccharidosis. In: A. R. Liss, Animal models of inherited metabolic diseases. N. Y. – **2545.** Haskins, M. E., G. D. Aguirre, P. F. Jezyk, R. J. Desnick, D. F. Patterson, 1983, The pathology of the feline model of mucopolysaccharidosis. I. Am. J. path. 112, 27-36. – **2546.** Haspel, C., R. E. Calhoon, 1989, Home ranges of free-ranging cats in Brooklyn, N. Y. Can. J. zool. 67, 178-181. – **2547.** Hasslinger, M. A., D. Jonas, W. Berger, 1974, Zur Stellung der Hauskatze in der Epidemiologie menschlicher Wurminfektionen unter besonderer Berücksichtigung von Toxocara mystax. Tierärztl. Umsch. 29, 26-33. – **2548.** Hasslinger, M. A., H. M. Omar, M. K. Selim, 1988, Das Vorkommen von Helminthen in streunenden Katzen Ägyptens und anderer mediterraner Länder. Vet. med. Nachr. 59, 76-81. – **2549.** Hassounah, O., K. Behbehani, 1976, The epidemiology of Echinococcus infection in Kuwait. J. helminth. 50, 65-73. – **2550.** Hast, M. H., 1989, The larynx of roaring and non-roaring cats. J. anat. 163, 117-121. – **2551.** Hatch, C., 1979, Observations on the epidemiology of equine hydatidosis in Ireland. Ir. vet. J. 29, 155-157. – **2552.** Hauck, E., 1917, Das Kupieren der Ohren beim Hund. Wien. tierärztl. Mschr. 4, 451-456. – **2553.** Hauck, E., 1930, Wodurch unterscheidet sich der Wolf vom Hund? Wien. tierärztl. Mschr. 17, 600-611. – **2554.** Hauck, E., 1940, Die Form des Rutenknochens (Os priapi) bei Hund und Wolf. Wien. tierärztl. Mschr. 27, 369-377. – **2555.** Haucke, G., 1983, Stern 16, 62. – **2556.** Haufschild, J., 1976, Pers. Mitt. – **2557.** Haufschild, J., 1988, PON-Clb. Sympos. Gut Vorwald. – **2558.** Haupt, K. H., A. M. Hargis, D. J. Prieur, G. A. Hegreberg, M. P. Moore, 1984, Familial canine dermatomyositis. Fed. proc. 43, 708. – **2559.** Haupt, K. H., D. J. Prieur, M. P. Moore, A. M. Hargis, G. A. Hegreberg, P. R. Gavin, R. S. Johnson, 1985, Familial canine dermatomyositis. Am. J. vet. res. 46, 1861-1869. – **2560.** Haupt, K. H., D. J. Prieur, A. M. Hargis, R. L. Cowell, T. L. McDonald, L.L. Werner, J. F. Evermann, 1985, Familial canine dermatomyositis. Am. J. vet. res. 46, 1870-1875. – **2561.** Hauptman, J., G. H. Cardinet, J. P. Morgan, M. M. Guffy, L. J. Wallace, 1985, Angles of inclination and anteversion in hip dysplasia in the dog. Am. J. vet. res. 46, 2033-2036. – **2562**. Hauser, B., 1975, Zur Pathologie der Hodentumoren beim Hund. Diss. Zürich. – **2563**. Havranek-Balzaretti, B., 1981, Schweiz. hundesp. 97, 294. – **2564**. Hawes, R. O., W. T. Cook, J. A. Arthur, 1974, Genetic differences in fecal output and their association with economic traits in the chicken. 15th Wld. poult. congr., 268-270. – **2565**. Hawk, H. W., H. H. Conley, C. A. Kiddy, 1984, Estrous-related odors in milk detected by trained dogs. J. dairy sci. 67, 392-397. – **2566**. Hayashidani, H., Y. Omi, M. Ogawa, K. Fukutomi, 1988, Epidemiological studies on the expectation of life for dogs computed from animal cemetery records. Jap. J. vet. sci. 50, 1003-1008. – **2567**. Hayek, B., 1980, Uns. Rassehd. 12, 25. – **2568**. Hayes, A. A., W. D. Hardy, A. J. McClelland, 1976, The prevention of canine and feline tumor development. J. Am. an. hosp. ass. 12, 381-385. – **2569**. Hayes, H. M., 1974, Ectopic ureter in dogs. Teratol. 10, 129-132. – **2570**. Hayes, H. M., 1974, Congenital umbilical and inguinal hernias in cattle, horses, swine, dogs, and cats. Am. J. vet. res. 35, 839-842. – **2571**. Hayes, H. M., 1975, A hypothesis for the aetiology of canine chemoreceptor system neoplasms, based upon an epidemiological study of 73 cases among hospital patients. J. sm. an. pract. 16, 337-343. – **2572**. Hayes, H. M., 1976, Canine bladder cancer. Am. J. epidem. 104, 673-677. – **2573**. Hayes, H. M., 1984, Breed associations of canine ectopic ureter. J. sm. an. pract. 25, 501-504. – **2574**. Hayes, H. M., T. W. Pendergrass, 1976, Canine testicular tumors. Int. J. canc. 18, 483-487. – **2575**. Hayes, H. M., L.A. Selby, G. P. Wilson, R. B. Hohn, 1979, Epidemiologic observations of canine elbow disease. J. Am. an. hosp. ass. 14, 449-453. – **2576**. Hayes, H. M., G. P. Wilson, J.K. Burt, 1979, Feline hip dysplasia. J. Am. an. hosp. ass. 14, 447-448. – **2577**. Hayes, H. M., G. P. Wilson, W. R. Fenner, M. Wyman, 1981, Canine congenital deafness. J. Am. an. hosp. ass. 17, 473-476. – **2578**. Hayes, H. M., K. L. Milne, C. P. Mandell, 1981, Epidemiologic features of feline mammary carcinoma. Vet. rec. 108, 476-479. – **2579**. Hayes, H. M., G. P. Wilson, J. F. Fraumeni, 1982, Carcinoma of the nasal cavity and paranasal sinuses in dogs. Corn. vet. 72, 168-179. – **2580**. Hayes, H. M., G. P. Wilson, 1986, Hospital incidence of hypospadias in dogs in North America. Vet. rec. 118, 605-607. – **2581**. Hayes, H. M., L. W. Pickle, G. P. Wilson, 1987, Effects of ear type and weather on the hospital prevalence of canine otitis externa. Res. vet. sci. 42, 294-298. – **2582**. Hayes, H. M., B. Sass, 1988, Chemoreceptor neoplasia. J. vet. med. 35, 401-408. – **2583**. Hayes, K. C., B. Schiefer, 1969, Primary tumors in the CNS of carnivores. Path. vet. 6, 94-116 – **2584**. Hays, G. P., 1917, A case of a syndactylous cat. J. morph. 30, 65-82. – **2585**. Haywood, H. C. Rutgers, M. K. Christian, 1988, Hepatitis and copper accumulation in Skye Terriers. Vet. path. 25, 408-414. – **2586**. Hazewinkel, H. A., A. T. van't Klooster, G. Voorhout, S. A. Goedegebuure, 1987, Skelettentwicklung bei erhöhter Ca- und P-Aufnahme, Int. Symp. Hannover, 184-188. – **2587**. Hazewinkel, H. A., K. L. How, R. Bosch, S. A. Goedegebuure, G. Voorhout, 1987, Ungenügende Photosynthese von Vitamin D bei Hunden. Int. Symp. Hannover, 125-129. – **2588**. Hazlett, M. J., M.G. Maxie, D. G. Allen, B. P. Wilcock, 1983, A retrospective study of heart disease in Doberman Pinscher dogs. Can. vet. J. 24, 205-210. – **2589**. Healey, M. C., S. M. Gaafar, 1977, Demonstration of reaginic antibody in canine demodectic mange. Vet. parasit.3, 107-119. – **2590**. Healey, M. C., S. M. Gaafar, 1977, Immunodeficiency in canine demodectic mange. I. Vet. parasit. 3, 121-140. – **2591**. Healey, M. C., S. M. Gaafar, 1977, Immunodeficiency in canine demodectic mange. II. Vet. Parasit. 3, 133-140. – **2592**. Healy, P. J., B. R. Farrow, F. W. Nicholas, K. Hedberg, R. Ratcliffe, 1984, Canine fucosidosis. Res. vet. sci. 36, 354-359. – **2593**. Hedhammar, A., 1976, Hip dysplasia and temperament. Svensk vet. tidn. 28, 1057-1064. – **2594**. Hedhammar, A., 1986, Current situation regarding the eradication of hip dysplasia in Sweden. Svensk vet. tidn. 38, 68-77. – **2595**. Hedhammar, A., 1986, Current situation regarding the eradication of genetically conditioned eye disorders in Sweden. Svensk vet. tidn. 38, 152-160. – **2596**. Hedhammar, A., F. Wu, L. Krook, H. F. Schryver, A. deLahunta, I. P. Whalen, F. A. Kallfelz, E. A. Nunez, H. F. Hintz, B. E. Sheffy, G. D. Ryan, 1974, Overnutrition and skeletal disease. Corn. vet. 64, Suppl. 5, 1-160. – **2597**. Hedhammar, A., S. E. Olsson, S. A. Andersson, L. Persson, L. Pettersson, A. Olausson, P. E. Sundgren, 1979, Canine hip dysplasia. J.A. V. M. A. 174, 1012-1016. – **2598**. Hedri, A., 1975, Der Hund als therapeutische Möglichkeit. Z. Allgemeinmed. 51, 181. – **2599**. Heerden, J.v., 1979, Hand-rearing of Cape hunting dog Lycaon pictus pups. J.S. Afr. vet.ass. 50, 189-191. – **2600**. Hegendorf, L., 1970, Der Gebrauchshund. Vlg. P. Parey, Hbg. – **2601**. Hegewald, 1922, Schriften über den Gebrauchshund. Vlg. J. Neumann, Neudamm. – **2602**. Hegmann, J. P., J. Mash, B. E. Spivey, 1974, Genetic analysis of human visual parameters in populations with varying incidences of strabismus. Am. J. hum. gen. 26, 549-562. – **2603**. Hegreberg, G. A., G. A. Padgett, J. R. Gorham, J. B. Henson, 1969, A connective tissue disease of dogs and mink resembling the Ehlers-Danlos syndrome of man. J. hered. 60, 249-254. – **2604**. Hegreberg, G. A., G. A. Padgett, J. B. Henson, 1970, Connective tissue disease of dogs and mink resembling Ehlers-Danlos syndrome of man. Arch. path. 90, 159-166. – **2605**. Hegreberg, G. A., D. E. Norby, 1974, Lysosomal enzyme changes in an inherited dwarfism of cats. Fed. proc. 33, 598. – **2606**. Hegreberg, G. A., D. E. Norby, 1975, Clinical and pathologic manifestations of an inherited tremor in the cat. Fed. proc. 34, 862. – **2607**. Heidbrink, U., F. A. Kapp, 1990, Fallberulcht. Kleintierprax. 35, 661-665. – **2608**. Heidemann, G., 1973, Weitere Untersuchungen zur Nahrungsökologie wildernder Hauskatzen. Z. Säugetierk. 38, 216-224. – **2609**. Heidemann, G., 1974, Du u. d. Tier 4, 94. – **2610**. Heider, H. J., 1990, Kastration als therapeutische Maßnahme? Kleintierprax. 35, 644-650. – **2611**. Heier, S., 1989, Hunde 105, 1253. – **2612**. Heimrich, O., 1973, Jagdgebrchshd. 9, 32. – **2613**. Heimrich, O., 1973, Jgdgebrchshd. 9, 121. – **2614**. Heimrich, O., 1973, Jgdgebrchshd. 9, 122. – **2615**. Heine, M., 1982, Terrier, 75, 327. – **2616**. Heine, M., 1983, Terrier 76, 626. – **2617**. Heinemann, G., 1973, Wld. u. Hd. 76, 102. – **2618**. Heisterkamp, C., 1983, Der Einfluß von Fluglärm auf das Verhalten von Diensthunden. Diss. Hannover – **2619**. Hell, P., 1980, Jgdgebrchshd. 16, 167. – **2620**. Hellebrekers, L. J., 1988, Anaesthesia in the dyspneic canine or feline patient. Tijds. diergen. 113, 681-685. – **2621**. Heller, R., J. Van, 1979, Unblutige Kippohroperation. Kleintierprax. 24, 141-143. – **2622**. Heller, S., 1967, Zur Funktion des Zink-Cysteins im Tapetum lucidum. H. S. Z. phys. Chem. 348, 1211-1212. – **2623**. Hellmann, J., H. Loppnow, 1991, Hyperplasia of somatostatin and pancreatic polypeptide immunoreactive cells in dogs with idiopathic atrophy of the exocrine pancreas. Zbl. Vet. med. 38, 80-90. – **2624**. Hellmén, E., A. Lindgren, F. Linell, P. Matsson, A. Nilsson, 1988, Comparison of histology and clinical variables to DNA ploidy in canine mammary tumors. Vet. path. 25, 219-226. – **2625**. Hemmer, H., 1968, Ist die Hauskatze polyphyletischen Ursprungs? Carn. gen. nwsl. 1, 90-92. – **2626**. Hemmer, H., 1976, Zur Abstammung der Hauskatze.

Säuget. Mitt. 24, 184-192. – **2627**. Hemmer, H., 1978, Innerartliche Unterschiede der relativen Hirngröße und ihr Wandel vom Wildtier zum Haustier. Säuget. Mitt. 26, 312-317. – **2628**. Hemmer, H., 1978, Socialization by intelligence. Carniv. 1, 102-105. – **2629**. Hemmer, H., 1978, The evolutionary systematics of living Felidae. Carniv. 1, 71-79. – **2630**. Hemmer, H., 1979, Gestation period and postnatal development in felids. Carniv. 2, 90-100. – **2631**. Hemmer, H., 1983, Domestikation. Vieweg, Braunschweig. – **2632**. Henderson, A., 1976, Treating strays. Vet. rec. 97, 423-424. – **2633**. Henderson, A. J., 1985, Weight loss in samoyeds. Vet. rec. 116, 167. – **2634**. Henderson, G. N., D. J. Coffey, 1973, Cats and cat care. David & Charles, Lond. – **2635**. Hendricks, W., 1983, Uns. Rassehd. 9,21. – **2636**. Hendrikse, J., 1984, The collection and evaluation of canine semen. Tijds. diergen. 109, 175-179. – **2637**. Hendrikse, J., H. W. Antonisse, 1984, Evaluation of canine semen. Tijds. diergen. 109, 171-174. – **2638**. Hendy-Ibbs, P. M., 1984, Hairless cats in Great Britain. J. hered. 75, 506-507. – **2639**. Hendy-Ibbs, P. M., 1985, Familial feline epibulbar dermoids. Vet. rec.116, 13-14. – **2640**. Heneghan, J. B., S. G. Longaria, I.Cohn, 1971, Gnotobiotic beagles. In: Defining the laboratory animal. IV. Sympos. int. comm. labor. an., Wash. 597-615. – **2641**. Henricson, B., 1967, Statistische und genetische Untersuchungen über Hüftgelenksdysplasie beim Hund. Kleintierprax. 12, 187-189. – **2642**. Henricson, B., 1974, Bekämpandet av ärftliga sjukdomar hos hundar. Svensk. vet. tidn. 26, 633-637. – **2643**. Henricson, B., S. Olsson, 1959, Hereditary acetabular dysplasia in German shepherd dogs. J. A. V. M. A. 135, 207-210. – **2644**. Henricson, B., I. Norberg, S. E. Olsson, 1965, Hüftgelenkdsdysplasie beim Hund. Nord. vet. med. 17, 118-131. – **2645**. Henricson, B., S. Bornstein, 1965, Hereditary umbilical hernia in cats. Vet. bull. 35, 453. – **2646**. Henricson, B., I. Norberg, S. E. Olsson, 1966, On the etiology and pathogenesis of hip dysplasia. J. sm. an. pract. 7, 673-688. – **2647**. Henricson, B., G. Ljunggren, S. E. Olsson, 1972, Canine hip dysplasia in Sweden. Act. radiol. Suppl. 175, 317. – **2648**. Henrikson, D. M., 1969, Technique of devocalizing dogs. J. A. V. M. A. 155, 21-25. – **2649**. Henschel, E., 1972, Zur Anatomie und Klinik der wachsenden Unterarmknochen. Arch. exp. Vet. med. 26, 741-787. – **2650**. Hensel, W., 1977, Uns. Rassehd. 30. – **2651**. Henwood, J. K. 1989, Dog registration. Vet. rec. 125, 244-245. – **2652**. Herd, R. P., B. J. Common, 1975, Transmission of Echinococcus granulosus from kangaroos to domestic dogs. Austr. vet. J. 51, 591-592. – **2653**. Herin, R. A., P. Hall, H. W., J. Fitch, 1978, Nitrogen inhalation as a method of euthanasia in dogs. Am. J. vet. res. 39, 989-991. – **2654**. Herlitz, G. H., 1977, Jgdgebrchshd. 13, 28. – **2655**. Herlitz, G., H., 1977, Uns. Rassehd. 4, 4. – **2656**. Hermans, I. F., J.Atkinson, J. F. Hamilton, G. K. Chambers, 1991, Three cases of disputed paternity in dogs resolved by the use of DNA fingerprinting. N. Zeal. vet. J. 39, 61-64. – **2657**. Herre, W., 1965, Demonstration im Tiergarten des Inst. f. Haustierkunde d. Univ. Kiel, insbesondere von Wildcaniden und Canidenkreuzungen. Verh. dt. zool. Ges. Suppl. 28, 622-635. – **2658**. Herre, W., 1971, Uns. Pud. 15, 65. – **2659**. Herre, W., 1971, Uns. Pud. 15, 186. – **2660**. Herre, W., 1971, Über Schakale, Pudel und Puschas. Kleintierprax. 16, 150-156. – **2661**. Herre, W., 1971, Puwos und Puschas. In: Schneider-Leyer a.a.O. – **2662**. Herre, W., 1973, Uns. Pud. 17, 281. – **2663**. Herre, W., 1974, Uns. Rassehd., 831. – **2664**. Herre, W., 1978, Haustiere. 2. Ed. Zimen, 1972, SV-Z. 66, 287. – **2665**. Herre, W., M. Röhrs, 1973, Haustiere – zoologisch gesehen. G. Fischer Vlg., Stuttg. – **2666**. Herre, W., M. Röhrs, 1990, Haustiere – zoologisch gesehen. 2. Aufl. G. Fischer Vlg. Stuttg. – **2667**. Herrington, S. J., 1986, Phylogenetic relationships of the Wild Cats of the world. Diss. Kansas. – **2668**. Herrmann, A., 1987, Morphometrisch-rassenstatistische und analytische Untersuchungen am Os penis des Hundes. Diss. Hannover. – **2669**. Herrmann, A., 1988, Augenveränderungen bei älteren Tigerteckeln mit essentieller Irisatrophie als zusätzlichem Befund. Prakt. Ta. 69, 33-36. – **2670**. Herrmann, G. R., 1925, Experimental heart disease. Am. heart. J. 1, 213-231. – **2671**. Herron, M. R., 1969, Canine A. I. Mod. vet. pract. 50, 50-52. – **2672**. Herron, M. R., 1970, Ununited anconeal process. Mod. vet. pract. 51, 30-34. – **2673**. Herron, M. A., 1977, Twelve kittens in a litter. Fel. pract. 7, 28. – **2674**. Herrtage, M. E., J.E. Houlton, 1979, Collapsing Clumber spaniels. Vet. rec. 105, 334. – **2675**. Herrtage, M. E., L. W. Hall, T. A. English, 1983, Surgical correction of the tetralogy of Fallot in a dog. J. sm. an. pract. 24, 51-62. – **2676**. Herrtage, M. E., A. C. Palmer, 1983, Episodic falling in the Cavalier King Charles Spaniel. Vet. rec. 112, 458-459. – **2677**. Herrtage, M. E.,A. C. Palmer, W. F. Blakemore, 1985, Canine fucosidosis. Vet. rec. 117, 451-452. – **2678**. Herrtage, M. E., C. A. Seymour, A. R. Jefferies, W. F. Blakemore, A. C. Palmer, 1987, Inherited copper toxicosis in the Bedlington terrier. J. sm. an. pract. 28, 1127-1140. – **2679**. Herrtage, M., D. White, 1990, Liver biopsy for diagnosis of inherited copper toxicosis in the Bedlington terrier. J. sm. an. pract. 31, 111-112. – **2680**. Hershfield, B., L. Inouye, G. Chader, H. Ripps, G. Aguirre, 1991, Organization and transcription of canine (CAC)n sequences. J. hered. 82, 251-254. – **2681**. Hertkorn, U., J. Lamina, 1981, Larva migrans visceralis. Prakt. Ta. 62, 1039-1042. – **2682**. Herzog, A., 1969, Dachshd. 24, 169. – **2683**. Herzog, A., 1970, Dachshd. 25, 130. – **2684**. Herzog, A., 1973, Kynol. Weltkongr. Dortm. 53. – **2685**. Herzog, A., H. Höhn, 1972, Chromosomenanomalien mit letaler Wirkung bei Welpen. Kleintierprax. 17, 176-179. – **2686**. Hesse, A., 1990, Canine urolithiasis. J. sm. an. pract. 31, 599-604. – **2687**. Hesse, A., G. Sanders, 1984, Effem Rep. 19, 1. – **2688**. Hesse, A., G. Sanders, 1985, A survey of urolithiasis in cats. J. sm. an. pract. 26, 465-476. – **2689**. Hesse, A., G. Sanders, 1987, Effem Rep. 24, 1. – **2690**. Hesse, A., M. Brühl, 1988, Effem Rep. 27, 21. – **2691**. Hesse, A., M. Brühl, 1990, Urolithiasis beim Hund. Kleintierprax. 35, 505-517. – **2692**. Hettling, P., 1986, Effem Rep. 22, 37. – **2693**. Hettling, P., 1988, Effem Rep. 26, 1. – **2694**. Hetts, S., 1991, Psychologic well-being. Vet. clin. N. Am. 21, 369-387. – **2695**. Heusch, G., G. Zocholl, A. Deussen, J. Schipke, 1983, Vier kongenitale Herzfehler bei Schäferhunden. Zbl. Vet. med. A 30, 154-158. – **2696**. Heussner, J.C., W. E. Grant, 1978, Ecological aspects of urban dog management. Anim. reg. stud. 1, 355-374. – **2697**. Heywood, R., 1975, Lymphoma in the beagle dog. Vet. rec. 96, 201-202. – **2698**. Heywood, R., 1971, Juvenile cataracts in the Beagle dog. J. sm. an. pract. 12, 171-177. – **2699**. Heywood, R., R. J. Sportwell, 1971, Semen evaluation in the beagle dog. J. sm. an. pract. 12,343-346. – **2700**. Hiepe, T., R. Jungmann, 1973, Gegenwärtiger Stand der Toxoplasmose-Epidemiologie. Mhf. Vet. med. 28, 873-878. – **2701**. Hildebrand, M., 1952, The integument in Canidae. J. mammal. 33, 419-428. – **2702**. Hill, F. W., 1978, Pancreatic disorders of dogs. Vet. ann. 18, 198-203. – **2703**. Hill, F. W., 1978, Histiocytic ulcerative colitis of Boxer dogs. Vet. ann. 18, 213-216. – **2704**. Hill, F. W., 1980, Schweiz. hundesp. 96, 492. – **2705**. Hill, F. W., N. D. Sullivan, 1978, Histiocytic ulcerative colitis in a Boxer dog. Austr. vet. J. 54, 447-449. – **2706**. Hilppö, M., 1986, Some haematological and clinical-chemical parameters of Sight Hounds. Nord. vet. med. 38,

148-155. – **2707**. Hilzheimer, M., R. N. Wegner, 1937, Die Chincha-Buldogge. Kleint. Pelzt. 13, 11, 1-43. – **2708**. Hime, J. M., J. C. Drake, 1965, Osteochondrosis of the spine in the foxhound. Vet. rec. 77, 445-449. – **2709**. Hime, J. M., 1963, An unusual spinal condition in Foxhounds. Vet. rec. 75, 644. – **2710**. Hines, W., J. Randal, 1977, Estimates of mutant allele frequencies in domestic cats of the Dalmatian region of Yugoslavia. Carn. gen. nwsl. 3, 140-142. – **2711**. Hirni, H., T. Althaus, 1990, Hunde, 106, 78. – **2712**. Hirth, R. S., S. V. Nielsen, 1967, A familial canine globoid cell leukodystrophy. J. sm. an. pract. 8, 569-575. – **2713**. Hirsch, V. M., T. A. Cunningham, 1984, Hereditary anomaly of neutrophil granulation in Birman cats. Am. J. vet. res. 45, 2170-2174. – **2714**. Hirth, R. S., E. T. Greenstein, R. L. Peer, 1974, Anterior capsular opacities (Spurious cataracts) in Beagle dogs. Vet. path. 11, 181-194. – **2715**. Hitz, D., 1974, Ulnadysplasie beim Bassethound. Schweiz. Arch. Tierhlk. 116, 285-294. – **2716**. Hitz, D., 1976, Obligatorische Röntgenuntersuchung der Ellbogengelenke auf Dysplasie beim Bassethound. Schw. Arch. Tierhlk. 118, 167-172. – **2717**. Hjärre, A., 1928, Sektionsbefund beim Diabetes mellitus des Hundes und der Katze. Arch. wiss. prakt. Tierhlk. 57, 1-76. – **2718**. Hjorth, N., J. Roed-Petersen, 1980, Allergic contact dermatitis in veterinary surgeons. Cont. dermat. 6, 27-29. – **2719**. Hnatkiwskyi, J. S. 1985, Tending two bitches injured during dog fighting. Vet. rec. 117, 190. – **2720**. Hoadley, A. W., D. E. Knight, 1975, External otitis among swimmers and nonswimmers. Arch. envir. hlth. 30, 445-448. – **2721**. Hoag, G. N., R. G. Brown, M. E. Smart, R. E. Subden, L. H. Mitchell, 1977, Alaskan Malamute chondrodysplasia. Can. vet. J. 18, 349-351. – **2722**. Hochgesand, U., 1977, Uns. Rassehd., 55. – **2723**. Hodgman, S. F., 1964, Abnormalities and defects in pedigree dogs. Adv. sm. an. pract. 5, 35-44. – **2724**. Hodgman, S. F., H. B. Parry, W. J. Rasbridge, J. D. Steel, 1949, Progressive retinal atrophy in dogs. Vet. rec. 61, 185-189. – **2725**. Hoenig, M., D. C. Ferguson, 1989, Diabetes mellitus in the dog and cat. Comp. an. pract. 19, 12-16. – **2726**. Hofecker, G., 1983, Dachshd. 38, 156. – **2727**. Hoferer, K., 1984, Der Harnsäure-Transport in Erythrozyten von Beagle- und Dalmatiner-Hunden. Diss. München. – **2728**. Hoffer, R. E., A. Valdes-Dapena, A. E. Bauer, 1967, A comparative study of naturally occurring canine achalasia. A. M. A. arch. surg. 95, 83-88. – **2729**. Hoffmann, G., 1985, Farbabhängige erbliche Alopezie beim blauen Dobermann-Pinscher. Kleintierprax. 30, 423-426. – **2730**. Hoffmann, R., 1972, Pseudohermaphroditismus femininus bei einem Schäferhund. Dt. tierärztl. Wschr. 79, 393-397. – **2731**. Hoffmann, W., Uns. Rassehd. 2, 109. – **2732**. Hofmann, A., 1974, Wld. u. Hd. 77, 480. – **2733**. Hofmann, E., D. Lorin, 1980, Ein Fall von Eklampsie in Verbindung mit epileptiformen Anfällen. Wien. tierärztl. Mschr. 67, 294-296. – **2734**. Hofmann, W., 1973, Die eitrigen Hauterkrankungen des Hundes. tierärztl. prax. 1, 321-329. – **2735**. Hofmeyr, C. F., 1963, Dermoid sinus in the ridgeback dog. J. sm. an. pract. Suppl. 4, 5-8. – **2736**. Hogan, L.S., L. D. Craig, 1987, Male pseudohermaphroditism in a Cocker Spaniel. Mod. vet. pract. 68, 29. – **2737**. Hogg, G. G., B. J. Horton, H. Brown, 1978, Inherited pyruvate kinase deficiency and normal haematologic values in Australian Basenji dogs. Austr. vet. J. 54, 367-370. – **2738**. Hogger, D. G., 1981, Treating stray animals. Vet. rec. 109, 236. – **2739**. Högner, M., 1979, Zuchtwertschätzung beim Deutschen Schäferhund. Vortr. Dt. Ges. Zücht. kd. Hannover. – **2740**. Höhl, M., 1984, Dt. hundesp. 2, 5. – **2741**. Höhn, A., 1972, Die Schnauzer- und Pinscherrassen. W. Wittmann, Coburg. – **2742**. Höhn, H., 1974, Darstellung von Chromosomen aus Zellen der Amnionsflüssigkeit beim Hund. Dt. tierärztl. Wschr. 81, 90-93. – **2743**. Holden, C., 1990, Canine genome project. Science 248, 1184-1185. – **2744**. Holden, C., 1991, Who are the animal rightsers? Science 253, 264. – **2745**. Holden, C., 1991, Animal rights vet wins a round. Science 253. 954. – **2746**. Holden, C., 1991, Relief for cats genome? Science 254, 797. – **2747**. Holland, S. G., 1982, Katzen 12, 19. – **2748**. Hollands, C., 1983, No to neutering clinics. Vet. rec. 113, 628. – **2749**. Hollands, C., 1987, Dog licensing. Vet. rec. 121, 527. – **2750**. Höller, M., 1977, Uns. Rassehd., 16. – **2751**. Holler, W., 1978, Vergleichende Untersuchungen an den oberen ersten Molaren bei Wolf, Haushund und Goldschakal mit Hilfe der Moiré-Topographie. Säuget. Mitt. 26, 131-139. – **2752**. Holliday, T. A., J. G. Cunningham, M. J. Gutnick, 1970, Comparative clinical and electroencephalographic studies of canine epilepsy. Epilep. 11, 281-292. – **2753**. Hollmann, P., 1980, Kupieren der Ohren beim Hund. tierärztl. prax. 8, 227-232. – **2754**. Holmes, W. H., 1969, Diabetes in dogs. Vet. rec. 85, 421. – **2755**. Holst, P. A., R. D. Phemister, 1974, Onset of diestrus in the Beagle bitch. Am. J. vet. res. 35, 401-406. – **2756**. Holt, P. E., 1976, Toxocara canis. Vet. rec. 98, 383. – **2757**. Holt, P. E., 1985, Urinary incontinence in the bitch due to sphincter mechanism incompetence. J. sm. an. pract. 26, 181-190. – **2758**. Holt, P. E., 1988, Studies on the control of urinary continence in the bitch. Diss. abstr. B 49, 1050. – **2759**. Holt, P. E., 1990, Urinary incontinence in dogs and cats. Vet. rec. 127, 347-350. – **2760**. Holt, P. E., B. Sayle, 1981, Congenital vestibulo-vaginal stenosis in the bitch. J. sm. an. pract. 22, 67-75. – **2761**. Holt, P. E., S. E. Long, C. Gibbs, 1983, Disorders of urination associated with canine intersexuality. J. sm. an. pract. 24, 475-487. – **2762**. Hölzel, M., 1989, Wld. u. Hd. 92, 67. – **2763**. Holzhausen, P., 1982, Box. Bl. 78, 19. – **2764**. Holzmann, A., 1975, Hypersexualität beim Rüden. Wien. tierärztl. Mschr. 62, 355-356. – **2765**. Holzmann, A., K.Arbeiter, 1987, Die Samenübertragung bei der Hündin. Dt. tierärztl. Wschr. 94, 562-563. – **2766**. Holzworth, J., 1960, Leukemia and related neoplasms in the cat. J. A. V. M. A. 136, 47-69, 107-121. – **2767**. Honhold, N., D. A. Smith, 1986, Myotonia in the Great Dane. Vet. rec. 119, 162. – **2768**. Hood, J. C., W. F. Robinson, C. R. Huxtable, J. S. Bradley, R. J. Sutherland, M. A. Thomas, 1990, Hereditary nephritis in the bull terrier. Vet. rec. 126, 456-459. – **2769**. Hood, J. C., W. F. Robinson, W. T. Clark, R. J. Sutherland, I. James, M. A. Thomas, C. R. Huxtable, 1991, Proteinuria as an indicator of early renal disease in bull terriers with hereditary nephritis. J. sm. an. pract. 32, 241-248. – **2770**. Hoogerwerf, J., 1975, Oesophagusdilatatie. Tijds. dier. 100, 940-941. – **2771**. Hoorens, J., H. Thoonen, 1968, Gezwellen van de huid bij de hond. Vlaams diergen. tijds. 37, 231-244. – **2772**. Hoorens, J., H. Thoonen, 1968, Gezwellen van het spijsverteringsstelsel bij de hond. Vlaams. diergen. tijds. 37, 245-256. – **2773**. Hoosier, G. L. v., W. A. Stenbock, D. M. Mumford, W. A. Hill, S. C. Dunn, E. J. Macdonald, M. C. Macdonald, H. A. Taylor, J. J. Trentin, 1968, Epidemiological findings and electron microscopic observations in human leukemia and canine contacts. Int. J. canc. 3, 7-16. – **2774**. Hoover, E. A., J. L. Mullins, S. L. Quackenbush, P. W. Gasper, 1987, Experimental transmission and pathogenesis of immunodeficiency syndrome in cats. Blood 70, 1880-1892. – **2775**. Hoover, E. A., N. S. Zeidner, N. A. Perigo, S. L. Quackenbush, J. D. Strobel, D. L. Hill, J. I. Mullins, 1989, Feline leukemia virus-induced immunodeficiency syndrome in cats as a model for evaluation of antiretroviral therapy. Intervirol. 30, Suppl. 1, 12-25. – **2776**. Hopkins, S. G., T. A. Schubert,B. L. Hart, 1976, Castration of adult male dogs. J. A. V. M. A. 168, 1108-1110. – **2777**. Hoppe, A., L. Swenson, 1986, Progressiv nefropati hos Shi-tzu. Svensk vet. tidn. 38, 190-197. – **2778**. Hoppe, A., L. Swenson, L. Jönsson, A. Hedhammar, 1990, Progressive nephropathy due to renal dysplasia in Shih Tzu dogs in Sweden. J. sm. an. pract. 31, 83-91. – **2779**. Hoppe, F., E. Svalastoga, 1980, Temporomandibular dysplasia in American Cocker Spaniels. J. sm. an. pract. 21, 675-678. – **2780**. Hoppe, K., 1988, Dachshd. 43, 114. – **2781**. Hoppe, H. C., D. L. Price, 1971, Parasitic disease – general considerations. In: Marcial-Rojas a.a.O. – **2782**. Hopwood, P. R., T. L. Rothwell, R. C. Ratcliffe, 1987, Congenital malformation. Austr. vet. J. 64, 218-220. – **2783**. Horak, F., 1985, Schweiz. hundesp. 101, 250. – **2784**. Horak, F., 1985, Schweiz. hundesp. 101, 916. – **2785**. Horak, F., 1987, Hunde 103, 704. – **2786**. Horak, F., 1987, hundesp. 103, 177. – **2787**. Horak, F., 1987, Hunde 103, 561. – **2788**. Hörchner, F., 1974, Parasitosen bei der Katze, insbesondere Toxoplasmose. Prakt. Ta. 55, 427-429. – **2789**. Hörchner, F., 1981, Zum Vorkommen von Toxocara canis und anderer Endoparasiten bei Hunden in Berlin. Berl. Münch. tierärztl. Wschr. 94, 220-223. – **2790**. Hörchner, F., U. Zillmann, M. Metzner, A. Schönefeld, D. Mehlitz, 1985,West African dogs as a model for research on trypanotolerance. Trop. Med. Parasit. 36, 257-258. – **2791**. Horn, K., T. Schnieder, M.Stoye, 1990, Kontamination öffentlicher Kinderspielplätze Hannovers mit Helminthen. Dt. tierärztl. Wschr. 97, 122-125. – **2792**. Hornbuckle, W. E., D. M. MacCoy, G. S. Allan, R. Gunther, 1978, Prostatic disease in the dog. Corn. vet. Suppl. 68, 284-305. – **2793**. Horne, R. D., 1971, Canine patellar luxation. Vet. med. 66, 211-218. – **2794**. Horne, R. D., 1981, Grass awn migration in the dog. Can. pract. 8, 21-32. – **2795**. Hornfeldt, C. S., 1987, Chocolate toxicity in dogs. Mod. vet. pract. 68, 552-554. – **2796**. Hornof, W. J., P. D. Koblik, E. M. Breznock, 1983, Radiocolloid scintigraphy as an aid to the diagnosis of congenital portacaval anomalies in the dog. J. A. V. M. A. 182, 44-46. – **2797**. Horowitz, S. L., H.B. Chase, 1970, A microform of cleft palate in dogs. J. dent. res. 49, 892. – **2798**. Horsch, F., K. Kutschmann, 1974, Die Leptospirosesituation bei Hunden in der DDR. Mhf. Vet. med. 29, 241-243. – **2799**. Horzinek, B., T. S. v. d. Ingh, A. A. Stokhof, 1974, Spontane Atrium-Ruptur bei einem Teckel. Kleintierprax. 19, 122-124. – **2800**. Hoskinson, R. L., L. D. Mech, 1976, Wild-tailed deer migration and its role in wolf predation. J. wild. man. 40, 429-441. – **2801**. Hottendorf, G. H., S. W. Nielsen, 1967, Pathologic survey of 300 extirpated canine mastocytomas. Zbl. vet. med. A 14, 272-281. – **2802**. Hottendorf, G. H., R. S. Hirth, 1975, Lesions of spontaneous subclinical disease in Beagle dogs. Vet. path. 11, 240-258. – **2803**. Houlton, J. E., 1980, Anal furunculosis. J. sm. an. pract. 21, 575-584. – **2804**. Houlton, J. E., 1984, Osteochondrosis of the shoulder and elbow joints in dogs. J. sm. an. pract. 25, 399-413. – **2805**. Houlton, J. E., M. E. Herrtage, P. M. Taylor, S. B. Watkins, 1985, Thoracic oesophageal foreign bodies in the dog. J. sm. an. pract. 26, 521-536. – **2806**. Houpt, K. A., 1985, Companion animal behavior. Corn. vet. 75, 248-261. – **2807**. Houpt, K. A., 1991, Animal behavior and animal welfare. J. A. V. M. A. 198, 1355-1360. – **2808**. Howard, D. R., 1973, Omphalocele in a litter of kittens. Vet. med. SAC 68, 879. – **2809**. Howard, D. R., D. F. Merkley, J. J. Lammerding, R. B. Ford, M. S. Bloomberg, D. G. Doris, 1976, Primary cleft palate and closure repair in puppies. J. Am. an. hosp. ass.12, 636-640. – **2810**. Howard, E. B., S. W. Nielsen, 1965, Neoplasia of the boxer dog. Am. J. vet. res. 26, 1121-1131. – **2811**. Howard, J. W., 1975, Death of spayed bitch following coitus. Vet. rec. 97, 295. – **2812**. Howard-Peebles, P. N., J. C. Pryor, 1980, The R-banding pattern of the canine karyotype. J. hered. 71, 361-362. – **2813**. Howard-Peebles, P. N., W. M. Howell, 1983, Nucleolus organizer regions of the canine karyotype. Cytogen. cell. gen. 35, 293-294. – **2814**. Howe, H. A., 1935, The relation of the organ of Corti to audio-electric phenomena in deaf albino cats. Am. J. phys. 111, 187-191. – **2815**. Howe, H. A., 1935, The reaction of the cochlear nerve to destruction of its end organs: a study on deaf albino cats. J. comp. neur. 62, 73-80. – **2816**. Howell, J. M., P. B. Siegel, 1963, Phenotypic variability of taillessness in Manx cats. J. hered. 54, 167-169. – **2817**. Howell, J. M., P. B. Siegel, 1966, Morphological effects of the Manx factor in cats.J. hered. 57, 100-104. – **2818**. Howell, J. M., A. C. Palmer, 1971, Globoid cell leucodystrophy in two dogs. J. sm. an. pract. 12, 633-642. – **2819**. Hsia, Y. D., 1968, Human developmental genetics. Year. bk. med. publ., Chikago. – **2820**. Hsu, T. C., K. Benirschke, 1969, An atlas of mammalian chromosomes. Springer Vlg., N. Y. – **2821**. Hubben, K., D. F. Patterson, D. K. Detweiler, 1960, Carotid body tumor in the dog. J. A. V. M. A. 137, 411-416. – **2822**. Hubbert, D., W. McCulloch, P. Schnurrenberger, 1975, Diseases transmitted from animals to man. C. C. Thomas, Springfield. – **2823**. Hubel, D. H., T. N. Wiesel, 1971, Aberrant visual projections in the Siamese cat. J. physiol. 218, 33-62. – **2824**. Huber, W., 1948, Die Gaumenspalte beim Pekinesen. Arch. Klaus-Stift. 23, 492. – **2825**. Huber, W., E. Schmid, 1959, Ein Kryptorchidenstammbaum beim St. Bernhardshund. Arch. Klaus-Stift. 34, 252-256. – **2826**. Hubert, B., F. de la Farge, J. P. Braun, J. P. Magnol, 1987, Hypertriglyceridemia in two related dogs. Comp. an. pract. 1, 33-35. – **2827**. Hubert, B., M. Teichner, C. Fournel, J. C. Monier, 1988, Spontaneous familial systemic lupus erythematosus in a canine breeding colony. J. comp. path. 98, 81-89. – **2828**. Huch, E., 1963, Der Dalmatiner. O. Meissner Vlg., Bleckede. – **2829**. Hudson, W. E., M. J. H. Florax, 1991, Photosensitisation in foxhounds. Vet. rec. 128, 618. – **2830**. Hudson, W. R., R. J. Ruben, 1962, Hereditary deafness in Dalmatians. Arch. otolaryng. 75, 213-219. – **2831**. Hughes, B. O., 1987, A test of ethics. Vet. rec. 121, 454. – **2832**. Hughes, R. A., W. C. Russell, J. R. Froude, R. J. Jarrett, 1980, Pet ownership, distemper antibodies and multiple sclerosis. J. neur. sci. 47, 429-432. – **2833**. Hull, T. G., 1963, Diseases transmitted from animals to man. Thomas, Springfield, Illin. – **2834**. Hultgren, B. D., 1984, Inherited, chronic, progressive hepatic degeneration in Bedlington terriers with elevated liver copper concentrations. Diss. abstr. B 44, 3678. – **2835**. Humphreys, J., 1974, Spaying vs castration. Vet. rec. 94, 403. – **2836**. Hurni, H., 1975, Einfluß der Tageslänge auf die jahreszeitliche Verteilung der Würfe in einer Katzenzucht. Z. Versuchst. 17, 121-128. – **2837**. Hurni, H., 1981, SPF-cat breeding. Z. Versuchst. 23, 102-121. – **2838**. Hurov, L. I., 1979, Treatment of cervical vertebral instability in the dog. J. A. V. M. A. 175, 278-285. – **2839**. Hüssenener, A., 1941, Streunende und wildernde Hunde und Katzen. Vlg. Neumann, Neudamm. – **2840**. Hutchings, C. R., G. A. Verkerk, K. J. Kissling, 1980, Idiopathic, non-infectious, non-erosive arthritis in a bitch. N. Zeal. vet. J. 28, 91-92. – **2841**. Hutt, F. B., 1934, Inherited lethal characters in domestic animals. Corn. vet. 24, 1-25. – **2842**. Hutt, F. B., 1964, Animal genetics. The Ronald Press Co., N. Y. – **2843**. Hutt, F. B., 1967, Genetic selection to reduce the incidence of dysplasia in dogs. J. A. V. M. A. 151, 1041-1048. – **2844**. Hutt, F. B., 1969, Advances in canine genetics. Can. vet. J. 10, 307-311. – **2845**. Hutt, F. B., 1979, Genetics for dog breeders. W. H. Freeman &

Co., San Franc. – **2846**. Hutt, F. B., C. G. Rickard, R. A. Field, 1948, Sex-linked hemophilia in dogs. J. hered. 39, 2-9. – **2847**. Hutt, F. B., A. deLahunta, 1971, A lethal glossopharyngeal defect in the dog. J. hered. 62, 291-293. – **2848**. Hutton, J. S., 1983, Animal abuse as a diagnostic tool in social work. In: Katcher, A., A. M. Beck, New perspectives on our lives with companion animals. Univ. Pennsylv. Press. – **2849**. Hutton, R. I., S. Kerbs, 1978, Experimental Trichophyton mentagrophytes in hairless and haired dogs. Lab. an. sci. 28, 216-217. – **2850**. Hutton, W. C., M. A. Freeman, S. A. Swanson, 1969, The forces exerted by the pads of the walking dog. J. sm. an. pract. 10, 71-77. – **2851**. Ihemelandu, E. C., 1980, Genesis of fibre type predominance in canine pectineus muscle hypotrophy. Brit. vet. J. 136, 357-363. – **2852**. Ihemelandu, E. C., 1980, Loss of type I fibres in canine pectineus muscle hypotrophy. Act. anat. 107, 66-71. – **2853**. Ihemelandu, E. C., 1980, Factors responsible for smaller pelvic muscle mass in dysplastic dogs. Anat. hist. embr. 9, 169-175. – **2854**. Ihemelandu, E. C., G. H. Cardinet. M. M. Guffy, L. J. Wallace, 1983, Canine hip dysplasia. Am. J. vet. res. 44, 411-416. – **2855**. Ihrke, P. J., A. Stannard, A. A. Ardanis, C. E. Griffin, 1985, Pemphigus foliaceus in dogs. J. A. V. M. A. 187, 59-65. – **2856**. Ikemoto, S., Y. Sakurai, H. Yoshida, A. Gotoh, H. Ejima, 1977, Polymorphism of genetic markers in serum. Jap. J. vet. sci. 39, 587-591. – **2857**. Ikemoto, S., H. Yoshida, S. Tsuchida, Y. Sakurai, M. Fukui, 1985, Polymorphisms of genetic markers in the red cell antigen, serum protein and red cell isoenzyme of cats. Jap. J. vet. sci. 47, 317-320. – **2858**. Ilhan, M., J. P. Long, M. J. Brody, 1980, Failure of heart rate response to cardioaccelerator nerve stimulation in Siamese cats. Lab. an. sci. 30, 657-660. – **2859**. Iljin, N. A., V. N. Iljin, 1930, Temperature effects on the colour of the Siamese cat. J. hered. 21, 309-318. – **2860**. Ilkiw, J. E., P. E. Davis, D. B. Church, 1989, Hematologic, biochemical, blood-gas, and acid-base values in Greyhounds before and after exercise. Am. J. vet. res. 50, 583-586. – **2861**. Inaba, T., N. Matsui, R. Shimizu, T. Imori, 1984, Use of echography in bitches for detection of ovulation and pregnancy. Vet. rec. 115, 276-277. – **2862**. Inada, S., H. Sakamoto, K. Haruta, Y. Miyazono, M. Sasaki, C.Yamauchi, A. Igata, M. Osame, H. Fukunaga, 1978, A clinical study on hereditary progressive neurogenetic muscular atrophy in Pointer dogs. Jap. J. vet. sci. 40, 539-547. – **2863**. Inada, S., C. Yamauchi, A. Igata, M. Osame, S. Izumo, 1986, Canine storage disease characterized by hereditary progressive neurogenic muscular atrophy. Am. J. vet. res. 47, 2294-2299. – **2864**. Inderwiesen, S., 1984, Cat scratch disease. Kleintierprax. 29, 39-40. – **2865**. Indrieri, R. J., S. R. Creighton, E. H. Lambert, V. A. Lennon, 1983, Myasthenia gravis in two cats. J. A. V. M. A. 182, 57-60. – **2866**. Ingh, T. S. v. d., 1973, Huidtumoren bij de hond. Tijds. diergen. 98, 538-543. – **2867**. Ingh, T. S. v. d., J. Rothuizen, R. Cupery, 1988, Chronic active hepatitis with cirrhosis in the Doberman Pinscher. Vet. quart. 10, 84-89. – **2868**. Ingh, T. S. v. d., J. Rothuizen, R. Cupery, 1989, Chronic active hepatitis with cirrhosis in the Doberman Pinscher. Tijds. diergen. 114, 620-625. – **2869**. Ingham, B., 1970, Aplasia of a ramus of the mandible in a cat. Brit. vet. J. 126, iii-iv. – **2870**. Innes, D. C., 1973, How temperature changes hair color in the Siamese. Fel. pract. 3, 23-32. – **2871**. Ireland, W. P., T. F. Fletcher, C. Bingham, 1984, Increased vascular density associated with lesions of canine globoid leukodystrophy. J. comp. path. 94, 487-493. – **2872**. Irving, R. A., R. S. Day, L. Eales, 1982, Porphyrin values and treatment of feline solar dermatitis. Am. J. vet. res. 43, 2067-2069. – **2873**. Isler, D., 1978, Übersicht über die wichtigsten Erkrankungs- bzw. Todesursachen der Katze. Diss. Zürich. – **2874**. Israels, M. C., H. Lempert, E. Gilbertson, 1951, Haemophilia in the female. Lancet i, 1375-1380. – **2875**. Itakura, C., M. Goto, 1975, Dyschondroplasia in a dog. Jap. J. vet. sci. 37, 615-619. – **2876**. Ivy, A. C., 1947, Biology of cancer. Science 106, 455-460. – **2877**. Iwanoff, E. J., 1903, Über künstliche Befruchtung von Säugetieren. Biol. Zbl. 23, 640. – **2878**. Iwanoff, S., 1935, Variations in the ribs and vertebrae of the dog. Jb. Vet. med. Fak. Sofia 10, 461-497. – **2879a**. Jackson, B., V. P. Capiello, 1964, Ranges of normal organ weights of dogs. Toxic. appl. pharm. 6, 664-668. – **2879b**. Jackson, D. A., C. A. Osborne, T. H. Brasmer, C. R. Jessen, 1978, Non-neurogenic urinary incontinence in a canine female pseudohermaphrodite. J. A. V. M. A. 172, 926-930. – **2880**. Jackson, F., 1987, Veterinary accomplices. Vet. rec. 121, 161. – **2881**. Jackson, F., K. Sanders, 1984, When to spay. Vet. rec. 115, 582-583. – **2882**. Jackson, F., 1990, Puppy farms. Vet. rec. 126, 69. – **2883**. Jackson, J. A., R. E. Corstvet, 1975, Transmission and attempted isolation of the etiologic agent associated with lymphofollicular hyperplasia of the canine species. Am. J. vet. res. 36, 1207-1210. – **2884**. Jackson, O. F., 1974, Spring rise in the incidence of feline urolithiasis. Vet. rec. 95, 540. – **2885**. Jackson, O. F., 1975, Eine erbliche Osteodystrophie der Katze. Kleintierprax. 20, 33. – **2886**. Jackson, O. F., D. J. Sutor, 1970, Ammonium acid urate calculus in a cat with a high uric acid excretion possibly due to a renal tubular reabsorption defect. Vet. rec. 86, 335-337. – **2887**. Jackson, O. F., D. M. Jones, 1979, Cystine calculi in a caracal lynx. J. comp. path. 89, 39-42. – **2888**. = 4152. – **2889**. Jackson, V. W., 1940, Pussyfooting among the superscratchers. J. hered. 31, 326. – **2890**. Jacobs, D. E., J. H. Prole, 1976, Helminth infections of British dogs. Vet. parasit. 1, 377-387. – **2891**. Jacobs, D. E., E. J. Pegg, 1976, Gastro-intestinal nematodes of élite show dogs in Great Britain. J. helminth. 50, 265-266. – **2892**. Jacobs, F. S., 1991, Latent rabies in a cat. J. A. V. M. A. 199, 677. – **2893**. Jacobs, G., D. Patterson, D. Knight, 1987, Complete interruption of the aortic arch in a dog. J. A. V. M. A. 191, 1585-1588. – **2894**. Jacobs, G., L. Cornelius, B. Keene, P. Rakich, 1990, Comparison of plasma, liver, and skeletal muscle carnitine concentrations in cats with idiopathic lipidosis in healthy cats. Am. J. vet. res. 51, 1349-1351. – **2895**. Jacobson, R. H., 1980, Toxoplasmosis. In: Curr. vet. ther. 7, 1307-1311. – **2896**. Jaeger, O., S. Kamphaus, 1968, Über Zuchtleistungen von Beagle-Hunden. Dt. tierärztl. Wschr. 75, 145-147. – **2897**. Jaeger, O., R. Barth, 1974, Zur experimentellen Infektion des Hundes mit dem Tollwut-Straßenvirus-Stamm. Berl. Münch. tierärztl. Wschr. 87, 295-298. – **2898**. Jaffe, W. P., 1979, Cat gene frequencies in Seychelles. Carn. gen. nwsl. 3, 339-345. – **2899**. Jaffe, W. P., A. T. Lloyd, 1981, Mutant allele frequencies in the domestic cats of Malta. Carn. nwsl. 4, 206-209. – **2900**. Jaggy, A., J. Lang, 1986, Zervikale Spondylopathie beim Hund. Schweiz. Arch. Tierhlk. 128, 385-399. – **2901**. Jaggy, A., C. Gaillard, J. Lang, M. Vandevelde, 1988, Hereditary cervical spondylopathy in the Borzoi dog. J. Am. an. hosp. ass. 24, 453-460. – **2902**. Jaggy, A., M. Vandevelde, 1988, Multisystem neuronal degeneration in Cocker Spaniels. J. vet. int. med. 2, 117-120. – **2903**. Jahn, W., 1975, Der Straßenverkehrsunfall des Hundes in einer Großstadt aus der Sicht des Pathologen. Prakt. Ta. 58, 351-356. – **2904**. James, C. C., L. P. Lassman, B. E. Tomlinson, 1969, Congenital anomalies of the lower spine and spinal cord in Manx cats. J. path. 97, 269-276. – **2905**. James, M., 1981, Tail docking. Vet. rec. 109, 478. – **2906**. James, R. W., 1991, Persistent pupillary membrane in basenji dogs. Vet. rec. 128, 287-288. - **2907.** James, R. W., R. Heywood, 1979, Age-related variations in the testes and prostate of Beagle dogs. Toxicol. 12, 273-279. - **2908.** Janiak, M. I., 1975, Das Sexualleben des Hundes. Dt. tierärztl. Wschr. 82, 499-503. - **2909.** Jansen, B., P. S. Thorner, A. Singh, J. M. Patterson, J. H. Lumsden, V. E. Valli, R. Baumal, P. K. Basrur, 1984, Animal model of human disease. Am. J. path. 116, 175-178. - **2910.** Jansen, B., L. Tryphonas, J. Wong, P. Thorner, M. G. Maxie, V. E. Valli, R. Baumal, P. K. Basrur, 1986, Mode of inheritance of Samoyed hereditary glomerulopathy. J. lab. clin. med. 107, 551-555. - **2911.** Jansen, B., V. E. Valli, P. Thorner, R. Baumal, J. H. Lumsden, 1987, Samoyed hereditary glomerulopathy. Can. J. vet. res. 51, 387-393. - **2912.** Jansen, B. S., V. E. Valli, P. S. Thorner, R. Baumal, 1987, Scanning electron microscopy of cellular and acellular glomeruli of male dogs affected with Samoyed hereditary glomerulopathy and a carrier female. Can. J. vet. res. 51, 475-480. - **2913.** Janz, D., 1973, Denkschrift Epilepsie. H. Boldt Vlg. Boppard. - **2914.** Jarchow, U., 1978, Pers. Mitt. - **2915.** Jarrett, W. F., 1971, Feline leukemia. Int. rev. exp. path. 10, 243-263. - **2916.** Jasmin, A. M., J. M. Carroll, J. N. Bancom, 1969, Systemic blastomycosis in Siamese cats. Vet. met. 64, 33-37. - **2917.** Jayasekara, U. M., 1979, Congenital defects of the integumentary system. Diss. abstr. B 40, 113. - **2918.** Jeang, D. D., 1988, Hypertensive patent ductus arteriosus in a Miniature Dachshund. Mod. vet. pract. 69, 25-29. - **2919.** Jeddicke, K., 1968, Wld. u. Hd. 70, 1034. - **2920.** Jeffers, J. G., K. J. Shanley, E. K. Meyer, 1991, Diagnostic testing of dogs for food hypersensitivity. J. A. V. M. A. 198, 245-251. - **2921.** Jeffery, N. D., 1988, Treatment of acute and chronic thoracolumbar disc disease by minihemilaminectomy. J. sm. an. pract. 29, 611-616. - **2922.** Jeffreys, A. J., D. B. Morton, 1987, DNA fingerprints of dogs and cats. Anim. gen. 18, 1-15. - **2923.** Jenkins, D. J., B. Morris, 1991, Unusually heavy infections of Echinococcus granulosus in wild dogs in south-eastern Australia. Austr. vet. J. 68, 36-37. - **2924.** Jenny-Gredig, V., J.Kieliger, A. Müller, E. Eggenberger, 1970, Der heutige Stand der Hüftgelenksdysplasie-Bekämpfung in der Schweiz. Schweiz. Arch. Tierhlk. 112, 487-490. - **2925.** Jensen, A. L., O. L. Nielsen, 1991, Chronic hepatitis in three young standard poodles. J. vet. med. A 38, 194-197. - **2926.** Jensen, E. C.,1959, Hypopituitarism associated with cystic Rathke's cleft in a dog. J. A. V. M. A. 135, 572-575. - **2927.** Jernigan, A. D., 1989, Idiosyncrasies of feline drug metabolism. 12th Kal Kan. Symp., 65-70. - **2928.** Jesse, R., 1975, Uns. Rassehd. 474. - **2929.** Jessen, C. R., 1970, Hereditary aspects of canine hip dysplasia in the German Shepherd and Vizsla breed. Diss. abstr. B 30, 4514-4515. - **2930.** Jessop, L., 1960, Persistent right aortic arch in the cat causing oesophageal stenosis. Vet. rec. 72, 46-47. - **2931.** Jezierski, T., 1988, The use of a trained dog for detection of oestrus related odors in dairy cows. Proc. int. congr. appl. eth. frm. anim. Skara, 39-43. - **2932.** Jezyk, P. F., M. E. Haskins, W. E. MacKay-Smith, D. F. Patterson, 1986, Lethal acrodermatitis in Bull Terriers. J. A. V. M. A. 188, 833-839. - **2933.** Jezyk, P. F., P. J. Felsburg, M. E. Haskins, D. F. Patterson, 1989, X-linked severe combined immunodeficiency in the dog. Clin. immun. imm. path. 52, 173-189. - **2934.** Jian, Z., M. R. Alley, J. Cayzer, G. R. Swinney, 1990, Lafora's disease in an epileptic Basset hound. N. Zeal. vet. J. 38, 75-79. - **2935.** Jindrichova, S., K. Kramarova, B. Rosicky, J. Jira, A. Simko, 1975, The cat as a possible source of Toxoplasma infection for man. Fol. parasit. 22, 309-315. - **2936.** Jochen, R. F., 1971, Atresia ani in a kitten. J. A. V. M. A. 159, 92-93. - **2937.** Jöchle, W., 1974, Pet population control. Can. pract. 1, 8-18. - **2938.** Jöchle, W., 1976, Neuere Erkenntnisse über die Fortpflanzungsorgane von Hund und Katze. Dt. tierärztl. Wschr. 83, 564-569. - **2939.** Jöchle, W., 1991, Pet population control in Europe. J. A. V. M. A. 198, 1225-1231. - **2940.** Jöchle, W., W. Paeske, 1963, Genetisch bedingte Fruchtbarkeitsstörungen bei Greyhounds. Kleintierprax. 8, 4-5. - **2941.** Jöchle, W., M. Jöchle, 1975, Reproductive and behavioural control in the male and female cat with progestins. Theriogen. 3, 179-185. - **2942.** Jockers, W., 1961, Der Leonberger Hund. Diss. München. - **2943.** Jödicke, R., 1983, Dt. Doggen-Alman., 32. - **2944.** Jödicke, R., 1984, Uns Rassehd. 10, 8. - **2945.** Jödicke, R., 1990, Hunde 106, 377. - **2946.** Joel, O., 1976, Hyperplasie prostatique chez le chien. Thèse vét. Alfort. - **2947.** Johnsen, H. K., A. S. Blix, J. B. Mercer, K. Bolz, 1987, Selective cooling of the brain in reindeer. Am. J. phys. 253, R848-853. - **2948.** Johnson, B. W., P. A. Gerding, S. A. McLaughlin, L. C. Helper, M. E. Szajerski, K.A. Cormanny, 1988, Nonsurgical correction of entropion in Shar Pei puppies. Vet.med. 83, 482.483. - **2949.** Johnson, C. A., P. J. Armstrong, J. G. Hauptman, 1987, Congenital portosystemic shunts in dogs. J. A. V. M. A. 191, 1478-1483. - **2950.** Johnson, G. F., D. A. Zawie, S. R. Gilbertson, I. Sternlieb, 1982, Chronic active hepatitis in Doberman Pinschers. J. A. V. M. A. 180, 1438-1442. - **2951.** Johnson, G. F., S. R. Gilbertson, S. Goldfischer, P. S. Grushoff, I. Sternlieb, 1984, Cytochemical detection in inherited copper toxicosis of Bedlington terriers. Vet. path. 21, 57-60. - **2952.** Johnson, G. R., 1986, Cutaneous mucinosis in the Shar Pei. Proc. Am. ac. vet. derm., N. Orleans. - **2953.** Johnson, G. S., G. E. Lees, R. E. Benson, T. K. Rosborough, W. J. Dodds, 1980, A bleeding disease in a Chesapeake Bay Retriever. J. A. V. M. A. 176, 1261-1263. - **2954.** Johnson, G. S., G. T. Schlink, R. K. Fallon, C. P. Moore, 1985, Hemorrhage from the cosmetic otoplasty of Doberman Pinschers with von Willebrand's disease. Am. J. vet. res. 46, 1335-1340. - **2955.** Johnson, G. S., M. A. Turrentine, R. K. Fallon, C. P. Moore, 1984, Relationship of factor VIII-related antigen and coagglutinin cofactor to hemorrhage during cosmetic otoplasty of the Doberman Pinscher. Vet. clin. path. 13, 30. - **2956.** Johnson, G. S., M. A. Turrentine, K. H. Kraus, 1988, Canine von Willebrand's disease. Vet. clin. N. Am. SAP 18, 195-229. - **2957.** Johnson, K. A., 1987, Accessory carpal bone fractures in the racing Greyhound. Vet. surg. 16, 60-64. - **2958.** Johnson, K. A., D. B. Church, R. J. Barton, A. K. Wood, 1988, Vitamin-D-dependent rickets in a Saint Bernard dog. J. sm. an. pract. 29, 657-666. - **2959.** Johnson, K. A., J. F. Dee, D. L. Piermattei, 1989, Screw fixation of accessory carpal bone fracture in racing Greyhounds. J. A. V. M. A. 194, 1618-1625. - **2960.** Johnson, K. H., 1968, Aortic body tumors in the dog. J. A. V. M. A. 152, 154-160. - **2961.** Johnson, K. H., 1970, Globoid Leukodystrophy in the cat. J. A. V. M. A. 157, 2057-2064. - **2962.** Johnson, M. E., J. D. Denhart, E. R. Graber, 1972, Renal cortical hypoplasia in a litter of Cocker Spaniels. J. Am. an. hosp. ass. 8, 268-274. - **2963.** Johnson, N. N., 1990, Neonatal isoerythrolysis in Himalayan kittens. Mod. vet. pract. 72, 94-95. - **2964.** Johnson, R. E., T. P. Cameron, R. Kinard, 1968, Canine lymphoma as a potential model for experimental therapeutics. Canc. res. 28, 2562-2564. - **2965.** Johnson, R. K., 1991, Hyperlipidämie beim Hund. Prakt. Ta. 72, 91-97. - **2966.** Johnson, R. P., A. D. Watson, J. Smith, B. J. Cooper, 1975, Myasthenia in Springer Spaniel littermates. J. sm. an. pract. 16, 641-647. - **2967.** Johnson, S. E., S. M. Crisp, D.D. Smeak, J. M. Fingeroth, 1989, Hepatic encephalopathy in two aged dogs secondary to a presumed congenital portal-azygous shunt. J.

Am. an. hosp. ass. 25, 129-137. – **2968**. Johnston, D. E., B. Cox, 1970, The incidence in purebred dogs in Australia of abnormalities that may be inherited. Austr. vet. J. 46, 465-474. – **2969**. Johnston, D. E., 1966, Hip dysplasia in the dog. Austr. vet. J. 42, 154-159. – **2970**. Johnston, D. E., 1975, Hygroma of the elbow in dogs. J. A. V. M. A. 167, 213-219. – **2971**. Johnston, G. R., C. A. Osborne, J. W. Wilson, B. L. Yano, 1977, Familial ureteral ectopia in the dog. J. Am. an. hosp. ass. 13, 168-170. – **2972**. Johnston, L. A., S. J. O'Brien, D. E. Wildt, 1989, In vitro maturation and fertilization of domestic cat follicular oocytes. Theriogen. 31, 207. – **2973**. Johnston, L. A., A. M. Donoghue, S. J. O'Brien, D. E. Wildt, 1991, Influence of temperature and gas atmosphere on in-vitro fertilization and embryo development in domestic cats. J. repr. fert. 92, 377-382. – **2974**. Johnston, P. A., 1991, Free worming during national pet week. Vet. rec. 128, 386. – **2975**. Johnston, S. D., 1991, Questions and answers on the effects of surgically neutering dogs and cats. J. A. V. M. A. 198, 1206-1214. – **2976**. Johnston, S. D., L. C. Buoen, J., E. Madl, A. F. Weber, F. O. Smith, 1983, X-chromosome monosomy (37, XO) in a Burmese cat with gonadal dysgenesis. J. A. V. M. A. 182, 986-989. – **2977**. Johnston, S. D., L. C. Buoen, A. F. Weber, J. Madl, 1985, X trisomy in an Airedale bitch with ovarian dysplasia and primary anestrous. Theriogen. 24, 597-607. – **2978**. Johnston, S. D., S. Raksil, 1987, Fetal loss in the dog and cat. Vet. clin. N. Am. SAP 17, 535-554. – **2979**. Johnstone, I. B., 1983, Thrombokinetic studies in normal and factor VII-deficient canine plasmas. Can. J. comp. med. 47, 157-162. – **2980**. Johnstone, I. B., 1986, Canine von Willebrand's disease. Can. vet. J. 27, 315-318. – **2981**. Johnstone, I.B., 1987, Classical haemophilia in German shepherd dogs. Austr. vet. pract. 17, 71-75. – **2982**. Johnstone, I., 1987, Reproductive patterns of pedigree cats. Austr. vet. J. 64, 197-200. – **2983**. Johnstone, I. B., F. Lotz, 1979, An inherited platelet function defect in Basset hounds. Can. vet. J. 20, 211-215. – **2984**. Johnstone, I. B., S. Crane, 1981, Von Willebrand's disease in two families of Doberman Pinschers. Can. vet. J. 22, 239-243. – **2985**. Johnstone, I. B., S. Crane, 1987, The effects of desmopressin on plasma factor VIII/von Willebrand factor activity in dogs with von Willebrand's disease. Can. J. vet. res. 51, 189-193. – **2986**. Johnstone, I. B., S. Crane, 1991, Quantitation of canine plasma von Willebrand factor antigen using a commercial enzyme-linked immunosorbent assay. Can. J. vet. res. 55, 11-15. – **2987**. Jolly, R. D., W. F. Blakemore, 1973, Inherited lysosomal storage diseases. Vet. rec. 92, 391-400. – **2988**. Jonas, D., 1981, Parasitologische Befunde bei Hunden und ihre Bedeutung für den Gesundheitsschutz des Menschen. Prakt. Ta. 62, 1045-1052. – **2989**. Jones, B., 1979, Diagnostik av hemostasrubbningar. Svensk vet. tidn. 31, 423-427. – **2990**. Jones, B., 1986, Ärftligt betingade hemostasrubbningar hos hundar i Sverige. Svensk vet. tidn. 38, 171-176. – **2991**. Jones, B. R., 1984, Heredity myotonia in the Chow Chow. Vet. ann. 24, 286-291. – **2992**. Jones, B. R., L. J. Anderson, G. R. Barnes, A. C. Johnstone, W. D. Juby, 1977, Myotonia in related Chow Chow dogs. N. Zeal. vet. J. 25, 217-220. – **2993**. Jones, B. R., A. Wallace, D. R. Harding, W. S. Hancock, C. H. Campbell, 1983, Occurrence of idiopathic familial hyperchylomicronaemia in a cat. Vet. rec. 112, 543-547. – **2994**. Jones, B. R., M. R. Alley, A. S. Craig, 1985, Cutaneous collagen nodules in a dog. J. sm. an. pract. 26, 445-451. – **2995**. Jones, B. R., A. C. Johnstone, J.I. Cahill, W. S. Hancock, 1986, Peripheral neuropathy in cats with inherited primary hyperchylomicronaemia. Vet. rec. 119, 268-272. – **2996**. Jones,B. R., A. C. Johnstone, W. S. Hancock, A. Wallace, 1986, Inherited hyperchylomicronemia in the cat. Fel. pract. 16, 7-12. – **2997**. Jones, B. R., M. R. Alley, 1988, Hypokalaemic myopathy in Burmese kittens. N. Zeal. vet. J. 36, 150-151. – **2998**. Jones, B. R., J. M. Jones, W. Chen, J. Cayzer, 1990, Chronic renal failure in young Old English Sheepdogs. N. Zeal. vet. J. 38, 118-121. – **2999**. Jones, C., 1976, Alaska wolves find defenders. Christ. Sci. Mon. 27. 1., 1. – **3000**. Jones, C. L., 1986, Gold. Retriev. Nws. 42, 96. – **3001**. Jones, C. L., 1989, Inheritable left ventricular outflow obstruction in the Golden Retriever. Proc. 7th. ann. vet. med. for., 851-853. – **3002**. Jones, D., 1988, Inner cleanliness. Nature 331, 664. – **3003**. Jones, D. E., J. O. Joshua, 1982, Reproductive clinical problems in the dog. Wright PSG, Bristol, U.K. – **3004**. Jones, D. R., M. Hinton, W. A. Raine, 1978, Reduced exercise tolerance in a dog associated with an abnormal haemoglobin. Vet. rec. 102, 105. – **3005**. Jones, E. E., 1922, The genetic significance of intrauterine sex ratios and degenerating fetuses in the cat. J. hered. 13, 237-239. – **3006**. Jones, J. B., R. D. Lange, E. S. Jones, 1975, Cyclic heamatopoiesis in a colony of dogs. J. A. V. M. A. 166, 365-367. – **3007**. Jones, J.B., T. J. Young, J. B. Dale, R. D. Lange, 1975, Canine cyclic haematopoiesis. Brit. J. haemat. 30, 215-223. – **3008**. Jones, J. B., R. D. Jolly, 1982, Canine cyclic haematopoiesis. Brit. J. haemat. 50, 607-617. – **3009**. Jones, J. B., P. C. Painter, J.D. Jolly, R. D. Lange, 1984, Nucleotide and prostaglandin cycling in canine cyclic hematopoiesis. Proc. soc. exp. biol. med. 177, 392-398. – **3010**. Jones, R.F., R. Paris, 1963, The Greyhound eosinophil. J. sm. an. pract. 4, 29-33. – **3011**. Jones, T. C., 1969, Anomalies of sex chromosomes in tortoiseshell male cats. In: K. Benirschke, Comparative mammalian cytogenetics, Springer Vlg. N. Y. – **3012**. Jones, T. C., 1969, The inheritance of blue-eyes and deafness in domestic cats. Carn. gen. nwsl. 1, 179-180. – **3013**. Jonge, I. de, 1983, Declawing in cats. Tijds. diergen. 108, 139-144. – **3014**. Jörgensen, K. D., 1979, Diabetes mellitus hos hund. Dans vet. tids. 62, 221-232. – **3015**. Jörgensen, R. J., 1978, Ekinokokkose. Dansk vet. tids. 61, 577-585. – **3016**. Jörn, W., 1971, Uns. Rassehd., 758. – **3017**. Josat, W., 1977, Wld. u. Hd. 80, 651. – **3018**. Joseph, R. J., J. M. Carrillo, V. A. Lennon, 1988, Myasthenia gravis in the cat. J. vet. int. med. 2, 75-79. – **3019**. Joshua, J. O., 1956, Scottie cramp. Vet. rec. 68, 411-412. – **3020**. Joshua, J. O., 1963, The canine spine. J. sm. an. pract. 4, 173-182. – **3021**. Joshua, J. O., 1963, Some clinical aspects of Diabetes mellitus in the dog and cat. J. sm. an. pract. 4, 275-280. – **3022**. Joshua, J. O., 1963, The clinical approach to abdominal disorders of the dog. Vet. rec. 75, 1269-1285. – **3023**. Joshua, J. O., 1969, Intervertebral disk protrusion in the dog. Vet. ann. 12-26. – **3024**. Joshua, J., 1975, Breeding for temperament. Vet. rec. 96, 228. – **3025**. Joshua, J. O., 1975, Responsible pet ownership. In: Anderson a. a. O. – **3026**. Joshua, J. O., 1975, Feline reproduction. Fel. pract. 5, 52-54. – **3027**. Joshua, J. O., 1981, Greyhound conformation. Vet. rec. 108, 61. – **3028**. Joshua, J. O., 1981, Greyhound conformation Vet. rec. 108, 131. – **3029**. Joshua, J. O., 1981, German shepherd dog hind angulation. Vet. rec. 108, 218. – **3030**. Josse-Henderickx, M., 1977, Etude des variations morphologiques de la trochlée fémorale chez le chien. Ann. méd. vét. 121, 485-489. – **3031**. Jubb, K. V., P. C. Kennedy, 1957, Tumors of the nonchromaffin paraganglia in dogs. Cancer 10, 89-99. – **3032**. Jude, A. C., 1955, Cat genetics. All-pets Bks., Wisconsin. – **3033**. Jude, A. C., A. G. Searle, 1957, A fertile tortoiseshell tom-cat. Nature 179, 1087-1088. – **3034**. Juneja, R. K., K. Christensen, E. Andresen, B. Gahne, 1981, Frequencies of transferrin types in various breeds of domestic dogs. An. bld. grps. bioch.

gen. 12, 79-88. - **3035.** Juneja, R. K., I. Reetz, K.Christensen, B. Gahne, E. Andresen, 1981, Two-dimensional gel electrophoresis of dog plasma proteins. Hereditas 95, 225-233. - **3036.** Juneja, R. K., I. C. Arnold, B. Gahne, J. Bouw, 1987, Parentage testing of dogs using variants of blood proteins. Anim. gen. 18,297-310. - **3037.** Juneja, R. K., T. Niini, H.E. Larsson, K. Sandberg, 1991, Genetic polymorphism of six plasma proteins in the domestic cat. J. hered. 82, 178-180. - **3038.** Jung, E., 1980, Untersuchungen zur Zucht des Griffon in Deutschland. Diss. Gießen. - **3039.** Jung, H., 1973, Wld. u. Hd. 76. - **3040.** Jungklaus, W., 1936, Die Bracken. Kleint. Pelzt. 12, 1-95. - **3041.** Juppenlatz, P., 1975, Stern 18, 31. - **3042.** Jurkiewicz, M. J., 1965, A genetic study of cleft lip and palate in dogs. Surg. for. 16, 472-473. - **3043.** Kadletz, M., 1932, Anatomischer Atlas der Extremitäten und Gelenke von Pferd und Hund. Urban & Schwarzenberg, Berl. - **3044.** Kaelin, S., A. D. Watson, D. B. Church, 1986, Hypothyroidism in the dog. J. sm. an. pract. 27, 533-539. - **3045.** Kahl, T., 1975, Uns. Rassehd., 450. - **3046.** Kahler, S., 1990, Curbing vicious dogs. J.A. V. M. A. 196, 1358. - **3047.** Kahrs, R. F., D. N. Holmes, G. C. Poppensiek, 1978, Diseases transmitted from pets to men. Corn. vet. 68, 442-459. - **3048.** Kaiser, E., K. Krauser, D. Schwartz-Porsche, 1991, Lafora-Erkrankung beim Bassethund. Tierärztl. Prax. 19, 290-295. - **3049.** Kaiser, G., 1971, Die Reproduktionsleistung der Haushunde in ihrer Beziehung zur Körpergröße und zum Gewicht der Rassen. Z. Tierzücht. Zücht. biol. 88, 118-168, 241-253, 316-340. - **3050.** Kaiser, G., 1977, Ergebnisse fortpflanzungsbiologischer Untersuchungen an Haus- und Wildhunden. In: Schweiz. Kyn. Ges. a. a. O. - **3051.** Kaiser, G., 1977, Die Bedeutung der Ovarien für die Reproduktionsleistung der Hunde im Zusammenhang mit der Körpergröße. Zool. Anz. 244. - **3052.** Kakuk, T. J., R. W. Hinz, R. F. Langham, G. H. Conner, 1968, Experimental transmission of canine malignant lymphoma to the Beagle neonate. Canc. res. 28, 716-723. - **3053.** Kalkofen, U. P., J. Greenberg, 1974, Public health implication of Pulex irritans infestation of dogs. J. A. V. M. A. 165, 903-905. - **3054.** Kalter, H., 1968, Teratology of the central nervous system. Univ. Chikago Pr. - **3055.** Kaman, C. H., H. R. Gossling, 1967, A breeding program to reduce hip dysplasia in German Shepherd dogs. J. A. V. M. A. 151, 562-571. - **3056.** Kamel, S. H., E. A. Ezzat, 1969, Preparation of antisera and identification of blood groups in dogs. Zb. Vet. med. A 16, 827-833. - **3057.** Kammerer, K. D., 1973, Juvenile Hyperthyreose bei einem Gordon Setter. Kleintierprax. 18-23. - **3058.** Kammerer, K., 1985, Uns. Rassehd. 8, 4. - **3059.** Kamphausen, E., 1969, Dachshd. 24, 193. - **3060.** Kamphausen, E., 1972, Dachshd. 27, 109. - **3061.** Kamphausen, E., 1973, Dachshd. 28, 137. - **3062.** Kamphausen, E., 1974, Dachshd. 29, 204. - **3063.** Kane, E., R. L. Allard, G. M. Douglass, 1990, The influence of litter size on weight change during feline gestation and lactation. Fel. pract. 18, 6-10. - **3064.** Kaneko, J. J., D. R. Cordy, G. Carlson, 1967, Canine hemophilia resembling classic hemophilia A. J. A. V. M. A. 150, 15-21. - **3065.** Kaneko, J. J., D. Mattheeuws, R. P. Rottiers, A. Vermeulen, 1978, Glucose tolerance and insulin response in diabetes mellitus of dogs. J. sm. an. pract. 19, 85-94. - **3066.** Kang, K. D., K. W. Chen, C. F. Chen, C. H. Wu, 1975, BCG and tuberculin test in dogs from tuberculous households, stray dogs and army dogs in Taipei. J. Chin. soc. vet. sci. 1, 16-19. - **3067.** Kania, W., 1990, Katzen 20, 2, 5. - **3068.** Kania, W., 1990, Katzen 20, 5, 21. - **3069.** Kanno, Y., 1978, Experimental studies on body temperature rhythm in dogs. Jap. J. vet. sci. 40, 591-602. - **3070.** Karatzias, C., K. Sarris, 1980, Otitis externa in the dog. Hell. Kteniatr. 23, 175-183. - **3071.** Karbe, E., S. W. Nielsen, 1966, Canine ranulas, salivary muceoles and branchial cysts. J. sm. an. pract.7, 625-630. - **3072.** Karbe, E., B. Schiefer, 1967, Familial amaurotic idiocy in male German Shorthair Pointers. Path. vet. 4, 223-232. - **3073.** Kasa, G., F. Kasa, 1979, Exzisionsraffung zur Behebung eines Entropiums beim Chow-Chow. tierärztl. prax. 7, 341-349. - **3074.** Kasbohm, C., E. Lettow, 1961, Kasuistik intraabdominaler Tumoren beim Hund. Berl. Münch. tierärztl. Wschr. 74, 34-35. - **3075.** Kasbohm, C., C. Saar, 1975, Östrogenbedingte Knochenmarksschäden bei Hunden mit Hodenneoplasien. tierärztl. prax. 3, 225-229. - **3076.** Käser, I, 1988, Schweiz. hundesp. 104, 132. - **3077.** Kaspar, L. V., W. P. Norris, 1977, Serum chemistry values of normal dogs. Lab. an. sci. 27, 980-985. - **3078.** Kaspar, L. V., C. M. Poole, W. P. Norris, 1978, Incidence of struvite urinary calculi in two ancestral lines of Beagles. Lab. an. sci. 28, 545-550. - **3079.** Kasström, H., 1975, Estrogens, nutrition and hip dysplasia. Diss. Stockholm. - **3080.** Kasström, H., 1975, Nutrition, weight gain and development hip dysplasia. Act. radiol. Suppl. 344, 135-179. - **3081.** Kasström, H., K. Suzuki, S. E. Olsson, P. O. Gustafsson, 1975, Growth and remodeling of the hip joint and proximal femur in adolescent dogs. Act. radiol. Suppl, 344, 75-80. - **3082.** Kasten, G., 1985, Mitt. St. Bernh. Kl., 1, 32. - **3083.** Kasten, H., 1983, Mitt. St. Bernh. Kl. 6, 17. - **3084.** Kaswan, R. L., C. L. Martin, D. L. Dawe, 1985, Keratoconjunctivitis sicca. Am. J. vet. res. 46, 376-383. - **3085.** Katzenmeier, P., 1974, Wld. u. Hd. 77, 123. - **3086.** Kaufman, C. F., R. F. Soirez, J. P. Tasker, 1969, Renal cortical hypoplasia with secondary hyperparathyroidism in the dog. J. A. V. M. A. 155, 1679-1685. - **3087.** Kauth, E. M., 1985, Zur Hernia perinealis beim Hund. Diss. München. - **3088.** Kavanagh, M. F., 1981, Intussusception in Siamese cats. Vet. rec. 109, 165. - **3089.** Kawakami, E., T. Tsutsui, Y. Yamada, M. Yamauchi, 1984, Cryptorchidism in the dog. Jap. J. vet. sci. 46, 303-308. - **3090.** Kawakami, E., T. Tsutsui, Y. Yamada, A. Ogasa, M. Yamauchi, 1988, Testicular function of scrotal testes after the cryptorchidectomy in dogs with unilateral cryptorchidism. Jap. J. vet. sci. 50, 1239-1244. - **3091.** Kawaminami, A., T. Tawaratani, M. Nakazawa, H. Uchimoto, N. Sumi, 1991, A case of multiloculated, intracranial epidermoid cyst in a beagle dog. Lab. anim. 25, 226-227. - **3092.** Kay, J., 1975, Epilepsy in cats. J. Am. an. hosp. ass. 11, 77-82. - **3093.** Kay, R. S., 1969, Progressive retinal atrophy. Vet. rec. 84, 50-51. - **3094.** Kay, R., A. C. Palmer, P. M. Taylor, 1984, Hearing in the dog as assessed by auditory brainstem evoked potentials. Vet. rec. 114, 81-84. - **3095.** Kealy, J. K., 1964, Salivary cyst in the dog. Vet. rec. 76, 119-120. - **3096.** Keeler, C. E., 1940, The inheritance of predisposition to renal calculi in the Dalmatian. J. A. V. M. A. 96, 507-510. - **3097.** Keeler, C. E., 1940, The Dalmatian psyche. J. hered. 31, 112. - **3098.** Keeler, C. E., 1947, Coat color, physique and temperament. J. hered. 38, 271-277. - **3099.** Keeler, C. E., H. C. Trimble, 1938, The inheritance of dew claws in the dog. J. hered. 29, 145-148. - **3100.** Keene, R. B., J. H. Yarborough, 1966, Surgical correction of luxation and fracture of the central tarsal bone in the racing greyhound. Vet. med. 61, 980-984. - **3101.** Keep, J. M., 1972, Clinical aspects of progressive retinal atrophy in the Cardigan Welsh Corgi. Austr. vet. J. 48, 197-199. - **3102.** Kehrer, A., P. Starke, 1975, Erfahrungen über die Zucht, Aufzucht und Haltung von Katzen für Versuchszwecke unter konventionellen Bedingungen. Berl. Münch. tierärztl. Wschr. 88, 94-97. - **3103.** Keiser, L. v., 1976, Uns. Rassehd., 963. - **3104.** Keller, D., W. Huber, 1977, Das

Schrifttumsverzeichnis

Abstammungsproblem des Haushundes. In: Schweiz. Kynol. Ges. a. a. O. – **3105**. Keller, G. G., E. A. Corley, 1989, Canine hip dysplasia. Vet. med. 84, 1162-1166. – **3106**. Kellner, S., A. Leon, 1986, Augenanomalie bei Collies in der Schweiz. Kleintierprax. 31, 63-65. – **3107**. Kelly, D. F., S. E. Long, G. D. Strohmenger, 1976, Testicular neoplasia in an intersex dog. J. sm. an. pract. 17, 247-253. – **3108**. Kelly, D. F., S. Haywood, A. M. Bennett, 1984, Copper toxicosis in Bedlington Terriers in the U. K. J. sm. an. pract. 25, 293-298. – **3109**. Kelly, D. F., D. G. Lewis, 1985, Rapidly progressive diffuse retinal degeneration in a kitten. J. sm. an. pract. 26, 317-322. – **3110**. Kelly, W., M. A. Simons, 1963, Repair of dental caries in a Border Collie dog. Vet. rec. 75, 416. – **3111**. Kelly, W. R., A. E. Clague, R. J. Barns, M. J. Bate, B. M. MacKay, 1983, Canine alpha-L-fucosidosis. Act. neuropath. 60, 9-13. – **3112**. Kennedy, A. J., 1982, Distinguishing characteristics of the hairs of wild and domestic canids from Alberta. Can. J. zool. 60, 536-541. – **3113**. Kennedy, P. C., R. M. Cello, 1966, Colitis of Boxer dogs. Gastroenterol. 51, 926-929. – **3114**. Kennelly, J. J., J. D. Roberts, 1969, Fertility of coyote-dog hybrids. J. mammal. 50, 830-831. – **3115**. Kennedy, R. L., K. L. Thoday, 1988, Autoantibodies in feline hyperthyroidism. Res. vet. sci. 45, 300-306. – **3116**. Kerber-Pinho, M., W. Wirth, 1986, Zur Diagnostik der chronischen exokrinen Pankreasinsuffizienz des Hundes. diagn. diel. 2, 6-7. – **3117**. Kerpsack, R. W., W. R. Kerpsack, 1966, The orbital gland and tear staining in the dog. Vet. med. 61, 121-124. – **3118**. Kerr, M.G., 1989, Addison's disease in the dog. Vet. rec. 124, 379. – **3119**. Kerr, S. J., 1983, Mutant allele frequencies in Swiss rural cat populations. J. hered. 74, 349-352. – **3120**. Kerr, S. J., 1984, Mutant allele frequencies in rural Wisconsin cats. J. hered. 75, 203-206. – **3121**. Kerruish,D. W., 1964, The Manx cat and spina bifida. J. cat. gen. 1, 16-17. – **3122**. Kersten, U., K. W. Winterfeld, W. Brass, 1969, Statistische Erhebungen über Herzkrankheiten beim Hund. Kleintierprax. 14, 45-48. – **3123**. Kersten, H., 1954, Rückenmarksmißbildung beim Hund und Menschen. Dt. tierärztl. Wschr. 61, 338-346. – **3124**. Kessens, F., 1971, DD-Blätt. 49, 111. – **3125**. Kessler, L., G. Tymnik, H. S. Braun, 1977, Hereditäre Hörstörungen. J. A. Barth, Leipzig. – **3126**. Ketring, K. L., 1989, Ocular diseases. Proc. conf. soc. Ontario vet., 125-130. – **3127**. Kettner, T., 1985, Stern, 202. – **3128**. Khan, M. A, S. L. Diesch, S. M. Goyal, 1986, Current status of rabies. Int. J. zoon. 13, 215-229. – **3129**. Khan, P. M., W. R. Los, J. A. v. d. Dres, R. B. Epstein, 1973, Isoenzyme markers in dog blood cells. Transplan. 15, 624-628. – **3130**. Khan, P. M., M. C. Brake, L. M. Wijnen, 1984, Biochemical loci of the dog. In: Genetic maps 3. N. Y. – **3131**. Kiack, M. J., 1980, Uns. Rassehd. 1, 56. – **3132**. Kidd, K. K., L. L. Cavalli-Sforza, 1974, The role of genetic drift in the differentiation of Icelandic and Norwegian cattle. Evolut. 28, 381-395. – **3133**. Kiddy, C. A., D. S. Mitchell, D. J. Bolt, H. W. Hawk, 1978, Detection of estrus-related odors in cows by trained dogs. Biol. repr. 19, 389-395. – **3134**. Kiddy, C. A., D. S. Mitchell, H. W. Hawk, 1984, Estrus-related odors in body fluids of dairy cows. J. dairy sci. 67, 388-391. – **3135**. Kieffer, M., S. Kristensen, T. E. Hallas, 1979, Ectoparasites from dogs and cats as the cause of itching disease in man. Ugeskr. Laeg. 141, 3363-3367. – **3136**. Kieliger, J., 1980, Die Verbreitung der Hüftgelenksdysplasie beim St. Bernhardshund und den vier Schweizer Sennenhundrassen. Z. wiss. Kynol. 2, 126. – **3137**. Kienzle, E., 1985, Peripartale Energieversorgung von Hundewelpen. Eff. Rep. 21, 17-23. – **3138**. Kienzle, E., 1989, Habil. schrift. Hannover. – **3137a**. Kier, A. B., J. F. Bresnahan, F. J. White, F. J. Wagner, 1980, The inheritance pattern of factor XII (Hageman) deficiency in domestic cats. Can. J. comp. med. 44, 309-314. – **3138a**. Kiesel, G. K., 1951, Congenital esophageal dilatation in a Great Dane puppy. Corn. vet. 41, 36-37. – **3139**. Kiley-Worthington, M., 1976, The tail movements of ungulates, canids and felids with particular reference to their causation and function as displays. Behav. 56, 69-115. – **3140**. Kilham, L, G. Margolis, 1966, Viral etiology of spontaneous ataxia of cats. Am. J. path. 48, 991-1011. – **3141**. Kilham, L., G. Margolis, E. D. Colby, 1971, Cerebellar ataxia and its congenital transmission in cats by Feline Panleukopenia virus. J. A. V. M. A. 158, 888-901. – **3142**. Killingsworth, C. R., R. F. Slocombe, N. Wilsman, 1987, Immotile cilia syndrome in an aged dog. J. A. V. M. A. 190, 1567-1571. – **3143**. Killingsworth, C. R., R. Walshaw, R. W. Dunstan, E. J. Rosser, 1988, Bacterial population and histologic changes in dogs with perianal fistula. Am. J. vet. res. 49, 1736-1741. – **3144**. Killingsworth, C. R., R. Walshaw, K. A. Reimann, E. J. Rosser, 1988, Thyroid and immunologic status of dogs with perianal fistula. Am. J. vet. res. 49, 1742-1746. – **3145**. Kim, W. K., 1974, Studies on types of haemoglobin, albumin and transferrin in dogs. Kor. J. vet. res. 14, 191-200. – **3146**. King, A. S., 1956, The anatomy of disc protrusion in the dog. Vet. rec. 68, 939-944. – **3147**. King, A. S., 1960, Diseases of the vertebral column of the cat. Vet.med. 55, 72. – **3148**. King, J. M., T. J. Flint, W. I. Anderson, 1988, Incomplete subaortic stenotic rings in domestic animals. Corn. vet. 78, 263-271. – **3149**. Kinnear, J. F., 1979, Mutant allele frequencies in domestic cats of Melbourne, Australia. Carn. gen. nwl. 3, 408-417. – **3150**. Kinnear, J. F., 1980, Coat colour inheritance in cats. Univ. Sydn. Proc. refr. crse. cats, 53, 553-560. – **3151**. Kirby, D., A. Gillick, 1974, Polycythemia in tetralogy of Fallot in a cat. Can. vet. J. 15, 114-119. – **3152**. Kirk, H., 1931, Acute dyspnoea in a bulldog. Vet. rec. 108, 313. – **3153**. Kirkpatrick, J. F., 1985, Seasonal testosterone levels, testosterone clearance, and testicular weights in male domestic cats. Can. J. zool. 63, 1285-1287. – **3154**. Kirkwood, R. K., 1985, The influence of size on the biology of the dog. J. sm. an. pract. 26, 97-110. – **3155**. Kirschner, S. E., Y. Niyo, D. M. Betts, 1989, Idiopathic persistent corneal erosions. J. Am. an. hosp. ass. 25, 84-90. – **3156**. Kiss, M., G. Komar, 1967, Pelger-Huet'sche Kernanomalie der Leukozyten bei einem Hunde. Berl. Münch. tierärztl. Wschr. 80, 474-476. – **3157**. Kisselewa, v. Z. N., 1934, Ein Fall von Balkenmangel bei der Katze. Anat. Anz. 78, 331-335. – **3158**. Kitchen, H., R. E. Murray, B. Y. Cockrell, 1972, Animal model for human disease. Am. J. path. 68, 203-206. – **3159**. Kittel, R., 1931, Über Dermoide der Cornea und Spaltbildungen der Lider am Auge von Bernhardinerhunden. Dt. tierärztl. Wschr. 39, 793-797. – **3160**. Kittleson, M. D., L. E. Johnson, P. D. Pion, 1987, The acute hemodynamic effects of milrinone in dogs with severe idiopathic myocardial failure. J. vet. int. med. 1, 121-128. – **3161**. Klaassen, J. K., 1986, Changes in erythrocyte insulin receptors in normal dogs and Keeshound dogs with inheritable, early onset, insulin dependent Diabetes mellitus. Diss.Wash. St. Univ. – **3162**. Klarenbeck, S. Koopmans, J. Winnser, 1942, Een aanbalsgewijs optredende stoornis in de regulatie von de spiertonus waargenomen bij schotsche terriers. Tijds. diergen. 69, 14-21. – **3163**. Klatt, B., 1912, Über die Veränderungen der Schädelkapazität in der Domestikation.Sitz. ber. Ges. Naturf. Frd. Berl. Nr. 3. – **3164**. Klatt, B., 1939, Erbliche Mißbildungen der Wirbelsäule beim Hund. Zool. Anz. 128, 225. – **3165**. Klausner, J. S., 1989, Prostatic adenocarcinoma in the dog. Proc. 7th ann. vet. med. for., 881-884. – **3166**. Klausner, J. S., C. A. Osborne,

T. P. O'Leary, R. N. Gebhart, D. P. Griffith, 1980, Struvite urolithiasis in a litter of Miniature Schnauzer dogs. Am. J. vet. res. 41, 712-719. - **3167**. Klausner, J. S., C. A. Osborne, D. P. Griffith, 1981, Animal model of human disease. Am. J. path. 102, 457-458. - **3168**. Kleemann, Dr., 1937, Abstammung und Entwicklung von Deutsch-Kurzhaar. Kleint. Pelzt. 13, 8, 1-33. - **3169**. Klein, E., S. A. Steinberg, S. R. Weiss, D. M. Matthews, T. W. Uhde, 1988, The relationship between genetic deafness and fear-related behaviours in nervous Pointer dogs. Physiol. behav. 43, 307-312. - **3170**. Klein, K., L.Wong, J. Olson, S. Amundson, 1986, Mutant allele frequencies in cats of Minneapolis-St. Paul. J. hered. 77, 132-134. - **3171**. Klein, K., S. Smith, J.Schmidt, J. Shostak, S. J. Kerr, 1988, Mutant allele frequencies in upper midwestern cat populations in the United States. J. hered. 79, 389-393. - **3172**. Kleinsorge, L., 1975, Pers. Mitt. - **3173**. Kleinsorge, L., 1975, Pers. Mitt. - **3174**. Kleinsorgen, A., C. Brandenburg, H. Brummer, 1976, Untersuchungen über den Einfluß von Zwangsmaßnahmen auf Blutparameter bei der Hauskatze. Berl. Münch. tierärztl. Wschr. 89, 358-360. - **3175**. Kleive, E., 1982, Edelkatze 32, 6. - **3176**. Klemm, D., 1982, Zur medikamentösen Therapie der Echinokokkose. Med. Klin. 77, 724-726. - **3177**. Klemm, W. R., C. L. Hall, 1972, Electroencephalographic pattern abnormalities in dogs with neurologic disorders. Am. J. vet. res. 33, 2011-2025. - **3178**. Klever, N., 1960, Keysers Hundebrev. Keysersche Vlg. Heidelbg. - **3179**. Klever, U., 1981, Tierwelt 5, 48. - **3180**. Klever, U., 1982, Knaurs großes Hundebuch. Droemer, München. - **3181**. Klinckmann, G., G. Koniszewski, W. Wegner, 1986, Light-microscopic investigations on the retinae of dogs carrying the Merle factor. J. vet. med. A 33, 674-688. - **3182**. Klinckmann, G., G. Koniszewski, W. Wegner, 1987, Lichtmikroskopische Untersuchungen an den Corneae von Merle-Dachshunden. Dt. tierärztl. Wschr. 94, 338-341. - **3183**. Klinckmann, G., W. Wegner, 1987, Tonometrien bei Merlehunden. Dt. tierärztl. Wschr. 94, 337-338. - **3184**. Klingeborn, B., 1986, Indications of a genetic background for changes in the elbow joint in Bernese Mountain dogs. Svensk vet. tid. 38, 102-107. - **3185**. Klodnitzky, J., G. Spett, 1925, Kurzschwänzige und schwanzlose Variation bei Hunden. Z. ind. Abst. Vererb. I. 38, 72. - **3186**. Klopfer, J., F. Neumann, R. Trainin, 1975, Renal cortical hypoplasia in a Keeshond litter. Vet. med. 70, 1081. - **3187**. Klug, E., 1969, Die Fortpflanzung der Hauskatze unter besonderer Berücksichtigung der instrumentellen Samenübertragung. Diss. Hannover. - **3188**. Knaus, E., 1975, Die künstliche Besamung des Hundes bei bestehenden Deckhindernissen. Wien. tierärztl. Mschr. 62, 353-354. - **3189**. Knaus, E., S. Stöcker, 1986, Uns. Rassehd. 9, 6. - **3190**. Knecht, C. D., 1972, Results of surgical treatment for thoracolumbar disc protrusion. J. sm. an. pract. 13, 449-453. - **3191**. Knecht, C. D., E. Small, 1968, Clinical neurology. In: Catcott a. a. O. - **3192**. Knecht, C. D., C. Westerfield, 1971, Anorectal-urogenital anomalies in a dog. J.A. V. M. A. 159, 91-92. - **3193**. Knecht, C. D., J. Phares, 1971, Characterization of dogs with salivary cysts. J. A. V. M. A. 158, 612-613. - **3194**. Knecht, C. D., W. A. Priester, 1978, Musculoskeletal tumors in dogs. J. A. V. M. A. 172, 72-74. - **3195**. Knecht, C. D., C. H. Lamar, R. Schaible, K. Pflum, 1979, Cerebellar hypoplasia in chow chows. J. Am. an. hosp. ass. 15, 51-53. - **3196**. Knecht, C. D., W. E. Blevins, M. R. Raffe, 1979, Stenosis of the thoracic spinal canal in English Bulldogs. J.Am. an. hosp. ass. 15, 181-183. - **3197**. Kneller, S., 1978, Canine hip dysplasia. Vet. prof. top. 4, 2-5. - **3198**. Knight, G. C., 1962, The indications and techniques for lens extraction in the dog. Vet. rec. 74, 1065-1070. - **3199**. Knight, G. C., 1963, Transthoracic oesophagotomy in dogs. Vet. rec. 75, 264-266. - **3200**. Knight, R. W., 1967, Predisposition of Siamese cats to eat woollen articles. Vet. rec. 81, 641-642. - **3201**. Knol, B. W., 1987, Behavioural problems in dogs. Tijds. diergen. 83, 623-632. - **3202**. Knol, B.W., 1987, Behavioural problems in dogs. Vet quart. 9, 226-234. - **3203**. Knol, B. W., C. Roozendaal, L. v. d. Bogaard, J. Bouw, 1989, The suitability of dogs as guide dogs for the blind. Tijds. diergen. 114, 839-845. - **3204**. Knol, B. W., S. T.Egberink-Alink, 1989, Treatment of problem behaviour in dogs and cats by castration and progestagen administration. Vet. quart. 11, 102-107. - **3205**. Knoll, L., H. Unger, 1983, Beitrag zur Chirurgie von Mammatumoren bei der Hündin. Prakt. Ta. 64, 451-454. - **3206**. Knorr, F., J. Seupel, 1970, Aufzucht von Hunden. VEB Dt. Landwirtsch. vlg. - **3207**. Knowles, K. E., W. C. Cash, B. S. Blauch, 1988, Auditory-evoked responses of dogs with different hearing abilities. Can. J. vet. res. 52, 394-397. - **3208**. Knowles, K., B. Blauch, H. Leipold, W. Cash, J. Hewett, 1989, Reduction of spiral ganglion neurons in the aging canine with hearing loss. J. vet. med. A 36, 188-199. - **3209**. Kobayashi, K. H. Miyakawa, Y. Tanabe, Y. Hashimoto, K. Ota, M. O. Faruque, 1987, Blood protein polymorphism in the Bangladesh native dogs. In: Genetic studies on breed differentiation. Banglad., Hiroshima Univ. Fac., 93-103. - **3210**. Kober, U., 1975, Wld. u. Hd. 78, 361. - **3211**. Koch, J., 1973, Kynol. Weltkongr. Dortm., 50. - **3212**. Koch, J., C. Nießen, 1973, Blutgruppenbestimmungen beim Hund. Dt. tierärztl. Wschr. 80, 355-358. - **3213**. Koch, P., H. Fischer, F. A. E. Stubbe, 1955, Die kongenitale cerebellare Ataxie bei Felis domestica als Erbleiden. Berl. Münch. tierärztl. Wschr. 68, 246-249. - **3214**. Koch, S. A., 1972, Cataracts in inter-related Old English sheepdogs. J. A. V. M. A. 160, 299-301. - **3215**. Koch, W., 1935, Neue pathogene Erbfaktoren bei Hunden. Z. ind. Abst. Vererb. I. 70, 503. - **3216**. Koch, W., 1950, Kurzköpfigkeit als Domestikationsmerkmal beim Fuchs. Berl. Münch. tierärztl. Wschr. 92-93. - **3217**. Koch-Kostersitz, M., 1973, 400 Ratschläge für den Hundefreund. Neumann, Neudamm, Melsungen. - **3218**. Kock, M., 1984, Statistische und erbanalytische Untersuchungen zur Zuchtsituation, zu Fehlern und Wesensmerkmalen beim Deutsch-Langhaarigen Vorstehhund. Diss. Hannover. - **3219**. Kock, M. D., 1977, An unusual sequel to dystocia in a bitch. Vet. rec. 101, 384. - **3220**. Kodituwakku, G. E., 1962, Luxation of the patella in the dog. Vet. rec. 74, 1499-1506. - **3221**. Koeman, J. P., 1974, Perinatal mortality in the cat. Berl. Münch. tierärztl. Wschr. 87, 56-57. - **3222**. Koeman, J. P., J. W. Ezilius, W. J. Biewenga, W. E. v. d. Brom, E. Gruys, 1989, Zur familiären Nephropathie der Cockerspaniel. Dt. tierärztl. Wschr. 96, 174-179. - **3223**. Köhler, H., 1975, Zum Auftreten tödlicher Verblutungen im Thymusgewebe bei Hunden. Wien. tierärztl. Mschr. 62, 341-345. - **3224**. Kohn, F. G., 1911, 1921, Beitrag zur Kenntnis der Haut des Nackthundes. Zool. Jb., Anat. 31, 427-438 u. Dt. tierärztl. Wschr. 29, 585-586. - **3225**. Kohn, P. H., R. H. Tamarin, 1973, Isozyme activities in the domestic cat. Anim. Bld. grps. bioch. gen. 4, 59-62. - **3226**. Kohz, E., 1955, Über den Prämolarenmangel beim Hund. Diss. München. - **3227**. Kolata, R. J., N. H. Kraut, D. E. Johnston, 1974, Patterns of trauma in urban dogs and cats. J. A. V. M. A. 164, 499-502. - **3228**. Kolata, R. J., D. E. Johnston, 1975, Motor vehicle accidents in urban dogs. J. A. V. M. A. 167, 938-941. - **3229**. Kolata, R. J., C. F. Burrows, 1981, The clinical features of injury by chewing electrical cords in dogs and cats. J. Am. an. hosp. ass. 17, 219-222. - **3230**. Kolb, B., A. J. Nonneman, 1975, The development of social responsiveness in kittens. Anim. behav. 23, 368-374. - **3231**. Kolb, E., 1962, Lehrbuch der Physiologie der Haustiere. Fischer Vlg. Jena. - **3232**. Kolb, E., 1990, Taurinmangel bei der Katze. Prakt. Ta. 71, 11, 21-24. - **3233**. Kolb, E., K. Nestler, D. Piechotta, 1991, Neuere Erkenntnisse zum Kupfer-Stoffwechsel beim Hund und zur Entstehung, Behandlung und Verhütung der Kupfer-Speicherkrankheit beim Bedlington-Terrier und bei anderen Terrierrassen. Tierärztl. Umsch. 46,93-97. - **3234**. Kolenosky, G. B., 1971, Hybridization between wolf and coyote. J. mammal. 52, 446-449. - **3235**. Kollaritis, J., 1924, Das Dauerzittern mancher Rassenhunde als Heredodegeneration.Schweiz. med. Wschr. 54, 1131-1132. - **3236**. Kollakowsky, H., 1972, SV-Z. 66, 642. - **3237**. Komarek, J., L. Jadrny, I. Sykora, 1975, Values of the acidobasic balance of blood in the Beagle dog in comparison with the breed German Sheep-dog. Vet.medic. 20, 57-63. - **3238**. Komaromy, J., 1971, Dachshd. 26, 149. - **3239**. Komeyli, H., 1984, Nasennebenhöhlen bei dolicho-, meso-, und brachyzephalen Hunden unter besonderer Berücksichtigung der rassespezifischen Schädelformen. Diss. Gießen. - **3240**. Kommonen, B., W. W. Dawson, R. Parmer, 1991, Pigment epithelial function in canine retina. Am. J. vet. res. 52, 1341-1344. - **3241**. Konde, L. J., M. A. Thrall, P. Gasper, S. M. Dial, K. McBiles, S. Colgan, M. Haskins, 1987, Radiographically visualized skeletal changes associated with mucopolysaccharidosis VI in cats. Vet. radiol. 28, 223-228. - **3242**. Konde, W. N., 1974, Congenital subluxation of the coxofemoral joint in the German shepherd dog. N. Am. vet. 28, 595-599. - **3243**. König, H., V. Schärer, U. Küpfer, P. Tschudi, 1983, Hodenhypoplasie und linksseitige Nebenhodenaplasie bei einem dreifarbigen Kater vom 39/XXY-Karyotyp. Dt. tierärztll. Wschr. 90, 341-343. - **3244**. Köning, B., I. Nolte, 1985, Pectus carinatum beim Hund. Kleintierprax. 30 97-100. - **3245**. Konrad, J., V. Kroupova, 1969, Die Elektrophorese des Hämoglobins der Hunde im Verhältnis zu einigen hämatologischen und rassischen Faktoren. Kleintierprax. 14, 1-4. - **3246**. Kopp, E., 1983, Dachshd. 38, 238. - **3247**. Koppang, N., 1963, Lipodystrophia cerebri hos engelskettere Ber. 9. nord. vet. möt. 2, 862-867. - **3248**. Koppang, N., 1970, Neuronal ceroidlipofuscinosis in English Setters. J. sm. an. pract. 10, 639-644. - **3249**. Kornberg, M., L. Kornberg, E. Blanke, V. Wagner, E. Dahme, 1991, Ein Fall von Narkolepsie bei einem Riesenschnauzer. Kleintierprax. 36, 271-274. - **3250**. Kornegay, J. N., 1985, Intracranial neoplasia of dogs and cats. Proc. 3rd ann. med. for., 60-65. - **3251**. Kornegay, J. N., 1985, Dysmyelogenesis in dogs. Proc. 3rd. ann. med. for., 168-170. - **3252**. Kornegay, J. N., 1985, Cerebellar diseases of dogs and cats. Proc. 3rd ann. med. for., 66-69. - **3253**. Kornegay, J. N., 1986, Cerebellar vermian hypoplasia in dogs. Vet. path. 23, 374-379. - **3254**. Kornegay, J. N., 1988, Golden Retriever muscular dystrophy. Proc. 6th ann. vet.med. for., 470-472. - **3255**. Kornegay, J. N., J. E. Oliver, E. Gorgacz, 1983, Clinicopathologic features of brain herniation in animals. J. A. V. M. A. 182, 1111-1116. - **3256**. Kornegay, J. N., M. A. Goodwin, L. K. Spyridakis, 1987, Hypomyelination in Weimaraner dogs. Act. neuropath. 72, 394-401. - **3257**. Kornegay, J. N., N. J. Sharp, S. D. v. Camp, W. Sussman, 1989, Early pathologic features of Golden Retriever muscular dystrophy. J. neur. path. exp. neur. 48, 348. - **3258**. Körner, E., 1973, Dt. Pelzt. 47, 208. - **3259**. Koschinski, K., 1983, Uns. Pud. 27, 181. - **3260**. Kosugi, K., 1973, Beitrag zur Statistik der Geschwülste bei den Haussäugetieren. Diss. Gießen. - **3261**. Kraevskii, N. A., V. I. Ponomarkov, 1979, Comparative aspects of tumours in dogs. In: L. Shabad, V. Shishkov, Problems of exp. oncol. leuk, Moskau. - **3262**. Kraft, H., 1977, Eff. Rep. 4, 9. - **3263**. Kraft, H., 1986, Die tiergerechte Tötung kleiner Haustiere. VET 10, 15-18. - **3264**. Kraft, H., 1977, Untersuchungen über Vorkommen und den histologischen Bau pigmentierter Maculae in der Haut des Hundes. Diss. Gießen. - **3265**. Kraft, W., I. Fiebiger, 1983, Endogene Kupfervergiftung beim Bedlingtonterrier. Kleintierprax. 28, 115-117. - **3266**. Krähenmann, A., 1974, Progressive Netzhautatrophie bei Schweizer Hunderassen. Schweiz.Arch. Tierhlk. 116, 645-652. - **3267**. Krähenmann, A., 1976, Die rezidivierende Hornhaut-Erosion des Boxers. Schweiz. Arch. Tierhlk. 118, 87-97. - **3268**. Krähenmann, A., 1977, In: Schweiz. Kynol. Ges. a. a. O. - **3269**. Krähenmann, A., 1972, Zur Therapie der Keratitis superf. chronica des Dt. Schäferhundes. Ophthalmol. 165, 187-194. - **3270**. Krähenmann, A., 1978, Sekundär-Glaukome beim Hund. Schweiz. Arch. Tierhlk. 120, 67-80. - **3271**. Krahwinkel, D. J., P. S. Coogan, 1971, Endocardial fibroelastosis in a Great Dane pup. J. A. V. M. A. 159, 327-331. - **3272**. Krahwinkel, D. J., D. F. Merkley, 1976, Surgical correction of facial folds and ingrown tails in brachycephalic dogs. J. Am. an. hosp. ass. 12, 654-656. - **3273**. Kraisha, Y., R.B. Andrews, J.H. Evans, J.B. Jones, R.D. Lange, 1982, Canine cyclic hematopoiesis. Am. J. vet. res. 43, 528-530. - **3274**. Krakower, J. M., S. A. Aaronson, 1978, Seroepidemiologic assessment of feline leukemia virus infection risk for man. Nature 273, 436-464. - **3275**. Krakowka, S., A. Koestner, 1978, Canine distemper virus and multiple sclerosis. Lancet. 1, 1127-1129. - **3276**. Kramer, A. W., 1978, Toepassing van een bril bij een oudel hond. Tijds.diergen. 103, 808-809. - **3277**. Krämer,E., 1977, Erfahrungen mit der Korrektur kupierter hängender Ohren bei verschiedenen Hunderassen. Mh. Vet. med. 32, 501-502. - **3278**. Krämer, E. M., 1986, Hunde 102, 984. - **3279**. Krämer, E. M., 1989, Hunde 105, 1276. - **3280**. Krämer, H. H., 1963, Syndaktylie und Perodaktylie der Vorderextremitäten bei einem Pudel. Kleintierprax. 8, 118-119. - **3281**. Kramer, J. W., A. Hegreberg, G. M. Bryan, K. Meyers, R. L. Ott, 1976, A muscle disorder of Labrador retrievers characterized by deficiency of type II muscle fibers. J. A. V. M. A. 169, 817-820. - **3282**. Kramer, J. W., W. C. Davis, D. J. Prieur, 1977, The Chediak-Higashi syndrome of cats. Lab. invest. 36, 554-562. - **3283**. Kramer, J. W., G. A. Hegreberg, M. J. Hamilton, 1981, Inheritance of a neuromuscular disorder of Labrador retriever dogs. J. A. V. M. A. 179, 380-381. - **3284**. Kramer, J.W., S. P. Schiffer, R. D. Sande, N. W. Rantanen, E. K. Whitener, 1982, Characterization of heritable thoracic hemivertebra of the German Shorthaired Pointer. J.A. V. M. A. 181, 814-815. - **3285**. Kramer, J.W., J. F. Evermann, 1982, Early-onset genetic and familial Diabetes mellitus in dogs. Proc. 6th Kal Kan Sympos., 59-62. - **3286**. Kramer, J. W., J. K. Klaassen, D. G. Baskin, D. J. Prieur, N. W. Rantanen, J. D. Robinette, W. R. Graber, L. Rashti, 1988, Inheritance of diabetes mellitus in Keeshond dogs. Am. J. vet. res. 49, 428-431. - **3287**. Kratochvil, J., Z. Kratochvil, 1976, The origin of the domesticated forms of the genus Felis. Zool. List. 25, 193-208. - **3288**. Kräubig, H., 1976, Toxoplasmose und Schwangerschaft. Med. Klin. 71, 603-608. - **3289**. Kraus, K. H., M. A. Turrentine, A. E. Jergens, G. S. Johnson, 1989, Effect of desmopressin acetate on bleeding times and plasma von Willebrand factor in Doberman Pinscher dogs with Willebrand's disease. Vet. surg. 18, 103-109. - **3290**. Krause, D., 1965, Zur Fertilitätsuntersuchung am Hund. Dt. tierärztl. Wschr. 72, 3-10. - **3291**. Krauser, K., 1981, Pathologisch-anatomische und histologische Untersuchungen über Pathogenese und Vorkommen von Meniskopathien bei Hunden großwüchsiger Rassen. Diss. Berlin. - **3292.** Krauser, K., 1982, Untersuchungen zur Pathologie der Kniegelenksmenisken bei Hunden großwüchsiger Rassen. Zbl. Vet. med. A 29, 511-527. - **3293.** Krauss, H., A. Weber, 1975, Aktuelle Zoonosen in der tierärztlichen Praxis. tierärztl. prax. 3, 387-393. - **3294.** Krautwurst, F., 1991, Uns. Rassehd., 5. - **3295.** Krawiec, D. R., 1989, Diagnosis and treatment of acquired canine urinary incontinence. Comp. an. prac. 19, 12-20. - **3296.** Krawiec, D. R., S. M. Gaafar, 1980, Studies on the immunology of canine demodicosis. J. Am. an. hosp. ass. 16, 669-676. - **3297.** Krawitz, L., 1964, Disease of the anterior uvea of the dog. J. A. V. M. A. 144, 986-990. - **3298.** Krediet, P., 1963, An anomaly of the arterial trunks in the thorax in dogs. Welttierärztekongr. Hannover, 415-416. - **3299.** Krehbiel, J. D., R. F. Langham, 1975, Eyelid neoplasms of dogs. Am. J. vet. res. 36, 115-119. - **3300.** Kreiner, M., 1989, Untersuchung von Leistungs- und Wesensparametern von Vorstehhunden. Diss. Wien. - **3301.** Kremhelmer, H., 1969, SV-Z. 63, 4. - **3302.** Kremhelmer, H., 1970, SV-Z. 64, 815. - **3303.** Kremhelmer, H., 1974, SV-Z. 68, 472. - **3304.** Kremhelmer, H., 1977, SV-Z. 71, 779. - **3305.** Kremhelmer, H., 1978, SV-Z. 72, 18. - **3306.** Kremhelmer, H., E. Ißleib, 1977, SV-Z. 71, 613. - **3307.** Krempl, H., S. Müller, I. Stur, 1988, Hip joint dysplasia investigated in a Hovawart population. Anim. famil. 3, 3-9. - **3308.** Krewer, B., K. O. Riess, 1973, Jagdgbrchshd. 9, 65. - **3309.** Krick, S. A.,D. W. Scott, 1990, Pyodermie des DeutschenSchäferhundes. VET 5, 4, 11-16. - **3310.** Krieger-Huber, S., M. Faussner 1985, Nierenkarzinom und noduläre Dermatofibrose mit erblicher Disposition - eine »neue« Erkrankung beim Deutschen Schäferhund. Kleintierprax. 30, 235-242. - **3311.** Kristensen, S., H. V. Krogh, 1981, A study of skin diseases in dogs and cats. Nord. vet. med. 33, 134-140. - **3312.** Kroll, J., C. Franke, 1976, Jury Fränkel's Rauchwaren-Handbuch. Rifra-Vlg., Murrhardt. - **3313.** Kronfeld, D. S., 1991, Dopage. Rec. méd. vét. 167, 807-812. - **3314.** Kronfeld, D. S., K. Johnson, H. Dunlap, 1979, Inherited predisposition of dogs to diet-induced hypercholesterolemia. J. nutr. 109, 1715-1719. - **3315.** Kröning, F., 1938, Erbkunde für den Waidmann. P. Parey Vlg., Berlin. - **3316.** Krook, L., 1954, Statistische Untersuchungen über Carcinome beim Hund. Act. path. microbiol. scand. 35, 407-422. - **3317.** Krook, L., 1957, The pathology of renal cortical hypoplasia in the dog. Nord. vet. med. 9, 161-176. - **3318.** Krook, L., G. Arwedsson, 1956, On urolithiasis in the dog. Nord. vet. med. 8, 65-72. - **3319.** Krook, L., S. Larson, R. James. R. Ronney, 1960, The interrelationship of Diabetes mellitus, obesity and pyometra in the dog. Am. J. vet. res. 21, 120-124. - **3320.** Krüger, G., 1973, Ein Beitrag zur Tumorhäufigkeit bei Haustieren. Tierärztl. Umsch. 28, 633-634. - **3321.** Kruger, J. M., C. A. Osborne, S. M. Goyal, S. L. Wickstrom, G. R. Johnston, T. F. Fletcher, P. A. Brown, 1991, Clinical evaluation of cats with lower urinary tract disease. J. A. V. M. A. 199, 211-216. - **3322.** Kruiningen, H. J. v., 1967, Granulomatous colitis of boxer dogs. Gastroenterol. 53, 114-122. - **3323.** Kruiningen, H. J. v., 1975, The ultrastructure of macrophages in granulomatous colitis of Boxer dogs. Vet. path. 12, 446-459. - **3324.** Kruiningen, H. J. v., 1977, Giant hypertrophic gastritis of Basenji dogs Vet. path. 14, 19-28. - **3325.** Kruiningen, H. J. v., R. J. Montali, J. D. Strandberg, R. W. Kirk, 1965, A granulomatous colitis of dogs with histologic resemblance to Whipple's disease. Path. vet. 2, 521-544. - **3326.** Krum, S., K. Johnson, J. Wilson, 1975, Hydrocephalus associated with the noneffusive form of feline infectious peritonitis. J. A. V. M. A. 167, 746-751. - **3327.** Krumbacher, K., M. Happel, H. Grosse-Wilde, 1991, Recognition of monocyte-associated antigens in the dog. Tiss. antig. 37, 21-25. - **3328.** Krushinskii, L. V., 1980, Urgent issues in the genetics of normal and abnormal complex forms of behaviour. Proc. 14th int congr. genet. I, 164-177. - **3329.** Krutovskaya, E., 1977, Wolves and wolf hybrids. Okh. Khoz. 10, 8-9. - **3330.** Krzyzanowski, J., E. Malinowski, W. Studnicki, 1975, Pregnancy duration in some dog breeds in Poland. Med. wet. 31, 373-374. - **3331.** Kubinski, T., T. Maciak, 1988, Bacterial and fungal flora in otitis externa of dogs. Med. wet. 44, 31-34. - **3332.** Kühn, A., F. Kröning, 1928, Über die Vererbung der Weißscheckung bei der Hauskatze.Züchtungsk. 3, 448-454. - **3333.** Kuhnt, B., 1974, Zur Hernia diaphragmatica traumatica bei Hund und Katze. Berl. Münch. tierärztl. Wschr. 87, 25-28. - **3334.** Kuiper, J. D., I. v. d. Gaag, J. M. Mouwen, 1982, Polyodontia and abnormal forms of teeth in dogs. Tijds. diergen. 107, 451-457. - **3335.** Kuiper, J. D., I. v. d. Gaag, 1982, Caries, emailhypoplasie en tandverkleuringen bij de hond. Tijds. diergen. 107, 457-462. - **3336.** Kunkle, G. A., 1984, Congenital hypotrichosis in two dogs. J. A. V. M. A. 185, 84-85. - **3337.** Kunkle, G. A., C. L. Chrisman, T. L. Gross, V. Fadok, L. L. Werner, 1985, Dermatomyositis in Collie dogs. Comp. cont. ed. pract. vet. 7, 185-192. - **3338.** Kuntze, A., 1963, Myositis eosinophilica bei einem Goldschakal. Kleintierprax. 8, 22-24. - **3339.** Kunz, H., 1971, SV-Z. 65, 172. - **3340.** Kunz, T. H., N. B. Todd, 1978, Considerations in the design of gene frequency surveys. Carn. gen. nwsl. 3, 200-210. - **3341.** Künzel, E., 1960, Beitrag zur funktionellen Anatomie der Zwischenwirbelscheiben des Hundes mit Berücksichtigung der Discopathien. Berl. Münch. tierärztl. Wschr. 73, 101-106. - **3342.** Kupka, W., 1991, Der Border Collie. Dt. Schafz. 83, 276-277. - **3343.** Küpper, W., 1969, Uns. Rassehd., 430. - **3344.** Kurczynski, T. W., T. F. Fletcher, K. Suzuki, 1977, Lactosylceramidases in canine globoid cell leukodystrophy. J. neurochem. 29, 37-41. - **3345.** Kuroda, H., K. Hiroe, 1972, Studies on the metabolism of dog spermatozoa. Jap. J. anim. repr. 17, 89-98. - **3346.** Kurtz, H. J., T. F. Fletcher, 1970, The peripheral neuropathy of canine globoid-cell leukodystrophy. Act. neuropath. 16, 226-232. - **3347.** Kurtzke, J. F., W. A. Priester, 1979, Dogs, distemper and multiple sclerosis in the United States. Act. neur. scand. 60, 312-319. - **3348.** Kusch, S., 1985., Erhebungen über das Vorkommen bösartiger Blastome beim Hund anhand der Sektionsstatistik des Institutes für Tierpathologie, München, 1970-1984. Diss. München. - **3349.** Kuske, F., 1924. Über den Umfang der Hundezucht und -haltung in Deutschland und ihre volkswirtschaftliche Bedeutung. Diss. Berlin. - **3350.** Kutschmann, K., E. Albrecht, W. Wildführ, 1974, Untersuchung zum Vorkommen von Toxoplasma gondii-Infektionen bei Katzen. Mh. Vet. med. 29, 244-246. - **3351.** Kutschmann, K., M. Neumann, 1987, Analyse der operationen einer spezialisierten Poliklinik für kleine Haus- und Zootiere. Mh. Vet. med. 42, 396-399. - **3352.** Kuttenkeuler, O., 1986, Mitt. St. Bernh. Kl. 5, 11. - **3353.** Kuttenkeuler, O., 1986, Mitt. St. Bernh. Kl. 6, 68. - **3354.** Kuwajima, I., 1983, Clinical studies on pectineal myotomy in toy dogs. Bull. Az. Univ. vet. med. 4, 27-36. - **3355.** Kvarnfors, E., B. Henricson, G. Hugoson, 1975, A statistical study on farm and village level on the possible relations between human leukaemia and bovine leukosis. Act. vet. scand. 16, 163-169. - **3356.** Kvart, C., 1986, Kongenitala hjärtfel hos hund. Sve. vet. tidn. 38, 184-188. - **3357.** Kwochka, K. W., 1990, Cell proliferation kinetics in the hair root matrix of dogs with healthy skin and dogs with idiopathic seborrhea. Am. J. vet. res. 51, 1570-1573. - **3358.** Kwochka, K. W., A. Rademakers, 1989, Cell proliferation of epidermis, hair follicles, and sebaceous glands of Beagles and Cocker Spaniels with healthy skin. Am. J. vet. res. 50, 587-591. - **3359**. Kwok, W., W. F. Schuening, R. B. Stead, A. D. Miller, 1986, Retroviral transfer of genes into canine hematopoietic progenitor cells in culture. Proc. nat. ac. sci.83, 4552-4555. - **3360**. Laarmann, A., 1967, Wld. u. Hd. 70, 411. - **3361**. Laarmann, A., W. Dillenberg, 1967, Uns. Rassehd., 238. - **3362**. Laarmann, D., 1971, Uns. Rassehd., 735. - **3363**. Labik, K., 1972, Hereditarily controled anomalies of the facial part of the animal head. Act. vet. Brno 41, 167-176. - **3364**. Labs/Forsthof, 1992, D. Hannoveraner 66, 47. - **3365**. Lacroix, J., 1971, Les courses de lévriers. Diss. Lyon. - **3366**. Ladds, P., M. Guffy, B. Bland, G. Splitter, 1970, Congenital odontoid process separation in two dogs. J. sm. an. pract. 12, 463-471. - **3367**. Ladds, P. W., N. N. Anderson, 1971, Atresia ilei in a pup. J. A. V. M. A. 158, 2071-2072. - **3368**. Ladds, P. W., S. M. Dennis, H. W. Leipold, 1971, Lethal congenital edema in Bulldog pups. J. A. V. M. A. 159, 81-86. - **3369**. Ladiges, W. C., R. F. Raff, S. Brown, H. J. Deeg, R. Storb, 1984, The canine major histocompatibility complex. Immunogen. 19, 359-365. - **3370**. Ladrat, J., 1967, Ectromélie bithoracique chez le chien. Carn. gen. nwsl. 2, 29. - **3371**. Ladrat, J., P. C. Blin, J. J. Lauvergne, 1969, Bithoracic hereditary ectromelia in the dog. Ann. gén. sél. anim. 1, 119-130. - **3372**. Lagadic, M., M. Estrada, 1990, Tumeurs mammaires de la chienne. Rec. méd. vét. 166, 1035-1042. - **3373**. Laging, C., A. Pospischil, D. Giesecke, 1988, Peroxisomen in Leber und Nieren von Hunden bei purinreicher und purinarmer Ernährung. Zbl. Vet. med. A 35, 285-290. - **3374**. Laiblin, C., D. Rohloff, S. Heidrich, 1978, Untersuchungen zur spermatogenetischen Leistung von Beagle-Rüden. Berl. Münch. tierärztl. Wschr. 91, 9-11. - **3375**. Lainson, R., J. J. Shaw, 1971, Epidemiological considerations of the leishmanias with particular reference to the New World. In: Fallis a. a. O. - **3376**. Lamatsch, O., 1969, Geburtsstörungen, geburtshilfliche Maßnahmen und Operationsvorbereitungen zur Sectio caesarea beim Fleischfresser. Wien. tierärztl. Mschr. 56, 248-251. - **3377**. Lamb, C. R., G. D. Mason, M. K. Wallace, 1989, Ultrasonographic diagnosis of peritoneopericardial diaphragmatic hernia in a Persian cat. Vet. rec. 125, 186. - **3378**. Lamina, J., 1970, Das biologische Verhalten von Toxocara-Arten bei spezifischen und nicht spezifischen Wirten in Hinblick auf Infektionen des Menschen. Kleintierprax. 16, 105-110. - **3379**. Lamina, J., 1980, Larva-migrans-visceralis-Infektionen durch Toxocara-Arten. Dt. med. Wschr. 105, 796-799. - **3380**. Lamina, J., 1986, Ist die Toxocariasis auch bei uns eine bedeutende Zoonose? Tierärztl. Umsch. 41, 872-878. - **3381**. Lammers, G. J., 1986, Narcolepsie bij de hond. Tijds. diergen. 111, 985-987. - **3382**. Lammers, L., 1991, Uns. Rassehd. 8, 83. - **3383**. Lamoreux, L., R. Robinson, 1971, Cat gene frequencies in Richmond, Calif. Genetica 42, 61-64. - **3384**. Landes, C., H. Kriegleder, K. N. Gengelder, 1984, Todes- und Erkrankungsursachen bei Katzen anhand der Sektionsstatistik 1969-1982. Tierärztl. Prax. 12, 369-382. - **3385**. Landsberg, G., 1989, A retrospective study of declawed cats. Proc. conf. soc. Ontar. vet., 6, - **3386**. Landsberg, G. M., 1991, Feline scratching and destruction and the effects of declawing. Vet. clin. N. Am. 21, 265-279. - **3387**. Landsberg, G., 1991, Behavior problems in pets. Vet. med. 86, 988. - **3388**. Landsberg, G. M., 1991, The distribution of canine behavior cases at three behavior referral practices. Vet.med. 86, 1011-1018. - **3389**. Landsverk, T., H. Gamlem, 1984, Intestinal lymphangiectasia in the Lundehund. Act. path. micr. biol. immun. scand. 92, 353-362. - **3390**. Lane, D. R., 1981, Guide dogs for the blind. Vet. rec. 108, 470-472. - **3391**. Lane, D., 1991, Helping dogs. J. sm. an. pract. 32, 325. - **3392**. Lane, J. G., R. J. Holmes, 1972, Fly catching in dogs. Vet. ann., 169-173. - **3393**. Lane, J. G., D. G. Burch, 1975, The cryosurgical treatment of canine and furunculosis. J.sm. an. pract. 16, 387-392. - **3394**. Lane-Petter, W., 1968, Animals for research. Ac. Press, Lond., N. Y. - **3395**. Lang, B., K. Loeffler, 1972, Die Bewegungsmöglichkeiten der Wirbelsäule von Hund und Katze. Kleintierprax. 17, 217-223. - **3396**. Lange, A. L., 1980, Tissue culture studies on a suspected lysosomal storage disease in Abyssinian cats. Onderstep. J. vet. res. 47, 121-127. - **3397**. Lange, A. L., 1989, The pathology and biochemistry of a phospholipid lysosomal storage disease in Abyssinian cats. Diss. abst. B 49, 4711. - **3398**. Lange, A. L., P. B. v. d. Berg, M. K. Baker, 1977, A suspected lysosomal storage disease in Abyssinian cats. J. S. Afr. vet. ass. 48, 201-209. - **3399**. Lange-Cosack, H., 1939, Chondrodystrophie und Acanthosis nigricans. Z.menschl. Vererb. Konst.lehre 23, 94-112. - **3400**. Langeback, R., 1986, Variation in hair coat and skin texture in blue dogs. Nord. vet. med. 38, 387-387. - **3401**. Langpap, A., 1934, Über psychogene Beeinflussung der Körpertemperatur bei gesunden und kranken Hunden, Diss. München. - **3402**. Lanning, J., 1974, The Great Dane. Pop. Dogs. Lond. - **3403**. Lanotte, G., J. A. Rioux, H. Croset, Y. Vollhardt, 1975, Ecologie des Leishmanioses dans le sud de la France. Ann. parasit. 50, 1-5. - **3404**. Lansdown, A. B. G., 1985, Morphological variations in keratinizing epithelia in the beagle. Vet. rec. 116, 127-130. - **3405**. Lantz, G. C., H. D. Cantwell, 1988, Intermittent open-mouth lower jaw locking in five dogs. J. A. V. M. A. 186, 1403-1405. - **3406**. Lapish, J. P., 1985, Hydronephrosis, hydroureter and hydrometra associated with ectopic ureter in a bitch. J. sm. an. pract. 26, 613-617. - **3407**. Lapras, M., J. Oudar, 1971, Gegenwärtiger Stand der Kenntnisse der Autoimmunopathien bei Tieren. Vet. med. Nachr., 240-280. - **3408**. Lapras, M., R. Mallein, J. Touzin, 1972, Un cas de photosensibilisation chez le chien. Rev. méd. vét. 123, 45-59. - **3409**. Laratta, L. J., R. C. Riis, T. J. Kern, S. A. Koch, 1985, Multiple congenital ocular defects in the Akita dog. Corn. vet. 75, 381-392. - **3410**. LaRoche, D., 1980, Uns. Rassehd. 6, 55. - **3411**. Larrieu, M. J., D. Meyer, 1970, Les mutants pathologiques chez l'animal avec déficit en facteur VIII. In: Sabourdy, M., Les mutants pathologiques chez l'animal. Coll. nat. cent. rech. sci. Nr. 924. - **3412**. Larsen, J. S., 1977, Lumbosacral transitional vertebrae in the dog. J. Am. vet. rad. soc. 18, 76-79. - **3413**. Larsen, J. S., A. Corley, 1971, Radiographic evaluations in a canine hip dysplasia control program. J. A. V. M. A. 159, 989-992. - **3414**. Larsen, R. E., E. Dias, J. Cervenka, 1978, Centric fusion of autosomal chromosomes in a bitch and offspring. Am. J. vet. res. 39, 861-864. - **3415**. Larsen, R. E., E. Dias, G. Flores, J. R. Selden, 1979, Breeding studies indicate meiotic segregation of a canine Robertsonian translocation along Mendelian proportions. Cytogen. cell. gen. 24, 95-101. - **3416**. Larson, E. J., 1963, Toxicity of low doses of Aspirin in the cat. J. A. V. M. A. 143, 837-840. - **3417**. Larsson, B., 1956, Statistical analysis of cutaneous tumours in dogs with special reference to mastocytoma. Nord. vet.med. 8, 130-139. - **3418**. Larsson, B., 1957, Some aspects of canine mastocytoma. Nord. vet. med. 9, 241. - **3419**. Larsson, M., 1986, The breed, sex and age distribution of dogs with primary hypothyroidism. Svensk vet. tidn. 38, 181-183. - **3420**. Lässig, R., N. Schulze-Schleithoff, E. Trautvetter, 1985, Biventrikulare Hypertrophie mit subvalvulärer Stenose des Aorten- und Pulmonalostiums. Kleintierprax. 30, 3-8. - **3421**. Latimer, H. B.,

1967, Variability in body weight and organ weights in the newborn dog and cat compared with that in the adult. Anat. rec. 157, 449-456. – **3422.** Latimer, K. S., P. M. Rakich, D. F. Thompson, 1985, Pelger-Huet anomaly in cats. Vet. path. 22, 370-374. – **3423.** Latimer, K. S., J. R. Duncan, I. M. Kircher, 1987, Nuclear segmentation, ultrastructure and cytochemistry of blood cells from dogs with Pelger-Huet anomaly. J. comp. path. 97, 61-72. – **3424.** Latimer, K. S., G. N. Rowland, M. B. Mahaffey, 1988, Homozygous Pelger-Huet anomaly and chondrodysplasia in a stillborn kitten. Vet. path. 25, 325-328. – **3425.** Latimer, K. S., I. M. Kircher, P. A. Lindl, D. L. Dawe, J. Brown, 1989, Leukocyte function in Pelger-Huet anomaly of dogs. J. leukoc. biol. 45, 301-310. – **3426.** Latimer, K. S., A. V. Jain, H. B. Inglesby, W. D. Clarkson, G. B. Johnson, 1989, Zinc-induced hemolytic anemia caused by ingestion of pennies by a pup. J. A. V. M. A. 195, 77-80. – **3427.** Latshaw, W. K., M. Wyman, W. G. Venzke, 1969,Embryologic development of an anomaly of ocular fundus in the Collie dog. Am. J. vet. res. 30, 211-217. – **3428.** Lau, R. E., 1977, Inherited premature closure of the distal ulnar physis. J. Am. an. hosp. ass. 13, 609-612. – **3429.** Lauck, B., 1976, Uns. Rassehd., 1109. – **3430.** Lauder, I. M., 1963, Tuberculosis in the dog and its relationship to infection in man. Welttierärztekongr. Hannover, 1119-1120. – **3431.** Lauder, I., 1972, Canine diabetes mellitus. Vet. ann., 152-160. – **3432.** Lauder, P., 1964, Rex and hairless in the domestic cat. J. cat. gen. 1, 10-11. – **3433.** Lauer, B. H., E. Kuyt, B. E. Baker, 1969, Arctic wolf and husky milk. Can. J. zool. 47, 99-102. – **3434.** Lavach, J. D., J. M. Murphy, G. A. Severin, 1978, Retinal dysplasia in the English springer spaniel. J. Am. an. hosp. ass. 14, 192-199. – **3435.** Lavelle, R. B., 1984, Inherited enchondrodystrophic dwarfism in English Pointers. Austr. vet. J. 61, 268. – **3436.** Lauwers, H., F. Boedts, 1970, Zinc in het oog van de vertebraten. Vlaams diergen. 39, 235-245. – **3437.** Lawler, D. C., 1971, Epilepsy in dogs. N. Zeal. vet. J. 19, 53. – **3438.** Lawler, D. F., K. L. Monti, 1984, Morbidity and mortality in neonatal kitten. Am. J. vet. res. 45, 1455-1459. – **3439.** Lawrence, B., 1967, Early domestic dogs. Z. Säugetierk. 32, 44-59. – **3440.** Lawrence, B., W. H. Bossert, 1975, Relationships of North American Canis shown by a multiple character analysis of selected populations. In: Fox a. a. O. – **3341.** Lawson, D. D., 1969, The Collie eye anomaly. Vet. rec. 84, 618. – **3442.** Lawson, D. D., 1969, Luxation of the crystalline lens in the dog. J. sm. an. pract. 10, 461-463. – **3443.** Lawson, D. D., 1970, The PRA scheme. Vet. rec. 86, 22-23. – **3444.** Lawson, D. D., 1971, Distichiasis in the dog. Vet. ann., 48-51. – **3445.** Lawson, D. D., 1977, The hip dysplasia scheme. Vet. rec. 100, 119. – **3446.** Lawton, M. P., 1982, Pigmentation in Siamese cats. Vet. rec. 111, 21. – **3447.** Lebeau, A., 1953, L'age du chien et celui de l'homme. Bull. acad. vét. Fran. 26, 229-232. – **3448.** Lebeau, A., 1956, Mensurations et pesées dans les différentes races de chiens. Bull. ac. vét. Fr. 29, 327-341. – **3449.** Lebling, C., 1952, Rassenanfälligkeit gegen Hautkrankheiten beim Hund. Diss. München. – **3450.** Lechowski, R., M. Lenarcik, A. Degorski, A. Winnicka, 1991, Serum lysozyme activity and nitroblue tetrazolium reduction test in dogs with diabetes mellitus. J. vet. med. A 38, 530-533. – **3451.** Le Couteur, R. A., J. N. Kornegay, R. J. Higgins, 1988, Late onset progressive cerebellar degeneration of Brittany Spaniel dogs. Proc. 6th ann. vet.med. for., 657-658. – **3452.** Lee, J., Paraphimosis in a pseudohermaphrodite dog. Vet. med. 71, 1076-1077. – **3453.** Lee, M., 1983, Congenital vestibular disease in a German Shepherd dog. Vet. rec.113, 571. – **3454.** Lee, R., 1976, Proximal femoral epiphyseal separation in the dog. J. sm. an. pract. 17, 669-679. – **3455.** Lees, G. E., 1985, Feline urological syndrome. Am. an. hosp. ass. 52nd ann. meet., 226-228. – **3456.** Lees, G. E., M. W. Castleberry, 1977, The use of frozen semen for artificial insemination of German Shepherd dogs. J. Am. an. hos. ass. 13, 382-386. – **3457.** Leeuwen, M. P. v., E. J. Hünen, J. Bouw, 1989, Cryptorchidism in dogs. Tijds. diergen. 114, 999-1005. – **3458.** Lehner, P. N., R. Krumm, A. T. Cringan, 1976, Tests of olfactory repellents for coyotes and dogs. J. wildl. man. 40, 145-150. – **3459.** Lehto, J., 1987, Copper toxicosis in Bedlington Terriers. Suom. eläinl. 93, 207-217. – **3460.** Leibl, W., W. Lenz, W. Rippel, 1985, Therapieversuch bei Keratitis superficialis chronica beim Hund. Wien. tierärztl. Mschr. 72, 18-20. – **3461.** Leiby, P. D., D. C. Kritsky, 1972, Echinococcus multilocularis. J. parasit. 58, 1213-1215. – **3462.** Leigh, D., 1966, The psychology of the pet owner. J. sm. an. pract. 7, 517-521. – **3463.** Leighton, E. A., J. M. Linn, R. L. Willham, M. W. Castleberry, 1977, A genetic study of canine hip dysplasia. Am. J. vet. res. 38, 241-244. – **3464.** Leighton, R. L., E. P. Steffey, 1972, Successful management and repair of diaphragmatic hernia in the cat. Fel. pract. 2, 40-43. – **3465.** Leipold, H. W., 1977, Nature and causes of congenital defects of dogs. Vet. clin. N. Am 8, 47-77. – **3466.** Leitmeier, R., 1980, Die Verknöcherung der Dura mater spinalis beim Hund. Diss. München. – **3467.** Lemmert, C., 1971, Einiges über Nackthunde. Zool. Gart. 40, 72-79. – **3468.** Lendle, L, 1966, Zur Deutung der Empfindlichkeitsunterschiede verschiedener Tierarten gegen Arzneistoffe und Gifte. Dt. tierärztl. Wschr. 73, 218-222. – **3469.** Lengnick-Faulhaber, H., 1972, Ein Beitrag zum Vorkommen von Nierensteinen beim Dalmatiner. Kleintierprax. 17, 172-176. – **3470.** Lenoir, A. A., 1988, Lancet I, 1132. – **3471.** Lenz, W., 1976, Die Perinealhernie beim Hund und deren Behandlung in der Landpraxis. Wien. tierärztl. Mschr. 63, 362-364. – **3472.** Leon, A., 1986, PHPV in the Staffordshire bull terrier. 7th ann. meet. Am. coll. opht. 31-39. – **3473.** Leon, A., 1988, Diseases of the vitreous in the dog and cat. J. sm. an. pract. 29, 448-461. – **3474.** Leon, A., R. Curtis, K. C. Barnett, 1986, Hereditary persistent hyperplastic primary vitreous in the Staffordshire bull terrier. J. Am. an. hosp. ass. 22, 765-774. – **3475.** Leonard, B., 1982, Edelkatze, 32, 6. – **3476.** Leonard, H. C., 1956, Surgical relief for stenotic nares in a dog. J. A. V. M. A. 128, 530. – **3477.** Leonard, H. C., 1957,Eversion of the lateral ventricles of the larynx in dogs. J. A. V. M. A. 131, 83-84. – **3478.** Leonard, H. C., 1960, Collapse of the larynx and adjacent structures in the dog. J. A. V. M. A. 137, 360-363. – **3479.** Leonard, H. C., 1971, Surgical correction of collapsed trachea in dogs. J. A. V. M. A. 158, 598-600. – **3480.** Leonard, H. C., 1989, Entrapment of the epiglottis. Comp. an. pract. 19, 16-20. – **3481.** LeRoy, H. L., 1966, Elemente der Tierzucht. Bayr. Landw. Vlg., München. – **3482.** Lesch, H., 1982, Die Ausbildung des Herdengebrauchshundes. Dt. Schafz. 74, 332-334, 354-356. – **3483.** Lessard, J. L., F. Taketa, 1969, Multiple hemoglobins in fetal newborn and adult cats. Biochim. biophys. acta 175, 441-443. – **3484.** Letard, E., 1930, Le Mendélisme expérimental. Rev. vét. 82, 553-570. – **3485.** Letard, E., 1938, Hairless Siamese cats. J. hered. 29, 173-175. – **3486.** Lettow, E., 1972, Sympos. Hannover. – **3487.** Lettow, E., 1983, Kynol. Arbeitstag. Baden-Württemb. – **3488.** Lettow, E., 1985, Schweiz. hundesp. 101, 679. – **3489.** Lettow, E., K. Dämmrich, 1960,Beitrag zur Klinik und Pathogenese der Osteogenesis imperfecta bei Junghunden. Zbl. Vet. med. 7, 936-966. – **3490.** Lettow, E., K. Dämmrich, 1967, Angeborene polyzystische Leber- und Nierenveränderungen bei einer Katze.Kleintierprax. 12, 35-

43. - **3491**. Lettow, E., G. Teichert, G. Pantke, 1973, Augenerkrankungen bei Hund und Katze. tierärztl.prax. 1, 339-345. - **3492**. Lettow, E., D. M. Schwartz-Porsche, A. v. Recum, 1974, Ektope Ureterenmündung in den Harntrakt und Nierendystopie beim Hund. Zbl. Vet. med. A 21, 36-61. - **3493**. Lettow, E., G. Teichert, U. Leinen, 1980, Augenerkrankungen bei Hund und Katze. tierärztl. prax. 8, 91-100. - **3494**. Lettow, E., I. Middel-Erdmann, S. Keil, 1988, Erkrankungen des Zehenendgliedes beim Hund. Kleintierprax. 33, 345-352. - **3495**. Leugner, S., 1988, Die Ernährung bei Fettsucht.Wien tierärztl. Mschr. 75, 68-76. - **3496**. Leugner, S., 1988, Die Ernährung beim felinen urologischen Syndrom.Wien. tierärztl. Mschr. 75, 105-112. - **3497**. Levinson, 1969, Pet-oriented child psychotherapy. C. Thomas, Springfield. - **3498**. Lewis, D. G., 1968, Symposium on canine recto-anal disorders. J. sm. an. pract. 9, 329-336. - **3499**. Lewis, D. G., 1977, Reappearance of PRA in the Irish Setter. Vet. rec. 101, 122-123. - **3500**. Lewis, D. G., 1981, Membership of the BVA/KC eye panel. Vet. rec. 108, 567. - **3501**. Lewis, D. G., 1985, Entropion in sharpeis. Vet. rec. 16, 222. - **3502**. Lewis, D. G., 1989, Cervical spondylopathy in the dog. J.sm. an. pract. 30, 657-665. - **3503**. Lewis, D. G., 1991, Radiological assessment of the cervical spine of the doberman with reference to cervical spondylomyelopathy.J. sm. an. pract. 32, 75-82. - **3504**. Lewis, D. G., D. F. Kelly, J. Sansom, 1986, Congenital microphthalmia and other developmental ocular anomalies in the Doberman. J. sm. an. pract. 27, 559-566. - **3505**. Lewis, D. G., D. F. Kelly, 1990, Calcinosis circumscripta in dogs as a cause of spinal ataxia.J. sm. an. pract. 31, 36-38. - **3506**. Lewis, J. H., J. A. Spero, U. Hasiba, 1983, A hemophiliac dog colony. Comp. biochem. phys. 75, 147-151. - **3507**. Lewis, L. D., M. L. Morris, 1984, Canine urolithiasis. Mod. vet. pract. 65, 375-378. - **3508**. Lewis, R. E., D. C. v. Sickle, 1970, Congenital hemimelia of the radius in a dog and a cat. J. A. V. M. A. 156, 1892-1897. - **3509**. Lewis, R. M., 1968, Models of autoimmunity. Postgrad. med. 43, 143-149. - **3510**. Lewis, R. M., R. Schwartz, W. B. Henry, 1965, Canine lupus erythematosus. Blood, 25, 143-160. - **3511**. Lewis, R. M., R. S. Schwartz, C. E. Gilmore, 1965, Autoimmune diseases in domestic animals. Ann. N. Y. ac. sci. 124, 178-200. - **3512**. Lewis, R. M., R. S. Schwartz, 1971, Canine systemic Lupus erythematosus. J. exp. med. 134, 417-438. - **3513**. Leyhausen, P., 1962, Domestikationsbedingte Verhaltenseigentümlichkeiten der Hauskatze. Z. Tierz. Zücht. biol. 77, 191-197. - **3514**. Leyhausen, P., 1967, Sexual behavior in mammals. Peng. sci. survey. - **3515**. Leyhausen, P., 1975, Verhaltensstudien an Katzen. P. Parey Vlg., Berlin. - **3516**. Leyhausen, P., R. Wolff, 1959, Das Revier einer Hauskatze. Z. Tierpsych. 16, 666-670. - **3517**. Leyland, A., 1981, Laburnum poisoning in two dogs. Vet. rec. 109, 287. - **3518**. Leyland, A., 1985, Ataxia in a Doberman Pinscher. Vet. rec. 116, 414. - **3519**. Lignereux, Y., S. Regodon, C. Pavaux, 1991, Typologie céphalique canine. Rev. méd. vét. 142, 469-480. - **3520**. Lilje, H., 1970, Uns. Pud. 14, 442. - **3521**. Lin, C. Y., M. P.Sabour, A. J. Lee, 1992, Direct typing of milk proteins as an aid for genetic improvement of dairy bulls and cows. An. breed. abstr. 60, 1-10. - **3522**. Lindberg, R., O. J. Jonsson, H. Kasström, 1976, Sertoli cell tumours associated with feminization, prostatitis and squamous metaplasia of the renal tubular epithelium in a dog.J. sm. an. pract. 17, 451-458. - **3523**. Lindberg, R., T. Segall, 1977, Histiocytic ulcerative colitis in a Boxer. Nord. vet. med. 29, 552-555. - **3524**. Lindberg, R., S. Bornstein, A. Landerhohn, G. Zakrisson, 1991, Canine trichinosis with signs of neuromuscular disease.J. sm. an. pract. 32, 194-198. - **3525**. Linde, C., I. Karlsson, 1984, The correlation between the cytology of the vaginal smear and the time of ovulation in the bitch.J. sm. an. pract. 25, 77-82. - **3526**. Linde-Forsberg, C., M. Forsberg, 1989, Fertility in dogs in relation to semen quality and the time and site of insemination with fresh and frozen semen. J. repr. fert. 39. Supplem., 299-310. - **3527**. Linde-Sipman, J. S. v. d., 1972, Neonatale pathologie van de hond. Tijds. diergen. 97, 1307-1317. - **3528**. Linde-Sipman, J. S. v. d., 1987, Dysplasia of the pectinate ligament and primary glaucoma in the Bouvier des Flandres. Vet. path. 24, 201-206. - **3529**. Linde-Sipman, J. S. v. d., F. C. Stades, S. de Wolff-Rouendaal, 1983, Persistent hyperplastic tunica vasculosa lentis and persistent hyperplastic primary vitreous in the Doberman Pinscher.J. Am. hosp. ass. 19, 791-802. - **3530**. Linde-Sipman, J. S. v. d.,T. S. v. d. Ingh, A. J. v. Toor, 1988, Fatty liver syndrome in toy breeds. Tijds. diergen. 113, Suppl. 1, 102-103. - **3531**. Lindeiner-Wildau, H.v., 1972, Wld. u. Hd. 75, 761. - **3532**. Lindeiner-Wildau, H. v., 1974, Wld. u. Hd. 76, 953. - **3533**. Linde-Sipman, J. S. v., T. S. v. d. Ingh, J. P. Koeman, 1973, Congenital heart abnormalities in the cat. Zbl. Vet. med. A 20, 419-425. - **3534**. Lindhaus B., J. Vormann, 1980, Informationen zur Hundesteuer. tierärztl. prax. 8, 223-225. - **3535**. Lindsay, F. E., 1968, Skeletal abnormalities of a cat thorax. Brit. vet. J. 124, 306-308. - **3536**. Lindstedt, E., A. Hedhammar, M. Lundeheim, L. Swenson, 1986, Skelettrubningar hos schäfer- arv eller miljö? Svensk vet. tidn. 38, 108-112. - **3537**. Lindström, E., 1976, Et utbrud af algeforgiftning blandt hunde. Dansk vet. tids. 59, 637-641. - **3538**. Ling, G. V., 1990, Epizootiologic evaluation and quantitative analysis of urinary calculi from 150 cats. J. A. V. M. A. 196, 1459-1462. - **3539**. Lingaas, F., 1989, Generasjonsintervallet hos noen norske hunderaser. Nors vet. tids. 101, 15-18. - **3540**. Lingaas, F., P. Heim, 1987, En genetisk undersökelse av hofteleddsdysplasi i norske hunderaser. Norsk. vet. tids.99, 617-623. - **3541**. Lingaas, F., G. Klemetsdal, 1990, Zuchtwerte und genetischer Trend für Hüftgelenksdysplasie in norwegischen Golden Retrievers. Z. Tierz. Zücht. biol. 107, 437-443. - **3542**. Linton, G. A., 1956, Anomalies of the aortic arch causing strangulation of the esophagus and trachea. J. A. V. M. A. 129, 1-5. - **3543**. Lipowitz, A. J., A. Schwartz, G. P. Wilson, J. W. Ebert, 1973, Testicular neoplasms and concomitant clinical changes in the dog. J. Am. hosp. ass. 163, 1364-1368. - **3544**. Lippa, L. H. v., 1974, Uns. Rassehd. 244. - **3545**. Litricin, V., M. Petrovic, D. Trailovic, D. Marjanovic, Z. Stefanovic-Nikolowski, A. Ringel, 1981, Hydanphen in the treatment of epilepsy in dogs. Prax vet. 29, 389-391. - **3546**. Little, C. C., 1919, The inheritance of coat color in Great Danes. J. hered. 10, 309-320. - **3547**. Little, C. C., 1957, The inheritance of coat color in dogs. Comstock Publ. Ass. Ithaka, N. Y. - **3548**. Little, C. C., 1957, Four-ears, a recessive mutation in the cat. J. hered. 48, 57. - **3549**. Littlewood, J. D., 1986, Haemophilia A in the cat. J. Sm. An. Pract. 27, 541-546. - **3550**. Littlewood, J. D., 1988, Haemophilia A in German Shepherd dogs. J. sm. an. pract. 29, 117-128. - **3551**. Littlewood, J. D., 1989, Inherited bleeding disorders of dogs and cats. J. sm. an. pract. 30, 140-143. - **3552**. Littlewood, J. D., M. E. Herrtage, A. C. Palmer, 1983, Neuronal storage disease in English springer spaniels. Vet. rec. 112, 86-87. - **3553**. Littlewood, J. D., S. E. Matic, N. Smith, 1986, Factor IX deficiency in a crossbred dog. Vet. rec. 118, 400-401. - **3554**. Littlewood, J. D., M. E. Herrtage, N. T. Gorman, N. J. McGlennon, 1987, Von Willebrand's disease in dogs in the U. K. Vet. rec. 121, 463-468. - **3555**. Liu, S., 1968, Supravalvular aortic stenosis with deformity of the aortic

valve in a cat. J.A.V.M.A. 152, 55-59. - **3556.** Liu, S., S. Ettinger, 1968, Common atrioventricular canal in two cats. J. A. V. M. A. 153, 556-562. - **3557.** Liu, S., R. J. Tasjian, A. K. Patnaik, 1970, Congestive heart failure in the cat. J. A. V. M. A. 156, 1319-1330. - **3558.** Liu, S. K., L. P. Tilley, 1975, Malformation of the canine mitral valve complex. J. A. V. M. A. 167, 465-471. - **3559.** Liu, S. K., H. D. Dorfman, 1976, A condition resembling human localized myositis ossificans in two dogs. J. sm. an. pract. 17, 371-377. - **3560.** Liu, S. K., I. Weitzman, G. G. Johnson, 1980, Canine tuberculosis. J. A. V. M. A. 177, 164-167. - **3561.** Liu, S. K., B. Brown, 1988, Malformation of mitral valve complex associated with cardiac dysfunction in 120 cats. Lab. invest. 58, 56A. - **3562.** Lium, B., R. Svenkerud, 1978, En eiendommelig type nyrecyster hos schaeferhund. Norsk. vet. tids. 90, 567-569. - **3563.** Lium, B., L. Moe, 1985, Hereditary multifocal renal cystadenocarcinomas and nodular dermatofibrosis in the German Shepherd dog. Vet. path. 22, 447-455. - **3564.** Livingstone, M. L., 1965, A possible hereditary influence in feline urolithiasis. Vet. med. 60, 705. - **3565.** Ljunggren, G., 1966, Nagra synpunkter pa etiologi och pathogenes vid s. k. Legg-Perthes sjukdom hos hund. Svensk vet. tidn. 18, 459-472. - **3566.** Ljunggren, G., 1967, Legg-Perthes disease in the dog. Act. orthop. scand. Suppl. 95, 1-79. - **3567.** Ljunggren, G., O. Nilsson, S. E. Olsson, P. Pennock, S. Persson, H. Säteri, 1966, Four cases of congenital malformation of the heart in a litter of eleven dogs. J. sm. an. pract. 7, 611-623. - **3568.** Ljunggren, G., A. J. Cawley, J. Archibald, 1966, The elbow dysplasias in the dog. J. A. V. M. A. 148, 887-891. - **3569.** Lloyd, A. T., 1977, Surveys of cat gene frequencies in England. Carn. gen. nwsl. 3, 168. - **3570.** Lloyd, A. T., 1979, The population genetics of cats in northwest Ireland. Carn. gen. nwsl. 3, 373-377. - **3571.** Lloyd, A. T., 1981, Mutant allele frequencies in domestic cat populations in the Netherlands. Carn. gen. nwsl. 4, 197-202. - **3572.** Lloyd, A. T., 1983, Population genetics of domestic cats in New England and the Canadian Maritime Provinces. Diss.abstr. 1343, 3845. - **3573.** Lloyd, A. T., 1987, Cats from history and history from cats. Endeav. 11, 112-114. - **3574.** Lloyd, A. T., N. B. Todd, 1981, Mutant allele frequencies in the cats of Kingston, Jamaica. Car. gen. nwsl. 4, 203-205. - **3575.** Lloyd, A. T., N. B. Todd, C. E. Dyte, B. Blumenberg, S. Adalsteinsson, J. Dartnall, 1983, Towards a comprehensive picture of the Mediterranean. Carn. gen. nwsl. 4, 235-241. - **3576.** Lloyd, S. S., 1986, Toxocariasis. J. sm. an. pract. 27, 655-661. - **3577.** Lockard, I., L.A. Gillilan, 1956, Neurologic dysfunctions and their relation to congenital abnormalities of the central nervous system in cats. J. comp. neur. 104, 403-471. - **3578.** Lodge, D., 1966, Two cases of epiphyseal dysplasia. Vet. rec. 79, 136-138. - **3579.** Loeffler, K., 1963, Der isolierte Processus anconaeus beim Deutschen Schäferhund. Dt. tierärztl. Wschr. 70, 317-321. - **3580.** Loeffler, K., 1964, Gelenkanomalien als Problem in der Hundezucht. Dt. tierärztl. Wschr. 71, 291-297. - **3581.** Loeffler, K., 1967, Die Wirbelsäule und ihre Erkrankungen beim Haustier.Prakt. Ta. 48, 243-245, 363-366. - **3582.** Loeffler, K., 1970, Uns. Pud. 14, 39. - **3583.** Loeffler, K., 1970, Uns. Pud. 14, 130. - **3584.** Loeffler, K., 1970, Dachshd. 25, 141. - **3585.** Loeffler, K. 1972, Uns. Rassehd. 8, 579. - **3586.** Loeffler, K., 1974, Krankheiten kleiner Haustiere als mögliche Infektionsquellen für den Menschen. Prakt. Ta. 55, 68-72. - **3587.** Loeffler, K., 1983, Uns. Rassehd. 11, 2. - **3588.** Loeffler, K., 1989, Anforderungen an Röntgenaufnahmen zur Diagnostik der Hüftgelenksdysplasie beim Hund. Wien. tierärztl. Mschr. 76, 300-302. - **3589.** Loeffler, K., 1990, Hunde 106, 290. - **3590.** Loeffler, K., H. Meyer, 1961, Erbliche Patellarluxation bei Toy-Spaniels. Dt. tierärztl. Wschr. 68, 619-622. - **3591.** Loeffler, K., V. Volckart, 1969, Vergleichende Messungen an Hüftgelenksaufnahmen nach Piehler und Norberg. Kleintierprax. 14, 107-109. - **3592.** Loeffler, K., W. Branscheid, H. Rodenbeck, 1978, Histologische Untersuchungen an Nickhautdrüsen von Hunden mit vermehrtem Tränenfluß. Kleintierprax. 23, 215-220. - **3593.** Loeffler, K., H. Komeyli, K. H. Habermehl, 1981, Nasennebenhöhlen beim Hund im Röntgenbild mit besonderer Berücksichtigung rassespezifischer Merkmale. Kleintierprax. 26, 199-208. - **3594.** Loeffler, K., H. Eichelberg, 1991, Das Wesen des Hundes. Dt. tierärztl. Wschr. 98, 235-237. - **3595.** Loevy, H. T., 1974, Cytogenetic analysis of Siamese cats with cleft palate. J. dent. res. 53, 453-456. - **3596.** Loevy, H., V. L. Fenyes, 1968, Spontaneous cleft palate in a family of Siamese cats. Cleft pal. J. 5, 57-60. - **3597.** Loew, F. M., A. F. Fraser, 1977, The anti-social behaviour of urban dogs. Appl. an. ethol. 3, 101-104. - **3598.** Löhr, G. W., H. Waller, 1966, Pharmakogenetik und Präventivmedizin. G. Thieme Vlg., Stuttgart. - **3599.** Lomax, T. D., R. Robinson, 1988, Tabby pattern alleles of the domestic cat. J. hered. 79, 21-23. - **3600.** Lombard, C. W., 1978, Vorhofflimmern beim Hund. Schw. Arch. Tierhlk. 120, 393-407. - **3601.** Lombard, S. J., J. B. Moloney, C. G. Rickard, 1963, Transmissible canine mastocytoma. Ann. N. Y. ac. sci. 108, 1086-1105. - **3602.** Lonaas, L., 1989, Patellaluxasjon hos hund. Norsk. vet. tids. 92, 221-226. - **3603.** Long, R. D., 1991, Treatment of distichiasis by conjunctival resection. J.sm.an.pract. 32, 146-148. - **3604.** Long, S. E., N. A. Berepubo, 1980, A 37XO chromosome complement in a kitten. J.sm.an.pract. 21, 627-631. - **3605.** Long, S. E., T. Gruffydd-Jones, M. David, 1981, Male tortoise shell cats. Res. vet. sci. 30, 274-280. - **3606.** Longbottom, G. M., 1977, A case of tracheal collapse in the dog. Vet. rec. 101, 54-55. - **3607.** Longhofer, S. L., I. D. Duncan, A. Messing, 1990, A degenerative myelopathy in young German shepherd dogs. J.sm.an.pract. 31, 199-203. - **3608.** Longhofer, S. L., R. K. Jackson, A. J. Cooley, 1991, Hindgut and bladder duplication in a dog. J.Am.an.hosp.ass. 27, 97-100. - **3609.** Longstaffe, J. A., M. W. Guy, 1986, Canine leishmaniasis. J.sm.an.pract. 27, 663-671. - **3610.** Löns, R., 1913, Der deutsche Hundesport, sein Wesen und seine Ziele. Vlg. Dt. Ges. Züchtungsk. Berlin. - **3611.** Loppnow, H., E. Linke, 1961, Zur Kasuistik primärer melanotischer Augentumoren beim Hund. Berl. Münch. tierärztl. Wschr. 74, 317-321. - **3612.** Lord, L. H., A. J. Cawley, J. Gilroy, 1957, Middorsal dermoid sinuses in Rhodesian Ridgeback dogs. J.A.V.M.A. 131, 515-518. - **3613.** Lord, P. F., T. P. Greiner, R. W. Greene, W. D. DeHoff, 1973, Lung lobe torsion in the dog. J.Am.an.hosp.ass. 9, 473-482. - **3614.** Lord, P. F., S. E. Olsson, 1976, Myelography with metrizamide in the dog. J. Am. vet. rad. soc. 17, 42-50. - **3615.** Lorenz, M. D., L. C. Cork, J. W. Griffin, R. J. Adams, D. L. Price, 1979, Hereditary spinal muscular atrophy in Brittany spaniels J.A.V.M.A. 175, 833-839. - **3616.** Lorenzini, R., V. Sala, 1983, Criteri di indirizzo clinico e diagnostico nelle otti esterne del cane. Att. soc. ital. sci. vet. 37, 366-369. - **3617.** Lorin, D., 1975, Peripartale und postpartale Probleme bei der Hündin und den Welpen. Wien tierärztl. Mschr. 62, 345-347. - **3618.** Löscher, W., B. S. Meldrum, 1984, Evaluation of anticonvulsant drugs in genetic animal models of epilepsy. Fed. proc. 43, 276-284. - **3619.** Lothrop, C. D., D. J. Warren, L. M. Souza, J. B. Jones, M. A. Moore, 1988, Correction of canine cyclic hematopoiesis with recombinant human granulocyte colony stimulating factor. Blood 72, 1324-1328. - **3620.** Lötsch,

D., J. Kant, I. Schiemann, 1990, Epizootiologische Analyse der Tollwutsituation in der DDR. Mh. Vet. med. 45, 73-76. – **3621.** Lott, D., R. Kleine-Kuhlmann, K. Loeffler, 1988, Bestimmung der Gelenkwinkel an den Gliedmaßen von Hunden. Kleintierprax. 33, 239-242. – **3622.** Lott, J. N., M. Herron, 1977, Sudden death syndrome in kittens. Fel. pract. 7, 16-19. – **3623.** Lott-Stolz, G., 1979, Endotheliosarkom beim Hund. Schweiz. Arch. Tierhlk. 121, 643-648. – **3624.** Lott-Stolz, G., 1985, Dermatofibrose und Nierenzysten beim Deutschen Schäferhund. Kleintierprax. 30, 183-184. – **3625.** Lotz, D., 1970, Uns. Pud. 14, 320. – **3626.** Loughran, W. D., F. L. Frye, T. B. London, 1970, XY/XXY bone marrow mosaicism in three male tricolor cats. Am.J.vet.res. 31, 307-314. – **3627.** Loughran, W. D., F. L. Frye, 1974, Bone marrow karyotype in a male Siamese crossbred cat. Vet. med. SAC 69, 1007-1011. – **3628.** Loupal, G., 1987, Sklerosierende Mesotheliome beim Hund. J. vet. med. A 34, 405-414. – **3629.** Loveday, R. K., 1970, Dietary hypertrophic osteodystrophy in the young dog. J. S. Afr. vet. med. ass. 41, 254. – **3630.** Lovekin, L. G., 1964, Primary glaucoma in dogs. J.A.V.M.A. 145, 1081-1091. – **3631.** Lovekin, L. G., R. W. Bellhorn, 1968, Clinicopathologic changes in primary glaucoma in the Cocker Spaniel. Am.J.vet.res 29, 379-385. – **3632.** Loveless, R. M., F. L. Andersen, M. J. Ramsay, R. K. Hedelius, 1978, Echinococcus granulosus in dogs and sheep in central Utah, 1971-1976. Am.J.vet.res 39, 499-502. – **3633.** Lovell, J. E., R. Getty, 1957, The hair follicle, epidermis, dermis, and skin glands of the dog. Am.J.vet.res 18, 873-885. – **3634.** Lowseth, L. A., R. F. Gerlach, N. A. Gillett, B. A. Muggenburg, 1990, Age-related changes in the prostate and testes of the Beagle dog. Vet. path. 27, 347-353. – **3635.** Lucas, D. R., 1954, Ocular associations of dappling in the coat colour of dogs. J. comp. path. 64, 260-266. – **3636.** Lucas, D. R., 1954, Retinal dystrophy in the Irish Setter. J. exp. zool. 126, 537-551. – **3637.** Lucas, L. A., D. C. DeLuca, J. E. Newton, C. A. Angel, 1981, Animal models for human psychopathology. In: Genetic research strategies for psychobiology and psychiatry. Boxwood Press, USA. – **3638.** Lucke, J. N., 1977, Immobilon in pekingese. Vet. rec. 100, 226. – **3639.** Lucke, V. M., C. J. Gaskell, P. R. Wotton, 1983, Thyroid pathology in canine hypothyroidism. J. comp. path. 93, 415-421. – **3640.** Ludwig, G., 1968, Studien zur Zuchtgeschichte des Deutschen Boxerhundes. Diss. München. – **3641.** Ludwig, J., C. A. Owen, S. S. Barham, J. T. McCall, R. M. Hardy, 1980, The liver in the inherited copper disease of Bedlington terriers. Lab. invest. 43, 82-87. – **3642.** Lüerssen, D., 1986, Adspektorische und palpatorische Befunde zum Descensus testis des Hundes. Diss. Hannover. – **3643.** Lüerssen, D., 1990, Möglichkeiten und Probleme therapeutischer Maßnahmen beim gestörten Descensus testis. Kleintierprax. 36, 604-606. – **3644.** Luescher, U. A., D. B. McKeown, J. Halip, 1991, Sterotypic obsessive-compulsive disorders in dogs and cats. Vet. clin. N. Am. 21, 401-413. – **3645.** Luginbühl, H., 1963, A survey of spontaneous cerebrovascular lesions in different animal species. Welttierärztekongr.Hannover, 393-397. – **3646.** Luginbühl, H., 1980, Kongenitales hereditäres Lymphödem beim Hund. Jahresvers. Schweiz. Ver. Kleintiermed., 84-86. – **3647.** Luginbühl, H., 1980, Kardiovaskuläre Anomalien. Jahresvers. Schweiz. Ver. Kleintiermed., 78-83. – **3648.** Luginbühl, H., S. K.Chacko, D. F. Patterson, W. Medway, 1967, Congenital hereditary lymphedema in the dog. J. med. gen. 4, 153-165. – **3649.** Luginbühl, H., R. Fankhauser, J. T. McGrath, 1968, Spontaneous neoplasms of the nervous system in animals. Progr. neurol. surg. 2, 83-164. – **3650.** Lulich, J. P., C. A. Osborne, D. F. Lawler, T. D. O'Brien, G. R. Johnston, T. P. O'Leary, 1987, Urologic disorders of immature cats. Vet. clin. N. Am. SAP 17, 663-696. – **3651.** Lulich, J. P., C. A. Walter, T. D. O'Brien, 1988, Feline idiopathic polycystic kidney disease. Comp. cont. ed. pract. vet. 10, 1030-1040. – **3652.** Lulich, J. P., C. A. Osborne, L. K. Unger, J. Sanna, C. W. Clinton, M. P. Davenport, 1991, Prevalence of calcium oxalate uroliths in Miniature Schnauzers. Am.J.vet.res. 52, 1579-1582. – **3653.** Lumb, W. V., K. Doshi, R. J. Scott, 1978, Euthanasie von Hunden. Prakt. Ta. 59, 482-486. – **3654.** Lund, J.E., G.A. Padgett, R.L. Ott, 1967, Cyclic neutropenia in grey Collie dogs. Blood 29, 452-461. – **3655.** Lund, J. E., G. A. Padgett, J. R. Gorham, 1970, Additional evidence on the inheritance of cyclic neutropenia in the dog. J. hered. 61, 47-49. – **3656.** Lund, J. E., J. R. Gorham, G. A. Padgett, 1970, Zyklische Neutropenie beim Hund. Vet. med. Nachr., 33-42. – **3657.** Lund-Larsen, T. R., J. Grondalen, 1976, Atelotic dwarfism in the German shepherd dog. Act. vet. scand. 17, 293-306. – **3658.** Lunney, J., S. J. Ettinger, 1991, Kardiomyopathien beimHund. Walth. Focus 1, 16-21. – **3659.** Lüps, P., 1977, Schweiz. Kynol. Ges. a. a. O. – **3660.** Lüps, P., 1984, Beobachtungen zur Fellfärbung bei erlegten freilaufenden Hauskatzen Felis silvestris f. catus aus dem schweizerischen Mittelland. Säuget. Mitt. 31, 271-273. – **3661.** Lürssen, K., W. Leidl, 1987, Andrologische Aspekte des Katers und künstliche Besamung bei der Katze. Eff. Rep. 25, 25-31. – **3662.** Lust, G., 1973, Pathogenesis of degenerative hip joint disease in young dogs. Gaines vet. symp., 11-15. – **3663.** Lust, G., J. C. Geary, B. E. Sheffy, 1973, Development of hip dysplasia in dogs. Am. J. vet. res. 34, 87-91. – **3664.** Lust, G., W. J. Roenigk, J. C. Geary, B. E. Sheffy, 1975, Radiographic evaluation for evidence of hip dysplasia in three colonies of Beagles. J.A.V.M.A. 166, 497-498. – **3665.** Lust, G., P. W. Farrell, 1977, Hip dysplasia in dogs. Corn. vet. 67, 447-466. – **3666.** Lust, G., P. W. Farrell, B. E. Sheffy, L. D. v. Vleck, 1978, An improved procedure for genetic selection against hip dysplasia in dogs. Corn. vet. 68, 41-47. – **3667.** Lustenberger, M., 1968, Wld.u.Hd. 71, 289. – **3668.** Luttgen, P. J., K. G. Braund, R. W. Storts, 1983, Globoid cell leucodystrophy in a Basset hound. J. sm. an. pract. 24, 153-160. – **3669.** Lutz, H., R. Lehmann, G. Winkler, B. Kottwitz, A. Dittmer, C. Wolfensperger, P. Arnold, 1990, Das feline Immunschwächevirus in der Schweiz. Schweiz.Arch.Trhlk. 132, 217-225. – **3670.** Lux, H., 1968, Wld.u.Hd. 70, 515. – **3671.** Lux, H., 1969, Der Jagdteckel. P. Parey Vlg. Hbg. – **3672.** Lux, H., 1973, Wld.u.Hd. 76, 113. – **3673.** Lyngset, A., 1973, The influence of the male dog on litter size. Nord. vet. med. 25, 150-154. – **3674.** Lyngset, A., O. Lyngset, 1970, Litter size in the dog. Nord. vet. med. 22, 186-191. – **3675.** Lyon, M. F., 1952, Absence of otoliths in the mouse. J. genet. 51, 638-650. – **3676.** Lyon, M. F., R. Meredith, 1969, Muted, a new mutant affecting coat colour and otoliths of the mouse, and its position in linkage group XIV.Genet. res. 14, 163-166. – **3677.** Ma, N, S., C. E. Gilmore, 1971, Chromosomal abnormality in a phenotypically and clinically normal dog. Cytogen. 10, 254-259. – **3678.** Maar, R. E. de, 1968, Enkele ervaringen bij de geboorte van Bostonterriers en Chihuahuas. Tijds. diergen. 93, 1261-1269. – **3679.** Maas, J. P., 1991, Katzen extra 12, 12. – **3680.** Macadam, I., 1984, Could canine cancer be reduced by selective breeding? Vet. rec. 115, 391. – **3681.** Macadam, I., 1987, Breeding out canine tumours. Vet. rec. 120, 95. – **3682.** Macdonald, D. W., P. J. Apps, 1978, The social behaviour of a group of semi-dependent farm cats, Felis catus. Carn. gen. nwsl. 3, 256-268. – **3683.** MacDonald, J., G. Kunkle, 1983, Skin diseases of selected dog breeds. Proc. 50th ann. meet. Am. an. hosp. ass., 12-18.3. - **3684**. MacDougall, D. F., A. S. Nash, B. M. Cattanach, 1987, Control scheme for familial nephropathy in Cocker Spaniels. Vet. rec. 121, 134. - **3685**. MacEwen, E. G., 1985, Current concepts of canine oncology. Proc. 3rd ann. med. for., 52-54. - **3686**. MacEwen, E. G., S. J. Withrow, A. K. Patnaik, 1977, Nasal tumours in the dog. J. A. V. M. A. 170, 45-48. - **3687**. Machado, E. A., R. S. Gregory, J. B. Jones, R. D. Lange, 1978, The cyclic hematopoietic dog. Am.J.path. 92, 23-30. - **3688**. Macintosh, N. W., 1975, The origin of the Dingo. In: Fox a. a. O. - **3689**. Mack, C. O., J. H. McGlothlin, 1949, Renal agenesis in the female cat.Anat. rec. 105, 445-450. - **3690**. Mackenzie, S. A., 1984, Inheritance of temperament and hip dysplasia scores in German Shepherd dogs. Diss. abstr. B 44, 2652. - **3691**. Mackenzie, S. A., 1985, Canine hip dysplasia. Can. pract. 12, 19-22. - **3692**. Mackenzie, S. A., E. A. Oltenacu, E. Leighton, 1985, Heritability estimate for temperament scores in German Shepherd dogs and its genetic correlation with hip dysplasia. Behav. gen. 15, 475-482. - **3693**. MacKenzie, S. A., J. A. Schultz, 1987, Frequency of back-tracking in the tracking dog. Appl. an. behav. sci. 17, 353-359. - **3694**. MacLachlan, N. J., E. B. Breitschwerdt, J. M. Chambers, R. A. Argenzio, E. V. deBuysscher, 1988, Gastroenteritis of Basenji dogs. Vet. path. 25, 36-41. - **3695**. MacMillan, A. D., D. E. Lipton, 1978, Heritability of multifocal retinal dysplasia in American Cocker Spaniels. J.A.V.M.A. 172, 568-572. - **3696**. Macpherson, J. W., P. Penner, 1967, Canine reproduction. Can. J. comp. med. vet. sci. 31, 62-64. - **3697**. MacVean, D. W., A. W. Monlux, P. S. Anderson, S. L. Silberg, J. F. Roszel, 1978, Frequency of canine and feline tumors in a defined population. Vet. path. 15, 700-715. - **3698**. Maddison, J. E., 1988, Canine congenital portosystemic encephalopathy. Austr. vet. J. 65, 245-249. - **3699**. Maddison, J. E., A. D. Watson, I. G. Eade, T. Exner, 1990, Vitamin K-dependent multifactor coagulopathy in Devon Rex cats. J.A.V.M.A. 197, 1495-1497. - **3700**. Maddux, J. M., D. F. Edwards, M. A. Barnhill, W. L. Sanders, 1991, Neutrophil function in dogs with congenital ciliary dyskinesia. Vet. path. 28, 347-353. - **3701**. Madewell, B. R., A. A. Stannard, L. T. Pulley, V. G. Nelson, 1980, Oral eosinophilic granuloma in Siberian husky dogs. J.A.V.M.A. 177, 701-703. **3702**. Madry, M., 1971, Eine Methode zur Fütterung der Hunde mit pelletiertem Standardfutter. Mh. Vet. med. 26, 816-817. - **3703**. Madsen, J., N. W. Ockens, 1978, Ruptur af m. gracilis hos greyhounds. Dansk vet. tids. 61, 535-538. - **3704**. Madsen, J. S., L. T. Jensen, H. Strom, K. Horslev-Petersen, E. Svalastoga, 1990, Procollagen type III aminoterminal peptide in serum and synovial fluid of dogs with hip dysplasia and coxarthrosis. Am.J.vet.res. 51, 1544-1546. - **3705**. Madsen, J. S., I. Reimann, E. Svalastoga, 1991, Delayed ossification of the femoral head in dogs with hip dysplasia J.sm.an.pract. 32, 351-354. - **3706**. Maede, Y., Y. Amano, A. Nishida, T. Murase, A. Sasaki, M. Inaba, 1990, Hereditary high-potassium erythrocytes with high Na, K-ATPase activity in Japanese Shiba dogs. Res. vet. sci. 50, 123-125. - **3707**. Maenhout, T., J.A. Kint, G. Dacremont, R. Ducatelle, J. G. Leroy, J. K. Hoorens, 1988, Mannosidosis in a litter of Persian cats. Vet. rec. 122, 351-354. - **3708**. Maggio-Price, L., C. L. Emerson, T. R. Hinds, F. F. Vincenzi, W. R. Hammond, 1988, Hereditary nonspherocytic hemolytic anemia in Beagles. Am.J.vet.res. 49, 1020-1025. - **3709**. Magnol, J. P., 1991, Tumeurs cutanées du chien et du chat. Rec. méd. vét. 166, 1061-1074. - **3710**. Magnol, J. P., P. Devauchelle, S. Achache, 1982, L'histiocytome canin. Rev. méd. vét. 133, 391-392. - **3711**. Magnusson, H., 1911, Über Retinitis pigmentosa und Konsanguinität beim Hunde. Arch. vgl. Ophth. 2, 147-163. - **3712**. Magrane, W. G., 1953, Congenithal anomaly of the optic disc in Collies. N. Am. vet. 34, 646. - **3713**. Magrane, W. G., 1955, Progressive retinal atrophy and associated blindness. N. Am. vet. 36, 743-746. - **3714**. Magrane, W. G., 1957, Canine glaucoma. J A. V. M. A. 131, 372-378. - **3715**. Magrane, W. G., 1977, Canine ophthalmology. Lea & Febiger, Philad. - **3716**. Mahaffey, M. B., K. M. Yarbrough, J. F. Munnell, 1978, Focal loss of pigment in the Belgian Tervueren dog. J. A. V. M. A. 173, 390-396. - **3717**. Mahley, R. W., T. L. Innerarity, K. H. Weisgraber, D. L. Fry, 1977, Canine hyperlipoproteinemia and atherosclerosis. Am.J.path. 87, 205-226. - **3718**. Mainland, D., 1929, Posterior duplicity in a dog, with reference to mammalian teratology in general. J. anat. 63, 473-495. - **3719**. Mainland, D., 1963, Elementary medical statistics. W. B. Saunders Co., Philad. - **3720**. Mair, I. W., 1973, Hereditary deafness in the white cat. Act. oto-laryng. Suppl. 314, 1-48. - **3721**. Mair, I. W., 1976, Hereditary deafness in the Dalmatian dog. Arch. oto-laryng. 212,1-14. - **3722**. Maksimov, A. P., M. B. Nikolaevskii, 1986, Use of propylene glycol, glycerol and sorbitol in feeding of mink. Mosk. vet. akad., 91-94. - **3723**. Malher, X., B. Denis, 1989, Le chien, animal de boucherie. Ethnozootech. 43, 81-84. - **3724**. Malik, R., D. B. Church, 1988, Congenital mitral insufficiency in bull terriers. J.sm.an.pract. 29, 549-557. - **3725**. Malmros, H., N. H. Sternby, 1968, Induction of atherosclerosis in dogs by a thiouracil-free semisynthetic diet containing cholesterol and hydrogenated coconut oil. Progr. biochem. pharmacol. 4, 482-487. - **3726**. Malouf, N., K. Benirschke, D. Hoefnagel, 1967, XX/XY chimerism in a tricolored male cat. Cytogen. 6, 228-241. - **3727**. Manchenko, G. P., 1981, Frequencies of orange and kinky tail phenotypes as evidence of a complex origin of the Vladivostok cat population. Carn. gen. nwsl. 4, 133-137. - **3728**. Mann, F. A., 1984, Canine mammary gland neoplasia. Can. pract. 11, 22-26. - **3729**. Mann, G. E., J. Stratton, 1966, Dermoid sinus in the Rhodesian Ridgeback. J.sm.an.pract. 7, 631-642. - **3730**. Manning, P. J., 1979, Thyroid gland and arterial lesions of Beagles with familial hypothyroidism and hyperlipoproteinemia. Am.J.vet.res. 40, 820-828. - **3731**. Manning, P. R., 1981, Keratoconjunctivitis sicca - an autoimmune condition? Vet. rec. 117, 646. - **3732**. Mannstaedt, N., 1987, Primäre Nebennierenrinden-Insuffizienz bei einem Cairn Terrier. Kleintierprax. 32, 111-114. - **3733**. Manolache, M., W. M. Ross, M. Schmid, 1976, Banding analysis of the somatic chromosomes of the domestic dog. Can. J. gen. cytol. 18, 513-518. - **3734**. Mansa, S., 1979, Aflivning af hunde. Dansk vet. tids. 62, 240-242. - **3735**. Mansell, P. D., B. W. Parry, P. J. v. Orsouw, 1990, Haemophilia A in a family of miniature poodles. Austr. vet. J. 67, 420-422. - **3736**. Mansell, P. D., B. W. Parry, 1991, Stability of canine factor VII activity and von Willebrand factor antigen concentration in vitro. Res. vet. sci. 51, 313-316. - **3737**. Mantovani, A., L. Morganti, 1977, Dermatophytozoonoses in Italy. Vet. sci. comm. 1, 171-177. - **3738**. Manwell, C., C. M.Baker, 1983, Origin of the dog. Spec. sci. techn. 6, 213-224. - **3739**. Manwell, C., C. M. Baker, 1984, Domestication of the dog. Z. Tierz. Zücht. biol. 101, 241-256. - **3740**. Maqsood, M., 1963, Incidence of echinococcosis in bovines in the CENTO region countries. Welttierärztekongr. Hannover. - **3741**. Marchand, C., A. Moore, 1991, Waltham Focus 1, 14. - **3742**. Marchevsky, R. S., E. F. do Nascimento, M. A. de Chquiloff, R. H. Nogueira, 1980, Neoplasia cutaneas em caes. Arq. esc. vet. Univ. Minas Ger. 32, 35-39. - **3743**. Marcial-Rojas, R. A., 1971, Pathology of protozoal and helminthic diseases. Willams & Wilkins Co., Baltimore. - **3744**. Marder, A. R., 1991, Psychotropic drugs and behavioral therapy. Vet. clin. N. Am. 21, 329-342. - **3745**. Mares, R. G., G. Leslie, 1987, Dog licensing. Vet. rec. 121, 479. - **3746**. Markhoff, K., 1988, Wld.u.Hd. 90, 34. - **3747**. Markstein, V., 1979, Edelkatze 29, 11. - **3748**. Markwell, P. J., C. J. Thorne, 1987, Early behavioural development of dogs. J.sm.an.pract. 28, 984-991. - **3749**. Markwell, P. J., W. v. Erk, G. D. Parkin, C. J. Sloth, T. Shantz-Christenson, 1990, Obesity in the dog. J.sm.an.pract. 31, 533-537. - **3750**. Markwell, P., C. Gaskell, 1991, Walth. Focus 1, 22. - **3751**. Marolt, J., M. Peitel, 1969, Sertolizellentumor des verlagerten Hodens bei einem Hund. Dt. tierärztl. Wschr. 76, 292. - **3752**. Marolt, J., A. Frank, 1971, Knorpeltransplantation zur Korrektur herabhängender Ohren bei einem Hund. Dt. tierärzl. Wschr. 78, 498-500. - **3753**. Marples, B. J., 1967, Notes on the phenotypes of cats in New Zealand and Thailand. Carn. gen. nwsl. 1, 43-44. - **3754**. Marquardt, U., H. D. Lengnick, 1975, Zur Korrektur kupierter, hängender Ohren bei der Deutschen Dogge. Kleintierprax. 20, 1-4. - **3755**. Marron, J. A., C. L. Senn, 1974, Dog feces. J. environm. hlth. 37, 239-243. - **3756**. Marsboom, R., J. Spruyt, C. v. Ravestyn, 1971, Incidence of congenital abnormalities in a Beagle colony. Lab. anim. 5, 41-48. - **3757**. Marshall, A. E., 1986, Use of brain stem auditory evoked response to evaluate deafness in a group of Dalmatian dogs. J.A.V.M.A. 188, 718-722. - **3758**. Marshall, D. A., R. L. Doty, 1990, Taste response of dogs to ethylene glycol, propylene glycol, and ethylene glycol-based antifreeze. J.A.V.M.A. 197, 1599-1602. - **3759**. Marshall, L. S., M. L. Oehlert, M.E. Haskins, J. R. Selden, D. F. Patterson, 1982, Persistent Müllerian duct syndrome in Miniature Schnauzers. J.A.V.M.A. 181, 798-801. - **3760**. Martens, H. H., 1975, Prophylaxe und Therapie bei Meutehunden. Prakt. Ta. 56, 356-358. - **3761**. Martin, C. L., M. Wyman, 1968, Glaucoma in the Basset Hound. J.A.V.M.A. 153, 1320-1327. - **3762**. Martin, C. L., R. Leach,1970, Everted Membrana nictitans in German Shorthaired Pointers. J.A.V.M.A. 157, 1229-1232. - **3763**. Martin, C., H. W. Leipold, 1974, Aphakia and multiple ocular defects in St. Bernhard puppies. Vet. med. 69, 448-453. - **3764**. Martin, H., 1980, SV-Z. 74, 998. - **3765**. Martin, H., 1986, SV-Z. 80, 832. - **3766**. Martin, H., 1986, SV-Z. 80, 839. - **3767**. Martin Iniesta, S., F. J. Mazzucheli, M. R. Sanchez, F. R. Franco, P. T. Delgado, 1988, Insuficiencia pancreatica exocrina en el perro. Med. vet. 5, 23-28. - **3768**. Martin, M., R. Letarte, 1977, Prevalence of toxoplasmosis in Quebec farm dogs. Vet. rec. 101, 79-80. - **3769**. Martin, S. W., K. Kirby, P. W. Pennock, 1980, Canine hip dysplasia. Can. vet. J. 21, 293-296. - **3770**. Martinek, Z., 1979, Zerebrale Anfallsleiden beim Hund. Kleintierprax. 24, 15-33. - **3771**. Martinek, Z., 1981, Schweiz. hundesp. 97, 608. - **3772**. Martinek, Z., F. Horak, 1971, Uns. Pud. 15, 299. - **3773**. Martinek, Z., F. Horak, 1972, Epilepsie als verhaltenswissenschaftliches Problem. Wiss. Z. Humb. Univ. Berl. MNR 21, 441-443. - **3774**. Martinek Z., J. Kolinska, 1977, SV-Z. 71, 175. - **3775**. Martinek, Z., E. Dahme, 1977, Spontanepilepsie bei Hunden. Zbl. Vet. med. A 24, 353-371. - **3776**. Marx, G., 1976, Verhaltensstörungen bei Hunden durch Krankheiten nicht zentraler Genese. Tierärztl. Umsch. 31, 545-550. - **3777**. Marx, M. B., M. L. Furcolow, 1969, What is the dog population. Arch. env. hlth. 19, 217-219. - **3778**. Mason, B. J., 1991, Control of fighting dogs. Vet. rec. 128, 553. - **3779**. Mason, I. S., 1991, Canine pyoderma. J. sm. an. pract. 132, 381-386. - **3780**. Mason, I. S., J. Jones, 1989, Juvenile cellulitis in Gordon Setters. Vet. rec. 124, 642. - **3781**. Mason, K., 1988, A hereditary disease in Burmese cats manifested as an episodic weakness with head nodding and neck ventroflexion. J.Am.an.hosp.ass. 24, 147-151. - **3782**. Mason, K. V., R. E. Halliwell, B. J. McDougal, 1986, Characterization of lichenoid-psoriasiform dermatosis of Springer Spaniels. J.A.V.M.A. 189, 897-901. - **3783**. Mason, T. A., 1976, A Review of recent developments in hip dysplasia. Austr. vet. J. 52, 555-560. - **3784**. Mason, T. A., 1978, Control of canine hip dysplasia. Vet. rec. 103, 19-20. - **3785**. Mason, T. A., 1978, Cervical vertebral instability in dogs. Vet. ann. 18, 194-197. - **3786**. Mason, T. A., 1979, Cervical vertebral instability in the dog. Vet. rec. 104, 142-146. - **3787**. Mason, T. A., K. Cox, 1971, Collie eye anomaly. Austr. vet. J. 47, 38-40. - **3788**. Mason, T. A., B. Lavelle, 1979, Osteochondritis dissecans of the tibial tarsal bone in dogs. J.sm.an.pract. 20, 423-432. - **3789**. Mason, T. A., R. B. Lavelle, S. C. Skipper, W. R. Wrigley, 1980, Osteochondrosis of the elbow joint in young dogs. J.sm.an.pract. 21, 641-656. - **3790**. Matenaar, H., 1976, Uns. Rassehd., 1001. - **3791**. Matenaar, C., 1977, Edelkatze, 27, 6. - **3792**. Matenaar, C., 1987, Uns. Neufundl. 6, 8. - **3793**. Matheeuws, D., F. H. Comhaire, 1989, Concentrations of oestradiol and testosteron in peripheral and spermatic venous blood of dogs with unilateral cryptorchidism. Dom. an. endocr. 6, 203-209. - **3794**. Mathews, K., N. Gofton, 1988, Congenital extrahepatic portosystemic shunt occlusion in the dog. J.Am.an.hosp.ass. 24, 387-394. - **3795**. Matic, S. E., 1988, Congenital heart disease in the dog. J.sm.an.pract. 29, 743-759. - **3796**. Matrose, H., 1978, Pers. Mitt. - **3797**. Matrose, H., 1981, Uns. Rassehd. 11, 4. - **3798**. Matouch, O., S. Navesnik, 1975, Untersuchungen zum Auftreten der Tollwut auf dem Gebiet der CSR in den Jahren 1969-1973. Vet. med. 20, 303-308. - **3799**. Matsas, D. J., T. J. Yang, 1980, Karyotype analysis of leukocytes of gray Collie. Am.J.vet.res. 41, 1863-1864. - **3800**. Mattheeuws, D., 1970, Heupdysplasie bij de hond. Vlaams dierg. tijds. 39, 589-617. - **3801**. Matthey, R., 1954, Chromosomes et systématique des canides. Mammalia 18, 225-230. - **3802**. Matz, M. E.,L.Shell, K. Braund, 1990, Peripheral hypomyelinization in two Golden Retriever littermates. J.A.V.M.A. 197, 228-230. - **3803**. Maurer, M., P. Bartels, D. Kabisch, 1988, Craniomandibuläre Osteopathie. Kleintierprax. 33, 37-38. - **3804**. Mawdesley-Thomas, L. E., 1968, Lymphocytic thyroiditis in the dog. J.sm.an.pract. 9, 539-550. - **3805**. Maxie, M. G., J. H. Reed, P. W. Pennock, B. Hoff, 1970, Splenic torsion in three Great Danes. Can. vet. J. 11, 249-255. - **3806**. May, J., 1988, Defects in cats. Vet. rec. 365-366. - **3807**. May, R. M., 1988, Control of feline delinquency. Nature 332, 392-393. - **3808**. Mayer, H. J., 1976, Dachshd. 31, 269. - **3809**. Mayer, P., 1968, Die Eklampsie beim Fleischfresser. Wien. tierärztl. Mschr. 55, 592-594. - **3810**. Mayhew, I. G., W. F. Blakemore, A. C. Palmer, C. J.Clarke, 1984, Tremor syndrome hypomyelination in Lurcher pups. J.sm.an.pract. 25, 551-559. - **3811**. Mayr, 1981, Viruskrankheiten von Hund und Katze. tierärztl. prax. 9, 103-116. - **3812**. Mayr, A., S. Götz, H. Schels, 1986, Eff. Rep. 23, 10. - **3813**. Mayr, A., S., Götz, H. Schels 1991, Hunde-J. 79, 3, 7. - **3814**. Mayr, B., D. Schweizer, W. Schleger, 1983, Characterization of the canine karyotype by counterstain-enhanced chromosome banding. Can. J. gen. cytol. 25, 616-621. - **3815**. Mayr, B., G. Geber, H. Auer, M. Kalat, W. Schleger, 1986, Heterochromatin composition and nucleolus organizer activity in four canid species. Can. J. gen. cytol. 34, 744-753. - **3816**. Mayr, B., J. Krutzler, W. Schleger, H. Auer, 1986, A new type of Robertsonian translocation in the domestic dog. J. hered. 77, 127. - **3817**. Mayr, B., H. Kofler, W. Schleger, G. Loupal, H. Burtscher, 1991, Characterization of complex karyotype changes in a canine thyroid adenoma. Res. vet. sci. 50, 298-300. - **3818**. Mayr, B., U. Eschborn, G. Loupal, W. Schleger, 1991, Characterization of complex karyotype changes in two canine bone tumours. Res. vet. sci. 51, 341-343. - **3819**. Mayrhofer, E., 1977, Metaphysäre Tibiadysplasie beim Dachshund. Kleintierprax. 22, 223-228. - **3820**. Mayr, B., U. Eschborn, M. Kalat, 1991, Near triploidy in a feline fibrosarcoma. J.vet.med. A. 38, 617-620. - **3821**. Mayrhofer, E., 1988, Ossifikationsvarianten am Gliedmaßenskelett des Hundes. Zbl.Vet.med.A 35, 544-560. - **3822**. Mayrhofer, E., 1988, Ossifikationsvarianten am Gliedmaßenskelett des Hundes. Zbl.Vet.med.A 35, 604-609. - **3823**. 3823 Mayrhofer, E., E. Köppel, 1982, Schultergelenksdysplasie beim Hund.28. Jahrestag.Fachgr.Kleint.DVG, 319-325. - **3824**. Mayrhofer, E., E. Köppel, 1985, Schultergelenksdysplasie beim Dachshund. Zbl.Vet.med.A 32, 202-213, 214-225. - **3825**. Mazué, G., J. Berthe, B. Dupuis, P. Gros, 1977, Etude des principales constantes sanguines du chien dalmate. Rev.méd.vét.128, 639-642. - **3826**. McAfee, L.T., J.T.McAfee, 1976, Atresia ani in a dog. Vet.med.71, 624-627. - **3827**. McBride, J.A.., M.J. King, A.G. Baikie, G.P. Crean, W. Sircus, 1963, Ankylosing spondylitis and chronic inflammatory diseases of the intestines. Brit.med.J. 2, 483-486. - **3828**. McCaig, J., 1962, Pyloric stenosis in the dog. Vet.rec. 74, 1101-1102. - **3829**. McCarthy, G., 1984, Idiopathic congestive cardiomyopathy of large breeds of dogs. Ir.vet.J. 38, 155-158. - **3830**. McCarthy, P., 1978, A prominent consolidation in the tendon of the long head of the triceps brachii muscle in the greyhound. Anat.hist.embr. 7, 79-83. - **3831**. McClave, P.L., 1957, Elimination of coxofemoral dysplasia from a breeding kennel. Vet.med. 52, 241-243. - **3832**. McConnell, P.B., 1990, Acoustic structure and receiver response in domestic dogs, Canis familiaris. Anim.behav. 39, 897-904. - **3833**. McCrave, E.A., 1991, Diagnostic criteria for separation anxiety in the dog. Vet.clin.N.Am. SAP 21, 247-255. - **3834**. McDonald, M., 1980, Population control of feral cats using megestrol acetate. Vet.rec. 106, 129. - **3835**. McDonald, R.K., 1987, Cat scratch disease.Comp.an.pract. 1, 14-15. - **3836**. McEwan, N.A., L. Macartney, 1987, Fanconi's syndrome in a Yorkshire Terrier. J.sm.an.pract. 28, 737-742. - **3837**. McFarland, L.Z., E. Deniz, 1961, Unilateral renal agenesis with ipsilateral cryptorchidism and perineal hypospadia in a dog. J. A .V. M. A. 139, 1099-1100. - **3838**. McGovern, M.M., N. Mandell, M. Haskins, R.J. Desnick, 1985, Animal model studies of allelism. Genet. 110, 733-749. - **3839**. McGrath, J.T., 1960, Neurological examination of the dog. Lea & Febiger, Philad. - **3840**. McGrath, J.T., 1965, Spinal dysraphism in the dog with comments on syringomyelia. Path. vet. 2, Suppl., 36p. - **3841**. McGrath, J.T., A.M. Kelly, S.A. Steinberg, 1968, Cerebral lipidosis in the dog. J. neuropath. exp. neurol. 27, 141. - **3842**. McGrath, J., H. Schutta, A. Yaseen, S. Steinberg, 1969, A morphological and biochemical study of canine globoid leukodystrophy. J. neuropath. exp. neurol. 28, 171. - **3843**. McGrew, W.C., 1978, What future for the wolf? Carniv. 1, 112-113. - **3844**. McHattie, G., 1988, Ped. dig. 14, 3. - **3845**. McHowell, J., J. Ishmael, 1968, Calcinosis circumscripta in the dog with particular reference to lingual lesions. Path. vet. 5, 75-80. - **3846**. McKee, W.M., 1988, Dorsal laminar elevation as a treatment for cervical vertebral canal stenosis in the dog. J. sm. an. pract. 29, 95-103. - **3847**. McKee, W.M., R.B. Lavelle, T.A. Mason, 1989, Vertebral stabilisation for cervical spondylopathy using a screw and washer technique, J. sm. an. pract.30, 337-342. - **3848**. McKee, W.M., R.B. Lavelle, J.L. Richardson, T.A. Mason, 1990, Vertebral distraction-fusion for cervical spondylopathy using a screw and double washer technique. J. sm. an. pract. 31, 22-27. - **3849**. McKee, W.M., S. Carmichael, D. Brockman, 1991, Cervical spondylopathy, Vet. rec. 128, 20. - **3850**. McKelvie, D.H., A.C. Andersen, 1963, Neonatal deaths in relation to the total production of experimental beagles to the weaning age. Lab. an. care 13, 725-730. - **3851**. McKelvie, D.H., F.T. Shultz, J.W. Parcher, L.S. Rosenblatt, 1966, Random selection of beagles to maintain heterogeneity and minimize bias in a lifespan experiment. Lab. an. care 16, 337-344. - **3852**. McKenna, S.C., J.L. Carpenter, 1980, Polycystic disease of the kidney and liver in the Cairn Terrier. Vet. path. 17, 436-442. - **3853**. McKeown, M., S. McCormick, 1971, Cranio-facial growth studies using dogs. J. inst. an. techn. 22, 169-170. - **3854**. McKerrell, R.E., J.R. Anderson, M.E. Herrtage, J.D. Littlewood, A.C. Palmer, 1984, Generalized muscle weakness in the Labrador Retriever. Vet.rec. 115, 276. - **3855**. McKerrell, R.E., K.G. Braund, 1986, Hereditary myopathy in Labrador Retrievers. Vet. path. 23, 411-417. - **3856**. McKerrel, R.E., K.G. Braund, 1987, Hereditary myopathy in Labrador Retrievers. J. sm. an. pract. 28, 479-489. - **3857**. McKerrel, R. E., W. F. Blakemore, M. F. Heath, J. Plumb, M. J. Bennett, R. J. Pollitt, C. J. Danpure, 1989, Primary hyperoxaluria in the cat. Vet. rec. 125, 31-34. - **3858**. McLaughlin, S., 1983, Multiple ocular defects associated with partial albinism. Can. pract. 10, 12-16. - **3859**. McMillan, C. W., R. G. Mason, 1968, Plasma factor VIII activity in newborn dogs. Am. J. phys. 214, 395-399. - **3860**. McNish, W. C., R Haverson, J. C. Barrowman, 1967, A case of torsion of the spleen in a dog. Vet. rec. 80, 518-519. - **3861**. Mech, L. D., 1970, The wolf. Doubleday, Gard. City N. Y. - **3862**. Medow, M. S., R. Reynolds, K. C. Bovee, S. Segal, 1981, Proline and glucose transport by renal membranes from dogs with spontaneous idiopathic Fanconi syndrome. Proc. nat. ac. sci. 78, 7769-7772. - **3863**. Mehl, M., 1986, Terrier, 79, 23. - **3864**. Mehl, N. B., 1986, Atlantoaksial subluksation hos en Breton. Dansk vet. tids. 69, 890-892. - **3865**. Mehta, J. R., K. G. Braund, R. E. McKerrell, M. Toivio-Kinnucan, 1989, Intercellular electrolytes and water analysis in dystrophic canine musles. Res. vet. sci. 47, 17-22. - **3866**. Mehta, J. R., K. G. Braund, R. E. McKerrell, M. Toivio-Kinnucan, 1989, Isoelectric focusing under dissociating conditions for analysis of muscle protein from clinically normal dogs and Labrador Retrievers with hereditary myopathy. Am.J.vet.res. 50, 633-639. - **3867**. Mehta, J. R., K. G. Braund, R. E. McKerrell, M. Toivio-Kinnucan,1989, Analysis of muscle elements, water, and total lipids from healthy dogs and Labrador Retrievers with hereditary muscular dystrophy. Am.J.vet.res. 50, 640-644. - **3868**. Meier, G. W., 1968, Use of cats in behavioral research. In: W. I. Gay, Methods of animal experimentation III. Ac. Press, N. Y. - **3869**. Meier, H., 1957, Neoplastic diseases of the hematopoietic system in the dog. Zbl. Vet. med. 4, 633-688. - **3870**. Meier, H., 1961, Comparative aspects of spontaneous Diabetes mellitus in animals. Am.J.med. 31, 868-873. - **3871**. Meier, H., S. T. Clark, G. B. Schnelle, D. H. Will, 1957, Hypertrophic osteodystrophy associated with disturbance of vitamin C synthesis in dogs. J.A.V.M.A. 130, 483-491. - **3872**. Meier, K. H., 1975, Parasitäre Dermatopathien der Heimtiere und ihre Bedeutung für den Menschen. Kleintierprax. 20, 73-83. - **3873**. Meij, B. P., G. Voorhout, R. A. v. Oosterom, 1990, Agenesis of the vulva in a Maltese dog. J.sm.an.pract. 31, 457-460. - **3874**. Meijer, L. M. de, A. W. v. Foreest, G. J. Truin, A. J. Plasschaert, 1991, Veterinary dentistry in dogs and cats. Tijds.dierg.

116, 777-781. – **3875**. Melby, E. C., N. H. Altman, 1974, Handbook of laboratory animal science. II. CRC Press Inc., Cleveland. – **3876**. Melicow, M. M., 1966, Tumors of dysgenetic gonads in intersexes. Bul. N. Y. ac. med. 42, 3-17. – **3877**. Mellen, I. M., 1939, The origin of the Mexican hairless cat. J. hered. 30, 435-436. – **3878**. Mendl, M. T., 1986, Effects of litter size and sex of young on behavioural development in domestic cats. Ind. thes. 36, 283. – **3879**. Mendl, M., 1988, The effects of litter-size variation in the development of play behaviour in the domestic cat. Anim. behav. 36, 20-34. – **3880**. Mengel, R. M., 1971, A study of dog-coyote hybrids and implications concerning hybridization in Canis. J. mammal. 52, 316-336. – **3881**. Menzel, R., 1937, Welpe und Umwelt. Kleint. Pelzt. 13, 2, 1-65. – **3882**. Menzel, R., R. Menzel, 1963, Erfahrungen über Hundezucht und Hundehaltung in subtropischem Klima. Wien. tierärztl. M.schr. 50, 390-397. – **3883**. Meredith, J. H., T. B. Clarkson, 1959, Tetralogy of Fallot in the dog. J.A.V.M.A. 135, 326-328. – **3884**. Merkenschlager, M., N. C. Juhr, 1971, Kontrolle des SPF-Status von Versuchstieren. Ber. Münch. tierärztl. Wschr. 84, 111-115. – **3885**. Merry, D., P. v. Tuinen, S. Pathak, 1982, Behavior of domestic dog. Mamm. chrom. nwsl. 23, 33. – **3886**. Mertens, E., 1974, Wld.u.Hd. 76, 921. – **3887**. Mertens, L., 1973, Eine Methode zur Korrektur der Ringelrute bei Hunden. Kleintierprax. 18, 138-139. – **3888**. Merwe, N. J. v. d., 1953, The Jackal. Flora and Fauna. Transv. Prov. Publ. 4, 1-83. – **3889**. Messier, F., C. Barrette, 1981, The social system of the coyote in a forested habitat. Can. J. zool. 60, 1743-1753. – **3890**. Metcalfe, J. A., J. R. Turner, 1971, Gene frequencies in the domestic cats of York. Hered. 26, 259-267. – **3891**. Metzler, A., 1981, Schweiz. hundesp. 97, 720. – **3892**. Meulenaar, H., T. S. v. d. Ingh, J. Rothuizen, 1983, Koperstapeling in de lever, een erfelijk probleem bij de Bedlington terrier. Tijds.dierg. 108, 916-919. – **3893**. Meyer, G., U. Green, 1983, Craniomandibuläre Osteopathie bei drei Westhighland-Terrier-Wurfgeschwistern. Kleintierprax. 28, 239-244. – **3894**. Meyer, H., 1958, Erbfehler und Erbkrankheiten beim Hund. Kleintierprax. 3, 57-67. – **3895**. Meyer, H., 1963, Über den Kalium-Gehalt im Blut bei Rind und Ziege. Mh. Tierhlk. 15, 113-120. – **3896**. Meyer, H., 1965, Die Tierhaltung in der Bundesrepublik Deutschland. Prakt. Ta. 46, 1-4. – **3897**. Meyer, H., 1968, Zur Erblichkeit und züchterischen Bekämpfung der Hüftgelenksdysplasie des Hundes. Kleintierprax. 13, 41-45. – **3898**. Meyer, H., 1973, Uns. Rassehd., 807. – **3899**. Meyer, H., 1977, Eff. Rep. 5, 1. – **3900**. Meyer, H., 1981, 10. Kynol. Weltkongr., 96. – **3901**. Meyer, H., 1983, Ernährung des Hundes. E. Ulmer Vlg., Stuttgart. – **3902**. Meyer, H., 1984, Fütterung von Junghunden. Kleintierprax. 29, 83-90. – **3903**. Meyer, H., 1987, Eff. Rep. 25, 1. – **3904**. Meyer, H., A. Lindfeld, 1969, Untersuchungen über Wirbelzahl und Wirbellänge beim Dt. vered. Landschwein. Dt.tierärztl.Wsch. 76, 445-472. – **3905**. Meyer, H., W. Wegner, 1973, Vererbung und Krankheit bei Haustieren. Schaper Vlg., Hannover. – **3906**. Meyer, H., U. Lemmer, 1974, Nährstoffgehalt von Rinderschlachtabfällen. Kleintierprax. 19, 42-45. – **3907**. Meyer, P., 1972, Palpatorische Befunde zum Descensus testis beim Dt. Kurzhaar. Dt.tierärztl.Wsch. 79, 590-597. – **3908**. Meyer, P., 1988, Eff. Rep. 27, 43. – **3909**. Meyer, R., G. Suter, 1976, Epidemiologische und morphologische Untersuchungen am Hundegebiß. Schweiz.Arch.Trhlk. 118, 307-317. – **3910**. Meyer, R., G. Suter, H. Triadan, 1980, Epidemiologische und morphologische Untersuchungen am Hundegebiß. II. Schweiz.Arch.Trhlk. 122, 503-517. – **3911**. Meyer, W., 1977, Untersuchungen zur Morphometrie und zur Reproduktion in einer Merlezucht. Diss.Hannover. – **3912**. Meyer, W., 1987, Eff. Rep. 24, 9. – **3913**. Meyer, W., T. Bartels, R. Schwarz, 1990, Zur Struktur und Funktion der Fußballen der Katze. Kleintierprax. 35, 67-76. – **3914**. Meyer-Lindenberg, A., 1991, Angeborene und erworbene Erkrankungen des Ellbogengelenks beim Hund. Diss. Hannover. – **3915**. Meyers, K. M., J. E. Lund, G. Padgett, W. M. Dickson, 1969, Hyperkinetic episodes in Scottish Terrier dogs. J.A.V.M.A. 155, 129-133. – **3916**. Meyers, K. M., G. A. Padgett, W. M. Dickson, 1970, The genetic basis of a kinetic disorder of Scottish Terrier dogs. J. hered. 61, 189-192. – **3917**. Meyers, V. N., P. F. Jezyk, G. D. Aguirre, D. F. Patterson, 1983, Short-limbed dwarfism and ocular defects in the Samoyed dog. J.A.V.M.A. 183, 975-979. – **3918**. Meyers-Wallen, V. N., P. K.Donahoe, T. Mangaro, D. F. Patterson, 1987, Müllerian inhibiting substance in sex-reversed dogs. Biol. repr. 37, 1015-1022. – **3919**. Meyers-Wallen, V. N., J. D. Wilson, J. E. Griffin, S. Fisher, P. H. Moorhead, M. H. Goldschmidt, M. E. Haskins, D. F. Patterson, 1989, Testicular feminization in a cat. J.A.V.M.A. 195, 631-634. – **3920**. Meyer-Wallen, V. N., P. K. Donahoe, S. Ueno, T. F. Mangaro, D. F. Patterson, 1989, Müllerian inhibiting substance is present in testes of dogs with persistent Müllerian duct syndrome. Biol. reprod. 41, 881-889. – **3921**. Mialot, J. P., M. Lagadic, 1990, Epidémiologie descriptive des tumeurs du chien et du chat. Rec.méd.vét. 166, 937-947. – **3922**. Michael, R. P., 1961, Observations upon sexual behaviour of the domestic cat under laboratory conditions. Behav. 18, 1-24. – **3923**. Middleton, D. J., A. D. Watson, 1978, Activated coagulation times of whole blood in normal dogs and dogs with coagulopathies. J.sm.an.pract. 19, 417-422. – **3924**. Miessner, K., 1964, Ist die Lockenentwicklung der Pudel eine Pluripotenzerscheinung? Zool. Anz. 172, 448-478. – **3925**. Mignot, E., C. Guilleminault, S. Bowersox, A. Rappaport, W. C. Dement, 1988, Role of central alpha-1 adrenoceptors in canine narcolepsy. J. clin. invest. 82, 885-894. – **3926**. Mignot, E., C. Wang, C. Rattazzi, C. Gaiser, M. Lovett, C. Guilleminault, W. C. Dement, F. C. Grumet, 1991, Genetic linkage of autosomal recessive canine narcolepsy with a μ-immunoglobulin heavychain switch-like segment. Proc. nat. ac. sci. 88, 3475-3478. – **3927**. Mihaljevic, M., 1989, Tierärtliche Verteilung des Patientenguts, Hunderassenverteilung, Erkrankungsfälle und prophylaktische Maßnahmen der häufigsten Hunderassen am Beispiel der Patientenpopulation einer Kleintierpraxis in Mannheim von 1977-1979 und 1982-1984. Diss. Hannover. – **3928**. Mihaljevic, M., 1988, Patientenversorgung, tierärtliche Verteilung des Patientengutes, Erkrankungsfälle und prophylaktische Maßnahmen bei den häufigsten Hunderassen am Beispiel der Patientenpopulation zweier Kleintierpraxen in Hannover von 1975 -1984. Diss. Hannover. – **3929**. Mihaljevic, S. Y., M. Mihaljevic, G. Graschew, 1989, Kombinierte diagnostische Verfahren und laserphotodynamische Therapie maligner Tumoren. Kleintierprax. 34, 225-232. – **3930**. Milhaud, G., J. P. Boidot, B. Joseph-Enriquez, E. Charles, D. Balde, 1990, Intoxication par le plomb dans un chenil. Rec.méd.vét. 166, 881-885. – **3931**. Miljkovic, V., P. Draca, G. Mrvos, 1964, Beitrag zur Behandlung einiger gynäkologischer Erkrankungen bei den Fleischfressern. Dt.tierärztl.Wschr. 72, 245-247. – **3932**. Miller, F. L., A. Gunn, E. Broughton, 1985, Surplus killing as exemplified by wolf predation on newborn caribou. Can. J. zool. 63, 295-300. – **3933**. Miller, G. K., 1971, Blake perineal urethrostomy in cats. Vet.med. 66, 1170-1174. – **3934**. Miller, L. M., 1985, Clinical, genetic and morphological characterization of congenital myasthenia gravis in the smooth fox terrier. Diss. abstr. B 45,

2068. - **3935**. Miller, L. M., V. A. Lennon, E. H. Lambert, S. M. Reed, G. A. Hegreberg, J. B. Miller, R. L. Ott, 1983, Congenital myasthenia gravis in 13 Smooth Fox Terriers. J.A.V.M.A. 182, 694-697. - **3936**. Miller, L. M., G. A. Hegreberg, D. J. Prieur, M.J. Hamilton, 1984, Inheritance of congenital myasthenia gravis in smooth fox terrier dogs. J. hered. 75, 163-166. - **3937**. Miller, M., G. C. Christensen, H. E. Evans, 1964, Anatomy of the dog. W. B. Saunders Co., Philad. - **3938**. Miller, M. A., S. L. Nelson, J. R. Turk, L. W. Pace, T. P. Brown, D. P. Shaw, J. R. Fischer, H. S. Gosser, 1991, Cutaneous neoplasia in 340 cats. Vet. path. 28, 389-395. - **3939**. Miller, P., 1991, The Maremma Sheepdog. Vet. techn. 12, 162-163. - **3940**. Miller, W. H., 1991, Deep pyoderma in two German Shepherd dogs associated with a cell-mediated immunodeficiency. J.Am.an.hosp.ass. 27, 513-517. - **3941**. Miller, W. J., W. F. Hollander, 1986, The sex-linked black cat fallacy. J. hered. 77, 463-464. - **3942**. Millichamp, N. J., R. Curtis, K. C. Barnett, 1988, Progressive retinal atrophy in Tibetan Terriers. J.A.V.M.A. 192, 769-776. - **3943**. Mills, J. H., S. W. Nielsen, 1967, Age, breed and sex distribution in Connecticut dogs. J.A.V.M.A. 151, 1079-1083. - **3944**. Mills, J. H., S. W. Nielsen, 1967, Canine haemangiopericytomas. J.sm.an.pract. 8, 599-604. - **3945**. Mills, J. N., M. J. Day, S. E. Shaw, W. J. Penhale, 1985, Autoimmune haemolytic anaemia in dogs. Austr. vet. J. 62, 121-123. - **3946**. Milne, K. L., H. M. Hayes, 191, Epidemiologic features of canine hypothyroidism. Corn. vet. 71, 3-14. - **3947**. Milner, F., 1989, Dog fighting. Vet. rec. 125, 167. - **3948**. Milnes, D. M., 1960, Post-mortem findings in paraplegia and paraparesis in the dog. Vet. rec. 72, 511-515. - **3949**. Minkus, G., C. Reusch, T. Hänichen, F. Colbatzky, W. Hermanns, 1991, Pathologische Veränderungen des endokrinen Pankreas bei Hund und Katze im Vergleich mit klinischen Daten. Tierärztl. Prax. 19, 282-289. - **3950**. Minkus, G., W. Hermanns, W. Breuer, C. Reusch, G. Brem, 1992, Zu einer familiären Nephropathie bei Berner Sennenhunden. Berl. Münch. tierärztl. Wschr. 105, 31. - **3951**. Minor, R. R., D. H. Lein, D. F. Patterson, L. Krook, T. G. Porter A. C. Kane, 1983, Defects in collagen fibrillogenesis causing hyperextensible, fragile skin in dogs. J.A.V.M.A. 182, 142-148. - **3952**. Miquel, K. v., 1992. Uns. Rassehd. 2, 61. - **3953**. Misdorp, W., 1964, Malignant mammary tumours in the dog and the cat compared with the same in the woman. G. v. Dijk N. V. Breukelen, Utrecht. - **3954**. Misdorp, W., 1981, Kanker bij huisdieren Tijds. diergen. 106, 855-867. - **3955**. Misdorp, W., A. A. Hart, 1979, Some prognostic and epidemiologic factors in canine osteosarcoma. J. nat. canc. inst. 62, 537-545. - **3956**. Miskowiec, J. F., G. H. Hankes, H. N. Engle, J. E. Bartels, 1974, Internal bronchial fistula in a kitten. Vet. med. SAC 69, 259-263. - **3957**. Mitchell, A. L., 1935, Dominant dilution and other color factors in Collie dogs. J. hered. 26, 425-430. - **3958**. Mitchell, J. G. 1976, Audubon 78, 20. - **3959**. Mitchener, K. L., 1988, The euthanasia decision. Comp. an. pract. 2, 12, 3-6. - **3960**. Mitchener, K.L., 1988, Animal owners and attachment. Comp. an. pract. 2, 9, 1-23. - **3961**. Mitchener, K. L., 1989, The human-animal bond. Comp. an. pract. 3, 19, 3-5. - **3962**. Mitler, M. M., O. Soave, W. C. Dement, 1976, Narcolepsy in seven dogs. J.A.V.M.A. 168, 1036-1038. - **3963**. Mitterer, T., I. Walde, L. Pfeil, 1987, Kolobomartige kongenitale Skleral- und Kornealstaphylome beim Hund Wien.tierärztl.Mschr. 74, 293-295. - **3964**. Miura, T., H. Tsujimoto, M. Fukasawa, T. Kodama, M.Shibuya, A. Hasegawa, M.Hayami, 1987, Structural abnormality and over-expression of the myc gene in feline leukemias. Int. J. canc. 40, 564-569. - **3965**. Moch, R., G. Haase, 1953, Hypofunktion der Adenohypophyse eines Hundes. Tierärztl. Umschau, 8, 242-244. - **3966**. Moe, L., I. Bjerkas, S. O. Nostvold, S. I. Offedal, 1982, Hereditaer polyneuropathi hos Alaskan Malamute. Proc. 14th nord. vet. congr. 171-172. - **3967**. Moffatt, B. W., 1968, Cat gene frequencies in two Australian cities.J. hered. 59, 209-211. - **3968**. Mohmeyer, H., SV-Z. 66, 385, 1972. - **3969**. Moise, N. S., 1989, Uncommon congenital heart defects in large and small animals. Proc. 7th ann. vet. med. for., 241-250. - **3970**. Mol, J.A., A. Slob, D. J. Middleton, A. Rijnberk, 1987, Release of adrenocorticotropin, melanotropin and ß-endorphin by pituitary tumours of dogs with pituitary-dependent hyperadrenocorticism. Front. horm. res. 17, 61-70. - **3971**. Moll, R., 1989, Hunde, 105, 448. - **3972**. Mollen, N., F. D. Cannon, J. W. Ferrebee, 1968, Lymphocyte typing in allografted Beagles. Transplant. 6, 939-940. - **3973**. Moltzen, H., 1958, Amputation af extremiteter hos hund og kat. Proc. VIII. nord. vet. möt., 894-900. - **3974**. Moltzen, H., 1962, Otitis media hos hond og kat. Nord.vet.med. 14, 98-114. - **3975**. Moltzen, H., 1971, Manipulationsbehandlung der Columnaleiden bei Hund und Katze. Kleintierprax. 16, 65-70. - **3976**. Moltzen-Nielson, H., 1937, Calvé-Perthes-Krankheit, Malum deformans juvenile coxae bei Hunden. Arch. Tierhlk. 72, 91. - **3977**. Monaloy, S. E., 1977, Gene frequencies in the cat deme of Tampa, Florida. J. hered. 68, 59-60. - **3978**. Monier, J.C., D. Schmitt, M. Perraud, C. Fleury, M. Gioud. M. Lapras, 1978, Antibody to soluble nuclear antigens in dogs with a lupus-like syndrome. Dev. comp. immunol. 2, 161-174. - **3979**. Monier, J. C., M. Lapras, C. Fleury, 1978, Effect of levamisole on the lupus-like syndrome of mice and dogs. Dev. comp. immunol. 2, 361-365. - **3980**. Mönig, T., 1990, Untersuchungen über die Auswirkungen motorischer Belastung unterschiedlicher Intensität auf die Reaktionsbereitschaft von Dienstunden. Diss. Hannover. - **3981**. Moniot, J. F., 1991, Organisation des courses de lévriers. Rec.méd.vét. 167, 595-598. - **3982**. Moniot, J. F., D. Grandjean, 1991, L'entrainement du lévrier de course Rec.méd.vét. 167, 707-711. - **3983**. Montagner, H., J. L. Millot, J. C. Filiatre, A. Eckerlin, A. C. Gagnon, 1988, Données récentes sur les interactions entre l'enfant et son animal familier. Bull. ac. nat. méd. 172, 951-955. - **3984**. Montero, V. M., R. W. Guillery, 1978, Abnormalities of the cortico-geniculate pathway in Siamese cats. J. comp. neurol. 179, 1-12. - **3985**. Montgomerie, R. D., P. B. Moehlman, 1981, Why do jackals help their parents? Nature 289, 824-825. - **3986**. Montgomery, D. L., 1982, Hereditary striatonigral and cerebello-olivary degeneration of the Kerry Blue terrier. Diss. abstr. B. 42, 2732. - **3987**. Montgomery, D. L., R. W. Storts, 1983, Hereditary striatonigral and cerebello-olivary degeneration of the Kerry Blue terrier. Vet. path. 20, 143-159. - **3988**. Montgomery, D. L., A. C. Lee, 1983, Brain damage in the epileptic Beagle dog. Vet. path. 20, 160-169. - **3989**. Montgomery, M., J. Tomlinson, 1985, Two cases of ectrodactyly and congenital elbow luxation in the dog. J.Am.an.hosp.ass. 21, 781-785. - **3990**. Moodi, E. W., W. A. Pattie, 1977, Estimation of heart weight in greyhound dogs. Austr. vet. J. 53, 250. - **3991**. Moore, D. J., 1976, Canine systemic lupus erythematosus. J. S. Afr. vet. ass. 47, 267-275. - **3992**. Moore, F. M., G. W. Thornton 1983, Telangiectasia of Pembroke Welsh Corgi dogs. Vet. path. 20, 203-208. - **3993**. Moore, J. N., C. W. McIlwraith, 1977, Osteochondrosis of the equine stifle. Vet. rec. 100, 133-136. - **3994**. Moore, M. P., S. M. Reed, G. A. Hegreberg, J. W. Kramer, J. E. Alexander, K. M. Meyer, G. M. Bryan, 1987, Electromyographic evaluation of adult Labrador Retrievers with type-II muscle fiber deficiency. Am.J.vet.res. 48,1332-1336. -

3995. Moore, R. W., S. J. Withrow, 1982, Gastrointestinal hemorrhage and pancreatitis associated with intervertebral disk disease in the dog. J.A.V.M.A. 180, 1443-1447. – **3996.** Moore, W., P. D. Lambert, 1963, The chromosomes of the Beagle dog. J. hered. 54, 273-276. – **3997.** Mooser, M., 1958, Zahnärztlich-vergleichende Untersuchungen an 425 Hundeschädeln. Schweiz.Arch.Tierhlk. 100, 209-223. – **3998.** Moraillon, R., 1978, Lupus erythémateux disséminé du chien. Rec.méd.vét. 154, 587-592. – **3999.** Moraillon, R., C. Dumon, 1989, L'obésité du chien. Rec.méd.vét. 165, 607-612. – **4000.** Moraillon, R., A. Caron, 1990, Principales affections neurologiques dans l'espèce féline. Rec.méd.vét. 166, 723-729. – **4001.** Moran, C., C. B. Gillies, F. W. Nicholas, 1984, Fertile male tortoiseshell cats. J. hered. 75, 397-402. – **4002.** Moreau, P. M. 1990, Disorders of the lower urinary tract in old dogs. Vet. rec. 126, 415-425. – **4003.** Moreno-Millan, M., A. Rodero, F. J. Alonso, C. Falcon, 1991, Contribution to the establishment of the R-banded karyotype in dogs. Gen. sel. evol. 23, 179-182. – **4004.** Morgan, J. P., 1967, Spondylosis deformans in the dog. Act. orthop. scand. Suppl. 96, 1-88. – **4005.** Morgan, J. P., 1974, Hip dysplasia in the Beagle. J.A.V.M.A. 164, 496-498. – **4006.** Morgan, J. P., 1987, Canine hip dysplasia. Vet. radiol. 28, 2-5. – **4007.** Morgan, J. P., G. Ljunggren, R. Read, 1967, Spondylosis deformans in the dog. J.sm.an.pract. 8, 57-66. – **4008.** Morgan, J. P., K. Hansson, T. Miyabayashi, 1989, Spondylosis deformans in the female Beagle dog. J.sm.an.pract. 30, 457-460. – **4009.** Morgan, J. P., M. Stavenborn, 1991, Disseminated idiopathic skeletal hyperostosis in a dog. Vet. radiol. 32, 65-70. – **4010.** Moriello, K. A., 1987, Common ectoparasites of the dog. Can. pract. 14, 25-41. – **4011.** Morrill, R. B., N. B. Todd, 1978, Mutant allele frequencies in domestic cats of Denver, Colorado. J. hered. 69, 131-134 – **4012.** Morris, J. G., Q. R. Rogers, P. D. Pion, 1987, Niedrige Plasmatauringehalte bei der Katze in Verbindung mit Kardiomyopathie und Retinadegeneration. Int. Sympos. Hannover, 169. – **4013.** Morris, J. G., Q. R. Rogers, L. M. Pacioretty, 1990, Taurine. J.sm.an.pract. 31, 502-509. – **4014.** Morrison, W. B., N. J. Wilsman, L. E. Fox, C. E. Farnum, 1987, Primary ciliary dyskinesia in the dog. J. vet. int. med. 1, 67-74. – **4015.** Mortensen, V. A., 1979, Diskusprolaps. Dansk vet.tids. 62, 105-110. – **4016.** Morton, C., 1973, Dog bites in Norfolk, Virginia Health serv. rep. 88, 59-64. – **4017.** Morton, C., 1991, Dog identification Vet. rec. 129, 39. – **4018.** Morton, D. B., R. E. Yaxley, I. Patel, A. J. Jeffreys, S. J. Howes, P. G. Debenham, 1987, Use of DNA fingerprint analysis in identification of the sire. Vet. rec. 121, 592-594. – **4019.** Morton, L. D., R. K. Sanecki, D. E. Gordon, R. L. Sopiarz, J. S. Bell, P. S. Sakas, 1990, Juvenile renal disease in Miniature Schnauzer dogs. Vet. path. 27, 455-458. – **4020.** Moser, H. W., M. Lees, 1966, Sulfatide Lipidosis. In: Stanbury et al. a. a. O. – **4021.** Mosier, J., 1990, Introduction. Vet. med. 85, 458. – **4022.** Mosier, J., 1990, Caring for the aging dog in today's practice. Vet. med. 85, 460-470. – **4023.** Moss, L. C., G. A. Severin, 1963, Tattooing as therapy for chronic solar dermatitis in the dog. J.A.V.M.A. 142, 609-610. – **4024.** Mossi-Dieth, V., B. Hauser, L. Corboz, H. Lutz, A. Pospischil, 1990, Todes- und Erkrankungsursachen bei Katzenwelpen. Schweiz.Arch.Tierhlk. 132, 587-594. – **4025.** Most, K., G. H. Brückner, 1936, Über Voraussetzungen und den derzeitigen Stand der Nasenleistungen von Hunden. Z. Hundeforsch. 1, 9-30. – **4026.** Mostafa, I. E., 1970, A case of glycogenic cardiomegaly in a dog. Act. vet. scand. 11, 197-208. – **4027.** Motoyama, M., T.S. Kilduff, B. S. Lee, W. C. Dement, H. O. McDevitt, 1989, Restriction fragment length polymorphism in canine narcolepsy. Immunogen. 29, 124-126. – **4028.** Moulton, C., P. Wright, R. Rindy, 1991, The role of animal shelters in controlling pet overpopulation. J.A.V.M.A. 198, 1172-1176. – **4029.** Moulton, D. G., 1973, The use of animals in olfactory research. In: W. I. Gay, Methods of animal experimentation. Ac. Press, N. Y. – **4030.** Moulton, G., 1961, Tumors in domestic animals. Univ. Calif. Press. L. A. – **4031.** Moulton, J. E., D. O. Taylor, C. R. Dorn, A. C. Andersen, 1970, Canine mammary tumors. Path. vet. 7, 289-320. – **4032.** Mountford, M. D., 1968, The significance of litter size. J. anim. ecol. 37, 363-367. – **4033.** Moutschen, J., 1950, Quelques particularités héreditaires du chat siamois. Nat. Belg. 31, 200-203. – **4034.** Mowrer, R. T., P. A. Conti, C. F. Rossow, 1975, Vaginal cytology. Vet. med. SAC 70, 691-696. – **4035.** Moxon, P. R., 1963, Die Führung von Jagdhunden nach englischer Methode. P. Parey Vlg., Hbg. – **4036.** Mrvos, G., V. Miljkovic, M. Olujic, J. Vujosevic, M. Ilic, 1979, Our experiences with artificial insemination of dogs. Vet. glas. 33, 969-973. – **4037.** Mueller, F., 1938, Die Verwendung des Jagdhundes nach dem Schuß. Z. f. Hundeforsch. 12, 4, 1-43. – **4038.** Mugford, R. A., 1984, Aggressive behaviour in the English Cocker Spaniel. Vet. ann. 24, 310-314. – **4039.** Mugford, R. A., 1987, The influence of nutrition on canine behaviour. J.sm.an.pract. 28, 1046- 1056. – **4040.** Mühlebach, R., U. Freudiger, 1973, Röntgenologische Untersuchungen über die Erkrankungsformen der Spondylose beim Dt. Boxer. Schweiz.Arch.Tierhlk. 115, 539-558. – **4041.** Mühlum, A., H. Meyer, 1989, Untersuchungen über den Taurinstoffwechsel bei Katzen und Beurteilungsmöglichkeiten des Versorgungsstatus. Kleintierprax. 34, 493-502. – **4042.** Muir, P., S. E. Goldsmid, C. R. Bellenger, 1991, Megacolon in a cat following ovariohysterectomy. Vet. rec. 129, 512-513. – **4043.** Müller, A., 1989, Hunde 105, 1206. – **4044.** Müller, A., 1990, Hunde, 106, 395. – **4045.** Müller, D., 1964, Beitrag zur Statistik der Tumoren beim Hund. Diss. Hannover. – **4046.** Müller, G. H., R. W. Kirk, 1976, Color mutant alopecia. In: Small animal dermatology, W. B. Saunders, Philad. – **4047.** Müller, H., 1961, Röntgenologische Diagnostik und Chirurgie des Bandscheibenvorfalles beim Hund. Kleintierprax. 5, 107-114. – **4048.** Müller, H., 1988, Hunde 104, 293. – **4049.** Müller, J., 1979, Uns. Rassehd. 10, 46. – **4050.** Müller, L. F., 1969, Uns. Rassehd. 71. – **4051.** Müller, L. F., 1973, Kynol. Weltkongr. 72. – **4052.** Müller, L. F., 1974, Unfallfolgen aus klinischer Sicht. Prakt. Ta. 56, 10-12. – **4053.** Müller, L. F., 1975, Alterungsbedingte Endokrinopathien. Prakt. Ta. 56, 50-53. – **4054.** Müller, L. F., 1977, Dachshund, 32, 3. – **4055.** Müller, L. F., 1977, Pers. Mitt. – **4056.** Müller, L. F., 1979, Eff. Rep. 9, 9. – **4057.** Müller, L. F., H. D. Schmidt, 1961, Psychogenes Erbrechen beim Hunde. Berl.Münch.tierärztl.Wschr. 74, 380-382. – **4058.** Müller, L. F., J. Werner, 1964, Die respiratorische Arrhythmie des Hundes. Berl.Münch.tierärztl.Wschr. 77, 414-417. – **4059.** Müller, L. F., C. Saar, 1966, Eine Anleitung zur Röntgen-Diagnose der Hüftgelenksdysplasie. Kleintierprax. 1, 33-42. – **4060.** Müller, L. F., C. Saar, 1972, Erste Ergebnisse der tierärztlich-züchterischen Maßnahmen zur Bekämpfung der Hüftgelenksdysplasie beim Hovawart. Tierärztl. Umsch. 27, 176-177. – **4061.** Müller, S., 1991, Uns. Rassehd. 9, 675. – **4062.** Müller, S., 1991, Der Pemphigus-Komplex beim Kleintier. Kleintierprax. 36, 361-364. – **4063.** Müller-Forrer, E., 1985, Schweiz. hundesp. 101, 702. – **4064.** Müller-Peddinghaus, R., M. F. el Etreby, J. Siefert, M. Ranke, 1980, Hypophysärer Zwergwuchs beim Deutschen Schäferhund. Vet. path. 17, 406-421. – **4065.** Muller, G., A. Glass, 1926, Diseases of the dog and their treatment. A. Eger, Chikago. – **4066.**

Muller, G. H., S. Jones, 1973, Pituitary dwarfism associated with cystic Rathke's cleft in a dog. J.Am.an.hosp.ass. 9, 567-572. – **4067.** Muller, G. H., R. W. Kirk, 1976, Small animal dermatology. W. B. Saunders Co., Philad. – **4068.** Mulligan, R. M., 1961, Melanoblastic tumors in the dog. Am.J.vet.res. 22, 345-351. – **4069.** Mulligan, R. M., 1963, Comparative pathology of human and canine cancer. Ann. N. Y. ac. sci. 108, 642-690. – **4070.** Mulligan, R. M., 1975, Mammary cancer in the dog. Am.J.vet.res. 36, 1391-1396. – **4071.** Mullins, J. I., E. A. Hoover, J. Overbaugh, S. L. Quackenbush, P. R. Donahue, M. L. Poss, 1989, FeLV-FAIDS-induced immunodeficiency syndrome in cats. Vet. immun. immunopath. 21, 25-37. – **4072.** Mulnix, J. A., K. W. Smith, 1975, Hyperadrenocorticism in a dog. J.sm.an.pract. 16, 193-200. – **4073.** Mulvaney, D., J. Ugenti, 1969, Blood group study in the domestic cat. Carn. gen. nwsl. 1, 150-151. – **4074.** Mulvihill, J. J., W. A. Priester, 1973, Congenital heart disease in dogs. Teratol. 7, 73-77. – **4075.** Mulvihill, J. J., C. G. Mulvihill, W. A. Priester, 1980, Cleft palate in domestic animals. Teratol. 21, 109-112. – **4076.** Muna, W. F., V. J. Ferrans, J. E. Pierce, W. C. Roberts, 1978, Discrete subaortic stenosis in Newfoundland dogs. Am. J. card. 41, 746-754. – **4077.** Munday, B. L., 1970, Epitheliogenesis imperfecta in lambs and kittens. Brit. vet. J. 126, Xlvii. – **4078.** Munday, B. L., 1975, Prevalence of toxoplasmosis in Tasmanian meat animals. Austr. vet. J. 51, 315-316. – **4079.** Mundt, H. C., C. Stafforst, 1987, Haarwachstum und Haarzusammensetzung beim Hund. Int. Symp. Hannover, 119-124. – **4080.** Münker, B., 1983, Edelkatze 33, 58. – **4081.** Muno, W., 1972, Dachshd. 27, 37. – **4082.** Münzer, B., K. Loeffler, 1984, Verfahrenstechnische Fragen bei der röntgenologischen HD-Zuchtuntersuchung bei Hunden. Prakt. Ta. 65, 857-864. – **4083.** Mürmann, P., M. Eberstein, H. Frohberg, 1976, Zur Verträglichkeit von Droncit. Vet. med. Nachr. 142-153. – **4084.** Murphree, O. D., 1973, Inheritance of human aversion and inactivity in two strains of Pointer dog. Biol. psychiat.7, 23-29. – **4085.** Murphy, B., B. Nixon, 1970, Am. Dachshd. Sept., 4. – **4086.** Murphy, C. J., 1991, Anti-retinal antibodies. J.Am.an.hosp.ass. 27,399-402. – **4087.** Murphy, F. A., J. F. Bell, S. P. Bauer, J. J. Gardner, G. J. Moore, A. K. Harrison, J. E. Coe, 1980, Experimental chronic rabies in the cat. Lab. invest. 43, 231-241. – **4088.** Murphy, J., 1989, Dog registration. Vet. rec. 125, 586. – **4089.** Murray, J. A., W. F. Blakemore, K. C. Barnett, 1977, Ocular lesions in cats with GM1-gangliosidosis with visceral involvement. J.sm.an.pract. 18, 1-10. – **4090.** Murtaugh, R. J., W. J. Dodds, 1988, Hemophilia A in a female dog. J.A.V.M.A. 193, 351-352. – **4091.** Murti, G. S., 1965, Agenesis and dysgenesis of the canine kidneys. J.A.V.M.A. 146, 1120-1124. – **4092.** Musselman, E. E., 1983, Congenital heart disease. Vet prof. top. 8, 5-9. – **4093.** Musser, E., W. R. Graham, 1968, Familial occurrence of thyroiditis in purebred Beagles. Lab. an. care, 18, 58-68. – **4094.** Mustard, J. F., H. C. Rowsell, G. A. Robinson, T. D. Hoeksma, H. G. Downie, 1960, Canine hemophilia B. Brit. J. haemat. 6, 259-266. – **4095.** Mustard, J. F., D. Secord, T. D. Hoeksma, H. G. Downie, H. C. Rowsell, 1962, Canine factor VII deficiency. Brit. J. haemat. 8, 43-47. – **4096.** Muß, H., 1980, Soll man in Tollwutgebieten prophylaktisch impfen? Med. Klin. 75, 856-859. – **4097.** Myers, L. J., 1991, Use of innate behaviors to evaluate sensory function in the dog. Vet. clin. N. Am. SAP 21, 389-399. – **4098.** Myers, L. J., K. R. Pierce, G. M. Gowing, 1972, Hemorrhagic diathesis resembling pseudohemophilia in a dog J.A.V.M.A. 161, 1028-1029. – **4099.** Myers, L. J., R. W. Redding, S. Wilson, 1986, Abnormalities of the brainstem auditory response of the dog associated with equilibrium deficit and seizure. Vet. res. comm. 10, 73-78. – **4100.** Myles, S., 1991, Trainers and chokers. Vet. cl. N. Am. SAP 21, 239-246. – **4101.** Naaktgeboren, C., 1971, Die Geburt bei Haushunden und Wildhunden. A. Ziemsen Vlg., Wittenberg. – **4102.** Naaktgeboren, C., 1984, Wld. u. Hd. 87, 57. – **4103.** Naaktgeboren, C., J. G. v. Straalen, 1983, Über den Einfluß von Umweltfaktoren auf die Läufigkeit der Hündin. Z. Tierz. Zücht. biol. 100, 321-337. – **4104.** Nacht, M. E., 1991, Hunde 107, 188. – **4105.** Nachtsheim, H., 1935, Die Tigerscheckung und ihre Vererbung. Hund 36, 206-210. – **4106.** Nagel, M. L., P. Ost, 1985, Fallbericht über eine besondere Form des kongenitalen Femurdefektes. tierärztl. prax. 13, 361-364. – **4107.** Nagelschmidt, H., 1972, Uns. Rassehd. 8, 594. – **4108.** Nap, R. C., H. A. Hazewinkel, A. T. v. Klooster, 1991, Skeletal development in the dog in relation to nutrition. Tijds. diergen. 116, 609-627. – **4109.** Narfström, K., 1981, Cataract in the West Highland White Terrier. J. sm. an. pract. 22, 467-471. – **4110.** Narfström, K., 1981, Progressiv retinal atrofi hos abessinierkatt. Svensk vet. tidn. 33, 147-150. – **4111.** Narfström, K., 1981, PRA in Abyssinian cats in Sweden. Vet. rec. 109, 24. – **4112.** Narfström, K., 1983, Katzen, 13.5. – **4113.** Narfström, K., 1983, Hereditary progressive retinal atrophy in the Abyssinian cat. J. hered. 74, 273-276. – **4114.** Narfström, K., 1985, PRA hos abessinierkatt. Svensk vet. tidn. 37, 821-822. – **4115.** Narfström, K., 1985, PHTVL/PHPV. Svensk vet. tidn. 38, 134-139. – **4116.** Narfström, K., R., Dubielzig, 1984, Posterior lenticonus, cataracts and microphthalmia. J. sm. an. pract. 25, 669-677. – **4117.** Narfström, L. K., S. E. Nilsson, 1983, Progressive retinal atrophy in the Abyssinian cat. Vet. rec. 112, 525-526. – **4118.** Nash, A. S., 1989, Familial renal disease in dogs. J. sm. an. pract. 30, 178-183. – **4119.** Nash, A. S., N. G. Wright, 1983, Membraneous nephropathy in sibling cats. Vet.rec.113, 180-182. – **4120.** Nash, A. S., D. F. Kelly, C. J. Gaskell, 1984, Progressive renal disease in Soft-coated Wheaten Terriers. J. sm. an. pract. 25, 479-487. – **4121.** Nash, A. S., I. A McCandlish, 1986, Chronic renal failure in young Bull Terriers. Vet. rec. 118, 735. – **4122.** Nash, S., D. Paulsen, 1990, Generalized lentigines in a silver cat. J. A. V. M. A. 196, 1500-1501. – **4123.** Nassar, R., J. E. Mosier, 1980, Canine population dynamics. Am.J.vet.res. 41, 1798-1803. – **4124.** Nassar, R., J. Fluke, 1991, Pet population dynamics and community planning for animal welfare and animal control. J. A. V. M. A. 198, 1160-1164. – **4125.** Nassar, R., J. Mosier, 1991, Projections of pet populations from census demographic data. J. A. V. M. A. 198, 1157-1160. – **4126.** Nathans, H., 1983, Edelkatze, 33, 6. – **4127.** Nathanson, A., 1978, Lancet 2, 2217. – **4128.** Näther, 1985, Mitt. St. Bernh. Klb. 1, 40. – **4129.** Natoli, E., 1990, Mating strategies in cats. Anim. behav. 40, 183-185. – **4130.** Natoli, E., deVito, 1988, The mating system of feral cats living in a group. In: The domestic cat. Cambr. Univ. Press. – **4131.** Natoli, E., E. deVito, 1991, Agonistic behaviour, dominance rank and copulatory success in a large multi-male feral cat colony in central Rome. Anim. behav. 42, 227-241. – **4132.** Näve, B., U. Brendel, 1977, Uns. Rassehd. 55. – **4133.** Naz, R. K., G. P. Talwar, 1981, Immunological sterilization of male dogs by BCG. Int.J. androl. 4, 111-128. – **4134.** Neill, M., B. Shaw, 1992, Uns. Windhd. 1, 24. – **4135.** Nelson, D. L., A. D. MacMillan, 1983, Multifocal retinal dysplasia in field trial Labrador Retrievers. J.Am.an.hosp.ass. 19, 388-392. – **4136.** Nemec, J., V. Vortel, 1981, Absolute and relative organ weights of the Beagle dog. Z. Versuchst. 23, 333-336. – **4137.** Nesbitt, G. H., J. Izzo, L. Peterson, R. J. Wilkins, 1980, Canine hypothyroidism. J. A. V. M. A.177,

1117-1122. - **4138**. Nett, T. M., H. M.Akbar, R. D. Phemister, P. A. Holst, L. E. Reichert, G. D. Niswender, 1975, Levels of luteinizing hormone, estradiol and progesterone in serum during the oestrus cycle and pregnancy in the Beagle bitch. Proc. soc. exp. biol. med. 148, 134-139. - **4139**. Neff, W. D., J. E. Hind, 1955, Auditory thresholds of the cat. J. acoust. soc. Am. 27, 480. - **4140**. Nellis, C. H., L. B. Keith, 1976, Population dynamics of coyotes in Central Alberta, 1964-1968. J. wildl. man. 40, 389-399. - **4141**. Nelson, G. S., 1988, More than a hundred years of parasitic zoonoses. J. comp. path. 98, 135-153. - **4142**. Nelson, N. S., E. Berman, J. F. Stara, 1969, Litter size and sex distribution in an outdoor feline colony. Carn. gen. nwsl. 1, 181-191. - **4143**. Nesvadba, J., 1971, Dachshd. 26. - **4144**. Nesvadba, J., 1971, Beitrag zur klinischen Symptomatologie und Prophylaxe der Eklampsie der Hündin. Kleintierprax. 16, 56-59. - **4145**. Neuhaus, W., 1953, Über die Riechschärfe des Hundes für Fettsäuren. Z. vergl. Phys. 35, 527-532. - **4146**. Neuhaus, W., E. Regenfuss, 1967, Über die Sehschärfe des Haushundes bei verschiedenen Helligkeiten. Z. vergl. Phys. 57, 137-146. - **4147**. Neumann, W., 1988, Netzhautablösung beim Hund. Prakt Ta. 69, 12-19. - **4148**. Neurand, K., W. Meyer, R. Schwarz, 1980, Der Haarwechsel der Haussäugetiere. Dt. tierärztl. Wschr. 87, 27-31. - **4149**. Neurand, M. L., 1974, Morphologie und Funktion der schlauchförmigen Drüsen in der behaarten Haut und in den Ballen des Hundes. Diss. Hannover. - **4150**. Neuwelt, E. A., W. G. Johnson, N. K. Blank, M. A. Pagel, C. Maslen-McClure, M. J. McClure, P. M. Wu, 1985, Characterization of a new model of GM2-gangliosidosis in Korat cats. J. clin. inv. 76, 482-490. - **4151**. Neville, H., D. Armstrong, B. Wilson, N. Koppang, C. Wehling, 1980, Studies on the retina and the pigment epithelium in hereditary canine ceroid lipofuscinosis. Invest. ophthalm. vis. sci. 19, 75-86. - **4152**. Neville, P., 1991, Focus, 1, 3, 9. - **4153**. Newell, T. K., 1986, Light and electron microscopy of changes in the cochlea of the aging canine. Diss.Kansas Univ. - **4154**. News, A. V., 1967, Inherited defects in dogs and cats in Australia. Austr. vet. J. 43, 221-223. - **4155**. Newsholme, S. J., C. J.Gaskell, 1987, Myopathy with core-like structures in a dog. J. comp. path. 97, 597-600. - **4156**. Ng, S. W., 1987, Cervical vertebral instability in dogs. Singap. vet. J. 10, 65-77. - **4157**. Ng, C. Y., J. N. Mills, 1985, Clinical and haematological features of haemangiosarcoma in dogs. Austr. vet. J. 62, 1-4. - **4158**. Nguyen, D., 1988, Epidemiology of animal bites among American military personnel in central Germany. Milit. med. 153, 307-308. - **4159**. Nichelmann, M., 1981, Thermoregulatorische Bedeutung der Mund- und Nasenhöhle von Hund und Katze. Mh. Vet. med. 36, 64-69. - **4160**. Nicholas, F., 1978, Pituitary dwarfism in German Shepherd dogs. J. sm. an. pract. 19, 167-174. - **4161**. Nicholas, F. W., 1984, Simple segregation analysis. An. breed. abstr. 52, 555-562. - **4162**. Nicholas, F. W., P. Muir, G. L. Toll, 1980, An XXY male Burmese cat. J. hered. 71, 52-54. - **4163**. Nickel, R., A. Schummer, E. Seiferle, 1968, Lehrbuch der Anatomie der Haustiere. P. Parey Vlg. Berl. - **4164**. Nicol, L., 1975, La proliferation des renards dans la zone verts qui ceinture Paris, peut-elle devenir un motif d'inquiétude? Bull. ac. vét. 48, 113-118. - **4165**. Nicoll, C. S., S. M. Russell, 1990, Editorial. Endocrinol. 127, 985-989. - **4166**. Niebauer, G. W., 1980, Die Viol'sche Drüse des Hundes. Kleintierprax. 25, 455-468. - **4167**. Niebauer, G. W., 1983, Hyperplasie der Violdrüse bei einem 8 Jahre alten Mastiff-Rüden. Wien.tierärztl.Mschr. 70, 369-370. - **4168**. Niebauer, G. W., 1983, Ein Fall von autoimmuner Thrombozytopenie beim Hund und seine Behandlung mit Vincristin. Wien.tierärztl.Mschr. 70, 170-172. - **4169**. Niebuhr, B. R., D. E. Nobbe, 1978, Flank-sucking behavior causes. Can. pract. 5, 6. - **4170**. Niedermeyer, R., 1984, Röntgenologische Untersuchungen über die Entwicklung arthrotischer Veränderungen bei verschiedenen Graden der Hüftgelenksdysplasie des Hundes. Diss. Hannover. - **4171**. Niel, M. H. v., I. v. d. Gaag, T. S. v. d. Ingh, 1989, Polyposis of the small intestine in a young cat.J. vet. med. A 36, 161-165. - **4172**. Nielsen, S. W., C. R. Cole, 1960, Cutaneous epithelial neoplasms of the dog. Am.J.vet.res. 21, 931-948. - **4173**. Nielsen, S. W., J. Aftosmis, 1964, Perianal gland tumors J. A. V. M. A. 144, 127-135. - **4174**. Niemand, H. G., 1938, Z. Hundeforsch. 12, 2, 1. - **4175**. Niemand, H. G., 1972, Praktikum der Hundeklinik. P. Parey Vlg. Berl. - **4176**. Niemand, H. G., 1973, Manuelle Frühdiagnose und Therapie von HD und Koxarthrosen. Tierärztl. Umsch. 28, 283-287. - **4177**. Niemand, H. G., 1977, Uns. Rassehd. 7, 2. - **4178**. Niepage, H., 1963, Zur Frage der Norm hämatologischer Werte beim Hund. Berl.Münch.tierärztl.Wschr. 76, 185-188. - **4179**. Niepage, H., 1978, Das Blutbild beim Hund unter kurzfristig wechselnden physiologischen Belastungen. Zbl. Vet. med. A 25, 520-540. - **4180**. Niepage, H., 1979, Die individuelle Schwankungsbreite hämatologischer Werte beim Hund. Kleintierprax. 24, 389-393. - **4181**. Niepage, H., H. v. Schaewen, 1969, Über normale Erythrozyten- und Leukozytenwerte beim Hund. Kleintierprax. 14, 181-188. - **4182**. Niermann, F., 1976, Uns. Rassehd., 223. - **4183**. Nilsson, F., S. Dyrendahl, 1948, Hund. Hundsp. 3, 34. - **4184**. Nilsson, M. R., J. de A. Cortes, 1975, Spontaneous recovery from rabies of a dog infected experimentally. Rev. fac. med. vet. Sao Paulo 12, 229-233. - **4185**. Nilsson, S. E., D. Armstrong, N. Koppang, P. Persson, K. Milde, 1983, Studies on the retina and the pigment epithelium in hereditary canine ceroid lipofuscinosis. Invest. ophth. vis. sci. 24, 77-84. - **4186**. Nilsson, T., 1955, Heart-base tumours in the dog. Act. path. microb. scand. 37, 385-397. - **4187**. Nimz, A. G., 1975, Populationsanalytische Untersuchungen zur Zucht des Deutschen Jagdterriers mit Hilfe der elektronischen Datenverarbeitung. Diss. Gießen. - **4188**. Nixon, C. W., 1973, Dachshd. 28, 45. - **4189**. Njoku, C. O., A. C. Strafuss, S. M. Dennis, 1972, Canine islet cell neoplasia. J. Am. an. hosp. ass. 8, 284-290. - **4190**. Njoku, C. O., K. A. Esevio, S. A. Bida, C. N. Chineme, 1978, Canine cyclopia. Vet. rec. 102, 60-61. - **4191**. Nobunaga, T., M. T. Okamoto, K. W. Takahashi, 1976, Establishment of a breeding colony of cats in Japan. Jap. J. an. repr. 22, 82-88. - **4192**. Noden, D. M., A. deLahunta, H. E. Evans, 1983, Inherited craniofacial malformations of Burmese cats. Corn. fel. hlth. cent. vet., 4-6. - **4193**. Noel, P. R., 1970, The challenge of selecting the suitable animal species in toxicology. Proc. Eur. soc. stud. drug. tox. 11, 57-69. - **4194**. Noice, F., F. M. Bolin, D. F. Eveleth, 1959, Incidence of viral parotitis in the domestic dog. Am. J. dis. child. 98, 350-352. - **4195**. Nolte, I., 1987, Dysphagie als Folge von Störungen der Ösophagusfunktion bei Hund und Katze. Tierärztl. Prax. 15, 417-424. - **4196**. Nolte, I., U. Ammelounx, 1986, Untersuchung über das Vorkommen der Demodikose bei älteren Hunden. Kleintierprax. 31, 267-274. - **4197**. Nolte, I., A. Volpert, D. Brunckhorst, 1990, Entstehung, Diagnose, Therapie und Komplikationen des Endometritis-Pyometra-Komplexes bei der Hündin. Kleintierprax. 35, 589-602. - **4198**. Nora, J. J., 1968, Multifactorial inheritance hypothesis for the etiology of congenital heart diseases. Circul. 38, 604-617. - **4199**. Norby, C. E., 1975, Disappearing Siamese pattern on newborn kittens. Carn. gen. nwsl. 2, 258. - **4200**. Norby, D. E., H. C. Thuline, 1970, Inherited tremor in the domestic cat. Nature 227, 1262-1263. – **4201**. Norby, D. E., G. A. Hegreberg, H. Thuline, D. Findley, 1974, An XO cat. Cytogen. cell. gen. 13, 448-453. – **4202**. Nörenberg, I., 1989, Beziehungen zwischen Exterieur- und Leistungsmerkmalen bei Reitpferden und ihre Nutzung in der züchterischen Arbeit. Tierzucht 43, 557-559. – **4203**. Norling, I., 1984, Die Städte zerstören die Beziehung Mensch-Tier. Zool. Zentr. Anz. 25, 28. – **4204**. Norris, F. D., E. W. Jackson, E. Aaron, 1971, Prospective study of dog bite and childhood cancer. Canc. res. 31, 383-386. – **4205**. Northington, J. W., M. J. Brown, G. C. Farnbach, S. A. Steinberg, 1981, Acute idiopathic polyneuropathy in the dog. J.A.V.M.A. 179, 375-379. – **4206**. Northington, J. W., M. J. Brown, 1982, Acute canine idiopathic polyneuropathy. J. neurol. sci. 56, 259-273. – **4207**. Northway, R. B., 1968, Congenital lack of the left kidney. Vet. med. 63, 621. – **4208**. Northway, R. B., 1972, Use of phase microscopy with vaginal smears to determine ovulation in the bitch. Vet. med. 67, 538-541. – **4209**. Nottbrock, H., 1978, Uns. Rassehd., 61. – **4210**. Nouc, W., 1971, Uns. Rassehd., 822. – **4211**. Nowosielski-Slepowron, J. A., A. W. Park, 1974, The criteria of litter size in relation to growth of the rat. Act. morph. Neerl. –scand. 12, 299-316. – **4212**. Nozawa, K., T. Namikawa, Y. Tsubota, 1986, Coat colour polymorphism in cats in Sri Lanka. Rep. soc. res. nat. livest. Jap. 11, 229-234. – **4213**. Nussbaumer, M., 1978, Biometrischer Vergleich der Topogenesemuster an der Schädelbasis kleiner und mittelgroßer Hunde. Z. Tierz. Zücht. biol. 95, 1-14. – **4214**. Nussbaumer, M. A., W. Huber, 1984, Schweiz. hundesp. 100, 176. – **4215**. Nüsslein, A., 1979, Über die Sklerose zerebraler und spinaler Arterien bei Hunden der Boxer- und Doggenrassen. Diss. München. – **4216**. Oberg, C., S. Ernst, P. Linfati, P. Martin, 1979, Triquinosis en perros de la communa de Mafil. Bol. Chil. parasit. 34, 46-47. – **4217**. Obermaier, G., C. Geyer, A. Hafner, P. Schmidt, 1991, Metastasierendes Gliom bei einem Boxer. Tierärztl. Prax. 19, 403-407. – – **4218**. Oboegbulem, S. I., 1978, Rabies. Int. J. zoon. 5, 80-90. – **4219**. O'Brien, D. P., J. F. Zachary, 1985, Clinical features of spongy degeneration of the central nervous system in two Labrador Retriever littermates. J.A.V.M.A. 186, 1207-1210. – **4220**. O'Brien, J. A., J. W. Buchanan, D. F. Kelley, 1966, Tracheal collapse in the dog. J.Am.vet.rad.soc. 7, 12-19. – **4221**. O'Brien, J. A., J. Hendriks, 1986, Inherited laryngeal paralysis. Vet. quart. 8, 301-302. – **4222**. O'Brien, P. J., P. H. Cribb, R. J.White, E. D. Olfert, J. E. Steiss, 1983, Canine malignant hyperthermia. Can. vet. J. 24, 172-177. – **4223**. O'Brien, P. J., G. W. Forsyth, D. W. Olexson, H. S. Thatte, P. B. Addis, 1984, Canine malignant hyperthermia susceptibility. Can. J. comp. med. 48, 381-389. – **4224**. O'Brien, P. J., T. F. Fletcher, A. L. Metz, H. J. Kurtz, B. K. Reed, W. E. Rempel, E. G. Clark, C. F. Louis, 1987, Malignant hyperthermia susceptibility. Can. J. vet. res. 51, 50-55. – **4225**. O'Brien, S. E., E. A. Riedesel, L. D. Miller, 1987, Osteopetrosis in an adult dog. J.Am.an.hosp.ass. 23, 213-216. – **4226**. O'Brien, S. E., E. A. Riedesel, R. K. Myers, D. H. Riedesel, 1988, Right-to-left patent ductus arteriosus with dysplastic left ventricle in a dog. J.A.V.M.A. 192, 1435-1438. – **4227**. O'Brien, S. J., 1980, The extent and character of biochemical genetic variation in the domestic cat. J. hered. 71, 3-8. – **4228**. O'Brien, S. J., 1986, Molecular genetics in the domestic cat and its relatives. Trends genet. 2, 137-142. – **4229**. O'Brien, S. J., 1990, Domestic cat (Felis catus) 2N=38. In: Genetic maps. Cld. Spr. Harb. Lab. Press, N. Y. – **4230**. O'Brien, S. J., W. G. Nash, 1980, Somatic cell genetic analysis of enzyme structural genes of the domestic cat. Carn. gen. nwsl. 4, 81-90. – **4231**. O'Brien, S. J., W. G. Nash, J. M. Simonson, E. J. Berman, 1980, Establishment of a biochemical genetic map of the domestic cat. Proc. III. int. fel. leuk. vir. meet., 401-412. – **4232**. O'Brien, S. J., W. G. Nash, C. A. Winkler, R. H. Reeves, 1982, Genetic analysis in the domestic cat as an animal model for inborn errors, cancer and evolution. In: Animal models of inherited metabolic diseases. A. Riss. Inc., N. Y. – **4233**. O'Brien, S. J., M. E. Haskins, C. A. Winkler, W. G. Nash, D. F. Patterson, 1986, Chromosomal mapping of beta-globin and albino loci in the domestic cat. J. hered. 77, 374-378. – **4234**. O'Brien, T. D., C. A. Osborne, B. L. Yano, D. M. Barnes, 1982, Clinicopathologic manifestations of progressive renal disease in Lhasa Apso and Shi Tzu dogs. J.A.V.M.A. 180, 658-664. – **4235**. Ochsenbein, U., 1979, Schweiz. hundesp. 95, 761. – **4236**. Ochsenbein, U., 1987, Hunde, 103, 564. – **4237**. O'Dair, H. A., P. E. Holt, G. R. Pearson, T. J. Gruffydd-Jones, 1991, Case report. J. sm. an. pract. 32, 198-203. – **4238**. Odendaal, J. S., 1987, Zootechnology of companion animals. J. S. Afr. vet. ass. 58, 33-37. – **4239**. Odendaal, J. S., A. Weyers, 1989, Client profile of a companion animal practice. J. S. Afr. vet. ass. 60, 25-27. – **4240**. Odendaal, J. S., A. Weyers, 1990, Human-animal relationship in the veterinary consulting room. J. S. Afr. vet. ass. 61, 14-23. – **4241**. Odom, J. V., N. M. Bromberg, W. W. Dawson, 1983, Canine visual acuity. Am. J. physiol. 245, R637-641. – **4242**. Oduye, O. O., 1978, Haematological studies on clinically normal dogs in Nigeria. Zbl. Vet. med. A 25, 548-555. – **4243**. Oehme, F. W., 1977, Aspirin toxicity questioned. Fel. pract. 7, 53. – **4244**. Oettel, M., 1979, Reproduktionsbiologie der Hündin. Mh. Vet. med. 34, 937-942. – **4245**. Oettel, M., W. Seffner, 1967, Beitrag zum Zwergwuchs des Deutschen Schäferhundes. Kleintierprax. 12, 218-221. – **4246**. Oettlé, E. E., J. T. Soley, 1985, Infertility in a Maltese poodle as a result of a sperm midpiece defect. J. S. Afr. vet. ass. 56, 103-106. – **4247**. Oettle, E. E., J. T. Soley, 1988, Spermienanomalien beim Hund. Vet. med. Nachr. 59, 28-70. – **4248**. Oettli, P., 1983, Schweiz. hundesp. 99, 424. – **4249**. O'Farrell, V., 1987, Owner attitudes and dog behaviour problems. J. sm. an. pract. 28, 1037-1045. – **4250**. O'Farrell, V., 1990, Students' stereotypes of owners and veterinary surgeons. Vet. rec. 127, 625. – **4251**. O'Farrell, E. Peachey, 1990, Behavioural effects of ovario-hysterectomy on bitches. J. sm. an. pract. 31, 595-598. – **4252**. O'Grady, M. R., 1991, The occurrence and breed distribution of subaortic stenosis in the dog. Proc. ann. ACVIM for., 145. – **4253**. Oftedal, O. T., 1984, Lactation in the dog. J. nutr. 114, 803-812. – **4254**. Ogawa, L. H., F. Fujise, K. Kobayashi, 1988, A dog possessing high glutathione and K concentrations with an increased Na, K-ATPase activity in its erythrocytes. Exper. anim. 37, 187-190. – **4255**. Ogburn, P. N., M. Peterson, K. Jeraj, 1981, Multiple cardiac anomalies in a family of Saluki dogs J.A.V.M.A. 179, 57-63. – **4256**. Oghiso, Y., S. Fukuda, H. Iida, 1982, Histopathological studies on distribution of spontaneous lesions and age changes in the Beagle. Jap. J. vet. sci. 44, 941-950. – **4257**. Ogilvie, G. K., W. M. Haschek, S. J. Withrow, R. C. Richardson, H. J. Harvey, R. A. Henderson, J. D. Fowler, A. M. Norris, J. Tomlinson, D. McCaw, J. S. Klausner, R. W. Reschke, G. C. McKierman, 1989, Classification of primary lung tumors in dogs. J.A.V.M.A. 195, 106-108. – **4258**. Öhlén, B., 1985, Zinkreaktive Dermatitis beim Hund. Kleintierprax. 30, 185-188. – **4259**. Okin, R., 1984, Immune collagen disease resembling Lupus in a dog. Can. pract. 11, 11-14. – **4260**. Okin, R., W. J. Dodds, 1980, Canine hemophilia A and B. Can. pract. 7, 61-68. – **4261**. Okkens, A. C., J. E. Eigenmann, G. C. v. D. Weyden, 1981, Prevention of oestrus and/or pregnancy in dogs by methods other than ovarian hysterectomy Tijds.diergen. 106, 1215-1225. – **4262**. Oksanen, A., K. Sittnikow, 1972, Familial nephropathy with secondary hyperparathyroidism in three young dogs. Nord. vet. med. 24, 278-280. – **4263**. Olar, T. T., R. P. Amann, B. W. Picket, 1983, Relationships among testicular size, dayly production and output of spermatozoa and extragonadal spermatozoal reserves of the dog. Biol. reprod. 29, 1114-1120. – **4264**. Olesen, H. P., O. A. Jensen, M. S. Norn, 1974, Congenital hereditary cataract in Cocker Spaniels. J. sm. an. pract. 15, 741-750. – **4265**. Olin, D. D., T. J. TenBrock, 1973, Corneal dystrophy in a cat. Vet.med. 68, 1237-1238. – **4266**. Oliveira, M. C., P. P. e Silva, A. M. Orsi, S. M. Dias, R. M. Define, 1980, Observaciones anatomicas sobre el cierre del foramen oval en el perro. Anat. histol. embr. 9, 321-324. – **4267**. Oliver, J. E., B. F. Hoerlein,1965, Convulsive disorders of dogs. J.A.V.M.A. 146, 1126-1133. – **4268**. Oliver, J. S., H. Smith, D. J. Williams, 1977, The formation of 2-hydroxymethylquinolic and quinaldine in greyhound urine. Res. vet. sci. 23, 87-90. – **4269**. Ollerhead, K., 1939, An unusual condition met with in English Setters. Vet. rec. 51, 200-201. – **4270**. Olsen, S. J., J. W. Olsen, 1977, The Chinese wolf. Science 197, 533-535. – **4271**. Olson, P. N., T. M. Nett, R. A. Bowen, R. P. Amann, H. R. Sawyer, T. A. Gorell, G. D. Niswender, B. W. Pickett, R. D. Phemister, 1986, A need for sterilization, contraceptives, and abortifacients. Comp. cont. ed. pract. vet. 8, 303-308. – **4272**. Olson, P. N., H. B. Seim, R. D. Park, J. L. Grandy, J. L. Freshman, E. D. Carlson, 1989, Female pseudohermaphroditism in three sibling Greyhounds. J.A.V.M.A. 194, 1747-1749. – **4273**. Olson, P. N., C. Moulton, T. M. Nett, M. D. Salman, 1991, Pet overpopulation J.A.V.M.A. 198, 1151-1152. – **4274**. Olson, R. C., 1971, Physical evaluation and selection of military dogs. J.A.V.M.A. 159, 1444-1446. – **4275**. Olsson, S. E., 1958, Acetabulum dysplasi och Legg-Perthes' sjukdom. Proc. VIII. Nord. vet. möt., 948-957. – **4276**. Olsson, S. E., 1977, Osteochondros hos hund. Svensk vet. tidn. 29, 547-572. – **4277**. Olsson, S. E., 1987, General and aetiologic factors in canine osteochondrosis. Vet. quart. 9, 268-278. – **4278**. Olsson, S. E., S. Bjurström, S. Ekman, L. Jönsson, R. Lindberg, S. Reiland, 1986, En epidemiologisk studie av tumörsjukdomar hos hund. Svensk vet. tidn. 38, 212-224. – **4279**. Omoto, K., 1974, Polymorphic traits in peoples of Eastern Asia and the Pacific. In: Ramot, B., Genetic polymorphisms and diseases in man. Ac. Press, N. Y. – **4280**. O'Neill, G. J., M. Lang, C. Nerl, H. J. Deeg, 1984, C4 polymorphism in the dog. Immunogen. 20, 649-654. – **4281**. Onions, D., 1983, Familial canine lymphosarcoma, Leuk. rev. int. 1, 113-114. – **4282**. Onions, D., G. Lees, D. Forrest, J. Neil, 1987, Recombinant feline viruses containing myc gene rapidly produce clonal tumours expressing T-cell antigen receptor gene transcripts. Int. J. canc. 40, 40-45. – **4283**. Onslow, H., 1923, Uric acid and abnormal excretion among offspring of Dalmatian hybrids. Biochem. J. 17, 564-568. – **4284**. Opitz, M., E. Lettow, H. Loppnow, V. Grevel, 1983, Erfahrungen mit der Lysodren-Behandlung des Cushing-Syndroms beim Hund. tierärztl. prax. 11, 369-384. – **4285**. Opitz, M., E. Lettow, H. Loppnow, V. Grevel, 1983, Erfahrungen mit der Lysodren-Behandlung des Cushing-Syndroms beim Hund. tierärztl. prax. 11, 507-520. – **4286**. Opitz, M., H. Loppnow, 1988, Ein weiterer Fall von Cholesterinester-Speicherkrankheit bei einem Foxterrier. Kleintierprax. 33, 369-376. – **4287**. Oppenheimer, E. C., 1980, Felis catus: Population densities in an urban area. Carn. gen. nwsl. 4, 72-80. – **4288**. Orban, R., 1979, FCI-Generalvers. Bern. – **4289**. Orban, R., 1979, Beweise von der Bodenständigkeit des Dalmatinischen Hundes in Dalmatien. Vet. stan., 4-5. – **4290**. Orban, R., 1980, Historische Entwicklung der Hundezucht in Kroatien, insbesondere der bodenständigen Rassen, sowie ihre Verbindungen zu den Hunden der Nachbarländer. Vortr. TiHo Hannover. – **4291**. Orkin, M., R. M. Schwartzman, 1961, Comparative study of canine and human dermatology. Vet. med. 56, 293-306. – **4292**. Orr, C. M., T. J. Gruffydd-Jones, D. F. Kelly, 1980, Ileal polyps in Siamese cats. J. sm. an. pract. 21, 669-674. – **4293**. Osbaldiston, G. W., J. L. Lowren, 1971, Allopurinol in the prevention of hyperuricemia in Dalmatian dogs. Vet. med. 66, 711-715. – **4294**. Osborne, C. A., D. H. Clifford, C. Jessen, 1967, Hereditary esophageal achalasia in dogs. J.A.V.M.A. 151, 572-581. – **4295**. Osborne, C. A., D. G. Low, D. R. Finco, 1972, Canine and feline urology. W. B. Saunders Co. Philad. – **4296**. Osborne, C. A., M. H. Engen, B. L. Yano, T. H. Brasmer, C. R. Jessen, W. E. Blevins, 1975, Congenital urethrorectal fistula in two dogs. J.A.V.M.A. 166, 999-1002. – **4297**. Osborne, C. A., J. S. Klausner, D. R. Krawiec, D. P. Griffith, 1981, Canine struvite urolithiasis. J.A.V.M.A. 179, 239-244. – **4298**. Osborne, C. A., G. R. Johnston, J. M. Kruger, T. D. O'Brien, J. P. Lulich, 1987, Etiopathogenesis and biological behavior of feline vesicourachal diverticula. Vet. clin. N. Am. SAP 17, 697-733. – **4299**. Osborne, C. A., J. M. Kruger, G. R. Johnston, T. D. O'Brien, D. J. Polzin, J. P. Lulich, R. A. Kroll, S. M. Goyal, 1987, New insights into the causes of FUS. 54th ann. meet. Am. an. hosp. ass., 146-151. – **4300**. Osborne, C. A., J. P. Lulich, J. W. Bartges, L. J. Felice, 1990, Medical dissolution and prevention of canine and feline uroliths. Vet. rec.127, 369-373. – **4301**. Osborne, M., 1975, Uns. Rassehd., 451. – **4302**. Osborne, M., zit. n. Schöbel, G., Uns. Rassehd. 333. – **4303**. Osborne, N. N., N. Koppang, 1985, Tyrosine-hydroxylase immunoreactivity in retinas from a canine model for Batten-Stengel disease. Naturwiss. 72, 44-46. – **4304**. O'Shea, J. E., 1962, Studies on the canine prostate gland. J. comp. path. 72, 321-331. – **4305**. O'Shea, J. E., 1963,Studies on the canine prostate gland. J. comp. path. 73, 244-252. – **4306**. Ossent, P., F. Mettler, E. Isenbühl, 1984, Retained cartilage. Zbl. Vet. med. A 30, 241-250. – **4307**. Ost, P., 1982, Dachshd. 37, 310. – **4308**. Ost, P., 1982, Zum Problem der Rutenfehler der Teckel. Diss. Gießen. – **4309**. Ost, P. C., J. F. Dee, R. B. Hohn, 1987, Fractures of the calcaneus in racing Greyhounds. Vet. surg. 16, 49-53. – **4310**. Ostermann, F., 1962, Die Deutschen Jagdgebrauchshunde. O. Meissner Vlg., Bleckede. – **4311**. Ostermann, F., 1977, Jagdgebrchshd. 13, 101. – **4312**. Ostermann, F., 1981, DD-Blätt. 59, 27. – **4313**. Osterwalder, R., 1979, DD-Blätt. 57, 45. – **4314**. O'Sullivan, N., R. Robinson, 1989, Harlequin colour in the Great Dane dog. Genetica, 78, 215-218. – **4315**. Ota, K., Namikawa, T., Y. Maeda, Y. Kurosawa, T. Amano, I. Okada, M. O. Faruque, N. O. Israel, M. A. Hasnath, 1987,External characteristics and breeding season of native dogs in Eastern Bangladesh. In: Genetic studies on breed differentiation of the native domestic animals in Bangladesh. Hiroshima, Ja. – **4316**. O'Toole, D., 1983, The morphogenesis of retinal dysplasia in the English Springer Spaniel. Diss. abstr. B. 43, 3500. – **4317**. O'Toole, D., S. Young, G. A. Severin, S. Neumann, 1983, Retinal dysplasia of English Springer spaniel dogs. Vet. path. 20, 298-311. – **4318**. Otten, E., H. H. Schumacher, 1957, Hernia scrotalis mit Pyometra bei Pseudohermaphroditismus masculinus mit beiderseitigem, abdominalem Kryptorchismus und Seminom beim Hunde. Kleintierprax. 2, 8-11. – **4319**. Ottenschot, T. R., D. Gil, 1978, Cheyletiellosis in long-haired cats. Tijds. diergen. 103, 1104-1108. – **4320**. Otter, J., 1991, Myocardiopathy in a bulldog. Vet. rec. 128, 92. - **4321**. Otto, H. M., 1968, Wld.u.Hd. 70, 994. - **4322**. Otto, S., 1982, Dachshd. 37, 314. - **4323**. Owen, C. A., J. T. McCall, 1983, Identification of the carrier of the Bedlington Terrier copper disease. Am.J.vet.res. 44, 694-696. - **4324**. Owen, L. N., 1967, Calcinosis circumscripta in related Irish Wolfhounds. J. sm. an. pract. 8, 291-292. - **4325**. Owen, R., J. B. Glen, 1972, Factors to be considered when making canine blood and blood products available for transfusion. Vet. rec. 91, 406-411. - **4326**. Owens, D. D., M. J. Owens, 1984, Helping behaviour in brown hyenas. Nature 308, 843-845. - **4327**. Owren, T, 1987, Training dogs based on behavioural methods. J.sm.an.pract. 28, 1009-1029. - **4328**. Paatsama, S., 1973, Kynol. Weltkongr. Dortm., 76. - **4329**. Pace, E. M., 1977, Pelger-Huet anomaly transmission. Can. pract. 4, 33-34. - **4330**. Packer, C., D. A. Gilbert, A. E. Pusey, S. J. O'Brien, 1991, A molecular genetic analysis of kinship and cooperation in African lions. Nature 351, 562-565. - **4331**. Pade, K., 1968, Über Vorkommen und Behandlungserfolge von Ohrerkrankungen beim Hund. Diss. Hannover. - **4332**. Padgett, G. A., G. A. Hegreberg, 1974, Myoclonic epilepsy in man and dog. J.A.V.M.A. 165, 745. - **4333**. Padgett, G. A., T. G. Bell, W. R. Patterson, 1986, Genetic disorders affecting reproduction and periparturient care. Vet. clin. N. Am. SAP 16, 577-586. - **4334**. Palmer, A. C., 1972, Pathological changes in the brain associated with fits in dogs. Vet. rec. 90, 167-173. - **4335**. Palmer, A. C., M.E. Wallace, 1967, Deformation of cervical vertebrae in Basset Hounds. Vet.rec. 80, 430-433. - **4336**. Palmer, A. C., J. E. Payne, M. E. Wallace, 1973, Hereditary quadriplegia and amblyopia in the Irish Setter J.sm.an.pract. 14, 343-352. - **4337**. Palmer, A. C., J. Barker, 1974, Myasthenia in the dog. Vet.rec. 95, 452-454. - **4338**. Palmer, A. C., J. V. Goodyear, 1978, Congenital myasthenia in the Jack Russell terrier. Vet.rec. 103, 433-434. - **4339**. Palmer, A. C., V. A. Lennon, C. Beadle, J. V. Goodyear, 1980, Autoimmune form of myasthenia gravis in a juvenile Yorkshire Terrier x Jack Russell Terrier hybrid contrasted with congenital myasthenia gravis of the Jack Russell. J.sm.an.pract. 21, 359-364. - **4340**. Palmer, A. C., R.K. Medd, 1981, Hound ataxia. Vet.rec. 109, 43. - **4341**. Palmer, A. C., R. K. Medd. G. T. Wilkinson, 1984, Hound ataxia. Neuropath. appl. neurobiol. 10, 311. - **4342**. Palmer, A. C., W. F. Blakemore, M. E. Wallace, M. K. Wilkes, M. E. Herrtage, S. E. Matic, 1987, Recognition of trembler, a hypomyelinating condition in the Bernese Mountain dog. Vet.rec. 120, 609-612. - **4343**. Palmer, A. C., W. F. Blakemore 1988, Progressive neuronopathy in the cairn terrier. Vet.rec. 123, 39. - **4344**. Palmer, A. C., W. F. Blakemore, 1989, A progressive neuronopathy in the young Cairn terrier. J.sm.an.pract. 30, 101-106. - **4345**. Palmer, A. E., 1973, Diseases encountered during the conditioning of random source dogs and cats. In: Harmison a. a. O. - **4346**. Palmer, C. S., 1968, Achalasia or cardiospasm in great Dane puppies. Vet. med. 63, 574-576. - **4347**. Panahi, S., 1984, Echinococcus-Befall des Gehirns. Dt. med. Wschr. 109, 76. - **4348**. Panciera, D. L., C. B. Thomas, S. W. Eicker, C. E. Atkins, 1990, Epizootiologic patterns of diabetes mellitus in cats. J.A.V.M.A. 197, 1504-1508. - **4349**. Pape, H., 1983, Revision des Erbfaktorenschemas für die aus Loh und Schwarz zusammengesetzte Grundfärbung bei Hunden sowie Aufdeckung paralleler Verhältnisse bei Kaninchen. Z. Tierz. Zücht. biol. 100, 252-265. - **4350**. Paradis, M., D. W. Scott, L. Breton, 1989, Squamous cell carcinoma of the nail bed in three related Giant Schnauzers. Vet. rec. 125, 322-324. - **4351**. Paré,B., N. H. Bonneau, L.Breton, 1986, Revue de la littérature et étude rétrospective de 36 cas d'osteochondrose du coude chez le chien. Méd. vét. Québ. 16, 119-126. - **4352**. Parent, G. H., 1975, The recent invasive migration of the wild cat Felis silvestris silvestris Schreber in the Belgian Lorraine. Mammal. 39, 251. - **4353**. Parker, A. J., R. D. Park, 1973, Atlanto-axial subluxation in small breeds of dogs. Vet. med. 68, 1133-1137. - **4354**. Parker, A. J., R. D. Park, 1974, Clinical signs associated with hemivertebra in three dogs. Can. pract. 1, 34-38. - **4355**. Parker, G. W., W.F. Jackson, D. F. Patterson, 1971, Coarctation of the aorta in a canine. J.Am.an.hosp.ass. 4, 353-355. - **4356**. Parker, M.T., L. L. Collier, A. B. Kier, G. S. Johnson, 1988, Oral mucosa bleeding times of normal cats and cats with Chediak-Higashi syndrome or Hageman trait. Vet. clin. path. 17, 9-12. - **4357**. Parks, B. J., K. M. Brinkhous, P. F. Harris, G. D. Penick, 1964, Laboratory detection of female carriers of canine hemophilia. Thromb. diath. haem. 12, 368-376. - **4358**. Parle, L., 1979, Epidémiologie des tumeurs mammaires de la chienne. Thèse Alfort. - **4359**. Parnas, J., A. Weber, 1988, Zoonosen der Heimtiere. VET 3, 20-23. - **4360**. Parrish, M. H., F. B. Clack, D. Brobst, J. F. Mock, 1959, Epidemiology of dog bites. Pub. hlth. rep. 74, 891-903. - **4361**. Parrisius, R., L. Bucsis, H. J. Flasshoff, I. Fiebiger, W. Kraft, 1985, Hepatoenzephalopathie bei der Katze. Kleintierprax. 30, 67-75. - **4362**. Parry, H.B., 1950, Viral hepatitis in dogs. Vet. rec. 62, 559-565. - **4363**. Parsons, S., 1990, The numbers game. Ped. dig. 15, 55-56. - **4364**. Partridge, R. D., 1991, Discount neutering. Vet. rec. 128, 386. - **4365**. Pass, M., D. Johnston, 1973, Treatment of gastric dilation in the dog. J.sm.an.pract. 14, 131-142. - **4366**. Paterson, D. A., 1975, Cats' eyes: a new twist? Nature 257, 736. - **4367**. Paterson, J. S., 1968, Cats. In: Lane-Petter. a. a. O. - **4368**. Pathak, S., D. H.Wurster-Hill, 1977, Distribution of constitutive heterochromatin in carnivores. Cytogen. cell gen. 18, 245-254. - **4369**. Pathak, S., P. v. Tuinen, D. E. Merry, 1982, Heterochromatin synaptonemal complex, and NOR activity in the somatic and germ cells of a male domestic dog. Cytogen. cell gen. 34, 112-118. - **4370**. Patnaik, A. K., S. K. Liu, I. Hurvitz, A. J. McClelland, 1975, Canine chemodectoma. J.sm.an.pract. 16, 785-801. - **4371**. Patnaik A. K., S. K. Liu, I. Hurvitz, P. H. Lieberman, R. A. Erlandson, S. K. Liu, 1984, Canine sinonasal skeletal neoplasms. Vet. path. 21, 475-482. - **4372**. Patterson, D. F., 1968, Epidemiologic and genetic studies of congenital heart disease in the dog. Circ. res. 23, 171-202. - **4372a**. Patterson, D. F., 1971, Canine congenital heart disease. J.sm.an.pract. 12, 263-287. - **4373**. Patterson, D. F., 1973, Congenital defects of the cardiovascular system in dogs. In: Harmison a. a. O. - **4374**. Patterson, D. F., 1974, Pathologic and genetic studies of congenital heart disease in the dog. Adv. cardiol. 13, 210-249. - **4375**. Patterson, D. F., 1976, Congenital defects of the cardiovascular system of dogs. Adv. vet. sci. comp. med. 20, 1-57. - **4376**. Patterson, D. F., 1979, Die Genetik in der Kleintiermedizin. Prakt. Ta. 60, 1061-1082. - **4377**. Patterson, D. F., 1989, Hereditary congenital heart defects in dogs. J.sm.an.pract. 30, 153-165. - **4378**. Patterson, D. F., W. Medway, 1966, Hereditary diseases of the dog. J.A.V.M.A. 149, 1741-1754. - **4379**. Patterson, D. F., D. K. Detweiler, 1967, Hereditary transmission of patent ductus arteriosus. Am heart. J. 74, 289-290. - **4380**. Patterson, D. F., W. Medway, H. Luginbühl, S. Chacko, 1967, Congenital hereditary lymphoedema. J. med. gen. 4, 145-152. - **4381**. Patterson, D., et. al. 1968, Hereditary lymphedema in the dog. J.A.V.M.A. 153, 527. - **4382**. Patterson, D. F., R. R.Minor, 1977, Hereditary fragility and hyperextensibility of the skin of cats. Lab. invest. 37, 170-179. - **4383**. Patterson, D. F., P. L. Green, G. A. Aguirre, J.

C. Fyfe, U. Giger, M. E. Haskins, P. F. Jezyk, V. N. Meyers-Wallen, S. P. Schiffer, 1987, The canine genetic disease information system. Am. Kenn. Gaz. 104, 58-61. – **4384**. Patterson, D. F., G. A. Aguirre, J. C. Fyfe, U. Giger, P. L. Greeen, M. E. Haskins, P. F. Jezyk, V. N. Meyers-Wallen, 1989, I this a genetic disease? J.sm.an.pract. 30, 127-139. – **4385**. Patterson, J. M., H. H. Grenn, 1975, Hemorrhage and death indogs following the administration of sulfaquinoxaline. Can. vet. J. 16, 265-268. – **4386**. Patterson, R., 1960, Investigations of spontaneous hypersensitivity of the dog. J. allerg. 31, 351-363. – **4387**. Patterson, R., 1969, Laboratory models of reaginic allergy. Progr. allerg. 13, 392-407. – **4388**. Patterson, W. R., 1987, Platelet function in Basset Hound hereditary thrombopathy. Diss. abstr. B 47, 3714. – **4389**. Pattison, J. C., 1976, The problem of the stray dog. J.sm.an.pract. 17, 350-352. – **4390**. Patz, A., J. W. Berkow, A. E. Maumence, J. Cox, 1965, Studies on diabetic retinopathy. Diabet. 14, 700-708. – **4391**. Paulsen, M. E., S. Young, G. A. Severin, J. D. Eichenbaum, 1986, Progressive retinal atrophy in the Japanese Akita. 7th. ann. meet. Am. coll. vet. ophth., 333. – **4392**. Paulsen, M. E., J. D. Lavach, S. P. Snyder, G. A. Severin, J. D. Eichenbaum, 1987, Nodular granulomatous episclerokeratitis in dogs. J.A.V.M.A. 190, 1581-1587. – **4393**. Pautsch, S., 1969, Dachshd. 24, 191. – **4394**. Pautsch, S., 1973, Dachshd. 28, 44. – **4395**. Pavel, M., M. Babjak, 1968, Über das Hämoglobin der Dachshunde. Biolog. 23, 917-920. – **4396**. Pavletic, M.M., 1988, Bite wounds. Proc. 14th ann. meet. vet. emerg. crit. care soc. 71-74. – **4397**. Payer, A., 1989, DNA-Fingerprints bei Hunden. Diss. Wien. – **4398**. Pearce, R. G., 1969,Anomalies of the English Bulldog. S. W. vet. J. 22, 218-220. – **4399**. Pearson,G. R., K. W. Head, 1976, Malignant haemangioendothelioma in the dog. J.sm.an.pract. 17, 737-745. – **4400**. Pearson, H., 1966, Foreign bodies in the oesophagus. J.sm.an.pract. 7, 107-116. – **4401**. Pearson, H., 1979, Pyloric stenosis in the dog. Vet. rec. 105, 393-394. – **4402**. Pearson, H., C. Gibbs, 1974, Abnormal vertebral development in bulldogs. Vet. rec. 95, 27-28. – **4403**. Pearson, H., D. F. Kelly, 1975, Testicular torsion in the dog.Vet. rec. 97, 200-204. – **4404**. Pearson, H., C. Gibbs, D. F. Kelly, 1978, Oesophageal diverticulum formation in the dog. J.sm.an.pract. 19, 341-355. – **4405**. Pearson, H., C.Gibbs, 1984, Megaloesophagus in Irish setters. Vet. rec.114, 101. – **4406**. Pearson, K., C. H. Usher, 1929, Albinism in dogs.Biometr. 21, 144-163. – **4407**. Peel, B. W., 1975, The training of guide dogs for the blind. N. Zeal. vet. J. 23, 269-272. – **4408**. Peeters, M. E., A. J.Venker v. Haagen, S. A. Goedegebuure, W. T. Wolvekamp, 1991, Dysphagia in Bouviers associated with muscular dystrophy. Vet. quart.13, 65-73. – **4409**. Peiffer, R. L., 1977, Corneal dermoids congenital? Can. pract. 4, 28-30. – **4410**. Peiffer, R. L., 1983, Inherited ocular disease of the dog and cat. Proc. 50th. ann. meet. Am. an. hosp. ass., 369-375. – **4411**. Pfeiffer, R. L., C. D. Knecht, 1974, Surgical removal of an intrapelvic lipoma. Can pract. 1, 37-39. – **4412**. Peiffer, R. L., K. N. Gelatt, 1974, Cataracts in the cat. Fel. pract. 4, 34-38. – **4413**. Peiffer, R. L., W. O. Young,W. E. Blevins, 1974, Hip dysplasia and pectineus resection in the cat. Fel. pract. 4, 40-43. – **4414**. Peiffer, R. L., K. N. Gelatt, 1975, Progressive retinal atrophy in two atypical breeds of dogs. Vet. med. 70, 1476-1478. – **4415**. Peiffer, R. L., K. N. Gelatt, R. M. Gwin, 1976, Superficial keratectomy in the management of indolent ulcers of the Boxer cornea. Can. pract. 3, 31-33. – **4416**. Peiffer, R. L., K. N. Gelatt, 1976, Superficial keratectomy for the treatment of chronic ulcerative keratitis and sequestration in the domestic cat. J. fel. pract. 6, 37-40. – **4417**. Peiffer, R. L., K. N. Gelatt, R. M. Gwin, 1977, Chronic superficial keratitis in related greyhounds. Vet. med. SAC 72, 35-37. – **4418**. Peiffer, R. L., G. G. Gum, R. C. Grimson, K. N. Gelatt, 1980, Aqueous humor outflow in beagles with inherited glaucoma. Am.J.vet.res. 41, 1808-1813. – **4419**. Peiffer, R. L., K. N. Gelatt, 1980, Aqueous humor outflow in beagles with inherited glaucoma. Am.J.vet.res. 41, 861-867. – **4420**. Peiffer, R. L., C. A. Fischer, 1983, Microphthalmia, retinal dysplasia, and anterior segment dysgenesis in a litter of Doberman Pinschers. J.A.V.M.A. 183, 875-878. – **4421**. Peiffer, R. L., M. Nasisse, C. S. Cook, D. E. Harling, 1987, 1988, Surgery of the canine and feline orbit, adnexa and globe. Comp. an. pract. 1 u. 2. – **4422**. Peiffer, R. L., B. P. Wilcock, 1991, Histopathologic study of uveitis in cats. J.A.V.M.A. 198, 135-138. – **4423**. Pelt,R. W., v. 1988, Confirming tracheal hypoplasia in Husky-mix puppies. Vet. med. 83, 266-273. – **4424**. Peltz, R. S., 1975, Mortality rates in kittens and young cats. Carn. gen. nwsl. 2, 308-311. – **4425**. Peltz, R. S., 1975, Further data on folded eared cats. Carn. gen. nwsl. 2, 326-327. – **4426**. Pendergrass, T. W., H. M. Hayes, 1975, Cryptorchism and related defects in dogs. Teratol. 12, 51-55. – **4427**. Penman, S.,P. Emily, 1991, Focus, 1, 3, 2. – **4428**. Pensinger, R. R., 1972, Comparative aspects of congestive heart failure in dogs. In: Bloor, C. M., Comparative pathophysiology of circulatory disturbances. Plenum Press, N. Y. – **4429**. Pentlarge, V. W., 1984, Peripheral vestibular diseases in the cat. Corn. fel. hlth. cent. vet. nws., 1-4. – **4430**. Percy, D. H., B. S. Jortner, 1971, Feline lipidosis. Arch. path. 92, 136-144. – **4431**. Perkins, R. L., 1972, Multiple congenital cardiovascular anomalies in a kitten. J.A.V.M.A. 160, 1430-1431. – **4432**. Pérot, F., 1979, Les luxations de la rotule chez le chien. Point. vét. 8, 17-25. – **4433**. Person, J. M., F. Almosni, F. Quintin-Colonna, H. J. Boulouis, 1988, Les anémies hémolytiques auto-immunes du chien. Prat.méd. chir. anim. comp. 23, 297-309. – **4434**. Persson, F., A. Asheim, 1958, Njurbarkshypoplasie hos hund. Proc. VIII. Nord. vet. med., 939-947. – **4435**. Persson, F., S. Persson, A. Asheim, 1961, Blood-pressure in dogs with renal cortical hypoplasia. Act. vet. scand. 2, 1-8. – **4436**. Persson, F., S. Persson, A. Asheim, 1961, Renal cortical hypoplasia in dogs. Act. vet. scand. 2, 68-84. – **4437**. Pertsch, R., 1967, Urolithiasis beim Hund und Versuch einer Prophylaxe. Kleintierprax. 12, 167-169. – **4438**. Peterhans-Widmer, E., 1977, Histologische Untersuchungen zur Pathogenese der Keratitis superficialis chronica (Überreiter) des Deutschen Schäferhundes. Diss. Zürich. – **4439**. Peters, G., 1981, Das Schnurren der Katzen (Felidae). säugetierk. Mitt. 29, 30-37. – **4440**. Peters, H., 1939, Der Eskimohund. Z. Hundeforsch. NF, 14, 1-88. – **4441**. Peters, J. A., 1969, Canine breeding ancestry. J.A.V.M.A. 155, 621-624. – **4442**. Peters, J. A., 1969,Canine mastocytoma. J. nat. canc. inst. 42, 435-443. – **4443**. Peters, J. E., O. D. Murphree, A. Dykman, 1967, Genetically-determined abnormal behavior in dogs. Condit. reflex. 2, 206-215. – **4444**. Peters, R. I, K. M. Meyers, 1977, Regulation of serotonergic neuronal systems affecting locomotion in Scottish terrier dogs. Fed. proc. 36, 1023. – **4445**. Petersen-Jones, S. M., 1991, Abnormal ocular pigment deposition associated with glaucoma in the Cairn Terrier. J.sm.an.pract. 32, 19-22. – **4446**. Petersen-Jones, S. M., J. R. Mould, 1991,Chronic glaucoma in Cairn terriers. Vet. rec. 128, 619. – **4447**. Peterson, M. E., D. T. Krieger, W. D. Drucker, N. S. Halmi, 1982, Immunocytochemical study of the hypophysis in 25 dogs with pituitary-dependent hyperadrenocorticism. Act. endocr. 101, 15-24. – **4448**. Petitdidier, J. P., 1991, Agility. Rec.méd.vét. 167, 631-634. – **4449**. Petrick, S. W., I.B. Rensburg, 1989, Corneal anatomical differences in the aetiology of chronic superficial keratitis. J.sm.an.pract. 30, 449-453. - **4450.** Petzsch, H., 1969, Die Katzen. Vlg. Neumann-Neudamm, Melsungen. - **4451.** Pfeil, C., L. Pfeil, 1985, Dachshd. 40, 34. - **4452.** Pfleiderer-Högner, M. D., 1979, Möglichkeiten der Zuchtwertschätzung beim Deutschen Schäferhund anhand der Schutzhundprüfung. Diss. München. - **4453.** Pharr, J. W., J. P. Morgan, 1976, Hip dysplasia in Australian shepherd dog. J.Am.an.hosp.ass. 12, 439-445. - **4454.** Phillips, J. M., 1937, Albinism in a Cocker Spaniel. J. hered. 28, 103-104. - **4455.** Phillips, J. M., 1945,»Pig jaw« in Cocker Spaniels. J. hered. 36, 177-181. - **4456.** Phillips, J. M., E. D. Knight, 1938, Merle of calico foxhounds. J. hered. 29, 365-367. - **4457.** Phillips, J. M., T. M. Felton, 1939, Hereditary umbilical hernia in dogs. J. hered. 30, 433-435. - **4458.** Phineas, C., 1974, Households pets and urban alienation. J. soc. hist. 7, 334-338. - **4459.** Piasentin, T., 1982, Box. Bl. 78, 106. - **4460.** Pick, J. R., J. W. Eubanks, 1965, A clinicopathologic study of heterogeneous and homogeneous dog populations in North Carolina. Lab. an. care 15, 11-17. - **4461.** Pick, J.R., R. A. Goyer, J. B. Graham, J. H. Renwick, 1967, Subluxation of the carpus in dogs. Lab. invest. 17, 243-248. - **4462.** Pico, G., 1959, Congenital ectropion and distichiasis. Am. J. ophth. 47, 363-387. - **4463.** Picut, C. A., R. M. Lewis, 1987,Comparative pathology of canine hereditary nephropathies. Vet. res. comm. 11, 561-581. - **4464.** Picut, C. A., R. M. Lewis, 1987, Juvenile renal disease in the Doberman Pinscher. J. comp. path. 97, 587-596. - **4465.** Pidduck, H., 1985, Is this disease inherited? J.sm.an.pract. 26, 279-291. - **4466.** Pidduck, H., P. M. Webbon, 1978, The genetic control of Perthes' disease in toy poodles. J.sm.an.pract. 19, 729-733. - **4467.** Piekarski, G., H. M. Witte, 1970, Die Rolle der Katze in der Epidemiologie der Toxoplasmose. Kleintierprax. 16, 121-124. - **4468.** Pienkoß, A., 1969, Uns. Rassehd. 348. - **4469.** Pienkoß, A., 1974, Uns. Rassehd., 1039. - **4470.** Pienkoß, A., 1976, Uns. Rassehd., 310. - **4471.** Pienkoß, A., 1982, Rottweiler. Brökeland Vlg., Essen. - **4472.** Piette, P., 1988, Darstellung der Plasma-Esterasen und deren Einsatz für die Elternschaftskontrollen beim Hund. Diss. Hannover. - **4473.** Pijls, J. L., I. v. d. Gaag, S. S. Shanasu, R. P. Happé, 1988, Een zeldzaam geval van juveniele pancreasatrofie. Tijds. diergen. 113, 607-613. - **4474.** Pinxteren, R. M. v., C. Westerbeek, 1983, Probleemgedrag bij honden. Tijds. diergen. 108, 954-963. - **4475.** Pierce, K. R., C. H. Bridges, W. C. Banks, 1965, Hormone induced hip dysplasia in dogs. J.sm.an.pract. 6, 121-126. - **4476.** Pierce, K. R., C. J. Fraser, J. H. Jardine, S. L. George, 1975, Concentration of various chemical constituents in the blood of normal cats. J.am.an.hosp.ass. 11, 293-299. - **4477.** Piercy, S. E., 1961, An appraisal of the value and method of use, of living attenuated canine distemper vaccines. Vet. rec. 73, 945-949. - **4478.** Pinegger, H., 1975, Uterus masculinus beim Rüden Kleintierprax. 20, 231-233. - **4479.** Pion, P. D., 1989, Taurine deficiency as a cause of dilated cardiomyopathy. 12. Kal Kan Sympos. 79-85. - **4480.** Platz, A. J., 1991, SV-Z. 85, 20. - **4481.** Plechner, A. J., M. Shannon, 1976, Canine immune complex diseases. Mod. vet. pract. 57, 917-921. - **4482.** Plechner, A. J., M. S. Shannon, 1977, Genetic transfer of immunologic disorders in dogs. Mod. vet. pract. 58, 341. - **4483.** Plumb, L. R., 1991, Pet overpopulation. J.A.V.M.A. 198, 1848. - **4484.** Plummer, J. M., P. F. Watson, W. E. Allen, 1987, A spermatozoal midpiece abnormality with infertility in a Lhasa Apso dog. J.sm.an.pract. 28, 743-751. - **4485.** Plutchik, R., 1971, Individual and breed differences in approach and withdrawal in dogs. Behav. 40, 302-311. - **4486.** Pobisch, R., 1962, Aseptische Nekrose des Humeruskopfes. Wien. tierärztl. Mschr. 49, 571-587. - **4487.** Pobisch, R., 1968, Wien. tierärztl. Mschr. 55, 53. - **4488.** Pobisch, R., 1969, Urolithiasis bei Hund und Katze. Wien. tierärztl. Mschr. 56, 3-12, 93-104. - **4489.** Pobisch, R., 1969, Zur Lahmheitsdiagnostik beim Hund. Kleintierprax. 14, 37-44. - **4490.** Pobisch, R., 1980, Zur Röntgendiagnostik der Urolithiasis beim Hund. Wien. tierärztl. Mschr. 67, 193-197. - **4491.** Pobisch, R., V. Geres, E. Arbesser, 1980, Ellbogengelenksdysplasie beim Hund. Wien. tierärztl. Mschr. 59, 297-307. - **4492.** Podberscek, A., J. K. Blackshaw, 1991, Dog attacks on postal delivery officers in Queensland. Austr. vet. J. 68, 215-216. - **4493.** Podberscek, A., J. K. Blackshaw, A. W. Beattie, 1991, The behaviour of laboratory colony cats and their reaction to a familiar and unfamiliar person. Appl. an. behav. sci. 31, 119-130. - **4494.** Podberscek, A. L., J. K. Blackshaw, 1991, Dog attacks on children. Austr. vet. J. 68, 248-249. - **4495.** Poduschka, W., 1978, Spontanejakulationen bei einem Cockerrüden. Säugetierk. Mitt. 26, 173-177. - **4496.** Pohlmeyer, K., 1992, Cell. Z. 2. 3. - **4497.** Poirson, J., 1980, L'hémophilie chez le chien à propos de cinq cas rencontrés dans la race Berger Allemand. Point. vét. 10, 7-10. - **4498.** Poirson, J. P., E. Trautvetter, 1977, Vorkommen und Typ der Aortenstenose beim Boxer. Arch. tierärztl. Fortb. 4, 207-213. - **4499.** Pollet, L., 1979, Entropion bij de hond Vlaams diergen. tijds. 48, 498-505. - **4500.** Polley, L., B. M. Weaver, 1977, Accidental poisoning of dogs by barbiturates in meat. Vet. rec. 100, 48. - **4501.** Polsky, R. H., 1989, Companion-animal behaviour from the viewpoint of an ethologist. Comp. an. pract. 19, 3-4. - **4502.** Polydorou, K., 1977, The anti-echinococcosis campaign in Cyprus. Trop. an. hlth. prod. 9, 141-146. - **4503.** Polydorou, K., 1980, The control of echinococcosis in Cyprus. Wld. an rev. 33, 19-25. - **4504.** Pontois, M., C. Doutremepuich, A. Chauve, M. Boisseau, 1979, Mise en évidence d'une souche déficitaire en facteur VIIIc dans élevage de chiens de race Beagle. Bull. ac. vét. Fran. 52, 269-276. - **4505.** Pontois, M., J. Pontois, 1984, Hémophilie chez le chien. Prat. médic. chir. an. comp. 19, 321-326. - **4506.** Pool, R. R., C. B. Carrig, 1972, Multiple cartilaginous exostoses in a cat. Vet. path. 9, 350-359. - **4507.** Pope, C. E., E. J. Gelwicks, J.L. Turner, G. L. Keller, B. L. Dresser, 1990, In vitro fertilization in the domestic cat. Theriogen. 33, 299. - **4508.** Poplin, F., 1973, Existe-t-il une corrélation entre les anomalies de nombre des dents jugales et l'allongement facial chez le chien? Zbl. Vet. med. C 5, 21-34. - **4509.** Popp, J. P., B. Trebel, E. Schimke,D. Poser, 1991, Bilateral ektopischer Ureter bei einem Perserkater. Tierärztl. Prax. 19, 530-534. - **4510.** Porter, A., W. R. Canady, 1971, Hematologic values in mongrel and Greyhound dogs being screened for research use. J.A.V.M.A. 159, 1603-1606. - **4511.** Porter, P., 1963, Urinary calculi in the dog. J.comp. path. 73, 119-195. - **4512.** Post, J. E., F. Noronha, C. G. Rickard, 1970, Canine mast cell leukemia. Bibl. haemat. 36, 425-429. - **4513.** Post, K., J. R. McNeill, E. G. Clark, M. A. Dignean, G. P. Olynk, 1989, Congenital central diabetes insipidus in two sibling Afghan Hound pups. J.A.V.M.A. 194, 1086-1088. - **4514.** Potkay, S., R. D. Zinn, 1969, Effects of collection interval, body weight and season on the hemograms of canine blood donors. Lab. an. care 19, 192-198. - **4515.** Potkay, S., J. D. Bacher, 1973, The research dog. In: Harmison a.a.O. - **4516.** Potkay, S., J. D. Bacher, 1977, Morbidity and mortality in a closed foxhound breeding colony. Lab. an. sci. 27, 78-84. - **4517.** Potter, J. S., K. D. McSporran, M. P. James, 1985, A suspected case of familial nephropathy in the Cocker Spaniel. N. Zeal. vet. J. 33, 65-66. - **4518.** Potter, K. A., R. D.

Tucker, J. L. Carpenter, 1980, Oral eosinophilic granuloma of Siberian huskies. J.Am.an.hosp.ass. 16, 595-600. – **4519**. Potter, W. R., J. M. Rigott, 1967, A pseudohermaphrodite dog. Vet. rec. 80, 647-648. – **4520**. Poulos, P. W., 1980, Het radius curvis syndroom bij de hond. Tijds.diergen. 105, 362-368. – **4521**. Poulsen, P. H., M. K. Thomsen, F. Kristensen, 1985, Cutaneous asthenia in the dog. Nord. vet. med. 37, 291-297. – **4522**. Povey, C., 1980, Feline urological syndrome. Proc. refr. cour. cats. Univ. Syndn. 53, 583-588. – **4523**. Povey, R. C., 1978, Reproduction in the pedigree female cat. Can. vet. J. 19, 207-213. – **4524**. Powell, E. W., E. A. Lucas, O. D. Murphree, 1978, Influence of human presence on sleep-wake patterns of nervous pointer dogs. Phys. behav. 20, 39-42. – **4525**. Power, J. W., 1976, Avulsion of the tibial tuberosity in the greyhound. Austr. vet. J. 52, 491-495. – **4526**. Prabhakaran, P., M. Soman, R. P. Iyer, J. Abraham, 1980, Common disease conditions among cattle slaughtered in Trichur municipal slaughter house. Keral. J. vet. sci. 11, 159-163. – **4527**. Prange, H., D. Katenkamp, G. Falk-Junge, H. Kosmehl, 1986, Die Pathologie der Hodentumoren des Hundes. Arch. exp. Vet. med. 40, 555-565. – **4528**. Prange, H., H. Kosmehl, D. Katenkamp, 1987, Die Pathologie der Hodentumoren des Hundes. 2. Arch. exp. Vet. med. 41, 366-388. – **4529**. Preiss, H., 1989, Hyperplasie der Zirkumanaldrüse bei einem Junghund. Kleintierprax. 34, 513-516. – **4530**. Prentice, D. E., R. W. James, P. F. Wadsworth, 1980, Pancreatic atrophy in young beagle dogs. Vet. path. 17, 575-580. – **4531**. Prescott, C. W., 1973, Reproduction patterns in the domestic cat. Austr. vet. J. 49, 126-129. – **4532**. Prescott, C. W., 1980, Feline urologic syndrome (FUS). Proc. refr. cour. cats. Univ. Sydn. 53, 421-423. – **4533**. Presthus, J., 1988, Spinal muskelatrofi hos Rottweiler. Norsk Vet. tids. 100, 821. – **4534**. Presthus, J., 1989, Aseptisk suppurativ meningitt hos berner sennenhund. Norsk Vet. tids. 101, 169-175. – **4535**. Preu, K. P., 1975, Zur Trächtigkeitsdiagnose an der Hündin mittels Ultraschall. Kleintierprax. 20, 195-199. – **4536**. Preu, K. P., H. Blaurock, O. Gaile, 1975, Zur Hüftgelenksdysplasie beim Beagle-Hund. Berl. Münch. tierärztl. Wschr. 88, 271-275. – **4537**. Preuss, E., 1977, Wld.u.Hd. 80, 347. – **4538**. Priest, J. M., 1986, Some aspects of the ecology of the Coyote. Diss. S. Illin. Univ. – **4539**. Priester, W. A., 1965, Breed distribution in canine populations. J.A.V.M.A. 146, 971-973. – **4540**. Priester, W. A., 1967, Canine lymphoma. J. nat. canc. inst. 39, 833-845. – **4541**. Priester, W. A., 1972, Sex, size, and breed as risk factors in canine patellar dislocation. J.A.V.M.A. 160, 740-742. – **4542**. Priester, W. A., 1972, Congenital ocular defects in cattle, horses, cats and dogs. J.A.V.M.A. 160, 1504-1511. – **4543**. Priester, W. A., 1974, Canine progressive retinal atrophy. Am. J. vet. res. 35, 571-574. – **4544**. Priester, W. A., 1976, Hepatic angiosarcomas in dogs. J. nat. canc. inst. 57, 451-454. – **4545**. Priester, W. A., 1976, Canine intervertebral disc disease. Theriogen. 6, 293-303. – **4546**. Priester, W. A., 1977, Multiple primary tumours in domestic animals. Cancer 40, Suppl., 1845-1848. – **4547**. Priester, W. A., 1979, Occurrence of mammary neoplasms in bitches in relation to breed, age, tumour type, and geographical region from which reported. J.sm.an.pract. 20, 1-11. – **4548**. Priester, W. A., J. J. Mulvihill, 1972, Canine hip dysplasia. J.A.V.M.A. 160, 735-739. – **4549**. Priester, W. A., D. Goodman, G. H. Theilen, 1977, Nine simultaneous primary tumours in a Boxer dog. J.A.V.M.A. 170, 823-826. – **4550**. Prieur, D. J., L. L. Collier, 1981, Inheritance of the Chediak-Higashi syndrome in cats. J. hered. 72, 175-177. – **4551**. Prieur, D. J., L. L. Collier, 1981, Morphologic basis of inherited coat-color dilutions of cats. J. hered. 72, 178-182. – **4552**. Prieur, D. J., C. Fittschen, L. L. Collier, 1983, Macromelanosomes in the hair of blue Doberman Pinscher dogs. Carn. gen. nwsl. 4, 242-247. – **4553**. Prieur, D. J., C. Fittschen, L. L. Collier, 1984, Blue Doberman syndrome of dogs. Fed. proc. 43, 1860. – **4554**. Prieur, D. J., L. L. Collier, 1984, Maltese dilution of domestic cats. J. hered. 75, 41-44. – **4555**. Prieur, D. J., L. L. Collier, 1987, Neutropenia in cats with the Chediak-Higashi syndrome. Can. J. Vet. res. 51, 407-408. – **4556**. Prieur, W. D., 1967, Diabetes mellitus beim Hund. Kleintierprax. 12, 61-68. – **4557**. Prieur, W. D., 1969, Die chirurgische Behandlung der Osteochondritis dissecans. Berl. Münch. tierärztl. Wschr. 82, 419-420. – **4558**. Prieur, W. D., 1978, Kritische Bemerkungen zur Röntgendiagnose der Hüftdysplasie beim Hund. Prakt. Ta. 59, 496-502. – **4559**.Prieur, W. D., K.Saers, 1973, Spinale Dysraphie bei einem Schäferhund. Berl. Münch. tierärztl. Wschr. 86, 95. – **4560**. Prinzhorn, F., 1921, Die Haut und die Rückbildung der Haare beim Nackthunde. Jena. Z. Naturw. 57, 143-198. – **4561**. Prior, J. E., 1985, Vet. rec. 117, 154-155. – **4562**. Prole, J. H., 1973, Some observations on the physiology of reproduction in the Greyhound bitch. J.sm.an.pract. 14 781-784. – **4563**. Prole, J. H., 1976, A survey of racing injuries in the Greyhound. J.sm.an.pract. 17, 207-218. – **4564**. Prole, J. H., 1978, The treatment and prognosis of racing injuries in the greyhound. Vet. ann. 18, 179-184. – **4565**. Prole, J. H., 1981, Tail docking. Vet. rec. 109, 207-208. – **4566**. Prole, J.H., 1981, Greyhound conformation. Vet. rec. 108, 218. – **4567**. Proulx, G., 1988, Control of urban wildlife predation by cats through public education. Envir. conserv. 15, 358-359. – **4568**. Prüfer, A., 1990, Diagnostik und Therapie von Prostataerkrankungen. Kleintierprax. 35, 633-643. – **4569**. Prymak, C., L. J. McKee, M. H. Goldschmidt, L. T. Glickman, 1988, Epidemiologic, clinical, pathologic, and prognostic characteristics of splenic hemangiosarcoma and splenic hematoma in dogs. J.A.V.M.A. 193, 706-712. – **4570**. Przibam, H., 1908, Vererbungsversuche über asymmetrische Augenfärbung bei Angorakatzen. Arch. Entw. mech. 25, 260-265. – **4571**. v. Pückler, M. G., 1989, Wld.u.Hd. 92, 34. – **4572**. Pugh, L. P., 1962, A note on rabies and euthanasia in man. Vet. rec. 74, 486-487. – **4573**. Pulliainen, E., 1975, Wolf ecology in Northern Europe. In: Fox a. a. O. – **4574**. Pullig, T., 1952, Inheritance of a skull defect in Cocker Spaniels. J. hered. 43, 97-99. – **4575**. Pullig, T., 1953, Anury in Cocker Spaniels. J. hered. 44, 105-107. – **4576**. Pullig, T., 1953, Cryptorchidism in Cocker Spaniels. J. hered. 44, 250-264. – **4577**. Punzet, G., 1973, Ellbogengelenksdysplasie mit isoliertem Processus anconaeus. Kleintierprax. 18, 121-132. – **4578**. Punzet, G., 1974, Klinik und chirurgische Behandlung der Osteochondrosis dissecans des Humeruskopfes beim Hund. Wien.tierärztl.Mschr. 61, 745-83. – **4579**. Punzet, G., I. Walde, 1975, Hautplastische Korrektur von Hängeohren beim Hund. Wien.tierärztl.Mschr. 62, 121-124. – **4580**. Punzet, G., I. Walde, E. Arbesser, 1975, Zur Osteochondrosis dissecans genu des Hundes. Kleintierprax. 20, 88-98. – **4581**. Punzet, G., I. Walde, 1981, Vergleichende Untersuchungen zur konservativen und operativen Behandlung der thorakolumbalen Enchondrosis intervertebralis beim Hund. Kleintierprax. 26, 236-246. – **4582**. Pürstl, J., 1976, Genetischer Polymorphismus in Serum und Erythrozytenhämolysat beim Hund. Diss. Wien. – **4583**. Pyle, R. L., D. F. Patterson, W. C. Hare, D. F. Kelly, T. Digiulio, 1971, XXY Sex chromosome constitution in a himalayan cat with tortoiseshell points. J. hered. 62, 220-222. – **4584**. Pyle, R. L., D. F. Patterson, 1972, Multiple cardiovascular malformations in a family of Boxer dogs. J.A.V.M.A. 160, 965-976. – **4585**.

Pyle, R. L., D. F. Patterson, S. Chacko, 1976, The genetics and pathology of discrete subaortic stenosis in the Newfoundland dog. Am. heart J. 92, 324-334. – **4586**. Pyrhönen, S., 1976, Can dog transmit human warts. Lancet II, 210. – **4587**. Pyrhönen, S., E. Neuvonen, 1978, The occurrence of human wart-virus antibodies in dogs, pigs and cattle. Arch. virol. 57, 297-305. – **4588**. Quadri, S. K., D. L. Palazzolo, 1991, How aging affects the canine endocrine system. Vet. med. 86, 692-706. – **4589**. Quadros, E., 1974, Furunculosis in dogs. Act. vet. scand. Suppl. 52, 1-114. – **4590**. Quandt, C., 1991, Die Situation der Tierverhaltenstherapie in England. Prakt Ta. 72, 882-884. – **4591**. Quaritsch, 1975, Uns. Rassehd., 453. – **4592**. Quaritsch, 1975, Uns. Rassehd., 539. – **4593**. Quaritsch, H., 1978, Uns. Rassehd., 29. – **4594**. Quéinnec, G., 1973, Kynol. Weltkongr., 37. – **4595**. Quéinnec, B., 1982, Nomenclature des robes chez le chien. Rev. méd. vét. 133, 95-99. – **4596**. Quéinnec, B., 1982, Nomenclature des robès chez le chien. 2. Rev. méd. vét. 133, 169-177. – **4597**. Quéinnec, G., B. Quéinnec, R. Darre, 1974, Evaluation des résultats en vue de la sélection dans des troupeaux à petits effectifs et hautes performances. I. Wld. congr. gen. appl. livest. prod., 377-383. – **4598**. Quimby, F., C. Jensen, D. Nawrocki, P. Scollin, 1978, Selected autoimmune diseases in the dog. Vet. clin. N. Am. 8, 665-682. – **4599**. Quimby, F. W., R. S. Schwartz, T. Poskitt, R. M. Lewis, 1979, A disorder of dogs resembling Sjögren's syndrome. Clin. immun. immunopath.12, 471-476. – **4600**. Quin, A. H., 1962, Speaking of cats. Vet. med. 57, 1071-1072. – **4601**. Quinlan, T. J., 1975, Canine hip dysplasia. N. Zeal. vet. J. 23, 157-163. – **4602**. Quinlan, T. J., 1975, Canine hip dysplasia. 2. N. Zeal. vet. J. 23, 185-188. – **4603**. Quittet, E., 1969, Les races canines en France. La Maison Rustique, Paris. – **4604**. Räber, H., 1971, die Schweizer Hunderassen. A. Müller Vlg. Zürich. – **4605**. Räber, H., 1974, Brevier neuzeitlicher Hundezucht. Vlg. P. Haupt. Bern. – **4606**. Räber, H., 1977, in: Schweiz. Kynol. Ges. a. a. O. – **4607**. Räber, H., 1977, Uns. Rassehd., 16. – **4608**. Räber, H., 1980, Die Schweizer Hunderassen. A. Müller, Rüschlikon. – **4609**. Räber, H., 1982, Schweiz. hundesp. 98, 489, 692. – **4610**. Räber, H., 1983, Kynol. Arbeitstag. Sindelfing. – **4611**. Räber, H., 1984, Schweiz. hundesp. 100, 360. – **4612**. Räber, H., 1986, Dachshd. 41, 62. – **4613**. Räber, H., 1988, Hunde 104, 994. – **4614**. Räber, H., 1991, Hunde 6, 384. – **4615**. Räber, H., 1992, Hunde 108, 15. – **4616**. Räber, H., 1992, Hunde 108, 203. – **4617**. Radinger, I. v., 1989, Untersuchung über den Einfluß von Rassestands und züchterischem Eingriff auf die Reproduktionsrate von Hunderassen. Diss. Hannover. – **4618**. Radke, A. M., 1975, HAZ 1. 2. – **4619**. Radke, A. M., 1977, HAZ. – **4620**. Radke, A. M., 1988, Samtpfote und Mäusejäger. Kosmos, Stuttg. – **4621**. Radke, A. M., 1990, Katzen 20, 26. – **4622**. Radke, A. M., 1990, HAZ 10. 11. – **4623**. Radke,A. M., 1990, Wenn Katzen reden könnten. Kosmos, Stuttg. – **4624**. Raff, R. F., H. J. Deeg, V. T. Farewell, S. DeRose, R. Storb, 1983, The canine major histocompatibility complex. Tiss. antig. 21, 360-373. – **4625**. Raffe, M. R., C. D. Knecht, 1980, Cervical vertebral malformation. J.Am.an.hosp.ass. 16, 881-883. – **4626**. Raghavachari, K., 1943,Some observations on rickets in pups. Ind. J. vet. sci. 13, 137-140. – **4627**. Ragland, W. L., J. R. Gorman, 1967, Tonsillar carcinoma in rural dogs. Nature 214, 925-926. – **4628**. Ragni,B., 1978, Observations on the ecology and behaviour of the wild cat in Italy. Carn. gen. nwsl. 3, 270-274. – **4629**. Rahko, T., 1968, A statistical study on the tumours of dogs. Act. vet. scand. 9, 328-349. – **4630**. Rahlfs, I., 1975, Tumoren bei alten Hunden. Prakt. Ta. 56, 48-49. – **4631**. Räihä, M., E. Westermarck, 1989, The signs of pancreatic degenerative atrophy in dogs and the role of external factors in the etiology of the disease. Act. vet.scand. 30, 447-452. – **4632**. Raimer, F., E. Schneider, 1983, Vorkommen und Status der Wildkatze Felis silvestris silvestris Schreiber, 1777, im Harz. Säugetierk. Mitt. 31, 61-68. – **4633**. Rainbird, A., 1987, Int. Sympos. Hannover, 87. – **4634**. Rakich, P. M., M. D. Lorenz, 1984, Clinical signs and laboratory abnormalities in 23 dogs with spontaneous hypoadrenocorticism. J.Am.an.hosp.ass. 20, 647-649. – **4635**. Rand, J. S., P. J. O'Brien, 1987, Exercise-induced malignant hyperthermia in an English Springer Spaniel. J.A.V.M.A. 190, 1013-1014. – **4636**. Rand, J. S., S. J. Best, K. A. Mathews, 1988, Portosystemic vascular shunts in a family of American Cocker Spaniels. J.Am.an.hosp.ass. 24, 265-272. – **4637**. Randolph, J. F., W. L. Castleman, 1984, Immotile cilia syndrome in two Old English Sheepdog litter-mates. J.sm.an.pract. 25, 679-686. – **4638**. Randolph, J. F., S. A. Center, W. J. Dodds, 1986, Factor XII deficiency and von Willebrand's disease in a family of Miniature Poodle dogs. Corn. vet. 76, 3-10. – **4639**. Randolph, J. F., S. A. Center, F. A. Kallfelz, J. T. Blue, W. J. Dodds, J. W. Harvey, D. E. Paglia, K. M. Walsh, S. M. Shelly, 1986, Familial nonspherocytic hemolytic anemia in Poodles. Am.J.vet.res. 47, 687-695. – **4640**. Randolph, J. F., S. A. Center, M. McEntee, E. H. Goldberg, 1988, H-Y antigen-positive XX true bilateral hermaphroditism in a German Shorthaired Pointer. J.Am.an.hosp.ass. 24, 417-420. – **4641**. Randolph, J. F., 1990, Delayed growth in two German Shepherd dog littermates with normal serum concentration of growth hormone, thyroxine and cortisol. J.A.V.M.A. 196, 77-82. – **4642**. Ranjini, P. V., 1966, The chromosome of the Indian jackal (Canis aureus). Mamm. chromos. nwsl. 19, 5-6. – **4643**. Rapaport, F. T., R. J. Bachvaroff, 1978, Experimental transplantation and histocompatibility systems in the canine species. Adv. vet. sci. comp. med. 22, 195-219. – **4644**. Rapp, K. G., F. Deerberg, R. Kluge, 1988, Genetische Varianzkomponenten bei Auszuchtpopulationen. Tierlabor. 12, 92-102. – **4645**.Raqué, B., J.Hasse, E. v. Cramm, 1991, Siliconimplantat zur Therapie des Trachealkollaps beim Hund. Prakt Ta. 72, 98. – **4646**. Rasmussen, J., 1987, The Samoyed. Vet. techn. 8, 244, 265. – **4647**. Rasmussen, P. G., 1972, Multiple epiphyseal dysplasia in a litter of Beagle puppies. J.sm.an.pract. 12, 91-96. – **4648**. Rasmussen, P. G., I. Reimann, 1973, Multiple epiphyseal dysplasia with special reference to histological findings. Act. path. microb. scand. 81, 383-389. – **4649**. Rasmussen, P. G., I. Reimann, 1977, Dysostosis enchondralis of the ulnar bone in the Basseet Hound. Act. vet. scand. 18, 31-39. – **4650**.Rausch, R. L., 1967, On the ecology and distribution of Echinococcus spp. and characteristics of their development in the intermediate host. Ann. parasitol. 42, 19-63. – **4651**. Rautenbach, G. H., C. Booth, E.W. Höhn, 1987, A comparison of health parameters in two different canine populations. J. S. Afr. vet. ass. 58, 179-182. – **4652**. Rautenbach, G. H., J. Boomker, I. L. de Villiers, 1991, A descriptive study of the canine population in a rural town in Southern Africa. J. S. Afr. vet. ass. 62, 158-162. – **4653**. Raufwolf, J., 1978, Jgdgebrchshd. 14, 61. – **4654**. Raw, M.E., C. J. Gaskell, 1985, A review of one hundred cases of presumed canine epilepsy. J.sm.an.pract. 26, 645-652. – **4655**. Rawlings, C. A.,W. F. Capps, 1971, Rectovaginal fistula and imperforate anus in a dog. J.A.V.M.A. 159, 320-326. – **4656**. Read, R. A., G. M. Robins, C. H. Carlisle, 1983, Caudal cervical spondylo-myelopathy in the dog. J.sm.an.pract. 24, 605-621. – **4657**. Read, R., S. Brett, J. Cahill, 1987, Surgical treatment of occipito-atlanto-axial malformation in the dog. Austr. vet. pract. 17, 184-189. – **4658**. Read, R. M., R. N. Smith, 1968, A comparison of spondylosis deformans in the English and Swedish cat and in the English dog. J.sm.an.pract. 9, 159-166. – **4659**. Read, R. A., S. J. Amstrong, J. D. O'Keefe, C. E. Eger, 1990, Fragmentation of medial coronoid process of the ulna in dogs. J.sm.an.pract. 31, 330-334. – **4660**. Rechzygier, U., 1982, Untersuchungen über die Haltung von Hunden in der Großstadt. Diss. München. – **4661**. Redding, R. W., 1969, The diagnosis and therapie of seizures. J.Am.an.hosp.ass. 5, 79-92. – **4662**. Redlich, G., 1962, Das Corpus penis des Katers und seine Erektionsveränderung, eine funktionell-anatomische Studie. Diss. Berlin. – **4663**. Redmen, H. C., J. E. Weir, 1969, Detection of naturally occurring neurologic disorders of Beagle dogs by electroencephalography. Am.J.vet.res. 30, 2075-2082. – **4664**. Reedy, L. M., F. J. Clubb, 1991, Microwave burn in a toy poodle. J.Am.an.hosp.ass. 27, 497-500. – **4665**. Reese, A. M., 1911, The anatomy of a double cat. Anat. rec. 5, 383-390. – **4666**. Reese, M. E., T. P. McDonald, J. B. Jones, 1976, Platelet function studies in dogs with cyclic hematopoiesis. Proc. soc. exp. biol. med. 153, 324-329. – **4667**. Reetz, B., 1990., Pers. Mitt. – **4668**. Reetz, H., 1973, Wld. u. Hd. 76, 67. – **4669**. Reetz, I., 1982, Dt. Doggen-Alman., 47. – **4670**. Reetz, I., W. Wegner, 1973, Angeborene Mehrfach-Mißbildung in einem Wurf Deutscher Schäferhunde. Dt. tierärztl. Wschr. 80, 524-528. – **4671**. Reetz, I., P.Schneider, W. Giese, 1976, Das Serum-Transferrin-System beim Hund. Dt. tierärztl. Wschr. 83, 377-379. – **4672**. Reetz, I., W. Stecker, W. Wegner, 1974, Audiometrische Befunde in einer Merlezucht. Dt. tierärztl. Wschr. 84, 273-277. – **4673**. Regodon, S., J. M. Vivo, A. I. Mayaral, A. Robina, Y. Ligneureux, 1990, Etude radiologique des variations topographiques cranioencéphaliques chez les chiens. Rev. méd. vét. 141, 479-483. – **4674**. Rehfeld, C. E., 1970, Definition of relationships in a closed Beagle colony. Am.J.vet.res. 31, 725-732. – **4675**. Rehfeld, C. E., G. J.Dammin, W. J. Hester, 1970, Skin graft survival in partially inbred beagles. Am.J.vet.res. 31, 733-745. – **4676**. Rehm, I. M., 1988, Darstellung und praktische Anwendung des Polymorphismus der sauren Erythrozytenphosphatase beim Hund. Diss. Hannover. – **4677**. Reichart, P., U. M. Dürr, E. Bohm, 1979, Cranio-mandibuläre Osteopathie bei zwei Deutsch-Drahthaar-Wurfgeschwistern. Kleintierprax. 24, 127-133. – **4678**. Reichenow, E., H.Vogel, F. Weyer, 1969, Leitfaden zur Untersuchung der tierischen Parasiten des Menschen und der Haustiere. J.A. Barth, Leipzig. – **4679**. Reichholf, J., 1986, Die Dynamik der Hauskatzenbestände Felis sylvestris f. catus in Südostbayern. Säugetierk. Mitt. 33, 264-266. – **4680**. Reid, T. C., 1978, Barbiturate poisoning in dogs. N. Zeal. vet. J. 26, 190. – **4681**. Reif, J. S., R. S. Brody, 1970, The relationship between cryptorchidism and canine testicular neoplasia. J.A.V.M.A. 155, 2005-2010. – **4682**. Reifinger, M., 1988, Statistische Untersuchungen zum Vorkommen von Hodentumoren bei Haussäugetieren. Zbl. Vet. med. A 35, 63-72. – **4683**. Reiger, I., 1979, Scent rubbing in carnivores. Carniv. 2, 17-25. – **4684**. Reiland, S., 1974, Osteochondrosis related to rapid growth. Svensk vet. tidn. 26, 28-33. – **4685**. Reinartz, M., 1979, Jagdgebrchshd. 15, 45. – **4686**. Reinhard, D. W., 1978, Aggressive behavior associated with hypothyroidism. Can. pract. 5, 69-70. – **4687**. Reinhard, K. R., R. L. Rausch, R. L. Gray, 1955, Field investigations of prophylaxis against epizootic distemper in arctic Sled Dogs. Proc. A. V. M. A., 223-227. – **4688**. Reinhardt, F., 1977, Uns. Rassehd., 15. – **4689**. Reinhardt, R., J.G. Vaeth, 1931, Das Katzenbuch.Schaper Vlg., Hannover. – **4690**. Reis, R. H., 1966, Unilateral urogenital agenesis with unilateral pregnancy and vascular abnormalities in the cat. Wasm. J. biol. 24, 209-222. – **4691**. Reisner, I., 1991, The pathophysiologic basis of behavior problems. Vet. clin. N. Am. 21, 207-225. – **4692**. Reitzel, H., 1966, SV-Z. 60, 171. – **4693**. Reitzel, H., 1969, SV-Z. 63, 53. – **4694**. Reitzel, 1970, Uns. Pud. 14, 413. – **4695**. Reitzel, 1970, Uns. Pud. 14, 372. – **4696**. Reitzel, 1970, Uns. Pud. 15, 36. – **4697**. Reitzel, 1971, Uns. Pud. 15, 80. – **4698**. Remillard, R. L., J. N. Ross, J. B.Eddy, 1991, Variance of indirect blood pressure measurement and prevalence of hypertension in clinically normal dogs. Am.J.vet.res. 52, 561-565. – **4699**. Renatus, K., 1957, Die Vererbung des Kryptorchismus. Diss. Leipzig. – **4700**. Renk, W., 1971, Beziehungen von Veränderungen der Prostata und Metritiden zu den Entzündungen des Harnapparates beim Hund. Berl. Münch. tierärztl. Wschr. 84, 281-300. – **4701**. Renoy, B. P., M. Balligand, 1991, Un cas de syndactylie chez le chien. Ann. méd. vét. 135, 43-44. – **4702**. Rensberger, B., 1975, Domesticated dogs traced 14000 years. Ref.Curr. cont. 6, 44, 13. – **4703**. Renshaw, H. W., C. Chatburn, G. M.Bryan, R. C. Bartsch, W.C. Davis, 1975, Canine granulocytopathy syndrome. J.A.V.M.A. 166, 443-447. – **4704**. Renshaw, H. W., W. C. Davis, S. J. Renshaw, 1977, Canine granulocytopathy syndrome. Clin. immun. immunopath. 8, 385-395. – **4705**. Renshaw, H. W., W. C. Davis, 1979, Canine granulocytopathy syndrome, an inherited disorder of leukocyte function. Am. J. path, 95, 731-744. – **4706**. Renton, C. P.,1991, Osteochondritis dissecans in labradors. Vet. rec. 128, 192. – **4707**. Renton, J. P., J. S. Boyd, P. D. Eckersall, J. M. Ferguson, M. J. Harvey, J. Mullaney, B. Perry, 1991, Ovulation, fertilization, and early embryonic development in the bitch. J. repr. fert. 93, 221-231. – **4708**. Renwrantz, L., 1973, Freilandversuche mit Hunden zur Bestimmung der Riechschwelle für Buttersäure. Z. Säugetierk. 38, 38-63. – **4709**. Rep., B. H., 1980. Spoelworminfecties bij nederlandse honden. Tijds.diergen. 105, 282-289. – **4710**. Rest, J. R., 1987, Gastrointestinal anomalies in the dog. Vet. rec. 121, 426-427. – **4711**. Rest, J. R., 1989, Pathology of two possible genodermatoses. J.sm.an.pract. 30, 230-235. – **4712**. Reuterwald, C., N. Ryman, 1973, An estimate of the magnitude of additive genetic variation of some mental characters in Alsatian dogs. Hereditas 73, 277-284. – **4713**. Rezewski, K., 1983, Box. Bl. 79, 636. – **4714**. Rheenen, E. v., 1969, Lexikon für Hundefreunde. Safari-Vlg., Berl. – **4715**. Ribelin, W. E., L. D. Kintner, 1956, Lipodystrophy in the central nervous system in a dog. Corn. vet. 46, 532-537. – **4716**. Richards, R. B., J. A. B. A Kakulas, 1978, Spongiform leucoencephalopathy associated with congenital myoclonia syndrome in the dog. J. comp. path. 88, 317-320. – **4717**. Richardson, D. C., 1979, Radial agenesis in kittens. J. vet. orthop. 1, 39-42. – **4718**. Richardson, P., 1976, A survey of the attitudes of Sydney pet owners to veterinary services. Austr. vet. J. 52, 105-108. – **4719**. Richardson, R. C., 1978, Diseases in the growing puppy. Vet. clin. N. Am. 8, 101-128. – **4720**. Richkind, K.E., M.Richkind, 1978, Polymorphism at the glucosephosphate isomerase locus in the dog. J. hered. 69, 141-142. – **4721**. Richter, H., 1936, Die Eigentümlichkeiten des Katzenauges. Kleint. Pelzt. 12, 8, 69-76. – **4722**. Richter, J., 1931, Züchterische Versuche über die Erblichkeit des Kropfes bei Hunden. Z.Tierz. Zücht. biol. 21, 483-503. – **4723**. Richter, V., 1977, Untersuchungen am Becken des Hundes unter besonderer Berücksichtigung des Hüftgelenkes und rassespezifischer Merkmale. Diss. München. – **4724**. Rickard, C. G., 1968, Experimental leukemia in cats and dogs. In: Experimental Leukemia. Appleton, N. Y. – **4725**. Rickards, D. A., P. J. Hinko, E. M.

Morse, 1972, Pectinectomy vs pectinotomy in the treatment of hip dysplasia. Vet. med. 67, 976-977. – **4726**. Ricketts, H. T., E. S. Petersen, N. Tupikova, P. A. Steiner, 1953, Spontaneous diabetes mellitus in dogs. J. lab. clin. med. 42, 937. – **4727**. Rico, A. G., J. P.Braun, B. Benard, G. Patrier, 1976, Principal blood parameters of cat. Rev.méd.vét. 127, 417. – **4728**. Rieck, G. W., 1973, Kynol. Weltkongr., 27. – **4729**. Rieger, H., 1977, Dachshd. 32, 217. – **4730**. Riegger, M. H., J.Guntzelman, 1990, Prevention and amelioration of stress and consequences of interaction between children and dogs. J.A.V.M.A. 196, 1781-1785. – **4731**. Riesenfeld, A., 1970, Body posture and litter size. Act. anat. 76, 90-101. – **4732**. Rietschel, W., 1988, Larva migrans cutanea. VET 3, 22-23. – **4733**. Rijnberk, A., 1975, Hypothyreodismus beim Hund.Arch.tierärztl. Fortb. 1, 43-48. – **4734**. Rijnberk, A., P. J. v. d. Kinderen, J. H.Thijssen, 1968, Spontaneous hyperadrenocorticism in the dog. J. endocrin. 41, 397-406. – **4735**. Rijnberk, A., P. J. v. d. Kinderen, J. H. Thijssen, 1969,Canine Cushing's syndrome. Zbl. Vet. med. A 16, 13-28. – **4735b**. Rijnberk, A., J.A. Mol. J. Rothuizen, M.M. Bevers, D. J. Middleton, 1987, Circulating pro-opiomelanocortin-derived peptides in dogs with pituitary-dependent hyperadrenocorticism. Front. hor. res. 17, 48-60. – **4736**. Rijnberk, A., W. J.Biewenga, J. A. Mol, 1988, Inappropriate vasopressin secretion in two dogs. Act. endocr. 117, 59-64. – **4737**. Riklin, M., 1974, Untersuchungen über den Einfluß von Strukturelementen im Futter auf die Verdauung, Peristaltik und Kotkonsistenz beim Hund. Diss. Hannover. – **4738**. Rimaila-Pärnänen, E., E. Westermarck, 1982, Pancreatic degenerative atrophy and chronic pancreatitis in dogs.Act. vet. scand. 23, 400-406. – **4739**. Ringwald, R. J., J.D. Bonagura, 1988, Tetralogy of Fallot in the dog. J.Am.an.hosp.ass. 24, 33-43. – **4740**. Riser,W. H., 1963, Hip dysplasia in dogs. Welttierärztekongr. Hannover, 1099-1103. – **4741**. Riser, W. H., 1964, An analysis of the current status of hip dysplasia in the dog. J.A.V.M.A. 144, 709-721. – **4742**. Riser, W. H., 1964, Syndactylism. J.A.V.M.A. 145, 169-170. – **4743**. Riser, W. H., 1964, A new look at developmental subluxation and dislocation. Adv. sm. an. prac. 5, 9-18. – **4744**. Riser, W. H., 1969, Progress in canine hip dysplasia. J.A.V.M.A. 155, 2047-2052. – **4745**. Riser, W. H., D. Cohen, S. Lindquist, J. Mansson,S. Chen, 1964, Influence of early rapid growth and weight gain on hip dysplasia in the German Shepherd dog. J.A.V.M.A. 145, 661-668. – **4746**. Riser, W. H., J.F. Shirer, 1967, Correlation between canine hip dysplasia and pelvic muscle mass. Am.J.vet.res. 28, 769-777. – **4747**. Riser, W. H., L. J. Parkes, J. F. Shirer, 1967, Canine craniomandibular osteopathy. J. Am. vet. rad. soc. 8, 23-30. – **4748**. Riser, W. H., R. Fankhauser, 1970, Osteopetrosis in the dog. J. Am. vet. rad. soc. 11, 29-34. – **4749**. Riser, W. H., J. S. Larsen, 1974, Influence of breed somatotypes on prevalence of hip dysplasia in the dog. J.A.V.M.A. 165, 79-81. – **4750**. Riser, W. H., J. S. Larsen, 1975, Uns. Rassehd., 232. – **4751**. Riser, W. H., M. E. Haskins, P. F. Jezyk, D. F. Patterson, 1980, Pseudoachondroplastic dysplasia in Miniature Poodles. J.A.V.M.A. 176, 335-341. – **4752**. Rist, G., 1982, Über das Schicksal prolabierten Bandscheibengewebes beim Hund. Diss. München. – **4753**. Ritte, U., T. Cohen, E. Neufeld, R. Saliternik-Vardy, 1980, Electrophoretic variation in blood proteins of the domestic cat. Carn. gen. nwsl.. 4, 98-107. – **4754**. Robbins, G. K., 1964, Colour discrimination in cats. Vet. rec. 76, 641. – **4755**. Robbins, G. R., 1965, Unilateral renal agenesis in the Beagle. Vet. rec. 77, 1345-1347. – **4756**. Roberg, J. W., 1979, Dwarfism in the German Shepherd. Can. pract. 6, 42-44. – **4757**. Roberts, D. D., M. E. Hitt, 1986, Methionine as a possible inducer of Scotty cramp. Can. pract. 13, 29-31. – **4758**. Roberts, K. E., P. Hanson, I. M. Zaslow, 1975, Masticator myopathy in the dog. Vet. med. 70, 840-843. – **4759**. Roberts, 1956, Ocular defects common to breeds of dogs. Vet. med. 52, 193. – **4760**. Roberts, S. R., 1965, Superficial indolent ulcer of the cornea in Boxer dogs. J.sm.an.pract. 6, 111-115. – **4761**. Roberts, S. R., 1967, Three inherited ocular defects in the dog. Mod. vet. pract. 48, 30-34. – **4762**. Roberts, S. R., 1969, The Collie eye anomaly. J.A.V.M.A. 155, 859-865. – **4763**. Roberts, S. R., 1973, Hereditary cataracts. Vet. clin. N. Am. 3, 433-437. – **4764**. Roberts, S. R., A. Dellaporta, F. C. Winter, 1966, The collie ectasia syndrome. Am. J. ophth. 62, 728-752. – **4765**. Roberts, S. R., S. I. Bistner, 1968, Persistent pupillary membrane in Basenji dogs. J.A.V.M.A. 153, 533-542. – **4766**. Roberts, S. R., S. I. Bistner, 1968, Surgical correction of eyelid agenesis. Mod. vet. pract. 49, 40-43. – **4767**. Roberts, S. R., L. C. Helper, 1972, Cataracts in Afghan Hounds. J.A.V.M.A. 160, 427-432. – **4768**. Robertson, H. M., V. P. Studdert,R. E. Reuter, 1983, Inherited copper toxicosis in Bedlington terriers. Austr. vet. J. 60, 235-238. – **4769**. Robin, Y, 1984, Essai de classification de la maladie discale du chien. Prat. méd. chir. an. comp. 19, 379-384. – **4770**. Robins, G. M., 1976, Osteoarthrosis of the elbow joint in dogs. Austr. vet. J. 52, 485-486. – **4771**. Robins, G. M., 1978, Osteochondritis dissecans in the dog. Austr. vet. J. 54, 272-279. – **4772**. Robinson, G. W., 1967, Characterization of several canine populations by age, breed and sex. J.A.V.M.A. 151, 1072-1078. – **4773**. Robinson, G. W., 1968, A comparison of licensed and hospital dog populations. J.A.V.M.A. 152, 1383-1389. – **4774**. Robinson, G. W., 1976, The high rise trauma syndrome in cats. Fel. pract. 6, 40-43. – **4775**. Robinson, L. R., 1962, Pyloric stenosis in puppies. Vet. rec. 74, 1194. – **4776**. Robinson, N. E., 1988, Pathogenesis of airway disease.. Propc. 6th ann. vet. med. for. 391-393. – **4777**. Robinson, R., 1958, Genetics of the rabbit. Bibl. genet. 17, 229-558. – **4778**. Robinson, R., 1959, Genetics of the domestic cat. Bibl. genet. 18, 273-362. – **4779**. Robinson, R., 1966, Tortoiseshell pattern in hamster and cat. Int. cat. fan. mag. 54. – **4780**. Robinson, R., 1967, Standardized genetic nomenclature for the domestic cat. Carn. gen. nwsl. 1, 52-53. – **4781**. Robinson, R., 1968, German rex. Genetika 39, 351-352. – **4782**. Robinson, R., 1969, The white tigers of Rewa (India) and gene homology in the Felidae. Genetica 40, 198-200. – **4783**. Robinson, R., 1969, Devon rex. Genetica 40, 597-599. – **4784**. Robinson, R., 1970, Gene assortment and preferential mating in the breeding of German fancy cats. Hered. 25, 207-216. – **4785**. Robinson, R., 1970, Heredity of colour genes in pedigree cats. Carn. gen. nwsl. 1, 237-242. – **4786**. Robinson, R., 1971, The rex mutants of the domestic cat. Genetica 42, 466-468. – **4787**. Robinson, R., 1971, Sex-linkage of the O gene and non-random mating in the German cat fancy. Carn. gen. nwsl. 2, 4-7. – **4788**. Robinson, R., 1971, On gene frequencies in cats. Carn. gen. nwsl. 2, 32-33. – **4789**. Robinson, R., 1971, Possible occurrence of XXX and XO female cats. Carn. gen. nwsl. 2, 29-31. – **4790**. Robinson, R., 1972, Mutant gene frequencies in cats of Cyprus. Theor. appl. gen. 42, 293-296. – **4791**. Robinson, R., 1972, Catalogue and bibliography of canine genetic anomalies. West. Wickh., Kent U. K., CHART. – **4792**. Robinson, R., 1972, Hybrids of wild and domestic cats. Carn. gen. nwsl. 2, 93-94. – **4793**. Robinson, R., 1972, The wirehair coat in cats. Carn. gen. nwsl. 2, 90. – **4794**. Robinson, R., 1973, Relationship between litter size and weight of dam in the dog. Vet. rec. 92, 221-223. – **4795**. Robinson, R., 1973, Acromelanic albinism in mammals. Genetica 44,

454-458. – **4796.** Robinson, R., 1973, Two new rex mutants of the cat in the USA. Carn. gen. nwsl. 2, 158. – **4797.** Robinson, R., 1973, The Canadian hairless or Sphinx cat. J. hered. 64, 47-49. – **4798.** Robinson, R., 1975, Further data on the folded eared cats. Carn. gen. nwsl. 2, 326-327. – **4799.** Robinson, R., 1976, A case of hereditary ataxia in cats. Carn. gen. nwsl. 3, 88. – **4800.** Robinson, R., 1977, Genetics for cat breeders. Pergamon Press, Oxf. – **4801.** Robinson, R., 1977, Genetic aspects of umbilical hernia incidence in cats and dogs. Vet. rec. 100, 9-10. – **4802.** Robinson,R., 1978, Homologous coat color variation. Carniv. 1, 68-71. – **4803.** Robinson, R., 1980, Evolution of the domestic cat. Carn. gen. nwsl. 4, 46-56. – **4804.** Robinson, R., 1981, Dutch rex. Genetica 57, 217-218. – **4806.** Robinson, R., 1985, Chinese crested dog. J. hered. 76, 217-218. – **4805.** Robinson, R., 1985, Fertile male tortoiseshell cats. J. hered. 76, 137-138. – **4807.** Robinson, R., 1987, Genetic defects in cats. Comp. an. pract. 1, 10-14. – **4808.** Robinson, R., 1987, Mutant gene frequencies in cats of the Greater London area. Theor. appl. gen. 74, 579-583. – **4809.** Robinson, R., 1988, Inheritance of colour and coat in the Belgian Shepherd dog. Genetica 76, 139-141. – **4810.** Robinson, R., 1989, Inheritance of coat colour in the Hovawart dog. Genetica 78, 121-123. – **4811.** Robinson R., 1990, Genetics for dog breeders. Pergamon Press, Oxf. – **4812.** Robinson, R., M. Silson, 1969, Mutant gene frequencies in cats of southern England. Theor. appl. gen. 39, 326-329. – **4813.** Robinson, R., G. P. Manchenko, 1981, Cat gene frequencies in cities of the USSR. Carn. gen. nwsl. 4, 138-143. – **4814.** Robinson, W. F., C. R. Huxtable, J. P. Gooding, 1985, Familial nephropathy in Cocker Spaniels. Austr. vet. J. 62, 109-112. – **4815.** Robinson, W. F., S. E. Shaw, B. Stanley, R. S. Wyburn, 1988, Congenital hypothyroidism in Scottish deerhound puppies. Austr. vet. J. 65, 386-389. – **4816.** Robinson, W. F., S. E. Shaw, B. Stanley, C. R. Huxtable, A. D. Watson, S. E. Friend, R. Mitten, 1989, Chronic renal disease in Bull terriers. Austr. vet. J. 66, 193-195. – **4817.** Robl, D., V. Robl, 1973, Hormonbehandlung der Prostatahypertrophie des Rüden. Prakt. Ta. 9, 394-396. – **4818.** Rockborn, G., 1958, A study of serological immunity against distemper in an urban dog population. Arch. Virusf. 8, 1-7. – **4819.** Röcken, F. E., F. Gerlach, V. Grevel, H. Kilian, 1989, Die operative Behandlung der Perinealhernie. Prakt. Ta. 70, 5-15. – **4820.** Röcken, F. E., H. B. Nothelfer, G. Janssen, 1991, Chronisch aktive oder aggressive Hepatitis (CAH) und Leberzirrhose mit Kupferspeicherung beim Dobermann. Tierärztl. Prax. 19, 675-681. – **4821.** Rödde, E., 1978, Uns. Rassehd. 55. – **4822.** Rodenbeck, H., 1971, Ein Beitrag zur chirurgischen Therapie der Patellarluxation. Kleintierprax. 16, 119-121. – **4823.** Röder,K. H., A. Hausmann, J. Zinnbauer, 1966, Die wichtigsten Zoonosen in synoptischer Darstellung. Hippokrates. Vlg., Stuttg. – **4824.** Rodriguez, M., J. S. O'Brien, R. S. Garret, H. C. Powell, 1982, Canine GM1 gangliosidosis, an ultrastructural and biochemical study. J. neuropath. exp. neurol. 41, 618-629. – **4825.** Rogers, W. A., W. R. Fenner, R. G. Sherding, 1979, Electromyographic and esophagomanometric findings in clinically normal dogs and in dogs with idiopathic megaesophagus. J.A.V.M.A. 174, 181-183. – **4826.** Rogge, U., 1969, Dachshd. 24, 190. – **4827.** Rogge, U. W., 1978, Dreifarbiger Kater. tierärztl. praxis 6, 499-500. – **4828.** Rohde, H., D. E. Möller, V. Schmidt, 1991, Impressionstonometrische Untersuchungen des intraokulären Druckes bei Hund und Katze. Mh. Vet. med. 46, 260-262. – **4829.** Rohmer, E., 1969, Dachshd. 24, 180. – **4830.** Rohmer, E., 1970, Dachshd. 25, 202. – **4831.** Rohmer, E., 1971, Dachshd. 26, 88. – **4832.** Röhrs, M., 1961, Biologische Anschauungen über Begriff und Wesen der Domestikation. Z. Tierz. Zücht. biol. 76, 7-23. – **4833.** Röhrs, M., 1986, Eff. Rep. 23, 25. – **4834.** Rollin, B. E., 1991, Social ethics, veterinary medicine, and the pet overpopulation problem. J.A.V.M.A. 198, 1153-1156. – **4835.** Roman, A. J., 1987, Contribucion clinico zootecnica para el estudio de la raza Akita Inu. Vet. Mex. 18, 372. – **4836.** Romic, A., 1972, The Croatian Sheep dog. Vet. glasn. 26, 437-444. – **4837.** Romic, S., 1977, The Croatian sheep dog. Dojpas, Zagreb. – **4838.** Romic, S., 1979, Whelping-conception interval in bitches.Polj. Znan. Sm. 49, 23-29. – **4839.** Rommel, M., 1975, Neue Erkenntnisse zur Biologie der Kokzidien, Toxoplasmen, Sarkosporidien und Besnoitien. Berl. Münch. tierärztl. Wschr. 88, 112-117. – **4840.** Rommel, M., H. Grelck, F. Hörchner, 1976, Zur Wirksamkeit von Praziquantel gegen Bandwürmer in experimentell infizierten Hunden und Katzen. Berl. Münch. tierärztl. Wschr. 89, 255-257. – **4841.** Rommel, M., G. Tiemann, U. Pötters, W. Weller, 1982, Untersuchungen zur Epizootologie von Infektionen mit zystenbildenden Kokzidien in Katzen, Schweinen, Rindern und wildlebenden Nagern. Dt. tierärztl. Wschr. 89, 57-62. – **4842.** Rommel, M., T. Schnieder, 1986, Die Bedeutung des Hofhundes als Überträger gefährlicher Parasiten. milchprax. 24, 103-105. – **4843.** Römpert, W., 1974, Uns. Rassehd. 956. – **4844.** Rönne, M., B. S. Poulsen, Y. Shibasaki, 1991, NOR association in Canis familiaris. Gen. sel. evol. 23, 191-195. – **4845.** Rosborough, T. K., G. S. Johnson, R. E. Benson, R. W. Swaim, W. J. Dodds, 1980, Measurement of canine von Willebrand factor using ristocetin and polybrene. J. lab. clin. med. 96, 47-56. – **4846.** Rose, R. J., M. S. Bloomberg, 1989, Responses to sprint exercise in the greyhound. Res. vet. sci. 47, 212-218. – **4847.** Rose, W. R., 1976, Otitis externa. Vet. med. 71, 638-640. – **4848.** Rosenberg, K., 1966, Die postnatale Proportionsänderung der Schädel zweier extremer Wuchsformen des Hundes. Z. Tierz. Zücht. biol. 82, 1-36. – **4849.** Rosenberg, M. A., 1981, Clinical aspects of the grief associated with the loss of a companion pet. Can. pract. 8, 6-17. – **4850.** Rosenblum, G. P., G. M. Robins, C. H. Carlisle, 1983, Osteochondritis dissecans of the tibio-tarsal joint in the dog. J. sm. an. pract. 19, 759-767. – **4851.** Rosenbruch, M., 1986, Zur Pathomorphologie der sog. »Juvenile renal disease« des Hundes. J. vet. med. A 33, 193-207. – **4852.**Rosenkrantz, W. S., C. E. Griffin, E. J. Walder, P. S. Froehlich, 1987, Idiopathic cutaneous mucinosis in a dog. Comp. an. pract. 1, 39-42. – **4853.** Rosiers, G., J. Hoorens, 1970, Achalasie bij de hond. Vlaams dierg. tijdschr. 39, 350-357. – **4854.** Rosin, E., G. F. Hanlon, 1972, Canine cricopharyngeal achalasia. J.A.V.M.A. 160, 1496-1499. – **4855.** Ross, L., 1991, Felines urologisches Syndrom. VET 6, 5, 6-15. – **4856.** Rosser, E. J., R. W. Dunstan, P. T. Breen, G. R. Johnson, 1987, Sebaceous adenitis with hyperkeratosis in the Standard Poodle. J.Am.an.hosp.ass. 23, 341-345. – **4857.** Roszel, J. F., S. A. Steinberg, J. T. McGrath, 1972, Periodic acid-Schiff-positive cells in the cerebrospinal fluid of dogs with globoid cell leukodystrophy. Neurol 22, 738-742. – **4858.** Roth, J.A., 1987, Possible association of thymus dysfunction with fading syndromes in puppies and kittens. Vet. clin. N. Am. SAP 17, 603-616. – **4859.** Roth, J. A., L. G. Lomax, N. Altszuler, J. Hampshire, M. L. Kaeberle, M. Shelton, D. D. Draper, A. E. Ledet, 1980, Thymic abnormalities and growth hormone deficiency in dogs. Am.J.vet.res 41, 1256-1262. – **4860.** Roth, J. A., M. L. Kaeberle, R. L. Grier, J. G. Hopper, H. E. Spiegel, H. A. McAllister, 1984, Improvement in clinical condition and thymus morphologic features associated with growth hormone treatment of immunodeficient dwarf dogs. Am.J.vet.res.

45, 1151-1155. - **4861**. Rothuizen, J., T. S. v. d. Ingh, 1980, Urolithiasis due to liver failure in the dog. Proc. voorj. dag. N. sm. an. vet. ass., 9-10. - **4862**. Rothuizen, J., T. S. v. d. Ingh, G. Voorhout, R. J. v. d. Luer, W. Wouda, 1982, Congenital porto-systemic shunts in sixteen dogs and three cats. J.sm.an.pract. 23, 67-81. - **4863**. Rothwell, T. L., C. R. Howlett, D. J. Middleton, D. A. Griffiths, B. C. Duff, 1987, Skin neoplasms of dogs in Sydney. Austr. vet. J. 64, 161-164. - **4864**. Rottiers, R., J. J. Kaneko, D. Mattheeuws, A. Vermeulen, 1979, Spontaneous diabetes mellitus in dogs. Ann. d'endocr. 40, 253-254. - **4865**. Roubin, M., J. de Grouchy, M. Klein, 1973, Les felidés; évolution chromosomique. Ann. génet. 16, 233-245. - **4866**. Roudebush, P., J. R. Easley, J. W. Harvey, 1987, Nonspherocytic haemolytic anaemia due to phosphofructokinase deficiency in an English Springer Spaniel. J.sm.an.pract. 28, 513-516. - **4867**. Rowan, A. N., 1986, Dog aggression and the Pit Bull Terrier. Proc. wksh. Tufts cent. anim., N. Grafton. - **4868**. Rowan, A. N., 1991, What we need to learn from epidemiologic surveys pertaining to pet overpopulation. J.A.V.M.A. 198, 1233-1237. - **4869**. Rowe, H. T., 1982, Du u. d. T. 12, 44. - **4870**. Rowe, H. T., 1987, Du u. d. T. 17, 6. - **4871**. Rowland, M. G., 1978, German shepherds and splenic tumours. Vet. rec. 102, 350. - **4872**. Rowsell, H. C., H. G. Downie, J. F. Mustard, J. A. Archibald, 1960, A disorder resembling haemophilia B in dogs. J.A.V.M.A. 137, 247-250. - **4873**. Rubin, L. F., 1964, Hereditary retinal detachment in Bedlington Terriers. Sm. anim. clin. 3, 387-389. - **4874**. Rubin, L. F.,1968, Heredity of retinal dysplasia in Bedlington Terriers. J.A.V.M.A. 152, 260-262. - **4875**. Rubin, L. F., 1971, Clinical features of hemeralopia in the adult Alaskan Malamute. J.A.V.M.A. 158, 1696-1698. - **4876**. Rubin, L. F., 1971, Hemeralopia in Alaskan Malamute pups. J.A.V.M.A. 158, 1699-1701. - **4877**. Rubin, L. F., 1974, Cataract in Golden Retrievers. J.A.V.M.A. 165, 457-458. - **4878**. Rubin, L. F., 1989, Inherited eye diseases in purebred dogs. Williams & Wilkins Co., Baltimore. - **4879a**. Rubin, L. F., R. K. Lynch, W. S. Stockman, 1965, Clinical estimation of lacrimal function in dogs. J.A.V.M.A. 147, 946-947. - **4879b**. Rubin, L. F., T. Bourns, L. Lord, 1967, Hemeralopia in dogs. Am.J.vet.res. 28, 355-357. - **4879c**. Rubin, L. F., S. A. Koch, R. J. Huber, 1969, Hereditary cataracts in Miniature Schnauzers. J.A.V.M.A. 154, 1456-1458. - **4880**. Rubin, L. F., R. D. Flowers, 1972, Inherited cataract in a family of Standard Poodles. J.A.V.M.A. 161, 207-208. - **4881**. Rubin, L. F., D. E. Lipton, 1973, Retinal degeneration in kittens. J.A.V.M.A. 162, 467-469. - **4882**. Ruckstuhl, B., 1977, Probleme der Nidationsverhütung bei der Hündin. Schweiz. Arch. Tierhlk. 119, 57-65. - **4883**. Rudolph, R., 1972, Untersuchungen zur Ultrastruktur, zum licht- und elektronenmikroskopischen Substrat- und Enzymgehalt sowie zur Übertragbarkeit von Mastzelltumoren des Hundes. Habil. schr. Gießen. - **4884**. Rudolph, R., 1980, Spaltmißbildungen beim Hund. Tierärztl. Umsch. 35, 863-864. - **4885**. Rudolph, R., M. Buchholz, 1987, Morphologische Merkmale bei der idiopathischen Kardiomyopathie der Katze. Tierärztl. Umsch. 42, 676, 678-681. - **4886**. Rüedi, C., 1989, Schweiz. Tiersch. 116, 7. - **4887**. Ruff, C., 1980, Edelkatze, 30, 6. - **4888**. Ruiz, A., J. K. Frenkel, 1980, Toxoplasma gondii in Costa Rican cats. Am. J. trop. med. hyg. 29, 1150-1160. - **4889**. Ruiz, G. M., 1990, Mutant allele frequencies in domestic cat populations in Catalonia, Spain, and their genetic relationships with Spanish and English colonial cat populations. Genetica 82, 209-214. - **4890**. Ruiz, G. M., 1990, Mutant allele frequencies in domestic cat populations on the Spanish Mediterranean coast, and their genetic distances from other European and North African cat populations. Genetica 82, 215-221. - **4891**. Rummel, C., 1974, SV-Z. 68, 320. - **4892**.Rummel, C., 1977, SV-Z. 71, 949. - **4893**. Rummel, C., 1982, SV-Z. 76, 136. - **4894**. Rümmelin, B., 1989, Das Patientengut der vorgestellten Hunde der Klinik für kleine Haustiere der Tierärztlichen Hochschule Hannover in den Jahren 1985 und 1986. Diss. Hannover. - **4895**. Runge, K., 1977, Uns. Rassehd., 26. - **4896**.Rusche, B., 1990, Du. u. d. T. 4, 4-6. - **4897**. Rüsse, I, 1966, Über die mutterlose Aufzucht von Hundewelpen. Zbl. Vet. med. B 13, 127-131. - **4898**. Rüsse, 1977, Uns. Rassehd., 51. - **4899**. Russell, S. W., R. C. Griffiths, 1968, Recurrence of cervical disc syndrome in surgically and conservatively treated dogs. J.A.V.M.A. 153, 1412-1417. - **4900**. Russell, S. W., J. A. Gomez, J. O. Trowbridge, 1971, Canine histiocytic ulcerative colitis. Lab. invest. 25, 509-515. - **4901**. Rüttimann, G., 1973, Einige Augenanomalien beim Beagle-Hund. Zbl. Vet. med. A 20, 812-816. - **4902**.Rüttimann, G., B. Daicker, 1982, Komplexe Kolobome im vorderen Augensegment beim Beagle-Hund. Zbl. Vet. med. A 29, 528-537. - **4903**.Ruvinsky, A. O., 1988, Inheritance of dominant genes with variable penetrance. Z. Tierz. Zücht. biol. 105, 103-111. - **4904**. Ryabov, L. S.,1973, Wolf-dog hybrids in the Voronezh region. Ref. An. breed. abstr. 42, 389. - **4905**. Ryan, W. W., R. W. Greene, 1975, The conservative management of esophageal foreign bodies and their complications. J.Am.an.hosp.ass. 11, 243-249. - **4906**. Ryder, M. L., 1976, Seasonal changes in the coat of the cat. Res. vet. sci. 21, 280-283. - **4907**. Ryon, J., J.C. Fentress, F. H. Harrington, S. Bragdon, 1986, Scent rubbing in wolves. Can. J. zool. 64, 573-577. - **4908**. Sabine, M., 1980, The feline urolithiasis syndrome. Proc. refr. cour. cats. Univ. Sydn. 53, 253-256. - **4909**. Sadanaga, K., A.Schulman, 1987, An unusual portosystemic shunt in a dog. J.A.V.M.A. 190, 549-551. - **4910**. Sager, M., C. Remmers, 1990, Ein Beitrag zur perinatalen Welpensterblichkeit beim Hund. Tierärztl. Prax. 18, 415-419. - **4911**. Sagi, L., 1975, X-ray photo taken of the hip joint of the dog standing in a stock with special respect to the prevention of radiological lesions.Mag. All. Lap, 30, 795-798. - **4912**. Sagi, L., 1975, On the hip dysplasia of dogs. Mag. All. Lap. 30, 351-353. - **4913**. Sagi, L., 1975, Establishment and occurrence of hip-joint dysplasia in German shepherd dogs in Hungary. Mag. All. Lap. 30, 354-362. - **4914**. Saidla, J. E., 1973, An unusual case of acquired epilepsy in a dog. J.Am.an.hosp.ass. 9, 346-348. - **4915**. Saidla, J. E., 1991, Feline oral and dental diseases. Fel. hlth. top 6, 4, 1-7. - **4916**. Sailer, J., 1954, Die Stummelschwänzigkeit bei Hunden. Diss. München. - **4917**. Saison, R., 1972, Histocompatibility antigens in the dog and their inheritance in three litters of pups. Transplant. 13, 533-536. - **4918**. Saison, R., 1973, Red cell peptidase polymorphism in pigs, cattle, dogs and mink. Vox sang. 25, 173-181. - **4919**. Saison, R., D. Colling, 1975, An immunoglobulin marker in dogs. Transpl. proc. 7, 383-385. - **4920**. Saison, R., D. Colling, 1979, An proposed nomenclature for canine blood cell groups. Proc. 14th int. conf. an. bl. grps. bioch. polym. III, 225-228. - **4921**. Salisbury, S. K., 1991, Feline megacolon. Vet. med. rep. 3, 131-138. - **4922**. Saliternik, R., 1977, Cat mutant allele frequencies in Bangkok.Carn. gen. nwsl. 3, 143-147. - **4923**. Saliternik, R., D. Mordokhovich, 1975, Gene frequencies of coat color and length in domestic cats of Jerusalem. Carn. gen. nwsl. 2, 259-262. - **4924**. Saliternik, R., M. Schoenbaum, U. Ritte, 1976, Frequencies of mutant alleles for coat color and length in cats of Tel Aviv, Israel. Carn. gen. nwsl. 3, 35-42. - **4925**. Saliternik, R., N. B. Todd, 1977, Population genetics of domestic cats in Iran. Carn. gen. nwsl. 3, 148-154. - **4926.** Saliternik-Vardy, R., U. Ritte, 1978, Coat color gene frequencies in the domestic cat population of Jericho. Carn. gen. nwsl. 3, 332-337. - **4927.** Salmeri, K. R., P. N. Olson, M. S. Bloomberg, 1991, Elective gonadectomy in dogs. J.A.V.M.A. 198, 1183-1193. - **4928.** Salmeri, K.R., M. S. Bloomberg, S. L. Scruggs, V. Shille, 1991, Gonadectomy in immature dogs. J.A.V.M.A. 198, 1193-1204. - **4929.** Sambraus, H. H., 1974, AAM-EAM. Dt. tierärztl. Wschr. 81, 355-356. - **4930.** Sambraus, H. H., 1990, Wahl artfremder Sexualpartner bei Säugetieren. Berl. Münch. tierärztl. Wschr. 103, 188-191. - **4931.** Samoiloff, A., A. Pheophilaktova, 1907, Untersuchungen über die Farbwahrnehmungen bei Hunden. Zbl. Physiol. 21, 133-139. - **4932.** Samuel, R. M., 1991, Give a stray a Christmas dinner. Vet. rec. 128, 92. - **4933.** Samy, M.T., 1977, Osteochondrosis dissecans bei Mensch, Hund und Pferd. Diss. Hannover. - **4934.** Sanda, A., 1965, Die Zehennekrose bei kurzhaarigen Vorstehhunden. Kleintierprax. 10, 192-193. - **4935.** Sanda, A., L. Pivnik, 1964, Die Zehennekrose bei kurzhaarigen Vorstehhunden. Kleintierprax. 9, 76-83. - **4936.** Sanda, A., J. Krizenecky, 1965, Genetic basis of necrosis of digits in shortcoated Setters. Ref. An. breed. abstr. 35, 143. - **4937.** Sande, R., J.Alexander, G. v. Hoosier, 1970, Vitamin D resistant rickets in the Malamute. Fed. proc. 29, 283. - **4938.** Sande, R. D., 1976, Pathogenesis of dwarfism in Alaskan Malamutes. Diss. abstr. B 36, 3258. - **4939.** Sande, R. D., J. E. Alexander, G. R. Spencer, G. A. Padgett,W. C. Davis, 1982, Dwarfism in Alaskan Malmutes. Am. J. path. 106, 224-236. - **4940.** Sandefeldt, E., I.F. Cummings, A. deLahunta, G. Björk, L. Krook, 1973, Hereditary neuronal abiotrophy in the Swedish Lapland dog. Corn. vet. 63, 1-71. - **4941.** Sandefeldt, E., L. Nilsson, 1986, Hereditär juvenil neuronal muskel-atrofi hos lapphund. Svensk vet. tidn. 38, 162-164. - **4942.** Sander, C. H., R. F. Longham, 1968, Canine histiocytic ulcerative colitis. Arch. path. 85, 94-100. - **4943.** Sander, U., 1973, Wld. u. Hd. 76, 1097. - **4944.**Sanders,D., 1971, Congenital heredity lymphoedema. S. West vet. 24, 139-140. - **4945.** Sanders, M., F.White. C. Bloor, 1977, Cardiovascular responses of dogs and pigs exposed to similar physiological stress. Comp. biochem. phys. 58A, 365-370. - **4946.** Sandersleben, J. v., 1959,Beitrag zur Frage der Malignität der Mammatumoren des Hundes. Mh. Tierhlk. 11, 191-198. - **4947.** Sandersleben, J. v., 1963, Unterschiedliche Malignitätsgrade bei Mammatumoren der Hündin. Welttierärztekongreß Hannover, 991-995. - **4948.** Sandersleben, J. v., 1964, Gutartige epitheliale Neubildungen in der Haut des Hundes. Dt. tiermed. A 11, 702-728. - **4949.** Sandersleben, J.v., 1967, Die epithelialen Geschwülste der Haut den Haustieren unter besonderer Berücksichtigung der benignen Epitheliome. Berl. Münch. tierärztl. Wschr. 80, 285-289. - **4950.** Sandersleben, J. v., M. A. elSergany, 1966, Ein Beitrag zur sogenannten Pachymeningitis spinalis ossificans des Hundes unter Berücksichtigung pathogenetischer und ätiologischer Gesichtspunkte. Zbl. Vet. mediz. A. 13, 526-540. - **4951.** Sandersleben, J. v., E. Schäffer, J. Weisse, 1973, Erkrankungs- und Todesursachen des alternden Hundes aus der Sicht der Sektionsstatistik. Kleintierprax. 18, 25-32. - **4952.** Sandersleben, J. v., T. Hänichen, I. Fiebiger, G. Brem, 1986, Lipidspeicherkrankheit vom Typ der Wolmanschen Erkrankung des Menschen beim Foxterrier. Tierärztl. Prax. 14, 253-263. - **4953.** Sandholm, M., H. Vasenius, A. K. Kivisto, 1975, Pathogenesis of canine pyometra. J.A.V.M.A. 167, 1006-1010. - **4954.** Sandkühler, S., 1967, Uns. Rassehd., 470. - **4955.** Sandkühler, S., 1973, Uns. Rassehd., 138. - **4956.**Sandkühler, S., 1977, Uns. Rassehd., 50. - **4957.** Sandström, B., J.Westman, P. A. Ökerman, 1969, Glycogenosis of the central nervous system in the cat. Act. neuropath. 14, 194-200. - **4958.** Sansom, J., K. C. Barnett, 1985, Keratoconjunctivitis sicca in the dog. J.sm.an.pract. 26, 121-131. - **4959.** Saperstein, G., S. Harris, H. W. Leipold, 1976, Congenital defects in domestic cats. Fel. pract. 6, 18-27, 30-43. - **4960.** Sarelius, H. I., 1976, Blood volume and exercise in dogs. N. Zeal. med. J. 84, 275-276. - **4961.** Sarmiento, U. M., J. I. Sarmiento, R. Storb, 1990, Allelic variation in the DR subregion of the canine major histocompatibility complex. Immunogen. 32, 13-19. - **4962.** Sastry, G. A., 1952, Melanomata in dogs. Ind. vet. J. 29, 482-488. - **4963.** Sauer, B. W., 1976, Correction of faulty ear carriage in the dog with porous polyethylene implants. Vet. med. 71, 1071-1075. - **4964.** Sauer, U., 1982, Untersuchung über die derzeitige Situation in Tierheimen der Bundesrepublik Deutschland. Diss. München. - **4965.** Saunders, G. K., P. A. Wood, R. K. Myers, L. G. Shell, R. Carithers, 1988, GM1 gangliosidosis in Portuguese Water Dogs. Vet. path. 25, 265-269. - **4966.** Saunders, L. Z., 1952, Congenital optic nerve hypoplasia in Collie dogs. Corn. vet. 42, 67-80. - **4967.** Saxton, G. G., 1991, Free worming during National Pet Week. Vet. rec. 128, 435-436. - **4968.** Scanziani, E., A. M. Giusti, M. Gualtieri, D. Fonda, 1991, Gastric carcinoma in the Belgian Shepherd dog. J.sm.an.pract. 32, 465-469. - **4969.** Scartazzini, R., 1969, Ellenbogengelenks-Dysplasie beim Hund. Schweiz. Arch. Tierhlk. 111, 271-281. - **4970.** Scavelli, T. D., W. E. Hornbuckle, L. Roth, V. T. Rendano, A. deLahunta, S. A. Centers, T. W. French, J. F. Zimmer, 1986, Portosystemic shunts in cats. J.A.V.M.A. 189, 317-325. - **4971.** Schaal, E., I. Kleikamp, 1976, Untersuchungen über die Verbreitung der Toxoplasmose bei Schlachtschweinen in Westfalen. Berl. Münch. tierärztl. Wschr. 89, 341-344. - **4972.** Schaepdrijver, L. de, P. Simoens, H. Lauwers, J. P. de Geest, 1989, Retinal vascular patterns in domestic animals. Res. vet. sci. 47, 34-42. - **4973.** Schaer, M., 1977, A clinical survey of thirty cats with diabetes mellitus. J.Am.an.hosp.ass. 13, 23-27. - **4974.** Schaer, M., C. L. Chen, 1983, A clinical survey of 48 dogs with adrenocortical hypofunction. J.Am.an.hosp.ass. 19, 443-452. - **4975.** Schaer, M., W. J. Riley, C. D. Buergelt, D. J. Bowen, D. F. Senior, C. F. Burrows, G. A. Campbell, 1986, Autoimmunity and Addison's disease in the dog. J. Am. an. hosp. ass. 22, 789-794. - **4976.** Schaewen, H. v., 1972, Die thromboplastische Aktivität von Hirnextrakten verschiedener Species in normalem Plasma und in kongenitalem Faktor VII-Mangelplasma vom Hund. Berl. Münch. tierärztl. Wschr. 85, 149-152. - **4977.** Schäffer, E. H., I. H. Wallow, 1974, Kongenitales Glaukom bei der Katze. Berl. Münch. tierärztl. Wschr. 87, 49-53. - **4978.** Schäffer, E. H. , H. Koch, W. Schmahl, 1991, Unilaterale Doppelmißbildung des Auges und Doppelmißbildung des Gehirns bei einer Katze. Tierärztl. Prax. 19, 408-412. - **4979.** Schaffert, R. M., 1980, Die umwelthygienische Bedeutung des Hundekots im Lebensraum unter Großstadt. Tierärztl. Umsch. 35, 282-287, 382-393. - **4980.** Schaible, R., 1971, Spotting and high uric acid excretion in Dalmatian-Collie hybrids. Carn. gen. nwsl. 2, 8-9. - **4981.** Schaible, R. H., 1973, Identification of variegated and piebald-spotted effects in dominant autosomal mutants. In: McGovern, V. J., P. Russel, Mechanism of pigmentation. Karger, Basel. - **4982.** Schaible, R. H., 1976, Canine high and low uric acid excretors available. Carn. gen. nwsl. 3, 55. - **4983.** Schaible, R.H., 1981, Dalm. Post 3, 2, 11. - **4984.** Schale, F. W., 1977, Das Tollwutgeschehen in Hessen seit 1953 und seine bisherige Bekämpfung. Blaue Heft. Ta. 57, 305-320. - **4985.** Schales, O., 1957,

Hereditary patterns in dysplasia of the hip. N. Am. vet. 38, 152-155. - **4986**. Schalm, O.W., 1976, Erythrocyte macrocytosis in Miniature and Toy Poodles. Can. pract. 3, 55-57. - **4987**. Schalm, O. W., 1977, Mucopolysaccharidosis. Can. pract. 4, 28-31. - **4988**. Schalm, O. W., 1978, Lupus erythematosus cells in the dog. Can. pract. 5, 20, 22, 24-25. - **4989**. Schantz, P. M., C. Schwabe, 1969, Worldwide status of hydatid disease control. J. A. V. M. A. 155, 2104-2121. - **4990**. Schänzle, M., 1967, Studien zur Zuchtgeschichte des Rottweiler Hundes. Diss. München. - **4991**. Schaper, J., K. U. Thiedemann, W. Flameng, W. Schaper, 1974, Die Ultrastruktur der Sarkomeren bei der kongenitalen subvalvulären Aortenstenose des Hundes. Bas. res. card. 69, 509-515. - **4992**. Schatz, L., 1989, Hunde 105, 1338. - **4993**. Schawalder, P., 1974, Ein Fall einer Atresia ani vaginalis beim Hund. Schweiz. Arch. Tierhlk. 116, 429-433. - **4994**. Schawalder, P., 1978, Zwergwuchs beim Hund. Kleintierprax. 23, 3-18. - **4995**. Schawalder, P., 1990, Hunde 106, 163. - **4996**. Schebitz, H., W. Zeller, 1961, Die Arthrosis deformans des Hüftgelenkes beim Hund. Dt. tierärztl. Wschr. 68, 41-48. - **4997**. Scheffler, K. H., 1979, Restitution des Dens caninus beim Diensthund. Mh. Vet. med. 34, 504-507. - **4998**. Scheffler, M., 1979, Terrier 72, 276. - **4999**. Scheidy, S. F., 1953, Familial cerebellar hypoplasia in cats. N. Am. vet. 34, 118-119. - **5000**. Scheie, H.G., D. M. Albert, 1966, Distichiasis and trichiasis. Am. J. ophth. 61, 718-719. - **5001**. Scheld, W., 1991, SV-Z. 85, 654. - **5002**. Schellens, J. P., J. James, A. Hoeben, 1979, Some aspects of the fine structure of the sex chromatin body. Biol. cell. 35, 11-14. - **5003**. Schelling, U., E. Schäfer, T. Pfister, W. Frank, 1991, Zur Epidemiologie des Echinococcus multilocularis im nordöstlichen Baden-Württemberg. Tierärztl. Umsch. 46, 673-676. - **5004**. Schenk, E. A., I. Penn, S. Schwartz, 1965, Experimental atherosclerosis in the dog. Arch. path. 80, 102-109. - **5005**. Schenkel, R., 1967, Submission. Am. zool. 7, 319-329. - **5006**. Schenkel, R., 1977, Schweiz. Tiersch. 104, 4. - **5007**. Schenkman, N., S. C. Tarras, R. R. Boesch, M. N. Mulvihill, J. T. Cariosco, 1983, Amyotrophic lateral sclerosis and pet exposure. N. Engl. J. med. 309, 244-245. - **5008**. Schentz, P. M., C. Colli, A. Cruz-Reyes, 1976, Sylvatische Echinokokkose in Argentinien. Trop. med. Parasit. 27, 70-78. - **5009**. Schepper, J. de, J. v. d. Stock, 1980, Incidence and distribution pattern of canine urinary calculi in Belgium. Vlaams diergen. tijds. 49, 178-186. - **5010**. Schepper, J. de, J. v. d. Stock, 1980, Canine urolithiasis in Belgium. Proc. voorj. dag. N. sm. an. vet. ass., 9. - **5011**. Scherle, H., 1983, Uns. Rassehd. 3, 73. - **5012**. Schermer, S., 1967, The blood morphology of laboratoy animals. Davis, Philad. - **5013**. Scherrer, A., 1983, Histologische Untersuchungen zur Pathologie der Erosio recidiva corneae des Deutschen Boxers. Schweiz. Arch. Tierhlk. 125, 337-344. - **5014**. Scherzo, C. S., 1967, Cystic liver and persistent urachus in a cat. J. A. V. M. A. 151, 1329-1330. - **5015**. Scheuch, E. K., 1981, Der Hund in der Gesellschaft. Int. Gem. Dt. Hundeh., Hamburg. - **5016**. Scheuer-Karpin, R., 1970, The strory of the German rex cat. Carn. gen. nwsl. 1, 246-247. - **5017**. Scheunert, A., A. Trautmann, 1965, Lehrbuch der Veterinär-Physiologie. P. Parey Vlg., Berl. - **5018**. Schiavo, D. M., W. E. Field, 1974, The incidence of ocular defects in a closed colony of Beagle dogs. Lab. an. sci. 24, 51-56. - **5019**. Schiefer, B., 1968, Über Keilwirbel beim Hund. Berl. Münch. tierärztl. Wschr. 81, 149-151. - **5020**. Schilder, M. B., 1991, Verhaltensprobleme bei der Katze. Wien. tierärztl. Wschr. 78, 163-172. - **5021**. Schilder, M. B., 1991, The (in)effectiveness of anti-cat repellents and motivational factors. Appl. an. behav. sci. 32, 227-236. - **5022**. Schimke, E., 1977, Möglichkeiten der Korrektur kupierter hängender Ohren bei Hunden verschiedener Rassen. Mh. Vet. med. 32, 499-501. - **5023**. Schindler, B., 1977, Wld. u. Hd. 79, 1077. - **5024**. Schlaaf, S., 1968, Die Hüftgelenksdysplasie des Hundes. Mh. Vet. med. 23, 902-905. - **5025**. Schlegel, F., 1982, Untersuchungen zum Farbgen-Polymorphismus, zur genetischen Distanz und zur Variation einiger Schädelmerkmale in panmiktischen Katzenpopulationen. Diss. Hannover. - **5026**. Schlegel, H. L., 1976, Die Entwicklung der Tollwut in Niedersachsen in den Jahren 1951 bis 1975. Dt. tierärztl. Wschr. 83, 316-320. - **5027**. Schleger, W., 1984, Schweiz. hundesp. 100, 154. - **5028**. Schleger, W., 1987, Hunde 103, 1216. - **5029**. Schleifenbaum, C., 1976, Zeichnung und Färbung bei Wölfen und den Kieler Pudel-Wolf-Bastarden. Z. Säugetierk. 41, 147-167. - **5030**. Schleithoff, N. S., 1984, Untersuchungen über die Häufigkeit des Vorkommens von Skelettveränderungen bei erwachsenen Hunden. Diss. Berlin. - **5031**. Schlesinger-Plath, B., 1984, Zur Spermagewinnung, Spermauntersuchung und künstlichen Besamung bei der Katze. Diss. München. - **5032**. Schliesser, T., 1967, Die Fleischfressertuberkulose und ihre Beziehungen zur Tuberkulose des Menschen. Kleintierprax. 12, 191-197. - **5033**. Schlotke, B., 1975, Leishmaniasis bei Hunden in Bayern. Berl. Münch. tierärztl. Wschr. 88, 70-73. - **5034**. Schlotthauer, C. F., 1937, Diseases of the prostate gland in the dog. . J. A. V. M. A. 43, 176-187. - **5035**. Schlotthauer, C. F., J. A. Millar, 1951, Diabetes mellitus in dogs and cats. J. A. V. M. A. 118, 31-35. - **5036**. Schlumm, A., 1976, Uns. Rassehd., 1076. - **5037**. Schmid, B., 1936, Zur Psychologie der Caniden. Kleint. Pelzt. 12, 5-77. - **5038**. Schmid, J., 1981, Schweiz. Tiersch. 108, 14. - **5039**. Schmid, V., R. Bürger, J. Lang, Hunde 108, 108. - **5040**. Schmidt, A., S. Müller, I. Stur, 1987, Hunde 103, 704. - **5041**. Schmidt, B., 1968, Adaptives Verhalten und Spektralsensitivität der Hundenetzhaut. Alb. Graef. Arch. Oph. 176, 61-75. - **5042**. Schmidt, H., 1988, Wld. u. Hd. 90, 98. - **5043**. Schmidt, K., 1991, D. Hund 108, 20. - **5044**. Schmidt, O. C., 1973, Verurteilung eines Hundehändlers. Dt. Tierärztebl. 22, 366-367. - **5045**. Schmidt, R. E., R. F. Langham, 1967, A survey of feline neoplasms. J. A. V. M. A. 151, 1325-1328. - **5046**. Schmidt, V., 1967, Osteogenesis imperfecta bei zwei Collie-Wurfgeschwistern. Wien. tierärztl. Mschr. 54, 92-100. - **5047**. Schmidt, V., 1980, Gesunderhaltung der kleinen Haus- und Heimtiere als eine wachsende Aufgabe im Rahmen der ständigen Verbesserung der Lebensbedingungen des Menschen. Mh. Vet. med. 35, 298-300. - **5048**. Schmidt, W., 1963, Ligamentum teres und Gelenkkapsel im gesunden und arthritischen Hüftgelenk des Hundes mit einem Beitrag zur Kenntnis der subchondralen Zysten. Berl. Münch. tierärztl. Wschr. 76, 245-250. - **5049**. Schmidt-Duisberg, 1977, Dachshd. 32, 171. - **5050**. Schmidt-Rohde, E., 1983, Uns. Rassehd. 5, 2. - **5051**. Schmidtke, D., H. O. Schmidtke, 1966, Über eine Verhaltensstörung bei einfarbigen Cocker-Spaniels. Kleintierprax. 11, 180-182. - **5052**. Schmidtke, D., H. O. Schmidtke, 1967, Zur Behandlung der habituellen Patellaluxation bei Hunden. Kleintierprax. 12, 98-102. - **5053**. Schmidtke, H. O., D. Schmidtke, 1983, Harnsteine bei Kleintieren. Prakt. Ta. 64, 440-442. - **5054**. Schmoll, H., 1983, Katzen 13, 5. - **5055**. Schnaas Hintze, G., 1975, El xoloitzcuintle o perro pelon. Veter. Mex. 6, 67-73. - **5056**. Schneck, G., 1972, Über das vermehrte Auftreten von Harnblasenentzündungen und Harnröhrenobstruktionen bei Katzen. Wien. tierärztl. Mschr. 59, 279-280. - **5057**. Schneck, G., 1984, Bißverletzung beim Hund mit Residuum eines Zahnbruchstückes. Wien. tierärztl. Mschr. 71, 244-245. - **5058**. Schneck, G. W., 1967, Caries in the dog. J. A. V. M. A. 150, 1142-1143. - **5057a**. Schneck, G. W., 1974, Two cases of congenital malformation in cats, Vet. med. 69, 1025-1026. - **5058a**. Schnee, C. M., 1985, Untersuchungen zur Induktion retrograder Ejakulationen durch alpha-Rezeptorblockade und fehlerhafte Samenentnahmemanipulation beim Hund. Diss. Hannover. - **5059**. Schneebeli, S., 1958, Zur Anatomie des Hundes im Welpenalter. Diss. Zürich. - **5060**. Schneewolf, R., 1989, Uns. Rassehd. 9, 8. - **5061**. Schneider, E., E. Schimke, H. J. Schneider, 1980, Ergebnisse von Harnsteinanalysen beim Kleintier. Mh. Vet. med. 35, 744-747. - **5062**. Schneider, G., 1976, Das Kupieren und der Tierschutz – Idee und gesetzliche Regelung. Diss. Hannover. - **5063**. Schneider, K. M., 1950, Zur gewichtsmäßigen Jugendentwicklung einiger gefangengehaltener Wildcaniden nebst einigen zeitlichen Bestimmungen über ihre Fortpflanzung. Zool. Anz. Suppl. 145, 867-910. - **5064**. Schneider, L. G., 1975, Zur Bedeutung der Tollwutschutzimpfung von Hunden und Katzen für den Schutz des Menschen. Bundesges. bl. 18, 293-297. - **5065**. Schneider, L. G., 1976, Epidemiologie und Diagnostik der Tollwut. Med. Klin. 71, 609-615. - **5066**. Schneider, L. G., H. C. Jackson, 1980, Rabies in Europe. Rab. bull. Eur. 4, 1-8, 16-23. - **5067**. Schneider, L. G., J. H. Cox, W. W. Müller, K. P. Hohnsbeen, 1987, Der Feldversuch zur oralen Immunisierung von Füchsen gegen Tollwut in der BRD. Tierärztl. Umsch. 42, 184-198. - **5068**. Schneider, M., 1984, Die Hüftgelenksdysplasie und ihre züchterische Bekämpfung beim Leonberger Hund. Diss. Berlin. - **5069**. Schneider, R., 1975, Observations on overpopulation of dogs and cats. J. A. V. M. A. 167, 281-284. - **5070**. Schneider, R., C. R. Dorn, M. R. Klauber, 1968, Cancer in households. J. nat. canc. inst. 41, 1285-1292. - **5071**. Schneider, R., C. R. Dorn, D. O. Taylor, 1969, Factors influencing canine mammary cancer development and postsurgical survival. J. nat. canc. inst. 43, 1249-1261. - **5072**. Schneider, R., M. L. Vaida, 1975, Survey of canine and feline populations. J. A. V. M. A. 166, 481-486. - **5073**. Schneider-Haiss, M, K. Loeffler, 1987, Die Bedeutung der Röntgenaufnahme mit gebeugten Hintergliedmaßen bei der Untersuchung auf Hüftgelenksdysplasie des Hundes. Kleintierprax. 32, 359-362. - **5074**. Schneider-Leyer, E., 1960, Die Hunde der Welt. A. Müller Vlg., Zürich. - **5075**. Schneider-Leyer, E., 1966, Der deutsche Schäferhund mit seinen belgischen und niederländischen Verwandten. E. Ulmer Vlg., Stuttgart. - **5076**. Schneider-Leyer, E., 1968, Mein Freund, der Dachshund. E. Ulmer Vlg. Stuttg. - **5077**. Schneider-Leyer, E., 1969, Uns. Rassehd., 455. - **5078**. Schneider-Leyer, E., 1971, Pudel. E. Ulmer Vlg. Stuttg. - **5079**. Schneider-Leyer, E., 1974, Welcher Hund ist das? Kosmos, Stuttg. - **5080**. Schneider-Leyer, E., 1974, Welche Katze ist das? Kosmos, Stuttg. - **5081**. Schneider-Leyer, E., 1976, Uns. Rassehd, 294. - **5082**. Schnelle, G. B., 1959, Congenital dysplasia of the hip in dogs. J.A.V.M.A. 135, 234-235. - **5083**. Schnitzlein, H., 1960, Ergebnisse einer vergleichend-anatomischen Reihenuntersuchung der Wirbelsäule bei Boxerhunden. Dt. tierärztl. Wschr. 67, 155-158. - **5084**. Schnurrenberger, P. R., E. Kangilaski, L. E. Berg, W. J. Bashe, 1961, Characteristics of a rural Ohio dog population. Vet. med. 56, 519-523. - **5085**. Schnurrenberger, P. R., J. H. Russell, 1967, Canine vaccination in a rural Ohio county. J.A.V.M.A. 150, 621-623. - **5086**. Schnurrenberger, P. R., J. K. Grigor, J. F. Walker, R. J. Martin, 1978, The zoonosis-prone veterinarian. J.A.V.M.A. 173, 373-376. - **5087**. Schön, M. H. Eichelberg, H. Brehm, K. Loeffler, I. K. Krumbacher, H. Grosse-Wilde, 1988, Untersuchungen über den Haupt-Histokompatibilitätskomplex des Boxers. Berl. Münch. tierärztl. Wschr. 101, 228-236. - **5088**. Schönbauer, M., A. Längle, 1981, Der Tierarzt als Gutachter. Wien. tierärztl. Mschr. 68, 158-161. - **5089**. Schönherr, 1975, Veterinärhistorische Gedenktage. Berl. Münch. tierärztl. Wschr. 88, 19. - **5090**. Schörner, G., 1975, Gestörter Descensus testis beim Rüden und therapeutische Maßnahmen. Wien. tierärztl. Mschr. 62, 426-427. - **5091**. Schott, E., B. Müller, 1989, Zum Vorkommen von Echinococcus multilocularis beim Rotfuchs im Regierungsbezirk Tübingen. Tierärztl. Umsch. 44, 367-370. - **5092**. Schoultz, B. v., T. Stigbrand, K. Martinsson, N. Holmgren, 1976, Demonstration of analogues to the human pregnancy zone protein in animals. Act. endocr. 81, 379-384. - **5093**. Schran, M., 1973, Zur Frühdiagnose der Hüftgelenksdysplasie und ihre territoriale Verbreitung im Gebiet der DDR. Diss. Berlin. - **5094**. Schreiber, W., 1990, St. Bernh. Klb. Mitt. 6, 20. - **5095**. Schreiber, W., 1991, Mitt. St. Bernh. Klb. 4, 3. - **5096**. Schriever, H., 1967, Physiologie des akustischen Organs. Hdb. Zool. 8, 1-95. - **5097**. Schritt, I., 1973, Uns. Rassehd., 1031. - **5098**. Schröder, E., A. Schirrmacher, 1980, Die Luxatio patellae congenita des Hundes. Mh. Vet. med. 35, 742-744. - **5099**. Schröder, U., 1959, Die Haltung des Hundes in der Großstadt. Diss. Berlin. - **5100**. Schroeter, W., 1981, Über Färbung, Farbabweichungen, Streifenverminderungen und Farbaufhellungen beim Tiger. säugetier. Mitt. 29, 1-8. - **5101**. Schröter, L., 1983, Zwei ungewöhnliche Hautkrankheiten. 29. Jahrestag. DVG Hannover. - **5102**. Schubert, H. J., 1973, Jagdgebrchshd. 9, 34. - **5103**. Schuberth, G. B., 1975, Zur Ätiologie, Klinik und Therapie der Dermatitis solaris des Hundes. Kleintierprax. 20, 254-258. - **5104**. Schuhmann, R., 1977, Wld. u. Hd. 80, 133. - **5105**. Schulberg, H., 1963, Deine Katze und Du. A. Müller Vlg. Zürich. - **5106**. Schulman, J., S. D. Johnston, 1983, Hyperadrenocorticism in two related Yorkshire Terriers. J. A. V. M. A. 182, 524-525. - **5107**. Schultze, G., 1977, Uns. Rassehd., 55. - **5108**. Schultze, G., 1991, Uns. Windh. 27, 6, 7. - **5109**. Schultze-Petzold, H., 1974, Aktuelle Fragen der tierschutzrechtlichen Kasuistik. Dt. tierärztl. Wschr. 81, 519-521, 541-546. - **5110**. Schultze-Petzold, H., 1977, Uns. Rassehd., 4,2. - **5111**. Schultze-Petzold, H., 1977, Tierschutzgesetz und Jagd, Ergänzung oder Kollision? Dt. tierärztl. Wschr. 84, 155-159. - **5112**. Schulz, H. P., D. Förster, M. Scheer, 1977, Vorkommen von Salmonellen bei Versuchskatzen. Berl. Münch. tierärztl. Wschr. 90, 14-17. - **5113**. Schulz, S., 1981, Craniomandibuläre Osteopathie beim Hund. Kleintierprax. 26, 31-36. - **5114**. Schulz, Ch., 1983, Einige versuchstierkundliche und tierschutzrechtliche Aspekte bei erkrankten Hunden aus dem Marburger Raum zwischen 1974-1982. Dt. tierärztl. Wschr. 90, 95-101, 128-135. - **5115**. Schulze, H., 1972, Die verschiedenen Jagdgebrauchshunderassen, ihre Zucht und ihre jagdliche Eignung. Kleintierprax.. 17, 136-139. - **5116**. Schulze, H., 1976, Tierschutzgerechtes Töten von Tieren auf der Jagd. Arch. tierärztl. Fortb. 3, 49-52. - **5117**. Schulze, W., 1947, Das Kupieren bei den einzelnen Hunderassen. Berl. Münch. tierärztl. Wschr., 79. - **5118**. Schulze, W., 1948, Zur Otitis externa des Hundes. Berl. Münch. tierärztl. Wschr., 99-101. - **5119**. Schulze, W., 1955, Zum Geburtsvorgang bei der Hündin. Mh. Vet. med. 10, 533-539. - **5120**. Schulze, Lammers, J., 1987, Praxisbericht über Hermaphroditismus bei einem Hund. Prakt. Ta. 68, 83. - **5121**. Schumacher, W., H. Strasser, 1968, Breeding dogs for experimental purposes. J.sm.an.pract. 9, 597-602. - **5122**. Schumann, H., 1955, Die Letalfaktoren bei Hund und Katze. Berl. Münch. tierärztl. Wschr. 68, 376-378. - **5123**. Schütt, D., 1989, Hunde 105,

71. – **5124**. Schütz, C., 1991, Hunde 107, 6. – **5124b**. Schütze, H. R., 1975, Tierschutzgesetz vom 24.7.72 und Aufzuchtbeschränkung bei Rassehunden. Prakt. Ta. 56, 358-359. – **5125**. Schutte, A. P., 1967, Vaginal prolapse in the bitch. J. S. Afr. vet. med. ass. 38, 197-203. – **5126**. Schwabe, C. W., 1969, Veterinary medicine and human health. Baillière, Tindall & Cassell, Baltimore. – **5127**. Schwangart, F., 1936, Über den Wert der Katzenhaltung. Kleint. Pelzt. 12, 8, 77-96. – **5128**. Schwangart, F., 1950, Der Problemkreis um die schwanzlosen Katzen. Zool. Garten 17, 66-72. – **5129**. Schwangart, F., 1954, Übersicht und Beschreibung der Hauskatzenrassen. Z. Säugetierk. 20, 1-12. – **5130**. Schwangart, F., H. Grau, 1931, Über Entformung, besonders die vererbbaren Schwanzmißbildungen bei der Hauskatze. Z. Zücht. B. 22, 202-249. – **5131**. Schwartz, A., C. E. Ravin, R. H. Greenspan, R. S. Schoemann, J. K. Burr, 1976, Congenital neuromuscular esophageal disease in a litter of Newfoundland puppies. J.Am.vet.rad.soc. 17, 101-105. – **5132**. Schwartz, R. S., F. Quimby, J. André-Schwartz, 1978, Canine systemic lupus erythematosus. Proc. wksh. gen. contr. autoimm. dis. Bloomf. Hills, 287-294. – **5133**. Schwartz-Porsche, D., 1984, Epilepsie. Kleintierprax. 29, 67-82. – **5134**. Schwartz-Porsche, D., C. Saar, 1966, Panmyelophthise beim Hund Berl.Münch.tierärztl.Wschr. 79, 69-73. – **5135**. Schwartz-Porsche, D., E. Trautvetter, W. Göbel, 1981, Erfahrungen mit einer blutspiegelkontrollierten Epilepsietherapie beim Hund. Kleintierprax. 26, 209-216. – **5136**. Schwartz-Porsche, D., U. Jürgens, 1991, Wirksamkeit von Bromid bei den therapieresistenten Epilepsien des Hundes. Tierärztl. Prax. 19, 395-401. – **5137**. Schwartzkopff, J., 1969, Die Verarbeitung von akustischen Nachrichten im Gehirn von Tieren verschiedener Organisationshöhen. Ber. Arb. gem. Forsch. Ld. Nrh. Westf. – **5138**. Schwartzman, R. M., 1984, Immunologic studies of progeny of atopic dogs. Am.J.vet.res. 45, 375-378. – **5139**. Schwartzman, R. M., G. Mather, 1960, Clinico-pathological study of canine dermatoses. Vet. med. 55, 64-71. – **5140**. Schwartzman, R. M., J. H. Rockey, 1967, Atopy in the dog. Arch. derm. 96, 418-422. – **5141**. Schwartzman, R. M., J. G. Massicot, D. D. Sogn, S. G. Cohen, 1983, The atopic dog model. Int. arch. allerg. appl. immun. 72, 97-100. – **5142**. Schwarz, P. D., S. J. Withrow, C. R. Curtis, B. E. Powers, R. C. Straw, 1991, Mandibular resection as a treatment for oral cancer in 81 dogs. J.Am.an.hosp.ass. 27, 601-610. – **5143**. Schwarz, R., K. Neurand, 1986, Eff. Rep. 23, 1. – **5144**. Schwarz, S., 1971, Die Methoden der röntgenologischen Diagnose der Hüftgelenksdysplasie beim Hund und ihre Eignung als Grundlage für geplante züchterische Selektion. Diss. Gießen. – **5145**. Schwarz, S., 1975, Diagnose der Hüftgelenksdysplasie unt. bes. Berücks. der Messungen von Piehler. tierärztl. prax. 3, 243-247. – **5146**. Schwede, M., 1989, Ergebnisse der Ultraschallträchtigkeitsdiagnostik beim Hund. Tierhyg. Inf. 21, 54-59. – **5147**. Schweizer Kynolog. Gesellsch., 1977, 100 Jahre kynol. Forschung i. d. Schweiz. A. Heim-Stift., Bern. – **5148**. Schwenker, L., 1937, Der Schottische Terrier. O. Meißner, Hbg. – **5149**. Schwizgebel, D., 1986, Hunde 102, 929. – **5150**. Scott, D. W., 1975, Further studies on the immunologic and therapeutic aspects of canine demodicosis. J.A.V.M.A. 167, 855. – **5151**. Scott, D. W., 1975, Thyroid function in feline endocrine alopecia. J.Am.an.hosp.ass. 11, 798. – **5152**. Scott, D. W., 1978, Immunologic skin disorders in the dog and cat. Vet. clin. N. Am. 8, 641-664. – **5153**. Scott, D. W., 1980, Feline dermatology 1900-1978. J.Am.an.hosp.ass. 16, 331-459. – **5154**. Scott, D. W., 1981, Observations on canine atopy. J.Am.an.hosp.ass. 17, 91-100. – **5155**. Scott, D. W., 1987, Lentigo simplex in orange cats. Comp. an. pract. 1, 23-25. – **5156**. Scott, D. W., 1989, Diagnosis and treatment of canine bacterial pyoderma. Proc. conf. soc. Ontario vet., 85. – **5157**. Scott, D. W., 1989, Epidermal dysplasia of West Highland White Terriers. Proc. conf. soc. Ontario vet., 84. – **5158**. Scott, D. W., 1989, Congenital ichthyosis in a dog. Comp. an. pract. 19, 7-11. – **5159**. Scott, D. W., R. D. Schultz, E. Baker, 1976, Further studies on the therapeutic and immunologic aspects of generalized demodectic mange in the dog. J.A.V.M.A. 171, 721-727. – **5161**. Scott, D. W., T. O. Manning, R. M. Lewis, 1982, Linear Ig A dermatoses in the dog. Corn. vet. 72, 394-402. – **5162**. Scott, D. W., D. K. Walton, 1985, Clinical evaluation of oral vitamin E for the treatment of primary canine acanthosis nigricans. J.Am.an.hosp.ass. 21, 345-350. – **5163**. Scott, D. W., T. J. Reimers, 1986, Tail gland and perianal gland hyperplasia associated with testicular neoplasia and hypertestosteronemia in a dog. Can. pract. 13, 15-17. – **5164**. Scott, D. W., D. K. Angaro, M. M. Suter, 1987, Systemic histiocytosis in two dogs. Can. pract. 14, 7-13. – **5165**. Scott, D. W., J. F. Randolph, 1989, Vitiligo in two Old English Sheepdog littermates and in a Dachshund with juvenile-onset diabetes mellitus. Comp. an. pract. 19, 3, 18-22. – **5166**. Scott, D. W., W. H. Miller, 1989, Epidermal dysplasia and malassezia pachydermatitis infection in West Highland White Terriers. Vet. dermat. 1, 25-36. – **5167**. Scott, F. W., C. Geissinger, R.Peltz, 1978, Kitten mortality survey. Fel. pract. 8, 31-34. – **5168**. Scott, J. P., 1964, Genetics and the development of social behavior in dogs. Am. zool. 4, 161-168. – **5169**. Scott, J. P., 1968, Evolution and domestication of the dog. Evol. biol. 2, 234-275. – **5170**. Scott, J. P., J. L. Fuller, 1965, Genetics and the social behaviour of the dog. Univ. Chikago Press. – **5171**. Scott, J. P., O. Elliott, A Tratter, J. Kirshenbaum, 1967, A note on Telomian dogs. Carn. gen. nwsl. 1, 45-48. – **5172**. Scott, P. P., 1972, The cat. In: The UFAW Handbook on the care and management of laboratory animals. 4th edit. Churchill & Livingstone, Edinb. – **5173**. Scott, P. P., 1977, The cat as an experimental animal. Proc. Roy. soc. med. 70, 1-3. – **5174**. Scott, R. J., 1978, Toxoplasmosis. Trop. dis. bull. 75, 809-827. – **5175**. Scotti, T. M., 1958, The carotid body tumor in dogs. J.A.V.M.A. 132, 413-419. – **5176**. Scupin, E., E. Scupin, 1971, Ein Beitrag zur Otitis des Hundes. Kleintierprax. 16, 4-11. – **5177**. Seager, S. W., C. C. Platz, W. S. Fletcher, 1975, Conception rates and related data using frozen dog semen. J. repr. fert. 45, 189-192. – **5178**. Searcy, G. P., D. R. Miller, J. B. Tasker, 1971, Congenital hemolytic anemia in the Basenji dog due to erythrocyte pyruvate kinase deficiency. Can. J. comp. med. 35, 67-70. – **5179**. Searcy, G. P., J. B. Tasker, D. R Miller, 1979, Animal model of human disease. Am. J. path. 94, 689-692. – **5180**. Searle, A. G., 1949, Gene frequencies in London's cats. J. genet. 49, 214-220. – **5181**. Searle, A. G., 1953, Hereditysplit hand in the domestic cat. Ann. eugen. 17, 279-282. – **5182**. Searle, A. G., 1957, Comparative genetics of some cat populations. Genet. 42, 393-394. – **5183**. Searle, A. G., 1959, A study of variation in Singapore cats. J. genet. 56,1-16. – **5184**. Searle, A. G., 1966, Coat colour gene frequencies in Venetian cats. Carn. gen. nwsl. 1, 6-7. – **5185**. Searle, A. G., 1968, Comparative genetics of coat color in mammals. Acad. Press, N. Y. – **5186**. Searle, A. G., 1968, Cat gene-geography. Carn. gen. nwsl. 1, 66-73. – **5187**. Seawright, A. A., L. R. Grono, 1961, Calcinosis circumscripta in dogs. Austr. vet. J. 37, 421-425. – **5188**. Secchi, C.,

L. Oldani, C. Peruccio, M. Guttinger, A. Berrini, C. Caldora, G. Poli, 1985, Immunopathology of the eye. Comp. immun. micr. inf. dis. 8, 297-303. – **5189**. Sechzer, J. A., J. L. Brown, 1964, Color discrimination in the cat. Science 144, 427-429. – **5190**. Secombe, R. L., 1984, Declawing cats. Vet. rec. 115, 335. – **5191**. Sedlmeier, H., E. Weiss, 1963, Zur Beurteilung der Hauttumoren von Hund und Katze. Berl. Münch. tierärztl. Wschr. 76, 181-185. – **5192**. Seeliger, M., 1976, Englische Vorstehhunde in der Bundesrepublik Deutschland. Diss. Hannover. – **5193**. Seer, G., L. Hurov, 1969, Elbow dysplasia in dogs with hip dysplasia. J.A.V.M.A. 154, 631-637. – **5194**. Segal-Eiras, A., R. A. Robins, D. Hannant, L. N. Owen, R. W. Baldwin, 1982, Circulating immune complexes in dogs with osteosarcoma. Brit. J. canc. 46, 444-447. – **5195**. Seidenberg, L., C. D. Knecht, 1971, Ectopic ureter in the dog. J. A. V. M. A. 159, 876-877. – **5196**. Seiferle, E., 1960, Neue Hundekunde. A. Müller Vlg., Zürich. – **5197**. Seiferle, E., 1966, Zur Topographie des Gehirns bei lang- und kurzköpfigen Hunderassen. Act. anat. 63, 346-362. – **5198**. Seiferle, E., 1977, In: Schweiz. Kynol. Ges. a. a. O. – **5199**. Seiferle, E., 1978, Schweiz. hundesp. 94, 662-667. – **5200**. Seiferle, E., 1979, Jgdgebr. hd. 15, 121. – **5201**. Seiferle, E., 1979, Jgdgebr. hd. 15, 161. – **5202**. Seiferle, E., 1980, Schweiz. hundesp. 96, 634. – **5203**. Seiferle, E., 1981, Schweiz. hundesp. 97, 738. – **5204**. Seiferle, E., 1983, Irrwege der modernen Rassehundezucht. In: 100 Jahre Schweiz. Kynol. Ges. a.a.O. – **5205**. Seiferle, E., 1983, Hundemonster um der Mode willen. Schweiz. Tiersch. 3, 7-9. – **5206**. Seiler, R. J., 1979, Colorectal polyps of the dog. J. A. V. M. A. 174, 72-75. – **5207**. Seitz, A., 1965, Fruchtbare Kreuzungen Goldschakal ♂ x Coyote ♀ und reziprok Coyote ♂ x Goldschakal ♀. Zool. Gart. Leipz. 31, 174-183. – **5208**. Seixas, D., J. Arnaud, G. Quéinnec, B. Quéinnec, 1988, Approche du polymorphisme biochimique des enzymes érythrocytaires et plasmatiques du chien domestique. Rev. méd. vét. 139, 285-291. – **5209**. Sekeles, E., D. C. Aharon, U. Fass, 1985, Craniofacial duplication in the cat. Zbl. Vet. med. A 32, 226-233. – **5210**. Selby, L. A., H. M. Hayes, S. V. Becker, 1979, Epizootiologic features of canine hydrocephalus. Am. J. vet. res. 40, 411-413. – **5211**. Selby, L. A., R. M. Corwin, H. M. Hayes, 1980, Risk factors associated with canine heartworm infection. J. A. V. M. A. 176, 33-35. – **5212**. Selby, L. A., S. V. Becker, H. W. Hayes, 1981, Epidemic risk factors associated with canine systemic mycoses. Am. J. epidem. 113, 133-139. – **5213**. Selby, L. A., J. D. Rhoades, 1981, Attitudes of the public towards dogs and cats as companion animals. J. sm. an. pract. 22, 129-137. – **5214**. Selcer, R. R., J. E. Oliver, 1975, Cervical spondylopathy – Wobbler syndrome in dogs. J. Am. an. hosp. ass. 11, 175-179. – **5215**. Selden, J. R., 1982, Inherited XX true hermaphroditism and XX male syndrome in the dog. Diss. abst. B 42, 4302. – **5216**. Selden, J. R., P. S. Moorhead, M. L. Oehlert, D. F. Patterson, 1975, The Giemsa banding pattern of the canine karyotype. Cytogen. cell gen. 15, 380-387. – **5217**. Selden, J. R., S. S. Wachtel, G. C. Koo, M. E. Haskins, D. F. Patterson, 1978, Genetic basis of XX male syndrome and XX true hermaphroditism. Science 201, 644-646. – **5218**. = 5215. – **5219**. Selden, J. R., P. S. Moorhead, G. C. Koo, S. S. Wachtel, M. E. Haskins, D. F. Patterson, 1984, Inherited XX sex reversal in the cocker spaniel dog. Hum. genet. 67, 62-69. – **5220**. Self, D. J., N. S. Jecker, C. B. DeWitt, J. A. Shadduck, 1991, Moral orientations of justice and care among veterinarians entering veterinary practice. J. A. V. M. A. 199, 569-573. – **5221**. Sellheim, F., 1981, Uns. Rassehd. 5, 30. – **5222**. Selmanowitz, V. J., K. M. Kramer, N. Orentreich, 1970, Congenital ectodermal defect in Miniature Poodles. J. hered. 61, 196-199. – **5223**. Selmanowitz, V. J., K. M. Kramer, N. Orentreich, 1972, Canine hereditary black hair follicular dysplasia. J. hered. 63, 43-44. – **5224**. Selmanowitz, V. J., J. Markofsky, N. Orentreich, 1977, Black-hair follicular dysplasia in dogs. J. A. V. M. A. 171, 1079-1081. – **5225**. Sen, S., A. I. Ansari, 1972, Depigmentation in animals and its treatment with meladinine. Ind. J. an. hlth. 10, 249-521. – **5226**. Senet, A., 1950, Mise au point sur la génétique du chat. Rec. méd. vét. 126, 535-556. – **5227**. Sengbusch, H. G., L. A. Sengbusch, 1976, Toxoplasma antibody prevalence in veterinary personnel and a selected population not exposed to cats. Am. J. epidem.103, 595-597. – **5228**. Senn, C. L., J. D. Lewin, 1975, Barking dogs as an environmental problem. J. A. V. M. A. 166, 1065-1068. – **5229**. Serpell, A., 1987, The influence of inheritance and environment on canine behaviour. J. sm. an. pract. 28, 949-956. – **5230**. Seuster, H., 1973, Dachshd. 28, 17. – **5231**. Seuster, H., 1973, DD-Blätt. 51, 92. – **5232**. Seuster, H., 1978, Wld. u. Hd. 80, 611. – **5233**. Seuster, H., 1982, Dachshd. 37, 40. – **5234**. Seuster, H., 1983, Dachshd. 38, 49. – **5235**. Seuster, H., 1983, Dachshd. 38, 214. – **5236**. Seuster, H., 1984, Dachshd. 39, 268. – **5237**. Seuster, H., 1988, Dachshd. 43, 101. – **5238**. Severin, G. A., 1967, Congenital and acquired heart disease. J. A. V. M. A. 151, 1733-1736. – **5239**. Sewelius, E., 1986, Koppartoxikos hos bedlingtonterrier. Svensk vet. tidn. 38, 198-203. – **5240**. Sewerin, R., 1978, Poliz. Schutzh. 78, 34. – **5241**. Sewerin, R., 1980, Poliz. Schutzh. 2, 17. – **5242**. Sewerin, R., 1988, Uns. Rassehd. 9, 23. – **5243**. Seyerl. F. v., 1972, Zur Toxoplasmose der Hauskatzen. Dt. tierärztl. Wschr. 79, 270-272. – **5244**. Seyfarth, A., 1898, Der Hund und seine Rassen. Köstritz, Selbstvlg. – **5245**. Shamsul, I. A., 1980, Echinococcus granulosus in dogs in Bangladesh. Am. J. vet. res. 41, 415-416. – **5246**. Shane, S. M., R. C. Adams, J. E. Miller, R. E. Smith, A. K. Thompson, 1986, A case of Dipylidium caninum in Baton Rouge, Louisiana. Int. J. zoon. 13, 59-62. – **5247**. Sharma, V. D., H. E. Rhoades, 1975, The occurrence and microbiology of otitis externa in the dog. J. sm. an. pract. 16, 241-247. – **5248**. Sharp, A., G. W. Dike, 1964, Haemophilia in the dog. Thromb. diath. haem. 10, 494-501. – **5249**. Sharp, N. J., A. S. Nash, I. R. Griffiths, 1984, Feline dysautonomia. J. sm. an. pract. 25, 599-615. – **5250**. Shatz, C., 1977, A comparison of visual pathways in Boston and Midwestern Siamese cats. J. comp. neur. 171, 205-228. – **5251**. Shatz, C., 1977, Abnormal interhemispheric connections in the visual system of Boston Siamese cats. J. comp. neur. 171, 229-246. – **5252**. Shatz, C. J., M. Kliot, 1982, Prenatal misrouting of the retino-geniculate pathway in Siamese cats. Nature 300, 525-529. – **5253**. Shaughnessy, P. D., A. E. Newsome, L. K. Corbett, 1975, An electrophoretic comparison of three blood proteins in dingoes and domestic dogs. Austr. mammal. 1, 355-359. – **5254**. Shaw, D. H., 1963, Genetic aspects of new breeds and new colors. J. cat. gen. 1, 16-20. – **5255**. Shaw, D. H., 1964, The albino locus. All-Pets 35, 22. – **5256**. Shaw, D. H., 1964, Diluter systems and the Abyssinian. All-Pets 35, 24. – **5257**. Sheahan, B. J., J. F. Caffrey, H. M. Gunn, J. N. Keating, 1991, Structural and biochemical changes in a spinal myelinopathy in twelve English foxhounds and two harriers. Vet. path. 28, 117-124. – **5258**. Sheffy, E., J. A. Baker, J. H. Gillespie, 1961, A disease-free colony of dogs. Proc. an. care pan. 11, 208-214. – **5259**. Shell, L. G., 1988, Spinal muscular atrophy in Rottweiler pups. Proc. 6th ann. vet. med. for., 404-405. – **5260**. Shell, L. G., B. S. Jortner, M. S. Leib, 1987, Familial motor neuron disease in Rottweiler dogs.

Vet. path. 24, 135-139. – **5261**. Shell, L. G., B. S. Jortner, M. S. Leib, 1987, Spinal muscular atrophy in two Rottweiler littermates. J. A. V. M. A. 190, 878-880. – **5262**. Shell, L. G., A. D. Potthoff, A. Katherman, G. K. Saunders, P. A. Wood, 1988, Neuronal-visceral GM1 gangliosidosis in Portuguese Water dogs. Proc. 6th ann. vet. med. for., 360-363. – **5263**. Shell, L. G., C. B. Carrig, D. P. Sponenberg, B. S. Jortner, 1988, Spinal dysraphism, hemivertebra, and stenosis of the spinal canal in a Rottweiler puppy. J. Am. an. hosp. ass. 24, 341-344. – **5264**. Shelton, G. D., 1988, Autoantibody specifities in acquired canine myasthenia gravis. Proc. 6th ann. vet. med. for., 227-228. – **5265**. Shelton, G. D., M. D. Willard, G. H. Cardinet, J. Lindstrom, 1990, Acquired myasthenia gravis. J. vet. int. med. 4, 281-284. – **5266**. Shelton, G. H., M. L. Linenberger, C. K. Grant, J. L. Abkowitz, 1990, Hematologic manifestations of feline immunodeficiency virus infection. Blood 76, 1104-1109. – **5267**. Shenberg, E., S. Birnbaum, E. Rodrig, M. Torten, 1977, Dynamic changes in the epidemiology of Canicola fever in Israel. Am. J. epid. 105, 42-48. – **5268**. Sheng, H. P., M. Setiabudi, A. Naiborliu, R. A. Huggins, 1977, Applicability of some of the assumptions used to estimate the weight of the skeleton in the growing pig and beagle. Growth 41, 297-303. – **5269**. Sherding, R. G., S. P. DiBartola, 1980, Hemophilia B in an Old English Sheepdog. J. A. V. M. A. 176, 141-142. – **5270**. Shevkunov, E. A., V. D. Melnikov, V. L. Dzhanpoladova, 1976, A comparative assessment of the role of domestic cats and dogs in the epidemiology of toxoplasmosis. Ref. Excerpt. med. 17, 28, 1235. – **5271**. Shibasaki, Y., S. Flou, M. Rönne, 1987, The R banded karyotype of Felis catus. Cytobios 51, 35-47. – **5272**. Shiboleth, M., 1990, Hunde 106, 357. – **5273**. Shifrine, M., C. Stormont, 1973, Hemoglobins, haptoglobins, and transferrins in Beagles. Lab. an. sci. 23, 704-706. – **5274**. Shille, V. M., C. Munro, S. W. Farmer, H. Papkoff, G. H. Stabenfeldt, 1983, Ovarian and endocrine responses in the cat after coitus. J. repr. fert. 69, 29-39. – **5275**. Shimizu, H., 1981, Clinical studies on lesions of the optic nerve in the cat. Bull. Azabu Univ. vet. med. 2, 215-226. – **5276**. Shire, R. J., W. C. Hare, D. F. Patterson, 1965, Chromosome studies in dogs with congenital cardiac defects. Cytogen. 4, 340-348. – **5277**. Shires, P. K., D. R. Waldron, J. Payne, 1988, Pectus excavatum in three kittens. J. Am. an. hosp. ass. 24, 203-208. – **5278**. Shores, A., 1984, Canine cervical vertebral malformation/malarticulation syndrome. Comp. cont. ed. pract. vet. 6, 326-332. – **5279**. Shores, A., R. W. Redding, 1987, Narcoleptic hypersomnia syndrome responsive to protriptyline in a Labrador retriever. J. Am. an. hos. ass. 23, 455-458. – **5280**. Shull, R. M., 1987, Impaired urea clearance in canine mucopolysaccharidosis I. Vet. clin. path. 16, 54-58. – **5281**. Shull, R. M., D. Powell, 1979, Acquired hyposegmentation of granulocytes in a dog. Corn. vet. 69, 241-247. – **5282**. Shull, R. M., R. G. Helmon, E. Spellacy, G. Constantopoulos, E. F. Neufeld, 1984, Morphologic and biochemical studies of canine mucopolysaccharidosis I. Am. J. path. 114, 487-499. – **5283**. Shull, R. M., N. E. Hastings, 1985, Fluorometric assay of alpha-L-iduronidase in serum for detection of affected and carrier animals in a canine model of mucopolysaccharidosis I. Clin. chem. 31, 826-827. – **5284**. Shull, R. M., N. E. Hastings, R. R. Selcer, J. B. Jones, J. R. Smith, W. C. Cullen, G. Constantopoulos, 1987, Bone marrow transplantation in canine mucopolysaccharidosis I. J. clin. invest. 79, 433-443. – **5285**. Shull-Selcer, E. A., W. Stagg, 1991, Advances in the understanding and treatment of noise phobias. Vet. clin. N. A. SAP 21, 353-367. – **5286**. Shultz, F. T., 1970, Genetics. In: Anderson a. a. O. – **5287**. Shuttleworth, A. C., 1935, Dislocation of the patella in dogs, Vet. rec. 47, 765-774. – **5288**. Sickle, D. C. v., 1965, A comparative study of the postnatal elbow development of the Greyhound and the German Shepherd dog. J. A. V. M. A. 147, 1650-1651. – **5289**. Sichel, 1847, Note sur un rapport remarquable entre le pigment des poils et de l' iris et la faculté de l'ouie chez certains animaux. An. sci. nat. zool. 8, 239. – **5290**. Siegel, E. T., D. F. Kelly, P. Berg, 1970, Cushing's syndrome in the dog. J. A. V. M. A. 157, 2081-2090. – **5291**. Siegel, J. M., K. S. Tomaszewski, H. Fahringer, G. Cave, T. Kilduff, W. C. Dement, 1989, Heart rate and blood pressure changes during sleep-waking cycles and cataplexy in narcoleptic dogs. Am. J. phys. 256, H 111-119. – **5292**. Siegmann, O., 1950, Mensch und Katze. Diss. Hannover. – **5293**. Siggel, H., 1986, Die HD-Wasserwaage, eine Korrekturhilfe. Kleintierprax. 31, 39-40. – **5294**. Silson, M., R. Robinson, 1969, Hereditary hydrocephalus in the cat. Vet. rec. 84, 477. – **5295**. Silver, H., W. T. Silver, 1969, Growth and behavior of the coyote-like canids of Northern New England with observations on canid hybrids. Wash. Wildl. Soc. Monogr. 17. – **5296**. Simon, H., 1989, Hunde 105, 13, 759. – **5297**. Simon, L. J., 1984, zit. n. Hart u. Hart 1985 a. a. O. – **5298**. Simpson, J. W., D. L. Doxey, R. Brown, 1984, Serum isoamylase values in normal dogs and dogs with exocrine pancreatic insufficiency. Vet. res. comm. 8, 303-308. – **5299**. Simpson, J. W., A. H. v. d. Broek, 1991, Fat absorption in dogs with diabetes mellitus or hypothyroidism. Res. vet. sci. 50, 346-348. – **5300**. Sims, M. H., R. E. Moore, 1984, Auditory-evoked response in the clinically normal dog. Am. J. vet. res. 45, 2028-2033. – **5301**. Sims, M. H., E. Shull-Selcer, 1985, Electrodiagnostic evaluation of deafness in two English Setter littermates. J. A. V. M. A. 187, 398-404. – **5302**. Sinclair, D., 1971, Breeding fresh defects. Vet. rec. 89, 570. – **5303**. Singer, H. S., L. C. Cork, 1989, Canine GM2 gangliosidosis. Vet. path. 26, 114-120. – **5304**. Singleton, W. B., 1969, The surgical correction of stifle deformities in the dog. J. sm. an. pract. 10, 59-69. – **5305**. Singleton, W. B., 1976, Sociological and ethical considerations in small animal practice. J. S. Afr. vet. ass. 47, 77-80. – **5306**. Singleton, W. B., E. L. Jones, 1979, The experimental induction of subclinical Perthes' disease in the puppy following arthrotomy and intracapsular tamponade. J. comp. path. 89, 57-71. – **5307**. Sinibaldi, K. R., R. W. Green, 1973, Surgical correction of prolapse of the male urethra in three English Bulldogs. J. Am. an. hosp. ass. 9, 450-453. – **5308**. Sinibaldi, K. R., S. P. Arnoczky, 1975, Surgical removal of ununited anconeal process in the dog. J. Am. an. hosp. ass. 11, 192-198. – **5309**. Sinnatt, M. H., 1986, Inherited eye disease in dogs. Vet. rec. 118, 54. – **5310**. Sinzinger, W., F. Gutbrod, 1991, Zwitterbildung bei einem Yorkshire-Terrier. Prakt. Ta. 72, 597-598. – **5311**. Sion, J. J., 1966, Contributions to the study of blood constituents in domestic animals in S. Africa. 5. The dog. Onderstep. J. vet. res. 33, 353-362. – **5312**. Sis, R. F., R. Getty, 1968, Polydactylism in cats. Vet. med. 63, 948-951. – **5313**. Sischo, W. M., P. J. Ihrke, C. E. Franti, 1989, Regional distribution of ten common skin diseases in dogs. J. A. V. M. A. 195, 752-756. – **5314**. Sisson, D., D. Schaeffer, 1991, Changes in linear dimensions of the heart, relative to body weight, as measured by M-mode echocardiography in growing dogs. Am. J. vet. res. 52, 1591-1596. – **5315**. Sittmann, K., 1980, Cryptorchidism in dogs. 9th int. congr. an. repr. A. I. III., 247. – **5316**. Sivertsen, I. M., 1958, Litt fra praksis om chondrodystrophi og paraplegi hos pekingeser. Proc. VIII. Nord. vet. möt., 916-924. – **5317**. Sixl, W., 1975, Zecken und Wurmeier bei Hunden und Katzen in der

Steiermark. Mitt. Abt. Zool. Joann. 4, 59-60. - **5318**. Sjollema, B. E., M. T. den Hartog, J. J., de Vijlder, J. E. v. Dijk, A. Rijnberk, 1991, Congenital hypothyroidism in two cats due to defective organification. Act. endocrin. 125, 435-440. - **5319**. Skaggs, J. W., J. A. Theobald, 1957, Osteogenesis imperfecta in a kitten. J. A. V. M. A. 130, 450. - **5320**. Skancke, E. M., 1985, Dvergvekst hos hund. Norsk vet. tids. 97, 5-10. - **5321**. Skancke, E., 1986, Hepatisk encephalopati, Leverkuller, hos irsk ulvehund. Norsk. vet. tids. 98, 657. - **5322**. Skerritt, G. C., 1981, Schweiz. hundesp. 97, 99. - **5323**. Skerritt, G. C., 1983, Head tilt in puppies. Vet. rec. 112, 111. - **5324**. Skerritt, G. C., S. A. Jenkins, 1986, Some biochemical and physiological data of the Labrador Retriever. Zb. Vet. med. A 33, 93-98. - **5325**. Skrentny, T. T., 1964, Preliminary study of the inheritance of missing teeth in the dog. Wien. tierärztl. Mschr. 51, 231-245. - **5326**. Skrodzki, M., E. Trautvetter, K. Gerlach, 1991, Aortenstenose mit persistierender Vena cava cranialis sinistra und AV-Block bei einem Pekinesen. Prakt. Ta. 72, 307-316. - **5327**. Skrzypek, W., 1980, Historical aspects of meat inspection of dogs at Prudnik in the Opole region of Silesia. Med. wet. 36, 124-126. - **5328**. Slappendel, R. J., 1975, Hemophilia A and hemophilia B in a family of French Bulldogs. Tijds. diergen. 100, 1075-1088. - **5329**. Slappendel, R. J., 1982, Hereditary features of haemophilia and their consequences in dog-breeding. Tijds. diergen. 107, 23-25. - **5330**. Slappendel, R. J., 1988, Bleeding tendency as a cause of epistaxis in the dog. Tijds. diergen. 113. 686-690. - **5331**. Slappendel, R. J., C. L. v. Erp, J. Goudswaard, M. Bethlehem, 1975, Cold hemagglutinin disease in a Toy Pinscher. Tijds. diergen. 100, 445-460. - **5332**. Slappendel, R. J., A. Noordzij, A. v. Kouwen, R. J. Hamer, 1986, An enzyme linked immuno assay for the detection of canine von Willebrand disease. 4th int. symp. vet. lab diagn., 96-99. - **5333**. Slappendel, R. J., W. Renooij, P. de Koster, J. J. de Bruijne, 1986, Red cell characteristics in canine stomatocytosis. 4th int. symp. vet. lab. diagn., 74-77. - **5334**. Slappendel, R. J., I. v. d. Gaag, J. J. v. Nes, T. S. v. d. Ingh, R. P. Happé, 1991, Familial stomatocytosis-hypertrophic gastritis (FSHG), a newly recognised disease in the dog. Vet. quart. 13, 30-40. - **5335**. Slater, M. R., H. N. Erb, 1986, Effects of risk factors and prophylactic treatment on primary glaucoma in the dog. J. A. V. M. A. 188, 1028-1030. - **5336**. Slatter, D. H., G. D. Pettit, 1974, A surgical method of correction of collapsed trachea in the dog. Austr. vet. J. 50, 41-44. - **5337**. Slatter, D. H., J. D. Lavach, G. A. Severin, S. Young, 1977, Überreiter's syndrome in dogs in the Rocky Mountain area. J. sm. an. pract. 18, 757-772. - **5338**. Slatter, D. H., J. R. Blogg, I. J. Constable, 1980, Retinal degeneration in greyhounds. Austr. vet. J. 56, 106-115. - **5339**. Slocombe, R. F., R. Mitten, T. A. Mason, 1989, Leucoencephalomyelopathy in Australian Rottweiler dogs. Austr. vet. J. 66, 147-150. - **5340**. Smart, M. E., S. Fletch, 1971, A hereditary skeletal growth defect in purebred Alaskan Malamutes. Can. vet. J. 12, 31-32. - **5341**. Smith, A., 1975, Docking dogs' tails. Vet. rec. 97, 437. - **5342**. Smith, B. V., 1979, Edelkatze 29, 33. - **5343**. Smith, B. W., E. G. MacEwen, 1987, Therapeutic considerations for the treatment of canine osteosarcoma of the extremities. Comp. an. pract. 1, 20-24. - **5344**. Smith, C. W., R. D. Park, 1974, Bilateral ectopic ureteroceles in a dog. Can. pract. 1, 28-32. - **5345**. Smith, C. W., J. L. Stowater, 1975, Osteochondritis dissecans of the canine shoulder joint. J. Am. an. hosp. ass. 11, 658-662. - **5346**. Smith, C. W., A. G. Schiller, A. R. Smith, J. L. Dorner, 1978, Osteomyelitis in the dog. J. Am. an. hosp. ass. 14, 589-592. - **5347**. Smith, C. W., J. L. Stowater, S. K. Kneller, 1981, Ectopic ureter in the dog. J. Am. an. hosp. ass. 17, 245-248. - **5348**. Smith, E. E., J. W. Crowell, 1963, Influence of hematocrit ratio on survival of unaclimatized dogs at simulated high altitude. Am. J. phys. 205, 1172-1174. - **5349**. Smith, G. A., 1961, Uterus unicornis in a kitten. Vet. rec. 73, 151. - **5350**. Smith, G. K., L. P. Scammell, 1968, Congenital abnormalities occurring in a Beagle breeding colony. Lab. anim. 2, 83-88. - **5351**. Smith, H., J. W. Thorpe, 1978, Drugging racing greyhounds with chlorbutanol. J. for. sci. soc. 18, 185-188. - **5352**. Smith, J. E., K. Ryer, L. Wallace, 1976, Glucose-6-phosphate dehydrogenase deficiency in a dog. Enzyme 21, 379-382. - **5353**. Smith R. E., 1975, Mumps in the dog. Vet. rec. 96, 296. -**5354**. Smith, R. E., H. Hagstad, G. Beard, 1984, Visceral larva migrans. Int. J. zoon. 11, 189-194. - **5355**. Smits, G. M., 1969, Kleine huisdieren in de moderne samenleving. Tijds diergen. 94, 1819-1832. - **5356**. Smythe, R. H., 1945, Recurrent tetany in the dog. Vet. rec. 57, 380. - **5357**. Smythe, R. H., 1961, Animal vision. C. C. Thomas, Springfield, Illin. - **5358**. Smythe, R. H., 1963, Progressive retinal atrophy, Vet. rec. 75, 507-508. - **5359**. Smythe, R. H., 1969, Progressive retinal atrophy. Vet. rec. 84, 74-75. - **5360**. Smythe, R. H., 1970, The dog. Structure and movement. Foulsham, Lond. - **5361**. Smythe, R. H., 1970, Hereditary defects. Vet. rec. 86, 240. - **5362**. Smythe, R. H., 1970, A congenital defect in Toy Poodles. Vet. rec. 87, 520. - **5363**. Smythe, R. H., 1973, Docking tails and other matters. Vet. rec. 93, 593. - **5364**. Smythe, R. H., 1974, Considerations in spaying. Vet. rec. 94, 451. - **5365**. Smythe, R. H., 1977, Fatal disease in bedlington terriers. Vet. rec. 101, 66-67. - **5366**. Snook, R., 1982, From the dog's mouth. Vet rec. 110, 213-214. - **5367**. Snyder, C. E. Atkins, T. Sato, 1991, Syncope in three dogs with cardiac pacemakers. J. Am. an. hosp. ass. 27, 611-616. - **5368**. Snyder, P. W., 1990, Systemic vasculitis in young laboratory Beagles. Proc. ann. ACVIM for. - **5369**. Sobti, R. C., S. S. Gill, 1980, Chromosomal variants in Indian domestic cat. Mamm. chromos. nwsl. 21, 105-106. - **5370**. Société Centrale Canine, France, 1989, Les couleurs de robes chez le chien. Paris. - **5371**. Soileau, J., 1991, Comments on ear cropping. J. A. V. M. A. 198, 1485. - **5372**. Sojka, K., 1976, Dachshd. 31, 133. - **5373**. Sojka, K., 1983, Dachshd. 38, 85. - **5374**. Sojka, K., 1983, Dachshd. 38, 138. - **5375**. Sojka, K., 1984, Dachshd. 39, 41. - **5376**. Sojka, K., 1990, Ausbildung und Prüfung von Jagdhunden an lebenden Tieren. Tierärztl. Umschau 45, 439-442. - **5377**. Sojka, N. J., L. L. Jennings, L. E. Hammer, 1970, Artificial insemination in the cat. Lab. an. care 20, 198-204. - **5378**. Sokolowski, A., 1973, Normal threshold of hearing for cat for free field listening. Arch. klin. exp. Ohr. Nas. Kehlk. Heilk. 203, 232-280. - **5379**. Sokolowski, J. H., 1973, Reproductive features and patterns in the bitch. J. Am. an. hosp. ass. 9, 71-81. - **5380**. Sokolowski, J. H., 1991, Focus 1, 2, 16. - **5381**. Sokolowski, J. H., D. G. Stover, F. v. Ravenswaay, 1977, Seasonal incidence of estrus and interestrus interval for bitches of seven breeds. J. A. V. M. A. 171, 271-273. - **5382**. Sokolovsky, V., 1972, Achalasia and paralysis of the canine esophagus. J. A. V. M. A. 160, 943-955. - **5383**. Soldatovic, B., M. Tolksdorf, H. Reichstein, 1970, Der Chromosomensatz bei verschiedenen Arten der Gattung Canis. Zool. Anz. 184, 155-167. - **5384**. Solleveld, H. A., M. J. v. Zwieten, A. C. v. Kessel, P. J. v. Heidt, 1978, Nalidixinezuur intoxicatie bij twee drachtige teven. Tijds. diergen. 103, 899-906. - **5385**. Sommer, I., 1963, Über eine Mißbildung der Vorderextremitäten einer Katze. Kleintierprax. 8, 60. - **5386**. Sommer, M. M., V. N. Meyers-Wallen, 1991, XX true hermaphroditism in a dog. J. A. V. M. A. 198,

435-438. – **5387.** Sörensen, A. K., M. Schultz, 1983, Bericht über die Untersuchung der Wirksamkeit von Perlutex-Tabletten zur Unterdrückung des Östrus bei Katzen. Kleintierprax. 29, 43-46. – **5388.** Sörensen, H. S., J. E. Riley, R. W. Lobley, P. W. Pemberton, D. A. Williams, R. M. Batt, 1988, Investigation of the physical properties of dog intestinal microvillar membrane proteins by polyacrylamide gel eletrophoresis. Biochim. biophys. Act. P 955, 275-282. – **5389.** Sorge, J., W. Kuhl, C. West, E. Beutler, 1987, Complete correction of the enzymatic defect of type I Gaucher disease fibroblasts by retroviral-mediated gene transfer. Proc. nat. ac. sci. 84, 906-909. – **5390.** Sorjonen, D. C., C. D. Knecht, 1985, Electroencephalographic abnormalities associated with cervical intervertebral disk extrusion in four dogs. J. Am. an. hosp. ass. 21, 275-278. – **5391.** Sorjonen, D. C., N. R. Cox, R. P. Kwapien, 1987, Myeloencephalopathy with eosinophilic refractile bodies in a Scottish Terrier. J. A. V. M. A. 190, 1004-1006. – **5392.** Sorrell, B., 1960, Gastric torsion in a German Shepherd. Mod. vet. pract. 41, 48. – **5393.** Sorsby, A., J. B. Davey, 1954, Ocular associations of dappling (or merling) in the coat colour of dogs. J. genet. 52, 425-440. – **5394.** Soulebot, J. P., A. Brun, G. Chappuis, F. Guillemin, H. G. Petermann, P. Precausta, J. Terre, 1981, Experimental rabies in cats. Corn. vet. 71, 311-325. – **5395.** Soulsby, E. J., J. Serpell, 1988, Companion animals in society. Oxf. Univ. Press. – **5396.** Souza, J. A., 1987, Estudo de algunas caracteristicas do semen de caes da raca Pastor Alemano, Rev. fac. med. vet zoot. Univ. Sao Paulo 24, 104-105. – **5397.** Sova, Z., 1974, Die Pfotennekrose, tierärztl. prax. 2, 225-230. – **5398.** Spangler, W. L., 1976, Studies on canine renal hypertension. Diss. abstr. B. 36, 6009-6010. – **5399.** Spearman, J. P. B. Little, 1978, Hyperadrenocorticism in dogs. Can. vet. J. 19, 33-39. – **5400.** Speed, J. R., 1986, Unethical surgery. Vet. rec. 118, 54-55. – **5401.** Spencer, N., 1979, Genetics of cat hemoglobins. Biochem. genet. 17, 747-755. – **5402.** Speeti, M., M. Ihantola, 1989, Chronic active hepatitis in Doberman Pinschers. Suom. eläinl. 95, 9-12. – **5403.** Spencer, J. A., 1991, Antibody response to modified-live canine adenovirus vaccine in African hunting dogs (Lycaon pictus). J. vet. med. B 38, 477-479. – **5404.** Spiess, B. M., C. V. Tscharner, 1987, Hornhautsequester bei der Katze. Kleintierprax. 32, 175-178. – **5405.** Spiess, B., M. Keller, 1989, Hydrophile Kontaktlinsen zur Behandlung von Hornhauterkrankungen beim Hund. Kleintierprax. 34, 151-156. – **5406.** Spiess, B., B. Litschi, A. Leber, S. Stelzer 1991, Hypoplasie der Nervi optici bei einem Pudelwelpen. Kleintierprax. 36, 173-179. – **5407.** Spira, E., 1962, Tierarzt und Hundekörung, zugleich eine Anleitung für die Tätigkeit der Tierärzte auf der Körung. Diss. München. – **5408.** Spira, E., 1969, Die chirurgische Behandlung des Othämatoms. Kleintierprax. 14, 48-50. – **5409.** Spira, H. R., 1971, Ear-cropping. Vet. rec. 89, 562. – **5410.** Sponenberg, D. P., 1984, Germinal reversion of the merle allele in Australian shepherd dogs. J. hered. 75, 78. – **5411.** Sponenberg, D. P., 1985, Inheritance of the harlequin color in great Dane dogs. J. hered. 76, 224-225. – **5412.** Sponenberg, D. P., A. deLahunta, 1981, Hereditary hypertrophic neuropathy in Tibetan Mastiff dogs. J. hered. 72, 287. – **5413.** Sponenberg, D. P., M. L. Lamoreux, 1985, Inheritance of tweed, a modification of merle in Australian shepherd dogs. J. hered. 76, 303-304. – **5414.** Sponenberg, D. P., A. T. Bowling, 1985, Heritable syndrome of skeletal defects in a family of Australian shepherd dogs. J. hered. 76, 393-394. – **5415.** Sponenberg, D. P., E. Graf-Webster, 1986, Hereditary meningoencephalocele in Burmese cats. J. hered. 77, 60. – **5416.** Sponenberg, D. P., B. Bigelow, 1987, An extension locus mosaic Labrador retriever dog. J. hered. 78, 406. – **5417.** Sponenberg, D. P., E. Scott, W. Scott, 1988, American hairless terriers. J. hered. 79, 69. – **5418.** Spreull, J. S., A. F. Fraser, 1976, Canine artifical insemination. Vet. rec. 98, 99. – **5419.** Sprotte, I., G. Wolframm, D. Lösch, 1985, Zoonosen bei kleinen Heim- und Haustieren. Mh. Vet. med. 40, 201-205. – **5420.** Spuhler, W., 1944, Über kongenitale, cerebellare Ataxie mit gleichzeitiger Affektion der Großhirnrinde bei Felis domestica. Schweiz. Arch. Tierhlk. 86, 359-473. – **5421.** Spurling, N. W., 1980, Hereditary disorders of haemostasis in dogs. Vet. bull. 50, 151-173. – **5422.** Spurling, N. W., 1986, Hereditary blood coagulation factor-VII deficiency in the Beagle. Comp. biochem. phys. A 83, 755-760. – **5423.** Spurling, N. W., 1988, Hereditary blood coagulation factor-VII deficiency. Comp. biochem. phys. A 89, 461-464. – **5424.** Spurling, N. W., L. K. Burton, R. Peacock, R. Pilling, 1972, Hereditary factor-VII deficiency in the Beagle. Brit. J. haemat. 23, 59-67. – **5425.** Srebernik, N, E. C. Appleby, 1991, Breed prevalence and sites of haemangioma and haemangiosarcoma in dogs. Vet. rec. 129, 408-409. – **5426.** Staaden, R. V., 1981, Cardiomyopathy of English Cocker Spaniels. J A. V. M. A. 178, 1289-1292. – **5427.** Stack, W. F., J. D. Thomson, A. Suyama, 1960, Achalasia of the esophagus with megaesophagus in a dog. J. A. V. M. A. 131, 225-226. – **5428.** Stackhouse, L. L., 1970, Australian shepherd ocular dysgenesis. Diss. Colorado St. Univ. – **5429.** Stades, F. C., 1976, Modified surgical treatment of eversion and inversion of the third eyelid in dogs. Tijds. diergen. 101, 1079-1082. – **5430.** Stades, F. C., 1978, Brillen voor honden en katten. Tijds. diergen. 103, 804-807. – **5431.** Stades, F. C., 1978, Hereditary retinal dysplasia in a family of Yorkshire Terriers. Tijds. diergen. 103, 1086-1090. – **5432.** Stades, F. C., 1980, Persistent hyperplastic tunica vasculosa lentis and persistent hyperplastic primary vitreous (PHTVL/PHPV) in 90 closely related Doberman Pinschers. J. Am. an. hosp. ass. 16, 739-751. – **5433.** Stades, F. C., 1981, 10. Kynol. Weltkongr., 62, – **5434.** Stades, F. C., 1982, Hereditary features of progressive retinal atrophy (PRA) and its consequences in dog breeding. Tijds. diergen. 107, 29-32. – **5435.** Stades, F. C., 1983, Persistent hyperplastic tunica vasculosa lentis and persistent hyperplastic primary vitreous in Doberman Pinschers. J. Am. an. hosp. ass. 19, 393-402. – **5436.** Stades, F. C., 1983, Persistent hyperplastic tunica vasculosa lentis and persistent hyperplastic primary vitreous in Doberman Pinschers. J. Am. an. hosp. ass. 19, 957-964. – **5437.** Stades, F. C., 1983, Persistent hyperplastic tunica vasculosa lentis and persistent hyperplastic primary vitreous in Doberman Pinschers. Thesis Univ. Utrecht. – **5438.** Stades, F. C., 1986, Ophthalmology. Tijds. diergen. 111, 26-36. – **5439.** Stades, F. C., K. C. Barnett, 1981, Collie eye anomaly in Collies in the Netherlands. Vet. quart. 3, 66-73. – **5440.** Stades, F. C., J. S. v. d. Linde-Sipman, M. H. Boevé, 1984, Eine erbliche Augenanomalie beim Dobermann. Kleintierprax. 29, 91-98. – **5441.** Stades, F. C., M. H. Boevé, 1986, Correction for medial canthus entropion in the Pekingese. 7th ann. meet. Am. coll. vet. ophth., 1-2. – **5442.** Stades, F. C., M. H. Boevé, W. E. v. d. Brom, J. S. v. d. Linde-Sipman, 1991, The incidence of PHTVL/PHPV in Doberman and the results of breeding rules. Vet. quart. 13, 24-29. – **5443.** Stadsvold, N., 1986, Epiphora hos hund og kat. Dansk vet. tids. 69, 1093-1103. – **5444.** Stadtfeld, G., 1978, Untersuchungen über die Körperzusammensetzung des Hundes. Diss. Hannover. – **5445.** Stalker, L. K., C. F. Schlotthauer, 1936, Neoplasms of the mammary gland in the dog. N. Am. vet. 17, 33-43. – **5446.** Stallbaumer, M., 1981,

Onion poisoning in a dog. Vet. rec. 108, 523-524. – **5447**. Stallbaumer, M. 1985, Dog licence fees. Vet. rec. 116, 196. – **5448**. Stanford, T. L., 1981, Behavior of dogs entering a veterinary clinic. Appl. an. ethol. 7, 271-279. – **5449**. Stanley, M. J., 1990, Rabies in Yemen Arab Republic, 1982 to 1986. Trop. an. hlth. prod. 22, 273-274. – **5450**. Stanley, R. G., J. R. Blogg, 1991, Eye diseases in Siberian husky dogs. Austr. vet. J. 68, 161-162. – **5451**. Stannard, A. A., L. T. Pulley, 1975, Intracutaneous cornifying epithelioma in the dog. J. A. V. M. A. 167, 385-388. – **5452**. Stark, D., 1991, Luxating patella in miniature pinschers. Vet. rec. 129, 251. – **5453**. Starke, J., 1979, Die konservative Behandlung des Echinococcus alveolaris der Leber. Dt. med. Wschr. 104, 1132-1135. – **5454**. Startup, F. G., 1969, Diseases of the canine eye. Baillière, Tindall & Cassell Ltd., Lond. – **5455**. Startup, F. G., 1985, Entropion in the sharpei. Vet. rec. 116, 57. – **5456**. Startup, F. G., 1988, Corneal necrosis and sequestration in the cat. J. sm. an. pract. 29, 476-486. – **5457**. Stavrou, D., E. Kaiser, E. Dahme 1970, Zur Orthologie und Pathologie der subependymalen Glia. Berl. Münch. tierärztl. Wschr. 83, 164-168. – **5458**. Stead, A. C., 1982, Euthanasia in the dog and cat. J. sm. an. pract. 23, 37-43. – **5459**. Stead, A. C., A. L. Frankland, R. Borthwick, 1983, Splenic torsion in dogs. J. sm. an. pract. 24, 549-554. – **5460**. Stead, A. C., M. C. Stead, F. H. Galloway, 1983, Panosteitis in dogs. J. sm. an. pract. 24, 623-635. – **5461**. Stebbins, K. E., 1989, Polycystic disease of the kidney and liver in an adult Persian cat. J. comp. path. 100, 327-330. – **5462**. Steck, F., 1978, Epidemiologie der Tollwut. Münch. med. Wschr. 120, 271-274. – **5463**. Steckiewicz, P. W., 1983, Contribution à l'étude de la kératite superficielle chronique du Berger allemand. Thèse Alfort. – **5464**. Steel, J. D., R. I. Taylor, P. E. Davis, G. A. Stewart, P. W. Salmon, 1976, Relationships between heart score, heart weight and body weight in greyhound dogs. Austr. vet. J. 52, 561-564. – **5465**. Steele, C., 1960, Surgical interference in dilatation of the stomach of the dog. Vet. rec. 72, 1063. – **5466**. Steigleder, G. K., 1987, Dermatologie und Venerologie, G. Thieme Vlg. Stuttg. – **5467**. Steinbach, R., 1983, Edelkatze 33, 47. – **5468**. Steinberg, S. A., E. Klein, R. Killens, T. W. Uhde, 1989, Inherited deafness among nervous Pointer dogs. Proc. 7th ann. vet. med. for., 953-956. – **5469**. Steinfeld, M., 1968, Untersuchungen über die Keratitis superficialis chronica des Deutschen Schäferhundes. Zbl. Vet. med. A 15, 1-16. – **5470**. Steiniger, F., 1940, Die Vererbung des Schwanzverlustes. Z. Fachsch. Dt. Schäferh. 39, 549-554. – **5471**. Steiniger, F., 1942, Die erbliche Hasenscharte des Hundes. Arb. Reichsges. amt. 74, 399-404. – **5472**. Steinberg, H. S., J. C. Troncoso, L. C. Cork, D. L. Price, 1981, Clinical features of inherited cerebellar degeneration in Gordon Setters. J. A. V. M. A. 179, 886-890. – **5473**. Steinbrecher, H., 1978, Epidemiologie der Tollwut in der BRD. Münch. med. Wschr. 120, 275-278. – **5474**. Steinetz, B. G., L. T. Goldsmith, G. Lust, 1987, Plasma relaxin levels in pregnant and lactating dogs. Biol. repr. 37, 719-725. – **5475**. Steininger, A., P. Thierauf, 1988, Ethylenglykol-Vergiftung. Dt. med. Wschr. 113, 978-982. – **5476**. Stemann, H., 1986, Dt. hundesp. 5, 27. – **5477**. Stephan, E., 1989, Hundekotentsorgung. Dt. tierärztl. Wschr. 96, 109-111. – **5478**. Stephanitz, M. v., 1932, Der deutsche Schäferhund in Wort und Bild. 8. Aufl., A. Kämpfe, Jena. – **5479**. Stephanitz, H. v., 1977, SV-Z. 71, 112. – **5480**. Stephenson, J. R., V. t. Meulen, W. Kiessling, 1980, Search for canine-distemper-virus antibodies in multiple sclerosis. Lancet II, 772-775. – **5481**. Stephenson, R. O., R. T. Ahgook, 1975, The eskimo hunter's view of wolf ecology and behavior. In: Fox a. a. O. – **5482**. Stepien, R. L., J. G. Bonagura, 1991, Aortic stenosis. J. sm. an. pract. 32, 341-350. – **5483**. Stern, H., 1972, Wld. u. Hd. 75, 817. – **5484**. Stern, H., 1976, ARD 27.1. – **5485**. Sternberger, H. A., 1937, A cat-dog from North Carolina, J. hered. 28, 115-116, 310. – **5486**. Sterner, W. 1958, Über die kongenitale, hypertrophische Pylorusstenose beim Hunde. Tierärztl. Umsch. 13, 170-173. – **5487**. Sterner, O. Weigelt, B. Voss, 1970, Zur Ernährung von Katzen im Versuchslaboratorium. Arzneim. Forsch. 20, 1604-1606. – **5488**. Stevens, R. W., S. Crane, 1968, Canine haemophilia. Genet. 60, 229. – **5489**. Stevens, R. W., M. E. Townsby, 1970, Canine serum transferrins. J. hered. 61, 71-73. – **5490**. Stevenson, P., 1979, Echinococcus in Great Britain. J. sm. an. pract. 20, 233-237. – **5491**. Steward, A., P. R. Allott, W. W. Mapleson, 1975, Organ weights in the dog. Res. vet. sci. 19, 341-342. – **5492**. Steward, A. P., D. F. Macdougall, 1984, Familial nephropathy in the Cocker Spaniel. J. sm. an. pract. 25, 15-24. – **5493**. Stewart, R. W., R. W. Menges, L. A. Selby, J. D. Rhoades, D. B. Crenshaw, 1972, Canine intersexuality in a pug breeding kennel. Corn. vet. 62, 464-473. – **5494**. Stewart, E. v., B. B. Longwell, 1969, Normal clinical values for certain constituents of blood of Beagle dogs 13 ± 1 months old. Am. J. vet. res. 30, 907-916. – **5495**. Stickle, R. L., L. K. Anderson, 1987, Diagnosis of common congenital heart anomalies in the dog using survey and nonselective contrast radiography. Vet. rad. 28, 6-12. – **5496**. Stigen, O., 1988, Intervertebralskive-degenerasjon hos dachshund. Norsk. vet. tids. 100, 875-880. – **5497**. Stigen, O., O. Kolbjørnsen, 1990, Stenosis of the thoracolumbar vertebral canal in a basset hound. J. sm. an. pract. 31, 621-623. – **5498**. Stiglmair-Herb, M. T., 1987, Hauttumoren bei Katzen – eine retrospektive Studie. Tierärztl. Umsch. 42, 681-682. – **5499**. Still, J., 1988, Acupuncture treatment of thorakolumbar disc disease. Comp. an. pract. 2, 19-24. – **5500**. Stiller, H., M. Stiller, 1976, Uns. Rassehd. 12, 1048. -**5501**. Stockard. C., R., 1928, Inheritance of localised dwarfism and achondroplasia in dogs. Anat. rec. 38, 29. – **5502**. Stockard, C. R., 1935, Internal constitution and genetic factors in growth determination. Corn. vet. 25, 299-312. – **5503**. Stockard, C. R., 1941, The genetic and endocrine basis for differences in form and behavior. Am. anat. mem. 19, Wistar inst. anat. biol., Philad. – **5504**. Stockman, C., 1990, Racing sled dogs. Ped. dig. 16, 3. – **5505**. Stockman, M., 1984, Tail docking and breed standards, Vet. rec. 115, 228. – **5506**. Stockman, M., 1985, Australian veterinary surgeon to judge Crufts. Vet. rec. 116, 80. – **5507**. Stockman, M., 1986, The Kennel club's breed standards. Vet. rec. 118, 349. – **5508**. Stockman, M. J., 1986, Patellarsubluxation in a keeshond. Vet. rec. 119, 511. – **5509**. Stockman, M. J., 1987, Control scheme for familial nephropathy in cocker spaniels. Vet. rec. 121, 154-155. – **5510**. Stockman, M., 1988, Inherited problems in the German Shepherd dog. Vet. rec. 122, 366. – **5511**. Stockman, M., 1988, Osteochondrosis. Vet. rec. 122, 551. – **5512**. Stockman, M. J., 1990, Dangerous dogs. Vet. rec. 127, 23. – **5513**. Stockman, M. J., 1988, Copper toxicosis in the Bedlington terrier. Vet. rec. 123, 355. – **5514**. Stockner, P. K., 1978, Acute gastric dilatation volvulus – breeders point of view. J. Am. an. hosp. ass. 12, 134-135. – **5515**. Stockner, P. K., 1991, The economics of spaying and neutering. J. A. V. M. A. 198, 1180-1183. – **5516**. Stogdale, L., 1979, Forleg lameness in rapidly growing dogs. J. S. Afr. vet. ass. 50, 61-68. – **5517**. Stogdale, L., 1986, Definition of Diabetes melllitus. Corn. vet. 76, 156-174. – **5518**. Stoichev, I. I., 1980, Urolithiasis in dogs from villages in Bulgaria. J. comp. path. 90, 619-623. – **5519**. Stoliker, H. E., H. L. Dunlap, D. S. Kronfeld,

1976, Bone mineral measurement by photon densitometry in racing sled dogs, and its relationship to body weight, sex and bone fractures. Vet. med. SAC 71, 1545-1550. - **5520**. Stolz, G., 1973, Wld. u. Hd. 76, 517. - **5521**. Stolzefuss, G., 1987, Zur Torsio ventriculi beim Hund. Diss. München. - **5522**. Stone, J., M. H. Rowe, J. E. Campion, 1978, Retinal abnormalities in the Siamese cat. J. comp. neurol. 180, 773-782. - **5523**. Stonehouse, R. W., 1978, The euthanasia of dogs and cats. Can. vet. J. 19, 164-172. - **5524**. Storb, R., T. L. Marchioro, T. C. Graham, M. Willemin, C. Hougie, E. D. Thomas, 1972, Canine hemophilia and hemopoietic grafting. Blood 40, 234-238. - **5525**. Storb, R., P. L. Weiden, T. C. Graham, K. G. Lerner, E. D. Thomas, 1977, Marrow grafts between DLA-identical and homozygous unrelated dogs. Transplant. 24, 165-174. - **5526**. Stormont, C., 1961, Genetics and disease. Adv. vet.. sci. 4, 137-162. - **5527**. Stormont, C. J., 1982, Blood groups in animals. J. A. V. M. A. 181, 1120-1124. - **5528**. Stormorken, H., O. Egeberg, R. Anstad, 1965, Haemophilia A in Samojed dog. Scand. J. haemat. 2, 174. - **5529**. Story, H. E., 1943, A case of horseshoe kidney and associated vascular anomalies in the domestic cat. Anat. rec. 86, 307-319. - **5530**. Stotz, U. 1968, Studie zur Zuchtgeschichte des Cocker-Spaniels in Deutschland. Diss. München. - **5531**. Stoye, M., 1976, Galaktogene und pränatale Infektionen mit Toxocara canis beim Hund. Dt. tierärztl. Wschr. 83, 107-108. - **5532**. Stoye, M., 1976, Pränatale und galaktogene Helmintheninfektionen bei Haustieren. Dt. tierärztl. Wschr. 83, 569-576. - **5533**. Stoye, M., M. Bosse, 1981, Humanhygienische Bedeutung und Bekämpfung von Nematoden der Kleintiere. Prakt. Ta. 62, 62-64. - **5534**. Strafuss, A. C., 1976, Sebaceous gland carcinoma in dogs. J. A. V. M. A. 169, 325-326. - **5535**. Strafuss, A. C., J. E. Smith, G. A. Kennedy, S. M. Dennis, 1973, Lipomas in dogs. J. Am. an. hosp. ass. 9, 555-561. - **5536**. Strafuss, A. C., A. J. Bozarth, 1973, Liposarcoma in dogs. J. Am. an. hosp. ass. 9, 183-187. - **5537**. Strain, G. M., 1991, Congenital deafness in dogs and cats. Comp. cont. ed. pract. vet. 13, 245-250, 252-253. - **5538**. Straiton, E. C., 1989, Stray dog problem. Vet. rec. 124, 228. - **5539**. Strande, A., 1987, Ektopisk ureter hos hund. Norsk vet. tids. 99, 633-642. - **5540**. Strande, A., 1987, Platecellekarsinom in taerne hos hund-et klinisk bilde. Norsk vet. tids. 99, 11-14. - **5541**. Strande, A., 1989, Inguinal hernia in dogs. J. sm. an. pract. 30, 520-521. - **5542**. Strande, A., B. Nicolaissen, I. Bjerkas, 1988, Persistent pupillary membrane and congenital cataract in a litter of English cocker spaniels. J. sm. an. pract. 29, 257-260. - **5543**. Strandström, H., 1979, Study of leukosis in dogs at the Helsinki veterinary college. Suom. eläinl. 85, 485-491. - **5544**. Strasser, H., 1964, Tierärztliche Aufgaben in der Versuchstierzucht. Dt. tierärztl. Wschr. 71, 403-408. - **5545**. Strasser, H., 1968, Über Aufbau und Fortführung einer Katzenzucht. Z. Versuchst. 10, 137-146. - **5546**. Strasser, H., 1976, Zuchtverwendbarkeit einer vorderlaufamputierten Beagle-Hündin. Dt. tierärztl. Wschr. 83, 461-462. - **5547**. Strasser, H., W. Schumacher, 1968, Breeding dogs for experimental purposes. J. sm. an. pract. 9, 603-612. - **5548**. Strasser, H., R. Brunk, 1971, Gehäuftes Auftreten einer nekrotisierenden Panostitis der Kieferknochen bei Beagle-Hunden. Dt. tierärztl. Wschr. 78, 304-307. - **5549**. Strasser, H., R. Brunk, C. Baeder, 1971, Untersuchungen zum Sexualzyklus der Katze. Berl. Münch. tierärztl. Wschr. 84, 253-254. - **5550**. Strating, A., D. H. Clifford, 1966, Canine achalasia with special reference to heredity. Southw. vet. 19, 135-137. - **5551**. Stratton, J., 1964, Dermoid sinus in the Rhodesian Ridgeback. Vet. rec. 76, 846. - **5552**. Straus, R., M. Wurm, R. J. Kositchek, J. M. Weiner, 1970, Spontaneous atherosclerotic lesions of the aorta and coronary vessels. In: Andersen a. a. O. - **5553**. Straw, R. C., S. J. Withrow, B. E. Powers, 1991, Primary osteosarcoma in the ulna in 12 dogs. J. Am. an. hosp. ass. 27, 323-326. - **5554**. Strimple, E. O., 1991, The human/animal bond. J. A. V. M. A. 199, 206-208. - **5555**. Studdert, V. P., 1967, Corneal ulcers in the dog. Austr. vet. J. 43, 466-471. - **5556**. Studdert, V. P., W. A. Phillips, M. J. Studdert, C. S. Hosking, 1984, Recurrent and persistent infections in related Weimaraner dogs. Austr. vet. J. 61, 261-263. - **5557**. Studdert, V. P., R. W. Mitten, 1991, Clinical features of ceroid lipofuscinosis in Border Collie dogs. Austr. vet. J. 68, 137-140. - **5558**. Studdert, V. P., R. B. Lavelle, R. G. Beilharz, T. A. Mason, 1991, Clinical features and heritability of osteochondrosis of the elbow in Labrador Retrievers. J. sm. an. pract. 32, 557-563. - **5559**. Stunkard, J. A., A. E. Schwichtenberg, T. P. Griffin, 1969, Evaluation of hip dysplasia in German Shepherd dogs. Mod. vet. pract. 50, 40-44. - **5560**. Stünzi, H., 1972, Sympos. »Kardiologie des Hundes« , Hannover, 23.6. - **5561**. Stünzi, H., M. Ammann, 1972, Sympos. »Kardiologie des Hundes«, Hannover. - **5562**. Stünzi, H., 1972, Gedanken zur Krebsstatistik bei Hund und Katze. Kleintierprax. 17, 66-70. - **5563**. Stünzi, H., 1977, in: Schweiz. Kynol. Ges. a. a. O. - **5564**. = 5561. - **5565**. Stur, I., 1987, Uns. Neufundl. 6, 9. - **5566**. Stur, I., 1987, Genetic aspects of temperament and behaviour in dogs. J. sm. an. pract. 28, 957-964. - **5567**. Stur, I., G. Mayrhofer, W. Schleger, 1983, Schweiz. hundesp. 99, Beil. 14. - **5568**. Stur, I., M. Kleiner, G. Mayrhofer, 1989, Untersuchung über die Beurteilung von Wesensmerkmalen des Hundes. Wien. tierärztl. Mschr. 76, 290-294. - **5569**. Stur, I., A. Roth, S. Müller, 1991, Untersuchung über das familiär gehäufte Auftreten von angeborenen Herzanomalien bei Siam- und Orientalisch-Kurzhaarkatzen. Kleintierprax. 36, 85-86. - **5570**. Stur, I., E. Mayrhofer, N. Kopf, S. Müller, 1991, Craniomandibuläre Osteopathie beim West Highland White Terrier. Kleintierprax. 36, 491-500. - **5571**. Su, L. C., 1981, Copper metabolism in normal dogs and Bedlington terriers. Diss. abstr. B 41, 4068-4069. - **5572**. Su, L. C., S. Ravanshad, C. A. Owen, J. T. McCall, P. E. Zollman, R. M. Hardy, 1982, A comparison of copper-loading disease in Bedlington terriers and Wilson's disease in humans. Am. J. phys. 243, G226-230. - **5573**. Su, L. C., C. A. Owen, P. E. Zollman, R. M. Hardy, 1982, A defect of biliary excretion of copper in copper-laden Bedlington terriers. Am. J. phys. 243, G231-236. - **5574**. Subden, R. E., S. M. Fletch, M. A. Smart, R. G. Brown, 1972, Genetics of the Alaskan Malamute chondrodysplasia syndrome. J. hered. 63, 149-152. - **5575**. Sugiura, S., Y. Tanabe, K. Ota, 1977, Genetic polymorphism of eserine resistant esterases in canine plasma. An. bld. grps. bioch. gen. 8, 121-126. - **5576**. Suhrke, J., J. Plötner, M. Zemke, 1991, Zum Vorkommen von Echinococcus multilocularis bei Tieren im Südthüringer Raum. Mh. Vet. med. 46, 714-717. - **5577**. Sulkin, N. M., 1955, The properties and distribution of PAS positive substances in the nervous system of the senile dog. J. geront. 10, 135-144. - **5578**. Sullivan, M., F. Cox, M. J. Pead, P. McNeil, 1987, Thyroid tumours in the dog. J. sm. an. pract. 28, 505-512. - **5579**. Sullivan, M., R. Lee, E. W. Fisher, A. S. Nash, I. A. McCandlish, 1987, A study of 31 cases of gastric carcinoma in dogs. Vet. rec. 120, 79-83. - **5580**. Suminski, P., 1977, Zur Problematik der Unterschiede zwischen der Wildkatze, Felis sylvestris Schreber, 1777, und der Hauskatze Felis catus Linné, 1758. Säugetierk. Mitt. 25, 236-238. - **5581**. Sumner-Smith, G., A. J. Cawley, 1970, Nonunion of fractures in the dog. J. sm. an. pract. 11, 311-325. - **5582**.

Sundberg, J. P., 1979, A case of true bilateral hermaphroditism in a dog. Vet. med. SAC 74, 480-482. – **5583**. Suomalainen, E., 1956, The inheritance of taillessness in the cat. In: L. Gedda, Novant'anni delle Leggi Mendeliane. Rom. – **5584**. Suter, M., 1977, Peri- und postnatale Todesursachen beim Hund. Diss. Zürich. – **5585**. Suter, P. F., 1975, Portal vein anomalies in the dog. J. Am. vet. rad. soc. 16, 84-97. – **5586**. Suter, P. F., R. W. Greene, 1971, Chylothorax in a dog with abnormal termination of the thoracic duct. J. A. V. M. A. 159, 302-309. – **5587**. Suter, P. F., D. J. Colgrove, G. O. Ewing, 1972, Congenital hypoplasia of the canine trachea. J. Am. an. hosp. ass. 8, 120-127. – **5588**. Sutton, R. H., 1981, Cocoa poisoning in a dog. Vet. rec. 109, 563-565. – **5589**. Suu, S., 1956, Studies on the short spine dogs. Res. bul. fac. agr. Gifu Univ. 7, 127-134. – **5590**. Suu, S., 1962, A gross anatomical study on the skeleton of the short-spine dog. Res. bull. fac. agr. Gifu Univ. 15, 1-72. – **5591**. Suzuki, Y., J. Austin, D. Armstrong, K. Suzuki, J. Schlenker, T. Fletcher, 1970, Studies in globoid leukodystrophy. Exp. neurol. 29, 65-75. – **5592**. Suzuki, Y., C. Stormont, B. G. Morris, R. Dobrucki, 1975, New antibodies in dog blood groups. Transpl. proc. 7, 367-367. – **5593**. Suzuki, Y., K. Akiyama, S. Suu, 1978, Lafora-like inclusion bodies in the CNS of aged dogs. Act. neuropath. 44, 217-222. – **5594**. Svennung, J., 1966, Schneeblindheit bei Hunden und Renntieren. Nord. vet. med. 18, 577-580. – **5595**. Swayne, D. E., K. Michalski, D. McCaw, 1987, Cutaneous lymphosarcoma with abnormal chromosomes in a dog. J. comp. path. 97, 609-614. – **5596**. Sweeney, P. A., 1968, Drugs and racing greyhounds. Vet. rec. 83, 476. – **5597**. Swenson, L., 1986, Betydelsen av föräldradjurens egenstatus för uppkomsten av höftledsdysplasi hos avkomman. Svensk vet. tidn. 38, 64-67. – **5598**. Swisher, S. N., L. E. Young, 1961, The blood grouping systems of dogs. Phys. rev. 41, 495-520. – **5599**. Swisher, S. N., L. E. Young, N. Trabold, 1962, In vitro and in vivo studies of the behavior of canine erythrocyte-isoantibody systems. Ann. N. Y. ac. sci. 97, 15-25. – **5600**. Syed, M., N. Nes, K. Rönningen, 1987, The significance of chromosome studies in animal breeding in Norway. Z. Tierz. Zücht. biol. 104, 113-120. – **5601**. Symonds, J., A. T. Lloyd, 1987, Gene frequencies in the domestic cats of urban and rural Bordeaux. Genetica 72, 133-136. – **5602**. Symons, M., K. Bell, 1991, Expansion of the canine A blood group system. Anim. genet. 22, 227-235. – **5603**. Szazados, I., 1991, Historical data to the slaughtering of dogs and cats and to the consumption, investigation of their meat. Mag. All. lapj. 46, 443-446. – **5604**. Szczudlowska, M., 1970, Glaucoma in the dog. Med. wet. 26, 410-411. – **5605**. Szpakowski, N. M., B. N. Bonnett, S. W. Martin, 1989, An epidemiological investigation into the reported victims of dog biting in the City of Guelph. Can. vet. J. 30, 937-942. – **5606**. Tabel, C., 1969, Der Jagdgebrauchshund. F. C. Mayer Vlg. München. – **5607**. Tabel, C., 1972, Jgdgebr. hd. 8, 197. – **5608**. Tabel, C., 1975. Der Gebrauchshund-Jährling. BLV-Verl. Ges. München. – **5609**. Tacke, H. G., 1936, Zum Problem der schwanzlosen Katzen. Z. Anat. Entw. gesch. 106, 343-369. – **5610**. Tadic, M., B. Misic, 1972, Critical survey of cutting short of auricle in the dog. Vet. glasn. 26, 271-276. – **5611**. Takeishi, M., T. Toyoshima, T. Ryo, S. Takematsu, H. Miki, T. Tsunekane, 1975, Studies on reproduction in the dog. Bull. coll. agr. vet. med. Nihon Univ. 32, 213-223. – **5612**. Takeishi, M., T. Ivanki, T. Ando, M. Kawagae, T. Tsunekane, 1975, Studies on reproduction in the dog. VII. Bull. coll. agr. vet. med. Nihon Univ. 32, 224-231. – **5613**. Taketa, F., M. R. Smits, J. C. Lessard, 1968, Hemoglobin heterogeneity in the cat. Vet. bull. 38, 725. – **5614**. Talbot, D., 1982, Breeding abnormalities. Vet. rec. 110, 525. – **5615**. Tanabe, Y., S. Sugiura, M. Asanoma, K. Ota, 1974, Genetic polymorphism of leucine aminopeptidase in canine plasma. Anim. bld. grps. bioch. gen. 5, 225-230. – **5616**. Tanabe, Y., T. Omi, K. Ota, 1977, Genetic variants of glucose phosphate isomerase in canine erythrocytes. Anim. bld. grps. bioch. gen. 8, 191-195. – **5617**. Tanabe, Y., T. Omi, K. Ota, 1978, Genetic variants of hemoglobin in canine erythrocytes. Anim. bld. grps. bioch. gen. 9, 79-83. – **5618**. Tanabe, Y., S. Ito, K. Ota, Y. Hashimoto, T. Yamakawa, Y. Sung, J. K. Ryu, 1985, Phylogenetic relationships of Asian dog breeds. Proc. 3rd AAAP anim. sci. congr. I, 290-292. – **5619**. Tanabe, Y., K. Ota, S. Ito, Y. Hashimoto, Y. Y. Sung, J. K. Ryu, M. O. Faruque, 1991, Biochemical-genetic relationships among Asian and European dogs and the ancestry of the Japanese native dog. Z. Tierz. Zücht. biol. 108, 455-478. – **5620**. Tanase, H., K. Kudo, H. Horikoshi, H. Mizushima, T. Okazaki, E. Ogata, 1991, Inherited primary hypothyroidism with thyrotropin resistance in Japanese cats. J. endocrin. 129, 245-251. – **5621**. Tandon, K. N., S. K. Naik, 1978, Study of blood groups in the dog. Ind. J. hered. 10, 59-65. – **5622**. Tandy, J., 1974, Considerations in spaying. Vet. rec. 94, 451. – **5623**. Tandy, J., 1984, Marketing small animal practice. Vet. rec. 115, 53-54. – **5624**. Tarman, M. E., 1990, Chinese Shar-Pei. Pet. foc. 2, 1, 15. – **5625**. Tashjian, R. J., K. M. Das, W. E. Palich, R. L. Hamlin, D. A. Yarns, 1965, Studies on cardiovascular disease in the cat. Ann. N. Y. ac. sci. 127, 581-605. – **5626**. Tasker, J. B., G. A. Severin, S. Young, E. L. Gillette, 1969, Familial anemia in the Basenji dog. J. A. V. M. A. 154, 158-165. – **5627**. Taylor, C. R., K. Schmidt-Nielsen, R. Dimcl, M. Fedak, 1971, Effect of hyperthermia on heat balance during running in the African hunting dog. Am. J. phys. 220, 823-827. – **5628**. Taylor, D. O., C. Dorn, O. H. Luis, 1969, Morphologic and biologic characteristics of the canine cutaneous histiocytoma. Canc. res. 29, 83-92. – **5629**. Taylor, D., 1976, Rabies, epizootic aspects. Vet. rec. 99, 157-160. – **5630**. Taylor, R. A., 1988, Metabolic and physiologic effects of athletic competition in the Greyhound. Comp. an. pract. 28, 7-11. – **5631**. Taylor, R. M., B. R. Farrow, G. J. Stewart, P. J. Healy, 1986, Enzyme replacement in nervous tissue after allogeneic bone-marrow transplantation for fucosidosis in dogs. Lancet 8510, 772-774. – **5632**. Taylor, R. M., B. R. Farrow, P. J. Healy, 1987, Canine fucosidosis. J. sm. an. pract. 28, 291-300. – **5633**. Taylor, R. M., B. R. Farrow, 1988, Ceroid-lipofuscinosis in Border Collie dogs. Act. neuropath. 75, 627-631. – **5634**. Taylor, R. M., B. R. Farrow, 1988, Fucosidosis. Comp. path. bull. 20, 2-4. – **5635**. Taylor, R. M., I. C. Martin, B. R. Farrow, 1989, Reproductive abnormalities in canine fucosidosis. J. comp. path. 100, 369-380. – **5636**. Teare, J. A., A. Hedhammar, F. A. Kallfelz, L. Krook, 1979, Einfluß der Wachstumsintensität auf die Skelettentwicklung beim Hund sowie die Wirkung einer Zufütterung von Ascorbinsäure. Arch. Tierärztl. Fortb. 5, 107-126. – **5637**. Teare, J. A., H. F. Hintz, L. Krook, 1980. Rapid growth and skeletal disease in dogs. Proc. corn. nutr. conf., 126-130. – **5638**. Techow, D., H. Eissner, 1977, BaS. 11.9. – **5639**. Tedor, J. B., J. S. Reif, 1978, Natal patterns among registered dogs in the United States. J. A. V. M. A. 172, 1179-1185. – **5640**. Teichert, M., 1988, Hunde 104, 948. – **5641**. Teichner, M., K. Krumbacher, I. Doxiadis, G. Doxiadis, C. Fournel, D. Rigal, J. C. Monier, H. Grosse-Wilde, 1990, Systemic lupus erythematosus in dogs. Clin. immun. immunopat. 55, 255-262. – **5642**. Teirich, H., 1961, Tierhaltung für Patienten. Heilk. 5, 1. – **5643**. Tek, C., 1972, Breeding wolf x domestic dog hybrids at Concyles-Eppes Zoo. Int. zoo yearb. 12, 115. - **5644**. Tellheim, E., I. Nolte, M. Reinacher, B. Tellheim, 1982, Klinische, immunhistologische und elektronenmikroskopische Untersuchungen der Keratitis superficialis chronica des Deutschen Schäferhundes. Kleintierprax. 27, 131-144. - **5645**. Templeton, J. W., A. P. Stewart, W. S. Fletcher, 1977, Coat color genetics in the Labrador retriever. J. hered. 68, 134-136. - **5646**. Terman, D. S., D. Moore, J. Collins, B. Johnston, D. Person, J. Templeton, R. Poser, F. Quinby, 1979, Detection of immune complexes in sera of dogs with rheumatic and neoplastic diseases by 125 I-Clq binding test. J. comp. path. 89, 221-227. - **5647**. Terpin, T., M. R. Roach, 1981, Chondrodysplasia in the Alaskan Malamute. Am. J. vet. res. 42, 1865-1873. - **5648**. Teunissen, G. H., 1970, Zwanzig Jahre Thoraxchirurgie. Kleintierprax. 15, 1-9. - **5649**. Teunissen, G. H., 1985, Angeborene Dislokation des Ellbogengelenks. Kleintierprax. 30, 11-14. - **5650**. Teunissen, G., P. Blok-Schuring, 1966, Diabetes mellitus bei Hund und Katze. Schweiz. Arch. Tierhlk. 108, 409-427. - **5651**. Thalken, C. E., 1971, Use of Beagle dogs in high density noise studies. Lab. an. sci. 21, 700-704. - **5652**. Theilen, G. H., S. P. Snyder, L. G. Wolfe, J. C. Landon, 1969, Biological studies with viral induced fibrosarcomas in cats, dogs, rabbits and non-human primates. Comp. leuk. res. 393-400. - **5653**. Theissen, U., 1872, Quantitative and vergleichende Untersuchungen zu speziellen Verhaltensweisen des Hundes. Diss. Gießen. - **5654**. Thibos, L. N., W. B. Leveck, R. Morstgen, 1980, Ocular pigmentation in white and Siamese cats. Inv. ophth. vis. sci. 19, 475-486. - **5655**. Thiel, M. E., 1956, Das Stalingrader Känguruhkätzchen - eine Mutation? Zool. Anz. 157, 219-222. - **5656**. Thiel, W., 1990, Mastzelltumoren bei Hunden. Kleintierprax. 35, 401-404. - **5657**. Thiet, W. P., D. Lüerssen, 1991, Nervale Miktionsstörungen beim Hund. Tierärztl. Prax. 19, 669-673. - **5658**. Thimel, H., 1974, Die Immunglobuline des Hundes. Dt. tierärztl. Wschr. 81, 45-50, 69-73. - **5659**. Thimel, H., 1976, Allergische Hauterkrankungen beim Hund. Dt. tierärztl. Wschr. 83, 32-36. - **5660**. Thissen, H. J., I. Rahlfs, 1986, Zur Perinealhernie des Hundes. Kleintierprax. 31, 167-168. - **5661**. Thoday, K. L., 1980, Canine pruritus. J. sm. an. pract. 21, 399-408. - **5662**. Thoday, K., 1988, Inherited skin disorders in the dog and cat. Proc. 5th ann. congr. Eur. soc. vet. derm., 49-50. - **5663**. Thoday, K. L., 1990, Canine primary seborrhoea. Vet. rec. 127, 47. - **5664**. Thoday, K. L., 1991, Canine primary seborrhoea. Vet. rec. 128, 216. - **5665**. Thomas, D. A., 1984, Juvenile renal disease in a Doberman. Vet. rec. 115, 446-447. - **5666**. Thomas, E. A., 1984, When to spay bitches. Vet. rec. 115, 391. - **5667**. Thomas, H., R. Gönnert, 1978, The efficacy of praziquantel against cestodes in cats, dogs and sheep. Res. vet. sci. 24, 20-25. - **5668**. Thomas, J., J. D. Hoskins, 1975, Nasal solar dermatitis »Collie nose«. Iow. St. Univ. vet. 37, 16-18. - **5669**. Thomas, J. B., D. Robertson, 1989, Hereditary cerebellar abiotrophy in Australian Kelpie dogs. Austr. vet. J. 66, 301-302. - **5670**. Thomas, P. R., J. A. Buntine, 1987, Man's best friend? Med. J. Austr. 147, 536-540. - **5671**. Thomas, R. E., 1979, Temporo-mandibular joint dysplasia and open-mouth jaw locking in a Basset Hound. J. sm. an. pract. 20, 697-701. - **5672**. Thomas, R. E., 1982, Gastric dilatation and torsion in small or miniature breeds of dogs. J. sm. an. pract. 23, 271-277. - **5673**. Thomas, R. E., 1987, Congestive cardiac failure in young Cocker Spaniels. J. sm. an. pract. 28, 265-279. - **5674**. Thomas, R. E., 1987, Canine idiopathic congestive cardiomyopathy. Vet. rec. 121, 423-424. - **5675**. Thomas, R. H., W. Schaffner, A. C. Wilson, S. Pääbo, 1989, DNA phylogeny of the extinct marsupial wolf. Nature 340, 465-467. - **5676**. Thomassen, A., 1989, Hunde 105, 949. - **5677**. Thompson, D. J., 1989, Discount neutering of dogs and cats. Vet. rec. 124, 174. - **5678**. Thompson, D., 1991, Free worming during National Pet Week. Vet. rec. 128, 410. - **5679**. Thompson, J. C., A. C. Johnstone, B. R. Jones, W. S. Hancock, 1989, The ultrastructural pathology of five lipoprotein lipase-deficient cats. J. comp. path. 101, 251-262. - **5680**. Thompson, K. G., L. P. Jones, W. A. Smylie, C. B. Quick, G. V. Segre, D. J. Meuten, M. B. Petrites-Murphy, 1984, Primary hyperparathyroidism in German Shepherd dogs. Vet. path. 21, 370-376. - **5681**. Thompson, R. C., J. D. Smyth, 1975, Equine hydatidosis. Vet. paras. 1, 107-127. - **5682**. Thomsen, A. V., L. Holtet, E. Andresen, I. M. Nilsson, J. M. Fogh, 1984, Hemofili hos schaeferhund in Norge. Norsk. vet. tids. 96, 369-374. - **5683**. Thomsen, P. D., M. Rasmussen, 1987, Skildpaddefarve hos hankatte. Dansk vet. tids. 70, 1183-1186. - **5684**. Thomsen, M. K., F. Kristensen, 1986, Contact dermatitis in the dog. Nord. vet. med. 38, 129-147. - **5685**. Thomsen, M. K., M. Rasmussen, 1986, Dermatosparaxis hos en Burmesisk kat. Dansk vet. tids. 69, 998-1001. - **5686**. Thomsen, P. D., A. G. Byskov, A. Basse, 1987, Fertility in two cats with X-chromosome mosaicism and unilateral ovarian dysgenesis. J. repr. fert. 80, 43-47. - **5687**. Thomsett, L. R., 1961, Congenital hypotrichosis in the dog. Vet. rec. 73, 915-917. - **5688**. Thoren-Tolling, K., M. Stavenborn, 1978, Hepatoencephalopati hos hund. Nord. vet. med. 30, 24-29. - **5689**. Thoren-Tolling, K., L. Ryden, 1991, Serum autoantibodies and clinical/pathological features in German shepherd dogs with a lupuslike syndrome. Act. vet. scand. 32, 15-26. - **5690**. Thornburg, L. P., 1988, A study of canine hepatobiliary diseases. Comp. an. pract. 2, 3-6. - **5691**. Thornburg, L. P., G. Rottinghaus, J. Koch, W. R. Hause, 1984, High liver copper levels in two Doberman Pinschers with subacute hepatitis. J. Am. an hosp. ass. 20, 1003-1005. - **5692**. Thornburg, L. P., D. Polley, R. Dimmitt, 1984, The diagnosis and treatment of copper toxicosis in dogs. Can. pract. 11, 36-39. - **5693**. Thornburg, L. P., W. L. Ebinger, D. McAllister, D. J. Hoekema, 1985, Copper toxicosis in dogs, Can. pract. 12, 41-45. - **5694**. Thornburg, L. P., G. L. Dennis, D. B. Olwin, C. D. McLaughlin, N. K. Gulbas, 1985, Copper toxicosis in dogs. 2. Can. pract. 12, 33-38. - **5695**. Thornburg, L. P., W. L. Ebinger, D. McAllister, D. J. Hoekema, 1986, Copper toxicosis in dogs. 3. Can pract. 13, 10-14. - **5696**. Thornburg, L. P., D. Shaw, M. Dolan, M. Raisbeck, S. Crawford, G. L. Dennis, D. B. Olwin, 1986, Hereditary copper toxicosis in West Highland White Terriers. Vet. path. 23, 148-154. - **5697**. Thornburg, L. P., G. Rottinghaus, M. McGowan, K. Kupka, S. Crawford, S. Forbes, 1990, Hepatic copper concentrations in purebred and mixed breed dogs. Vet. path. 27, 81-88. - **5698**. Thorner, P., B. Jansen, R .Baumal, V. E. Valli, A. Goldberger, 1987, Samoyed hereditary glomerulopathy. Lab. invest. 56, 435-443. - **5699**. Thornton, I. W., 1978, White tiger genetics. J. zool. 185, 389-394. - **5700**. Thornton, I. W., K. K. Yeung, K. S. Sankhala, 1967, The genetics of the white tigers of Rewa. J. zool. Proc. zool soc. 152, 127-135. - **5701**. Thrall, D. E., R. R. Badertscher, R. E. Lewis, J. M. Losonsky, 1977, Canine bone scanning. Am. J. vet. res. 38, 1433-1437. - **5702**. Thrasher, J. P., 1961, Neoplasms of dogs, J. A. V. M. A. 138, 27-30. - **5703**. Thrusfield, M., 1988, Is it hereditary? J. sm. an. pract. 29, 719-726. - **5704**. Thrusfield, M., 1988, Companion animal epidemiology. Act. vet. scand. Suppl. 84, 57-65. - **5705**. Thrusfield, M. V., 1989, Demographic characteristics of the canine and feline populations of the UK in 1986. J. sm. an. pract. 30, 76-80. - **5706**. Thrusfield, M. V., C. G. Aitken, P. G. Darke, 1985,

Observations on breed and sex in relation to canine heart valve incompetence. J. sm. an. pract. 26, 709-717. - **5707**. Thuline, H. C., 1964, Male tortoiseshells, chimerism, and true hermaphroditism. J. cat. gen. 4, 2-3. - **5708**. Thuline, H. C., D. E. Norby, 1961, Spontaneous occurrence of chromosome abnormality in cats. Science 134, 554-555. - **5709**. Thum, H., 1965. Mein Freund, der Pudel. Gersbach u. Sohn Vlg., München. - **5710**. Ticer, J. W., L. Y. Kerr, H. B. Hamilton, 1991, Elbow dysplasia in the Sharpei dog. Calif. vet. 45, 25-26. - **5711**. Tidholm, A., 1983, The Wolff-Parkinson-White syndrome. Nord. vet. med. 35, 465-467. - **5712**. Tiedemann, K., E. Henschel, 1973, Early radiographic diagnosis of pregnancy in the cat. J. sm. an. pract. 14, 567-572. - **5713**. Tiemeyer, M. J., H. S. Singer, J. C. Troncoso, L. C. Cork, J. T. Coyle, D. L. Price, 1984, Synaptic neurochemical alterations associated with neuronal degeneration in an inherited cerebellar ataxia of Gordon Setters. J. neuropath. exp. neur. 43, 580-591. - **5714**. Tietz, W. J., M. M. Benjamin, G. M. Angleton, 1967, Anemia and cholesterolemia during estrus and pregnancy in the Beagle. Am. J. phys. 212, 693-697. - **5715**. Tigner, J. R., G. E. Larson, 1977, Sheep losses on selected ranches in southern Wyoming. J. range man. 30, 244-252. - **5716**. Tiisala, H., 1985, Schweiz. hundesp. 101, 914. - **5717**. Tillie, J. E., J. E. Benson, 1975, Phosphate uroliths in a Dachshund. Vet. med. 70, 683. - **5718**. Tillmanns, S., 1939, Beiträge zur Enchondrosis intervertebralis und den Wirbelkanaltumoren des Hundes. Diss. Gießen. - **5719**. Timmermans, E., 1982, Hip dysplasia report 1982. Vet. Belg. 126, 9-16. - **5720**. Tims, H. W., 1902, On the succession and homologies of the molar and premolar teeth in mammalia. J. anat. phys. 36, 321-343. - **5721**. Tindler, F. O., 1977, Uns. Rassehd., 8. - **5722**. Tinlin, S. J., L. D. Brosseau, A. R. Giles, R. Greenwood, P. Greenwood, H. Hoogendoorn, 1983, Birth of a hemophilic dog colony. 8th ICLAS/CALAS symp., 127-131. - **5723**. Tinney, L., R. A. Griesemer, 1968, Gene frequencies in the cats of Columbus, Ohio, USA, and a comparison of northeast US populations. Carn. gen. nwsl. 1, 96-99. - **5724**. Tjalma, R. A., 1963, Cancer epizootiology. Welttierärztekongr. Hannover, 405-410. - **5725**. Tjalma, R. A., 1966, Canine bone sarcoma. J. nat. canc. inst. 36, 1137-1150. - **5726**. Tobias, G., 1964, Congenital porphyria in a cat. J. A. V. M. A. 145, 462-463. - **5727**. Todd, N. B., 1964, Gene frequencies in Boston's cats. Hered. 19, 47-51. - **5728**. Todd, N. B., 1964, The Manx factor in domestic cats, J. hered. 55, 225-230. - **5729**. Todd, N. B., 1966, Gene frequencies in the cat population of New York City. J. hered. 57, 185-187. - **5730**. Todd, N. B., 1966, The independent assortment of dominant white and polydactyly in the cat. J. hered. 57, 17-18. - **5731**. Todd, N. B., 1968, Gene frequencies in world domestic cat populations. Proc. 12th int. congr. genet. I, 331. - **5732**. Todd, N. B., 1968, Polydactyl cats. Carn. gen. nwsl. 1, 112, - **5733**. Todd, N. B., 1969. Cat gene frequencies in Chikago and other populations of the United States. J. hered. 60, 273-277. - **5734**. Todd, N. B., 1970, Karyotypic fissioning and canid phylogeny. J. theor. biol. 26, 445-480. - **5735**. Todd, N. B., 1971, Gene frequencies in world cat populations and their relevance to research. 4th Symp. int. comm. lab. anim., 250-262. - **5736**. Todd, N. B., 1971, A further note on ventral white spotting in cats. Carn. gen. nwsl. 2, 34-37. - **5737**. Todd, N. B., 1972, Folded-eared cats. Carn. gen. nwsl. 2, 64-65. - **5738**. Todd, N. B., 1973, Gene frequencies in domestic cats of Greece. Carn. gen. nwsl. 2, 150-156. - **5739**. Todd, N. B., 1977, Mutant allele frequencies in the cats of Tunis and Carthage. Carn. gen. nwsl. 3, 155-160. - **5740**. Todd, N. B., 1977, The dynamics of owned domestic cat populations. Carn. gen. nwsl. 3, 100-124. - **5741**. Todd, N. B., 1977, An albino phenotype in a cat from Willemstad, Curacao. Carn. gen. nwsl. 3, 126, - **5742**. Todd, N. B., 1977, Cats and commerce. Sci. Amer. 237, 100-107. - **5743**. Todd, N. B.,1977, Mutant allele frequencies in the domestic cat of Dublin and Limerick. Proc. Roy. Ir. ac. 77b, 201-205. - **5744**. Todd, N. B., 1978, An ecological, behavioral genetic model for the domestication of the cat. Carniv. 1, 52-60. - **5745**. Todd, N. B., 1983, Cat population genetics on the littoral of the Indian Ocean and South China Sea. Carn. gen. nws. 4, 248-262. - **5746**. Todd, N. B., T. C. Jones, B. C. Zook, 1968, The inheritance of blue eyes and deafness in domestic cats. Carn. gen. nwsl. 1, 100-104. - **5747**. Todd, N. B., G. E. Glass, I. McLure, 1974, Gene frequencies in some cats of South America. Carn. gen. nwsl. 2, 230-235. - **5748**. Todd, N. B., R. Robinson, J. M. Clark, 1974, Gene frequencies in domestic cats in Greece. J. hered. 65, 227-231. - **5749**. Todd, N. B., J. M. Clark, P. Dreux, 1974, Preliminary report on cat gene frequencies in northwest Scotland, Orkney and Shetland. Carn. gen. nwsl. 2, 225-229. - **5750**. Todd, N. B., R. M. Fagen, E. O. Gudmundson, K. Fagen, 1974, Gene frequencies in Icelandic cats. Carn. gen. nwsl. 2, 184-196. - **5751**. Todd, N. B., R. M. Fagen, K. Fagen, 1975, Gene frequencies in Icelandic cats. Hered. 35, 172-183. - **5752**. Todd, N. B., L. M. Todd, 1975, Mutant allele frequencies in the domestic cats of Turkey. Carn. gen. nwsl. 2, 263-273. - **5753**. Todd, N. B., L. M. Todd, 1976, Mutant allele frequencies in the domestic cats of Turkey and Greece. Genetica 46, 183-192. - **5754**. Todd, N. B., L. M. Todd, 1976, Mutant allele frequencies among domestic cats in some eastern areas of Canada. J. hered. 67, 368-372. - **5755**. Todd, N. B., G. E. Glass, D. Creel, 1976, Cat population genetics in the US Southwest and Mexico. Carn. gen. nwsl. 3, 43-54. - **5756**. Todd, N. B., L. Sawyer, L. M. Todd, 1977, Mutant allele frequencies in the cats of Van. Carn. gen. nwsl. 3, 161-167. - **5757**. Todd, N. B., T. H. Kunz, 1977, Mutant allele frequencies in domestic cat populations of Greece. Biol. Gall. -Hellen. 6, 289-310. - **5758**. Todd, N. B., B. Blumenberg, 1978, Mutant allelle frequencies and genetic distance relationships in domestic cat populations of lower Egypt and the eastern Mediterranian. Theor. appl. gen. 52, 257-262. - **5759**. Todd, N. B., L. S. Garrad, B. Blumenberg, 1979, Mutant allele frequencies in domestic cats in the Isle of Man, Carn. gen. nwsl. 4, 388-407. - **5760**. Todd, N. B., S. Adalsteinsson, 1979, Mutant allele frequency estimates for some Faeroese cats. Carn. gen. nwsl. 4, 22-23. - **5761**. Todd, N. B., A. T. Lloyd, 1979, Mutant allele frequencies in the cats of Dublin and vicinity. Carn. gen. nwsl. 4, 24-30. - **5762**. Todd, N. B., A. T. Lloyd, 1981, The distribution of polydactyly in the domestic cat. Carn. gen. nwsl. 4, 144-152. - **5763**. Todd, N. B., B. Blumenberg, 1984, The coefficient of darkness in cats. Carniv. 7, 65-67. - **5764**. Todenhöfer, H., 1970, Toxische Nebenwirkungen von Sulfadiazin bei der Anwendung als Geriatrikum für Hunde. Dt. tierärztl. Wschr. 76, 14-16. - **5765**. Tomchick, T. L., 1973, Familial Lafora's disease in the beagle dog. Fed. proc. 32, 821. - **5766**. Tomey, S. L., T. B. Follis, 1978, Incidence rates of feline urological syndrome in the United States. Fel. pract. 8, 39-41. - **5767**. Tonder, E. M. v., G. E. Kellerman, T. F. Bolton, 1976, Discolouration of wool. J. S. Afr. vet. ass. 47, 223-226. - **5768**. Toole, D. O., S. Roberts, 1984, Generalized progressive retinal atrophy in two Akita dogs. Vet. path. 21, 457-462. - **5769**. Toor, A. J. v., J. S. v. d. Linde-Sipman, T. S. v. d. Ingh, T. Wensing, J. A. Mol, 1991, Experimental induction of fasting hypoglycaemia and fatty liver syndrome in three

Yorkshire terrier pups. Vet. quart. 13, 16-23. – **5770.** Topping, G. M., 1981, Hearing in the Dalmatian dog. 1. Austr. Dalm. conv., Sydney. – **5771.** Tormöhlen, C., 1989, Wld. u. Hd. 92, 6, 66. – **5772.** Tortora, D. F., 1980, Animal behavior therapy. Can. pract. 7, 10-32. – **5773.** Tortora, D. F., 1981, Animal behavior therapy. Can. pract. 8, 13-28. – **5774.** Töttler, 1977, Dachshd. 32, 169. – **5775.** Tour, G. D., de la, 1966, Coy dogs, the modern pariah dogs. Säugetierk. Mitt. 14, 313-316. – **5776.** Townsend, L. R., E. L. Gillette, J. L. Lebel, 1971, Progression of hip dysplasia in military working dogs. J. A. V. M. A. 159, 1129-1133. – **5777.** Tracy, A., 1924, The origin of the shepherd dog. J. hered. 15, 147-165. – **5778.** Trail, P. A., T. J. Yang, J. A. Cameron, 1984, Increase in the heaemolytic complement activity of dogs affected with cyclic haematopoiesis. Vet. immun. immunopath. 7, 359-368. – **5779.** Trail, P. A., T. J. Yang, 1986, Canine cyclic hematopoiesis. Clin. immun. immunopath. 41, 216-226. – **5780.** Trammer, L. M., 1971, A program for control of progressive retina atrophy in Poodles. Mod. vet. pract. 52, 29-31. – **5781.** Trautvetter, E., 1973, Kynol. Weltkongr., 43. – **5782.** Trautvetter, E., 1981, Kynol.Weltkongr., 79. – **5783.** Trautvetter, E., J. P. Poirson, J. Werner, 1971, Zur Procainamidbehandlung des Vorhofflimmerns beim Hund. Berl. Münch. tierärztl. Wschr. 84, 321-324. – **5784.** Trautvetter, E., M. Bob, 1982, »Epilepsie«-Anfallsleiden, tierärztl. prax. 10, 501-510. – **5785.** Trautvetter, E., E. B. Pagel, M. Skrodzki, K. Gerlach, 1990, Änderung der Herzschlagzahlen bei Hundewelpen in den ersten zwölf Lebenswochen, Berl. Münch. tierärztl. Wschr. 103, 229-232. – **5786.** Trautvetter, E., 1991, Rassebedingte Stenosen der oberen Luftwege bei Hunden. Tierärztl. Umsch. 46, 241. – **5787.** Treacher, R. J., 1964, The aetiology of canine cystinuria. Biochem. J. 90, 494-498. – **5788.** Treacher, R. J., 1965, Intestinal absorption of lysine in cystinuric dogs. J. comp. path. 75, 309-322. – **5789.** Trebel., B., J. P. Popp, 1991, Hernia peritoneo-pericardialis diaphragmatica bei einer Perserkatze – ein kongenitaler Defekt. tierärztl. prax. 19, 664-667. – **5790.** Trein, E. J., 1963, Beitrag zum Geschwulstvorkommen bei den Haustieren. Welttierärztekongr. Hannover, 327-331. – **5791.** Treu, H., I. Reetz, W. Wegner, D. Krause, 1976, Andrologische Befunde in einer Merlezucht. Zuchthyg. 11, 49-61. – **5792.** Trigari, M., 1974, Clinico-pathological aspects of separated ossicles in the shoulder joint in dogs. Vet. rec. 95, 461-465. – **5793.** Trimble, H. C., E. Keeler, 1938, The inheritance of high uric acid excretion in dogs. J. hered. 29, 280-289. – **5794.** Tripod, J. L., 1968, Hautblastome bei Hund und Katze. Diss. Zürich. – **5795.** Tröger, C. P., 1969, Zur Störung der Fertilität und Gravidität bei der Katze. Berl. Münch. tierärztl. Wschr. 82, 477-480. – **5796.** Troncoso, C., L. C. Cork, D. L. Price, 1985, Canine inherited ataxia. J. neuropath. exp. neur. 44, 165-175. – **5797.** Troyer, V. de, J. de Schepper, 1989, Pyometra bij de hoond. Vlaams dierg. tijds. 58, 73-76. – **5798.** Trumler, E., 1971, Mit dem Hund auf du. Piper Vlg. – **5799.** Trumler, E., 1973, Kynol. Weltkongr., 19. – **5800.** Trumler, E., 1974, Kynol. Symp. Mannheim. – **5801.** Trumler, E., 1974, Hunde ernstgenommen. R. Piper & Co., München. – **5802.** Tsau, M. F., T. C. Jones, G. W. Thornton, H. L. Levy, C. Gilmore, T. H. Wilson, 1972, Canine cystinuria. Am. J. vet. res. 33, 2455-2461. – **5803.** Tsutsui, T., 1983, The gestation period in the dog. Bull. Nipp. vet. zoot. coll. 32, 120-123. – **5804.** Tsutsui, T., J. Tsuji, E. Kawakami, Y. Yamada, T. Amano, M. Yamauchi, 1986, Studies on the sexual maturity of the male dog. Bull. Nipp. vet. zoot. coll. 35, 115-123. – **5805.** Tsutsui, T., K. Shimada, M. Nishi, N. Kubo, I. Murao, T. Shimizu, A. Ogasa, 1989, An experimental trial on embryo transfer in the dog. Jap. J. vet. sci. 51, 797-800. – **5806.** Tsutsui, T., T. Amano, T. Shimizu, I. Murao, G. H. Stabenfeldt, 1989, Evidence for transuterine migration of embryos in the domestic cat. Jap. J. vet. sci. 51, 613-617. – **5807.** Tuch, K., T. Matthiesen, 1978, Einseitige Anomalie der Niere beim Beagle. Berl. Münch. tierärztl. Wschr. 91, 365-367. – **5808.** Tucher, R., R. Millar, 1954, The patterns of nervous symptoms in the chondrodystrophic dog. Brit. vet. J. 110, 359-365. – **5809.** Tufvesson, G., 1958, Recidivfrekvens vid operativbehandling av juvertumör hos hund. Proc. VIII. Nord. vet. möt, 910-915. – **5810.** Turba, E., S. Willer, 1987, Untersuchungen zur Vererbung von Hasenscharten und Wolfsrachen beim Deutschen Boxer. Mh. Vet. med. 42, 897-901. – **5811.** Turba, E. S. Willer, 1988, Populationsgenetische Untersuchung des Kryptorchismus beim Deutschen Boxer. Mh. Vet. med. 43, 316-319. – **5812.** Turk, M. A., J. R. Turk, N. V. Rantanen, B. R. Bond, 1984, Necrotizing pulmonary arteritis in a dog with peritoneo-pericardial diaphragmatic hernia. J. sm. an. pract. 25, 25-30. – **5813.** Turk, M. A., J. R. Turk, M. G. Hopkins, J. A. Wagner, 1984, Unexpected death in an adult dog with anomalous origin of the left coronary artery from the pulmonary trunk. Corn. vet. 74, 344-348. – **5814.** Turner, D. C., 1975, The vampire bat. J. Hopkins Univ. Press. – **5815.** Turner, G. V., 1978, Some aspects of the pathogenesis and comparative pathology of toxoplasmosis. J. S. Afr. vet. ass. 49, 3-8. – **5816.** Turner, P., R. Robinson, 1973, Heredity of chinchilla, silver and smoke in the cat. Carn. gen. nwsl. 2, 121-124. – **5817.** Turner, P., R. Robinson, 1980, Melanin inhibitor. J. hered. 71, 427-428. – **5818.** Turner, T., 1964, A case of torsion of the stomach in an 11-year old Dachshund bitch. Vet. rec. 76, 243. – **5819.** Turner, T., 1983, What to do with your dead? Vet. rec. 113, 359-360. – **5820.** Turnquist, S. E., L. W. Pace, J. Sardinas, 1991, Unilateral optic nerve hypoplasia and hydrocephalus in a Pekingese. Corn. vet. 81, 305-311. – **5821.** Tutt, J. B., T. G. Yarrow, 1960, Surgical interference in dilatation of the stomach of the dog. Vet. rec. 72, 1014-1015. – **5822.** Tuttle, J. L., 1978, Canine obesity. Vet. prof. top. 4, 6-9. – **5823.** Tvedten, H. W., C. B. Carrig, G. L. Flo, D. R. Romsos, 1977, Incidence of hip dysplasia in beagle dogs fed different amounts of protein and carbohydrate. J. Am. an. hosp. ass. 13, 595-598. – **5824.** Twaddle, A. A., 1971, Congenital pyloric stenosis in two kittens corrected by pyloroplasty. N. Zeal. vet. J. 19, 26-27. – **5825.** Twedt, D. J., 1983, Influence of survey methods and sample sizes on estimated gene frequencies in a domestic cat population. J. hered. 74, 121-123. – **5826.** Twedt, D. J., 1984, Gene frequencies in domestic cat populations of south central Kentucky. Trans. Kent. ac. sci. 45, 1-13. – **5827.** Twedt, D. C., I. Sternlieb, S. R. Gilbertson, 1979, Clinical, morphologic, and chemical studies on copper toxicosis of Bedlington Terriers. J. A. V. M. A. 175, 269-275. – **5828.** Twedt, D. C., H. A. Hunsaker, K. G. Allen, 1988, Use of 2,3,2-tetramine as a hepatic copper chelating agent for treatment of copper hepatotoxicosis in Bedlington Terriers. J. A. V. M. A. 192, 52-56. – **5829.** Tweel, J. G. v. d., H. M. Vriesendorp, A. Termijtelen, D. L. Westbroek, M. L. Bach, J. J. v. Rood, 1974, Genetic aspects of canine mixed leucocyte cultures. J. exp. med. 140, 825-836. – **5830.** Tyler, S. A., W. P. Norris, 1968, An algorithm for selecting acceptable animals from a colony of beagles. Growth 32, 235-253. – **5831.** Ueberberg, H. 1965, Beobachtungen einer sog. Anodontie bei einer Hauskatze. Zbl. Vet. med. A 12, 193-196. – **5832.** Überreiter, O., 1957, Membrana pupillaris corneae adhaerens persistens beim Hunde. Dt. tierärztl. Wschr. 64, 507-509. – **5833.** Überreiter, O., 1961, Eine besondere

Keratitisform (Keratitis superficialis chronica) beim Hunde. Wien. tierärztl. Mschr. 48, 65-78. - **5834**. Überreiter, O., 1966, Klinische und anatomische Befunde bei der angeborenen Patellaluxation des Hundes. Kleintierprax. 11, 125-129. - **5835**. Überreiter, O., 1966, Der Einfluß von Trächtigkeit und Scheinträchtigkeit auf die Entstehung von Mammatumoren bei der Hündin. Berl. Münch. tierärztl. Wschr. 79, 451-456. - **5836**. Überreiter, O., 1966, Prostatahypertrophie und Prostatazysten beim Hund. Wien. tierärztl. Mschr. 53, 593-596. - **5837**. Überreiter, O., 1968, Die Tumoren der Mamma bei Hund und Katze. Wien. tierärztl. Mschr. 55, 415-442, 481-503. - **5838**. Überreiter, O., 1969, Zur Diagnostik und Therapie der Hornhautkrankheiten beim Hunde. Kleintierprax. 14, 29-37. - **5839**. Überreiter, O., 1977, Klinische Krebsforschung bei Tieren, Fortschr. Vet. med. 27, 1-80. - **5840**. Überreiter, O., M. Sibalin, F. Bürki, 1971, Zur Frage der Ätiologie der Keratitis superficialis chronica der Schäferhunde. Wien. tierärztl. Mschr. 58, 323-328. - **5841**. Uemura, N., D. R. Knight, Y. T. Shen, J. Nijima, M. V. Cohen, J. X. Thomas, S. F. Vatner, 1989, Increased myocardial infarct size because of reduced coronary collateral blood flow in beagles. Am. J. phys. 257, H1798-1803. - **5842**. Ueshima, T., 1961, A pathological study on deformation of the vertebral column in short-spine dog. Jap. J. vet. res. 9, 155-178. - **5843**. Ugochukwu, E. I., K. N. Ejimachu, 1985, Comparative studies of the infestation of three different breeds of dogs by gastro-intestinal helminths. Int. J. zoon. 12, 318-322. - **5844**. Uhl, H., 1971, DD-Blätter. 49, 234. - **5845**. Ulacia, J. C., H. J. Thissen, 1987, Cystinkonkremente als Ursache einer Urethraobstruktion des Katers. Kleintierprax. 32, 181-184. - **5846**. Ullrich, K. 1971, Uns. Rassehd., 449. - **5847**. Ullrich, K., 1967, Uns. Rassehd., 63. - **5848**. Ullrich, K., 1973, Kynol. Weltkongr., 55. - **5849**. Ullrich, K., 1975, Pers. Mitt. - **5850**. Ulvund, M. J., 1973, Virus og mammacancer. Nord. vet. med. 25, 451-463. - **5851**. Umoh, J. U., E. D. Belino, 1979, Rabies in Nigeria, Int. J. zoon. 6, 41-48. - **5852**. Umphlet, R. C., R. Bertoy, 1988, Tumors of the perianal gland. Comp. an. pract. 2, 12, 30-32. - **5853**. Underhill, F. J., 1973, Greyhound racing. Vet. rec. 93, 408. - **5854**. Unger, W., 1981, Stern 24, 102. - **5855**. Unglaub, W., U. Rischer, 1974, Eine Statistik der Hundeleptospirosenserologie. Kleintierprax. 19, 252-255. - **5856**. Uray, H., 1937, Vererbte Stummelschwänze beim Hunde. Tierärztl. Rdsch. 43, 633. - **5857**. Urbich, R., 1973, Ätiologie, Klinik und Genetik der epileptischen Anfälle beim Hund unt. bes. Berücksicht. der epileptiformen Krämpfe beim Collie. Gieß. Beitr. Erbpath. Zuchthyg. 5, 171-174. - **5858**. Urbich, R., 1975, Untersuchungen zur Ätiologie und Klinik der zerebralen Anfallsleiden beim Schottischen Schäferhund (Collie). Diss. Gießen. - **5859**. Urcia, I., 1984, Katzen 14, 23. - **5860**. Urcia, I., 1991, Katzen 1, 25. - **5861**. Urdangarin, C. A., 1978, Equinococcosis en la zone noroeste del Chubut. Gac. vet. 40, 293-299. - **5862**. Uzuka, Y., S. Nakama, 1988, Persistent right aortic arch in a cat. Comp. an. pract. 2, 8, 14-16. - **5863**. Väänänen, M., L. Wikman, 1980, Patella cubiti in dogs. Nord. vet. med. 32, 139-141. - **5864**. Vaden, S. L., 1988, Canine brucellosis. Vet. techn. 9, 101-104. - **5865**. Vaden, S. L., E. B. Breitschwerdt, C. K. Henrikson, M. R. Metcalf, L. Cohn, W. A. Craig, 1991, Primary ciliary dyskinesia in Bichon Frisé littermates. J. Am. an. hosp. ass. 27, 633-640. - **5866**. Vainini, S. J., G. A. Peyman, E. Dan-Wolf, C. S. West, 1984, Treatment of serous retinal detachments associated with optic disk pits in dogs. J. A. V. M. A. 195, 1233-1236. - **5867**. Valentine, B. A., B. J. Cooper, J. F. Cummings, A. DeLahunta, 1986, Progressive muscular dystrophy in a Golden Retriever dog. Act. neuropath. 71, 301-310. - **5868**. Valentine, B. A., B. J. Cooper, A. E. Dietze, D. M. Noden, 1988, Canine congenital diaphragmatic hernia. J. vet. int. med. 2, 109-112. - **5869**. Valentine, B. A., B. J. Cooper, A. deLahunta, R. O'Quinn, J. T. Blue, 1988, Canine X-linked muscular dystrophy. J. neurol sci. 88, 69-81. - **5870**. Valentine, R. W., J. L. Carpenter, 1990, Spleno-mesenteric-renal venous shunt in two dogs. Vet. path. 27, 58-60. - **5871**. Vallon, D., 1978, Dysthyroidies canines et radio-immunologie. 1. Rev. méd. vét. 129, 41-50, 53-55. - **5872**. Vallon, D., 1978, Dysthyroidies canines et radio-immunologie. 2. Rev. méd. vét. 129, 235-246. - **5873**. Vallon, D., P. Haas, 1978, Dysthyroidies canines et radio-immunologie. 3. Rev. méd. vét. 129, 773, 790. - **5874**. Vanderlip, S., 1984, Uns. Rassehd. 7, 2. - **5875**. Vanderlip, S. L., J. E. Vanderlip, S. Myles, 1985, A socializing program for laboratory-raised canines. Lab. anim. 14, 33-36. - **5876**. Vanderlip, J., S., 1989, Poitou ass. Am. Min. brds. notebk., 5-6. - **5877**. Vandevelde, M., R. Fatzer, R. Fankhauser, 1974, Chronisch-progressive Formen der Staupe-Enzephalitis des Hundes. Schweiz. Arch. Tierhlk. 116, 391-404. - **5878**. Vandevelde, M., K. G. Braund, T. L. Walker, J. N. Kornegay, 1978, Dysmyelination of the central nervous system in the Chow-Chow dog. Act. neuropath. 42, 211-215. - **5879**. Vandevelde, M., P. Schawalder, G. Ueltschi, 1980, Degenerative Myelopathie beim Deutschen Schäfer. Schweiz. Arch. Tierhlk. 122, 323-326. - **5880**. Vandevelde, M., C. Meier, 1980, Multiple sclerosis and canine distemper encephalitis. J. neurol. sci. 47, 255-260. - **5881**. Vandevelde, M., K. G. Braund, P. J. Luttgen, R. J. Higgins, 1981, Dysmyelination in Chow Chow dogs. Act. neuropath. 55, 81-87. - **5882**. Vandevelde, M., R. Fankhauser, P. Bichsel, U. Wiesmann, M. Herschkowitz, 1982, Hereditary neurovisceral mannosidosis associated with alpha-mannosidase deficiency in a family of Persian cats. Act. neuropath. 58, 64-68. - **5883**. VanGundy, T. E., 1987, Congenital portacaval shunt in a seven-year-old dog. Calif. vet. 41, 19-20, 28. - **5884**. VanGundy, T. E., Disk-associated wobbler syndrome in the Doberman Pinscher. Vet. clin. N. Am. SAP 18, 667-696; 1988. - **5885**. Vannini, R., M. L. Olmstead, D. D. Smeak, 1988, Humeral condylar fractures caused by minor trauma in 20 adult dogs. J. Am. an. hosp. ass. 24, 355-362. - **5886**. Varlet, A., 1991, Organisation des concours en ring et concours en campagne. Rec. méd. vét. 167, 607-613. - **5887**. Vasseur, P. B., P. Foley, S. Stevenson, D. Heitter, 1989, Mode of inheritance of Perthes' disease in Manchester Terriers. Clin. orthop. rel. res. 244, 281-292. - **5888**. Vastorf, K., 1989, DD-Blätt. 58, 46. - **5889**. Vaughan, K. L., 1983, Fashions in dog breeds. Vet. rec. 113, 72. - **5890**. Vaughan, L. C., 1958, Studies on intervertebral disc protrusion in the dog. Brit. Vet. J. 114, 105-112, 203-209, 350-355. - **5891**. Vaughan, L. C., 1962, Congenital detachment of the processus anconeus in the dog. Vet. rec. 74, 309-311. - **5892**. Vaughan L. C., 1962, The radiographic features of Calcinosis circumscripta in the dog. Vet. rec. 74, 968-989. - **5893**. Vaughan, L. C., 1963, A clinical study of non-union fractures in the dog. Welttierärztekongr. Hannover, 1051-1054. - **5894**. Vaughan, L. C., 1969, Gracilis muscle injury in Greyhounds. J. sm. an. pract. 10, 363-375. - **5895**. Vaughan, L. C., 1976, Growth plate defects in dogs. Vet. rec. 98, 185-189. - **5896**. Vaughan, L. C., 1990, Orthopaedic problems in old dogs. Vet. rec. 126, 379-388. - **5897**. Vaughan, L. C., D. G. Jones, 1969, Congenital dislocation of the shoulder joint in the dog. J. sm. an. pract. 10, 1-3. - **5898**. Vaughan, L. C., C. France, 1986, Abnormalities of the volar and plantar sesamoid bones in Rottweilers. J. sm. an. pract. 27, 551-558. - **5899**. Vawer, G. D., 1981,

Corneal mummification in colourpoint cats. Vet. rec. 109, 413. – **5900**. Vecchiotti, A. G., 1979, Differenze interrazziali ed intrarazziali nell'aggressivita e nella mordacita del cane. Att. soc. ital. sci. vet. 33, 224. – **5901**. Velden, N. A. v. d., 1968, Fits in Tervueren Shepherd dogs. J. sm. an. pract. 9, 63-70. – **5902**. Velden, N. A. v. d., 1968, Uns. Rassehd., 654. – **5903**. Velden, N. A. v. d., 1969, Enkele gegevens uit de gedragsgenetica van de hond. Tijds. diergen. 94, 1353-1361. – **5904**. Velden, N. A. v. d., 1971, Uns. Rassehd., 239. – **5905**. Velden, N. A. v. d., 1973, Kynol. Weltkongr., 46. – **5906**. Velden, N. A. v. d., 1975, Uns. Rassehd., 706. – **5907**. Velden, N. A. v. d., 1977, Uns. Rassehd., 25. – **5908**. Velden, N. A. v. d., 1979, Erfelijke gebreken bij honden. Tijds. diergen. 104, 424-430. – **5909**. Velden, N. A. v. d., C. J. deWeerdt, J. H. Brooymans-Schallenberg, A. M. Tielen, 1976, An abnormal behavioural trait in Bernese Mountain dogs. Tijds. diergen. 101, 403-407. – **5910**. Veldhuis, C. A., 1984, Schweiz. hundesp. 100, 379. – **5911**. Veldhuis, C. A., H. Räber, 1987, Hunde 103, 599. – **5912**. Venker, A. J. v. H., 1975, Stimmbandlähmung beim Hund. Kleintierprax. 20, 34. – **5913**. Vennekötter, F. J., 1984, Voliere 7, 49. – **5914**. Verberne, G., J. deBoer, 1976, Chemokommunikation zwischen Hauskatzen vermittelt durch Geruch- und Duftstoffe. Z. Tierpsych. 42. 86-109, 113-128. – **5915**. Verheijen, J., J. Bouw, 1982, Canine intervertebral disc disease. Vet. quart. 4, 125-134. – **5916**. Verlander, J. W., N. T. Gormon, W. J. Dodds, 1984, Factor IX deficiency in a litter of Labrador Retrievers. J. A. V. M. A. 185, 83-84. – **5917**. Verlinde, J. D., 1949, Congenitale cerebellaire ataxie bij katten in samenhang met een vermoedelijke virus-infectie bij de moeder gedurende graviditeit. Tijds. diergen. 74, 659-661. – **5918**. Verryn, S. D., J. M. Geerthsen, 1987, Heritabilities of a population of German Shepherd dogs with a complex interrelationship structure. Theor. appl. gen. 75, 144-146. – **5919**. Verryn, S. D. J. M. Geerthsen, 1988, Prediction of mature values of conformation characteristics for young German shepherd dogs. J. sm. an. pract. 29, 589-595. – **5920**. Verstraete, A., J. Hoorens, J. de Scheper, D. Mattheeuws, H. Thoonen, 1968, Unilaterale agenesie van de nier bij een hond en bij een kat. Vlaams. dierg. tijds. 37, 81-87. – **5921**. Verweij, C. G., A. L. v. Zuylen, 1986, Cutaneous asthenia, a congenital disease of the skin in a Burmese tomcat. Tijds. diergen. 111, 244-246. – **5922**. Vesterlund-Carlsson, C., 1990, Spermakvaliltet hos hund. Svensk vet. tidn. 42, 215-219. – **5923**. Vetter, H. I., 1983, Edelkatze 33, 55. – **5924**. Vetterli, P., 1969, Die Jagdhunde. A. Müller Vlg. Zürich. – **5925**. Vicini, D. S., L. G. Wheaton, J. F. Zachary, A. J. Parker, 1988, Peripheral nerve biopsy for diagnosis of globoid cell leukodystrophy in a dog. J. A. V. M. A. 192, 1087-1090. – **5926**. Viens, P., 1977. La larva migrans viscérale à Montréal ou le somet de l'iceberg. Bord. médic. 10, 697-698. – **5927**. Vincent, E., L. Joubert, 1976, Psychozoonoses et psycho-épidémiologie. Rev. méd. vét. 127, 1675-1703. – **5928**. Vine, L. L., 1963, Hunde, unsere liebsten Freunde. A. Müller Vlg. Zürich. – **5929**. Viner, B., 1991, A happy tail. J. sm. an. pract. 32, 597. – **5930**. Viola, M., 1968, Haematological malignancies in patients and their pets. J. A. M. A. 205, 567-568. – **5931**. Virchow, R., 1855, Die multiloculäre, ulcerirende Echinokokkengeschwulst der Leber. Verh. phys. med. Ged. Würzburg 6, 84-95. – **5932**. Vogel, O., 1977, Uns. Rassehd., 30. – **5933**. Vogel, R., 1975, Über eine seltene congenitale Anomalie der Lendenwirbelsäule eines Cockerspaniels. Kleintierprax. 20, 167-168. – **5934**. Vogeler, E., 1971, Uns. Rassehd., 664. – **5935**. Vogeler, E. M., 1982, Collie Rev. 5, 15. – **5936**. Vogeler, E. M., 1982, Collie Rev. 5, 22. – **5937**. Vogeler, E. M., 1983, Schweiz. hundesp. 99, 164. – **5938**. Vogt, H. 1985, Schweiz. hundesp. 101, 257. – **5939**. Vogt, H., 1989, Hunde 105, 424. – **5940**. Vögtle-Junker, U., H. P. Seeliger, 1976, Hautpilzerkrankungen durch Nutz-, Haus- und Spieltiere unt. bes. Berücksicht. der beruflichen Infektionen. Dt. med. Wschr. 101, 551-557. – **5941**. Voith, V. L., 1985, Separation anxiety and dominance aggression in dogs. Proc. 52nd. ann. meet. Am. an. hosp ass., 18-26. – **5942**. Voith, V. L., 1989, 12. Kal Kan Symp., 13-17. – **5943**. Voith, V., P. Borchelt, 1982, Diagnosis and treatment of dominance aggression in dogs. Sm. anim. pract. 12, 655-664. – **5944**. Volckart, W., 1970, Untersuchungen zur Ausbildung des Hundegebisses. Kleintierprax. 15, 168-174. – **5945**. Volckart, W., 1977, Pers. Mitt. – **5946**. Vollset, I., 1985, Atopic dermatitis in Norwegian dogs. Nord. vet. med. 37, 97-106. – **5947**. Volobuev, V. T., S. I. Radzhabli, 1974, An investigation of the nature and role of additional chromosomes of the silver-black fox. Genetica 10, 77-82. – **5948**. Volz, R., 1991, Addisonkrankheit. Prakt. Ta. 72, 565-568. – **5949**. Voorhout, G., 1978, Enostosis en hypertrofische Osteodystrofie. Tijds. diergen. 103, 1339-1344. – **5950**. Vora, S., V. Giger, S. Turchen, J. W. Harvey, 1985, Characterization of the enzymatic lesion in inherited phosphofructokinase deficiency in the dog. Proc. nat. ac. sci. 82, 8109-8113. – **5951**. Vos, J. H., J. S. v. d. Linde-Sipman, S. A. Goedegebuure, 1986, Dystrophy-like myopathy in the cat. J. comp. path. 96, 335-341. – **5952**. Vos, J. H., I. v. d. Gaag, 1987, Canine and feline oralpharyngeal tumours. J. vet. med. A 34, 420-427. – **5953**. Vos, J. H., I. v. d. Gaag, F. J. v. Sluys, 1987, Oropharyngeale tumoren bij hond en kat. Tijds. diergen. 112, 251-263. – **5954**. Voss, V. L., v. Lippa, 1960, Das Kleinhundebuch. O. Meissner Vlg. Bleckede. – **5955**. Voute, E. J., E. E. v. d. Dussen, 1951, Monstrosity in a cat. J. A. V. M. A. 118, 150. – **5956**. Vriesendorp, H. M., R. B. Epstein, J. D'Amaro, D. L. Westbroek, J. J. v. Rood, 1972, Polymorphism of the DL-A system. Transplant. 14, 299-307. – **5957**. Vriesendorp, H. M., B. D. Hartog, B. M. Smid-Mercz, D. L. Westbroek, 1973, Immunogenetic markers in canine paternity cases. J. sm. an. pract. 15, 693-699. – **5958**. Vriesendorp, H. M., B. M. Smid-Mercz, T. P. Visser, R. E. Halliwell, R. M. Schwartzman, 1975, Serological DL-A typing of normal and atopic dogs. Transpl. proceed. 7, 375-377. – **5959**. Vriesendorp, H. M., A. B. Bijnen, C. Zürcher, D. W. v. Bekkum, 1975, Donor selection and bone marrow transplantation in dogs. Rep. VI. int. histocomp. wkshp. conf., 963-969. – **5960**. Vuilleumier, B. R., F. Vuilleumier, 1978, Mutant allele frequencies in the domestic cats of New Caledonia. Carn. gen. nwsl. 3, 350-355. – **5961**. Vulinec, M., 1980, Neues über die Diagnostik der exokrinen Pankreasinsuffizienz bei Karnivoren. tierärztl. prax. 8, 101-109. – **5962**. Vymetal, F., 1965, Case reports: Renal aplasia in Beagles. Vet. rec. 77, 1344-1345. – **5963**. Wachendörfer, G., 1983, SV-Z. 77, 114. – **5964**. Wachendörfer, G., U. Förster, 1975, Zur Frage der Wirksamkeit der Tollwutschutzimpfung beim Hund. Dt. tierärztl. Wschr. 82, 385-387. – **5965**. Wachowitz, R. J. Weber, 1987, Nachweis von Actinomyces viscosus und Fusobacterium necrophorum in pyogenen Hautveränderungen eines Hundes. Tierärztl. Umsch. 42, 718-720. – **5966**. Wagner, A., 1989, Mutant allele frequencies in domestic cat populations of Macedonia. Genetica 78, 145-152. – **5967**. Wagner, A., M. Wolsan, 1987, Pelage mutant allele frequencies in domestic cat populations in Poland. J. hered. 78, 197-200. – **5968**. Wagner, E., 1973, Uns. Rassehd. 1030. – **5969**. Wagner, E., 1981, Dalmat. post 3, 12. – **5970**. Wagner, O., 1984, Katzen 14, 8. – **5971**. Wagner, O., Katzen 2, 5. – **5972**. Wagner, O., 1989, Katzen 19, 2,

Schrifttumsverzeichnis 503

23. - **5973**. Wagner, O., 1991, Katzen 21, 4, 5. - **5974**. Wagner, O., 1991, Katzen 21, 5, 26. - **5975**. Wagner, O., 1991, Scottish-Fold-Katzen. P. Parey Vlg. Hamburg. - **5976**. Wagstaff, D. J., L. S. Goyings, R. F. Langham, 1967, Canine cancer distribution as related to data source. Am. J. vet. res. 28, 1479-1482. - **5977**. Walde, I., 1980, Sehstörungen bei Hunden infolge rassespezifischer Funduserkrankungen. Wien. tierärztl. Mschr. 67, 20-24. - **5978**. Walde, I., 1982, Glaukom beim Hunde. Kleintierprax. 27, 289-302. - **5979**. Walde, I., 1982, Glaukom beim Hunde. Kleintierprax. 27, 387-410. - **5980**. Walde, I., 1983 , Dachshd. 38, 195. - **5981**. Walde, I., H. Hutter, 1984, Osteochondrosis dissecans des medialen Condylus humeri. Kleintierprax. 29, 173-178. - **5982**. Walde, I., M. Schönbauer, B. Molzer, T. Mitterer, 1984, Lipaemia retinalis infolge Lipoprotein-Lipase-Mangels beim Hund. Kleintierprax. 29, 365-378. - **5983**. Walde, I., E. Köppel, 1985, Subluxatio atlantoaxialis bei einem Yorkshire Terrier. Kleintierprax. 30, 17-22. - **5984**. Walde, I., W. Neumann, 1991, Internationales Augenuntersuchungszertifikat für erbliche Augenkrankheiten bei Hunden. Wien. tierärztl. Mschr. 78, 284-290. - **5985**. Walker, D., 1968, Mammary adenomas in a male dog - probable oestrogenic neoplasms. J. sm. an. pract. 9, 15-20. - **5986**. Walker, J. T., 1889, Do cats count? Nature 40, 385. - **5987**. Walker, R. G., 1961, Hermaphroditism in a bitch. Vet. rec. 73, 670-671. - **5988**. Walker, R. G., R. E. Halliwell, L. W. Hall, 1972, The surgical treatment of Chushing's disease in a dog. Vet. rec. 90, 723-725. - **5989**. Walker, T. L., 1979, Spinal curvature in the dog. Can. pract. 6, 44-52. - **5990**. Walkley, S. U., W. F. Blakemore, D. P. Purpura, 1981, Alterations in neuron morphology in feline mannosidosis. Act. neuropath. 53, 75-79. - **5991**. Wall, R. D., 1947, Congenital defect of the skin. N. Am. vet. 28, 166-168. - **5992**. Wallace, M. E., 1975, Keeshonds: A genetic study of epilepsy and EEG readings. J. sm. an. pract. 16, 1-10. - **5993**. Wallace, M. E., A. C. Palmer, 1984, Recessive mode of inheritance in myasthenia gravis in the Jack Russell terrier. Vet. rec. 114, 350. - **5994**. Wallin, B., 1986, Perthes sjukdom hos west highland white terrier, en genetisk studie. Svensk vet. tidn. 38, 114-118. - **5995**. Walsh, K. M., L. J. Denholm, B. J. Cooper, 1987, Epithelial odontogenic tumours in domestic animals J. comp. path. 97, 503-521. - **5996**. Walshaw, R., D. E. Johnston, 1976, Treatment of gastric dilatation-volvulus by gastric decompression and patient stabilization before major surgery. J. Am. an. hosp. ass. 12, 162-167-. **5997**. Walters, T. M., 1978, Hydatid disease in Wales. Vet. rec. 102, 257-259. - **5998**. Walters, T. M., 1986, Echinococcosis. J. sm. an. pract. 27, 693-703. - **5999**. Walton, I., 1990, Dangerous dogs. Vet. rec. 126, 610. - **6000**. Walton, I., 1990, Dangerous dogs. Vet. rec. 126, 46. - **6001**. Walvoort, H. C., 1983, Canine glycogen storage disease type II . Proefschr. Fach. Diergen. Univ. Utrecht. - **6002**. Walvoort, H. C., 1985, Glycogen storage disease type II in the Lapland dog. Vet. quart. 7, 187-190. - **6003**. Walvoort, H. C., J. J. v. Nes, A. A. Stokhof, W. T. Wolvekamp, 1984, Canine glycogen storage disease type II. J. Am. an. hosp. ass. 20, 279-286. - **6004**. Walvoort, H. C., J. F. Koster, A. J. Reuser, 1985, Heterozygote detection in a family of Lapland dogs with a recessively inherited metabolic disease. Res. vet. sci. 38, 174-178. - **6005**. Walze, G., 1973, Uns. Rassehd., 28. - **6006**. Wamberg, K., 1960, Is gonadal shielding of any practical value in veterinary radiology? Nord. vet. med. 12, 431-443. - **6007**. Wamberg, K., 1961, Können erbliche Hüftgelenksleiden ohne Röntgenuntersuchung klinisch korrekt beurteilt werden? Mh. Vet. med. 16, 845-848. - **6008** Wamberg, K, 1967, Züchterisch-organisatorische Maßnahmen zur Bekämpfung der Hüftgelenksdysplasie. Kleintierprax. 12, 153-156. - **6009**. Wandrey, R., 1973, Uns. Rassehd., 168. - **6010**. Wandrey, R., 1973, Kynol. Weltkongr., 15. - **6011**. Wanke, R., 1988, Plötzlicher und unerwarteter Tod beim Hund. Kleintierprax. 33, 5-10. - **6012**. Wanner, R. A., S. J. Gray, 1974, Hydromelia in a Weimaraner. Austr. vet. J. 50, 282-283. - **6013**. Ward, E. J., C. C. Liu, D. H. Johnston, 1973, Meiotic study on supernumerary microchromosomes of red fox. Can. J. gen. cytol. 15, 825-830. - **6014**. Warfield, D., 1973, The study of hearing in animals. In: Gay, W. I., Methods of animal experimentation. Ac. Press, N. Y. - **6015**. Wardrop, K. J., C. R. Dhein, D. J. Prieur, K. M. Meyers, 1987, Evaluation of hepatic and renal function in cats with Chediak-Higashi syndrome. Vet. clin. path. 16, 40-44. - **6016**. Waring, G. O., A. MacMillan, P. Reveless, 1986, Inheritance of crystalline corneal dystrophy in Siberian Huskies. J. Am. hosp. ass. 22, 655-658. - **6017**. Warren, C. D., L. S. Azaroff, B. Bugge, R. W. Jeanloz, P. F. Daniel, J. Alroy, 1988, The accumulation of oligosaccharides in tissues and body fluid of cats with α-mannosidosis. Carboh. res. 180, 325-338. - **6018**. Warren, P. N., 1979, Edelkatze 29, 8. - **6019**. Warwick, W. J., R. A. Good, 1960, Cat-scratch disease in Minnesota. Am. J. dis. child. 100, 228-235. - **6020**. Watanabe, M. A., 1982, Mutant allele frequencies in the domestic cats of Sao Paulo, Brasil. Carn. gen. nwsl. 4, 168-177. - **6021**. Water, N. S. v. d., R. D. Jolly, B. R. Farrow, 1979, Canine Gaucher disease. Austr. J. exp. biol. med. sci. 57, 551-554. - **6022**. Watrach, A. M., 1969, The ultrastructure of canine cutaneous papilloma. Canc. res. 29, 2079-2084. - **6023**. Watson, A. D., R. C. Blair, B. R. Farrow, J. D. Baird, H. L. Cooper, 1973, Hypertrophic osteodystrophy in the dog. Austr. vet. J. 49, 433-439. - **6024**. Watson, A. D., A. Rijnberk, A. J. Moolenaar, 1987, Systemic availability of o, p'DDD in normal dogs, fasted and fed, and in dogs with hyperadrenocorticism. Res. vet. sci. 43, 160-165. - **6025**. Watson, A. D., D. C. Burnett, 1989, Hygromycin B and deaf dogs. Austr. vet. J. 66, 302-303. - **6026**. Watson, A. D., A. C. Miller, G. S. Allan, P. E. Davis, C. R. Howlett, 1991, Osteochondrodysplasia in bull terrier littermates. J. sm. an. pract. 32, 312-317. - **6027**. Watson, A. G., A. deLahunta, H. E. Evans, 1989, Dorsal notch of foramen magnum due to incomplete ossification of supra-occipital bone in dogs. J. sm. an. pract. 30, 666-673. - **6028**. Watson, A. N., C. R. Huxtable, B. R. Farrow, 1975, Craniomandibular osteopathy in Doberman Pinschers. J. sm. an. pract. 16, 11-19. - **6029**. Watson, D. R., 1979, Gout in a dog. Vet. rec. 104, 129. - **6030**. Watson, P., 1970, Comparative aspects of glaucoma. J. sm. an. pract. 11, 129-140. - **6031**. Watson, S. N., 1991, Change in Kennel Club registration policy. Vet. rec. 128, 216. - **6032**. Waxman, F. J., R. M. Clemmons, G. Johnson, J. P. Evermann, M. I. Johnson, C. Roberts, D. J. Hinrichs, 1980, Progressive myelopathy in older German Shepherd dogs. I. J. immunol. 124, 1209-1215. - **6033**. Waxman, F. J., R. M. Clemmons, D. J. Hinrichs, 1980, Progressive myelopathy in older German Shepherd dogs. II. J. immunol. 124, 1216-1222. - **6034**. Wayne, R. K., 1984, A comparative study of skeletal growth and morphology in domestic and wild canids. Diss. J. Hopk. Univ. Baltimore. - **6035**. Wayne, R. K., W. G. Nash, S. J. O'Brien, 1987, Chromosomal evolution of the Canidae. Cytogen. cell gen. 44, 134-141. - **6036**. Wayne, R. K., S. M. Jenks, 1991, Mitochondrial DNA analysis implying extensive hybridization of the endangered red wolf, Canis rufus. Nature 351, 565-568. - **6037**. Weaver, A. D., 1970, Canine urolithiasis. J. sm. an. pract. 11,93-107. - **6038**. Weaver, A. D., 1981, Fifteen cases of prostatic carcinoma in the dog. Vet.

rec. 109, 71-75. - **6039**. Weaver, A. D., 1983, Cricopharyngeal achalasia in Cocker Spaniels. J. sm. an. pract. 24, 209-214. - **6040**. Weaver, A. D., 1983, Survey with follow-up of 67 dogs with testicular Sertoli cell tumours. Vet. rec. 113, 105-107. - **6041**. Weaver, A. D., M. J. Harvey, C. D. Munro, P. Rogerson, M. McDonald, 1979, Phenotypic intersex in a Dachshund dog. Vet. rec. 105, 230-232. - **6042**. Weaver, A. D., J. O. Omamegbe, 1982, Surgical treatment of perineal hernia in the dog. J. sm. an. pract. 22, 749-758. - **6043**. Weaver, R. A., R. E. Price, R. D. Langdell, 1964, Antihemophilic factor in cross-circulated normal and hemophilic dogs. Am. J. phys. 206, 335-337. - **6044**. Webb, A. I., 1974, Renal ectopia in a dog. Austr. vet. J. 50, 519-521. - **6045**. Weber, A., 1988, Echinokokkose. VET 10, 16-22. - **6046**. Weber, A., 1989, Berufskrankheiten durch Zoonosen. VET 7, 8, 6-9. - **6047**. Weber, A., 1989, Aktuelle Zoonosen bei der Katze. VET 7, 11, 18-22. - **6048**. Weber, A., 1991, Der Mensch als Infektionsquelle für Heimtiere. VET 6, 1, 12-16. - **6049**. Weber, J. T., J. H. Kaas, J. K. Harting, 1978, Retinocollicular pathways in Siamese cats. Brain. res. 148, 189-196. - **6050**. Weber, S. E., B. F. Feldman, D. A. Evans, 1981, Pelger-Huet anomaly of granulocytic leukocytes in two feline littermates. Fel. pract. 11, 44-47. - **6051**. Weber, W., 1959, Über die Vererbung medianer Nasenspalten beim Hund. Schweiz. Arch. Thierhlk. 101, 378-381. - **6052**. Weber, W., U. Freudiger, 1977, Erbanalytische Untersuchungen über die chronische exokrine Pankreasinsuffizienz beim Deutschen Schäferhund. Schweiz. Arch. Tierhlk. 119, 257-263. - **6053**. Webster, W. P., C. F. Zukoski, P. Hutchin, R. L. Reddick, S. R. Mondel, G. D. Penick, 1971, Plasma factor VIII synthesis control as revealed by canine organ transplantation. Am. J. physiol. 220, 1147-1154. - **6054**. Wegelius, O., R. v. Essen, 1969, Endocardial fibroelastosis in dogs. Act. path. micr. scand. 77, 69-72. - **6055**. Wegener, J. G., 1964, Auditory discrimination behavior of normal monkeys. J. aud. res. 4, 81-106. - **6056**. Wegner, W., 1969, Uns. Pud. 13, 5. - **6057**. Wegner, W., 1970, Grundsätzliches zu Fragen der Vererbung beim Hund, unter bes. Berücksicht. einiger Erbanomalien und Erkrankungen im Bereiche des Kopfes. Prakt. Ta. 51, 131-134. - **6058**. Wegner, W., 1971, Dysmelie-Syndrom und Stummelschwanz bei Schäferhunden. Dt. tierärztl. Wschr. 78, 59. - **6059**. Wegner, W., 1971, Merle-Faktor bei einem Zwerggrauhhaardackel. Dt. tierärztl. Wschr. 78, 476. - **6060**. Wegner, W., 1971, Zur biologischen Variation einiger quantitativ-funktioneller Merkmale der Nebennieren. Endokrinol. 58, 140-166. - **6061**. Wegner, W., 1971, Das Herzgewicht - ein hoch erbliches Merkmal beim Schwein. Arch. Kreislaufforsch. 64, 1-22. - **6062**. Wegner, W., 1972, Zur Hundehaltung in der Bundesrepublik. Kleintierprax. 17, 133-136. - **6063**. Wegner, W., 1972, Synopsis erblicher Depigmentierungsanomalien. Dt. tierärztl. Wschr. 79, 64-68. - **6064**. Wegner, W., 1972, Chromosomenaberrationen und Intersexualität. Dt. tierärztl. Wschr. 79, 455-460. - **6065**. Wegner, W., 1974, Einige strittige Probleme und heiße Eisen in der Hundezucht. Uns. Rassehd. 87-92. - **6066**. Wegner, W., 1974, Einige strittige Probleme und heiße Eisen in der Hundezucht - eine Antwort auf einige sachliche und unsachliche Gegenargumente. Uns. Rassehd., 550-551. - **6067**. Wegner, W., 1974, Einige strittige Probleme und heiße Eisen in der Hundezucht - unter abschluß. Uns. Rassehd., Dezemb. - **6068**. Wegner, W., 1974, Zur Bio-Rheologie des Epiphysen- und Gelenkknorpels bei Tieren. 7. wiss. Konf. Dt. Naturf. Ärzte, 271-281. - **6069**. Wegner, W., 1975, Kleine Kynologie. 1. Aufl., Terra-Verlag, Konstanz. - **6070**. Wegner, W., 1975, Poliz. Schutzhd. 75, 59. - **6071**. Wegner, W., 1975, Rassenreproduktion und Wurfbeschränkung. Du u. d. Tier 5, 11-15. - **6072**. Wegner, W., 1975, Zur Farbvererbung bei Tigerdoggen. Uns. Rassehd., 51-52. - **6073**. Wegner, W., 1975, Stellungnahme zum gegenwärtigen Stand der HD-Statistik beim Rottweiler. Uns. Rassehd., 234-235. - **6074**. Wegner, W., 1975, SV-Z. 69, 275. - **6075**. Wegner, W., 1976, Hundezucht und Hundehaltung. Arch. Tiersch. 6, 44-48. - **6076**. Wegner, W., 1976, Züchterische Probleme und Erkrankungsdispositionen bei Teckeln. Dachshd. 31, 202-204. - **6077**. Wegner, W., 1976, Defekte und Dispositionen. Al. Tierärztl. Umsch. 31, 494-502. - **6078**. Wegner, W., 1977, Tendenzen der Hundehaltung in der Bundesrepublik. Prakt. Ta. 58, 500-503. - **6079**. Wegner, W., 1977, Transport von Hunden und Katzen. SV-Z. 77, 93-95. - **6080**. Wegner, W., 1977, Praktische Hundezucht auf der Basis der Vererbungslehre. Uns. Rassehd. 1, 45-46, 2, 44-45. - **6081**. Wegner, W., 1977, Dachshd. 32, 6. - **6082**. Wegner, W., 1978, Zu Fragen der Vererbung in der Jagdkynologie. Nieders. Jäg. 23, 990-992. - **6083**. Wegner, W., 1979, Kleine Kynologie. 2. Aufl., Terra-Verlag, Konstanz. - **6084**. Wegner, W., 1979, Tierschutzforderungen an den Züchter und Halter von Hunden und Katzen. Arch. Tiersch. 9, 116-117. - **6085**. Wegner, W., 1979, Tierschutzrelevante Erbmängel bei Hunden und Katzen, tierärztl. prax. 7, 361-366. - **6086**. Wegner, W., 1979, Edelkatze 29, 4, 40-45. - **6087**. Wegner, W., 1980, Zur Mineralisierung der Zwischenwirbelscheiben bei Teckeln. Berl. Münch. tierärztl. Wschr. 93, 74-77. - **6088**. Wegner, W., 1981, Defekte und Dispositionen bei Rassehunden. Uns. Rassehd. 3, 7-9; 4, 9-11. - **6089**. Wegner, W., 1981, Zur Statistik und zur Zuchtsituation beim Dalmatiner. Dalm. Post 3, 3-10. - **6090**. Wegner, W., 1981, Perversionen der Hundezucht. Umsch. 81, 679-682. - **6091**. Wegner, W., 1982, Uns. Rassehd. 2, 8. - **6092**. Wegner, W., 1982, Formen des Zwergwuchses und daraus resultierende Probleme. Dachshd. 37, 221-222. - **6093**. Wegner, W., 1983, Zuchthygienische Maßnahmen zur Verhinderung von Defekten und Dispositionen. Mitt. St. Bernh. Klub 2, 10-12. - **6094**. Wegner, W., 1983, Zuchthygienische Maßnahmen zur Verhütung von Defekten und Dispositionen. Prakt. Ta. 64, 934-936. - **6095**. Wegner, W., 1983, Monster für Herrchen. GEO 8, 38-49. - **6096**. Wegner, W., 1983, Mitt. Schweiz. Ges. Tiersch. 3, 10. - **6097**. Wegner, W., 1984, Zur Sache Shar-Pei. Uns. Rassehd. 4, 10. - **6098**. Wegner, W., 1984, Probleme der Vererbung in der Jagdkynologie. Jagdgebr.hd. 20, 85-89. - **6099**. Wegner, W., 1984, Wer den Tiger küßt, begibt sich in Gefahr. Uns. Rassehd. 8, 2-5. - **6100**. Wegner, W., 1984, Nutzen und Grenzen der Heimtierhaltung. Zool. Zentr. Anz. 80, 21-23. - **6101**. Wegner, W., 1984, Rassehundezucht wie sie ist - und wie sie sein sollte. Hunde-J. 52, 24-26. - **6102**. Wegner, W., 1986, Defekte und Dispositionen. 2. Aufl. Schaper-Verlag, Hannover. - **6103**. Wegner, W., 1987, Zucht von Tieren. Dt. tierärztl. Wschr. 94, 94-96. - **6104**. Wegner, W., 1987, Genetisch bedingte Zahnanomalien. Prakt. Ta. 68, 19-22. - **6105**. Wegner, W., 1988, Vorprogrammiertes und induziertes Verhalten beim Hund. Dt. tierärztl. Wschr. 95, 67-69. - **6106**. Wegner, W., 1988, Züchterische Probleme bei einem Familienhund mit Wuschelhaar und Stummelrute - demonstriert am Beispiel des PON. PON-aktuell, April, 32-39. - **6107**. Wegner, W., 1988, Der ideale Hund. VET 3, 9, 27-30. - **6108**. Wegner, W., 1988, Kampfhund-Züchter wie Waffenhändler. Kontrár 11, 28-29. - **6109**. Wegner, W., 1990, Haltung von Kampfhunden. Dt. tierärztl. Wschr. 97, 169-171. - **6110**. Wegner, W., 1992, Probleme der Windhundezucht. Der Hund 6, 42-44. - **6111**. Wegner, W., 1991, Tierschutzrelevante

Aspekte bei der Zucht von Hunden und Katzen. Berl. Münch. tierärztl. Wschr. 104, 35. – **6112**. Wegner, W., 1991, Tierschutzaspekte in der Tierzucht. Dt. tierärztl. Wschr. 98, 6-9. – **6113**. Wegner, W., 1991, Katzen extra 5, 64. – **6114**. Wegner, W., H. Feder, G. Sponer, K. Sabo, 1970, Zum Hämoglobin- und Transferrinsystem und zur Konzentration einiger Mineralien im Blut einer Kuhpopulation. Zbl. Vet. med. A 17, 874-888. – **6115**. Wegner, W., P. Dröge, 1975, Zur Statistik und zur endogenen und exogenen Komponente der Vitalfunktionswerte bei Teckeln. Berl. Münch. tierärztl. Wschr. 88, 354-358. – **6116**. Wegner, W., I. Reetz, 1975, Aufbau einer Merlezucht. tierärztl. prax. 3, 455-459. – **6117**. Wegner, W., I. Reetz, 1977, Störungen der Schwimmfähigkeit bei Tigerteckeln. Dt. tierärztl. Wschr. 84, 29-30. – **6118**. Weiden, P. L., R. Storb, T. C Graham, M. L. Schroeder, 1776, Severe hereditary haemolytic anaemia in dogs treated by marrow transplantation. Brit. J. haemat. 33, 357-362. – **6119**. Weidinger, H., 1988, Wld. u. Hd. 91, 16, 78. – **6120**. Weidmann, H., 1981, Uns. Rassehd. 1, 55. – **6121**. Weidner, E., 1972, Sodomie und Sadismus als Tierschutzproblem. Diss. Gießen. – **6122**. Weiden, P. L., R. C. Hackman, H. J. Deeg, T. C. Graham, E. D. Thomas, R. Storb, 1981, Long-term survival and reversal of iron overload after marrow transplantation in dogs with congenital hemolytic anemia. Blood 57, 66-74. – **6123**. Weidt, H., 1989, Der Hund, mit dem wir leben. P. Parey Vlg. Hambg. – **6124**. Weijer, K., 1975, Het Voorkomen van lymfsarcoom/leukemie en katten-leukemievirus bij de kat in Nederland. Tijds. diergen. 100, 976-986. – **6125**. Weijer, K., J. H. Daams, 1976, The presence of leukaemia and feline leukaemia virus in cats in the Netherlands. J. sm. an. pract. 17, 649-659. – **6126**. Weinberg, J., 1971, Uns. Rassehd., 127. – **6127**. Weinberg, J., 1972, Uns. Rassehd. 722. – **6128**. Weinberg, J., 1974, Uns. Rassehd., 338. – **6129**. Weinberg, J., 1975, Uns. Rassehd., 383. – **6130**. Weinberg, J., 1975, Uns. Rassehd., 934. – **6131**. Weinberg, J., 1978, Uns. Rassehd., 2. – **6132**. Weirich, W. E., W. E. Blevins, A. H. Rebar, 1978, Late consequences of patent ductus arteriosus in the dog. J. Am. hosp. ass. 14, 40-51. – **6133**. Weis, M., 1984, Schweiz. hundesp. 100, 322. – **6134**. Weiss, E., 1962, Morphologie und formale Genese der Neubildung der Zellen des retroepithelialen Systems bei Hund und Katze. Zbl. Vet. med. 9, 201-250, 437-462. – **6135**. Weiss, E., G. Fezer, 1968, Histologische Klassifizierung der Schweißdrüsentumoren von Hund und Katze. Berl. Münch. tierärztl. Wschr. 81, 249-254. – **6136**. Weisse, I., H. Stötzer, 1971, Intraokuläres Melanom bei einem jungen Beagle. Berl. Münch. tierärztl. Wschr. 84, 328-330. – **6137**. Weisse, W., 1977, Uns. Rassehd. 8, 84. – **6138**. Weisse, W., 1985, ZDF 22. 5., „Spielraum". – **6139**. Weisse, W., 1988, Konträr, 11, 29. – **6140**. Weißkopf, H., M., 1987, HSSC. – **6141**. Weitzel, G., E. Buddecke, A. M. Fretzdorff, F. J. Strecker, U. Roester, 1955, Struktur der im Tapetum lucidum von Hund und Fuchs enthaltenen Zinkverbindung. Hoppe-Seyl. Z. phys. Chem. 299, 193-213. – **6142**. Wells, B. T., 1977, Injured stray animals. Vet. rec. 100, 205. – **6143**. Wells, H. G., 1918, The purine metabolism of the Dalmatian coach hound. J. biol. chem. 35, 221. – **6144**. Wells, M. Y., N. Spencer, 1980, Frequencies of the alleles that determine the relative amounts of haemoglobins A and B in domestic cats. Anim. bld. grps. bioch. gen. 11, 199-200. – **6145**. Wells, M. Y., S. E. Weisbrode, 1987, Vascular malformations in the thoracic vertebrae of three cats. Vet. path. 24, 360-361. – **6146**. Wen, G. Y., J. A. Sturman, H. M. Wisniewski, A. MacDonald, W. H. Niemann, 1982, Chemical and ultrastructural changes in tapetum of Beagles with a hereditary abnormality. Invest. Ophth. vis. sci. 23, 733-742. – **6147**. Wen, G. Y., J. A. Sturman, J. W. Shek, 1985, A comparative study of the tapetum, retina and skull of the Ferret, Dog and Cat. Lab. an. sci. 35, 3, 200-210. – **6148**. Wengler, D. A., M. Sattler, T. Kudoh, S. P. Snyder, R. S. Kingston, 1980, Neumann-Pick disease. Science 208, 1471-1473. – **6149**. Wensing, C. J., J. M. F. v. Vlissingen, 1986, Male genital development and artificial breeding. Tijds. diergen. 111, 17S-20S. – **6150**. Wentink, G. H., J. S. v. d. Linde-Sipman, A. E. Meijer, H. A. Kamphuisen, C. J. v. d. Vorstenbosch, W. Hartman, H. J. Hendriks, 1972, Myopathy with a possible recessive x-linked inheritance in a litter of Irish terriers. Vet. path. 9, 328-349. – **6151**. Wentink, G. H., A. E. Meijer, J. S. v. d. Linde-Sipman, 1974, Myopathy in an Irish Terrier with a metabolic defect of the isolated mitochondria. Zb. Vet. med. A 21, 62-74. – **6152**. Wenzel, S., 1971, Lebensphasen und damit zusammenhängende Daten für Versuchstierarten. Diss. Hannover. – **6153**. Wenzel, U., 1975, Zur Klinik und Exstirpation des isolierten Processus anconaeus bei der Ellbogengelenksdysplasie des Hundes. Kleintierprax. 20, 55-63. – **6154**. Werner, J. K., B. C. Walton, 1972, Prevalence of naturally occurring Toxoplasma gondii infections in cats from US military installations in Japan. J. parasit. 58, 1148-1150. – **6155**. Wernery, U., 1986, Tierhaltung und vet. med. Aspekte in Papua Neuguinea. Tierärztl. Umsch. 41, 359-362. – **6156**. Wernicke, K., 1971, DD-Blätt. 49, 107. – **6157**. Werth, E., 1944, Die primitiven Hunde und die Abstammungsfrage des Haushundes. Z. Tierz. Zücht. biol. 56, 213-260. – **6158**. Wesche, H. J., 1963, Hüftgelenkserkrankungen bei verschiedenen Hunderassen unt. bes. Berücks. der Hüftgelenksdysplasie. Diss. Hannover. – **6159**. West, C. D., J. M. Harrison, 1973, Transneuronal cell atrophy in the congenitally deaf white cat. J. comp. neurol. 151, 377-398. – **6160**. West, C. D., P. Aitken, H. Reich, 1985, Anal surgery. Vet. rec. 116, 675-676. – **6161**. Westbury, J., 1963, All-Pets mag. 34, 30. – **6162**. Westendorf, P., 1974, Der Haarwechsel der Haussäugetiere. Diss. Hannover. – **6163**. Westerholt, I. v., 1977, Wld. u. Hd. 79, 1059. – **6164**. Westermarck, E., 1980, The hereditary nature of canine pancreatic degenerative atrophy in the German Shepherd dog. Act. vet. scand. 21, 389-394. – **6165**. Westermarck, E., 1984, On the diagnosis, hereditary nature and pathological findings of pancreatic degenerative atrophy and pancreatitis in the dog. Thesis, Helsinki. – **6166**. Westermarck, E., E. Rimaila-Pärnänen, 1989, Two unusual cases of canine exocrine pancreatic insufficiency. J. sm. an. pract. 30, 32-34. – **6167**. Westermarck, E., P. Pamilo, M. Wiberg, 1989, Pancreatic degenerative atrophy in the Collie breed. J. vet. med. A., 36, 549-554. – **6168**. Westermarck, E., M. Wiberg, J. Junttila, 1990, Role of feeding in the treatment of dogs with pancreatic degenerative atrophy. Act. vet. scand. 31, 325-331. – **6169**. Westhues, M., 1937, Die Luxatio lentis anterior beim Hunde und ihre operative Behandlung. Münch. tierärztl. Wschr. 88, 121-125. – **6170**. West-Hyde, L, N. Buyukmihci, 1982, Photoreceptor degeneration in a family of cats. J. A. V. M. A. 181, 243-247. – **6171**. Wever et al. 1958, Cochlear potentials in the cat in response to high frequency sounds. Proc. nat. ac. sci. 44, 1087. – **6172**. Weyden, O. C. v. d., M. A. Taverne, A. C. Okkens, P. Fontigue, 1981, The intra-uterine position of canine foetuses and their sequence of expulsion at birth. J. sm. an. pract. 22, 503-510. – **6173**. Weyland, U., 1973, Zeit magaz., 22. 9. – **6174**. Wheeler, S. L., K. W. Weingand, M. A. Thrall, R. J. Berg, P. D. Schwarz, P. N. Olson, 1984, Persistent uterine and vaginal hemorrhage in a Beagle with factor VII deficiency. J. A. V. M. A. 185, 447-448. – **6175**. Wheeler, S. J., 1991,

Vertebral abnormalities in dogs. J. sm. an. pract. 32, 149-150. - **6176**. Wheeler, S. J., N. Sharp, J. N. Kornegay, 1988, Canine epilepsy. Vet. rec. 122, 422-423. - **6177**. Whitbread, T. J., J. J. Gill, D. G. Lewis, 1983, An inherited enchondrodystrophy in the English Pointer dog. J. sm. an. pract. 24, 399-411. - **6178**. Whitbread, T. J., R. M Batt, G. Garthwaite, 1984, Relative deficiency of serum IgA in the German shepherd dog: a breed abnormality. Res. vet. sci. 37, 350-352. - **6179**. White, E. G., 1966, Symposium on urolithiasis in the dog. J. sm. an. pract. 7, 529-535. - **6180**. White, E. G., R. J. Treacher, P. Porter, 1961, Urinary calculi in the dog. J. comp. path. ther. 71, 201-216. - **6181**. White, K., 1989, It's a dog's life in modern society. Vet. rec. 125, 167. - **6182**. White, K. B., 1982, Animal pelts trade. Vet. rec. 110, 64. - **6183**. White, K. B., 1987, A test of ethics. Vet. rec. 121, 312. - **6184**. White, R. A., 1989, Unilateral arytenoid lateralisation. J. sm. an. pract. 30, 543-549. - **6185**. White, R. A., N. T. Gorman, S. B. Watkins, M. J. Brearley, 1985, The surgical management of bone involved oral tumours in the dog. J. sm. an. pract. 26, 693-708. - **6186**. White, R. A., J. G. Lane, 1988, Pharyngeal stick penetration in the dog. J. sm. an. pract. 29, 13-35. - **6187**. White, S. D., D. Sequoia, 1989, Food hypersensitivity in cats. J. A. V. M. A. 194, 692-695. - **6188**. Whiteford, R., R. Getty, 1966, Distribution of lipofuscin in the canine and porcine brain as related to aging. J. geront. 21, 31-44. - **6189**. Whitehead, J. E., 1958, Feline practice. Mod. vet. pract. 39, 22-32. - **6190**. Whitehead, J. E., 1959, Oscillation of feline eyes. Mod. vet. pract. 40, 56. - **6191**. Whitehead, J. E., 1967, Neoplasia in the cat. Vet. med. 62, 357-358. - **6192**. Whiting, P. W., 1918, Inheritance of coat colour in cats. J. exp. zool. 25, 539-570. - **6193**. Whitley, C. B., N. K. Ramsay, J. H. Kersey, W. Krivit, 1986, Bone marrow transplantation for Hurler syndrome. Birth def. or. art. ser. 22, 7-24. - **6194**. Whitley, R. D., S. A. McLaughlin, B. C. Gilger, D. M. Lindley, 1991, The treatments of keratoconjunctivitis sicca. Vet. med. 86, 1076-1093. - **6195**. Whitney, J. C., 1970, Some aspects of digital cysts in the dog. J. sm. an. pract. 11, 83-92. - **6196**. Whitney, J. C., 1976, Some aspects of the pathogenesis of canine arteriosclerosis. J. sm. an. pract. 17, 87-97. - **6197**. Whitney, L. F., 1948, How to breed dogs. Orange Judd Publ., N. Y. - **6198**. Whitney, L. F., 1961, Non-inherited monorchidism. Vet. med. 56, 204. - **6199**. Whitney, L. F., 1965, Canine mental genetics. Nord. vet. med. 17, 103-110. - **6200**. Whitney, M. S., 1987, Identification and characterization of a familial hyperlipoproteinemia in miniature Schnauzer dogs. Diss. abstr. B 48, 65. - **6201**. Whitney, W. O., T. D. Scavelli, D. T. Matthiesen, R. I. Burk, 1990, Gürtelschlaufen-Gastropexie. VET 9, 6-13. - **6202**. Whittinghill, M., 1965, Human genetics and its foundations. Reinhold Publ. Corp., N. Y. - **6203**. Wichmann, G., 1988, SV-Z. 82, 308. - **6204**. Widman-Acanal, B., 1992, Rasseneffekte auf Fortpflanzungs- und Welpenabgangsrate bei Hunden unter gleichzeitiger Berücksichtigung rassebedingter Dystokiedispositionen bei einigen Hunde- und Katzenrassen. Diss. Hannover. - **6205**. Wiedeking, J. F., 1971, DD-Blätt. 49, 238. - **6206**. Wiedeking, J. F., 1972, DD-Blätt. 50, 39. - **6207**. Wiedeking, J. F., 1973, Kynol. Weltkongr., 35. - **6208**. Wiederholt, W. C., 1972, An electrophysiological study of epileptic beagle dogs. Neurol. 22, 403-404. - **6209**. Wieland, W., 1938, Iberische Hunde. Z. Hundeforsch. NF 13, 71-78. - **6210**. Wieneke, B., 1974, SV-Z. 68, 605. - **6211**. Wieneke, B., 1975, SV-Z. 69, 30. - **6212**. Wienrich, V., 1973, Untersuchungen zur Ätiologie, Verbreitung und Bekämpfung der Hüftgelenksdysplasie des Hundes am Beispiel der Hovawart unt. bes. Berücks. der Frage der Erblichkeit der Krankheit. Diss. Berlin. - **6213**. Wikström, B., 1986, Retinal dysplasi, RD. Svensk vet. tidn. 38, 129-130. - **6214**. Wikström, B., 1986, Collie eye anomaly. Svensk vet. tidn. 38, 140-143. - **6215**. Wikström, B., E. Koch, 1974, Rapport om ögondefekter hos dobermann-valpar. Svensk vet. tidn. 26, 37-38. - **6216**. Wilcock, B. P., J. M. Patterson, 1979, Familial glomerulonephritis in Doberman pinscher dogs. Can. vet. J. 20, 244-249. - **6217**. Wildführ, G., W. Wildführ, 1975, Toxoplasmose. G. Fischer Vlg. Jena. - **6218**. Wildt, D. E., P. K. Chakraborty, W. B. Panko, S. W. Seager, 1978, Relationship of reproductive behavior, serum luteinizing hormone and time of ovulation in the bitch. Biol. repr. 18, 560-570. - **6219**.Wildt, D. E., S. W. Seager, P. K. Chakraborty, 1980, Effect of copulatory stimuli on incidence of ovulation and on serum luteinizing hormone in the cat. Endocrinol. 107, 1212-1217. - **6220**. Wilhelm, W., 1988, Gegenwärtiger Stand des Feldversuches zur oralen Immunisierung von Füchsen in freier Wildbahn gegen Tollwut in Bayern. Tierärztl. Umsch. 43, 22-25. - **6221**. Wilkes, M. K., R. E. McKerrell, R. C. Patterson, A. C. Palmer, 1987, Ultrastructure of motor endplates in canine congenital myasthenia gravis.. J. comp. path. 97, 247-256. - **6222**. Wilkes, M. K., A. C. Palmer, 1987, Deafness in dobermans. Vet. rec. 120, 624. - **6223**. Wilkes, R. D., 1980, Idiopathic congestive cardiomyopathy in giant breeds of dogs. Vet. med. SAC 75, 1723-1725. - **6224**. Wilkie, J. S. N., J. A. Yager, P. Eyre, W. M. Parker, 1990, Morphometric analyses of the skin of dogs with atopic dermatitis and correlations with cutaneous and plasma histamine and total serum IgE. Vet. path. 27, 179-186. - **6225**. Wilkins, D., A. Mews, T. Bate, 1988, Illegal dog fighting. Vet. rec. 122, 310. - **6226**. Wilkinson, F., P. C. Dodwell, 1980, Young kittens can learn complex visual pattern discriminations. Nature 284, 258-262. - **6227**. Wilkinson, G. T., 1963, Some conditions of importance in cat practice. Vet. rec. 75, 1198-1204. - **6228**. Wilkinson, G. T., 1969, Some observations on the Irish-Wolfshound rhinitis syndrome. J. sm. an. pract. 10, 5-8. - **6229**. Wilkinson, G. T., 1966, Diseases of the cat. Pergamon Pr., Oxford. - **6230**. Wilkinson, G. T., H. L. Thompson, 1987, A survey of the prevalence of feline leukaemia virus infection in cats in South-East Queenland. Austr. vet. pract. 17, 195-197. - **6231**. Wilkinson, G. T., T. S. Kristensen, 1989, A hair abnormality in Abyssinian cats. J. sm. an. pract. 30, 27-28. - **6232**. Wilkinson, J. S., 1960, Spontaneous diabetes mellitus. Vet. rec. 72, 548-558. - **6233**. Wilkinson, J. S., B. A. Christie, 1978, Urolithiasis in animals. Austr. vet. J. 54, 545-546. - **6234**. Will, J. W., 1969, Subvalvular pulmonary stenosis and aorticopulmonary septal defect in the cat. J. A. V. M. A. 154, 913-916. - **6235**. Willeberg, P., 1975, A case-control study of some fundamental determinants in the epidemiology of the feline urological syndrome. Nord. vet. med. 27, 1-14, 15-19. - **6236**. Willeberg, P., 1975, Outdoor activity level as a factor in the feline urological syndrome. Nord. vet. med. 27, 523-524. - **6237**. Willeberg, P., 1976, Interaction effects of epidemiologic factors in the feline urological syndrome. Nord. vet. med. 28, 193-200. - **6238**. Willeberg, P., 1984, Epidemiology of naturally occurring Feline Urologic Syndrome. Vet. clin. N. Am. SAP 14, 455-469. - **6239**. Willeberg, P., O. W. Krogsgaard, 1972, Nogle tilfaelde af Cushings Syndrom hos hund. Nord. vet. med. 24, 113-122. - **6240**. Willeberg, P., W. A. Priester, 1976, Feline urological syndrome. Am. J. vet. res. 37, 975-978. - **6241**. Willemse, A., 1984, Canine atopic disease. Am. J. vet. res. 45, 1867-1869. - **6242**. Willemse, A., 1986, Canine and feline atopic disease. Tijds. diergen. 111, 88-89S - **6243**. Willemse, A., W. E.v.d. Brom, 1983, Investigations of the symptomatology and the significance of immediate skin test reactivity in canine atopic dermatitis. Res. vet. sci. 34, 261-265. – **6244.** Willemse, T., 1990, Atopische Dermatitis beim Hund. Tierärztl. Prax. 18, 525-528. – **6245.** Willer, S., H. Willer, W. Busch, 1984, Inzuchttests als Prüfmethode in der Hundezucht. Mh. Vet. med. 39, 675-677. – **6246.** Willi, J., 1990, Hunde 106, 355. – **6247.** Williams, D. A., 1984, Degenerative myelopathy in German shepherd dogs. Vet. rec. 114, 76. – **6248.** Williams, D. A., R. M. Batt, 1983, Diagnosis of canine exocrine pancreatic insufficiency by the assay of serum trypsin-like immunoreactivity. J. sm. an. pract. 24, 583-588. – **6249.** Williams, D. A., L. Maggio-Price, 1984, Canine idiopathic thrombocytopenia. J. A. V. M. A. 185, 660-663. – **6250.** Williams, D. L., A. A. Hagen, J. W. Runyan, 1971, Chromosome alterations produced in germ cells of dogs by progesterone. J. lab. clin. med. 77, 417-429. – **6251.** Williams, H. E., 1960, Bat-transmitted paralytic rabies in Trinidad. Can. vet. J. 1, 20-24. – **6252.** Williams, M., U. Mostosky, R. Schirmer, J. Vorro, K. W. Ho, G. Padgett, 1979, An inherited myopathy in dogs. Fed. proc. 38, 1350. – **6253.** Williams, M., R. Gregory, W. Schall, R. Dovner, G. Padgett, 1980, Diabetes mellitus in a colony of Golden Retrievers. Fed. proc. 39, 1971. – **6254.** Williams, P. C. 1975, Cause of drooping ear pinna? Fel. pract. 5, 4. – **6255.** Williams, R. C., H. E. Evans, 1978, Prenatal dental development in the dog. Anat. Histol. Embryol. 7, 152-163. – **6256.** Williams-Jones, H. E., 1944, Arrested development of the long bones of the forelimbs in a female cat. Vet. rec. 56, 449. – **6257.** Williamson, J. H., 1979, Intersexuality in a family of Kerry Blue terriers. J. hered. 70, 138-139. – **6258.** Willis, M. B., 1963, Abnormalities and defects in pedigree dogs. V. J. sm. an. pract. 4, 469-474. – **6259.** Willis, M. B., 1964, Abnormalities and defects in pedigree dogs. V. Adv. sm. an. pract. 5, 57-62. – **6260.** Willis, M. B., 1977, Genetic aspects of canine hip dysplasia. Vet. rec. 101, 239. – **6261.** Willis, M. B., 1980, German shepherd dog hip survey. Vet. rec. 107, 565. – **6262.** Willis, M. B., 1981, Uns. Rassehd. 6, 2. – **6263.** Willis, M. B., 1981, German shepherd dog hind angulation. Vet. rec. 108, 20. – **6264.** Willis, M. B., 1981, Greyhound conformation. Vet. rec. 108, 108. – **6265.** Willis, M. B., 1982, Grey areas of hip dysplasia. Vet. rec. 110, 259. – **6266.** Willis, M. B., 1984, Züchtung des Hundes. E. Ulmer Vlg., Stuttg. – **6267.** Willis, M. B., 1986, Hip scoring. Vet. rec. 118, 461-462. – **6268.** Willis, M. B., 1987, Hip scoring scheme update. Vet. rec. 121, 140-141. – **6269.** Willis, M. B., 1987, Breeding dogs for desirable traits. J. sm. an. pract. 28, 965-983. – **6270.** Willis, M. B., 1989, Control of inherited defects in dogs. J. sm. an. pract. 30, 188-192. – **6271.** Willis, M. B., R. Curtis, K. C. Barnett, W. M. Tempest, 1979, Genetic aspects of lens luxation in the Tibetan terrier. Vet. rec. 104, 409-412. – **6272.** Wilsdorf, G., S. Willer, T. Burghardt, 1985, Orientierende Untersuchungen zum Problem der erblich bedingten Kupfertoxikose beim Bedlington-Terrier. Mh. Vet. med. 40, 377-379. – **6273.** Wilson, C. F., D. H. Clifford, 1971, Perineoplasty for anovaginal cleft in a dog. J. A. V. M. A. 159, 871-875. – **6274.** Wilson, E. A., 1985, Pelger-Huet anomaly in a dog. Can. pract. 12, 39-42. – **6275.** Wilson, J. W., H. J. Greene, H. W. Leipold, 1975, Osseous metaplasia of the spinal dura mater in a Great Dane. J. A. V. M. A. 167, 75-77. – **6276.** Wilson, J. W., H. J. Kurtz, H. W. Leipold G. E. Lees, 1979, Spina bifida in the dog. Vet. path. 16, 165-179. – **6277.** Wilson, M., J. M. Warren, J. M. Abott, 1967, Infantile stimulation, activity, and learning by cats. Child. dev. 38, 843-853. – **6278.** Wilson, O., E. Dixon, 1991, Erythrocyte cation content and sodium transport in Siberian Huskies. Am. J. vet. res. 52, 1427-1432. – **6279.** Wilson, T. G., F. Kane, 1959, Congenital deafness in white cats. Act. otolaryng. 50, 269-277. – **6280.** Wind, A. P., 1982, Incidence and radiographic appearance of fragmented coronoid process. Calif. vet. 36, 19-25. – **6281.** Wind, A. P., 1986, Elbow incongruity and developmental elbow diseases in the dog. 1. J. Am. an. hosp. ass. 22, 711-724. – **6282.** Wind, A. P., M. E. Packard, 1986, Elbow incongruity and developmental elbow diseases in the dog. 2. J. Am. an. hosp. ass. 22, 725-730. – **6283.** Wingfield, W. E., C. W. Betts, R. W. Greene, 1975, Operative techniques and recurrence rates associated with gastric volvulus in the dog. J. sm. an. pract. 16, 427-432. – **6284.** Windisch, E., 1983, Genetisch-statistische Analyse der Hüftgelenksdysplasie beim Hovawart und beim Boxer. Diss. München. – **6285.** Wingfield, W. E., C. W. Betts, C. A. Rawlings, 1976, Pathophysiology associated with gastric dilatation-volvulus in the dog. J. Am. an. hosp. ass. 12, 136-142. – **6286.** Wingfield, W. E., J. A. Boon, 1987, Echocardiography for the diagnosis of congenital heart defects in the dog. Vet. clin. N. Am. SAP 17, 735-753. – **6287.** Wink, U, F. Ketsch. 1973, Keysers praktisches Katzenbuch. Keysersche Verl. buchhdlg., München. – **6288.** Winkelmann, Dr., 1991, Pers. Mitt. – **6289.** Winkelstein, J. A., J. P. Johnson, A. J. Swift, F. Ferry, R. Yolken, L. C. Cork, 1982, Genetically determined deficiency of the third component of complement in the dog. J. immunol. 129, 2598-2602. – **6290.** Winkelstein, J. A., J. P. Johnson, K. M. O'Neil, L. C. Cork, 1986, Dogs deficient in C3. In: Hereditary and acquired complement deficiencies in animals and man. Karger, Basel. – **6291.** Winkler, C., A. Schultz, S. Cevario, S. O'Brien, 1989 Genetic characterization of FLA, the cat major histocompatibility complex. Proc. nat. ac. sci. USA 86, 943-947. – **6292.** Winkler, J., 1940, The nervous system of a white congenitally deaf cat. Verh. Akad. Wet. Amsterd. 17, 216-220. – **6293.** Winkler, W., K. Loeffler, 1986, Lumbosakrale Übergangswirbel beim Hund. Berl. Münch. tierärztl. Wschr. 99, 343-346. – **6294.** Winkler, W. G., R. G. McLean, J. C. Cowart, 1975, Vaccination of foxes against rabies using ingested baits. J. wildl. dis. 11, 382-388. – **6295.** Winsen, H. v., 1981, Edelkatze, 31, 6. – **6296.** Winterbotham, E. J., K. A. Johnson, D. J. Francis, 1985, Radial agenesis in a cat. J. sm. an. pract. 26, 393-398. – **6297.** Winterbotham, J., K. V. Mason, 1983, Congenital diabetes insipidus in a kitten. J. sm. an. pract. 24, 569-573. – **6298.** Winters, W. D., 1979, Human adenovirus antibody in sera of normal and tumour-bearing dogs. Vet. rec. 105, 216-220. – **6299.** Wipfel, E., 1973, Der Eurasier. Euras. Klb., Weinheim. – **6300.** Wirth, W., 1983, Diagnose und Therapie der chronischen exokrinen Pankreasinsuffizienz. Dt. tierärztl. Wschr. 90, 181-182. – **6301.** Wirtz, H., 1977, Jagdgebr. hd. 13, 161. – **6302.** Wirtz, H., 1983, E. Hz. f. Tiere 6, 25. – **6303.** Wisniewski, H., A. B. Johnson, C. S. Raine, W. J. Kay, R. D. Terry, 1970, Senile plaques and cerebral amyloidosis in aged dogs. Lab. invest. 23, 287-296. – **6304.** Wissel, M. A., 1988, The external ear in skin diseases of dogs and cats. Tijds. diergen. 113, 566-576. – **6305.** Wisselink, M. A., A. Willemse, J. P. Koeman, 1985, Deep pyoderma in the German Shepherd Dog. J. Am. an. hosp. ass. 21, 773-776. – **6306.** Wisselink, M. A., W. E. Bernadina, A. Willemse, A. Noordzij, 1988, Immunologic aspects of German Shepherd dog pyoderma. Vet. immun. immunopat. 19, 67-77. – **6307.** Wisselink, M. A., J. Bouw, S. A. d. Weduwen, A. Willemse, 1989, German Shepherd dog pyodermas. Vet. quart. 11, 161-164. – **6308.** Wisselink, M. A., J. P. Koeman, T. S. v. d. Ingh, A. Willemse, 1991, Investigations on the role of flea antigen in the pathogenesis of German Shepherd dog pyoderma. Tijds.

diergen. 116, 513-520. - **6309.** Wissler, K., S. Zindel, K. Nager, M. Berchtold, 1983, Verhinderung von unerwünschten Kastrationsfolgen bei der Hündin durch Transplantation von autologem Ovargewebe. Zbl. Vet. med. A 30, 470-481. - **6310.** Wißdorf, H., 1970, Uns. Pud. 14, 12. - **6311.** Wißdorf, H., W. Hermans, 1974, Persistierende Milchhakenzähne im Oberkiefer einer Hauskatze. Kleintierprax. 19, 14-16. - **6312.** Wißdorf, H., A. Brower-Rabinowitsch, 1976, Befunde über den Wechsel der Milchhakenzähne und der Milchprämolaren bei der Hauskatze. Prakt. Ta. 57, 473-477. - **6313.** Wißdorf, H., P. Heller, 1981, Eff. Rep., 11, 1. - **6314.** Wißdorf, H., P. Hettling, 1989, Eff. Rep. 28, 21. - **6315.** Wit, C. D. de, N. A. Coenegradt, P. H. Poll, J. D. v. d. Linde, 1967, The practical importance of blood groups in dogs. J. sm. an. pract. 8, 285-289. - **6316.** Witiak, E., 1967, Correction of a gastric torsion in an aged Dachshund. Vet. Med. 62, 353-354. - **6317.** Witt, W. M., R. D. Ludwig, 1942, Three generations of deaf white cats. J. hered. 33, 39-43. - **6318.** Witzigmann, J., E. Käb, 1937, Beiträge zur Ätiologie der Hautkrankheiten des Hundes. Berl. tierärztl. Wschr. 53, 130-132, 147-149, 333-336, 345-347. - **6319.** Wlodinger, G., D. W. Bruner, 1963, Notes on blood typing in the dog. Corn. vet. 53, 270-276. - **6320.** Wocke-Daume, A., 1983, Box. Bl. 79, 723. - **6321.** Wolf, A. M., 1986, Feline seizure disorders. 53rd. ann. meet. Am. an. hosp. ass., 262-265. - **6322.** Wolf, E. D., S. J. Vainisi, R. Santos-Anderson, 1978, Rod-cone dysplasia in the Collie. J. A. V. M. A. 173, 1331-1333. - **6323.** Wolf, E. D., S. J. Vainisi, R. Santos-Anderson, 1979, Rod-cone dysplasia and retinal atrophy. J. A. V. M. A. 174, 324-327. - **6324.** Wolff, A., 1983, Ear trimming procedures. Can. pract. 10, 36-44. - **6325.** Wolff, D., 1942, Three generations of deaf white cats. J. hered. 33, 39-43. - **6326.** Wolff, H. H. 1968, Enzymhistochemische und elektronenmikroskopische Untersuchungen zur Entwicklung des Tapetum lucidum der Katze. Histochemie 13, 245-262. - **6327.** Wolff, R., 1973, Edelkatze, 23, 3. - **6328.** Wolff, R., 1984, Katzen. E. Ulmer Vlg., Stuttg. - **6329.** Wolff, R., 1982, Katzen 12, 25. - **6330.** Wolfsheimer, K. J., M. E. Peterson, 1991, Erythrocyte insulin receptors in dogs with spontaneous hyperadrenocorticism. Am. J. vet. res. 52, 917-921. - **6331.** Wöllner, I., S., 1979, Edelkatze 29, 18. - **6332.** Wong, M. L., 1977, Leptospirosis. J. pediat. 90, 532-537. - **6333.** Wong, W. T., T. A. Mason, 1984, Survey of 44 cases of canine osteomyelitis. Austr. vet. pract. 14, 149-151. - **6334.** Wong, W. T., M. K. Lee, 1985, Some observations on the population and natal patterns among purebred dogs in Malaysia. J. sm. an. pract. 26, 111-119. - **6335.** Wood, A. K., K. M. Reynolds, I. S. Leith, P. A. Burns, 1977, Gonadal dosage during hip dysplasia radiography in the dog. Res. vet. sci. 22, 120-121. - **6336.** Wood, A. K., W. I. Porges, 1981, A suspected case of enostosis in a German Shepherd dog. Austr. vet. J. 57, 349-350. - **6337.** Wood, P. A., 1988, Biochemical diagnosis of lysosomal storage diseases. Proc. 6th. ann. vet. med. for., 148-150. - **6338.** Woodall, P. F., J. P. Johnstone, 1988, Dimensions and allometry of testes, epididymides and spermatozoa in the domestic dog. J. repr. fert. 82, 603-609. - **6339.** Woodard, J.C., R. P. Shields, H. C. Aldrich, R. L.Carter, 1982, Calcium phosphate deposition disease in Great Danes. Vet. path. 19, 464-485. - **6340.** Woodrow, C. E., 1964, Quarantine and kennel management. Vet. rec. 76, 1455-1462. - **6341.** Woodruff, A. W., D. de Savigny, 1978, Study of toxocaral infection in dog breeders. Brit. med. J. 2, 1747-1748. - **6342.** Woods, C. A., M. Dalby, 1960,Surgical interference in dilatation of the stomach in the dog. Vet. rec. 72, 1133. - **6343.** Woods, C. B., 1977, Hyperkinetic episodes in two Dalmatian dogs. J. Am. an. hosp. ass. 13, 255-257. - **6344.** Woods, C. B., C. Rawlings, D. Barber, M. Walker, 1978, Esophageal deviation in four English bulldogs. J. A. V. M. A. 172, 934-939. - **6345.** Woodward, J. C., G. H. Collins, J. R. Hessler, 1974, Feline hereditary neuroaxonal dystrophy. Am. J. path. 74, 551-560. - **6346.** Woolf, L., 1966, Renal tubular dysfunction. C. C. Thomas, Springfield, Illinois. - **6347.** Wootton, J. A., R. R. Minor, D. F. Patterson, 1982, Studies of procollagen in skin of cats with a heritable defect in collagen fibrillogenesis. Fed. proc. 41, 3407. - **6348.** Wördemann, H., 1988, Dachshd. 43, 109. - **6349.** Worden, A. N., P. Noel, D. Jolly, 1968, Dogs. In: Lane-Petter a.a.O. - **6350.** Workman, M. J., R. Robinson, 1991, Coat colours of the Cavalier King Charles Spaniel. Z. Tierz. Züchт. biol. 108, 66-68. - **6351.** Wosu, L. O., N. I. Ikebwe, 1990, Pattern of animal ownership in the Nsukka local government area of the Anambra state in Nigeria. Rev. d'élevag. méd. vét. pays trop. 43, 275-279. - **6352.** Wouda, W., M. Vandevelde, U. Kihm, 1981, Internal hydrocephalus of suspected infectious origin in young dogs. Zbl. Vet. med. A 28, 481-493. - **6353.** Wouda, W., M. Vandevelde, P. Oettli, J. J. v. Nes, B. F. Hoerlein, 1983, Sensory neuropathy in dogs. J. comp. path. 93, 437-450. - **6354.** Wouda, W., J. J. v. Nes, 1986, Progressive ataxia due to central demyelination in Rottweiler dogs. Vet. quart. 8, 89-97. - **6355.** Wouda, W., J. J. v. Nes, 1988, Progressive ataxia due to central demyelination in Rottweiler dogs. Tijds. diergen. 113, 959-961. - **6356.** Wragg, H. A., 1938, A reversed cat. Science 88, 475. - **6357.** Wriedt, C., 1925, Letale Faktoren. Z. Tierz. Züchт. biol. 3, 223-230. - **6358.** Wright, F. J. R. Rest, A. C. Palmer, 1973, Ataxia of the Great Dane caused by stenosis of the vertebral canal. Vet. rec. 92, 1-6. - **6359.** Wright, J. A., 1979, The use of sagittal diameter measurement in the diagnosis of cervical spinal stenosis. J. sm. an. pract. 20, 331-344. - **6360.** Wright, J. A., 1979, A study of the radiographic anatomy of the foramen magnum in dogs. J. sm. an. pract. 20, 501-508. - **6361.** Wright, J. A., 1979, Congenital and developmental abnormalities of the vertebrae. J. sm. an. pract. 20, 625-634. - **6362.** Wright, J. A., 1982, A study of vertebral osteophyte formation in the canine spine. J. sm. an. pract. 23, 747-761. - **6363.** Wright, J. A., D. G. Clayton Jones, 1981, Metrizamide myelography in sixty-eight dogs. J. sm. an. pract. 22, 415-435. - **6364.** Wright, J. A., S. E. Brownlie, J. B. Smyth, D. G. Jones, P. Wotton, 1986, Muscle hypertonicity in the Cavalier King Charles - myopathic features. Vet. rec. 118, 511-512. - **6365.** Wright, J. A., J. B. Smyth, S. E. Brownlie, M. Robbins, 1987, A myopathy associated with muscle hypertonicity in the Cavalier King Charles Spaniel. J. comp. path. 97, 559-565. - **6366.** Wright, J. C., 1991, Canine aggression toward people. Vet. clin. N. Am. SAP 21, 299-314. - **6367.** Wright, J. C., M. S. Nesselrote, 1987, Classification of behaviour problems in dogs. Appl. an. behav. sci. 19, 169-178. - **6368.** Wright, P. J., T. A. Mason, 1977, Usefulness of palpation of joint laxity in puppies as a predictor of hip dysplasia in a guide dog breeding programme. J. sm. an. pract. 18, 513-522. - **6369.** Wright, R. P., H. J. Wright, 1984, Paradoxic glucosuria in two Basenji dogs. Vet. med. SAC 79, 199-202. - **6370.** Wright, S., 1918, Color inheritance in mammals. J. hered. 9, 139-144. - **6371.** Wright, S., 1931, Evolution in Mendelian populations. Genet. 16, 97-159. - **6372.** Wrobel, K. H., M.F. ElEtreby, P. Günzel, 1975, Histochemische und histologische Untersuchungen an der Vagina der Beagle-Hündin während verschiedener Funktionszustände. Act. histochem. 52, 257-270. - **6373.** Wurm, A., 1972, Dachshd. 27, 181. -

6374. Wurm, A., 1973, Pers. Mitt. – **6375.** Wurster, K. W., K. Benirschke, 1968, Comparative cytogenetic studies in the Carnivora. Chromosoma 24, 336-382. – **6376.** Wurster-Hill, D., W. R. Centerwall, 1982, The interrelationships of chromosome banding patterns in canids, mustelids, hyena and felids. Cytogen. cell. gen. 34, 178-192. – **6377.** Wüstenberg, T., H. Rodenbeck, 1990, Canine Pyodermie. Kleintierprax. 35, 483-492. – **6378.** Wyers, M., A. L. Parodi, 1971, Intérêt des hémopathies malignes spontanées des carnivores domestiques en pathologie comparée. Expér. anim. 4, 341-350. – **6379.** Wyman, M., E. F. Donovan, 1969, Eye anomaly of the collie. J. A. V. M. A. 155, 866-869. – **6380.** Yajima, K., T. F. Fletcher, K. Suzuki, 1977, Canine globoid cell leukodystrophy. J. Neurol. sci. 33, 179-197. – **6381.** Yakely, W. L., 1978, A study of heritability of cataracts in the American Cocker spaniel. J. A. V. M. A. 172, 814-817. – **6382.** Yakely, W. L., M. Wyman, E. F. Donovan, N. S. Fechheimer, 1968, Genetic transmission of an ocular fundus anomaly in collies. J. A. V. M. A. 152, 457-461. – **6383.** Yakely, W. L., G. A. Hegreberg, G. A. Padgett, 1971, Familial cataracts in the American Cocker Spaniel. J. Am. an. hosp. ass. 7, 127-135. – **6384.** Yamada, T., K. Shirota, M. Matsuda, T. Takahashi, M. Ogata, Y. Nomura, T. Suzuki, H. Yamamoto, 1986, A case of feline IgA-monoclonal gammopathy associated with Bence Jones proteinuria. Jap. J. vet. sci. 48, 637-641. – **6385.** Yamada, T., M. Matsuda, T. Samata, R. Tsuchiya, K. Kobayashi, 1988, Immunochemistry and physiochemistry on a feline monoclonal IgA and Bence Jones proteins. Jap. J. vet. sci. 50, 63-69. – **6386.** Yang, T. J., 1978, Recovery of hair coat color in Gray Collie-normal bone marrow transplant chimeras. Am. J. path. 91, 149-153. – **6387.** Yankell, S. L., R. M. Schwartzman, B. Resnick, 1970, Care and breeding of the Mexican hairless dog. Lab. an. care 20, 940-945. – **6388.** Yankell, S. L., I. Khemani, M. M. Dolan, 1970, Sunscreen recovery studies in the Mexican hairless dog. J. invest. dermat. 55, 31-33. – **6389.** Yashon, D., E. Small, J. A. Jane, 1965, Congenital hydrocephalus and chronic subdural hematoma in a dog. J. A. V. M. A. 147, 832-836. – **6390.** Yasuba, M., K. Okimoto, M. Iida, C. Itakura, 1988, Cerebellar cortical degeneration in Beagle dogs. Vet. path. 25, 315-317. – **6391.** Yasuda, P. H., C. A. Rosa, D. M. Myers, R. M. Yanaguita, 1980, The isolation of leptospires from stray dogs in the city of Sao Paulo. Int. J. zoon. 7, 131-134. – **6392.** Yeary, R. A., W. Swanson, 1973, Aspirin dosages for the cat. J. A. V. M. A. 163, 1177-1178. – **6393.** Yeatts, J., 1986, Multiple developmental skeletal anomalies in a cat. Vet. rec. 119, 303-304. – **6394.** Yeatts, J. W., 1991, Distribution of bitches' nipples. Vet. rec. 128, 460. – **6395.** Yoder, J. T., C. R. Dragstedt, C. J. Starch, 1968, Partial colectomy for correction of megacolon in a cat. Vet. med. SAC 63, 1049-1052. – **6396.** Yoffe, B., 1991, Encourages support of pet overpopulation ordinance. J. A. V. M. A. 199, 674. – **6397.** Yoshimura, H., N. Akao, K. Kondo, Y. Ohnishi, 1980, Human dirofilariasis in Japan. Int. J. zoon. 7, 107-114. – **6398.** Young, C. A., 1991, Verbal commands as discriminative stimuli in domestic dogs. Appl. an. behav. sci. 32, 75-89. – **6399.** Young, G. B., 1955, Inherited defects of dogs. Vet. rec. 67, 15-24. – **6400.** Young, G. B., 1971, Cryptorchidism in dogs. Carn. gen. nwsl. 2, 38-40. – **6401.** Young, L. E., M. R. Christian, D. M. Erwin, W. R. Davies, W. A. O'Brien, S. N. Swisher, C. L. Yuille, 1951, Hemolytic disease in new born dogs. Blood 6, 291-313. – **6402.** Young, M. W., 1977, The stray dog problem. In: Anderson a.a.O. – **6403.** Young, M. D., 1991, Umbilical hernias in shih tzus. Vet. rec. 129, 204. – **6404.** Young, P. L., 1978, Squamous cell carcinoma of the tongue of the cat. Austr. vet. J. 54, 133-134. – **6405.** Yu, T. J., L. Berger, A. B. Gutman, 1966, Defective conversion of uric acid to allantoin in the Dalmatian dog. Arthr. rheum. 9, 552. – **6406.** Yü, T., A. B. Gutman, L. Berger, C. Kang, 1971, Low uricase activity in the Dalmatian dog simulated in mongrels given oxonic acid. Am. J. phys. 220, 973-979. – **6407.** Yuhki, N., S. J. O'Brien, 1988, Molecular characterization and genetic mapping of class I and class II MHC genes of the domestic cat. Immunogen. 27, 414-425. – **6408.** Zähner, L., 1987, Hunde 103, 965. – **6409.** Zähner, L., Hunde 105, 1387. – **6410.** Zaki, G., W. F. Connelly, 1989, Hunde 105, 1134. – **6411.** Zaki, F. A., W. J. Kay, 1973, Globoid cell leukodystrophy in a miniature poodle. J. A. V. M. A. 163, 248-250. – **6412.** Zanesco, S., P. Schawalder, J. Zapf, J. Girard, C. V. Tscharner, J. E. Eigenmann, 1974, Beitrag zum hypophysär-bedingten Zwergwuchs beim Deutschen Schäferhund unter spezieller Berücksichtigung diagnostischer Aspekte. Kleintierprax. 29, 3-14. – **6413.** Zanesco, S., U. Freudiger, 1985, Der intravenöse Glucose-Toleranztest und Insulin-Antwort bei Hunden. 1. Kleintierprax. 30, 335-353. – **6414.** Zanesco, S., U. Freudiger, 1986, Der intravenöse Glucose-Toleranztest und die Insulin-Antwort bei Hunden, 2. Kleintierprax. 31, 51-58. – **6415.** Zeller, G., 1990, Die Gefährdung von Menschen durch tollwütige Tiere in den sächsischen Bezirken Dresden, Chemnitz und Leipzig. Mh. Vet. med. 45, 819-822. – **6416.** Zeller, G., J. Kant, D. Lötsch, 1990, Die Fuchstollwut in den Stadtkreisen der ehemaligen DDR. Mh. Vet. med. 45, 720-725. – **6417.** Zenzes, W., Schreiber, W. Küpper, 1989, Verknöcherungskerne am Radius als Lahmheitsursache bei Rottweilerhunden. Prakt. Ta. 70, 40-43. – **6418.** Zetner, K., 1991, Die Möglichkeiten und Grenzen der Tierzahnheilkunde in der Kleintierpraxis. Berl. Münch. tierärztl. Wschr. 104, 98-101. – **6419.** Zetner K., A. Gaspar, 1987, Diagnostik und Therapie des Pemphiguskomplexes in der Mundhöhle. Prakt. Ta. 68, 66-73. – **6420.** Zielke, V., 1981, Uns. Rassehd., 37. – **6421.** Zimbelman, R. G., J. H. Sokolowski, W. Jöchle, 1975, Dialog. Can. pract. 2, 4-8. – **6422.** Zimen, E., 1975, Wld. u. Hd. 77, 884. – **6423.** Zimen, E., 1976, On the regulation of pack size in wolves. Z. Tierpsych. 40, 300-341. – **6424.** Zimen, E., 1978, Der Wolf. Meyster Vlg., Wien. – **6425.** Zimmer, E. A., W. Stähli, 1960, Erbbedingte Versteifung der Wirbelsäule in einer Familie Deutscher Boxer. Schweiz. Arch. Thierhlk. 102, 254-264. – **6426.** Zimmermann, E., 1973, DD-Blätt. 51, 147. – **6427.** Zimmermann, H., 1933, Das Lexikon der Hundefreunde. Verl. „Mensch und Tier", Berlin. – **6428.** Zingeser, J. A., 1986, Efficacy of mitoban in the treatment of demodectic mange. Can. pract. 13, 39-41. – **6429.** Zins, G. R., I. M. Weiner, 1968, Bidirectional urate transport limited to the proximal tubule in dogs. Am. J. phys. 215, 411-422. – **6430.** Zistel, E., 1975, Controlling pet population. J. A. V. M. A. 167, 236. – **6431.** Zook, B. C., B. R. Sostaric, D. J. Draper, E. Graf-Webster, 1983, Encephalocele and other congenital craniofacial anomalies in Burmese cats. Vet.med. SAC 78, 695-701. – **6432.** Zulueta, A., 1949, The hairless dogs of Madrid. Proc. VIII. congr. genet., 687-688. – **6433.** Zuschneid, K., 1977, Zur Hüftgelenksdysplasie beim Deutsch-Drahthaarigen Vorstehhund. Berl. Münch. tierärztl. Wschr. 90, 409-414. – **6434.** Zuschneid, K., 1980, DD-Blätt. 58, 23. – **6435.** Zuschneid, K., A. Bayer, E. Schäffer, 1976, Sinnes- und verhaltensphysiologische Beobachtungen am Jagdhund. Berl. Münch. tierärztl. Wschr. 89, 462-465, 469-471.

G. Sach- u. Nachschlagregister

A

Abessinier-Katze 359, 365, 382, 397
Abessinischer „Wolf" 116
Abiotrophie = Gewebstod 178
Acanthosis nigricans = Schwarzwucherhaut 230
Achalasie = Speiseröhrenerweiterung 178
Achondroplasie, Chondrodystrophie 178
Addisonsche Krankheit 178
Adenohypophyse = Hirnanhang, Drüsenteil 205, 282
Adenokarzinome 312
Adenom = Drüsige Wucherung 312
Adnexe 269
Affenhunde 75
Affenpinscher 83, 305
Afghanen 201, 252
After-Harnwegfistel 178
Afterkralle 85
Agenesie = Fehlen eines Organs 395
Aggressionsformen 35-37, 153-158, 225, 266, 287, 313, 356, 379, 388, 395
Agility 189
Agouti-, Wildfarbe 135, 382
Airedale Terrier 83, 310
Akita Inu 165, 168
Akrodermatitis 144
Akromegalie 271
Akromelanismus 386
Akroosteolysis 265
Akropathie, Zehennekrose 265
Akupunktur 336
Alaska Husky 167
Alaskan Malamute 165, 169
Albinismus 144, 386
Algenvergiftung 149
Allantoin = Purinabbaustoff 147
Allele 115, 117, 119, 372, 375-379
Allergie 90, 143, 149, 310, 391, 404
Alles-oder-Nichts-Merkmal 151
Allround-Hund 261
Alopezie = Haarschwund 89, 142, 178, 231, 302
Alpirod 167
Altdeutscher Schäferhund 121, 205
Altersschwachsinn 108
Altersstruktur 176

Altersvergleich Mensch/Hund 109
Amaurotische Idiotie 145, 396
Amblyopie = Schwachsichtigkeit 178, 387
American Cocker Spaniel 267
American Hairless Terrier 321
Ammenaufzucht 192, 194, 341
Ammenmärchen 160, 401
Amputation 84, 371
Amputationsneurome 82
Amyloidose = Amyloideinlagerung 145, 245, 398
Anabole Hormone 250
Analbeutel 90
Analdrüsentumor 269
Aneuploidie 140
Anfälle, S. Epilepsie 145, 206, 312, 326, 396
Angiom = Gefäßgeschwulst 204
Angora-Katze 382, 385
Angstbeißer 153, 156, 158
Ankylostomiasis = Hakenwurmbefall 412
Anöstrie 97
Anthrakose 282
Antivitamine 396
Anti-Welpen-Pille 348
Antikörpertiter 183
Anulus fibrosus = sehniger Rand der Bandscheibe 227
Anurie = Schwanzlosigkeit, S. dort
Aortenstenose = Enge der Hauptschlagader 177, 178, 395
Apfelkopf 52
Aphakie, Fehlen der Linse 178
Appenzeller Sennenhund 100, 297
Arachnodaktylie = Spinnengliedrigkeit 178
Argentinische Dogge 291
Arrhythmie 91, 207
Art der Hundehaltung 18, 40, 44
Arteriosklerose 245
Arthropathie = Gelenkserkrankung
Aspermie = Samenlosigkeit 93
Aspirin 400
Asthenospermie = Samenschwäche 96
Asthma 310, 404
Ataxie = Koordinationsstörung 142, 145, 178, 272, 385, 396
Atembeschwerden 57, 58, 283, 300, 330
Atlas-Subluxation 55

Sach- und Nachschlagregister 511

Atopie, Allergie 143, 310
Atresia ani = Fehlen des Afters 178, 395
Atrioventrikularklappen = Kl. zwischen
  Kammer u. Vorhof
Auge, Sehvermögen H 66, K 364
Augenzittern = Nystagmus, S. dort
Ausstellungen 169, 171, 172, 355, 382
Australian Shepherd 121, 214
Australian Terrier 320
Autoimmunanämie 142
Autoimmunisierung 142, 398
Axonopathie 272, 299

B

Bakterielle Zoonosen 407
Balihund 116
Balinesen 388
Bambuswirbelsäule 279
Bandscheibenvorfall 226, 270, 399
Bandwürmer 409
Barbiturate 149
Bärenhund 165, 204
Bärentatzigkeit 86
BAOS 57
Barsoi 209, 251
Basaliom = Basalzellgeschwulst 310, 386
Basenji 143, 164
Basset Hound 235
Bastarde 99, 107, 172, 343
Beagle 97, 176, 228, 237
Bearded Collie 210
Beauceron 86, 208, 209
Bedlington Terrier 144, 310, 315
Beinamputation 84, 371
Beißhemmung 153, 190, 366
Beißstatistik 36, 37, 186
Belgische Griffons 305
Bergamasker 217, 292
Berger des Pyrénées 209, 217
Bernhardiner 51, 89, 100, 101, 136, 271, 291
Berner Sennenhund 100, 154, 297
Beutelwolf 113
Bichons 328
Binnenhodigkeit = Kryptorchismus
Biochemische Genetik 140, 397
Birma 388
Black-and-tan-Terrier 300, 321
Blasenkrebs 312
Blastozysten 99
Blaugrauer Dobermann 131

Blauvererber, Hovawart 295
Blenheim-Spaniel 332
Blepharophimose 310
Blesse 165, 297
Blindenhund 158, 266
Blue-dog-Syndrom 131
Blue eye 252
Bluterkrankheit = Hämophilie, S. dort
Blutfettgehalt 145, 245, 303
Blutgerinnungsstörungen 136-139, 397
Blutgruppen 140, 397
Bluthochdruck 245
Bluthund 89, 236
Blutvolumen 106
Bobtail = Old English Sheepdog 83, 121, 215
Bodenjagd-Statistik 225
Bombays 388
Bordeauxdogge 83, 286
Border Collie 214, 215
Boston Terrier 53, 68, 83, 315
Bouvier 300
Boxer 56, 83, 92, 107, 231, 271, 272
Brachygnathia inferior = verkürzter
  Unterkiefer 56
Brachyurie = Schwanzverkürzung, S. dort
Brachyzephalie = Kurzschädeligkeit 51, 362
Bracke 235
Branchialfisteln 396
British Blue, S. Kartäuser
Bronchushypoplasie 58
Bronze-Syndrom 147
Brunstdauer H 97, K 367
Brunstverhinderung 98, 349
Brustkrebs 111, 231, 268
Bulldog, Engl. 40, 43, 225
Bullmastiff 286, 288
Bullterrier 82, 313
Bundesverdienstorden, Ehrennadel 189, 192, 318
Burma 387, 388

C

CACIB 171
Cairn-Terrier 145, 315
Calcinosis circumscripta 204, 399
Camorristas 287
Calico-Foxhounds 121, 235
Canadian Hairless 391

Canicola-Fieber 408
Caniden = Hundeartige 112
Canis over-familiaris 337
Canis rufus 114
Caput femoris = Oberschenkelkopf
Cardigan-Corgi 77, 233
Cardiomyopathien 90, 177, 178, 282, 291, 364, 400
Caro-Auge 69, 289, 293
Carpus = Handwurzel
Cauda equina 198, 204
Cavalier King Charles Spaniel 332
CEA 210
Ceroid-Lipofuszinose 145
Cerumen = Ohrenschmalz
Chartreuse 389
Chediak-Higashi-Syndrom 131, 146, 213, 389
Chemorezeptoren 92
Cheyletiellose, Milben 382
Chihuahua 51, 58, 61, 317, 331
Chimären 373
Chincha-Bulldogge 285
Chinchilla-Mutation 389
Cholinesterase = Cholinspaltendes Ferment 148
Chondrodystrophie 51, 226, 329
Chondrosarkom = Knorpelkrebs 279, 281
Chorioides = Aderhaut des Auges
Chow-Chow 68, 173, 339
Chromosomen 112, 372
Chromosomenaberrationen 140, 178, 373
Cirneco dell'Etna 221
Cocker Spaniel 64, 267
Coitus H 92, 98, K 367
Coli-Enteritis 183
Colitis = Dickdarmentzündung 282
Collie 119, 121, 124, 126, 208-215
Collie-eye 210
Collie-nose 214
Colourpoint-Langhaar 388
Comforter 328
Computer-Dateien 126
Corgi 77, 121, 233
Cornea-Anomalien 68, 122, 283
Cornea-Dermoide 178, 203, 292, 330, 365
Cornea-Dystrophie 211
Corny Feet 310
Cortex = Rinde
Cortisches Organ 248
Coton de Tulear 328

Cruft's 169
Cushingsche Krankheit 89, 327
Cutis laxa = schlaffe Haut 69, 117, 399

D
Dachsbracke 235
Dackel 56, 84, 172, 223
Dalmatiner 147, 247
Dandie Dinmont Terrier 147, 224
Decklunst 54, 93, 284, 293
Deckverhalten 98
Deerhound 253
Defektzuchten 50, 126, 182, 340, 389, 393
Degenerationsfocus = Einschmelzungsherd 87
Demodikose = Haarbalgmilbenbefall 89, 138, 143, 231, 302
Dentinogenesis imperfecta 178
Dentition = Zahnen H 59, K 364
Depigmentierungsanomalien 94, 121, 131, 184, 209, 212, 232, 247, 291, 383
Dermatitis = Hautentzündung 57, 70
Dermatofibrose 178, 204
Dermatomykose, -phytose = Hautpilz 363, 409
Dermatomyositis 178
Dermoide = versprengte Hautinseln 178, 283
Dermoidzysten 246
Designer-Hund 70, 314
Deutsche Dogge 76, 89, 121, 125, 272, 290
Deutsch Drahthaar 83, 261, 262
Deutsch Kurzhaar 83, 145, 262
Deutsch Langhaar 83, 262, 264
Deutsch Stichelhaar 83, 257, 264
Deutscher Schäferhund 79, 86, 134, 153, 172, 185-205
Devon-Rex 390
Diabetes insipidus 178, 397
Diabetes mellitus = Zuckerkrankheit 230, 327, 397
Dicephalus, Diprosopus 395
Digitoxin = Kreislaufmittel 149
Dingo 112, 113, 165
Diploidie 112
Dipylidium caninum 411
Dirofilariose, Herzwurm 268, 412
Diskopathie = Bandscheibenerkrankung 226-229, 399
Diskusprolaps = Bandscheibenvorfall
Disposition und Resistenz, Erblichkeit 151, 183, 184
Distichiasis 68, 327

Sach- und Nachschlagregister

Distractio cubiti 229
Diuresestörungen 147
DMA-, DLA-Allele 142
DNA-Fingerprint 142
Dobermann 44, 76, 83, 89, 131, 272, 300
Doggenartige 271
Dolichozephale = Langschädler 51
Domestikation 115, 162, 370
Dominanz 117
Doping 250
Doppelbildungen 178, 395
Doppelnase 297
Doppelohren 394
Doppelsporn 86
Dorgis 234
Downface 313
Drahthaarkatze 389
Ductus Botalli persistens = Bestehenbleiben des embryonalen Kurzschlusses Aorta/Lungenarterie 178
Ductus cochlearis = mit Endolymphe gefüllter Innenohr-Schneckengang 121, 383
Dunkerhund 121
Dyshormonose = Hormonstörung 229, 276
Dysmelie = Gliedmaßenmißbildung 79, 178, 394
Dysplasie 86, 178
Dystokie = Schwergeburt, S. dort
Dystrophie = gewebsschädigende Störung

E

Echinokokkose 410
Ectopia = Verlagerung 168, 178
Ectrodaktylie, Gliedverkürzung 178
EEG = Elektroenzephalogramm 65, 206
Egyptian Mau 383
Ehlers-Danlos-Syndrom 117, 399
Einfuhrquarantäne 406
Ejakulat 92
Ekkrine Schweißdrüsen = schweißabsondernde S. 74
Eklampsie = Geburtskrämpfe 105, 230
Ektasie = Aushöhlung 123, 210
Ektropium 68, 69, 236, 264, 292
Ekzeme 63, 131, 267
Elchhund 165, 169, 198
Ellbogengelenksdysplasie 202, 299
Embryotransfer 369
Empfindlichkeit, Arzneimittel 148, 400
English Setter 262

English Toy Terrier 321
Entlebucher Sennenhund 100, 297, 300
Entropium 68, 71, 264, 299, 313, 339
Enzephalitis = Hirnentzündung 206
Enzephalomeningozele = Hirnbruch 178
Enzephalomyelitis = Hirn-Rückenmarksentzündung 142
Epagneul breton 175, 264, 267
Epicondylus = Gelenkfortsatz
Epidermale Dysplasie 131, 311
Epilepsie 155, 206, 245, 326, 396
Epiphora, Tränenfluß 67, 327, 362
Episkleralgefäß-Ektasie 122
Epitheliogenesis imperfecta 391
Epitheliom = epitheliale Geschwulst 310
Epuliden = Zahnfleischgeschwulst 280
Erblichkeitsgrad = Heritabilität, S. dort
Erblichkeit jagdlicher Eigenschaften 156, 260
Erythrozyten-Enzyme 141
Eskimohund 165
Eurasier 173, 339
Europäisch Kurzhaar 354, 357, 382
Euthanasie 108, 109, 158, 288, 349, 356
Evolution 112, 370
Exkretionsanomalie 146, 398
Exophthalmos, Glotzäugigkeit 68, 283, 317, 329
Exostosen = Knochenauftreibungen 179, 279, 396
Explorative Kontaktsuche 356
Extrahepatisch = außerhalb der Leber

F

Faking 325
Faktor VII, VIII, IX, X, XI, XII 136-139, 397
Falbkatzen 370
Falklandhunde 115
Fallots Tetrade = angebor. Herzfehler 178
Faltohrkatzen 395
Fanconi-Syndrom 165, 168
Fancy-Zucht 50
Farbaufhellergen 121, 131, 133, 212, 313, 383, 386
Farbformalismus 125, 134, 247, 273, 292, 293
Farbgen-Verteilung, Katzenpopulation 375-379
Farbvererbung H 132, K 382
Farbwahrnehmung 66, 364
Fazialisparalyse 178
Fehlfarben = s. Farbformalismus
Felinophile 371
Femurtrochlea = Kniegelenksrolle

Fettsucht 6, 108, 230, 270, 290, 327
Fibrosarkom = bindegewebige Geschwulst
Fila brasileiro 288
Finnenspitz 116, 169, 183
FIV 399
Flat pup-Syndrom 178
Flehmen 367
Flohallergien 143, 203, 412
FN 398
Fortbewegung, Hund 84
Founder-Effekt 119, 378
Foxhound 121, 235
Foxterrier 173, 305, 311
Fraktur 55, 85, 177, 270, 327
Franz. Bulldogge (Bully) 54, 76, 285
Frenulum penis persistens = Vorhautspange 178
Freßsucht 108, 327
Frühembryonale Fruchtresorption 103, 118, 335
Frühreife 116
Fuchs 114
Fundus = Augenhintergrund 72, 123, 129, 211
Furunkulose 203, 231
FUS = Feline Urological Syndrome 398
Futtermittelallergien 332, 400

G
G-6-PD-Mangel 144
Gae-Wolf 43
Galactocerebroside 145
Galgo espagnol 253
Gametogenese = Keimzellenbildung 92, 373
Gammopathie 398
Gangarten 84
Gastritis 143
Gaumenmißbildung 57, 181, 275, 298, 315, 329, 396
Gebärmuttervorfall 282
Gebärvermögen 105, 369
Gebäude, Schäferhund 195
Gebiß H 59, K 363
Gebißkraft 59
Geburt H 104, K 369
Geburtsgewicht H 104, K 369
Gelenkwinkelung 86, 197
Gene 112
Generationsintervall 106
Genetische Distanz 379
Genotyp = individualspezifische Genkonstellation

Gen-Pool 242
Geriatrika 108
Germanenhund 296
Geschlechtschromosomen 113, 136, 372
Geschlechtsgebundener Erbgang 136, 372
Geschlechtsreife 97, 367
Geschlechtsverhältnis 103, 181, 193, 369
Gesetzentwurf (Heimtierzucht) 2, 343-351
Gesichtsekzem 305
Gesichtsfalten 57, 69, 267, 290, 330
Gesichtsspalten 275, 297
Gewebsverträglichkeit 142
Gewitter-Phobien 156
Gicht 147
Gigantismus 51, 162, 286, 292
Gingiva = Zahnfleisch 271
Glabella = Stirnabsatz = Stop 57, 68
Glanzmann-Krankheit 139
Glaukom = Grüner Star 71, 270, 309
Gliom = Hirn-Rückenmarksgeschwulst 282
Globoidzellen = abnorm pralle Zellen 145, 397
Glomerulopathie 168, 178, 270
Glukosidase 146
Glutathion 143
Glutensensitivität 90
Glykolvergiftung 149
Gnotobioten = kaiserschnittgeborene SPF-Tiere 237, 367
Golden Retriever 265
Goldschakal 112, 162
Gonaden, dislozierte 95
Granulom 169, 302
Granulopoietin 214
Granulozyten = weiße Blutkörperchen
Granulozytopathie 146, 184, 212, 389
Grauer Star = Linsentrübung 121, 178, 230
Gray-Collie-Syndrom 184, 212
Greisenalter 111
Greyhound 249
Griffon 262
Grisfuchs 114
Groenendael 205
Großer Schweizer Sennenhund 100, 297
Grüner Star = Glaukom, S. dort

H
Haarfollikeldysplasie 179
Haargewicht 88
Haarkleid 88, 363, 382
Haarlänge, Vererbung 226, 382

Haarlosigkeit 333, 391
Haarwuchs, exzessiver 218
Hakenwürmer 412
Halbgeschwisterpaarung 243
Halblanghaar 382
Halloween 388
Halswirbel, -stenosen 75, 272
Hämangiom = Gefäßgeschwulst 204, 280
Hämarthros 138
Hämatokrit = korpuskulärer Anteil im Blut 106
Hämatom = Blutbeule 63, 252
Hämatopoese = Blutbildung
Hämolyse = Blutzersetzung
Hämophilie = Bluterkrankheit 136, 397
Hämorrhagische Diathese = abnorme Blutungsbereitschaft 138
Hängen der Hunde 92
Hängeohren 63, 64, 221, 236, 394
Hannoverscher Schweißhund 263
Haploid 112
Hardy-Weinberg-Gleichgewicht 79, 375
Harnleiterverlagerung 168, 178
Harnsteine H 94, 146, 230, 247, 284, K 398
Harnverhalten 392
Hasenscharte 275
Hautfaltenbildung 57, 69, 236, 330, 362
Hautläsionen 117, 131, 386
Hautmaulwurf 412
Hautpilz = Dermatomykose, S. dort
Hauttumoren 268, 280, 310, 386
Havana 389
Hecheln = Tachypnoe = beschleunigtes Atmen 91
Heidewachtel 264
Heimtiere 41, 25, 343
Helminthosen 409
Hemimelie = Gliedmaßenverkürzung 179
Hemivertebra, Keilwirbel 76, 179
Hemizygotie = XY-Konstellation 136, 372
Hepatektomie = op. Entfernung der Leber
Hepato-Enzephalopathie 179, 396
Hepatozyten = Zellen in der Leber
Heritabilität = Erblichkeitsgrad 62, 150, 152, 200, 202, 207, 260, 276, 379, 381
Hermaphroditismus = Zwittertum 96, 270, 373
Hernien, Leistenbruch etc. 179, 182, 396
Herzattacken, Syncope 92
Herzbasistumor 92, 281
Herzfehler 179

Herzgeräusche 282, 332
Herzgewicht 90, 241, 367
Herzklappenerkrankung 177, 179, 231, 232, 291, 315
Herzruptur 231
Herzschrittmacher 92
Herzvitien = Herzleiden, -fehler, S. dort
Heterochromia iridis = Verschiedenfarbigkeit der Iris = Iris bicolor 122, 166, 385
Heterosiseffekt 107, 210, 293, 343
Heterozygotie 117, 121, 124, 241
High-Rise-Trauma-Syndrom 366
Hirnbrüche = s. Enzephalomeningozele
Histiozytom = Geschwulst des Retikuloendothelialen Systems 231, 281
Histiozytose 282, 298
Histokompatibilität = Gewebsverträglichkeit, S. dort 142
Hitzestress 56, 57, 91
Hodenabstieg = Descensus testis 95, 367
Hodentumoren 95, 274
Homozygotie 117, 124
Hornhautgeschwür des Auges 68, 283, 290
Hornhautsequester 362
Hörschwelle 65, 365
Hörverlust 66, 124, 136, 248, 313, 383
Hovawart 200, 295
Hubertushund 236
Hüftgelenksdysplasie HD 86, 151, 197, 265, 278, 399
Humerus = Oberarmknochen 85
Hungervermögen 89
Hund als Fleisch- und Pelzlieferant 42
Hundebisse 35, 288, 314, 345
Hundedichte 8, 9, 17
Hundedichte und Arbeitslosigkeit 13
Hundedichte im Ausland 26
Hundedichte und Einwohnerdichte 13, 18
Hundedichte und Hundesteuer 17
Hundedichte und Vermögensstruktur 25
Hundegebell 39, 164
Hundehaltung und Gewaltkriminalität 44, 287
Hundehaltung, Motivation 40
Hundehaltung und Umwelt 33, 350
Hundekämpfe 287, 313
Hundewettrennen 249
Hyänenhund 112, 197
Hybridisation = Kreuzung, S. dort
Hydatiden = Wurmblasen 410
Hydrophthalmus = Augapfelvergrößerung

Hydrozephalus = Wasserkopf 52, 53, 285, 317, 331, 362, 396
Hyperkortizismus 89, 327
Hyperkeratose = Verhornung 230, 327
Hyperlipämie = Fettstoffansammlung im Blut 145, 397
Hyperlipidämien 245, 303
Hypersexualität 98
Hyperthermie, maligne 92, 149
Hypertrichie 218
Hyperurikämie = erhöhter Harnsäurespiegel 147
Hypoglykämien 105, 318
Hypoplasie = Unterentwicklung
Hypotrichie = Haarmangel 179, 253, 390
Hypospadie = Harnröhrenspalte 96, 179
Hypothyreose = Schilddrüsenunterfunktion 179, 230, 253
Hypoxie = Sauerstoffmangel 206
Hysterische Lahmheit 88

I

Iatrogen = durch den Arzt verursacht
Ichthyosis congenita 179
Identichips 350
Idiopathisch = eigenständig, nicht symptomatisch
Idiopathische Enteritiden 90, 165, 183, 282
Idiosynkrasien 148, 400
Iditarod 167
Ikterus neonatorum = Gelbsucht der Neugeborenen 141, 397
Immunabwehrkräfte 183
Immundefizit 89, 131, 184, 203, 335
Immunglobuline 142, 399
Impotentia coeundi = Begattungsunvermögen 54, 93, 95, 98, 368
Inaktivitätsosteoporosen 87
Infantizid 314, 368
Infektion und Resistenz 183
Infektionsstein 147
Inkontinenz = Harnträufeln 98, 168, 272, 301
Innenohrdefekte 66, 124, 248, 313, 385
Inselzellneoplasie 281
Interdigital = zwischen den Zehen 86
Intersexualität 140, 179, 237, 270, 373
Intertrigo = Rötung zwischen Hautfalten 70, 231
Intracranielle Geschwülste = G. mit Sitz in der Schädelhöhle 52, 206, 282

Intralingual = in die Zunge hinein 75
Intraokulär = im Auge
Intrauterine Sensibilisierung = Unverträglichkeitsreaktion zwischen Mutter und Frucht 141, 397
Inzucht 102, 107, 119
Inzuchtdepression 107, 243
Inzuchtgrad 242
Iris 71
Iris bicolor 122, 166, 385
Irischer Wolfshund 253
Irish Setter 119, 262
Irish Spotting 165
Irish Water Spaniel 323
Iriskolobom 121, 179
Iriszysten 266
Italienisches Windspiel 253

J

Jack-Russel-Terrier 321
Jagdeignung 156, 225, 260
Jagdhundehaltung 44, 262
Jagdkynologie 255, 259
Jagdterrier 305, 309
Jagdunfälle 256, 257
Japan Chin 329
Jungs vom Kiez 287
Juxtapapillär = neben der Papille

K

Kaiserschnitt 54, 105, 271, 282, 286, 293
Kalkgicht 204
Kalorischer Erhaltungsbedarf 105
Kalziumphosphatsteine 147
Kampfhunde 2, 37, 287, 314, 345
Kampftrieb 36, 155, 191, 288, 298, 301, 313
Kanaanhund 163
Kannibalismus 159, 314
Kanzerogen = karzinogen = krebserregend
Karabasch 218
Karakulschur 322
Kardiovaskulär = Herz und Gefäße betreffend
Karelische Bobtail 393
Karies 60
Karpalbereich = Handwurzel
Karpal-Lahmheiten 251, 301
Kartagenersyndrom 179
Kartäuserkatze 389
Karyogramm 113
Karyotyp 112, 372

Sach- und Nachschlagregister

Kastration, Sterilisation 36, 95, 98, 157, 272, 347, 348, 368, 372
Katarakt = Grauer Star, S. dort
Katzendemographie 376
Katzenfleisch 357
Katzenhaltung 25, 353
Katzenkratzkrankheit 406
Katzenpogrome 371
Katzenpopulation 353, 376
Katzenseuche 396
Katzensozietäten 355
Kaspar-Hauser-Syndrom 368
Kastrat 348, 370, 372, 398
Kaumuskulatur 58
Keeshond 146, 207
Kehlkopfdeckel-Arretierung 330
Kehlkopfverengung 58, 330
Keilwirbel, S. Hemivertebra
Kelpie 114
Kennelosis 153, 239
Keratitis = Hornhautentzündung 68, 203, 232, 290, 315
Kerato-Acanthom 168, 203
Keratokonjunktivitis = Hornhaut- u. Bindehautentzündung 68, 302, 329
Kerry Blue Terrier 310, 312
Key-Gaskell-Syndrom 365
Khmer = Colourpoint Langhaar, S. dort
Kiefergelenk 237
Kieferwachstum, unharmonisches 56, 362
Kindersatz 337
Kinderschutzbund 402
King Charles Spaniel 332
Kippohroperation 82
Klappendefekte 177, 179, 231
Kleinhirnhypoplasie 179, 396
Klinefeltersyndrom 140, 372
Knickschwanz, Knoten- H 76, 232, 285, K 388
Kniescheibenverrenkung 87, 333, 390, 399
Knochenbruch-Disposition 55, 85, 168, 177, 251, 270, 320, 327
Knochentumoren 271
Kojote 112, 162
Kolobom = Spaltbildung 121, 179, 210
Komondor 218
Komplementvarianten 142
Kongenital = angeboren
Königspudel 323
Konkordanz, Hasenscharte 298
Konkordanz, Tumorfrequenz 281

Kooiker-Hund 299
Koprophagie 154
Kopulationsschrei 368
Korat 388
Korektopie 122
Körpergewicht, Hund 52, 105
Körpergröße 51, 105, 150, 357
Körpergröße und Wurfstärke 100
Kot-Phobie 34, 402
Krallenamputation 366
Krallenbeintumoren 304, 327
Krallenwachstum, exzessives 70
Krankenversicherung 108
Krankheitsresistenz 151, 184
Kratzgewohnheiten 381
Kraushaar 88, 310, 323
Krebsdisposition 52, 95, 109, 176, 231, 268-269, 271, 279-282, 310, 326, 355, 386
Kretinismus 151, 162, 397
Kreuzbandrisse 88, 333
Kreuzung Hund/Wildhund 113, 162, 166, 324
Kreuzung Katze/Wildkatze 357
Kreuzungen 107, 108, 321, 339, 343
Kromfohrländer 321
Kryptorchismus = Binnenhodigkeit 95, 274, 373, 396
Künstliche Besamung 93, 368
Kupfervergiftung, endogene 144, 315
Kupieren der Ohren, Schwänze 64, 79, 215, 301
Kuvasz 217, 295, 316

L

Labrador Retriever 85, 135, 200, 202, 265, 292
Labyrinthitis 66
Laekenois 205
Laforasche Myoclonien 146, 208
Lagophthalmus 267
Laika 165, 169
Landseer 293, 294
Langhaarkatzen = Perser, S. dort
Langzeitversuche 241
Lapinkoira 168
Lappenhund 168
Larva migrans cutanea 412
Larva migrans visceralis 412
Lateral = außenseitlich
Läufigkeit 97, 349
Läufigkeitsprolaps 282
Lautlose Sichtjagd 249, 310
Lebensalter H 109, K 370

Lebenserwartung 176
Leckgranulom 302, 388
Lefzenekzem 269
Leiomyom = Muskelzellgeschwulst 281
Leistungsprüfungen SV 189
Lentigo 179, 373
Leonberger 294
Leptospirose 407
Letalfaktor = todbringende Erbanlage 103, 212 336, 392
Leukodystrophie 145, 315
Leukoenzephalomyelopathie 299
Leukokorie 315
Leukose = Leukämie 269, 280, 399, 407
Leukozytenantigen 142
Lhasa Apso 329
Liegebeulen 291
Ligamentum teres = Hüftgelenksband 86
Linsenluxation 71, 305
Linsentrübung = Grauer Star
Lipidmetabolismus = Fettstoffwechsel
Lipodystrophie 145, 396
Lipofuszinose = Alterspigmenteinlagerung 145
Lipom = Fettgeschwulst 245
Locus = Genort auf den Chromosomen
Löwenhunde 245, 328
Lückenschädel 52
Lundehund 86, 169
Lungentorsion 90
Lupus erythematodes = Zehrrose 142
Lustjagd 256, 258
Lymphödem 179
Lymphom = Lymphozytengeschwulst 280
Lysosomale Erkrankung 145, 208, 397
Lysosomen = Zellorganellen
Lyssa 74

M

Magen H 89, K 366
Magenkrebs 90, 208
Magen- und Milzverdrehung 89, 291
Magyar Viszla 264
Maine Coon 357
Maladaptive Attribute 65, 267
Maligne Hyperthermie 92, 149
Malinois 205
Malocclusion 56, 305, 362
Malteser 320, 328
Mammatumor = Brustdrüsengeschwulst 231, 268, 280, 326, 400

Manchester Terrier 321
Mangelwürfe 275
Mannosidose 397
Manx-Katze 391
Maremmaner 217, 295
Markergene 183
Mastdarm-Harnröhrenfistel 284
Mastiffs 286
Mastin espagnol 287
Mastino napoletano 286
Mastozytom = Mastzellgeschwulst 281
Matroklinie 233
Medial = innenseitlich
Megacolon 395, 399
Megaoesophagus 178, 265
Melanoblasten = unreife Melanozyten
Melanom = Melanozytengeschwulst 268, 310
Melanozyten = pigmentbildende Zellen
Membrana nictitans = 3. Augenlid 66, 130
Membrana pupillaris persistens = persistierende embryonale Pupillarmembran 164, 180
Mendelgenetik 117, 132, 134, 150, 244
Menschenfloh 412
Merlefaktor 1, 94, 103, 121, 209, 214, 217, 232, 235, 290, 300, 304, 341
Merzungen 3, 103, 125, 134, 167, 192, 194, 209, 247, 251, 263, 273, 293, 297, 340, 341
Metrorrhagien 97
Meutehunde 36, 156, 158, 221, 235, 237
Mikrokorie 122
Mikrokornea 122
Mikrophthalmus = Augapfelverkleinerung 121, 122, 124, 179, 210, 302, 313
Mikrosporie 409
Miktionsstörungen 227, 392, 398
Milbenbefall 382
Milchdrüsen 103, 341
Milchleistung 104
Mischlinge 99, 107, 172, 175, 343
Mißbildungen 178, 180, 394
Molera 55, 317
Molosser 286, 297
Mops 52, 53, 68, 289
Mosaiken 123, 373
Mucinosen 70
Mucopolysaccharidosen = krankhafte Speicherung von Bindegewebsvorstufen 146, 397
Mumps 406
Mundgeruch 327

Sach- und Nachschlagregister

Mundhöhlenstörungen 327
Münsterländer 264
Mc. = Musculus = Muskel
Mc. gracilis = Einwärtszieher, hinten 252
Musher 167
Muskeldystrophie 179, 266, 300
Muskelrisse 252
Mutation 51, 115, 376
Mutzschwanz 300
Myasthenia gravis = schwere Muskelschwäche 143, 179, 266, 398
Myelin, Mark 142, 179
Myelinschäden 142, 179, 340
Myelopathie 204, 312
Mykosen, Pilzbefall 263, 268, 382, 409
Myopathie = Muskelerkrankung 179, 264, 266, 312, 397
Myositis = Muskelentzündung 59, 203
Myotonie, Muskelkrampf 340

N

Nabel-, Leistenbrüche 96, 179, 182, 232, 396
Nachdunkeln der Katzen 387
Nachhandparalysen 200, 204, 271, 392
Nackthund 50, 61, 333, 404
Nacktkatze 391, 404
Nanophthalmie = verkleinerter Augapfel 210, 302
Narkolepsie 326
Narkose 57, 149, 326
Nase, Geruchssinn 72, 362, 364
Nasenschwamm, pigmentloser 133, 136, 214, 247, 325
Nasenstenosen 57
Nasentumoren 58
Nebenhodenaplasie 179
Neoplasie = Neubildung, Geschwulst
Nephritis = Nierenentzündung 142, 168
Nephropathie = Nierenerkrankung, S. dort 270, 399
Nervendystrophie, ballonierende 385
Neufundländer 200, 265, 292
Neugeborenen-Sterblichkeit 102, 104, 368
Neugeborenes 103, 105, 368
Neuralleiste, Neuralrohr = Ursprung neuraler Strukturen
Neuroaxonale Dystrophie 272, 299
Neurodermatosen 302, 388
Neuropathie 145, 179
Nickhaut = Membrana nictitans, S. dort

Nierenamyloidose 70, 398
Nierenerkrankungen 70, 165, 168, 179, 270, 329, 396, 398, 399
Nierentransplantation 148
NOR 140
Nordland-, Schlittenhunde 165
Normalverteilung = Häufigkeitsverteilung 79, 94, 104, 106, 340, 341
Norwegische Waldkatze 383
Nucleus pulposus = Bandscheibenzentrum 226
Nystagmus 387

O

Ocicats 389
Odd-eyed 121, 385, 386
Odontogenesis imperfecta 63
Oesophaguslähmungen 178, 179, 265
Ohren, Gehör 65, 365
Ohrfistel 179
Olecranon = Ellbogenhöcker
Oligodontie 59
Oligospermie = verminderter Samengehalt 96
Opticushypoplasie 179, 328
Orchitis, Hodenentzündung 142
Orientalisch Kurzhaar 388
Orthotope Transplantation = Gewebsübertragung innerhalb derselben Art 138
Os penis = Penisknochen, S. dort
Osteoarthropathie 271
Osteochondritis dissecans, Schulterlahmheit 85, 299
Osteochondrose 85, 202
Osteodystrophie = bindegewebige Knochenveränderung 272
Osteogenesis imperfecta 146, 396
Osteomyelitis 61, 271
Osteopathie = Knochenerkrankung 179, 316
Osteopetrose 179
Osteophyten 279
Osteosarkom = Knochengeschwulst 271, 279
Östrus = Brunst, S. dort
Othämatom 63, 301
Otitis = Ohrenentzündung 64, 236, 267, 327
Otozephalie = Ohr-Kiefermißbildung 179
Otterhound 138, 310
Owtscharki 217
Oxalat-Harnsteine 147, 398

P

Pachymeningitis = verknöchernde Hirnrückenmarksentzündung 271
Pagoda-Eye 69
Palpebral-Hypertrichie 203
Pankreatitis = Bauchspeicheldrüsenentzündung 203, 230
Panmixie = Zufallspaarung 375
Pannus 203
Panostitis = Knochenentzündung 179
Panzerherz 90
Papilla fasciculi optici = Austrittsstelle des Sehnervs im Fundus = Blinder Fleck 72, 123
Papillenanomalie 123
Papillom = warzenförmige Hautgeschwulst 245
Papillon 86, 88, 100, 332
Papuahunde 165
Paralyse = schlaffe Lähmung
Parasitosen 382, 409
Parästhesie = taubes Gefühl, Kribbeln 403
Pariahund 163
Parodontose 61
Parvovirose-Risiko 184
Patella cubiti 202
Patellarluxation = Kniescheibenverrenkung, S. dort
Pectus carinatum 180
Pectus excavatum 397
Peke-faced Perser 362
Pekinese 51, 52, 68, 147, 329
Pektinektomie = Durchtrennung des Mc. pectineus 202
Pelgersche Kernanomalie 180, 397
Pemphigus 142, 214
Penetranz, variable 79, 122, 392
Penis, Penisknochen 94, 368
Penisvorfall 284
Perianalfisteln = F. im Afterbereich 203, 310
Perinatal = während, kurz vor oder nach der Geburt
Perinealhernien, Dammbruch 232
Periodontium = Zahnwurzelhaut
Perniziöse Anämie 144
Perser 362, 382
Perthessche Krankheit 87, 302
Perversionen 47, 166
Pet loss support hotline 109
Pet-Pollution, Petischismus 33, 42, 354
Phalène 332

Phänokopie = nichterbliche Mißbildung 79, 180, 396
Phänotyp = äußeres Erscheinungsbild 117
Pharaonenhund 221
Pharmakogenetik 148
Phasen der Entwicklung 153, 157, 191, 356
Pheromone 98
Phobie 403
Phosphofructokinase 143
Photosensibilisierung = Lichtempfindlichkeit 144, 397
Phylogenese 112, 141, 162, 370, 372
Physiologische Daten 91, 106, 240, 367
Pinscher 87, 300
Pit Bull 313
Plastikpenis 398
Plattenepithelkarzinom 310
Pleiotrop = mehrere Merkmale beeinflussend
Plumptyp, Katze 357
Pluripotenz 324
Pocken 407
Podenco 221
Pointer 134, 261
Points 387
Polycythämie 397
Polydaktylie = Vielfingrigkeit 86, 394
Polymorphismus = Nebeneinander mehrerer Formen in einer Population 141, 397
Polyneuropathien 180, 272
Polyodontie 62
Polypragmasie 326
Pomeranian 339
PON = Poln. Niederungshütehund 216
Populationsbegrenzung, Heimtiere 344-351
Populationsgenetik 117, 150, 244, 260, 375
Populationskontrolle 344-351
Porphyrie 144, 397
Portosystemischer Shunt 180, 396
Portugiesischer Wasserhund 323
Postnatal = nach der Geburt
Potenzschwierigkeiten 54, 93, 122
Präkaudaldrüse 116
PRA = Progressive Retinaatrophie, S. dort
Prämolaren 59, 61, 334, 364
Prämolarenjäger 299
Pränatal = vor der Geburt
Primäres Vitreum 302
Prince Charles Spaniel, Toy-Spaniel 57, 87, 315, 332
Problemzüchter 155

Processus anconaeus = Ellbogengelenkfortsatz
Progesteron = Sexualhormon 97
Prognathia inferior = Vorstehen des
  Unterkiefers, Vorbiß 56, 305, 362
Progressive Retinaatrophie = fortschreitender
  Netzhautschwund 118, 168, 183, 209, 265,
  315, 328, 365
Prostata 111, 312
Protozoen-Zoonosen 408
Pseudo-Albinismus 387
Pseudarthrose = Falschgelenk 197
Pseudohermaphrodit 270
Pudel 64, 89, 133, 134, 173, 322
Pudelkatze 391
Pudelpointer 263
Pukos 114
Puli, Pumi 218
Pulmonalisstenose = Enge der Lungenarterie
  178, 395
Pupillarmembran, s. Membrana pup. pers.
„Pußta"-Behaarung 218
Puschas 114, 324
Puwos 324
Pylorusstenose = Pförtnerverengung 180, 395
Pyodermie 203
Pyometra 97, 326, 349
Pyrenäen-Berghund 217, 294
Pyruvatkinase = Erythrozytenferment 143

Q

Quarantäne 406
Queensland Heeler 114

R

Rachitis 146, 272
Radiusverbiegungen 320
Ragdolls 389
Rangordnung 158, 192
Ranzzeit 367
Rassekatzen 354
Rassenanteile171, 354
Rassendisposition 50, 177, 182
Rassenentstehung 162
Rassenvergleich 175, 182
Rassestandard 49, 50, 170, 182, 340, 381
Rattenbeißer, Rattler 303
Reißnersche Membran = Begrenzung des
  Ductus cochlearis 383
Rekombinanter F VIII 138
Rektalpolypen 214

Relatives Hirngewicht 52, 116, 241
Relatives Organgewicht 241, 367
Relatives Risiko 228
Reproduktionspotential 98, 116, 340
Resistenz, angeborene 184
Retikulo-endotheliales System = omnipotentes
  Bindegewebe
Retikulozytose = Retikulozytenvermehrung
  (Erythrozytenvorläufer) 143
Retina 71, 118, 123, 211, 364
Retinadegeneration 119
Retinadysplasie 121, 210, 270
Retinitis pigmentosa 119
Retinopathien 118, 123, 211, 364
Retriever 85, 135, 202, 261, 265
Retrognathie 56
Rexkatze 389
Rezessivität 117
Rhinitis = Nasenentzündung 254
Rhodesian Ridgeback 245
Riesenschnauzer 99, 304
Ringelrute 232, 286
Ringwurm 409
Robertsonsche Translokation 140
Rolligkeit 367
Röntgen bei HD 198
Rottweiler 68, 200, 298
Rückenlinie, abfallende 86, 195
Rückkreuzung 119
Rundkopf 52, 337, 362
Russenterrier 108
Russisch-Blau 389

S

Sable-Collies 123
Salmonellosen 407
Saluki 252
Samojedenspitz 165, 339
Sandterrier 335
Sarkosporidien 408
Scapula = Schulterblatt
Schädelindex 51, 363
Scheckung, Vererbung 132, 134, 383
Scheidengeschwülste 269
Scheidenvorfall 282
Scheinträchtigkeit 230
Schensihunde 163
Scherengebiß 59
Schielen 68, 387
Schilddrüsenneoplasie 281

Schildpattkatzen 372
Schipperke 77, 83, 339
Schlachthunde 162
Schleppjagdmeute 235
Schlittenfahren 90
Schlittenhunde 165
Schlotter-Lefzen 236
Schluckbeschwerden 57, 300
Schlundstriktur 180
Schlundverstopfung 305
Schmetterlingsnase 313
Schmetterlingswirbel 76
Schnauzer 83, 87, 302
Schnauzer-Comedo-Syndrom 303
Schneeblindheit 168
Schnürenfell 218, 324
Schottenkrämpfe 311
Schußscheu 156, 261
Schutzhunde 37, 174, 190
Schutzhundprüfung 188
Schwachsichtigkeit = Amblyopie
Schwanzansatz 203
Schwanzdrüse 116
Schwanzlosigkeit 77, 215, 391
Schwanznekrose 80, 291
Schwanzwirbelmißbildungen 286
Schweinehund 321
Schweißdrüsen 74
Schweißdrüsentumoren 269
Schweizer Sennenhunde 85, 100, 297
Schwergeburten 53, 105, 282, 285, 292, 311, 315, 331, 362
Schwimmstörungen 124
Scottish Folded 355, 395
Scottish Terrier 105, 311
Sealyham Terrier 311
Seftigschwänder 297
Selektionsdifferenz 381
Selektionsdruck 378
Selektionserfolg 381
Selektionsvorteil 104, 376
Semiletalfaktor 103, 212, 335, 392, 394
Sensible Wachstumsphase 153
Sentinellen, Vorwarner 208, 269, 407
Septum = Herzkammerscheidewand
Septumdefekte 180
Serogenetik 141, 397
Sertolizelltumoren 95, 274
Shar-Pei 69, 118
Sharpei-fever 70

Sheltie 212
Shih-tzu 329, 330
Siamesen 386
Sibirischer Husky 165
SIBO 204
Silky Terrier 320
Sinnesanomalien 131, 157, 291, 302
Sinusarrhythmie = Syncope = unregelmäßige Herztätigkeit 207, 303
Situs inversus = seitenverkehrte Lage 180
Skye-Terrier 320, 330
Sloughi 252
Smoushond 304
Sodomie 47, 166
Somali 383
Somazell-Gentherapie 146
Sonnenbrand 333
Sozialisierungsphase 153, 192, 356
Spaltnase 297
Spaltungstheorie 112
Spanielwut 267
Spasmen 145, 311
Speichelzyste = Ranula 253, 327
Speicherkrankheiten 146, 397
Spermiendefekte 94
Spermienzahl 92
SPF = Spezifisch-pathogen-frei
Sphinx 391
Spina bifida = Spaltbildung der Wirbelsäule 76, 180, 284, 392
Spinale Dysraphie 266
Spinale Muskelatrophie 180, 264
Spinalparalyse 180
Spitze 165, 169, 339
Splenomegalie = Milzvergrößerung 143
Spondylarthritis ankylopoetica = knöcherne Verwachsung entzündeter Wirbel 279
Spondylitis, Spondylosis deformans 279
Spongiöse ZNS-Degeneration 180
Sprenkelung, S. Merlefaktor
Springer Spaniel 117, 267
Spulwürmer 412
Squamös = schuppenreich
Staffordshire Bullterrier 315
Staffordshire dogs 315
Standardbedingte Defektzuchten 1, 50, 182, 340
Staphylom = Hervorwölbung 211
Staupefolgen 208
Stauperesistenz 183

Sach- und Nachschlagregister 523

Stenose = Verengung
Sterilisation, Kastration 36, 347, 370, 372
Sterilität, Schildpattkater 372
Stimmbandlähmungen 300
Stimmbandoperationen 164
Stomatitis = Mundschleimhautentzündung 327
Stomatozytose 143, 180
Stop 57
Strabismus = Schielen, S. dort
Streuner 33, 38, 349, 356, 403
Stuart-Prower-Fehler 139
Stuhlbeinigkeit 86, 340
Stummelschwanz 77, 215, 216, 300, 391
Subluxation = unvollständige Verrenkung
Subvitalgen 103, 391
Succinylcholin = Muskelrelaxans 148
Südwolf 164
Super-Mini-Yorkshire 55, 317
Surfactant-Insuffizienz, Fading puppy 102
Syndaktylie = Finger-, Zehenverschmelzung
Synostose = knöcherne Verwachsung 180

T

Tachykardie = Herzrasen
Tagblindheit 168
Talgdrüsentumor 269
Tapetum cellulosum s. lucidum 71, 123, 364
Tapetum-Degeneration 123
Tarsalbereich = Fußwurzel
Tasthaare 389
Taubblindheit 121
Taubheit 66, 121, 232, 248, 291, 313, 383
Taurin 364
Taurinmangel 364
Teckelklub 225
Teckellähme 227
Telangiektasien, Gefäßveränderungen 180
Teletakt 155
Telom-Hunde 165
Temperament, abnormes 326
Temperatur und Pigment 387
Terrier 156, 305
Tervueren 205
Tetraparesen 312
Tetraplegien 330
Thai-Ridgeback 246
Theobromin-Intoxikation 149
Thorakolumbal = Brust-Lendengrenze
Thorax 75, 84
Thrombasthenie = Blutplättchendysfunktion 138
Thromboplastin = bei der Gerinnung aus Blutplättchen und Plasma gebildet 138
Thyreoiditis = Schilddrüsenentzündung 142
Tibet Terrier 93, 309, 328
Tibetspaniel 329
Tibia = Schienbein
Tiere als Therapie 40, 41, 45, 356
Tierelend 32, 345, 354, 403
Tierheime 30, 109, 350
Tier-Nekropole 108
Tierschutzbund 175, 289, 402
Tierzuchtgesetz 170, 343
Tigerdogge 121, 290
Tigerpinscher 304
Tigerteckel 94, 121, 232, 309
Tollwut 404
Tonkanesen 388
Tonsillarkarzinom 282
Tonsillitis 253
Tosa-Inu 165, 314
Totgeburten 100, 194, 369
Tötung von Welpen 103, 125, 194, 273, 340, 369
Tötungsbremse 159, 366
Toxocara = Spulwurm, S. dort
Toxoplasmose 408
Toy-Spaniel 57, 87, 332
Trachealkollaps 58, 330
Trächtigkeit H 99, K 368
Tränenfluß, S. Epiphora
Transferrine = eisentransportierende Globuline 141
Transfusion 141, 397
Transplantation 142, 244
Trichiasis 68, 329
Trichomegalie 270
Trichophytie 409
Tricolorkatzen 372
Trisomien 140, 373
Trypanotoleranz 184
Tschechischer Terrier 321
Tuberkulose 407
Tuberositas humeri = Muskelansatzhöcker am Oberarmknochen
Tumorneigung, Boxer 279
Tumorprävention 95
Turnersyndrom 140, 373

U

Überaggressivität 154

Ulcus corneae = Hornhautgeschwür, S. dort
Ulna = Elle
Umweltfaktoren 150, 152, 157, 180, 191, 261, 381
Uneinsichtige Züchter 1, 50, 125, 170, 209, 233, 286, 287, 317, 333, 337, 340, 385, 390
Ungarische Hirtenhunde 217
Unverträglichkeitsreaktionen 141
Unvollkommene Dominanz 121
Urachusfistel = Blasen-Nabelfistel 396, 398
Urate = Harnsäuresalze 147, 247, 398
Ureter = Harnleiter
Urolithiasis = Harnsteinerkrankungen 94, 146, 230, 247, 398
Uveitis 270, 365
Uveodermatologisches Syndrom 166

V
Vaginalstenosen 180
Van-Katze 385
Vasculitis 245
Vaterschaftsausschluß 141
VDH = Verband f. d. deutsche Hundewesen 1, 170
Venerisches Lymphosarkom 281
Verein f. deutsche Schäferhunde 185
Verhaltens-Stereotypien 302, 315, 332, 394
Verhaltensstörungen 45, 131, 153, 326, 332, 345, 387
Verkehrsgefährdung 39
Vermenschlichende Einstellung 45, 325, 337
Vermißtenmeldungen 175
Versuchshundezucht 237
Verwandtschaftsgrad 244
Verzwergung 51, 162, 317, 332
Vestibularapparat = Gleichgewichtsorgan, Störungen 124, 180, 396
Vierohrigkeit 394
Virilisierung 251
Virusätiologie, Tumoren 281, 399
Viruszoonosen 404
Vitalfunktionswerte 91
Vitiligo 135, 166
Vivisektion 238
Vollgeschwisterpaarung 243
Vomeronasales Organ 364
Vorderbeinverkürzung 394
Vorfall der Bandscheibe 227, 234, 270, 399
Vorhofflimmern 291

W
Wachstumslahmheiten 85
Waffenschein f. Hunde 4, 37
Warzenvirus 406
Wasserkopf = Hydrozephalus, S. dort
Wassersucht 180
Wehenschwäche 105, 311
Weidmannssprache 259
Weilsche Krankheit 408
Weimaraner 266
Weiße Boxer 273
Weiße Katzen 2, 383
Weiße Tiger 389
Weißtiger, s. Merlefaktor 121
Welpensterblichkeit 102, 369
Welpenzahl, Wurfgröße H 99, 101, 193, 341, K 369
Wesensanalyse 157, 192
Wesensfehler 49, 153, 192, 260, 288, 299, 314, 326
Westernreiter 215
West Highland White Terrier 87, 145, 315
Wettumsätze 250
Wheaten-Terrier 310
Wheezer-Syndrom 58
Whippet 150, 249
Widerristhöhe 51, 100, 150, 254
Wildkatze 357, 370
Willebrandsche Krankheit 139, 397
Wilsonsche Krankheit 144
Windhunde 84, 90, 201, 249
Windspiel 84, 253
Wirbelsäulenverkürzung 75
Wobblersyndrom 76, 272, 301
Wolf 51, 90, 112, 158, 162, 324
Wolfs-Hund-Hybride 113, 134, 166, 185, 195, 324
Wolfskralle 85, 208, 292
Wuchsformen 56, 57
Wurf- und Jungtierumwelt 153, 191, 261
Wurfbeschränkung 103, 192, 341
Wurmbefall 253, 409

X
Xerose 302
Xoloitzcuintle 62, 333

Y
Yorkshire Terrier 55, 174, 317

Sach- und Nachschlagregister

Zahnanomalien 61, 318, 334, 364
Zahnfrakturen 62
Zahnschluß 56, 362
Zahnstein, -entfernung 327, 401
Zahnwechsel H 59, K 364
Zehennekrose 265
Zervikale Spondylomyelopathie 272, 301
Zirkumanaldrüsen 90
Zitterkrämpfe 180
Zoonosen = von Tieren auf Menschen übertragbare Erkrankungen 401
Zucker, Diabetes, S. dort
Zuchtwertschätzung 156, 192, 199, 250, 381
Zufallspaarung = Panmixie, S. dort
Zughunde 168
Zunge 74, 364, 400

Zungenmißbildung 180
Zwerchfellhernie 180, 182
Zwergpinscher 87, 302
Zwergpudel 87, 322, 325
Zwergschnauzer 87, 224, 302
Zwergwuchs 151, 162, 169, 180, 204
Zwingerblindheit 328
Zwischenartliche Geschlechtsbeziehung 47, 98, 166
Zyklische Neutropenie 184, 212
Zyklopie = angeborene, zentrale Einäugigkeit 180, 395
Zystennieren 180
Zystinsteine 147, 399
Zystische Veränderung 396

Bildnachweis

Auf die Quellen für die Abbildungen, sofern sie nicht bereits in der 2. und 3. Auflage veröffentlicht worden sind, wird jeweils im fortlaufenden Text hingewiesen.
Der Fa. A. Albrecht, Aulendorf sei für die gute Zusammenarbeit bei der Fertigung der Poster gedankt.